彩　插

感党恩 听党话 跟党走

水果种植

成功红葡萄酒

达美拥红酒

藏毯制作

藏式木刻

藏式服饰加工

金银铜器产品

民族手工艺品加工

民族手工艺制作

苹果醋加工

藏式家具

易地扶贫搬迁安置

易地扶贫搬迁安置

易地扶贫搬迁安置

易地扶贫搬迁脱贫户

易地搬迁安置点新建的学校

教育基础设施改善

职业教育发展迅速

校园文化生活大幅提升

送教上门

学生上机操作

学校就餐环境改善

阿旺绵羊养殖

牦牛育肥基地

奶牛养殖基地

奶牛育肥基地

藏香鸡养殖基地

藏香鸡养殖基地

红拉山苗圃育苗

苗圃基地

林木种苗基地

青贮玉米种植

蔬菜种植基地

食用菌种植基地

万亩葡萄种植基地

饲草种植基地

退耕还草

藏东牧区生态环境改善

卓玛朗措湖生态环境建设

“四好农村路”助力脱贫攻坚

合作社分红

扶贫政策宣讲

企业帮扶

大美昌都

幸福生活

昌都市脱贫攻坚成效纪实

CHANGDUSHI TUOPIN GONGJIAN
CHENGXIAO JISHI

刘 凯　禄树晖 | 主编

中国林业出版社

图书在版编目（CIP）数据

昌都市脱贫攻坚成效纪实 / 刘凯，禄树晖主编 . -- 北京 : 中国林业出版社，2021.12

ISBN 978-7-5219-1427-6

Ⅰ . ①昌… Ⅱ . ①刘… ②禄… Ⅲ . ①扶贫－工作经验－昌都地区 Ⅳ . ① F127.752

中国版本图书馆 CIP 数据核字 (2021) 第 246183 号

责任编辑：李　敏
电　　话：（010）83143575

出版发行：中国林业出版社（100009　北京市西城区刘海胡同 7 号）
网　　址：http://www.forestry.gov.cn/lycb.html
印　　刷：河北京平诚乾印刷有限公司
版　　次：2021 年 12 月第 1 版
印　　次：2021 年 12 月第 1 次
开　　本：889mm × 1194mm　1/16
印　　张：43
彩　　插：8 面
字　　数：1227 千字
定　　价：320.00 元

《昌都市脱贫攻坚成效纪实》

编委会

序言

FOREWORD

消除贫困、改善民生、逐步实现共同富裕，是社会主义本质要求，也是中国共产党对人民的庄严承诺。习近平总书记强调指出："贫穷不是社会主义。如果贫困地区长期贫困，面貌长期得不到改变，群众生活长期得不到明显提高，那就没有体现我国社会主义制度的优越性，那也不是社会主义。"在解决我国贫困问题的具体实践中，中国共产党历届中央领导集体继往开来、创新发展，不断推进马克思主义反贫困理论中国化的进程。特别是十八大以来，以习近平同志为核心的党中央站在全面建成小康社会、实现中华民族伟大复兴中国梦的高度，把脱贫攻坚摆到治国理政突出位置，立足社会主义政治优势和制度优势，提出一系列新思想、新观点、新论述，作出一系列新决策、新部署，推动我国减贫事业取得历史性成就，对世界减贫事业贡献中国方案。

由于历史原因和自然条件等诸多因素影响，西藏自治区各地市、各县域间差异较大，经济社会发展不平衡、不充分与人民日益增长的美好生活需要之间的矛盾依然比较突出。昌都市位于西藏东部，地处横断山脉，属藏东"三江流域"深山峡谷区域，是西藏"三大"脱贫攻坚主战场之一。立足昌都市经济社会发展实际，我们清醒地认识到，与西藏其他地市相比，脱贫前的昌都市贫困人口最多，贫困程度最深，贫困发生率最高，是全区乃至全国脱贫攻坚最难啃的"硬骨头"。

昌都市贫困发生的主要原因在于经济发展相对落后，基础设施建设欠账多，基本公共服务水平低，农牧业发展短板多，群众思想较为保守。作为西藏贫困程度最深的地市之一，昌都市贫困呈现"深、后、难、弱"四个基本特征。"深"是指昌都市贫困程度深，贫困发生率高，深度贫困县和贫困村多，西藏的10个国家级深度贫困县，昌都市就有5个；"后"是指昌都市基础设施建设相对滞后，甚至有些乡（镇）冬天由于大雪封山后不通公路；"难"是指昌都市群众增收难，群众文化水平低，大三岩片区和地方病高发区建档立卡贫困户多，因病返贫、因灾返贫隐患大；"弱"是指昌都市产业对脱贫支撑能力弱，产业总量相对不足、整体规模小、链条短、竞争力弱，传统农牧业经济特征明显，产业现代化程度不高，产业效益和抗风险能力不强，产品销售渠道不畅，品牌效益不显著。

虽然昌都面临上述种种问题和困难，但我们也必须看到，昌都市同时也具有诸多得天独厚的发展优势。一是区位优越明显。昌都市位于西藏自治区东部的"三江流域"区域，东与成渝经济圈毗邻，南与"大香格里拉经济圈""滇中经济圈""海上丝绸之路"紧密衔接，北与"兰州－西宁城市群""陆上丝绸之路"无缝对接，西望自治区首府拉萨，是西藏商贸往来的重要枢纽，素有"藏东明珠""西藏门户"之美誉。二是资源禀赋特色突出。全市11个县（区）地处藏东高山峡谷的河谷地带，海拔相对较低，气候环境适宜农作物生长和发展畜牧养殖业，"达美拥葡萄酒""阿旺绵羊""类乌齐牦牛""八宿荞麦""卡若香猪"等一大批知名品牌享誉国内外。同时，昌都矿产、水电资源极其丰富，开发利用潜力巨大。三是文化底蕴敦厚。三江流域、茶马古道、康巴文化、卡若遗址，历史积淀源远流长；民歌、故事、谚语、谜语等民间文学，种类众多，内容丰富，具有鲜明的地方特色；强巴林寺、茶马广场、解放广场、天津广场，行人如织、热闹非凡。四是社会发展突飞猛进。“七城同创”有序推进，机场快速通道如火如荼加紧建设；龙者高新材料、昌禾聚鑫农业科技等一批高新技术产业正在加速集聚。地方生产总值、固定资产投资、城乡居民收入、市场主体增速呈现“五快”态势；财政、税收、金融支撑能力强劲；消费、物价、就业形势总体平稳；生态、安全生产、投资环境优良。

脱贫攻坚战打响以来，昌都市以习近平新时代中国特色社会主义思想为统领，树牢“四个意识”，坚定“四个自信”，做到“两个维护”，深入贯彻落实习近平总书记关于扶贫工作的一系列重要论述精神，深入贯彻落实党的十九大，十九届二中、三中、四中、五中全会精神，深入贯彻落实中央第六次、第七次西藏工作座谈会精神，聚焦昌都市全面建成小康社会总目标，以脱贫攻坚统揽昌都市经济社会发展全局，把脱贫攻坚作为一项重要政治任务和第一民生工程，紧紧围绕贫困群众稳步实现“两不愁三保障”总目标和“三率一度”达标要求。加强组织领导，狠抓责任落实，强化党政一把手负总责，五级书记抓扶贫的精准扶贫工作责任制，科学分析形势，积极应对挑战，明确“扶持谁”“谁来扶”“怎么扶”“如何退”四个问题，按照“六个精准”脱贫要求，深化落实“五个一批”脱贫措施，加快补齐基础设施短板和公共服务水平提升，全方位推进精准扶贫精准脱贫，取得显著成效。截至 2019 年年底，昌都市 11 个县（区）1127 个贫困村 38404 户 194639 人的建档立卡贫困人口，按照昌都市委、市政府确定的“1235”脱贫摘帽目标，以优异成绩通过国务院扶贫办组织的国家级贫困县退出专项评估考核，实现昌都市全域梯次有序脱贫摘帽。

实践证明，习近平总书记的掌舵领航，党中央、国务院的关心关怀，自治区党委、政府的正确领导，全市各族干部群众撸起袖子加油干，结合昌都市贫困实际重点干，与时俱进创新思路干，领导干部以上率下干，依靠群众一起干，是昌都市决战决胜脱贫攻坚制胜法宝。回顾过去，昌都市脱贫攻坚谱写了一部可歌可泣、奋力摆脱贫困的壮美史诗，走出了一条着眼新世纪世界减贫背景，立足新时代我国脱贫攻坚实践，具有“中国特色、西藏特点、昌都特征”脱贫攻坚实践之路，在昌都市经济社会发展史上具有划时代的重大意义。

展望未来，昌都市全面建成小康社会即将胜利收官，全面建设社会主义现代化新昌都的新征程即将开启。“十三五”期间昌都市经济社会发展取得的巨大成就，为昌都市“十四五”期间加快构建工农互促、城乡互补、协调发展、共同繁荣的新型工农城乡关系，助力 2035 年全面建设社会主义现代化新昌都奠定了坚实基础。

站在我国全面建成小康社会、实现第一个百年奋斗目标后，乘势而上开启全面建设社会主义现代化国家新征程、向第二个百年奋斗目标进军的历史潮头，我们坚信，昌都市打赢脱贫攻坚战的伟大实践将永远镌刻在西藏消除绝对贫困的历史丰碑上，昌都市委、市政府带领全市各族人民群众总结凝练出的新时代脱贫攻坚的昌都市实践经验，必将激励昌都市人民继续携手全面建设社会主义现代化。

陈　军

2020 年 12 月于西藏昌都

目　录

CONTENTS

概　述

“贫困之冰，非一日之寒；破冰之功，非一春之暖”。贫困是人类社会的顽疾，是世界各国面临的共同挑战，是全球性的重大问题。我国曾是世界上贫困人口最多的国家之一，也是世界上最早开展贫困救助工作的国家之一。纵观中华民族几千年的发展史，扶危济困、改善民生始终是中华文明的内在追求。从先秦诸子百家倡导的“仁爱”“民本”“兼爱”“大同”等思想理念，到中国共产党消除贫困、改善民生、实现共同富裕的初心不改、前赴后继的使命担当，消除贫困始终是中华民族孜孜不倦的向往和追求。

一

“立党为公、执政为民”是中国共产党对中华儿女作出的庄严承诺。中国共产党自诞生以来，无论是革命战争时期的“打土豪、分田地”、抗日战争时期的“减租减息”，还是社会主义改造时期的“土地改革”、改革开放以来的“扶贫开发”“脱贫攻坚”，中国共产党始终如一、义无反顾地以“一切为了群众，一切依靠群众”为出发点和落脚点，聚焦农村、农业和农民，抓铁有痕、踏石留印地团结和率领全国各族人民，为争取民族独立、改变我国贫穷落后面貌、实现中华民族伟大复兴而不懈努力。

西藏位于祖国西南边陲的青藏高原的主体区域，平均海拔4000米以上，地形地貌复杂多样，灾害频发。特殊区情决定了西藏的贫困呈现出“大集中大分布”的基本特征，是我国典型的贫中之贫、困中之困、坚中之坚的深度贫困地区，位列全国“三区三州”深度贫困区域之首。因此，西藏贫困实际决定了西藏贫困具有特殊性，扶贫减贫具有典型性。昌都市地处“三江”①流域的横断山脉地区，素有“藏东明珠”之美誉，全市辖区面积10.86万平方公里，平均海拔3500米以上，下辖11个县（区）138个乡（镇）1142个行政村（居），总人口78万。1950年10月19日，昌都解放，五星红旗在雪域高原首次升起，昌都扶贫工作与其他事业一道进入崭新的历史新时期。

70年来，昌都扶贫工作先后经历了消灭赤贫、救济式扶贫、生产式扶贫、开发式扶贫和脱贫攻坚等重要阶段。1996年12月，为全面贯彻落实《西藏自治区“八七”扶贫攻坚计划》精神，加快推进昌都扶贫脱贫工作，成立昌都地区农牧开发建设办公室，与昌都地区扶贫开发领导小组办公室两块牌子一套人员，内设4个职能科室，分别是行政科、计划财务科、扶贫开发建设科和三江流域开发建设科，核定事业编制为20名。2007年1月，昌都地区农牧开发建设办公室被列入参照公务员法管理的事业单位编制。2011年7月，昌都地区农牧开发建设办公室（三江流域办公室、扶贫办）调整为昌都地区扶贫开发领导小组办公室（昌都地区农业综合开发办公室），核定事业编制为23名。2013年6月增加事业编制1名，调整后核定的事业编制为24名。2014年昌都撤地设市后，昌都地区农牧开发建设办公室更名为昌都市扶贫开发领导小组办公室（昌都市农业综合开发办公室）。2016年更名为昌都市扶贫开发办公室（昌都市农业综合开发办公室），增设科室3个，达到8个科室，增加编制11名，核定事业编制为35名。

“十一五”期间，昌都地区完成中低产田改造9.13万亩，草场建设85.35万亩，新修水渠61条354.4公里，新修水塘4座，增加库容6.5万立方米，改善和扩大农田灌溉面积9.18万亩，新修乡村道路及骡马驿道638.5公里，桥梁79座，解决了35394人的交通困难问题。大力实施贫困户安居工程，改善他们的居住环境。相对贫困人口温饱与发展问题基本解决，人均收入低于1300元的相对贫困人口由2005年的14.04万人下降到2009年年底的8.98万人，下降5.06万人，绝对贫困由2005年的32.84%下降到2009年的15.8%。在西藏昌都工作会议召开之后，昌都向西藏自治区上报《关于贯彻落实自治区昌都工作会议涉及扶贫开发工作的方案建议》，建议将昌都确定为藏东深山峡谷区、大骨节病区，纳入自治区“十二五”规划，将昌都作为西藏扶贫开发的主战场之一。

① “三江”即金沙江、澜沧江、怒江。

“十二五”期间，昌都市落实扶贫、农业综合开发项目 1771 个，国家投资 13.55 亿元，累计减贫 12.2 万人，贫困群众生产生活条件得到显著改善。

二

党的十八大召开以来，以习近平同志为核心的党中央举全党全国全社会之力，吹响了决战决胜脱贫攻坚战的号角，开启了中华民族全域消除绝对贫困、全面建成小康社会、实现“第一个”百年梦想的奋斗之路。习近平总书记亲自指挥、亲自部署、亲自督战，足迹踏遍大江南北，身影频繁出现在全国特困区域，每年新年国内首次考察看扶贫、新年贺词讲扶贫，每年全国“两会”同代表委员共商脱贫，每年扶贫日作出重要指示，每年召开脱贫攻坚座谈会部署推进，每年亲自主持会议听取脱贫攻坚成效考核情况汇报，在重大场合、重要会议、关键节点反复强调脱贫攻坚，以钉钉子精神一抓到底，推动脱贫攻坚始终保持正确航向和良好态势。为着力推进脱贫攻坚取得历史性伟大胜利，习近平总书记提出一系列新思想新观点，作出一系列新决策新部署，形成了关于扶贫工作的重要论述，为昌都市脱贫攻坚提供了根本遵循和科学指引。

习近平总书记关于扶贫工作的重要论述是在长期实践中逐步形成的内涵丰富、思想深刻、逻辑严密的理论体系。这一体系“形”于习近平同志知青时代的特殊经历和长期在地方主政的积极探索和深厚积淀，“成”于习近平同志担任党的总书记、成为党和国家的领导核心之后。1969 年，习近平同志来到陕西省延安市延川县梁家河当知青，一干就是七年。他与当地群众同吃同住同劳动，建立了深厚感情，从而对我国农村贫困问题有了全面、深刻的理解。他带领群众打淤泥坝、修梯田、建沼气池、办铁业社、缝纫社、小卖部，发展生产，改善生活，亲自参与反贫困实践。梁家河的插队经历形成了习近平总书记早期的扶贫思想。20 世纪 80 年代，习近平同志在河北省正定县担任县委书记期间，走遍了全县 200 多个村子，大刀阔斧地改革经济发展模式，大力推行家庭联产承包责任制，带领全县人民群众一举甩掉“高产穷县”帽子。1988—1990 年，习近平同志在福建省宁德市担任地委书记期间，探索创新扶贫开发模式，提出“经济大合唱”、“弱鸟先飞”、“滴水穿石”和摆脱意识贫困、思路贫困等重要思想。习近平同志在福建省工作期间，开创了东西部扶贫协作的“闽宁模式”，组织开展省内造福工程、山海协作和向贫困村派驻第一书记等工作，探索脱贫致富的有效路径。在浙江省工作期间，习近平同志主持制定推进欠发达地区加快发展的政策措施，提出“绿水青山就是金山银山”等重要思想，走出绿色发展、可持续发展的扶贫新路子。

习近平同志担任党的总书记之后，明确指出：“人民对美好生活的向往，就是我们的奋斗目标。”“贫穷不是社会主义。如果贫困地区长期贫困，面貌长期得不到改变，群众生活长期得不到明显提高，那就没有体现我国社会主义制度的优越性，那也不是社会主义。”2012 年年底，习近平总书记深入河北省阜平县革命老区调研，进村入户查看贫困情况，提出“两个重中之重”①和“三个格外”②，强调“小康不小康，关键看老乡”，拉开脱贫攻坚序幕。2013年，习近平总书记在湖南花垣

① “两个重中之重”即三农工作是重中之重，革命老区、民族地区、边疆地区、贫困地区在三农工作中要把扶贫开发作为重中之重。

② “三个格外”即对困难群众要格外关注、格外关爱、格外关心。

县十八洞村首次提出“精准扶贫”，指明新时期脱贫攻坚方向。2015年，习近平总书记在陕西延安召开陕甘宁革命老区脱贫致富座谈会，指出要确保贫困地区人民群众同全国人民一道进入全面小康社会；在贵州贵阳召开部分省区市扶贫攻坚与“十三五”时期经济社会发展座谈会，强调“扶贫开发贵在精准，重在精准，成败之举在于精准”。经过一系列调查研究，党的十八届五中全会就实施脱贫攻坚工程作出重要部署。2015年年底，中央召开扶贫开发工作会议，习近平总书记在会上发表重要讲话，系统阐述了脱贫攻坚的重要意义、目标任务、重大举措，明确了精准扶贫、精准脱贫为基本方略。会后党中央、国务院印发《关于打赢脱贫攻坚战的决定》，全面打响脱贫攻坚战。2016年，习近平总书记在宁夏银川召开东西部扶贫协作座谈会，强调东西部扶贫协作和对口支援是大战略、大布局、大举措，必须长期坚持下去。2017年，习近平总书记在山西太原召开深度贫困地区脱贫攻坚座谈会，强调深度贫困地区脱贫攻坚是硬仗中的硬仗，必须集中力量打歼灭战。

党的十九大把精准脱贫作为三大攻坚战之一作出部署，党中央、国务院印发《关于打赢脱贫攻坚战三年行动的指导意见》，进入聚力攻坚阶段。2018年，习近平总书记在四川成都召开打好精准脱贫攻坚战座谈会，推动脱贫攻坚更加有效开展。2019年，在重庆召开解决“两不愁三保障”突出问题座谈会上，习近平总书记强调要确保脱贫成效和质量。2020年，面对突如其来的新冠肺炎疫情影响，习近平总书记统筹全局、科学决策，在北京召开决战决胜脱贫攻坚座谈会，发出总攻动员令。会后，习近平总书记到陕西、山西、宁夏、吉林、安徽、湖南等地考察，要求收官之年坚定目标任务不动摇。2020年12月，习近平总书记主持召开中央政治局常委会会议，听取脱贫攻坚总结评估汇报，充分肯定脱贫攻坚重大胜利，深刻分析新形势新任务，就巩固拓展脱贫攻坚成果提出明确要求。

习近平总书记关于扶贫工作的重要论述是马克思主义同中国特色社会主义制度下反贫困最新实践相结合的产物，是中国特色扶贫开发理论实践的新发展。习近平总书记在继承发展马克思主义反贫困理论的基础上，坚持运用马克思主义基本立场、基本观点、基本方法分析我国贫困问题，对社会主义初级阶段农村贫困问题的基本特征、反贫困的深层次矛盾和问题及系统治理贫困进行了深入研究，找到符合辩证唯物主义和历史唯物主义的反贫困客观规律，开创了社会主义制度下反贫困理论的新境界；习近平总书记关于扶贫工作的系列重要论述是习近平新时代中国特色社会主义思想的重要组成部分，是以习近平同志为核心的党中央治国理政的新理念、新思想、新战略的重要组成部分，是中国特色社会主义进入新时代，为实现全面建成小康社会、实现中华民族伟大复兴中国梦、最终实现共同富裕的重要保障。习近平总书记强调，扶贫开发要坚持正确的政治方向，坚持实事求是的思想路线，坚持以人民为中心的发展思想，坚持新发展理念，坚持全面从严治党。我国的脱贫攻坚是习近平新时代中国特色社会主义思想的伟大实践，取得的显著成效充分证明习近平新时代中国特色社会主义思想的理论内涵和实践价值。习近平总书记关于扶贫工作的系列重要论述，拓展了治国理政的思想内涵，精准扶贫在实践中取得的成功经验也推动了精准思维在治国理政各领域的广泛运用。

三

党的十八大以来，昌都市委、市政府在党中央、国务院的亲切关怀下，在兄弟省市及援藏国有企业的无私援助下，在自治区党委、政府的坚强领导下，以习近平新时代中国特色社会主义思想为指导，全面贯彻习近平总书记关于扶贫工作的系列重要论述精神和党中央对西藏的重大战略部署，全面落实自治区党委、政府对昌都市的发展要求，围绕历次中央西藏工作座谈会确定的发展任务、发展目标、基本原则。脱贫攻坚战役打响之初，昌都市仍是西藏贫困深度最深的地市之一，具有贫困面最广、脱贫成本最高、贫困程度最深、脱贫难度最大的特点和实际。昌都始终将打赢脱贫攻坚战作为全市的重大政治任务和第一民生工程，把贫困人口脱贫作为昌都全面建成小康社会的底线任务和标志性指标，把脱贫攻坚作为总揽全市经济社会发展的全局和实施乡村振兴战略的优先任务，坚持精准扶贫精准脱贫，聚焦“两不愁三保障”，明确“扶持谁”“谁来扶”“怎么扶”“如何退”，按照“六个精准”“五个一批”，坚持靶心不变、焦点不散，尽锐出战、强力推进，实施差异化扶持的政策措施，全市脱贫攻坚取得决定性胜利。

（一）全域脱贫，全面消除绝对贫困

2015 年年底，通过精准识别，昌都市识别出建档立卡贫困人口 3.46 万户 17.05 万人，综合贫困发生率 24.95%，贫困人口主要分布在昌都市 11 个县（区）138 个乡（镇）的 1127 个贫困村（居），占西藏贫困人口总数的 28.9%。2019 年年底，昌都市如期实现 11 个县（区）脱贫，昌都市累计动态减贫 3.84 万户 19.46 万人，1127 个贫困村脱贫退出，历史性消除绝对贫困。2019 年，昌都市贫困群众人均纯收入达到 9432.35 元，其中：工资性收入为 2547.55 元，占人均纯收入的 27.01%；生产经营性净收入为 1935.86 元，占人均纯收入的 20.52%；财产性收入为 109.1 元，占人均纯收入的 1.16%；转移性收入为 4749.84 元，占人均纯收入的 50.36%。与 2015 年相比，人均工资性收入比重上升 9.1 个百分点，人均生产经营性净收入比重上升 7.1 个百分点，人均财产性收入比重上升 0.4 个百分点，人均转移性收入比重下降 16.6 个百分点。

（二）多措并举，综合条件全面改善

第一，按照“优势区域、优势产业、优势资源、优先发展”“区域集中、规模做大、质量提升、效益提高”的发展思路，紧紧围绕“五大养殖基地”①和“七大种植基地”②产业布局，以市场为导向、以效益为目标、以辐射带动贫困群众增收为根本，全力推进特色产业发展，努力实现“八个全部”。“十三五”期间，昌都市规划产业项目 852 项，总投资 109 亿元，覆盖建档立卡贫困群众 16322 户 81210 人，吸纳就业人数 23279 人。

第二，按照“六靠”③、“五方便两避让”④、“以岗定搬、以业定迁”的原则，加强各安置点交通、水利、电力、通信、住房、教育、卫生、村级组织活动场所等基础设施建设，积极开展旧房拆除、宅基地复垦、生态修复。加强后续产业发展和转移就业工作，确保搬迁家庭至少 1 个劳动力实现稳定就业。加强安置点管理和服务，切实做好搬迁群众户口迁移、上学就医、社会保障、心理疏导等接续服务工作，引导搬迁群众培养良好生活习惯，尽快融入新环境新社区。强化易地扶贫搬迁督促检查，确保高质量完成易地扶贫搬迁。“十三五”时期，昌都市完成建档立卡贫困人口易地扶贫搬迁 103361 人，贡觉、芒康两县因三岩跨市搬迁涉及建档立卡易地搬迁 4035 人，八宿、芒康两县跨

① “五大养殖基地”即牦牛育肥基地、黄牛改良基地、阿旺绵羊扩繁基地、商品猪养殖基地、禽类养殖基地。

② “七大种植基地”即粮食作物、经济作物、饲草料作物、蔬菜、葡萄、生态林、经济林等种植基地。

③ “六靠”即靠县城、靠乡（镇）、靠中心村、靠景区、靠产业园区、靠交通要道。

④ “五方便两避让”即方便安置点选点规划、方便基础设施建设、方便公共服务配套、方便群众发展产业、方便交往交流交融，避让地质灾害隐患、避让地震断裂带。

市搬迁至拉萨羊八井涉及222人。

第三，紧紧围绕“为谁培养人，怎样培养人，培养什么人”这一根本问题，全面落实“立德树人”根本任务，研究出台《中共昌都市委、市政府关于进一步加强和改进教育工作的意见》等系列政策措施，立足拔穷根，大力实施教育优先发展战略，加快推动义务教育学校标准化建设，每年按不低于财政收入的20%配套教育资金。“十三五”以来，昌都市投资45.63亿元，实施教育基础设施建设项目502项，基层办学条件持续改善。累计拨付“三包”经费21.6亿元、营养餐改善计划经费3.74亿元；累计资助贫困学生29888人次，资助金额1.4289亿元（其中：建档立卡贫困大学生9480人次，9641.7万元）。义务教育阶段小学净入学率和初中入学率分别达到99.84%和105.46%。

第四，大力实施“水电路讯网、教科文卫保”十项提升工程建设，完善乡村地区基础设施和基本公共卫生服务。2016年以来，实施农牧区公路项目1066个、建设规模7716公里，县（区）通油路率100%、乡（镇）通畅率97%，建制村通畅率75%；自来水普及率93%，农牧区集中供水率99.5%，供水保证率95%；实施电力扶贫项目90个，总投资53.58亿元，通电率100%，主电网人口覆盖率93%，惠及农牧民群众72.99万人。

（三）显著成效，源自全面精准施策

第一，实施“五个一批”是关键。2016年以来，昌都市通过采取发展生产脱贫一批、易地搬迁脱贫一批、生态补偿脱贫一批、发展教育脱贫一批、社会保障兜底一批等措施，全力推进脱贫攻坚。一是发展生产脱贫一批。对有劳动能力、有耕地，缺资金、缺项目、缺技能贫困人口，立足自身资源禀赋，通过扶持发展特色产业，实现就地脱贫。引导支持贫困乡（镇）贫困人口到拉萨、林芝、日喀则等发展较好的地市外出务工，或者在昌都市就地就近实现就业创业。二是易地搬迁脱贫一批。制定出台《昌都市“十三五”时期易地扶贫搬迁发展规划（2016—2020年）》，对生存条件恶劣、自然灾害频发、基础设施建设成本高、通水通路通电困难、生产条件不易满足、很难就地脱贫贫困村（居），坚持群众自愿原则，分类制定建档立卡贫困户、三岩搬迁户政策标准，有计划、有步骤、有组织、有保障地统筹安排易地搬迁。想方设法为搬迁人口创造就业机会，保障稳定增收，提供身份转换机制，使搬迁群众与当地群众享受同等基本公共服务，确保搬得出、稳得住、能致富。三是生态补偿脱贫一批。对生存条件比较差，不宜进行系统性开发，只能做生态保护和修复的村（居），坚持“保护生态，推进绿色发展。牢固树立绿水青山就是金山银山的理念，把生态保护放在优先位置，扶贫开发不能以牺牲生态为代价，探索生态脱贫新路子，让贫困人口从生态建设与修复中得到更多实惠”基本原则，制定出台《昌都市生态保护政策性岗位管理办法（试行）》，安排护林员、草监员、水管员、环保员等公益性岗位，加大贫困村（居）生态保护修复力度，实现生态改善和脱贫双赢。四是发展教育脱贫一批。精确瞄准教育最薄弱领域和最贫困群体，大力发展学前教育、义务教育，着力推进中等职业教育和继续培训，积极衔接高校定点扶贫、对口支援，着力构建智志双扶、教育脱贫、定点帮扶“三位一体”教育脱贫攻坚格局，实现“人人有学上、个个有技能、家家有希望、县县有帮扶”目标，促进教育强民、技能富民、就业安民，坚决打赢教育脱贫攻坚战。五是社会保障兜底一批。制定出台《昌都市社会保障兜底实施工作方案》《昌都市社会保障兜底一批指导意见》《昌都市建档立卡贫困户方便就医的实施意见》《关于各县（区）农牧民群众购买超大额医疗补充保险的实施意见》《关于各县（区）设立贫困家庭重大疾病医疗费用周转基金的实施意见》。按照贫困人群“病有所医、残有所助、生活有兜底”的兜底保障原则，完善农牧区最低生活保障，对符合农牧区低保申请条件家庭，做到应扶尽扶、应保尽保；加大临时救助在贫困县

（区）落实；完善城乡居民基本养老保险制度。

第二，践行“六个精准”是密匙。一是扶持对象精准。通过申请评议、公示公告、抽检核查、信息录入等步骤，将贫困户和贫困村有效识别出来，并通过填报《贫困户登记表》《贫困村登记表》《贫困县登记表》建档立卡。对扶贫对象进行全方位、全过程监测，实现扶贫对象有进有出、动态管理。二是项目安排精准。以贫困人口实际情况为基本出发点，充分考虑市场需求和项目价值实现，确保项目可行、可用、可脱贫。结合当地发展特征、发展阶段，针对不同贫困人群致贫因素，安排扶持项目，最终实现对贫困人群有效帮扶。三是资金使用精准。坚持资金使用精准原则，做到资金使用与建档立卡相衔接，资金使用与脱贫成效挂钩，确保资金使用惠及贫困人口。四是措施到户精准。针对全市贫困户致贫原因、具体扶贫需求，量身定制帮扶措施。做到“因人因地施策，因贫困原因施策，因贫困类型施策”。通过对症下药、精准滴灌、靶向治疗，从根本上实现“拔穷根”“治穷病”目标。在制定精准帮扶措施时，“措施到户精准”要求考虑到整体性致贫因素和个体差异性，实施差别化、动态化帮扶，做到“一村一策、一户一法”，帮扶到户、到人，做到“扶真贫、真扶贫”。五是因村派人精准。制定“分工明确、责任清晰、任务到人、考核到位”因村派人工作原则，以驻村帮扶、驻村第一书记等工作机制解决“谁来扶”问题。选派长期化、制度化驻村工作队，确保“每个贫困村都有驻村工作队，每个贫困户都有帮扶责任人”。在昌都市范围和驻村工作队中海选驻村第一书记，第一书记在精准扶贫中，深入推动精准扶贫政策落实，带领开展贫困户精准识别和建档立卡，制定和实施本地及本村贫困人口脱贫计划，落实扶贫项目、选准发展路子，培养长期发展项目。六是脱贫成效精准。各县（区）扶贫成效可评估、脱贫成果可考核，防止贫困人口“被脱贫”，出现“数字脱贫”。严格脱贫验收办法，明确摘帽标准和程序，确保摘帽结果经得起检验，避免假脱贫或降低标准脱贫。对建档立卡贫困户实行逐户销号，做到脱贫到人，防止形式主义，扶贫工作必须务实，脱贫过程必须扎实，脱贫结果必须真实，让脱贫成效真正获得群众认可，经得起实践和历史检验。

第三，强化落实是保障。始终把脱贫攻坚作为经济社会发展头等大事，作为增强“四个意识”、坚定“四个自信”、做到“两个维护”的检验标准，提高政治站位，强化政治担当。一是强化主体责任。定期召开专题会议，研究脱贫攻坚工作中的问题和困难，实行市县乡村“四级书记”一起抓，市委、市政府主要领导率先垂范，当好“施工队长”，严格落实党政“一把手”脱贫责任制，层层签订目标责任书，逐级压实责任。二是统筹顶层设计。按照脱贫攻坚规划与“十三五”经济社会发展规划有机结合、相互衔接原则，构建起规划、投入、帮扶工作体系，制定符合昌都实际的打赢脱贫攻坚战的实施意见，编制昌都市“十三五”脱贫攻坚规划和十五个分项方案，出台符合昌都市实际的产业发展、易地搬迁、就业创业、生态补偿、教育扶持、社保兜底、政策补助、健康扶贫、金融扶贫等配套措施。三是健全巩固机制。按照习近平总书记“四个不摘”重要指示精神，统筹狠抓脱贫攻坚成果巩固提升。2020年，研究出台《中共昌都市委员会 昌都市人民政府关于巩固提升脱贫攻坚成果实施方案》，以建立健全“脱贫巩固拓展长效机制”①、持续提升“七项具体措施”②为抓手，投入38.32亿元用于产业扶贫、农牧区公路、饮水安全等项目建设，持续改善贫困地

① “脱贫巩固拓展长效机制”即巩固“四个不摘”责任机制、精准到村到户到人帮扶措施、社保兜底底线要求、扶贫产业富民惠民利益联结、公共服务提质扩面、易地搬迁后续配套、增进民生福祉基石。

② “七项具体措施”即持续提升已有脱贫质量、精准帮扶措施、防贫返贫减贫效能、搬得出稳得住能致富成果、扶贫产业增加动能、问题整改成效补漏洞、志智双扶添信心。

区和特殊贫困群体生产生活条件，提高脱贫质量，夯实脱贫基础。

第四，解决卡脖子问题是抓手。一是突出产业发展，促进持续增收。立足资源禀赋、产业基础和市场需求，正确处理脱贫与致富、脱贫与脱困、近期与远期、大产业与小产业关系，确定“五个一”①的产业发展原则，深入实施特色产业提升工程。二是突出脱贫标准，提升“三保障”水平。把解决好“两不愁三保障”突出问题作为一项重大政治任务，建立突出问题清单和解决问题台账，压实行业部门责任。三是突出攻坚措施，全面落实各项攻坚举措。着力推进生态补偿脱贫、转移就业脱贫、社保兜底脱贫、补齐基础设施短板脱贫。

（四）巩固拓展，有效衔接乡村振兴

第一，巩固提升饮水安全保障水平。印发《昌都市进一步巩固农村饮水安全脱贫攻坚成果的实施方案》《关于做好2020年农村饮水安全重点工作任务的通知》，统筹用好2020年各类农村饮水安全维修养护和建设资金，确保按时保质保量完成年度建设任务。全面落实农村饮水安全“三个责任、三项制度”，制定藏汉双语版《昌都市农村饮水安全工程建后管理暂行办法》和《昌都市水生态保护和村级水管员管理办法》，分类对农村饮水安全工程责任体系建立情况进行登记备案，鼓励有条件的县（区）以工程点为单位设置农村饮水安全工程的三个责任、三项制度公示牌，确保每个村都有符合各自实际、操作性较强的责任体系和农村饮水安全工程建设管理办法。持续推动水利工程带贫增收，建立水利项目建设吸纳就业机制，广泛动员贫困群众就近就便参与工程项目建设增收致富。

第二，巩固提升义务教育保障水平。按照抓好控辍保学“五个四”②要求，严格落实控辍保学“双线五级八包”“四书”“八长”责任制，各级领导干部包片，相关部门联动，对辖区内适龄儿童少年进行全面核查，实行控辍保学日报告制。

第三，巩固提升基本医疗保障水平。持续充实基层卫生人员，通过事业单位考录、定向医学生培养、自主招聘、“组团式”援藏引进等方式补充医疗卫生人员，选派三级医院对口帮扶医疗人才进驻县（区）人民医院开展帮扶。按照“填平补齐”原则，加大市县两级卫生基础设施建设，实施乡（镇）卫生院标准化、村卫生室提质改造项目，按照“一村一室两医”全部配套，村卫生室达到“诊断、治疗、药品”分区设置。加强贫困患者救治。全面统筹推进农牧区基本医疗制度与城镇居民基本医疗制度整合。

第四，巩固提升住房安全保障水平。完善易地搬迁服务配套。继续完善易地扶贫搬迁安置点基础设施建设和公共服务配套，按照“缺什么、补什么”、“保障基本、安全适用”要求和“点内点外均统一建设、行业归口负责”原则，完成268个易地扶贫搬迁安置点“水电路讯网、科教文卫保”等基础设施和公共服务配套。深化易地扶贫搬迁后续扶持。深入开展后续产业扶持前期调研，研究安置区及周边后续发展可利用资源情况，坚持因地制宜、精准施策，根据易地扶贫搬迁安置点特点落实相应后续产业扶持措施，持续加强危房改造鉴定。

第五，巩固提升扶贫产业发展水平。围绕“五大养殖基地”和“七大种植基地”布局，科学编

①“五个一”即立足一个观念转变、依托一类资源禀赋、打造一批优势品牌、培育一批经营主体、健全一套保障机制。

②“五个四”即四个导向：目标导向、问题导向、责任导向、结果导向；四本台账：村级台账、乡级台账、县级台账、市级台账；四份清单：任务清单、整改清单、销号清单、问责清单；四张卡片：资助政策卡片、控辍保学政策卡片、易地扶贫搬迁政策卡片、招生政策卡片；四个一批：讲清道理感召一批、特殊关爱感化一批、行政措施劝返一批、法制手段兜底一批。

制昌都市产业精准扶贫规划、实施方案，重点扶持深度贫困地区的种植、养殖、加工、旅游文化、商贸流通、资源开发等产业项目。创新采取“1+1+3”①工作机制，实行“334”②产业扶贫投资模式和“四带”③增收模式，持续实施一批精准到村到户到人的“短平快”项目。通过“四法”④，增强特色农牧业产业科技创新能力和农牧民科技致富能力，探索土地流转、牲畜托管、合作林（牧）场、电商扶贫、消费扶贫、旅游扶贫等产业扶贫新举措，做大做强农牧特色产品和乡土产业，扶持发展专业大户、专业合作组织、龙头企业和农牧民施工队，辐射带动群众持续增收致富。坚持疫情防控与脱贫攻坚“两手抓、两不误”，努力把疫情对脱贫攻坚影响降到最低，出台《昌都市关于加强扶贫产业项目资产管理工作的意见（试行）》《昌都市关于规范产业扶贫项目利益联结机制的实施意见（试行）》，积极推行“8+”产业扶贫利益联结机制，建立健全“家庭式产业、委托饲养、合作运作、订单式运作、股份合作、资产收益、创新创业 + 贫困户的新型创业兴业链、园区发展带动”等八种产业联结模式，建立稳定、紧密、互利的利益联结机制。建强专业合作组织，充分发挥农牧民专业合作组织与群众衔接最有效、最紧密的优势，推进涵盖种养殖、运输、民族手工艺、经济林木、加工业、采石采矿、建筑施工、农机等行业的专合组织建设。

第六，巩固提升转移就业脱贫举措。严格贯彻“六稳”要求，落实“六保”任务，认真贯彻自治区“十大惠民举措”和昌都市“十大增收措施”，以正确处理城镇就业和“就近就便、不离乡不离土、能干会干”关系为遵循，推动精准脱贫转移就业巩固提升及劳动力转移就业增收。根据农牧民群众技能水平、就业意愿，按照“就近就便”原则，对接相关用人单位，大力开发就业岗位，推动线上线下相结合的招聘、应聘模式，为广大用人单位和求职人员搭建供需平台。将劳务输出组织“实体化”建设和“组织化”建设作为促进农牧民转移就业的增收重要抓手，广泛发展劳务经纪人、劳务输出合作社、农牧民专业合作社等社会力量参与转移就业，加强就业服务、推荐就业政策落地、实现农牧民稳定就业稳定增收。建立严格的培训资格审核机制，每期培训班均对培训工种、培训对象等内容进行严格审核，确保优先安排具有就业意愿和劳动能力的建档立卡贫困人口参加技能培训，实现“应培尽培”。

第七，巩固提升生态补偿脱贫成果。按照生态岗位选聘条件，精准摸底有劳动能力建档立卡贫困人口、建档立卡外农村低保人口和非建档立卡农村低收入农牧民，结合林地、草地、水生态、农村公路、旅游厕所、地质灾害点、环境卫生及易地搬迁等实际情况，按照就地就近就便原则，合理设置相对应的具体生态岗位。落实生态公益林长效管护，加强天保工程管护。落实新一轮草原生态保护补助奖励机制。狠抓林草项目增收。

第八，巩固提升社会兜底保障水平。把社保兜底作为脱贫攻坚底线要求，建立以困难群众基本生活保障为主，以医疗救助、临时救助等为辅，以慈善等社会救助为补充的社会救助体系，实现“应保尽保、应退尽退”目标。

第九，大力推进消费扶贫。制定《昌都市关于深入开展消费扶贫助力打赢脱贫攻坚战的实施方案》，研究出台《2020年昌都市爱心助力消费扶贫行动方案》，动员昌都市机关、企事业单位、援藏“三省六企”等社会各界力量参与到消费扶贫工作中，助推消费扶贫。

---

① “1+1+3”即一张产业扶贫“保障网”+一套产业发展规划+三项产业项目管理机制。

② “334”即企业先期投入30%、政府再跟进投资30%、金融贷款40%。

③ “四带”即带岗位就业、带劳务输出、带入股分红、带订单增收。

④ “四法”即援藏引进法、技术帮扶法、能人带动法、教育激励法。

第十，全面强化脱贫攻坚宣传总结。大力宣传习近平总书记关于扶贫工作的系列重要论述在昌都的成功实践；大力宣传昌都贫困群众自力更生、脱贫致富后的幸福生活和喜悦心情，营造良好的攻坚氛围，讲好昌都扶贫故事。激发贫困地区的内生动力，正确处理好中央关心、全国支援和艰苦奋斗、自力更生的关系，注重调动贫困群众的积极性、主动性、创造性，坚持扶贫同扶志、扶智相结合，树立扶贫不扶懒的鲜明导向。实施“五包一”机制，持续推进“五个覆盖”“七个必须”，结合昌都解放70周年庆祝活动和“10.17全国扶贫日”宣传活动，广泛宣传脱贫攻坚涌现出的先进典型，淡化宗教消极影响。

（五）依托“五大振兴”，有效衔接乡村振兴

昌都市实现打赢打好脱贫攻坚战，是全面建成小康社会的底线任务。“十四五”期间乃至2035年前实施乡村振兴战略则是昌都市的长期艰巨任务，需要长短结合、分步推进、稳扎稳打、久久为功。如何处理好二者关系？习近平总书记指出，要把脱贫攻坚同实施乡村振兴战略有机结合起来。只有打赢打好脱贫攻坚战，才能为乡村振兴奠定坚实的物质基础。只有实现乡村振兴，才能从根本上解决贫困问题。关键是要准确把握脱贫攻坚与乡村振兴衔接基本原则，推动脱贫攻坚与乡村振兴有机结合、相互促进。

第一，促进产业减贫及升级，实现产业兴旺。将乡村振兴战略思想和原则融入具体的产业发展中，牢牢把握产业选择、资金筹措、技术服务、农民培训、组织形式、利益联结机制等方面，来一场振兴乡村经济的产业革命。制定县（区）级、乡（镇）级及村（居）级产业振兴规划，在乡村振兴总体规划的指引下，发挥各县（区）特色，制定阶段性产业规划。鼓励多元化产业发展，在原有扶贫产业基础上，推动产业融合发展，延长农业产业链、价值链，提高产品增加值。促进小农户和现代农业发展有机衔接，培育新型农业经营主体，发展多种形式适度规模经营，提升小农生产经营组织化程度，把小农生产引入到现代农业的发展轨道。

第二，坚持绿色减贫及发展，实现生态宜居。在观念继承层面，生态振兴要继续以“两山”思想为指导，将生态振兴与产业振兴融合起来，推动生态资源向资产与资金有序转化，实现生态保护与经济发展双赢。在内容上，要从生态保护、农业新业态、农业标准化生产方面促进贫困地区绿色发展，加快乡村振兴进程。在实施方法上，采取法律方式保证绿色发展和环境保护政策切实落地，通过立法保护乡村整体环境。

第三，促进组织衔接及强化，实现治理有效。做好“五级书记抓扶贫”与乡村振兴有效衔接，将其总结提炼、推广运用到乡村振兴过程中。建立起相对完善的组织力量，推进脱贫攻坚组织机制与乡村振兴有效衔接，利用驻村干部振兴、“第一书记”振兴、对口帮扶振兴，奠定乡村振兴战略组织基础，提升乡村治理领导能力。着力打造自治、法治、德治相结合的乡村治理体系。在继承发扬脱贫攻坚治理精华同时，重点抓好法制建设，以法治推进乡村振兴。

第四，推动文化减贫及振兴，实现乡风文明。把培育和践行社会主义核心价值观根本要求贯穿始终，通过教育引导、舆论宣传、文化熏陶、道德教化、实践养成和制度保障，形成良好的家风家规，同时外化为自觉行动。借鉴国内外乡村文明优秀成果，结合乡村实际，找到最适合自身情况的方法，形成富有特色的乡村文化。加快实现乡村文化的产业化，运用市场化手段，做好文化+旅游、文化+市场、文化+产品产业，保持乡村文化的生命力和创新力。

第五，强化人才培养及提升，实现人才振兴。以“内育”培养乡土人才。通过加强教育和培训，培养新时代乡土人才，使其成为乡村振兴的领头雁。以“外引”促进乡村人才的最优化配置。

引进懂科技、懂管理、懂市场、懂法律的现代化人才，为乡村振兴注入新活力，为乡村振兴战略提供坚实的人才支撑和智力保障。

综上所述，通过昌都市脱贫攻坚战，全市实现 11 个县（区）138 个乡（镇）1127 个贫困村全面脱贫退出目标，全市建档立卡贫困人口 3.84 万户 19.46 万人实现动态减贫、高质量脱贫摘帽，贫困发生率由脱贫攻坚战初期的 24.95% 下降到 2019 年年底的动态清零，实现了全市全域消除绝对贫困的历史性成就。这一成就的取得是昌都市委、市政府团结带领全市干部职工践行习近平新时代中国特色社会主义思想的实践胜利，是昌都市委、市政府深刻领会、运用习近平总书记关于扶贫工作的系列重要论述精神指导全市脱贫攻坚战的胜利。这一成就是党中央特殊关怀和国家相关部委大力支持的结果，是兄弟省份和援藏央企无私援助的结果，是自治区党委、政府坚强领导的结果，是昌都市委科学部署的结果，是昌都市政府全面推进的结果，是昌都市 11 个县（区）和市属各局（部、委、办）坚决落实、通力合作的结果，是全市干部职工群众无私奉献、忘我奋斗的结果。毋庸置疑，昌都市脱贫攻坚实践充分表明，正确理解习近平总书记关于扶贫工作重要论述的精髓，才是昌都市坚决打赢脱贫攻坚战、实现全域消除绝对贫困、全面建成小康社会的制胜法宝。

昌都市脱贫攻坚的实践表明，只有坚定不移地坚持中国共产党领导、坚持社会主义制度、坚决贯彻落实新时代党中央治藏方略，以习近平关于扶贫开发的重要论述作为脱贫攻坚各项工作的指引，坚持“立党为公、执政为民”“消除贫困、改善民生”，昌都市委、市政府才能科学引领昌都市各族群众实现高质量全域脱贫、高水平巩固脱贫成果，才能实现昌都市脱贫攻坚与乡村振兴的有效衔接。展望未来，昌都市委、市政府将一如既往地深刻理解、精准把握、全面践行习近平总书记关于扶贫开发重要论述的科学内涵，追寻中国共产党人引领昌都市各族群众坚持不懈反贫困的历史踪迹，紧扣康巴儿女生活日益向好的不懈追求，朝着昌都市阔步迈向第二个百年奋斗目标扬帆起航、破浪前行！

第一篇　脱贫攻坚背景

党的十八大以来，在党中央、国务院的特殊关怀和大力支持下，在自治区党委、政府的亲切关怀下，昌都市深入贯彻落实党的十八大、十九大、十九届三中四中五中全会精神和习近平总书记系列重要讲话精神，围绕中共中央第五次、第六次、第七次西藏工作座谈会、中央对口援藏20周年电视电话会议和西藏自治区党委、政府召开的昌都工作会议总体要求，大力实施“强工兴市、带动两翼、东西发展、创建基地、夯实三基”构建富裕和谐文明昌都发展战略，团结带领各族人民群众自力更生、艰苦奋斗，实现经济快速发展、社会和谐稳定、民族团结进步、生态环境持续改善、人民生活水平不断提高，为决战决胜脱贫攻坚、历史性全域消除绝对贫困、全面建成小康社会奠定了坚实基础。作为西藏贫困程度最深的地市之一，昌都市贫困呈现“深、后、难、弱”的基本特征，这使得昌都市脱贫攻坚面临着巨大困难。与此同时，昌都市脱贫攻坚同样具有水能矿产资源丰富，工业经济发展潜力大，地形地貌多样，森林、峡谷、草地等生态旅游资源丰富，康巴历史文化厚重，服务业提升发展动力强劲等得天独厚的优势。因此，总结分析昌都市坚决打赢脱贫攻坚战的困难和优势、难点和重点、机遇和挑战，对昌都市因地制宜聚焦贫困、因人因户精准施策、凝聚合力精准发力、决战决胜脱贫攻坚，具有重要而深远的现实意义。

第一章 “十二五”末昌都市发展基础与贫困状况

党的十八大以来，昌都市深入贯彻十八大、十九大、十九届三中四中五中全会精神和习近平总书记系列重要讲话精神，围绕系列中央西藏工作座谈会、中央对口援藏电视电话会议和昌都工作会议总体要求，取得以农牧民收入提高、产业结构加速调整、基础设施建设迅速加强、经济增长方式加快转变为特征的国民经济平稳较快增长，为昌都市决战决胜脱贫攻坚夯实了坚实基础。与此同时，昌都市地处藏东深山峡谷区域，人均耕地少、交通不便、信息闭塞，农牧区市场意识淡薄，“等、靠、要”思想严重。新时代昌都市脱贫攻坚战打响之际，全市经济社会发展基础较弱，农牧区贫困发生率高、贫困程度较深、贫困特征明显、致贫原因复杂。昌都市打赢脱贫攻坚战既面临诸多的困难与挑战，又面临千载难逢的发展机遇。

第一节 发展状况

十一届三中全会以来，在党中央、国务院的特殊关怀下，在西藏自治区党委、政府的坚强领导下，在援藏省份和援藏国有企业的无私援助下，昌都市委、市政府紧紧围绕促进经济社会快速发展任务目标，以提高农牧民收入、推进产业结构调整、加强基础设施建设、促进经济增长方式转变为重点工作，全市国民经济保持平稳较快增长势头，为坚决打赢脱贫攻坚战夯实了坚实的经济社会发展基础。

一、区位与自然条件

（一）区位条件

昌都市位于东经 93° 6′ ～ 99° 2′ 、北纬 28° 5′ ～ 32° 6′之间，地处西藏东部，东与四川省德格、白玉、巴塘等隔江相望，东南与云南德钦县接壤，西南与林芝市毗邻，西北与那曲市相连，北面与青海省玉树藏族自治州交界，西望西藏自治区首府拉萨市，处于商贸往来的枢纽区域，素有“藏东明珠”之美誉。昌都市幅员 10.86 万平方公里，辖卡若区、江达县、贡觉县、类乌齐县、丁青县、察雅县、八宿县、左贡县、芒康县、洛隆县、边坝县等 1 区 10 县 138 个乡（镇）1142 个行政村（居），总人口 78 万，市政府驻地为卡若区。

（二）自然条件

昌都地势西北高，东南低，最高海拔 5460 米，最低海拔 3100 米左右，谷地由北向南逐步加深，岭谷栉比，河谷深切。山脉为南北走向，三条大江与三列山脉相间分布。昌都市山脉海拔多在 4000 ～ 5000 米，山脉间有深邃河谷，山岭与河谷高差达 1000 ～ 2000 米。独特自然地貌和地形结构，使雄美壮美青藏高原愈加多姿多彩。平均海拔 3500 米以上。昌都主要河流有怒江、澜沧江、金沙江及其支流，是我国及亚洲东南部主要河流上游集结区，河流众多，水网发达。昌都市属于高原亚温带亚湿润气候，西北部、北部严寒干燥，东南部温和湿润；日照时间长，干湿分明，年平均气温 7.6℃，年降水雨量 400 ～ 600 毫米，山高谷深，地形复杂。故有“一山有四季、十里不同天”的高原气候特征。

（三）自然资源

一是土地资源。昌都市耕地面积 72.93 万亩，林地面积 6687.46 万亩，草地面积 8505.82 万亩。二是植物资源。全市有高等植物 70 余科 180 余属 1000 余种。野生植物种类丰富，冬虫夏草、贝母、雪莲、红景天、天麻、大黄、党参等野生药用植物资源达 1200 余种。粮食作物播种面积中，青稞播种面积占 72%，小麦播种面积占 15%，玉米、杂粮、豆类播种面积仅占 13%，油菜播种面积占 0.7%。草原、森林繁衍生息着种类繁多的动物，被动物学家誉为“雉类王国”。活立木蓄积量 2.62 亿立方米，森林覆盖率 34.78%。三是动物资源。各类野生动物 400 余种，国家一级保护野生动物 17 种、国家二级重点保护野生动物 54 种。家畜包括牦牛、犏牛、黄牛、马、驴、骡、绵羊、山羊、猪、鸡、鸭、鹅、兔等。四是矿产资源。昌都市有铜、铁、铅、锌、菱镁、煤、锡、锕、金、银、石灰岩等 6 大类 52 个矿种，各类矿床（点）714 处。位于江达县的玉龙铜矿储量达 650 万吨，是我国第二大斑岩铜矿。五是水能资源。昌都境内“三江”流域天然水能理论蕴藏量约 4821 万千瓦时。六是旅游资源及文物古迹。全市现有可供旅游者游览的景点 200 多处。其中 4A 级旅游景区 1 个，3A 级旅游景区 2 个，2A 级旅游景区 13 个，国家级自然保护区 2 个，国家级森林公园 1 个，国家级湿地公园 2 个、国家级湿地公园（试点）3 个。登录文物点 678 处，其中全国重点文物保护单位 5 处，自治区级文物保护单位 54 处，市级文物保护单位 26 处，县级文物保护单位 109 处。

二、经济与社会发展

“十二五”以来，昌都市团结带领全市各族人民群众，自力更生、艰苦奋斗，取得经济快速发展、社会和谐稳定、民族团结进步、生态环境持续改善、人民生活水平不断提高的良好局面，为昌都市坚决打赢脱贫攻坚战、全面建成小康社会奠定了坚实基础。

（一）经济健康快速发展

一是宏观经济健康发展。2015 年，昌都市地区生产总值 132.02 亿元，比 2010 年增加 64.95 亿元，年均增长 14.5%；财政一般预算收入 10.2 亿元，比 2010 增加 7.06 亿元，年均增长 26.6%；税收收入 12 亿元，比 2010 年增加 10.48 亿元，年均增长 51.17%；固定资产投资 172 亿元，比 2010 年增加 113.93 亿元，年均增长 24.3%；农村居民人均可支配收入 7311 元，比 2010 年增加 3649 元，年均增长 14.83%；城镇居民人均可支配收入 22374 元，比 2010 年增加 9644 元，年均增长 11.94%；社会消费品零售总额 35.75 亿元，比 2010 年增加 20.6 亿元，年均增长 18.73%；居民消费价格指数控制在 102.3%，商品零售价格指数控制在 103%；城镇登记失业率预计控制在 2.5% 以内。二是农牧业生产全面发展。2015 年，全市农作物播种面积 84.17 万亩，其中粮食作物播种面积 67.85 万亩、经济作物播种面积 10.98 万亩、饲草料播种面积 5.34 万亩。粮食产量 18.33 万吨、蔬菜产量 10.98

万吨、油菜产量0.622万吨。全年新生各类仔畜82万头（只、匹）、成活79.95万头（只、匹），成活率达97.5%。全市年末牲畜存栏量控制在270万头（只、匹），出栏各类牲畜79.2万头（只、匹），综合出栏率28.9%。“十二五”以来，昌都市形成了以优质青稞、油菜籽、绿色蔬菜等为主的种植业生产体系；以牦牛、阿旺绵羊、卡若香猪、黑山羊、奶牛养殖等为特色的畜牧业生产体系；以“达美拥”葡萄酒、“拉鲁卡”荞麦系列产品、“洛宗”糌粑系列产品等为主要品牌的农产品加工业体系。三是基础设施显著改善。“十二五”以来，昌都市建成新农村示范点132个，建成农牧民安居房2.4万余户；昌都市的县（区）公路通油率、乡（镇）公路通畅率和行政村公路通畅率分别达到100%、40.5%和12.9%，开通客运班线86条；昌都市的主电网人口覆盖率由“十一五”末的23%提高到47%；实施农村安全饮水点工程1791个点，其中农村饮水安全工程927个点，寺庙供水工程357个点，村委会供水工程507个点；实施城乡防洪堤44处；完成中小河流治理49项、山洪灾害防治非工程措施11项；建成农田灌溉水渠628条水塘33座。完成人工造林91.72万亩，森林抚育174.34万亩。昌都市农田保灌面积从2010年25.4万亩提高到33.6万亩；乡（镇）通光缆率、行政村通电话率和行政村通宽带率达到98%、100%和68%。

（二）社会环境稳步提升

一是扶贫工作稳步推进。“十二五”期间，昌都市投入扶贫开发资金11.38亿元，安排扶贫开发项目1600多个。按照2010年不变价的2300元扶贫标准，昌都市贫困人口由2010年年底的29.2万人下降到2015年年底的17.05万人，农牧民生产生活条件有了明显改善。二是基本公共服务保障能力全面提升。第一，教育事业加快发展。“十二五”期间，昌都市教育“三包”政策全面落实，年生均“三包”经费提高到3000元；学前教育入园率、小学适龄儿童入学率、初中入学率和高中阶段毛入学率分别达到50.55%、96.24%、71.97%和39.56%，分别比2010年提高44.36、31.24、33.57和7.63个百分点。先后实施义务教育寄宿制学校建设工程、初级中学完善工程、小学规范化建设工程、中小学校舍安全工程、艰苦边远地区农村教师周转房工程和学前教育普及推进工程，改扩建中小学216所，新建市四高、市二幼等一批新学校，新建校舍40万平方米、改扩建校舍87万平方米；昌都市体育活动广泛开展、体育事业较快发展。第二，卫生事业不断进步，“十二五”期间，昌都市医疗卫生体制改革深化，农牧区医疗制度不断完善，农牧民参保率97%；每千人拥有床位和卫生专业技术人员2.85张和2.63人，较2010年明显改善。第三，文化设施不断完善，“十二五”以来，昌都市相继建成7个县的民间艺术团排练场所、11个县（区）的新华书店、138个乡（镇）的综合文化站、1119个农家书屋、516个寺庙书屋；广播、电视综合覆盖率分别达到97%、97.8%。第四，社会保障水平不断提高。“十二五”期间，昌都市各县（区）相继建成就业和社会保障基础设施、五保户集中供养机构和市第一儿童福利院；昌都市的城镇低保和农牧区特困群众生活救助政策全面落实，城乡居民社会养老保险全覆盖，各项社会保险参保51.53万人次。乡村人居环境不断改善，实施以垃圾集中处理、改厕为主要内容的城乡人居环境综合整治并取得初步成效。三是生态建设加快推进。“十二五”以来，昌都市深入贯彻落实《西藏生态安全屏障保护与建设规划（2008—2030）》，完成人工造林64.22万亩、封山育林13.4万亩，全市森林覆盖率达到34.78%，配备森林管护人员2.7万名。完成“两江四河”怒江流域造林绿化工程规划设计，启动“三江”流域重要生态功能区规划编制工作。主要江河干流水质达到国家Ⅱ类标准，流经主要城镇的河流水质达到国家Ⅲ类标准。卡若区的城区大气环境质量基本达到国家Ⅱ类标准，生态环境持续良好。

第二节　贫困状况

昌都市地处藏东南深山峡谷区域，全域贫困呈现“深、后、难、弱”的基本特征。“深”是指昌都市贫困程度深，贫困发生率高，深度贫困县和贫困村多，西藏的10个国家级深度贫困县，昌都市就有5个；“后”是指昌都市基础设施建设相对滞后，甚至有些乡（镇）冬天大雪封山后不通公路；“难”是指昌都市群众增收难，群众文化水平低，大三岩片区和地方病高发区建档立卡户多，因病返贫、因灾返贫隐患大；“弱”是指昌都市产业对脱贫支撑能力弱，产业总量相对不足、产业整体规模小、产业链条短，传统农牧业经济特征明显，产业现代化程度不高，产业效益和抗风险能力不强，产品销售渠道不畅，品牌效益不明显。

一、贫困人口及分布

“十二五”以来，特别是党的十八大以来，在自治区党委政府的坚强领导下，在自治区各相关厅局关心支持下，昌都市委、市政府坚持把改善民生、凝聚人心作为经济社会发展出发点和落脚点，通过采取政策扶贫、项目扶贫、产业扶贫、社会扶贫、援藏扶贫等举措，着力解决贫困群众生产生活困难问题，扶贫开发力度不断加大，落实国家扶贫投资13.5亿元，发放扶贫贴息贷款96.5亿元，实施扶贫开发项目1771个，对5个县（区）14个乡（镇）328户1873人游猎户群众进行定点安置，将符合条件84278名农牧区贫困群众纳入低保政策兜底范畴，对有意愿五保对象和孤儿集中收养供养，贫困群众人均可支配收入年均增长18%以上，贫困人口从2010年的29.2万人减少到2015年年底的17.05万人，累计脱贫人口12.15万人，贫困地区面貌发生显著改善，农牧区发展基础不断夯实，贫困群众生活水平不断提高，扶贫开发工作取得阶段性成果（表1-1）。

表1-1　昌都市贫困人口分布及脱贫措施分解（截至2015年年底）

县（区）名	贫困人口		发展生产脱贫		易地搬迁脱贫		生态补偿脱贫	发展教育脱贫		社保兜底脱贫	
	户数（户）	人数（人）	户数（户）	人数（人）	户数（户）	人数（人）	人数（人）	户数（户）	人数（人）	户数（户）	人数（人）
卡若区	3192	13030	1640	6614	1730	7710	12692	1246	2654	1170	2198
江达县	2846	13993	944	5256	1554	8377	12883	1236	2005	1146	1206
贡觉县	2665	13362	1314	6592	1511	8057	11507	831	1360	952	1175
类乌齐县	3481	14519	1318	4585	2092	8789	11652	977	1678	2356	4091
丁青县	2813	10886	1373	6308	1642	6525	9586	1796	3993	1269	1828
察雅县	4159	20829	1026	5415	2626	12751	14414	1501	2671	3222	4772
八宿县	2774	15372	1508	7846	1830	9509	12879	1904	3683	1194	3117
左贡县	2405	11461	1331	5915	1454	6978	9540	889	1546	960	5275
芒康县	4880	29335	2941	17690	2939	17590	23247	2010	4154	4793	9952
洛隆县	2904	14762	1587	7461	1848	9081	11137	1788	3311	1788	4098
边坝县	2442	12924	1340	7528	1548	7994	9626	1133	1932	2039	2418
合计	**34561**	**170473**	**16322**	**81210**	**20774**	**103361**	**139163**	**15311**	**28987**	**20889**	**40130**

二、贫困特征

（一）贫困程度较深

昌都市地处藏东南深山峡谷区域，交通不便、信息闭塞。至2015年年底，西藏自治区核定昌都市的建档立卡贫困人口3.84万户19.46万人，占西藏贫困人口总数的28.9%；昌都市核定易地扶贫搬迁建档立卡贫困人口20774户的103361人，占西藏易地扶贫搬迁总人口的39.3%。

（二）基础设施滞后

2015年年底，昌都市通往周边省区通道虽已实现畅通，但受雪灾、泥石流等自然灾害的影响，尤其是深山峡谷区域，农牧区公路的畅通率仍然不高。农田水利建设滞后，耕地得不到有效灌溉。农牧区人畜饮水主要靠河水或雪水，卫生条件达不到饮用标准。通信网络基础设施建设滞后，对外交往交流受到限制，有些乡（镇）甚至冬天由于大雪封山，与外界处于隔绝状态。

（三）农牧民增收难

由于自然灾害频发，一些农牧区经常受到雪灾、泥石流、冰雹、霜灾等自然灾害往复侵扰，灾后恢复困难，种植业、畜牧业持续增收面临巨大挑战。加之全市农牧民群众受教育程度普遍较低，增收能力普遍偏低，转移就业难度较大，“等、靠、要”思想较为严重。尤其是大三岩片区和“大骨节”病高发区，因病返贫、因灾返贫隐患较大，农牧民增收难度较大。

（四）产业发展较弱

全市产业发展起步较晚，产业体系不健全，村集体经济薄弱，产业总量少、规模小、链条短、营销方式单一，传统农牧业占主体、小农经济特征明显，产业现代化程度低、效益不显著、抗风险能力不强，产品销售渠道较窄，品牌效益不明显。

（五）深度贫困面大

2017年，在综合考虑贫困人口、贫困发生率等因素的基础上，西藏自治区党委、政府根据西藏特殊区情，按照国家贫困县申报标准，将全区74个县（区）中的44个县确定为国家级深度贫困县。其中昌都市的江达县、贡觉县、察雅县、八宿县、左贡县、芒康县、洛隆县、边坝县被确定为国家级深度贫困县。尤其是八宿县的贫困发生率高达44.63%，属于西藏自治区44个深度贫困县贫困程度最深的县。边坝县38.38%，贡觉县38.17%，贫困发生率分别排在全区44个县（区）的第四位和第五位。

三、致贫原因

（一）恶劣的自然条件是昌都市致贫的关键因素

第一，环境复杂。昌都市属藏东高山峡谷区，不同海拔高度，气候呈明显垂直分布。河谷地带，气候温凉，降雨较多，适宜农作物生长，受高山峡谷地形地貌限制，人均耕地不足1亩。土地资源匮乏的实际，限制了农业发展，在第二、三产业难以吸纳农村剩余劳动力情况下，造成农村贫困。第二，灾害频发。昌都市地势高低悬殊，地表切割破裂，峡谷幽深，流水湍急，雨季易暴发洪灾、塌方、泥石流。农牧业生产受雪灾、风灾、温度低、霜冻、雹灾、旱灾等自然灾害频发。森林破坏、水土流失、草地退化严重，农牧业产出低。第三，环境封闭。昌都市环境恶劣，地广人稀，每平方公里8.5人，且居住分散，经济集聚难，发展成本高。高寒缺氧，气候恶劣，施工艰苦，难度大，技术要求高，有效工期短，工程成本高，挖掘潜力、控制成本、提高重大工程施工质量、安全、环保及发展潜力，成为高原、高寒、缺氧地区重大工程施工的大难题，严重影响昌都市农牧民生活秩序，困扰昌都市经济长足发展。虽然昌都市草场资源、矿产资源丰富，资源优势转换为经济发展优势、给群众带来实惠任重道远。第四，地方病易发。昌都市是西藏大骨节病易发区，严重威胁群众身心健康和正常生产生活，制约经济社会发展。

（二）封闭的生存环境是昌都市致贫的重要因素

第一，经济基础薄弱财力有限。改革开放以来，昌都市整体经济实力虽有显著增长，但经济总量不高，年均不足6000万元的财政收入与经济发展较好的地市相比仍然存在明显差距。相对薄弱的经济发展基础、相对有限的财政收入，难以满足昌都市基础设施建设的资金需要，不利于昌都市经济长足发展和社会长治久安。第二，思想观念保守。昌都市贫困人口主要分布在地处偏远、交通不便、信息闭塞的深度贫困乡（镇），贫困群众主动接受和使用新技术的意识不强，结合生产生活实际充分利用现代科学技术的综合能力弱，受教育程度低、发展能力差、组织化程度不高。主动学习习惯缺乏，对社会经济发展关注度低，导致昌都市属于典型的知识能力贫困。昌都市贫困群众普遍思想保守，“等、靠、要”和“红眼病”思想比较严重，自主脱贫意识差，脱贫致富动力不足，知识面窄，拘泥传统，墨守成规，不能接受或主动追求新事物、新经验，制约和阻碍着昌都市社会生产力发展，影响群众收入增加和生活水平提高。落后的思想，封闭的文化，造成自然生育观，表现为一方面家庭劳动力不足，家庭因子女多，负担重致贫，另一方面优生优育难度大，家庭教育不到位，影响孩子健康成长，导致贫困代际传递。第三，宗教和传统习俗影响人们积极向上。昌都市基层群众普遍信仰藏传佛教，加之基层群众科学知识缺乏，易受传统习俗影响，遇到重大事情不从现实层面积极应对，而是请神拜佛，寻求“神灵”帮助，加之境外分裂势力不断渗透，导致基层群众对现实世界和现实福利追求持消极态度，影响基层群众生产创造力的充分发挥。

第二章　脱贫攻坚面临机遇与挑战

脱贫攻坚战打响之初，在昌都市委、市政府的坚强领导下，在市脱贫攻坚指挥的统筹部署下，全市干部职工与各界群众一起，在面临诸多困难和挑战的严峻形势下，立足昌都特殊市情、典型民情，客观分析和正确研判脱贫攻坚、全面建成小康社会、乡村振兴战略等面临的千载难逢的发展机遇，因地制宜、科学筹划、精准施策、聚力攻坚，对决战决胜脱贫攻坚起到了举足轻重的作用。

第一节　时代机遇

打赢脱贫攻坚战，是党的十九大明确的决胜全面建成小康社会必须打好的三大攻坚战之一，对如期全面建成小康社会，实现第一个百年奋斗目标具有决定性意义。习近平总书记指出："把脱贫攻坚作为最大的政治责任、最大的民生工程、最大的发展机遇。"进入脱贫攻坚阶段，昌都市聚焦广大农牧区贫困人口，以脱贫攻坚统揽经济社会发展为统领，以贫困人口"站起来""立得住""走得远"为目标，化压力为动力、变挑战为机遇，把脱贫攻坚与基础设施和美丽乡村建设、乡村旅游发展、生态富民产业培育、城乡环境治理和农牧区精神文明建设深度融合，拿出"敢教日月换新天"的气概，鼓起"不破楼兰终不还"的劲头，着力推进脱贫攻坚工作不断深入。

一、党和国家特殊关怀

按照中央第六次西藏工作座谈会提出的"全力推进精准扶贫"工作要求和"确保贫困人口到2020年如期全部脱贫"脱贫攻坚目标任务，充分抓住"国家各项扶贫政策在同等条件下要优先向西藏倾斜"的政策与历史机遇。习近平总书记提出的"治国必治边，治边先稳藏"和"对口援藏做到五个始终"工作方略，中央领导的重要论述高度概括边疆治理特别是西藏工作在党和国家全局工作中的特殊重要地位，对推进西藏高质量发展和长治久安具有重大指导意义和深远历史意义。《中国农村扶贫开发纲要（2011—2020年）》提出，已明确实施特殊政策的西藏、四省藏区、新疆南疆三地州是扶贫攻坚的主战场。

二、西藏自治区精心部署

西藏自治区党委、政府高度重视全区扶贫开发工作，中央扶贫开发工作会议后，区党委、政府及时召开了全区扶贫开发工作会议，制定颁发《西藏自治区贯彻〈中国农村扶贫开发纲要（2011—2020年）〉实施办法》。西藏昌都工作会议对昌都发展作出战略部署，对昌都市扶贫开发工作提出新的更高要求，也给予诸多特殊关爱和政策支持。

三、昌都市坚强领导

（一）援藏力度持续加大

按照“大稳定、小调整”的基本原则，国家对援藏结对关系进行调整，对口支援昌都的省市和中央企业在“两市六企”的基础上，增加福建省、北京市、广东省、江苏省，调整为“三省、三市、六企”，援昌队伍不断壮大、力量不断加强，充分体现党中央和区党委对昌都工作高度重视，对昌都各族群众无限关爱。与此同时，昌都市委市政府明确提出“十三五”援藏资金全部用于扶贫、新农村建设和教育、卫生事业发展，为昌都市脱贫攻坚工作提供强大动力、增添新活力。

（二）发展基础进一步夯实

昌都市经济社会发展取得历史性成就，基础设施不断改善，产业发展加速，瓶颈制约不断缓解，综合实力不断提高，自我发展能力稳步增强，社会环境进一步改善，人口整体素质显著提升。昌都市各族干部群众思稳定、求团结、盼富裕、谋发展、奔小康愿望更加强烈。

（三）大扶贫格局基本形成

昌都市领导干部对口联系、机关单位定点扶贫、社会各界奉献爱心扶贫开发机制基本形成。扶贫开发队伍不断充实，各级扶贫开发领导小组工作制度逐步健全，扶贫开发工作体系基本形成，乡（镇）政府配备专门抓扶贫开发工作人员，大学生村干部、“三支一扶”人员不断加强。在西藏扶贫开发工作会议精神指引下，专项扶贫、行业扶贫、社会扶贫、援藏扶贫“四位一体”的工作格局继续巩固，形成全民参与、多管齐下大扶贫工作格局。

第二节　现实挑战

受历史、地理、环境等诸多因素制约，昌都市贫困人口多、贫困程度深、脱贫成本高，呈现出点多面广线长、致贫原因多、返贫率高、脱贫难度大特征。脱贫攻坚面临的现实挑战包括：区位条件约束、脱贫攻坚任务繁重、大三岩片区综合发展任务艰巨、地方病易发高发、社会保障体系不健全、贫困户住房新建重建任务重、群众持续增收乏力、促进发展成本较高等方面，需要昌都市各级各界高度重视。

一、区位条件约束

昌都市地处横断山脉高山峡谷地区，地质结构复杂，自然条件较差，生态环境脆弱，水土流失严重，地质灾害多发频发；昌都市处于地震断裂带上，时有地震发生。昌都市交通基础设施滞后，距周边中心城市均1000公里以上，对外交通不便，内部道路标准低，生产生活资料运输困难，项目建设成本高。昌都市辖区内资源匮乏，可开发利用土地少，易地扶贫搬迁选址难。昌都市耕地贫瘠，连片高产地少，大多属于坡耕地，人均耕地不足 1 亩，水浇地不足 0.5 亩，无法实现规模化、机械化生产，投入大，产出少，一方水土养不活一方人。

二、经济发展限制

昌都市贫困人口多，贫困程度深，贫困面广，地方病多发易发，社会保障能力较弱，群众增收渠道不宽，脱贫攻坚工作还面临诸多困难和问题。

（一）脱贫攻坚任务繁重

2015 年，昌都市建档立卡贫困群众 3.46 万户 17.05 万人，占西藏贫困人口的 28.9%，农牧区贫困发生率高达 25%；易地扶贫搬迁建档立卡贫困人口 20774 户 103361 人，占西藏搬迁总人口的 39.3%。昌都市土地资源匮乏，人均资源少，可开发土地紧缺，开发成本高，居住环境条件差，搬迁安置可选择地点少，尚有 93234 户群众房屋为土坯房，18647 户群众住房为危房，已脱贫群众巩固提升成本高、难度大，转移就业渠道不宽、难度大，是西藏脱贫攻坚和易地扶贫搬迁主战场，脱贫任务十分繁重。

（二）大三岩片区综合发展任务艰巨

西藏大三岩包括昌都市贡觉县、芒康县、察雅县、江达县等4个县26个乡（镇）222个行政村，包含 15690 户的 105526 人。其中，包括建档立卡贫困户 5968 户 31229 人，贫困发生率高达 29.6%。特别是昌都市的三岩核心片区，包括贡觉县克日乡、罗麦乡、沙东乡、敏都乡、雄松乡、木协乡以及芒康县戈波乡等 7 个乡的 45 个行政村，地处长江上游天然林保护区。三岩核心片区的 3023 户 18080 人，贫困程度高。由于三岩核心片区资源匮乏，生存条件恶劣，地质灾害严重，生态环境非常脆弱，发展基础严重落后，群众生活艰苦，是典型“一方水土养不活一方人”的特殊贫困区域，实现三岩核心片区贫困群众脱贫目标任务异常艰巨。教育、医疗卫生等社会事业发展难度大、成本高，实现基本公共服务均等化需要采取特殊差异化扶持政策。

（三）地方病易发高发

由于特殊地理位置和自然条件，昌都市存在大骨节病、地方性氟中毒等多种地方病，特别是大骨节病病区分布广，覆盖昌都市的 11 个县（区）的 64 个乡（镇）的 233 个行政村，重点分布在边坝县、洛隆县、八宿县、芒康县、左贡县、卡若区、察雅县、丁青县等7县1区56个乡的216个村，已经发现的患者 14662 例，其中 Ⅰ 度患者 8503 人，Ⅱ 度患者 4657 人，Ⅲ 度患者 1502 人，因病致残丧失劳动力达到 10035 人，受威胁的人口 17.8 万人，是西藏自治区乃至全国重病区，严重威胁群众身心健康和正常生产生活。

（四）社会保障体系不健全

昌都市仅有 1 个流浪乞讨人员救助管理站和 2 个儿童福利院，无法满足社会需求。昌都市实有 21.1 万农村低保人员，自治区核定 8.4 万人，尚有 12.7 万人未纳入农村低保范围。自治区核定昌都市农村五保户人员 1480 人，实有 4154 人，剩余 2674 人只能由县（区）财政承担，财政压力大。

人口基数大，对城镇经济发展和就业再就业带来较大压力，农牧民文化素质和技能偏低，富余劳动力转移培训任务重。

（五）贫困户住房新建重建任务重

昌都市17.05万贫困群众中，除易地扶贫搬迁建档立卡贫困人口20774户103361人外，尚有13787户67112人住房属于土坯房，潜在安全隐患大。特别是以前农牧民安居工程建设中，由于部分县政策执行不到位，平均分配安居工程建设款低水平建设土坯房，抗震性能不高、雨水冲刷、墙体裂缝，4.5万多户群众住房亟须重建、改造或搬迁新建。

（六）群众持续增收乏力

第一，由于昌都山高谷深，交通不便，信息闭塞，开放程度低，群众思想观念较为保守，受教育程度低，不想走出去、走不出去、不敢走出去现象严重，群众收入来源主要依靠政府补贴、虫草采挖、农牧业、少量运输业和简单的劳务输出，加之辖区内优势水电矿产、特色农牧业、旅游业等资源开发不足，市场发展活力不够充分，金融、商贸、物流、信息等现代服务业发展缓慢，辐射带动能力、吸纳就业能力不强，群众增收渠道较窄，收入单一，持续增收乏力，抗风险能力弱。第二，农牧业发展基础薄弱，规模化种植养殖业起步晚，农牧民组织化程度低，传统农牧业生产占比高；产业发展滞后，布局小而散，龙头企业辐射带动不强，产业链短，市场竞争大。服务业滞后，吸纳就业空间小。农牧民劳动技能差，转移就业困难，增收渠道不广。

（七）全面发展成本较高

昌都市工业生产能力弱，水泥等主要建筑材料产能低，不能满足市场需求，大量建筑材料和生活必需品需从区外调运，昌都距周边中心城市在1000公里以上，路途远、路况差、运输成本高，造成昌都市的物价水平高于拉萨40%～60%。以水泥为例，2015年，昌都本地产量50万吨，年需求150万吨，近100万吨需从区外购买，运抵昌都后价格高达1250～1450元/吨，比拉萨高620～820元/吨，部分偏远乡（镇）水泥价格高达2000元/吨。所有钢材均由区外购运，经了解2015年昌都市钢材平均价格5000元/吨，较全国3300元/吨高1700元/吨，较拉萨4000元/吨高1000元/吨，边坝县加贡乡等偏远乡（镇）钢材价格更是高达7500元/吨。成品油价格高于拉萨市场1000元/吨。

第二篇　精准施策

脱贫攻坚战打响以来，昌都市根据自身贫困现状、致贫原因和资源禀赋，提出用精准识别解决“扶持谁”、用协同发力解决“谁来扶”、用“5+N”措施解决“怎么扶”、用达标销号解决“如何退”。精准识别就是要把“扶持谁”准确无误地找出来，找的方法要掌握静态变动和动态变动，不能一刀切。协同发力就是整合项目、资金、人员，动员社会力量、援藏支持，形成政府、市场、社会协同推进的大扶贫格局，解决“谁来扶”。坚持“5+N”措施解决好“怎么扶”，就是在全面落实国家、西藏自治区提出的“五个一批”的基础上，把“能力带动一批”“思想观念转变一批”作为昌都脱贫攻坚的特色同步推进。达标销号解决“如何退”，就是严格执行国家关于贫困户、贫困村的退出标准，不提标、不加码，严格执行达标一个销号退出一个。

第一章 聚焦六个精准

精准扶贫，就是对扶贫对象实行精细化管理，对扶贫资源实行精确化配置，对扶贫对象实行精准化扶持，确保扶贫资源真正用在扶贫对象上、真正用在特困人群、贫困县（区），特别是向深度贫困乡（镇）重点倾斜。做到扶贫对象精准、项目安排精准、资金使用精准、措施到户精准、因村派人精准和脱贫成效精准。

第一节 扶贫对象精准

以习近平总书记关于扶贫工作重要论述为指导，按照国务院扶贫办关于印发《扶贫开发建档立卡工作方案》的通知精神，在西藏自治区党委、政府的统筹部署下，本着“把贫困人口搞清楚、把贫困程度搞清楚、把致贫原因搞清楚”的工作思路，按照“坚持标准、综合考量、民主评议、群众认可、实事求是”的识别原则，制定《昌都市扶贫办建档立卡精准识别工作制度（试行）》《昌都市脱贫攻坚精准识别工作方案》《昌都市脱贫攻坚建档立卡贫困户信息卡》，于2015年9月围绕精准识别、核准建档立卡贫困人口，各县（区）通过逐户走访、逐户调查，核准了全市建档立卡贫困人口，做了大量卓有成效的工作。

一、高度重视，精心安排部署

扶贫必先识贫，精准识别是精准脱贫的前提和基础，精准扶贫首先要解决“扶持谁”的问题。2015年9月，在市脱贫攻坚指挥部的统一部署下，全市11个县（区）第一时间成立县（区）脱贫攻坚指挥部，党政一把手亲自挂帅、亲自部署、亲自督办，制定出方法可行、措施得当、执行有力的精准识别实施方案。并将贫困人口建档立卡工作任务具体化，层层落实到乡（镇）党政一把手身上，落实到村两委班子和驻村工作队身上，形成层层有人抓、层层有人负责的工作机制。

二、注重精准，严肃细致识别

精准识别不仅关系贫困群众的切实利益，关系社会公平公正，更关系党的执政基础和人心向背。昌都市在开展精准识别工作上，注重政策宣传、入户识别和“回头看”工作，通过宣传到位、识别精准、复核精准，实现不落一户、不漏一人。

（一）政策宣传到位

通过广播电视、公开专栏、宣传标语、群众会议等形式，广泛宣传中央、自治区、市扶贫开发工作会议的有关精神，以及国家关于精准扶贫出台的一系列政策规定、工作目标、识别标准等。发挥驻村工作队、村委会的作用，扩大政策宣传面。并将县、乡、村贫困状况及发展要求等公之于众，让全社会广泛关注、理解、支持、参与精准扶贫工作，确保社会各界对精准扶贫有关政策知晓率达到100%。

（二）入户调查细致

为做好精准识别工作，昌都市依据“四看法”①入户识别原则，提出具有昌都特点的“六看法”②入户识别方法。2015年9月，在市脱贫攻坚指挥部的统一部署下，全市11个县（区）组织干部，通过深入了解村情、社情和民情，了解群众的住房、家居环境、家庭种养、劳务、经营及其他收入情况，收集群众对本村确认为建档立卡户的意见建议，询问公示公开情况等。原则上家中有成员在国家党政机关、企事业单位正在工作的家庭；家中有成员目前仍在担任“村两委”班子的家庭；家中拥有小汽车、大型货车和工程机械的家庭；拥有农牧民施工队施工证的家庭；已经享受了昌都“8·12”地震、新农村、美丽乡村建房补助的家庭；拥有私营企业、商店等其他商贸经营场所的家庭；家庭收入水平明显超过人均2300元标准的家庭；群众评议后确实属于村内富裕户的家庭，必须从建档立卡贫困户名册中剔除，同时也要将“关系户”“人情户”坚决剔除，保证社会公平公正。

（三）开展精准识别“回头看”

2016年3月，按照自治区“摸清底子、瞄准对象”的要求，市脱贫攻坚指挥部牵头举办了全市精准扶贫相关业务知识培训班，制定《昌都市脱贫攻坚建档立卡贫困户信息卡》，对全市17.05万贫困人口进行了再核实、再对档，完善建档立卡贫困人口信息，做到应退则退、应扶则扶，一户不漏、一人不落，并按照精准识别和“三公示、一公告”的要求，自下而上层层精准识别、层层签字确认，通过扎实细致的“回头看”工作，最终确认全市建档立卡贫困户38404户194639人。

三、发动群众，严格公示公告

各县（区）以村或自然村为单位召开群众会议，按照贫困户认定标准，实行倒排序工作法，五保户、孤儿、无劳动能力户纳入社保兜底排第一，经济条件差、无房户排第二，家庭收入少、温饱难解决的困难户排第三，依次类推，确定扶贫对象。同时，教育引导家庭经济基础较好、收入较高的农牧民群众不要“凑热闹”“抢帽子”。对群众公开评议出的贫困户，实行公示制度。在村委会或村内人口密集区将全村初步评选的贫困户对象公示7天，接受群众监督。公示期间，县（区）、乡（镇）设立举报电话，主动接受群众咨询和问询。公示期满后，群众没有异议的提交乡（镇）一级公示。公示期间，做到公示对象名单上墙、上栏，群众评议大会留存视频、图片等影像资料，接受备查。公示期间，对于群众反映建档立卡户评选不实有关问题，以及未进入评选对象但比已进入建

① “四看法”即一看房、二看粮、三看劳动力强不强、四看家中有没有读书郎。

② “六看法”即：在“四看法”的基础上，结合昌都市实际，还要看家中有没有病人、有没有牲畜等生产资料。

档立卡贫困户更贫困的农户，经查证核实后，对不符合规定的坚决剔除，对符合规定的及时造册登记。市脱贫攻坚指挥部要求，各县（区）要严格执行“三公示一公告”制度，如未履行公示公告制度，将严肃追责。各县（区）脱贫攻坚指挥部要将每一户建档立卡户公示的照片、群众评议大会的图片或视频作为资料留存备查。纳入易地扶贫搬迁户的还应留存危房照片或“一方水土养不起一方人”村内现状照片。

四、建档立卡，实施动态调整

扶贫开发建档立卡就是要对贫困户和贫困村进行精准识别，了解贫困状况，分析致贫原因，摸清帮扶需求，明确帮扶主体，落实帮扶措施，开展考核问效，实施动态管理，检查帮扶责任人履职情况和贫困对象脱贫情况。对贫困县（区）进行监测和评估，分析掌握扶贫开发工作情况，为扶贫开发决策和考核提供依据。在精准识别的基础上，昌都市建档立卡工作主要分为以下三个步骤：第一，填写手册。在县（区）脱贫攻坚指挥部的指导下，由乡（镇）人民政府组织村委会、驻村工作队对已确定的贫困户填写《扶贫手册》。第二，数据录入。在昌都市脱贫攻坚指挥部的指导下，各县（区）组织乡（镇）人民政府组织村委会、驻村工作队将《扶贫手册》录入全国扶贫信息网络系统，并进行数据审核。《扶贫手册》由西藏自治区脱贫攻坚指挥部统一监制，各县（区）负责制发，贫困户、村委会各执一册。第三，数据更新。在昌都市脱贫攻坚指挥部的指导下，各县（区）脱贫攻坚指挥部对贫困户信息及时更新，并录入全国扶贫信息网络系统，实现贫困户动态调整。

严格按照国家、自治区和昌都市要求，精准识别工作既体现静态精准，把当前贫困人口找出来；又体现动态精准，把脱贫人口退出去，把返贫人口纳进来，将动态调整作为脱贫攻坚重要工作制度化、规范化、常态化。对符合贫困标准和条件，未纳入建档立卡的贫困人口，以及以往年度标注脱贫又返贫的贫困人口，在入户采集信息基础上，严格按照“一申请、一评议、二审核、三公示、一审定”程序分别认定为建档立卡贫困人口和返贫人口，切实做到“应纳尽纳、应扶尽扶”。对符合退出条件的建档立卡贫困户，由“村两委”组织民主评议后提出，经“村两委”和驻村工作队核实、拟退出贫困户认可，在村内公示无异议后，公告退出，并在建档立卡贫困人口中销号。对贫困户成员因出生、婚入、迁入等原因增加的，在国务院扶贫开发信息系统中作自然增加处理。对贫困户成员因死亡、婚出、迁出、判刑收监等原因减少的，在国务院扶贫开发信息系统中作减少处理。通过动态调整后，昌都市每年组织二次精准扶贫“回头看”，对不符合条件或违规纳入贫困户人口，市脱贫攻坚指挥部组织审核后及时剔除。2015 年年底，全市为 1127 个村 38404 户 194639 人贫困人口完成了建档立卡工作（表 2–1）。

表 2–1 昌都市建档立卡人数、户数、村数一览表

序号	县（区）名称	农牧民人数（人）	贫困村（居）数（个）	2015 年年底贫困人口		动态管理后贫困人口	
				户数（户）	人数（人）	户数（户）	人数（人）
1	卡若区	91940	157	3192	13030	3404	15077
2	丁青县	79337	63	2813	10886	3174	13883
3	类乌齐县	50357	82	3481	14519	3705	17564
4	洛隆县	51899	66	2904	14762	3648	18106
5	边坝县	41363	82	2442	12924	3029	15093

（续）

序号	县（区）名称	农牧民人数（人）	贫困村（居）数（个）	2015年年底贫困人口		动态管理后贫困人口	
				户数（户）	人数（人）	户数（户）	人数（人）
6	江达县	101485	94	2846	13993	3361	17407
7	八宿县	44870	109	2774	15372	3113	15894
8	左贡县	54618	127	2405	11461	2676	13425
9	芒康县	85569	60	4880	29335	5063	29738
10	贡觉县	48834	149	2665	13362	3070	17598
11	察雅县	62669	138	4159	20829	4161	20852
合计		**712941**	**1127**	**34561**	**170473**	**38404**	**194639**

备注：农牧民人口为2015年年底公安部农业户籍人口。

2015年年底，通过采取上报、走访、排查、核实、登记等工作方式，全市精准识别出1127个贫困村，其中卡若区贫困村最多，高达157个，其次贡觉县149个、察雅县138个、左贡县127个、八宿县109个。

五、因地制宜确定深度贫困

（一）昌都市深度贫困地区分类

根据全市深度贫困地区资源禀赋、自然环境、基础设施条件、群众增收途径、贫困发生率等，将全市深度贫困地区划分为三类。其中：贫中之贫、难中之难、艰中之艰、困中之困的金沙江沿线三岩核心片区和怒江沿线沟壑片区、澜沧江沿线资源匮乏及地质灾害频发片区是全市深度贫困地区的核心区，作为一类贫困地区，涉及36个乡（镇）244个村；二类贫困地区涉及26个乡（镇）173个村；三类贫困地区涉及20个乡（镇）199个村。

一类贫困地区：贡觉县木协乡、雄松乡、敏都乡、沙东乡、罗麦乡、克日乡，芒康县宗西乡、朱巴龙乡、洛尼乡、措瓦乡、戈波乡，八宿县同卡乡、瓦乡、夏里乡、拥巴乡、吉达乡，边坝县都瓦乡、热玉乡、马武乡、拉孜乡，察雅县宗沙乡、王卡乡、香堆镇、察拉乡、阿孜乡、巴日乡，江达县波罗乡、娘西乡，洛隆县达龙乡、腊久乡、新荣乡、玉西乡，左贡县中林卡、下林卡、绕金乡、仁果乡。

二类贫困地区：贡觉县阿旺乡、拉妥乡、则巴乡，芒康县索多西乡、曲登乡、昂多乡、帮达乡、莽岭乡，八宿县林卡乡，边坝县草卡镇、马秀乡、沙丁乡、边坝镇，察雅县扩达乡、荣周乡、卡贡乡、新卡乡，江达县同普乡、生达乡，洛隆县白达乡、俄西乡、康沙镇、中亦乡，左贡县美玉乡、东坝乡、扎玉镇。

三类贫困地区：贡觉县莫洛镇、相皮乡、哈加乡，芒康县嘎托镇、徐中乡、曲孜卡乡、如美镇，八宿县郭庆乡、吉中乡、拉根乡、益青乡，边坝县尼木乡、加贡乡，察雅县吉塘镇、烟多镇，江达县德登乡，洛隆县马利镇、硕督镇、孜托镇，左贡县田妥镇。

（二）昌都市深度贫困人口分布情况

昌都作为国家集中连片贫困地区和全区“三大”（日喀则市、昌都市、那曲市）深度贫困地区之一，在全区脱贫攻坚大局中具有特殊性，是全区扶贫开发的主战场，呈现出点多面广线长、致贫原因多、脱贫任务重、脱贫难度大的特征。按照全区确定的深度贫困地区“两高”（贫困人口占比高、贫困发生率高）“一低”（人均可支配收入低）“一差”（水电路等基础设施不到位、住房条件差）“三重”（低保五保贫困人口脱贫任务重、因病致贫返贫人口脱贫任务重、贫困老人脱贫任务重）的识别标准，经深入调研，全市贡觉县、江达县、芒康县、左贡县、八宿县、察雅县、洛隆县、边坝县8个县82个乡（镇）616个村26725户132453人贫困人口纳入深度贫困地区范围（表2–2）。

表2–2 昌都市深度贫困人口分布一览表

县名	乡（镇）数（个）	村数（个）	深度贫困涉及乡（镇）数(个)	深度贫困涉及村数（个）	2016年深度贫困地区农牧民总人数（人）	深度贫困地区贫困人口 总数			已脱贫贫困人口		未脱贫贫困人口		深度贫困村未脱贫人口	
						户数（户）	人数（人）	贫困发生率（%）	户数（户）	人数（人）	户数（户）	人数（人）	户数（户）	人数（人）
贡觉县	12	149	12	131	33490	3347	17752	40.05	254	1667	3093	16085	2901	15235
芒康县	16	60	14	50	67126	5502	29924	33.93	580	3082	4922	26842	4632	25749
八宿县	14	109	10	75	29674	3243	16148	35.56	383	1782	2860	14366	2167	13384
边坝县	11	82	10	71	32156	3126	14584	38.15	350	1738	2778	12846	2544	12034
察雅县	13	138	12	102	42591	4499	21332	35.98	300	1728	4199	19604	3623	17625
江达县	13	94	5	48	38667	3648	17160	19.33	490	2220	3158	14940	2124	10943
洛隆县	11	66	11	55	39653	3803	17809	35.20	487	2184	3316	15625	3136	14841
左贡县	10	127	8	84	28798	2756	13458	27.30	357	1313	2399	12145	2102	10994
合计	**100**	**825**	**82**	**616**	**312155**	**29924**	**148167**	**31.92**	**3201**	**15714**	**26725**	**132453**	**23679**	**120805**

第二节 项目安排精准

精准扶贫贵在项目安排精准，重在项目安排精准，成败之举也在项目安排精准。昌都市本着“结合市场规律安排项目、结合昌都实际安排项目、结合贫困户实际安排项目、结合项目进程精准监督”的工作思路，选择和安排扶贫项目，因人因地施策、因贫困原因施策、因贫困类型施策，区别不同情况，做到对症下药、精准滴灌、靶向治疗。新时代脱贫攻坚战打响以来，昌都市立足资源、区位优势，因地制宜，分类施策，把种养什么、增收从哪里来、帮助农牧民寻找脱贫致富好路子作为项目精准安排主要依据，尊重市场规律、贫困人口脱贫发展需求、经济社会发展条件，全力推进项目安排精准，助推脱贫攻坚工作。

一、根据资源禀赋，因地制宜、科学制定扶贫项目规划

发挥资源禀赋优势，瞄准贫困人口脱贫发展需求，把区位优势、资源禀赋转化为增长优势、总量优势、收入优势，发挥昌都市优势特色。新时代脱贫攻坚战打响以来，根据不同县（区）致贫原

因和贫困人口分布状况，瞄准脱贫需求，根据自身高山峡谷区域的沟壑式地形地貌、耕地以坡耕地台地式梯田为主的特点，从产业发展竞争优势、竞争劣势、竞争机遇和面临威胁四个方面入手，采用效率优势指数、规模优势指数、综合比较优势指数等方法分析筛选，梳理出一批符合贫困人口急需、社会发展所需、为昌都市各县（区）量身定做的发展项目，为昌都市项目精准安排顶层设计提供依据。

遵循产业发展规律，发挥顶层设计统领全局作用。根据昌都市脱贫攻坚中心任务想问题、谋发展，努力站高一层、看远一步。围绕昌都市“五大养殖基地”和“七大种植基地”产业布局，科学编制昌都市产业精准扶贫规划、三年行动计划，重点扶持深度贫困地区种植、养殖、加工、旅游文化、商贸流通、资源开发等产业项目。建设项目在布局上科学谋划，按照项目建设需求优化布局，形成科学合理的空间布局。在安排思路上，充分考虑项目区脱贫需求和民生发展，远近结合、梯次推进、协同推进。提高农牧民群众参与度、知情度，充分尊重农牧民意愿，保证项目建设规划善观大势、善谋大局、善抓大事，为昌都市项目建设描绘一张清晰路线图和高效务实的施工图。

加快扶贫项目库建设，保证扶贫项目的设计科学合理。以《昌都市产业精准扶贫规划（2016—2020年）》为引领，统筹发改、农业农村、交通、水利、住建、民政、林草等行业专项规划，谋划先行，统筹各项目建设单位建立完善的扶贫攻坚项目库。引导各项目建设申报单位在年度申报项目时，根据昌都市特色优势、贫困人口发展所需有的放矢，提前做好项目设计，防止出现项目申报“临时抱佛脚”“突击加班”问题。

二、根据发展需求，按照需求聚焦项目安排的瞄准机制

瞄准国家战略，精准对接重大项目。新时代脱贫攻坚战打响以来，昌都市作为“西电东送”的接续地、川藏铁路的核心建设区域、“三江”流域水电开发的核心区，国家先后投资实施了大批重点建设项目，在招商引资上严控环保准入门槛，对“三高”企业和项目零审批、零引进，着力推进生态效益补偿、生态环境监管、干部政绩考核以及政府绿色采购，建立生态创建约束机制。坚持“保护优先、积极建设”的总体思路，大力实施造林绿化、退耕还林、自然保护区建设与管理、集体林权制度改革等一系列生态保护与建设工程，重点建设类乌齐马鹿自然保护区、芒康滇金丝猴国家级自然保护区、八宿然乌湖湿地自治区级自然保护区等生态功能区，以项目建设带动，精准落实了一批建档立卡贫困户的转移就业。以脱贫攻坚为导向，大力实施“旅游强市、农牧稳市、水电富市、文化兴市”发展战略，努力将生态优势转化为经济优势。依托邦达机场航空港、川藏铁路、西电东送等重大建设项目，以贫困户为重点扶持对象，针对有就业需求、劳动能力较弱、出门不方便的贫困户，精准对接重大项目建设帮助其就业。大力扶持农牧民经济合作组织，着力推进转移就业、藏家乐、交通运输业、砂石运输业等项目，实现扶贫项目安排精准对接和精准实施。同时，根据昌都市脱贫巩固提升的需要和经济社会高质量发展需求，坚持精确招商、以商招商，大招商、招大商，依托重大项目建设契机，瞄准“中字头”央企、“国字头”央企和对口援藏省市企业以及具备条件的多元市场主体主动出击，一家一家地去谈，一项一项地落实，想方设法引进一批龙头项目、优质项目，带动一批关联企业、配套企业落户，增强昌都市整体发展后劲和扶贫原动力。

瞄准发展需求，精准安排扶贫项目。根据脱贫需求和发展需要，针对贫困户致贫原因和劳动力现状，有针对性地、因地制宜发展卡若香猪、红拉山鸡、阿旺绵羊、奶牛、牦牛养殖，经济林、林果、城郊蔬菜、藏药材、葡萄种植等特色产业，着力构建产业发展的带动机制。一方面，各县

（区）在区位条件、资源优势、产业基础等方面存在差异，因此在发展特色产业时，坚持“造血式”发展和“输血式”救济相结合，根据贫困乡（镇）、村居的实际情况和当地农牧民的脱贫意愿，设计实施一套既能完成短期脱贫任务，又能保持经济可持续发展的产业模式，极大提高当地农牧民脱贫持续性和稳定性。为消除有创业需求的贫困人员的资金后顾之忧，建立健全昌都市四级金融服务网络，为贫困户借贷服务开通绿色通道；根据生态保护发展需要和短期脱贫任务，集中设置一批环境监督员、巡路员、巡河员、护林员、森林防火员、水管员等扶贫就业专岗。瞄准产业发展模式创新、完善“政府＋企业＋农户”“企业＋合作社＋农户”“合作社＋农户”、农牧民经济联合体等产业发展模式，重点扶持社会信誉良好、能带动贫困户创收增收企业，重点扶持“短平快”与持续增收相结合的扶贫项目，既为昌都市产业发展打下牢固基础，同时又为脱贫攻坚提供保障。

第三节　措施到户精准

昌都市贫困人口致贫因素具有多样性、复杂性和动态性。针对贫困人口的扶持政策和措施的个性化、差异性和变动性等特征，因村因户因人施策。即根据不同农牧户的致贫原因，采取不同的扶贫措施，根据农牧户不同的贫困程度和贫困深度，实行不同的扶持策略。在精准扶贫精准脱贫战略和政策体系下，昌都市进行政策调整和创新，更加重视和发掘贫困农牧民的主体地位，将其作为扶贫脱贫政策出台、执行、评估和反馈的关键环节和核心变量。新时代脱贫攻坚战打响以来，昌都市根据农牧户致贫原因、贫困程度和脱贫需求差异性、同质性特征，因村因人因户分类施策，变“大水漫灌”为“精准滴灌”，确保脱贫攻坚工作扶到点上、扶到根上。

一、措施到户精准彰显政策张力

昌都市地处“三江”流域，属于藏东高山峡谷区域，贫困县、贫困村、贫困户的致贫原因具有多样性、复杂性。新时代脱贫攻坚战打响以来，昌都市注重帮扶措施的综合性、系统性，既兼顾惠及全市贫困户的共性措施，又重点瞄准部分贫困户的个性措施，有效保证了脱贫政策和帮扶措施的灵活性。在操作层面，根据贫困发生率、贫困人口数量、分布和致贫原因等因素，提升帮扶措施的精准度。

对贫困深度相对较浅、贫困发生率较低、人口相对集中的卡若区，由于医疗卫生、教育、交通等条件相对较好，扶贫重点主要针对基础设施薄弱、公共服务滞后、农牧民居住条件较差等短板，大力实施“十项提升工程”，着力改善农牧民的生产生活条件。针对农牧民商品意识较差、发展观念淡薄等现象，借助援藏、“东西协作”、志愿者支边等契机，大力实施“志智双扶”工程。并依托生产奖补、劳务补助、以工代赈等机制，按照“一村一策、一户一策”制定帮扶措施。

对于资源禀赋较差、区位优势不明显、贫困深度较深、贫困人口集中连片分布、自然地理条件恶劣的贡觉县、察雅县、芒康县、八宿县、左贡县、江达县、洛隆县、边坝县、类乌齐县、丁青县等 10 个县，在找准贫困户致贫的个性和共性原因基础上，集中力量实施片区脱贫，大力实施三岩搬迁、易地搬迁等工程，大力实施交通、通信等保障工程，着力建立脱贫产业的支撑体系，千方百计改善阻碍区域发展的生产生活条件。并按照县情、乡情、村情、户情，有针对性地制定“一村一策、一户一策”帮扶措施。

对于残疾人、孤寡老人、长期患病者等“无业可扶、无力脱贫”的贫困人口，在采取临时救助的基础上，加大集中供养力度、政府补贴救助和公益性岗位安排。对部分教育文化水平低、缺乏技能的贫困农牧民，在采取临时救助的基础上，重点加大技能培训力度，让贫困农牧民具有发家致富的一技之长，培养他们有“飞”的意识和“先飞”的行动，从根本上解决问题。

同时，农户需求表达得到充分保障。健全贫困户的需求表达机制和公共参与机制。对于贫困户来说，能否以及在多大程度上参与到帮扶措施的制定和实施过程中，其致贫因素和脱贫需求是否被有效吸纳到帮扶方案和措施中，是脱贫攻坚工作绩效高低的重要衡量指标。在措施到户精准实施中，昌都市依托村委组织并进一步畅通村民尤其是贫困户的利益表达渠道和公共参与平台，提升贫困户的需求表达能力和公共参与能力。同时，针对昌都市因农牧民发展意识不强“困住脑袋”，因交通、通信等基础设施滞后“困住手脚”，因发展动力不足“困住思路”等现实条件，积极引导志愿者、社会工作者等参与到贫困村的脱贫治理中，利用这些人员的专业优势，创新脱贫工作理念和方法，应对贫困人口能力不足的问题。

二、扶贫措施到户实现精准衔接

提升贫困户的致贫原因、脱贫需求与帮扶措施之间的有效衔接。注重需求导向，把贫困户需求与政策供给之间的有机衔接和良性平衡作为发力点，衡量措施到户精准度的关键指标。在措施到户实施中，通过驻村工作队走访、登记造册，清晰判断出贫困户的现实困难和实际需求，制定出“一户一策”“结对认亲”等措施。对帮扶措施未能积极回应贫困户的实际需求，缺乏贫困户广泛参与和主动支持，帮扶措施推进举步维艰，甚至对更大范围的政策落实产生负面扩散效应的乡（镇），要求及时整改，确保到户措施精准化。因此，在帮扶措施的实施中，昌都市强化县（区）、乡（镇）和村委三级组织的主体责任，切实开展深入、细致的进村入户调查研究，强化到户措施的精准度，加大政策措施的执行力度，提升贫困户的致贫原因和脱贫需求与帮扶措施之间的有效衔接。

三、精准到户措施全面落地

实行“龙头企业 + 贫困户”“专业合作社 + 贫困户”“致富能人 + 贫困户”发展模式，确保了户户有增收项目、人人有脱贫门路。

（一）富民产业助脱贫

把产业增收作为脱贫攻坚的主要途径和长久之策，立足昌都资源禀赋、产业基础和市场需求，正确处理脱贫与脱困、脱贫与致富、近期与远期、大产业与小产业的关系，深入实施特色产业提升工程，围绕“五大养殖基地”和“七大种植基地”产业布局，科学编制全市产业精准扶贫规划、实施方案，优化调整规划产业项目，实施了一批精准到村到户到人的“短平快”项目，实行“334”[①]产业扶贫投资模式和“四带”[②]增收模式，探索土地流转、牲畜托管、合作林（牧）场、电商扶贫、

①“334”产业扶贫投资模式即项目建设由企业先行投入30%资金后，政府30%资金作为引导资金在保本微利原则下后续跟进，40%资金通过银行贷款落实。

②“四带”增收模式即带岗位就业、带劳务输出、带入股分红、带订单增收。

旅游扶贫、消费扶贫等产业扶贫新举措，建立农贸市场、大型超市等市场主体与贫困村、贫困户产销机制，扶持发展专业大户、专合组织、龙头企业和农牧民施工队，确保户户有增收项目、人人有脱贫门路。2016—2019年，全市共开工建设产业扶贫项目773个，完工产业项目748个，累计到位投资86.82亿元，累计完成投资77.65亿元，累计实现脱贫100568人。

（二）技能提升助脱贫

把就业作为拓宽贫困群众增收渠道的重要抓手，着眼提高劳务组织化程度和就业脱贫覆盖面，注重就业意愿、就业技能与就业岗位精准对接，精准建立工作台账，对具有劳动能力和就业愿望的贫困群众全部开展摸底调查，实行台账管理，做到了“村不漏户、户不漏人”。精准开展技能培训，按照实名、实训、实技、实用、实效的要求，采取“订单定向式”、企业代包、以工代训、以师带徒等多种方式提升贫困群众就业创业能力，开展涉及建筑施工、机械操作、唐卡绘画、面点制作等20余种转移就业技能培训和蔬菜种植、果树栽培等17种实用技术培训。同时，重点扶持从事特色种养殖、旅游文化、藏医藏药、清洁能源、天然饮用水、民族手工业等优势企业，不断增强企业吸纳就业能力。

（三）生态建设助脱贫

把生态扶贫作为打好打赢脱贫攻坚战的重要内容，牢固树立绿水青山就是金山银山的理念，坚持扶贫开发与生态保护并重，精准落实生态保护政策性岗位，将造林绿化、退耕还林、退耕还草项目向深度贫困地区和深度贫困群众倾斜，大力实施国土绿化行动，推行村集体或个人承包经营荒山荒地荒坡，利用房前屋后、“四旁”宜林地和农户庭院、自留地发展经济林木种植和林下资源种养业，开展海拔4300米以下无林乡（镇）、无林村组、无绿院落、无林农户的消除工作，推进15度以上非基本农田坡耕地和严重沙化耕地退耕还林还草工程，探索“合作社+管护+贫困户”模式吸纳贫困人口参与管护，让贫困群众享受生态保护红利。

（四）突出多元帮扶，全面凝聚脱贫攻坚强大合力

把激发建档立卡贫困户内生动力放在脱贫攻坚工作的第一位，正确处理好中央关心、全国支援和艰苦奋斗、自力更生的关系，注重调动贫困群众的积极性、主动性、创造性，树立扶贫不扶懒的鲜明导向，实施“五包一”①机制，组建宣讲队伍，分批深入田间地头、乡村农户，大力宣传脱贫攻坚重大意义、政策举措。深入开展“志智双扶”工作，实施“五个覆盖”②工程，通过脱贫政策宣讲、发放政策手册、“口袋书”等形式，教育引导群众不等不靠，依靠自己勤劳双手脱贫致富，实现了“七个主动”③过好当下幸福生活。把调动全社会力量参与脱贫攻坚作为贯彻落实东西部扶贫协作座谈会的具体行动，统筹对口援藏、定点扶贫、干部结对帮扶等力量，建立“集团式包县、市领导包片、县领导包乡、乡领导包村、一般干部包户”和水电矿产资源开发企业承担本区域内10%

---

①“五包一”即每个贫困村居由1名乡（镇）、1名扶贫专干、1名公安干警、1名驻村工作队员、1名村“两委”干部，包片负责1个贫困村居的脱贫攻坚工作。

②“五个覆盖”即政策宣传全覆盖、宣讲教育全覆盖、新闻宣传全覆盖、专题活动全覆盖、科普教育全覆盖。

③“七个主动”即：建档立卡贫困群众积极主动学习脱贫政策；积极主动参加就业致富技能培训；积极主动参与就近产业发展；积极主动通过劳务输出实现增收；易地搬迁群众积极主动参与搬迁点自家房屋建设；享受生态岗位贫困群众积极主动履行岗位职责；有适龄儿童的家庭积极主动送子女上学。

脱贫攻坚任务的社会化帮扶机制。积极推进援昌省市“县（区）对乡、乡对村”的结对帮扶模式，各援昌省市与昌都市11县（区）54个乡（镇）结成对口帮扶关系，落实“321”[①]干部结对帮扶制度，2.69万名干部和驻昌企业结对帮扶3.46万户贫困户，实现帮扶全覆盖。实施“百企帮百村”活动，引导非公企业通过就业帮扶、公益帮扶、技能帮扶、产业帮扶等形式帮助贫困群众，各非公企业累计投入资金2.8亿元，实施帮扶项目162个、解决就业岗位1万余个，构建起了“多位一体”大扶贫格局，汇聚起了脱贫攻坚工作没有“局外人”的强大合力。

第四节　资金使用精准

扶贫资金是贫困群众的“保命钱”，也是减贫脱贫的“助推剂”。每一笔扶贫资金，背后都关联着一批贫困家庭，钱到不到位、用没用好，关系到他们能否按期脱贫。不断加强扶贫资金管理使用，不断盘活资金存量，加快项目实施、竣工、验收、报账进度，对提高扶贫资金“精准度”，提高扶贫资金使用有效性和针对性至关重要。

一、精准拨付

脱贫攻坚战打响以来，昌都市脱贫攻坚指挥部金融组坚持“用好每一分扶贫钱、办好每一个扶贫事”宗旨，自觉扛起扶贫资金监管责任，紧盯扶贫资金，避免出现拨付不规范、拨付慢等问题，推动财政支持脱贫攻坚提质增效。

（一）精准做好预算编制，不浪费每一分钱

财政扶贫资金投向必须要符合政策，必须专款专用，只能用于贫困乡（镇）尽快补齐发展短板和贫困群众尽快解决“两不愁三保障”之需，坚决避免资金分配随意性。在组织项目申报时，昌都市树立项目预算编制法治观念和预算绩效意识，实施统一规划、统一设计、统一预算三项统筹和报请县长办公会统一审批。在编制扶贫项目预算时，本着精打细算、不浪费每一分扶贫“救命钱”原则，坚持专家审、主管部门审、审计局审、财政局审、主管副市长审等五级项目审核制度，坚决杜绝扶贫资金使用不精准、扶贫资金预（结）算相差大、扶贫资金绩效差等问题隐患，确保扶贫项目资金预算编制科学合理、真实客观，确保把扶贫资金“好钢用到刀刃上”。

（二）制定规范拨付程序，明确拨付时限

根据上级对财政扶贫资金绩效考评要求，将扶贫资金下达至县扶贫攻坚指挥部相关专项组。经财政审定、县主管副县长审批后，财政将资金拨付到确定行业主管部门，主管部门按照“绿色通道”实施办法，根据项目实施进度，将款项直接拨至项目业主单位，由业主单位实行乡级报账制。项目竣工后，经行业主管部门验收合格后，乡（镇）凭验收单和项目决算报告向专项组申请拨款，再由县财政局直接拨付至项目实施单位。县财政局根据实际情况，结合各相关单位意见，将项目实

① “321”即市级干部帮扶3户贫困户、县处级干部帮扶2户贫困户、科级及以下干部帮扶1户贫困户。

施进度分为前期准备、施工、竣工三个阶段，明确各阶段完成的任务和时间节点。在业主单位申请验收三个工作日内，主管部门要到实地对项目进行验收；对业主单位拨款申请，专项组主管部门应在两个工作日内完成审核拨付，并采取“一站式”拨付流程，即主管部门一名工作人员对项目工程量审核、资金拨付负责跟踪到底，避免过多地拨付流程，加快资金拨付进度，确保项目资金按时到位。

（三）强化资金拨付，确保资金精准落实

2016—2020年，全市共落实脱贫攻坚整合资金及易地扶贫搬迁贷款资金2648804.48万元，拨付率达到100%。其中落实易地扶贫搬迁资金620166万元，产业扶贫资金657375.03万元，脱贫攻坚生产扶持及小型基础设施资金797681.79万元，生态补偿脱贫岗位补助资金307710.83万元，定向政策性补助资金16252.31万元，易地扶贫搬迁贷款贴息资金61993.88万元，市本级财政收入10%资金31950.6万元，农牧民技能培训资金8542.52万元，易地扶贫搬迁建设补助资金97161万元。

二、有效利用

脱贫攻坚以来，昌都市按照“多个龙头引水，一个龙头放水”原则，积极整合各类扶贫资金，不断探索扶贫资金有效利用新模式、新方法，确保扶贫资金使用有效性和充分性。

（一）积极整合各类资金，让扶贫资金集中力量攻坚克难

在资金整合上，昌都市积极搭建以扶贫攻坚规划和重大扶贫项目为主的资金集合平台，按照“渠道不乱、用途不变、优势互补、形成合力”“多个龙头引水，一个龙头放水”扶贫资金整合原则，将财政扶贫资金、以工代赈资金、信贷扶贫资金、援藏扶贫资金，以及一些零、散、小、乱社会资金“捆绑打包”，无缝衔接各类扶贫资金。

（二）探索新模式新方法，让扶贫资金发挥最大扶贫效益

在扶贫资金使用模式和方法上，昌都市立足实际，强化市场理念，积极探索政府购买社会服务、金融机构等参与扶贫开发新模式，探索实践援藏资金为贫困户购买农业灾害保险、购买养殖藏香猪的保险等新方法，引导社会力量以“企业＋基地＋贫困户”、农牧户入股企业分红等模式投入扶贫开发，促进扶贫资源优化配置、扶贫项目推进高质高效，实现扶贫开发效益最大化。

三、严格监管

2016年以来，随着诸多扶贫政策不断出台，各级各类扶贫资金投入规模不断扩大，为确保在充分发挥扶贫资金效益的同时保证资金安全，昌都市财政部门始终把对扶贫资金监管放在与增加扶贫资金投入同等重要位置，多措并举筑牢扶贫资金监管体系，确保高质量地完成好财政支持脱贫攻坚决战任务。

（一）制定规范的工作程序，建立严格监督检查机制

制定规范的监管工作程序，加大对扶贫资金的审计、监督和检查力度，建立常态化、多元化的

监督检查机制，积极配合审计、纪检、监察等部门开展监督检查工作。通过扶贫资金动态监控系统，建立从预算安排到拨付、支付、使用、绩效评估的全流程监控机制，实现全程可追溯，动态掌握每一笔扶贫专项资金使用情况；通过规范实施项目库建设，建立到村到户项目库，录入全国扶贫开发信息系统，并对中央、自治区、昌都市财政专项扶贫资金进行项目备案，保证资金精准安全高效使用；通过精准扶贫资金项目公示制度，实现到村资金项目、精准扶贫到户资金项目、惠农补贴资金、村级集体财务状况全公开，打造群众看得到、看得懂、能监督的阳光财政扶贫工程。

（二）落实各项精准问责措施，让违规用钱成为“高压线”

加强对财政扶贫资金和扶贫项目监督检查，配合审计、纪检监察等部门做好审计、检查等工作，形成齐抓共管工作机制，提高扶贫工作整体水平和效益，让扶贫资金在阳光下运行。对各局（委）、各乡（镇）使用管理财政专项扶贫资金中出现的各类违法违规行为，按照国家法律和相关规定严厉问责，形成一条任何部门、任何单位、任何人都不允许触碰的“高压线”。对于那些敢对扶贫资金下“黑手”的官员，积极对接司法部门，在量刑上从重从严，惩前毖后，形成威慑，确保扶贫资金安全，使扶贫资金真正能一分不少地用在“刀刃上”。

（三）完善项目信息通报制度，让扶贫资金在阳光下接受监管

进一步规范统筹整合财政涉农扶贫资金支出，县财政局牵头建立项目资金支出台账。有针对性地设计统筹整合财政涉农扶贫资金报表，分别对项目绩效目标、项目进度等方面进行统计打分，并按月将统筹整合财政涉农项目资金上报给县扶贫攻坚指挥部、通报给各乡（镇）和项目主管单位，让扶贫资金在阳光下接受监管。探索引入专业的社会中介机构，参与产业发展扶贫资金使用管理，配合主管部门制定扶贫产业发展规划、筛选论证扶贫产业项目、监督项目建设、指导项目运营、开展项目跟踪。

第五节　因村派人精准

制定“分工明确、责任清晰、任务到人、考核到位”因村派人工作原则，以驻村帮扶、第一书记等工作机制解决“谁来扶”问题。参照《关于创新机制扎实推进农村扶贫开发工作的意见》精神，选派长期化、制度化驻村工作队，确保“每个贫困村都有驻村工作队，每个贫困户都有帮扶责任人”。参照《关于做好选派机关优秀干部到村任第一书记工作的通知》精神，在昌都市范围内、驻村区直单位中海选驻村第一书记。要求第一书记在精准扶贫中，需要深入推动精准扶贫政策落实、带领开展贫困户精准识别和建档立卡、制定和实施本地及本村贫困人口脱贫计划、落实扶贫项目、选准发展路子，培养长期发展项目。2016—2020 年，昌都市坚持以加强基层党组织建设和基层政权建设为重点，紧紧围绕维护社会稳定、促进经济发展的工作大局，以推进基层党组织标准化建设和实现村级党组织“五个好”为目标，不断选优配强村级党组织书记队伍，充分发挥他们在农牧区经济、政治、文化、社会、生态文明建设中的“领头雁”作用，打通服务群众的“最后一公里”，促进了经济社会全面发展，保持了农牧区繁荣稳定。

一、精准制定标准，做到精准选人

农村要发展，农民要致富，关键靠支部，支部强不强，要看“领头羊”。在选人范围上，主要从各级机关优秀年轻干部、后备干部、驻村工作队、事业单位的优秀人员中选派。对于有农牧区工作经验或涉农方面专业技术特长的优先选拔。在选人条件上，第一书记人选的基本条件是：政治素质好，坚决贯彻执行昌都市委、市政府制定的脱贫政策和方针，热爱农牧区工作；有较强工作能力，敢于担当，善于做群众工作，开拓创新意识强；有两年以上工作经历，事业心和责任心强，作风扎实，不怕吃苦，甘于奉献。在选人程序上，坚持把好人选政治关、品行关、廉洁关和能力关。按照昌都市因村派人原则，通过个人报名和组织推荐相结合的办法，由派出单位党委（党组）研究提出人选，报昌都市委组织部审核。2016 年，市委组织部为全市 1127 个贫困村，按照每村选派 1 名第一书记，实现第一书记全覆盖。2016—2020 年，共调整充实市扶贫办领导班子成员 3 名，选拔 148 名优秀干部充实到县（区）党政领导班子队伍，选派 32 名市直机关优秀年轻干部、82 名县直机关优秀干部、298 名优秀“三类人员”进入乡（镇）领导班子队伍。

二、聚焦软弱涣散，践行精准派人

根据实际情况，昌都市制定了“第一书记来源不同，本职工作不同，工作方法不同，只有人村相适，才能收到良好效果”的第一书记选派思路，因村派人主要向党组织软弱涣散村、建档立卡贫困村、灾后重建村等村选派驻村第一书记或驻村工作队。对于党组织涣散的村，选派来自组织部门、党务工作能力强、作风硬的第一书记；对于有资源但缺乏发展思路的贫困村，选派抓发展能力强、有激情有闯劲的第一书记；对于资源匮乏和灾后重建村，选派能引进资源、对口帮扶的第一书记等。2016—2020年，全市共选派县级以上（含县级）领导干部160名，乡（镇）党委书记123名，其他行业领域党建指导员 31 名，开展软弱涣散村整治工作，确保整顿工作有人包抓、有人负责、有人落实。截至 2020 年年底，因个人履职不力、考核不称职等原因共撤换村干部 68 人，有效提升了村级党组织班子的凝聚力和战斗力。

三、精心组织换届，不拘一格选拔

昌都市以村级组织换届选举为契机，打破年龄、性别等限制，突出年轻化、有文化、致富能力强，按照德才兼备、注重实绩、群众公认的要求，切实把优秀“双联户”户长、致富能手、技术能手、复员退伍军人等村里威望高、办事能力强、能够带领农牧民群众发展致富的能人“选”进村级党组织书记队伍。

四、优化培训模式，提高工作能力

一是市、县、乡集中培训。培训内容包括习近平新时代中国特色社会主义思想和党的十九大精神、党的治藏方略、惠民惠农政策等。二是远程教育培训。借助农村远程教育站点，组织实时学习，带动致富、提高科学发展、解决矛盾的能力。三是“送出去”和“请进来”相结合培训。有计划地组织村级党组织书记到区内外经济发达地区参观、学习、考察；邀请专家学者、党校教师、“三老人员”深入县、乡开展集中宣讲，进一步帮助村干部解放思想、开阔视野。

五、严格监督管理，树立廉勤形象

一是推进村务公开。建立健全村务公开制度，定期对农村集体收支、年度财务预决算、重大财务收支、集体资金使用情况、土地征用及补偿、计划生育政策落实情况等涉及村民利益的重大事项进行公示，增强工作的透明度。二是强化责任追究。加大对村级党组织书记离任审计力度，对合同及公章管理、资金及资产管理、任期内因自身原因出现问题或者不依法依规管理给集体造成损失的，追究党组织书记的直接责任。

六、注重激励引导，调动工作积极性

一是工作上给压力。按照目标量化考核占50%，党员群众民主测评考核占30%，乡（镇）党委政府评价占20%比例，实行百分制年终考核方式，考核结果作为奖惩的主要依据。二是生活上给关心。市、县、乡三级党委、政府利用重大节日，深入村（居）开展慰问工作，带去党的关心关怀。三是政治上给机会。每年对致富能力强、经验丰富、实绩突出等的优秀村级党组织书记进行表彰，给予选拔为乡（镇）公务员优先考虑的机会。

七、完善帮扶措施，促进作用发挥

一是相互帮扶。定期组织经济相对薄弱村党组织书记到先进村参观，学习先进村经济发展、党建等方面的经验做法。二是上级帮扶。采取上级部门与贫困村结对帮扶的办法，帮助整顿软弱涣散班子、发展壮大村集体经济，提高党组织战斗力。三是典型带动。注重培育和树立基层党组织的典型人物和事迹，用身边的人物和事迹说教，充分发挥典型示范带动和辐射作用。

第六节　脱贫成效精准

昌都市委市政府要求各县（区）扶贫成效可评估、脱贫成果可考核，防止贫困人口“被脱贫”，出现“数字扶贫”。要“严格脱贫验收办法，明确摘帽标准和程序，确保摘帽结果经得起检验”，不能造假脱贫，不能降低标准。对建档立卡贫困户实行逐户销号，做到脱贫到人，防止形式主义，扶贫工作必须务实，脱贫过程必须扎实，脱贫结果必须真实，让脱贫成效真正获得群众认可、经得起实践和历史检验。

一、脱贫时间精准

脱贫攻坚战打响伊始，昌都市以只争朝夕的工作劲头，根据各县（区）的贫困实际，倒排工期、蹄疾步稳、分类实施、有序退出，制定了“1235”梯次脱贫目标，即2016年卡若区脱贫摘帽，2017

年类乌齐县、丁青县脱贫摘帽，2018 年江达县、洛隆县、边坝县脱贫摘帽，2019 年芒康县、左贡县、贡觉县、八宿县、察雅县脱贫摘帽。昌都市按照“1235”梯次脱贫目标，11 个县（区）2016—2019 年如期、有序地实现了脱贫。2016年以来，昌都市累计减贫 3.84 万户 19.46 万人，1127 个贫困村退出，2019 年年底，昌都市如期实现 11 个县（区）的脱贫目标，历史性地消除昌都市绝对贫困。

二、脱贫指标精准

昌都市按照我国现行贫困人口脱贫退出标准，通过 2016—2019 年脱贫摘帽攻坚期，实现全市贫困人口收入稳定超过国家扶贫标准，且吃穿不愁，义务教育、基本医疗、住房安全有保障。在具体实施过程中，昌都市在准确理解和把握“两不愁三保障”和饮水安全标准的基础上，对标 6 ～ 15 岁学龄儿童，特别是聚焦建档立卡贫困户孩子，坚守“不失学不辍学”红线，实现九年义务教育全覆盖。对标基本医疗，着力推进农牧民，特别是建档立卡贫困户全覆盖参加医疗保险制度，对常见病保障有地方看、看得起，对慢性病实现签约医生全覆盖，对大病、重病实现大病医疗保险全覆盖。对标住房安全，由市住建局牵头，采取维修、新建、易地扶贫搬迁等方式，按照住房安全标准实现全市建档立卡贫困户全覆盖。针对全市农牧民目前主要饮用泉水、自来水、河水等不同水源现状，对标西藏饮用水水质标准，由市水利局牵头，全覆盖检测各水源点水质状况，对不符合饮水标准的水源点，全部改造达标。

三、脱贫机制精准

根据昌都市实际，对标国家贫困县、贫困户退出机制，制定贫困户退出以户为单位，以贫困户年人均可支配收入稳定超过国家贫困标准、吃穿不愁、义务教育、基本医疗、住房安全有保障为主要衡量指标。最低生活保障（包括五保）标准超过当年国家贫困标准的贫困户，凡纳入最低生活保障的家庭，其收入视为稳定超过国家贫困标准。贫困村的退出应以贫困发生率和深度贫困村小组村庄整治建设完成率为主要衡量指标，统筹考虑村内基础设施、基本公共服务、产业发展等综合因素。原则上，退出的贫困村贫困发生率应低于 2%，深度贫困村小组村庄整治建设全部完成。

第二章　实施五个一批

进入脱贫攻坚阶段，在昌都市委、市政府的坚强领导下，聚焦“六个精准”“八个全面”，正确回答“扶持谁、谁来扶、怎么扶、如何退”四个问题，全市上下同心协力、因地制宜、多管齐下、多措并举、合力攻坚，主要从发展生产脱贫一批、易地搬迁脱贫一批、发展教育脱贫一批、生态补偿脱贫一批和社会保障兜底脱贫一批等“五个一批”方面精准发力、精准施策，为全市全域脱贫摘帽，到2020年如期全面建成小康社会夯实了基础。2016—2020年，全市通过发展生产脱贫81210人，易地搬迁脱贫103361人，生态补偿脱贫139163人，发展教育脱贫28987人，社保兜底脱贫40130人（表2–3）。

表2–3　昌都市“五个一批”措施脱贫一览表

人

县区名称	发展生产脱贫人数	易地搬迁脱贫人数	生态补偿脱贫人数	发展教育脱贫人数	社保兜底脱贫人数
卡若区	6614	7710	12692	2654	2198
江达县	5256	8377	12883	2005	1206
贡觉县	6592	8057	11507	1360	1175
类乌齐县	4585	8789	11652	1678	4091
丁青县	6308	6525	9586	3993	1828
察雅县	5415	12751	14414	2671	4772
八宿县	7846	9509	12879	3683	3117
左贡县	5915	6978	9540	1546	5275
芒康县	17690	17590	23247	4154	9952
洛隆县	7461	9081	11137	3311	4098
边坝县	7528	7994	9626	1932	2418
合计	**81210**	**103361**	**139163**	**28987**	**40130**

数据来源：昌都市脱贫攻坚指挥部数据统计组提供。

第一节　发展生产脱贫一批

根据《西藏自治区产业精准扶贫工作指导意见》《西藏自治区脱贫致富产业发展项目管理暂行办法》《贫困地区发展特色产业促进精准脱贫指导意见》等文件精神，按照“优势区域、优势产业、优势资源、优先发展”“区域集中、规模做大、质量提升、效益提高”发展思路，昌都市紧紧围绕

“五大养殖基地”①和“七大种植基地”②产业布局，以市场为导向、以效益为目标、以辐射带动贫困群众增收为根本，统筹全市经济社会发展与扶贫开发扶持项目、自家生产经营，坚决纠正把“发展生产”狭隘地理解为扶贫开发项目，致使贫困人口以外的其他人口享受不到有关政策和项目，进而顾此失彼。引导贫困群众积极参与特色农牧产业、资源开发、旅游发展等产业发展以及项目建设，提升自我发展能力，实现经济发展与贫困群众同步增收。注重农牧特色产业效益，确保产品有市场、企业有利润、群众有收入、政府有税收。扶持发展合作社和村集体经济，引导贫困群众以土地、资本等要素入股，增加群众财产性收入。

一、组织架构

在市脱贫攻坚指挥部统一部署下，由市农业农村局牵头，成立市脱贫攻坚指挥部产业脱贫组，市发改委、市科技局、市信息和工业化局、市财政局、市水利局、市林草局、市商务局、市民宗委、市文化局、市旅发委、市扶贫办等单位参与，负责全市产业脱贫工作，主抓政策制度设计、规划编制、业务指导、督导检查、综合协调、落实资金、总结评估、目标考核等工作。各县（区）党委和政府承担主体责任，牵头对本县（区）项目库实行规范化、动态化管理，并对项目库中项目立项的规范性、投资的科学性、带动贫困人口脱贫成效的有效性负责，切实抓好进度安排、项目落地、资金使用、人力调配、推进实施等工作。

二、工作要求

（一）精准确定扶贫对象

产业发展项目扶持对象由基层村（居）、乡（镇）、县（区）从建档立卡贫困户中自下而上申报确认。产业脱贫扶持对象是指有劳动能力、有发展相关产业意愿、具备发展相关产业条件，且在脱贫攻坚期或较长时段内相对稳定从事产业发展的贫困农牧民。县（区）负责精准识别、精准确定产业脱贫对象，对于社保兜底脱贫、教育脱贫、转移就业等政策享受者，不列入产业脱贫对象。

（二）精准确定组织形式

鼓励和支持发展市场主体帮扶、能人大户帮带、贫困农牧户联办等产业化经营模式，加大产业及贫困农牧民的组织化程度，建立健全“企业＋基地＋建档立卡贫困户”“企业＋专合组织＋建档立卡贫困户”“专合组织＋致富能人＋建档立卡贫困户”等发展模式，构建紧密的利益链接机制，实现产业发展与贫困农牧民脱贫致富双促进。进一步引导发挥市场主体、能人大户的传帮带作用，依托农牧民专业合作经济组织等市场主体、能人大户的带动和典型引路，逐步转变贫困农牧民落后观念，转变发展意识。

---

① “五大养殖基地”即牦牛育肥基地、黄牛改良基地、阿旺绵羊扩繁基地、商品猪养殖基地、禽类养殖基地。
② “七大种植基地”即粮食作物、经济作物、饲草料作物、蔬菜、葡萄、生态林、经济林等七大种植基地。

（三）规范项目申报、审批与管理

1. 项目申报

产业发展项目坚持贫困人口自愿申报原则，由县（区）依据贫困人口自身需求结合贫困区域资源条件、发展基础、市场潜力、投资效益等综合因素，重点选择安排针对性强、技术成熟、成长性好、市场前景好、投资收益高、带动群众能力强的产业发展项目。具体程序为：一是村申报。村两委和驻村工作队在认真分析本村致贫原因、资源禀赋、资金保障和脱贫需求的基础上，组织召开村两委会议或村民代表大会，广泛征求意见，提出立项意见，确定村级申报项目，并在村内公示后予以上报。二是乡审核。乡（镇）要对申报项目的真实性、必要性以及建设内容、资金需求、预期效益、贫困群众参与情况和带贫机制等进行审核，审核后在乡（镇）公示，并报县级项目主管部门。三是县审定。县级行业主管部门要对乡（镇）报送项目的科学性、合规性、可行性进行论证，将符合条件的项目纳入项目库并予以公告。公示公告时间不得少于10天，让入库项目充分接受社会监督。

2. 项目审批

各县（区）依据产业发展项目计划，及时组织编制产业发展项目实施方案或初步设计，并报县（区）脱贫攻坚指挥部审查审批。要切实处理好产业发展项目与维护社会稳定的关系，及时调处产业发展项目中不稳定因素，须将社会稳定风险评估工作作为产业发展项目审批的前置条件，做到存在社会安全隐患项目不安排或暂缓安排，待社会安全隐患、矛盾纠纷排除后再行安排。同时简化项目申报审批手续，加快项目申报审批进度。

3. 项目管理

严格执行项目法人责任制、招投标制、监理制、合同制、领导责任制等“五制”管理。全面公开扶持对象、资金安排、项目建设等情况，大力推进阳光财务，实行党务公开、村务公开、财务公开、服务公开、决议公开、过程公开、结果公开，鼓励贫困户参与项目决策、项目监督和效果评估。对产业发展项目前期工作、审批文件、组织实施、建设管理、资金管理使用、运行管护、监督检查、考评验收等全过程的档案资料进行分门别类汇编成册。严格按照《西藏自治区脱贫致富产业发展资金管理暂行办法》执行，加强产业发展项目管理和资金管理。项目竣工验收实行县（区）脱贫攻坚指挥部负责验收，市脱贫攻坚指挥部抽查考核的管理机制。项目验收采取实地查看、入户了解、群众座谈、听取建设单位和主管部门意见及查阅项目档案，财务账目等形式。验收组要对工程设计、施工组织、工程质量、建设进度，建设程序、资金使用、档案管理、效益发挥等方面作出全面考核，科学、合理、合法作出评价和结论。

（四）强化监督考核

深入贯彻落实《脱贫攻坚责任制实施办法》，不断完善监督考核体系，结合昌都实际，依据《昌都市驻村（居）工作队、党支部第一书记扶贫开发工作考核办法（试行）》《昌都市脱贫攻坚工作成效考核办法》《党政领导班子和领导干部扶贫开发工作成效考核办法（试行）通知》等考核管理办法，按照脱贫攻坚监督检查和目标考核管理的相关规定，加强产业发展项目的监督检查和考核工作，切实推动脱贫攻坚责任落实，确保如期实现产业脱贫目标。

三、主要举措

立足资源禀赋、产业基础和市场需求，坚持“政府主导、农牧民主体、科学规划、统筹开发”的原则，立足“自给保供、提质增效、富民增收”三大发展需求，实施“开放引领、科技支撑、品牌开拓、融合发展”四大推进战略，依托五大养殖基地、七大种植基地，深入推进全市“5+7 产业建设”，全力打造“牦牛、阿旺绵羊、藏药保健、藏系畜禽、林果、青稞”六大特色产业链。2016—2020 年期间，全市累计下达产业扶贫资金 648811.47 万元（其中：2016 年 101967.06 万元、2017 年 176517.33 万元、2018 年 178427.40 万元、2019 年 78357.62 万元、2020 年 113542.06 万元），带动建档立卡贫困户 104552 人，受益人达 184277 人。

（一）紧扣产业脱贫，规划引领产业发展

紧紧围绕“优势区域、优势产业、优势资源、优先发展”和“区域集中、规模做大、质量提升、效益提高”的发展思路，结合“做强五大优势加工产业，培育四大特色产业带”和建设“五大养殖基地”“七大种植基地”的发展目标，抓牢区域特色农牧业资源优势，全力培育以绿色无公害蔬菜、芒康葡萄酒、八宿荞麦酒、洛隆糌粑、类乌齐牦牛肉为主的系列农牧特色产品，不断推进农牧特色产业发展。

（二）狠抓种植业生产，农业基础更稳固

一是全市推广麦类作物良种 56.33 万亩（其中青稞良种 53.34 万亩），其中主导品种 52.69 万亩（‘喜拉 22 号’26.7 万亩、‘藏青 320’2.9 万亩、‘藏青 2000’23 万亩、‘山青 9 号’0.25 万亩、‘冬青 18 号’0.49 万亩、‘山冬 7 号’2.99 万亩），搭配品种 3.15 万亩，良种覆盖率达 90% 以上（其中青稞良种覆盖率达 95%）。二是强化耕地地力提升。10 个粮食主产县（区）实施测土配方面积和粮食绿色高产高效创建示范面积各 48 万亩、开展“3414”田间肥效试验共计 20 个。三是强化高产田建设。共建设麦类作物良种繁育田 3.3443 万亩（其中：一级良种繁育田 0.2131 万亩，二级良种繁育田 3.1312 万亩）。四是农机购置补贴有序落实。全市共落实农机购置补贴 1264.212 万元，购置农机具 4529 台（套），收益农牧户 3427 户，农作物综合机械化率达到 59%。同时，全市办理农机加油一卡通 45899 张。五是农机深松整地稳步开展。实施农机深松整地 3.46 万亩。六是蔬菜保供稳步提升。截至 2020 年年底，全市建成各类设施农业大棚 6244 个，面积 3639.1 亩，蔬菜产量达 13 万吨。

（三）力推畜牧业发展，主动适应新常态

一是扎实推进畜种改良。截至 2020 年年底，完成改良黄牛 1.0569 万头，新生改良犊牛 2783 头；牦牛经济杂交配种 625 头、新生产牛犊 361 头。同时，抓好改良站点建设，在卡若、芒康等 9 县（区）建设黄改（牦改）站点 26 座。二是积极开展牦牛短期育肥，牦牛短期育肥出栏 2.519 万头。三是做好牲畜良种推广。积极落实牲畜良种补贴资金，牦牛种公牛良种补贴资金提高至 4000 元 / 头、羊良种补贴资金已提高至 1200 元 / 只，全市共计补贴牦牛种公牛 1300 头、羊良种 2500 只，补贴资金 820 万元。四是积极落实农牧民补助奖励政策。实施农牧民补助奖励草原面积 8170.62 万亩，其中实施草畜平衡草原面积 7420.62 万亩，实施禁牧草原面积 750 万亩，核定理论载畜量 747.67 万个绵羊单位，从纯牧户选聘天然草原监督员 2711 名，全年兑现到户资金 2.6 亿元，户均增收 2430 元。五是加快恢复生猪生产。为支持发展生猪产业，持续快速恢复生猪产能，增强猪肉供应保障能

力，全年投入资金485.392万元，开展藏猪保种扩繁工作，向芒康、左贡、洛隆、边坝、丁青5县扩繁推广种猪1163头。同时，印发《昌都市关于应对后期猪肉价格上涨，加快生猪生产推进产业转型升级的实施方案》。六是狠抓农牧业防抗灾工作。全年下拨农牧业防抗灾资金1315万元、防抗灾饲草料3567.27吨，市级农牧业抗灾物资储备库储备抗灾饲草料1240吨。七是扎实做好春秋两季重大动物强制免疫。春防重大动物疫病免疫牛口蹄疫256.28万头、羊口蹄疫28.38万只、猪口蹄疫4.08万头、猪瘟4.02万头、鸡禽流感6.14万羽、小反刍兽24.96万只、布氏杆菌病牛56.38万头、羊12.57万只；秋防重大动物疫病免疫牛口蹄疫248.1832万头、羊口蹄疫30.001万只、猪口蹄疫4.6万头、鸡禽流感5.46万羽、猪瘟4.618万头。

（四）推进农牧业高质量发展助力脱贫攻坚

一是加强顶层设计。制定并执行《昌都市高原生物产业专项推进组2020年工作要点》《昌都市葡萄产业发展方案》《昌都市芫根产业发展方案》《昌都市高原生物产业专项推进组三年工作计划（2020—2022年）》《昌都市阿旺绵羊藏猪及牦牛重点产业发展方案（2020—2025年）》，明确发展目标任务。二是组派高原生物产业建设督导调研组赴左贡、贡觉、江达等县，就加强组织领导、完善“龙头企业+基地+合作社+农户”发展模式、促进产业加快提质增效等工作进行督促指导。三是扎实推进产业发展。建成高原生物产业项目32个，完成总投资3.47亿元。四是抓好农业经营主体发展。卡若区格瓦牧场、左贡县古古塘畜牧业家庭农场，被评为第一批自治区级示范家庭农牧场，2020年全市录入家庭农场系统名录达到375家。

1. 牦牛产业

一是依托21个牦牛育肥基地，育肥出栏25190头，牦牛养殖存栏149.6万头、出栏39.4万头。二是邀请重庆农科院赴昌开展牦牛产业调研，投入65万元在昌都、重庆两地启动牦牛育肥效果对比试验。三是为助推全市牦牛产业发展，扩大牦牛的影响力和知名度，尤其是类乌齐牦牛，开拓区内外地市场，促进全市牦牛产业发展，从重庆援藏资金中解决40万元，委托专业机构拍摄制作“类乌齐牦牛宣传片”。

2. 藏猪产业

一是依托23个藏猪养殖基地，养殖藏猪15.12万头、出栏9.08万头。二是研究制定藏猪产业发展方案，为发展高原生物产业，打造高原特色农畜产品品牌，下发《昌都市阿旺绵羊藏猪及牦牛重点产业发展方案（2020—2025年）》。三是邀请云南农业大学藏猪首席专家赴昌都开展藏猪保种技术合作，制定《2020年昌都藏猪提纯复壮工作方案》，从芒康县收购29头种猪，充实多伏卡藏香猪繁育基地。四是与福建省农业科学院签订《农业科技对口帮扶框架协议书》，帮助全市发展藏猪产业。五是在左贡县建设碧土乡藏猪保种场、扩繁场和扎玉镇商品猪养殖场。六是引进湖南正虹科技集团，与西藏长昌农业综合开发有限责任公司共同出资成立合资公司，联合开展生猪（藏猪）养殖业务。

3. 阿旺绵羊产业

一是依托9个阿旺绵羊养殖基地，养殖阿旺绵羊22万只、出栏2.52万只。二是着力推进《昌都市觉拥种畜场阿旺绵羊原种保护提升改造项目》建设工作。三是在芒康县昂多乡、曲登乡建立绵羊养殖合作基地2个，投入资金270余万元。四是在贡觉县选取3个点开展阿旺绵羊“补饲育肥”试验推广。五是建设完成昌都市阿旺绵羊胚胎中心，总投资5500万元，2020年生产胚胎5000只、冻精15万支。

4. 藏鸡产业

一是依托18个昌都藏鸡养殖基地，养殖藏鸡25万羽。二是以昌都市康贡禽业科技有限公司为藏鸡孵化中心和培育基地、养殖基地，向卡若、芒康、左贡、八宿、边坝等县（区）现有的8个养殖基地推广藏鸡鸡苗，按照“企业＋基地＋合作社＋养殖户”的经营模式，带动群众进行商业化养殖，快速扩大养殖规模。三是以昌都市蓝天圣洁产业投资有限责任公司为主体，打造“蓝天圣洁”产业品牌，加强藏鸡品牌开发和推广，推进藏鸡“三品一标”认证，加大宣传力度，进一步提升藏鸡品牌影响力、传播力和知名度。

5. 芫根产业

一是种植芫根3.66万亩，年产量4.8万吨。二是在类乌齐县投入200万元，实施芫根规范化种植及特色产品研发项目，并通过招商引资，扶持成立类乌齐县极多香食品有限责任公司，开发昌都市芫根产品销售市场。

6. 葡萄产业

一是累计完成葡萄种植2.5万亩。二是在芒康、左贡两县实施“藏密1865”、“成功红”葡萄深加工项目，截至2020年年底，左贡县“成功红”天麓酒庄正式投产运营，完成60吨葡萄酒灌装。三是中国农业科学院郑州果树研究所在芒康县藏东珍宝酒业有限公司正式建立成果转化基地。

7. 饲草产业与青稞产业

一是围绕畜牧业发展需求，积极调整优化农作物和饲草种植结构，扩大人工饲草种植面积。截至2020年年底，全市粮改饲作物种植面积2.7万亩/年，饲草种植9.6万亩/年。二是2020年完成青稞种植面积56.08万亩，年产青稞16.62万吨。

（五）强化龙头培育，提升产业活力

坚持“市场导向、科技支撑，因地制宜、突出特色，扶优扶强扶大、多轮驱动”的工作要求，按照“龙头企业＋贫困户”“专业合作社＋贫困户”“致富能人＋贫困户”模式，以增加农牧民收入为目的，因地制宜大力实施品牌带动战略，努力打造一批档次高、规模大、专业性强的农牧特色龙头产业，以龙头产业带动农牧特色产业发展，农牧特色产业优势不断扩大。截至2016年年底，全市农牧业产业化经营龙头企业已发展至9家，实现产值5320万元，带动建档立卡贫困户6100户，户均增收3000元左右。截至2017年年底，全市培育龙头企业18家，其中自治区级龙头企业1家，带动建档立卡贫困户8200户通过发展产业持续增收；扶持农牧民专业合作社180家（国家级4家、市级18家），实现收入1亿元，带动农户7000余户，户均增收6400元。截至2018年年底，培育龙头企业20家，实现产值1.6亿元，带动农牧民群众1.03万户，实现户均增收3200元。培育专合组织260家，实现增收1.26亿元，加入专合组织农牧户达1.63万户，实现户均增收7100元。截至2020年年底，全市22家龙头企业实现产值0.92亿元，带动7800户群众、实现户均增收1600元；310家专业合作组织实现收入9912万元，带动9000户群众、实现户均增收3500元。引进“334”产业扶贫投资模式企业31家，落地资金5.45亿元，带动群众2725户、实现户均增收2500元。全市已完成利益联结机制建设项目581个，累计实现分红6639.74万元，覆盖建档立卡贫困户2.6万人。全市累计流转土地2.7万亩，带动7568户26749万名贫困群众增收，户均增收3300元以上。全市5家水电开发企业累计投入资金2.45亿元，通过结对帮扶、产业帮扶、参工参建等多种方式带动群众增收，人均年收入达4万余元。

（六）强化品牌创建，优化产业体系

坚持将特色农牧业品牌创建作为增强农畜产品加工企业优势产品进入市场、提升企业竞争力的重要手段来抓。按照“做活、做大、做强、做优、做特”目标，全力培育和打造区域特色鲜明知名

品牌，积极开展特色优势产品商标注册和原种地理标识保护工作。截至2020年年底，已拥有“达美拥”红葡萄酒系列产品、“洛宗”糌粑系列产品、“卡诺”圣水产品、“昌都阿旺绵羊”“藏家牦牛”“康巴类乌齐”等多个品牌。

（七）创新脱贫模式，拓宽增收渠道

一是采取“1+1+3”（编制一套产业发展规划、编织一张产业扶贫“保障网”、健全完善三项产业项目管理制度）工作机制，创新“四带”（带岗位就业、带劳务输出、带入股分红、带订单增收）增收模式，不断扩大产业带动建档立卡贫困户的带动面、参与面和受益面。二是用好用活社会资本，充分发挥政府投资“四两拨千斤”的导向作用，深入推进“334”（30%政府投资、30%企业投资、40%金融贷款）金融扶持模式，鼓励支持效益好、带动性强、吸纳就业能力强的龙头企业、社会资本和个人参与扶贫产业项目。县（区）均设立风险补偿金，充分发挥财政撬动金融支持扶贫开发的作用。三是依托“三变”（资源变资产、资金变股金、农民变股民），积极探索“飞地经济”“招商扶贫”“资源扶贫”“旅游扶贫”“土地增值”等产业发展新举措，加大特色优势产业研究和开发力度，不断增强农牧民致富能力。四是芒康县推出“五新模式”①发展扶贫产业，葡萄种植面积达11000余亩，年均解决300余人临时就业，人均年收入8000余元；曲孜卡乡花椒种植基地面积达300余亩，辐射带动农户185户，年均增收600余万元；完成7个康巴蜜橘基地建设，总面积870.41亩；兴办符合产业政策、市场前景好的村集体经济实体92个，专业合作经济组织26个。五是积极推行“7+”②产业扶贫利益联结机制。截至2020年年底，全市已建立稳定、紧密、互利的利益联结机制项目738个。六是建立产业分片包干机制。截至2020年年底，全市23名地级领导包县（区），226名县级领导包抓实施的851个产业项目。七是芒康县紧抓“三权分置”机遇，采取土地流转与合作规模经营相结合的方式推动产业规模化发展，以土地转租赚租金、土地入股赚股金、就近就便务工挣薪金等多种方式，盘活土地存量，带动贫困群众增收，全县已流转土地11845亩，每亩实现增收1300～5000元。八是江达县大力推进招商扶贫，与藏能、北京英利、中电建达成光伏电站招商项目，通过土地转租带动196名建档立卡贫困户实现人均增收2.12万元。类乌齐县大力推进生态旅游扶贫，投入460万元将桑多镇达日通村成功打造成“康巴花都”生态旅游点，以藏家乐和帐篷营地为特色，带动降档立卡贫困户81户416人增收致富。九是贡觉县将“昌都阿旺绵羊”作为带动农牧民增收致富的脱贫主导产业，按照“养羊子、培育苗、草养畜、供产销”绿色发展思路，用“羊苗子、草捆子、肉串子”鼓起群众的钱袋子，阿旺绵羊驮来了脱贫致富的“金钥匙”，带动更多贫困群众在家门口增收致富。十是洛隆县久玛村分布式光伏扶贫试点是昌都市首个分布式光伏扶贫试点项目，由福建援藏队泉州援洛组通过招商引资方式引进，产生收益12余万元，实现户均分红1544元，惠及建档立卡贫困户62户322人，实现新能源助推脱贫攻坚。

（八）强化科技服务，激活产业活力

按照“一个产业、一位首席专家、一个技术服务团队、一笔经费保障”的工作机制，加强与西

① “五新模式”即：深挖优势，形成地域特色资源开发运用新模式；合理利用，形成剩余劳动力资源使用新模式；优化资源，利用农牧区闲置土地形成营运新模式；依托政策，形成对口项目服务整体投入新模式；立足实际，采取“六六”措施开启小康新模式。

② “7+”即到户产业、企业带动农户、股份分红、资产收益、合作社、委托饲养、工资性收益。

藏自治区农科院、四川省农科院、云南省农科院等区内外研究所合作，重点加大对特色优势种养业的研究和开发力度，增强特色农牧业产业的科技创新能力和农牧民的科技致富能力。同时，采取“引进来 + 走出去”的模式，加大对农牧业专业大户、专业合作经济组织以及龙头企业管理人才的培养，从区外引进短期技术援助干部，带动当地农牧科技干部提高业务能力，并选派基层农牧科技人员到内地开展短期培训，学习掌握适合昌都实际的先进实用农牧科技。

（九）落实消费扶贫责任，助推扶贫产业发展

一是加强产业调研。由蓝天圣洁产业投资有限责任公司对昌都市农畜产品进行调研，对产品价格进行初步整理，建立蓝天圣洁产品品质筛选体系，签订框架性合同，并从昌都市农牧特色企业、合作社中采购消费扶贫产品 928.43 余万元。二是在天津援藏工作队的帮助下，在天津扶贫销售点上架昌都市扶贫产品，与天津市肿瘤医院、天津市第三医院、天津市中医药大学第二附属医院等单位签订 378 余万元意向订单，与天津食品集团商贸有限公司、津都科技集团有限公司各签订 1000 万元的产品销售协议。三是与福建市场 7 家销售点签订产品销售协议。四是与重庆农委巴味渝珍品牌建立合作关系，并将扶贫产品上架其电商平台。五是上线西藏昌都京东扶贫馆进行市场营销，在天津建行等区域性电子商务平台进行产品宣传，提高昌都市农特产品知名度。六是拓宽农产品销售渠道，截至 2020 年年底，蓝天圣洁产业投资有限责任公司已对接单位 116 家，实现消费扶贫总额 924.02 余万元。七是建立消费扶贫馆。2020 年 9 月 19 日，昌都市首个消费扶贫馆——地球第三极·蓝天圣洁扶贫馆（津昌店）开馆，馆内汇聚昌都市 11 个县（区）38 家企业的产品合作社和天津、重庆、福建等援藏省份的产品，主要有类乌齐牦牛肉、卡若区藏香猪肉、冻干獐子菌等 450 余种扶贫农畜产品和手工艺品。

第二节　易地扶贫搬迁脱贫一批

进入脱贫攻坚阶段，昌都市加强沟通协调，统筹处理好易地搬迁安置与安居工程、新农村建设、城乡统筹发展之间的关系，科学合理地安排建设项目。以生存条件恶劣、资源匮乏、地方病等特殊区域贫困群众“挪穷窝”为重点，把易地扶贫搬迁工作作为打赢全市脱贫攻坚战的“重头戏”和“牛鼻子”，按照“六靠”“五方便”“两避让”的原则，创新搬迁模式，严格政策标准，突出搬迁后续发展，较好地完成了“十三五”易地扶贫搬迁工作任务，基本达到了“搬得出、稳得住、能致富”的总体要求。2016—2020 年，按照“以岗定搬、以业定迁”的搬迁原则，全市投入 61.44 亿元，完成建档立卡贫困人口易地扶贫搬迁安置点 268 个 19225 户 99104 人，三岩片区 7 个乡 45 个村 1801 户 11605 人跨市整体易地扶贫搬迁，为助力全市如期高质量完成脱贫攻坚夯实了基础。

一、组织架构

在市脱贫攻坚指挥部统一部署下，成立由市发展和改革委牵头，发改委主任任组长，市安居办、扶贫办、财政、自然资源、教育、卫生、住建、交通、水利等相关部门负责人为成员的易地扶贫搬迁组，全面负责全市易地扶贫搬迁工作。各县（区）、乡（镇）政府成立相应的领导小组，全

面负责本县（区）、乡（镇）的易地扶贫搬迁工作。

市、县（区）脱贫攻坚指挥部分别负责各自易地搬迁总体规划的制定、重大事项和有关政策的协调，负责组织易地扶贫搬迁工程方案的落实、技术方案的执行，并对工程质量进行全面监督和严格考核；负责宣传动员、组织实施、计划管理、资金监督、政策兑现、技术服务和检查验收等工作；负责协调各成员单位，按照各自的职责和业务分工，做好本部门的相关工作；有计划地组织各专项工作组人员开展学习、交流和培训，提高业务素质。各县（区）负责对易地扶贫搬迁项目进行场址地质灾害危险性评估及社会稳定风险评估，群众搬迁动员和搬迁安置后续管理以及稳定等工作。

二、工作要求

对拟定搬迁任务、制定搬迁原则、安置区选择与安置房建设、安置区配套基础设施及公共服务设施建设、项目资金管理和奖惩等六个方面重点作出具体工作要求。

（一）拟定搬迁任务

1. 精准识别易地扶贫搬迁对象

对居住在地方病集中多发区、地质灾害隐患威胁区、高山峡谷封闭区、长江上游天然林保护区、地震灾害频发区、生态环境脆弱区以及道路不通脱贫困难区等"一方水土养不起一方人"的贫困人口实施易地搬迁。

2. 易地扶贫搬迁方式

结合昌都实际，统筹考虑各县（区）、各乡（镇）、村（居）水土资源条件、城镇化和新农村建设进程以及搬迁对象意愿等因素，采取集中和分散两种安置方式，原则上以集中安置为主。

（二）制定搬迁原则

1. 坚持党委领导，政府主导原则

充分发挥集中力量办大事的社会主义制度优越性，充分发挥各级党委、政府的领导和主导作用，充分调动全社会力量广泛参与脱贫攻坚工作的积极性、主动性，充分尊重群众意愿，整合资源，积极稳妥推进易地扶贫搬迁工作。

2. 坚持因地制宜，精准施策原则

按照全面建成小康社会的要求，统筹规划扶贫开发区、易地扶贫搬迁集中安置点的产业项目、基础设施及公共服务配套设施等，并根据昌都人多地少现状，科学分析环境容量、水土资源承载力和市、县（区）财力水平，严格控制搬迁住房建设面积和建设标准，做到既能保障搬迁对象基本的生产生活需要，又能实现城乡统筹发展、产城融合发展，确保搬迁后就业有门路、生活有保障、致富有抓手、发展有后劲。

3. 坚持改革创新，因地制宜原则

将易地扶贫搬迁集中安置区、分散安置点建设与新型城镇化建设、社会主义新农村建设、生态环境保护相结合，实行差异化补助政策。因地制宜探索易地扶贫搬迁安置新方式，针对不同搬迁对象引导发展高效农牧业、石材加工、开办砂厂、餐饮服务、民族手工业、旅游开发等产业，立足当前、着眼长远，确保易地扶贫搬迁规划科学可行、搬迁对象"挪穷窝、断穷根、摘穷帽"。

4. 坚持群众主体，自力更生原则

动员引导市场和社会等各方面力量支持参与精准脱贫工作，并充分调动拟实施易地搬迁区域群众的积极性和主动性，发扬自力更生和“老西藏”精神、“两路”精神，引导鼓励群众自发参与自家安置房新建、富民产业基地建设等，让群众在学到技能的同时，拓宽增收渠道，尽快实现贫困人口自我发展、脱贫致富目标。

（三）安置区选择与安置房建设

1. 安置区选择

按照“六靠、五方便、两避让”①的要求，易地扶贫搬迁安置区必须是环境容量许可，水土资源平衡，交通方便，符合生态建设和避险要求，能满足搬迁群众生产生活需要，基础设施和公共服务设施配套齐全，且有带动搬迁群众脱贫致富产业的区域。以扶贫开发区为龙头，以县（区）城、重点城镇为重点，每个县（区）设置一个扶贫开发区，打造11个扶贫开发区。有条件、有拓展空间的县（区）还可结合自身的实际，增加扶贫开发区人口规模、产业布局。各县（区）要按照“高起点站位、高质量开发”的要求，做好扶贫开发区的土地、草场、水、电、路等生产生活资料的承载能力，以及现有农畜产品、旅游、文化、服务业等产业资源的基本情况和开发前景的前期调研和调查摸底工作，统筹做好扶贫开发区规划与产业发展、新农村建设和易地扶贫搬迁等规划的有效衔接，积极引导易地搬迁群众向扶贫开发区集中。

2. 安置房建设要求

一是农牧民住房面积在人均不超过25平方米的基础上，结合群众意愿及当地实际合理确定，不得变相扩大建筑面积，也不得脱离实际提高建设标准，防止因搬迁而举债、因搬迁而返贫。二是安置房建设风貌要结合区域特色，充分利用地形地貌，展现当地民族特色风貌和文化元素，结合风格各异、错落有致、坐北朝南、朝阳采光、宽敞明亮、安全舒适、人畜分离、一户一厕的原则进行设计和建设，杜绝“兵营式”建设模式。三是房屋结构采取框架、砖混、砖木等方式，原则上不允许建设土木结构房屋。四是安置房建设必须按照《建筑工程抗震设防分类标准》和抗震烈度划分进行抗震设防。五是对纳入全市易地扶贫搬迁规划的建档立卡贫困人口自治区按照每人6万元（包括建房及基础设施、公共服务、土地整治、生态修复等配套建设）给予补贴。

（四）安置区配套基础设施及公共服务设施建设要求

一是按照“点内点外均统一建设、归口负责”的要求，安置区内基础设施建设项目参考新农村基础设施配套标准执行。主要包括：村级公共服务设施、农村安全饮水、入户供电、道路硬化、邮政通信等；安置区外的配套基础设施建设，按照行业归口负责原则，自下而上，层层向上级有关部门予以申报解决。二是安置区均要配套水、电、路、讯、邮政、广播电视等基础设施，达到“八到农家”②目标和“七新”③要求。三是安置区配套建设村委会、村民活动广场等公共服务设施，实现

① “六靠”即靠县城、靠乡（镇）、靠中心村、靠景区、靠产业园区、靠交通要道。“五方便”即方便安置点选点规划、方便基础设施建设、方便公共服务配套、方便群众发展产业、方便交往交流交融。“两避让”即避让地质灾害隐患、避让地震断裂带。

② “八到农家”即水、电、路、讯、邮政、农家书屋、广播电视、优美环境。

③ “七新”即规划新、秩序新、特色新、服务新、管理新、生活新、面貌新。

“八室一超市一广场”①的基本格局。四是安置区应根据人口规模，按需配套建设学校及幼儿园，并根据安置点的条件和需要规划建设综合农贸市场。五是安置区的道路建设按照昌都市小城镇及新农村建设标准，并结合各县（区）各安置区道路路网布局实际，进行配套建设。六是安置区的给排水管网工程，必须敷设入户给排水管网，雨水管、污水管分开敷设，实行雨污分流，厨房、厕所等各类生活污水须进入化粪池进行一级处理后统一接入地下污水管网，最后达标排放。七是安置区的生活垃圾处理，每个安置点配套建设垃圾收储设施，生活垃圾收运后，就近运输到垃圾填埋场或符合环保要求的垃圾无公害处理站处理。八是安置区的美化绿化亮化，按照“生态宜居、美丽乡村”的原则，在搬迁用地平整时，尽可能保留原有的树木、沟渠、水体。村内道路两侧、公共场所尽可能合理布局灯饰、绿化带。九是安置区的饮水安全工程，由水利部门选好水源地，并统筹组织实施。因客观条件不能满足标准的，由设计单位、乡（镇）、村民共同协商调整方案，报市脱贫攻坚指挥部审定后实施。十是安置区的供电工程，由电力部门具体实施，输送电线路连接至入户电表箱内。十一是安置区的通信、电视接收等其他设施，由所涉行业主管部门按“行业归口”的原则负责抓好落实。

（五）项目资金管理要求

一是易地扶贫搬迁工程建设资金主要包括国家和自治区补助资金、群众自筹资金、专项建设基金、地方政府债券、长期政策性低息贷款资金和单位社会帮扶资金以及援藏资金。二是鼓励金融机构通过多种方式提供金融支持，鼓励对口援藏省市加大民生援藏力度。三是各县（区）要通过易地扶贫搬迁工程，科学整合通村道路、危房改造、以工代赈、整村推进、饮水安全、农网改造、退耕还林、退牧还草、土地整治、基层政权建设、教育、卫生等项目资金，按照“渠道不乱、用途不变、各司其职、各尽其责、各记其功”的原则整合各类资金资源，不断拓展建设资金筹资渠道。四是抓好扶贫资金使用监管审查，易地扶贫搬迁工程资金实行“独立核算、分账管理、专款专用、封闭运行”，并按照工程建设进度及时足额拨付，严禁挤占、挪用。工程建设单位应严格执行基本建设财务管理相关规定，绝不允许超越底线、红线、火线，不允许损害群众利益，一经发现一律严处。五是应当积极配合监察、财政、审计等部门开展易地扶贫搬迁工程的监督检查和审计，发现问题要及时处理。各县（区）应定期对易地扶贫搬迁工程资金的拨付、到位、配套、使用等情况进行检查，以便及时发现和解决问题。六是市、县（区）脱贫攻坚指挥部可以在本级易地扶贫搬迁工程配套资金中安排一定资金，主要用于规划设计和实施方案的编制、方案评估、工程检查、成果宣传、课题研究、档案管理以及会议、资料、印刷等费用开支。易地扶贫搬迁工程项目其他费用（勘察设计、招投标管理、工程咨询等费用）严格按照国家、自治区及昌都市基本建设项目管理办法的有关规定和要求执行。

三、主要举措

进入脱贫攻坚阶段，昌都市坚决贯彻落实党中央和区党委、政府关于脱贫攻坚的总体部署，主动作为，自我加压，超前谋划，按照“搬得出，稳得住，能致富”的总体要求，扎实推进易地搬迁

① “八室一超市一广场”即支部书记办公室、便民服务中心、支部会议室、综合会议室、文化室、值班室、财务室、卫生室，农资和生活用品超市，村民活动广场。

工作。以生存条件恶劣、资源匮乏、地方病等特殊区域贫困群众“挪穷窝”为重点，把易地扶贫搬迁工作作为打赢全市脱贫攻坚战的“重头戏”和“牛鼻子”，按照“六靠”“五方便”“两避让”的原则和“八到农家”“七新”要求，创新搬迁模式，严格政策标准，突出搬迁后续发展。

（一）精准识别搬迁对象

在全面深入调研的基础上，准确掌握贫困家庭人口、住房情况、生产资料、收入来源、致贫原因等基本情况，科学精准识别易地扶贫搬迁对象，明确了“四项标准”[①]，组派市、县、乡、村四级专项工作组走村入户调研，按照易地扶贫搬迁“一申请、三审核、三公示、一协议”（贫困群众申请、县乡村三级审核、县乡村三级公示评议、与搬迁群众签订搬迁协议）的工作要求，精准识别搬迁人口，不断完善各安置点建设方案，做到精准搬迁、应搬尽搬、一户不漏。2015 年，通过易地搬迁精准识别，全市共识别出易地扶贫搬迁建档立卡贫困人口 103361 人（含贡觉、芒康两县因三岩跨市搬迁涉及建档立卡易地搬迁 4035 人及八宿县跨市搬迁至拉萨羊八井涉及 222 人），占全区易地扶贫搬迁总人口 26.3 万人的 39.21%。2016 年以来，全市开工建设易地扶贫搬迁安置点 268 个，涉及建档立卡贫困人口 19225 户 99104 人（不含贡觉、芒康两县因三岩跨市搬迁涉及建档立卡易地搬迁 4035 人及八宿县跨市搬迁至拉萨羊八井涉及 222 人）。其中芒康县建设易地搬迁安置点 17 个，安置建档立卡贫困户 16955 人，边坝县 43 个 7994 人，卡若区 33 个 7710 人，丁青县 31 个 6525 人，类乌齐县 41 个 8789 人，洛隆县 21 个 9081 人，江达县 23 个 8377 人，察雅县 26 个 12751 人，贡觉县 10 个 4580 人，左贡县 7 个 6978 人，八宿县 16 个 9364 人。

（二）科学制定搬迁规划

结合全市贫困程度深、涉迁人口多、搬迁任务重的实际，为确保易地扶贫搬迁稳步有序实施，因地制宜，科学谋划，精心编制了《昌都市“十三五”易地扶贫搬迁规划》及《昌都市易地扶贫搬迁安置点“十项提升工程”实施方案》，对易地扶贫搬迁、产业发展、道路交通、教育卫生、公共服务等进行顶层设计，以产业带动能力作为易地扶贫搬迁规模确定的重要指标，确保搬迁群众“搬得出、稳得住、能致富”。

（三）严格执行建设标准

按照国家和自治区相关规定，坚持“保障基本、安全适用”的原则，严把“十关”（审核关、选址关、风貌关、朝向关、面积关、户型关、配套关、环境关、产业关、就业关），严格落实工程建设管理“五制”（项目法人责任制、招投标制、合同管理制、工程监理制、资本金制），严格项目建设管理和住房质量监管，严守“建档立卡搬迁人口住房建设面积人均不超过 25 平方米”的红线及群众自筹资金户均不超过 1 万元的原则，严禁超标准建房，防止建档立卡贫困群众因搬迁举债而返贫，对新建民房要求必须采光充足、宽敞明亮、人畜分离、一户一厕且达到抗震设防标准。同时，组织

---

①“四项标准”即：一是对生活在自然条件极其恶劣、资源极其匮乏、基础设施建设比较落后、缺乏必要的基本生产生活资料、就地扶贫投入成本高且脱贫困难的贫困群众实施易地扶贫搬迁；二是对生活在水源涵养林区、自然保护区等生态功能重要、环境脆弱，就地实施房屋重建和扶贫产业开发会对生态环境造成破坏区域的贫困群众实施易地扶贫搬迁；三是对受地质灾害严重威胁、灾害治理难度大、监测监管比较困难，需要避险搬迁的贫困群众实施易地扶贫搬迁；四是对地方病特别是大骨节病高发多发，且多年实施改水、换粮、补硒等效果仍不明显区域的贫困群众实施易地扶贫搬迁。

设计单位深入实地进行现场踏勘测量和规划设计，确保搬迁房屋设计紧密结合自然、地理、气候、资源、人文、居住习惯、历史沿革等实际，充分体现民族特色、民居特点和藏东建筑风格，广泛征求搬迁群众意见和建议，确保布局科学、错落有致、户型合理、安全舒适，符合群众意愿。

（四）强化资金统筹使用

坚持用好、用活、用足金融扶贫政策，全力争取援藏资金及行业资金，积极整合各类涉农资金用于易地扶贫搬迁和配套产业发展，“十三五”以来全市易地扶贫搬迁统筹搬迁安置建房、配套基础设施、公共服务设施、土地整治和迁出区生态环境修复“五大项”建设任务。制定出台了《昌都市易地扶贫搬迁工程实施细则（试行）》《昌都市脱贫攻坚指挥部财务管理制度（暂行）》《昌都市脱贫攻坚整合资金管理办法（暂行）》等资金管理制度，切实加强了资金使用、管理、监督力度，严禁截留、挪作他用等违规现象发生，确保有限的扶贫资金运行安全，最大限度提升资金使用效率。2016—2020年期间，昌都市按照“十三五”建档立卡贫困户20774户103361人共争取资金620166万元。其中：贷款资金（人均贷款6万元，其中：6200×3.5万元=21700万元；103361-6200=97161×6万元=582966万元）604666万元；专项资金6200人×2.5万元=15500万元）。易地搬迁贷款分各县指标为：卡若区46260万元；江达县50262万元；贡觉县48342万元；丁青县39150万元；类乌齐县52734万元；芒康县105540万元；左贡县41868万元；八宿县57054万元；洛隆县54486万元；边坝县47964万元；察雅县76506万元。

（五）不断完善配套设施

坚持城乡统筹协调发展，注重“六个结合”（把易地扶贫搬迁与戍边固疆、新型城镇化、新农村建设、高低海拔实际、防灾减灾和反分裂斗争有机结合起来），科学处理易地扶贫搬迁“十个关系”（科学处理好选准搬迁点和搬迁的关系，搬迁可行性和搬迁的关系，政府动员搬迁和老百姓自愿搬迁的关系，生产方式转型和搬迁的关系，搬迁群众和留下群众一并富起来的关系，彻底搬迁和似搬不搬的关系，搬迁和行政区划调整的关系，搬迁点群众享有基本医疗、教育、住房等配套公共服务设施、生产资源分配的关系，精准扶贫、真正富起来和“五个一批”的关系，乡村留得住、富得起来和城镇吸引得了、也富得起来的关系），围绕“水电路讯网、教科文卫保”十项提升工程，妥善解决搬迁群众“两不愁三保障”的实际问题，配套做好基础设施、公共服务，努力提高搬迁点公共服务均等化水平。

（六）推动各领域有效衔接

结合安置地教育教学和医疗卫生资源供给情况，合理布局学校、医院等配套设施，确保满足搬迁群众就近就便就学、就医需求。积极落实社会服务兜底、农村低保、特困人员、临时救助等社会保障政策，健全完善保障补助稳定增长机制。持续推进全民参保，落实好养老保险各项政策措施。同时，坚持把发展产业作为搬迁群众稳定脱贫的突破口和切入点，围绕全市“五大养殖基地（牦牛育肥、黄牛改良、阿旺绵羊扩繁、商品猪养殖、禽类养殖等养殖基地）、七大种植基地（粮食作物、经济作物、饲草料作物、蔬菜、葡萄、生态林、经济林等种植基地）”产业布局，充分利用安置点资源优势，本着产业先行的原则，统筹规划后续产业发展，坚持每个安置点至少配套1～2个产业项目，同时鼓励企业、合作社、能人大户等经济组织吸纳搬迁群众就业，充分用好生态岗位，确保搬迁后群众有稳定的收入来源。

（七）稳步推进后续扶持工作

积极宣传易地扶贫搬迁政策，在充分调查摸底的基础上，按照国家、自治区关于后续扶持工作的相关部署要求，统筹谋划、因地制宜、分类施策、精准发力，切实加大对易地扶贫搬迁建档立卡贫困人口后续扶持力度，进一步巩固脱贫成果。一是通过易地搬迁脱贫措施的实施，左贡县稳定实现 1196 人脱贫致富，受益人数达到 1013 人；贡觉县稳定实现 1557 人脱贫致富，受益人数达到 3056 人；察雅县稳定实现 944 人脱贫致富，受益人数达到 1304 人；江达县稳定实现 2506 人脱贫致富，受益人数达到 2506 人；洛隆县稳定实现 7306 人脱贫致富，受益人数达到 9359 人；类乌齐县稳定实现 7896 人脱贫致富，受益人数达到 7896 人；卡若区稳定实现 3801 人脱贫致富，受益人数达到 5813 人；边坝县稳定实现 7862 人脱贫致富，受益人数达到 2018 人；芒康县稳定实现 1715 人脱贫致富，受益人数达到 3971 人。二是全市 268 个易地扶贫搬迁安置点配套 447 个产业项目，带动易地扶贫搬迁群众就业 5248 人，达到了每个安置点配套 1 ～ 2 个产业项目的要求。三是严格贯彻落实“一户一宅”政策要求，稳妥有序组织开展易地扶贫搬迁旧房拆除工作，截至 2020 年年底，完成旧房拆除 1975 户和宅基地复垦 1277 户。

（八）积极引导搬迁群众融入新环境

深入开展安置点感党恩教育，积极转变搬迁群众思想观念，大力宣传易地扶贫搬迁政策、先进典型，持续深入开展“志智双扶”，以及“示范安置新村（社区）”“文明村镇”“文明家庭”“脱贫致富模范搬迁户”等创建活动，倡导现代文明理念和生活方式，引导搬迁群众摒弃陈规陋习，弘扬自尊、自爱、自强精神。结合易地搬迁安置点实际，新设立村级组织 33 个，加强党员干部与搬迁群众结对帮扶工作，鼓励各类群团组织、社会组织、志愿者等为搬迁群众提供服务，积极开展生活融入、心理疏导、邻里互助、健康养老等，帮助搬迁群众尽快适应新的生产生活方式，促进搬迁群众交往交流交融，形成团结互助和谐的良好氛围。

（九）三岩片区跨市整体易地扶贫搬迁

实施三岩片区跨市整体易地扶贫搬迁是自治区党委、政府以人民为中心发展思想，着眼长远、审时度势，作出重大决策部署，是贯彻落实习近平总书记精准扶贫精准脱贫方略、新时代治藏方略特别是深度贫困地区扶贫方略的具体体现。自三岩搬迁工作启动以来，在市委、市政府的坚强领导下，在各有关部门的紧密协助合作下，在迁入地的高度重视、大力支持下，市三岩办按照《西藏自治区人民政府转发自治区脱贫攻坚指挥部三岩片区跨市整体易地扶贫搬迁实施方案的通知》（以下简称《实施方案》）要求，扎实推进搬迁各项工作，取得了阶段性显著成效。截至 2020 年年底，三岩片区跨市整体易地扶贫计划搬迁 1801 户 11605 人，其中：贡觉县计划搬迁 1650 户 10424 人、芒康县计划搬迁 151 户 1181 人。

1. 强化领导，压实各级主体责任

市委、市政府始终坚持把加强党的领导贯穿三岩搬迁全过程各环节，始终坚持把三岩搬迁作为检验“四个意识”“两个维护”的试金石。根据三岩搬迁工作推进情况和不同阶段出现的困难和问题，陈军市长亲力亲为、靠前指挥，先后深入到三岩片区一线、深入群众家中，与群众促膝交谈，召开现场推进会、专题会等会议进行安排部署；根据市委、市政府统一部署，市三岩办立即细化措施、分解落实，快速推进；及时调整三岩搬迁工作方案，充实领导小组及各专项组工作力量，压实各级主体责任，夯实各级工作任务。截至2020年年底，选派115名熟悉三岩基层工作的干部（其中：市级干部2人，县级干部12人）协同配合迁入地做好已搬迁群众快速融入和过渡期管理工作，通过采取有力的工作措施，使得三岩搬迁过程中的困难问题得到及时有效解决，有力推动了三岩搬迁。

2. 深挖研判，多措并举推动报名

针对思想保守、恋土情结较重的未报名群众。一是贡觉县创新宣传工作方式，结合昌都市委提出的“三个症结”（村“两委”作用发挥不明显、宗族宗教势力影响、包片领导力度不够），组派宣传组采取“一对一、面对面”和亲戚引导、干部入户宣教、蹲户劝搬等多种方式，逐一了解每户群众所思所想，掌握群众合理诉求，因户因人施策，压实包县包乡包村包户干部的责任，动员组织群众填报意愿。二是市三岩办协同市委宣传部派出市宣讲团，按照自治区明确的群众工作“八条宣传口径”和《实施方案》精神，以行政村集中宣讲为主，个别重点对象以入户宣讲为辅的方式，按照乡不漏村、村不漏户、户不漏人的工作原则，开展宣讲工作，确保宣讲教育全覆盖，累计宣传75场次。三是贡觉县紧盯村“两委”、人大代表、政协委员等关键少数打破壁垒，充分发挥基层党组织在三岩搬迁工作中的战斗堡垒、领导核心作用和党员先锋模范作用，注重激发关键少数重要人员在搬迁过程中的引领示范作用。四是市电视台再次赴各迁入地拍摄三岩搬迁第三部宣传片，拍摄已搬迁群众在迁入地良好的居住环境、致富过程、与当地群众交流交融等，让已搬迁群众现身说法引导未搬迁群众积极报名。

3. 精准对接，安全有序推动搬迁

坚持把群众安全搬迁、和谐融入、促进稳定发展作为重要抓手，根据“充分尊重群众意愿，不搞强迫命令和运动式搬迁”的精神，以及西藏自治区三岩片区跨市整体易地扶贫搬迁领导小组2020年第1次、第2次会议精神，持续加强与各迁入地的沟通对接，完善细化了批次搬迁实施方案，根据迁入地各安置点房屋建设、基础设施、公共服务、产业配套等情况，协商确定具体搬迁时间，全力做好每批次搬迁的医疗保障、道路交通、安全保障等各类应急预案，提前化解搬迁群众各类诉求，市县公安、交警、医务人员和县乡干部全程护送，做好了意愿强烈、条件成熟的涉迁群众的安全搬迁与和谐融入工作。截至2020年年底，完成报名确认1345户8440人，已顺利通过23批31次搬迁58个安置点1026户6207人。

4. 强力配合，协调解决群众诉求

根据“深入细致地做好群众工作，积极配合当地党委政府的工作，做好对群众政策宣讲，落实好应落实的政策”批示精神和昌都市市长在《巴宜区百巴镇嘎吉村搬迁群众前往拉萨上访的情况报告》上作出的“请林芝市联络组协助做好政策解释工作、群众教育引导工作”批示精神，市三岩办、各派驻联络组积极配合迁入地各级党委、政府开展教育引导、政策宣讲等各项工作；同时成立三岩搬迁“330公安工作专班”，派出公安干警11名，协助配合迁入地党委、政府及公安部门精准掌握影响三岩搬迁的不稳定因素和涉稳隐患；联合拉萨市公安机关成功处置2019年“12·2”顿珠金融城等事件，教育处理挑头闹事人员14名；原有的“帕措”“果巴”等宗族势力在迁入地成熟的现代化社区治理体系管理下，宗族势力影响持续淡化，群众法治意识明显增强，陈规陋习基本得到根治，已搬迁群众都能服从迁入地的管理、服从迁出地过渡期干部的管理，积极融入迁入地开启新生活，2016年以来未发生越级上访、缠访闹访等事件，有效确保了社会和谐稳定。

第三节　发展教育脱贫一批

“扶贫先扶智、治贫先治愚”，教育是阻断贫困代际传递的治本之策。昌都市始终坚持把“改变藏区面貌，根本要靠教育”作为脱贫攻坚的根本遵循，深入贯彻落实全国、全区、全市教育大会精神，特别是总书记致西藏民族大学建校60周年贺信精神，紧紧围绕“为谁培养人，怎样培养人，培养什么人”这一根本问题，全面落实“立德树人”根本任务，出台了《中共昌都市委、市政府关于进一步加强和改进教育工作的意见》等系列政策措施，把教育作为增强贫困人口内生动力的重要抓手，全面加强和改进教育工作，扎实推进教育精准脱贫。

一、组织架构

在市脱贫攻坚指挥部的统一部署下，由市教育局牵头，成立了以局党委书记担任组长，局长担任常务副组长，局其他班子成员担任副组长，各县（区）教育局党组书记、局长、各科室负责同志为成员的教育脱贫攻坚工作领导小组，按照一把手负总责，横向到边、纵向到底的工作领导体制，形成了一级抓一级、层层抓落实工作格局。昌都市教育脱贫攻坚工作领导小组以纵横交错、分工协作的方式搭建组织架构，突出了党建引领，发挥了教育行政管理部门在教育脱贫工作中的骨干作用。按照“六个一”要求，帮扶困难群众2374户，落实帮扶资金440.9万元。由昌都市教育系统派出的各驻村工作队，真蹲实驻、吃住在村、工作在村，主动当好政策法规的讲解员、矛盾纠纷的调解员、村民群众的服务员、村级事业发展的助推员、基层组织建设的辅导员。

二、工作要求

（一）扎实开展控辍保学，确保适龄儿童入学率

通过与各县（区）人民政府签订控辍保学目标责任书，落实控辍保学主体责任，确保适龄儿童入学率。严格落实监督、考核机制，将考核结果作为年终评先选优的重要依据，形成一级抓一级、层层抓落实的良好工作格局。

（二）扎实开展贫困学生资助工作

一是按照国家教育部和自治区的统一要求，市、县（区）、学校全部成立学生资助信息系统工作领导小组。所有从学前到高中、中职的农牧民子女、城镇困难家庭子女以及其他应享受资助的学生全部纳入教育部学生资助系统，由中央财政依据学生资助系统所反映的数据下达“三包”、“营养改善计划”等各类资助资金，做到应助尽助，不漏一人。二是加强对贫困家庭学生资助。全市将所有学生全部录入系统，实行动态管理，每学年进行更新，确保贫困学生不因贫困而失学。同时，在市教育系统成立学生资助机构。三是建立昌都市贫困学生助学基金，帮助考上大学的贫困学生完成学业，确保不因家庭贫困导致失学。以公募为主（基金数额2000万元，来源于市财政配套，滚存使用）。四是强化因病致贫学生家庭资助，防止因贫辍学。市教育局建立教育系统大病资助资金，每年从财政配套资金中预留一部分资金用于帮助大病师生。建立健全教师与贫困学生之间的结对帮

扶机制。

（三）全力抓好职业教育就业工作

结合昌都市实际，充分发挥职业技术教育培训作用，设立了幼教、藏医、医护、绘画、雕刻等专业，引导有意愿、有条件的贫困人口以及“两后生”通过职业教育培训，掌握一门技术，稳定就业增收致富。

（四）强化资金保障

加大对教育扶贫工程的投入，经费安排向农村薄弱学校倾斜，积极向自治区争取扶贫资金的大力支持。加强教育扶贫工程资金的使用管理，完善管理办法，对重大事项实行公告公示制度，强化审计监督，坚决杜绝挪用、截留和贪污教育扶贫工程资金的行为。

（五）加强督导考核

建立教育扶贫工程考核机制，对重点工程进展、质量和成效进行考核。积极配合自治区建立扶贫工作信息系统，跟踪监测教育扶贫工作。

（六）及时报送工作信息

要及时将工作开展情况，好的经验做法，存在的问题，特别是重点工作、重点项目等及时跟踪报送，做到一事一报、准确及时，信息的内容要保证质量，做到表述准确规范。

（七）加强宣传引导

充分利用标语、宣传栏、微信、电视广播等舆论媒介，深入宣传教育精准扶贫工作开展情况，让更多的农牧民群众了解教育精准扶贫，引导更多的农牧民群众自觉参与到教育精准扶贫中来。

三、主要举措

市教育局结合教育精准扶贫精准脱贫实际，坚持“两结合、两手抓”工作方针，合力推进教育精准扶贫脱贫攻坚工作，将教育教学日常工作与精准扶贫脱贫攻坚相结合，在抓好教育教学日常工作的同时，更加突出保障建档立卡贫困家庭子女的受教育权利，扎实有效推进教育脱贫各项工作有序推进。

（一）聚焦党建引领，促群众脱贫致富

一是强化组织领导，成立了以局党组书记担任组长，局长担任常务副组长，局其他班子成员担任副组长，各县（区）教育局党组书记、局长、各科室负责同志为成员的教育脱贫攻坚工作领导小组，下设办公室负责教育脱贫攻坚工作的统筹、协调。二是党组织阵地不断巩固，全市教育（体育）系统现有党组织 241 个（党委 6 个、党总支 14 个、党支部 297 个），教职工党员 5157 人，占教职工总数的 51.7%，实现了党组织全覆盖，校校有党员。三是坚持“以党建工作引领全局，以脱贫攻坚统揽全局”的工作总思路，在教育系统营造上下聚力扶贫、合力攻坚的工作氛围。深入开展党员结对帮扶“321”工程，进一步密切干群关系，截至 2020 年年底，市教育局、市职校和直属学校按照“六个一”要求，帮扶困难群众2374户，落实帮扶资金440.9万元。四是扎实推进驻村工作，各驻村工作队，围绕完成五项任务、巩固一个成果、实现一个目标和自治区“三个新”、市委“三个新高度”“三个新突破”要求，真蹲实驻、吃住在村、工作在村，主动当好政策法规的讲解员、矛盾纠纷的调解员、村民群众的服务员、村级事业发展的助推员、基层组织建设的辅导员，助力脱贫攻坚与同步小康。

（二）落实施策精准

一是施策精准，依据《义务教育法》，将6～15周岁适龄儿童、少年，全部列入教育支持脱贫一批措施；对3～5周岁适龄儿童，要求根据实际情况送入幼儿园，对具备幼儿入园条件的地方要求必须全部入园，从而进一步解放贫困家庭生产力，增强贫困家庭就业、增收的能力；对16周岁以上具备劳动能力的“两后生”，由人社部门与林业部门，分别采取技能培训、生态补偿等方式进行转移就业。二是资助精准，各县（区）根据实际制定不同贫困学生资助管理办法，对《昌都市贫困学生资助实施细则》形成有效补充，孤儿、边远乡村大学生、两个以上大学生等同时纳入资助范围，有力缓解了特殊困难家庭大学生上不起学的难题。

（三）狠抓“控辍保学”

聚焦“控辍保学”，让人民群众上好学。出台《昌都市关于进一步加强义务教育控辍保学工作的实施意见》，让适龄儿童走进学校，接受科学文化教育。一是明确职责，落实各项制度。认真落实“双线五级八包”“四书制”和“八长制”制度，建立“四本台账”（村级台账、乡（镇）级台账、县级台账、市级台账），列出“四份清单”（任务清单、整改清单、销号清单、问责清单），印发“四张卡片”（资助政策卡片、控辍保学政策卡片、易地扶贫搬迁政策卡片、招生政策卡片），抓好“四个一批”（讲清道理感召一批、特殊关爱感化一批、行政措施劝返一批、法治手段兜底一批），将学生全部巩固在校。实行各级领导干部包片、相关部门联动机制，并逐级签订目标责任书。各级党委、政府主动作为，调整充实控辍保学领导小组，每年召开控辍保学专题会议，专项研究部署相关工作，及时解决工作开展中遇到的突出问题和困难。二是依托户籍，建立0～15周岁人口信息库。各县（区）立足户籍信息系统，建立完善0～15周岁人口信息库，由乡（镇）人民政府指派专人负责汇总0～15周岁人口信息，建立电子档案，实现滚动式管理。督促各县（区）做好数据比对分析工作，确保控辍保学底数清、情况明。三是健全控辍保学监测机制。明确重点监测地区、重点监测学段、重点监测群体，特别是要求各县（区）进一步对因病因残适龄儿童少年进行核查，对因故不能上学的适龄儿童少年，组织开展送教上门，并规范建立送教上门服务工作台账，全力保障残疾儿童受教育权益。四是摸清底数，建立在校生信息档案。深入开展义务教育阶段控辍保学学生信息档案采集工作，通过走村入户，深入实地以及查看户口簿、对照国民经济统计表等方式，详细核实适龄儿童少年和在校生情况，建立学生档案，形成以县（区）为单位的《义务教育阶段控辍保学学生信息档案督导本》，为教育督导结果进行定性定量分析提供数据支撑，成了全市开展教育质量监测、规范招生控辍工作和学校办学行为的重要依据。五是重点考核，落实责任追究。市政府每年与各县（区）专门签订《控辍保学目标责任书》，作为开展工作、考核检查和实施奖惩的根据。2020年至2021学年，全市各级各类学校在校生153790人（学前23847人、小学78887人、初中32642人、高中12635人，中职5634人，特校145人），学前毛入学率82.42%、小学净入学率99.84%、初中入学率105.46%、高中阶段入学率81.36%。

（四）认真落实“三包”营养餐改善计划

全面落实“十五年”[①]公费义务教育，强化“三包”、营养改善计划资金管理，严格按照“80%伙食费、15%装备费、5%书本费”规定，实行“三包”物资、营养改善计划物资实行集中采购，统一配送，让学生吃得放心。2016年落实“三包”资金3.27亿元、营养餐改善计划资金0.67亿元。2017年落实“三包”及营养餐改善计划等经费45077.33万元。其中“三包”经费37968.41万元、营养餐改善资金7108.92万元。2018年，全市累计下拨“三包”经费43255.51万元、营养餐计划经费7396.88万元。2019年下拨“三包”经费48247.57万元，下拨营养改善计划经费7897.64万元。2020年落实“三包”资金53857.39万元，落实营养改善计划资金8251.12万元。

（五）全力保障贫困学生资助

制定《昌都市贫困学生资助实施细则》和《昌都市实施建档立卡大学生免费教育补助政策的实施细则》，市教育局每年从财政配套教育资金中拿出200万元设立贫困学生资助资金。设立建档立卡贫困家庭子女接受高等教育免费教育资助金，每年资金总量2000万元，滚存使用，保证总量，2016—2019学年，按照年5000元/人标准进行资助。县级财政承担除自治区、市级以外的差额部分，资助资金不得低于3000元/人。从2019年秋季学期开始，对自治区建档立卡资助名单大学生，自治区补助7000元（含补助学费2800元、住宿费800元、书本费400元、生活费3000元）。市县仅对区外高校建档立卡大学生市级补助3000元，县级补助2000元。有效整合团委、工会、妇联、民政等部门贫困学生资助资金进行统一资助，形成对贫困学生资助的有效合力。2016年，全市整合落实资金1692.41万元，资助贫困学生5796人；爱心单位及人士捐助21.36万元、资助贫困学生14人；11县（区）落实贫困学生资助金661.2万元，资助贫困学生2644人，有效地缓解了贫困家庭学生上不起学的难题。2017年，市县共资助8115人次，发放资助金2593万元。其中县级资助2024人，发放各类资助金约590万元。市级已资助6091人（含全市2016—2017学年扶贫口、民政口自治区资助名单1984人），拨付和发放各类资助金共计约2003万元（含2016—2017学年市级建档立卡大学生资助金896万元，不含自治区建档立卡资助资金）。2018年，市县共资助5526人次，发放资助金2851.212万元。县级资助2017—2018学年建档立卡大学生配套资助金615.8万元（2007人次）。市级已资助贫困学生5526人（含2016—2017学年建档立卡市级资助补发1888人和2017—2018学年建档立卡大学生2007人），发放资助金2235.412万元（含2017—2018学年建档立卡大学生自治区资助金836.312万元）。2019年市级组织申报和资助6069人次，申报和发放资助金4516.524万元。其中资助2018—2019学年建档立卡大学生2483人，资助中央彩票公益金教师励耕润雨计划92人92万元、高中生滋蕙计划272人54.4万元，基层就业大学毕业生学费补偿项目资助1807人1984.84万元，市职校中职国家奖学金项目资助4人2.4万元。2020年度市级教育申报和发放资助金4382人次共2636.4余万元（不含县级建档立卡大学生配套资金）。

（六）抓好建档立卡贫困家庭“两后生”专项招生

针对各县（区）下发了《关于进一步做好建档立卡贫困户家庭子女中等职业教育专项招生工作的通知》；针对跨地市“两后生”招生，印发了《关于帮助协调报考昌都职校脱贫攻坚专项招生

① “十五年”即幼儿园3年、小学6年、初中3年、高中3年，共15年。

有关事宜的函》，并主动和其他兄弟地市教育脱贫组进行对接。抓好建档立卡“两后生”专项招生工作，2016—2017学年完成专项招生97人（其中“1+1”学前招生40人、“3+2”建筑专业40人、供电技术17人）。2017—2018学年，完成建档立卡贫困家庭“两后生”专项117人，其中“3+2”建筑专业40人、“1+2”学前教育40人，“1+2”护理专业16人，供电专业21人。2018—2019学年，完成“两后生”专项招生75人（其中：学前教育23人、水电专业15人、建筑专业37人）。2019—2020学年，完成“两后生”专项招生120人。2020—2021学年，完成“两后生”专项招生214人，其中“1+2”学前教育108人、电子商务49人、供电技术48人、建筑工程施工9人。

（七）办好职业教育助力脱贫

一是办好现有职业技术教育。坚持以市场需求为导向、合理设置相关专业，进一步增强中职学生就业能力。截至2020—2021学年，昌都市职业技术学校在校学生达到5634人，设置藏医医疗与藏药、护理、学前教育等12个专业，其中藏医、护理和供用电技术是国家中职示范校项目支持与建设的重点专业。二是强化校企合作，同市人民医院、成都合立达会计师事务所等8家企业建立校企合作关系，同市一幼、兴邦职业技能培训学校等7所学校建立校校合作关系。三是完成专项招生97人（其中“1+1”学前招生40人、“3+2”建筑专业40人、供电技术17人）。

（八）狠抓技能培训

一是通过与职业技能培训机构合作，积极开展摩托车修理、美容美发、农机具维修、饭店服务与管理、驾驶、挖掘机培训等技能培训，增强农牧民群众就业能力。二是认真落实《推普脱贫攻坚行动计划（2018—2020年）》，扎实开展“推普脱贫乡村行”“说好普通话迈进新时代”系列主题活动，免费为贫困地区青壮年劳动力开展普通话培训和测试咨询服务，促进贫困地区劳动力就业，促进贫困家庭脱贫。

（九）扎实推进校园结对帮扶

根据2018年《关于深化教育脱贫校园结对帮扶工作的通知》文件精神，在全市义务教育阶段的各学校开展校园志智双扶行动，建立起教师与建档立卡贫困学生结成“一对一”或“一对多”的帮扶关系，通过教师对学生开展思想、理想、志向、学习、习惯、身心健康等方面的教育和帮助，实现志智双扶，各学校结合各自的实际，有序推进该项工作，一定程度上提高了建档立卡学生“德智体美劳”各方面素质，有效防止了建档立卡学生辍学失学。二是继续推进送教下乡活动，开展教育研究、讲示范课和指导校本教研，促进贫困地区各级各类学校教师队伍提高教育教学水平。

第四节　生态补偿脱贫一批

2016—2020年，昌都市坚持绿色发展，走“两个可持续”道路，严格遵照生态保护红线，牢固树立“绿水青山就是金山银山”的理念，坚持以生态为底色，发展为根本，扶助贫困为关键，积极落实“绿色发展”战略，不断深化集体林权制度改革、资源有偿使用改革等生态文明体制改革，结合生态环境保护和治理，充分利用生态补偿资金、大力发展生态产业、创新生态扶贫方式，进一步加强组织领导、强化项目衔接、细化工作措施、落实工作责任，在生态建设中促进增收，在绿色发展中消除贫困，在生态保护中改善民生，实现了扶贫开发与生态保护相协调、脱贫致富与可持续发展相促进，脱贫攻坚与绿色发展统筹推进，生态补偿脱贫攻坚工作成效显著。

一、组织架构

在市脱贫攻坚指挥部的统一部署下，由市林草局牵头，局主要领导任组长，市财政、自然资源、生态环境、交通运输、水利、农业农村、旅游发展等相关部门负责人为成员，成立市生态补偿组，通过加大贫困地区生态保护修复力度，增加重点生态功能区转移支付，扩大政策实施范围，让有劳动能力的贫困人口就地转成护林员等生态保护人员，全面负责对全市生态保护政策性岗位设置、森林草原生态保护机制建立、林业产业和生态保护工程建设与发展。各县（区）、乡（镇）政府成立相应的领导小组，全面负责本县（区）、乡（镇）的生态补偿脱贫工作。

二、工作要求

为落实工作责任、严格日常监管，落实好生态补偿脱贫政策，推进生态保护政策性岗位人员管理规范化、制度化，积极吸纳贫困群众参与生态环境保护与建设。一是坚持绿色协调可持续发展原则。牢固树立绿水青山就是金山银山的理念，把贫困地区生态环境保护摆在更加重要位置，探索生态脱贫有效途径，推动扶贫开发与资源环境相协调、脱贫致富与可持续发展相促进，使贫困人口从生态保护中得到更过实惠。二是坚持统筹协调、共同发展的原则。按照统筹区域协调发展的要求，合理利用生态补偿相关政策，多渠道、多形式支持江河水系源头地区和重要农、牧、林生态功能区经济社会发展，优先开展基础设施落后贫困地区的生态补偿，努力实现全市经济社会发展与生态环境保护的双赢。三是坚持保护优先、积极建设的原则。采取更加严格措施保护森林、湿地和野生动植物资源，积极开展森林防火及林业有害生物防治工作，加强自然保护区管理能力建设和重要湿地保护与恢复工作，加快推进防护林体系和沙化土地治理工作，以保护落实生态补偿政策支持。四是坚持循序渐进，先易后难的原则。立足各县（区）、各乡（镇）实际，着眼于建档立卡贫困人口，因地制宜选择生态补偿方式，优先开展林、牧、水资源富足且农牧民积极性高乡（镇）的生态补偿任务，逐步完成其他贫困地区生态补偿任务，循序渐进完成生态补偿脱贫任务。五是坚持大工程带动大发展的原则。以实施森林生态效益补偿机制、天然林资源保护工程、新一轮草原奖励机制、西藏“两江四河”流域造林绿化工程规划、西藏生态安全屏障保护和建设规划为重点，着力抓好造林绿化、退耕还林还草、退牧还草、防沙治沙等重大生态修复工程建设。充分发挥重点工程、重大政策的带动作用，带动群众脱贫致富。

三、主要举措

（一）提前谋划部署，科学制定各项规划

以基层农牧民群众利益为根本出发点和落脚点，以杜绝资金滞留为基本原则，在充分开展实地调研的基础上，结合昌都市脱贫攻坚总体规划，提前谋划、靠前部署，出台《西藏自治区昌都市

生态补偿脱贫攻坚规划（2016—2020 年）》《昌都市生态补偿脱贫一批工作计划（2016—2020 年）》。同时，针对昌都市大三岩片区的具体情况，出台《大三岩片区生态补偿脱贫攻坚规划（2016—2020 年）》，并将各项工作任务进行细化分解，把任务和责任落实到各成员单位、落实到人头，限期完成。为使全市生态补偿脱贫攻坚工作起好步、开好头，财政、交通、农村农业、水利、环保、林草、自然资源、旅游等各成员单位结合自身实际，成立了生态补偿脱贫专项领导小组，加强组织领导，率先制定出台了《昌都市生态保护政策性岗位管理办法（试行）》（包含护林员、草监员等各类生态岗位人员管理办法），统一明确了各级各部门生态岗位必备资料清单，统一制作了管护合同、出勤日志、考核登记表、资金兑现台账等相关资料模板。明确了生态岗位人员招收年龄，明令禁止了不能享受生态岗位的各类人员，划分了各级各部门责任权利，明确了各行业生态岗位人员职责和岗位人员每月最少履职出勤次数，建立了半年考核一次的考核机制，形成了按照考核情况发放资金的工作机制，为县（区）、乡（镇）、村（居）开展相关工作指明了方向。

（二）扎实稳步推进，精准招收岗位人员

依托生态补偿政策，出台《昌都市生态保护政策性岗位管理办法（试行）》，扎实有效推进护林员、自然保护区管护员、草原监督员、水生态管护员等岗位人员招收，2016—2020 年，招聘生态岗位人员 20 余万人，累计兑现补助资金 30.86 亿元。其中：2016 年全市落实生态保护政策性岗位 139163 人（林业系统生态保护岗位 84919 人，草原监督员 25333 人，水生态保护和村级水管员 20158 人，旅游厕所保洁员 838 人，地质灾害群测群防员 1245 人，农村公路养护员 5256 人，城镇保洁员和村级环境监督员 2290 人），其中建档立卡贫困户 73599 人，落实资金 41748.9 万元，按照每人 3000 元 / 年发放管护补助，并积极组织县（区）对岗位人员任职资格进行复核排查，腾换出富裕户和村（居）“两委”班子成员兼任护林员岗位 1944 个，重新招收建档立卡贫困户护林员 2343 人。2017 年按照人均 3000 元 / 年的标准落实生态岗位资金 53014.2 万元，完成新增 37551 名护林员、自然保护区管护员、草原监督员、水生态管护员等生态岗位的招收工作，并成立生态补偿脱贫专项督导组赴各县（区）开展督导检查，发现部分县（区）2016 年招收岗位人员中存在人员流动、婚变丧偶、年龄增长至 66 岁等情况，部分县（区）安排的岗位中存在在校生、长期在外务工、在编僧尼、残疾人、村两委班子成员等不符合招收条件的人员等情况，针对此类问题，林业和草原局统筹安排各县（区）开展了一次全面清查，将 2016 年 139163 名岗位中不符合条件岗位人员进行清退，调整给符合条件人员。2018 年按照人均 3500 元 / 年的标准落实生态岗位资金 72346.4 万元，完成新增 29990 名生态岗位的招收工作，并要求各县（区）对 2016—2018 年共计招收的 206704 名生态岗位人员彻底排查，进行内部调整，对于不符合要求的岗位人员坚决予以清退，汇总生态岗位总花名册，确保每名岗位人员符合政策要求。2019 年全市共招收了 204000 名生态岗位人员，按照人均 3500 元 / 年的标准，兑现了生态岗位资金 7.14 亿元。2020 年完成岗位招收 200226 人，兑现补助资金 7.01 亿元，实现人均增收 3500 元 / 年。

（三）坚持项目带动，助推群众增收致富

坚持把项目建设与精准扶贫、生态脱贫相结合，坚持生态建设与农牧民增收并举，引导农牧民群众参与生态保护工程建设，增加群众劳务收入，助推农牧民群众增收。一是大力发展经济林和扶贫苗圃等特色林业产业建设，按照自治区“不离乡不离土、能干会干”的相关要求，采取“公司 + 基地 + 农户”的发展模式，有效带动了群众脱贫致富，拓宽了群众增收渠道。2018—2020 年实施林业扶贫产业经济林建设34981.96亩，通过项目建设带动建档立卡户4222户20069人，受益资金2177.88万元，人均增收1080元；实施扶贫苗圃13072亩，通过劳务输出及后期管护带动建档立卡户2111户5841人，受益资金928.49万元，人均增收1580余元。二是大力开展营造林项目建设，2016—2020年实施建设125.39万亩。其中：2016年实施营造林33.5万亩，包含重点区域造林48266.18亩，防护林体系建设112155亩，义务植树6655.7亩，森林抚育168000亩，吸收有劳动能力的贫困户群众参与重点区域造林，带动建档立卡户2313户7897人贫困人口增加劳务收入512万元，户均增收2000余元，人均增收600余元。2017年实施营造林工程19.87万亩，包含重点区域造林8677.16亩，"两江四河"造林绿化10682亩，义务植树11335.8亩，森林抚育168000亩，大力开展"无树村、无树户"消除工作，参与"无树村、无树户"消除工作的群众达12761户60007人，栽植苗木41.85万株。通过项目建设带动建档立卡贫困户3991户8762人增收1762.2153万元，人均增收2010余元。2018年实施营造林工程25.68万亩，包含重点区域造林8112.28亩，"两江四河"造林绿化14000亩，义务植树26697.73亩，森林抚育208000亩，全部消除海拔4300米以下"无树村"368个，"无树户"36122户，栽植苗木130余万株。通过项目建设带动建档立卡1172户4597人，受益资金1348.85万元，人均增收2930余元。2019年实施营造林工程40.29万亩，包含重点区域造林7984.5亩，生态修复1356.2亩，"两江四河"造林绿化32563亩，义务植树27926亩，森林抚育334400亩。通过项目建设带动建档立卡5447户9054人，受益资金1095.01万元，人均增收1200余元。2020年实施营造林项目建设5.91万亩，包含重点区域造林9484亩，生态修复22724.9亩，苗木培育510亩，义务植树26400亩。在卡若区野堆村、孜通坝片区开展城市周边造林绿化工作，组织了748名本地农牧民参与，其中建档立卡贫困户146人，带动农牧民增收676余万元，人均增收9037元。

（四）加快林权制度改革，全面铺展退耕还林建设

作为西藏集体林权制度改革"排头兵"，按照"试点先行、稳步推开"的原则，全面加快林改工作进程，着力推进新一轮退耕还林工作。昌都市作为全区集体林权制度改革试点，率先于2016年6月在卡若区开展集体林权制度改革试点，实现自治区内首批林权类不动产证书的发放，共发放林权类不动产证书35本，发证率100%。证书的颁发，明晰了卡若区试点内1284.4亩林地产权（家庭承包28.7亩、均股均利承包780.9亩、村集体共有474.8亩），为全区开展林改工作奠定了扎实的基础。2017年7月卡若区林业和草原局荣获"全国集体林权制度改革先进集体"称号。在认真总结卡若区林改试点中取得的经验基础上，在全市11个县（区）全面推进林改工作。2016—2020年，全市11个县（区）共勘界小班11956个，面积93437亩，由于各种原因（三岩片区搬迁、争议等），未确权小班30个，未确权面积1053.9亩，最终勘界确权小班11926个，面积92383.1亩。其中：按林地权属划分：国有土地6358.7亩，占6.9%；集体土地86024.4亩，占93.1%。按林地产权划分：家庭承包24994.6亩，占27.1%；均股均利承包17098.5亩，占18.5%；村集体共有50290亩，占54.4%。自然资源部门颁发林权类不动产登记证书2817本，涉及面积15174.2亩。通过林权制度改革，保障了林改成果和经营主体的合法权益，规范了林地经营管理活动；激发了群众育林护林的热情，有力地推进了国土绿化进程，实现了增绿增质；增加了农牧民群众的财产性收入，为其开辟了一条新的致富门路和渠道。完成新一轮退耕还林规划面积24.51万亩，占全区"十三五"期间实施面积的75%，位列全区第一。其中2016年实施11776.5亩，总投资达1766.475万元，布局在昌都市5县1区，28个乡（镇），67个行政村，2562户13184人（其中建档立卡贫困户数980户，5047人），人均增收1071余元。2017年实施120000亩，总投资达10800万元，布局在昌都市8县

1区，74个乡（镇），328个行政村，18703户124621人（其中建档立卡贫困户数8670户，50843人），人均增收1155余元。2018年实施16536亩，总投资达2645.76万元，涉及昌都市7个县（区），25个乡（镇），68个行政村，2805户18431人（其中建档立卡贫困户数1470户，7805人），人均增收1076余元。2019年实施96800亩，总投资达15488万元，涉及全市11县（区），83个乡（镇），286个行政村，16968户104321人（其中建档立卡贫困户数4147户，19762人），人均增收1100元。

（五）健全林补草奖机制，实现民生与环境双赢

牢固树立"绿水青山就是金山银山"的生态发展理念，通过林草各大惠民政策的落实，积极吸纳有劳动能力的群众参与生态保护，既有利维护林草资源安全，又稳定增加群众收入，实现环境与民生双赢。至2020年年底，全市公益林补偿面积达到3556万亩，2016—2020年，累计兑现森林生态效益补偿基金103552万元，并选聘18453名护林员参与护林防火和森林病虫害防治工作中，人均年增收近1万元。持续加强对天保工程区1914.7万亩（其中芒康县891.6万亩、贡觉县337.8万亩、江达县685.3万亩）天然林实行常年严格、有效管护，配备责任心强、工作踏实的农牧民管护人员7651人，2016—2020年累计发放管护人员补助资金48448万元，人均增收1.25万元/年。"十三五"期间实施草原生态保护补助奖励8170.62万亩，其中禁牧750万亩，草蓄平衡7420.62万亩，对实现草畜平衡纯牧户实行封顶保底政策，对未实现草畜平衡的农牧户扣除禁牧补助，2016—2020年累计兑现资金114518.84万元，对原有的2711名草原监督员严格按相关规定进行续聘，人均年增收5400元。

（六）推进工程建设，广泛吸纳群众参与

一是深化退牧还草建设。2016—2019年，完成投资28792万元，实施休牧围栏555万亩，人工饲草地3.678万亩，舍饲棚圈4167户，草原固定监测点7个，种草改良12万亩，黑土滩治理2万亩，毒草害治理2万亩，受益群众19289人，发放劳务费4246.25万元，人均增收2200余元。其中：2016年全市退牧还草项目国家投资6568.2万元，涉及丁青县、察雅县、贡觉县、江达县、类乌齐、八宿6县，实施休牧围栏145万亩，人工饲草地0.678万亩，舍饲棚圈701户，黑土滩治理2万亩。2017年全市退牧还草项目国家总投资6960.6万元，涉及左贡、洛隆、八宿、类乌齐、边坝、芒康、察雅7县，实施休牧围栏195万亩，舍饲棚圈建设876户，草原固定监测点3个。2018年全市退牧还草项目国家投资9433.2万元，涉及卡若、左贡、八宿、类乌齐、察雅、江达6县（区），实施休牧围栏110万亩，人工饲草地3万亩，舍饲棚圈2590户，草原固定监测点4个。2019年全市退牧还草项目国家总投资5830万元，涉及卡若、左贡、丁青、察雅、八宿、洛隆、边坝、类乌齐8县（区），实施休牧围栏105万亩、种草改良12万亩、毒草害治理2万亩。二是实施退耕还草工程。2017、2019年分两次实施退耕还草34684.04亩，总投资3468.404万元。其中2017年实施退耕还草工程21554.04亩，总投资2155.404万元。分两次按照第一年600元（含种子费150元）、第三年400元兑现资金，安排于边坝、察雅、江达、类乌齐4县，涉及5893户农牧民，户均增收3100余元。2019年国家下达新一轮退耕还草工程13130亩，总投资1313万元，安排于卡若、江达、贡觉、丁青、左贡、芒康等6县（区），因贡觉县三岩片区整体搬迁，实际可实施退耕还草面积仅有2717亩，将剩余2283亩调整到八宿县实施。共带动1634户11000人增收，户均增收3600余元，人均增收500余元。三是推进防沙治沙建设。自2018年起实施防沙治沙项目2600亩，总投资1100万元。其中2018年投资200万元，在察雅县、边坝县实施400亩，栽植树木有云杉、榆树、江孜沙棘，共计53000株。两县共计涉及266户1495人，其中建档立卡户130户665人，兑现劳务工资52.84

万元，户均增收 1986 元。2019 年卡若区完成国家投资 300 万元的防沙治沙项目 1000 亩和八宿县完成市财政投资 300 万元的防沙治沙项目 600 亩。2020 年察雅县完成 600 亩防沙治沙项目，本项目市财政投资 300 万元，带动建档立卡户 52 户 108 人，人均增收 1200 元。

（七）强化宣传教育，努力营造浓厚氛围

强化群众宣传教育，大力向生态岗位人员宣传习近平扶贫思想，精准扶贫精准脱贫相关理论政策，林草产业重点工作建设，生态岗位职责义务等。让群众在思想上行动上知党恩、感党恩、跟党走，树立勤劳致富的意识，消除“等、靠、要”思想，引导贫困群众实现“要我脱贫”到“我要脱贫”的转变。一是实行挂图作业，制作生态补偿脱贫一批作战图展板，督促跟踪各县（区）及相关行业部门及时做好岗位对象管理教育、履职尽责及资金发放等各项工作。二是积极开展“扶贫宣传日”宣传活动，通过悬挂宣传横幅、发放宣传手册和政策宣传单等形式，用通俗易懂的语言，向过往群众讲深讲透岗位政策。三是充分利用新闻媒介，伸长触角，加强报道，不断提高群众生态保护意识，提升昌都生态工程建设认知率，引导群众参与生态保护与建设。四是深入基层一线宣讲，多次赴乡（镇）、村（居）开展走村入户督导检查，大力宣传精准扶贫相关政策、国家各项支农惠农政策及林业相关法律法规，全面提升了农牧民群众对扶贫工作参与的积极性及依靠法律法规维护自身权益的意识，真正让广大群众清楚“惠从何来、惠在何处”，当面向农牧民开展政策宣讲工作，让群众了解政策、知晓政策、掌握政策，从而支持政策，更加认真的完成自己的岗位职责，2016—2020 年，共发放政策宣传单 30 余份。

第五节 社会保障兜底脱贫一批

社会保障兜底一批是打通脱贫“最后一公里”、确保贫困人口一个不掉队的政策保障。脱贫攻坚战打响以来，市社会保障组按照市脱贫攻坚指挥部的统一部署，会同财政、卫生、教育、人社、残联、妇联等部门，精准识别贫困对象、因地制宜制定兜底保障政策、多措并举践行脱贫措施，有力助推脱贫攻坚工作。

一、组织架构

在市脱贫攻坚指挥部的统一领导部署下，由市民政局牵头，成立由局主要领导任组长，市发改、扶贫、财政、国土、住建、交通、水利等相关部门负责人为成员的社会兜底保障组；负责民政项目进入易地搬迁点的审查、核准、实施工作；负责全市社会保障兜底情况检查、指导、督导工作；负责起草审核社会保障兜底相关文件；负责编写社会兜底工作简报，及时反映工作动态；负责数据核对、挂图作业以及日常业务；负责文稿印发、档案管理、资料发放等工作。

二、工作要求

结合全市实际和特点，在认真落实自治区、市精准扶贫工作专题会议决策部署的基础上，密切部门协作，加强两项制度有效衔接，在加大投入、搞好统筹、解决好兜底脱贫与发展致富关系和完善医疗救助制度等四个方面提出具体工作要求。

（一）加大中央财政转移支付力度，为全市兜底保障工作提供资金保障

逐步完善本级配套，加大财政支出结构调整力度，将社会救助所需资金列入同级财政预算，保证各项社会救助政策落实。充分发挥社会力量在脱贫攻坚中的重要作用，探索成立社会救助基金，将富有爱心的企业家、社会人士吸纳为会员，建立政府筹集和社会筹集相结合的资金筹集模式，对因重大疾病、自然灾害等致贫的特困户给予重点帮扶，解决因病、因灾致贫。积极拓宽社会化、市场化筹资方式和途径，抓好福利彩票发行销售，加快慈善事业发展，搞好社会捐赠，建立部门和社会组织对口帮扶制度，引导、支持社会资金投入到兜底保障中。

（二）解决好兜底脱贫与发展致富的关系

引导困难对象树立发展致富的信心和决心，增强自身发展致富的内生动力，不能养成“等、靠、要”的依赖思想，不能形成越穷越光荣的不良社会风气，更不能让低保兜底政策成为“养懒汉”的政策。积极探索“以工代赈”的脱贫方式，安排部分低保资金对有一定劳动能力的家庭在发展产业、就近就业等方面进行奖励性补助，以增强他们摆脱贫困的信心。

（三）完善医疗救助制度，解决好因病致贫的问题

加大对低保兜底对象的医疗救助力度，资助低保、特困人员参加农村合作医疗，将医疗救助大病统筹最高限额提高到 12 万元 / 人。充分发挥临时救助“救急难”的作用，全市每年安排临时救助资金 2000 万元，对因病、因灾、因意外事故等原因造成的突发性、短期性贫困群众及时给予临时救助，帮助其渡过难关。探索建立社会救助“一站式”服务窗口，实行民政一个部门受理，各职能部门联合办理，并在办理过程中整合各部门的力量综合施策、精准发力，促进困难群众脱贫致富奔小康。

三、主要举措

（一）因地制宜，精准制定兜底方案

根据《社会救助暂行办法》《最低生活保障审核审批办法（试行）》《西藏自治区申请救助居民家庭经济状况核对办法（试行）》文件精神，制定《昌都市社会保障兜底实施工作方案》《昌都市社会保障脱贫工作计划（2016—2020 年）》《昌都市社会保障兜底一批指导意见》，出台《昌都市建档立卡贫困户方便就医的实施意见》《关于各县（区）农牧民群众购买超大额医疗补充保险的实施意见》《关于各县（区）设立贫困家庭重大疾病医疗费用周转基金的实施意见》《昌都市关于加强农村最低生活保障制度与扶贫开发政策有效衔接实施方案》等文件。为了方便各县（区）开展好社会保障兜底工作，制作了社会救助政策汇编、社会救助流程图、社会救助知识宣传册等。

（二）应保尽保，精准识别兜底对象

按照《最低生活保障审核审批办法（试行）》《申请救助居民家庭经济状况核对办法（试行）》

文件精神，以建档立卡贫困户为基础，在全市范围内对城乡低保户开展精准识别工作。全市精准核查出农村低保29368户84278人，其中重点保障对象18881人，特殊保障对象12551人，一般保障对象52846人；纳入扶贫建档立卡63735人，未纳入建档立卡22543人；城市低保2954户5837人。并通过核查，清退农村低保对象8509户19585人；其中重点保障对象4164人，特殊保障对象3954人，一般保障对象11467人；纳入扶贫建档立卡5806人，未纳入建档立卡13779人。新增农村低保对象5992户19585人，其中重点保障对象3907人，特殊保障对象3746人，一般保障对象11932人；纳入扶贫建档立卡14766人，未纳入建档立卡4819人。坚持全覆盖调查、全流程评估、全过程督导，切实做到户不漏人、人不漏项，逐人做好对接，核查内容涉及残疾人基本状况36项指标和村（社区）公共服务11项指标，精准识别出残疾人22029人。及时掌握残疾人的基本服务状况和需求，建立了残疾人基本服务状况和需求信息动态更新机制。

（三）开展建档立卡贫困人口健康体检工作

按照“一户一档、一人一卡”原则，对全市各县（区）、乡（镇）医务人员进行培训，安排县（区）、乡（镇）医务人员以集中体检和入户体检的形式，对全市贫困人口进行健康体检工作，进一步核准贫困人口“因病致贫、因病返贫”基数。2016年全市共完成“因病致贫、因病返贫”建档立卡17475人（大骨节病2947人，残疾4015人）的体检工作，根据体检结果对病种进行分类统计，其中45类主要病种5807人，其他病种11668人，全市建档立卡贫困人口发病率10.25%。各县对建档立卡贫困人口因病致贫、因病返贫的病情进行跟踪管理和“一对一”管理，及时掌握治疗情况，形成动态更新数据管理。组织开展义诊巡诊，主动帮扶贫困人口。2016年，结合全市因病致贫实际，由卫健委牵头，在贫困村开展大型义诊活动8次，派出医务人员37人次，免费诊疗5700余人次，发放宣传资料4000余份，免费发放药品价值11万余元。

（四）加大医疗救助托底保障作用

对救助对象经基本医保、大病保险支付后自负费用给予补贴，并对个人负担较重的实施倾斜救助，完善重特大疾病医疗救助政策，确保低保对象、特困人员、建档立卡贫困人口等救助对象年度救助限额内政策范围内个人自付住院医疗费用救助比例不低于70%。对重特大疾病亟待解决的个案不受封顶线限制，充分利用社会救助协调工作机制，及时组织召开医疗救助专题会议，根据救助对象困难程度等因素一事一议、专题研究、限时解决。切实降低贫困人口就医负担，在严格费用管控、规范转诊和集中定点救治的基础上，对城乡居民基本医疗制度和大病保险支付后自负费用仍有困难的低保对象、特困人员、建档立卡贫困人口，加大医疗救助和其他保障政策的帮扶力度。2019年累计支出医疗救助资金2918.08万元，救助困难群众1.3万人次。

（五）强化临时救助

2016年昌都市整合教育、民政、团委、工会、妇联等救助资源，集中帮扶贫困大学生。市政府配套200万元，统一对贫困大学生进行救助。2015年高校特困生一次性教育救助157.4万元，资助高校特困生554名。积极与重庆市儿童救助基金会协调，为25名手足残儿童免费提供手足康复手术；落实“福康工程”假肢装配40个，落实资金23.61万元；2016年8月中国残疾人基金会与西藏自治区残疾人基金会在丁青开展“情暖西藏光明行”活动，为103名白内障患者免费提供复明手术，落实资金18万元。2020年市民政局对各县（区）预拨3万～5万元资金用于支持乡（镇）人民政府全面建立临时救助备用金制度，对因意外事件、突发事件导致家庭生活困难的，根据其困难程度和自身发展能力，给予临时困难救助。2020年临时救助6970人，落实救助资金1878.48万元。为进一步落实《关于招录政府购买社会救助服务经办人员加强基层社会救助服务能力的实施方案》文件精神，市民政局主动了解各县（区）需求，积极与财政、人社等部门沟通协调，制定了《昌都市关于招录政府购买社会救助服务经办人员加强基层社会救助服务能力的实施方案》，明确以政府购买服务形式，从往届和应届大学生待业青年中统一招录（建档立卡户及低保户中大学毕业生优先招录）社会救助经办人员，加强基层社会救助服务工作。市民政局给予资金保障，使聘请的社会救助经办人员得以安心开展工作。

（六）优化老年人服务体系

起草《关于开展特困人员集中供养中心面向社会老人提供服务工作的通知》并下发至各县（区），摸底调查老年人的服务需求。按照属地管理和自愿的原则，依托现有的特困人员集中供养中心建设发展平台，在满足全市特困人员服务需求、提升集中供养特困人员生活质量的基础上，面向60周岁以上空巢、高龄、失能老年人提供生活照料、康复护理、精神慰藉、紧急救援和社会参与等服务，提高社会老人的幸福感、获得感。

（七）加大兜底保障政策宣传

一是利用乡村广播、村务公开栏、墙报、标语、广告宣传牌、发放宣传册、政策明白卡等方式方法，全方位宣传兜底保障政策。二是以巡回宣讲的方式开展兜底保障政策、民政惠民政策宣传。三是选派工作组赴县（区）实地督导指导兜底保障政策、民政惠民政策宣传贯彻、资金落实等。四是利用民政工作业务培训契机，积极培训指导县（区）民政局、乡（镇）民政工作人员，提升兜底保障政策执行能力和水平。五是由市政府分管民政工作的副市长带队，组成4个大组、26个小组，将排查任务细化分解到小组，落实到岗位，量化到个人，"各组长"抓带头，"一张网"抓排查，"一盘棋"抓统筹，"一竿子"插到底，形成以上率下"领着干"，每日例会"带着干"，落实标准"推着干"，经验交流"跟着干"的局面。调查组共走访12个县直部门、14个乡（镇）、110个村（居），深入3113户建档立卡户（其中，边缘户26户，脱贫监测户8户），对部分外出务工、就医等建档立卡户，通过电话询问等方式访谈，覆盖率达到100%。

（八）开展专项整治工作

在市住建、人社、银行、工商等部门的密切配合下，各县（区）根据《西藏自治区社会救助联席会议关于印发〈全区城乡最低生活保障政策执行专项整治工作实施方案〉》要求，按照"应纳尽纳，应退尽退，有进有退，适度调整"原则，开展城乡低保专项整治，将低保管理中存在的关系保、人情保、轮流坐庄等不良现象彻底清除。

第三章　夯实脱贫基础

由于受自然环境恶劣、基础设施滞后、劳动力素质偏低等因素影响，昌都市基本生存环境差、基础设施欠账较多、基本公共服务水平较低。新时代脱贫攻坚战打响以来，昌都市委、市政府因地制宜，加快补齐农牧区农田水利建设、电力基础设施建设、交通基础设施建设、通信基础设施建设、网络基础设施建设等短板；大力实施教育提升工程、科技提升工程、文化提升工程、卫生提升工程、保障提升工程等五项公共服务水平提升工程：对夯实农牧区生产生活基础、助力全市脱贫摘帽起到了至关重要的支撑作用。

第一节　加强基础设施建设

全面加强农牧区基础设施建设，是精准扶贫精准脱贫、全面建成小康社会的基础和前提，也是可持续发展的前提。新时代脱贫攻坚战打响以来，昌都市委、市政府按照自治区党委、政府关于全面加强基础设施建设的整体部署，立足本市地处藏东高山峡谷区域的特征和农牧区基础设施建设滞后的实际，紧紧抓住中央赋予西藏优惠倾斜的政策机遇，着力推进基础设施建设，主要从农田水利、电力设施、农村公路、通信基础设施和网络基础设施五个方面，全面加强农牧区基础设施建设，着力推进“夯基础、助脱贫”行动。

一、农田水利建设主要举措与成效

（一）大力实施农田水利建设

2016 年推进小型农田水利重点（专项）建设 18 项，投资 3.62 亿元，新增农田灌溉面积 1.15 万亩，改善农田灌溉面积 12.61 万亩，受益群众达 7.5 万人。2017 年完成小型农田水利重点（专项）建设任务 4 项，完成投资 8136.84 万元，新增改善灌溉面积 2.1 万亩；新建灌区与节水改造工程 8 项，投资 5.51 亿元（PSL 贷款 5.056 亿元），其中中央预算内投资 4579.64 万元新建芒康县盐井灌区拉贡片区。完成全市 11 个县（区）小型农田水利重点建设项目的批复、咨询、产业配套等工作。完成 2016 年第二季度贷款项目中昌都市察雅县荣周灌区、左贡县扎玉碧土灌区、江达县邓柯灌区、洛隆县孜托灌区续建配套、左贡县仁果灌区工程建设任务；完成洛隆县俄西灌区工程 2017 年 5000 万元投资任务。2018 年实施小型农田水利重点建设和灌区建设，新增和改善了农田灌溉面积 12.62 万亩。

（二）着力推进重点水利工程建设

2016年投资建设芒康县扎仓嘎水库工程。2017年完成昂曲宗通卡水利枢纽工程可研报告、环境影响评价报告。完成八宿县弄利措水库社会稳定风险评估，上坝址（贡果坝址）、弄利措湖坝址可研资料编制。2018年投资为54.88亿元，建设昌都市有史以来最大的水利枢纽工程——昂曲宗通卡水利枢纽工程。2019年“三江”水电项目工作有序推进。苏洼龙、叶巴滩、巴塘、拉哇等4座电站主体工程建设有序推进；果多、觉巴、瓦托等3座电站全部机组已投入商业运营。扎拉、如美、曲孜卡电站有序推进前期工作。八宿弄利措水库工程前期工作取得实效，2020年5月完成初设批复。芒康县扎仓嘎水库工程投入运营，完成投资16000万元，累计完成投资32900万元。2020年昂曲宗通卡水利枢纽工程完成了环评批复、用地预审，澜沧江流域综合规划、水土保持方案等专题并正式上报国家发改委申请可研审批；昌都弄利措水库工程可研报告获自治区发改委批复，进入“三通一平”和初步设计阶段；马曲河水库可研报告完成初审；芒康县扎仓嘎水库完成投资3.62亿元；当堆水电站已下闸蓄水，即将开展试发电工作；苏洼龙、叶巴滩、巴塘、拉哇等4座电站主体工程建设有序推进；扎拉、如美、波罗、昌波、曲孜卡电站前期工作有序推进。

（三）推进涉农项目建设，改善基础设施条件

一是编制《昌都市“三农”领域补短板项目储备库》，共储备项目9类208项，总投资56.71亿元，第一批报送自治区农业农村厅备案8类197项，总投资37.93亿元。二是做好“十四五”农业农村发展规划编制。聘请第三方编制完成《昌都市“十四五”农业农村发展规划》，规划编制初步分11大类56个项目，计划申报资金120.65亿元。初步形成《昌都市“十四五”农业农村发展规划项目需求方案（草案）》，涉及13类211个项目，总投资121.43亿元。

二、电力设施建设主要举措与成效

近年来，国网昌都公司始终把脱贫攻坚作为首要政治任务和头等大事，聚焦电网建设和改造，在服务打赢脱贫攻坚战中发挥重要作用。全市总计11.77万户居民，“三区三洲”项目实施完成后通电10.27万户，其余1.5万户中有1万户通过“十三五”增补项目解决供电问题，剩余5千户居民大多数是偏远地区和三岩片区用户，由于周边没有电源点，由相关县政府安排实施光伏项目供电。

（一）大力实施农网改造工程

2016—2017年，昌都供电公司投资25.98亿元实施新一轮农网改造工程，结束丁青县、洛隆县、边坝县长期孤网运行的历史，大大提高了供电能力及安全可靠性，从根本上解决丁青县、洛隆县、边坝县3个县城居民生活、生产用电问题，为当地经济发展和人民生活水平提高提供强大动力保障。全市主电网人口覆盖率从2016年的47%提升至2017年的69%。

（二）推进“三区三州”农网改造升级工程

“三区三州”电网建设项目工程是实现深度贫困地区人民由“用上电”向“用好电转变”的重大举措。国网昌都供电公司为确保工程按期完成，确保农牧民群众早日用上放心电，举全公司之力，克服疫情影响、施工难度大、气候多变的不利因素，确保工程按期投产。2018年积极争取“三

区三州”项目资金19.73亿元，包含48项电网工程。其中110千伏输变电工程5项，35千伏输变电工程26项，10千伏及以下中低压配电工程17项。2019年，然乌110千伏变电站35千伏送出工程启动并送电成功，该工程的投运将进一步完善八宿县域电网网架结构，结束了然乌旅游小镇县域小水电供电可靠性不高的历史，并为然乌旅游小镇发展提供了可靠的电力保障，受益群众650余户、提高了4000余人的用电质量问题。截至2019年12月，昌都主电网县域覆盖率100%，乡（镇）覆盖率76.09%，行政村覆盖率73.79%，人口覆盖率78.74%。2020年，昌都市投资18.36亿元，实施“三区三州”农网改造升级工程42项。类乌齐县10千伏及以下中低压配电工程（2018—2020年）于2020年5月20日投产，标志着昌都市类乌齐县“三区三州”10个项目全部竣工投运。类乌齐县“三区三州”配网工程投资1314.54万元，涉及10个乡（镇），38个村庄，惠及6055人。截至2020年年底，昌都主电网县域覆盖率100%、乡（镇）覆盖率94%、行政村覆盖率93%、人口覆盖率92%。因道路未通原因，尚有8个乡（镇）、83个行政村、约计6.07万人未被主电网覆盖（三岩片区除外）。工程解决和改善2.37万户11.36万农牧民群众用电问题，为支撑昌都打赢脱贫攻坚战、维护民族团结和昌都经济社会发展提供了坚强电力保障。在工程建设过程中，国网昌都供电公司积极吸纳当地贫困群众3400余名参与工程建设，累计使用当地贫困群众27.52万人次，带动当地贫困户增收1.79亿元。

三、交通基础设施建设主要举措与成效

2016年以来，昌都市以补齐交通运输基础设施建设短板为抓手，以实施重大交通项目为支撑，交通投资高位增长、通车里程连年激增、双通比率大幅提升、路网结构不断完善、应急抢险保障能力大幅提升，为助力决战决胜脱贫攻坚补齐了短板、夯实了基础。

（一）不断补齐交通运输基础设施短板

1. 交通投资高位增长

2020年完成交通投资69.49亿元，是2014年完成投资（29.6亿元）的2.35倍。2015—2020年完成交通投资388.29亿元，是“十二五”时期完成投资（131.12亿元）的2.96倍，是2014年的13.1倍。交通投资“十三五”时期完成投资337.16亿元，是“十二五”时期的3.5倍。交通已经成为昌都经济高速发展，经济总量快速增长，经济规模不断扩大的主力军。

2. 通车里程连年激增

截至2019年，全市通车里程为18366.887公里（国道2246.304公里，省道2396.492公里，农村公路13724.091公里）。同2014年相比（通车里程13916.437公里，其中国道1648.791公里，省道628.921公里，农村公路11638.725公里），新增里程4450.45公里，仅农村公路里程与2014年公路总里程持平。

3. 双通比率大幅提升

截至2020年，11县（区）公路通畅率100%；129个乡（镇）公路通达率100%、通畅率96.8%；1083个行政村公路通达率100%、通畅率75.2%；4030个自然村公路通达率61.8%；518座寺庙公路通达率98.3%。同2014年同期相比（11县（区）通畅率81.82%；乡（镇）通达率99.27%、通畅率32.6%；建制村通达率96.4%，通畅率10.07%；自然村通达率38%；寺庙通达率91.5%），县（区）通畅率提高18个百分点，乡（镇）通达率提高0.8个百分点，通畅率提高64.2

个百分点，行政村通达率提高3.6个百分点，通畅率提高65.13个百分点，自然村通达率提高23.8个百分点，寺庙通达率提高6.8个百分点。

4.重大项目相继完工

G214、G317线昌都镇过境段工程、G317线丁青至斜拉山整治工程、珠角拉山隧道、矮拉山隧道、孜通坝隧道、贡芒公路、察芒公路、昌都至邦达机场高等级公路昌都至加卡等一大批关系昌都发展的重大项目建成通车，为昌都经济社会发展注入强大动力。

5.路网结构不断完善

拥有国道6条，省道10条，形成了“四纵三横三联”公路网，进出昌大通道连接四面八方，国省干线互联互通，辐射带动发展作用明显。

6.应急抢险保障得力

交通运输局成功应对了2014年“8·12”地震，2017年江达县洪灾，2018年白格堰塞湖等特别重大自然灾害，减少了人民群众生命财产损失。

（二）农村公路建设扎实推进

截至2020年年底，昌都市共有国道6条（境内连接国道2条、连接市域外国道4条）、境内省道共10条。拥有一级客运站1个，三级客运站9个，农村客运停靠站16个，乡（镇）综合运输服务站40个。开通各类客运班线86条（其中：省级10条，市级8条，县级15条，县、乡农村客运班线43条，城市公交线路10条），客运营运总里程为21227公里。全市11个县（区）客运覆盖率达到全覆盖，109个具备通客车条件乡（镇）已全开通直达或途径客运班车，具备通客车条件乡（镇）通客车比例为100%，641个具备通客车条件建制村中574个已开通直达或途经客运班车建制村，具备通客车条件建制村通客车比例为89.55%。

1.扎实推进公路交通项目建设

重点实施县乡公路、建制村公路、窄路基路面拓宽改造，安全生命防护等工程，坚持基础先行，建好县域交通网。“十三五”期间共实施农村公路项目1066个，批复里程7381.34公里，投资达200亿元，有效破解了群众出行“最后一公里”难题，城乡面貌得到了极大改善。大力推进农村公路新建和油返砂项目建设，不断补齐基层交通短板。先后建成了类乌齐县岗色乡马曲村公路、洛隆县新荣乡至达龙乡公路、察雅县烟多镇叶巴村至卡贡乡（叶巴大桥）等一批优秀的农村公路。截至2020年年底，全市129个乡（镇）1083个行政村已全部实现通达，有125个乡（镇）和814个建制村实现通畅，乡（镇）、建制村通畅率分别达到97%和75%。已率先实现自治区交通运输厅制定的全区通畅目标。

2.加强易地扶贫搬迁安置点交通项目建设

充分发挥交通在脱贫攻坚工作中的基础性、先导性作用，完成易地扶贫搬迁安置点道路建设240个，总投资12.9亿元，建设里程560公里，全部实现昌都市268个易地扶贫搬迁安置点通对外公路。

四、通信建设主要举措与成效

一是深入调研摸底，细致掌握全市通信基础数据。多次组建工作专班深入偏远乡村开展调研，动员全市经信系统力量对行政村、自然村通信情况进行全面摸底。

二是狠抓重点项目，扎实推进扶贫安置点通信建设。针对行政村和脱贫安置点通信覆盖等重点项目，采取全程跟踪、实时调度等措施，多次召集通信脱贫专题会，分解任务、听取汇报、协调解决进场、施工、市电引接、资源共享等问题。项目建成后及时与自治区通信管理局一道验收建设成果。截至2020年年底，全市共有4G通信基站4600余座，5G基站159座，乡（镇）光纤覆盖率达到100%，行政村通信覆盖率、光纤覆盖率分别达到100%、98.8%，268个扶贫安置点实现光纤宽带全覆盖。

三是主动协调对接，优化提升农牧区通信网络。针对部分乡村反映的通信质量差、覆盖范围窄等问题，加强通信项目申报，除电普项目以外还根据昌都实际积极申报国省道沿线、颁证寺庙通信覆盖等项目，近年来全市获批4G基站建设项目数量居全区首位。同时不断健全故障申诉渠道，通过强基惠民驻村渠道向所有行政村下发《关于在全（市）村（居）公布通信故障咨询服务电话的通知》，安排各运营商在业务县（区）明确专人负责网络故障报修工作，确保通信问题第一时间上报、第一时间解决，各大运营商故障响应修复时间缩短50%以上。

五、网络建设主要举措与成效

（一）着力推进农牧区信息化建设

2016年昌都市实施建设农村综合信息服务站二、三、四期工程，建成农村综合信息服务站站点486座，覆盖11个县（区）114个乡（镇）486个行政村，培训信息员540余名，为推广农牧科技、宣传惠农政策、掌握基层动态等起到了积极重要的作用。2017年全市强化信息员队伍建设，举办农村综合信息服务站信息员培训2期，投入培训经费108540元，培训信息员196名。2018年全市投资431540元，完成察雅等8个县（区）信息员的再培训。2019年全市新建94座铁塔，三家运营商新建物理站816个（其中新建590个，从2G/3G基站升级226个），电信公司完成了扶贫安置点光纤宽带覆盖工作。2020年全市实施电信普遍服务（第五批）试点工程、昌都解放70周年大庆通信保障，并由通信企业自主立项实施行政村弱覆盖整治、5G试点建设等工程。全年共新增4G基站580座；累计新建5G基站159座，全面完成年度建设任务。截至2020年年底，全市行政村通信覆盖率达到100%，行政村4G信号覆盖率达到99.27%，268个易地搬迁扶贫安置点全部实现4G信号和光纤宽带覆盖。

（二）大力实施电子政务工程建设

2016年昌都市电子政务（一期）工程建设总投资1283万元，涉及全市106家单位，并完成106名电子政务负责人员的培训工作。2017年完成全市电子政务（二期）工程建设的网络接入、调试和验收工作，举办了电子政务（一期）工程公文流转系统业务培训，在全区率先启用电子政务外网。2018年，昌都市加快推进“互联网+政务服务”工作，完成一期网络扩容和12套市、县（区）政务外网主节点设备迁移，实施政务外网延伸工程和填平补齐工作，政务外网建设点位719个，覆盖市级、县级部门575家、乡（镇）132个、服务中心12家。2019年全市实施政务外网建设三期，累计接入单位和乡（镇）732家单位累计接入1348个办公室；市、县（区）两级政务服务中心均预埋政务外网网线。2020年覆盖市、县、乡三级的政务外网、政务服务大厅实现线上线下业务融合，完成行政权力事项、政务服务事项的认领、梳理、录入、审核、情形化、发布等工作，开展了电子证照采集签发工作，政务外网平台注册率、办件量等主要指标进入全区前列。举办了2020年度政务外网管理和网络安全培训班，提升了政务外网接入单位管理人员的业务水平。

（三）全面开展“智慧昌都”建设

2017年启动“智慧昌都”建设。2019年实施智慧昌都23个子项建设。其中，电子政务外网、电子政务内网、平安昌都、雪亮工程、智慧医疗（试点）、双语普及及远程教育、智慧党建、互联网+政务服务、政府网站集约化、宽带网络校校通、亚青寺接返人员视频监控建设等11个项目已经完成，智慧交通、云计算大数据中心土建部分、平安校园3个项目计划2020年完成，云计算大数据中心系统部分、智慧寺庙管理、三所受援高中信息化3个项目已经完成招标工作，局域网、无纸化办公系统（OA）、生态环境监测平台、河长制管理平台、公共信用信息平台、雪亮工程深化应用6个项目正在开展前期工作。2019年完成投资2.0亿元（累计完成投资4.4亿元）。2020年“智慧昌都”共有21个信息化建设项目，完成雪亮工程智能化应用建设、教育组团式援藏“数字校园建设”、全民健康信息化推广项目、智慧寺庙管理一期4个项目，累计投入资金2.9亿元。

第二节　提升公共服务水平

全面提升农牧区公共服务水平，是构建服务型政府的重要举措，是打赢脱贫攻坚战的重要保障，是全面建成小康社会的重要支撑，是对接乡村振兴战略、促进经济社会高质量发展的重要抓手。新时代脱贫攻坚战打响以来，昌都市委、市政府按照自治区党委、政府关于全面提升公共服务水平的整体部署，立足本市公共服务提升难度大、分布不平衡、发展不充分的实际，多管齐下、多措并举用足用好各项优惠政策，狠抓科技、文化、教育、卫生、社会保障提升工程。

一、科技提升工程主要举措与成效

2016—2020年，昌都市科技工作在市委、市政府的坚强领导下，在自治区科技厅以及相关处室的关心指导下，在援昌省（市）的大力支持下，在县（区）科技部门的支持配合下，紧紧围绕“自主创新、重点跨越、支撑发展、引领未来”的科技工作方针，坚持“建平台、攻专项、促转化、广普及”的科技工作要求，深入实施创新驱动发展战略，开拓创新，扎实工作，农村科技事业取得了阶段性成效。

（一）科技投入大幅增长

2016—2020年，全市共安排实施24项国家、自治区和市级重点科技计划项目，落实科技投入资金2356.88万元。其中，2019年本级财政科技投入1766万元，本级财政科技投入占财政支出比重0.138%，研究与试验发展（R&D）经费支出3792.8万元，研究与试验发展（R&D）经费支出占GDP比重0.177%。在科技投入的支持下，全市科技工作对经济发展的支撑作用逐步显现。截至2020年年底，全市科技进步对经济发展的贡献率已达到45%，对农牧业发展的贡献率达到50%，科学技术普及率达到98%，科技创新发展再上新台阶。

（二）强化科技创新创业人才培训

2016—2020 年，昌都市按照科技特派员选聘工作要求，选聘具有较高素质、有实践经验的人员作为农牧民科技特派员。积极选聘“三区”科技特派团，制定出台了《“三区”人才支持科技人员专项计划实施方案》，强化落实工作职责及目标要求，指定专人从事“三区”人才服务工作。邀请区内外专家对全市“三区”人才进行专业技术培训，为县域特色支柱产业发展提供了有效科技支撑，极大地提高了全市“三区”人才的专业水平。积极培育“双创”科技人才工作。“十三五”期间，多次举办“三区”科技创新创业人才培训班，对“双创”载体负责人、运营管理人员及入驻企业代表、昌都市科技局相关负责人等进行了深入培训。培训通过现场授课、互动对接、交流碰撞、答疑解惑，为进一步深入推动全市“双创”工作，加快实施创新驱动发展汇聚了智慧和力量。同时，积极组织全市“双创”工作服务人员参加了西藏昌都科技创新人才培训班，参观学习了青岛市蛙声一片科技孵化器、威海市环翠区众创空间等“双创”载体，为推动昌都“双创”工作积累了宝贵的经验。

（三）加大农牧业科技成果转化

2016—2020 年，全市建设了一批重要的科技转化项目。一是投资 6500 万元，实施了标准化奶牛养殖及产品综合开发项目。该项目按照“培育龙头、壮大规模、建立基地、提升品质、带动农户”的思路，形成“优质奶源—产品深加工—特色产品销售”的一体化模式，为打造“四大基地”（黄牛改良基地、奶牛繁育基地、标准化牧场饲草料基地、昌都市畜牧教学培训基地）奠定了坚实基础。二是投资 1650 万元，建设了昌都市设施农业科技示范园项目。该项目集现代农业展示、种苗繁育、新特优蔬菜种植、科技开发、科普教育、技术培训、试验示范等为一体的多功能科技示范与转化基地。三是投资 80 万元，为类乌齐县尼扎村新建温室。该项目的实施丰富了当地农牧民群众餐桌饮食，并成为种养殖实用技术培训的主阵地，取得了显著的社会、经济和生态效益。为当地群众实现增收、摆脱贫困奠定了良好的基础。

（四）科技援藏资源不断汇集

2016—2020 年，根据市委、市政府关于加快推进科技援藏工作的总体要求和部署，市科技局精准对接，对口援藏工作得到全面落实，福建、重庆、天津科协分别通过物品捐赠、资金支持和举办科技活动等方式，帮助全市科技事业发展。

2017 年，市科技局着眼于全市“五大养殖基地”和“七大种植基地”技术瓶颈实际，通过甄选，制作《昌都市科技项目技术需求手册》500 余册，参加由福建省科技厅主办的“海峡两岸科技成果推广应用交流会”，旨在邀请区外广大企业、科研院所、高校来昌考察投资、对接项目、转化成果、推动昌都市经济持续发展。主动对接福建省科技厅援藏项目，积极落实重庆市科协援助类乌齐县农牧民技术培训及蔬菜种植技术示范推广项目，成功实施昌都市科普传播服务平台建设项目。通过申报天津市援藏项目，有效促进了农牧民科技特派员远程技术综合服务平台、藏药材规范化种植研究及示范基地建设。

2018 年，市科技局完成了福建省科技厅对口援建的昌都市“闽昌众创空间”项目建设，投入资金 400 万元；完成福建省科技厅援助的人才提升项目“昌都科技知识产权培训班”，投入资金 40 万元，培训昌都市科技人才 30 余名；完成天津市科委援建的丁青县垃圾无害化处理站项目，投入资金 85 万元，每天处理生活垃圾 1.5 吨；完成天津市科委援建的“天津科技援藏工作站”建设，开展成果展示、理论培训、现场试验、成果推广四位一体技术转移工作体系，形成科技人才培养长效机制，助力昌都科技事业持续发展。同时积极与福建、天津、重庆三省市科协沟通协调，申报了电子科普画廊建设、科协系统能力提升培训项目、易地扶贫搬迁“十项提升工程”科普配套项目3个，申报资金177.6万元，其中重庆市科协投资30万元建设的江达县县级电子科普画廊已经投入使用。

2019年度，市科技局围绕科技援藏工作，高质量完成昌都市闽昌众创空间项目。加强科技援藏交流与对接，福建省科技厅科技发展研究中心及重庆市农科院第九批援藏项目已投入工作。市科协积极与重庆市科协联系和协调，在落实“昌都市LED电子科普画廊建设”项目的基础上，又增加了科技知识类项目，为全市提供课堂内外、植物医生、家庭医生、科普惠农杂志、电脑报杂志等提高公民科学素质的书籍，落实“农村科普栏”建设项目资金。积极与天津市科协协调，开展相关主题活动，对接天津与昌都之间的科普知识资料共享。举办以“科技强国、科普惠民”为主题的“科普援藏”活动，并向昌都市强巴林寺、昌都市科技局、芒康县科技局等单位和学校捐赠了总价值达130余万元的科普物资和活动经费。

（五）创新创业环境明显改善

2016—2020年，昌都市覆盖市、县（区）、乡（镇）三级的农牧业科研和技术推广体系初步建成。全市建成了芒康县自治区级可持续发展实验区、达美拥自治区级实验室、三江流域科技示范基地、八宿县科技示范县等创新基地，进一步优化和提升全市科技资源开发共享以及科研平台布局和能力，科技对经济社会发展、促进区域经济结构调整、服务“三农”、增加农牧民收入、发展特色产业等方面发挥了积极的支撑作用。

通过论坛、节会、比赛等形式，为创新创业营造良好氛围，是“十三五”以来昌都市科技工作的重要方面。2019年，全市成功举办昌都市第一届“双创”发展高峰论坛暨“两路精神”创新创业大赛。2019年3～4月，昌都市第一届“双创”发展高峰论坛暨“两路精神”创新创业大赛在昌都市经开区成功举办。阿诺仓合作社项目和中药材、藏药材有效成分高效提取与示范项目的两位返乡创业者分别获得创新团队组和初创企业组一等奖，西藏这一刻婚庆服务有限责任公司和创新藏式墙纸的研发与推广项目获得天使投资资金35万元。2019年4月22日，“昌都市第一期创新创业大咖面对面”活动在昌都市科技创客中心成功举办。通过邀请资深创业导师为大家做了题为《“双创”典型案例分享及创业赋能路径介绍》的专场讲座，使创客们对双创的理解、对科技企业孵化器的感性认识有了更深的体会，为进一步深入推动全市“双创”工作，加快实施创新驱动发展汇聚了智慧和力量。同时，全市还大力开展“双创”政校企联动对接活动，进一步完善校企协调育人机制，实现“订单式”培养。“十三五”以来，帮助昌都市职业技术学校与市4家自治区级“双创”平台实现合作对接，共同开展创新创业教育，以创业带动就业，为创业学生提供与社会对接的平台，进一步激发全市创新创业活力。

通过设立科技研发推广奖励基金，激励和吸引各类科技人才加盟昌都高新技术产业发展。“十三五”期间，全市研究制定出台了《昌都市推进大众创业万众创新三年行动计划实施细则》，进一步激发昌都市创新创业活力，加快推进创新昌都建设，为实施创新驱动发展汇聚了智慧和力量。同时，全市还积极组织企业参加自治区科技厅举办的科技创新大赛，获得多项奖励。

（六）创新创业品牌初步形成

2016—2020年，全市大力推动高新技术企业和科技型中小企业发展，努力打造优良的创新创业品牌。在2017年实现高新技术企业和科技型中小企业“零突破”的基础上，加强引导，自主创新活力不断激发，自主创新能力稳步提升，高新技术企业、科技型中小企业加快成长。加大对企业技术创新的支持力度，积极搭建科技型中小企业创新平台，扶持建立以企业为主体的技术创新体系，一批高新技术企业发展壮大，使特色经济迅速崛起成为昌都经济中最具活力和潜力的亮点。截至2017年年底，全市拥有高新技术企业3家，认定科技型中小企业4家。“十三五”以来，累计接洽企业993家，完成注册630家，注册资本达142.04亿元，完成固定资产投资11.36亿元。截至2019年年底，入驻昌都企业达到693家，注册资本超过249.58亿元，解决2万余人次就业，累计完成固定资产投资18.27亿元，累计完成入库税收29.4亿元。到目前为止，已完成注册了一批高新技术企业，注册资本和固定资产投资再创新高。其中：银达新型建材、兴昌家具、龙者新材等一大批优质实体企业，解决832余人次就业，累计完成固定资产投资15.47亿元，累计完成入库税收20.89亿元。

2016—2020年，全市发布实施了《昌都市推进大众创业万众创新三年行动计划实施细则》，通过实施平台建设、试点孵化、人才激活、环境优化、资金支持工程，初步建成了全域覆盖、功能完善、特色突出、示范带动作用强的创新创业示范区，双创品牌战略初见成效。近年来，积极落实自治区级“双创”载体建设扶持资金，培育认定市级众创空间（科技孵化器）。根据《昌都市众创空间认定管理办法（暂行）》《昌都市科技企业孵化器认定管理办法（暂行）》要求，积极努力，打造了一批有影响力的创新创业平台。目前，昌都市闽昌众创空间、康巴明珠众创空间、昌都市科技创客中心和芒康县高原特色产业科技孵化器等众创空间（企业孵化器）已成功获批自治区级众创空间和科技孵化器。全市共有国家级星创天地1家，自治区级“双创”试点单位1家，认定自治区级众创空间（科技孵化器）4家，获得自治区一次性建设补贴1200万元，培育储备市级“双创”载体7家，拥有高新技术企业3家，科技型中小企业4家，初步形成龙头带动、层次分明、数量较多的创新创业平台建设体系。共拥有各领域创业导师150余人，入驻服务型企业、创业企业和团队共350余家，其中孵化成功20余家，培育科技型中小企业1家。累计新增就业岗位500余个，吸纳应届大学生就业见习200余人次，开展创新创业活动180余场2000余人次。昌都市高争建材股份有限公司被成功认定为国家级高新技术企业，全市高新企业数量达到3家；昌都市润美瑞生物科技有限公司被成功认定为国家级科技型中小企业，全市科技型中小企业达到4家。

（七）科技富民强县实现飞跃

2016—2020年，昌都市科技局多措并举，为全市脱贫摘帽工作的顺利完成提供了重要支撑。一是以项目为依托，通过援藏等多渠道，共落实科技扶贫项目19项，总投资2353.88万元，带动建档立卡户2000余户10000余人脱贫致富。二是开展结对帮扶结对认亲活动，开展政策宣讲、户情了解、出谋划策，赠送科普物资，落实帮扶资金15万余元。

2016—2020年，昌都市科技局根据《昌都市脱贫攻坚实施方案（2018—2020年）》，建成了边坝、江达、察雅县级LED电子科普画廊。投资47万元，开展了科技人员培训与技术推广服务，举办了昌都科技创新人才福建第二期培训班和昌都市2018—2019年三区人才培训班。协调推进了天津科技援藏“昌都市卡若区藏药材种植基地”项目，完成投资275万元。同时，加强定点扶贫、结对帮扶工作。依托沿江河谷地带优势，在昌都市科技局驻村点实施边坝县草卡镇索村经济林木种植示范基地项目，完成投资28万元，种植苹果、桃子及石榴等经济林果优质树苗1160株，占地20余亩。分批次前往结对帮扶点类乌齐县尼扎村开展结对帮扶结对认亲活动，与结对认亲户同吃同住同劳动，并开展政策宣讲、户情了解、出谋划策、助力脱贫。并赠送了《科普惠农》《电脑报》《课堂内外（小学版）》《家庭医药》等科普书籍300余册，发放环保袋、文具盒150个，帽子20顶，折合人民币6000余元，共计帮扶资金18700元。投入资金50.4万元，为类乌齐、丁青、察雅、边坝、卡若5县（区）63个易地扶贫搬迁安置点科普活动室基础设施标准化配备工作，在各县（区）的共同努力下，完成全市268个易地扶贫搬迁安置点的科普配套工作。

（八）易地扶贫搬迁安置点科技配套

为全面贯彻落实《昌都市深度贫困地区脱贫攻坚实施方案（2018—2020年）》《昌都市易地扶贫搬迁安置点“十项提升工程”实施方案》文件精神，市科技局自2018年至2020年初，共落实资金365.13万余元，对全市268个易地扶贫搬迁安置点科技配套的软件和硬件设施逐步进行配备。2018年，市科技局从人均科普经费中列支44万元，为类乌齐、丁青、察雅县55个易地扶贫搬迁安置点采购科普活动室基础设施，配备的标识牌、书架、阅览桌椅、电脑、管理制度牌等55套基础设施，于2018年5月初全部配套到位并投入使用；同时积极协调自治区上级业务部门，为昌都市易地扶贫搬迁安置点争取到科普书籍40余种26200本、科普包18包、科普光盘135张、挂图5300余张，价值102.5余万元，已全部发放至各安置点，进一步有效助推精准扶贫脱贫攻坚工作；2018年10月，全局积极为卡若区、类乌齐、边坝三县新增的8个易地搬迁安置点配备科普活动室基础设施，并积极协调上级部门解决科普书籍等相关物品，投入资金6.4万元。2019年，市科技局在完成63个易地扶贫搬迁点科技配套的基础上，对2019年需完成脱贫摘帽的察雅、贡觉、芒康、八宿、左贡5县76个安置点配套了科普活动室标识铜牌，落实资金3.024万元，并于2019年4月制作完成发往各县各点；2019年12月完成了1016个建制村的科普活动室标识牌制作发放工作，落实资金30.49万元（其中援藏经费10万元）；向自治区科协及农科院争取到1142个“科普盒子”终端和1050个科普光盘充实到各建制村的科普活动室中，价值58.72万元，实现了全市所有建制村的“农村科普栏”全覆盖。2020年，为全面完成易地扶贫搬迁安置点的科技配套工作，市科技局在完成63个易地扶贫搬迁点科技配套的基础上，对其余各县205个安置点开展科技配套再提升工程，每个点按照8000元标准配备，包括科普书籍、书架、电脑、阅览桌椅等科技配套设施，共落实资金164万元。

二、教育提升工程主要举措与成效

（一）加强教育基础设施建设

为大力解决全市学校基础设施薄弱问题，2016年投资91573万元，新建项目91个。其中薄弱学校改造项目26个落实资金18476万元，乡村幼儿园建设项目60个落实资金13485万元；昌都市第二小学、昌都市五幼等项目建设，落实资金6437.31万元；续建项目22个，落实资金12909万元；投入1500万元在实验小学、市一高、卡若二中推进“智慧校园”项目建设和5个县乡同步课堂。2017年完成投资12.99亿元，完成续建项目11个，新建工程建设项目84个。2018年完成建设项目208项，项目总投资31.33亿元，其中续建项目89项、新建项目119项。2019年实施项目91项，其中续建项目40项，总投资7.88亿元；新建项目51项，总投资4.47亿元。同时，为破解全市基层教育人才“留住难”问题，划拨2049.5万元（不含县级自筹资金），为偏远、艰苦、高海拔学校建设“教工之家”。2020年，全市共计落实项目54项，共计投资3.29亿元，其中，新建校舍7.49万平方米，有效满足就近就便入学的需求。扎实推进易地扶贫搬迁学校配套建设，2020年开工建设易地扶贫搬迁安置点幼儿园7个，投资4418万元，实现易地扶贫搬迁安置点学校配套全覆盖。

（二）聚焦教育质量提升工程

一是坚持质量提升德育为首。坚持“育人为本、德育为先”“德育就是质量”的教育理念，认真落实立德树人根本任务，结合各种重大历史事件纪念日、“3·28”西藏百万农奴解放纪念日等，深入开展主题班会、队会、团会，纪念活动，“扣好人生第一颗扣子”“过好当下幸福生活”“新时代好少年”“四讲四爱”等主题活动，集中开展思想道德主题宣传教育活动。二是扎实推进“联盟办学”。在全市学前、小学、初中和高中各学段中分别开展了“校际间发展联盟活动”，有效促进校际合作、资源共享、优势互补，共同提高，增强学校间的互学并进，共同发展。三是积极创建星级学校。制定《昌都市星级学校创建实施办法》，以星级学校创建促进学校管理规划，以星级学校创建促进学校教育质量提高，创建一批标杆学校，带动全市教育整体提升。四是全面落实“五个100%”教育目标。制定《昌都市关于贯彻落实“五个100%”教育目标的实施方案》，明确推进“五个100%”的时间表、路线图。下发《关于进一步规范课程设置和教材使用的通知》，编制《昌都市义务教育阶段课程设置表》，每年为每所中学单列5万元作为理科实验药品、器材等补充经费，确保理科实验教学正常开展。

（三）坚持教育信息化建设

促进信息技术与教育教学深度融合，将信息化教学纳入日常教学管理与考核，建立健全教育信息化经费投入等保障机制，切实落实教育信息化管理人员待遇。加强信息化平台建设，在有效对接国家、自治区平台的基础上，着力建设具有昌都特点的教育资源平台和管理平台。加强昌都数字资源建设，推进远程互动课堂、名师课堂、名校网络课堂的建设和应用，切实发挥信息技术在提高教育质量中的作用。2016—2020年，建成计算机网络教室195间，多媒体教室2710间，配备教师办公电脑6821台，建设19所数字校园、161所学校的平安校园监控系统、精品录播教室31间、移动录播系统9套、同步课堂102间、触摸游戏桌106套。

（四）加强师资队伍建设，提升教育教学能力水平

一是拓宽师资补充渠道，积极向教育厅等相关上级部门请示，公开招录、人才引进、援藏等新分教师向昌都倾斜，2018年全市共安排374名非教师公职人员支教，共引进295名内地优秀师范类高校毕业生，共向自治区争取公招教师462人，共分配“双定向”师范生210人。2019年，补充教师1415人，其中，招录教师1215人、双定向师范生187人、免费师范生13人（定向西藏1人、免费师范12人）。2020年新分教师1174人。二是教师配置制度进一步完善。制定《关于进一步优化师资配置的工作方案》，师资补充重心下移，向基层倾斜，2020年向基层学校新分教师904人，占全市新分教师77%，切实解决了基层教师数量不足困难。三是师资“充电”更加灵活，通过“请进来”，邀请内地专家名师来昌举办讲座、论坛等，给教师“充电”。采取“送出去”，组织优秀教师到内地考察、学习和跟岗培训。采用“蹲下去”，市教育局电教馆服务下沉，组织人员下校蹲点、送培到县等积极组织教师和中小学参加“国培计划”“区培计划”“中小学校长信息技术应用能力提升培训”等网络培训。四是落实基层教师待遇向基层倾斜，严格落实话费补助等政策；更加关心基层教师生活，基层教师周转房建设纳入乡（镇）公职人员周转房建设统筹考虑；完小以上学校都修建了教工之家，解决教师生活、娱乐问题，切实做到“待遇留人、环境留人、感情留人”，基

层教师队伍更加稳定。为解决基层教师不足、学科不合理问题，扎实开展非教师公职人员开展支教活动；积极从内地师范类高校引进优秀毕业生；积极向自治区教育厅争取公招教师分配指标。

（五）狠抓教育教学质量提升

一是根据教育厅总体安排，结合昌都市实际，拟定了《昌都市“五个100%”教育目标督考评估实施方案》《昌都市“五个100%”教育目标督考评估细则》。二是为顺利通过评估验收，市教育局形成了《关于做好“五个100%”教育目标自查自纠工作的通知》，要求市职校、各县（区）教育局、局直属各学校对照西藏自治区教育厅《关于印发〈西藏自治区“五个100%”教育目标评价标准〉的通知》，深入开展自查，并根据自查情况，结合实际整改落实。三是进一步将“五个100%”教育目标落实推进与义务教育管理标准化师范学校创建、高中阶段教育普及攻坚、各学段校际间发展联盟、星级学校创建与评定等重要工作深度融合、合理推进，确保全面实现“五个100%”教育目标。四是大力加强幼儿园硬件建设，扩大招生规模，目前，完成配套557.5万元教玩具等设备的采购工作。五是昌都市高度重视高中阶段教育普及攻坚工作，市教育局牵头衔接总抓，各县（区）政府主导，各乡（镇）、各县（区）教育局、各初级中学主动作为，多措并举，形成了责任明确、任务清晰的工作体制机制，确保高中新生招生达标。

三、文化提升工程主要举措与成效

（一）易地扶贫搬迁安置点文化室建设

2018年为177个易地扶贫搬迁安置点文化室配套了基础文化设施（配套桌椅、电脑、书籍、乐器等基本公共文化服务设备）。其中，167处以3万元标准建设，共计501万元；10处以2万元标准建设，共计20万元，以上共计521万元。2019年为91个易地扶贫搬迁安置点文化室配套了基础文化设施（配套桌椅、电脑、书籍、乐器等基本公共文化服务设备）。每处按照配置2万元标准文化设施，共计182万元。以每村2万元的标准，为140个被列入西藏自治区村综合文化服务中心示范工程建设的贫困村文化活动室配置音响、乐器、电脑、桌椅等基本文化设备，以保障其正常开展文化活动。

（二）村级活动室建设

2016—2020年投入1281万元，即按照3万元/个的标准，对全市2020年427座新建村级活动室，配套桌椅、电脑、书籍、棋牌、乐器等基本公共文化服务设备，满足基层群众基本公共文化服务设施需求，确保基层公共文化服务水平接近西部平均水平。共投入703万元，对268个易地扶贫搬迁安置点文化室配套了基础文化设施。共投入480万元，对240个贫困村文化设施予以完善，配置了音响、乐器、电脑、桌椅等基本文化设备，以保障其正常开展文化活动。

（三）公共数字文化建设

把群众“要文化”和政府“送文化”匹配起来，推进公共数字文化工程建设。根据自治区文化厅《关于做好2018年度中西部贫困地区公共数字文化服务提档升级项目的通知》精神，市文化局对11个县（区）原有乡（镇）综合文化站、公共电子阅览室、村级文化活动室等数字文化场所添置设备，对数字文化服务进行提档升级，并以贫困地区人口数量、服务半径作为布局依据，在公共数字文化服务空白的贫困区域设置数字文化服务点（数字文化驿站）。2016—2020 年，全市共计投入 415 万元，对昌都市 43 个乡（镇）文化站、80 个贫困村的村级文化室数字文化服务进行提档升级。统一购置乡（镇）级公共文化一体机（含预置软件）、平板电脑（含预置软件）摄像机、中国文化网络电视互动播出终端（含预置软件）等。2020 年下半年投入 167.5 万元，对 30 个乡（镇）文化站、7 个贫困村村级文化室数字文化服务进行提档升级。

四、卫生提升工程主要举措与成效

卫生基建项目的实施改善了基本公共卫生、卫生医疗机构设施条件，健全了昌都市公共卫生、医疗卫生服务体系，提升了服务能力，为贫困群众就医拓宽了渠道，逐渐满足了贫困群众就医需求。通过卫生提升工程建设，昌都市人民医院成功实现三甲创建工作，市藏医院创建三级甲等民族医院，全市 11 个县（区）人民医院成功实现二甲医院创建工作，贡觉、芒康、江达、类乌齐、丁青、洛隆、八宿 7 家藏医院完成县级藏医院等级评审。

（一）强化贫困乡（镇）卫生计生基础设施建设

2016年投资0.3亿元，建设昌都市人民医院。投资0.4亿元，建设昌都市藏医院。投资0.09亿元，建设昌都市疾病预防控制中心。投资 0.018 亿元，建设江达县藏医院。投资 0.035 亿元，建设洛隆县藏医院。为全市 138 个乡（镇）卫生院均配备了心电监护仪（便携式）、尿液分析仪、心肺复苏器、产床、婴儿暖箱等内科、外科、妇科、儿科、藏医药设备共计 46 种，总价值 1932 万元。2017 年完成“8·12”灾后重建项目，共30个乡（镇）卫生院和32个村居卫生室建设，累计投资达2055万元。2017—2018 年，共投资 10.87 亿元建设市人民医院、市藏医院、11 个县（区）人民医院，7 个县藏医院和 118 个乡（镇）卫生院。特别是在全区范围内首先制定印发了《昌都市创建标准化乡（镇）卫生院实施方案》和《昌都市创建标准化乡（镇）卫生院考评细则》，实施 118 个乡（镇）卫生院标准化创建工作。全市 269 个易地扶贫搬迁安置点已全部配套了村卫生室。2019 年按照《昌都市创建标准化乡（镇）卫生院实施方案》、《昌都市创建标准化乡（镇）卫生院考评细则》，完成 98 个乡（镇）卫生院标准化建设任务，1119 个行政村都已按照“一村、一室、两医”要求配套完成村卫生室，卫生服务达到全覆盖。对全市 268 个易地扶贫搬迁安置点医疗卫生覆盖进行摸排梳理，在行政村所在地的 216 个易地扶贫搬迁安置点均由村级卫生室覆盖提供医疗卫生服务，其中，依托村级组织活动场所新建村卫生室 160 个，使用原有村卫生室 56 个，在各乡政府所在地的 49 个易地扶贫搬迁安置点由所在乡（镇）卫生院覆盖提供医疗卫生服务，还有 3 个易地扶贫搬迁安置点在县（区）所在地，由县（区）人民医院覆盖提供医疗卫生服务。做到了易地扶贫搬迁安置点医疗全覆盖。同时，投入 9009 万元，全面实施了昌都全民健康信息化项目，全民健康信息化（试点）项目完成验收，为下一步在全市铺开信息化建设奠定基础。截至 2020 年年底，全市每个县 1 所县级医院，每个乡（镇）1 所乡（镇）卫生院标准已经达到。按照市委工作部署，推进实施县级以上医院 100% 实现“互联网 + 医疗健康”，实施乡（镇）卫生院和有条件的村级卫生室信息化建设。

（二）着力提升基层医疗卫生公共服务能力

（1）建立健全医疗保障措施。一是实施《昌都市建档立卡贫困户方便就医实施意见》，与市人民医院、市藏医院、市妇幼保健院、民安医院和协和医院5家医疗机构签订《昌都市建档立卡贫困户方便就医协议》，对患病建档立卡贫困群众就医开通“绿色通道”，实行“先诊疗、后付费”，患者住院治疗免交押金，出院时只需交付自付部分。

（2）简化审批程序，完善医疗保障制度，畅通就医渠道，在“一站式”服务的基础上，制定《昌都市农牧区群众报销“一站式”“一单制”服务实施方案》，建立统一的农牧区患者“一站式”“一单制”窗口服务管理，实行农牧区窗口结算服务一次性告知制度，做到了贫困农牧区群众费用报销最多跑一次，解决了贫困群众医疗费用报销程序烦琐，报销时限长的顽疾。昌都市贫困人口医疗费用按照“农牧区医疗制度（封顶线6万元）+大病保险（封顶线7万元）+民政救助（封顶线6万元）+政策兜底资金”的方式报销，农牧区合作医疗制度、大病保险、民政救助和政策兜底资金得到有效衔接，医疗保障政策进一步完善，贫困人口医疗费用自付部分已控制在可承受范围。

（3）依托援藏资源优势，11个县（区）配备了33台具有远程诊疗功能的车载流动医院，向138个乡（镇）发放孕产妇接送车，进一步改善了基层妇幼健康服务能力。市人民医院组建了危重孕产妇和新生儿救治中心，建立覆盖全市所有助产机构院前急救绿色通道，产科床位达到428张，确保孕产妇和新生儿救治机制有效运行。

（4）强化医疗人才队伍建设。2016年以来，通过人才引进、农村订单定向分配、非西藏生源定向分配和公开考录等措施，全市补充卫生人才630人，实施住院医师规培、助理全科医生培训、全科医生转岗培训等培养卫生专业人员285人，为基层安排了300个卫生公益性岗位解决了高校、中职毕业生和两后生就业问题。每个县医院每个专业科室至少有1名合格的执业医师或助理医师，每个乡（镇）卫生院有1名合格的执业（助理）医师或全科医生，每个村卫生室有1～2名合格的乡村医生。

（三）开展农村人居环境整治，推进健康乡村建设

一是加强制度建设。制定印发《昌都市2020年关于推进农村“厕所革命”卫生厕所试点示范工作的实施方案》《昌都市农牧区人居环境整治三年行动实施方案》。二是开展村庄清洁行动。发动农牧民群众投工投劳81601人次，清理卫生死角3592处，开展进村入户宣传教育2003场次、97704人次，发放宣传资料21900份，张贴宣传标语2119条，报刊电视宣传98条；三是强化农村生活垃圾、污水治理和管护机制建设。开展垃圾分类村庄100个，建立垃圾兑换超市1个，配置运转车辆1188辆，配置清扫工具1329套。全市有垃圾集中收集点的村庄有874个，建立收运体系的村庄有346个，纳入污水管网的村庄有27个，建有集中制分散式等农村生活污水治理设施村庄有41个，开展黑臭水体排查治理并建立台账的村庄有28个，农村治污与改厕工作统筹推进的村庄有43个，农村生活污水乱排乱放得到管控的村庄有157个，农村人居环境整治内容纳入村规民约的村庄995个，建立村庄保洁机制、有固定保洁人员的村庄有841个，配备村庄保洁员14848名，有专业化、市场化建设和运行管护机制的村庄1个；四是推进村庄规划、村容村貌提升和农业生产废弃物资源化利用。编制多规合一实用性村庄规划村庄38个，编制村庄基础设施、产业建设等专项规划的村庄122个，实现人畜分离的村庄142个。村内主要道路硬化的村庄有602个，村内主要道路实施绿化的村庄有187个，村内主干道路和公共场所照明设施齐全的村庄有463个，公共场所建有公共厕所的村庄有509个。全市建成规模化养殖场34个，安装规模化养殖场粪污处理设施装备的养殖场15个，同时稳步开展秸秆综合利用试点示范工作。

五、提升社会保障能力举措与成效

（一）提高兜底标准

执行农牧区医疗统筹基金报销补偿最高支付限额为每人每年 6 万元的标准。2016 年，全市农村低保标准从 2350 元 /（人・年）提高到 2550 元 /（人・年），具体补助标准为重点保障对象 2170 元 /（人・年），特殊保障对象 1630 元 /（人・年），一般保障对象 1023 元 /（人・年）。农牧区五保供养标准从 4400 元 /（人・年）提高到 4740 元 /（人・年）。实现全市农牧区医疗救助制度全覆盖，个人筹资水平持续保持在 97% 以上，政府补助标准提高到 435 元 /（人・年）。2017 年 1 月 1 日起，全市农村低保标准由 2016 年的每人每年 2550 元提高到 3311 元。各类保障人群补差标准分别为：重点保障对象的人均补差标准由 2016 年的 2170 元提高到 2931 元，年均增加 761 元；特殊保障对象年人均补差标准由 2016 年的 1630 元提高到 2327 元，年均增加 697 元；一般保障对象年人均补差标准由 2016 年的 1023 元提高到 1613 元，年均增加 590 元。五保标准由 2016 年的每人每年 4740 元提高到 4940 元。2019 年全市农村低保标准提高至 4450 元 /（人・年）。2020 年农村低保标准提高至每人每年 4713 元。

（二）资金落实情况

2016 年，全市农村低保对象 84278 人，落实资金 11591.23 万元；五保人员 5136 人，落实资金 2434.46 万元；临时救助 3012 人，落实救助资金 493.92 万元；享受残疾人两项补贴 20642 人，落实资金 2516.18 万元；城乡医疗救助 27680 人，落实医疗救助资金 4578.5 万元；落实自然灾害救助资金 4240 万元；落实孤儿基本生活费 1911 万元，保障了 1672 名孤儿的基本生活；高龄失能老年人补贴 511.2 万元；寿星老人健康补贴 280 万元；全市农牧民总人数 705064 人，参加筹资人数为 683774 人，占农牧民总人数的 96.98%，为农牧民报销医药费 20538.46 万元，其中大病统筹报销 16751.92 万元，门诊家庭账户基金报销 3786.54 万元。2017 年，全市农村低保对象 84235 人，落实资金 17019.88 万元；五保人员 5136 人，落实资金 2532 万元；临时救助 11558 人，落实救助资金 850.33 万元；享受残疾人两项补贴 21284 人，落实资金 2584.29 万元；城乡医疗救助 24123 人，落实资金 5139.07 万元；落实孤儿基本生活费 1567.44 万元；保障了 1689 名孤儿的基本生活。2018 年，全市农村低保对象 77015 人，落实资金 25772.65 万元；特困供养人员 4807 人，落实资金 5761.27 万元；临时救助 4654 人，落实救助资金 873.3 万元；享受残疾人两项补贴 24054 人，落实资金 5209.68 万元；城乡医疗救助 25931 人，落实资金 5863.95 万元；落实孤儿基本生活费 2286.37 万元，保障了 1704 名孤儿的基本生活。2019 年全市农村低保对象 78641 人，落实资金 26199.67 万元；特困人员集中供养标准由 2016 年的 4740 元 /（人・年）提高至 12480 元 /（人・年）、分散供养标准 7743 元 /（人・年），提高了 163.3%，2019 年特困人员 4556 人，落实资金 6178.74 万元。2020 年全市农村低保对象 78419 人，落实资金 26121.35 万元。落实特困供养、孤儿生活保障标准，按规定逐步提高农村特困供养对象和孤儿的生活保障标准。特困人员集中供养标准为每人每年 13213 元，分散供养标准为每人每年 7070 元。2020 年特困人员 4026 人，落实资金 7143.52 万元；落实孤儿基本生活费 2016 万元，保障了 1680 名孤儿的基本生活。

第三篇　构建脱贫长效机制

党的十八大以来，在党中央、国务院的亲切关怀下，在西藏自治区党委、政府的坚强领导下，在援藏省市、企业和自治区有关部门的大力支持下，昌都市深入贯彻落实习近平总书记关于扶贫工作重要论述，以正确处理好西藏经济社会发展的“十三对”关系为工作方法，按照西藏自治区党委、政府决策部署要求，充分发挥社会主义制度集中力量办大事的政治优势，形成跨县区、跨部门、跨单位、全社会共同参与的多元主体的社会扶贫体系，构建政府、市场和社会协同，精准发力的大扶贫格局，紧紧围绕“两不愁三保障”，以脱贫攻坚统领经济社会发展，如期实现脱贫摘帽，高质量巩固拓展脱贫成效，着力构建脱贫攻坚长效机制。

第一章　构建大扶贫格局

为着力构建大扶贫格局，昌都市始终坚定群策群力的发展信念，不断打破传统的思维方法，创造性地思考对策，始终坚持立足于昌都长远发展，以党建为引领，不断加强队伍建设，持续提升组织建设，加强干部队伍教育培训力度，突出政治引领作用，提升基层党建工作实效；以社会帮扶为切入点，完善企业帮扶、部队帮扶、社会捐赠，举全市全社会之力，深化社会扶贫体制机制改革；以援藏帮扶为着力点，将援藏省市和援藏企业帮扶的对口援藏向精准扶贫、精准脱贫聚焦；以提升内生动力为落脚点，坚持“扶贫先扶志、扶贫必扶智”原则，用好先进典型示范作用，推进多元主体合作，形成政府、市场、社会互动，专项扶贫、行业扶贫、社会扶贫联动的强大合力。

第一节　党建引领

党组织建设直接决定联系服务群众“最后一公里”是否畅通，是凝聚人心、夯实基础、聚力攻坚的力量源泉。脱贫攻坚战打响以来，昌都市以党建引领脱贫攻坚为抓手，坚持领导带头、以上率下、逐级示范，层层压实责任；坚持重心下移、资源下沉，注重统筹人力、物力、财力等各类资源向基层倾斜，推动党建资源向基层一线汇聚；多管齐下、精准施策、持续发力，形成基层党建与脱贫攻坚有机融合、同频共振的良好局面。

一、队伍建设

进入脱贫攻坚阶段以来，昌都市深入学习贯彻落实习近平总书记关于扶贫工作重要论述，特别是习近平总书记在7次脱贫攻坚座谈会上的重要讲话精神，越到最后关头越是紧绷这根弦，不停顿、不大意、不放松。始终坚持党建引领，精准选派驻村工作队长，选派“精兵强将”深入基层一线，为脱贫攻坚提供强有力的人力资源支撑，确保脱贫攻坚各项工作扎实开展。

（一）加强脱贫攻坚乡村干部队伍建设

坚持将干部人才培养与脱贫攻坚、乡村振兴有效衔接，把村（居）基层一线作为锻炼干部成长成才的重要平台和前沿阵地，把打造一支精干长效的脱贫攻坚人才队伍建设放在首位，把乡（镇）、村（居）干部作为脱贫攻坚主战场上的中坚力量，配强班子、建好队伍。

1. 建章立制，确保队伍建设抓实抓好

制定《昌都市关于开展“党建带扶贫、扶贫促党建”工作的意见》《关于加强“三基”建设促进脱贫攻坚工作的意见》，推行以“夯实三大基础、发挥三大职能、构建四大机制”为主的党建扶贫模式，把脱贫攻坚成效纳入县（区）、乡（镇）、村（居）三级党组织书记“联述联评联考”述职的重要内容和干部评优评先、年度考核的重要依据，树立“以脱贫成效检验党建实绩”工作导向，实现党建工作与扶贫工作同步推进、有机融合。

2. 多措并举，不断锤炼乡村干部队伍建设

一是加强村级干部队伍建设。加强对村（居）干部的监督管理，精心开展村（居）“两委”干部分析研判和违法违纪排查工作，对全市 7726 名村（居）“两委”干部进行逐一“画像”，严肃查处侵犯农牧民利益的“微腐败”，坚决调整撤换不胜任、不合格、不尽职的村（居）干部，还老百姓一个公道清明的乡村政治环境。同时，坚持将政治觉悟强、群众威望高、致富有门路的农牧民党员充实进村（居）干部队伍后备库中，不断巩固村（居）“两委”班子成员 100% 是党员的工作成果。二是壮大乡村干部队伍力量。制定下发了《昌都市“藏东英才”选拔培养管理办法（试行）》，以柔性引进、“候鸟型人才”引进方式为重点，为脱贫攻坚巩固拓展和乡村振兴广纳人才、广育英才。

3. 先锋示范，当好村民发家致富带头人

实施“334”党建扶贫模式，启动“党员致富星火”工程，不断加强农牧民党员致富技能培训，把农牧民党员培养成致富能手，储备了大量的脱贫攻坚一线战斗员。2016—2020 年，全市培养党员致富带头人共计 2500 余名。在培养村民发家致富带头人的同时，也不断鼓励和支持农牧区党员干部发挥好党员先锋模范和示范带头作用，并运用建立党员创业示范基地、党员结对帮扶建档立卡贫困户等形式，切实保障广大农牧民群众的根本利益。

4. 理清思路，坚守脱贫攻坚胜利成果

为进一步巩固广大人民群众有事找村（居）“两委”不找寺庙、有困难找党员干部不找僧尼成常态化的胜利成果。昌都市始终坚持在壮大村集体经济上下功夫，不断帮助村（居）“两委”班子理清发展思路，拓宽发展路子，制定符合昌都市情的发展规划，引导基层党组织充分发挥区域资源优势，挖掘自身增收潜力，大力发展“一村一品”或“多村一品”。2016—2020 年，全市通过大力发展特色农畜产品加工业、特色种养业、休闲观光农业和乡村旅游业，建成效益较好、信誉较高的村集体经济 715 个。此外，全市乡（镇）、村居干部在“十三五”期间，坚持以精准识别扶贫对象、精准摸清致贫原因、精准实现脱贫退出为抓手，按照“五清三精准”要求，紧盯国务院扶贫开发信息系统数据，先后召开 2 次培训班对数据管理人员进行业务培训，强化数据动态管理，整改各类数据问题 5198 条，准确掌握全市建档立卡贫困户的基本信息、基本情况，做到了底数清、情况明，为脱贫攻坚精准落实夯实了数据基础。

（二）强化脱贫攻坚干部帮扶队伍建设

为切实加强基层领导队伍建设，提高脱贫攻坚帮扶效果，昌都市始终坚持“选、培、派”多管齐下的战略方针，配齐配强配优贫困乡（镇）、村（居）班子力量，持续把“精兵强将”输送到党建扶贫主阵地。

1. 精准帮扶，巩固强基惠民活动成果

为确保精准扶贫工作的长期性和稳定性，昌都市把基层工作经验丰富、富有经济工作头脑、善做群众工作的优秀机关干部选派到村（居）担任第一书记，完善第一书记管理考核办法，推行“四个一批”管理机制，并严格落实项目、资金、责任“三个捆绑”要求，提升了乡村干部整体工作水平。先后选派优秀党员干部到村（居）担任第一书记，持续巩固“创先争优、强基础、惠民生”活动成果，确保每个村（居）至少有 4 名干部长期驻村开展精准帮扶和 1 名驻村第一书记下沉脱贫攻坚第一线。

2. 评优选先，提供创新驱动人才支撑

为确保人才输送的有效性，昌都市通过各类遴选，先后精准选派 43 名优秀干部充实县（区）党政班子，选派 114 名市、县机关优秀年轻干部和 298 名优秀“三类人员”进入乡（镇）领导班子。并对脱贫攻坚一线干部精准考察考核，选派市、县、乡三级 2481 名机关优秀党员干部担任村（居）党支部第一书记，将发展经济有思路、协调项目有招数、帮助致富有经验的 837 名优秀干部调整到深度贫困村，从内地引进涵盖医疗、教育、卫生、农牧等专业人才 835 名，为脱贫攻坚工作提供了人才支撑与注入创新驱动力，2016—2020 年期间帮助建档立卡贫困户理清发展思路 4 万余条。

（三）狠抓脱贫攻坚结对帮扶

为充分发挥制度优势，着力形成政府、市场和社会协同，精准发力的大扶贫格局，昌都市始终围绕“集团式包县、市级领导包片、县领导包乡、乡领导包村、一般干部包户”的结对帮扶工作机制，积极动员社会各界力量不断加大对扶贫开发的人力、物力、财力投入。要求全市各级党组织和广大党员干部组织开展好结对认亲交朋友、在职党员深入农牧区基层服务农牧民群众等活动，带着感情，带着责任，主动与结对户交朋友、聊家常、谋思路、化难题，全面了解和掌握群众愿望心声，满怀热情地为他们解决一些实实在在的生产生活困难和问题。始终围绕“百村整治、千村提升”计划，综合分析研判，并针对“治安乱村、经济弱村、组织软村、信访多村”等问题进行梳理分类，不断建立健全结对帮扶机制，先后成立 11 个帮扶集团对各县（区）进行集团帮扶，并采取“321”结对帮扶[①]形式，扎实推进干部结对帮扶工作，采取“多对一”集中帮扶的形式，组织全市 2.69 万名干部和驻昌企业结对帮扶 3.84 万贫困户，实现建档立卡贫困户帮扶全覆盖。2016—2020 年，全市广大党员干部走访慰问贫困群众 4.55 万次，开展各类宣传教育活动 3.48 万次，投入送温暖资金或物资达 2502.84 万元。

（四）狠抓脱贫攻坚督导督查工作

为切实做好脱贫攻坚成效考核评估，全面提升脱贫攻坚质量和水平。昌都市高度重视、精准施策，成立了专门的脱贫攻坚巡视督查组与督导考核组。

1. 坚持问题导向，确保巡视反馈整改落到实处

坚持问题导向，坚持底线思维，昌都市脱贫攻坚巡视督查组和脱贫攻坚指挥部督导考核组为确保巡视反馈问题整改落到实处，先后 13 次组织 42 个督导组深入 11 个县（区）开展督促检查，并下发督办通知 28 期，各县（区）对巡视督查中发现的问题及时落实整改，确保了督导工作的严肃性、连续性和时效性。

2. 深化督促检查，确保各项问题整改持续推进

针对已整改完成的中央脱贫攻坚专项巡视反馈的 32 项问题和 2016 年以来各类监督检查督导审计反馈的 55 项问题，昌都市坚持把督促检查作为推动持续深化整改落实的重要途径，全面落实专人包干、跟踪督办、限时办结、台账整改等工作机制，定期召开整改推进会议，研究解决工作推进过程中遇到的困难和问题。

3. 完善体系建设，切实推动脱贫攻坚责任落实

在坚定不移巩固脱贫攻坚成果的过程中，昌都市委先后召开脱贫攻坚各类会议 106 次（市委常

① “321”结对帮扶即市级领导一人包 3 户，县处级领导一人包 2 户，科级及以下干部一人包 1 户。

委会 43 次、市委专题会 21 次、市扶贫开发领导小组会议 29 次，全市脱贫攻坚工作会议 3 次），始终坚持紧盯问题不放，持续深化整改，有效防范了“缓口气”“歇歇脚”等现象的发生。深入贯彻落实《脱贫攻坚责任制实施办法》，不断完善监督考核体系，及时转发《西藏自治区贫困人口脱贫考核办法》和《西藏自治区贫困村退出与贫困县摘帽考核办法》。并结合昌都市实际，印发了《昌都市驻村（居）工作队、党支部第一书记扶贫开发工作考核办法（试行）》《昌都市脱贫攻坚工作成效考核办法》等考核管理办法，切实推动脱贫攻坚责任落实，建立健全脱贫攻坚巡查督查和定期通报制度。同时，通过采取查阅资料、现场询问等多种形式，对市直部门、县（区）整改工作进行随机抽查，现场提出整改建议，确保了每项问题整改落实到位。

二、组织建设

始终把建强基层组织摆在突出位置、牢牢抓在手上，坚持提质与整顿并举，以“学习、服务、创新、引领、战斗”五型基层党组织建设为主要内容，充分发挥党组织在服务群众、凝聚人心、夯实基础方面的重要作用，持续整顿软弱涣散党组织，真正把农牧区基层组织建设成为维护稳定、促进发展、服务群众、改善民生的坚强战斗堡垒。

（一）健全脱贫攻坚领导机制

严格落实“地市直管、县抓落实、乡（镇）专干”的脱贫攻坚工作机制，成立市、行业部门、县（区）扶贫开发工作领导小组，建立市、县（区）脱贫攻坚指挥部，组织构建了责任清晰、各负其责、合力攻坚的责任体系，并层层签订脱贫攻坚目标责任书，立下“军令状”，形成了横向到边、纵向到底、条块结合的领导和指挥体系。为确保脱贫攻坚工作的针对性和持续性，昌都市坚持每月召开 1 次专题会议，研究脱贫攻坚工作中的问题和困难，并先后 8 次召开常委会研究部署脱贫攻坚工作，6 次召开市政府专题会议研究解决脱贫攻坚工作中存在的困难和问题。逐步建立健全了市脱贫攻坚指挥部周例会制度，并先后召开 15 次例会听取各专项组工作情况汇报、部署脱贫攻坚重点工作，为坚决打赢脱贫攻坚战提供了强有力的组织保障。此外，昌都市各县（区）委要严格落实党建一把手负责制，把抓党建促脱贫攻坚作为各级党组织书记履行党建第一责任人职责的重要组成部分，纳入党建述职评议考核内容范畴，明确党组织书记抓党建促脱贫攻坚的职责任务、层层传导压力，层层抓落实；乡（镇）党委书记、乡（镇）长全年要拿出 60% 的精力，村（居）党支部书记和村委会主任要拿出 85% 的精力抓脱贫攻坚工作。

（二）完善脱贫攻坚顶层设计机制

始终聚焦目标任务，结合自身实际，坚持规划先行、规划引领，脱贫攻坚规划与“十三五”经济社会发展规划有机结合、相互衔接的原则，出台了一系列符合昌都实际的产业发展、易地搬迁、教育扶持、社会保障、金融扶持等配套政策，构建了规划、投入、帮扶等工作体系。先后制定了《中共昌都市委昌都市人民政府关于打赢脱贫攻坚战的实施意见》，编制完成《昌都市“十三五”脱贫攻坚规划》，制定实施《昌都市产业发展指导意见（试行）》《昌都市易地扶贫搬迁工作实施细则（试行）》《昌都市贫困学生资助实施细则（试行）》《昌都市社会兜底一批指导意见（试行）》《昌都市产业贷款风险补偿金管理办法（试行）》等，做到了脱贫攻坚有规划、有目标、有任务、有措施、有时限、有责任主体的顶层设计机制，为决胜脱贫攻坚战役奠定了坚实基础。

（三）落实脱贫攻坚巩固提升机制

始终将脱贫攻坚整改工作同贯彻落实习近平总书记关于扶贫工作重要论述紧密结合起来，将构建脱贫攻坚巩固提升长效机制和打赢脱贫攻坚战紧密结合起来，始终坚持“一个问题、一名领导、一个专班”负责制，从整改内容、整改进度、完成时限、跟踪问效等各环节入手，健全完善了专人包干、跟踪督办、限时办结、台账整改及脱贫攻坚监督员、脱贫攻坚问题反映信访举报、脱贫攻坚主体责任落实不到位通报约谈、脱贫攻坚数据不精准倒查追责等工作机制。研究出台了《中共昌都市委员会、昌都市人民政府关于巩固提升脱贫攻坚成果实施方案》，建立健全贫困动态监测、资金稳定投入、扶贫人才保障、巩固提升考核、贫困群众稳定增收、扶贫作风治理、社会扶贫、消费扶贫、对口援藏帮扶机制等九大长效机制。持续巩固“四个不摘”责任机制、精准到村到户到人的帮扶措施、社保兜底的底线要求、扶贫产业富民惠民的利益联结、公共服务的提质扩面、易地搬迁的后续配套、增进民生福祉的基础基石等七项重点工作。持续推进提升已有脱贫质量、精准帮扶措施、防贫返贫减贫效能、搬得出稳得住能致富成果、扶贫产业增加动能、问题整改成效补漏洞、志智双扶添信心等七项具体措施。为持续推进项目建设，全面助力脱贫攻坚，昌都市先后投入 38.32 亿元用于产业扶贫、农村公路、饮水安全等项目建设，为提高脱贫质量，夯实脱贫基础，持续改善贫困地区和特殊贫困群体生产生活条件提供了强有力的支持，形成了一系列务实管用的制度措施，强化了制度的刚性约束，以制度建设推动巡视整改，持续巩固扩大脱贫攻坚成果。

（四）统筹脱贫攻坚资金整合机制

为切实履行主体责任，建立政府主导、部门联动、各司其职、各负其责的统筹整合资金推进机制，确保各项工作落地落实落细的责任主体，昌都市积极统筹整合各类涉农资金，不断拓宽脱贫攻坚资金筹措渠道，加大扶贫资金投入，不断构建“多个渠道引水、一个龙头放水”的扶贫投入新格局，坚持不断创新援藏项目和资金管理模式，出台了《昌都市脱贫攻坚整合资金管理办法（暂行）》《昌都市脱贫攻坚指挥部财务管理制度》等管理办法、制度，在不断加大资金使用、管理、监督力度的同时，最大限度地提高扶贫资金的使用效率。“十三五”期间，昌都市坚持将上年本级财政收入的 10% 投入到扶贫开发工作。2016—2020 年全市共计投入脱贫攻坚统筹整合及易地扶贫搬迁贷款资金 264.89 亿元，其中：易地搬迁贷款资金 62.02 亿元，易地搬迁贷款贴息资金 6.2 亿元，生产扶持及基础设施资金 79.77 亿元，农牧民技能培训资金 0.85 亿元，产业扶贫发展资金 65.74 亿元，生态岗位资金 30.77 亿元，政策性补助资金 1.63 亿元，易地扶贫搬迁建设补助资金 9.72 亿元，市县（区）两级财政投入扶贫资金 8.19 亿元（其中：市级 3.2 亿元，县级 4.99 亿元）。昌都各金融机构累计投放 150 亿元金融精准扶贫贷款。同时，昌都市积极动员援藏资金向扶贫开发倾斜，将“十三五”期间援藏资金的 80% 用于脱贫攻坚，将对口援藏规划和年度计划纳入当地国民经济和社会发展五年规划和年度规划、将援藏资金纳入当地财政盘子，统筹管理、统筹推进，在援藏资金管理上改进拨付方式、减少中间环节，确保了资金及时到位、项目按时实施，形成了援受双方权责共担、联合推动的工作机制，实现了建设方式由交“钥匙”向交“支票”的重大转变，工作重心由关注项目资金向注重提思路、想办法、增强“造血”功能的重大转变，有效防范了资金风险，充分发挥了援藏项目资金最大的政治、经济和社会效益。

（五）推进脱贫攻坚基层党组织标准化建设

以推进基层党组织标准化建设为契机，不断夯实基层党组织建设。以规范基层党建为着力点，统筹抓好机关、学校、社区等领域党建标准化建设工作，合理划分机关单位、农牧区、中小学校等9个领域标准化建设工作要点，印发了《基层党组织标准化建设指导手册》3000余册，下发了《关于大力推进基层党组织标准化建设的实施方案》，为基层党组织工作开展提供参考依据和遵循。坚持“够用、实用、耐用”原则，按照“四性三化”“八个阵地”要求，整合多方资源，稳步有序推进村级组织活动场所标准化建设，先后召开部署会、协调会、推进会、研讨会11场次；采用500、400、300平方米的建设标准，绘制56张村级组织活动场所标准化建设效果参考图；派出各类督导组7批次，深入460个村（居）现场查看建设情况，占全市2018年在建数的86.14%。此外，昌都市坚持问题导向，扎实推动问题整改，将党组织组织动员力弱、带领致富能力不强、无集体经济收入等10类问题作为界定软弱涣散党组织的重要依据，按照末尾倒排的方式，重点对班子执行力弱、组织生活不规范、矛盾纠纷较集中等9类基层党组织，持续开展软弱涣散村级党组织整顿工作，摸排软弱涣散村级党组织114个，找准共性问题15个、个性问题20个，按照“一村一策”制定整顿方案114份，稳步推进后进村党组织晋位升级，着力解决农牧区基层党组织弱化、虚化、边缘化的问题，调整撤换履职不够、工作拖沓的村干部23人，放心村（居）达到97%以上。

（六）健全基层组织服务与村民自治体系

一是完善乡村服务体系建设。昌都市坚持“一站式”服务理念，加强乡村便民服务站点（大厅）标准化建设，实现乡村便民服务站点全覆盖。推行村（居）干部轮流坐班制度和“亮身份、亮职责、亮照片、亮联系方式”的“四亮”岗位示范服务制度，为群众代办各类业务3000余件，营造了“为民服务、创先争优”的良好工作氛围。二是深化村民自治实践。昌都市通过健全村级民主议事决策机制、推行“四议两公开”工作法、健全村务监督管理机制，加强党务、政务、财务公开，探索“看村干部管理、看村监委会监督、看群众评成绩”的“三看”工作机制，积极引导群众开展自治活动、参与社会治理，畅通群众表达意愿、参与决策、监督党的组织和干部的渠道，妥善协调利益关系、化解社会矛盾，不断健全和创新村党组织领导的充满活力的村民自治机制。截至2020年年底，共建立健全各类规章制度8000余个，健全村规民约1756个，公开监督事项2.1万余项。

（七）优化党组织设置和覆盖面

各县（区）委结合各自工作实际，不断拓展党组织设置，把支部建在专业合作社、专业协会、产业园区等农村新型经营主体上，坚持支部引领、党员带头、技能培训铺路，以“支部＋x＋建档立卡贫困户”的模式，带领贫困户用技能创新生产方式、改变贫穷落后生活现状。

三、教育培训

（一）加大干部队伍思想政治教育力度

在党员干部队伍建设的过程中，昌都市始终以习近平新时代中国特色社会主义思想为统领，不断提升干部队伍的政治站位，坚持把“不忘初心、牢记使命”主题教育作为践行习近平新时代中国特色社会主义思想，锤炼忠诚干净担当政治品质的有力抓手，并通过领导干部示范学、创新方式灵活学、典型引路宣传学、志愿服务体验学等方式，推动学习教育往深里走、往心里走、往实里走。2016—2020年，为不断加大党员干部思想政治教育力度，昌都市各级党组织先后召开专题学习会

1.37 万余场次；组织集中观看《孔繁森》《我的喜马拉雅》《一生誓言》等影片 4.6 万余人次；开展形势政策教育 130 余场次；组织开展“新中国成立 70 周年巡展”、“红色经典朗诵”、合唱“我和我的祖国”等系列庆祝活动 2900 余次；举办学习张富清、卓嘎央宗姐妹等时代楷模和医疗组团式援藏先进事迹报告会 1100 余场次；广泛开展志愿服务“五个一”[①]活动，累计开展系列志愿实践活动 5700 余次，惠及群众 13.7 万余人次，广大党员普遍接受了一次深刻的思想洗礼和党性锤炼。

（二）加强干部队伍实践能力培训强度

为持续加强基层党员干部的实践能力，打造适应新形势新任务的干部队伍，昌都市坚持分类分级，抓好全员培训、精准培训，高度重视乡（镇）、村（居）干部的实践能力和教育培训工作，把“万名村（居）干部素质提升工程”作为加强村（居）干部培训、全面提升基层组织工作水平、夯实党的执政基础的重要抓手。选调市党政主要负责同志，深度贫困县（区）党政正职、党政分管负责同志以及市脱贫攻坚指挥部负责同志、扶贫办负责同志，参加中央及自治区举办的精准脱贫专题培训，做到深度贫困县（区）全覆盖。组织市直各相关单位、市县（区）两级脱贫攻坚指挥部、扶贫办主要骨干及各专项组负责人在区内外开展培训。2016—2020 年，市脱贫攻坚指挥部组织 2 期“乡（镇）长、乡（镇）党委书记精准扶贫专项培训”，覆盖全市 138 个乡（镇）；各县（区）采取集中轮训、送教下乡方式，集中培训乡（镇）领导干部、党务干部、驻村工作队长。举办村（居）干部培训班 229 期、培训 14907 人，其中区外培训 11 期、培训 241 人；市委组织部和强基惠民活动办公室还多次举办驻村工作队队长培训班。实践能力培训有效提高了村（居）干部维护基层稳定能力、宗教事务管理能力、处理突发事件能力、服务群众能力和依法办事能力，帮助村（居）干部开阔了视野，提升了综合素质，增强了带富致富、维护稳定的能力。通过形式多样的培训，昌都市广大村（居）干部文化素质和综合能力得到了有效提升，基层工作得到了强有力的人力资源保障。

第二节　社会帮扶

“人心齐，泰山移，脱贫致富不仅仅是贫困地区的事，也是全社会的事，要更加广泛、更加有效地动员和凝聚各方面力量”。昌都市始终贯彻落实习近平总书记的系列重要讲话精神，充分发挥社会主义的制度优势和政治优势，以脱贫攻坚统领经济社会发展，举全市全社会之力，构建关心支持参与全市扶贫开发的平台，完善企业帮扶、部队帮扶、社会捐赠，深化社会扶贫体制机制改革，广泛组织动员企业、个人参与支持全市扶贫开发。

一、企业帮扶

（一）形成合力，建立社会化帮扶机制

为动员社会各界力量参与脱贫攻坚工作，形成全社会支持脱贫、参与脱贫、结对帮扶脱贫的脱

①“五个一”即组织一次慰问、朗诵一次社会主义核心价值观、开展一场讲习活动、讲一个幸福故事、展示一批典型。

贫格局，按照市委的总体部署，昌都市制定了市（中、区）直各单位结对帮扶方案，建立“集团式包县、市领导包片、县领导包乡、乡领导包村、一般干部包户”和水电矿产资源开发企业承担本区域内 10% 脱贫攻坚任务的社会化帮扶机制。

（二）党政引领，实现结对帮扶全覆盖

为加大帮扶力度，树立优先榜样，昌都市脱贫攻坚指挥部、市委组织部牵头引领，先后向西藏自治区 25 家单位、46 家驻昌都各类企业、市（中、区）直各单位发出结对帮扶的商请函，协商确定了结对帮扶计划。昌都市 82 家单位成立 11 个帮扶集团对各县（区）进行集团帮扶，落实“321”干部结对帮扶制度，2.69 万名干部和驻昌企业结对帮扶 3.46 万户贫困户，实现帮扶全覆盖。

（三）积极动员，引导非公企业助力脱贫

为不断提升非公企业思政站位，构建“多位一体”大扶贫格局，昌都市开展实施了“百企帮百村”活动，积极引导非公企业通过就业帮扶、公益帮扶、技能帮扶、产业帮扶等形式帮助贫困群众。2016—2020 年，全市 85 家民营企业在 107 个村开展精准扶贫行动，帮扶贫困人口 3427 人，投入资金、物资达 1779.88 万元，各非公企业累计投入资金 2.8 亿元，实施帮扶项目 162 个、解决就业岗位 1 万余个，汇聚起了脱贫攻坚工作只有“局中人”，没有“局外人”的强大合力，形成了全社会同心协力、聚力脱贫攻坚的良好氛围。

二、部队帮扶

（一）全面动员，实现军地优势互补

全面动员驻昌都部队积极参与精准扶贫，为全市脱贫攻坚工作贡献力量。昌都市委、市政府积极动员昌都军分区帮扶行政村 1 个，武警昌都支队帮扶行政村 1 个，其余驻昌都部队帮扶 1 个自然村或实行包户，按照“就近就地、量力而行、有所作为”的原则，以维稳重点村居和“一圈一线多点”重点村居为重点扶持对象，实现军地优势互补。

（二）全力推进，做好群众搬迁安置

为全面助力脱贫攻坚工作的稳步扎实推进，西藏驻昌都市部队始终积极参与其他脱贫攻坚工作，全力推进群众搬迁安置工作。在昌都市卡若区人民政府牵头，市新区管委会的配合下，昌都市自然资源局负责指导卡若区、八宿县及中国人民解放军部队围绕土地相关手续，依法依规做好涉迁群众的搬迁安置工作，涉迁群众搬迁安置所需费用均由中国人民解放军部队承担。

三、爱心捐赠

为确保全民动员、全民参与、如期打赢脱贫攻坚战，昌都市积极动员各类志愿服务团队、社会各界爱心人士开展扶贫志愿服务，推进扶贫志愿服务制度化，建立扶贫志愿服务人员库，鼓励国家机关、企事业单位、人民团体、社会组织等组建常态化、专业化服务团队开展扶贫志愿活动。

（一）社会各界伸出援助之手助力脱贫攻坚

设立河仁慈善基金会，鼓励个体工商户和社会爱心人士积极捐赠，参与脱贫攻坚；私营企业在自愿的基础上，年收入在500万元以上的实行包户帮扶工作，至少帮扶1户贫困户，年收入在500万元以下的原则上不进行包村包户，采取向市扶贫基金捐资的方式进行帮扶。截至2020年年底，非公企业、爱心人士累计投入帮扶资金4729.92万元，惠及建档立卡贫困户1869户4119人。2018年7月，东风南方汽车公司在阿旺乡举办了“东风南方四川启辰暖心公益行”活动，向乡中心小学捐赠价值7万元的教学物资；2019年1月，东风鸿泰控股集团有限公司向克日乡、则巴乡中心小学捐赠500余套价值12万元爱心服装。2016年以来开展“我为扶贫添光彩”募捐活动，共募捐爱心帮扶资金9.06万元，组织19名爱心人士与19名贫困大学生签订“一对一”助学协议。天津市各单位、爱心企业、援藏干部累计捐赠棉服、摩托车、液晶电视、生活物资、驾驶培训经费等合计67.5万元；天津市武清区工商联组织京滨工业园区相关企业与昌都市48个深度贫困村签订了《“万企帮万村”精准扶贫行动暨村企结对开展帮扶合作框架协议》，并捐赠价值36万元的棉服和20万元慰问资金。

（二）深入推进“百企帮百村”活动

2016年在全市实施“百企帮百村”活动，鼓励私营企业、个体工商户和社会爱心人士积极参与脱贫攻坚结对帮扶工作，全市135家企业通过产业帮扶、商贸帮扶、就业帮扶、公益捐赠帮扶、技能帮扶等多种形式参与结对帮扶工作，累计帮扶6642户16348人（其中建档立卡户2974户8647人），帮助贫困群众解决就业岗位924个，投入扶贫资金或物资共计4863.9万元。2017年深入实施“百企帮百村”活动，引导非公企业通过就业帮扶、公益帮扶、技能帮扶、产业帮扶等形式帮助贫困群众解决生产生活困难，全市135家非公企业累计投入资金1.78亿元，实施各类帮扶项目129个，解决就业岗位10038个。2018年深入实施“百企帮百村”和“四扶激励”（扶志、扶智、凡和力扶、凡勤必扶）活动，引导非公企业通过就业帮扶、公益帮扶、技能帮扶、产业帮扶等形式帮助贫困群众，全市非公企业累计投入资金1.78亿元，实施帮扶项目129个、解决就业岗位1万余个。2019年实施“百企帮百村”活动，引导非公企业通过就业帮扶、公益帮扶、技能帮扶、产业帮扶等形式帮助贫困群众，各非公企业累计投入资金2.8亿元，实施帮扶项目162个、解决就业岗位1万余个，构建起了“多位一体”大扶贫格局，汇聚起了脱贫攻坚工作没有“局外人”的强大合力。

第三节　援藏扶贫

进入脱贫攻坚阶段以来，各对口援昌省市和央企始终把做好对口扶贫协作作为党中央、国务院赋予的光荣使命，把维护祖国统一和国家安全、建设发展昌都作为共同的政治责任和义务，想昌都人民之所想、急昌都人民之所急，按照中央确定的援藏任务和计划，成立专门机构，层层落实责任，克服自身困难，在人、财、物各方面给予全市无私援助和大力支持，各援藏省市企业领导同志高度重视援藏工作，多次作出指示批示，多次率团深入昌都检查指导对口援藏工作。

2016年以来，“三省（市）六企”①厅局级以上领导率团300余批次赴昌都市衔接具体援藏事宜，从讲政治、顾大局的高度对昌都援藏工作给予了大力支持。“十三五”期间，“三省（市）六企”安排援藏资金共59.2亿元（规划内援藏资金40.5亿元，规划内调增资金2.8亿元，规划外援藏资金15.9亿元），其中投入扶贫领域资金54.9亿元（规划内援藏资金40.5亿元，规划内调增资金2.8亿元，规划外援藏资金11.6亿元），占援藏资金总计划的93%，实施了一批教育、卫生、新农村建设等改善民生和助力脱贫攻坚项目，各援藏省市提供就业岗位2700余个，转移农牧区剩余劳动力1200余人次。

一、援藏省市帮扶

（一）援昌省市结对帮扶

为进一步实现结对帮扶的深化和延伸，昌都市积极推进援昌省市“县（区）对乡、乡对村”的结对帮扶模式，各援昌省市与昌都市11个县（区）54个乡（镇）结成对口帮扶关系。重庆市6个区县与类乌齐县、芒康县、察雅县结成26个帮扶对子，福建省的县乡与八宿、左贡、洛隆、边坝4个县46个乡（镇）、384个贫困村结成了帮扶对子，累计签订42项结对帮扶协议；天津静海、北辰、武清、宁河四区分别与昌都4个县（区）建立了结对帮扶关系，并建立区级部门结对关系4个、乡（镇）结对关系4个、村结对关系2个。

（二）党政干部培养帮扶

为提升昌都党员干部教育培训实效，天津市、重庆市、福建省大力支持扶贫干部培训和双挂工作，通过举办扶贫干部专题培训班、学习考察、挂职锻炼等方式，每年帮助昌都市培训50名左右扶贫干部，协调落实15名扶贫干部到3省（市）挂职锻炼，同时，积极探索建立支持昌都市扶贫开发的新模式，通过组派专家学者赴昌都开展扶贫讲座或短期指导扶贫开发等方式，帮助指导昌都市扶贫开发工作，选派400多名干部赴援藏省市及企业挂职锻炼。昌都市组织部邀请福建省委党校教授、重庆市知名专家到昌都专题授课，共举办4期，每期覆盖3000余名基层干部。

（三）人才对口支援帮扶

为充分发挥人才在脱贫攻坚中的引领支撑作用，各对口援助省市、企业在援藏干部选派上，坚持“好中选优、优中选强”，选派人才推动了昌都经济发展、社会稳定和干部队伍建设，缓解了昌都干部人才瓶颈制约，增强了昌都发展的内生动力。教育、卫生“组团式”援藏工作扎实推进，天津、重庆、福建3个省（市）选派“组团式”援藏教师150名，重庆市选派“组团式”援藏医生2批共70名，有力促进了昌都教育质量、卫生水平提高，高考升学率创下了历史新高，昌都市人民医院成功创建三甲。

（四）技能人才培训帮扶

聚焦目标找准任务，福建省、天津市、重庆市在援昌都过程中充分发挥自身的优势，建立健全

---

①“三省（市）六企”即福建省、天津市、重庆市，以及中国电信、中国铝业、中远海运、中国一汽、东风汽车、宝武武钢。

劳务输出、就业培训精准对接和工作协调的机制，积极吸纳有意愿的昌都籍高校毕业生就业；昌都市利用对口援藏省（市）及企业培训机构，采取“请进来、走出去”等多种方式，积极开展农牧民实用技术培训。依托对口援藏省市和企业举办各类培训班110余期，培训各类人才1.4万人次。同时，重庆市在芒康、察雅和类乌齐3县各建1个创业就业服务中心，全力支持昌都市创业就业培训工作。重庆西藏中学昌都班学生由120人增加到240人，在重庆11中、18中等重点中学借读的昌都籍学生由30人增加到50人；天津市红光中学每年接收30名昌都籍高中学生，天津艺术职业学院为昌都培养了60名艺术特长生。同时，各援藏省市采取长短期培训相结合等方式，对昌都籍大中专毕业生、待业青年、建档立卡贫困户等进行了综合性职业教育和技能培训，有效提高了大中专毕业生、待业青年的就业能力和水平，培养了一批有文化、懂技术、会经营的新型农牧民和科技示范户，为打赢脱贫攻坚战作出了不可磨灭的贡献。

（五）小康示范村建设帮扶

昌都市小康示范村建设是集中展示对口援藏省（市）及企业援藏扶贫工作取得成就的窗口，也是改善农牧民群众特别是建档立卡贫困群众居住条件、改善基础设施条件、提高社会均等化服务水平的一项民生工程。通过积极衔接，三省（市）六企积极支持对口支援县（区）小康示范村建设。天津市由武清区和静海区负责新增援建2个小康示范村建设；重庆市在认真讨论研究的基础上，支持小康示范村建设；福建省调整“十三五”规划，统筹安排资金，全力支持新增援建的小康示范村建设。六家央企表示全力支持小康示范村建设，在公司党委认真研究的基础上，及时将相关情况报国务院国资委审核，并按国务院国资委的安排部署抓好落实。

二、援藏企业帮扶

（一）企业援藏项目帮扶

“十三五”期间，援昌都“六企”安排援藏资金5.64亿元，项目108个（规划内项目到位资金3.34亿元，项目45个；规划内调增到位资金0.15亿元，项目5个；规划外项目到位资金2.15亿元，援藏项目58个），其中规划内项目到位资金中投入教育领域资金0.3519亿元，卫生领域0.2319亿元，新农村领域2.463亿元，其他领域0.2986亿元（共3.3454亿元）。其中，中国第一汽车集团公司和东风汽车公司结合企业实际，帮助昌都市解决乡（镇）农牧服务中心车辆问题，重庆市和福建省统筹协调资金，支持扶贫开发信息系统建设。

（二）企业就业服务帮扶

为切实推动区外就业工作稳步推进，昌都市积极与援藏省（市）、企业协调对接加大就业援藏力度的支持，拓宽就业援助领域，提高协助效益。2016年以来，援藏省（市）累计提供就业岗位2万余个，促进昌都籍高校毕业生赴重庆、天津、福建就业610人。

（三）助力企业落户帮扶

为充分发挥援藏省市企业资源优势，注重企业援藏，昌都市持续加大互利合作、优势互补力度，全面助力各类企业落户昌都。2016年以来，共接洽重庆市农产品集团公司、福建供销集团、天津供销合作总社等近 100 家企业赴昌都考察，寻求合作，成功引进重庆、福建、天津 3 个省（市）共 47 家企业落户昌都，注册资金 2.2 亿元。重庆艺禾沣实业有限公司完成昌都经开区冷链基地建设；左贡县厦康经济发展有限公司是左贡县依托厦门援藏资源，成立的由厦门夏商、旅游、轻工、海翼 4 家市属国企联合注资 1000 万元的公司，推动厦门市在左贡开设“厦门古龙健康食品馆”，帮助左贡县在厦门市火车站商城开设“昌都传奇”展示馆，助推左贡县松茸、藏香猪等特色产品登上了福建“海交会”展台。厦门成功红实业有限公司在左贡县注册成立了子公司，投资 1.36 亿元着力打造左贡怒江红河谷葡萄产区和高原生态酒庄，带动当地群众就业 1900 余人；天津市食品集团在昌都成立了昌都市津垦牧业科技有限公司，并分别由天津和昌都财政给予补助 4000 万元和 1500 万元，积极推进阿旺绵羊胚胎繁育中心建设。察雅县“扶贫开发双创产业园”顺利建成，昌都经开区“重庆生态环保园”启动建设，“藏电入渝”有序推进，重庆市西南大学在昌都成立了西藏高原生态桑产业发展院士工作站；在天津市建成了线下“昌都特有产品展销中心”，并积极对接京东公司、中国建设银行和善融商城，实现“昌都扶贫馆”电商平台上线运营，打开了昌都本地特色产品线上线下销售渠道。同时，各援藏省市、企业充分发挥各自优势，积极参与昌都矿产、水能资源、天然饮用水、特色农牧产业和旅游等优势资源开发建设，实现互利共赢、共同发展，并在援昌都省市设立了农产品展销中心、康巴艺术文化馆、农畜产品电商平台等，使昌都自身的“造血”功能显著提升。

（四）推动产业发展帮扶

充分发挥产业扶贫资源优势，构建产业脱贫新模式，昌都市坚持资源共享、互利共赢，大力推动扶贫产业对接，深入实施“请进来、走出去”战略。组织参加了中国・天津投资贸易洽谈会暨 PECC 国际贸易投资博览会、中国・海峡项目成果交易会、中国重庆国际投资暨全球采购会、“西洽会”、“6・18 中国（福州）・海峡创新项目成果交易会”、“津昌文化交流月”、“中国（厦门）国际投资贸易洽谈会暨丝路投资大会”、“第十二届海峡两岸（厦门）文化产业交易博览会”、“雪域之光、西藏昌都百幅精品唐卡专题展”、“2019 中国旅游产业博览会”等活动，推广展销了昌都冬虫夏草、藏红花、唐卡、藏香、民族乐器等名特优产品，累计成交额达 65.58 万元，签约左贡县夯达村高原农特产品加工厂、八宿县郭庆乡风力发电等 9 个项目，签约金额达 4.75 亿元。昌都在不断加大特色产业招商引资项目力度的同时，通过举办产业援藏对接交流会，与天津市、重庆市和福建省相关企业座谈等方式，加强特色农产品的宣传推介，分别与天津奥群牧业有限公司、重庆民商旅游公司、福建超大集团等企业签订了《特色农产品产销合作框架协议》《阿旺绵羊保种及现代优势肉羊产业体系建设合作框架协议》《关于昌都旅游产业孵化重点景区投资运营合作框架协议》等 7 个产业扶贫项目协议。三省（市）六企充分发挥自身优势，优先购买农特产品和旅游文化产品，并通过举办项目推介会、利用电子商务平台等，全力支持昌都市特色产业发展。

第四节　提升内生动力

“坚持问题导向、聚焦目标任务，坚持扶贫先扶志、扶贫必扶智”原则，从帮助贫困群众提高思想认识、转变思想观念、提振脱贫信心出发，聚焦贫困群众内生动力不足现状，通过举办农牧民夜校、农牧民讲习所、致富带头人大讲堂，开展感恩教育、政策学习、技术帮扶、文化教育等方式，学习汉语提升交流能力，倡导养成文明生活习惯、改变卫生陋习等多策并举，助力昌都市贫困群众摆脱精神贫困。针对昌都市脱贫对象中，有相当一部分农牧民群众特别是深度贫困乡（镇）农牧民群众文化水平普遍较低、思想观念落后、“等、靠、要”思想严重，存在着较为严重的听天由命、安于现状的自我封闭意识，“安贫乐道”、“穷自在”、脱贫愿望不强烈、内生动力不足等情况，昌都市坚持物质脱贫与精神脱贫并重，帮助群众既从思想上挖穷根、转观念；在行动实践上定方向、谋出路，引导培育涓滴成流、聚沙成塔的坚韧意志和弱鸟先飞、敢为人先的创业激情，狠抓志智双扶。

一、扶志

（一）脱贫攻坚政策宣讲、思想教育全覆盖

充分发动市讲师团、各县（区）讲师团力量，组织各类专题宣讲组深入乡（镇）、村（居），准确解读脱贫攻坚相关政策，特别是习近平总书记关于脱贫攻坚的系列重要讲话精神，突出抓好各类政策普及教育、思想政治教育、文明道德教育、创业致富教育、精神文化教育、民主法制教育、优良民风民俗和健康卫生教育等。以乡（镇）或村（居）为单位，创建“新时代农民讲习所”，利用夜校、村委会、农家书屋、田间地头等场所，采取集中授课、集中宣讲、点对点、面对面等形式，营造“人人都是讲习员、处处都是讲习所”的良好氛围。注重对建档立卡贫困群众的政策宣讲、思想引导，确保一户不漏、一人不落。昌都市委、市政府主要领导多次深入联系点、联系贫困群众家中，带头开展扶贫政策宣讲。2016—2020 年，开展脱贫政策宣讲 4.49 万场次，发放《昌都市精准扶贫宣传手册》（藏汉双语版）2 万余册、惠民政策挂图 1142 套、《昌都市精准扶贫到户政策解读明白卡》4.5 万册，印制各类“口袋书”68 万份，发放宣传资料 45.2 万份，覆盖农牧民群众 60 万余人次。

（二）脱贫攻坚新闻舆论宣传全覆盖

利用好政府门户网站、广播电视、政府新闻网站、微信公众号、藏汉手机报等各类媒体，开设《聚焦精准扶贫》《脱贫攻坚在行动》《脱贫奔小康》《勤劳致富光荣榜》等专题栏目，通过政策解读、评论、访谈、新闻特写、现身说法、深度报道等多种形式，及时、全面、准确地展现全市精准扶贫与精准脱贫工作全景。以乡（镇）、村（居）为重点，充分利用宣传牌、宣传栏、灯箱广告、LED 显示屏、横幅等，制作发布精准扶贫工作标语。策划制作脱贫攻坚宣传片，并在电视黄金时段定期播出。加强与各级主流媒体的沟通协调，积极邀请中央、自治区新闻媒体来昌都采访报道精准扶贫、精准脱贫工作。2016—2020 年，在西藏日报刊发信息 57 条，西藏电视台播送 56 条，昌都报刊发 190 条，市电视台播送 266 条，“今日西藏昌都”“昌都发布”“青春昌都”“网信昌都”“昌都扶贫”等微信公众网站，共传播脱贫攻坚公众信息 300 余条，教育引导 60 余万群众不等不靠，依靠自己勤劳双手脱贫致富，实现了“七个主动”①。

---

①“七个主动”即建档立卡贫困群众积极主动学习脱贫政策，积极主动参加就业致富技能培训，积极主动参与就近产业发展，积极主动通过劳务输出实现增收，易地搬迁群众积极主动参与搬迁点自家房屋建设，享受生态岗位贫困群众积极主动履行岗位职责，有适龄儿童的家庭积极主动送子女上学。

（三）脱贫攻坚专题活动全覆盖

坚持以活动促思想转变，让群众在潜移默化中改变习惯思维、陈规陋习。以“四讲四爱”主题教育活动为契机，在各县（区）、乡（镇）、村（居）特别是深度贫困地区广泛开展“劳动光荣、懒惰可耻，致富光荣、贫穷可耻”专题教育、精神文明创建等系列活动，倡导群众自力更生、艰苦创业、勤劳致富。结合农村人居环境整治行动，重点对农村生活垃圾治理、生活污水治理、农村厕所革命等进行专项治理，组织村民特别是贫困户开展村容户貌大扫除活动，清理村内道路及家庭院落积存的杂物、垃圾等，并定期组织开展检查观摩评比，引导群众树立环境卫生意识。广泛开展志愿服务活动，鼓励农村群众特别是农村青年加入志愿者服务组织，关注贫困村、贫困户，根据建档立卡贫困户的需求，积极开展实用技能帮扶、关爱留守儿童、维护村里治安、帮助孤寡老人等邻里互助志愿服务活动，强化团结奉献、携手脱贫精神。

（四）党政干部学习宣传扶贫政策全覆盖

全市各级党委（党组）理论中心组深入学习习近平总书记关于扶贫工作重要论述、精准扶贫与精准脱贫政策知识，确保各级干部真学政策、真懂政策、真掌握政策、真落实政策。在干部掌握相关政策的基础上，采取“五包一”①办法，积极赴联系贫困户家中宣讲政策，逐户教育引导群众参与脱贫攻坚、勤劳致富。

二、扶智

（一）狠抓科学知识普及与提高

在各村（居）建立固定的标准科普宣传栏，宣传医药卫生、安全用电、环境保护、禁毒等基本知识，每月更换宣传资料，让农牧民群众在家门口就能学习。安排科普大篷车到各乡（镇）和村（居）开展科普工作。每月组织科技人员到各乡（镇）主街道举办科普活动，深入各村和中小学、企业开展各类科普宣传。挑选理论功底深、实践知识丰富，熟悉农村工作、讲课通俗易懂的专家组成科普讲师团，组织经常性的农业、保健、反封建迷信等知识普及活动，持续淡化宗教消极影响，教育引导贫困群众理性对待宗教，减少宗教消费，过好今生幸福生活。

（二）狠抓致富能力培训

昌都市把扶智就业作为拓宽贫困群众增收渠道的重要抓手，组织建档立卡贫困户中有劳动能力的人口积极开展转移就业培训，坚持以人为本的培训原则，找准群众意愿和技能培训的“契合点”，通过“订单定向式”、企业代包、以师带徒、能人带动等多种方式，精准开展技能培训，提升贫困群众就业创业能力。依托市、县、乡三级就业服务平台，定期对全市各类用工岗位与贫困群众就业需求进行匹配，通过举办农牧民汽车、挖掘机、装载机驾驶和摩托车修理、汽车修理、唐卡绘画、

---

①“五包一”即每个贫困村（居）安排1名乡（镇）包村领导、1名扶贫专干、1名负责户籍管理的公安干警、1名驻村工作队员、1名村“两委”干部，包片负责1个贫困村（居）以及该村全部建档立卡贫困户精准识别、精准退出等各项脱贫攻坚工作。

蔬菜种植、牲畜养殖等实用技术培训班，切实提高贫困群众就业率。2016—2020 年，全市建立 58 家民间职业技能培训基地，开展涉及建筑施工、机械操作、唐卡绘画、面点制作等 20 余种转移就业技能培训和蔬菜种植、果树栽培等 17 种实用技术培训。同时，着眼提高劳务组织化程度和就业脱贫覆盖面，注重就业意愿、就业技能与就业岗位精准对接，充分利用基层公共就业服务信息管理系统，精准建立工作台账，对具有劳动能力和就业愿望的贫困群众全部开展摸底调查，准确掌握建档立卡贫困劳动力的就业现状、培训意愿和就业意愿，开展就业需求登记和岗位信息调查，对有求职就业意愿的农牧民群众进行就业登记，做到了“村不漏户、户不漏人”，并且开展市县（区）各类用工企业拉网式调查，创新供需对接，因地制宜提供岗位。

（三）狠抓适龄儿童上学

积极宣传《义务教育法》，狠抓“控辍保学”工作，加快实施教育扶贫工程，把“幼儿全部入园，适龄儿童全部进校”作为硬任务，切实提高学前、小学、初中、高中入学率。同时，成立建档立卡户学生“控辍保学”专项组，采取走村入户、逐户逐人登记方式，全面摸清适龄儿童和在校学生底数，登记造册，对建档立卡贫困户辍学学生，及时劝返，做到贫困家庭学生全部入学，切实斩断贫困代际传递。

（四）狠抓扶贫产业发展

按照贫困群众“就近就便、不离土不离乡、能干会干”的原则，立足贫困地区资源禀赋、产业基础和贫困群众自身实际，因人、因地施策，大力发展种植业、养殖业、文化旅游业等产业，积极为困难群众发展产业搭台清障，增强贫困群众“自我造血”功能。积极引导贫困群众参与易地扶贫搬迁安置点工程建设和“十项提升工程”建设。按照项目建设工程量的 50% 吸纳当地群众就业的要求，将农牧民培训后组成劳务输出队，在符合相关规定的条件下，优先选择农牧民建筑施工队伍。同时，重点扶持从事特色种养殖、旅游文化、藏医藏药、清洁能源、天然饮用水、民族手工业等优势企业，不断增强企业吸纳就业能力。

（五）狠抓生态扶贫岗位建设

按照“定岗定人定酬”和“一人一岗”的要求，落实护林员、自然保护区管护员、草原监督员、水生态管护员等生态岗位。为消除群众不劳而获的思想，以村为单位，将贫困群众承担的护路任务、护林任务等划定区域、分片到人，享受生态岗位的贫困群众必须参与转山巡山、监察草场、水生态管护等实际活动，履行好职责。

（六）狠抓党的基层组织建设

坚持拓宽选人渠道，重点从政治素质好的致富带头人、技术能手、退役退伍军人和大学生村干部、返乡大中专毕业生、外出务工经商人员、“民族团结模范家庭”、“先进双联户”户长、优秀返村退休干部职工、村教村医党员中选优配强村党组织书记。大力选拔政治强、懂专业、善治理、敢担当、作风正的优秀干部；大力选拔熟悉“三农”工作，在提高群众收入方面点子多、办法多，能帮助群众找到脱贫致富好路子的优秀干部，培养村级主心骨。结合领导干部定点联系、在职党员到社区报到服务、党员干部结对认亲交朋友等工作，在全体党员干部中开展“联户帮困”大走访活动，切身体验群众困难疾苦，认真听取群众意愿和诉求，让党群、干群关系更加密切。同时，实施“党员致富星火”工程，鼓励和支持农牧区党员干部带头创业、发展特色产业，加强农牧民党员致富技能培训，把党员培养成致富能手，不断储备脱贫攻坚一线战斗员，2016年以来全市共培养党员致富带头人2500余人。

三、典型示范

（一）左贡县合作社促就业典型示范

2016年以来，左贡县旺达镇乌雅村立足实际，坚持以提升贫困群众就业创业能力、帮扶贫困群众实现稳定就业为首要工作任务，以就业援助、就业培训、产业带动就业、创业带动就业为主要工作措施，积极鼓励引导农牧民群众参与各类工程项目建设，旺达镇乌雅村就业局势稳中向好。

以前农牧民群众自力更生、主动就业、艰苦创业、勤奋兴业的思想观念相对滞后，以虫草采挖为最大经济收入的状况根深蒂固，个别农牧民劳动力宁可上山放牦牛，也不愿意外出“受苦遭罪”去创业，尤其是贫困户，一谈外出务工，就以各种理由推脱。观念转变天地宽，针对这些阻碍劳动力转移的落后思想，由县人社局牵头，坚持贴近实际、贴近生活、贴近企业、贴近群众的原则，不断创新宣传手段，采取多渠道、针对性的宣传方式，大张旗鼓宣传转移就业脱贫政策。2016年以来，经过各级各部门的共同努力，旺达镇乌雅村逐步转变了农牧民“小富即安”“宁愿上山放牦牛、不愿外出打工致富”的观念，全村上下营造出“务工光荣，勤劳致富”的浓厚氛围，乌雅村外出务工人员从2016年的77人增加到2018年的92人。

贫困户劳动者就业难，劳动技能是短板，补齐短板是关键。县人社局按照“精组织、准定位、出实招”工作要求，以保就业、保民生、保稳定为目的，将培训与扶贫易地搬迁、产业发展等精准脱贫措施相结合，在乌雅村开展装载机、挖掘机、叉车驾驶等各类实用技能培训70余人，并且培训后根据村民意愿将村民就近就地安排在乌雅村集体经济全自动造砖厂实现就业。仅一年时间，乌雅村集体经济全自动造砖厂年生产总值从2016年的340余万元提高到了2018年的590余万元，纯利润由2016年的96万元提高到了2018年的150万元，户均分红由2016年的3000元增加到了2018年的12000余元，户均收入从2016年的2.5万～3.0万元增长到了2018年的3.5万～4.0万元。

乌雅村实现整村脱贫后，负责人并没有着急“甩手走人”。他心里想得更多的是脱贫不脱责，扶上马再送一程，让农牧民群众在奔小康的道路上走的稳一点。对于下一步的工作，他也充满憧憬：一是以“人无我有、人有我精”为工作理念，改变经营模式，消除群众打工受季节性限制的影响。二是依托318国道沿线的地理优势和温泉资源，将砖厂结余资金投入到旅游业中，加快产业结构调整转型，拓宽产业链条，打好“旅游牌”、吃好“旅游饭”，规划新建一所乡村旅游与生态建设相结合，具有藏东特色的集餐饮、休闲娱乐于一体的民俗娱乐园，通过转变经营模式，实现以点带面、多点增收。

（二）贡觉县传统裁缝专业合作社典型示范

进入贡觉县拉妥乡湫洓噶尔母藏式传统裁缝专业合作社，可以看到各种色彩鲜艳、琳琅满目地展示着的传统藏装、羊皮袄及布料，在生产车间，合作社的负责人旺青正在带领着200余名的学徒，带领大家增收致富。

学徒洛桑扎西，他的腿有残疾，在来合作社之前主要务农，每个月收入仅有550元，自从加入到合作社，学了技术，每个月能拿到2500元的工资。"感谢党和政府的好政策，我们在合作社管吃管住，很开心"，洛桑扎西笑着说道。

车间的另一名员工达瓦次仁负责给藏式皮靴塑形，他于2012年合作社创办的时候就开始学习面具制作的技艺。现在他月工资5000元。"原来我在工地上干活，收入不稳定，现在收入高了，也稳定多了，还是有门熟练的技术踏实，旺青老板还可以带着我们挣钱"，达瓦次仁说。

合作社的负责人旺青介绍道：拉妥乡藏式传统手工工艺是他们家族在长期生活、劳动中积累的宝贵财富。随着改革开放，经济的不断发展，物质生活水平的不断提高，文化交流的增多，西藏民族服饰经过多年发展，款式、材质、颜色和图案都有所创新，更加艺术化和大众化，朝着简便、适用、美观、更能显示身体线条等方面发展。因拉妥海拔较高，气温较低，藏装在用料、工艺上与其他藏装差别较大，但样式上大同小异。合作社于2012年成立，现有员工212名，来自本乡（镇）32户建档立卡贫困户，平均工资2000元/月。

（三）边坝县"定单式"培训典型示范

2016年以来，边坝县立足实际，坚持就业为民生之本，以转变建档立卡贫困户就业择业观念、激发内生动力为抓手，以技能培训提升就业本领拓宽就业渠道为根本，想方设法打破"小富即安""宁愿上山放牦牛、不愿外出务工增收"传统思想的桎梏，全面营造主动就业、劳动致富的浓厚氛围。2018年，为了让脱贫群众有工作、有就业、有钱挣，在县委、县政府的大力协调、沟通下，为农牧民群众争取到拉萨通泽集团"企业代包式"转移就业技能培训230个培训名额机会。在各部门大力支持和配合下，多次前往拉萨与泽通集团负责人进行了面对面的协调沟通，为全县建档立卡贫困户争取到培训机会、就业名额。在培训期间每天集中利用1个小时时间，组织培训学员学习中央、自治区、市各级就业创业政策法规，系统分析拉萨就业的特点特色和优势，逐步转变培训学员的就业思想认识，并将"先就业再择业、先就业再创业"的思想深深的刻入培训学员的思想中，通过日常点点滴滴的教育引导，培训学员就业择业观念得到明显的改变，就业积极性和主动性得到显著的提升，通过培训，实现就业121人。为积极协调争取各类就业岗位。在县人社局和拉萨通泽集团的共同努力下，拉萨市圣地天堂洲际大酒店、拉萨市吉安商贸有限公司、拉萨柳梧城投有限公司等十多家企业先后吸纳150余名培训学员就业，就业人员岗位包括保安、客房服务员、清洁工、洗车工、保洁员等，平均工资3000～5000元/月。

（四）类乌齐县大学生创业典型示范

洛珠热登，男，25岁，中共党员，大学本科，系西藏自治区昌都市类乌齐县尚卡乡珠多村建档立卡贫困大学生。大学几年的学习和勤工俭学的锻炼让洛珠热登逐步成长，创业政策理解深刻和经营实践积淀相对丰富。2014年，国家"大众创业、万众创新"战略提出，让当时还读大二的洛珠热登萌生了创业的想法，并结合家乡贫困落后实际情况，从产业发展上想办法。

为改变家乡贫困落后现状，2017年7月毕业于济南大学的洛珠热登与同时毕业于西南科技大学的同乡白玛晋美开始着手筹备创业事宜。在筹备过程中，恰好迎上党的十九大顺利召开。在党的十九大报告中习近平总书记提出的"精准扶贫""乡村振兴战略"思想使洛珠热登备受鼓舞，当即决定加快创业步伐，明确创业方向。于2017年9月注册成立了昌都市阿诺仓食品有限公司、类乌齐县尚卡乡阿诺仓农牧民专业合作社。

秉着"穷则独善其身，达则兼济天下"，洛珠热登决定将创业与家乡发展结合起来，通过自己的创业项目，带动家乡发展，带领群众脱贫致富。经过前期紧张而又充分的准备，于2017年10月25日，洛珠热登注册了主要以种植、加工包装农畜产品为基础，以开发高原特色农畜产品为载体，以带动农牧民群众脱贫致富奔小康为目标的阿诺仓农牧民专业合作社。按照“合作社十农户＋食品公司”的产业化经营模式，阿诺仓农牧民专业合作社通过充分利用昌都良好的生态环境和气候优势，建立了自己的食品加工生产链，加工生产高原绿豆、高原人参果、高原快餐（速食糌粑）、黑青稞爆米花等系列高原特色食品。

为进一步拓宽销售门路。阿诺仓农牧民专业合作社在现有技术支撑基础上，不断向拥有新技术、新技能、新做法的合作社、公司、技术人员取经，规范合作社，提出“吃绿色食品，过健康生活”理念，打造出了具有阿诺仓农牧民专业合作社特色的“绿色、安全、高质”食品品牌。截至2019年年底，阿诺仓农牧民专业合作社在类乌齐县、昌都市成立了多个销售点。

自阿诺仓农牧民专业合作社成立以来，积极配合当地政府部门充分调动起当地种植户84户，473人贫困群众的劳动积极性和脱贫致富热情。得到了自治区、昌都市、类乌齐县和尚卡乡等各级党委政府的高度重视和大力支持，并为阿诺仓发展提供了强有力的政策和资金支持。

截至2019年年底，阿诺仓农业专业合作社共计投入资金160万元，2018年建设厂房及办公楼共面积600平方米，2018年种植黑青稞面积532亩，2018年种植大棚面积6亩，与当地农牧民建立合同制员工共7人，带动当地种植户共84户473人（其中：建档立卡户25户97人），平均每户年增收可达到5000元以上，现已成为尚卡乡名副其实的产业发展“领头羊”。

（五）八宿县大学生自主创业典型示范

仁龙巴自驾旅游营地位于然乌往察隅线20公里仁龙巴冰川景区，属大学生自主创业，2019年4月15日正式注册旅游公司，是八宿县然乌镇唯一一家当地大学自主创业并带动当地群众最有前景民生项目，总占地面积3000平方米，营地设有充满藏汉和谐团结、民族文化风情特色的套房、单间、标间及司机房等73间（套），民族体验馆、川味、本地特色、家常口味中餐厅，食材自种自养，既新鲜又美味。超大冰川资源体验自然美，零距离接触冰川、牧区、然乌湖，以当地民族风俗习惯接待旅游团队。营地近期计划招聘藏汉员工共计38人，其中藏族28人，汉族10人。在八宿县人社局的大力支持下，每年针对新招收的员工开展岗前技能培训，提升员工技能，保障工作效率。仁龙巴自驾旅游营地在八宿县人社局的关心帮助下，计划成立餐厅客房技能培训基地，培养多名党员和入党积极分子，培训当地藏族员工，使他们在各自的岗位上顺利就业，制定奖励制度并帮助当地贫困户实现脱贫。在因天气及道路情况发生交通滞留时，龙巴自驾旅游营地本着诚信经营、顾客至上的经营理念，绝不因势乱收费、乱涨价，给广大游客提供一处温馨的栖息地。

（六）芒康县企业促就业典型示范

芒康县藏东珍宝酒业有限公司成立于2009年，地处西藏自治区昌都市芒康县纳西乡，2011年1月13日正式注册，注册资本500万元，主要经营葡萄酒酿造及销售。现有员工40人。公司占地37.5亩，有发酵车间2个，设计生产能力达4000吨，配有办公楼、灌装车间、仓库、科研中心、地窖、展览馆、员工宿舍、食堂、工具仓库等设施。现有两条生产线，其中一条为纯进口法国灌装线，一条为国产顶尖灌装线。配备丹麦进口的葡萄酒检测设备，为2020年前世界最先进的检测设备，西北地区唯一的高端设备。2018年引进葡萄分选设备，从原材料上进行严格筛选，确保每一滴达美拥都源自更好的葡萄。公司主打产品为“达美拥”系列葡萄酒，该产品先后被西藏确定为芒康茶马古道艺术节、昌都解放60周年大庆、西藏和平解放60周年大庆指定用酒。2014年通过地理产品保护认证。2015年，建成西藏唯一的“西藏高原葡萄栽培与酿造工程技术研究中心”。2016年8月，成功申请并获得国家SC质量认证，成功通过国家第八批“高原有机酿酒葡萄种植示范区”评选。并于2017、2018连续两年荣获“亚洲葡萄酒质量大赛”金奖。

作为“西藏自治区级扶贫龙头企业”和“西藏自治区农牧业产业化龙头企业”，公司始终以回馈社会，履行社会责任为己任，于2016年成立了“扶贫办公室”，通过产业化带动和点对点的帮扶，助力芒康打赢精准脱贫攻坚战，为实现全县建成小康贡献自己的力量。

公司通过“企业+协会+基地+农户”的模式，带动南部三乡群众种植酿酒葡萄达6000亩，将公司从原料到产品的所有生产活动都融入扶贫领域。以木许乡为例，带动当地群众种植酿酒葡萄，在农户种植葡萄之前，就跟当地农户签订《葡萄种植协议》，以高于市场价10%～20%收购葡萄，2018年收购葡萄达320余吨，实现经济收入300余万元，户均实现现金收入8000元左右，公司对接帮扶木许乡，2018年收购300个种植户的酿酒葡萄实现收益163.38万元，其中建档立卡贫困户30户，以葡萄种植带动，基本实现了木许乡绝大部分建档立卡贫困户稳定增收。

公司现有纳西乡和曲孜卡两个基地，每年向当地农牧户上缴地租35万元，基地临时用工全部吸纳建档立卡贫困户，年使用300余人次，人均增收3000元。并在收购葡萄全程为当地贫困户提供岗位30余个，实现人均增收达5000元。通过开展高原酿酒葡萄标准化种植示范，建立高原滴灌、高原有机循环农业等，开展高原生态农业展示，进一步开展高原有机农业循环探索及推广，带动群众在贫瘠的荒地上种植葡萄，并且组派专业人员对葡萄种植农户，特别是建档立卡贫困户进行葡萄种植专业指导，并鼓励他们以葡萄种植带动旅游产业的发展，实现脱贫致富。

公司扶贫办对于结对帮扶建档立卡贫困户，建立了动态档案，实现一人一档，并实时根据入户调查情况更新受帮扶对象的具体情况。2016年以来，公司通过“百企帮百村”活动，累计帮扶南部3乡32户建档立卡贫困户，累计帮扶资金50余万元。自2016年起公司长期全额资助3名在校建档立卡贫困户学生，每年花费6万元，并从2015年起每年在盐井小学发放“达美拥”励志奖学金，积极鼓励并支持建档立卡贫困户学生通过教育改变生活。帮扶纳西乡建档立卡贫困户进行危房改建，帮扶资金20余万元。同时，还每年投入50余万元，针对公司内部的建档立卡贫困员工进行帮扶，包括无息贷款、医疗帮扶、教育帮扶等。

第二章　如期脱贫与巩固提升

从发展生产脱贫、易地搬迁脱贫、生态补偿脱贫、发展教育脱贫、社会保障兜底脱贫、转移就业脱贫、健康脱贫七个方面扎实推进脱贫攻坚工作有序开展，坚持靶心不变、焦点不散，尽锐出战、强力推进，在如期脱贫中取得了决定性成效。从提升目标、落实举措两个维度入手，逐步构建巩固提升脱贫、脱贫攻坚及义务教育成果，持续巩固基本理疗、住房安全、饮水安全保障，持续提升脱贫攻坚成果、产业发展水平、转移就业能力、社会保障能力，不断提升服务能力、科技水平、智志双扶力度，真正做到任务清零无死角、问题整改不反弹、政策落实有印证，从根本上确保了昌都市的脱贫攻坚成效经得起人民检查、历史检验。

第一节　如期脱贫

按照“1235”脱贫工作思路，昌都市因地制宜、多措并举，精心排查脱贫攻坚短板，从发展生产脱贫、易地搬迁脱贫、生态补偿脱贫、发展教育脱贫、社会保障兜底脱贫、转移就业脱贫六个方面扎实推进脱贫攻坚工作有序开展，兑现了脱贫路上“一个都不能少”的庄严承诺。截至2019年年底，昌都市如期实现11个县（区）脱贫摘帽、消除绝对贫困，脱贫攻坚工作取得了历史性突破。

一、有序脱贫

脱贫攻坚战打响伊始，昌都市根据各县（区）的贫困实际，制定了“1235”梯次脱贫目标，即2016年卡若区脱贫摘帽，2017年类乌齐县、丁青县脱贫摘帽，2018年江达县、洛隆县、边坝县脱贫摘帽，2019年芒康县、左贡县、贡觉县、八宿县、察雅县脱贫摘帽。昌都市按照“1235”梯次脱贫目标，11个区（县）梯次、如期、有序实现脱贫摘帽（图3-1）。

（一）发展生产脱贫

2016—2020年，昌都市扶贫产业扶贫项目七大类（种植业、养殖业、旅游业、加工业、建筑建材业、商贸物流业、矿产水利等资源开发），实施产业扶贫项目852个，完成投资984476.79万元，带动建档立卡贫困人口104552人，受益人数达184277人。其中卡若区通过发展产业脱贫6614人、江达县5256人、贡觉县6592人、类乌齐县4585人、丁青县6308人、察雅县5415人、八宿县7846人、左贡县5915人、芒康县17690人、洛隆县7461人、边坝县7528人。全市共有龙头企业23家（其中自治区级1家），实现产值1.53亿元，带动农户1万余户，户均增收3000元。全市农业农村部门登记备案的牧民专业合作经济组织共331家，实现收入6609万元，带动农户6948户，人均增收4115元。

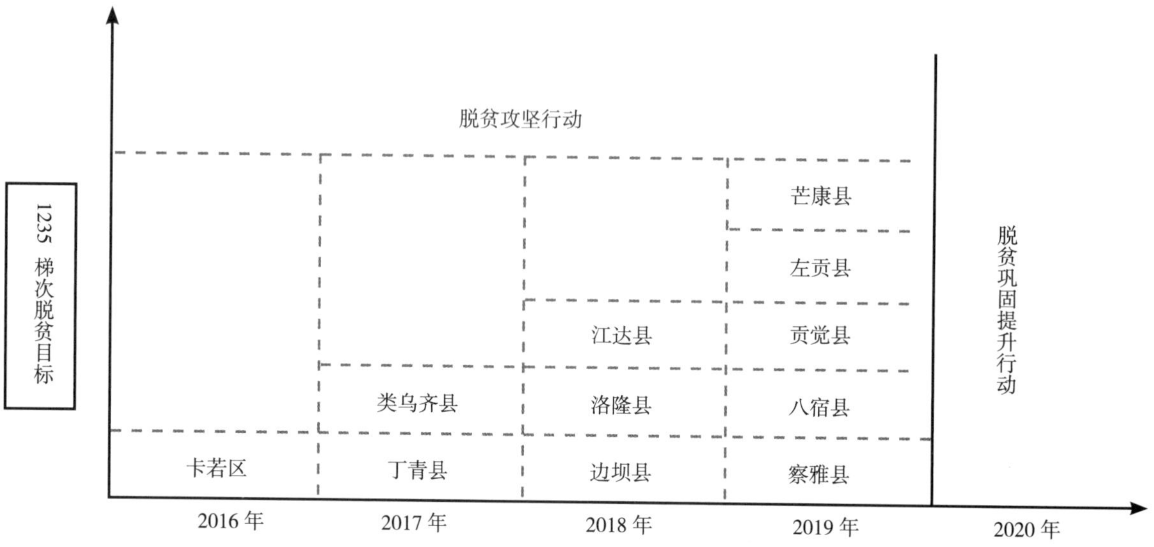

图 3-1 “十三五”期间昌都市各县区脱贫情况一览

（二）易地搬迁脱贫

在实施易地搬迁脱贫过程中，昌都市为确保全面落实国家、自治区易地扶贫搬迁政策要求和规范标准，确立了“六靠五方便两避让”的易地搬迁建设原则，实行搬迁安置点与“水电路讯网、科教文卫保”十项提升工程同步规划、同步实施、同步竣工。昌都市始终以“重镇、干线、开阔、开放、开发、搞活、安全”为引领，11 个易地扶贫搬迁安置点投资 251.8 亿元（其中：产业投资 153.41 亿元，易地扶贫搬迁安置点投资 98.39 亿元）。见表 3-1。

2017—2020 年，昌都市建设易地扶贫搬迁安置点 268 个，搬迁人数为 20774 户 103361 人，其中建档立卡贫困户 19225 户 99095 人，同步搬迁 1549 户 4266 人。建档立卡贫困人口易地扶贫搬迁中，卡若区搬迁 1792 户 7710 人、江达县 1554 户 8377 人、贡觉县 862 户 4571 人、类乌齐县 1855 户 8789 人、丁青县 1640 户 6525 人、察雅县 2406 户 12751 人、八宿县 1755 户 9364 人、左贡县 1345 户 6978 人、芒康县 2705 户 16955 人、洛隆县 1777 户 9081 人、边坝县 1534 户 7994 人。

表 3-1 2017—2020 年昌都市易地搬迁情况统计表

县区名称	安置点个数（个）	搬迁规模		完成投资情况（万元）							脱贫成效（人）	
		户数（户）	人数（人）	合计	政策性资金				社会资本	金融信贷	脱贫人数	受益人数
					小计	中央、自治区	地市	县区（含援藏）				
昌都市	268	19225	99095	614375.45	446502.85	427446.77	1598.53	15258.55	124026.79	45639.82	74255	115695
八宿县	16	1755	9364	52093.56	26273.56	26273.56	0.00	0.00	19420.00	6400.00	214	1034
左贡县	7	1345	6978	19131.31	15453.11	15235.68	0.00	217.43	2490.66	1187.54	1196	1013
贡觉县	10	862	4571	30972.09	21652.34	21342.34	210.00	0.00	8194.75	1125.00	1557	3056
察雅县	26	2406	12751	21687.29	17846.64	16085.61	988.53	772.5	3055.37	777.28	944	1304
江达县	23	1554	8377	49422.84	33222.84	29490.00	0.00	1832.85	9700.00	6500.00	25069	25069
洛隆县	21	1777	9081	133310.42	111091.06	100138.57	0.00	10952.49	22219.36	0.00	7306	9359

（续）

县区名称	安置点个数（个）	搬迁规模		完成投资情况（万元）							脱贫成效（人）	
		户数（户）	人数（人）	合计	政策性资金				社会资本	金融信贷	脱贫人数	受益人数
					小计	中央、自治区	地市	县区（含援藏）				
类乌齐县	41	1855	8789	113501.31	103781.31	103781.31	0.00	0.00	5220.00	4500.00	7896	7896
丁青县	31	1640	6525	19446.78	19296.78	18296.78	400.00	401.00	702.00	1250.00	1258	1250
卡若区	33	1792	7710	42164.77	36114.77	35649.71	0.00	465.06	4550.00	1500.00	3801	5813
边坝县	43	1534	7994	24097.47	24097.47	23480.25	0.00	617.22	0.00	0.00	7862	20186
芒康县	17	2705	16955	108547.62	37672.97	37672.97	0.00	0.00	48474.65	22400.00	17152	39715

（三）生态补偿脱贫

在生态补偿脱贫工作中，昌都市始终坚持扶贫开发与生态保护并重，大力实施国土空间绿化行动和四旁植树，将生态扶贫作为打好打赢脱贫攻坚战的重要内容，牢固树立绿水青山就是金山银山的理念，坚持扶贫开发与生态保护并重。

为精准落实生态保护政策，昌都市不断将造林绿化、退耕还林、退耕还草项目向深度贫困地区和深度贫困群众倾斜，推行村集体或个人承包经营荒山荒地荒坡，利用房前屋后、“四旁”宜林地和农户庭院、自留地发展经济林木种植和林下资源种养业，开展海拔 4300 米以下无林乡（镇）、无林村组、无绿院落、无林农户的消除工作，推进 15 度以上非基本农田坡耕地和严重沙化耕地退耕还林还草工程，探索“合作社 + 管护 + 贫困户”模式吸纳贫困人口参与管护，让贫困群众享受生态保护红利，结合现行森林生态效益补偿、草原生态保护补助、天然林保护和退耕还林还草工程等政策，不断完善生态补偿机制。

2016—2020 年，全市共安排 926807 个生态岗位，兑现岗位资金 308588.60 万元，实施退耕还林面积 245112.50 亩，总投资 30700.24 万元，惠及群众 260557 人（其中建档立卡贫困户 83457 人），人均增收 0.1 万元以上。实现生态补偿脱贫建档立卡贫困人口 139163 人，其中卡若区 5714 人、江达县 8418 人、贡觉县 6471 人、类乌齐县 8092 人、丁青县 5468 人、察雅县 9451 人、八宿县 7265 人、左贡县 3596 人、芒康县 12169 人、洛隆县 8274 人、边坝县 6789 人。具体见表 3–2。

表 3–2　2016—2020 年昌都市生态补偿脱贫明细表

年份	落实生态补偿岗位（个）	兑现资金（万元）	实施退耕还林面积（亩）	总投资（万元）	惠及群众（人）	建档立卡贫困户（人）	人均增收（元）
2016 年	139163	41748.90	11776.50	1766.48	13184	5047	1071
2017 年	176714	53014.20	120000.00	10800.00	124621	50843	1155
2018 年	206704	72346.40	16536.00	2645.76	18431	7805	1076
2019 年	204000	71400.00	96800.00	15488.00	104321	19762	1100
2020 年	200226	70079.10	—	—	—	—	—
合计	**926807**	**308588.60**	**245112.50**	**30700.24**	**260557**	**83457**	—

（四）发展教育脱贫

始终把教育作为阻断贫困代际传递的治本之策，结合昌都市教育脱贫实际，将“扶智”和“扶志”相结合，大力实施教育优先发展战略，坚持从“扶教育之贫”向“以教育扶贫”动态转变的理念，注重教育资源重点向贫困地区倾斜，加快推动义务教育学校标准化等项目建设。

2016 年以来，昌都市持续加大财政投入力度，每年按不低于财政收入 20% 的比例计提教育配置，按 2% 的比例计提地方教育附加并足额投入教育，按 10% 的比例计提土地出让收益并足额投入教育，每年从财政配套教育资金中拿出 2000 万元设立贫困学生资助资金，同时整合工会、团委、民政、民宗等部门的贫困学生资助资金进行统一资助，形成了对贫困学生资助的有效合力。严格落实 15 年公费教育、义务教育“三包”政策和营养餐改善计划，强化贫困大学生资助体系。2016—2020 年，全市共落实“三包”经费 210684.81 万元，营养餐资金 33483.76 万元，教育投入资金 146470.55 万元，资助建档立卡贫困户家庭学生 29888 人，兑现资助资金 14289.55 万元（表 3–3）。

表 3–3　2016—2020 年昌都市教育脱贫情况明细表

年份	“三包”经费（万元）	营养餐资金（万元）	教育投入资金（万元）	资助人数（人）	兑现资助资金（万元）
2016 年	30800.00	3291.64	37000.00	5796	1692.41
2017 年	37968.41	7108.92	14200.00	8115	2593.00
2018 年	42059.01	7256.48	32250.55	5526	2851.21
2019 年	46000.00	7575.60	30120.00	6069	4516.53
2020 年	53857.39	8251.12	32900.00	4382	2636.40
合计	**210684.81**	**33483.76**	**146470.55**	**29888**	**14289.55**

2016—2020 年，全市通过发展教育脱贫建档立卡贫困人口 28987 人，其中卡若区 2654 人、江达县 2005 人、贡觉县 1360 人、类乌齐县 1678 人、丁青县 3993 人、察雅县 2671 人、八宿县 3683 人、左贡县 1546 人、芒康县 4154 人、洛隆县 3311 人、边坝县 1932 人。

（五）社会保障兜底脱贫

始终坚持建立以困难群众基本生活保障为主，以医疗救助、临时救助等为辅，以慈善等社会救助为补充的社会救助体系，将社会保障兜底作为脱贫攻坚的底线要求。强化低保动态管理，准确认定救助对象，将符合条件的贫困群众全部纳入保障范围，扎实推进“两项制度”有效衔接，全面落实分类施保政策。

2016—2020 年，昌都市农村低保由 2016 年的每人每年 2350 元提升到 2020 年的每人每年 4713 元，特困人员集中供养从 2016 年每人每年 4400 元提升到 2020 年的每人每年 13213 元，分散供养提升到 2020 年的每人每年 7070 元。具体兜底情况见表 3–4。

表 3–4　2016—2020 年昌都市社保兜底明细表

年份	落实农村低保资金（万元）	特困资金（万元）	落实临时救助资金（万元）	救助困难群众（人）	落实医疗救助资金（万元）	医疗救助人数（人）	落实孤儿基本生活费（万元）	受益孤儿人数(人)
2016 年	11591.23	2434.46	493.92	2768	4578.50	27680	1911.00	1672

（续）

年份	落实农村低保资金（万元）	特困资金（万元）	落实临时救助资金（万元）	救助困难群众（人）	落实医疗救助资金（万元）	医疗救助人数（人）	落实孤儿基本生活费（万元）	受益孤儿人数(人)
2017 年	17019.88	2532.00	850.33	10769	5139.07	24123	1567.44	1689
2018 年	25772.65	5761.27	873.30	2808	5863.95	25931	2286.37	1704
2019 年	26199.67	6178.74	957.95	21000	2918.08	12951	2044.80	1704
2020 年	26121.35	7143.52	1878.48	2806	3694.19	13175	2016.00	1680
合计	**106704.78**	**24049.99**	**5053.98**	**40151**	**22193.79**	**103860**	**9825.61**	**8449**

（六）转移就业脱贫

在开展转移就业脱贫过程中，昌都市始终将转移就业作为有劳动能力贫困人口脱贫的主要途径，坚持围绕新农村建设、易地扶贫搬迁、旅游发展、生产加工、服务业、商贸业等，积极开展种植、养殖、农畜产品和林下资源加工等实用技术培训，提高贫困农牧民就业技能，促进贫困农牧民转移就业，增加贫困群众收入。2016—2020 年，全市实现转移就业 18.6 万人次（其中 2016 年转移就业 3 万人；2017 年就业 3.7 万人；2018 年就业 3.4 万人；2019 年就业 3.4 万人；2020 年就业 5.1 万人）。全市开展建档立卡贫困户技能培训 58237 人次，培训后实现就业 40887 人次，通过培训就业率平均达到 69.67%（表 3–5）。

表 3–5　2016—2020 年昌都市建档立卡贫困户就业培训与就业情况统计表

年份	建档立卡贫困户培训人数（人）	建档立卡贫困户培训就业人数（人）	就业率（%）
2016 年	11855	7847	66.19
2017 年	17425	12438	71.38
2018 年	10250	6688	65.25
2019 年	6798	4545	66.86
2020 年	11909	9369	78.67
合计 / 平均	**58237**	**40887**	**69.67**

二、脱贫成效

自脱贫攻坚战役打响以来，昌都市聚焦“两不愁三保障”和饮水安全，按照“六个精准”“五个一批”的要求，坚持靶心不变、焦点不散，尽锐出战、强力推进，脱贫攻坚取得了决定性成效。

2015 年年底，昌都市识别出建档立卡贫困人口 3.46 万户 17.05 万人，贫困发生率 24.95%，贫困人口主要分布在全市 11 个县（区）138 个乡（镇）1127 个贫困村。2016—2020 年，按照“1235”的脱贫目标，昌都市累计减贫 3.84 万户 19.46 万人，1127 个贫困村全部脱贫摘帽，2019 年年底如期实现了 11 个县（区）历史性消除绝对贫困的预期目标。

2020 年贫困群众年人均纯收入 11058.94 元，同比增长 18.4%。其中：工资性收入 3243.67 元，同比增长 27.3%，占人均纯收入比重 29.3%；生产经营净收入 2843.21 元，同比增长 46.9%，占人均纯收入比重 25.7%；财产性收入 162.89 元，同比增长 49.3%，占人均纯收入比重 1.5%；转移性收入 4809.17 元，同比增长 1.2%，占人均纯收入比重 43.5%。

昌都市按照尽力而为、量力而行、节约为先，用绣花的功夫全力推进精准扶贫、精准脱贫各项工作，脱贫攻坚实现“六大转变”：从温饱型扶贫向发展型脱贫转变；从大水漫灌向精准滴灌转变；从单一政府扶贫向专项扶贫、行业扶贫、社会扶贫等“多位一体”大扶贫格局转变；从整体扶贫向聚焦深度贫困地区转变；从依赖政策性补贴救助向激发贫困群众内生动力转变；广大群众思想观念正从“要我脱贫致富奔小康”向“我要脱贫致富奔小康”转变，为攻坚克难、全面打赢脱贫攻坚战奠定了坚实的基础。

第二节 巩固提升

脱贫摘帽不是终点，而是新生活、新奋斗的起点。脱贫攻坚目标任务完成后，“三农”工作重心将实现向全面推进乡村振兴的历史性转移。昌都市委、市政府将继续高举习近平新时代中国特色社会主义思想伟大旗帜，紧密团结在以习近平同志为核心的党中央周围，开拓创新，奋发进取，真抓实干，巩固拓展脱贫攻坚成果，全面推进乡村振兴。从构建巩固提升脱贫成果、持续巩固脱贫攻坚成果、义务教育成果、基本医疗保障、住房安全保障、饮水安全保障，持续提升脱贫攻坚成果、产业发展水平、转移就业能力、社会保障能力、补短板促服务、科技富民水平、志智双扶力度这十三个方面形成了脱贫攻坚巩固提升的强大合力。

一、巩固提升与拓展目标

聚焦 2016—2019 年昌都市累计减贫的 3.84 万户 19.46 万建档立卡贫困人口，聚焦已识别的 1865 户 8638 名脱贫监测人口和边缘人口（其中：脱贫监测户 647 户 3328 人，边缘户 1218 户 5310 人），聚焦 1127 个已退出的贫困村，坚持“扶上马、送一程”，建立健全稳定脱贫、持续增收的长效机制，2020 年年底前如期完成脱贫攻坚目标任务、实现全面建成小康社会。

2020—2022 年，昌都市将在结合乡村振兴战略的同时，重点抓实脱贫攻坚成果巩固提升和防止返贫工作。2022 年之后，按照国家每年动态调整的现行扶贫标准重点解决好相对贫困问题，继续着力巩固提升好脱贫攻坚成果，并做好与乡村振兴战略的全面有效衔接，不断提升农牧民群众的获得感、幸福感和安全感。

2020—2025 年，昌都市将在保持现行脱贫攻坚相关政策的稳定性、连续性的同时，继续加大产业扶持、就业扶持，促进脱贫人口收入不断提高；继续加强贫困地区基础设施建设，着力改善贫困地区生产生活条件，持续改善贫困村（居）人居环境；继续提升民生保障水平，促进义务教育、基本医疗、公共文化服务等民生事业不断发展；继续落实生态补偿、社会保障等惠农惠民政策，不断将脱贫攻坚的短板补得再扎实一些，基础打得再牢靠一些。

二、采取的主要举措

（一）巩固提升脱贫成果

始终结合自身脱贫攻坚成果巩固提升的现状，建立健全相关长效机制，确保脱贫攻坚成果巩固提升持续深化与拓展，脱贫质量持续提升，形成全社会参与支持脱贫攻坚成果巩固提升的良好格局。

1. 构建贫困动态监测机制

一是强化信息互联互通。依托全国扶贫开发信息系统，建立健全昌都市扶贫开发大数据平台，通过端口对接、数据交换等方式，实现户籍、教育、健康、就业、社会保险、住房、银行、农村低保、残疾人等信息与贫困人口建档立卡信息有效对接，实现信息共享，推进“一卡通”“一证通”等，切实优化减少贫困群众政策享受的申报程序。二是构建全方位防返贫机制。完善建档立卡动态管理机制，每半年对全国扶贫开发信息系统数据进行动态调整，拓展扶贫数据系统服务功能，对已脱贫户和边缘户中有返贫风险的进行全面排查，加强对低收入家庭、特困人员、重病户、残疾人户等的针对性监测，及时做好返贫人口和新发生贫困人口的动态帮扶，为巩固提升脱贫攻坚成果提供可靠手段和支撑。结合2020年脱贫攻坚成效普查和2019年脱贫摘帽县第三方评估抽查，进一步查漏补缺、补齐短板弱项、提升脱贫质量。三是完善返贫预警机制。2020年按照人均纯收入低于5000元标准，出台昌都市脱贫户和边缘户实时跟踪和动态监测机制，实行市级季度调度制，按照一季度一随访、一季度一汇总、一季度一上报、一季度一跟踪的要求，11县（区）各乡（镇）、村（居）要每季度上报入户核查监测农户家庭生产生活情况。对因受自然灾害、突患疾病、家庭发生重大变故等可能返贫的，由县乡村实地核查后，按贫困人口识别程序，及时纳入监测范围，并针对性地采取帮扶措施，最大限度防止返贫。对已经返贫的，纳入建档立卡贫困人口管理范畴，并采取社保兜底、医疗救助、临时救助、社会帮扶等超常规措施落实好相关保障政策，保障有返贫风险的不稳定脱贫户、边缘户“两不愁三保障”不受影响。县乡脱贫攻坚指挥部要建立监测工作月调度制，每月检查上月防返贫帮扶措施落实情况，汇总当月返贫致贫情况，关注重点人群和重点区域，认真研究返贫致贫的风险点和特点，制定具体帮扶措施。

2. 构建资金稳定投入机制

一是深入贯彻落实贫困县约束机制，财政专项扶贫资金、统筹整合财政涉农资金、社会帮扶资金等扶贫资金，使用方向必须聚焦脱贫攻坚巩固提升。2020年计划投入脱贫攻坚统筹整合资金38.24亿元（含三岩搬迁牲畜处置滚动使用资金1.2亿元），统筹用于产业扶贫、农村公路、饮水安全、生态岗位补助以及其他基础设施项目建设。同时，充分发挥各行业部门优势，加大“十项提升工程”投入，进一步改善提升基层基础设施和基本公共服务能力。二是严格执行扶贫资金使用管理办法和统筹整合资金使用政策，加大资金拨付进度，提高资金使用效率，引导贫困群众参与扶贫项目决策、管理和监督，接受群众和社会监督，实现扶贫资金在阳光下运行；加快全市财政整合资金支出力度，科学确定资金支出目标，确保2020年统筹整合资金支出进度达到92%以上，两年以上结余结转扶贫资金支出进度达到98%以上。三是持续加大对基层扶贫资金管理财务人员的培训力度，每年定期组织开展业务培训2次，全面提升基层财务人员的专业化水平、业务素质、职业道德素养，强化扶贫资金的绩效管理，确保扶贫资金精准使用、用出成效。四是在自治区巩固脱贫攻坚资金投入的基础上，继续执行市县本级财政收入的10%和计划内外援藏资金全部用于民生改善，新增资金、项目、举措继续向深度贫困县倾斜的政策。2020年市级财政投入扶贫资金重点用于“两项补贴”和支持阿旺绵羊产业做大做强；各级各相关部门要整合扶贫资金和涉农资金，集中解决影响脱贫攻坚及“三农”领域的突出问题，所有扶贫项目实施前均要科学论证，不断提高项目精准度和项目带动帮扶效果。五是加强各类扶贫资金项目绩效管理和常态化监管，严格落实“负面清单”制度，健全项目、资金公告公示制度，强化主管部门监管责任，确保扶贫资金特别是到户到人的资金落到实处。每年要将扶贫资金投入列入年初预算，并强化资金监管。县（区）党政一把手要切实履行脱贫资金监管第一责任人责任，实行脱贫项目建设质量责任终身追究制。认真贯彻落实自治区党委、政府关于扶贫产业“回头看”、产业资金管理、产权移交及利益联结成效评价等部署安排，全面梳理已建产业项目，对带贫益贫成效显著的持续巩固好，对已经发挥效益、带动效果好但需要持续投入的采取投放挂钩、利益关联再注资，对效益发挥不明显的查明原因、有的放矢补救，对因市场需求变化、系统评估调整、确实无效益的尽早调整。

3. 构建扶贫人才保障机制

一是加强村（居）后备干部培养，选优配强用好第一书记、大学生村干部、乡村振兴专干。精准选派第一书记629名，充分发挥选派第一书记精力充沛、知识面广、敢闯敢干的优势特点，带领村（居）干部和广大农牧民群众发家致富、建功立业。各行业部门加强与自治区业务主管部门的沟通协调汇报工作力度，加大自治区外人才引进和自治区内培养专业技术人才工作，关心关爱专业技术人才队伍建设，确保专业技术人才队伍稳定。二是各级各部门加强对乡村振兴专干、扶贫一线干部、偏远乡村教师和医生的关爱激励，注重在扶贫一线考察识别干部。对脱贫攻坚巩固提升成效突出的县（区）、乡（镇）党政正职予以重用，对在脱贫攻坚巩固提升中工作出色、表现优秀的扶贫系统干部、基层干部注重提拔使用，并保持扶贫专干队伍的稳定。三是对奋战在脱贫攻坚一线的县乡村干部落实好津补贴、周转房等政策，改善工作条件；对在脱贫攻坚工作中因公牺牲的党员、干部的家属及时给予抚恤，长期帮扶慰问。

4. 构建巩固提升考核机制

一是严格落实督导检查制度，对照全市年度督查检查考核计划，及时制定督导检查方案，把改善贫困地区面貌、提高贫困人口生活水平和巩固提升脱贫攻坚成果、补齐脱贫攻坚及“三农”领域突出短板作为主要考核指标，强化实地考核、实地问效。二是严格执行脱贫摘帽退出标准和程序，建立完善脱贫攻坚成果巩固提升工作考核评估指标和考核程序，每年开展一次考评。三是注重考核结果运用，对问题突出的县（区）和部门进行问责批评，督促整改，发挥警示作用。加强对县（区）委书记的工作考核，注重发挥考核的正向激励作用，可开展常态化约谈，随时发现问题随时约谈。四是完善监督机制，每年组织开展脱贫攻坚巩固提升情况督查巡查，对督查巡查中发现的问题线索，或屡次督查整改不力的问题及时作为问题线索移交市纪委监委进行处理。

5. 构建贫困群众稳定增收机制

一是继续围绕“五大养殖基地”和“七大种植基地”，着力在延长产业链、提高产业附加值上下功夫，精心打造卡若香猪、红拉山鸡、阿旺绵羊、类乌齐牦牛、洛宗糌粑等全产业链，以及民族手工业加工、唐卡绘画等，力争2020年产业扶贫项目全部完工，发展农牧民合作社20个，实现8.12万名群众依托产业扶贫项目脱贫致富。“十四五”期间，继续咬定全产业链打造，推进各类产业项目建设。二是大力扶持本地农牧民施工队严格按照资质条件、技术实力和程序规范，参与400万元以下的工程项目建设，行业主管部门和项目法人必须将技术难度低、施工工艺较简单的工程建设项目交由农牧民施工队承担实施，切实增加群众收入。三是坚持把就业作为群众增收的根本举措，结合国家、自治区的劳动力转移就业增收工作扶持政策，完善农牧民“订单式”“定向式”“储备式”等技能培训机制：①建立部门联动工作机制。将更高质量更充分就业作为根本出发点和落脚点，坚持组织市直各相关部门、各县（区）结合各自职责职能，建立“互商、互动、互推”工作机制，实现部门横向沟通联络，系统上下紧密配合，群团组织积极配合，社会力量广泛参与的就业格局日益形成，为全市农牧民转移就业工作稳中趋好起到积极推动作用；②加强供给机制建设。充分发挥行业主管部门、用人单位、人社部门“三方”劳动供给平台作用，及时向项目实施地农牧民发布用工信息并提供技能培训，并严格规定在项目招投标时，将吸纳农牧民工参与工程建设实现转移就业作为重要指标进行考评，同时督促企业签订吸纳农牧民工劳动合同；③建立就业援助帮扶机制。对“零就业家庭”等就业困难群体，采取“送岗位、送政策、送培训、送技能”等措施，帮助就业困难群体实现就业。四是稳定粮食生产、加强现代农业设施建设、发展富民乡村产业，依托昌都市各县（区）资源禀赋和品种优势及产业发展现状，2020 年稳定粮食种植面积 67.58 万亩，实施高标准农田建设 22 万亩，围绕全产业链建设，打造 20 个产业基地。按照“一个产业、一个系列，一个产品、一个品牌”的工作要求，积极推进农产品地理标志认证、蓝天圣洁品牌打造，2020 年申报认证“三品一标”农牧产品 11 个，并推进各县（区）产业园区建设，加大农产品初、深加工和上下游产业配套，促进一二三产融合发展，拓展群众增收新途径。五是认真落实国家惠农支农政策和自治区十大惠民举措，积极推进财政支农资金支出稳定增长，2020 年预计投入资金 41.5 亿元用于民生补贴（其中：自治区财政投入 38.5 亿元、市级财政投入 2.5 亿元、县级财政配套 0.5 亿元），同时积极争取上级资金加大对农牧民生产性补贴的投入。各级各部门要优先保障“三农”投入，推动人才下乡，强化科技支撑作用，抓好农村重点改革任务。六是完善农村基本经营制度，鼓励发展多种形式适度规模经营，制定农村集体经营性建设用地入市配套制度。在卡若区试点的基础上，稳妥推进农村集体产权制度改革，探索推动农村承包土地经营权、农村住房财产权、林权抵押入股和抵押贷款，以及温室大棚、养殖圈舍等依法合规抵押融资新模式，落实农牧户小额贷款税收优惠等金融普惠政策，着力提高农牧民群众工资性收入、经营性收入、转移性收入、财产性收入。2020 年，促进农村土地流转 5 万亩，培育新兴经营主体 100 户以上。通过综合施策，实现农村居民人均可支配收入持续增长。

6. 构建扶贫作风治理机制

一是把作风建设贯穿脱贫攻坚成果巩固提升全过程，严肃查处贯彻落实中央脱贫攻坚决策部署不坚决不到位、弄虚作假以及主体责任、监督责任和行业责任落实不力等问题，严肃查处贪污挪用、截留私分、虚报冒领等行为。二是各级各部门要加强沟通衔接，采取明察暗访、督查巡查的方式，坚决治理扶贫领域“四个意识”不强、责任落实不到位、工作措施不精准、资金管理不规范、工作作风不扎实、考核监督不严格等问题，坚决查处扶贫领域的贪腐行为和不作为、慢作为、乱作为等行为，严肃追究履职不力、工作落实打折扣的单位和个人的责任。三是加强警示教育，集中曝光各级纪检监察机关查处的扶贫领域典型案例，释放执纪严明信号，形成强力震慑。四是注重工作实效，落实基层减负有关要求，切实减轻基层工作负担，减少村级填表报数，精简会议文件，2020 年全市脱贫攻坚系统内各类文件比 2019 年下降 10%，让基层干部把更多的精力放在巩固脱贫攻坚成果上。

7. 构建社会扶贫机制

一是持续深化定点扶贫、行业扶贫。完善市级行业扶贫、定点扶贫考核评价机制，2020 年至“十四五”期间，继续落实定点扶贫、行业扶贫和结对帮扶责任，各级各单位要把定点扶贫、行业扶贫、结对帮扶工作纳入本单位年度工作重点，加强工作力量，出台具体帮扶措施。定点扶贫、行业扶贫和结对帮扶单位主要负责同志要切实承担第一责任人责任，定期研究推动结对帮扶工作。二是持续深化结对帮扶。脱贫攻坚巩固期内，更加精准落实干部“321”结对帮扶机制，各县（区）要对各级干部结对帮扶对象实行动态监测调整，并将2020年列为监测对象的1865户8638名脱贫监测人口和边缘人口纳入干部结对帮扶范围，继续采取产业帮扶、资金帮扶、就业帮扶、宣教帮扶、医疗帮扶等措施，打好帮扶组合拳、一帮到底。三是持续深化集团式帮扶。强化11个集团式帮扶牵头单位责任，牵头单位每年定期组织成员单位集中研究被帮扶县（区）脱贫巩固问题，及时帮助所联系县（区）解决巩固脱贫攻坚成果过程中面临的困难和问题。受帮扶的贫困县（区）要积极主动对接帮扶单位，衔接帮扶内容，凝聚起巩固提升脱贫成果的工作合力。集团式帮扶牵头单位每年要组织成员单位和被帮扶县（区）召开会商会1次。四是鼓励企业长期帮扶。积极动员驻昌各类企业落实精准扶贫责任，通过发展产业、对接市场、安置就业等多种方式，发扬扶危济困精神，持续帮助脱贫户巩固脱贫成果。更加精准推进“百企帮百村”扶贫行动，加大驻昌水电矿产资源开发企业对接力度，积极落实好自治区关于大力推动在藏资源开发（驻昌资源开发企业）的央企按10%的比例承担所在地脱贫攻坚任务的社会化帮扶机制，引导各民营企业积极开展产业扶贫、就业扶贫、公益扶贫、消费扶贫，鼓励有条件的大型民营企业通过设立扶贫产业投资基金等方式促进脱贫成果巩固。

8. 构建消费扶贫机制

一是加快消费扶贫体系建设。按照“政府引导、市场运作、社会参与”的原则，坚持帮助贫困地区群众发展生产、脱贫致富与城市居民消费农牧区农畜产品需求相结合，遵守市场规律，因地制宜、自愿参与，充分发挥昌都市高原生态农畜产品、林下产品等资源优势，统筹协调全市各相关职能部门，就扶贫产品认定、线上网络平台建设、线下销售场地专柜选点设立及销售扶贫产品的补贴等方面进行研究，鼓励和吸引各类市场主体积极参与消费扶贫，尽快形成昌都市消费扶贫工作体系。二是加大扶贫产品市内直销。将消费扶贫纳入市（中、区）直单位定点扶贫和结对帮扶工作内容，采取“农超对接、农校对接”等多种渠道，动员全市各级机关、学校、国企事业单位、驻昌部队、金融机构等带头参与消费扶贫，在同等条件下优先采购贫困地区扶贫产品，协调本单位所管理下属企事业单位积极购买消费贫困地区扶贫产品，优先从贫困地区聘用工勤人员，引导干部职工自发购买贫困地区扶贫产品。三是拓展扶贫产品援藏带销。积极与援昌省市企业建立消费扶贫协作机制，将消费扶贫纳入援藏扶贫和对口支援政策框架，帮扶省市企业前线指挥部（联络组）要加强沟通协调，组织协调本省市企业、农产品批发市场、商贸流通企业和机关、学校、医院、企事业单位等与对口帮扶县（区）建立长期稳定的扶贫产品供销关系。受帮扶县（区）要主动对接帮扶省市企业，依托本县（区）特色资源禀赋，调整优化农业产业结构，提升农产品质量，扩大扶贫产品外销规模。同时，积极对接援藏省市企业帮助引进内地相关企业到昌都投资兴办农畜产品深加工企业，推动各县（区）农畜产品就地加工，带动贫困人口增收致富。四是鼓励扶贫产品社会帮销。鼓励全市各类民营企业等社会力量参与消费扶贫行动，将消费扶贫纳入“百企帮百村”扶贫行动，鼓励民营企业采取“以购代捐”“以买代帮”等方式采购贫困县（区）产品和服务，帮助贫困人口增收脱贫。同时，发挥各行业协会、商会、爱心慈善机构等社会组织作用，组织动员爱心企业、爱心人士等社会力量参与消费扶贫。五是推进扶贫产品市场直销。各县（区）各部门要结合实际，积极探索创新销售方式，扩大网上直销和驻昌大型商场超市线上线下直销，并利用招商推介、农产品推销会等平台，在内地各省市大力推销昌都市扶贫产品，扩大销售渠道。同时，鼓励驻村工作队对本村农畜特色产品进行线上线下推销。

9. 构建对口援藏帮扶机制

一是持续落实受援双方互访联席机制，积极对接“十四五”援昌事宜，加大“十三五”确定的各类项目、资金的衔接落地；同时，认真执行对口援昌经济社会发展规划，有序推进产业援藏、就业援藏等，把援昌省市企业的市场、管理、人才、技术优势与昌都特色优势资源结合起来，强化产业技术援助，培育“造血”功能，壮大特色优势产业。二是积极衔接援昌省市企业继续深化援藏结对帮扶，积极推进“县（区）对乡、乡对村”结对帮扶模式，落实援藏省市、中央企业包干帮扶结对贫困县 10% 贫困人口的任务，扩大结对帮扶覆盖面。三是突出人才支援，推进干部双向挂职、人才双向交流，按照年度计划，精准实施昌都干部人才培训培养行动，持续加大扶贫系统干部的培训力度。四是加强就业援藏，积极协调援昌省市企业提供昌都籍大学毕业生就业岗位和劳务输出就业岗位，建立劳务输出精准对接机制，实现人岗对接，保障稳定就业。2020 年建立渝昌、津昌、闽昌就业援藏联络服务站，每个服务站由 2 名昌都籍高校毕业生开展日常工作，进一步搭建拓宽了用人单位与求职人员区内外供需交流平台，同时为昌都市与援藏省（市）民族交往交流交融注入了新活力。五是加强对口援藏项目落实，积极协调对口援昌省市企业，全面落实规划内项目，积极争取规划外项目。同时，将援藏扶贫项目纳入援藏成效考核范围，督促落实历年援藏扶贫现场会已签约的扶贫项目加快落地，积极对接 2020 年脱贫攻坚现场推进暨深化对口援藏扶贫工作会议的签约项目。

（二）持续巩固脱贫攻坚成果

采取自下而上的程序，重点对全市农牧区人口中存在返贫或致贫风险的六类人员①进行精准监测。一是村级核查。由村“两委”干部、驻村工作队入户进行核查，对存在致贫或返贫风险的农户填写相关表格，并由村党支部书记签字上报乡（镇）党委、政府。二是乡（镇）复核。对村级上报的初核情况，各乡（镇）要及时启动实地复核程序，并召开党政联席会或其他形式会议对上报情况进行审核，由乡（镇）党委书记签字上报县（区）。三是县（区）审定。召开县（区）扶贫开发领导小组专题会议进行审定（审定前，由县（区）脱贫攻坚指挥部对各乡（镇）上报的监测情况进行抽查，抽查实现涉及行政村“全覆盖”，贫困户的抽查面不得少于 30%），审定核实无误后上报市扶贫开发领导小组备案。四是市级备案。市级对各县（区）上报的监测对象和监测情况，进行留底存档，同时开展市级实地抽查复核工作。市级审核无误后，纳入常态化监测范围，由各县（区）精准落实产业扶贫、就业扶贫、社会保障等各项帮扶措施，确保已脱贫户、不稳定脱贫户和边缘户不返贫致贫。

（三）持续巩固义务教育成果

（1）巩固控辍保学成果。依托义务教育巩固率市县监测系统，实施贫困学生控辍保学台账化精准管理，实行最严格的“五级调度制”，严格落实控辍保学“双线五级八包、四书制、八长制”和

① “六类人员”即：上年度家庭年人均纯收入低于 5000 元的农户，后续监测标准按照年度人均可支配收入增收情况及国家现行扶贫政策进行调整；当年因家庭成员患重大疾病或长期慢性病等，扣除各类报销及救助资金后，自付医疗费仍然较高，导致家庭负担较重的农户；因接受大专、高职以上教育，在享受各类教育资助资金的基础上，家庭负担依然较重、人均纯收入低于监测标准的农户；因残、因病等原因造成家庭成员完全丧失劳动力或主要劳动力完全丧失劳动力的农户；家庭因自然灾害或车祸、火灾等较大事故，经各类救助与保险理赔后，家庭负担仍然较重的农户；因产业失败、就业不稳定等其他原因，导致家庭负担较重的。

联保联控机制，确保贫困学生“能上学、有学上、上好学”。2020年以后持续巩固控辍保学成果。

（2）巩固学生资助成果。健全覆盖各级各类教育的资助政策体系，继续落实各类学生资助资金（“三包”、营养餐改善计划、免费教育等资金），全面落实15年免费教育，落实好建档立卡贫困家庭子女高等教育“三免一补”政策（免学费、住宿费、书本费、补助生活费）和贫困大学生1.2万元资助政策。

（3）巩固教育教学成果。深化产教融合、校企合作，着力提高学校管理层、教师在教育教学上的主动性，探索教育人才“组团式”援藏覆盖的县（区）教师到乡（镇）完小、幼儿园支教办法，实现“互联网+教育”全覆盖；持续加大各级学校标准化建设，持续改善基层办学条件，2020年确保左贡、贡觉、江达3县通过国家教育均衡化验收，保障贫困学生入学需求。

（4）认真贯彻落实《国家职业教育改革实施方案》《西藏自治区人民政府关于贯彻〈国务院关于加快发展现代职业教育决定〉的实施意见》，2020年计划培训“两后生”214人，加快发展现代职业教育，加大农牧民群众职业技能培训力度，提高职业技能水平，以强化职业教育促进农牧民群众转移就业。

（四）持续巩固基本医疗保障

1. 强化医保政策落实

严格按照“基本医疗有保障”目标任务，继续将贫困人口100%纳入农牧区基本医疗、大病保险、医疗救助等政策保障范围，认真落实贫困人口参加农牧区基本医疗保险个人缴费部分由县级财政全额补贴（民政全额代缴）和住院费用平均提高5%倾斜政策，落实基本卫生公共服务费用人均增长10%以上的政策，将市级500万元政策资金整合至医疗救助政策中统筹使用；继续执行贫困人口县域内就医实行“先诊疗、后付费”制度和“一站式服务、一窗口办理、一单制结算”政策，扩大跨省、跨市易地就医联网结算系统的覆盖面。医保部门要建立贫困群众医疗报销乡（镇）代办、报销进度跟踪机制，加快推进市县乡村四级医疗系统联网，2020年实现市、县级医院群众就医医疗费用及时报销，切实解决报销慢的问题，使贫困人口“有制度保障”看病。

2. 持续改善医疗条件

继续实施县创二级、乡（镇）卫生院标准化和村（居）卫生室提质改造工程，确保每个县（区）建好1～2所县级公立医院，2020年完成边坝、八宿、左贡、贡觉4县人民医院二级乙等综合创建工作，力争所有乡（镇）卫生院和村（居）卫生室全部达标；疫苗安全监管达到100%，大力发展“智慧医疗”和“互联网+医疗健康”，村级卫生室按照“诊断、治疗、药品”分区设置达到科学分区，使贫困人口“有地方”看病。

3. 建强医疗卫生队伍

充实乡（镇）、村级卫生专业人员队伍，通过“外引内培”推进卫生人才增量提质，加大医疗卫生“组团式”援藏力度，加大本地人才培养，通过培养、引进、招聘、对口支援等多种渠道，力争到2020年，每个乡（镇）卫生院有1名全科医生或执业（助理）医师、每个行政村有培训合格的村医2名，使贫困人口“有医生”看病。

4. 强化公共卫生服务

持续推进大病专项救治和家庭医生慢病签约服务工作，重点对大病进行专项救治，对慢病患者进行签约服务管理。强化卫生知识宣传普及，开展健康教育和健康促进活动，提升贫困群众健康素养水平。健全重大疫情防控体制机制，完善公共卫生应急管理体系，实施贫困地区重点传染病、地方病综合防控，防患重大疫病发生，提升全民健康观念和身体素质，使贫困群众“少生病”。

（五）持续巩固住房安全保障

（1）严格落实国家易地扶贫搬迁政策要求和规范标准，进一步强化工程质量监管和建后维修大修机制，每年核查一次易地搬迁安置点房屋工程质量以及涉迁群众稳定入住情况，消除住房安全隐患，确保高质量完成易地扶贫搬迁目标任务。

（2）全面做好易地扶贫搬迁后续管理工作，加大涉及基础设施、公共服务、产业发展、民生保障等领域的畅通力度，上半年全部完成易地搬迁配套设施建设和饮水安全扫尾工程任务，主动解决搬迁人口过渡期各项困难，用情用心做细各项入户帮扶工作，确保全市 2 万户 10.33 万人（含纳入三岩片区跨市整体易地搬迁的建档立卡贫困人口）稳定搬迁，并消除“两头跑”。

（3）加强安置点基层组织建设，建立健全稳定的社区管理机构和管理机制。按照应建尽建的原则，摸清底数，加快设立社区、村（居）、乡（镇）进程，统筹推进安置点拟新建的村（居）委会组建工作，配齐村（居）“两委”班子。市县组织、发改、财政等部门要保障安置点村级组织办公活动场所和运行经费。2020 年 6 月前完成安置点的机构设置。各县（区）要经常性开展文化、医疗、科技、法律、爱国爱教“五下乡”活动，每年至少到安置点社区开展“五下乡”活动 2 次，引导搬迁群众培养良好的生活习惯，尽快融入新环境、新社区。

（4）加快易地扶贫搬迁集中地的社会治理体系建设，加大矛盾纠纷排查化解和为民办好事解难事力度，全力解决好搬迁群众就业、社会融入、子女入学、就医、文化娱乐等实际问题，防止小事经过发酵扩散，造成聚集上访和群体性事件，真正让搬迁群众过上设施齐全、环境优美、生活方便、生产有序、致富有门、就业有路、文明互助的新生活。

（5）按照“以岗定搬、以业定迁”原则，指导县（区）开发新的就业岗位，加强搬迁后转移就业工作，确保有劳动能力的搬迁家庭至少有 1 人实现稳定就业。

（6）坚持试点先行，2020 年积极稳妥开展旧房拆除、宅基地复垦、生态修复等试点工作。原则上对原建在地质灾害、洪涝灾害危险区的旧房，即搬即拆；对原护林员业务用房、农户夏季牧场用房，以及列入传统保护村落、少数民族特色村落、国家乡村旅游扶贫重点村名录，以及具有文化旅游开发价值村落的旧房，按照相关规定做好保护利用工作；对搬迁群众还需在迁出地继续从事放牧、农业生产的，旧房作为过渡期用房，统筹确定、统一管理、产权归公；对符合城乡建设用地增减挂钩条件的，优先纳入城乡建设用地增减挂钩项目安排；对不具备复垦条件的，按程序实施退耕还林、还草复绿。

（7）强化住房安全排查，各县（区）要用好 2020 年自治区安排的 948 户危房改造及 941 户农房抗震加固指标，2020 年 4 月之前，实事求是再次对所有农户住房安全情况进行核查，发现一户、申报一户、改造一户、销档一户，全面完成农村危房改造任务，并持续强化对贫困群众住房安全实时监测，避免出现漏评、漏改现象。2020 年以后，每年开展一次全市危房大排查，彻底消除危房户。同时，鼓励农牧民群众自建安全适用的砖混、框架农房，力争人均住房建筑面积达到 30 平方米。

（8）深入推进三岩片区跨市整体易地扶贫搬迁工作，2020 年 8 月底前全面完成搬迁任务。持续深化宣传教育，按照时任西藏自治区党委书记提出的群众工作“八条宣传口径”和《西藏自治区人民政府转发〈自治区脱贫攻坚指挥部三岩片区跨市整体易地扶贫搬迁实施方案〉的通知》（2018 年）精神，针对不愿搬迁的家庭和个人，采取“一对一”“多对一”的方式开展个性化、区别化宣传，向群众宣传搬迁政策，解答群众疑惑，打消群众顾虑、消除外界杂音，向群众讲清三岩片区全部搬迁不留一户一人的政策要求，用心用情用力把政策宣传工作做深做实做细，争取剩余群众早日全部报名搬迁。稳妥推进搬迁，制定详细周全的搬迁实施方案，及时向自治区三岩办汇报请示，巩固“市县领导挂帅带队、县负主体责任、熟悉三岩的本土干部进村入户做工作”的攻坚模式，及时研究解决遇到的困难问题，充分发挥各行业各部门联动作用，全面完成三岩片区跨市整体易地扶贫搬迁任务，并适时启动迁出区生态修复工作。深化沟通协作，积极主动加强与自治区三岩办和各迁入市党委、政府的汇报沟通衔接，统筹做好与迁入市沟通对接、群众思想顾虑打消、搬迁问题风险防控、手续交接等工作，教育引导群众尽快融入当地生产生活。强化风险防控，建立社会风险隐患分析、研判、排查、处置机制，以防止宗教、宗族势力、部分自发搬迁人员和别有用心之人借搬迁生事，做到有效防范、主动应对。

（六）持续巩固饮水安全保障

（1）市水利、生态环境、卫生、防疫等部门2020年3月结合水质核查工作，指导各县（区）全面启动城区集中式供水，1142个行政村和人口较多自然村的水质检测，并由市县水利部门牵头，采取聘请专业机构等方式，会商行业部门统筹做好农村饮水点水质检测资料收集，确保全市数据一致。

（2）由市水利局牵头，按照《西藏自治区农村饮水安全评价准则》，采取地毯式排查方式，精准筛查饮水安全工程供水情况，针对排查出的饮水安全问题，分类制定饮水安全工程维修、新建、改造等巩固提升具体措施，特别是要针对个别季节性供水情况，因地制宜采取日光暖房式集中供水、手压井、管道加热等方式解决贫困群众冬季吃水难问题。2020年7月前全面完成全市所有饮水安全巩固提升等各类项目建设。

（3）探索建立农户用水收费管理机制，组建村级用水协会，确保每个村（居）有2～3名饮水安全工程管护人员，并切实做好农村饮水工程后续管护工作。2020年以后，如因管护责任不到位导致饮水安全工程损毁或不通水的，由各县（区）自行筹资整改。

（4）加快灌区与节水改造、中小河流治理、山洪灾害预防、水土流失治理等水利设施建设和小型农田水利工作，提高水利支撑保障脱贫攻坚能力。

（七）持续提升脱贫攻坚成果

（1）结合乡村振兴，以村容村貌提升为主攻方向，整合各种资源，动员各方力量，以县域为单位编制农村“厕所革命”专项实施方案，扎实开展生活垃圾治理、农村生活污水治理等农村人居环境整治项目。加快生活垃圾处理设施建设，开展贫困地区农村生活垃圾治理专项行动，有条件的地方探索建立村庄保洁制度。加快推进2019年生活垃圾续建项目和2020年新建项目，确保到2020年年底具备条件（县城周边、国道沿线等）的村庄生活垃圾处理率达到60%以上。制定农村卫生厕所建设标准，因地制宜普及不同类型的卫生厕所，同步开展厕所粪污治理，2020年投入资金0.37亿元，改造农村卫生厕所1.5万户，并加快推进县域周边、国道沿线和有条件的周边村庄卫生厕所改造。加快推进通村通组道路建设，基本解决村内道路泥泞、村民出行不便等问题。全力攻坚“四清两改”村庄清洁行动，力争“十四五”期间每个乡（镇）每年建成2个以上人居环境整治示范村。

（2）坚持社会治理和服务重心向基层下移，积极探索乡村治理体系和治理能力现代化的有效实现形式。严格落实党委抓农村基层党建工作责任制，不断强化乡村治理体系和治理能力建设，大力实施基层党建“八大工程”“百村整治、千村提升”计划，推动党的组织和党的工作全覆盖；按照《昌都市关于加强中央扶持村集体经济资金使用管理的通知》《昌都市村集体经济利益分配机制（试行）》等文件要求，力争到2020年年底消除86个村级集体经济“空壳村”，持续壮大一批薄弱村、巩固提升一批富裕村，并由村集体按照10%的标准提取一定比例的集体经济收益作为公积金、公益金和村级组织管理费，确保每个村集体都有一定的收入；实施新时代“枫桥经验”矛盾不上交三年行动，创新完善“双联户”“民生信息员”等基层群防群治机制，探索“互联网+”治理模式，健全完善农牧区、社区管理和服务机制，推行市、县（区）领导干部下基层接访制度，持续巩固“矛盾纠纷存量清零、增量随时化解”，实现小事不出村、中事不出乡、大事不出县、矛盾不上交。

（3）坚持绿色发展理念，加快建设生态宜居美丽乡村。2020年至“十四五”期间，持续推进生态保护扶贫巩固行动，推动20万个生态补偿性岗位人员有序转为美丽乡村的建设者和维护者，实行动态管理、定岗定员、定岗定酬，保证群众持续稳定增收；加强生态岗位管理，建好生态补偿岗位人员日常履职台账，落实好管护范围，促进生态补偿岗位人员履职尽责，增进生态补偿岗位人员获得感；加强生态项目建设，将国土空间绿化与生态宜居的美丽乡村建设相结合，鼓励群众加大村庄绿化和房前屋后绿化亮化，鼓励支持群众“成片、成带、成规模”种植核桃、苹果等经济林木，持续推进天然林保护、公益林建设、新一轮退耕还林还草等工程建设，不断增加贫困群众经营性收入和财产性收入，推动贫困群众稳定增收与生态宜居美丽乡村建设共赢，实现人与自然和谐共生。2020年，计划投资15488万元巩固实施退耕还林9.68万亩，投资1313万元巩固实施退耕还草1.13万亩，投资5380万元巩固实施退牧还草休牧围栏105万亩、种草改良12万亩、毒草害治理2万亩，投资3527.79万元巩固实施经济林建设5039.71亩，投资14544.57万元实施生态修复24240.9亩，投资5690.47万元实施重点区域造林9484亩，投资378万元实施苗木培育510亩，投资3916万元实施森林抚育35.8万亩。

（八）持续提升产业发展水平

瞄准规模化、标准化、产业化、市场化、现代化，坚持质量兴农、绿色兴农，以市场需求为导向，打破传统农牧业的发展方式，充分发挥昌都农牧业的比较优势和地处高原横断山脉的地理优势，加快推进农牧业供给侧结构性改革，做到“你无我有、你有我大、你大我特、你特我优”，走出一条符合昌都实际的现代农牧业发展路子。

1. 做好入库项目梳理

“十四五”期间，围绕“五大养殖基地”和“七大种植基地”，鼓励支持各县（区）持续做大做强有发展前景的产业扶贫项目，因地制宜加快发展对贫困户增收带动作用明显的种植业、养殖业、林草业、农产品加工业、特色手工业、休闲农业和乡村旅游业，做好牦牛冻精冷配、阿旺绵羊胚胎移植、短期集中育肥等科技研发推广，扩大牦牛奶牛、阿旺绵羊、卡若香猪、红拉山鸡养殖规模，提档升级蔬菜、干鲜果、藏药材等规模、科技含量和生产效益，高标准打造“蓝天圣洁”品牌；按照“龙头企业+基地+农牧民合作社+农户”等模式，继续推进全产业链产业发展，重点支持打造河谷经济产业带，支持国道G317、G318、G214沿线乡村旅游和三江旅游精品区建设等，确保产业扶贫持续见效。

2. 做好利益联结文章

围绕“十三五”规划中期调整后确定的产业扶贫项目，建立健全产业扶贫项目利益联结机制，明确产权主体、运营主体和监管主体，做好产权移交，鼓励企业与贫困群众建立多种形式的利益联结，以土地、草场流转方式让贫困户获得租金，以订单收购青稞、牦牛等原材料方式让贫困户获得酬金，以国家投入或牲畜等生产资料折资入股方式让贫困户获得股金，以吸纳转移务工方式让贫困户获得薪金，实现贫困群众稳定脱贫致富。对缺乏市场销路的扶贫产品，利用援藏省市消费扶贫、政府预算采购、电商扶贫专营等多种方式加大外销力度，并依托本地市场加强农超对接、农校对接、农企对接等，建立政府引导、市场主导、农户参与、长期稳定的扶贫产品产销关系，解决好扶贫产品销售难问题。

3. 做好龙头带动文章

大力扶持发展县（区）龙头企业，狠抓产、加、销一体化链条打造，引进内地企业和种养大户来昌投资兴业，努力提升产业规模化经营水平，不断延伸产业链条，加大“一村一社”建设力度，建立健全村（居）专业合作社，实现企业、合作社增效和农牧民增收双赢，截至2020年年底，全市龙头企业新增2家（其中自治区级龙头企业新增1家）、达到24家；农牧民专业合作社新增20家、达到340家。

4. 做好产业创新文章

围绕地球第三极和蓝天圣洁产业，深挖贫困地区特色资源优势，依托贫困地区特色农产品、人文景观、民俗文化等资源，大力开发乡村旅游、电商扶贫、消费扶贫、非遗工坊，积极培育农村电子商务市场主体，畅通高原特色产品“出山”和网货“下乡”双向通道，开辟贫困群众增收新渠道。

（九）持续提升转移就业能力

1. 抓实观念转变

积极开展贫困群众国家通用语言培训，提升贫困群众交往、交流、交融能力，开展就业政策宣传，加强对大中专毕业生、城镇就业困难人员以及农牧民群众就业观念的教育和引导，营造“劳动光荣、技能宝贵、创业伟大”的社会氛围，转变“等、靠、要”的思想，树立正确的就业观，引导农牧民群众、高校毕业生实现多元化就业；依托援藏资源，积极衔接援藏省市企业，组织群众赴内地务工就业。

2. 抓实技能培训

根据各培训工种的学习难易程度、实际应用效果，合理确定培训周期，要求职业技能类不少于30天，实用技术类不少于7天，创业培训类不少于10天，确保建档立卡参训学员扎扎实实掌握技能，实实在在学习技术。同时，积极开展培训后学员就业、创业情况跟踪服务工作，详细掌握培训后学员就业创业情况，对培训后不能及时实现就业的，建立定期跟踪回访机制，通过及时提供岗位信息、组织参加招聘会等方式积极推荐就业，提升培训后就业率，增强群众满意度。

3. 抓实就业创新

通过政府购买服务的方式，广泛发展劳务经纪人、人力资源公司、劳务派遣公司、劳务输出合作社等社会组织和个人，实行市场化运作，独立经营，对组织引导农牧民转移就业增收的给予奖励补贴。充分调动了社会力量参与就业和支持就业，实现农牧民转移就业与用人单位的有效对接，建立“政府指导、政策引导、市场运作、管理规范、转移有序”的劳动用工新模式。

（十）持续提升社会保障能力

1. 实施社会服务保障工程

利用11个县（区）集中供养中心，加快建设为老年人、残疾人、精神障碍患者等特殊群体提供服务的保障设施，并通过购买服务，从建档立卡户、低保户家庭中未就业的毕业大学生选择24人，作为基层社会救助经办人员，有效提升基层民政服务质量和效率。

2. 完善农村低保制度

健全完善特困人员、低保对象认定方法，将完全丧失劳动能力和部分丧失劳动能力且无法依靠产业就业帮扶脱贫的贫困人口，纳入特困人员、低保保障范围。

3. 健全社保兜底动态管理机制

完善保障补助稳定增长机制，持续加大“双集中”基础设施建设力度，不断提升社会保障水平和集中供养服务机构托底保障能力。加大临时救助力度。及时将符合条件的返贫人口纳入临时救助范围，探索购买“防返贫保险”。持续推进全民参保，落实好养老保险各项政策措施，及时兑现养老保险金，实现应保尽保。

4. 加强农村低保和城乡医疗救助工作

各县（区）每年开展一次残疾人口普查核查，进一步摸清底数；完善困难残疾人生活补贴和重度残疾人护理补贴制度，将符合条件的建档立卡贫困残疾人纳入农村低保和城乡医疗救助范围，有条件的地方逐步扩大政策覆盖面；深入实施“福康工程”等残疾人精准康复服务项目，优先为贫困家庭有康复需求的残疾人提供基本康复服务和辅助器具适配服务。对家庭经济困难的0～6岁残疾儿童实施康复救助服务，对16周岁以上有长期照料护理需求的贫困重度残疾人，符合特困人员救助供养条件的，纳入特困人员救助供养；不符合救助供养条件的，鼓励地方通过政府补贴、购买服务、设立公益岗位、集中托养等多种方式，为贫困重度残疾人提供集中照料或日间照料、邻里照护服务，逐步推进农村贫困重度残疾人家庭无障碍改造。

（十一）持续补齐短板提升服务

1. 补齐电力能源短板

大力开发风能、水电、太阳能、生物质能等可再生清洁能源，全面落实“三区三州”电力规划，以电源点建设和电网建设为重点，加大与自治区各相关厅局的汇报衔接力度，加强供电工程建设，完善升级电力设施，推进农牧区能源消费提档升级，全力加快“芒康盐井410千伏输变电工程”等29个电力规划项目建设，完成14个6.14亿元“十三五”电力增补项目，提高供电可靠性和稳定性，满足经济社会发展和农牧民生产生活用电需求，确保到2020年实现大电网延伸覆盖至11个县（区）所有乡（镇），力争有条件的贫困村通动力电，确保主电网人口覆盖率达到92%，力争安全供电人口覆盖率达到97%。

2. 补齐公路建设短板

致力解决群众“出行难、出行险”，大力推进11个县（区）交通基础设施畅通工程，推进“四好农村路”建设，加大乡村道路建设力度，完成2020年计划实施的农村公路项目，不断提升通畅率、通达率；2020年至“十四五”期间，继续推进“四好农村路”示范创建提质扩面，持续推动行政村、较大人口规模自然村通硬化路建设，加快建成外通内联、通村畅乡、安全便捷的交通运输网络。

3. 补齐网络通信短板

大力实施网络扶贫行动，统筹推进网络覆盖、农村电商、网络扶智、信息服务、网络公益“五大工程”向纵深发展，创新“互联网+”扶贫模式，加强通信基础网络建设，重点开展偏远地区通信补盲工作，拓宽通信基础设施覆盖范围，实现行政村无线网络、光纤宽带全覆盖，为农牧民提供更好的网络服务，2020年在农牧区建成4G通信基站630个（其中：电信普遍服务五期525个），11个县（区）城区建设5G基站30个，有效解决行政村弱覆盖、无4G信号问题，提高网络通畅率。

4. 补齐消费扶贫和电商扶贫短板

加快推进培育壮大本地龙头商贸企业，持续深化与内地大型商贸企业合作，积极开拓线上销售渠道，不断扩大销售规模；发挥八宿、芒康、边坝3县电子商务示范县作用，拓宽商务信息服务覆盖面，支持其他县（区）加快电商进农村综合示范建设和冷链物流库项目建设，持续改善农牧区通邮条件，实现电商服务全覆盖。

5. 补齐农村金融服务短板

加大金融扶贫工作力度，全面落实扶贫小额信贷以及金融、保险支持民营企业发展的各项优惠政策，降低门槛、简化程序，加大扶贫产业项目对接放贷工作，不断加强社会信用体系和金融生态环境建设；全面推行“一卡通”，以金融产品创新服务实体经济发展，在巩固提升1142个行政村助农取款点的基础上，力争2020年新增农村金融综合服务站2个、新建金融助农电商网点2个。

6. 补齐基层公共文化服务短板

加快新时代文明实践中心、智慧广电、融媒体建设，加大基层“三馆一站”建设力度，加快推进基层综合文化服务数字化项目建设。至2020年年底前，完成427个新建村级活动场所文化室设施配套工作，配齐村级文化室基本公共文化服务设备，满足群众基本公共文化服务需求；完善市县乡村四级文化服务保障标准体系，加大对全市1142支村级文艺演出队支持力度，着力培育基层农牧民文艺演出人才，每年开展文化下乡活动不少于4次；扶持农村非遗传承人，支持民族文化发展，积极申报并保护好历史文化名镇、传统村落、民族村寨等，让农牧民群众享受到更好的公共文化服务。

7. 补齐基层阵地短板

选优配强第一书记，配齐配强村（居）“两委”班子成员，扎实做好“三培养”工作，充分发挥基层党组织在基层治理中的领导核心作用。同时，坚持科学选址、优化功能布局、规范日常管理，加大村级活动场所标准化建设力度，统筹推进易地扶贫搬迁安置点拟新建制村（居）组织活动场所标准化建设，配齐建好村级文化站、卫生室、图书室、科普室、超市、广场等公共服务设施，建强基层组织阵地，2020年年底前完成427个新建村级活动场所的建设任务。

（十二）持续提升科技富民水平

1. 开展科技兴农、科技帮扶行动

通过采取鼓励引导、积极申报、落实补贴等措施，建设一批众创空间、科技企业孵化器、“互联网+”等创新创业平台和促进“双创”发展的服务机构，依托昌都市新区管委会，大力推进试点孵化，创建具有示范带动作用的“双创”基地，以点带面掀起全市创新创业的热潮；积极培育一批科技型中小企业、科技小巨人企业、高新技术企业，引领“双创”工作高质量发展。

2. 提升科普及科技服务能力水平

注重发挥农牧业技术服务团传帮带作用，建立乡（镇）农牧综合服务中心科技人员绩效目标责任制，建立健全“首席专家+专家团队+农技人员+科技特派员+科技示范户”的服务机制，继续在提升科技特派员、“三区”人才和农牧林水科技人才服务管理工作上下功夫，抓好科技创新人才队伍建设，建立“三区”人才、科技特派员、致富带头人与贫困村结对服务关系，市、县、乡分级分批对科技特派员及各级“三区”人才进行专业技术及能力提升培训，逐步提升科技推广队伍整体素质，提高科学技术在基层的推广及应用能力，力争每年培训 50 人以上，确保将 50% 以上的“三区”人才和 20% 以上的农牧民科技特派员培训一遍；全面实施贫困地区农技推广特聘计划，从农村乡土专家、种养能手等一线人员招聘一批特聘农技员作为贫困村科技扶贫带头人，针对性开展贫困村创业致富带头人培养，提升创业项目带贫减贫效果。

3. 积极推动科技成果转化

深入实施“科普惠农兴村”和“科普利民惠民工程”等科技计划，支持农牧民群众结合“五大养殖基地”和“七大种植基地”和发展“蓝天圣洁产业”，自办或合办农牧民专业合作组织、农牧民产业化企业；加大项目支持力度，落实资金奖励政策，积极储备培育一批“星创天地”苗子，认定申报一批市级、自治区级“星创天地”；加大政策宣传力度，大力发展园区经济，推行“飞地经济”模式，探索共建、托管县域开发区等新模式。

4. 提升全民科学素质

积极开展科普宣传活动，利用“科技活动周”、“全国科普日”、“科技下乡”、“科普七进”、“科普大篷车巡展”、中国流动科技馆巡展、科普示范社区等各类活动及平台开展科普宣传，进一步提高农牧民群众的科学文化素质；抓好科普阵地与科普队伍建设，积极申报各类科普建设项目，深入推进“互联网 + 科普（手机报）”、基层科普行动计划、“农村科普栏”等项目建设，加大科学技术普及力度，提升农牧业科技服务供给能力，提高农牧业发展技术水平和规模质量效益。

（十三）持续加大志智双扶力度

按照“政策宣传、舆论引领，凝聚人心、推动发展，浓厚氛围、展示形象”的要求，持续深化政策宣传，不断激发贫困群众内生动力，转变贫困群众思想观念，大力开展宣传教育工作，充分发挥典型示范引领作用，广泛形成全社会支持巩固脱贫攻坚成果的良好氛围。

1. 深化思想教育

集中开展第二轮“志智双扶”活动，推进扶志扶智工作制度化、常态化；以开展“五个覆盖”“七个主动”等活动为抓手，创办脱贫攻坚“农民夜校”“讲习所”等，加强对群众的思想、文化、道德、法律、感恩教育，弘扬自尊、自爱、自强精神，防止“过度保障”、政策养懒汉、不劳而获、“等、靠、要”等不良习气。

2. 深化文化教育

大力开展移风易俗活动，倡导现代文明理念和生活方式，淡化宗教消极影响，改变落后风俗习惯，摒弃陈规陋习；每年利用 3 个月左右时间，推动文化下乡向贫困地区倾斜，深化贫困地区文明村镇和文明家庭创建，支持贫困地区挖掘保护和开发利用红色、民族、民间、传统文化资源，提升贫困群众的公共文化服务获得感。

3. 深化典型教育

大力弘扬中华民族自强不息、扶贫济困传统美德，继承弘扬“老西藏精神”和“两路精神”，振奋贫困地区广大干部群众精神，坚定改变贫困落后面貌的信心和决心；挖掘一批可复制、可推广、可持续的先进典型，每个县（区）力争报送 1 ～ 2 个在全市层面推得开、可宣传的先进典型，并向自治区、国家报送 3 ～ 4 个；总结提炼好昌都脱贫攻坚蕴含的制度优势、理论创新和实践经验，把昌都脱贫攻坚取得的巨大成绩展示好，注重用翔实数据和典型事例说话，用贫困群众身边发生的实实在在变化，讲清讲明中央的特殊关心和全国人民的无私援助，用真情真事感动群众、用好人好事激励群众。

4. 深化法治教育

全力推进“七五”普法工作，大力宣传《宪法》《刑法》《婚姻法》《义务教育法》《未成年人保护法》《妇女权益保障法》《老年人权益保障法》等法律法规，注重利用电视、网络、微信等媒体媒介的宣传作用，实现法律宣传教育全覆盖，不断增强贫困群众法治观念。

第四篇　部门实践

“同心山成玉，协力土变金”。脱贫攻坚战打响以来，在昌都市委、市政府的坚强领导下，在市脱贫攻坚指挥部的统筹部署下，全市各部门众志成城、风雨同舟、荣辱与共，共同挥毫了“守土固边显忠心，扎根雪域讲奉献，齐抓共管勇担当，聚力攻坚铸团结，攻城拔寨急先锋”脱贫攻坚动人画卷，引领各县区着力推进精准扶贫、精准脱贫，为昌都市在全区高质量脱贫作出了典型示范。

第一章　市脱贫攻坚指挥部

进入脱贫攻坚阶段，昌都市成立了由市政府市长任总指挥长，常务副市长任常务副总指挥长，各行业部门主要领导参与的脱贫攻坚指挥部，指挥部下设办公室、政策保障组、产业脱贫组、易地搬迁组、生态补偿脱贫组、教育脱贫组、转移就业脱贫组、社会保障组、宣传组、数据统计组、结对帮扶组、督导考核组等 1 个办公室和 11 个专项工作组。根据贫困程度深、减贫成本高、脱贫难度大的实际，昌都市脱贫攻坚指挥部坚守啃硬骨头、只争朝夕、真抓实干、攻城拔寨的攻坚作风，抢抓历史机遇，把保障改善民生作为工作的出发点和落脚点，以新的理念、新的思路，高起点谋划精准扶贫、高标准推进精准脱贫工作、高质量完成脱贫摘帽，齐心协力、开拓创新、狠抓落实，扶贫开发工作取得了显著成效。

第一节　工作举措

脱贫攻坚战打响以来，市脱贫攻坚指挥部按照“四覆盖”强思想、“六抓好”壮筋骨的思路，坚持“三个创新、五项帮扶”凝聚脱贫攻坚强大合力，狠抓“三个强化、三个压实”落实脱贫攻坚责任，全力推进东西部扶贫协作“五项措施”、百企帮百村“五帮五促”，实施“十大增收措施”持续促进农牧民群众增收致富，脱贫攻坚工作成效显著。

一、“四覆盖”强思想，“六抓好”壮筋骨

扶贫先扶志，扶贫必扶智。针对昌都市脱贫对象中，有相当一部分农牧民群众特别是深度贫困地区农牧民群众文化水平普遍较低、思想观念保守、“等、靠、要”思想严重，存在较为严重的听天由命、安于现状的自我封闭意识，“安贫乐道”、“穷自在”、脱贫愿望不强烈、内生动力不足等情况，市脱贫攻坚指挥部坚持物质脱贫与精神脱贫并重，帮助群众既从思想上挖穷根、转观念，又在行动实践上定方向、谋出路，引导培育涓滴成流、聚沙成塔的坚韧意志和弱鸟先飞、敢为人先的创业激情，努力走好志智双扶的脱贫路子。

（一）“四覆盖”强思想

1. 脱贫攻坚政策宣讲、思想教育全覆盖

充分发动市讲师团、各县（区）讲师团力量，组织各类专题宣讲组深入乡（镇）、村（居），准确解读脱贫攻坚相关政策，特别是习近平总书记关于扶贫工作重要论述，突出抓好各类政策普及教育、思想政治教育、文明道德教育、创业致富教育、精神文化教育、民主法制教育、优良民风民俗和健康

卫生教育等。以乡（镇）或村（居）为单位，创建“新时代农民讲习所”，利用夜校、村委会、农家书屋、田间地头等场所，采取集中授课、集中宣讲、点对点、面对面等形式，营造“人人都是讲习员、处处都是讲习所”的良好氛围。注重对建档立卡贫困群众的政策宣讲、思想引导，确保一户不漏、一人不漏。2016 年以来，昌都市开展脱贫政策宣讲 4.49 万场次，发放《昌都市精准扶贫宣传手册》（藏汉双语版本）2 万余册、惠民政策挂图 1142 套、《昌都市精准扶贫到户政策解读明白卡》4.5 万册，印制各类“口袋书”68 万份，发放宣传资料 45.2 万份，覆盖农牧民群众 60 万余人次。

2. 脱贫攻坚新闻舆论宣传全覆盖

利用好政府门户网站、广播电视、政府新闻网站、微信公众号、藏汉手机报等各类媒体，开设“聚焦精准扶贫”“脱贫攻坚在行动”“脱贫奔小康”“勤劳致富光荣榜”等专题栏目，通过政策解读、评论、访谈、新闻特写、现身说法、深度报道等多种形式，及时、全面、准确地展现全市精准扶贫和精准脱贫工作全景。以乡（镇）、村（居）为重点，充分利用宣传牌、宣传栏、灯箱广告、LED 显示屏、横幅等载体，制作发布精准扶贫工作标语，策划制作脱贫攻坚宣传片，并在电视黄金时段定期播出。加强与各级主流媒体的沟通协调，积极邀请中央、自治区新闻媒体来昌都采访报道精准扶贫和精准脱贫工作。

3. 脱贫攻坚专题活动全覆盖

坚持以活动促思想转变，让群众在潜移默化中改变习惯思维、陈规陋习。以“四讲四爱”主题教育活动为契机，在各县（区）、乡（镇）、村（居）特别是深度贫困地区广泛开展“劳动光荣、懒惰可耻，致富光荣、贫穷可耻”专题教育、精神文明创建等系列活动，倡导群众自力更生、艰苦创业、勤劳致富。结合农村人居环境整治行动，重点对农村生活垃圾治理、生活污水治理、农村厕所革命等进行专项治理，组织村民特别是贫困户开展村容户貌大扫除活动，清理村内道路及家庭院落积存的杂物、垃圾等，并定期组织开展检查观摩评比，引导群众树立环境卫生意识。广泛开展志愿服务活动，鼓励农村群众特别是农村青年加入志愿者服务组织，关注贫困村、贫困户，根据建档立卡贫困户的需求，积极开展实用技能帮扶、关爱留守儿童、维护村里治安、帮助孤寡老人等邻里互助志愿服务活动，强化团结奉献、携手脱贫精神。

4. 党政干部学习宣传扶贫政策覆盖

全市各级党委（党组）理论中心组深入学习习近平总书记关于扶贫工作重要论述、精准扶贫和精准脱贫政策知识，确保各级干部真学政策、真懂政策、真掌握政策、真落实政策。在干部掌握相关政策的基础上，采取“五包一”的办法，积极赴联系贫困户家中宣讲政策，逐户教育引导群众参与脱贫攻坚、勤劳致富。

（二）六抓好”壮筋骨

1. 抓好科学知识普及提高

在各村（居）建立固定的标准科普宣传栏，宣传医药卫生、安全用电、环境保护、禁毒等基本知识，每月更换宣传资料，让农牧民群众在家门口就能学习。安排科普大篷车到各乡（镇）和村（居）开展科普工作，每月组织科技人员到各乡（镇）主街道举办科普活动，深入各村和中小学、企业开展各类科普宣传。挑选理论功底深、实践知识丰富，熟悉农村工作、讲课通俗易懂的专家组成科普讲师团，组织经常性的农业、保健、反封建迷信等知识普及活动。

2. 抓好致富能力培训

组织建档立卡贫困户中有劳动能力的人口积极开展转移就业培训，依托市、县、乡三级就业服务平台，定期对全市各类用工岗位与贫困群众就业需求进行匹配，通过举办农牧民汽车、挖掘机、装载机驾驶和摩托车修理、汽车修理、唐卡绘画、蔬菜种植、牲畜养殖等实用技术培训班，切实提高贫困群众就业率。充分利用基层公共就业服务信息管理系统，准确掌握建档立卡贫困劳动力的就业现状、培训意愿和就业意愿，开展就业需求登记和岗位信息调查，对有求职就业意愿的农牧民群众进行就业登记，同时开展市县（区）各类用工企业拉网式调查，创新供需对接，因地制宜提供岗位。

3. 抓好适龄儿童上学

积极宣传《义务教育法》，狠抓“控辍保学”工作，加快实施教育扶贫工程，把“幼儿全部入园，适龄儿童全部进校”作为硬任务，切实提高学前、小学、初中、高中入学率。同时，成立建档立卡户学生“控辍保学”专项组，采取走村入户、逐户逐人登记方式，全面摸清适龄儿童和在校学生底数，登记造册，对建档立卡贫困户辍学学生，及时劝返，做到贫困家庭学生全部入学，切实斩断贫困代际传递。

4. 抓好扶贫产业发展

按照贫困群众“就近就便、不离土不离乡、能干会干”的原则，立足贫困地区资源禀赋、产业基础和贫困群众自身实际，因人、因地施策，大力发展种植业、养殖业、文化旅游业等产业，积极为困难群众发展产业搭台清障，增强贫困群众“自我造血”功能。积极引导贫困群众参与易地扶贫搬迁安置点工程建设和“十项提升工程”建设。按照项目建设工程量的50%吸纳当地群众就业的要求，将农牧民培训后组成劳务输出队，在符合相关规定的条件下，优先选择农牧民建筑施工队伍。

5. 抓好生态扶贫岗位建设

按照“定岗定人定酬”和“一人一岗”的要求，落实护林员、自然保护区管护员、草原监督员、水生态管护员等生态岗位。为消除群众不劳而获的思想，以村为单位，将贫困群众承担的护路任务、护林任务等划定区域、分片到人，享受生态岗位的贫困群众必须参与转山巡山、监察草场、水生态管护等实际活动，履行好职责。

6. 抓好党的基层组织建设

坚持拓宽选人渠道，重点从政治素质好的致富带头人、技术能手、退役退伍军人和大学生村干部、返乡大中专毕业生、外出务工经商人员、“民族团结模范家庭”、“先进双联户”户长、优秀返村退休干部职工、村教村医党员中选优配强村党组织书记。大力选拔政治强、懂专业、善治理、敢担当、作风正的优秀干部；大力选拔熟悉“三农”工作，在提高群众收入方面点子多、办法多，能帮助群众找到脱贫致富好路子的优秀干部，培养村级主心骨。结合领导干部定点联系、在职党员到社区报到服务、党员干部结对认亲交朋友等工作，在全体党员干部中开展“联户帮困”大走访活动，切身体验群众困难疾苦，认真听取群众意愿和诉求，让党群干群关系更加密切。

二、践行“三个强化、三个压实”落实脱贫攻坚责任

围绕“六个精准”“五个一批”“七个强化”“八个到位”“九下功夫”，聚焦贫困人口“两不愁三保障”，按照“明晰任务目标、强化实绩考核、创新督考方式、推动工作落实”的思路，坚持问题导向，坚持督查落实与目标考核相结合，发挥督导考核指挥棒作用，精心谋划、统筹部署、完善机制、狠抓落实，全力推进脱贫攻坚工作。

（一）强化组织领导，压实“三级”责任

严格落实“地市直管、县抓落实、乡（镇）专干”的脱贫攻坚工作机制，各级党政组织把打赢脱贫攻坚战提高到强化“四个意识”的高度，坚定不移、不折不扣地深入贯彻落实党中央和自治区党委的指示精神，坚持全员参与、超常谋划、高位推动。

1. 压实市级直管责任

及时调整充实由各级党委主要领导任组长的扶贫开发领导小组，成立由政府主要领导任总指挥长的脱贫攻坚指挥部，具体负责沟通衔接、督导检查、考核验收等工作。各级党委、政府认真贯彻落实《西藏自治区脱贫攻坚责任制实施细则》，严格落实党政“一把手”脱贫责任制，市、县、乡层层签订脱贫攻坚目标责任书，立下“军令状”，形成了横向到边、纵向到底、条块结合的领导体系和指挥体系。

2. 压实县（区）主体责任

各县（区）党委、政府承担脱贫攻坚主体责任，主要领导切实履行第一责任人责任，严格落实县级领导实行包乡（镇）制度，帮助乡（镇）联系指导脱贫攻坚工作。加强基层党组织建设，选优配强乡村干部队伍，配备配齐扶贫专干，重点负责脱贫攻坚工作的落实。

3. 压实乡（镇）专干责任

各乡（镇）党政主要领导实行包片制度，帮助村（居）因地制宜选好扶贫项目，因人因户制定帮扶措施，加快实施易地搬迁，推进“一村一品”产业发展，协调解决贫困村发展中遇到的具体问题，确保按期脱贫。

（二）强化巡查巡视，压实“监督”责任

1. 发挥民主监督作用

成立了市人大、政协部门牵头的脱贫攻坚巡视调研领导小组，定期开展督促检查，层层传导压力，层层落实问责督办机制，切实推动脱贫攻坚责任落实。针对市人大、市政协提出的关于市人大常委会巡视调研精准扶贫精准脱贫工作发现的有关问题，及时进行跟踪督办，下发了督办通知，对各县（区）和相关单位明确责任、责任领导、整改时限等，并对相关整改落实情况形成报告上报市人大。

2. 发挥巡查监督作用

扎实做好巡视工作，全力配合自治区巡视二组、自治区交叉审计组开展了扶贫领域专项巡视和交叉审计工作，集中开展扶贫领域突出问题整改，切实提高扶贫脱贫成效。市委巡查组围绕对易地搬迁、产业发展、生态补偿等政策落实情况进行专项巡查，督促基层整改问题、落实责任。加强资金使用、管理、监督，切实提高扶贫资金使用效率，切实做到了扶真贫、真扶贫。

3. 发挥群众监督作用

各县（区）、乡（镇）主动加强和人大代表、政协代表、村两（委）班子的沟通联系，充分发挥群众参与脱贫攻坚工作监督作用，就地邀请他们积极参与监督工作，对当地扶贫工作精准识别、执行政策补贴、易地搬迁工程质量建设等方面进行监督，主动征求意见，及时向本级政府和有关部门进行反馈，督促整改。

4. 发挥日常督导作用

重点加强对脱贫攻坚责任落实、脱贫攻坚措施实施、各项惠农政策落实、资金安排使用、年度

减贫任务完成情况的督导检查，采取电话督导、书面督导、实地督导、定期督导、定向督导、蹲点督导、随机抽查、明察督导等方式，对各县（区）工作进行督导，有力地促进了各项任务的落实。

5. 发挥考核监督作用

开展日常考核，依据各县（区）日常工作进展情况、材料（信息）上报、脱贫攻坚典型做法和先进事迹在国家和自治区主流媒体报道等情况进行综合评定，并作为年终考核的重要依据。开展定期考核，坚持每年对各县（区）脱贫攻坚工作进行交叉考核，依据《西藏自治区贫困人口脱贫考核办法》《西藏自治区贫困村退出与贫困县摘帽考核办法》《昌都市驻村（居）工作队、党支部第一书记扶贫开发工作考核办法（试行）》《昌都市脱贫攻坚工作成效考核办法》《党政领导班子和领导干部扶贫开发工作成效考核办法（试行）通知》《昌都市脱贫攻坚成效考核办法》等办法，严格考核工作，对考核中发现的问题，逐项梳理，列出问题清单，下发文件反馈到各县（区），帮助整改提高。开展定向考核，针对自治区、市级专项扶贫流域督导发现的问题，由市指挥部安排专项工作组深入相关县（区）开展定向蹲点督导，提高整改落实实效。

（三）强化结果运用，压实“整改”责任

1. 强化问题整改

坚持问题导向，针对督导组提出的问题和市脱贫攻坚指挥部反馈的县（区）交叉考核存在的问题，制定详细的整改方案，建立整改台账，逐项列出整改清单，逐项明确整改时限，逐项明确牵头单位，逐条明确整改责任人，及时汇报整改成效，做到整改一个、销号一个。各级党政“一把手”坚持亲自部署、亲自上阵、亲力亲为，带头抓落实、抓整改。各行业部门对照问题，主动认领，具体落实整改，确保整改工作不走过场、不走形式。

2. 强化作风建设

坚持以作风建设促进脱贫攻坚工作，各级党委为确保到2020年与全国全自治区一道步入小康社会，实现全市贫困县（区）如期脱贫摘帽工作，全市各级党委严格落实党政“一把手”脱贫责任制，组织实施“5+N”脱贫措施，落实好各项扶贫政策，切实提高群众满意度和获得感。

3. 强化责任追究

结合考核方案，每年将脱贫攻坚工作纳入年度经济社会发展目标责任书指标体系，对各县（区）进行综合评定。市脱贫攻坚指挥部汇总形成考核情况报告，报市委、市政府，对工作成效显著的予以表扬；对政策措施落实不到位、目标任务未完成的、存在较大问题的，由市委主要领导约谈，提出整改要求；情节严重、造成不良影响的，严肃追究责任。

三、实施“十大增收措施”，持续促进农牧民增收致富

始终坚持以习近平总书记关于扶贫工作重要论述为指导，始终把持续增加农牧民收入作为精准扶贫的重点，注重市场主导与政府支持、改革创新与激发活力相结合，持续转变农牧民群众思想观念，大力实施农牧民群众“十大增收措施”，拓宽就业渠道、打造优势产业，强化科技兴农、加大劳务输出，搭建服务平台、提升技能水平，推动农牧区一、二、三产业融合发展，促进城乡要素平等交换、公共资源均衡配置，千方百计促进农牧民群众持续增收，加快了脱贫致富和全面建成小康社会步伐。

（一）坚持转变观念促增收

充分利用网络、电视、报刊、微信公众号等主流新闻媒体和网络平台，大力宣传自治区和昌都市促进农牧民群众增收优惠政策、相关法律法规和优化发展环境措施等，开辟“十大增收”宣传报道专栏，持续发布求职信息、岗位信息，宣传吸纳当地群众就业优惠政策等，实现增收举措“电视上有解读、报刊上有文字、站台上有摘要、公路沿线有标语、县（区）有实措”的强力宣传，解决了不愿走出去、不敢走出去、不会走出去的问题，倡导树立积极的就业和劳动观念，转变部分农牧民群众“等、靠、要”思想。

（二）坚持扩大就业促增收

实施就业优先战略和更加积极的就业政策，搭建各种平台，创建多种载体，建立健全促进就业工作的长效机制，强化培训服务，优化就业结构，大力实施“五大培训工程”，深入开展“五个一”专项服务，建立高校毕业生“一对一”就业激励帮扶机制，多渠道帮助大中专毕业生解决就业难题；围绕服务脱贫攻坚、乡村振兴、“双创”等重大战略，积极开展技术类、公益性、服务类岗位，细化分解岗位开发目标任务，严格岗位开发目标考核，鼓励引导昌都籍高校毕业生到基层一线干事创业、到人民军队“大熔炉”锤炼成长、到市场大浪潮中搏击成长。2016—2020 年共开发各类就业岗位 23904 个。

（三）坚持聚焦产业发展促增收

围绕“五大养殖基地”和“七大种植基地”产业布局，积极推行“公司 + 基地 + 农（牧）户”“基地 + 专合组织 + 市场”和特色农牧业产业与二、三产业融合发展等模式，打造以牦牛、阿旺绵羊、商品猪、红拉山鸡等为主的养殖、加工、销售一体化的产业，发展以青稞、小麦、荞麦，油菜、牧草、芫根、葡萄、藏药材等为主的种植、加工、销售一体化产业，推广以核桃、苹果、蜜橘、山杏等为主的经济林和苗圃基地建设，实施以昌都“茶马城”、芒康古盐田、八宿然乌湖、江达岗托红色旅游基础设施项目建设的旅游文化产业，确保群众不离乡不离土、就近就便、能干会干实现就业。2016—2020 年，建成 19 个牦牛育肥基地、9 个阿旺绵羊养殖基地、23 个生猪和卡若香猪养殖基地、18 个红拉山鸡养殖基地，带动 799 户群众通过务工、草场入股、牦牛入股等形式实现了就业；全市农牧业产业化龙头企业达到 22 家，实现产值 1.6 亿元，带动农户 10300 户，户均增收 3200 元。农牧民专业合作社达到 300 家，实现收入 1.26 亿元，加入专合组织农户 16300 户，户均增收 7100 元。

（四）坚持围绕项目建设促增收

紧紧抓住当前昌都项目多、工程建设多的大好时机，在有条件的乡（镇）和村（居）成立劳务输出合作社，建立政府投资和重点建设项目带动就业联动机制，通过开展就业信息对接、就业扶持政策对接、就业岗位分配对接、从业人员技能培训对接、就业服务管理对接、保障农民工权益对接，让更多的农牧区富余劳动力支持参与项目工程建设，实现就业增收，2016—2020 年，全市水利、住建、交通、文化和旅游项目共吸纳农牧民转移就业 73825 人次，人均增收 5000 元以上，本地农牧民用工量占工程总用工量的 13%；制定出台《关于落实政府投资 400 万元以下项目交由农牧民施工队组织实施的意见》，扶持发展壮大农牧民施工队，凡是农牧民施工队可以实施的项目都交由农牧民施工队实施，让农牧民群众通过亲身体验来转变就业观念、通过自己的能力和技能挣钱吃饭、通过自己的辛苦劳动发家致富。

（五）坚持发展生产促增收

按照“宜农则农、宜牧则牧、宜林则林、宜游则游、宜商则商、宜工则工”的原则，推进土地“三权分置”和土地流转，实施高标准基本农田建设，推行“公司＋合作社（家庭农场）＋基地”的产业化经营模式，引导“一村一品”“一乡一业”向优势产业聚集发展，培育、扶持、壮大农业龙头企业和农民专业合作社，加快建设农畜产品仓储、冷藏、初加工等设施。2016—2020 年，累计投资 68.69 亿元建成产业项目 787 个，实现建档立卡户脱贫 72965 人。

（六）坚持依靠科技促增收

通过“派出去、请进来”，分期分批组织基层农技推广人员到自治区培训中心、涉农高校、农牧业科研院所进行培训，落实支持、激励农牧业科技人才带薪、带技术推进科技成果转化、兴办有关实体的具体政策措施，同时，吸引层次高、技术精的人才到昌都创业，建立市、县、乡三级技术包干包片责任机制和农牧业技术推广奖励机制，定期定量考核科技推广与科技服务水平，持续加大实验区投资建设及申报力度，加强与对口援藏省市科技部门的沟通协调，充分发挥人才优势和技术优势，优化农业资源，形成地方特色产业链，促进农牧民群众增收。

（七）坚持输出劳务促增收

按照“先培训后输出、以培训促输出”的思路，成立各县（区）富余劳动力转移就业工作专班，摸清各县（区）富余劳动力情况，大力培育以农民工为主体的施工组织、农牧民劳务合作社等经营实体，依托全市基础设施等重大项目建设和援藏省市、企业优势培训资源，有计划地组织农牧区富余劳动力参与工程建设和外出务工，多措并举化解农牧区富余劳动力转移就业难题。2016—2020 年，全市累计实现富余劳动力转移就业 18.6 万人次，实现转移就业收入 13.3 亿元。

（八）坚持搭建服务平台促增收

充分发挥蓝天圣洁投资有限责任公司的桥梁纽带作用，着力打造“蓝天圣洁”产业品牌，推广“公司＋基地＋农牧民合作社＋农户”模式，搭建“农超对接”“农校对接”“农产品进食堂”等平台，构建“市—县（区）—乡（镇）—村”四级农产品购销网络，搭建农产品“线上线下”电商交易平台，打造卡若文化、康巴文化、茶马文化、东女国文化、红色文化等五大特色文化品牌，努力打造具有民族风味、民俗风情、历史传统、文化内涵的本地旅游品牌和高原特色农畜产品品牌。

（九）坚持提升技能促增收

按照“不离乡不离土、就近就便、能干会干”和“精准对接需求、精准培育人才、精准实施管理”的要求，大力开展汽车修理、家政服务、旅游服务、社会服务以及种养殖、民族手工艺加工等方面培训，切实增强农牧民群众依靠科技致富的意识，提高富余劳动力整体素质，让农牧民群众技能有基础，就业有门路，收入有保障。2016—2020 年，全市开展农牧民职业技能培训 992 期，累计技能培训 5.5 万人，培训贫困家庭劳动力 4.2 万人，培训后转移就业 3.2 万人，逐步实现劳动力由“短期型、体力型”输出向“长期型、技能型”转变。

（十）坚持落实政策促增收

认真落实国家的强农惠农政策，积极推进财政支农资金支出稳定增长，全面推行惠民资金“一卡通”，及时、足额兑现粮食直补、农资综合直补、良种补贴、森林生态效益补偿、退耕还林工程政策补偿、农林业保险等补贴。强化农村低保、医保、城乡居民基本养老保险等社会保障体系建设，完善就业创业政策，拓宽增收渠道，全面落实“双创”政策，鼓励返乡农民工和大学生创业创新，健全支付动态监控体系，定期开展民生政策资金审计监管工作，坚决查处截留、挪用、贪污等违法违规行为，确保民生政策资金及时、足额兑现到群众手中，在增加群众政策性收入的同时让群众明白惠从何来，恩向谁报。

四、坚持“三个创新、五项帮扶”，凝聚脱贫攻坚强大合力

把凝聚社会各界力量、聚力脱贫攻坚作为一项重要举措持续发力，广泛动员市（中、区）直单位、驻昌在昌企业、援藏省市企业、广大干部和社会各界积极参与定点扶贫、行业扶贫、援藏扶贫、干部帮扶、社会扶贫等结对帮扶工作，并结合实际提出了“集团式包县、市领导包片、县领导包乡、乡领导包村、一般干部包户”的具体工作思路，全面落实各项帮扶责任制，确保“一户有一干部、一村有一单位、一乡有一县级干部、一县（区）有一市级领导”，实现了结对帮扶全覆盖，打出了聚力脱贫攻坚的“组合拳”，结对帮扶工作取得明显成效。

（一）坚持三个创新，科学有序推进

1. 做好顶层设计，创新集团帮扶

结合全市贫困人口多、贫困程度深、贫困发生率高的实际，昌都市在大力推进“5+N”脱贫攻坚措施的基础上，强化顶层设计，着力创新结对帮扶工作思路。一是集团式包县，全市成立了11个帮扶集团，由1名市委常委牵头，3～4名市级领导和部分市直单位组成帮扶集团，11个帮扶集团协力帮扶一个贫困县。二是市领导包片，以2～3个乡（镇）为单位将11个县（区）划分为57个扶贫开发区，每个扶贫开发区由1名市级领导包片。三是县领导包乡，各县（区）县级领导包138个贫困乡（镇）。四是乡领导包村，138个乡（镇）领导包1127个贫困村（居），切实做到了县、乡、村贫困人口结对帮扶全覆盖。为做好顶层设计，昌都市委、市政府先后印发了《关于动员社会各方力量帮助支持昌都推进脱贫攻坚工作的实施意见》《关于自治区各驻村工作队和驻昌援昌在昌各企业开展定点帮扶工作的通知》等文件，为社会各界参与帮扶提供了政策依据，形成了“党委高度重视、政府全力支持、部门狠抓落实、社会各界积极参与、层层落实责任”的大扶贫格局。各帮扶集团积极整合人力、物力、财力等资源，在产业培育、易地扶贫搬迁、生态补偿、转移就业、观念转变、资金投入、资源开发、市场开拓、技术支持等方面开展精准帮扶。2016—2020年，11个帮扶集团累计帮助基层落实产业项目和基础设施项目129个，总投资达到17801.8万元。

2. 优化资源配置，创新干部帮扶

根据《中共西藏自治区委员会办公厅、西藏自治区人民政府办公厅关于印发〈“十三五”期间西藏自治区科级以上干部结对帮扶实施方案〉的通知》要求，昌都市及时出台了《中共昌都市委、昌都市人民政府关于开展脱贫攻坚结对帮扶工作的决定》《昌都市脱贫攻坚结对帮扶实施方案》，确定了干部“321”结对帮扶形式，采取“自下而上，上下对接，层层核实”的方式，为每一名在职

干部精准配对了结对帮扶户，2016—2020年，全市26903名干部与3.46万户建档立卡贫困户一对一结对、一对一帮扶。同时，要求县处级以上干部按照“六个一”①要求，精准把脉联系点脱贫攻坚工作，推动各项工作措施精准落实。2016—2020年，全市各级干部深入结对联系点开展政策宣讲18000余场，走访慰问贫困群众10.6万次，投入帮扶资金3423.5万元。

3.凝聚各界合力，创新社会帮扶

积极动员社会各界力量广泛参与脱贫攻坚结对帮扶工作，动员自治区有关厅局驻村工作队和驻昌援昌各企业认真落实包流域、包乡（镇）、包村居、包户结对帮扶工作，主动衔接自治区单位驻村工作队帮扶建档立卡贫困户，44家援昌驻昌在昌企业帮扶53个乡（镇）90个村居1468户建档立卡贫困户。深入推进“百企帮百村”活动，鼓励私营企业、个体工商户和社会爱心人士积极参与脱贫攻坚结对帮扶工作，全市135家企业通过产业帮扶、商贸帮扶、就业帮扶、公益捐赠帮扶、技能帮扶等多种形式参与结对帮扶工作，累计帮扶6642户16348人（其中建档立卡户2974户8647人），帮助贫困群众解决就业岗位924个，投入扶贫资金或物资共计4863.9万元。协调援昌省市和中央六企按照东西部扶贫协作座谈会精神，开展了“县对县、乡对乡”援藏对口帮扶活动，福建省、天津市、重庆市部分县（区）与昌都市贫困乡（镇）、村（居）分别建立了结对帮扶关系，并加大产业援藏扶贫力度，帮助引进内地企业参与产业开发，助推脱贫。

（二）聚焦五项帮扶，提升帮扶效果

1.做实产业帮扶，助力持续增收

全市各级各部门根据自身人力、物力、财力等各方面优势，结合“五大养殖基地”“七大种植基地”产业区域布局，针对所结对乡（镇）、村（居）、建档立卡贫困户不同“穷因”，想方设法筹集资金，指导联系点的涉农企业、农牧民专业合作社因地制宜发展特色种养殖业，着力发展牦牛育肥、卡若香猪、红拉山鸡等具有高原特色的“蓝天圣洁”产业，帮助注册地理标志，形成特色品牌，以产业扶贫精准带动贫困群众脱贫致富。2016—2020年，各级各部门帮扶联系点实施了民族手工艺加工、建筑建材、汽车维修、家庭旅馆等一大批中小项目建设，有效解决了群众短期就业和持续增收问题。市委宣传部帮助察雅县吉塘镇色热西村采取“公司+农户”模式，注册成立了吉塘镇色热西村民族手工艺制作有限公司，投资20万元修建了民族手工艺制作厂房，并在昌都市区设立民族手工艺直销点。市工信局帮助贡觉县莫洛镇米来村采取“合作社+农户”模式，投资20万元购买犏奶牛，帮助合作社大力发展犏奶牛养殖。市烟草专卖局帮助卡若区妥坝乡朱古村采取“公司+合作社+农户”的模式，投资50万元实施了榨油作坊项目。芒康县藏东珍宝酒业有限公司通过“公司+协会+基地+农户”的产业化模式，与纳西乡政府联合成立葡萄种植协会，与500户农户签约种植协议，吸收建档立卡贫困户参与葡萄种植，先后在芒康县3乡9个村建设了优质葡萄种植基地2000亩。市农业农村局帮助左贡县扎玉镇德巴村投资30万元建立了酥油加工厂，吸收建档立卡户参与就业。

2.做实项目帮扶，解决瓶颈制约

全市各级各部门在结对帮扶活动中，想方设法帮助所联系乡村跑办项目，全力改善贫困群众生

① “六个一”即精心组织，做好一次精准扶贫政策报告；转变观念，开好一次促进发展讨论会；理清思路，帮助制定一个切合实际的脱贫规划；突出重点，帮助上一批好的致富项目；深入农户，帮助贫困群众解决一些实际困难问题；认真总结，形成一份高质量的调研报告。

产生活条件。市委组织部针对结对帮扶的左贡县碧土乡实际，制定了庭院种植、藏鸡和藏香猪养殖等项目，帮助群众稳定增收。2016—2020 年，市财政局针对丁青县色扎乡不查村、索巴村、汝化村群众出行难的问题，投资 433 万元修建了 4 条公路和 4 座桥梁，改善了影响当地贫困群众生产生活的交通条件。市团委为丰富群众文化生活，在察雅县新卡乡新卡村投资 10 万元修建了村民文化广场。市林业和草原局在察雅县巴日乡等 4 个乡（镇）投入 142 万元组织实施林业项目建设，引导贫困群众参与退耕还林建设增收。市国土资源局在左贡县美玉乡日雪村投入 19 万元修建人饮工程，解决了当地群众饮水困难问题。市信访局在察雅县巴日乡白娘村投入 60 万元实施蔬菜大棚、人饮工程等项目。市检察院在类乌齐县甲桑卡村投资 20 万元修建人饮工程，解决了群众吃水难问题。通过项目帮扶，使部分贫困村的基础设施条件得到了有效改善。

3. 做实技能帮扶，助推转移就业

积极鼓励贫困群众参与种植养殖、民族手工艺、农畜产品加工、旅游服务、工程建设、汽车驾驶等实用技能培训，引导有条件的贫困群众参与幼教、医疗、绘画、雕刻等职业教育，依托各级就业创业平台，帮助贫困群众实现创业和就业。市工商联组织察雅县吉塘镇色热西村建档立卡贫困户到市永安驾校和兴邦职业培训学校开展技能培训，并与贫困户签订《昌都市工商联定点帮扶工作（培训技能）激励协议》，帮助贫困群众实现转移就业。市公安局积极组织八宿县、边坝县等 7 个县（区）联防队员开展治安联防队执勤业务培训。市安监局组织左贡县扎玉镇贫困群众到加油站接受技能培训，安排贫困群众到经开区毛发制品厂参加技能培训。市人社局大力开展贫困群众从业人员技能培训，鼓励支持贫困群众入股发展旅游酒店、藏家乐、度假村等项目，并实现稳定就业。芒康县藏东珍宝酒业有限公司积极解决固定就业人数 40 人，解决临时就业人数 200 人，实现就业贫困群众人均增收 10000 元。2016—2020 年，全市开展建档立卡贫困群众技能培训 3.5 万人次，实现稳定就业 3.2 万人。

4. 做实思想帮扶，激发内生动力

全市各结对帮扶单位和干部充分利用节假日、“党员干部进村入户，结对认亲交朋友”等有利时机，针对贫困户内生动力不足的问题，主动深入乡（镇）、村居和贫困户家中，采取召开村民大会、走村入户等方式，大力宣传党中央、自治区和市委、市政府一系列支农惠农政策，使群众了解政策、掌握政策、熟知政策，让群众真正明白惠从何来、恩报何处。市委组织部、市林业和草原局、扶贫办等部门深入结对帮扶的乡村，召开村民大会，认真宣讲支农惠农、精准扶贫政策，深入宣传脱贫攻坚中涌现的先进典型和致富经验，进一步激发群众内生动力，增强群众主动创业致富的信心和决心，使“我要脱贫”的观念逐步深入人心。

5. 做实慰问帮扶，促进民生改善

全市各级干部深入贫困户家中，积极开展送温暖走访慰问活动，与帮扶贫困群众倾心交谈，了解他们的家庭情况、身体状况和实际需求，及时掌握致贫原因，因人制策、因人施策。同时，不断加大教育宣传力度，鼓励贫困群众子女积极参与幼教、医疗等职业教育。市委办、市人大办、市政府办、市政协办等部门在春节、藏历年等节庆日为帮扶的贫困户送慰问送温暖。卡若区工商联会员企业加林村农牧民施工队为俄洛镇孔玛村建档立卡贫困户发放水壶、藏式家具等价值 15000 元的生活物资。市审计局组织干部为帮扶的八宿县贫困大学生捐助 3 万元的助学金。类乌齐县扎旦民族文化手工艺工贸有限公司先后免费招收贫困群众学徒 200 余名，并为每个学员发放助学补助。市人民医院充分发挥服务优势，深入帮扶的卡若区、洛隆县开展免费义诊和送医送药活动。卡若区玉妥尼夏利民藏医院为拉多乡贡西村 60 余户贫困群众捐款 56200 元，赠送药品价值 30 余万元。

第二节　工作亮点

进入脱贫攻坚阶段，昌都市脱贫攻坚指挥部在市委、市政府的统一领导下，聚焦全市脱贫攻坚短板和难点，因地制宜、周密部署、精心安排、多措并举，在着力推进东西部扶贫协作和百企帮百村实践中亮点突出，成效斐然。

一、“五项措施”全力推进东西部扶贫协作

2016—2020年，在党中央的亲切关怀下，在自治区党委的坚强领导下，在全国人民特别是对口援助昌都“三省三市六企”的无私援助下，全市上下深入学习贯彻习近平新时代中国特色社会主义思想和党的十九大精神以及中央第七次西藏工作座谈会、东西部扶贫协作座谈会等系列会议精神，对口援藏省市和企业积极创新援藏方式、丰富援藏内涵、拓展援藏领域，市委、市政府团结带领全市各族干部群众自力更生、艰苦奋斗，发挥援藏项目、资金、产业、人才等方面的最大作用，破除制约昌都经济发展和民生改善的最大障碍。在援受双方的共同努力下，全方位、多层次、宽领域的援藏工作新格局逐步形成。

（一）不断创新援藏项目和资金管理模式，经济援助成效显著

将对口援藏规划和年度计划纳入当地国民经济和社会发展五年规划和年度规划、将援藏资金纳入当地财政盘子，统筹管理、统筹推进，在项目选择上采取援受双方审核、项目建设管理以当地政府为主、项目竣工由双方协商委托审计的工作模式，在援藏资金管理上改进拨付方式、减少中间环节，确保了资金及时到位、项目按时实施，形成了援受双方权责共担、联合推动的工作机制，实现了建设方式由交“钥匙”向交“支票”的重大转变，管理方式由事前审核向事中、事后监管的重大转变，工作重心由关注项目资金向注重提思路、想办法、增强“造血”功能的重大转变，有效防范了资金风险，充分发挥了援藏项目资金最大的政治、经济和社会效益。2016—2020年，“三省三市六企”到位扶贫领域援藏资金28.2亿元，其中：规划内援藏项目到位投资20.8亿元（市本级3.1亿元，县及县以下17.7亿元），规划内调增资金到位0.9亿元（市本级0.6亿元，县及县以下0.3亿元），规划外援藏资金到位6.4亿元（市本级2.7亿元，县及县以下3.7亿元）。实施了天津援建卡若区扶贫开发区学校、重庆援建芒康县卫生服务中心、左贡县冷库开发区福建新村、卡若区卡若镇北京新村、八宿县白马镇广东新村、江达县字嘎乡江苏新村、边坝县尼木乡电信新村、丁青县觉恩乡宝武新村、芒康县嘎托镇一汽新村、贡觉县阿旺乡东风新村、察雅县荣周乡中铝新村、洛隆县硕督镇中远新村等一批教育、卫生、新农村等改善民生和脱贫攻坚项目，为昌都市如期打赢脱贫攻坚战，改善教育教学和基层群众就医条件作出了积极贡献。特别是自治区对口援藏扶贫工作会议召开后，对口援藏省市、企业与昌都的双方交流不断深化，天津、重庆、福建等省市党政代表团以及央企代表团专程赴昌都衔接援藏扶贫工作，在小康示范村建设、贫困人口就业等方面给予了大力支持。

（二）扎实推进教育、卫生“组团式”援藏，结对帮扶全面深化

在第八批援藏工作中，天津、重庆、福建三省市共选派“组团式”援藏教师150名，重庆市选派“组团式”援藏医生2批共70名；有力促进了昌都教育质量、卫生水平提高，高考升学率创下

了历史新高，昌都市人民医院成功创建三甲。各援藏省市、企业进一步深化结对帮扶机制，积极探索并推进“县（区）对乡、乡对村”结对帮扶模式，与昌都市11个县（区）、54个乡（镇）结成了对口帮扶关系；重庆市6个区县与类乌齐县、芒康县、察雅县结成26个帮扶对子，福建省的县乡与八宿、左贡、洛隆、边坝4个县46个乡（镇）、384个贫困村结成了帮扶对子，天津静海、北辰、武清、宁河四区分别与昌都4个县（区）建立了结对帮扶关系，并建立区级部门结对关系4个、乡（镇）结对关系4个、村结对关系2个。福建省已累计签订42项结对帮扶协议，实现结对帮扶的深化和延伸。同时，“三省三市六企”还在规划外支持昌都市实施了一批小康示范村（乡村振兴示范点）、学前双语幼儿园建设，购置了一批医疗卫生设备设施、智能信息化设备、乡（镇）农牧综合服务中心业务用车，为12829名建档立卡贫困户和281个贫困村委会发放了摩托车。

（三）持续加大人才培训力度

各对口援助省市、企业在援藏干部选派上，坚持“好中选优、优中选强”，选派的人才质量逐轮提升、选派的人员结构逐轮优化，推动了昌都经济发展、社会稳定和干部队伍建设，缓解了昌都干部人才瓶颈制约，增强了昌都发展的内生动力。2016—2020年，全市依托对口援藏省市和企业举办各类培训班110余期，培训各类人才1.4万人次，选派400多名干部赴援藏省市及企业挂职锻炼。重庆西藏中学昌都班学生由120人增加到240人，在重庆11中、18中等重点中学借读的昌都籍学生由30人增加到50人；天津市红光中学每年接收30名昌都籍高中学生，天津艺术职业学院为昌都培养了60名艺术特长生。

（四）稳步推进就业援藏

各援藏省市、企业采取长短期培训相结合等方式，对昌都籍大中专毕业生、待业青年、建档立卡贫困户等进行了综合性职业教育和技能培训，有效提高了大中专毕业生、待业青年的就业能力和水平，培养了一批有文化、懂技术、会经营的新型农牧民和科技示范户。截至2020年年底，各援藏省市、企业共提供就业岗位2700余个，共转移农牧区剩余劳动力1200余人次。

（五）“输血”“造血”齐头并进

深入实施“请进来、走出去”战略，组织参加了中国·天津投资贸易洽谈会暨PECC国际贸易投资博览会、中国·海峡项目成果交易会、中国重庆国际投资暨全球采购会等，引进了天津食品集团、重庆市君亲农业科技有限公司、福建省漳州片仔癀公司、中国宝武集团下属实业公司、安徽海螺集团等91家企业先后落户昌都。同时，各援藏省市、企业充分发挥各自优势，积极参与昌都市矿产、水能资源、天然饮用水、特色农牧产业和旅游等优势资源开发建设，实现互利共赢、共同发展，并在援昌省市设立了农产品展销中心、康巴艺术文化馆、农畜产品电商平台等，使昌都自身的“造血”功能显著提升。

二、“五帮五促”着力推进“百企帮百村”

在推进脱贫攻坚过程中，昌都市提出“集团式包县、市领导包片、县级领导包乡、乡干部包村、各级干部包户”的帮扶思路，凝聚社会各级力量组成帮扶集团合力帮助一个县（区）。全市各类企业积极响应党中央号召，大力弘扬“义利兼顾、德行并重，扶贫济困、回报社会”的精神，积极参与“百企帮百村”活动，124家企业通过产业帮扶、就业帮扶、公益帮扶、智能帮扶等多种形式，帮扶贫困群众5534户11895人，在“百企帮百村”活动中，“百家”企业采取“五帮五促”模式，努力提高帮扶质量，带动贫困群众增收，形成了社会各界聚力脱贫攻坚的大格局。

（一）实施产业帮扶促致富增收

通过投资兴办企业，结对帮扶村通过资源入股、土地入股等不同形式，形成了“企业+农户”的利益链接机制，实现了共同发展。2016—2020年，“百家”企业累计实施产业项目276个，投入扶贫资金1230万元。特别是芒康县藏东珍宝酒业有限公司采取“公司+协会+基地+农户”产业化模式，成立葡萄种植协会，在3个乡9个村建设了万亩葡萄种植基地，与500余户农牧民签约种植收购协议，带动贫困群众每户年均增收近万元。

（二）实施就业帮扶促稳定增收

鼓励各类企业为结对帮扶村建档立卡贫困户提供各类就业岗位，并建立企业实训基地，增强贫困群众的就业能力。市县人社部门开展了订单式培训，按照企业要求开展农牧民技能培训，形成了企业所需员工、政府订单培训的良性互动。2016—2020年，全市“百家”企业已提供就业岗位1248个。如西藏益西农牧科技发展有限公司吸收当地6名贫困农牧民群众在该企业就业，主要从事驾驶员、饲养工、清洁工等工作，年人均收入达到4.2万元，真正实现了“就业一人、脱贫一户”。

（三）实施捐赠帮扶促情感交融

鼓励各类市场主体通过捐款捐物、助学、助老、助残、助医等形式，改善结对帮扶村群众的生产生活条件。2016—2020年，昌都市卡若区玉妥尼夏利民藏医院为卡若区拉多乡60多户贫困户捐款5.62万元，免费发放药品30余万元。华电金沙江上游公司为贡觉县阿旺绵羊产业资助980万元。全市各类企业累计投入捐赠资金或物资共计2452万元，有力地支持了贫困村的产业发展和基础设施改善。贡觉县阿旺乡江白说：“实施精准扶贫以来，华电投入大量资金，支持我们发展产业，我们感谢党和政府的诸多惠民政策，现在我们养殖的阿旺绵羊一头能卖到3000元以上，极大地改善了我们的生产生活条件”。

（四）实施央企援藏促民族团结

认真贯彻落实东西部扶贫协作座谈会和援藏扶贫工作会议精神，三省市六企业进一步深化援藏对口帮扶工作，将援藏资金项目80%以上用于脱贫攻坚，并持续向深度贫困地区倾斜。2016—2020年，对口援藏三省市结对帮扶11个县（区），累计引进企业59家，推动一批产业项目在昌都落地。累计实施援藏扶贫项目110个，完成投资14.38亿元，惠及贫困群众2.86万人。特别是福建省援助8000万元支持昌都市小康示范村建设，中国二汽援助250万元支持贡觉县阿旺绵羊繁育基地建设，有力地带动了建档立卡贫困户的持续增收。

（五）实施智力帮扶促观念转变

引导“百家”企业借助人才优势开展智力帮扶，通过选派科技人员到村指导农作物种植、牲畜养殖和产业发展，开展中央、西藏自治区一系列支农惠农政策宣传等，让贫困群众真正明白惠从何来、恩报何处，进一步凝聚起各族群众爱国爱党、维护民族团结的主旋律。卡若区其洛次仁说“党中央现在的惠农政策越来越多，让我们增强了脱贫致富的信心和决心，我们坚决拥护中国共产党，紧密团结在以习近平同志为核心的党中央周围，自觉维护祖国统一、维护民族团结”。2016—2020年，全市参与“百企帮百村”活动的各类企业已累计投入扶贫资金或物资共计4713.76万元，有力地支持了全市脱贫攻坚的整体推进。

第二章　市委组织部

为全面贯彻落实市委、市政府关于推进精准扶贫工作各项方针政策，全力以赴做好党建引领脱贫攻坚和扶贫干部选拔任用工作，市委组织部成立了以市委常委、市委组织部部长任组长，市委组织部县处级以上领导参与的脱贫攻坚领导小组。该小组认真贯彻落实抓党建促脱贫攻坚工作有关要求，把加强党的建设与脱贫攻坚工作有机结合起来，鼓实劲、出实招、办实事，积极发挥各级党组织和党员在富民兴昌伟大实践中的重要作用，压实脱贫责任、践行典型引领、构建长效机制、强化督查考核，全面落实脱贫攻坚相关工作，为助力脱贫攻坚夯实组织保障。

第一节　工作举措

昌都市委组织部积极顺应时代需求，把人民对幸福美好生活的向往作为基层党建的价值追求，及时研究确定了“党建带扶贫、扶贫促党建”的党建工作主题，有机融入“五大发展理念”，明确了“夯实三大基础、发挥三大职能、构建四大机制”为主要内容的党建扶贫模式，各级党组织和广大党员干部凝聚党建扶贫共识，自觉将抓党建促脱贫攻坚作为组织路线服务政治路线的有力抓手，充分发挥战斗堡垒作用和先锋模范作用，为打赢脱贫攻坚战提供了坚强的组织保证。

一、抓党建、夯基础，实现党建扶贫同频共振

昌都市委组织部认真贯彻落实抓党建促脱贫攻坚工作有关要求，把加强党的建设与脱贫攻坚工作有机结合起来，鼓实劲、出实招、办实事，深化基层党建“八大工程”，创造性组织实施“百村整治、千村提升”计划，集中开展软弱涣散党组织整顿，积极发挥各级党组织和党员在富民兴昌伟大实践中的重要作用，为促进脱贫攻坚工作提质增速提供了坚强的组织保障。

（一）抓实主业聚合力，传导压力种好党建扶贫“责任田”

坚持把党建促脱贫攻坚作为基层党建工作的聚焦点，凝聚合力，压实责任，推动基层党建责任与脱贫攻坚责任“双落实”。

1. 强化高位推动

昌都市委始终从全局和战略的高度来谋划和部署基层党建工作，组织召开昌都市抓党建促脱贫攻坚工作座谈会，每年召开专题会议，坚持党建与维护稳定、经济发展、改善民生特别是扶贫工作同步规划、同向推进、统一考核，先后制定印发《昌都市关于开展“党建带扶贫、扶贫促党建”工作的意见》《关于加强“三基”建设促进脱贫攻坚工作的意见》，在全市范围内启动实施以“夯实三大基础、

发挥三大职能、构建四大机制”为主要内容的“334”党建扶贫模式和以建强基层组织、夯实基础工作、提升基本能力为主要内容的基层党建工作思路，创造性开展“党员致富星火工程”，充分发挥基层组织在脱贫攻坚工作中的战斗堡垒作用和党员的先锋模范作用，实现党建与脱贫攻坚工作的深度融合。

2. 强化顶层设计

围绕农牧区基层党组织建设，创造性组织实施“百村整治、千村提升”计划，以5张统计表为基础资料，建立“一村一档”，制定“一村一策”，细化开展帮扶整顿、违纪违法行为集中清理、选优配强党组织书记、村（居）干部教育培训、党员队伍建设等具体措施，通过“领导包片、结对帮带、调整人员”等多种方式，帮助村级党组织建班子、带队伍、理思路、保稳定、促发展，夯实脱贫攻坚组织基础。

3. 强化整改落实

坚持问题导向，结合基层党建实地调研、干部包片联系制度等，由部务会成员不定期对联系县（区）党建促脱贫攻坚工作进行督查，全面了解和掌握抓党建促脱贫攻坚工作中存在的突出问题，现场办公，答疑解惑，将整改落实情况作为年度述职考核重要内容，推动党建责任真正落实，确保中央、区党委和市委各项部署要求落地生根，推动抓党建促脱贫攻坚工作真正取得实效。

（二）思想建党凝共识，强化引领汇聚党建扶贫“正能量”

坚持把思想政治建设作为基层党建工作的重要内容，以“四讲四有”为标尺，引领广大党员在争做“合格党员”中凝聚党建促脱贫工作的强大动力，推动形成“扶真贫、真扶贫、真脱贫”的鲜明导向。

1. 强化学习教育

坚持把“不忘初心、牢记使命”主题教育作为践行习近平新时代中国特色社会主义思想，锤炼忠诚干净担当政治品质的有力抓手，深化通过领导干部示范学、创新方式灵活学、典型引路宣传学、志愿服务体验学，推动学习教育往深里走、往心里走、往实里走。2016—2020年，全市各级党组织召开专题学习会1.37万余场次；组织集中观看《孔繁森》《我的喜马拉雅》《一生誓言》等影片4.6万余人次；开展形势政策教育130余场次；组织开展“新中国成立70周年巡展”、“红色经典朗诵”、合唱“我和我的祖国”等系列庆祝活动2900余次；举办学习张富清、卓嘎央宗姐妹等时代楷模和医疗组团式援藏先进事迹报告会1100余场次；广泛开展志愿服务“五个一”活动，累计开展系列志愿实践活动5700余次，惠及群众13.7万余人次，广大党员普遍接受了一次深刻的思想洗礼和党性锤炼。

2. 优化调查研究

全市县处级以上党员领导干部坚持问题导向，把解决问题、推动工作、服务群众作为调查研究的出发点和落脚点，紧紧围绕自治区党委“五个调研专题”，结合稳增长、促改革、调结构、惠民生、防风险、保稳定各项工作，结合党中央部署正在做的事，聚焦制约本区域、本行业发展的瓶颈问题、群众关注的利益问题、干部作风的突出问题，全面开展“摸实情、破难题、惠民生”大调研活动，通过实地走访、交流座谈、设置意见箱、开通12345专项电话、设立举报邮箱、新媒体留言等方式，广泛收集群众意见建议，共检视查摆问题2144条，整改完成2066条，梳理形成“主题教育集中解决基层最不满意问题清单”12项78条。

3. 强化政策宣传

紧紧围绕中央、自治区党委的强农富农政策，特别是中央第六次西藏工作座谈会和中央、自治区党委抓党建促脱贫攻坚工作座谈会精神，通过集中宣讲、进村入户宣讲和远程教育宣传等方式，形成良好舆论导向，使群众更加了解和掌握精准扶贫政策，致富愿望更加强烈，逐步实现“要我脱贫”向“我要脱贫”转变，广泛积聚了党建促脱贫的正能量。

（三）优化覆盖补短板，提质增效建强党建扶贫“指挥部”

坚持“扩面增量、整顿提质”并举，突出党组织的核心地位，实现全市脱贫攻坚与基层组织建设“双推进”。

1. 优化组织设置，扩面增量

在巩固传统领域党组织建设工作成效的基础上，采取单独组建、区域联建、行业统建及派驻党建指导员等办法，加大农牧民合作社、专业协会、非公经济组织、中小学校等薄弱领域和脱贫攻坚一线的党组织组建力度，积极探索“边界党建协作工作模式”，形成双边党建合力，引领发展边界经济，促进群众发家致富，做到了“扶贫工作推进到哪里，党组织就覆盖到哪里”。

2. 抓实组织整顿，提质聚力

着眼打赢脱贫攻坚战役，着力解决基层党组织“班子软、能力弱、队伍散、经济穷”的问题，将工作不担当、不作为，发展意识不强烈、发展思路不清晰的贫困村、问题村“两委”班子作为整治重点，开展“点对点、面对面”专项整治，2016 年以来，614 个软弱涣散村级党组织全部转化升级，全面提升了基层党组织服务精准扶贫的能力。

3. 创建特色品牌，示范引领

结合党支部标准化规范化建设，整合资金、项目、人才、技术、信息等资源，分级分类在全市打造 143 个基层党建示范点，召开现场会，推行“党建促扶贫、示范促引领”的新模式，形成以点带面、均衡发展的良好态势。

（四）配优班子强队伍，排兵布阵夯实党建扶贫“硬堡垒”

树立大抓基层的鲜明导向，围绕全面脱贫与乡村振兴有机衔接等工作，坚持强组织、建班子、带队伍，着力建设“听党话、跟党走，善团结、会发展，能致富、保稳定，遇事不糊涂、关键时刻起作用”的坚强战斗堡垒。

1. 狠抓党组织建设

创新实施“百村整治、千村提升”计划，建立“一村一档”，并下发《昌都市农牧区党组织遇事“八个不糊涂”、关键时刻“八个起作用”》具体规定，有效解决村（居）存在的党组织软弱涣散、班子成员能力偏低、集体经济空壳化等突出问题，进一步增强全市村（居）党组织的创造力、凝聚力和战斗力。

2. 狠抓带头人队伍

深化县级联审机制，动态完善村（居）干部联审台账，加大对担当不够、履职不力村（居）干部动态调整撤换力度。2019 年以来，因个人履职不力等原因共调整撤换村（居）干部 68 人，实现了“能力换强、结构换优、人心换齐、面貌换新”，脱贫攻坚的一线力量更加充实。同时，从未就业高校毕业生中招录 1155 名乡村振兴专干到村（居），协助抓好脱贫攻坚、乡村振兴等工作。

3. 狠抓能力提升

整合各类培训资源，开办基层组织建设、产业发展、实用技术等班次，通过自主培训、援藏代训、易地交流等方式，加强对村（居）干部的教育培训。2019 年共举办村（居）干部培训班 114 期、培训 9157 人，其中区外培训 11 期、培训 241 人；2020 年，对未参加培训村“两委”班子成员、第一书记、乡村振兴专干进行重点培训，举办培训班20期、培训1380人，强化对党员实用技术、理论知识、致富信息、市场分析和服务能力的培训，切实增强其致富带富本领。此外，通过典型引路，深入推进“传帮带”工作，先后在芒康县召开“传帮带”工作现场会、类乌齐和丁青县召开基层党建暨干部驻村工作现场会，达到了示范带动、比学赶超的目的。

（五）纯洁队伍健肌体，教育引导培育党建扶贫“先锋队”

1. 试点示范引领，纯洁党员队伍

在察雅、类乌齐县开展排查解决党员违规违纪委问题试点工作，把政治标准摆在首位，“首关不过、余关莫论”，严肃慎重进行专项整改，从源头上保证党员队伍先进性和纯洁性。

2. 严肃政治纪律，强化理想信念

依托各级党校，采取集中授课、交流座谈、实地参观红色基地等方式，深化党员政治教育，引导全市广大基层党员干部严守共产党员不得信仰宗教的政治纪律，自觉引导贫困群众淡化宗教消极影响，依靠勤劳双手增收致富。共举办党员政治教育专题培训班2233期，培训人数108661名；扎实开展信教党员排查工作，共排查出信仰宗教或参加宗教活动党员累计364人，其中，15名信教党员给予组织处置，8名信教党员给予党内纪律处分，教育转化341人。

3. 激发党员活力，发挥模范作用

深化拓展“做合格党员，当先锋模范”活动，出台《关于进一步发挥农牧民党员先锋模范作用的意见》，发放“口袋书”3.5万余册，引导广大农牧民党员发挥先锋模范作用。以“三大节日”、中华人民共和国成立70周年为契机，集中对农牧区“三老”人员、生活困难党员、全国优秀党务工作者、全国优秀共产党员、因公牺牲党员干部以及新中国成立前参加革命工作的老干部进行了走访慰问，送去了党和政府对他们的温暖和关怀。

（六）完善保障备底气，拓宽渠道激活党建扶贫“动力源”

1. 狠抓基层阵地建设

坚持把村级组织活动场所作为加强基层政权的基石，作为党建促脱贫的重要平台，围绕“四性三化”、打造“八个阵地”要求，坚持够用实用耐用原则，积极整合资源稳步有序推进村级组织活动场所标准化建设，充分发挥村级组织活动场所的阵地作用，定期组织开展“三会一课”、主题党日等党内政治生活，积极推行便民利民服务，集中开展新旧西藏对比、感党恩教育，定期组织群众开展喜闻乐见的文体活动，在服务中体现党的政治优势，增强基层党组织的凝聚力号召力，聚集人气、凝聚人心、汇集民智，为切实打好、打赢脱贫攻坚战提供了坚强的阵地保障。截至2020年年底，全市建成标准化活动场所924个。

2. 狠抓村集体经济

坚持把发展壮大村级集体经济作为党建促扶贫的重要内容，坚持用好用活政策，积极向上级争取资金支持，开展村级集体经济“空壳村”清零行动，积极推广“支部＋协会”“支部＋协会＋农户”“支部＋基地＋农户”等模式，全力培育绿色无公害蔬菜、牦牛肉加工等系列农牧特色产品，大力发展农牧区集体经济项目，全市村级集体经济从2015年的339个发展到现在的1732个，基本实现了“空壳村”清零。

3. 打造智慧党建平台

采取“互联网＋智慧党建”思路，投资240万元，建成集资讯、党务、学习、互动、服务、管理为一体，覆盖全市各级党组织和全体党员的综合性党组织和党员教育管理服务平台，并投入使用。截至2020年年底，全市各级党组织（除退休支部）开展和录入支委会2万余次，完成率99.25%；平台日均发稿量达30余条，总发稿量达4185条，进一步提高了党建工作信息化水平，也将降低党建工作成本和对党组织、党员队伍管理成本，使党建工作更加“经济”。

二、抓培训、提素质，聚焦扶贫扶智同向发力

打赢脱贫攻坚战，关键在人的观念、能力与干劲。昌都市委组织部坚持围绕中心、服务大局，坚决贯彻中共中央组织部、国务院扶贫办《关于聚焦打好精准脱贫攻坚战加强干部教育培训的意见》和自治区党委组织部《实施意见》、昌都市委的部署要求，坚持扶贫与扶智相结合，用心用情用力抓好扶贫干部培训。

（一）加强统筹，实施扶贫培训计划

出台了《关于推进干部教育精准化的实施意见》，强调围绕脱贫攻坚等市委中心工作精准选人、精准派人、精准使用、精准转化，努力实现培训数量与质量、规模与效益相统一。市委组织部、市扶贫办印发《关于聚焦打好精准脱贫攻坚战加强干部教育培训的实施意见》，明确了各年度脱贫攻坚培训重点和具体指标，并对县一级分管扶贫工作党政领导及乡（镇）党政领导班子成员参训情况进行摸底统计，根据全市脱贫攻坚行动的总体态势和需要，分领域、有计划、有重点地开展针对性培训。将习近平新时代中国特色社会主义思想特别是扶贫工作重要论述作为脱贫攻坚培训的中心内容，在全市干部教育培训工作中进行重点安排，纳入市委党校主体班次重点授课内容。邀请中央党校教授讲授《习近平谈治国理政（第二卷）》特别是扶贫开发的重点论述。为全市处以上干部和扶贫系统干部发放习近平总书记著作《摆脱贫困》，邀请福建省优秀驻村干部赴昌都作“学习《摆脱贫困》推进脱贫攻坚”专题报告，通过视频会议系统覆盖到全市各乡（镇）基层干部。

坚持分类分级统筹抓好扶贫干部全员培训、精准培训。根据脱贫攻坚工作机制和干部管理权限，采取上下联动，内外结合的方式，抓好培训精准覆盖。依托中央、自治区优质培训资源，先后选调昌都市党政主要负责同志，深度贫困县（区）党政正职、党政分管负责同志以及昌都市脱贫攻坚指挥部负责同志、扶贫办负责同志参加中央及自治区举办的精准脱贫专题培训，共计42人次，做到深度贫困县（区）全覆盖。充分发挥各级党校的主阵地作用和区外培训机构的资源优势，采取内外结合的方式联合市脱贫攻坚指挥部组织市直各相关单位、市县（区）两级脱贫攻坚指挥部、扶贫办主要骨干、各专项组负责人、部分乡（镇）干部在区内外开展培训，连续两次到贵州省国家扶贫开发试验区考察学习，到重庆綦江、福建宁德市“中国扶贫第一村”赤溪村和寿宁县下党乡、林芝市进行实地学习考察，学习自治区内外“精准扶贫”的宝贵经验。

各县（区）、市直各行业部门充分发挥自身优势积极组织各级各类干部开展扶贫专题培训，市脱贫攻坚指挥部组织2期“乡（镇）长、乡（镇）党委书记精准扶贫专项培训”，覆盖到全市138个乡（镇）；各县（区）采取集中轮训、“送教下乡”等方式集中对乡（镇）领导干部、党务干部、驻村工作队长进行培训。针对乡（镇）一级工作压力大不能参加集中轮训以及新分配的乡（镇）干部，由乡（镇）领导、已训干部在乡（镇）集中授课，提高思想意识和业务能力，同时对负责信息系统、档案统计填写的等业务性较强的同志“开小灶”，进行“一对一”“一对多”的针对性培训。坚持精准化设置培训课程和精准选人。把严格审核培训内容和培训对象的工作放在重要位置，每期

专题培训在课程设置上做到市委组织部、行业部门、培训机构“三家共管”，对课程设置不合理或者与培训专题相关性不大的及时三方协调确定最佳方案。在人员选派上为避免多头调训、重复培训、与工作无关人员培训的情况，每期班次都结合培训电子档案进行审核，对出现以上情况的及时调整。在举办“脱贫攻坚专题培训班”时，要求选派负责脱贫攻坚工作人员参加，但个别县（区）出现选派其他岗位人员的情况，市委组织部立即通知各县（区）调整参训人员，并再次对更换的学员进行参训情况审核，让真正需要培训的人得到了培训。

（二）深度对接，充分发挥对口援藏作用

注重发挥天津、重庆、福建3个省（市）和中国电信等6家央企对口支援的优质培训资源，创新培训方式方法，切实增强培训的针对性和实效性。着力扩大培训覆盖，利用培训资源多层面对扶贫干部进行专题培训。2016年以来，在援藏省市举办了扶贫产业开发、旅游资源挖掘、扶贫新村建设、党建促脱贫攻坚等专题培训等16期培训，培训各级扶贫干部665人次。先后邀请福建省委党校教授、重庆市全国知名专家到昌都作专题授课，为广大干部进一步做好群众工作，引导各族群众积极参与投身到脱贫攻坚中提供思想支持、方法支持，共举办4期，每期约覆盖3000余名基层干部，大大增加了受训人员数量。大力选基层扶贫干部到援藏省市短期挂职、培训，市委组织部每年选派80名干部赴对口省市企业挂职；八宿县2017年、2018年连续两年组织县直机关、各乡（镇）干部赴福州跟班学习；类乌齐县2018年选派184名优秀干部职工、专业技术人才和村（居）干部赴重庆江北区、沙坪坝区进行短期挂职培训；贡觉县组织乡（镇）领导班子、县直机关主要负责人、寺庙管委会负责人赴天津考察。

同时，加大村（居）干部的培养力度，2018年选派160名村（居）党组织书记赴重庆、福建、林芝考察学习，卡若区组织16名选派支部书记赴天津跟班学习，切实帮助贫困村、后进村理清发展思路。注重拓宽培训载体，与福建省委党校、行政学院建立结对帮扶关系，全力促进教育共享。福建省委党校VPN资源向昌都市、县党校开放，并为昌都有针对性地开发脱贫攻坚专题课程，2020年6月，利用福建干部网络学院举办一期县级干部专题培训班，133人参加培训。帮助培养师资力量，每年选派一批昌都市、县党校教师到福建省委党校、重庆市委党校培训，邀请天津、重庆、福建省委党校教师到昌都短期授课。延伸培训内容。在抓好扶贫干部培训的同时，利用对口支援渠道突出建档立卡贫困群众就业技能的培训，福州援藏工作分队实施中西部帮扶协作项目“西部工匠培育计划”，每年选拔20名左右贫困群众，赴福州罗源县高级职业中学实训基地参加“汽车维护（快修）培训”，每期30天。已有41名八宿县贫困农牧民赴罗源学习汽车维修技术，掌握了脱贫致富的一门本领。泉州援藏分队与泉州市南安职业中专学校协调沟通，经洛隆县人社局甄选，2017年10月25日，洛隆县高中毕业生共34人赴泉州南安职业学校进行2个月的培训。培训主要针对基础电工、中式热菜、中式面点、西式面点、计算机基础应用等内容进行开展，培训结业后根据个人意愿有8名在泉州就业。

（三）突出转化，推动脱贫攻坚再上新台阶

突出问题导向、实践导向，紧扣脱贫攻坚中心任务和昌都发展需要，有针对性设计专题和课程，抓好总结运用，确保培训质量。实行“专家辅导＋现场考察＋交流研讨”，要求学员带着问题进行学习研讨，返回后在昌都市委党校举行总结会，在共同研讨的基础上形成专题报告供昌都市委、市政府参考。昌都市财政局福建援藏干部联系厦门国家会计学院举办专题研讨班，对探索创新扶贫资金监管模式进行专题研讨。培训后，争取福建规划外援藏资金300万元，开发昌都市财政惠民补贴资金“一卡通”监管信息平台，实现补贴项目、标准、资金、对象等数据共享，财政与银行无缝对接、资金封闭运行，发放信息公开，补贴资金事前、事中、事后监管相结合。这种扶贫资金监管新模式，在西藏是仅有的，在全国财政系统的扶贫资金监管中也处于领先位置。截至2020年年底，昌都市“一卡通”惠农卡发放100724张，基本覆盖全市享受对象家庭。全市扶贫、惠民资金全面纳入监管信息平台进行发放。基层干部离群众最近，是脱贫攻坚的“排头兵”。

为充分发挥基层乡（镇）干部的引导能力、服务能力，带头作用，积极选派基层乡（镇）干部、村（居）干部到自治区外进行短中期挂职和培训考察，学习先进地区扶贫经验，理清扶贫思路。昌都边坝县拉孜乡党委书记顿觉被选派到云霄县云陵镇挂职，回乡后，带领全乡干部群众全力投入脱贫攻坚，工作中大干、苦干，以“树标杆、争先进”为荣，打造了一支扶贫攻坚“铁军”。截至2020年年底，拉孜乡建成拉孜福建小康示范村；新建9个易地扶贫搬迁点，实现354户1795人搬迁；新增牦牛育肥基地、果蔬、汽修厂、片仔癀藏药材收购站等产业扶贫项目11项；教育脱贫巩固提升，生态岗位全面铺开，转移就业逐步增多，各项工作均排在全县各乡（镇）前列。

充分发挥党员远程教育助力作用。整合全市党员教育资源，结合精准扶贫开发脱贫攻坚教学专题片、政策百科等专题课程。按照能建尽建、能升尽升的原则，为38个偏远村（居）发放DVD、电视机等设备建设光盘站点，将27个光盘站点升级改造为宽带站点，以村级组织活动场所标准化建设为契机对部分站点进行设备更新；组织“今日西藏昌都”“昌都发布”和11个县（区）政府新闻网站以及微信平台、手机报等新兴媒体，开设“脱贫攻坚”系列专栏，使基层干部能够实时学习，新闻宣传能够全面覆盖。江达县利用“康巴V江达”微信平台，将每期培训后学员感想以视频形式播放，丰富了学习渠道，营造了学好、用好精准扶贫政策的浓厚氛围。

三、抓整顿、强基础，筑牢扶贫工作坚强堡垒

打赢脱贫攻坚战，必须加强基层基础工作。市委组织部树立大抓基层的鲜明导向，以整顿软弱涣散村党组织为抓手提升领导力，结合基层党建“八大工程”和“百村整治、千村提升”计划，采取务实管用措施，推进软弱涣散基层党组织转化升级，切实把农牧区基层党组织建设成为“听党话、跟党走，善团结、会发展，能致富、保稳定，遇事不糊涂、关键时刻起作用”的坚强战斗堡垒。

（一）调准“显微镜”，精准摸排画像

坚持不设比例、不定指标、应整尽整的原则，各县（区）、各行业领域党组织组织专门力量，按照自治区党委组织部确定的软弱涣散党组织认证标准，通过采取实地了解、召开座谈会、问卷调查、个别谈话、巡视巡察反馈问题“回头看”等方式，对隶属基层党组织进行大排查、大起底，精准把脉，找准“软肋”。对一些难以“画像”的，在自治区党委组织部的有力指导下，再次与基层党组织进行“连线对接”，确保对象准、问题明。针对存在问题，采取“一支部一对策”的方式，科学制定整顿方案，做到整顿问题、措施、时限、责任“四个明确”，并建立整顿台账，实行动态销号管理。

（二）打好“组合拳”，形成帮扶合力

强化“结对帮”。在农牧区，采取“四个一”措施进行帮扶整治，配合抓整顿工作。在其他行业

领域，通过选派党建指导员指导整顿，形成齐抓共管同治的工作合力。2019年以来，共派出联系县级以上（含县级）领导干部160名，乡（镇）党委书记123名，其他行业领域派出党建指导员31名，确保整顿工作有人包抓、有人负责、有人落实。市委组织部、市政府国有资产监督管理委员会针对昌都市马查拉煤矿有限责任公司党支部党员外出务工、无法正常参加组织生活的问题，先后3次通话了解情况、商量对策，跟进整顿。通过为4名在内地务工的党员职工发放流动党员证，与党员本人电话联系、微信推送党务学习内容等方式，督促党员积极参加务工地党支部组织生活，着力解决流动党员参加组织生活不频繁等问题。深化“传帮带”。整合选派干部、乡（镇）包村干部等资源，与村（居）干部结成帮扶对子1.51万余对，建立“传帮带”工作示范点120个，通过跟随学习结对带、定期培训集中教、设岗定责实践练、典型培树辐射推等方式，指导和帮助村（居）干部提升维稳处突、矛盾纠纷调解等日常工作的能力水平。八宿县驻村工作队从开具证明、召开各类会议等具体业务入手，手把手给村（居）干部传经验、教思路、说方法，扎实提升村（居）干部业务水平和工作能力。

（三）围绕“核心点”，配强骨干成员

配齐配强“领头雁”。针对个别党组织书记长期空缺，履职不力的问题，把具备良好政治素质、热爱党的工作，具有一定的政策理论水平、组织协调能力和群众工作本领，在党员、群众中有较高威信的党员干部推选为党组织书记。动态调整“清毒瘤”。深化县级联审机制，加大对担当不够、履职不力村（居）干部动态调整撤换力度，全面清理政治立场不坚定、受过刑事处罚、存在“村霸”和涉黑涉恶、“红皮白心”、充当“两面人”等问题的村干部。截至2020年年底，因个人履职不力、考核不称职等原因共撤换村（居）干部68人，有效提升了村级党组织班子的凝聚力和战斗力。

（四）突出“提素质”，强化教育引导

培训补“短板”。针对一些软弱涣散党组织因支部书记业务不熟，导致主体责任缺失的问题，结合“不忘初心、牢记使命”主题教育，分级对不同行业领域的党组织书记进行培训，大大促进了基层党组织标准化、规范化建设。2020年，市级层面共举办村（居）基层干部和党务工作者培训班20期、培训1380人，其中自治区外培训12期、培训533人，有效提高了村（居）干部综合能力。市委组织部先后选派4名党务工作者为国有企业、寺庙管委会等领域党组织进行业务授课。此外，创建“昌都党建”等“指尖上”的党建微平台12个，以“微党课”形式，广覆盖、多途径加强党员教育培训，有效解决党员教育管理不到位问题。

延长“引导线”。针对农牧区党组织组织动员力弱、带领致富能力不强、在群众中威信不高的问题，制作《昌都市农牧区基层党组织遇事“八个不糊涂”、关键时刻“八个起作用”》挂牌，并下发到各村（居）；以“五在前”为标准（即政治立场挺在前、维护稳定冲在前、脱贫致富干在前、倡导文明走在前、服务群众做在前），下发“口袋书”3.5万册，供农牧民党员随时翻阅学、对照标准做。

（五）拓宽“致富路”，提振发展后劲

大力培育党员致富带头人。制定下发《关于进一步加强农牧民党员致富带头人队伍建设的意见》，为2555名党员致富带头人建立数据库，依托援藏省市、人社扶贫、片区党校等平台，强化党员致富带头人实用技能培训，组织农牧民群众外出参观学习，拓宽发展思路，增强致富本领，不断提升基层党组织致富带富能力。大力发展壮大村级集体经济。深入推进“空壳村”清零行动，依托地域资源禀赋优势，大力发展高原特色养殖业、特色农产品加工、乡村旅游和民族手工业等；对于资源贫瘠、深度贫困的村（居），联合组织、人社、市场监督等部门建立劳务输出合作社，实现闲置劳动力自治区内外就业，增加劳务收入。

四、打造过硬干部队伍，全面助力脱贫攻坚

着眼脱贫攻坚工作需求，坚持把脱贫攻坚一线作为培养锻炼干部、选拔任用干部的重要平台，作为发现储备优秀干部的主战场，充分调动脱贫攻坚干部的干事创业热情，为打赢脱贫攻坚战提供了坚强的组织保证和人才支撑。

（一）围绕“脱贫攻坚”配班子

严格按照“以事择人、人岗相适”的原则，通过实地调研、集中考核等方式对贫困县乡领导班子、扶贫办领导班子进行重点分析研判，重点为县（区）党政领导班子配备项目建设、产业开发、旅游管理、转移就业等脱贫攻坚领域急缺人才，逐步实现按需配备、组团配备、精准配备。2016 年以来，共调整充实市扶贫办领导班子成员 3 名，选拔 148 名优秀干部充实到县（区）党政领导班子队伍，选派 32 名市直机关优秀年轻干部、82 名县直机关优秀干部、298 名优秀“三类人员”进入乡（镇）领导班子队伍，进一步优化了县乡领导班子结构，增强了整体功能，使脱贫攻坚有了更加坚实的干部队伍基础。

（二）围绕“脱贫攻坚”选干部

坚持把脱贫攻坚主战场作为干部培养选拔的重要渠道，把脱贫攻坚成效作为检验干部的“验金石”，大力提拔使用在脱贫攻坚中表现出色、群众公认、敢闯敢干、担当作为、实绩突出的干部，树立在脱贫攻坚一线选拔使用干部的鲜明选人用人导向。2016 年以来，全市共提拔使用脱贫攻坚领域优秀县处级干部 242 名，占县级干部提拔使用总人数的 33.24%，晋升一至四级调研员 290 名，占晋升总人数的 51.42%。积极采取提职不离岗等方式解决优秀乡（镇）党政正职的政治待遇问题，提拔使用乡（镇）党政正职 48 名。

（三）围绕“脱贫攻坚”稳队伍

严格执行中央、自治区关于脱贫攻坚期内保持贫困县、乡党政正职稳定的相关要求，把“不脱贫不调整、不摘帽不调离”作为铁的纪律执行，严格执行备案审批制度，将符合“四种情形”急需调整的乡（镇）党政正职，在征求市脱贫攻坚指挥部意见后，及时报自治区党委组织部备案审批，并由市委组织部对拟配备的乡（镇）党政正职进行考察，切实把好质量关。脱贫攻坚时期保持乡（镇）党政正职稳定制度下发以来，全市因“四种情形”调整乡（镇）党政正职 30 人，占全市乡（镇）党政正职的 10.87%，总体保持了脱贫攻坚队伍的稳定。

（四）围绕“脱贫攻坚”定制度

昌都市委注重发挥政策激励导向作用，针对广大干部特别是扶贫干部所需、所想、所盼，结合重点工作推进需要，研究制定出台了《昌都市干部政治素质考察评价办法（试行）》《昌都市在职干部职工危重疾病医疗救助资金管理办法（试行）》《昌都市党政干部容错纠错实施办法（试行）》《昌都市临时机构抽调人员管理暂行办法》《昌都市优秀脱贫攻坚干部提拔使用制度（试行）》等一批激

励干部担当作为的“好政策”，并在评优评先等方面予以倾斜，在全社会营造关心扶贫干部的良好导向，不断激发干事创业的热情。

五、聚合力、强考核，推动脱贫攻坚工作落实

（一）凝聚多方合力，构建全员扶贫工作格局

昌都市全面落实结对认亲帮扶责任制度，按照“干部包户、单位包村，县级干部联系乡（镇）、市级领导联系县（区），不脱贫不脱钩”的帮扶原则，积极鼓励引导市（中、区）各直单位、对口援昌省市企业、各级党组织和党员干部共同努力，支持各类企业和个人以多种形式参与扶贫开发，大力开展投资扶贫、产业扶贫、就业扶贫，形成全社会聚力脱贫攻坚的良好氛围。

1. 健全干部结对帮扶

制定《昌都市关于开展脱贫攻坚结对帮扶工作的决定》，创新提出“集团式”帮扶举措，组建11个帮扶集团，充分发挥各单位在人才、技术、资金、信息等方面的优势，加大对贫困地区基础设施建设、产业发展、项目引进、人才培训等方面的政策资金等倾斜力度；建立干部“321”帮扶机制，全市3.1万名干部与3.48万户贫困户精准结对，率先在西藏自治区实现结对帮扶全覆盖，三年来动员全市干部累计落实结对帮扶资金1.2亿余元，帮助乡村解决实际困难和问题5.8万余件，确保了贫困群众如期脱贫。

2. 加大援藏扶贫力度

依托援昌省市企业优势，建立“县（区）对乡、乡对村”结对帮扶模式，统筹对口援藏、定点扶贫等工作力量，制定《关于自治区各驻村工作队和驻昌援昌各企业开展定点帮扶工作的通知》，积极动员援昌省市企业参与脱贫攻坚，明确援昌省市与昌都11个县（区）54个乡（镇）结成对口帮扶关系，提供就业岗位2700余个，转移农牧区剩余劳动力1200余人次，农牧民群众致富增收渠道更加广阔。

3. 深化社会帮扶工作

积极动员各类非公企业参与“百企帮百村”活动，采取产业帮扶促致富增收、就业帮扶促稳定增收、捐赠帮扶促情感交融，引导全社会关注脱贫攻坚、助力群众致富增收。各非公企业累计投入资金6265.39万元，帮扶贫困人口32774人次。

（二）强化督导考核，压实脱贫攻坚工作责任

围绕“六个精准”“五个一批”“七个强化”“八个到位”“九下功夫”，聚焦贫困人口“两不愁三保障”，按照“明晰任务目标、强化实绩考核、创新督考方式、推动工作落实”的思路，坚持问题导向，坚持督查落实与目标考核相结合，发挥督导考核指挥棒作用，全面压实脱贫攻坚工作责任，全力推进工作任务落实到位。

1. 强化工作督导考核监督

采取电话督导、书面督导、实地督导、定向督导、蹲点督导、随机抽查等方式，重点加强对脱贫攻坚责任落实、惠农政策落实、资金安排使用、年度减贫任务完成情况的督导检查，每半年对各县（区）脱贫攻坚工作进行交叉考核，逐项梳理发现的问题，列出反馈问题清单，督促整改到位。同时，依据各县（区）日常工作进展情况、材料（信息）上报、脱贫攻坚典型做法和先进事迹在国

家和自治区主流媒体报道等情况进行综合评定，并作为年终考核的重要依据。

2. 做好脱贫摘帽审核工作

严格按照《西藏自治区贫困人口脱贫考核办法》《贫困村（居）退出与贫困县（区）摘帽考核办法》，坚持“三项原则”（从严从实、群众公认、客观公正），按照“八查八看”（一查组织领导，看机构机制是否健全；二查精准识别，看程序是否规范、识别是否精准；三查责任落实，看“五个一批”“六个精准”“八个到位”“六个坚持”等是否落实到位；四查扶贫成效，看脱贫任务完成情况；五查民生改善，看基础设施和公共服务配套是否齐全，是否实现“六享有”；六查资金投入，看投入是否精准，项目效益是否明显；七查观念转变，看群众主体作用是否发挥，参与脱贫攻坚是否主动；八查档案资料，看各类档案是否全面完整规范）要求，成立考核验收组，实现2016年卡若区成功摘帽，2017年丁青县、类乌齐县成功摘帽，2018年洛隆县、边坝县、江达县成功摘帽，2019年八宿县、左贡县、芒康县、贡觉县、察雅县成功摘帽，全市贫困发生率降至零。

3. 强化责任追究

结合考核方案，每年将脱贫攻坚工作纳入年度经济社会发展目标责任书指标体系，对各县（区）进行综合评定。市脱贫攻坚指挥部汇总形成考核情况报告，报市委、市政府，对工作成效显著的予以表扬，对政策措施落实不到位、目标任务未完成的、存在较大问题的，由市委主要领导约谈，提出整改要求；情节严重、造成不良影响的，严肃追究责任。

第二节　工作亮点

进入脱贫攻坚阶段，市委组织部在市委、市政府的统一领导下，聚焦党建引领脱贫攻坚，周密部署、精心安排，在“334”党建扶贫模式、“红色引擎”助力脱贫攻坚、农牧民党员行为规范、村（居）干部“五达标”工程四项实践中亮点突出，成效斐然。

一、“334”党建扶贫模式，助推脱贫攻坚

为深入贯彻落实中央、自治区党委关于扶贫开发工作的一系列重大决策部署，充分发挥各级党组织的战斗堡垒和党员的先锋模范作用，推进党建工作与扶贫工作深度融合。昌都市围绕“党建带扶贫、扶贫促党建”主题，大力实施以“夯实三大基础、发挥三大职能、构建四大机制”为主要内容的“334”党建扶贫模式，积极推动全市脱贫攻坚工作扎实有序开展。

（一）立足组织优势，夯实精准扶贫“三大基础”

1. 健全组织体系，扩大覆盖面

一是抓组织覆盖。按照“党组织应建尽建、工作覆盖全面有效”的目标，瞄准脱贫攻坚重点领域和关键环节，特别是扶贫产业园区、工业园区、农牧民专业合作组织、城乡结合部、流动人口集中地、非公有制经济组织和社会组织等，积极推行“支部＋协会”“支部＋协会＋农户”“支部＋基地＋农户”等新型党建工作模式，完善组织形式，优化组织设置，把党组织建在农民专业合作社、专业协会、产业基地和农产品市场等产业链上，扩大党的组织和工作覆盖。二是抓党组织日常规

范。进一步加强新型社会组织的隶属关系和日常规范管理，农牧区经济社会组织中建立的党组织由所在村党组织领导，跨村跨乡的由批准设立的党组织领导，或由县级组织部门确定主管部门，实现党的领导、职能作用、党的工作对脱贫攻坚的精准覆盖。三是抓党建促群建、团建，坚持以党组织为核心，以村民自治和村务监督组织为基础，以集体经济组织和农牧民合作组织为纽带，建立完善村务监督委员会、群团、民兵等村级组织体系，使村党组织真正成为农牧区各种组织的领导核心，成为农牧区各项工作的领导核心，成为团结带领各族群众开展脱贫攻坚工作的领导核心。四是抓软弱涣散党组织整顿。按照不低于10%的比例，每年实行末位倒排，集中整顿一批软弱涣散村党组织。对于连续两年被确定为软弱涣散基层党组织的，由县（区）委书记直接抓，不转化不脱钩，真正把基层党组织建设成为带领群众脱贫致富的坚强战斗堡垒。

2. 配强领导班子，培养主心骨

一是选优配强好班子。结合县乡领导班子换届工作和党委书记抓基层党建项目化管理工作，着眼于消除贫困、改善民生的实际需要，大力选拔政治强、懂专业、善治理、敢担当、作风正的优秀干部；大力选拔熟悉“三农”工作，在提高群众收入方面点子多、办法多，能帮助群众找到脱贫致富好路子的优秀干部，培养主心骨。二是精准选拔村党支部书记。坚持拓宽选人渠道，重点从政治素质好的致富带头人、技术能手、退役军人和大学生村干部、返乡大中专毕业生、外出务工经商人员、“民族团结模范家庭”、“先进双联户”户长、优秀返村退休干部职工、村教村医党员中选拔村党组织书记，使其在脱贫攻坚工作中有位有为，增强领导脱贫攻坚和决战决胜的能力。三是强化干部动态管理。对照脱贫攻坚工作部署，深入分析研判各级领导班子运行现状、班子结构、工作实绩等情况，为强化干部能上能下交流，及时调整贫困乡（镇）领导班子做好提前谋划。同时，进一步加强各级干部培训工作，采取专题培训、外出考察、现场培训等方式，有针对性地加强专项培训，着力提升各级党员干部推进精准扶贫的专业能力。

3. 聚集人才队伍，建设生力军

坚持因岗择人、因事选才，采取引进、选派、培育等方式，聚集急需紧缺、实用技能、公共服务、社会治理等各类人才，强化扶贫攻坚智力支撑。一是“引活水”。坚持紧缺引进，为扶贫部门、乡（镇）、龙头企业招引一批急需紧缺人才和“三支一扶”人员，重点抓好“新区管委会重点产业人才培训项目”和“组团式援藏”工作，用好用活用足各项人才优惠政策，加强脱贫攻坚智力服务。二是“激内流”。围绕发展教育脱贫一批，实施“教育扶智计划”，从乡（镇）事业编制中选拔100名干部进行支教活动，强化脱贫攻坚人才支撑、智力支撑；充分发挥选派干部因地制宜、发展农牧区经济的能力，把区位优势、资源优势变成发展优势，努力找到一条适合本地经济发展的路子。三是“强源头”。结合万名村干部文化素质提升工程、党员素质提升工程，依托“领导干部、学校教师、农牧区创业带头人、驻村工作队、选派支部书记”五支力量，对村（居）干部和农牧民党员进行脱贫攻坚政策、农牧实用技术等知识培训，把致富带头人培养成党员，把党员培养成致富带头人，把党员致富带头人培养成村干部，提升农牧民党员发家致富的意识和能力。

（二）立足政治功能，发挥精准扶贫“三大职能”

1. 发挥组织引领职能，实施“红色引擎”工程

以强化农牧区基层党组织的领导核心地位为重点，始终以脱贫攻坚统揽工作全局，激活基层党组织的“神经末梢”。一是强化组织引领抓责任落实。结合实施“强乡兴村固本”工程，按照“5+N”工作措施以及“八个到位”“六个坚持”“十七个最”“六靠、五方便、两避让”等要求，建

立脱贫攻坚任务清单，层层分解任务并签订责任书，细化到人、量化到岗，压紧靠实责任。二是强化组织引领抓思想凝聚。充分发挥村级组织活动场所的阵地作用，以农牧民群众喜闻乐见的方式开展思想教育，析事明理、解疑释惑，引导群众正确对待扶贫开发中的热点和难点问题，最大限度地凝聚维护改革发展稳定的正能量。同时，在实施易地扶贫搬迁工作中，利用各级党组织开展宣传教育引导工作，使搬迁群众听党话、跟党走，搬得出、稳得住。三是强化组织引领抓脱贫攻坚。着力强化各级党组织的引领职能，通过多种方式为群众提供科学技术指导、特色农畜产品销售、致富信息交流等服务，引领产业发展，带动农牧区困难群众走上致富道路。坚持强基础、破瓶颈、增积累、创收入、见效益，重点扶持发展壮大村级集体经济，着力消除“空壳村”，增强自身造血功能，激活内生动力、打造发展引擎。

2. 发挥组织帮扶职能，实施“党员联户帮扶”工程

结合党员服务承诺、无职党员设岗定责和在职党员到社区报到服务等工作，实施“党员联户帮扶工程”，真正把党的声音和温暖带下去，把群众的意愿和呼声带上来，把各种困难和问题解决好，让干部受教育、群众得实惠、扶贫见实效。一是宣传政策，让党的政策进入千家万户。结合“两学一做”学习教育，深入宣传党的路线方针政策，特别是中央第六次西藏工作座谈会以来确定的治藏方略和一系列强农惠农富民政策，宣传在党的坚强领导下，昌都发展、稳定、民生等各方面所取得的一系列巨大成就，把广大党员群众的思想统一到市委关于精准扶贫的各项工作部署和要求上来，使党员群众充分认识党的富民政策带来的好处，推动党的路线方针政策深入群众、深入人心。二是了解民意，畅通党和政府与百姓沟通的渠道。结合领导干部定点联系、在职党员到社区报到服务、党员干部结对认亲交朋友等工作，在全体党员干部中开展“联户帮困”大走访活动，按照“听民情、察民意、解民忧、帮民富”和“一下二走三同四问”①要求，深入基层、深入群众，切身体验群众困难疾苦，认真听取群众意愿和诉求，详细记录民情日记；同时，发放党员亲情联系卡，提供解惑答疑、困难受理和民生信息搜集等服务，让便民服务渠道更加便捷，让党群干群关系更加密切。三是帮助发展，点对点理思路、谋发展。在深入走访调研的基础上，找准贫困命脉，综合施策，指导帮助村（居）“两委”班子理清发展思路，拓宽发展路子，制定符合实际的发展规划，点中“穴位”，精准发力，引导基层党组织充分发挥地方资源优势，挖掘内部增收潜力，大力发展“一村一品”，发展特色农产品加工业、特色种养业、休闲观光农业和旅游业等，有效推动贫困村产业发展，促进逐户逐人摆脱贫困。同时，结合农牧民劳动力技能培训工程，组织党员群众开展政策法规、实用技术、务工技能等知识的培训教育，有针对性地为贫困群众提供科技、文化、教育、卫生等方面的综合服务，帮助他们脱贫致富。四是凝聚党心，培养党的后备力量。把脱贫攻坚与培养村级后备力量工作同步抓起来，做好发展对象的帮扶工作和后备干部的培养工作。注重发展带领群众致富能力强的党员，对通过组织培养，思想政治素质提高较快，群众公认度较高的致富能手，及时将其列为入党积极分子，并进一步进行培养，提高服务群众的能力。围绕政治素养、培养情况、现实表现、技术技能特长等完善后备干部档案信息库，对表现突出、工作优秀、群众认可度高的后备干部，在村（居）换届中列为重点对象，优先推荐选拔。

3. 发挥示范带动职能，实施“亲民服务百点示范”工程

坚持精准服务脱贫攻坚原则，按照“脱贫攻坚有什么需求、党组织就提供哪些服务”的要求，

① “一下二走三同四问”即：下基层；走访村居、走访农牧户；同吃、同住、同劳动；问党的各项民生政策在基层实施情况，问群众生产生活现状，问群众关于扶贫开发的意见建议，问群众所思所盼所急。

充分挖掘100个示范带动性强、可复制的先进典型，充分运用各类媒体进行宣传推广，做到学有榜样、比有参照、赶有目标。结合实施基层党建示范点“标杆工程”，积极推进县、乡、村三级便民服务中心和代办点标准化建设，大力实施“一个窗口、一处审批、一站式服务、一次性办结”脱贫服务模式，切实解决服务群众“最后一公里”问题。实行村（居）干部轮流坐班制度，每天至少安排1名村（居）干部值班；推行民事全程代办服务，由村（居）干部把村（居）民需要办理的事项，统一收集整理，每半月到乡（镇）服务中心统一办理；组织村组干部、党团员和妇女干部每月集中到孤寡老人、留守妇女儿童和困难家庭开展上门服务，帮助贫困群众解决实际困难和问题。

（三）立足组织保障，构建精准扶贫“四大机制”

1. 建立统筹整合机制

牢固树立“一盘棋”思想，整合全社会各方面资源，把服务型党组织建设的目标任务，与扶贫开发的目标有机融合，统筹好城市与农牧区、贫困村与贫困群众、短期治标与长期治本三者之间的关系，注重整合政策、整合项目、整合资金、整合人力，集中攻坚，精准发力。按照“城乡党建一体化、服务群众常态化”的要求，以“机关定点扶贫”为载体，开展机关党组织与村（居）党组织“结对共建”活动，为贫困村（居）在规范党组织建设、制定产业发展规划、协调项目等方面提供帮扶指导。紧密结合强基惠民活动、“先进双联户”、“一管四联三结”、“党员干部进村入户，结对认亲交朋友”、“干部回家探亲”等活动，探索推行“X+1”党建结对扶贫模式，落实干部联户承包责任制，着力破除长期以来财政资金使用“碎片化”、结对帮扶“孤军化”问题，着力构建组织资源与社会资源良性互动、城乡党建资源共享互补、县乡村三级联动的党建扶贫格局。

2. 建立责任靠实机制

突出把脱贫攻坚纳入各级党组织及书记党建责任清单和述职评议的重要内容。围绕脱贫攻坚任务，制定县级部门、乡（镇）、村居等不同层级不同类型领导班子及成员脱贫攻坚年度责任清单、季度工作清单，严格落实“四大责任”①和“三项制度”②，推动工作落实；分类制定驻村工作结对帮扶、第一书记年度目标任务，签订“责任书”，立下“军令状”，建立上下贯通、横向到边、纵向到底的责任体系。对工作不实、作风不好、成效不明显的党组织及领导班子负责人，严格按照《昌都市乡（镇）、村（居）班子建设责任追究办法》相关条款进行处理，引导各级党组织和领导班子真正把服务扶贫作为重大任务和重点工作，靠实工作责任，督促全面履职。

3. 建立激励保障机制

一是完善党内激励关怀帮扶机制，建立帮扶资金正常增长机制，设立基层党建扶贫帮困资金，制定出台了《昌都市基层党建扶贫帮困专项资金使用和管理办法（试行）》，加大对有发展意愿的村集体经济和有创业愿望的农牧民党员帮扶力度。二是充分发挥各级各部门职能作用，引导和帮助基层组织因地制宜地搞好产业结构调整，加大财政资金投入力度，加大产业化扶贫力度，积极帮助村（居）党组织开发符合实际、投资小、见效快、易经营、好管理、能持续的集体经济项目，并将不低于集体经济收入10%的资金作为村（居）党组织服务群众的经费。三是严格落实好村（居）干部报酬待遇两年内翻一番、离任村（居）干部补助发放政策待遇，将党建扶贫工作开展好坏作为业

---

①“四大责任”即强化各级党委和政府的领导责任，强化各级扶贫开发工作领导小组及其办公室统筹推动责任，强化各部门的配合责任，强化各驻村工作队和村党支部第一书记的工作责任。

②“三项制度”即脱贫攻坚工作周例会制度、月指挥部会议制度、季度推进会议制度。

绩考核的一项重要内容，与报酬挂钩，真正发挥他们在脱贫攻坚工作中的重要作用。四是在“两优一先”推荐表彰和干部提拔使用过程中，对扶贫工作表现突出的一线干部优先考虑，激励基层干部在脱贫攻坚中主动作为、奋发有为。

4. 建立考评导向机制

围绕落实精准扶贫、精准脱贫基本方略，市脱贫攻坚指挥部制定了脱贫攻坚考核办法，坚持立足实际、突出重点，对扶贫对象识别、帮扶、脱贫全过程进行量化考核，注重考核工作成效；坚持客观公正、群众认可，规范考核方式和程序，充分发挥社会监督作用；坚持结果导向、奖罚分明，实行正向激励，落实责任追究，促使各级党委和政府切实履职尽责，改进工作，坚决打赢脱贫攻坚战。对扶贫业绩突出的干部，在符合干部选任条例的前提下，优先提拔重用，切实激发和调动领导干部狠抓脱贫攻坚的积极性；连续三年排名后 20% 的，对其主要负责人实行问责追究，并实行表彰评优“一票否决”，引导各级党组织及广大党员干部自觉履行脱贫攻坚政治责任。

二、制定《昌都市农牧民党员行为规范》

（一）政治立场挺在前

一是主动参加“三会一课”、主题党日活动，积极参与“7・1”“10・1”等重大节日节点支部组织的各类活动，在重要会议、重大活动中自觉戴党员徽章；按时足额上交党费，定期向党组织坦诚交流思想状况，认真开展批评和自我批评，虚心听取群众意见；带头在居住房屋屋顶悬挂国旗，在正屋醒目位置张贴伟人像。二是利用西藏党员教育 APP、远程教育平台的藏文栏目，认真学习习近平新时代中国特色社会主义思想，学习党和国家的方针政策、法律法规；从农牧民群众需求出发，积极宣讲党的政策，重点宣讲党的民族宗教和惠农惠民等政策，让农牧民群众明白惠从何来，恩向谁报。三是积极参加村（居）民主议事、民主管理、民主决策活动，坚持从村里和村民整体利益出发提建议、表态度，推进“四议两公开”工作法落实；主动配合村（居）“两委”工作，不以参加活动为条件讲价钱、要待遇，更不能不给好处就不参加。四是不搞阳奉阴违、自行其是，自觉做到并教育引导身边的人做到不擅自议论党的政策方针，不造谣传谣、发表反动言论，不转发危害国家公共安全的音视频或言论，发现有损党的形象的言论或现象，坚决制止并向党组织反映。

（二）维护稳定冲在前

一是主动参与党员不信仰宗教承诺践诺活动，每年向所属党支部作出不信仰宗教承诺，坚决做到不在家里设立佛龛，不摆放具有宗教色彩的物品，不悬挂与宗教相关的照片，不去寺庙求神拜佛和祈福，不利用通信设备传播宗教信息，不参加一切宗教活动，不向寺庙（拉康）捐款捐物，坚决抵制并积极举报利用宗教搞煽动活动的分裂分子。二是带头引导家人、亲朋好友和农牧民群众理性对待宗教问题，帮助他们摆脱宗教束缚，淡化宗教消极影响，过好今生幸福生活，推动藏传佛教与社会主义社会相适应。三是带头深入田间地头、村舍院落、农户家中，了解掌握身边矛盾隐患，摸排发现周围是否存在影响基层组织和人民生活的黑恶、宗族势力以及其他问题；配合党组织做好矛盾纠纷调解，听取广大群众对村（居）“两委”决策的意见建议，及时对矛盾纠纷问题突出和思想不稳定的家庭开展思想疏导工作，把矛盾隐患消除在萌芽状态。四是积极协助有关部门和村级组织做好信访群众的疏导工作；从维护好社会稳定大局出发，引导和帮助有合理诉求的群众按照正常渠道反映问题和意见，不越级上访、闹访或聚众闹事。五是掌握本村（居）重点人员情况，主动询问辖区外来人员基本情况及社会关系、家庭状况、家庭成员的政治表现及遵纪守法情况，积极配合驻村工作队和村（居）“两委”，对外来人员一律严格实行盘查、盘问和验证，发现携带可疑物品的，要仔细检查，情况严重的，及时主动向上级党委、政府反映举报。六是掌握本村（居）村情民意、宗教活动、僧尼状况、群众的热点难点问题，确保早发现、早研判、早处置。在一些棘手问题和群体事件面前敢于冲在前、勇担当，不得有怕惹事、遭报复的顾虑心理。

（三）脱贫致富干在前

一是带头讲发展学技术，积极参与组织、人社、农业农村、扶贫等部门组织的技能培训活动，学习硬技术，掌握好经验，增强致富本领。二是积极宣传脱贫攻坚各项政策，引导贫困户树立“安贫可耻、勤劳光荣”和“宁愿苦干、不愿苦熬”的思想认识，转变“采挖虫草两个月，一年生活无顾虑”的心态，从思想上“挖穷根”“富脑袋”，变“要我脱贫”为“我要脱贫”。三是带头开展劳务输出，带领群众外出打工挣钱；有条件的，牵头成立农牧民施工队，组织本村（居）群众特别是贫困户家庭年轻劳动力广泛参与到各项工程项目建设中来，增加家庭收入；带头落实易地搬迁、人工种草、民族手工业、牦牛养殖等扶贫项目，并做好群众教育引导。四是带头发挥扶贫帮困作用，与贫困户建立“一对一”或“一对多”包联对子，帮助添置牲畜，寻找致富门路，面对面传授脱贫经验，手把手教实用技术；对有意愿、有想法、有能力的群众，要力所能及地为他们理清发展思路，提供政策咨询，协助争取上级资金和扶持，带领他们发展生产、改善生活，促进家庭增收。五是结合本地实际，发挥自身优势，积极领办或创办村级集体经济，打造特色产业，提升村级集体经济发展水平。

（四）倡导文明走在前

一是带头学习村规民约（居民公约），积极引导身边的群众树立遵纪守法、勤劳朴实、自力更生、团结邻里等良好的思想意识和行为习惯；教育引导群众如何孝敬老人、夫妻如何相待、邻里如何相处，形成良好的村（居）新风尚。二是带头推进移风易俗，摒弃“帕措果巴”、“一夫多妻”、“一妻多夫”、包办婚姻等陈规陋习；坚决抵制不赡养父母、打牌赌博、好吃懒做、歧视妇女等不良行为，并耐心劝解；坚决反对人情随礼泛滥和铺张浪费之风，不大操大办婚丧事宜，不借子女升学、添人进口、老人庆寿、建房乔迁、开工开业等机会大办宴请；引导农牧民对平时听到的不正之声、看到的不良行为，经历的不公平待遇勇于发声，主动劝导。三是积极投身村容环境整治，落实“门前三包”责任制，按时清理垃圾堆、土堆、粪堆、污水等，并合理堆放柴草和杂物，整齐摆放生产生活用品和农用工具，解决脏乱差问题。四是带头关心村（居）环境，主动承担绿化树木的浇水、松土除草、病虫害防治等工作；引导广大群众开展村容美化、庭院绿化、卫生清洁、环境保洁等集中治理活动；主动与烧山砍树、私搭乱建、霸水占路、私设障碍等不良行为做斗争。五是带头维护社会公德，倡导文明出行，遵守交通秩序，不随地吐痰、便溺。

（五）服务群众做在前

一是主动发挥村级党组织和群众之间的桥梁纽带作用，带头了解、收集农牧民群众的诉求和建议，并及时向村级党组织、驻村工作队反映，确保群众合理诉求和重要关切得到及时解决。二是主动帮助五保户、低保户和行动不便的困难群众代办一些常用手续，代买一些生活急需物资，代写一些证明申请，代送小孩上学，开展党员帮困救助志愿服务，力所能及的帮助其解决一些生产、生活中的实际困难和问题。三是积极配合村级党组织，对因灾受损的道路、水渠等进行义务维修。四是主动帮助外出人员照顾家中孤寡老人、留守儿童，喂养家禽牲畜；在农忙时间，帮助劳动力少的家庭代耕、代种、代收。

三、大力推进昌都市村（居）干部“五达标”工程

为深入贯彻落实习近平总书记系列重要讲话精神、特别是关于农村基层党建工作的重要指示精神，贯彻落实全国、全自治区农村基层党建工作座谈会精神，切实加强村（居）干部队伍建设，市委决定，利用五年时间，在全市村（居）干部中实施文化素质达标、政治达标、脱贫达标、“三稳定”达标以及生态环境达标工程（简称“五达标”工程）。

（一）文化素质达标

村（居）干部政策理论水平明显提高、民主法制意识明显增强、带领群众促进发展稳定的能力有大幅提高、文化层次和整体素质全面提升。实现政策理论水平明显提高，自觉学习掌握好政策，做到对各种政策种类、政策标准、政策范围、政策程序、政策时限五个心中有数；主动宣传好政策，采取现场宣讲、现身说法、举实例、算富帐等形式多样、通俗易懂的方式向农民群众宣传好党的支农、惠农政策，让农牧民群众明白“恩向谁报、惠从何来”；切实落实好政策，严格按照“公开、公正、公平”原则，对党的各项优惠政策及时、足额兑现到广大农牧民群众手中。民主法制意识明显增强，坚持民主决策，对涉及村民委员会的重大事项特别是涉及群众利益的事项，通过召开党员和村民代表大会等形式集体研究决定；坚持民主管理，对村委会的资金、事务等大小事项要建立在民主管理之上，切实提高农牧民群众对村委会工作的知情权和参与权；坚持民主监督，不断拓展监督形式，畅通监督渠道，切实做到以公开促监督，以监督促公正。文化层次和整体素质全面提升，积极参加上级组织的各类学习培训，文化知识水平达到初中及相当于初中文化水平，能听、读、写藏语文，能口语交流基础汉语，能看懂基础账、会做基本账、会管全村账，村级财务管理科学、使用规范、村务财务公开等信息公开、群众满意。

（二）政治达标

坚守讲政治、守规矩、对党忠诚的政治红线，始终做到坚定立场不含糊，在政治上、思想上、组织上、行动上紧密地团结在以习近平同志为核心的党中央周围，时刻与上级党委政府政治上同心、目标上同向、工作上同步，对上级交办的工作，决不允许上有政策、下有对策，决不允许阳奉阴违、明顶暗抗，决不允许发杂音、唱对台戏，牢记为民宗旨，始终站在广大群众的立场上，为民说话，为民办事，为民谋利；始终做到明辨是非不暧昧，具有敏锐的政治鉴别力，对十四世达赖集团的诱惑、煽动时刻保持高度警惕，不受干扰、不受蛊惑、不被利用、不做“两面人”；始终做到遵守纪律不越轨，严格遵守党的政治纪律、组织纪律、反分裂斗争纪律、廉政纪律、生活纪律，带头维护纪律的权威，决不允许以权办私事、谋私利，自觉按规矩办事、按章法办事、按程序办事，任何时候都不能越过职权的范围、触碰纪律的高压线。

（三）脱贫达标

把解决困难群众脱贫问题作为全面建设小康社会最突出的任务，做到思想清，从思想重视、责

任担当和不脱贫不罢休的勇气入手，增强紧迫感和主动性，在扶贫攻坚上进一步理清思路、强化责任，摸穷底、找穷因、寻穷源、拔穷根、治穷病，做到“户有卡、村（居）有册”。方向明，在扶持对象精准、项目安排精准、资金使用精准、措施到户精准、因村派人精准、脱贫成效精准上想办法、出实招、见真效，坚持因人因地施策，因贫困原因施策，因贫困类型施策，区别不同情况，做到对症下药、精准滴灌、靶向治疗。措施实，全面科学制定精准扶贫、精准脱贫规划，健全工作台账，认真落实“六个一批”[①]扶贫攻坚行动计划，实现贫困人口精准脱贫。效果好，严格遵守精准扶贫考核、约束机制，确保精准扶贫阳光操作，财政专项扶贫资金落实得当，就业创业指导宣传到位，农牧民群众就业充分，收入明显提升，生产生活水平显著提高。

（四）“三稳定”达标

敢于和善于抓住影响本村稳定的突出问题，能够切实有效发挥好教育引导群众的作用，积极主动向广大农牧民群众广泛宣传党的各项方针政策，特别是宣传好党中央专门为西藏制定的各项优惠政策、惠民政策，深入开展“感党恩”教育；深入揭批十四世达赖集团利用宗教从事各种分裂破坏活动的本质，扎实开展“团结稳定是福、分裂动乱是祸”教育；加强各项法律法规的宣传，深入开展法制教育；狠抓治愚治乱宣传，大力开展“破除陋习、崇尚文明、树立新风”教育，筑牢广大人民群众自觉抵制十四世达赖集团打着宗教的幌子从事分裂渗透活动的思想防线，形成发展稳定和文明的强大共识。切实有效发挥好及时发现和反映各种影响稳定的苗头隐患的作用，时刻保持高度的思想警惕，从来本村的外来人员特别是邻省周边寺庙僧尼的生面孔中发现不正常的问题，从本村人员外出回来所携带物品和交谈中发现不正常的问题，从本村村民之间发生的一般矛盾纠纷中发现幕后是否有人挑唆，从本村村民一般的诉求和上访、闹访中发现背后有无操纵，从本村村民一般的言谈举止中发现是否对党委、政府有意见等等，对掌握到的以上情况要及时向乡党委、政府报告。切实有效发挥好排查化解各种矛盾纠纷的作用，坚持把排查化解各类矛盾纠纷作为一项重要职责，抓住本村（居）容易引发矛盾的焦点和热点问题，经常性地开展排查，做到对邻里之间关系情况心中有数，对本村（居）历史遗留问题心中有数，对村（居）民之间用水、地界等容易引发矛盾的问题心中有数，对本村（居）与邻村（居）之间因草场资源引发矛盾的问题心中有数，对本村（居）每个家庭成员情况心中有数，在此基础上主动做好理顺情绪、化解矛盾的工作，尽力把各种矛盾隐患化解在初始阶段，对一些重大的矛盾纠纷隐患在做好稳控的同时，及时向上级报告。切实有效发挥好维护本村（居）社会治安的作用，以创建“平安村（居）”为载体，发挥好“双联户”户长在联户增收和联户保平安中的重要作用，通过健全“乡规民约”来规范村（居）民的言行，通过建立护村队来维护良好的社会治安秩序，从而实现家庭和睦、邻里和谐、社会安定的良好治安环境。

（五）生态环境达标

坚持“生态保护第一”，牢固树立生态安全底线、红线和高压线意识，严格落实环境保护“一票否决制”，确保强化责任到位，把生态环境保护和建设纳入经济社会发展的长远规划和年度计划，建立长效工作联动机制，形成分工明确、协调有力、齐抓共管的工作格局。基础设施到位，积极推进农牧区产业结构和生产方式的调整，完善农牧区污水、垃圾处理等环境基础设施，认真做好应用水源地保护、畜禽养殖、农业面源污染防治，做好农牧区生活污水、垃圾、畜禽养殖污染无害化处

---

① “六个一批”即开发脱贫一批、扶贫搬迁一批、扶智脱贫一批、保障供养一批、医疗救助一批、能人带动一批。

理工作，着力解决农牧区环境热点、难点问题，建立健全农牧区环境保护长效机制。环保力量到位，以村级组织为主体，积极调动和发挥农牧区基层配套组织、农牧民党员作用，建立健全环保检查员、环境监督员等制度，不断加强农牧区环境监管能力。舆论引导到位，开展多层次、多形式的环境保护知识宣传教育，树立生态文明理念，提高农牧民群众的环境意识，调动农牧民群众参与环境保护的积极性和主动性，推广健康文明的生产、生活和消费方式，转陋俗、讲文明、树新风。

四、昌都市农牧区党组织遇事“八个不糊涂”、关键时刻“八个起作用”

脱贫致富终究要靠贫困群众用自己的辛勤劳动来实现，市委组织部坚持志智双扶，及时制作“遇事‘八个不糊涂’、关键时刻‘八个起作用’”挂牌2000余个，引导农牧区基层党组织、驻村工作队制定“量体裁衣”的学习宣传计划，开展带有“酥油味、糌粑香”的学习教育，调动基层党组织和贫困群众的积极性、主动性、创造性，切实转变“等、靠、要”思想，坚定不移感党恩、听党话、跟党走，淡化宗教消极影响，过好今生幸福生活。

（一）昌都市农牧区基层党组织遇事“八个不糊涂”

听党话、跟党走，政治立场不糊涂；反分裂、促和谐，民族团结不糊涂；排隐患、解纠纷，维护稳定不糊涂；遵法纪、守规矩，廉洁自律不糊涂；不造谣、不传谣，舆论引导不糊涂；排民忧、解民难，为民办事不糊涂；反愚昧、不信教，崇尚科学不糊涂；不参与、勇斗争，打非治乱不糊涂。

（二）昌都市农牧区基层党组织关键时刻“八个起作用”

增强四个意识，做到两个维护，在引导群众爱党护党方面起作用；坚定四个自信，增强五个认同，在自觉维护民族团结方面起作用；守护神圣国土，反对民族分裂，在同达赖集团做斗争方面起作用；紧扣民生脉搏，回应群众期盼，在全心全意服务群众方面起作用；助力乡村振兴，带动群众增收，在精准扶贫精准脱贫方面起作用；保护绿水青山，改善人居环境，在带头建设美丽家园方面起作用；反对封建迷信，淡化宗教影响，在倡导文明健康生活方面起作用；学文化进课堂，抓入学强教育，在控辍保学重教育人方面起作用。

第三章　市委宣传部

进入脱贫攻坚阶段，昌都市由市委宣传部牵头，成立了以市委宣传部部长任组长，市委宣传部县处级以上领导参与的脱贫攻坚宣传报道领导小组。该小组主要在抓好教育培训、扶贫队伍建设、媒体宣传造势、新媒体信息推送等四个方面，统一思想认识，坚定信心、凝聚力量，逐步构建了协调互动、上下联动、正面引导、突出重点的宣传工作机制，努力形成全媒体覆盖、全市支持、全员参与的宣传态势，营造出人人支持扶贫、人人参与扶贫的脱贫攻坚良好氛围，为宣传助力脱贫攻坚夯实了基础。

第一节　工作举措

在昌都市委的坚强领导和区党委宣传部的有力指导下，全市宣传思想文化战线，高举中国特色社会主义伟大旗帜，学习贯彻党的十八届五中、六中全会和中央第七次西藏工作座谈会精神，学习贯彻习近平总书记关于扶贫工作重要论述，尤其是关于加强宣传思想文化及网络工作重要讲话精神，学习贯彻落实全国、全区宣传部长会议精神，学习贯彻自治区第九次党代会精神，突出重点，高点策划，破解难点，狠抓落实，为助力昌都打赢脱贫攻坚战提供了强大的思想保证、舆论支持、精神动力和文化支撑。

一、深入开展思想教育引导脱贫工作

制定《昌都市脱贫攻坚转化观念脱贫一批方案》，按照计划筹备阶段、组织实施阶段、总结提高阶段三个阶段进行宣讲。

（一）深入开展转变观念“宣讲进 11 县（区）、进 300 村（居）、进万家”活动

以习近平总书记关于扶贫工作重要论述为宣讲重点，深入县（区）、乡（镇）、村（居），走进千家万户，开展政策宣讲、脱贫举措宣讲、脱贫成功经验宣讲、致富先进典型宣讲、跟踪群众迫切关注的问题宣讲，转变全市贫困群众的思想观念，激发贫困群众脱贫“源动力”，加快脱贫步伐，引导贫困群众通过自身努力实现脱贫目标。采取举办宣讲培训班、编发“扶贫攻坚”宣讲手册、组建“扶贫攻坚巡回宣讲团”等方式，围绕解决好“扶持谁”“谁来扶”“怎么扶”“如何退”等重大问题以更加明确的目标、更加有力的举措、更加有效的行动、实施精准扶贫、精准脱贫，加快全面建成小康社会步伐；围绕各级党委、政府和干部群众发扬“老西藏精神”“两路精神”，坚定信心、勇于担当，把脱贫职责扛在肩上，把脱贫任务抓在手上，保持顽强的工作作风和拼劲，满腔热情做

好脱贫攻坚工作的成功经验和先进典型；围绕“10·17”扶贫日，大力弘扬中华民族自强不息、扶贫济困传统美德，引导和鼓励社会各界更加关注、广泛参与扶贫开发事业，齐心协力打赢脱贫攻坚战；宣讲贫困群众用自己的辛勤劳动改变贫困落后面貌。

（二）全媒体齐发力，决战脱贫攻坚，决胜全面小康的宣传高亢有力

在脱贫攻坚战役中，市委宣传部统筹对内对外宣传，提早组织筹划，多次邀请中央、自治区主流媒体，聚焦昌都市易地扶贫搬迁、产业发展、农牧民转移就业等脱贫攻坚的特色、亮点及昌都经验。人民日报、新华社、央视等中央媒体以有力的事实、详实的数据、生动的故事，全方位展现昌都市脱贫攻坚取得的可喜成就及有效经验。市委宣传部组织昌都各级各类媒体、各驻昌媒体，在各大传统媒体和新兴媒体精心策划建立扶贫攻坚教育转化脱贫专栏、专题报道，大力宣传脱贫攻坚的重大意义、重要成就，宣传解读党和政府扶贫开发的决策部署、政策举措，生动报道全市各部门各县（区）精准扶贫精准脱贫动态、先进典型、成功经验和巨大成效，确保报纸上有文章、电视上有画面、广播里有声音、网络上有互动，持续加大正面宣传，在全社会形成人人关心、人人支持、人人参与脱贫攻坚的共识和行动。突出专题宣传在昌都电视台、《昌都报》开设《聚焦精准扶贫》《扶贫在攻坚》等专栏，在强化新闻报道的同时，通过政策解读、评论、访谈、新闻特写、深度报道等多种形式，及时、全面、准确地展现全市干群一心抓精准扶贫和精准脱贫工作的全景图，昌都政府门户网、11个县（区）政府新闻网等网站要同步转播。开展网络宣传发挥好互联网宣传的即时性特点，以昌都政府门户网等官方网站为主，开设专栏，通过图片、消息等形式，全面宣传报道昌都市精准扶贫的思路、举措和成效。同时，利用“今日西藏昌都”“昌都发布”“青春昌都”以及市县（区）广播电视台、政府新闻网站、双微平台、藏汉手机报等传统媒体和新兴媒体，精准发布信息，扩大昌都市精准扶贫媒体覆盖面和影响力。做好典型宣传。昌都报社、昌都广播电视台及所属新闻媒体同步开设《最美扶贫昌都人》《我脱贫了》典型宣传专栏，宣传一批为昌都市精准扶贫、精准脱贫出实招、办实事、解难事的帮扶单位和帮扶干部，宣传一批积极投身社会公益事业、助推精准扶贫工作的民营企业、民间组织和个人，宣传一批自立自强、勤劳务实、脱贫致富的先进典型。扩大社会宣传充分利用现有的宣传牌、宣传栏、灯箱广告、LED显示屏、横幅等大众宣传工具，以乡（镇）、村为重点，制作悬挂精准扶贫工作宣传标语，广泛持久地宣传扶贫工作。昌都电视台以精准扶贫为主题，策划制作公益广告宣传片，在市、县（区）电视黄金时段定期播出。强化对外宣传。围绕精准扶贫工作，组织全市新闻工作者通过消息、综述、通信、特写等多种形式，突出昌都特色，以推进“精准扶贫、全面建成小康”为主题写稿投稿，精准报道反映全市精准扶贫工作的最新动态、工作亮点。加强与各级主流媒体的沟通协调，定期组织策划，集中邀请中央、自治区新闻媒体来昌都采访报道精准扶贫工作。

（三）创新实施脱贫攻坚教育转化“六个系列”活动载体

通过创新实施一系列转变观念专题教育活动，转变农牧区还普遍存在的“等、靠、要”、“重农牧、轻工商”、“小富即安”、以存量资产（如牲畜存栏头数）论财富、故土难离、听天由命、安于现状等不利于发展致富的落后观念，充分调动全市贫困群体以及社会各方面之力，大力营造精准扶贫良好氛围，坚决扭转一切阻碍脱贫攻坚的观念。开展“感恩”教育活动以社会主义核心价值观为导向，以弘扬传统美德和时代精神为宗旨，在农牧民群众中开展以“精准扶贫感党恩”为主题的感恩教育活动，进一步增强广大农民爱党爱国爱家乡的感情，为推动精准扶贫精准脱贫提供强大的

精神动力。鼓励引导村干部、致富能人、产业大户带头成立各类农民专业合作组织，为贫困群众提供各种有效的帮助，鼓励、引导广大农牧民群众创业就业。教育引导全市各族人民知恩、感恩、报恩，重点做到“一比、二思、三看、四查、五干”①，带头做好精准扶贫工作。并通过开展“主题电影进村社”、“道德讲堂”进村社、文明村和文明户的创评等主题活动，确保“感恩”教育活动取得实效。开展“结对子、种文明”活动动员和组织市级以上文明单位与帮扶乡（镇）、村进行结对，开展文化帮扶和文化服务活动。以推进乡村道德讲堂规范化、常态化建设为重点，通过在结对村深入开展中国梦主题教育、社会主义核心价值观“24字人知人晓工程”②、爱国主义等宣传教育活动，把勤劳致富故事搬到舞台，展示到群众身边，推行和普及善行义举榜、道德模范和好人墙，形成“劳动光荣”、“崇尚劳动”等文明新风尚，促使全市农牧民特别是贫困村文明素质和文明程度得到更大提升。开展“摒弃陈规陋习、评选优秀家风家训”活动。在全市广泛收集整理“摒弃陈规陋习”楷模和优秀家风家训故事，在各村分别选树2～3名“摒弃陈规陋习”楷模和3～5条优秀家风家训故事，依托乡村道德讲堂、乡村学校等载体，邀请“摒弃陈规陋习”楷模、道德模范讲述自己身边故事，组织开展“摒弃陈规陋习、培育文明家风”活动，引导群众摒弃迷信愚昧、陈规陋习、宗教消极影响等束缚，使广大农牧民群众，特别是贫困群众学有榜样、见贤思齐，从先进典型的感人事迹和优秀品质中受到鼓舞，努力形成“贫穷落后不光荣，好吃懒做很可耻”的舆论氛围，形成不因“财不如人”而自卑，引导群众理性对待社会救济、政府扶贫，树立率先脱贫摘帽而自豪的社会风尚。开展各类典型引领教育活动积极开展脱贫致富典型模范评选活动，在本县（区）、部门、乡（镇）、村（居）脱贫致富贫困户中，挖掘依靠勤劳致富、科技致富、政策致富等脱贫致富的典型事例，通过比作风、比办法、比成效等办法，推出一批勤劳致富的模范人物，并通过各大媒体、宣讲团广泛宣传脱贫致富的典型模范事迹，邀请脱贫致富典型模范到宣讲场所、贫困户家中等地现身讲述自己的脱贫致富做法、历程和成功经验，引导村民以懒惰为耻、以勤劳为荣。建立脱贫致富文明示范村（居）评选流程、评选制度和评选标准，制定脱贫致富文明示范村（居）奖励办法，实施文明素质提升、环境优化、文明风尚普、传帮带致富的脱贫致富文明示范村（居）创建活动，改善村容村貌，促进乡风文明，建设美丽乡村，引导所有村（居）形成文明共建、脱贫共荣良好氛围。开展“劳动光荣、懒惰可耻，致富光荣、贫穷可耻”专题教育活动。通过开展村民大会、村民座谈会等方式，讲述村民依靠勤劳致富的优良品质，讲述致富后给家庭带来的幸福生活，讲述懒惰对家庭、对亲人、对社会造成的严重后果，讲述贫穷造成的各种悲剧，广泛倡导劳动光荣、致富光荣理念，广泛倡导懒惰可耻、自甘贫穷可耻理念，让自力更生、艰苦创业、勤劳致富家喻户晓、人人皆知。

（四）普及科技知识，引导贫困群众树立科学脱贫观念

通过向贫困群众普及科学技术知识，掌握基本的科学方法，树立科学思想，崇尚科学精神，使广大农牧区贫困群众具有一定的应用科普知识处理实际问题、参与公共事务的能力，提高农牧民群众获取和运用科技知识的能力、改善生活质量、实现全面发展，最终认识科学、相信科学、利用科

① “一比、二思、三看、四查、五干”即“一比”：比现在和过去；“二思”：思源、思进。“三看”：看本市、本县、本乡、本村、本户的历史变化，看正在实施的重大项目、重点工程建设，看未来的规划蓝图。“四查”：查找在精神追求、价值取向等理想信念方面存在的问题，查找在心系群众、服务人民等事关党性宗旨方面存在的问题，查找在致富思源、回馈社会等社会责任方面存在的问题，查找在孝敬父母、赡养老人等家庭责任方面存在的问题。“五干”：按照“四查”所查找出的问题，围绕中心干、抢抓机遇干、瞄准一流干、立足本职干、大胆创新干。

② “24字人知人晓工程”即富强、民主、文明、和谐，自由、平等、公正、法治，爱国、敬业、诚信、友善。

学致富。面向贫困户宣传科学知识。重点开展保护生态环境、节约水资源、防灾减灾，倡导健康卫生、移风易俗和反对愚昧迷信、陈规陋习等内容的宣传教育，促进在广大农村形成讲科学、爱科学、学科学、用科学的良好风尚，促进社会主义新农村建设，重点围绕科学生产和增效增收，激发广大农民参与科学素质建设的积极性，增强科技意识，提高获取科技知识和依靠科技脱贫致富、发展生产和改善生活质量的能力，并将推广实用技术与提高农民科学素质结合起来，着力培养有文化、懂技术、会经营的新型农牧民。大力开展农民科技培训。结合实施农村党员干部现代远程教育、农村党员基层干部适用技术和市场经济知识培训计划、绿色证书工程、星火科技培训专项行动、双学双比、巾帼科技致富工程等，开展针对性强、务实有效、通俗易懂的农业科技培训，多渠道加大培训力度，通过广泛开展各种形式的科技下乡和群众性、社会性、经常性科普活动，深入开展“送科技”服务下乡活动、全国科普日等活动，推广科技特派员、科技入户、科技 110、科普之冬（春）、科普大集、科技咨询服务站、科技大王下乡、科教兴村等行之有效的做法，实现科普培训 4.3 万人以上。建立健全农村科技教育、传播与普及服务队伍。发展农业技术推广机构、农村基层科普组织和农民合作经济组织，重点扶持 300 个农村专业技术协会。组织专家咨询服务和志愿者队伍，形成动员科技人员为农牧户服务的有效机制。培养农民技术员队伍，提高农村实用人才的学习能力、实践能力和传播能力。依托农村中小学、村党员活动室、乡（镇）文化站、村（居）书屋、农村专业技术协会等农民合作组织，发展乡村科普活动场所。推动乡村科普橱窗、宣传栏等建设，开发和充实适应需求、富有特色的展示教育内容。

（五）以文化人，以文育人，促进贫困地区实现“文化小康”

顺应时代发展新要求，顺应信息技术迅速发展新形势，顺应人民群众的新期盼，一年一个新台阶，把纳入脱贫摘帽的贫困区域文化建设成与本地经济社会发展总体格局相适应，与本地各族人民日益增长的文化需求相适应，实现“文化脱贫”，达到“文化小康”。实施基层文化设施建设工程，奠定文化育人基础强化基层公共文化设施建设。着力建好市群艺馆、图书馆、博物馆、新华书店、影剧院、非遗展示中心等标志性公共文化基础设施建设，推动各级各类公共文化设施免费开放；强化城乡文化广场建设，实现县县、乡乡、村村有文化广场，引导广场文化活动健康、规范、有序开展；建立群众文化需求反馈机制，多途径开展文化进乡村、社区、企业、军营、寺庙等活动，开展农牧区文化进城展演及城乡文化互动交流，逐步实现每个行政村每年有 1 场县以上（含县）文艺团体的正规演出；健全城乡文化服务全覆盖体系，逐步建立健全以市大中型公共文化设施为骨干，以县（区）级文化活动中心、全国文化共享工程县（区）支中心、县（区）新华书店、乡（镇）综合文化站、村（居）文化活动室、农家书屋、寺庙书屋等为基础，以流动文化设施和数字文化阵地为补充的城乡全覆盖公共文化服务体系。推出更多魅力昌都精品力作，以文化精品教育转化群众思想。以昌都打赢扶贫攻坚战为主题，创作出反映昌都各族人民团结奋斗、脱贫摘帽、致富建成小康的 6 大类创作项目，其中：创作扶贫攻坚大型歌舞节目一台，实施“脱贫致富建小康、齐心共筑中国梦百幅精品唐卡”工程，举办一次高质量的扶贫攻坚书美影展，创作并推出一批深受群众欢迎、唱得响、传得开的扶贫攻坚新歌，出版一部全市各族人民听党话、跟党走、脱贫困、建小康的文学专著。丰富贫困地区群众文化生活，采取送演出、送图书、送文化、送电影等下乡等方式，组织开展丰富多彩、积极健康的文化活动，满足群众日益增长的精神文化需求。大力实施文化科技卫生法律爱国爱教宣传服务“五下乡”、“结对子”、“种文化”、农村电影放映、全民阅读等活动，确保每村每季度 4 场以上。精心打造三江茶马文化艺术节、各县艺术节、杏花节、文化活动月等特色文艺活动，举办具有地方特色和群众性传统节庆、民间艺术展演活动。举办“农民读书月”活动，分批向农家书屋补充配送科普、农村实用技术等农民喜爱的图书，加强实用技术宣传普及，提升贫困群众脱贫致富能力实施“文化+”工程，加快贫困区域文化产业发展。充分挖掘、利用“三江地域文化”、“茶马文化”、“红色文化”和优秀传统康巴文化资源，实施文化与相关产业融合发展战略，推动贫困区域文化资源向文化资本转变，促使文化产业向乡（镇）、村（居）延伸，促进文化产业提质增效。促进文化与基层旅游、农业、生态、商贸、科技等相关领域融合发展，打造特色文化产品，扩大贫困地区文化产品购买力，鼓励开办文化企业、从事文化产品开发生产和经营，增加农牧民群众收入，不断激发贫困群众内生动力，促进走向脱贫致富路。

（六）深化贫困区域精神文明创建，凝聚起打赢扶贫攻坚战的强大正能量

通过实施丰富多彩的精神文明创建活动，积极培育和践行社会主义核心价值观，弘扬爱国主义精神，把精神文明创建融入扶贫攻坚全过程，不断提升贫困群众精神境界，用精神文明建设成果凝聚农牧区广大农牧民群众团结奋进的强大正能量。加强贫困地区农牧民群众道德建设。开展弘扬家风、村风、乡风行动，净化社风民风，形成我为人人、人人为我的共建社会文明生动局面。认真组织开展基层道德模范评选表彰活动，选出立得住、有影响的道德模范。组织开展道德模范、身边好人、最美人物、脱贫致富典型基层巡讲、现场交流、进道德讲堂，讲述道德模范、脱贫典型故事，激励群众学习道德模范、学习脱贫致富典型。制定和完善村规民约、社区公约、行业规范，建设善行义举好人榜、脱贫模范榜，寓道寓德寓富教育于各项制度和组织落实之中。

持续开展美丽乡村建设，每个村（居）每季度要召开一次美丽乡村文明养成建设工作部署会，把弘扬优良家风、创新发展乡贤文化作为农牧区培育和践行社会主义核心价值观基础工程，将脱贫致富内容纳入文明户创建评选中，深化文明户创建，打造“星级文明户”品牌，推动文明村镇创建，广泛开展乡村结对共建、结对帮扶，帮助脱贫，改善生活，促进乡村文明。深化志愿服务进村入户活动。实时召开全市志愿服务联合会成立大会，推进建立各级各类志愿服务团队，特别是驻村工作志愿服务队，广泛招募志愿者，大力开展乡村扶贫志愿服务活动。健全完善农村志愿服务体系，引导全市各村建立农村志愿服务组织，规范鼓励志愿服务行为，组织相关专业技术人员开展文化志愿服务、科技志愿服务和送健康志愿、送法律服务活动，提高农民群众的科技文化素质和身心健康水平。积极组织开展政策宣传、文明劝导、环境整治、治安巡逻、扶贫帮困、邻里守望等公益活动，为农民群众特别是贫困群众提供多元化、人性化、精细化服务，于细微处解民忧、办实事。开展乡村环境卫生整治行动。每周星期五组织市、县（区）、乡（镇）、村（居）、学校、寺庙管理委员会干部群众、学生和僧尼开展环境卫生大扫除活动，着重对各街道、公路、河道、农田、牧场、办公区域、农牧民群众房前屋后等地环境卫生进行集中整治，尤其对城区、国道、省道沿线的卫生进行彻底清理，采取治脏、治乱、治水、治路、治污、改厕等措施，大力实施城乡清洁工程，着力清理垃圾、污水、粪堆、柴堆和杂物等，彻底清理各个卫生死角，对生产生活垃圾和农牧产品废弃物进行集中清理、填埋或焚烧，打造干净、卫生、整洁、美观的城乡环境。

二、深入开展脱贫攻坚结对帮扶工作

根据《中共昌都市委昌都市人民政府关于开展脱贫攻坚结对帮扶工作的决定》要求，在落实责任主体、精心组织实施、强化舆论引导三个方面提出工作要求，在全市组织开展集团式包县（区）、

市级领导包片、县级领导包乡（镇）、乡（镇）领导包村（居）、广大干部包户的结对帮扶工作。结对帮扶的主要内容是政策宣传、维稳宣传、观念转变宣传。通过宣传，群众从思想上感恩党，行动上听党话跟党走，改变“等、靠、要”思想，鼓励自力更生，依靠好的政策，靠自己的劳动致富。一是到村户家中走访慰问，部机关所有干部进入自己帮扶的村户家中，实地察看村户家中具体情况，了解家庭人员结构、生产资料等，并进行资金慰问。二是组织捐物活动，部机关全体干部依照个人实际情况，将家中的衣物、物品、家具捐献一部分，为结对帮扶村户家庭解决实际的生活物品需求。组织捐款活动，部机关全体干部依照一定标准，筹集资金，为村户脱贫提供资金。三是解决村户实际困难，根据第一次走访入户了解的情况，具体为村户解决一个实际问题，帮助村户尽快脱贫。四是组织发放宣传品。依靠宣传部优势，为村户提供图书、海报、光盘等宣传资料，丰富村民精神发展，促进精神脱贫。

三、举办精准扶贫精准脱贫政策知识竞赛

为深入学习宣传贯彻习近平总书记关于扶贫工作重要论述，进一步检验和巩固广大干部对精准扶贫、精准脱贫政策知识的掌握和了解，确保基层干部精准落实好脱贫攻坚各项政策措施。根据市委宣传部、市脱贫攻坚指挥部办公室部署要求，11个县（区）委宣传部、脱贫攻坚指挥部认真组织县、乡、村干部脱贫攻坚政策学习培训，在此基础上针对不同层次、不同对象，采用单选题、多选题、填空题、问答题等方式设计藏汉双语试卷，分发至县、乡、村组织干部进行政策知识竞赛。集中测试从2018年2月至5月底，各县（区）结合实际分批组织实施。采取闭卷考试的方式进行，测试对象为11个县（区）各单位、各乡（区）干部，村（居）两委班子成员及驻村驻寺干部。竞赛内容：一是精准扶贫、精准脱贫政策知识（题目由市脱贫攻坚指挥部宣传组提供）；二是党的十九大报告精神有关脱贫攻坚方面的内容。

四、组织纪念西藏民主改革60周年暨决战决胜脱贫攻坚大型采访

为全面宣传党的十八大以来习近平总书记关于治边稳藏重要论述在西藏的成功实践和取得的丰硕成果，讲好社会主义新西藏故事，深刻揭露旧西藏的黑暗、落后和残酷，深刻揭批达赖集团的反动本质，坚定不移维护祖国统一、加强民族团结，为与全国一道全面建成小康社会、谱写好中华民族伟大复兴中国梦的西藏篇章，营造良好舆论环境。由市委宣传部组织，西藏日报、西藏电视台、康巴卫视等驻昌记者站和市网信办、昌都报社、昌都市电视台等市级媒体记者共14人组成的昌都市纪念西藏民主改革60周年暨决战决胜脱贫攻坚大型采访组，于2019年3月3日开始先后赴江达、贡觉、芒康、左贡县开展大型采访活动。

第二节　工作亮点

在深入学习领会习近平总书记关于扶贫工作重要论述的基础上，主要从“五个强化”助力转移就业、增强“四力”全力以赴投身脱贫攻坚宣传报道主战场两个方面取得了显著成效。

一、以“五个强化”助力精准扶贫转移就业

在精准扶贫转移就业推进工作中，市委宣传部精心策划，创新宣传方式，树立“宣传好也是一种扶贫”的理念，通过“五个强化”扩大精准扶贫转移就业影响，在全市营造人人关心扶贫、人人重视转移就业、人人参与扶贫、人人支持转移就业的扶贫宣传攻坚氛围。

（一）强化组织领导

市委宣传部把精准扶贫转移就业的宣传工作摆上重要工作日程，与业务工作同谋划、同安排、同部署、同推进，主要领导亲自过问，分管领导重点审核把关，制定新闻报送制度，严格执行扶贫就业新闻报送机制，不断加强与各驻站媒体、市级新闻单位及市人社等相关部门的协调沟通联系，加大对精准扶贫转移就业工作的宣传报道力度，增加扶贫工作在新闻刊播中的比重。

（二）强化宣传方式

围绕精准扶贫脱贫工作重点制定了市委宣传部精准扶贫精准脱贫宣传工作计划，有针对性、目的性的进行宣传报道。一是组织开展“精准扶贫在行动、决战脱贫攻坚决胜全面小康”主题采访活动，市委宣传部从各驻站媒体和市级新闻单位抽调精兵强将成立采访组，走进扶贫一线，围绕农牧民群众就业技能培训和农牧特色产业发展布局，大力宣传报道产业扶贫和转移就业新举措、新成效、新亮点。二是各媒体开辟专栏，精心策划精准扶贫深度报道，聚焦精准扶贫实时动态。昌都报社开辟《扶贫攻坚在路上》，2016—2020 年期间，刊发相关稿件 1000 余条；昌都报社、昌都电视台及所属新闻媒体开设专题《众志成城，脱贫攻坚》，播发相关新闻 300 余条，人物专访播出 50 余条。三是组织开展宣讲活动。2017 年 4 月 20 日，市委讲师团启动了“脱贫攻坚”上门宣讲服务活动，开展各类精准扶贫主题宣讲活动 600 余场，发放各类资料 3 万余份，有效提高了贫困户的参与率、知晓率、满意率与幸福感。

（三）强化网络媒体宣传

市委宣传部充分利用各新闻网站和微信公众号等新兴媒体，进行广泛深入宣传。昌都发布、昌都广播电视、青春昌都、网信昌都等及时推送昌都市“精准扶贫”相关动态，全方位覆盖受众群体，及时、全面、准确地展现全市“精准扶贫转移就业”全景。全市网络媒体刊发或转载“精准扶贫转移就业”相关稿件 1000 余条。

（四）强化典型宣传

市委宣传部围绕精准扶贫脱贫攻坚工作开展及落实情况，对各部门、各单位干部结对帮扶实现建档立卡户转移就业工作中涌现出的先进典型以及贫困户中不等不靠不要积极致富脱贫的贫困户宣传报道已进行安排部署，进一步对精准扶贫转移就业推进工作中涌现出来的先进典型进行大力宣传报道，营造浓厚的脱贫攻坚舆论氛围。

（五）强化对外宣传

市委宣传部积极与《西藏日报》、西藏电视台、康巴卫视等各驻站媒体加大全市“精准扶贫转移就业”工作的对外宣传力度。截至 2017 年年底，《西藏日报》开辟的《脱贫攻坚在行动》专栏

中，刊发昌都市精准扶贫相关新闻110条、图片15张；西藏电视台开辟的《脱贫攻坚、西藏记事》专栏中，播发昌都市精准扶贫相关新闻15条，其他节目中播发昌都市精准扶贫相关新闻110余条；康巴卫视开辟的《精准扶贫帮扶平台》专栏中，播发昌都市精准扶贫相关新闻30余条，拍摄了昌都精准扶贫专题片《花开高原》，共上下两集，时长50分钟。

二、增强“四力”，全力以赴投身脱贫攻坚宣传报道主战场

坚决打赢脱贫攻坚战、努力实现全面建成小康社会目标任务，是党和国家工作的主题主线，也是新闻舆论工作的主题主线，是宣传报道组履职尽责、展现作为的广阔舞台。

（一）脚力是基础，真正深入农村、深入农民生产生活才能挖掘到新闻“宝藏”

脚力，就是当新闻事件发生时，宣传报道组能够第一时间走进现场、走到采访对象面前，源源不断获取第一手素材。特别是在互联网时代，脚力好坏直接体现获取独家信息和第一手新闻素材的能力，这是宣传报道组在激烈竞争中领先一步、赢得先机的重要保障。做一名新闻报道者，一定要走得足够远，走到最边远、最困难的农村，走进扶贫攻坚的最前沿、第一线，才能感知扶贫干部的实际工作、贫困群众的生活冷暖。昌都记者走出单位的高楼大厦，到昌都市各县（区），看看不同类型的农村、不同类型的贫困点，对脱贫攻坚工作有一个基本认识，在策划、编辑脱贫攻坚新闻报道时才有能力、才有底气。

（二）眼力是关键，真心贴近采访对象、真诚了解倾听才能看清事实真相

眼力，是面对大量新闻线索时能准确辨析其新闻价值大小，面对纷繁复杂、真伪并存的新闻素材时能谨慎识别真假，面对新闻事件时善于以小见大、从平常事物中发现宝贵的闪光点。宣传报道组一定要练就“火眼金睛”，对新闻事件进行精确辨识，擦亮眼睛、条分缕析，洞察本质、心若明镜，看准新闻背后的真假虚实，看清新闻包含的深层意义和价值，引导人们对决战脱贫攻坚有准确、全面的认识，既看到贫困背后的历史、地理等客观原因，又看到精准扶贫给贫困群众生产生活带来的实际变化，看到市委市政府和扶贫干部的种种努力，推动党中央的决策部署在贫困地区执行到底、全面落地。

（三）脑力是核心，坚持正确政治方向和舆论导向、头脑清醒坚定才能引导舆论、抢得先机

脑力，是在复杂的舆论环境中坚持正确导向，保持清醒坚定，多思善谋、准确研判的基本能力。宣传报道组要“走在田间地头，想着天安门”，既要站在天安门城楼上观风云，又要穿行大街小巷听民声，讲的就是脑力。脑力对脚力、眼力、笔力的作用发挥，起着核心、中枢和关键的作用。脑力强大，新闻报道就能高人一筹宣传报道组要善于思考、善于概括、善于判断，善于从个别中发现一般，从典型中揭示普遍，从微观中把握宏观，从孤立的、偶发的事件中抓住带有规律性的问题，既要把握事物的真实，又要表现出事物的真切，还能精确揭示事物的真相。只有记者勤于动脑、善于思考，才能涌现出有价值的作品、有厚度的故事。

（四）笔力是落点，坚持守正创新、注重效果导向才能够取得优良传播效果

笔力，是写材料的最终呈现，脚力、眼力、脑力的成果都反映在笔力上。老舍先生说过：“说

什么固然重要，怎么说尤其重要。”有了好的发现，还要有好的展现，用最恰当、生动的形式呈现给受众。好的笔力需要日积月累的艰苦训练，才能把脚力所到之处、眼力发现之美、脑力思考之深综合地呈现出来。增强笔力必须把人民群众作为新闻报道的主角，反映农民的创新创造，展现农民的精神风貌，学习农民语言、运用农民话语，多一些深入浅出、通俗易懂，多一些泥土芬芳、雅俗共赏，避免程式化、概念化，避免板着面孔说教。在信息传播高速发展的今天，还要善于运用新技术新应用，综合采用文字、照片、H5、图解、短视频、交互类游戏等多种方式，图文并茂，新闻报道才能鲜活生动、耐读好看。2020 年 9 月 10 日，经市脱贫攻坚指挥部研究决定委托成都菲零文化传媒有限公司来昌拍摄制作脱贫攻坚专题片。由陈华导演带队的拍摄组一行 7 人将深入 11 个县（区）开展脱贫攻坚拍摄工作。大力宣传全市脱贫攻坚工作五年的奋斗历程、先进典型、经验亮点，全面展示昌都市脱贫攻坚工作成效。

第四章　市妇女联合会

进入脱贫攻坚阶段，昌都市由市妇女联合会牵头，成立由主要领导任组长，分管领导任副组长，各科室负责人为成员的扶贫攻坚工作领导小组。该小组围绕中心、服务大局，立足基层、服务妇女，积极发挥党联系妇女群众的桥梁和纽带作用，团结带领全市广大妇女群众积极投入脱贫攻坚，坚决贯彻落实各项脱贫攻坚工作制度，积极引导贫困妇女知晓、理解、掌握党的扶贫政策，切实维护妇女儿童合法权益，促进男女平等，为助力脱贫攻坚工作作出了不懈努力。

第一节　工作举措

通过践行“三项措施”力促观念转变，强化技能培训推动素质提升工程，实施关爱帮扶助力脱贫攻坚，强化就业创业扶持推进巾帼创业工程等工作举措，市妇联助力脱贫攻坚工作取得显著成效。2019 年，昌都市妇联获得了“2019 年度全区妇联系统巾帼脱贫攻坚工作优秀奖”。

一、践行“三项措施”，力促观念转变

（一）广宣传，引导贫困妇女掌握脱贫政策

坚持扶贫扶志扶智结合，依托巾帼宣讲团和各类培训班，编印《昌都市高等学校学生资助政策汇编》《昌都市女大学生创业就业指南》《昌都市卫生计生惠民政策资料汇编》等脱贫宣传资料 50000 余本，先后组织 2000 余名各级妇联干部及巾帼志愿者利用国家扶贫日、驻村帮扶日，深入驻村点、贫困户家中、走进贫困妇女技能培训现场，通过耐心细致地向贫困户宣讲党和国家脱贫攻坚好政策，引导广大妇女不等不靠，树立脱贫信心，主动参与脱贫。

（二）破陋习，带动贫困妇女增强脱贫信心

大力推进移风易俗，弘扬乡风文明结合“七城同创”，认真贯彻落实“家家幸福安康工程”，发挥妇女在弘扬中华民族家庭美德、树立良好家风方面的独特作用，以小家庭的和谐共建大社会的和谐，切实形成产业兴旺、生态宜居、乡风文明、家风良好、民风淳朴、治理有效、生活富裕的人居环境。自该项工作启动以来，各县（区）妇联先后组织基层妇女干部和妇女群众 5000 余人次开展以“共建幸福和谐美好家园”为主题的环境卫生整治活动；在全市范围内组织开展寻找“最美家庭”“五好文明家庭”“好婆婆、好媳妇”“最美格桑花”“巾帼建功先进个人、集体”“三八红旗手、集体、标兵”等活动，五年来，全市共计 1000 余个优秀女性和集体获得国家级、自治区级、市级、

县（区）级荣誉称号；定期组织开展“我的家风家训家规”征文比赛，并对评选出的优秀文章进行表彰，通过市妇联官方微信公众号“藏东妇女”和纸媒杂志《昌都妇女》进行刊发；组织开展“巾帼大讲堂”活动60余场次，大力宣传勤俭持家、孝顺公婆的先进典型事迹，用身边人、身边事，教育引导广大妇女群众破除陈规陋习，崇尚文明新风，为防止农牧区贫困家庭因婚姻等传统习俗致贫返贫发挥了积极的作用。

（三）树典型，带动贫困妇女增强脱贫信心

市妇联通过在《西藏日报》、昌都电视台、市妇联微信公众号和《昌都妇女》等新闻媒体刊登江达县拉措、芒康县玉珍、卡若区泽永拉姆、类乌齐扎西次措等女致富带头人脱贫典型事迹，通过先进典型引领作用，激发全市贫困妇女求富裕求发展的内在动力，用自己的双手改变贫困面貌、创造美好生活。

二、强化技能培训，推动素质提升工程

（一）强化培训促就业

为进一步提升妇女参与全市经济建设和社会建设，提高昌都妇女社会地位和家庭地位，市妇联结合昌都实际，从开展妇女就业技能培训到赋予妇女群众更多的生产技能，通过采取请进来和送出去相结合的方式，将全市建档立卡贫困妇女送往拉萨技能培训学校以及邀请西藏现代服务业职业技能培训学校赴昌都组织开展贫困妇女烹饪技能培训班6期。截至2020年年底，各级妇联组织先后组织开展了西藏首届女子驾驶技能培训班、农牧区贫困妇女烹饪技能培训班、女子缝纫技能培训班、贫困妇女家政技能培训班、女大学生就业创业培训班、贫困妇女民族手工艺品技能培训班、农牧区妇女串珠、丝网花编制技能培训班、农牧区贫困妇女种养殖培训班、农牧区妇女电商培训班、民族服饰加工技能培训班等各类培训班80余期，共计培训包括易地扶贫搬迁点贫困妇女群众达5200余人次，妇联系统累计投入培训资金达1000余万元，培训后实现转移就业人数达4390人，就业率达到84.42%。

（二）带动引领促帮扶

为进一步带动更多贫困妇女参与产业发展、增收脱贫、互助脱贫，市妇联通过强化女技术能人引领，持续加强妇女脱贫工作活力。联合市农业农村局，组织优秀妇女技术能人送技术进村、送服务上门活动。芒康县纳西村葡萄基地和藏红花种植基地，开展贫困妇女技能培训64次，培训600余人，辐射带动200余人，帮扶家庭困难妇女180余人，年人均增收6000元；卡若区祥泰蔬菜种植农民专业合作社，积极解决本地贫困户妇女就业，带动当地30名家庭困难妇女增收致富，年人均增收4000元。2016—2020年，市妇联重点扶持卡若区瓦列村、芒康县纳西村、洛隆县加日扎村、左贡县孟琼村、丁青县仲佰村等7个村的妇女专业合作社，将它们打造成昌都市妇女创业就业示范基地。截至2020年年底，全市共有4个妇女创业就业示范基地获得“全国巾帼脱贫示范基地”荣誉称号，并落实妇女创业扶持资金各20万元。4个妇女创业就业示范基地被评为全区巾帼脱贫攻坚先进基地，并以奖代补落实补贴资金各10万元。

三、实施关爱帮扶，助力脱贫攻坚

（一）实施妇女“两癌”筛查救助

积极与市妇幼保健院合作，持续推进农牧区适龄妇女免费“两癌”检查工作，2016—2020年，累计对全市9231名农牧区妇女群众完成“两癌”免费筛查工作。广泛开展“健康与美丽同行”宣讲活动，通过打造宣传文化墙、编印宣传册、播放公益广告等多种形式，针对妇女广泛开展预防“两癌”健康知识讲座10余场，发放“两癌”宣传资料5000余册，教育引导广大妇女、特别是广大农牧区妇女积极参与定期健康检查，推动关爱工作重心前移，从源头上降低“两癌”的发生率，解决“两癌”患病家庭因病致贫、返贫问题。凝聚多方力量，形成全社会共同关爱“两癌”妇女的良好氛围，并使工作常态化继续实施贫困母亲“两癌”救助，扩大贫困“两癌”患病妇女受益面。2016—2020年，累计救助“两癌”患病妇女180人，发放救助金181万元。

（二）开展“蓝天春蕾”助学行动

为防止建档立卡贫困户家庭女童因贫失学，协调市教育局，组织实施“蓝天春蕾”助学行动，使贫困乡（镇）失学女童重返校园。2016—2020年，全市救助包括小学班在内的学龄女童100余人，发放助学金18.4万元。

（三）推进“母亲水窖”项目落地

为帮助全市农牧区，特别是偏远农牧区建档立卡贫困户妇女摆脱长期因吃不上干净水导致因病致贫的现状，市妇联组织“母亲水窖”公益活动，实施卡若区埃西乡达村、面达乡诺通村和芒康县如美镇拉乌村果农组3个“母亲水窖”，项目投资128万元，解决了290户、1686名群众和1140头（只、匹）牲畜的用水困难问题。

（四）开展贫困单亲母亲救助

针对全市单亲母亲家庭普遍存在文化程度低，就业困难，经济收入低，内生动力不强，健康水平偏低等问题，为做好单亲贫困母亲帮扶工作，市妇联结合脱贫攻坚工作任务，协同宣传、农业农村、林草、民政、人社、司法等部门，详细制定特殊帮扶措施。重点采取思想帮扶、政策帮扶、就业帮扶、社会保障和医疗帮扶、住房帮扶、教育帮扶、岗位帮扶、项目帮扶、法律帮扶、舆论帮扶、应急帮扶等11项措施，深入全市6088名建档立卡贫困户单亲母亲家中，通过送慰问金、发慰问品、思想教育、政策宣讲等形式，鼓励她们勇敢乐观的面对当前困难，教育她们要相信党和政府，帮助解决她们的实际生活困难，切实保障单亲母亲家庭脱贫致富。2016—2020年，市妇联采取资助和鼓励方式，投入100.4万元，通过组织实施单亲母亲“母亲邮包”公益项目，帮扶贫困单亲母亲6000余人。

（五）全力帮扶亚青寺接返女性

根据市委的安排部署，针对亚青寺集中整治专项工作，2019年市妇联动员各级妇联组织力量，抽调市、县两级女性干部360余人组成暖心服务组，开展暖心服务和后勤服务相关工作。累计开展暖心服务工作10余次，出动市、县两级巾帼志愿者达4200余人次。2016—2020年，先后组织400

余名巾帼志愿者集中深入到各县（区）教育基地内，按照“吃得饱、住得惯、穿得暖、学得进、有效果”的总体要求，投入资金30余万元，向1700余名接返女性发放了床单被套、衣物、卫生用品等“暖心包裹”，积极开展一系列巾帼志愿关爱活动。市妇联还积极协调辖区的医疗卫生部门，定期对接返女性开展上门送医送药义诊活动，一人一档建立“接返女性疾病防控档案”，按照属地管理原则，统一记录保管和申请救助；同时大力发挥基层妇联组织作用，特别是国家级和自治区级“巾帼脱贫攻坚示范基地”作用，按属地和户籍，对一些有条件也愿意就业的妇女进行统计和筛查，进行分类就业帮扶，并将接返女性纳入到后续重点技能培训计划中，确保安置有技能、不回流，切实为教育转化取得实效贡献了巾帼力量。

（六）积极开展扶贫帮困活动

各级妇联组织立足妇联群团职能，积极发挥桥梁纽带作用，坚持与时俱进、开拓创新，强化工作举措，把扶贫帮困工作作为巾帼脱贫工作的一项重要内容狠抓落实。2016—2020年，市妇联分别在市妇联驻村点、偏远尼姑寺庙等地落实“卡若香猪”养殖、牦奶牛养殖、经济林种植、小麦种改良、桥梁修建、村委会基础设施建设、购买农机具、修建澡堂等扶贫项目9个，投入扶贫项目资金122.71万元市妇联结对帮扶联系扶贫点1个，联系困难户15户，各县（区）妇联联系困难户57户。

（七）常态化开展节日慰问活动

全市各级妇联每年利用“三八”妇女节、“五一”劳动节、“六一”儿童节、“七一”建党节、重阳节等重要时间节点，组织巾帼志愿者深入农牧区建档立卡贫困户家庭中、集中供养中心、儿童福利院等地，集中对贫困母亲、脑瘫等患病残疾儿童、家庭困难离退休党员干部、困难女环卫工人等弱势群体开展集中慰问活动，为她们送去米面粮油和衣物等生活必需品及学习用具、暖心包裹等，并组织巾帼志愿者为孤寡老人等弱势妇女群体清理个人卫生、理发等暖心服务活动。2016—2020年，全市各级妇联系统累计发放慰问品及慰问金253.99万元。

（八）积极开展临时救助

2018年，因全市部分县（区）遭受特大洪灾等自然灾害，市妇联积极落实市委关于抢险救灾工作的安排部署，号召全市妇女群众全力参与到救灾抢险和灾后重建工作中，第一时间向市特殊教育学校、江达县波罗乡小学等在校300名女童发放了价值3万元的“馨芽邮包”300包。在贡觉县人民医院实施“母亲健康”快车项目，为贫困母亲身心健康保驾护航。

四、强化就业创业扶持，推进巾帼创业工程

（一）加大创业就业投入

为充分发挥妇女在社会主义新农村建设中的作用，助推脱贫攻坚工作，全面提高农牧区妇女素质和创业致富技能，促进贫困妇女得实惠、普实惠、兴实惠，市妇联以2017年全市基层妇联改革为契机，为进一步落实好妇女创业就业工作，向市政府申请妇女扶贫创业基金800万元。申请昌都市妇女创业贷款的利息金和担保补贴（贴息）200万元，以建档立卡贫困妇女为扶持对象，帮助她们解决产业发展资金的缺口。2016—2020年，全市打造“妇”字号巾帼创业就业示范基地17个，

辐射带动建档立卡贫困户妇女群众1000多人脱贫致富。

（二）“春风行动”助力创业就业促脱贫

为进一步推动妇女劳动力就业，满足失业或未就业妇女劳动力的就业需求和企业用工需求，搭建求职者与用工单位双向选择平台，市妇联配合人社部门，积极实施“春风行动”助力脱贫攻坚，为广大妇女群众送岗位、送信息、送政策、送知识。2016—2020年，现场招聘成功妇女600多人，发放宣传资料6750份，政策咨询1000多人次，为她们就业创业需求提供全方位政策服务。

第二节　工作亮点

进入脱贫攻坚阶段，昌都市妇联聚焦农牧区妇女工作，特别是边远农牧区、深度贫困区域农牧区的妇女工作，精准识别帮扶对象、精准实施帮扶措施、精准开展关爱活动，在助力脱贫攻坚工作取得显著成效的同时，展露出诸多工作亮点。

一、类乌齐县开展农牧民妇女技能培训

为充分调动基层农村妇女的主观能动性，使妇女获得“一技之长”，带动妇女实现创业增收，引导更多农牧民妇女参与创业，类乌齐县妇联依托热西妇女手工编织合作社，利用农闲时间，在全县开展为期两期、每期培训30天、每期安排50名的农牧民妇女技能培训。

（一）培训目标

通过培训，真培养一批农村妇女技术骨干、科技致富能手，造就一支紧跟时代科技步伐，有技能、会经营、懂管理、能致富、能带领群众共同致富的农村妇女、妇女党员干部和青年农牧民妇女。

（二）培训对象

一是农村妇女、妇女党员、基层青年农牧民妇女；二是具有小学文化以上的农牧民种植户、养殖户、农村经营管理者、青年农牧民妇女等女致富带头人；三是贫困户、低保户农牧民妇女。

（三）培训要求

要求基层农牧民妇女培训每年不少于30天。通过每人2到3次技能培训，要求受训人员每人掌握1到2门技术 。

（四）培训内容

一是手工编织民族服饰培训。围绕增效、开展各种农村妇女手工编织技能培训。二是藏袍缝纫培训。开展学习裁剪、缝纫技能培训，利用县女致富带头人作用，由县女致富带头人将致富经历技能传授广大农牧民群众，同时根据县农牧民妇女自身技能欠缺的现状，帮助农牧民妇女参加培训后就地转移就业。主要教授裁剪、缝纫、熨烫等技能、并宣传妇女创业就业政策。开展经济发展和法律基础

知识培训。有针对性地在基层妇女中开展财务法规、实用法律知识方面的培训。三是宣讲相关科技知识。广泛开展现代科技知识、科学思想、科学精神和科学方法的教育，普及与群众生活相关的各种环境、灾害以及各种生理医疗健康知识。用科学揭露各种迷信、伪科学、邪教的实质危害，倡导健康、科学、文明的生产生活方式。四是以培训契机宣传相关法律法规。面向妇女群众开展通俗易懂的法治宣传教育活动，宣传党和政府的惠民政策和解读《妇女权益保障法》《婚姻法》《女性健康知识问答手册》《妇女两癌防治宣传手册》《妇女儿童维权法律常识读本》《西藏妇女工作简明读本》《农牧区孕产妇免费住院分娩宣传材料》《劳动合同法》《低碳生活宣传手册》《未成年人保护法》；为妇女群众提供法律政策解答等多种形式的教育，形成培训、宣传、维护妇女儿童合法权益的强大声势。

（五）培训形式

一是依托“热西妇女手工编织合作社”培训班采用集中培训的方式，以实践操作为主，由热西村妇代会主任亚嘎和其合作社专业技能老师手把手指导传授技能，让妇女在短期内熟练掌握手工编织技能、缝纫技能，提高妇女就业能力，为农村富余劳动力转移和拓宽妇女增收渠道打下基础。二是以集中培训和经常培训相结合。以月为单位，做到月月有培训，长年不断线三是课堂培训与现场指导相结合，下村下片深入开展各种培训，走出去与请进来相结合的方法进行培训。

二、选树典型，助力脱贫攻坚

昌都市妇女联合会因地制宜、多措并举，扎实推进先进妇女典型选树工作，使广大群众学有榜样、行有标杆，为助力脱贫攻坚奠定了坚实基础。

（一）面向群众，选树典型平民化

市妇联坚持视角向下，突出群众评、评群众，把事迹突出、品德高尚、群众认可度高、示范引领作用大的典型模范推举出来。市妇联在全市范围内开展寻找“最美家庭”“五好文明家庭”“巾帼建功先进集体、个人”“三八红旗手、标兵、集体”等活动，五年来，全市1000余名优秀女性获得国家级、自治区级、市级和县（区）级荣誉称号。

（二）创新形式，学习宣传常态化

结合昌都解放70周年，重点打造脱贫典型，充分发挥电视、网络、微信公众号、抖音等媒介作用，通过宣讲、座谈交流等形式，全方位、多角度传播先进人物的典型事迹和高尚品格，在全市形成学习典型、争做典型的良好氛围。卡若区的泽永拉姆于2017年创办日通乡瓦列村宗嘎秀然农畜产品专业合作社，吸纳了瓦列村10户建档立卡贫困群众进入合作社工作，不间断开展结对帮扶工作，为建档立卡户增加经济收入。芒康县玉珍通过党的惠民富民政策支持和自己的不断努力，立足当地实际，扩大藏红花种植规模，不断提高葡萄酒的酿造技术，带领全村贫困妇女、建档立卡户创业致富。为贫困户、五保户、建档立卡贫困户发放帮扶慰问资金达27万余元，2017年以来为当地建档立卡贫困户提供就业岗位200余个。江达县拉措自2014年8月创立江达县安馨驾校以来，以良好的信誉、优质的服务让2000多名农牧民群众拿到了驾驶证。她还在驾校内免费对30名建档立卡贫困妇女群众进行培训。同时，她积极发展第三产业，成立格桑花民族服装加工销售有限责任公司，发掘民族传统产品，为精准脱贫贡献力量，至今已带动全县300余名困难群众直接受益 。

三、强化技能培训，助力脱贫攻坚

（一）加强技能培训，提升贫困妇女内生动力

为进一步提升妇女参与经济建设和社会建设的能力和水平，助力全市脱贫攻坚工作，市妇联结合昌都实际，从开展妇女就业技能培训到赋予妇女群众更多的生活技能，通过采取请进来和送出去相结合的方式，将全市建档立卡贫困妇女送往拉萨技能培训学校，并邀请西藏现代服务业职业技能培训学校赴昌都市组织开展贫困妇女烹饪技能培训班 6 期。5 年来，各级妇联组织先后开展了驾驶技能、烹饪技能、缝纫技能、家政技能、民族手工艺品技能、串珠、丝网花编织技能、种养殖技能、电商等各类培训班 80 余期，共计培训包括易地扶贫搬迁点贫困妇女群众达 5200 余人次，妇联系统累计投入培训资金达 1000 万余元。

（二）加大创业培训，提升女大学毕业生就业技能

为认真贯彻市委、市政府关于进一步做好高校毕业生就业创业工作的意见和区党委、政府及市委、市政府关于鼓励高校毕业生自主创业的一系列方针政策，面向城乡未就业女大学毕业生特别是建档立卡家庭女大学毕业生广泛开展创业培训。培训使用“创办和改善你的企业”中国项目统一教材，采取集中授课、岗位实践、跟踪指导三个环节，以理论教学、实验实习、参观考察、小组讨论、经验交流、技术咨询、跟踪服务和创业指导等形式开展培训。2018 年以来，市妇联举办 4 期未就业女高校毕业生创业培训班，受益女大学生共计 150 余名。

四、创办家长学校，助力脱贫攻坚

市妇联从提高家长素质、提升家庭教育工作质量入手，以未成年人的成长需要为出发点，积极推进，构建学校、家庭、社会“三位一体”的家庭教育工作网络，强化扶智和思想引领，以促进学生素质的提高和家长能力的提升。

（一）加强阵地建设，提升家庭教育服务水平

市妇联从夯实家庭教育阵地出发，联合教育等部门，合力打造家庭教育工作阵地，合力优化家庭教育服务手段。截至目前，共投入 288 万元，在全市 18 个学校、11 个社区、4 个村、5 个乡（镇）成立 36 所市级“家长学校”。市妇联组织妇联干部、巾帼志愿者深入群众家庭，发放家庭教育相关资料，宣传社会主义核心价值观，加强未成年人和家长的思想引领，进一步提升学生和家长的综合素质，为教育脱贫贡献力量。

（二）加强组织领导，建立家庭教育长效机制

市妇联协同市教育局以及相关部门整合资源，形成合力，制定了符合昌都实际的家庭教育工作方案，将各项指标进一步分段量化，明确职责措施，共同推动各项工作顺利开展。同时充分发挥专家讲授在传播科学家教知识中的主渠道作用，每年邀请家庭教育工作领域相关专家，在学校、社区、基层村居等场所开展专家讲座或举办家教报告会、家教咨询等活动 10 余次，家长培训会 30 余次，引导广大家长加强自身学习，用良好的素质教育孩子，用和蔼可亲的笑容亲近孩子，用和谐的

家庭环境影响孩子，用正确的方法引导孩子，全力推动昌都市家庭教育工作再上新台阶。

五、开展母亲微笑行动，助力脱贫攻坚

市妇联协调中国妇女发展基金会、市卫生健康委、福建省第九批援藏工作队，在市妇幼保健院为 110 余例来自全区不同地市的唇腭裂及面部畸形患儿开展全免费手术及治疗，让孩子和家长真正重现“微笑”，避免贫困家庭因病返贫。

第五章　市发展和改革委员会

进入脱贫攻坚阶段，昌都市由市发展和改革委员会牵头，成立了以主要领导为组长，班子成员和各科室主要人员共同参与的工作领导小组。领导小组紧扣全面建成小康社会目标任务，围绕脱贫攻坚相关要求，坚持把易地扶贫搬迁作为推进脱贫攻坚的突破口，精准识别、精准施策。聚焦行业定点帮扶、集团式帮扶和结对帮扶，深入推进消费扶贫，统筹推进以工代赈。协调多方力量，不断完善贫困县（区）、乡（镇）、村居公共服务体系，全力保障基础设施服务向农牧区延伸、向贫困村居覆盖，为助力脱贫攻坚夯实了基础。

第一节　工作举措

在市委、市政府的坚强领导下，在市脱贫攻坚委员会的统一部署下，市发改委以全市易地扶贫搬迁工作为抓手，以农牧区基础设施改善为目标，以结对帮扶和驻村帮扶为助力，因地制宜、多措并举，为全市高质量打赢脱贫攻坚战、全面建成小康社会奠定了坚实基础。

一、多措并举，大力实施易地扶贫搬迁

始终把易地扶贫搬迁作为脱贫攻坚的“重头戏”和“牛鼻子”，坚持群众自愿、积极稳妥的原则，因地制宜选择搬迁安置方式，合理确定住房建设标准，完善搬迁后续扶持政策，确保搬迁对象有业可就、稳定脱贫，做到搬得出、稳得住、能致富。易地扶贫搬迁在昌都的实践，为昌都全面解决贫困群众住房安全，决战决胜脱贫攻坚起到了“四两拨千斤”的关键作用。总结昌都市易地扶贫搬迁成效，可以概括为“四个一”，即一个跨越、一个改善、一个加强、一个便利。

（一）一个跨越，人类文明的跨越

昌都市地处青藏高原东南部，横断山脉区，金沙江、澜沧江、怒江纵贯全境，境内山高谷深，沟壑纵横，资源极为匮乏，生存条件十分恶劣，生态环境较为脆弱，发展基础严重落后，群众生活艰苦，人均耕地不足0.8亩，且坡度大，80%以上农田为25度以上的坡耕旱地，靠天吃饭，村落多位于陡峭斜坡上，素有“水在江中流、人在坡上住、地在山腰挂、畜在岩上放、一年忙到头、收获寥无几”的说法，是典型的“一方水土养不起一方人”的特殊贫困区域。由于历史、地理、环境、资源等多方面因素制约，贫困地区交通不便、信息不灵，长期封闭，社会发育程度较低，文明法治意识淡薄，家族宗教势力影响大，不少贫困群众沿袭陈规陋习，特别是深度贫困地区农牧民群众文化水平普遍较低、思想观念落后、宗教信仰思想严重，存在听天有命、安于现状、情绪低落等

陈规陋习。群众生产生活方式落后，特别是大三岩片区属于半农半牧地区，大部分群众仍沿用原始耕作方式，农牧业无法实现自给自足，“三个石头一口锅”的状态，木器和石器等简陋的生产生活工具依然存在，群众居住房屋没有统一规划，以土木结构的土坯房为主，且到处私搭乱建，既不美观，又不安全，群众生活以烧牛粪、木柴为主，乱砍滥伐现象突出，生活水平远低于全区农牧民平均水平的同时，也造成了自然资源的消耗。

易地扶贫搬迁工作是一项民生工程、民心工程、德政工程。2016 年以来，昌都市紧密结合自然、地理、气候、资源、人文、宗教习惯、历史沿革等实际，围绕实现贫困群众“两不愁三保障”目标，确立了“六靠、五方便、两避让”①搬迁原则，坚持从村（居）向城镇、从高海拔地区向低海拔地区、从封闭区域向公路沿线、从资源匮乏区域向资源富裕区域，稳慎推进易地扶贫搬迁。同时，将易地扶贫搬迁与新型城镇化、社会主义新农村建设、棚户区改造相结合，突出规划的统一性、整体性、民族性、区域性等特点，注重与周边环境、建筑风格相融合、相映衬的要求，将传统民族特色与现代建筑理念有机融合，民房外观风貌上做到抠细节、显特色、凸亮点，坚决杜绝千篇一律、一成不变，将易地搬迁安置区民房建设工作打造成“精品工程”“亮点工程”。

通过易地扶贫搬迁，使昌都 2.07 万户 10.34 万贫困人口改变落后的居住条件和落后的生产生活方式，搬迁群众住进了新房，实现了“八到农家”②和“八室一超市一广场”③目标，用上了安全可靠的电，做饭用上了天然气，部分搬迁群众通过自身努力，购置了电视、洗衣机、电冰箱等现代化电器，通过广播电视了解了新思想、见识了新科技、过上了新生活，群众生产生活真正实现了从落后向文明的跨越。通过集中安置，搬迁群众从分散居住到集中居住，增进了邻里感情，促进了文化的交流交往交融。通过配套村居活动场所，丰富了群众文化生活，促进了民族传统文化的传承和发扬。同时，通过易地扶贫搬迁，大大减少了深山区乱砍滥伐等活动，减少了自然资源的消耗，减少了垃圾的排放，保护了生态环境，促进了山区、林区生态的有利发展。通过与城镇化建设相结合，做到了资源优化配置，促进了搬迁贫困群众的长远发展。

（二）一个改善，基础设施的改善

由于全球气候变暖、冰雪融化速度加快，随着雪线上升，地质灾害频发，加之昌都处于地震多发地段，抵御自然灾害能力弱，基础设施投入严重不足，建设标准相对较低，导致现有公路等级低，通行能力普遍较差，道路通而不畅，加之山高谷深坡陡，地质条件复杂，特殊的地理环境造成县、乡公路建设等级低、通行能力差、安全隐患多。群众居住分散，对外出行和物资运输极为不便，生产生活资料运输困难。

受特殊的人居地理环境、气候条件、海拔高度等自然因素影响，贫困地区工程性缺水严重，农牧业生产基本处于靠天吃饭的状况，群众居住分散，安全饮水工程投资大，群众安全饮水得不到保障，饮水靠季节性自然通水。能源保障薄弱，主电网覆盖不足，电力供应紧缺，农牧民家庭仅靠小型家用光伏设备日常照明。加之贫困人口居住分散，不实施易地扶贫搬迁将需投入大量资金用于基

---

① “六靠、五方便、两避让”：六靠即靠县城、靠乡（镇）、靠中心村、靠景区、靠产业园区、靠交通要道；五方便即方便安置点选点规划、方便基础设施建设、方便公共服务配套、方便群众发展产业、方便交往交流交融；两避让即避让地质灾害隐患、避让地震断裂带。

② “八到农家”即水、电、路、讯、邮政、农家书屋、广播电视、优美环境。

③ “八室一超市一广场”即：支部书记办公室、便民服务中心、支部会议室、综合会议室、文化室、值班室、财务室、卫生室，农资和生活用品超市，村级活动广场。

础设施建设，有时户均修路投资达到上百万元，且养护成本大，地方财政难以承担。产业不好配套，“巴掌地”产业经济效益不佳，也难以确保贫困群众长期增收，脱贫但脱不了困，唯有搬迁适度集聚安置，不仅节约资源，也充分发挥了资金的最大效益。由于基础设施配套难的问题尤为突出，水、电、路等基础设施和教育、医疗、文化等公共服务设施落后，群众出行难、用电难、吃水难、上学难、看病难的现象普遍存在，就地脱贫发展无望，增收渠道不畅，传统扶贫手段难以奏效，群众易地搬迁及致富的愿望极为强烈。

通过实施易地扶贫搬迁，全面做好安置点基础设施和公共服务设施配套建设工作，统一推进“水电路讯网、教科文卫保”十项提升工程，统一建设“八室一超市一广场”，既降低了基础设施建设资金投入，又满足了搬迁群众的生产生活需要。通过易地扶贫搬迁，让贫困群众搬迁到特色资源优势突出、开发利用潜力较大的地区，搬迁到交通较为便利、基础设施和公共服务设施较为完善、产业发展较好的中心村、小城镇、产业园区，群众出行更加方便，用水用电更加现代化，同时贫困群众依托迁入地自然资源和产业发展，实现了就业创业，促进了增收致富，从根本上摆脱了落后的生产生活条件，真正实现了“一搬跨千年”的伟大创举。

（三）一个加强，社会治理的加强

由于历史、地理等方面原因，昌都深度贫困地区长期封闭，同外界脱节，社会发育程度较低，文明法治意识淡薄，家族宗教势力影响大，不少贫困群众沿袭陈规陋习，影响社会和谐稳定。家族宗族势力影响深，如三岩核心片区的“帕措”“果巴”等宗族势力暗地里依然存在，不少“帕措”有上百年的历史，暗中调解民事纠纷、发放高利贷，干预司法、行政、教育等，成为影响社会稳定的一股“祸源”，阻碍了脱贫攻坚工作的有效推进。矛盾纠纷错综复杂，因耕地有限、资源稀少、人口较多以及虫草、草场等问题极易引发矛盾、诱发纠纷，调处化解难度大。宗教影响根深蒂固，受宗教消极影响、文明开放程度低、法治意识淡薄等影响，越是深度贫困地区，宗教氛围越浓厚，群众信教现象越突出。个别不法寺庙借助宗教影响力，与宗族势力交织在一起，暗中笼络人心，蛊惑群众，受封建、落后、愚昧思想和宗教的影响深，群众将更多的幸福寄托在宗教和来世上，缺乏依靠双手勤劳致富的意识。群众以往分散居住，基层管理涉及范围广，受基层力量有限影响，管理难度大，打架斗殴事件经常发生。

通过易地扶贫搬迁，进行集中安置，缩短了管理半径，在易地扶贫搬迁安置点积极推进现代化社区治理体系建设，通过聚焦机构设置科学化、社区管理网格化、居民自治规范化、治安防控立体化建设，让群众搬进新家后有社区可依靠，想办事有门路。在搬迁过程中考虑安置点的发展规划、建设规模、发展空间、社会管理等因素，适当调整安置点周边行政区划，以有利于社区的管理和发展，促进搬迁群众和安置地原有群众实现社会融合。通过易地扶贫搬迁，充分利用安置点资源优势，依托县城、乡（镇）、小城镇、旅游景区、水利灌区、农业综合开发区、新农村建设等，统筹产业发展，每个安置点配套了1～2个产业项目，确保了每户贫困户家庭至少1人实现转移就业，加大农牧民施工技能培训，积极组织贫困群众参与安置点建设，在学到劳动技能的同时增加群众收入，在参与自家民房建设中获得幸福感，带动和扶持贫困户稳定增收，努力形成村村有产业、户户有项目、人人有收入的产业扶贫新格局，使贫困群众都在为更加美好的生活奋斗着，消除了游手好闲引发矛盾的基础。同时，建立健全治安防控机制，选派政治立场坚定、服务意识强、善做群众工作的干部加强群防群治工作，强化社会风险防范和矛盾纠纷排查化解，随着贫困群众市民化的发展，有效解决了耕地、资源、虫草、草场等矛盾纠纷，增强了群众的“安全感”，积极推进和谐有序、绿色文明、创新包容、共建共享的幸福家园建设，增强了群众的获得感、幸福感。

（四）一个便利，生产生活的便利

受经济发展制约，昌都社会事业发展滞后，基本公共服务短板突出。教育方面，“控辍保学”难度大，教师队伍总量不足、业务水平偏低，学校点多面广、基础设施差、管理难度大。医疗卫生方面，虽然各乡（镇）都建了卫生院、村（居）都建了卫生室，但卫生院人员平均不足5人，每村配备正式村医平均不足2人，多为赤脚医生，医术有限，远远不能满足农牧民群众的就医需求。群众患病得不到及时医治，“小病扛、大病乱吃药”的现象普遍存在，小病耗大、大病致死，因病致残、因病致贫的现象依然突出。由于特殊的地理位置和自然条件，全市存在大骨节病、碘缺乏病、地方性氟中毒等多种地方病，特别是大骨节病病区分布广，是全区乃至全国的重病区，严重威胁群众身心健康和正常生产生活。受资源匮乏等影响，长期以来群众因生活生计所迫，只能掠夺自然资源，日积月累，造成了当地水土流失、植被沙化、草场退化。贫困地区多为地质灾害多发区，地震、山体滑坡、泥石流等自然灾害频发。通过易地扶贫搬迁，让贫困群众搬迁到了靠近县城、靠近乡（镇）、靠近市场、靠近公路、比较适宜居住的地方，住在新房子里面安居乐业，生存环境明显改善。按照“规模适宜、功能合理、经济安全、环境整洁、宜居宜业”的原则，在安置点配套建设水电路、网络及垃圾、污水处理设施，同步规划建设教育、卫生、文化等基本公共服务设施，配套建设商业网点、便民超市、集贸市场等生活服务设施，解决了搬迁群众生活、就医、就学、就业等后顾之忧。通过易地扶贫搬迁，群众出门行路便利了，生产生活便利了，子女上学便利了，有病求医便利了，获得信息便利了，寻找就业门路便利了。

二、着力推进集团式扶贫

制定出台《昌都市发改委扶贫集团对口帮扶贡觉县的工作方案》，明确19家区内和援藏省（市）、援藏企业共同组成的对口帮扶贡觉县扶贫集团的目标任务、集团构成、片区分工、帮扶任务等，提出了具体帮扶任务并将帮扶任务具体落实到相应部门、具体负责人等，确保如期实现脱自。

（1）明确了集团构成。根据市脱贫攻坚指挥部印发的《昌都市市级领导联系深度贫困县及乡（镇）实施方案》要求，结对帮扶贡觉县工作由市政府主要领导牵头，5名市级领导联系，包括市发改委在内的19家单位共同帮扶的扶贫集团。

（2）确定了片区分工。按照深度贫困地区脱贫攻坚工作重点、难点和总体经济发展方向，将贡觉县帮扶片区分为6个片区，分别是敏都片区、莫洛片区、则巴片区、木协片区、哈加片区、沙东片区，并明确了每个片区的帮扶单位。

（3）压实了帮扶任务。根据昌都市脱贫攻坚实际，结合各单位工作职能，在基础设施、促进城乡居民增收、产业发展、生态环境保护、社会事业发展、深化对口援藏等方面，对扶贫集团各成员单位进行了明确的工作分工，确定了脱贫目标、帮扶重点、帮扶部门等。截至2020年年底，参加结对帮扶242人次，结对户477户，结对人数2266人，帮扶资金（含物资折合）205.19万元。

（4）加强了沟通协作。认真落实脱贫攻坚集团式帮扶协调机制，及时组织召开各成员单位协调会议，研究解决工作中存在的困难和问题。截至2020年年底，福建省落实援藏资金15万元，用于贡觉县3个驻村点的扶贫工作，每村各5万元。

（5）落实了工作措施。各成员单位积极发挥行业和职能优势，从人才、资金、技术、项目、信息等方面为贫困村、贫困户提供扶持，保证了帮扶措施和任务的落实，实施了宋西多巴水渠、麦东村移动通信基站和人饮工程、温室大棚、雄巴村村级路面修建、永果村农田防洪、罗麦乡供电线路维修、犏奶牛养殖等项目，并积极开了特困群众慰问活动，解决了部分家庭学生上学、群众就医等实际困难，同时各单位还结合自身优势，组织群众开展了装卸机技能操作、栽培技术等致富技能培训，切实增强了群众致富增收的能力。

（6）各单位工作落实情况。集团式帮扶工作开展以来，各成员单位坚持新增项目、资金、措施向深度贫困地区倾斜，完善资金投向和分配使用机制，提前做好项目调整，整合项目资金，充分发挥项目、资金、措施在解决贫困地区现实困难和长远发展方面的重要作用，集中力量解决制约发展的“瓶颈”。拉动项目总投资 4109.7 万元。其中，市发改委协调落实以工代赈扶贫项目 5 项，项目总投资 319 万元，主要是防洪堤工程、道路硬化、饮水安全和生产桥建设等项目，极大地改善了当地基础设施条件；市交通局解决 6 条村级道路硬化工程，极大地改善了农牧民群众出行条件；市委政法委落实基础设施建设项目 3 项，项目总投资 148 万元，主要是水塘及水渠建设、蔬菜大棚等项目，极大地改善了联系点农业发展基础设施条件，促进当地农业发展；市经信局将通信、宽带全覆盖作为中心任务，以电信普遍服务工程为契机，加快通信基础设施建设进度，除三岩片区外所有行政村实现通信信号全覆盖；中国移动昌都公司全面掌握农牧民群众网络需求和网络运行质量，发现网络运行中存在的问题并及时解决，结对帮扶联系点实现了家家有网络，户户有宽带；国网昌都供电公司积极协调解决深度贫困村及偏远村供电问题；自治区安全厅帮助解决瓦曲河改造资金 1.6 万元；农行西藏分行帮助解决各类项目 9 项，项目总投资 380 万元，主要是村级活动场所建设、奶牛产业项目、唐卡绘画艺术文化产业基地等项目，切实帮助当地农牧民群众实现就业脱贫；天津市宁河区先后解决规划外援藏项目 4 个，项目总投资 1472 万元，主要是贡觉县人民医院床染病区及医疗处置、贡觉县人民医院集中供养和贡觉县人民医院检验科升级等项目，极大地提升了贡觉县医疗卫生水平贫目标。

三、大力推进强基惠民驻村和结对帮扶

按照市委、市政府关于精准扶贫、精准扶贫的措施要求，制定出台《昌都市发展和改革委员会精准脱贫结对帮扶工作实施方案》，采取委领导包两户，科级及以下干部职工包一户的方式，精准对接莫洛镇和哈加乡共 10 个行政村 77 户 420 人（其中，莫洛镇 9 个行政村 65 户 394 人，哈加乡 1 个行政村 12 户 26 人）结对帮扶工作。通过周密安排部署，认真开展结对帮扶工作。按照结对帮扶实施方案和工作要求，市发改委组织全体党员干部分批入户开展结对帮扶工作，开展专题调研，帮助群众谋划发展思路，实现脱贫致富，共集中组织结对帮扶 10 余次。干部职工参加结对帮扶 242 人次，结对户 287 户，结对人数 1660 人，帮扶资金（含物资折合）16.4 万元。政策宣讲中央关于西藏的特殊政策、脱贫攻坚各类政策、中央和自治区各项惠民政策等，共开展 10 场，参与人数 870 人次。同时，结合部门优势，拓宽致富门路。2016—2020 年，市发改委结合自身工作职能，积极为群众申报各类项目，积极向各相关部门申请项目建设资金，争取项目资金 319 余万元用于基础设施建设，同时积极争取各类援藏资金，帮助驻村点解决实际困难。

四、结合项目实施，稳步推进农牧民增收举措

制定出台《昌都市关于推进以项目建设促进农牧民增收工作的通知》，积极引导农牧民群众参

与工程项目建设，着力推进400万元以下项目交由农牧民施工队实施相关政策。同时结合国家和自治区乡村振兴工作要求，制定出台《昌都市乡村振兴美丽乡村示范点建设思路及标准》，进一步规范了昌都市乡村振兴示范点建设。

第二节　工作亮点

自三岩片区跨市整体易地扶贫搬迁工作开展以来，自治区党委、政府主要领导高度重视、深入一线调查研究、精准安排、周密部署，及时研究解决困难与问题，给予昌都市大力支持。在自治区党委、政府的坚强领导、高位推动下，昌都市委、市政府坚决贯彻区党委、政府关于实施三岩片区跨市整体易地扶贫搬迁的重大决策部署，全市各级各部门始终与自治区保持一个声音、一个步调、一种提法，全力以赴开展搬迁各项工作，高质量完成整体搬迁这一重大政治任务。

一、“五项举措”推进三岩片区跨市整体易地扶贫搬迁

（一）周密安排部署

为了扎实推进三岩片区跨市整体易地扶贫搬迁工作，结合市级机构改革情况昌都市再次及时调整充实了三岩片区跨市整体易地扶贫搬迁工作领导小组和5个专项组，督促指导贡觉、芒康两县工作专班奋力推进三岩搬迁各项工作，形成了上下联动、左右互动、无缝对接的工作格局。2018年5月21日至23日，昌都市委第6次赴三岩片区走村入户讲解政策、解疑释惑、消除顾虑、增强搬迁群众信心，要求基层干部要坚决贯彻落实区党委、政府的决策部署，严格按照市委、市政府的具体工作要求，统一思想、保持定力，严格落实“县级干部包乡、乡干部包村、村干部包户”的责任制。市委副书记、市长陈军带领市人大、政协领导于2018年6月24日至29日再次赴贡觉县开展集团式包县和新一轮督导贡觉县精准扶贫和三岩片区跨市整体易地扶贫搬迁工作，深入贡觉县三岩6乡与寺庙，实地督导政策宣传、群众报名统计工作，要求贡觉县及相关部门对未报名群众深挖研判、找准病灶、开准药方。贡觉、芒康两县积极发挥主体责任，始终认真贯彻区党委、政府的决策部署，严格按照市委、市政府的具体工作要求，做了大量卓有成效的工作。2016—2020年，完成1487户9532人搬迁工作。

（二）深化宣传教育

始终把宣传教育引导作为推动三岩片区跨市整体易地扶贫搬迁工作第一抓手，按照《西藏自治区人民政府转发自治区脱贫攻坚指挥部三岩片区跨市整体易地扶贫搬迁实施方案的通知》（藏政发〔2018〕18号）精神，向群众宣传搬迁政策，解答群众疑惑，打消群众各种杂念、消除外界各种杂音，向群众讲清三岩片区全部搬迁不留一户一人的政策要求。2016—2020年，共发放3600多宣传手册，户均至少2本。针对搬迁意愿不强烈的群众，把村“两委”班子作为突破口，发挥党员模范作用，要求村“两委”班子成员带头报名，不能“以一己私利软对抗”，更不能做“两面人”。同时，针对不愿搬迁的家庭和个人，贡觉县采取“一对一”“多对一”的方式轮番开展个性化、差异

化宣传，努力用心用情用力把政策宣传工作做深做实做细，争取剩余群众早日报名。

（三）稳妥推进搬迁

按照自治区三岩片区跨市整体易地扶贫搬迁领导小组2019年第1、2次会议精神，昌都市制定了详细周全的搬迁实施方案，及时向自治区三岩办汇报请示，并主动与迁入市协调对接，按照林芝市、拉萨市安置点建设完成情况，组织群众有序搬迁。截至2019年10月9日，已完成628户3910人搬迁任务（贡觉县已完成492户2859人，芒康县已完成136户1051人），占搬迁总任务的33.69%，其中：拉萨市已安置262户1699人，林芝市已安置366户2211人。并根据自治区三岩办通知精神，及时调整国庆70周年期间搬迁时序，确保稳妥推进。为确保搬迁群众搬得出、稳得住和保障基本生活要求，昌都市克服财政困难，安排落实3913.47万元用于已搬迁群众购置家具（1801万元）及支付运输费用（2112.47万元），安排1.06亿元用于搬迁群众牲畜购置费用，解决群众的后顾之忧。

（四）深化沟通协作

积极主动加强与自治区三岩办和各迁入地党委、政府的汇报沟通衔接，当前共选派41名干部（县级干部7人）组成联络组与过渡期管理专班，其中选派16人（县级干部6人）组成4个派驻联络组赴4个迁入市蹲点负责协调搬迁相关事宜，从全市范围内选派了25名（其中县级干部1人）基层工作经验丰富、善做群众工作的干部赴拉萨和林芝开展过渡期管理（其中：拉萨13名，林芝12名）。搬迁过渡期管理干部由派驻联络组统筹进行日常管理，严格请销假制度，并成立临时党支部，加强干部党员和已搬迁农牧民党员教育管理，全力配合迁入地做好过渡期管理工作。后续，根据搬迁工作推进情况，及时增派过渡期管理干部，积极配合各迁入地党委、政府做好搬迁群众安置、稳控及手续交接等各项工作，教育引导群众尽快融入当地生产生活。

（五）强化风险防控

在三岩片区跨市整体易地扶贫搬迁过程中，昌都市始终把维护稳定摆在突出位置，市公安局，贡觉县、芒康县等部门共同研究制定了三岩片区跨市整体易地扶贫搬迁过程中涉及的维护稳定、宗教事务、安全保障、矛盾纠纷、突发事件等风险防控处置预案，建立了社会风险隐患分析、研判、排查、处置机制，以防止宗教、宗族势力、部分自发搬迁人员和别有用心之人借搬迁生事。自搬迁以来，打击处理三岩片区违法犯罪和影响搬迁挑头闹事人员8人，今年市县两级成功化解了贡觉县罗麦乡列特村支部书记带头拒绝搬迁事件，协助迁入地开展上访群众稳控、化解群众上访诉求6起，特别是成功化解了林芝市工布江达县孜嘎村、唐丁村搬迁群众诉求未及时满足要求返迁上访事件和拉萨市曲水县四季吉祥村群众诉求上访事件，做到了有效防范、主动应对。

二、高原太阳能利用建设项目转移就业助力脱贫攻坚

为进一步加大昌都市太阳能资源开发力度，通过规划产业园区，招商引资等方式，昌都市成功引进一批实力雄厚、技术过硬、经验丰富、知名度高的光伏电站建设企业，在全市11个县（区）开展一系列大型光伏并网发电项目。截至2020年年底，赴昌都考察光伏建设情况企业达到91家，共向市发改委申请光伏建设指标4321兆瓦，根据《关于印发〈西藏自治区光伏电站项目管理暂行办法〉的

通知》要求，全市已有22家光伏建设企业共取得自治区能源局光伏建设指标750兆瓦，其中：昌都市果扎太阳能有限公司20兆瓦并网光伏建设项目和昌都市昌信太阳能发电有限公20兆瓦并网光伏建设项目已分别于2017年6月27日和6月30日开展并网调试工作，累计完成投资4.2亿元。并网光伏建设项目累计吸纳当地劳动力3120余人次，支付劳务费用163万余元，为带动当地农牧民增收起到了积极作用。同时，建筑材料所需水泥、钢筋、砂石等均采取就近取材，优先采购当地企业的原材料共计750万余元，最大限度地支持了本地建材市场的发展，为农牧民转移就业提供了良好的条件。

第六章 市教育局

进入脱贫攻坚阶段，昌都市由市教育局牵头，成立了以局党组书记为组长，局长为副组长，局其他领导和各科室负责人为成员的教育脱贫领导小组。该小组坚持“两结合、两手抓”工作方针，以提高人民群众基本文化素质和劳动者技术技能为重点，以服务改善民生、凝聚民心为导向，切实保障广大偏远农牧区、贫困家庭子女受教育权利，努力推进教育强民、技能富民、就业安民，让每一名农民群众子女充分享受公平、优质、充满生机的教育，为昌都市决战决胜脱贫攻坚、全面建成小康社会提供了坚强的智力支持和人才保障。

第一节 工作举措

在各级党委的坚强领导下，昌都市教育局全面贯彻党的教育方针，立足昌都教育基本市情，坚持教育扶志、以凝聚教育人心，落实昌都市“5+N”精准脱贫规划，以“过一核、抓两头、促中间、四问责、一保障”总体工作要求，坚持“两结合、两手抓”工作方针，进一步增强工作的紧迫感、主动性。昌都市教育系统以务实态度和扎实努力，切实推动昌都教育事业发展迈出新步伐、取得新成就，让每一名农民群众子女充分享受公平、优质、充满生机的教育，通过教育阻断贫困代际传递，稳定实现教育支持脱贫一批的目标。

一、强化脱贫攻坚组织领导

制定完成《昌都市十三五教育支持脱贫一批总体规划》《昌都市教育局教育支持脱贫一批实施方案（2016—2020 年）》，明确了教育扶贫的基本思路、工作目标、工作措施，根据人事变动实际，及时调整充实了以副市长、局党委书记胡登孚同志任组长，其他班子成员任副组长，各县（区）教育局书记、局长和机关各科室负责人为成员的教育支持脱贫一批工作领导小组，成立教育脱贫攻坚办公室，并安排专门人员负责教育支持脱贫一批日常工作，为教育支持脱贫一批提供坚强的组织保障。

二、制定教育脱贫相关制度

为深入贯彻落实《中共西藏自治区委员会、西藏自治区人民政府贯彻落实〈中共中央、国务院关于打赢脱贫攻坚战的决定〉的实施意见》（藏党发〔2016〕11 号），实施建档立卡贫困家庭子女接受高等教育免费教育补助政策（免学费、住宿费、书本费、补助生活费），实现“发展教育脱贫一批”工作目标，按照中央第三巡视组脱贫攻坚专项巡视反馈意见及自治区党委整改有关要求，落实好教育厅、财政厅、扶贫办、民政厅修订印发的《西藏自治区建档立卡贫困家庭子女接受高等教育实施免费教育补助政策管理办法》（藏教厅〔2019〕22号）、《关于做好建档立卡贫困大学生免费教育政策衔接的通知》（藏脱指办〔2017〕142号）等一系列建档立卡大学生资助文件精神，积极推进精准扶贫、精准脱贫。免费教育补助对象为西藏户籍经自治区招生委员会办公室公开录取的、在西藏自治区内外全日制普通本专科（含高职）高等学校（含民办院校）就读的建档立卡贫困家庭子女在校本专科学生、研究生。补助对象简称“建档立卡大学生（含农村低保大学生）”。具体学生以自治区审核下发的“建档立卡大学生”资助名单为准。

为深入贯彻落实习近平总书记关于扶贫工作重要论述，把发展教育作为增强、激发贫困人口内生动力的重要抓手，坚持扶贫同扶志、扶智相结合，聚焦主业、精准发力，全面推进教育精准扶贫工作，阻断贫困代际传递，制定《昌都市教育局2020年教育脱贫攻坚巩固提升工作方案》。该方案重点从巩固提升党建扶贫、巩固提升“控辍保学”工作成果、巩固提升学校标准化建设、巩固提升学前双语教育、巩固提升贫困学生资助、巩固提升高中阶段教育、巩固提升职业教育富民行动、巩固提升乡村教师队伍建设、巩固提升教育教学质量、巩固落实高校招生倾斜政策、巩固提升推普助脱贫攻坚、巩固提升三岩跨市搬迁学生转学管理服务工作、巩固提升教育脱贫结对帮扶等十三个方面提出脱贫成果巩固提升措施。

三、狠抓控辍保学

出台《昌都市关于进一步加强义务教育控辍保学工作的实施意见》。一是认真落实“双线五级八包”、“四书制”和“八长制”，实行各级领导干部包片、相关部门联动机制，逐级签订目标责任书，把控辍保学工作情况纳入教育目标责任制和党政领导干部履行教育工作职责考核范围内。二是全面启动全市义务教育阶段控辍保学学生信息采集建档工作，全面摸清义务教育阶段在校学生底数。深入开展义务教育阶段“控辍保学”学生信息档案采集工作，组织专人走村入户、进乡入校，建立全市义务教育阶段在校学生纸质和电子档案，形成义务教育阶段控辍保学《督导本》，作为实施控辍保学工作的基础数据和基本依据。三是抓动态管理。坚持学生到位情况报告制度，每月各县（区）教育局、市直学校将统计好的学生到校情况报市教育局汇总分析，市教育局及时向市委、市政府报告，向各县（区）人民政府通报，确保实时、准确地掌握控辍保学工作动态。四是抓责任追究。市政府每年与各县（区）签订《控辍保学目标责任书》，作为各县（区）开展工作、考核检查和实施奖惩的主要依据。截至2020—2021学年，全市市各级各类学校在校生153790人（学前23847人，小学78887人，初中32642人，高中12635人，中职5634人，特校145人），学前毛入学率82.42%、小学净入学率99.84%、初中入学率105.46%、高中阶段入学率81.36%。

四、教育脱贫精准施策

一是施策精准，依据《义务教育法》，将6～15周岁适龄儿童、少年，全部列入教育支持脱贫一批措施；对3～5周岁适龄儿童，要求根据实际情况送入幼儿园，对具备幼儿入园条件的地方要求必须全部入园；对16周岁以上具备劳动能力的“两后生”，由人社部门与林业部门，分别采取技能培训、生态补偿等方式进行转移就业。二是资助精准，各县（区）根据实际制定不同贫困学生资助管理办法，对《昌都市贫困学生资助实施细则》形成有效补充，孤儿、边远乡村大学生、两个以上大学生等同时纳入资助范围，市教育局每年从财政配套教育资金中拿出200万元设立贫困学生资助资金。同时，有效整合团委、工会、妇联、民政等部门贫困学生资助资金进行统一资助，形成对贫困学生资助的有效合力，2016—2020年度累计资助贫困学生29888人次，申报和发放资助金资助金为1.4289亿元。三是全面落实“十五年”免费义务教育，管好、用好学生“三包”营养餐改善计划等经费。2016—2020年，累计拨付“三包”经费21.6亿元、营养餐改善计划经费3.74亿元。

五、扎实推进校园结对帮扶

根据《关于深化教育脱贫校园结对帮扶工作的通知》（藏教厅〔2018〕159号）文件精神，在全市义务教育阶段的各学校开展校园志智双扶行动，建立起教师与建档立卡贫困学生结成“一对一”或“一对多”的帮扶关系，通过教师对学生开展思想、理想、志向、学习、习惯、身心健康等方面的教育和帮助，实现志智双扶，现各学校结合各自的实际，有序地推进该项工作，一定程度上提高了建档立卡学生“德智体美劳”各方面的素质，有效地防止了建档立卡学生辍学失学。二是继续推进送教下乡活动，开展教育研究、讲示范课和指导校本教研，促进贫困地区各级各类学校教师队伍提高教育教学水平。

六、深入开展定点扶贫

认真贯彻落实深度贫困地区脱贫攻坚座谈会精神，坚持问题导向，聚焦深入学习宣传贯彻党的十九大精神，推进打赢脱贫攻坚战、推进乡村振兴战略、维护基层社会和谐稳定、强基础惠民生、加强基层精神文明建设、决胜全面建成小康社会新时代干部驻村等“七项重点任务”，精准发力，夯实责任，推进干部驻村工作双向精准。

七、教狠抓教育教学质量提升

一是根据区教育厅总体安排，结合昌都市实际，拟定《昌都市“五个100%”教育目标督考评估实施方案》《昌都市“五个100%”教育目标督考评估细则》。二是市教育局下发了《关于做好“五个100%”教育目标自查自纠工作的通知》（昌教发〔2019〕32号），要求市职校、各县（区）教育局、局直属各学校对照西藏自治区教育厅《关于印发〈西藏自治区“五个100%”教育目标评价标准〉的通知》（藏教基〔2019〕1号），深入开展自查，并根据自查情况，结合实际整改落实。确保了2019年10月份顺利通过全区“五个100%”教育目标验收。三是进一步将“五个100%”教育目标落实推进与义务教育管理标准化师范学校创建、高中阶段教育普及攻坚、各学段校际间发展联盟、星级学校创建与评定等重要工作深度融合、合理推进，确保全面实现“五个100%”教育目标。四是大力加强幼儿园硬件建设，扩大招生规模。五是高度重视高中阶段教育普及攻坚工作，市教育局牵头衔接总抓，各县（区）政府主导，各乡（镇）、各县（区）教育局、各初级中学主动作为，多措并举，形成了责任明确、任务清晰的工作体制机制，确保高中新生招生达标。

八、狠抓师资队伍建设

一是破解“补充难”问题，以多种渠道充实教师队伍。2019 年补充教师 1044 人，其中，招录教师 844 人、双定向师范生 187 人、免费师范生 13 人（定向西藏 1 人、免费师范 12 人）。二是破解“待遇低”问题，制定《昌都市乡村教师支持计划（2015—2020 年）实施细则》，在严格执行自治区乡村教师补贴标准（二类 500 元 / 月、三类 1000 元 / 月、四类 1500 元 / 月）的基础上，对乡村学校、高海拔和边远艰苦地区学校教师增加 300 到 600 元的生活补贴，对全市教师每月补贴 150 ～ 200 元通信费，拨付 200 万元作为乡村教师、高海拔和边远艰苦地区学校教师的交通补贴。三是破解“留住难”问题，划拨 2049.5 万元（不含县级自筹资金），为偏远、艰苦、高海拔学校建设“教工之家”，全市各级各类学校“教工之家”实现全覆盖。同时在职称评聘中，乡村教师达到规定年限免考的刚性要求，吸引优秀教师到乡村学校任教。四是破解“能力弱”问题，用好、用活国培和区培，扎实推进市级培训，年平均培训人数超过 2500 人。建立县域内教师流动、校长交流机制。有效发挥组团式教育人才援藏作用，加强援藏团队与当地学校人员对接、理念对接和工作对接。

第二节　工作亮点

进入脱贫攻坚阶段，市教育局聚焦全市教育质量提升、建档立卡贫困家庭子女教育，积极履行教育助力脱贫职责，精准识别帮扶对象、精准实施帮扶措施、精准管理帮扶项目”，教育助力脱贫在贫困大学生帮扶和强化“控辍保学”两个方面亮点突出。

一、扎实推进贫困大学生帮扶，助力教育脱贫攻坚

按照“发展教育脱贫一批”任务要求，教育系统深入实施教育脱贫“321”工程，不断完善其中“两个体系”中的学生资助政策保障体系。按照区教育厅《西藏深度贫困地区教育脱贫实施方案》中“加大贫困学生资助力度”等要求，全面实施教育精准扶贫，坚持扶贫同扶志、扶智相结合，坚持精准资助和资助育人，保障困难群体受教育权利，阻断贫困代际。在市委、市政府、区教育厅的正确领导下，扶贫、财政、团委、工会、民政、妇联、民委等多部门，多措并举，形成合力，对贫困学生资助力度不断加大，资助成效进一步提高，助力教育脱贫攻坚成效明显。2016—2020 年，市团委、市工会、市教育局等部门共资助建档立卡大学生 29888 人次，发放自治区、市级、县级资助金 14289 万元。其中，昌都市 2016—2017 学年资助 1984 名建档立卡大学生，自治区配套 721.96 万元，市级配套 896 万元，县级配套 661.7 万元。 2017—2018 学年资助 2007 人，自治区配套 836.312 万元，市级配套 784.75 万元，县级配套 615.8 万元。2018—2019 学年建档立卡大学生 2483 人，自治区配套 1039.684 万元，市级配套 1070.5 万元，县级配套 756 万元。2019—2020 学年 3006 名建档立卡大学生，自治区、市级、县级补助配套资金共 2259.0232 万元（自治区 2 批共补助 1286.1232 万元，市级 3 批共补助 557.2 万元，县级 2 批共补助 415.7 万元）。2016、2017 年度昌都市 2 次荣获自治区教育厅“自治区学生资助工作先进单位”。教育部网站 2019 年 6 月 25 日刊登

了“西藏自治区昌都市扎实做好学生资助工作”一文。2019 年 10 月全国学生资助管理中心在成都组织召开了“三区三州学生资助工作推进会”，昌都市作为西藏地市唯一代表，进行了资助助力脱贫经验交流发言。

二、强化“控辍保学”，教育脱贫成效斐然

2020 年是脱贫攻坚决战决胜之年，昌都市认真贯彻落实党中央决策部署和自治区安排部署的同时，以实现义务教育“一个都不能少”为目标，创新性的开展控辍保学工作。全市进一步落实保学措施，加大巩固力度，确保将劝返学生全部巩固在校，为打赢脱贫攻坚战打下坚实的基础。

（一）进一步健全体制机制

全市控辍保学工作按照《西藏自治区 2020 年度义务教育控辍保学工作方案》要求，进一步贯彻落实“双线五级八包”“四书制”“八长制”，同时建立健全控辍保学“五个四”工作机制，即坚持“四个导向”（目标导向、问题导向、责任导向、结果导向），建立“四本台账”（村级台账、乡（镇）级台账、县（区）级台账、市级台账），列出“四份清单”（任务清单、整改清单、销号清单、问责清单），印送“四张卡片”（资助政策卡片、控辍保学政策卡片、易地扶贫搬迁政策卡片、招生政策卡片），抓好“四个一批”（讲道理感召一批、特殊关爱感化一批、行政措施劝返一批、法制手段兜底一批），全面推进控辍保学工作。根据西藏自治区教育督导委员会《关于做好义务教育控辍保学动态监测的通知》，研究制定《昌都市关于进一步加强控辍保学动态监测提高义务教育巩固水平实施方案》。

（二）强化依法控辍，落实联保联控

（1）促各县（区）进一步深入落实《昌都市关于加强义务教育控辍保学工作的实施意见》精神，结合本县（区）实际，制定了符合实际、操作性强的实施方案，方案明确公安、市场监管、卫生、民政、统战、民宗、司法、人力资源和社会保障、扶贫和教育等部门的职责，切实做到了凡事有章可循、凡事有人负责、凡事有据可查、凡事有人监督，举全县（区）之力严格落实控辍保学各项措施。

（2）狠抓“双线五级八包”、“四书制”和“八长制”，各县（区）认真落实政府、乡（镇）、村（居）委员会与学生父母或其他法定监护人为一线控辍的工作机制，压实工作责任。落实教育行政部门、学校与班主任为一线保学的工作机制，责任具体到部门，落实到人头，确保学生到校留得住。明确划分县（区）、乡（镇）、村（居）、村（居）民小组、村（居）民职责，压实县（区）长、乡（镇）长、县（区）教育局长、村主任、驻村工作队长、校长、家长、师长责任，坚持县级领导包乡（镇）、乡（镇）领导包村、村干部包组到户，市教育局领导及科室包县、县教育局包学校、学校领导包年级、班主任包班、教师包学生，确保控辍保学工作有人抓、有人管、有人负责。

（3）各县（区）统筹有关部门积极配合，形成合力推动控辍保学工作。公安部门及时规范户籍信息，对 0 ～ 15 周岁人口户籍信息进行全面核查，对户籍年龄与实际年龄不相符的进行及时更改，对死亡、搬迁、双户籍、空户籍等户籍未注销的进行了注销；市场监管、公安部门等集中开展校园周边治安整治行动，禁止在学校周边开办娱乐活动场所，禁止营业性歌舞厅、电子游戏厅、网吧等接纳未成年学生；卫生部门重视办理出生证和残疾认定工作，为每一名新生婴儿办理规范、准确的

出生证，为公安部门规范办理户籍提供有效证明，避免出现新的户籍信息与本人真实信息不符的情况，积极配合民政部门做好残疾儿童的医疗认定工作，对因病不能入学儿童进行核查登记，并给予一定的医疗补助；统战、民宗部门加强监管和整顿力度，清理非法入寺的未成年人，严禁寺庙招收未成年人入寺；扶贫部门对照花名册对建档立卡户失学儿童少年进行全面排查，配合乡（镇）人民政府做好应招尽招和劝返复学工作，保证建档立卡户失学儿童少年全部入学；司法行政部门强化农牧区法治宣传教育，提高广大群众的法律意识，依法督促法定监护人送适龄儿童少年入学；民政部门将符合政策条件的学生全部纳入社会救助保障范围，确保贫困家庭学生上得起学；人力资源和社会保障部门加大查处力度，严禁用人单位违法招用未成年人。

（4）各县（区）坚持法制手段和行政奖惩相结合，把适龄儿童少年入学情况与兑现城乡低保、粮食补贴、农机具购置补贴、草原生态有偿补助机制、生态岗位录用等惠民政策挂起钩来，督促家庭或法定监护人及时送适龄儿童少年入学。

（5）各县（区）统筹教育、财政、扶贫、民政、安置帮教机构、残联组织等，加强排查，摸清情况，针对家庭经济特殊困难学生，按照“一家一案，一生一案”制订帮扶方案，统筹各类扶贫、惠民政策，加大帮扶力度，保障了孩子不因家庭经济困难而失学辍学。

（三）强化质量控辍，巩固控辍成果

（1）根据《昌都市关于加强义务教育控辍保学工作的实施意见》要求，11个县（区）均及时建立了0～15周岁人口信息库。2020年信息库数据已更新，今年秋季学期开学，各县（区）根据信息库数据做到适龄儿童应招尽招。

（2）各县（区）严格落实《西藏自治区义务教育学籍管理实施细则》，突出规范学生学籍变动手续管理，建立学籍变动台账，详细记录学生转入、转出、休学、复学等情况。对未经正常渠道办理转学手续、私自转学到市、县（区）之外就读的学生，及时督促补办相关手续，消除本地学籍。

（3）各县（区）督促各学校依法规范学校管理，强化常规管理工作，加强对已入学学生的管理，特别是建立规范的整班移交和小升初学生交接制度，切实做好了各年级学生的整班升级工作，做到交接学生信息资料真实全面。

（4）各级各类学校切实强化学校管理工作，采取教师与辍学返校学生“一对一”“多对一”帮扶模式，确保学生进得来、留得住、学得好。

（5）各县（区）组织各类学校指定专人负责控辍保学，把深度贫困地区、高寒牧区和流动人口相对集中地区等作为重点监测地区，特别是把游猎户子女、流动、留守、残疾、家庭经济困难适龄儿童少年与服刑人员未成年子女作为重点监测群体，加强监测统计工作，坚决杜绝空挂学籍现象发生，严防在校生中途辍学。

（6）严格落实控辍保学班级日报、学校周报制度，各县（区）教育行政部门每月20日前要将本辖区义务教育阶段学生到位情况和控辍保学情况报本县（区）人民政府、市教育局，市教育局每季度将全市义务教育阶段学生到位情况和控辍保学工作情况报市人民政府以及自治区教育行政部门。

（四）狠抓督导检查，推动问责控辍

不定期组织工作组深入到各县（区）专项督导检查控辍保学工作开展情况，根据《昌都市义务教育阶段控辍保学工作督查问责制度》、《昌都市对县（区）乡（镇）政府履职教育工作情况进行督导考核的工作方案》和《昌都市教育工作重大问题约谈制度》，严肃奖惩，推动控辍保学工作责任落实。2020年截至11月，已先后2次组织工作组检查控辍保学工作情况，通过督导检查组的调研、跟进、指导等措施，各县（区）控辍保学工作突出问题得到了有效地整改。

（五）强化宣传工作，推动氛围控辍

各县（区）、各级各相关部门深入开展“不让一个孩子辍学”主题宣传活动，充分利用广播、电视、报纸、标语、短信等多种平台，加大《中华人民共和国教育法》《中华人民共和国未成年人保护法》等法律法规的宣传力度，使广大适龄儿童少年认识到接受义务教育既是权利也是义务，使广大家长增强送子女上学的法律意识，使广大企业充分认识到雇佣未成年人是违法行为，使寺庙充分认识到收留适龄儿童是违法行为，营造了学校、家庭、社会共同关注“控辍保学”的浓厚氛围。

第七章 市科技局

地方要发展，产业要升级，农牧民要致富，科技是“内力”。进入脱贫攻坚阶段，昌都市由科技局牵头，成立了由主要领导任组长，分管领导任副组长，各科室负责人为成员的扶贫攻坚工作领导小组。面对全市脱贫攻坚新形势、新任务、新目标，2016年以来，该小组创新工作思路，突出工作重点，搭建服务平台，拓宽服务领域，为提升昌都经济社会发展服务水平、提高全市人民科学素质服务，切实加强自身建设，在助力全面打赢脱贫攻坚战的实践中，积极发挥科技引领脱贫攻坚的桥梁和纽带作用。

第一节 工作举措

紧紧围绕“自主创新、重点跨越、支撑发展、引领未来”的科技工作方针，坚持“建平台、攻专项、促转化、广普及”的科技工作要求，深入实施创新驱动发展战略，开拓创新，扎实工作，农村科技事业助推脱贫攻坚工作取得了显著成效。

一、全面贯彻落实创新驱动发展战略

（一）实施一批重大科技项目工程，积极抢占未来科技发展战略制高点

2016年以来，市科技局紧紧围绕全市“五大养殖基地，七大种植基地”产业布局，共实施重点科技计划项目29项，落实资金3320.16万元。其中：落实青稞、马铃薯等农作物专项项目11项1046.88万元；落实牦牛、阿旺绵羊、藏猪、藏鸡及饲草等畜牧业专项项目5项518万元；落实高原医药、藏医药产业项目6项31万元；落实其他重点项目7项1724.28万元。重点打造昌都市经开区藏东高原科技产业园区、类乌齐县牦牛种业创新科技示范基地、阿旺绵羊育种示范基地、芒康横断山脉可持续发展实验区及昌都市科技创新能力建设等科技创新工程，加强农牧产品深加工和优势特色资源开发，延伸农牧业的产业链，积极培育农牧业产业化龙头企业，进一步加大先进适用技术的引进、吸收、普及和推广力度。

（二）以各类科研平台为技术依托，提升科技服务昌都经济的能力

一是芒康县自治区级横断山脉典型地貌可持续发展实验区自2015年批准建设以来，投入资金318万元，以生态保护和林下资源开发为主要发展方向，以构树引种及高效栽培利用技术集成示范、盐田酸橘种植技术探索与示范、高原有机葡萄栽培与酿酒技术研发等项目支撑，大力推进区域经济

社会协调发展，为全面建设小康社会和构建社会主义和谐社会提供综合试验示范。二是昌都市高水平科技创新平台建设取得重大突破，2018 年 10 月，昌都市农业科学研究所高原生态桑产业首个院士专家工作站成功获批筹建[①]。该工作站由中国工程院院士、西南大学蚕学与系统生物学研究所所长向仲怀院士为首席专家，西南大学各领域专家 16 名、昌都市农业科学研究所专业技术人员 18 名共同组成。工作站的建设旨在为促进和支撑包括昌都市及其他藏区生态桑基地建设、优质高产适宜品种培育、当地丰产高效栽培技术建立、多用途桑树品种示范和推广、桑饲料和各类产品研发及品牌的打造。三是加强科技示范县、乡、村建设新建芒康、察雅 2 个科技示范县，每县 2 个科技示范乡（镇），每乡（镇）3 个科技示范村，巩固现有科技示范县（八宿县）建设。

二、强化科技惠民，支撑民生改善和精准脱贫

（一）推进科技惠民，加大科普宣传力度

一是为全面贯彻落实《昌都市深度贫困地区脱贫攻坚实施方案（2018—2020 年）》《昌都市易地扶贫搬迁安置点“十项提升工程”实施方案》相关要求，截至 2020 年年底，完成全市 268 个易地扶贫搬迁安置点的科技配套工作，每个点配备了电脑、书架、阅览桌、座椅，制度牌等基础设施，配备了科普书籍 40 余种 39200 册、科普包 18 包、科普光盘 1200 张、挂图 5300 余张；同时完成了全市 1142 个建制村的科普活动室标识铜牌制作和科普盒子终端配备，实现了全市所有建制村“农村科普栏”全覆盖，投入资金累计达 409.13 万元。二是根据《昌都市深度贫困地区脱贫攻坚实施方案（2018—2020 年）》相关要求，截至 2020 年年底，完成芒康、左贡、八宿、洛隆、贡觉、察雅、边坝、江达等 8 个贫困县县级 LED 电子科普画廊建设工作，总投资 206 万元。进一步增强了贫困地区基层科普宣传阵地建设力度、拓宽科普宣传工作形式、满足了广大农牧民群众的科普需求。三是积极开展科普宣传活动，以“科技下乡”“科技活动周”“全国科普日”“全国科技工作者日”“科普七进”等活动为载体，充分利用科普大篷车、中国流动科技馆、中小学科技馆、科普 e 站、科普示范社区等科普平台及设施，针对社区、乡村、学校等各类人群广泛开展科普知识宣传及科普设施巡展，加大扶贫工作、卫生健康、疫情防控、防灾减灾、安全生产、健康茶等方面科学知识的宣传力度。截至 2020 年年底，全市开展各类科普宣传活动 55 场次，发放各类科普宣传资料 12 万余份，发放科普物品 4200 余个，共计价值 40 余万元，受益群众达 20 万人次。

（二）大力推进科技扶贫，强化科技创新对精准脱贫的支撑作用

（1）通过与天津市科技援藏对接，投资 275 万元，完成昌都市卡若区藏药材种植基地建设项目。藏药材种植基地 50 余亩，其中：育苗温室大棚 2 座，占地 1500 平方米，管理用房 120 平方米，露天种植基地约 48 亩。截至 2020 年年底，已种植藏红花、藏木香、胡巴等 11 种藏药材，带动当地建档立卡贫困人口 12 户 38 人增收。

（2）扎实推进结对帮扶。认真落实结对帮扶和“党员干部进村入户、结对认亲交朋友”工作。先后选派多名优秀干部赴类乌齐县、边坝县开展驻村工作，驻村工作队员认真开展入户调研、走访慰问、科技助推民生等各项工作，为助力脱贫攻坚夯实基础。一是为类乌齐县尼扎村投资 80 万元，

---

① 该工作站 2020 年 3 月 26 日更名为西藏高原（昌都）生态桑产业发展院士专家团队创新中心。

新建温室大棚 4 座，建设面积 1280 平方米、房屋 35 平方米、围墙 330 米、蓄水池 18 立方米。该项目不仅改善了当地农牧民的饮食结构、为当地种养殖实用技术培训提供了典型示范，而且为当地群众实现增收、摆脱贫困奠定了良好的基础，取得了较为显著的社会、经济和生态效益。二是开展集团式帮扶工作，为边坝县都瓦乡贫困群众解决了大米、面粉等价值 3 万元的生活物品。三是为边坝县草卡镇索村解决价值 8000 元的科普配套设备，为边坝县索村 25 户贫困群众购买价值 6.88 万元的电视机、卡垫、大米、面粉等生活物资以及购买 5 万元的冬季棉衣物。四是在边坝县草卡镇索村建设经济林木种植示范基地 1 座，总投资 28 万元，种植苹果、桃子、石榴等经济林木 3000 余株。五是实施自治区强基惠民送科技行动项目 9 个，总资金 102 万元，为加快基层发展、帮助群众增收致富和推动社会主义新农村建设提供有力支撑。

（三）增强基层科技创新和服务能力，推进县域创新驱动发展

一是积极落实科技特派员工作制度。昌都市现有科技特派员 2238 名，实现了全市（居委会除外）每个行政村 2 名科技特派员全覆盖的目标，2018 年到 2020 年兑现科技特派员生活补助资金 4028.4 万元。组织农牧民开展技术培训 84714 次；引进和推广新技术和新品种 18 个；领办创办经济实体 71 个，实现利润 33.3 万元；参与经济实体个数 311 个；带动农牧民增收 3770.2 万元。在示范推广先进适用技术、加快科技成果转化、推进农牧业产业结构调整、建立农牧业科技服务体系、提高农牧业技术含量和农牧民科学素质等方面发挥了重要作用。二是“三区”科技人才支持计划不断推进。2018—2020 年，全市每年共选派 102 名科技人员到基层一线开展科技服务，恭维 130 个乡（镇）、510 个村（居），开展了 680 次使用技术培训，发放藏汉双语培训资料 5000 余份，受益人数达到 4 万余人，带动群众户年均增收 400 余元，县（区）覆盖率达 100%，乡（镇）覆盖率 94%，落实“三区”科技人才专项计划工作经费 612 万元，累计培训“三区”科技人才 100 余人次。

三、大力推进大众创业万众创新工作

（一）加强组织领导，推进政策落实

市委、市政府高度重视大众创业万众创新工作，及时成立昌都市推进“双创”工作领导小组，全面负责创新创业工作的统筹、指导和协调，制定出台《昌都市推进大众创业万众创新三年行动计划实施细则》《昌都市关于贯彻落实国务院关于促进创业投资持续健康发展的若干意见的实施意见》《关于做好高校毕业生就业创业工作的实施方案》《昌都市众创空间认定管理办法（暂行）》《昌都市科技企业孵化器认定管理办法（暂行）》《昌都市“星创天地”建设运营管理办法（暂行）》等政策文件，在金融支持、财政扶持、人才激励、政务服务等领域给予优惠政策，进一步激发昌都市创新创业活力，加快推进创新昌都建设，助力脱贫攻坚。

（二）强化创业载体，加强创新创业平台建设

2016 年以来，昌都市创新创业平台建设取得显著成效。全市共有国家级“星创天地”1 家、国家级众创空间 1 家、科技企业孵化器 1 家、自治区级“双创”试点单位 1 家、自治区级众创空间（孵化器）5 家，2019 年获得自治区建设补贴资金 1200 万元，2020 年获得自治区建设补贴资金 300 万元，年度运营补贴经费 120 万元。认定市级“双创”载体 6 家，2020 年落实建设扶持资金 180 万

元。培育储备市级创新创业平台 3 家（芒康县藏东康巴农业众创空间、察雅县双创孵化池、洛隆高原特色产业战略孵化中心），初步形成了龙头带动、层次分明、数量较多的创新创业平台建设体系。截至 2020 年年底，全市“双创”载体入驻企业数量累计达 703 家，吸纳大学生实现就业 958 人，吸纳建档立卡贫困户实现就业 3754 人。

（三）依托创新创业大赛，营造“双创”良好氛围

一是积极参加自治区科技厅举办的“唱响中国、梦创拉萨”科技创新大赛，芒康县雷曼实业有限公司获初创组二等奖，芒康县沃福有限公司获初创组三等奖。二是成功举办昌都市第一届“双创”发展高峰论坛暨“两路精神”创新创业大赛，通过启动仪式、报名、海选、创业训练营、公益扶贫活动、初赛、尽职调查和决赛等比赛环节，最终阿诺仓合作社项目和中药材、藏药材有效成分高效提取与示范项目两位返乡创业者分别获得创新团队组和初创企业组一等奖，西藏这一刻婚庆服务有限责任公司和创新藏式墙纸的研发与推广项目获得天使投资资金 35 万元，全面激发全民创业热情，提升“双创”环境质量，吸引集聚更多高层次人才在昌都市创业，助推昌都市“双创”工作更上新台阶。三是首次策划举办“昌都市创新创业大咖面对面”活动。邀请资深创业导师开展“双创典型案例分享及创业赋能路径介绍”专场讲座，重点讲解了大众创业万众创新相关政策，介绍了全国和西藏自治区推进大众创业万众创新的发展概况和先进经验，分享了青岛及山东推进“双创”工作典型案例，介绍了科技孵化器、众创空间常见的创业项目赋能路径，现场解答了创客们提出的问题。通过活动，使大家对双创的理解、对科技企业孵化器的感性认识有了更深的体会，为进一步深入推动全市“双创”工作，加快实施创新驱动发展汇聚了智慧和力量。四是成功举办第一期昌都市创业孵化从业人员培训班，昌都市“双创”成员单位及各县（区）科技部门负责“双创”工作的有关同志、“双创”载体运营管理人员等共 55 人参加，通过针对性、专业化的培训，进一步增强了创业孵化从业人员对科技企业孵化知识的全面了解，提升了从业人员业务能力和服务水平，培育出了一批高水平、高素质、专业化、职业化的服务队伍，为全市众创空间（科技孵化器）持续健康发展培养了一批专业人才。

第二节　工作亮点

进入脱贫攻坚阶段，通过践行“学会一种技能，带动一个家庭”科技助力脱贫攻坚思路，昌都市科技助推脱贫攻坚各项举措得到全面落实，科技创新能力与农牧区科技服务能力的不断提升，涌现出“闽昌众创空间”“科普宣传教育”等一大批典型亮点。

一、闽昌众创空间发挥突出作用

（一）高层关心推动

该众创空间总投资 629 万元，由福建省第八批援藏工作队、福建省科技厅、昌都市科技局及昌都新区管委会共同打造，昌都仟佰度众创空间运营管理有限责任公司运营，场地面积 4000 平方米，内设有公共办公区、会议室、成果展示厅、路演厅、项目孵化区、头脑风暴室、服务大厅、咖啡厅

和健身房等配套设施。西藏和福建省两省区领导对“双创”工作高度重视，先后多位省部级领导亲赴昌都闽昌众创空间调研考察，指导工作，有力推动了该空间建设。

（二）首次实现昌都市科技“双创”工作的五个第一

一是2016年年底开始筹划建设，是昌都市第一个众创空间，同时也是目前全市容量最大的“双创”平台。二是2018年12月，该空间是昌都市第一批成功通过自治区级众创空间（科技企业孵化器）认定的“双创”平台，总评分在全区名列第二。三是2018年12月，首次实现福建·西藏昌都远程创业辅导视频连线，有效解决昌都市高层次创业导师缺乏问题。四是2019年3月，闽昌众创空间协助青岛致远方略创业服务有限公司成功承办昌都市首届创新创业大赛，掀起“双创”热潮。五是2019年4月，入孵企业“昌都市润美瑞生物科技有限公司”成功摘得昌都市首届创新创业大赛初创企业组一等奖。

（三）发挥两个突出作用

一是示范带动作用突出。通过闽昌众创空间的示范建设，有力带动了全市一批双创平台建设，为昌都市推进大众创业万众创新工作提供了强有力载体支撑。截至2020年年底，全市共有国家级“星创天地”1家，国家级众创空间、科技企业孵化器各1家，自治区级“双创”试点单位1家，自治区级众创空间（孵化器）5家，市级众创空间（孵化器）6家，培育储备市级创新创业平台3家，初步形成了龙头带动、层次分明、数量较多的创新创业平台建设体系。二是“以点带面”作用突出。闽昌众创空间落户昌都经济开发区，产生了“蝴蝶效应”，吸引了国内知名双创服务供应商——青岛致远方略创业服务有限公司入驻昌都经开区，进而加快昌都市科技企业孵化器、昌都市农创园、昌都市医创园等5个“双创”平台建设，为昌都经开区创建首批自治区级“双创”试点单位打下坚实基础。同时，有力助推昌都经开区于2018年3月成功获批西藏第一家自治区级经济开发区。

二、科普宣传教育亮点纷呈

科普工作是提高昌都居民科学素养，促进昌都创新驱动发展工作的重要基础性工程。“十三五”期间，全市扎实开展科普宣传活动，通过组织“昌都市全国科普日科普进寺庙活动”和“昌都市全国科普日活动”等活动，有效地向僧俗群众普及了科学知识。2019年，全市获得了全国科普日优秀活动荣誉称号。

（一）科普项目资金投入不断增长

紧紧围绕以项目促发展，通过多方渠道争取资金，保障科普工作。仅2019年，市科协就落实项目资金总计533万元，较2018年增长24.8%，分别涵盖基层科普行动计划项目（科普e站、中小学科技馆建设）252万元；科普惠农兴村计划（基层科普行动计划奖补资金）15万元；1套中国流动科技馆价值150万元、巡展经费28万元；人均科普经费78万元；援藏项目经费10万元。

（二）科普宣传工作深入开展

充分发挥科学普及工作职能，采用各种形式，充分利用现有资源优势，市县两级科协积极组织开展了“全国科普日”“科技活动周”“科技下乡”“科普七进”“科普大篷车巡展”“流动科技馆巡展”等科普宣传活动，通过大量科普资料、图片、实物展示、科普讲座、科普录像、现场科普资讯、生产一线传授实用技术等形式开展强有力的科学普及。

（三）科技人才培养力度不断加大

为加强科技科普人才培训，进一步提升其科普知识及科技服务能力和水平，结合自治区科协及市科协相关要求，组织中小学科技辅导教师、基层科技科普工作者、高校学生赴拉萨、天津、哈尔滨、浙江、四川等区内外相关院校参加“青少年人工智能教育培训”“中小学科技教师专题培训”“县级科协主席群众组织力进修”“西藏双语科普信息化平台培训”等活动。

（四）“科普利民惠民工程”等科普项目不断加大

仅2019年，就积极协调落实1142个科普盒子终端和1050个科普光盘，实现了全市所有建制村科普活动室“农村科普栏”建设全覆盖；落实中国流动科技馆1套；建设18个科普e站；新建5个小学科技馆、完成了10个中学科技馆提档升级；补充完善脱贫攻坚（十项提升工程）科技科普配套设施；落实“基层科普行动计划”项目3个。通过科普基础设施的建设，极大地增强了市、县、乡、村科普阵地的建设力度，有效提升了青少年、群众、僧尼、社区居民的科学文化素质。

第八章　市经济和信息化局

进入脱贫攻坚阶段，昌都市由市经济和信息化局牵头，成立以局主要领导任组长，分管领导任副组长，班子成员和各科室主要人员参与的脱贫攻坚领导小组。紧扣“重在联、贵在为、深在制”基本思路，坚持“号准病脉、开好处方、抓出良药”，紧紧围绕全市农牧区通信网络基础设施提升，该小组聚焦“扶持谁、怎么扶”，加强组织领导，细化目标任务，强化工作措施，确保脱贫攻坚有组织、有计划开展，确保责任到人、精准识别、精准施策，实现由“大水漫灌”到“精准滴灌”转变，提高帮扶工作的针对性和实效性。

第一节　工作举措

脱贫攻坚战打响以来，市经信局以绿色工业和园区建设为抓手，着力促进农牧区转移就业；以信息化建设为保障，补齐农牧区基础设施建设短板；以企业帮扶、定点帮扶、驻村帮扶为助力，全力推进脱贫攻坚。2016—2020年市经信局因地制宜、多措并举，在助力脱贫攻坚工作中取得显著成效。

一、狠抓项目建设，辐射带动周边贫困群众发家致富

坚持“强工兴市”发展战略，落实绿色发展要求，依托昌都丰富的矿产资源，加快开发铜矿、菱镁矿等，努力建设藏东有色金属产业基地，同时紧密围绕本地市场需求，重点加快新型干法水泥生产线建设，提升本地建材产能，不断夯实昌都经济社会发展基础。“十三五”期间经信领域5个重点工业项目累计完成投资115.22亿元（2016年7.78亿元，2017年7.26亿元，2018年17.75亿元，2019年41.59亿元，2020年40.82亿元），较“十二五”增长380%。类乌齐菱镁矿三期项目、八宿县海螺水泥项目、芒康海通水泥项目、高争水泥（二线）项目建成投产。截至2020年年底，全市已初步具备年产铜6万吨、氧化镁50万吨、水泥320万吨的生产能力。通过项目建设，为辐射带动周边建档立卡贫困户发展服务业、运输业、建筑业和转移就业创造了良好的条件。2018年以来玉龙铜矿累计解决建档立卡户就业13人；类乌齐菱镁矿拟解决建档立卡户就业310人；高争水泥累计解决建档立卡户就业7人。

二、狠抓园区建设，辐射带动农牧区村集体经济

坚持把产业园区作为产业集群发展的主要载体，切实发挥已建成的“一区三园”（经开区和芒

康县、八宿县、类乌齐县产业园区）的引领作用，积极完善园区配套功能，做大做强特色优势产业，通过“云招商”“以商招商”等方式引进全市产业链紧缺企业。截至2020年年底，昌都新区共接洽考察投资企业1913家。完成注册手续企业841家，注册资本233.7亿元，园区入驻企业完成固定资产投入16.6亿元，投产企业实现营业收入273.9亿元；完成入库税收31.57亿元。其中金融及现代服务业423家，商贸物流业127家，建筑建材业108家，新能源和环保产业85家，生物医药及大健康产业80家，高原特色农牧产品生产加工业47家，文化旅游业41家，民族手工业8家。芒康园区累计入驻实体企业10家，园区总产值达到3868.8万元，实现销售收入2805.28万元，利润总额295.1万元。类乌齐园区累计入驻11家企业。八宿园区累计入驻实体企业3家，实现收入38万元、利润31.5万元。通过园区建设，不断创新“企业+合作社+农牧户”“企业+致富能手+农牧户”等农牧区村集体经济发展模式，为全市农牧区村集体经济大发展夯实基础。

三、狠抓企业培扶，企业综合竞争力不断提升

（一）壮大了一批产业

形成了以江达雪岩泉、类乌齐卡诺圣水、芒康圣妙山泉为代表的天然饮用水产业，2020年天然饮用水产量达到10438吨，比2015年增长189%。先后完成了市藏药厂、日通藏药厂、光宇利民藏药厂技术改造、厂房搬迁等工作，提升了藏药生产能力和技术水平，2020年全市藏药产值达到6764.7万元，比2015年增长12.7%。民族手工业规模发展取得突破，实体数量达到132个，2020年全市民族手工业产值达到8900万元，比2015年增长23.6%。此外，在自治区举办的第一、第二届工艺美术大师评审活动中，全市8名民族手工艺人先后获得自治区级工艺美术大师称号。截至2020年年底，雪花啤酒解决建档立卡户1户就业；江达雪岩泉、类乌齐卡诺圣水、芒康圣妙山泉3家天然饮用水企业，累计解决当地贫困人口就业85人，其中季节性用工63人，人均增收1500元/年。

（二）培育了一批行业领军企业

围绕西藏自治区级绿色工厂建设、“专精特新”企业扶持、外贸示范基地认定，聚力产业提质增效，积极开展优势矿产、绿色建材、藏药等产业领域领军企业培育工作，发挥示范带动作用。玉龙铜矿获评自治区级、国家级绿色工厂，高争水泥获评自治区级绿色工厂，昌都藏药厂获评自治区级“专精特新”企业，昌都新区闽昌众创空间获批自治区级、国家级双创基地。

四、狠抓信息化工作，社会各领域信息化水平稳步提升

准确把握信息化发展新形势、新要求，认真贯彻落实党的十九大关于建设“数字中国、智慧社会、平安中国”的战略方针，突出重点，补齐短板，让信息化成为经济社会发展的引领力量，各族群众在信息化的“高速路”上有更多获得感、满意度。

（一）通信基础设施建设取得重大突破

全市先后实施了4个批次的电信普遍服务试点工程，动员通信企业通过自主立项开展通信基础

设施建设，累计在农牧区新建了约2100座通信基站，对268个易地扶贫搬迁安置点进行了光纤网络覆盖，大幅提升了农牧区通信覆盖水平。截至2020年年底，全市共有4G通信基站4558座、5G基站159座，行政村通信覆盖率达到100%，行政村宽带覆盖率达到99.27%。

（二）“智慧昌都”21个子项初见成效

平安昌都、雪亮工程等12个项目基本建成，累计投入资金6.65亿元，智慧交通、智慧昌都云计算大数据中心土建部分、雪亮工程智能化应用建设、教育组团式援藏“数字校园建设”等项目加快推进，全市智慧城市建设走在了全区前列。

（三）工业企业数字化改造加快推进

玉龙铜业智慧矿山和海螺水泥智能化生产、监控、物流发运系统进度超75%；华润雪花啤酒、高争建材、昌禾聚鑫等企业数字化建设取得阶段性进展，部分生产环节实现无人化、标准化。

（四）“互联网＋政务服务”不断深化

覆盖市、县、乡三级的政务外网、政务服务大厅基本建成并实现线上线下业务融合，完成了行政权力事项、政务服务事项的认领、梳理、录入、审核、情形化、发布等工作，开展了电子证照采集签发工作，政务外网平台注册率、办件量等主要指标稳步上升。

五、有序推进行业扶贫

（一）动员企业参与精准扶贫

制定《市经济和信息化局扶贫工作计划》和《市经济和信息化局扶贫工作方案》，明确了思路，细化了措施，确保扶贫工作有序推进。组织监管企业召开脱贫攻坚工作专题会议，要求企业在脱贫攻坚工作上给予高度重视和支持，带动周边产业发展，使周边产业在促进增收、解决就业方面作出积极贡献，全力营造脱贫攻坚“人人有责、人人参与”的良好氛围。强力推进打工务工增收。协调昌都市相关工矿企业、中小微企业在招工用工时优先吸纳当地贫困人员就业。优先扶持吸纳贫困人口就业企业。在产业发展基金、技术改造资金、中小企业发展专项资金等扶持资金项目申报上，将吸纳贫困人口就业作为企业申报项目的前提条件，优先考虑在吸收贫困人口就业方面贡献突出的企业。强化龙头企业扶贫力度。加大对扶贫龙头企业的支持力度，充分利用国家、自治区扶持发展政策，鼓励龙头企业在贫困村建立产业基地，优先吸纳贫困地区富余劳动力就地就近转移就业，为贫困户提供技术、市场、信息等服务，帮助贫困户参与特色产业开发。

（二）开展农牧民技能培训

按照市就业联席会议领导小组安排，结合自身职能和行业范畴，在卡若区辖区内组织建档立卡贫困人口，并有创新精神和创业能力有意愿从事藏医药制造业、民族手工业的青年农牧民，进行藏医药制造业、民族手工业基础技能、基础理论等方面知识的培训。通过培训，使培训对象得到相应的创业技能，培育和造就出一批思想观念新、生产技能好、既懂经营又善管理的藏医药行业能手、民族手工艺传承人，拓宽其就业渠道，带动广大农牧民群众共同增收致富。

六、大力实施定点扶贫

（一）周密安排部署

始终将定点扶贫工作作为与业务、党建、维稳等同等重要的中心工作。每年年初制定定点扶贫计划，明确任务目标和思路措施。坚持每季召开专题会议，听取相关责任人工作汇报，研究解决工作中存在的问题困难，确保各项任务按既定目标有序推进。为加强定点扶贫工作领导，市经信局成立了党政主要领导任组长、班子成员任副组长、科室负责人任成员的扶贫工作领导小组及其办公室，并以强基惠民驻村工作队为基础组建了定点扶贫工作队。

（二）建强基层党组织

充分认识村“两委”班子在改变农村贫穷落后面貌中的关键作用，抽调局“精兵强将”，组建了一支团结实干、富有战斗力的驻村工作队。一是协助村党支部书记抓党建。帮助局定点帮扶村制定完善党支部工作职责、“三会一课”制度、发展党员制度、党内激励帮扶制度、村级后备干部培养及管理制度、党员干部包户制度等各项规章制度，推动无职党员设岗定责，制定和执行党员学习和培训计划，使党员干部思想政治素质得到提升，服务意识、责任意识得到提高。二是指导村“两委”认真履行村务。帮助建立了村务公开和民主管理制度、村干部管理监督制度等多项工作制度，督促村“两委”抓住机遇、用好政策，在抓好经济发展、民生改善、社会和谐稳定的具体工作中有所作为。

（三）确保和谐稳定

严格按照“持续稳定、长期稳定、全面稳定”要求落实维稳工作，把加强驻村工作点的民族团结、维护稳定作为重要任务。一是完善维稳制度和措施，先后帮助定点扶贫村制定了维稳工作预案及敏感节点维稳工作措施，每年签订维稳工作目标责任书，层层压实责任。二是大力开展宣传工作，在村民中大力开展党的民族宗教政策和法律法规的宣传教育，通过召开村民大会、新旧西藏对比、入户宣讲、个别教育等方式让群众深刻认识“团结稳定是福、分裂动乱是祸”的道理。三是认真开展矛盾纠纷的排查化解工作，特别是血亲复仇隐患排查工作，公正、公平地调处村民间的矛盾纠纷。四是紧盯重要节点维稳工作，实行驻村干部、村干部、牧民党员联合值班制度，组建村民治安联防队、护村队，加大巡逻检查力度，有效杜绝了各类违法犯罪活动和涉稳事件发生。

（四）促进致富增收

为全面落实市委、市政府关于精准扶贫的决策部署，提升驻村点脱贫“造血”功能，把项目帮扶作为精准扶贫、精准脱贫的助力引擎。2016年在昌都市澜沧缘职业技能培训学校举办了产业扶贫转移就业首期技能培训班暨藏医药、民族手工业培训班。卡若区埃西乡、俄洛镇、如意乡等50人建档立卡人员参加了此次为期10天的培训。2017年5月初，在贡觉县莫洛镇米来村投入帮扶资金20万元，并组织群众自筹11.1万元，共计31.1万元，从外地购买优质犏奶牛37头，帮助该村建成犏奶牛养殖合作社，项目惠及全村37户364人，其中贫困户12户78人。

（五）办好事实事

2016年7月为八宿县林卡乡小学捐赠50台台式电脑，为贡觉县经济和信息化局捐赠了4台、莫洛镇政府 2 台、哈加乡政府 2 台、两个驻村工作队各 1 台台式电脑，极大改善了基层办公条件。2017 年为贡觉县莫洛镇米来村发放各类物资折合人民币 12.8 万元、落实良种青稞种子 3700 斤、土豆种子 1200 斤、油菜种子 200 斤；组织村民开展退耕还林种植藏川杨 3400 棵；资助贫困户大学生助学 1500 元；为村犏奶牛养殖合作社解决网围栏 1300 米。驻贡觉县哈加乡油扎牧场工作队全年累计发放各类物资折合人民币 91000 元；协调乡政府解决村民雪灾补助 10000 元。2018 年，驻村工作队队员自掏腰包 1680 元，为村民发放清油和大茶等慰问物资。2019 年，驻贡觉县莫洛镇达龙村工作队通过走访调查发现，驻村点周边存在山洪、泥石流、山体滑坡等自然灾害隐患，为保障群众生产生活安全，经济和信息化局为驻村点购买了 5 吨水泥，并组织村民投工投劳，在灾害常发区修建了防洪堤。

（六）开展结对帮扶

组织干部职工深入基层、听取民意，入户结亲、排忧解困，零距离感受群众疾苦。全面落实帮扶举措，在解决群众生活困难、实施产业脱贫项目、开展政策宣讲等方面出实招、办实事，以最直接、最真诚、最有效的方式温暖农牧民，做到认识到位、领导到位、措施到位、资金到位、指导到位，圆满完成了帮扶任务，取得了较好的帮扶成效。全局 16 名干部（其中县级 4 人、一般干部 12 人）已同贡觉县莫洛镇米来村、达龙村 20 户群众结对认亲，自掏腰包发放慰问金 14000 元，发放大米、食用油等生活物资价值达 3000 元。玉龙铜一对一帮扶 20 人次共 15300 元，并派出 4 名人员长期协助江达县政府开展脱贫工作。类乌齐菱镁矿自 2018 年 5 月以来累计帮扶 490 户，解决就业 527 人。高争水泥累计帮扶 16 户，解决就业 114 人。八宿县海螺水泥累计解决贫困大学生和农牧民就业 119 人。

第二节　工作亮点

在市委、市政府的坚强领导下，市经信局紧紧围绕全市农牧区信息化建设、定点帮扶、结对帮扶、企业帮扶等工作，加强组织领导，细化目标任务，强化工作措施，践行“两学一做”，加快消除移动通信盲区上，全力助推脱贫攻坚工作取得显著成效。

一、加快消除移动通信盲区，全力助推脱贫攻坚工作

在市委、市政府和市脱贫攻坚领导小组的坚强领导下，昌都市通信行业将通信脱贫攻坚作为全行业的重大政治任务和最大民生工程，立足全面脱贫狠抓通信基础设施项目建设和运行维护，推动农牧区通信基础攻坚取得突破。

（一）加强领导，细化工作任务

制定出台《昌都市电子政务外网建设和网络保通工作实施方案》《昌都市电子政务外网管理暂行办法》《昌都市网络保通方案》等政策文件，形成了由全局牵头抓总、相关部门密切配合的工作格局，并将工程涉及的用地、用电、设备运输、劳务支持、设施保护等保障任务分解到部门、落实

到人头，确保各项工作有人抓、有人管、有人负责。

（二）高度重视，推动工作落实

1. 农村综合信息服务站建设

累计实施三期农村综合信息服务站建设工程，建成农村综合信息服务站站点 486 座，覆盖 11 个县（区）114 个乡（镇）486 个行政村，培训信息员 540 余名。为推广农牧科技、宣传惠农政策、掌握基层动态等起到了积极重要的作用。

2. 电子政务外网建设

实施政务外网建设项目，累计接入单位和乡（镇）732 个，其中市（中、区）直部门 68 个、县直部门 520 个、乡（镇）132 个（三岩 6 乡取消建设）、县级以上服务中心 12 个。全市 732 家单位累计接入 1348 个办公室；市、县（区）两级政务服务中心均预埋政务外网网线。通过全市局域网项目及无纸化办公系统（OA）项目，实现政务外网深入所有提供行政服务的办公室。

3. 通信基础设施建设

2020 年，全市三家运营商共新建 4G 基站 580 座，显著改善了农牧区通信条件；新建 5G 基站 159 座，并于 2020 年 11 月实现非独立组网 5G 信号开通商用，部分小区实现千兆光纤宽带入户，极大缩短了与内地的数字鸿沟；建制村普遍实现 4G 覆盖，具备条件的自然村实现信号全覆盖，城市郊区通信弱覆盖情况得到改善。

4. 电信普遍服务建设

始终将项目作为通信扶贫的主要抓手，以市、县政府、企业和群众提出的通信需求和网络优化数据为基础，加强通信基础设施建设项目的对上申请和对企分配，促进基站建设向盲区铺开。2016 年以来协调通过自治区通信管理局上报并获批 525 座第五批电信普遍服务基站建设，三家通信企业分别向区公司上报各类基站建设需求 400 余座。

二、践行“两学一做”，狠抓脱贫攻坚任务落实

为检验“两学一做”学习教育成果，确保学习教育取得实实在在的成效，市经信局将“两学一做”学习教育与脱贫攻坚工作有机结合，努力将“两学一做”学习教育成果转化成推动实际工作的动力，积极落实到脱贫攻坚具体工作中。2018 年 5 月 30 日，市经信局组织高争建材股份有限公司、开投海通水泥有限公司 2 家建材企业，江达县同兴矿业股份有限公司、西藏玉龙铜矿有限公司、通达矿业股份有限公司、类乌齐县翔晨镁业有限公司、昂青矿业股份有限公司、和鑫矿业有限公司 6 家矿产企业；西藏昌都藏药厂、西藏昌都光宇利民药业有限责任公司、西藏日通藏药医药研制中心有限责任公司 3 家藏药企业；昌都市卡诺圣水股份有限公司、昌都市天域山泉饮料有限公司、圣妙山泉 3 家天然饮用水企业；西藏高争民爆股份有限公司昌都分公司、西藏高争爆破工程有限公司昌都分公司 2 家民爆企业和芒康县藏东珍宝酒业有限公司、华润雪花啤酒（西藏）有限公司 2 家食饮品加工企业共 18 家企业召开工业产业扶贫任务分解协调促进会，协调参会企业在招工用工时优先吸纳当地贫困人员就业。截至 2020 年年底，共解决 150 多名建档立卡贫困人口就业。

第九章　市民政局

进入脱贫攻坚阶段，昌都市由市民政局牵头，成立以局主要领导为组长和副组长，局班子其他领导为成员的脱贫攻坚领导小组。该小组以“以民为本、为民解困、为民服务、改善民生”为己任，以建设六个“新型昌都”为动力，以解决好农牧民“最关心、最直接、最现实”问题为抓手，围绕精准扶贫精准脱贫工作重点、突出社会保障兜底工作亮点，着力打造创新民政、法治民政、责任民政和效能民政，圆满完成脱贫攻坚各项主要任务，为昌都市坚决打赢脱贫攻坚战、实现消除绝对贫困、如期全面建成小康社会作出了积极贡献。

第一节　工作举措

社会保障兜底作为脱贫攻坚“五个一批”的重要举措，兜底保障担负着脱贫攻坚的底线任务，是解决贫中之贫、困中之困、坚中之坚的最后防线，是全面小康的托底安排。市民政局按照中央“精准扶贫、精准脱贫”的基本方略和《自治区党委、自治区人民政府关于贯彻落实〈中共中央国务院关于打赢脱贫攻坚战的决定〉的意见》以及市委、市政府的安排部署，会同财政、卫生、教育、人社、残联、妇联等部门，全面摸排了贫困对象情况，制定了兜底保障工作计划，并认真对接自治区“精准扶贫”政策，制定了昌都市社会保障兜底政策和具体措施。

一、制定社会保障兜底一批工作方案

按照《中共昌都市委员会、昌都市人民政府〈关于打赢脱贫攻坚战的实施意见〉》要求，结合昌都市社会保障工作实际，制定本方案。

（一）指导思想

以精准识别、精准兜底、保障民生为目标，以全市17.04万人建档立卡贫困数据为轴心，调整坐标，动态管理农村低保对象，按照“覆盖到户，保障到人”的原则，建立以困难群众基本生活保障为基础，医疗救助、临时救助、教育救助、住房救助等救助为辅助，以慈善等社会救助为补充，覆盖全市的社会救助体系。

（二）主要任务

到2020年完成建档立卡21681户40130名精准兜底保障任务，其中：特困户2354户2421人，残疾人1898户3821人，完全丧失劳动能力2527户11514人，部分丧失劳动能力14902户22374

人；完成建档立卡贫困户9078户44148人的最低生活保障；继续做好有意愿集中供养特困老人和孤儿的集中收养工作，加强“双集中”的管理，健全“双集中”各项规章制度；按照“填平补齐”原则，计划新建国道沿线100个村级卫生室建设，31个乡（镇）卫生院建设项目，16个县级医疗机构建设项目，加强农牧区医疗管理保障水平和救助水平，设立重大疾病救助资金，实施“降消项目”，鼓励孕产妇住院分娩，逐年提高医疗救助比例，推进“大病统筹 + 商业保险 + 医疗救助”进程，全面实施医疗救助“一站式”服务；妥善安排临时救助资金，解决好因病返贫、因灾返贫困难群众的生活；在加大高等特困学生教育救助的基础上，拓宽教育救助渠道，扩展救助范围，对精准兜底贫困户的特困学生全部纳入救助范围；做好一次性物价联动补贴工作，切实保障困难群众享受应有的政策补贴。

到2020年，城市低保标准提高到1440元/（人·月）；农村低保标准提高到4800元/（人·年）；特困集中供养标准提高到10950元/（人·年）；孤儿基本生活保障标准提高到2011元/（人·月）；由市、县财政部门承担低保户、特困户及贫困户人口每年需缴纳的个人筹资20元；设立专门的扶贫医疗救助资金，帮扶因病致贫、因病返贫家庭报销住院费用而未报销的费用（包括新农合制度规定不予报销的收费项目和药品费用，可报销而超出报销比例部分的费用等）；对因病致贫家庭成员在市、县定点医疗机构住院实行“先住院、后付费”，免交住院押金，并减免挂号费、一般诊疗费等部分医疗费用；农牧民医疗费用报销年人均限额为6万元，对贫困人口做到足额报销。住院费用超过6万元的向自治区申报大病医疗补充保险，赔付金额最高可达到7万元，不足部分申请医疗救助，医疗救助提高到12万元；高校特困学生教育救助标准分别提高到6500元/（人·年）（区外重点院校）、5200元/（人·年）（区外普通院校）、1300元/（人·年）（区内院校）；临时救助资金累积达到1亿元。

（三）年度任务

2016年以昌都市建档立卡贫困户为依据，开展全市农村低保动态调整工作，完成21681户40130人的“精准兜底”任务；完成9078户44148人的最低生活保障工作；2016年计划新建20个国道沿线村级卫生室建设项目，7个乡（镇）卫生院建设项目，4个县级医疗机构建设项目，提高医疗救助标准到8万元，实施医疗救助1万人次，2016年完成医疗扶贫3032人；加大高校特困学生教育救助资金标准，特别是精准兜底贫困户的高等贫困生教育救助标准，根据当年高考情况，对符合条件的全部实施教育救助，重点保障精准兜底的高等贫困生；继续做好有意愿集中供养特困老人和孤儿的集中收养工作；安排临时救助资金2000万元，将符合社会救助条件的贫困群众，及时纳入临时救助范围；零就业家庭就业率提高到20%。

2017年完成21681户40130人的“精准兜底”任务；保障9078户44148人农村低保的基本生活；2017年计划新建25个国道沿线村级卫生室建设项目，6个乡（镇）卫生院建设项目，3个县级医疗机构建设项目，医疗救助资金提高到9万元，保障1万人次，2017年完成医疗扶贫6000人；高校特困学生教育救助资金标准分别提高到5600元/（人·年）（区外重点院校）、4480元/（人·年）（区外普通院校）、1120元/（人·年）（区内院校），对符合教育救助的贫困生全部实施教育救助；安排临时救助资金2000万元，救助农村低保、特困政策范围外，仍然贫困的群体；零就业家庭就业率提高到40%。

2018年完成21681户40130人的“精准兜底”任务；保障9078户44148人农村低保的基本生活；2018年计划新建25个国道沿线村级卫生室建设项目，6个乡（镇）卫生院建设项目，3个县级医疗机构建设项目，医疗救助资金提高到 10 万元，保障 1 万人次，2018 年完成医疗扶贫 6000 人；高校特困学生教育救助资金标准分别提高到 5900 元 /（人・年）（区外重点院校）、4720 元 /（人・年）（区外普通院校）、1180 元 /（人・年）（区内院校），对符合教育救助的贫困生全部实施教育救助；安排临时救助资金 2000 万元，救助农村低保、特困政策范围外，仍然贫困的群体；零就业家庭就业率提高到 60%。

2019 年完成 21681 户 40130 人的"精准兜底"任务；保障 9078 户 44148 人农村低保的基本生活；2019 年计划新建 20 个国道沿线村级卫生室建设项目，6 个乡（镇）卫生院建设项目，3 个县级医疗机构建设项目，医疗救助资金提高到 11 万元，保障 1 万人次，2019 年完成医疗扶贫 5000 人；高校特困学生教育救助资金标准分别提高到 6200 元 /（人・年）（区外重点院校）、4960 元 /（人・年）（区外普通院校）、1240 元 /（人・年）（区内院校），对符合教育救助的贫困生全部实施教育救助；安排临时救助资金 2000 万元，救助农村低保、特困政策范围外，仍然贫困的群体；零就业家庭就业率提高到 80%。

2020 年完成 21681 户 40130 人的"精准兜底"任务；保障 9078 户 44148 人农村低保的基本生活；2016 年计划新建 10 个国道沿线村级卫生室建设项目，6 个乡（镇）卫生院建设项目，3 个县级医疗机构建设项目，医疗救助大病统筹最高限额提高到 12 万元，保障 1 万人次，2020 年医疗扶贫为巩固年；高校特困学生教育救助资金标准分别提高到 6500 元 /（人・年）（区外重点院校）、5200 元 /（人・年）（区外普通院校）、1300 元 /（人・年）（区内院校），对符合教育救助的贫困生全部实施教育救助；安排临时救助资金 2000 万元，救助因灾因病返贫致贫群体；零就业家庭就业率到 100%。

（四）配套项目

（1）严格按照现行农村低保政策要求，开展"精准识别、精准兜底"工作，在全市进行农村低保全面核查、清理工作，严格按程序、按标准进行全面梳理，切实做到符合低保政策的全部纳入保障范围，不符合低保政策的一个不纳入，确保"精准兜底"。对符合条件新增的农村低保积极向自治区民政厅申请，将全市农村低保户与市脱贫指挥部建档立卡贫困户进行有效衔接，坚持动态管理原则，对纳入农村低保范围的贫困对象，坚持采取定期申报和分类复核相结合的方法，加强管理，切实做到保障对象有进有出、补助水平有升有降，确保救助公平、公正。

（2）充分运用民政各类实体资金，利用优抚经济实体等资金，每年安排 80 万元，以退伍士兵为骨干，带领一部分贫困群众，结合各地产业规划，进行有序产业带动一部分，不撒胡椒面，坚持分类重点保障，对能带动贫困群众脱贫致富的退伍军人，核准项目后重点扶持。

（3）全力配合市脱贫攻坚任务，将民政项目进行整合，按照"六靠""五方便两避让"的原则，优先将乡（镇）级、村（居）级救灾物资储备库、救灾应急避难场所、村级综合服务中心等民政项目纳入到全市年度易地搬迁点中去，积极将民政项目与新型城镇化和社会主义新农村建设有机结合起来。

二、深化最低生活保障

一是督促各县（区）民政、扶贫、残联等部门密切配合，积极协作，做好建档立卡入户调查，联合完成了农村低保对象与扶贫对象信息比对，确保了信息系统数据一致。二是成立联合工作组，通过到县、乡、村随机抽查，以发现问题、列问题清单、责令立即整改等方式，加强重点地区的低保复核工作。三是及时落实各类资金。农村低保：由2016年2350元/（人·年）提高到2020年4713元/（人·年），分别提高了100.6%，2016年以来，累计落实农村低保补助资金10.67亿元（其中：2016年84278人次、下拨资金11591.23万元，2017年84235人次、下拨资金17019.88万元，2018年77015人次、下拨资金25772.65万元，2019年78641人次、下拨资金26199.67万元，2020年78411人次、下拨资金26121.35万元）。四是进一步完善"阳光低保"制度，杜绝错保、漏保，将符合条件的困难群众及时纳入低保范围。五是实行动态管理。严格落实城乡低保对象分类复核，收入和财产状况有变化的每半年复核，收入和财产状况不易改变的每年复核的规定，实现"应保尽保、应退尽退"目标。

三、切实保障特殊困难群体基本生活

（1）落实特困供养、孤儿生活保障标准，按规定逐步提高农村特困供养对象和孤儿的生活保障标准。特困人员供养标准由4400元/（人·年）提高到集中供养和城市分散供养13213元/（人·年）、农村分散供养7070元/（人·年），分别提高了200.2%、60%。

（2）发挥机构作用，改善特困供养人员居住环境，提高服务人员的服务质量。2016年以来下拨特困人员供养资金2.40亿元（其中：2016年5136人次、下拨资金2434.46万元；2017年5136人次、下拨资金2532万元；2018年4807人次、下拨资金5761.27万元；2019年4556人次、下拨资金6178.74万元；2020年4026人次、下拨资金7143.52万元），落实孤儿保障资金0.98亿元（其中：2016年1672人次、资金1911万元；2017年1689人次、资金1567.44万元；2018年1704人次、资金2286.37万元；2019年1704人次、资金2044.8万元；2020年1680人次、资金2016万元）。

（3）发挥临时救助"救急难"，为提高救助时效性，每年全市落实各县（区）民政部门拨3万～5万元资金支持乡（镇）人民政府全面建立临时救助备用金制度，对因意外事件、突发事件导致家庭生活困难的，根据其困难程度和自身发展能力，给予临时困难救助，2016—2020年，全市落实临时救助资金0.50亿元（其中：2016年救助3012人次、落实救助资金493.92万元；2017年救助11558人次、落实救助资金850.33万元；2018年救助4654人次、落实救助资金873.3万元；2019年救助5374人次、落实救助资金957.95万元；2020年救助6970人次、落实救助资金1878.48万元）。

（4）落实残疾人保障资金2.20亿元（2016年享受残疾人两项补贴人数为20642人（其中：享受困难生活补贴20642人次，重度护理补贴人数8741人次），落实资金2516.18万元。2017年享受残疾人两项补贴人数为21284人（其中：享受困难生活补贴21284人次，重度护理补贴人数8936人次），落实资金2584.29万元。2018年享受残疾人两项补贴人数为24054人（其中：享受困难生活补贴24054人次，重度护理补贴人数9680人次），落实资金5209.68万元。2019年享受残疾人两项补贴人数为26663人（其中：享受困难生活补贴26663人次，重度护理补贴人数10302人次），落实资金5672.04万元。2020年享受残疾人两项补贴人数为28802人（其中：享受困难生活补贴28802人次，重度护理补贴人数10731人次），落实资金6031.68万元），按照自治区、市、县（区）6∶2∶2的比例已下达各县（区）民政局。

（5）落实普通医疗救助资金2.21亿元（其中：2016年救助27680人次、落实资金4578.5万元；2017年救助24123人次、落实资金5139.07万元；2018年救助25931人次、落实资金5863.95万元；2019年救助12951人次、落实资金2918.08万元；2020年救助13175人次、落实资金3694.19万元）。

四、提升和优化老年人服务体系

下发《关于开展特困人员集中供养中心面向社会老人提供服务工作的通知》，摸底调查老年人的服务需求。按照属地管理和自愿的原则，依托现有的特困人员集中供养中心建设发展平台，在满足全市特困人员服务需求、提升集中供养特困人员生活质量的基础上，面向60周岁以上空巢、高龄、失能老年人提供生活照料、康复护理、精神慰藉、紧急救援和社会参与等服务，提高社会老人的幸福感、获得感。

五、加大兜底保障政策宣传

一是利用乡村广播、村务公开栏、墙报、标语、广告宣传牌、发放宣传册、政策明白卡等方式方法，全方位宣传兜底保障政策。二是以巡回宣讲的方式开展兜底保障政策、民政惠民政策宣传。三是选派工作组赴县（区）实地督导指导兜底保障政策、民政惠民政策宣传贯彻、资金落实等。四是利用民政工作业务培训契机，积极培训指导县（区）民政局、乡（镇）民政工作人员，提升兜底保障政策执行能力和水平。五是2020年3月25日至4月19日对八宿县脱贫攻坚工作进行了实地普查，由全市组成4个大组26个小组，将排查任务细化分解到小组，落实到岗位，量化到个人，“各组长”抓带头，“一张网”抓排查，“一盘棋”抓统筹，“一竿子”插到底，形成以上率下“领着干”，每日例会“带着干”，落实标准“推着干”，经验交流“跟着干”的局面。共走访12个县直部门、14个乡（镇）、110个村居，深入3113户建档立卡户（其中，边缘户26户，脱贫监测户8户），对部分外出务工、就医等建档立卡户，通过电话询问等方式访谈，覆盖率达到100%。

六、发挥民政社会保障兜底作用，助力精神扶贫工作

精神扶贫绝非一朝一夕之事。昌都市社会保障兜底工作紧紧抓住观念扶贫、教育扶贫和党建扶贫，助力精神脱贫。加强就业培训、医疗、农村文化等社会事业，让贫困群众增加更多技能，有更多的保障。人生如屋，信仰如柱。扶贫也是一样，物质生活的贫困需要帮扶，精神扶贫更不能忽视。精神失守就会缺钙，缺钙就会得软骨病，得了软骨病即便再多的人帮扶，也难扶得起。市民政局主要从以下几个方面助力精神扶贫工作。

（一）继续加强社会保障兜底工作，为精神扶贫奠定基础

社会保障对象是指“凭借自身力量难以维持一般社会生活标准，需要国家和社会扶助、支持的社会困难群体”。经过多年的探索和实践，昌都市逐步形成了以城乡居民最低生活保障、农村特困供养、医疗救助、临时救助等为主要内容的社会保障体系，发挥着社会保障兜底一批的作用。在今后的精准脱贫工作中，需要从以下继续加强社会保障兜底的工作：

1. 进一步完善最低生活保障制度

一是继续逐步提高农村低保对象最低生活保障标准。二是进一步完善“阳光低保”制度，努力减少错保、漏保，将符合条件的困难群众及时纳入低保范围。三是实行动态管理。严格落实城市低保对象每季复核，收入和财产状况有变化的每半年复核，收入和财产状况不易改变的每年复核的规定，实现“应保尽保、应退尽退”目标。

2. 进一步完善特困人员供养制度

一是落实特困供养、孤儿生活保障标准。按规定逐步提高农村特困供养对象和孤儿的生活保障标准。二是发挥机构作用，改善特困供养人员居住环境，提高服务人员的服务质量。三是积极开展农村特困供养“手拉手”助困行动。针对部分农村特困供养对象不宜或不愿入住敬老院的实际，通过政府购买服务、实行“院户挂钩”的供养方式，由政府出资聘请护理人员，签订供养协议，护理人员负责特困供养对象的日常生活照料工作，让他们居家养老，形成没有围墙的敬老院。

3. 进一步完善医疗救助制度

一是实施困难群众医疗救助。对保障对象家庭在定点医院的诊疗费用实行按比例救助，为缓解困难群众看病难问题发挥了积极作用。二是与新农合有效衔接。对农村低保户、特困供养人员参加新农合个人承担部分，分别给予资助。三是开展困难家庭大病救助。对患有大病的特困家庭给予大病医疗救助。

4. 进一步完善临时救助体系

一是临时困难救助。对因意外事件、突发事件导致家庭生活困难的，根据其困难程度和自身发展能力，分别给予不超过一年低保标准的临时困难救助。二是抓好灾后救助，防止因灾返贫。坚持“减、防、抗、救”并重，大力推动灾害管理体系建设，自然灾害防御能力进一步增强。

（二）继续发挥民政主体职能作用，为精神扶贫创造条件

牢固树立“民政为民、民政爱民”工作理念，坚持把改善民生、凝聚人心作为西藏民政工作的出发点和落脚点，不断提高各族群众的获得感、幸福感，真正把党和政府的关怀温暖送到群众身边。

1. 加强基层组织的管理

将“扶贫不扶懒”“破除等、靠、要”等规定写入村规民约，提高群众自我约束、自我教育、自我管理的能力，帮助他们摆脱思想观念上的“贫困”。针对个别“懒汉”贫困户造成的负面影响以及因酒致贫、因赌致贫等现象，村级党组强要健全完善评优罚懒机制，实现贫困户评选退出制度化、规范化、常态化，将“精神扶贫”与乡村振兴、文明村创建等相合，评选表彰脱贫致富示范户。

2. 加强基层文化建设

继承和发扬民族优秀文化，改变不利于发展和脱贫的意识和观念。帮助贫困户树立“自力更生、勤劳致富”的观念，让他们参与各种扶贫项目，边干边学，边干边增强信心。发展壮大村级集体经济，以集体经济的发展破解生活目标模糊、发展信心缺失、公共物品短缺等困境。充分发挥老年人协会、妇女协会、农民合作社等各类村民组织的作用，促进村民文化和价值观念的转变。

第二节 工作亮点

脱贫攻坚战打响以来，市民政局以“民政为民、民政爱民”为出发点，以解决建档立卡贫困户最关心、最直接、最现实的兜底保障问题为切入点，着力完善社会福利体系，提升特困供养服务，夯实兜底保障根基，在兜底保障工作方面亮点纷呈。

一、完善社会福利体系，促进脱贫攻坚事业

积极主动开展社会福利和关爱麻风病特殊群体工作，增强特殊群体的幸福指数和安全感。进一步实现儿童福利机构专业化、规范化发展，配齐专业护理人员、技术人员和管理人员，巩固深化“双集中”成果。持续关注麻风病特殊群体，为他们提供了集中供养场所和日间照料中心，以及基本生活设施，完善服务功能，定期送去温暖，让他们切实感受到了党的恩情和关怀，确保特殊群体和孩子们都能快乐健康生活。

（一）与医院签订协议为孤残儿童做好医疗保障

2018 年 1 月 17 日，昌都市民政局与昌都协和医院有限责任公司签订了“残疾孤儿手术康复明天计划”协议，标志着“明天计划”在昌都落地生根，为生活在昌都社会福利机构中的残疾孤儿新添了一项医疗新保障，意味着昌都市的残疾孤儿会享受到更好的医疗资源，会帮助更多残疾孤儿像健康儿童一样，在祖国的同一片蓝天下，共同沐浴阳光雨露，茁壮成长。截至 2020 年年底，有 727 名儿童享受到这一政策。

（二）出台了困境儿童分类保障工作实施办法

为加强昌都市困境儿童分类保障制度建设，切实保障困境儿童的合法权益，7 月 1 日，制定出台了《昌都市关于加强困境儿童分类保障工作的实施方案》，着力构建政府主导、部门协同、家庭尽责、社会参与的困境儿童保障工作格局，将建立健全上下联动、协同配合、城乡覆盖的困境儿童保障工作体系。同时，为深入推进昌都儿童福利事业发展、加强困境儿童分类保障工作、促进困境儿童健康成长提供了制度保障。

（三）通过援藏渠道为孤残儿童争取医疗救助

2018 年以来，通过重庆援藏渠道，争取到重庆儿童救助基金会赴昌都开展“拯救折翼天使——西藏昌都行”活动，共为 384 名儿童进行筛查，筛查出手足残儿童 300 名、功能性障碍儿童 84 名，符合手术条件的 150 名，在昌都实施手术治疗 5 名，截至 2020 年年底，其余符合手术治疗的儿童已送 32 名前往重庆实施手术治疗。

（四）协调配合民政部实施“明天计划”项目

2018 年以来，在自治区民政厅的支持帮助下，协调配合民政部“孤残儿童手术康复明天计划”专家组，深入昌都市第一、第二儿童福利院开展孤残儿童病情筛查工作，通过筛查，符合手术条件的 5 名患儿已在北京做完手术。

（五）积极为孤儿寻找家庭温暖

2018 年初，昌都现有孤儿 1704 名，为了让他们更好地享受到家庭的温暖，积极广泛宣传《中华人民共和国收养法》，促进社会个人收养未满 14 周岁丧失父母的孤儿、查找不到生父母的弃婴和儿童、生父母有特殊困难无力抚养的子女，让被收养儿童融入家庭，过上健康温馨的家庭生活。2018—2020 年，全市共办理收养登记 4 件。

（六）提高孤儿基本生活费

为更好地体现党和政府对孤儿的关心关爱，市委市政府下拨了孤儿生活补助提标资金 373.79 万元，为提高孤儿生活质量奠定了坚实基础，让孤儿能够享受到更高的生活标准。

（七）积极关爱麻风病患者

一是为了让芒康县麻风病患者能够在集中安置点生活得更舒心、更方便，积极协调上级相关部门，为芒康县麻风病人集中安置点争取到资金 120 余万元用于修建阳光房，2018 年已投入使用。二是全局数次派工作组前往芒康县看望慰问麻风病患者，为他们送去毛毯、藏袍、藏腰带、羊皮袄、鞋子、拐杖等生活用品和慰问金总价值达 9 万余元。

二、提升特困供养服务促进脱贫攻坚事业

在脱贫攻坚工作中，紧扣“瞄准特困对象、实行兜底保障、开展精准扶贫”工作思路，按照动态管理、应保尽保的原则，为打造特困供养服务中心亮点工程，始终坚持管理创新、服务创新。特困人员集中供养服务中心（原为特困集中供养服务中心）服务质量明显改善，极大地增强了全市特困供养老年人的获得感、幸福感和安全感。

（一）设立机构，配足人员

2013 年 11 月，市编办批准设立各县（区）特困人员集中供养服务中心，属县级民政局管理的股级事业机构，核定事业编制 2 名，同时，通过政府购买服务岗位、公益性岗位、公开招聘等多种方式，为特困人员供养机构选配护理人员、医生、厨师、驾驶员等专业技术人员，着力解决机构服务后勤人员缺乏问题。截至 2020 年年底，各县（区）特困人员集中供养机构有工作人员 281 人，其中管理人员 29 人，护理人员 158 人，工勤人员 94 人。

（二）保障待遇，打牢基础

供养机构服务人员大多从事一线服务工作，思想波动将直接影响到护理的质量，为解除他们的后顾之忧，积极争取资金支持，全面落实养老、医疗、工伤、失业保险，解决住房问题，护理人员工资标准在公益性岗位工资的基础上，按社会平均工资的 40% 上浮，每人每月 2880 ～ 3720 元，工勤人员工资标准按公益性岗位工资执行，每人每月 2000 元。

（三）建立制度，规范管理

截至 2020 年年底，出台《昌都市特困人员集中供养中心管理办法》《昌都市“双集中”机构教学人员和医护人员工作职责》，制定《特困人员集中供养服务中心老年人健康食谱》《餐具消毒办法》《夜间护理办法》等制度。做到分工明确、责任到人，用制度管人、用制度办事，为特困集中供养老人的衣、食、住、行、医等方面提供了可靠的制度保障。

（四）增设机构，优化服务

在特困人员集中供养中心设立爱心平价超市，方便了老人购买日常生活用品，降低了老人外出

交通安全和食品安全事故风险；设立医务室，解决了老人就近就医问题，实现了老人“小病不出门、大病及时治”的医养结合新格局。同时，建立起集老年人日间照料室、康复室、文化活动室、理发室、缝纫室、健身室、静心室为一体的全方位服务体系，不断提升服务老人的质量和水平。

（五）学习经验，提升能力

为努力把特困人员集中供养中心建设成为环境良好、管理科学的养老机构，建成特困人员的“安乐窝”，部分县（区）积极借助援藏资源，选派热爱老龄工作、有爱心、有责任心的农牧民子女到内地养老中心，以务工形式培训学习内地先进的养老服务经验，为昌都市特困人员集中供养服务中心增添活力，提升昌都市服务集中供养特困人员的能力。

（六）社会参与，扩大效益

按照“民政主导、社会力量参与”的原则，广泛动员社会组织、在昌民营企业、西部志愿者、个人等参与推动特困人员集中供养机构建设。截至2020年年底，已有3家民营企业资助特困人员集中供养机构，投资金额约30余万元；西部志愿者定期开展“助老扶幼”活动，有效提升了特困人员集中供养机构服务质量与活力；昌都协和医院到各县（区）特困人员集中供养中心为老人义诊1000余人次，发放药品价值4万余元。

三、夯实兜底保障根基促进脱贫攻坚事业

民政工作关系民生、连着民心，是社会建设的兜底性、基础性工作。脱贫攻坚工作开展以来，在市委、市政府的领导下，市民政局坚持改革创新，聚焦脱贫攻坚，聚焦特殊群体，聚焦群众关切，履行基本民生保障、基层社会治理、基本社会服务等职责，为昌都市全面建成小康社会作出了新的贡献。

（一）深入基层访贫问苦

市民政局各级领导在下乡期间，总是不忘在最贫困的地方察民疾苦。在丁青县当堆乡洛霍村，有一群大骨节病患者，市民政局领导在调研期间专门前往该村开展慰问，送去粮食、食用油等约10000元的慰问物资；在洛隆县孜托镇夏果村安置点调研期间，专门去看望了一户侏儒症患者，并送去慰问金1000元；芒康县有一个麻风村，市民政局领导数次派工作组前往芒康县看望慰问麻风病患者，并为麻风病人集中安置点争取到资金120余万元用于修建阳光房；在丁青、边坝、洛隆、八宿、察雅、贡觉等县特困人员集中供养服务中心看望孤寡老人，并为中心公益性岗位人员每人发放300元的生活补贴。

（二）残疾孤儿手术康复明天计划

市民政局积极主动协助民政部“孤残儿童手术康复明天计划”专家组，深入昌都市第一、第二儿童福利院开展孤残儿童病情筛查，为昌都市5名残疾患儿在北京做完手术。同时，市民政局与昌都协和医院签订了“残疾孤儿手术康复明天计划”协议，为生活在昌都社会福利机构中的残疾孤儿新添了一项医疗新保障，截至2020年年底，共有727名儿童享受到这一政策。

（三）积极协调对接援藏项目

“十三五”期间，重庆市民政局计划投入资金1100万元，援助昌都市民政系统，主要从以下几个方面开展援助：一是援助昌都市第二儿童福利院、救助管理站等下属单位各项配套设施。二是为昌都手足伤残、先天性心脏病、唇腭裂、白内障等儿童进行手术康复治疗。截至2019年年底，共免费救治手足伤残119例，先天性心脏贫困患儿83例，唇腭裂贫困患儿254例，白内障贫困患者1222例。三是从建设、运营、人才培养等方面帮助实施昌都市残疾儿童康复中心项目。四是依托重庆市高校培训昌都市民政系统干部。五是为芒康县木许乡购买一辆校车25万元；援助昌都市第二福利院389万元购买内部设施。六是通过天津市援藏渠道，争取450万元，用于建设丁青县特困人员供养服务中心。七是通过福建省援藏渠道，争取275万元，用于建设昌都市第一儿童福利院运动场及办公经费。

第十章　市财政局

进入脱贫攻坚阶段，昌都市由财政局牵头，成立了以局主要领导为组长和副组长，班子成员和各科室主要负责人共同参与的脱贫攻坚领导小组。该小组积极发挥财政职能作用，紧紧围绕“两不愁三保障”关键任务，坚持从人民群众最关心最直接最现实的利益问题入手，坚持把斩穷根、换穷业、挪穷窝作为关键，积极研究财政政策，统筹整合涉农资金，把各项工作向精准扶贫聚焦，把各种资源向脱贫攻坚聚集，把各方力量向脱贫攻坚聚合，为如期打赢脱贫攻坚战、全面实现小康社会提供坚强而有力的资金保障。

第一节　工作举措

在市委、市政府的坚强领导下，市财政局深入贯彻落实脱贫攻坚各项政策措施，完善精准扶贫政策支持体系，统筹整合财政涉农资金，发挥金融在精准扶贫中的撬动作用，凝聚财政脱贫攻坚合力，统筹协调各级财政扶贫工作，为全市打赢脱贫攻坚战夯实了坚强的资金基础。

一、加强政策保障

（一）落实易地搬迁政策

根据《关于下达自治区易地搬迁扶贫贷款指标及 2016 年项目建设投资计划的通知》文件要求，自治区认定“十三五”期间昌都市搬迁人数为 103361 人，其中：2016 年搬迁人数为 6200 人，按照（3.5 万元 / 人）贷款为 21700 万元；剩余 97161 人按照（6 万元 / 人）贷款 582966 万元，以上昌都市共计贷款 60.47 亿元。此次自治区的贷款指标计划和国家确定的长期政策性低息贷款标准，专项用于建档立卡贫困人员易地搬迁配套基础设施及公共服务设施建设。贷款偿还由地市统筹地方可支配财力（含土地出让形成的纯收益）和偿债准备金。中央认定人数贷款利息按照 9∶1 的比例解决（中央承担 90%，承贷银行承担 10%），自治区认定人数贷款利息按照 8∶1∶1 的比例解决（自治区承担 80%，地市、县（区）各承担 10%，承贷银行承担 10%）。

（二）落实产业扶贫政策

根据《关于明确西藏自治区“十三五”时期产业精准扶贫若干政策问题的通知》文件要求，产业精准扶贫项目是指在政策扶持下，建档立卡贫困户以资源、资金、资产要素的投入，通过实施生产发展项目和委托帮扶、股份合作、资产收益扶贫等方式，带动建档立卡贫困群众摆脱贫困，实现持续增收致富的项目。昌都市产业筹措资金方式采取 3∶3∶4 的投资模式运行，重点产业项目以市人民政府指导，各县（区）具体实施为总体要求，重点产业扶持资金要确定到县（区）、到产业项目、到具体企业。资金注入由公司在银行设定的项目建设专户中先注入总投资的 30% 资金，政府确认公司注入 30% 资金后，在按照总投资的 30% 资金政府将资金注入到项目建设专户中，公司资金和政府扶持资金到位后，银行要将放贷项目总投资的 40% 贷款资金注入到建设专户中，以便重点产业项目实施资金的及时、足额到位，重点产业项目实现新格局。

（三）落实生态岗位补助政策

生态保护岗位对象及安排顺序为：具备劳动能力和意愿的建档立卡贫困人口；具备劳动能力和意愿的，未纳入建档立卡范围的农村低保人口；具备劳动能力和意愿的，人均可支配收入在当年贫困线按（次年贫困线按上年贫困线 16% 的增幅测算）之间的低收入农村人口，该部分人口按照收入从低到高的原则安排生态保护岗位安排人数不得超过上述三类对象所对应总人数的 50%，一人一岗对象不含一二级残疾人口、全日制教育在校生，村（居）“两委”成员、与行政企事业单位有一年以上实际雇佣关系人口、在外一年以上自由职业者生态保护岗位全勤补助标准 2016—2017 年为 3000 元 /（人・年），2018 年为 3500 元 /（人・年），生态保护岗位与各类生态保护补助奖励保底政策不得重复安排生态保护岗位人员在脱贫后安排 3 年过渡期，过渡期满后，腾出的岗位可安排给符合条件的其他农村贫困人口（低保人口）。

二、加强资金保障

紧紧围绕“扶持谁、怎么扶、谁来扶”等重大问题，按照“盘活存量、用好增量、突出重点、雪中送炭”的原则，加大政府投入力度，确保扶贫投入与脱贫攻坚任务相适应。“十三五”期间，全市共落实脱贫攻坚整合资金及易地扶贫搬迁贷款资金 2648804.48 万元。（含市县财政收入 10% 部分资金 81921.12 万元资金和易地扶贫搬迁贷款资金 620166 万元，含中央认定的 6200 人人均 3.5 万元贷款和人均 2.5 万元中央补助资金）。①易地扶贫搬迁资金。昌都市按照“十三五”建档立卡贫困户 20774 户 103361 人共争取资金 620166 万元。②脱贫攻坚产业扶贫资金。昌都市脱贫攻坚产业扶贫资金按照因素法等进行分配，已下达各县（区）2016—2020 年产业发展资金 657375.03 万元。③脱贫攻坚生产扶持及小型基础设施资金。昌都市脱贫攻坚整合生产扶持及小型基础设施资金按照因素法等因素进行分配，已下达 2016—2020 年生产扶持及小型基础设施资金 797681.79 万元。④生态补偿脱贫岗位补助资金。昌都市生态脱贫岗位资金按照 2016—2017 年人均 3000 元标准，2018 年人均 3500 元标准，2019 年人均 3500 元标准，目前已下达各县（区）2016—2020 年生态脱贫岗位资金 307710.83 万元。⑤定向政策性补助资金。昌都市定向脱贫岗位资金按照（2016 年 1550 元 / 人；2017 年 789 元 / 人，2018 年 260 元 / 人）标准，目前已下达各县（区）2016—2018 年定向政策性补助资金 16252.31 万元。⑥易地扶贫搬迁贷款贴息资金。目前，已下达各县（区）2016—2020 年贴息资金 61993.88 万元。⑦本级财政投入资金。从上年度本级财政收入的 10% 安排用于财政专项扶贫资金，“十三五”期间，昌都市本级财政收入共计安排 31950.6 万元用于保障脱贫攻坚。

三、加强资金监管

（一）加强资金管理

制定出台《昌都市脱贫攻坚整合资金管理办法（暂行）》等制度，每年开展一次扶贫资金管理培训，定期对11个县（区）财政扶贫资金进行专项检查，不断加强资金使用、管理和监督，切实提高扶贫资金使用效率。针对资金使用和管理不规范的问题，进一步加强监管力度，坚持责任、权利、资金、任务“四到位”制度，对符合资金拨付规定的各项扶贫资金，及时下拨到各县（区），同时要求各县（区）严格按照资金拨付使用相关规定及时下拨。

（二）加强绩效管理

进一步强化资金使用部门（单位）的绩效管理主体责任，严格落实扶贫资金“花钱必问效，无效必问责”的管理机制，推动扶贫资金管理从“重投入”向“重结果”转变，坚定不移地提升财政管理效能。各类扶贫项目资金绩效目标填报要力求精简、实用、涵盖反映项目主要产出和效果。要实现扶贫项目绩效目标随同预算同步申报、审核、批复下达。切实加强扶贫资金动态监控，按要求落实扶贫资金动态监控各项任务。加强扶贫项目资金绩效执行监控，对扶贫领域重点项目开展绩效评价。

（三）加强监督检查

采取电话督导、书面督导、实地督导等方式，加强对各项惠农政策落实、资金安排使用等情况督导检查，督促基层整改问题、落实责任，确保了脱贫攻坚工作的跟踪问效与“全程体检”。严格落实扶贫项目、资金管理使用制度，强化项目资金监管，坚决查处扶贫领域违纪违法问题，切实加强扶贫领域监督执纪问责，确保扶贫领域主体责任、监督责任和行业监管责任有效落实。每年多次安排11个县（区）财政部门对下拨资金使用情况进行检查，开展结余资金清理，项目资金使用效益进一步提高，管理进一步规范，项目建设程序更加规范。

第二节 工作亮点

脱贫攻坚战打响以来，市财政局自觉把高质量打赢脱贫攻坚战作为对党忠诚的重要检验，始终保持攻坚态势，对标对表提升质量成色，多措并举巩固脱贫成果，全面系统做好总结宣传，在财政支持脱贫攻坚方面亮点纷呈。

一、加大政府投入力度，确保扶贫投入与脱贫攻坚任务相适应

保持攻坚力度，正确处理脱贫攻坚与扶贫开发之间的关系，坚持政府投入的主体和主导作用，保障财政扶贫资金投入力度不减。持续落实“三个新增”要求，涉农增量资金（含增量扶贫资金）和预算内基建用于“三农”部分增量资金重点向深度贫困地区倾斜，增量扶贫资金的90%以上要

用于深度贫困地区；各地结余1年以上和结转2年以上的财政涉农资金全部统筹整合用于扶贫开发；在地方政府发行的一般债券和专项债券中安排一定比例用于支持脱贫攻坚；援藏资金按照中央两个80%的使用要求重点支持脱贫攻坚；规范扶贫领域融资行为，加大金融扶贫支持。

二、加大统筹力度，推进扶贫项目、资金、政策和资源整合

坚持以精准扶贫、摘帽销号为目标，以脱贫成效为向导，以扶贫规划为引领，以重点扶贫项目为平台，发挥财政资金杠杆作用，撬动金融资本和社会帮扶资金共同投入扶贫开发。坚持“渠道不变，充分授权，自治区统筹、地（市）主导、县（区）为主体，规划引领、项目搭建”的原则，构建“多个渠道饮水、一个龙头放水”的扶贫资金投入新格局。会同相关部门根据全市脱贫规划，研究制定《昌都市脱贫攻坚整合资金管理办法（暂行）》制度，对统筹整合资金进行预算管理、督促检查及绩效考评工作。加强对县（区）整合资金政策培训力度，对统筹整合资金工作业务进行指导和管理。进一步完善整合资金监督管理，运用多层次、多方位、多形式的监督机制，积极发挥审计、纪检监察、财政监督和社会监督作用，强化检查结果共享，提高整合资金管理水平，确保资金、干部“双安全”。

三、加快预算执行，用好用活“收、调、减、控、促”措施

严格预算执行管理，收到自治区切块下达的统筹整合资金30日内分解下达到县（区），在预算批复30日内将本级统筹整合资金下达到县（区）。“收”，在强化项目科学论证和前置审查的基础上，调整完善扶贫项目库。对按原规定用途无法支出的结转资金、政府采购结余资金和结转两年以上的项目资金，一律由本级财政收回后统筹安排扶贫项目；“调”，对按原规定用途难以落实的结转资金，按“滚动预算”管理要求及相关程序，调整资金投向；“减”，对支出进度缓慢，但确需按规定用途继续使用的结转资金，对该项目管理部门管理的扶贫项目在年度内不再增加该部门同类项目数额及资金预算，并逐步压减；“控”，结合结余结转实际，对相关项目先用结余结转资金安排，切实控制结转规模；“促”，在预算执行中实行分类限时管理，保障年度资金使用方案确定的项目基本支出，按当年用款计划完成支出，加快资金执行进度。资金使用过程中严禁划专户、层层划拨、以拨代支等现象，避免造成资金使用管理潜在风险。同时，登记做好统筹整合资金使用台账，对于用途发生调整的资金，按程序及时调整预算指标，按实际用途列相应支出科目。

四、加强资金监管，确保财政扶贫资金每一分都用在刀刃上

紧紧围绕党中央和西藏自治区党委关于精准扶贫、精准脱贫的重大决策部署，认真梳理财政扶贫领域监管责任清单，坚持目标导向和问题导向，强化分类施策，及时发现在政策落地、项目安排、资金使用、责任落实和工作作风等方面的问题，着力提高行业监管的质量和效率。积极推动扶贫资金动态监控系统建设，紧盯使用资金量大面广的关键岗位，紧盯问题易发多发的重要环节，紧盯掌握项目资金管理审批权的重点人员，针对一笔资金、一个项目、群众反映的一个问题实施行业监管，及时发现问题、纠正偏差，不断完善扶贫资金管理。不断完善扶贫项目资金全过程绩效管理机制，严格绩效目标管理，组织做好项目目标质量抽查，开展绩效目标执行监控，组织资金使用单

位开展绩效自评。加强绩效评价结果运用，优化资金配置，提高资金使用效果。认真落实扶贫项目资金公告公示政策要求，创新公开方式，提升公开效果，主动接受社会和群众监督。严肃查处扶贫资金使用管理中的违法违规问题，积极配合纪检监察、审计工作，及时将发现的问题线索按要求移交同级纪检监察部门，保持扶贫资金监管的高压态势。

第十一章　市人力资源和社会保障局

进入脱贫攻坚阶段，昌都市由市人力资源和社会保障局牵头，成立了以局主要领导为组长，班子成员共同参与的脱贫攻坚领导小组。该小组紧紧围绕“民生为本、人才优先”工作主线，坚持稳中求进工作总基调，以抓好民生工作为基础，以抓好工作创新为新动力，以精准扶贫为统揽，以就业扶贫为引擎，以促进农牧民增收为方向，按照脱贫攻坚总体要求，优化政策供给，多角度、全方位组合出击，紧扣就业扶贫、技能扶贫、社保扶贫、人才扶贫工作，砥砺奋进、开拓创新，托起民生底线，为脱贫攻坚战贡献了人社力量。

第一节　工作举措

全面落实市委、市政府关于脱贫攻坚系列决策部署，把扶贫工作作为主责主业和第一民生工程来抓，坚持牵头抓总和部门联动相结合、坚持市场主导和政府推动相结合、坚持区内就业与区外就业相结合、坚持巩固就业和新增就业相结合、坚持产业发展和促进就业相结合、坚持技能培训和扶志扶智相结合、坚持社会保障和精准扶贫相结合、坚持队伍建设和人才扶贫相结合，始终以帮扶贫困群众实现稳定就业为首要工作任务，以培训就业、产业带动就业、创业带动就业为主要工作措施，统筹实施就业扶贫、社会保险扶贫、人才扶贫，不折不扣完成市委、市政府赋予的扶贫任务，全力推动就业扶贫，助推脱贫攻坚。

一、抓就业机制建设

一是建立部门联动工作机制。将更高质量更充分就业作为根本出发点和落脚点，坚持组织市直各相关部门、各县（区）结合各自职责职能，建立“互商、互动、互推”工作机制，实现部门横向沟通联络，系统上下紧密配合，群团组织积极配合，社会力量广泛参与的就业格局日益形成，为全市农牧民转移就业工作稳中趋好起到积极推动作用。二是加强供给机制建设。充分发挥行业主管部门、用人单位、人社部门“三方”劳动供给平台作用，及时向项目实施地农牧民发布用工信息并提供技能培训，并严格规定在项目招投标时，将吸纳农牧民工参与工程建设实现转移就业作为重要指标进行考评，同时督促企业签订吸纳农牧民工劳动合同。三是建立就业援助帮扶机制。对“零就业家庭”等就业困难群体，采取“送岗位、送政策、送培训、送技能”等措施，帮助就业困难群体实现就业。

二、抓就业政策宣传

一是制定《昌都市就业创业工作宣传方案》。坚持“合时宜”“分人群”“优载体”原则，重点宣传中央、自治区出台的促进就业创业优惠政策，突出重点，分类宣传，着力突出宣传的针对性、实效性。二是挖掘亮点典型带动。设立就业创业示范点（转移就业示范点、创业带动就业示范点、吸纳就业示范点、返乡创业示范点等），推广就业创业典型经验，营造鼓励创业、支持创业、竞相创业的社会氛围。三是充分利用网络媒介，拓宽群众就业信息渠道。充分发挥昌都市、各县（区）电视台、昌都日报、藏东论坛、网信昌都、藏东人社等新闻媒体、网站、微信平台作用，及时发布各类就业政策、就业岗位，为求职者提供各类就业信息，切实调动群众参与就业积极性与主动性，不断提升农牧区富余劳动力的内生动力，营造良好社会舆论氛围。

三、抓就业技能培训

一是坚持“送培下乡”。按照“五实”（实名、实训、实技、实用、实效）工作要求，不断创新培训方式，丰富培训内容。根据群众实际需求，采取集中与分散相结合、工种与需求相结合、引导与意愿相结合方式，采取“送培下乡”的方式，解决农牧民群众家中劳力走不开的实际困难，实现学习生活“两不误”。二是提高培训针对性。紧盯本地特色产业和市场需求，科学精准设置培训项目，围绕昌都市“五大培训工程”（以推动“五大养殖基地”和七大种植基地“建设为目标开展农牧业实用技术培训；以扶贫开发区产业发展为重点开展开展技能人才培训；以实施易地扶贫搬迁和新农村建设为目标开展建筑施工领域技能培训；以国道沿线旅游业发展为依托开展旅游、餐饮、客房等服务业技能培训；以继承和发展民族传统文化为目标开展藏东特色家具、木工、雕刻、绘画等技能培训）和蓝天圣洁产业发展趋势，结合各县（区）特色产业情况，重点开展“以工代训”“订单定向”培训，夯实培训过程，通过实训手段，将工地、厂房、企业、合作社等用工单位作为“实训课堂”，确保边培训边增收、培训后胜任岗位。三是突出培训重点。将易地搬迁群众作为历年技能培训的重点群体，对全市易地搬迁安置点群众基本情况进行详细摸底调查，建立动态数据库，并根据易地搬迁安置点产业配套情况、就近就便就业岗位开发情况和安置点群众就业培训意愿，有针对性地开展“订单式”“定向式”“企业代包”技能培训，实现具有劳动能力且有就业意愿的易地搬迁家庭至少有一人实现就业。四是丰富培训内容。将就业观念引导、就业政策宣传和就业意愿调查贯穿培训全过程，通过就业引导课程逐渐补齐农牧民贫困群众就业意识弱、就业观念落后的短板；通过就业政策宣传课程，让农牧民贫困群众熟悉就业创业政策；通过就业意愿调查，组织有意愿实现转移就业的农牧民贫困群众开展国家通用语言、职业道德、职业规范、法律法规、健康卫生等内容的引导性培训，增强农牧民个人综合素质，提高转移就业成功率。五是创新培训手段。通过基地协会、企业代包、以师带徒、能人带动等多种方式，逐渐实现技能培训从“漫灌式”向精准“滴灌式”培训转变，民间唐卡绘画、村级经济实体等技术能手和致富带头人纷纷参与到培训中，提升了培训的针对性。六是严格培训周期。根据各培训工种的学习难易程度、实际应用效果，合理确定培训周期，严格按照《西藏自治区农牧民职业技能补贴资金管理办法》确定的工种培训周期，确保建档立卡参训学员扎扎实实掌握技能，实实在在学习技术。

四、抓就业跟踪服务

一是充分发挥基层就业和社会保障服务平台作用，对就业服务系统中登记已实现转移就业农牧区群众安排专人进行跟踪服务，针对就业服务系统中有意愿参加技能培训和外出务工的农牧区群众，积极开展农牧区富余劳动力转移就业技能培训和推荐就业工作，确保实时掌握农牧民群众的就业状态。二是开展培训后群众就业、创业情况跟踪服务工作，详细掌握培训后学员就业创业情况，建立定期跟踪回访机制和集中服务机制。对参加技能培训，且培训后未实现就业的建档立卡贫困人口，可根据个人就业培训意愿再次组织参加技能培训，对参加技能培训后未实现转移就业且有就业意愿的群众持续开展就业跟踪服务，通过推送岗位信息和介绍就业的方式，鼓励引导更多贫困人口通过转移就业增收致富。三是“本着资源整合、统筹利用”原则，充分整合、利用各县（区）、乡（镇）现有办公场地设立就业服务窗口、服务点，为广大群众提供技能培训、就业指导、政策咨询、求职登记、职业介绍、就业推荐、后续跟踪等一系列就业服务，确保就业服务更方便、更快捷、更通畅。四是加强就业困难人员就业援助。健全完善就业援助制度，规范就业困难人员的认定程序，加强实名制动态管理，对就业困难人员实行优先扶持和重点帮助，有针对性地提供就业服务。充分发挥公益性岗位帮扶就业困难人员就业的托底安置作用；积极组织城镇零就业家庭和最低生活保障家庭中有劳动能力的人员参加就业援助活动，确保有就业需求的城镇零就业家庭和最低生活保障家庭至少有一人实现就业，实现城镇零就业家庭动态消零。五是推行线上业务办理模式。对有就业需求的人员，采取电话、网络等方式开展就业服务，提高服务效率。六是加大政策落实，公开就业补贴资金申报流程，简化办事程序。对符合条件的企业积极落实失业保险稳岗补贴、职业技能培训补贴、吸纳就业奖励资金、社会保险减免等各项援企稳岗优惠政策，减轻企业负担，促进群众就业增收。七是维护劳动关系稳定。密切关注劳动市场用工情况，监督企业切实担负社会责任，对企业不签订劳动合同、不缴纳工资保证金、不按时支付工资等行为，及时责令整改；同时坚持循序渐进、广为宣传，用宣传数量和质量去转变改变群众的思想认识、提高维权本领，从源头把关，确保劳动关系和谐，让群众安心工作，顺心增收。

五、抓就业平台建设

一是建成昌都首个室内人力资源市场，搭建用人单位和求职人员劳务供需平台，畅通建档立卡贫困人口就业渠道。二是投资3700万元开工建设昌都市公共职业技能实训基地项目，增强全市技能培训能力。三是建设康巴明珠众创、藏东青创、闽昌众创等新型创业服务平台，为各类创业者提供创业咨询、创业培训、项目孵化、财税咨询、证照办理等“一条龙”服务，重点解决创业对象无项目、无依托、无资金、无经验的“四无”问题，进一步提高了公共就业服务水平。依托经开区农创、医创、科创、文创四大创业园区，重点对农牧区富余劳动力开展各类创业服务，扶持创业并带动就业。截至2020年年底，已建成创业孵化基地、众创空间等创业载体13家（其中国家级1家、自治区级3家）。四是加强转移就业实体化。将劳务输出组织“实体化”建设和“组织化”建设作为促进农牧民转移就业增收的重要抓手来推动，全市已建立100个农牧民转移就业基地（其中：自治区级7家，市级42家，县级51家）。五是加强劳务输出组织。广泛发展劳务经纪人、劳务输出合作社、农牧民专业合作社等社会力量参与转移就业工作，建立“政府指导、政策引导、市场运作、管理规范、转移有序”的劳动用工新模式。已发展人力资源公司5家，劳务派遣机构13家，劳务经纪人和劳务合作社1175个。

六、抓群众就业渠道

一是积极协调对口援藏省（市）和区外各类需要用人的企业，积极搭建就业桥梁，输送区内农牧区富余劳动力赴区外进行培训就业，根据区外用人企业实际需求，开展生产线加工、流水线技术工等技术等级要求较低的“订单式”技能培训，培训后直接在当地企业实现转移就业，在有效拓宽群众视野和促进民族交流的同时，学习到内地的先进文化理念，切实打通“走出去就业”方向、铺实“走出去增收”门路。二是积极开发援藏省（市）公职岗位，根据区内高校毕业生受传统观念的影响，热衷于政府公职岗位部门工作的实际，为昌都市未就业高校毕业生搭建区外就业桥梁，积极协调对口援藏省（市），开发区外事业编制岗位。三是开展招聘活动，同步利用电视媒体、微信平台大力宣传“西藏公共招聘网、就业扶贫直通车”和“藏东人社”公众号等网络招聘平台，鼓励求职者和用人单位注册平台账号。同时推动每周四小型室内招聘会，采取线上和线下相结合模式进行招聘和应聘，促进多方式多渠道解决就业。四是坚持以“正确处理城镇就业和就近就便、不离乡不离土、能干会干的关系”为遵循，严格按照“政府投资项目、国企项目、援藏项目吸纳当地农牧民用工人数占总用工量的 60%、400 万元以下工程项目交由农牧民施工队组织实施并吸纳本地用工占总用工量的 80%”的要求，积极引导广大农牧民特别是建档立卡贫困农牧民参与工程建设实现转移就业增收。同时结合昌都市蓝天圣洁产业发展趋势和各县（区）特色产业情况，摸清各项产业岗位需求、薪酬待遇等基础信息，组织群众开展“企业代包”“订单式”技能培训；充分抓牢川藏铁路昌都段工程项目建设和沿线特色旅游产业发展，对沿线搬迁点采取集中与分散相结合、工种与需求相结合、引导与意愿相结合方式，有效引导群众面向建筑施工类、餐饮厨师类、旅游服务类等多方向实现就业。

2016 年以来，累计发放就业创业宣传资料 10 万余份，对全市有就业意愿的群众进行了就业创业指导，全市实现贫困劳动力转移就业 18.6 万余人次，贫困群众参与转移就业的主动性和积极性得到明显转变。结合贫困群众培训意愿、就业意愿和市场需求开展各类技能培训 5.8 人万次，实现就业 4.08 万人次，有效促进贫困群众在各行业实现就业增收，部分贫困群众通过技能培训、创业培训实现自主创业，并带动群众实现就业。

七、抓社保兜底保障

一是养老保障强化。落实以贫困人口和残疾人为重点的困难群体政府代缴养老保险费、养老保险费补贴等政策，减轻贫困人口负担。二是待遇足额发放。2016 年以来，对年满 60 周岁以上建档立卡贫困人员、低保对象、特困人员等特殊群体社保待遇均做到了及时足额发放。三是政策宣传到位。认真做好建立城乡居民基本养老保险待遇确定和基础养老保险待遇确定和基础养老金正常调整机制的政策宣传工作，充分利用村两委、驻村工作队等力量，全面准确地宣传解读政策，让城乡居民、寺庙僧尼理解政策、踊跃参保，促进他们长期缴费和多缴费，达到合理的社会预期。

八、抓大学生就业创业

一是精准对接，开发优质岗位。统筹区内、区外“两个市场、两种资源”，坚持区内外双向发力，主动对接援昌省（市）、援昌央企、区内外企业，2016 年来累计开发各类岗位 41350 个，促进高校毕业生就业率年均保持在 95% 以上；二是创新载体，抓好宣传服务。依托“西藏公共就业招聘网”、“藏东人社”微信公众号、中国移动“云MAS短信”等平台，采取走村入户宣讲政策等方式，全方位多渠道开展宣传，实现市、县、乡岗位同步推送、实时共享，做到“政策送到家、岗位送进门、云推送全覆盖”，提高宣传的针对性、时效性、覆盖面；三是开展帮扶，引导转变观念。将干部职工与应届高校毕业生结成对子，将结对帮扶责任落实到人头，建立“三个联系”机制，通过电话、微信、走访入户等形式，确保对每一名应届高校毕业生做到“三到位、三掌握”，为未就业高校毕业生推荐不少于三个就业岗位，引导高校毕业生转变“一岗定终身”“故土难离”的就业观念；四是优化政策，资金应补尽补。在自治区就业创业优惠政策的基础上，结合本地实际，出台了一揽子促进高校毕业生就业创业的优惠政策，在最低薪资待遇、区外就业先进家庭奖励资金、交通补贴、住房补贴等方面给予更优的政策支持。

九、抓人才队伍建设

一是突出重点，科学谋划引进人才。结合全市人才队伍建设现状，明确医疗卫生、教育人才为引进主要方向，针对引进难的问题，积极协调上级部门进一步放宽应往届、学历等引进条件。二是精心组织，择优引进人才。组织精干力量组成工作组，在认真征求各用人单位对专业人才需求的基础上，反复论证制定切实可行的人才引进工作方案，并及时报请上级主管部门审批，积极争取指导和支持，做到组织到位、计划到位、措施到位。三是引培并举，激发人才活力。加大基层专业技术人员培训力度，积极开展国家级百千万人才工程、国务院特殊津贴、西藏专业技术人员特殊培养、“藏东英才”候选人选拔推荐工作，不断提升基层专业技术人才岗位适应、职业发展和服务基层的实践能力。

第二节　工作亮点

脱贫攻坚以来，昌都市人社局积极履行部门职责，聚力就业扶贫，聚焦深度贫困，进一步加大工作力度，努力扩大贫困人口就业规模，采取自下而上、入户统计的方式，全面掌握贫困人口的就业状况、年龄结构、文化层次、劳动能力、就业意愿等内容，对全市17万余贫困人口进行摸底调查，精准识别“十三五”期间转移就业扶贫对象，并完成建档立卡，建立技能培训、转移就业台账，真正做到了就业扶贫对象的“精准识别、精准帮扶、精准管理”，在脱贫工作中亮点纷呈。

一、以“五抓手”提高培训实效

（1）以工程建设为抓手，开展“储备式”培训。充分结合项目建设吸纳当地富余劳动力就业优势，积极开展电工、焊工、砌筑工等建筑业类技能人才培训，培训后积极组织、引导群众参与项目建设中实现就业增收。

（2）以易地搬迁为抓手，开展“订单式”就业技能培训。围绕搬迁群众富余劳动力数量、培训就业意愿，面向搬迁点及周边配套产业发展需求，开展“一对一”订单式转移就业技能培训，力争实现培训后有已就业意愿的搬迁家庭有一人实现稳定就业。

（3）以旅游服务业为抓手，开展精准性技能培训。根据昌都市特色旅游业、餐饮服务业等入手快、门槛低、吸纳就业能力强的实际，结合岗位空缺情况，对有培训意愿和有就业意愿农牧民群众，开展以转移就业为主的“订单式”“定岗式”技能培训，帮助群众实现转移就业和稳定就业。

（4）以特色民族手工业为抓手，开展实用性技能培训。根据昌都市民族传统手工艺品行业发展实际，立足贫困群众所思所想、所盼所求，结合贫困群众培训意愿和市场需求，围绕藏东特色手工艺积极开展唐卡绘画、藏式雕刻、藏式木碗制作等民族特色工艺品“订单、定向式”技能培训，在传承发扬藏东民族特色文化的同时，促进贫困群众实现就近就便、不离乡不离土实现就业增收。

（5）以创业培训为抓手，开展创业带动就业技能培训。对有创业意愿并具有一定条件的农牧民群众开展创业培训，熟悉掌握创业优惠政策、增强创业者的经营管理能力和市场决策能力，实现创业带动就业。及时对初创人员开展创业跟踪服务，并积极邀请具有创业经验、熟悉创业政策、热心创业服务的行家里手，结合创业者实际情况，制定创业帮扶措施，针对性开展创业规划、创业指导等具体创业服务工作。

二、以“五个一批”全力促进就业

（1）劳务协作转移输出一批。发挥对口援昌省（市）就业联络服务站职责，与援昌省、市、企业建立劳务协作关系，充分利用乡（镇）就业和社会保障服务站广泛开展区外就业政策宣传和就业择业观念引导，采取“小组团”方式，组织具有区外就业意愿的富余劳动力，尤其是已脱贫建档立卡家庭劳动力面向区外转移就业，并对符合享受区外就业补贴条件的及时兑现区外就业补贴。

（2）工程项目建设带动一批。建立公共投资和重大项目建设带动就业评估机制，发挥政府投资和重大项目带动就业的作用。充分利用好政府性投资重点项目建设力度不断加大的大好机会，坚持市场主导和政府推动相结合，积极督促、引导各施工企业各在建项目必须优先吸纳当地农牧民参与工程建设，帮助农牧民群众增加现金收入。

（3）产业发展就地就近吸纳一批。围绕产业规模化、标准化、集约化、市场化、品牌化发展趋势，充分找准产业发展与贫困户脱贫的最佳契合点，发挥产业技术、资金等优势，与建档立卡贫困户拥有的土地、劳动力等资源结合起来，提供多元化就业岗位，建立利益联结纽带，引导农民通过入股分红、务工就业等方式实现增收。

（4）推动非公企业吸纳一批。按照“你招工我帮忙，你求职我服务”的理念，充分利用农闲时节，组织各类用工企业、个体工商户和广大求职者开展了以“促进转移就业、支持返乡创业、助力增收脱贫”为主题的“春风行动”招聘会，有效搭建转移就业平台，建立人力资源社会保障部门与非公企业联动机制，鼓励引导各类市场主体积极吸纳本地人员就业，提高市场主体吸纳就业能力。

（5）动员社会力量介绍就业一批。建立“政府指导、政策引导、市场运作、管理规范、转移有序”的劳动用工新模式，鼓励和支持政府购买服务的方式，通过企业、社会组织、个人等开展转移就业社会服务。对经当地人力资源社会保障部门认定的经营性人力资源服务机构、劳务经纪人等市场主体规范经营，有序促进城镇新增就业和农牧民转移就业。

三、以“六举措”推动社保扶贫

（1）按照西藏自治区人民政府《关于印发〈西藏自治区城乡居民基本养老保险实施办法〉的通

知》（藏政发〔2014〕88 号）要求，及时兑现年满 60 周岁人员养老保险待遇。根据西藏自治区《关于切实做好社会保险扶贫工作的通知》（藏人社发〔2018〕71 号）要求，对建档立卡贫困人员参加城乡居民基本养老保险的，由政府为其代缴自治区现行最低标准（100 元）的养老保险费，并享受相应的政府补贴，充分发挥城乡居民基本养老保险对贫困人员减轻负担作用。

（2）按照《西藏自治区城镇居民基本医疗保险暂行办法》（藏政发〔2007〕56 号）和《关于切实做好社会保险扶贫工作的通知》（藏人社〔2018〕71 号）要求，做好城镇居民基本医疗保险缴费、报销、兑现等工作。享受城镇居民最低生活保障的人员、完全丧失劳动能力的重度残疾人员、无收入的孤寡老人、孤儿等，每人每年个人缴费部分由财政予以全额补贴，减轻贫困人员医保参保缴费负担。

（3）按照《工伤保险条例》《工伤认定办法》《西藏自治区实施〈工伤保险条例〉办法》等法律法规做好工伤认定、劳动能力鉴定及工伤保险待遇支付等工作；按照《关于进一步做好建筑施工、矿山企业及石材加工企业从业人员工伤保险工作的通知》（藏人社厅发〔2015〕51 号）要求，推动全区工伤保险覆盖所有职业人群，同时针对建筑行业农牧民工流动性大的特点，实行按项目参保、全员覆盖，保障农民工合法权益，减少贫困发生。

（4）根据《社会保险法》《失业保险暂行条例》相关规定，将农牧民工纳入失业保险制度覆盖范围。农民工连续工作满 1 年以上，用人单位已按时足额缴纳失业保险费的，当其失业时，可申领一次性生活补贴，帮助其暂时渡过困难期。

（5）落实以建档立卡人口和重度残疾人为重点的困难群体政府代缴养老保险费、养老保险费补贴等政策。截至 2020 年年底，全市符合条件的 104467 名贫困人口已纳入基本养老保险范围，政府代缴养老保险费 1044.67 万元，参保率达 100%，极大减轻了贫困人口负担。

（6）政策宣传到位。认真做好建立城乡居民基本养老保险待遇确定和基础养老保险待遇确定和基础养老金正常调整机制的政策宣传工作，充分利用村两委、驻村工作队等力量，全面准确地宣传解读政策，让城乡居民、寺庙僧尼理解政策、踊跃参保，促进他们长期缴费和多缴费，达到合理的社会预期。

四、以“五步骤”强化人才扶贫

（1）精心谋划，积极做好区外专业技术人才引进工作。自 2016 年以来，昌都市先后从内地高校引进脱贫攻坚领域各类紧缺专业技术人才 1277 人。

（2）积极协调，进一步放宽引进条件。卫生医学类中急需紧缺专业（以自治区卫计委核定为准）并长期从事与本专业相关工作的非在编人员，可放宽至往届 5 年以内大专以上学历毕业生。自愿到海拔 4000 米以上艰苦边远地区县乡机关和事业单位工作的可放宽至大专学历。

（3）提前谋划，人才引进工作有序开展。为有效缓解昌都市卫生专业技术人员紧缺实际，在认真征求各用人单位对专业人才需求的基础上，研究制定切实可行的引进人才工作方案，并及时报请上级主管部门审批，待审批后将按照引进工作程序，形成组织精干力量组成工作组，赴区外开展引进具体工作。

（4）周密组织，努力做好高校毕业生公职岗位考录（招聘）和区外人才引进相关工作。自 2016 年以来，通过公开招考、人才引进等方式补充各类扶贫领域人员共计 6000 余名。

（5）为建设一支数量适当、素质良 好、结构合理、相对稳定的人才队伍合理实施，确保定向培养工作得到有效落实。2016 年以来，通过从区内外定向培养各类紧缺专业技术人才共计 287 人。

五、以“三强化”开展结对帮扶

（1）强化摸清调研，确保帮扶工作不走偏。结合开展“结对帮扶”工作要求，紧紧围绕扶贫点实际，深入定点扶贫联系点洛隆县康沙镇、马利镇开展实地调研走访工作，通过与贫困户拉家常、与“村两委”班子成员及驻村工作队座谈，并结合“结对帮扶二十问”等方式，真实地了解贫困帮扶村对象生产生活、致贫原因等基本情况，制定切实可行的帮扶计划，持续抓重点、攻难点，实举措、补短板，建机制、促长效，推动定点扶贫各项工作纵深开展，2016 年以来，共选派近 40 名驻村干部，5 名县处级干部承担脱贫攻坚包村督导任务，选派两届村居第一书记和 1 名乡（镇）挂职干部。安排结对帮扶责任人 260 多人次，累计结对帮扶 500 余户，落实帮扶资金 25 万元以上。

（2）强化具体措施，确保帮扶工作出实招。提高帮扶精准度，确保工作实效。结合定点扶贫村实际情况，运用“就业帮扶、技能培训、申请短平快项目”等具体措施，切实提高对口帮扶精准度，先后协调解决 60 人大车驾驶员培训项目，20 万元蔬菜大棚项目资金，1.3 公里入户公路项目，电脑等办公设备总价值 8 万余元。同时，加强教育宣传，转变落后观念。借助驻村工作队优势，采取集中宣讲、入户宣讲等宣传形式，积极开展就业政策宣讲教育，让群众真正明白党的各项就业政策，转变就业观念，增强自主就业内生愿望和动力。

（3）强化济困帮扶，确保缓解贫困压力。全局开展结对帮扶干部职工不仅给予帮扶对象每户 500 元的帮扶资金，针对建档立卡户、五保户、残疾人家庭和无劳动力家庭等非结对帮扶对象开展收入调查，尽可能为困难家庭排忧解难，努力争取各种救济政策和补贴；对因病致贫的贫困户在政策范围内帮助其办理医疗费用报销，缓解其家庭经济压力。充分落实好党中央、区党委和市委关于脱贫攻坚相关政策，让所有贫困人员都能享受国家给予的福利待遇，确保实现全面小康一个都不能少的目标。

第十二章　市住房和城乡建设局

进入脱贫攻坚阶段，昌都市由市住房和城乡建设局牵头，成立了由党组书记为组长，党组副书记、局长为副组长，其他党组班子成员为成员的脱贫攻坚工作领导小组。该小组充分发挥住建行业职能，紧扣“住房安全有保障、全面建成小康社会”这一主题，强化监督指导、严格执行改造政策，分级分类划定标准、精准锁定改造对象，强化资金进度质量控制、严格落实主体责任，同时全面巩固拓展脱贫攻坚成果、推进农房抗震加固和质量提升工程，为决战决胜脱贫攻坚战奠定了坚实基础。

第一节　工作举措

推进农村危房改造是党中央、国务院立足决战脱贫攻坚、决胜全面建成小康社会大局，着眼于增进民生福祉、保障农民群众生命财产安全作出的重大决策部署，是关系广大农村群众的发展工程、民生工程、德政工程。严格落实党中央、国务院和区党委、区政府决策部署，聚焦脱贫攻坚战“两不愁三保障”总体目标中贫困人口住房安全有保障的目标任务，多措并举，全力推进农村危房改造工作，实现了全市农村危房存量清零。

一、学习相关政策，科学决策部署

坚持把脱贫攻坚工作作为重要的政治任务，突出“三个先行”全面推进实施，确保了习近平总书记关于“两不愁三保障”突出问题的重要指示精神和党中央政策方针得到全面贯彻落实。局党组率先垂范，带头增强“四个意识”，深入学习贯彻落实好中央、区党委和市委关于精准扶贫、精准脱贫的一系列重要决策部署，读懂、吃透文件精神，不折不扣地将党中央、区党委和市委的决策部署落到实处。局主要领导和分管局长既挂帅又出征，主动当好农村危房改造工作的“施工队长”，先后召开6次党组会、6次局长办公会、9次专题会议研究部署农村危房改造工作，做到了亲自部署、亲自安排、亲自推动、亲自督导，并多次深入到11个县（区）偏远乡（镇）村居、住房条件差的深度贫困村进行农村危房改造调研督导工作。分管副局长和业务科室同志全脱产连续5年扎根在农村危房改造一线巡回指导。

二、确定目标任务

（1）严格执行鉴定标准和流程，精准锁定改造对象。依据扶贫部门认定的建档立卡贫困户、民政部门认定的低保户和农村分散供养特困人员、残联会同扶贫和民政部门认定的贫困残疾人家庭农户名单，严格按照《危险房屋鉴定标准》（JGJ125—2016）、《农村危险房屋鉴定技术导则（试行）》评定房屋危险性等级，对全市41922户建档立卡贫困户等四类重点对象住房安全鉴定全覆盖，共排查出C、D级危房16805户。同时在房屋鉴定中严守工作纪律，坚持公平公正，及时公示鉴定结果，接受危房改造对象和社会监督，确保不因鉴定不到位、信息公开不透明等问题影响农牧民群众知晓度和满意度。

（2）积极协调自治区、市、县相关职能部门，争取农村危房改造指标和资金。2016—2019年，自治区下达昌都市农村危房改造指标16805户，下达中央补助资金2.9亿元，市级财政筹措资金1.73亿元，各县（区）自筹资金0.3亿元，共计4.93亿元。其中，2016年4942户，中央补助资金13328万元；2017年1097户，中央补助资金1600万元；2018年10496户，中央补助资金13933.44万元，市级财政筹措资金17314万元，各县（区）自筹资金3000元；2019年270户，中央补助资金253.12万元。

三、明确补助标准

农村危房改造资金以农户自筹为主，各级政府补助为辅，多渠道筹集改造资金。根据《西藏自治区住房和城乡建设厅西藏自治区财政厅关于下达我区2018年农村危房改造任务的通知》（藏建村〔2018〕167号）精神，从2018年开始，自治区加大农村危房改造资金补助力度，加快推进全局农村危房改造工作，具体标准为：中央补助资金为13275元/户，市级财政配套补助资金为20000元/户（丁青县和边坝县补助标准为1万元/户，剩余不足部分由丁青、边坝县财政自筹解决）。

四、强化引导指导，严格执行改造标准

及时汇编下发《农村危房改造政策汇编手册》，根据调研发现问题及时研究下发《关于做好全市农村危房改造工作的指导意见》和《关于严格执行危房改造标准加快推进农村危房改造工作的通知》等系列文件，有力指导全市农房改造按政策要求推进，防止执行政策跑偏。

五、灵活运用多种方式实施危房改造

各县（区）立足本县实际，结合群众意愿，采用群众自建、农牧民施工队或施工企业统建或修缮加固闲置公房等方式灵活解决贫困群众基本住房安全。如：察雅县采取“农牧民施工队（施工企业）+危房改造户”的方式实施农村危房改造，传统工艺和简易工序由危房改造户实施，技术较复杂、质量要求高的工序交由施工队实施，既有力保障了危房改造的进度、质量和施工安全，又充分调动了危房改造户的积极性；贡觉县莫洛镇组织本县的能工巧匠参与农村危房改造，不仅较好地传承了具有地域特点和民族特色的建筑，且带动了群众增收；丁青县将标准化村级组织活动场所建成后的老村委会修缮加固，安置贫困危房户，解决住房安全问题。

六、引导村民互助，共筑安全新居

各县（区）在危房改造实施过程中深入实地调查，详细了解群众实际困难，准确掌握群众经

济、劳动能力，对于家庭经济条件较为困难或缺少劳动力的危房改造户，乡（镇）人民政府和驻村工作队组织党员干部、生态岗位人员和本村群众投工投劳，帮助特困户进行房屋改造。既保证了危房改造能够按时完工，又助推了团结互助、和谐友爱的乡风文明建设。

七、加强舆论宣传，发挥群众主体作用

充分利用广播电视等形式对农村危房改造工作进行广泛的宣传动员，乡（镇）利用宣传栏、横幅、村民会议等形式大力宣传，使农村危房改造政策家喻户晓，明确危房改造工作流程，做到政策清、措施明，引导符合政策支持条件的贫困危房户应改尽改。通过正确舆论引导，部分危房改造户在自身经济条件允许情况下对 C 级危房进行了翻新重建。如卡若区有 42 户改造户为进一步改善住房条件，自愿按照 C 级危房补助标准原址拆除重建住房。

八、强化进度控制，启动约谈机制

各县（区）按照 2019 年 6 月底全面完工工作要求制定工期计划，细化工作任务，并按照“十天一调度”的原则，统计汇总危房改造进度情况。建立县、乡、村三级沟通联动机制，及时了解排查危房改造中出现的问题和困难，排除影响进度的各种因素，保证危房改造工作顺利推进。2019 年 6 月 27 日，市住建局党组对进度相对较慢的四县进行了约谈，要求四县说明进度缓慢原因，明确完成时限和工作措施。

九、严肃查处农村危房改造工作中的违法违规问题

（1）加强脱贫攻坚队伍作风问题专项整治。按照《住房城乡建设部办公厅关于开展农村危房改造领域作风问题专项治理的通知》（建办村函〔2018〕403 号）要求，重点围绕贪污挪用危房改造补助资金、群众强烈反感、资金管理不规范以及危房改造质量不达标等问题，推进农村危房改造领域作风问题专项治理。加强对从事农村危房改造工作相关人员的管理和监督，对经投诉、查办案件、审计或者其他方式发现的线索，按程序进行履职问责调查、处理，督促相关人员自觉依法依规履行职责，规范开展农村危房改造工作。

（2）排查整治漠视侵害群占利益问题，切实维护农房改造户利益。研究制定下发《昌都市住建局专项整治保障贫困户基本住房安全方面漠视侵害群众利益问题实施方案》，明确整治内容、工作措施和相关工作要求，设立举报电话和工作邮箱，组建工作组下沉县（区）、乡（镇）村居开展调研检查农村危房改造工作情况，并将发现问题线索及时移交纪检监察部门。

第二节 工作亮点

紧扣决战决胜脱贫攻坚全面建成小康社会这一目标，立足行业责任，聚全市住建之力，广泛动员、精心组织实施危房改造，对全市 41922 户建档立卡贫困户等四类重点对象住房安全鉴定全覆

盖，共排查出 C、D 级危房 16805 户，改造 16805 户，共计投入改造资金 4.93 亿元，全市贫困人口危房全部清零，补齐了农村贫困人口住房安全短板，如期实现了住房安全有保障的脱贫目标，住房安全有保障任务取得决定性进展。

一、因地制宜、多措并举推进危房改造

各县（区）立足本地实际，坚持量力而行、尽力而为的原则，因地制宜确定改造方式，在尊重群众意愿的基础上，采用群众自建、农牧民施工队统建和“自建 + 统建”等多种方式灵活推动危房改造。察雅县制定了“六改”内容，采取“农牧民施工队 + 危房改造户”的方式实施改造，传统工艺和简易工序交由危房改造户实施，技术复杂、质量要求高的工序由施工队实施，既保障了危房改造的进度、质量和施工安全，又充分调动了改造户的积极性，增加了群众收入。丁青县将闲置的老村委会及时修缮后安置贫困危房户，消除了安全隐患，保证了群众的生命财产安全。贡觉县莫洛镇组织本地的能工巧匠参与农村危房改造，在增加收入的同时传承了传统建造技艺，保留了村庄原有风貌，留住了乡愁。

二、强化进度质量控制，确保如期安全入住

（1）建立市、县、乡、村四级沟通联动机制和“十天一调度”等工作机制，及时了解掌握全市危房改造进展情况及遇到的困难和问题，研究分析对策，及时通报有关情况，保证危房改造工作顺利推进。

（2）以县（区）住建局为主体做好质量安全基本知识宣传，开展危房改造技术服务和巡查验收管理，对发现问题及时提出整改意见，并做好地基基础承重结构、围护结构等关键环节质量检查记录。对于农户自建的，将危房改造质量安全要点告知农户；对于统筹建设的，严格审查加固方案加固材料、施工方案及施工队伍，确保施工过程安全以及房屋安全达标，并按程序组织竣工验收。芒康县住建局 2018 年农村危房改造期间，安排 4 名技术专干定点包片 15 个乡（镇）开展房屋加固改造技术培训及过程指导，累计入户进行危房改造指导 7000 余次，户均 4 次，高质量高效率完成竣工验收。

（3）是认真履行行业职责，加强全市易地搬迁安置点房屋质量监管，确保房屋质量安全有保障，搬迁群众住的安全、住的放心。2020 年 4 月 20 日至 5 月 17 日，在各县（区）自查基础上，由分管质量安全的副局长带领局质监站技术人员和各县（区）住建局技术人员对 11 个县（区）268 个易地扶贫搬迁安置点开展房屋质量安全抽检，先后抽检了 83 个搬迁安置点，入户调查 679 户（其中：易地扶贫搬迁 276 户、农村危房改造 337 户、抗震加固 66 户）。所有抽检的易地扶贫搬迁安置房屋不存在房屋结构安全性问题，农牧民住房安全切实得到了保障。

三、完善档案资料，坚决纠正弄虚作假情况

完善一户一档资料，建立危房改造台账，加强系统数据核对，切实做到账实相符，账账相符，确保所有危房改造户档案资料数据真实准确。

四、限期完成危房改造系统数据录入核验，全力做好脱贫攻坚普查验收工作

全市危房改造共录入16805户，为确保昌都市危房改造数据录入真实准确，符合要求，局主要领导于2020年5月17日前往自治区住建厅协调危房改造系统录入事宜，各县按要求于5月31日前录入完毕。按照市脱贫攻坚指挥部和上级行业部门要求，于6月23日前完成了住建部、扶贫办联合开展建档立卡贫困户住房安全有保障核验工作，并于7月18日完成了农村危房改造脱贫攻坚三年行动农户档案信息检索系统认定工作，确保信息检索系统与核验数据一致，为顺利完成脱贫攻坚普查验收工作打下基础。

五、建立健全住房安全动态监测机制

建立市、县、乡、村四级监测响应机制，村级组织将建档立卡贫困户、低保户、农村分散供养特困人员、贫困残疾人家庭等四类重点对象和贫困边缘户农户住房安全常态化监测包户到人、责任到人，建立一对一的跟踪监测机制，将驻村工作队主动监测与农户主动申报相结合，建立住房安全监测台账。各县（区）住建局成立住房安全巡回监测小组，深入实地了解房屋安全情况，重点查看房屋基础、承重墙、梁柱等重点部位安全隐患，现场填写监测评定表并逐级上报。

六、建立健全部门协作机制

明确各乡（镇）人民政府是农村危房动态“清零”的责任主体；县住建局负责危险房屋安全鉴定和隐患整治指导工作；各帮扶单位落实帮扶责任，做好帮扶对象住房安全跟踪和相关情况报告工作，及时协助解决危房改造中出现的问题和困难，确保帮扶对象危房动态“清零”。

七、加快推进农房抗震加固和质量提升

2019年自治区下达昌都市农房抗震加固试点指标941户，814万元，2020年自治区下达昌都市农房质量巩固提升指标8730户，14624万元，资金全部足额兑现通过实施农房抗震加固和质量提升，农牧民住房整体质量极大提升，房屋使用功能进一步完善。

八、开展农牧区住房安全状况大普查，查漏补缺，确保危房动态清零

2020年3～5月，根据住建部、住建厅统一安排部署，组织各县（区）对辖区内农牧区住房尤其是建档立卡贫困户等4类重点对象的住房安全状况进行全面普查。发现因自然灾害等原因，出现83户新的危房，由有关县（区）立即组织人员及资金对危房进行修缮加固，第一时间保障了农牧民群众的住房安全，及时巩固了住房安全有保障成果。同时，举一反三要求各县（区）加强监测，按照“发现一户、保障一户”的原则，常态化推进。

九、加大惠民政策宣传和感党恩教育，既管肚子更要管脑子

通过电视、报纸、政府网站、微信微博、成果展板、横幅等丰富多样的形式，充分报道全市农村危房改造的工作部署、进展动态和举措成效，同时充分利用现有的宣传牌、LED广告屏、灯箱、黑板报等宣传手段，以乡（镇）、村为重点，制作悬挂脱贫攻坚宣传标语，广泛宣传五年来为广大贫困农牧民解决住房安全方面取得的成就，让广大农牧民知道惠在何处恩向谁报，危房改造群众搬入新居后，自发将五代中央领导人画像和习近平总书记与西藏人民心连心画像张挂正中并敬献哈达，表达对党中央和习近平总书记的爱戴。

十、典型案例，芒康县农村危房改造获国务院督查表彰

芒康县在实施危房改造过程中形成了一套可复制、可借鉴、可推广的危房改造模式在昌都市乃至全区推广应用。实施农村危房改造项目，不仅让贫困户住房安全有保障，也改善了农村人居环境，助力了乡村振兴。并于2020年5月8日获国务院督查激励，文件依据为《国务院办公厅关于对2019年落实有关重大政策措施真抓实干成效明显地方予以督查激励的通报》(国办发〔2020〕9号)。芒康县的主要做法为：一是强化组织保障，严把工程质量关。成立了以县长为组长的农村危房改造领导小组，下设各乡（镇）建设监督管理办公室，配备专职管理人员，对危房改造质量安全进行日常巡视及监督管理。二是严抓核准验收，坚持阳光操作，补助对象基本信息和各审查环节结果全部公示。按照相关要求，对房屋进行鉴定，县住建局会同财政、扶贫及乡（镇）政府等部门组成联合验收组，对改造后的住房逐户逐项进行全面检查验收。在验收合格后的农房设置住房安全标识，安排干部职工开展“回头看”，持续确保群众住房安全。三是创新工作举措，强力推进工作落实。芒康县大胆探索、积极实践，按照分级分类原则，向危房改造户及时兑现补助资金。四是做好结合文章，全面改善农村人居环境。将农村危房改造与脱贫攻坚、无害化厕所改造、美丽乡村建设、改厨增浴等有机结合，实现农房安全、舒适、卫生、健康、宜居。

第十三章 市交通运输局

进入脱贫攻坚阶段，昌都市由市交通运输局牵头，成立以局主要领导为组长、副组长，其他领导班子为成员的脱贫攻坚领导小组。该小组始终以建设人民满意交通为奋斗目标，结合结对帮扶和驻村点的实际情况，落实基层党建责任制，严格遵守党内制度。落实“四好农村路”建设中，重点农村交通项目认真贯彻落实交通运输部《农村公路质量管理办法》，农村公路质量严格按照相关管理办法进行监督检测并加大审查力度，全力保障交通运输助力脱贫攻坚。

第一节 工作举措

紧紧围绕昌都市委、市政府“提升国道、打通乡村、发展航空、争取铁路”的交通发展战略，在完善交通基础设施上下功夫，在争取项目资金上谋出路，在改善公路路网结构上做文章，在提升运输服务上花心思，圆满地完成了各级党委、政府交办的任务目标，出色发挥了交通运输在国民经济发展中的“先锋官”作用，为助力脱贫攻坚作出了巨大贡献。

一、国省道公路建设情况

2016 年年末，全市公路通车里程 12399.55 公里。其中，国道 1648.79 公里，省道 671.22 公里，乡村道路 10079.54 公里（含县道 493.81 公里，专用公路 3331.72 公里）；截至 2019 年年底，昌都市全市公路通车里程 18366.887 公里。其中：国道 2246.304 公里，省道 2396.492 公里。期间涉及昌都市国省道项目建设资金 182.6 亿元，涉及项目共 24 个。其中市交通运输局组织实施资金 65.84 亿元，交发集团实施资金 116.76 亿元。截至 2020 年年底，昌都市共有国道 6 条（境内连接国道 2 条、连接市域外国道 4 条）、境内省道共 10 条。

二、农村公路建设情况

2016 年以来，昌都市共实施 1066 个农村公路项目，完成投资 200.16 亿元。其中，2016 年实施农村公路 135 条，完成投资 33.85 亿元；2017 年实施农村公路 358 条，完成投资 68.78 亿元；2018 年实施农村公路 557 条，完成投资 95.57 亿元；2019 年实施农村公路“油返砂”整治工程 16 个，完成投资 1.96 亿元。

三、客运场站建设情况

2016年以前，全市拥有二级客运站1个，三级客运站9个，农村客运停靠站16个。截至2020年年底，全市拥有一级客运站1个，三级客运站9个，农村客运停靠站16个，乡（镇）综合运输服务站40个。2016—2020年，新建一级客运站1个、三级客运站2个、乡（镇）综合运输服务站40个，项目总投资7606.284386万元。具体为：2016年新建昌都客运站（一级），建筑面积为11620.16平方米，投资为3374.524386万元；2018年新建丁青县客运站（三级），投资约为1370万元；2019年新建40个乡（镇）综合运输服务站，总投资2400万元。

四、农村客运班线开通情况

截至2020年年底，全市已开通各类客运班线86条（其中：省级10条，市级8条，县级15条，县、乡农村客运班线43条，城市公交线路10条），客运营运总里程为21227公里。全市11个县（区）客运覆盖率达到全覆盖，109个具备通客车条件乡（镇）已全开通直达或途经客运班车，具备通客车条件乡（镇）通客车率为100%，641个具备通客车条件建制村中574个已开通直达或途经客运班车建制村，具备通客车条件建制村通客车率为89.55%。

五、实施危桥改造和生命安全防护工程情况

（1）危桥改造项目。2017—2020年共实施危桥改造项目共计20座桥，批复总投资为8332.3572万元，其中预应力T型桥梁420米/12座，预应力空心板桥93米/5座，剩余3座桥因县政府通过其他途径已经解决，已申请取消该项目建设。17座危桥改造项目已全部完工投入使用。

（2）生命安全防护工程。国道349线夏雅至郭庆至洛隆至边坝段公路安全生命防护工程。该项目批复总投资为7524.3407万元，主要工程量：混凝土墙式护栏8.1公里，Gr-A-4e波形护栏16.392公里，Gr-A-2e波形护栏124.1公里，Gr-SB-2c波形护栏100米。2018—2019年村道安全生命防护工程。2018年村道生命安全防护工程批复总投资为7958.14万元，本项目分布昌都市11县（区），107条村道，建设里程共计803.503公里，交安里程247.473公里，标志牌857块，轮廓标2545个，标线4.66公里，减速丘29处，凸面镜75块，桥梁信息公示牌4块。截至2020年5月，该项目完成6565万元。2019年村道生命安全防护工程批复总投资为2299.1251万元，项目分布昌都市卡若区、类乌齐县的24条村道，建设里程164.348公里。

六、交通沿线厕所革命项目建设情况

深入开展交通沿线厕所革命建设项目，全市共实施76座，（AA级36座、A级40座；免水可冲2座、水厕64座、新型旱厕10座，其中：八宿县8座、左贡县10座、卡若区13座、洛隆县7座、类乌齐县7座、察雅县7座、丁青县4座、江达县13座、贡觉县5座、边坝县2座），总投资7160.73万元。

七、深入推进贫困人口养护帮扶工程

2016年安排生态扶贫农村公路养护员2083人，年人均创收3000元；2017年生态扶贫农村公路养护员4488人，年人均创收3000元；2018年生态扶贫农村公路养护员5168人，年人均创收3500元；2019年生态扶贫农村公路养护员5206人，年人均创收3500元；2020年生态扶贫农村公路养护员有5256人，年人均创收3500元。

八、大力推进农牧民群众转移就业

认真贯彻落实市委、市政府关于促进农牧民增收工作的部署要求，结合交通运输工作实际，大力支持和鼓励农牧民群众参与交通项目建设，促进农牧民增收致富。2016—2020年，全市农村公路建设项目共有105家农牧民施工队参与建设，解决高校毕业生就业49人次，转移就业人数49205人、转移就业人次85631人。共计吸纳农牧民劳务用工人数34549人、吸纳农牧民劳务用工人次278719人、实现农牧民增收123112万元。

九、公路施工环节助力脱贫攻坚

2016—2020年，市交通运输局向当地农牧民群众租赁机具器械、运输车辆费用合计6.564亿元，其中：重点项目S203嘎玛至柴维（玉树）公路改建工程3146.8万元，G317线丁青至斜拉山公路整治工程5036.8万元，贡觉至拉妥与拉妥至芒康公路改建工程6362.3万元，察雅至香堆公路改建工程2640万元，原S303洛隆至边坝公路改建工程3847万元。向当地农牧民群众购买满足施工标准砂石材料合计1.3472亿元，其中：重点项目其中重点项目S203嘎玛至柴维（玉树）公路改建工程4846.1751万元，G317线丁青至斜拉山公路整治工程597.9万元，贡觉至拉妥与拉妥至芒康公路改建工程630.1万元，察雅至香堆公路改建工程714万元，原S303洛隆至边坝公路改建工程865.4172万元。

十、狠抓强基惠民驻村帮扶

市交通运输局围绕驻村工作“七项任务”，立足所驻村实际，扎实开展系列驻村活动，切实为群众办实事解难事。截至2020年年底，共召开相关扶贫专题会议30余次，领导下乡调研60余人次，共投入资金200.16亿元，建设农村公路1066条，市管项目共签订1712份劳务合同，培训、转移就业1159人次，促进农牧民增收6472万元；农村公路项目共开发扶贫岗位754个，吸纳农牧民转移就业4233人，转移就业27572人次，促进农牧民增收4828.54万元；组织培训农牧民群众1112人，转移就业1152人，促进群众劳务创收1618.06万元；组织区外劳务输出46人，实现劳务创收524.02万元；吸纳农牧民施工队伍46支，40786人次参与交通项目建设（包括机械、运输、砂石材料、务工等），为农牧民创收149753万元。大力实施贫困人口养护帮扶工程，把农村公路养护和解决贫困户就业相结合，将5256名贫困人口列入交通行业生态岗位，人年均增收3500元。

在建强基层组织方面，先后帮助共制订各类制度规章100余条，发展党员200余名；在维护社会稳定方面，共召开维稳专题会议120余次，帮助制订方案措施50个，签订目标责任书3000余份，组织开展巡逻200余次。在促进群众增收致富方面，发挥行业优势，共开展各类技能专题培训23

次，培训驻村点群众 500 余人次，组织劳务输出 200 余次，增加群众现金收入 1000 余万元。在深化感恩教育方面，结合各类主题教育活动，共召开各类专题会议 230 余次，悬挂横幅 300 余条，发放悬挂国旗 1000 余面，发放各类藏汉文宣传资料 3000 余份，教育人数达 2000 余人次。在办好实事好事方面，先后投入约 3.5 亿元资金，帮助各驻村点修建各类道路 40 余条、桥梁 20 余座，帮助八宿县夏里乡崩夏村、贡觉县克日乡冲录村、江达县岩比乡杂拥村 3 个驻村点修建新村委会，帮助修建蔬菜大棚 1 座、温泉工程 1 个，帮助群众购置犏奶牛、粮种、化肥、耕地机等农耕用具，帮助 1 户聋哑智障人士搭建了 40 平方米土木房，并购买棉衣、棉裤、棉鞋等，帮助 1 户患有先天性唇腭裂的贫困户小孩到成都华西医院完成唇腭裂一阶段修复手术，帮助 13 名残疾人办理相关证件，帮助各驻村点党员活动室配备了办公家具，组织干部职工对驻村点群众进行慰问帮扶，捐赠衣物 1 万余件、文具 2 万余套、慰问金 200 余万元。在落实惠民政策方面，向驻村点群众深入宣讲党的方针政策，让党的各项富民惠民政策入脑入心，同时，按照相关政策规定，认真贯彻落实教育、医疗卫生、就业和再就业、社会保障体系、农机购置补贴、免费体检、护林员、生态养护岗、安居工程、草原补助奖励资金、新型农村社会养老保险等等各项惠民政策，让群众充分享受到改革发展带来的丰硕成果。在推进扶贫开发方面，以构建便捷出行、促进农牧民群众脱贫增收为落脚点，扎实有序推动交通行业扶贫、定点扶贫、集团扶贫和党建扶贫等工作向纵深发展，圆满完成各项年度目标任务，充分发挥交通行业在脱贫攻坚中的基础性、先导性作用。

十一、狠抓结对帮扶

认真组织结对干部职工深入左贡县扎玉镇雪巴村、达巴村和八宿县夏里乡崩夏村、泽金村、吉热村共 5 个村精准扶贫结对帮扶的建档立卡扶贫户家中开展结对帮扶工作。主要通过深入调研摸底，根据贫困户实际，针对性的帮助制定年度扶贫工作计划，调动各方力量开展捐款捐物、组织开展技能培训、帮助就业增收等工作，力所能及帮助群众办实事解难事。截至 2020 年年底，共组织干部职工开展 20 余次结对帮扶活动，对帮扶村农牧民群众进行就业技能培训 16 次，涉及 342 人次，组织村里剩余劳动力开展劳务输出 497 人次，促进群众增收 200 余万元。帮助修建 10 余条公路，捐赠各类衣物 5000 余件，帮助改造饮水工程 7 个，对 14 户农户房屋进行加固和重建，投入 84 万元帮助雪巴村人居环境进行整治，为贫困农牧民送去价值约 130 余万余元的慰问物资。

十二、开展脱贫攻坚中形式主义、官僚主义整治

2018 年以来，市交通运输局按照中央纪委、自治区纪委、市纪委和市集中整治办关于开展集中整治不作为慢作为、文山会海等形式主义、官僚主义突出问题的安排部署，市交通运输局高度重视，主要领导多次亲自谋划、亲自安排部署，对照自治区纪委提出的三个方面 21 类突出问题和市纪委列出的扶贫领域方面的 5 类突出问题，先后 4 次召开专题会议和一次专题民主生活会，结合单位实际进行了分析，查摆单位存在的 13 个问题，对照存在问题，结合“不忘初心牢记使命”主题教育活动，进一步强化思想认识，提高政治站位，采取切实有效的方法，细化整改措施，扎实开展整改落实工作，全力整治单位存在的突出问题。截至 2019 年 11 月查摆出来的 13 个突出问题已全部完成整改。通过开展集中整治工作，全局上下凝心聚力，共谋发展，广大干部职工人心思进，奋力进取，开拓创新，党风政风进一步好转，全局干部职工的责任意识和服务意识明显增强，行政能

力和服务水平明显提升，群众满意度进一步提高，领导干部调研作风进一步改进，干部队伍整体形象进一步提升，没有发生干部职工滥用权力、徇私舞弊、执法不公等问题。

第二节　工作亮点

在市委、市政府的坚强领导下，以建设人民满意交通为奋斗目标，以推进城乡交通一体化建设为引领，以构建便捷出行、促进农牧民群众脱贫增收为落脚点，大力加强农村公路建设，全力实施公路升级改造，不断加强农牧民群众技能培训，吸纳群众参与交通项目建设脱贫增收，广泛动员各方力量，采取强有力措施，扎实开展结对帮扶工作，奋力当好先行，攻坚克难，砥砺奋进，各项工作取得了显著成绩。为昌都打赢脱贫攻坚战、推动乡村振兴提供了重要助力。

一、加快建设促发展，改善出行惠民生

（一）扎实推进项目建设，打通服务农牧区的保障线

一是农村公路快速发展。大力实施了以加强农村公路建设的“村村通公路工程”、“农村畅通工程”、“行政村主干道硬化工程”建设、窄路基路面拓宽改造，安全生命防护等工程，坚持基础先行，建好县域交通网。先后建成了类乌齐县岗色乡马曲村公路、洛隆县新荣乡至达龙乡公路、察雅县烟多镇叶巴村至卡贡乡（叶巴大桥）等一批优秀的农村公路。截至 2020 年年底，昌都市 129 个乡（镇）、1083 个行政村已全部实现通达，有 125 个乡（镇）和 814 个建制村实现通畅，乡（镇）、建制村通畅率分别达到 97% 和 75%。二是稳步推进重点项目。随着国家对昌都交通投资不断加大，到 2020 年年底“十三五”交通完成投资 337.16 亿元，比“十二五”投资（133.39 亿元）增长 203.77 亿元。G214、G317 线昌都镇过境段工程、G317 线丁青至斜拉山整治工程、珠角拉山隧道、矮拉山隧道、孜通坝隧道、贡芒公路、察芒公路、昌都至邦达机场高等级公路昌都至加卡等一大批关系昌都发展的重大项目建成通车，结束昌都没有高速公路的历史，为昌都经济社会发展注入强大动力。邮政网点实现县、乡、村全覆盖。民用航空开通了昌都邦达直达成都、重庆、拉萨、西安 4 条航线，至此，国道、省道和县（区）、乡（镇）、村柏油路所形成的“百里长廊”联网互通，昌都交通基本形成了以昌都城区为中心、以 6 条国道和 10 条省道为主框架、以农村公路为连接线，东接西贯、南接北联、覆盖城乡、内外联通、陆路航空相结合的综合交通运输体系，使全市城市化建设和交通基础建设步入了标准化、规范化轨道。便捷的农村公路网络，不仅是昌都社会经济发展助推器，更是连接城乡、连接党和群众心中的桥梁，一条条路修到了群众的心中，一座座桥让群众和党心连心。

（二）以精品工程塑造文明

一是不断加强工程质量管理，始终把工程质量放在首要位置，牢固树立了“质量就是形象、质量就是效益”的思想，不断健全完善质量保证体系和措施，严格把好项目建设材料关、施工工序关、工程监督关、现场管理关和工程检测关，严格按照技术规程和技术标准施工，建设社会、群

众满意的精品工程。为确保施工安全，所有正式及兼职安全员一律持证上岗，并与施工人员签订了安全生产责任书，全面落实安全生产责任制。根据昌都交通实际，组成农村公路建设管理项目办，分别负责对11个县（区）农村公路建设进行指导和监管。二是加大农村公路项目设计审查力度。以健全制度建设为抓手，以提升设计水平为重点，紧密联系自身职责和薄弱环节，找差距、寻思路，学习区外先进经验，不断加大农村公路图纸审查力度，提高农村公路设计质量水平，组织各县（区）业主、监理、施工单位召开项目变更培训会议，进一步规范了公路工程设计变更行为及变更程序。并制定出台《昌都市交通运输局公路工程设计变更实施细则（试行）》《关于加强筑路材料试验检测的通知》等规定，完善监管措施，规范监督行为，使设计审查和变更审查有章可循、有据可依。

（三）坚持建管并重，管好群众出行路

始终坚持建养并重，克服重建轻养的思想，秉承“建设是发展，养护也是发展”的理念，做到“有路必养，养必到位”，不断完善体制，健全机制，按照“县道县管，乡道乡管，村道村管”原则，出台《昌都市农村公路养护管理实施方案（试行）》，探索建立了上至县（区）政府主要领导、下至乡（镇）负责人以及村委会主任的三级路长制，设一路一长，制作路长标识牌，并将爱路护路纳入乡规民约，层层压实公路管理责任。成立以当地农牧民群众为主体的7家专业化养护公司，承接农村公路大、中修养护项目，成立市、县两级交通运输综合行政执法队。同时，协调落实援藏资金200万元建立市级农村公路养护管理平台，并在11个县（区）推广使用路长制管理平台，对各县（区）公路运管执法、养护等数据进行归集，初步实现了农村公路的智能化、信息化管理。推行“互联网+公路养护APP”模式，强化农村公路护路员考核，让生态岗位中的护路员定期巡路修路，通过劳动赚取报酬，转变“等、靠、要”思想，激发其内生动力。截至2020年年底，全市已有5256名群众参与农村公路养护，为农牧民群众兑现养护资金3637万元。各养护公司承接的农村公路养护里程已达5200余公里，全市县道优良路率达到65%以上，乡道、村道优良路率达到50%以上，农村公路养护取得了良好的政治效益和社会效益。2020年，昌都市被交通运输部确定为全国167个“深化农村公路管理养护体制改革试点地区”之一。

（四）加快客运改革，改善群众出行条件

努力探索和打造人畅其行、货畅其流、高效、安全、绿色、环保的交通运输服务网络，以促进城乡经济协调、快速、健康发展，实现让农牧民群众共享改革发展成果。

1. 大力推进城市化公交运输体系建设

成立昌都市第一家开源公交公司，先后开通8条公交线路，投入50辆高原新能源纯电动公交车参与运营，使昌都城区公交网覆盖城区所有的学校、居民小区、医院、办公场所、超市等人流物流集中区域。

2. 完成农村客运班线的整合改造

优化城乡客运网络衔接，按照“五步走”总体部署，以“四好农村路”建设为契机，在完成旅游（出租）客运、市际班线、省际班线和城市公交改革工作基础上，2019年正式启动实施了农村客运改革工作，对全市农村客运线路、客运车辆进行了全面的摸底、调查，结合全市人口区域分部，经多方论证分析，统一科学规划，淘汰破旧客运车辆，更新标准客车，实现了公交联运，优化和配置了全市客运线路，完成全市城乡客运车辆的有效整合，实行公司化管理，实行“冷热线”搭配、“捆绑经营”模式，采取集约化、规模化经营，对人流量大，客源充足的地区，推行定班定线常规性运输方式，最大限度满足群众出行，对出行需求小人员相对分散的地区，采用电话预约、网络预约、微信预约等方式提供“点对点”上门服务，通过改革，使昌都到成都、香格里拉的省际客运，昌都至拉萨、林芝的区内客运，昌都城区内公交，昌都城区到各个县（区），各县（区）到乡（镇）、村的客运，通过创建、重组、整合、优化，资源配置实现各个交通网络无缝衔接，让城乡两地居民的出行更加便利、更加安全、更加舒适。

3. 净化客运市场环境，整治客运市场秩序

重点打击了“非法营运”“黑车黑户”“霸线经营”等严重扰乱客运市场，侵害乘客权益，存在安全隐患的客运经营行为。截至2020年年底，全市道路运输体制改革“五步走”工作目标全面完成，全市客运营运总里程达21227公里，已开通各类客运班线86条，拥有各类等级客运场站和农村客运停靠站66个，11个县（区）客运覆盖率100%，具备条件的乡（镇）和建制村，通客车率分别达到100%和89.55%；全市拥有各类运输经营企业和经营业户达7239家（户），其中：道路旅客运输（出租客运）企业22家，货物运输（危险品、物流、运输信息服务）企业68家，机动车维修（驾校、性能检测）企业525家，个体货运经营业户达6624户；拥有经营性运输车辆7778辆；主城区140台出租车已成为城市名片，城区公交从无到有，8条公交线路、50辆纯电动城市公交成为市区大街小巷一道靓丽的风景线，2个县率先推出了县城公交，10个县的175台出租车行进在街头巷尾，滴滴打车意向来昌建设网约车服务平台；3家航空公司、4条直飞线路执飞邦达，单日航班达到10班20架次。基本形成了以昌都为中心，外连云南、四川、青海，内接拉萨、林芝、那曲，辐射11个县（区），覆盖中心镇、村的“六纵十横，快慢互补”的客运网络。市民多元化出行有了更多选择，城乡居民绿色交通出行率已达78.8%。

二、情系百姓解民忧，真情帮扶促脱贫

（一）高度重视，把帮扶工作当成政治责任和社会责任

2016年年底，市委决定让全局对口帮扶八宿县夏里乡崩夏村、泽金村、吉热村。昌都市交通运输局党委高度重视，思想统一、目标明确，反复研究讨论落实的措施和办法，及时成立了由局党委书记任组长，班子成员为组员的脱贫攻坚帮扶工作领导小组，由局党委副书记、局长牵头主抓，抽调懂业务、会指导、善攻关的精兵强将，设立具体办公室和负责人，党委会专门制定定期联系制度、专题例会制度，制定了“三个凡是”的帮扶原则，即：凡是涉及帮扶结对村的重要决策议题，第一时间研究决定；凡是涉及帮扶的重大开支，及时审批，第一时间落实。凡是涉及帮扶工作的人和事，一路绿灯，全力支持。几年来，党委班子目标明确，责任到人，措施到位，帮扶工作常抓常议，常部署常落实，确保了帮扶工作科学高效，领导坚强有力。

（二）苦寻良策，为帮扶工作调研摸底和分析把脉

市交通运输局党委感到，把帮扶工作落实好，就要真正把着力点放在解决根本问题上，少一些锦上添花，多一份雪中送炭。就要深入实地，调查研究，真正将帮扶对象的底数摸清楚，只有摸清底数，才能对症下药，才能药到病除，才能真正帮扶到位。帮扶伊始，局党政领导班子成员先后多次赴结对帮扶村八宿县夏里乡崩夏村、泽金村、吉热村、外巴村和驻村点左贡县扎玉镇雪巴村、达

巴村就结对帮扶事宜进行联系对接，就结对帮扶工作做进一步的考察、调研。调研期间，局党委一班人走村入户，在与乡（镇）领导、“村两委”班子和村民的座谈交流中了解帮扶村的历史沿革、地貌水源、矿产资源、地域文化、经济发展、自然环境、交通、地理、区位优势和特色产业等情况，在深入田间地头和贫困户的家中与群众进行面对面交流、同吃同住的过程中了解贫困群众的生产生活状况和致贫原因，调研组通过“走、访、看、问、查”和召开座谈会、走村入户、征求民意等多种方式倾听群众意见，倾听群众意愿心声，全面了解了帮扶村的经济社会发展情况、民生改善情况，以及制约帮扶村发展的瓶颈等问题。通过广泛、深入的调研、走访和座谈，双方进一步完善了结对帮扶工作目标，对于如何发展项目、结对帮扶做了进一步的明确，对帮助贫困村如何脱贫致富提出了指导性意见和建议，对于帮扶机制和下一步帮扶工作方案做了进一步地完善和补充。

（三）群策群力，把帮扶工作做到群众生活上和心坎上

局党委始终把扶贫帮扶责任扛在肩上，抓在手上，视社会责任如生命。作为帮扶责任单位，在近五年的帮扶工作中，坚持“帮根本、帮所需、科学帮、帮到位”。以促进群众致富增收为方向，以改善基础设施条件为突破口，以帮助群众排忧解难为落脚点，多措并举，科学施策，充分发挥交通运输行业的优势，促进结对帮扶工作从单纯的“输血”向“造血”转变，从细化帮扶措施、健全机制、落实责任等方面保障了结对帮扶工作有的放矢，按计划开展，达到了“干部职工受教育、贫困群众得实惠”效果。一是落实帮扶措施。局党委认真贯彻落实市委关于干部职工结对帮扶“321”的原则，组织全局干部职工先后与 4 个帮扶村的 83 户（425 名）结对帮扶群众和驻村点的 46 户（124 名）贫困群众接成对子，并定期督促干部职工及时到帮扶对象家中进行帮扶走访，并有针对性地帮助群众出主意、谋思路、找对策，根据贫困户实际，针对性的帮助制定扶贫帮扶计划，调动各方力量开展捐款捐物、组织开展技能培训、帮助就业增收等工作。五年来，昌都市交通运输局先后组织干部职工开展各类结对帮扶工作 34 次，帮助解决困难 22 件，为贫困农牧民群众送去价值约 200 余万元的生活物资，捐赠衣物 1 万余件、文具 2 万余套，组织结对帮扶贫困户进行就业技能培训 16 次，涉及 342 人次，组织村里剩余劳动力开展劳务输出 497 人次，促进群众增收 200 余万元。二是加强宣传引导。帮扶干部经常性向农牧民群众传达党中央的系列重要会议精神，党和国家的一系列强农惠农富农政策和精准扶贫政策，让广大群众真正知道惠在何处、惠从何来，不断增进“五个认同”，自觉感党恩、听党话、跟党走。三是帮助解决实际困难。局党委根据实地调研和群众反映在生产生活过程中存在的困难，立足工作实际，有针对性地帮助群办实事解难事，帮助群众解决各类生活难题。几年来，先后投入约 3.5 亿元资金，帮助各驻村点修建各类道路 42 条、桥梁 23 座，帮助八宿县夏里乡崩夏村、贡觉县克日乡冲录村、江达县岩比乡杂拥村 3 个驻村点修建新村委会，帮助修建蔬菜大棚 2 座、温泉工程 1 个，帮助达巴村修建串户道路、对村内饮水工程进行改造，帮助雪巴村新修 1 条 4.5 公里的灌溉水渠、修建 1 条水泥路、进行人居环境整治，帮助群众购置犏奶牛、粮种、化肥、耕地机等农耕用具，帮助 1 户聋哑智障人士搭建了 40 平方米土木房，并购买生活物资，帮助 14 户贫困农户房屋进行加固和重建，帮助 1 户患有先天性唇腭裂的贫困户小孩到成都华西医院完成唇腭裂一阶段修复手术，帮助 13 名残疾人办理相关证件，帮助各驻村点党员活动室配备了办公家具，先后 34 次组织干部职工到结对帮扶贫困户和边缘户家中进行慰问帮扶，慰问金 200 余万元。四是抓好消费扶贫帮扶。要求局属单位在同等条件下优先采购贫困地区扶贫产品，协调本单位所管理下属单位积极购买消费贫困地区扶贫产品，优先从贫困地区聘用工勤人员，引导干部职工自发购买贫困地区扶贫产品，组织动员爱心企业、爱心人士等社会力量参与消费扶贫。截

至2020年年底，昌都市交通运输局21名公益性岗位人员中有20名是从本地贫困群众中聘请，鼓励干部职工自发购买扶贫产品约20余万元，单位以工会资金购买扶贫产品9.443万元。

三、多措并举出实招，群众增收喜开颜

大力支持和鼓励农牧民群众参与交通项目建设，增加群众收入，认真贯彻落实市委、市政府关于促进农牧民增收工作的部署要求，依托交通公路建设行业领域优势，结合工作实际，采取多项措施，促进农牧民增收致富。

（1）以全面提高农牧民群众素质促进增收，不断加强公路建设沿线群众宣传教育，进一步增强群众修路致富的意识，转变就业观念，适应就业环境，同时加强农牧民施工队伍技能培训，不断提高农牧民群众参与运输业、道路建设的专业化水平。

（2）把达到运输和公路建设条件的农牧民优先安排到交通运输建设岗位就业，新修公路、公路维修等要求施工方优先考虑当地农牧民及运输车辆，优先增加农牧民增收。

（3）在项目建设过程中，进一步提高农牧民群众参与公路建设的组织化程度，鼓励支持农牧民施工队伍参与交通项目建设，对技术等级低、施工工艺简单的项目，直接交由当地农牧民施工队组织实施。截至2020年年底，共有165个400万元以下的交通项目，通过招投标、邀标等程序交由本地农牧民施工企业（队）实施。

（4）督促农牧民施工企业大量使用当地劳务人员，帮助农牧民群众增加现金收入，确保农牧民施工企业（队）劳务用工量达到工程用工总量80%以上、政府投资项目尤其是重大项目建设中全市农牧民群众劳务用工达到用工量的30%以上。5年来，市管项目共签订1712份劳务合同，培训、转移就业1159人次，促进农牧民增收6472万元；农村公路项目共开发扶贫岗位754个，吸纳农牧民转移就业4233人，转移就业27572人次，促进农牧民增收4828.54万元；组织培训农牧民群众1112人，转移就业1152人，促进群众劳务创收1618.06万元；组织区外劳务输出46人，实现劳务创收524.02万元；吸纳农牧民施工队伍46支，40786人次参与交通项目建设（包括机械、运输、砂石材料、务工等），为农牧民创收149753万元。

（5）动员企业参与帮扶。积极动员全市交通行业施工企业履行脱贫攻坚社会责任，充分发挥企业自身优势，想方设法帮助贫困群众实现脱贫致富。截至2020年年底，全市交通运输系统共有64家企业投入549.5万元资金，帮扶贫困户903户。

（6）实施养护帮扶工程。把农村公路养护和解决贫困户就业相结合，面向全市建档立卡贫困户公开招聘农村公路养护人员，全市共有5256名贫困人口列入生态保护扶贫的养护员岗位，人年均增收3500元，取得了养护与脱贫的“双赢”成效。

第十四章　市水利局

水利扶贫是脱贫攻坚十大行动之一。饮水安全关乎广大农牧民的切身利益，事关脱贫攻坚战的成败，全面解决农村饮水安全问题是脱贫攻坚“两不愁三保障”的重要指标之一。昌都市贫困县（区）、贫困乡（镇）分布与水资源禀赋条件高度相关，“有水难存”“无水可蓄”均是贫困的根源，因水受困、因水成疾、因水致贫现象较为突出。进入脱贫攻坚阶段，昌都市由市水利局牵头，成立以局主要领导为组长和副组长，局班子成员参与的水利脱贫攻坚领导小组。该小组坚决贯彻市委、市政府关于全市农牧区居民饮水安全工作的指示精神，在脱贫攻坚战中着力解决所有农村尤其是深度贫困村及易地扶贫搬迁安置点的饮水安全建设工作和农村供水设施防冻保暖技术指导工作，实现了工程建得成、管得好、长受益的目标。

第一节　工作举措

2016年以来，昌都市水利局认真学习贯彻习近平总书记关于扶贫工作重要论述，贯彻落实“节水优先、空间均衡、系统治理、两手发力”的治水方针，坚持把涉及民生的工作作为水利脱贫攻坚工作的重点，共投入资金54.04亿元，实施饮水、灌溉、防洪堤等民生项目10大类246项。同时，大力实施农村饮水巩固提升工程、农田水利项目、防汛抗旱工程、水土保持等系列惠民工程，进一步夯实了农业农村发展基础，为精准扶贫精准脱贫工作提供了水利支撑和保障。

一、大力实施农牧区饮水安全提升工程

紧紧围绕“两不愁三保障”的脱贫攻坚目标，把全面解决贫困地区农村饮水安全问题作为水利扶贫首要任务，按照市委、市政府的工作要求，以实现脱贫摘帽的贫困县为重点，聚焦易地扶贫搬迁建档立卡贫困村、贫困户脱贫。2016年落实农村饮水安全巩固提升中央预算内资金2100万元，用于解决0.92万农牧民群众饮水安全问题（贫困人口0.38万人）；2017年落实农村饮水安全巩固提升中央预算内资金2700万元，用于解决1.25万农牧民群众饮水安全问题（建档立卡980户0.49万人）；2018年落实农村饮水安全巩固提升中央预算内资金7200万元，用于解决4.21万农牧民群众饮水安全问题（建档立卡0.35万户1.73万人）；2019年落实农村饮水安全巩固提升中央预算内资金、脱贫攻坚整合配套资金3.99亿元，用于解决21.9万农牧民群众饮水安全问题（建档立卡1.27万户6.5万人）；2020年落实农村饮水安全巩固提升中央预算内资金、脱贫攻坚整合配套资金3.2亿元，用于解决13.76万农牧民群众饮水安全问题；另外，实施农村饮水安全水质检测中心建设工作。按照自治区水利厅批复，2016年建设昌都市、贡觉县、洛隆县等3处农村饮水安全水质检测中

心，总投资 198.46 万元，其中：昌都市水质检测中心 74.64 万元、贡觉县水质检测中心 60.92 万元、洛隆县水质检测中心 62.86 万元。

二、着力推进小型农田水利建设工程

着力提升深度贫困地区农田灌溉保障能力，加快推进重点县建设和高效节水改造工程，加大贫困区域小型农田水利基础设施建设力度，着力解决贫困区域农田灌溉“最后一公里”问题，为精准扶贫精准脱贫提供灌溉保障。2016 年续建农田水利重点建设项目 11 项，批复投资 2.6 亿元，受益人口 7.5 万人（其中：建档立卡贫困人口 1.4 万人；丁青、边坝、贡觉、江达、八宿、左贡县、卡若区 7 个国家级重点县；察雅、洛隆、芒康县 3 个自治区级重点县；类乌齐 1 个专项县，批复总投资 2.6 亿元）。2017 年农田水利重点建设项目为卡若区、洛隆、边坝县 3 个县（区）国家级重点县及类乌齐县专项县，共计 4 项，批复总投资 0.79 亿元，批复建设 49 个点，受益人口 1.85 万人（建档立卡贫困人口 6467 人）。2018 年实施小型农田水利重点县建设项目 8 个，实施左贡县高效节水项目，总投资达 1.7 亿元，其中国家投资 1. 686 亿元，涉及工程点 109 个，建设水管 138 米 337.7 公里，建设水塘 10 座，新增和改善灌溉面积 7.01 万亩，为项目所在县扶贫产业提供了灌溉保障。

三、重点推进灌区和节水改造工程

2016 年以来，新建昌都市边坝县金岭乡灌区、昌都市卡若区瓦约村灌区、昌都市贡觉县马曲河灌区、左贡县中绕灌区、左贡县玉曲河灌区、昌都市洛隆县硕督灌区、昌都市洛隆县娘娘灌区、昌都市八宿县瓦达灌区、昌都市八宿县吉达乡扎西则灌区、昌都市左贡县十字卡灌区、芒康县盐井灌区拉贡片区、昌都市江达县汪布顶灌区、昌都市芒康县徐中灌区、昌都市察雅县卡贡乡邓学灌区续建配套与节水改造、昌都市察雅县瓦西灌区、昌都市芒康县索多西乡灌区节水改造和左贡县高效节水改造工程 17 项中央投资项目，落实投资 3.0 亿元，截至 2020 年年底已全部完工。通过 PSL 贷款实施昌都市洛隆县俄西灌区工程、昌都市洛隆县孜托灌区续建配套工程、昌都市左贡县扎玉碧土灌区、昌都市左贡县仁果灌区、昌都市八宿县林卡灌区工程、昌都市江达县邓柯乡邓柯灌溉工程、昌都市察雅县荣周灌区工程 7 项工程，落实贷款 3 亿元。以上工程的实施新增和改善灌溉面积 40.87 万亩（含耕地、草地、林地、林园用地），极大地改善了土地灌溉效率，使昌都市农田灌溉水利用系数从 0.26 提高到 0.46。

四、深入推进贫困县区重大水利工程

为切实解决和改善卡若区、芒康县、八宿县供水、灌溉、生态环境现状等突出问题，保证社会经济快速发展，经不断论证和完善，完成并开工实施芒康县扎仓嘎水库工程，开展了昂曲宗通卡水利枢纽工程、八宿县弄利措水库等重大水利工程建设项目的前期工作。芒康县扎仓嘎水库工程开工建设已完成投资 4.24 亿元，昂曲宗通卡水利枢纽工程、八宿县弄利措水库工程前期工作进行顺利。项目的实施将切实解决和改善卡若区、芒康县、八宿县供水、灌溉、发电、生态环境现状等突出问题，保障经济社会快速发展。同时，为加强防洪抗旱、水土保持、供电等工程设施建设，不断提高贫困区域水资源调配能力，实施昌都市江达县县城饮用水水源地综合整治建设、昌都市洛隆县县城水源地综合整治等 8 个水源工程及城市水源地工程，落实投资 1.57 亿元，已全部完工；实施澜沧江重点河段治理、昌都市边坝县马秀乡防洪堤、城市防洪及中小河流治理、昌都市丁青县新城区防洪堤工程、昌都市贡觉县普龙山洪沟治理工程等 114 个城市防洪及中小河流治理工程，落实资金 17.96 亿元，截至 2020 年年底，仅江达县新城区防洪堤在建，共完成投资 17.78 亿元；实施昌都市边坝县炯拉错排导冰湖灾害防治 1 项，落实并完成投资 1653.93 万元；实施水库处险加固 3 项，落实并完成投资 525.73 万元，已全部完工；实施水土流失治理工程 9 项，落实并完成投资 1.04 亿元；实施昌都市丁青县当堆电站工程等农村小水电扶贫工程 14 项，落实并完成投资 3.1 亿元。

五、招聘水生态保护和村级水管员

按照市脱贫攻坚指挥部要求，昌都市水利局积极与各县（区）水利局、脱贫攻坚指挥部衔接，征求意见并结合 2016 年各县（区）已确定人员和河长制工作、各县（区）脱贫攻坚工作开展实际情况进行分配（其中：卡若区 300 人、察雅县 50 人、八宿县 50 人、边坝县 300 人、贡觉县 280 人、芒康县 50 人、丁青县 450 人、江达县 350 人、左贡县 350 人、类乌齐县 50 人、洛隆县 320 人），全部人口为边际人口。

六、进一步提升水利管理服务水平

持续深化贫困地区水利改革，各级河（湖）长在做好防汛巡查的同时，扎实推进完善河长制湖长制组织体系，建立完善河湖名录及河湖长名录；完成市、县级河湖“一河（湖）一策”、“一河（湖）一档”工作；积极开展行政监管及执法，开展了入河排污口专项整治行动，河湖专项执法行动并积极配合市环保局开展集中式饮用水水源保护专项整治和第二次污染源排查等工作。2017 年以来，先后出台了 11 项河长工作制度和方案，对各级“河（湖）长”职责和任务进行了再细化、再明确，各级河湖长累计巡河湖 1.3 万余人次，开展城区日常巡河和专项检查共计 200 余次，查处违法行为 50 余起，当场责令整改 40 余起，限期整改 10 余起，其中立案 5 起，行政处罚 2 起，共处罚金 6 万元。

七、扎实做好驻村和结对帮扶工作

在市委、市政府的统一安排部署下，市水利局共计安排 24 名同志开展强基础惠民生驻村活动，选派 2 名干部赴基层乡（镇）挂职锻炼，选派一名干部赴基层党组织任支部书记。驻村干部扎根基层、联系群众，积极开展群众走访，帮助群众解决困难和问题，协助村两委班子工作。市水利局党员干部共参加“党员干部进村入户、结对认亲交朋友”活动 292 人次，入住在洛隆县马利镇马利行政村、布许行政村，共结对帮扶 62 户 394 人，共支付群众食宿费约 119000 元。洛隆县腊久乡查瓦村 100 户建档立卡户 404 人，慰问金 190200 元。在“党员干部进村入户，结对认亲交朋友”活动中，集中向群众宣传学习达 12 余次。在积极开展走村入户的同时，进一步做好强基惠民驻村工作，市水利局主要领导深入驻村点洛隆县腊久乡驻村点为困难户、老党员送去慰问金 52400 元。为扎实做好边缘贫困户结对帮扶各项工作，县处级干部 6 人联系边缘贫困户 6 户，联系联络寺庙 6 座，党政主要负责人包村保户 2 户，落实帮扶资金 10500 元。同时，通过多方筹措，为腊久乡张贡村、多尼村、母许村、查瓦村捐赠衣物共计2000余件。为进一步做好与结对帮扶对象建立畅通的联系机制，制作党员干部帮扶结对连心卡163人，建立帮扶联系手册160本，建立党员干部帮扶台账，积极帮助患病结对帮扶对象赴医院体检、为患病结对帮扶对象组织捐款、为贫困结对帮扶对象子女捐助学杂费等。

第二节　工作亮点

昌都市水利局在昌都脱贫攻坚工作中，积极做好水利与脱贫工作的衔接和落实服务工作，充分督促、指导各县（区）利用水利项目资金，努力做到统筹安排、灵活整合、灵活应用，围绕精准扶贫搬迁工作，坚持以人民为中心的发展思想，着力解决农牧民群众最直接最现实的水利民生问题，在扶贫工作中不断地摸索与实践，形成了独具特色的水利扶贫工作亮点。

一、突出重点，科学编制农村饮水安全工程规划

按照打赢脱贫攻坚战、全面建成小康社会的目标要求和“突出重点、统筹兼顾、任务细化”的工作要求，根据水利部国扶办《关于实施水利扶贫开发行动的指导意见》，编制完成《昌都市2018—2020年脱贫攻坚水利专项实施方案》，认真做好贫困地区农村饮水安全巩固提升与建档立卡贫困村贫困户的精准对接工作，坚持“先建机制，后建工程”，综合采取新建、配套、改造、升级、联网等方式，全面解决了易地扶贫搬迁安置区和深度贫困村饮水问题、贫困地区农村集中供水问题。

二、从民生补缺着手，突出抓好民生工程提质增效

（1）围绕农牧民反映强烈的水安全问题，突出抓好饮水工程建设。紧紧围绕“两不愁三保障”的脱贫攻坚目标，把全面解决安置点供水问题作为水利扶贫首要任务，建立健全协调联系服务机制，明确目标任务、时间节点，在时间短、任务重、建设资金紧缺的情况下，通过积极争取国家贷款、援藏资金和县级自筹资金等渠道，全力保障易地扶贫搬迁安置点供水工程建设。

（2）围绕重点区域，突出抓好防洪堤等工程建设。2016年以来，建设城市防洪、中小河流治理项目91项，总投资160377.92万元为沿河群众人身财产安全提供了坚实保障。

（3）围绕水生态薄弱环节，加快推进重点河湖生态治理等工作。按照中央关于全面建立河长制“四个到位”的总体要求，将行政区域内所有河湖水库纳入河长制工作范围，全面建立河长制湖长制。实行双总河长制，14个市级主要河湖由20位市级领导担任河湖长；全面建立市、县（区）、乡（镇）、村（居）四级河湖长体系，全市共设立各级河湖长2413名，实现了河湖管护全覆盖；用好用活生态补偿政策，落实水生态岗位人员2754名，增加了农牧民群众生态岗位收入；积极开展河湖“清四乱”“采砂整治”“河湖垃圾清理”等专项整治行动，定期组织广大干部群众开展河湖沿线垃圾清理工作，全市“四乱”问题226处已全部完成整改销号，累计清理河道垃圾1580余吨，河湖水环境有效改善，人民群众保护河湖生态环境的意识逐步提高，河湖管理保护实现常态化、制度化。

（4）认真抓好水资源节约保护工作，促进人水生态和谐建设。通过严格水功能区监督管理、加强饮用水水源地保护、水生态系统的保护与修复、划定水生态保护红线、严格划定水资源开发利用控制、用水效率控制、水功能区限制纳污“三条红线”、规范取水许可审批和监督管理等措施加快节水型社会建设，有效保障了昌都市的水生态环境、促进人与自然和谐共生。

（5）加大贫困地区小型农田水利基础设施建设，着力提升深度贫困地区农田灌溉保障能力。加快推进重点县建设和高效节水改造工程，着力解决贫困地区农田灌溉“最后一公里”问题，为精准扶贫和精准脱贫提供灌溉保障。其中，小型农田水利重点县建设项目，中央财政及自治区财政资金共计 60100 万元，共计 30 项；灌区与节水改造工程 21 项总计 71708.18 万元，新增和改善灌溉面积 40.875 万亩，使农田灌溉水有效利用系数增长到 0.46，有力支撑了农业增产、农牧民增收。

（6）深化水利“放管服”改革，推行水利改革试点工作。认真贯彻落实《西藏自治区水利厅深化“放管服”改革实施方案》，按照深化“互联网 + 政务服务”、推进政务服务“一网一门一次”工作要求，精简涉水行政审批事项，优化审批流程，规范审批程序，加强对下放审批权限的监管和指导。深化水利建设管理体制改革，积极推广水利工程集中建设管理，因地制宜推行代建制、总承包等新型项目管理模式。通过公开招标选择实力强的企业，逐步探索昌都市水利工程新的代建代管建设管理模式，实现了管理队伍的专业化，减轻了组建项目管理机构进行管理所付出的人员及资金的成本。同时，充分利用好抵押补充贷款项目的水利投融资平台，积极成立昌都市兴水水利水电创业投资有限公司，承担昌都市 2016 年第二季度抵押补充 PSL 贷款，总贷款资金 8.14 亿元，34 项民生工程已全部完工并投入使用。

三、从建后管理着手，突出抓好民生水利工程后期运行管理

（1）全面建立“三个责任、三项制度”，保证农村饮水安全工程长期发挥效益。按照水利部、水利厅关于建立农村饮水安全管理责任体系的文件要求，昌都市各县（区）人民政府建立了以政府县（区）长为主要责任人的农村饮水安全工程责任体系，从县级人民政府到乡（镇）人民政府，最后到受益村全面建立了农村饮水安全工程责任体系；同时，分别对农村饮水安全工程责任体系建立情况进行了登记备案，并鼓励有条件的县（区）以工程点为单位设置农村饮水安全工程三个责任、三项制度公示牌，确保每个村都有符合各自实际、操作性较强的责任体系和农村饮水安全工程建设管理办法。

（2）不断探索针对高海拔地区冬季保通措施。对水源、蓄水池、管道、水龙头有针对性地采取保温措施，如采取机电井及提灌站集中供水、手压井式集中供水、电辅助加热背水台，循环供水等方式全力保证正常供水；同时，为有效推广高海拔地区供水经验，组织全市 11 个县（区）水利局局长、技术骨干，在效益发挥较好的高海拔供水工程实地进行了交流学习。

（3）切实规范村级水管员管理工作。认真制定藏汉双语版《昌都市农村饮水安全工程建后管理暂行办法》《昌都市水生态保护和村级水管员管理办法》，并对 11 个县（区）村级水管员开展农村饮水安全工程运行维护培训，逐步推进农村饮水安全工程建后管护工作正规化、规范化。

四、以工代赈、技术帮扶改变建档立卡户脱贫观念

（1）由各县（区）水利部门提供技术服务，积极帮助组建当地农牧民施工队伍。在不降低标

准、保证工程质量的前提下尽量将一些技术难度不大、用工密度大的土石方开挖、砂石料运输工程承包给当地施工队伍去干。同时，采取传、帮、带等方式利用水利工程培养当地施工队伍，鼓励和动员当地民工学习先进施工技术和经验，全面提高他们的技术水平和素质。同时，加强对农牧民施工队伍进行施工技能培训。

（2）加大对农牧民施工队水利建设业务知识培训。2016年以来，开展农村饮水安全工程、农田水利重点县建设项目培训建设管理、建后管护培训，委托各县（区）水利局开展了100名建档立卡贫困人口施工技术类培训。通过培训，使他们掌握2～3门农田水利重点县、农村饮水安全饮水、防洪堤建设等基础施工程序和技能，并使其中50%左右的人员达到农民技术员职业资格水平，逐步形成一支认真贯彻执行党在农村的各项方针政策、懂技术、善经营、会管理、能驾驭农村市场经济、适应农业产业化的农牧民施工队带头人。

（3）采取多种方式加大劳务输出，积极引导农牧民群众参加水利工程建设。首先，在同等条件下优先使用农牧民施工队伍，按照2015年昌都水利工作会议精神，将投资在100万元以下的点多、面广、技术难度低水利项目原则上交给当地农牧民施工队实施，2016年以来，通过昌都市农牧民施工队累计承担水利工程建设任务和农牧民群众参与工程建设，农牧民增收共计4.71亿元。同时，加强劳务输出管理，市、县（区）、乡（镇）三级专门成立了劳务输出组织管理机构，制订了劳务输出管理办法及各项规章制度，抽调专门人员具体负责劳务组织与输出工作。

五、水电开发企业认真履行社会责任，积极参与昌都脱贫攻坚工作

自2016年以来，全市水电开发企业认真履行社会责任，积极参与昌都脱贫攻坚工作。截至2020年年底，共计涉及帮扶资金27866.01万元。

（1）积极开展结对帮扶，深入开展定点帮扶活动。华电金上公司2016—2020年，共为芒康、贡觉、江达3县援助资金1500万元。截至2020年年底，该公司已与以上3个县签订了帮扶协议，落实帮扶资金1500万元（芒康500万元、贡觉500万元、江达500万元），定点帮扶芒康县索多西乡安麦西村和角比西村、贡觉县敏都乡雄果村、江达县波罗乡宁巴村，支持当地产业发展。西藏开发投资公司投入帮扶贫资金18.84万元，慰问卡若区卡若镇波乃村贫困党员和贫困群众。大唐玉曲河公司慰问扎郎村贫困户和资助扎郎村孤儿大学生学费共计1.1万元。华能澜沧江上游水电有限公司在昌都芒康县洛尼乡当佐村和如美镇竹卡村投入资金368万元，实施扶贫项目20个，助力两村顺利脱贫退出；同时，还积极开展支持地方教育、结对帮扶和向灾区捐款，累计投入资金150.08万元。

（2）积极开展项目发展扶贫，努力为当地增收创造条件。华电金上公司在保证安全质量的前提下，与地方政府有序组织当地贫困群众参工参建，吸纳305名贫困群众参与工程建设创造收益约2792.86万元，支持当地累计273辆车参与工程建设和部分辅助工程建设，累计创收12867.46万元。华能澜上公司累计投入扶贫资金1438.29万元，用于芒康县洛尼乡、如美镇、曲登乡，卡若区柴维乡贫困村水渠、公路、文化室等基础设施改善和花椒种植、松茸加工厂、肉牛养殖、牦牛改良防疫、糌粑房等项目，极大地改善了当地农牧民群众生产、生活条件、基础设施和发展环境。大唐怒江水电公司通过组织当地群众参工参建，为当地群众创造收益60万元。2019年落实扶贫项目资金共计92.2万元，其中：边坝县都瓦乡瓦地村投入资金50万元，采购装载机1台、烘干机20台，用于维护村级道路和农牧民农产品加工。洛隆县新荣乡通那村投入资金20万元，修建村级文化活动

室，购置村级组织活动场所设备设施。八宿县瓦乡瓦巴村投入资金 22.2 万元，用于建设易地搬迁点超市；2020 年在昌都市八宿县、洛隆县、边坝县、左贡县开展 17 个扶贫项目，扶贫捐赠资金共计 395 万元，其中：助力左贡县脱贫攻坚事业，公司捐赠扶贫资金 200 万元，重点开展左贡县党建品牌创建和基础实施标准化建设，在左贡县 11 个村，19 个党支部，753 名党员开展红色教育、党建培训、远程教育、慰问活动、展板宣传、购置办公用品及书籍等活动，解决了 6 个村组织场所的用电、饮水安全和建立健全村组织活动场所和基础设施标准化建设；公司捐赠扶贫资金 20 万元，在八宿县同卡镇俄觉村开设一家“百货 + 林卡”商店，全村建档立卡 64 户 341 人中参与项目建设和实施，增加 2 个扶贫就业岗位，项目运营后，预计年村集体收入可达到 1 万余元；公司捐赠扶贫资金 50 万元，以左贡县“万亩葡萄园区”生态工程为依托，发展葡萄种植园，每年大约能为村集体经济增加 10 万元经济收入，能解决 13 个贫困家庭的就业问题，增加 13 户困难家庭年均收入 5000 元，带动全村个体果园发展和销出收入，提高本村各个体果园户平均收入 8000 元；公司捐赠扶贫资金 50 万元，在瓦地村开设一家扶贫商店，经营食品、日用品、电器、厨具、农具等商品的零售，项目的实施惠及群众 56 户 395 人，其中建档立卡贫困户 36 户 231 人，预计户均年增收约 580 元；公司捐赠扶贫资金 30 万元，在洛隆县新荣乡通那村开展采虫草进山交通便道建设，全村出动 305 名劳动力，人均收入增加近 1000 元，项目建成后，方便村民进山出行，减少出行时间和大大提高出行安全，惠及全村 157 户 830 人；公司捐赠 25 万元，在八宿县瓦巴村开展集体经济藤制品销售扶贫项目，项目建成后，预计年收益 5 万～ 10 万元，惠及 65 户 308 人。西藏开发投资公司与地方政府有序组织群众参工参建，群众通过参加工程建设实现劳务收入 130 万元，通过车辆运输实现增收 2370 万元。投入资金 20 万元，用于卡若区卡若镇村办集体砂石厂建设，新建牦牛道 2 条，由卡若区波乃村施工队组织施工，合同资金 95 万元。大唐玉曲河公司投入资金 98.5 万元，新建、改善灌溉水系 496 米，改善农田灌溉面积达 50 亩，铺设栅栏 3270 米，提供料场及运输便利，推动扎郎村集体经济，

（3）积极开展特色产业扶贫，努力增强脱贫致富能力。华电金上公司帮扶昌都阿旺绵羊产业项目发展，已给予帮扶资金 980 万元，昌都市委托贡觉县统筹组织实施。华能澜上公司驻村工作队，在芒康县如美镇竹卡村，紧抓自治区驻村“七项重点任务”，为壮大竹卡村村集体经济，截至 2020 年年底，该公司共投入如美镇竹卡村“一村一社”项目资金 15 万元，每年保底分红 1.7 万元；投入如美镇竹卡村“一村一社”项目资金 15 万元，该项目资金又由竹卡村村民委员会投资入股竹卡村希望砂石开采有限公司（龙头企业 + 贫困户 + 合作社），每年保底分红 13 万元；结合如美镇近年来建设项目增多、运输车辆需求增大现状，驻村工作队立足实际、审时度势，壮大竹卡村党员汽车运输协会，协调组织 93 辆协会内重型货车加入项目建设运输行列，年创收达 700 余万元。推动乡村旅游，充分发挥如美镇江东组“百年藏寨”旅游优势，动员江东组两户主动申请民宿试点，自愿开展民宿房屋设施改造，让贫困群众吃上“旅游饭”。同时公司在如美电站筹建开展现场勘察、召开会议等前期工作时，集中入住“集散中心”，上半年入住 50 人次，消费金额达 25000 余元，带动贫困户增收；发挥如美区位优势、引导鼓励房屋出租、为贫困户脱贫增收，如美镇竹卡村位于 318、214 国道边，是滇藏、川藏交汇后的第一个旅游小镇，驻地海拔 2600 米，区位优势、气候优势日显突出，公司驻村工作队，引导当地农牧民严格按照如美小镇城镇建设规划，结合自身实际，自建或统建商户用房，用于开设旅店、饭店、超市等，据统计，协调组织全村共有房屋出租户 22 家，年创收入 80 万元，带动了 11 户贫困户脱贫，户均增收 5500 元。公司充分发挥在藏单位和驻村工作队优势，把消费扶贫作为助力脱贫工作的重要途径，积极开展消费扶贫。一是开展直供食堂活动，

2020年累计采购蔬菜肉类等扶贫产品5.4万元。二是积极组织员工购买，建立扶贫产品团购群，积极发挥驻村工作队信息优势，组织员工自发购买牦牛干巴等产品1万元。

（4）积极开展就业扶贫，努力为群众劳动致富创造条件。华电金上公司优先吸纳当地毕业生就业，共招收3名昌都籍大学毕业生。组织开展“三定培养”，2018年9月招收电站库区和定点扶贫村符合条件的昌都籍建档立卡贫困户高、初中生15人进行中等职业技术培训，2020年8月毕业后已安置到电厂工作。聘用当地群众就业29人。以上共计增加收入332.48万元。华能澜上公司优先招聘当地昌都籍大学生2人，增加收入84.8万元。依托工程建设，组织当地群众参工参建达2000人次，为当地群众参工务工实现收入958万元。车辆运输9451车次，增加收入2020万元。中国大唐怒江水电公司依托水电项目，面向项目所在地贫困群众，优先招收当地昌都籍正式员工12名，增加收入915余万元。大唐玉曲河公司与当地政府有序组织贫困群众参工参建，使用当地10多户村民的运输车辆及机械设备参与工程建设，吸纳20户村民参与务工，累计增收近140万元。西藏开发投资公司积极创造就业条件，聘用2名昌都籍大学生，增加收入100.5万元。

（5）积极开展人才扶贫，不断夯实脱贫攻坚基础。华能澜上公司共派驻9批驻村工作队，同当地干部群众并肩战斗，积极带领贫困群众脱贫致富。

第十五章　市农业农村局

进入脱贫攻坚阶段，昌都市由市农业农村局牵头，成立以局主要领导任组长、副组长，其他班子人员为成员的脱贫攻坚领导小组。该小组坚决贯彻落实西藏自治区、昌都市经济工作会议、脱贫攻坚暨农村工作会议精神，深化农牧业供给侧结构性改革，大力实施乡村振兴战略，全面深化农村改革，抓好农村人居环境整治，拓展农村就业空间和农牧民增收渠道，扎实推进农业农村现代化。积极整合资源要素，创新发展措施，优化农牧业结构，带动贫困群众增收，为全市产业精准扶贫助力脱贫攻坚夯实了基础。

第一节　工作举措

根据《西藏自治区脱贫致富产业发展项目管理暂行办法》（藏脱贫指〔2016〕29 号）、《贫困地区发展特色产业促进精准脱贫指导意见》（藏脱贫指办〔2016〕33 号）、《西藏自治区 2016 年产业脱贫攻坚实施方案》（藏农厅发〔2016〕265 号），立足昌都资源禀赋、产业基础和市场需求，正确处理脱贫与致富、脱贫与脱困、近期与远期、大产业与小产业的关系，确定“五个一”[①]产业发展原则，深入实施特色产业提升工程。

一、强化规划引领

围绕昌都市“五大养殖基地”和“七大种植基地”产业布局，科学编制昌都市产业精准扶贫规划、三年行动计划，重点扶持深度贫困地区种植、养殖、加工、旅游文化、商贸流通、资源开发等产业项目。昌都市“十三五”时期计划实施产业扶贫项目 852 个，总投资 108.93 亿元，覆盖 124357 名建档立卡贫困群众，累计开工项目 851 个（含深度贫困产业项目 80 个），带动建档立卡贫困户 104552 人。

（一）产业精准扶贫脱贫目标

按照“区域发展带动扶贫开发，扶贫开发促进区域发展”的工作思路，把巩固扶贫开发成果、增加群众收入、减少贫困人口作为首要任务。围绕种植业、养殖业、农产品加工业、旅游服务业、民族手工业、商贸流通业以及资源开发利用七个重点优势产业发展，积极整合产业发展资金，分年度逐步实施、逐步摘帽、梯次退出，推进产业脱贫与全面小康社会建设进程。“十三五”期间，结

① “五个一”即立足一个观念转变、依托一类资源禀赋、打造一批优势品牌、培育一批经营主体、健全一套保障机制。

合易地扶贫搬迁实现建档立卡 20774 户 103361 人脱贫，通过产业扶贫实现建档立卡贫困人口 16322 户 81210 人脱贫，占总脱贫计划人数的 48.47%（表 4-1）。人均可支配收入达到 4100 元以上。

表 4-1　昌都市“十三五”产业精准扶贫脱贫任务分解表

县区	产业脱贫人口		2016 年		2017 年		2018 年		2019 年		2020 年	
	户数（户）	人数（人）	户数（户）	人数（人）	户数（户）	人数（人）	户数（户）	人数（人）	户数（户）	人数（人）	户数（户）	人数（人）
卡若	1640	6614	1640	6614	0	0	0	0	0	0	0	0
江达	944	5256	193	1077	353	1236	398	2943	0	0	0	0
贡觉	1314	6592	236	1185	505	2704	573	2703	0	0	0	0
类乌齐	1318	4585	245	851	1073	3734	0	0	0	0	0	0
丁青	1373	6308	327	1502	1046	4806	0	0	0	0	0	0
察雅	1026	5415	188	993	399	3218	439	1204	0	0	0	0
八宿	1508	7846	290	1508	612	3097	606	3241	0	0	0	0
左贡	1331	5915	272	1208	581	1350	478	3357	0	0	0	0
芒康	2941	17690	531	3193	1220	3780	1190	10717	0	0	0	0
洛隆	1587	7461	294	1384	610	2778	683	3299	0	0	0	0
边坝	1340	7528	242	1361	756	4953	342	1214	0	0	0	0
合计	**16322**	**81210**	**4458**	**20876**	**7155**	**31656**	**4709**	**28678**	**0**	**0**	**0**	**0**

（二）产业精准扶贫体系构建

科学分析昌都市贫困地区特色资源禀赋，遵循建档立卡贫困户发展意愿，结合产业现状、市场空间、环境容量、主体带动以及产业覆盖面等，以各区县扶贫开发区为发展重点，确定其主导产业和特色产业，形成“2+X”农牧业产业精准扶贫体系，进一步优化调整产业空间布局，构建符合昌都市和各区县需要的现代农牧业发展格局（表 4-2）。

表 4-2　各区县产业选择一览表

区县	“2”	“X”	
	主导种养殖产业	其他种养殖产业	其他重点产业
卡若区	蔬菜、红拉山鸡、卡若香猪	奶牛、藏药材、青稞、人工饲草、经济林	农畜产品深加工、民族手工业、旅游业、矿泉水
边坝县	青稞、红麦	卡若香猪、藏药材、蔬菜	
贡觉县	阿旺绵羊、人工饲草	蔬菜、奶牛、青稞	民族手工业、阿旺绵羊
江达县	牦牛、人工饲草	蔬菜、卡若香猪、阿旺绵羊	畜产品加工、文化旅游业、民族手工业、铜矿开发
芒康县	蔬菜、卡若香猪、红拉山鸡	葡萄、牦牛、人工饲草	文化旅游业（盐井休闲农业）、农畜产品加工（芒康产业园区）
八宿县	青稞、荞麦	干鲜果、牦牛、绵羊、卡若香猪、红拉山鸡	荞麦加工、文化旅游业
洛隆县	青稞、人工饲草	卡若香猪、红拉山鸡	文化旅游业、农畜产品加工业、民族手工业
丁青县	藏药材、牦牛	卡若香猪、红拉山鸡、藏药材、饲草	煤矿开发

（续）

区县	"2"	"X"	
	主导种养殖产业	其他种养殖产业	其他重点产业
左贡县	牦牛、卡若香猪	红拉山鸡、葡萄	文化旅游业（接待住宿）
察雅县	蔬菜、奶牛	藏药材、青稞、阿旺绵羊、干鲜果	民族手工业（银器、民族服饰、藏香）
类乌齐县	牦牛、人工饲草	蔬菜、藏药材、卡若香猪、红拉山鸡	文化旅游业、畜产品开发、民族手工业、矿产开发

（三）产业精准扶贫总体布局

在充分考虑昌都市地形地貌、各产业的地域分布规律以及现有产业资源等因素的基础上，产业总体布局分为三个圈层。第一圈层：以卡若区、察雅、八宿等县（区）为重点，发展蔬菜、奶牛产业，保障基本农产品供给。第二圈层：以洛隆、八宿、左贡、芒康、贡觉、江达、类乌齐等县的部分乡（镇）为重点，发展青稞、荞麦、人工种草、牦牛、阿旺绵羊、卡若香猪、红拉山鸡等产业，保障粮食和肉类安全。第三圈层：以丁青、边坝、八宿、左贡、芒康、贡觉、江达等县的外围乡（镇）为重点，发展干鲜果、藏药材，提升经济价值。

1. 七大种植业产业整体布局

（1）青稞产业。以卡若、边坝、洛隆等县（区）为核心区域，辐射带动类乌齐、察雅两县，形成青稞种植产业圈。在卡若区、江达县、洛隆县布局青稞良种繁育基地；在卡若区、洛隆县等粮食主产县（区）以及边坝县等条件较好的县（区）布局商品青稞种植基地；在卡若、江达、芒康、边坝、洛隆和昌都新区布局青稞加工，主要进行糌粑、面食、青稞酒、休闲食品等青稞初深加工。

（2）蔬菜产业。以卡若、察雅、贡觉、芒康等县（区）为核心，圈层辐射类乌齐、江达、丁青、边坝和洛隆等县，形成蔬菜种植产业圈。在卡若区、察雅县建立蔬菜育苗基地和规模化设施蔬菜种植基地；在芒康县建设盐井冬季蔬菜保供基地；在丁青县、芒康县、卡若区、贡觉县、洛隆县、边坝县布局马铃薯种植基地；在卡若、察雅、芒康、八宿、洛隆等建立蔬菜商品化处理点。

（3）荞麦产业。以八宿县为核心，辐射带动左贡、察雅两县，形成荞麦种植区。荞麦种植基地主要集中在八宿县，覆盖左贡、察雅等周边县（区），在察雅、八宿布局荞麦加工厂。

（4）藏药材产业。以卡若、丁青、类乌齐、江达等县（区）为核心，辐射带动洛隆、察雅、贡觉等县（区），形成藏药材产业带。虫草主要布局在丁青县和类乌齐县；藏药材加工基地主要布局在卡若、察雅、八宿、边坝、洛隆、芒康等县（区）。

（5）葡萄产业。以芒康县、左贡两县为核心，向北部区县辐射扩散，形成葡萄种植产业带。在芒康县重点布局酿酒葡萄种植基地，在左贡县重点布局建立高原食用型葡萄栽培示范基地。

（6）干鲜果产业。以八宿、察雅、洛隆、贡觉、芒康等县（区）为核心，圈层辐射江达、边坝、卡若、左贡等县（区），形成四大干鲜果种植产业圈。在芒康、左贡等县（区）扩大石榴种植，在卡若、贡觉、边坝、洛隆合理布局核桃、苹果、桃子的种植。

（7）饲草产业。以芒康、丁青、类乌齐三县为核心，辐射带动卡若、洛隆、左贡、贡觉、八宿等县（区），形成两大饲草种植产业带。在左贡县实施牧草种子基地建设，在贡觉县建设阿旺绵羊专用饲草基地和人工种草基地，在类乌齐县建设类乌齐牦牛饲草基地，在卡若区、左贡县、丁青县、洛隆县实施优质饲草基地建设和退牧还草工程建设。

2. 五大养殖业产业整体布局

（1）牦牛产业。以类乌齐、丁青、江达县为核心，辐射带动卡若、芒康等县（区），形成牦牛养殖产业带。牦牛良种繁育和初深加工重点布局在类乌齐县，在类乌齐、丁青、江达、卡若、芒康、八宿、边坝布局商品牦牛养殖基地。

（2）阿旺绵羊产业。以贡觉、芒康县、察雅县为核心，向东南辐射带动江达等县（区），形成阿旺绵羊养殖产业圈。在贡觉县建设阿旺绵羊种源场、扩繁基地、育肥基地并配套饲草基地建设，在察雅县、芒康县、贡觉县、江达县布局阿旺绵羊养殖基地。

（3）卡若香猪产业。以卡若区、芒康县、左贡县为主，形成卡若香猪养殖产业带。在卡若区、芒康县、左贡县、八宿县、洛隆县等县（区）布局卡若香猪养殖繁育基地，在卡若区、芒康县、左贡县发展卡若香猪初深加工。

（4）红拉山鸡产业。以卡若区、边坝县、洛隆县、八宿县、左贡县、芒康县等县（区）为重点区域，沿旅游交通主干线发展红拉山鸡产业带。在卡若区建设红拉山鸡孵化中心、培育基地及养殖基地，在边坝县、察雅县建设万只红拉山鸡养殖基地，在江达县、贡觉县、察雅县、芒康县、八宿县、边坝县等区县发展红拉山鸡、肉鸡、蛋鸡养殖，在卡若区、芒康县建设红拉山鸡初深加工基地。

（5）奶牛产业。以卡若区、察雅县、芒康县、八宿县、洛隆县、左贡县等干热河谷地带为主，辐射带动江达县、丁青县、边坝县等，大力发展以奶牛养殖为主的河谷畜牧业。在八宿县建立黄牛改良技术示范基地，在贡觉县建设规模化奶牛养殖基地，在卡若区、察雅县、芒康县、左贡县、丁青县适度发展奶牛养殖。

3. 农畜产品加工业整体布局

依据昌都农牧业发展实际，在卡若、洛隆、八宿、丁青等县（区）集中建设粮油加工区，重点打造青稞、荞麦、油菜等深加工品牌；在类乌齐、贡觉、江达、芒康等县（区）建设畜产品加工区，重点发展牦牛、绵羊等畜产品加工；在卡若区、丁青、类乌齐、察雅等县（区）建设藏药材加工区，积极发展冬虫夏草、藏红花、红景天等藏药材加工；在芒康、左贡、八宿、察雅等县（区）建设干鲜果深加工区，有序发展葡萄、核桃、苹果、桃、花椒、食用菌等产品加工。

4. 旅游服务业整体布局

结合昌都市 11 个县（区）的资源禀赋和交通、区位优势，在卡若、八宿、江达、左贡、芒康等县（区）发展西藏地域特色遗迹、寺庙、温泉、自然风光等旅游产业；依托藏区独特的民族文化和人文风光，在洛隆、边坝、贡觉、类乌齐、丁青等县（区）发展特色藏餐、停车住宿等乡村旅游产业；在昌都市各县（区）通过组建农牧民劳务输出队、农牧民洗车场、农牧民保洁公司、农牧民机动车修建点、农牧民小商店、小宾馆等发展服务类产业。

5. 民族手工业整体布局

在卡若、察雅、类乌齐、丁青等县（区）积极发展藏香、唐卡、佛像等特色民族手工业；在卡若、江达、贡觉、类乌齐、丁青、八宿、芒康等县（区）建设民族服饰、地毯生产加工基地；在卡若、江达、贡觉、类乌齐、察雅、丁青、八宿、芒康等县（区）发展民族特色家具产业。

6. 商贸物流业整体布局

结合产业发展需要和昌都 11 个县（区）区位优势，在卡若、贡觉、丁青、八宿、左贡等县（区）重点建设农副产品综合交易市场、边贸流通市场、综合批发市场等；在卡若、丁青、八宿、芒康、江达、贡觉等县（区）重点建设商品销售商场、农副产品展销中心、农副产品销售商铺、特色产品商业街等；在卡若、江达、贡觉、类乌齐、丁青、左贡、洛隆、边坝等县（区）重点建设农牧民运输服务队、农副产品贮存保鲜库、物流基地（中心）、货品运输等。

7. 资源开发业整体布局

在昌都市各县（区）有条件的乡（镇）适度发展资源开发产业。天然饮用水资源开发重点布局在卡若区、丁青县、察雅县、左贡县、洛隆县；昌都市各县（区）因地制宜布局岩石采集场、河沙采集场、砖瓦厂、石材加工厂、石头雕刻厂、花岗岩加工厂等；小型水电开发主要分布在丁青、八宿、左贡、洛隆、察雅、边坝、芒康、贡觉等县（区）；光伏发电产业重点布局在卡若区、察雅县、八宿县、芒康、洛隆县。

二、健全产业扶贫机制

（一）健全“113”工作机制

认真贯彻落实区党委、政府关于脱贫攻坚的系列决策部署，建立健全“113”工作机制，全力推进产业扶贫工作。

1. 织密一张“保障网”

及时组织成立了由市政府分管副市长为组长的产业扶贫工作领导小组，下设 7 个专门工作组，在昌都市 1142 个村（居）开通了产业项目申报窗口；以涉农部门为主体，抽调和整合专业人员加强对产业扶贫项目的技术指导，实现了产业扶贫工作“技术保障网”全覆盖。

2. 编制一套发展规划

按照“优势区域、优势产业、优势资源、优先发展”和“一个产业、一个系列、一个产品、一个品牌”的发展思路，正确处理脱贫与致富、脱贫与脱困、近期与远期、大产业与小产业、建档立卡户与非建档立卡户、需要与可能的关系，按照“规划早、项目全、措施实”和“筛选一批具有发展潜力的产业项目，对同类产业项目进行整合”的工作要求，在精准掌握贫困村、贫困户产业发展条件的基础上，重点选择投资少、风险小、辐射广、发展快的产业项目，明确产业总体布局、重点项目、加工主体、销售主体、资金来源、带动模式等，科学编制修订了《昌都市“十三五”产业精准扶贫规划》和《昌都市产业精准扶贫实施方案（2018—2020）》，将规划内产业项目优化调整为 852 个，并坚持大产业与小产业结合，兼顾当前利益与长远发展，突出抓基地建设、抓销售渠道、抓点位布置，明确投资主体、加工主体、销售主体、带动模式，在项目选择上重点发展投资少、风险小、带动大、发展快、扶贫对象能广泛参与的扶贫产业。

3. 健全三项管理机制

出台了《昌都市产业精准脱贫项目管理办法》、《昌都市脱贫攻坚整合资金管理办法》，建立了项目审批、资金管理、项目调度工作机制，对昌都市产业项目建设实行台账化管理，对扶贫产业进行全覆盖监管，对项目资金实行“季度审计”，最大限度提升了扶贫资金使用效率，有效确保了昌都市产业项目按计划推进。

（二）健全产业联结机制

出台了《昌都市关于加强扶贫产业项目资产管理工作的意见（试行）》《昌都市关于规范产业扶贫项目利益联结机制的实施意见（试行）》，明确利益联结主体：集体经济组织、以村为单位成立的农牧民专业合作社、其他经营主体（即：“十三五”时期计划实施的 856 个产业扶贫项目所涉及的扶贫公司、企业，享受“334”[①]产业扶持的公司、企业，以及获得扶贫资金项目支持的其他经营主体）。确定利益联结对象，纳入昌都市“十三五”时期产业扶贫的建档立卡贫困户，建立健全到户产业、企业带动农户、股份分红、资产收益、合作社、委托饲养、工资性收益等七种产业利益联结机制，完成利益联结机制建设项目738个，已完成产权移交588个。

（三）强化督导检查机制

根据《西藏自治区地（市）党委、政府（行署）脱贫攻坚工作成效考核办法》，实施最严格的考核评估，加强督查问责，对不严不实、弄虚作假的行为严肃问责。要加强资金管理使用，对挪用乃至贪污的行为必须坚决纠正、严肃处理，绝不姑息。各县（区）、各部门要认真贯彻落实区党委和市委的部署要求，积极开展现场考评，交流经验、相互学习，对标先进、查漏补缺，确保市委、市政府的部署要求落实落地。要完善督查工作机制，加大督查工作力度，坚持问题导向，敢于较真碰硬，使督查工作更加科学有效、符合实际，不断提高工作成效。

三、创新产业发展模式

（一）“334”产业扶贫投资模式

实行企业先期投入30%、政府再跟进投资30%、金融贷款40%的产业扶贫投资模式。加大招商引资力度，大力推广“334”产业扶贫投资模式，在各对口援藏省市及企业的支持下，共引进“334”产业扶贫投资模式的企业46家。

（二）“四带”增收模式

带岗位就业、带劳务输出、带入股分红、带订单增收。通过大力实施这种增收模式，持续实施了一批精准到村到户到人的“短平快”项目。并按照“四法”[②]，增强特色农牧业产业科技创新能力和农牧民科技致富能力，探索土地流转、牲畜托管、合作林（牧）场、电商扶贫、消费扶贫、旅游扶贫等产业扶贫新举措，做大做强农牧特色产品和乡土产业。一是岗位增收。大力推广“产业项目岗位车间”产业就业扶贫模式，实现27837人就业。二是劳务增收。通过成立劳务输出协会，完善产业项目施工企业用工承诺制度，精准输出，实现16027人次务工增收。三是入股增收。依托市、县两级投融资平台，通过产业资金入股的方式参与高争建材二期、西藏开投海通水泥有限公司、八宿县海螺水泥厂3个项目增资扩股，共投入产业资金3.99亿元，带动3642户16612人分红受益。四是订单增收。采取“公司+党支部+农户”订单种植、养殖和“专合组织+农户”寄（托）养模式，大力发展订单农业，实现80家合作社、龙头企业与2758户农户建立订单销售。

（三）“四法”提升模式

精准提高脱贫致富技能。按照“一个产业、一位首席专家、一个技术服务团队、一笔经费保障”的工作要求，加强与自治区及四川、云南、重庆农科院以及部分高校等科研院所的合作，采

① “334”即企业先期投入30%、政府再跟进投资30%、金融贷款40%的产业扶贫投资模式。
② “四法”即援藏引进法、技术帮扶法、能人带动法、教育激励法。

取“援藏引进+技术帮扶+能人带动+教育激励”的方法，重点加大对特色优势种养业的研究和开发力度，着力提升产业科技创新能力和农牧民科技致富能力。一是突出援藏引进。坚持引进来、走出去，积极发挥援藏优势，通过引进援藏专业技术人才，加大对农牧业专业大户、专业合作经济组织、龙头企业管理人才的培养，并选派基层科技人员赴援藏省市进行培训，有效提高了本地科技干部专业技术能力。二是突出技术帮扶。建立了由各类技术人才、致富能手组成的服务团，以“科技下乡”为载体，面对面、手把手向群众传授各类实用技术，并以示范户为重点，选派专业技术干部定期入村蹲点指导，实现了技术人员到户、科技成果到田，技术助力脱贫优势得到彰显。三是突出能人带动。注重培养一批敢尝试、懂技术、能带动、会经营的致富能手，并把致富能手和致富带头人树立成典型，示范和带动贫困群众积极主动投身产业项目建设、发展扶贫产业脱贫，有力促进了产业扶贫工作深入开展。四是突出扶贫扶志。深入开展“四讲四爱”主题教育活动和“创业能手”“优秀产业”“帮带优秀企业”评选活动，教育引导贫困群众不等不靠、苦干实干，以各种方式参与扶贫产业建设，通过勤劳双手脱贫致富，贫困群众依靠发展产业致富的意识显著增强。

（四）产业利益联结模式

1. 到户产业利益联结模式

各县（区）要因地制宜鼓励支持建档立卡贫困户发展到户产业，通过“贫困户自养、企业收购”的模式，实施不同形式的产业扶贫到户工程，支持贫困户发展庭院种养殖。各县（区）可根据实际给予贫困户一定物资或实物补助。各县（区）到户产业扶贫项目管理部门要建立到户项目申请、审批监督管理等机制，并由乡（镇）与农户签订约束机制，建立畜禽数量不减、产值增值机制，防止到户项目中种畜禽流失、变卖或发生重大损失，确保巩固好到户扶贫项目成效。

2. 企业带动农户利益联结模式

适用于“334”产业扶贫项目和扶贫龙头企业实施的项目，建立“企业+合作社+贫困户”的订单式种植养殖模式。享受“334”产业扶持的企业，在返还产业发展资金和银行贷款的基础上，需按照加工能力与农牧民合作社及贫困户建立利益联结机制。龙头企业负责制定生产计划和技术规程，按协议价收购农产品，并根据带动贫困户数量，县（区）级产业主管部门、金融部门要予以支持扶持。引导龙头企业通过流转农民土地，建设规模农业生产基地，反租倒包给贫困户生产管理，帮助贫困户获得稳定的生产性收入，或组织贫困户提供生产原材料，企业提供农资、技术、农机等服务，贫困户可获得产品销售收益、扶贫资金入股分红和土地出租收益等。

3. 股份分红利益联结模式

适用于股份制和产业扶贫资金入股项目。要深化农牧区综合改革，推进农村“三权”分置，保持土地草场承包关系稳定并长期不变，鼓励贫困户、易地扶贫搬迁户通过土地托管、代耕代种、牲畜托养、股份合作等形式，把耕地、草场经营权向种养大户、合作社、家庭农牧场、龙头企业流转以获得租金或股金。可探索推进将脱贫对象的土地、林地和草地等生产资料的使用权折价入股；或将参与股份合作的建档立卡贫困户帮扶项目等打包，产业扶持资金以现金入股龙头企业，建立股份合作机制，入股前签订分红协议书，保障贫困户分红资金不低于银行基准利率的标准享受保底分红。

4. 资产收益联结模式

财政涉农扶贫资金、村集体和农户资源资产、帮扶资金等投入设施农业、养殖业、文化产业、乡村旅游、商贸流通、资源开发、扶贫车间等扶贫产业项目形成的资产，具备条件的可用于资产收益扶贫。要明确资产的归属，防止固有资产流失。资产扶贫所得收益，在满足产业脱贫人口指标的条件下，要以慰问金的方式向丧失劳动力或弱劳动力的贫困户、残疾人户发放帮助资金。

5. 合作社利益联结模式

适用于种养殖业项目和农村合作社发展。支持以贫困村为单位组建农牧民专业合作社，可将贫困户享受的到户增收补贴等优惠政策进社入股。对专业合作社实施的产业扶贫项目，可将产业发展资金按贫困村、建档立卡贫困户人数进社入股分红。所形成的收益具体情况由各县（区）确定分红意见。引导扶持经营主体发展订单农业和“互联网＋农业”，提供技术服务，保底价包销产品，帮助贫困户就地生产创业，获得稳定的经营性收入。

6. 委托饲养利益联结模式

适用于养殖产业项目，在一定区域范围内的农户以契约形式结缔成产、加、销一体化的经济实体，引导龙头企业采取统一供种、统一供料、统一供药、统一防疫、统一技术培训、统一收购方式将育肥牛、种羊、仔猪、鸡苗等委托给贫困户代为饲养，贫困户以“记账”的形式从公司领取猪苗、饲料，企业按照现价收购成猪、成鸡、成羊，并对参与贫困户进行排名，在获得托管养殖收益的同时，给予排名靠前的贫困户参与奖励。

7. 工资性收益联结模式

扶持帮助有劳动能力的贫困户，在扶贫产业的生产、加工、流通各环节就地就近输出务工，获得稳定的工资性收入。获得扶贫资金项目支持的经营主体，必须优先招收贫困户参与务工。

四、建强龙头企业和专合组织

坚持“培育”和“引进”两条腿走路，既注重培育贫困户参与面大、市场前景看好的龙头企业，又大力扶持专业大户、家庭农场、农民合作社等新型农业经营主体，大力推行“公司＋基地＋贫困户”“合作社＋贫困户”“种养大户＋贫困户”等现代农业模式，探索出“引龙头、建基地、扶大户、带农户”的产业化扶贫之路，辐射带动贫困户增收脱贫。先后引进藏家牦牛股份有限公司、藏东珍宝酒业有限公司、长昌农业科技有限公司、康贡企业有限公司投资开发类乌齐牦牛产业、卡若香猪养殖、红拉山鸡、阿旺绵羊、葡萄酒、饲料、藏药材、林下资源加工等项目。2016—2020年，昌都市共有龙头企业23家（其中：自治区级1家、市级22家），实现产值1200余万元，带动农户800余户，户均增收1100余元；昌都市农业农村部门登记备案的牧民专业合作经济组织共320家（其中：国家级示范社6家、自治区级示范社11家、市级示范社27家），建立稳定、紧密、互利的利益联结机制581个，实现收入0.65亿元，加入农户7608户，加入人数11424人，户均增收3115元，带动农户4897户，带动7091人，户均增收1933元。2016年以来，2家矿产资源开发企业通过转移就业、结对帮扶、临时雇工等方式，带动500名群众增收。

第二节　工作亮点

坚持把农牧业产业化发展和改善农村人居环境作为加快脱贫攻坚步伐、实施乡村振兴战略和全面建成小康社会的重要内容，为昌都市推进优势农牧业产业整体发展，持续改善农牧区生产生活环境，助推全市决战决胜脱贫攻坚提供了科学指导、明确了主攻方向。

一、聚焦农牧业产业化发展，促进产业发展提质增效

昌都市农业农村局在市委、市政府的坚强领导下，坚持把发展优势产业与丰富资源相结合、与产业扶贫相结合，围绕加快推进农牧业“三转三变”，制定出台了《昌都市“十三五”产业扶贫规划》，起草了《昌都市乡村振兴战略产业振兴实施方案（2018—2022年）》等政策性文件，助推脱贫攻坚。截至2020年年底，昌都市23家农牧业产业化龙头企业（自治区级1家）实现产值8400万元，带动农户7082户，户均增收1830元，农牧业产业化经营率达到50%。

（一）行业分布日益广泛，产业链条不断延伸

昌都市农副产品加工企业经营范围基本覆盖了昌都市所有特色农产品，2019年，从事牦牛肉及皮毛加工的2家、粮食2家、酒类2家、油料1家、天然饮用水1家、藏成药1家、其他类12家，初步形成了牦牛肉系列、辣椒系列、糌粑系列、荞麦系列、葡萄酒、白酒、菜籽油、藏药材、林下资源产品、藏药等产业链。这些昌都特色农副产品加工企业的发展壮大，使昌都的优势资源、优势产业与龙头企业得到了有机结合，农畜产品附加值和资源转化率明显提高，有力推进了特色优势农牧产业区域化布局、基地化生产和规模化经营，初步形成了农副产品加工龙头企业带动的产业化经营新格局。

（二）农企联系日趋紧密，带动能力明显增强

在市委、市政府的培育引导下，各农副产品加工企业采取“企业+协会+基地+农户”“企业+农户”等多种方式，把企业与农牧民、产品与市场、信息与技术紧密联结起来，带动农牧民增收能力持续增强。如芒康县藏东珍宝酒业有限公司采取“企业+协会+基地+农户”模式，公司提供技术并承诺高价收购，协会负责协调种植管理等工作，发展合同酿酒葡萄基地4000多亩。同时，企业每年可解决当地30名以上建档立卡户群众长期就业和100余名群众的临时就业问题，带动群众增收4000元以上。昌都市藏家牦牛股份有限公司以产业投资入股分红和劳务输出的带动方式，直接扶持建档立卡户170户680人，户均每年增收5000元。企业每年拿出2万元，对积极性较高的乡（镇）进行奖励。

（三）规模经营持续壮大，品牌创建初见成效

截至2020年年底，昌都市拥有地理标志保护产品5个，分别是八宿荞麦、康巴类乌齐牦牛、盐井葡萄酒、索多西辣椒酱、洛隆糌粑。成功申报“洛宗”糌粑、“日通”藏药、“达美拥”为自治区著名商标；成功举办了昌都市首届“康巴牦牛王”“阿旺美羊”评选活动，并邀请中央七套《乡土》栏目进行全程报道；制作了“达美拥”红葡萄酒系列产品、“洛宗”糌粑系列产品、“卡诺”圣水产品、“昌都阿旺绵羊”等宣传资料在电视台播出；“康巴昌都香猪”“昌都阿旺绵羊”“康巴类乌齐牦牛”地理标志证明商标已成功注册；认证类乌齐牦牛遗传资源，并将其正式列入国家遗传资源名录，填补了自治区空白。

（四）做法模式建立健全，以高效促产业发展

健全体系强领导。市委、市政府高度重视农产品加工业发展，坚持把发展农产品加工企业作为推进农牧业供给侧结构性改革、助力脱贫攻坚的一项重要任务来抓，成立由市政府分管农牧工作的

副市长为组长、市直各相关涉农部门为成员的农牧业产业化领导小组，执行“一名市级领导、一个主管部门、一个发展规划、一套政策措施”的管理体系。完善政策强激励。认真贯彻落实中央、区党委关于推进农牧业农牧区发展的一系列政策措施，结合昌都市农牧业产业不同时期、不同阶段发展需要，从财政、金融、税收、用地、服务等方面持续完善对农产品加工企业的扶持优惠政策。做实基础强支撑。围绕已形成的主导优势产业，突出在基础设施建设、农牧民经济合作组织上下功夫，不断改善龙头企业的利益联结机制和生产设施条件，促进农产品加工企业更好更快发展。着眼于建设高原特色农畜产品基地的目标要求，积极争取自治区政策、资金、项目扶持，整合市级涉农资金，支持符合条件的龙头企业加强原料生产基地基础设施建设。优化服务强保障。围绕畜牧、蔬菜、林下产业、粮食加工、葡萄酒业、藏医药业等特色优势产业，从中筛选出有一定规模、带动力较强、辐射面较广、市场前景好的重点企业，千方百计做好各类服务管理工作。强化引企服务，每年精选市级重点龙头企业发展项目作为招商引资储备项目。通过推荐金融服务“三农”重点扶持企业，组织企业参加“金融服务农业龙头企业培训会”，组织企业参与商业信用信贷等形式，促进农牧业产业化银企合作。强化招商推介，坚持“引进来”与“走出去”相结合，以政府推介、营销展示、定点直销、援藏助推、合作开发、媒体宣传等方式，支持企业在对口援藏省市建立展销窗口；积极组织企业参加区内外各类特色农畜产品展示会，广泛宣传企业优质农畜产品，通过搭建营销平台，扩大了农畜产品知名度，提升了企业影响力，推动了企业快速发展。

二、聚焦农牧区人居环境整治，改善农牧民生产生活环境

（一）明确任务，建立长效机制

根据《昌都市农牧区人居环境整治三年行动实施方案（2018—2020年）》内容和要求，针对昌都市农牧区脏乱差的现状，全力做好农村生活垃圾治理、农村生活污水处理、厕所革命、人畜分离、村容村貌提升等重点工作，着力健全村庄人居环境管护长效机制和相关制度，切实改善农村整体环境，提升农村人居环境品味，提高农牧民群众生活质量。市农村人居环境整治工作领导小组办公室下发了《市农村人居环境整治工作领导小组办公室关于印发〈昌都市农村人居环境整治工作任务分解表〉的通知》（昌农环组办发〔2019〕2号）、《昌都市人畜分离实施方案（试行）》（昌政办发〔2019〕81号）等文件，明确工作分工，要求各部门各司其职、相互配合、同频共振，形成推动农村人居环境整治工作的强大合力。

（二）抓好示范引领，总结提炼经验

为扎实推进昌都市农牧区人居环境整治工作，加快补齐人居环境短板，进一步提升农牧区人居环境水平，坚持以试点县为引领，建立自治区级示范县1个（卡若区）、市级示范县2个（芒康县、左贡县）。各示范县坚持先易后难、先点后面，整村推进人居环境整治，不断探索，积累经验。以卡若区为例，共投入资金7120.42万元，改造污水管网5856米，建立/设立人畜饮水安全点130个（包含安置点冬季保暖措施工程），建成达修村、卡若村、达若村、朱古村污水处理站4个，同时，完成危房改造232处，投入资金777万元。试点县完成村庄规划73个，为稳步推进农村人居环境整治奠定了良好的基础。

（三）坚持规划引领，整治稳步推进

一是坚持“规划先行，稳步推进”原则，将人居环境整治与易地扶贫搬迁有机结合，通过卡若区、芒康县、左贡县的示范县、示范村创建，逐步推进各县城镇近郊村庄、国省道沿线村庄、具备条件的村庄及易地搬迁安置点的水、电、路、垃圾处置设施、路灯、绿化等基础设施配套建设。二是多方筹措资金。卡若区现已筹措资金1500万元，建设垃圾转运站4座、垃圾处理房19个，芒康县2019年完成垃圾处理设施建设6个，左贡县计划投资5200万元，完成对旺达镇的四个村的村容村貌提升、垃圾处理、给排水系统改造等工程。三是带动群众增收。卡若区卡若镇左巴村通过开展垃圾分类试点，由财政适当补贴进行垃圾分类回收，实现了群众人均增收200元。

（四）加大集中整治力度，村容村貌得到提升

昌都市集中开展了农村人居环境整治村庄清洁行动春季、夏季、秋冬季战役活动，本着便民、美观、实用的原则，设置生活垃圾箱105个，规范垃圾投放点91个，新建垃圾中转站10个，建设污水处理厂7座，垃圾处理设施（含填埋场）64个（座），划定畜禽养殖禁养区297个，关闭或搬迁禁养区内养殖场11家，参与干部群众80000余人，清理农村生活垃圾1500余吨，清理沟塘淤泥1000余吨，清理河道1027公里，卫生死角682处，使之达到了集中整治的目标，实现了村庄垃圾堆放有序，杂物堆放整齐，日常生产生活物品堆放规范，河道沟渠及道路两侧环境基本干净整洁。

（五）探索生态岗位和保洁员一岗双责，确保村庄清洁常态化

通过学习浙江千万工程经验及其他地市的经验做法，结合各县（区）实际情况，优先把建档立卡贫困户的生态岗位选配为村级保洁员，其中生态岗位87420人、旅游厕所保洁员1668人，交通公路养护员5223人，使生态岗位人员在参与人居环境整治构成中发挥更大作用，为村庄清洁常态化保驾护航。

（六）因地制宜，推动“厕所革命”持续开展

结合绿色发展理念，围绕不污染地表水和地下水、能过冬、价格低、使用方便、群众满意这5个条件，指导城区周边村、城乡结合部、基本具备条件的村、水源地保护范围内村庄，选择适宜的改厕模式。因地制宜，制定相应改造标准，宜水则水、宜旱则旱。根据自治区关于“厕所革命”工作的要求，市农村人居环境整治工作领导小组办公室印发了《昌都市2020年关于推进“厕所革命”卫生厕所试点工作的实施方案》，在11个县（区）试点户厕改造5715户，公厕试点改建348座，探索适合昌都市推广的改厕技术模式和标准，为后续全面推开提供有益借鉴。2019年昌都市累计完成农村户厕改造2.2万户，卫生厕所普及率逐步提高，群众文明如厕习惯逐步养成。截至2020年年底，已下拨农村改厕奖补资金1557万元，各县（区）厕改验收奖补工作稳步推进。

（七）以项目建设，推进村庄垃圾整治

根据市政府将土地增减挂钩调剂资金2.32789亿元用于巩固脱贫攻坚成果及乡村振兴战略指示要求，安排14905.116万元为昌都市131个乡（镇）、1063个行政村、1163个自然村配备垃圾转运车、垃圾箱，为乡村垃圾整治、实现村庄清洁奠定了良好基础。

第十六章　市商务局

进入脱贫攻坚阶段，昌都市由市商务局牵头，成立以局主要领导任组长、班子成员共同参与的工作领导小组。该小组始终突出干部引领，紧紧围绕电子商务精准扶贫、消费扶贫、招商项目落地促脱贫、党建扶贫，持续深化供给侧结构性改革，聚焦巩固提升脱贫攻坚成果和补齐全面小康社会短板，促进脱贫攻坚与乡村振兴战略有效衔接，扎实推进商贸流通助力脱贫攻坚。

第一节　工作举措

在市委、市政府的坚强领导下，在自治区商务厅、招商局的精心指导下，在市脱贫攻坚指挥部的总体部署下，商务局党组把脱贫攻坚工作作为重大的政治任务，深入贯彻落实习近平总书记关于扶贫领域的重要讲话精神，立足昌都商贸发展实际，狠抓重点项目建设，多措并举，扎实推进商贸流通领域精准扶贫工作。

一、发展电子商务，促进农牧民增收

以“互联网＋精准扶贫”为抓手，以八宿、芒康、边坝三个电子商务进农村综合示范县工作开展为重点，大力发展农村电子商务，促进农村经济发展和农牧民增收致富。全市三个示范县在具体创建工作中，注重扩大农村电子商务在工业品下乡和农产品进城的双向流通网络中的应用，建立健全农村电子商务服务支撑体系，着力培育农村电商综合信息服务等农村电商服务平台，致力于打通农村电子商务的“最后一公里”，使电子商务真正走到了田间地头，进入了广大农牧民群众家中，有效提升了全市电商扶贫的质量水平。

（一）电商培训体系逐步完善

各示范县累计培训4662人次，其中培训农牧民、返乡农民工等2754人次，带动当地群众创业就业276人。部分群众开始使用电脑手机进行购物买票，使用微信、支付宝等进行交易支付，群众生活方式悄然发生变化。

（二）电商扶贫导向愈加明显

各示范县服务站点建档立卡贫困村覆盖率60%，服务覆盖率达90%以上，服务建档立卡贫困人口1450余人次，累计受益群众14680余人，带动贫困户增收300余万元。“互联网＋旅游＋农特产品”“乡村服务站点＋贫困户”“党建＋电商＋产业发展”模式不断被探索。

（三）电商物流体系趋于完善

顺丰、“四通一达”等物流企业进驻昌都市，邮政速递已布点到各县、乡（镇）、村，县、乡、村三级物流体系进一步完善。通过建立县域物流仓储，整合物流资源，开展“网货下乡、农货进城”等活动，为群众提供代买代购服务8万余次，农牧民买难卖难问题得到缓解。

二、精准招商引资，筑牢脱贫根基

（一）加快扶贫企业的招商引资，实现产业兴旺

围绕七大产业开展招商引资助力脱贫攻坚，通过开展高位推动狠抓招商、围绕重点产业精准招商、创新方式开展招商、拓展区域合作协同招商等一系列强有力的举措，共引进532个项目，到位资金达238亿元，共计解决就业11423人。实现扶贫项目不断设立、群众收入持续增加的脱贫致富路，为打赢脱贫攻坚战、全面推进实施乡村振兴战略筑牢经济基础。

（二）落实扶贫项目，扩大就业岗位，实现增收致富

通过落地扶贫项目，有力推动昌都公共服务设施、道路交通、基础医疗、水利设施等的长足发展，着力推动昌都社会保障、民生改善，与此同时，极大改善当地贫困乡村生产生活条件。引入了昌都君亲农业科技有限公司、天康生态能源股份有限公司、西藏成功红天麓酒庄有限公司、藏艺禾沣实业有限公司、八宿县海螺水泥、芒康县海通水泥、类乌齐县翔晨镁业、江达县玉龙铜矿二期改扩建工程、经开区文化产业双创园、左贡县新区民房、通泰大厦、昌都神力置业有限公司、昌都市信德医疗有限公司（民安医院）、昌都市佳博家具建材公司、江达县净界天然饮用水有限责任公司等带动性强的企业，产生强有力的社会效益，为昌都市建档立卡贫困户提供就业机会，解决就业难的问题，江达县玉龙铜矿二期改扩建工程项目带动长期就业234人，带来收入约1409.6万元，类乌齐县翔晨镁业通过县政府协调当地驾驶员494人运输矿石和产品，带动群众增收9719万元，左贡县新区民房共计就业贫困群众50余人（其中建档立卡户30余人）。

三、开展结对帮扶，助推党建扶贫

在市委、市政府及市强基办的统一安排部署下，市商务局共安排12名同志开展强基础惠民生驻村工作。驻村工作队认真贯彻落实深度贫困地区脱贫攻坚座谈会精神，坚持问题导向，聚焦工作实际，深入学习贯彻党的十九大、十九届二中、三中、四中、五中全会精神，聚焦新时代干部驻村“七项重点任务”和疫情防控工作，按照“指导不领导、帮办不包办、到位不越位”的原则，积极采取有效措施，扎实有序推进驻村各项工作，取得了一定成效，达到了预期目标。截至2020年年底，开展10批次结对帮扶活动，对本单位结对帮扶对象采取资金帮扶、就业帮扶、宣教帮扶、医疗帮扶等措施，捐款捐物折合资金15万元，帮助群众办实事解难事58次。同时赴联系寺庙开展帮扶工作，向寺庙僧尼宣讲爱国主义教育，要求坚决维护祖国统一和民族团结。协调成品油经营企业解决本地农牧民就业180人（其中建档立卡贫困户120人），农牧民增收486万元。市区便民服务业和餐饮、住宿服务业等商贸服务产业解决本地阶段性就业4万人，农牧民增收12000万元。

第二节 工作亮点

脱贫攻坚战打响以来，市商务局以电商促脱贫、消费扶贫、招商引资促脱贫为抓手，以点覆面带动产业发展，着力推进农产品进城、工业品下乡，以商贸物流建设为保障，补齐农牧区基础设施建设短板，建设一个项目、壮大一项产业、带富一方群众、促进一方发展，企业就地注册、资源就地转化，在助力脱贫攻坚工作中取得显著成效。

一、电商产业开辟“云上”扶贫

在电商综合示范建设工作中，严格按照《西藏自治区电子商务进农村综合示范工作指引》开展综合示范工作，着重突出“一个中心、五个体系”建设，有力推动了本地物流业、旅游业等产业发展，农村电商在昌都实现了从无到有，迈进了发展的快车道，已经成为提升农牧区流通现代化水平、拓宽农牧民增收渠道、助力脱贫攻坚和乡村振兴的重要手段。

自 2015 年以来，建成县域电子商务公共服务中心 3 个，县乡物流配送中心 3 个，O2O 展销中心 7 个，乡（镇）公共服务中心 32 个，村级电商服务站 84 个。并积极申请援藏资金扶持。昌都市雪源生物科技有限责任公司筹建了“藏昌良品”即昌都特色农畜产品线上平台线下实体店建设项目。电商示范县实现网上交易 5000 余起，实现电子商务交易额 1773.98 万元。

二、重点商贸企业扶贫专柜成为扶贫前沿阵地

积极倡导“买产品、献爱心、促脱贫”，鼓励在较大的超市商场、农产品批发市场、农贸市场开设贫困地区农产品销售专区、专柜，方便消费者以“以购代捐”的形式随时随地为贫困地区贫困群众奉献爱心。积极推动互惠互利超市、百宝汇佳商贸有限公司等重点商超企业开设扶贫产品专区，组织芒康绿野、藏家牦牛、君亲农业、洛隆糌粑等本地消费扶贫龙头企业的 60 余种农特产品进驻，并在展区、展位上给予价格优惠扶持。自 2019 年 5 月起，已设立专区和专柜 20 个、总面积 95.2 平方米，四家大型超市本地扶贫产品累计销售额为 744.32 万元。

充分发挥中国石油等连锁企业庞大的线上线下营销网络，利用国道 317、318、214 的地理优势，在全市选取 24 座加油站，优选 13 种扶贫产品，设立扶贫产品专柜，通过海量的客户群体，广阔的市场空间等优势，持续在市场端发力，真正让农特产品资源优势转化为农牧民脱贫致富的经济优势，从根本上解决贫困群众增收问题，真正打通消费扶贫最后一公里。线下门店累计销售扶贫产品 58.86 万元。

三、全社会参与推动消费扶贫，实现历史性突破

（一）消费扶贫采购额创出历史新高

市商务局会同市扶贫办、市场监管局、蓝天圣洁产业投资有限责任公司共同研究制定《2020 年昌都市爱心助力消费扶贫行动方案》，建立市级领导小组，构建“一个体系、一个平台、一个品

牌、一个名录”的消费扶贫新架构。积极动员社会各界力量参与，形成昌都本级、援藏省市、内地市场、社会企业、普通民众多层立体化消费扶贫体系。同时梳理出全市 117 个消费扶贫产品目录进行广泛推介。鼓励各级行政机关、国有企事业单位、金融机构、学校、卫生医疗机构、社会福利机构、省市及央企积极参与消费扶贫，在同等条件下优先采购农牧区产品，引导干部职工自发购买农牧区产品。2020 年，实现采购额达 9400.3 万元，其中福建省、天津市、重庆市三个援藏省市完成消费扶贫采购额达 6420 万元。消费扶贫实现历史性突破。

（二）策划系列活动，打造消费扶贫平台

会同各援藏省市和昌都市扶贫办等部门，相继组织“4.28 津昌消费扶贫云签约活动”、“中华民族共同体、津藏拉手奔小康”消费扶贫主题活动、“万企参与，亿人同行”昌都消费扶贫月活动、重庆昌都消费扶贫周、昌都至天津蓝天圣洁扶贫产品首单发车仪式等系列活动。与内地企业签署近 20 个采购协议，协议金额超过 4000 万元，进一步拓展了昌都产品走进内地的销售渠道，有力促进了昌都消费扶贫产业化、规模化发展。相关活动在人民日报、西藏日报等各类媒体进行广泛刊发，得到高度评价。

（三）推动农产品品牌化，助力农牧民增收

以打造“地球第三极”区域子品牌——“蓝天圣洁”品牌为抓手，开拓天津、重庆、福建三个援藏省市消费扶贫市场，开展消费扶贫，拓宽农产品销售渠道，农牧民增收明显。2020 年 10 月，在天津开设地球第三极 · 蓝天圣洁扶贫馆（南开馆），累计上架农特产品 117 余种；在重庆利用中国西部消费扶贫中心西藏馆，累计上架农特产品 300 余种；与福建 7 家销售点签订了农特产品供销协议。在昌都本地建设地球第三极 · 蓝天圣洁扶贫馆（津昌店），并与昌都民航站达成合作协议，计划在邦达机场候机厅新建一个消费品牌扶贫馆。各类地球第三极品牌馆的建设，有力提升了昌都扶贫产品销售品牌化发展新形象。

（四）电商试水直播带货，助力农产品销售

积极探索直播带货销售平台以及线上线下融合的新型销售模式：一是指导各县（区）与淘宝、拼多多、抖音等大型电商平台深度合作，各县（区）通过大众喜闻乐见的网络直播方式，充分介绍本地区特色农产品的生长环境、品种优势，让更多的消费者足不出户就能购买到昌都的特色农产品。二是利用驻村工作队邀请本土网红带货直播。网红在驻村点草地直播示范了冬虫夏草的发现采挖过程，直播过程引起了很多网友的关注和互动，同时也让很多网友通过直播了解了昌都市优美的生态环境、丰富的动植物资源和牧区生活。三是发挥政府领导示范带头作用，倾力为昌都市消费扶贫产品代言，重点推介青稞麻花、青稞曲奇、卤汁牦牛肉、青稞片、糌粑饼干和牦牛肉酱等昌都特色产品。全市电商直播累计助销农特产品 6445 件，实现销售额为 43.92 万元。

四、对外开放招商引资成为脱贫攻坚重要推动力量

（一）对外开放载体建设步伐加快

昌都经开区以绿色环保、和谐共享的理念为指导，推进产业项目建设，助力产业转型升级，大

力推动以生物医药、环保建材、农特产品深加工、文化旅游、民族手工业等八大产业为主导的高原产业发展。2016—2020年，昌都市经开区累计投资2.5975亿元，实施产业扶贫项目8个。累计分红672万元至卡若区15个乡（镇）的建档立卡户，覆盖脱贫人口9400余人，辐射带动300余名群众增收。

（二）援藏招商工作成效显著

2016年以来，昌都市充分发挥对口援藏的政策优势，积极开展援藏招商工作。不断完善重庆、天津、福建对口援建省市的援助机制，重点做好培育特色产业、推介特色产品、打通销售渠道等方面工作。分别在天津、重庆、福州、厦门、漳州、泉州六市共建立6个特色产品展示展销体验窗口，援藏省市也在昌都市卡若区、边坝县等地设立特色产品展示窗口。大力引进涉及农牧产业招商引资项目，重点对接天津援藏工作队引进昌都津垦牧业科技有限公司（阿旺绵羊胚胎项目）、丁青县津鹏农业发展有限公司等农牧业上下游产业链项目，通过线上“云招商”模式重点接洽农牧业全国“30强”企业湖南正虹科技发展股份有限公司等实力强劲且带动性强的重点企业，并签订招商引资框架协议，助力昌都市农牧业产业发展及品牌建设。

（三）平台招商推动产业增收

2016年以来，组织全市招商部门、产业园区和招商项目主体，积极参加“西博会”“西洽会”“津洽会”“海峡会”“厦交会”等国内外知名的大型投资洽谈会40余次，并长期坚持在天津、重庆、福建、成都等地举办招商引资专场推介会，宣传推介昌都市优势特色产业项目，有力带动昌都扶贫产品外销量，推动农牧产业发展，促进当地农牧民增收。

（四）营商环境持续改善

一是健全招商引资政策。制定《昌都市招商引资优惠政策》，扩大招商引资适用范围，完善税收、财政、金融、土地、贸易、工商、户籍等方面优惠政策。二是完善招商引资宣传载体。不断更新招商引资宣传片、《招商引资项目册》、《招商投资服务指南》、《招商引资企业入昌办事流程》、《招商引资“一站式”服务机构及联系方式》等宣传载体，从招商项目、申办程序、服务机构等方面为企业提供便利。通过西藏航空航班、招商网站、藏东明珠微信公众号和展会、推介会等平台广泛宣传昌都。三是针对“西洽会”“藏博会”等各项展会签约项目，按照签订的“全程代办、专班服务”承诺书践行承诺事项，建立重点项目形象进度台账，实地了解企业生产经营情况，积极帮助协调解决企业遇到的困难和问题。

五、结对帮扶成为直接帮扶群众的“连心桥”

（一）助力发展村集体经济

将察雅县吉塘镇莫东村热亚自然村的285亩土地外包，成立了霞仰农牧民专业合作社，主营藏家乐、苗圃、奶牛养殖基地、元根种植基地、菜籽油种植及加工厂等实体经济，带动莫东村的用水、用电、道路等基础设施较大程度的改善。助推林下资源产销对接、线上线下融合，联系昌都网红阿紫和小赵薇深入察雅县达如村虫草采挖点直播带货，一小时售出2斤虫草，帮助群众每根增收5～10元，有效推广了“互联网+”带动特色产品销售的模式；同时，帮助村“两委”理清便民超市发展思路，鼓励当地群众超前消费或以代金券形式助推超市运营，规定爱心超市资金收入和募集到的爱心资金在便民超市采购商品时充实进爱心超市。

（二）充分发挥派驻单位力量

2016—2020 年，在市商务局的大力支持下，协调落实察雅县新卡乡乃帕村温室大棚 2 座、肯通乡达如村温室大棚 1 座、扶贫超市帮扶资金 5 万元、村委会规范化建设资金 5 万元。积极协调市科技局、市交通局、县强基办、县水利局等相关部门，争取落实强基惠民项目、交通项目、“短平快”项目及水利项目 10 项，投资资金 50 万元。

（三）有效利用社会资源优势

积极协调援藏省市和社会民间力量，陆续开展“爱心书包”“爱心包裹”“校园爱心公益”等活动，为驻村工作队所在村中小学生送去了价值 3 万余元的文具、书本、鞋子和奖学金，募集衣物、鞋子、书籍等共计 8.5 吨物资，联系爱心人士开展“党建带团结、温暖校园行”活动，为肯通乡小学教师定制了 14 套工作服、捐助了 112 套学生演出服装和 40 双鞋子以及 2 万元学生生活文化用品；通过援藏渠道协调天津市妇女儿童发展基金会及社会资源为农牧民群众发放了 285 套防寒服；协调中藏盟石油销售有限公司，解决 8 名建档立卡贫困户大学生及 1 名贫困户自主资金 1.8 万元帮助他们完成学业，帮助 1 名建档立卡户在县加油站解决就业等。

第十七章　市文化局（市文物局）

新时代乡村文化的共同体已不仅仅是血缘、地缘、宗族等要素相互联系后的汇总，更是本土的、有机的、浑然的、持久的、生长在一起的文化整体，并表现出了共同居住、共同生活、共同劳动和共同关爱的共有价值。进入脱贫攻坚阶段，昌都市由市文化局（市文物局）牵头，成立由局主要领导任组长、副组长，局其他班子人员为成员的脱贫攻坚领导小组。该小组以加强文化舆论引导为出发点，聚焦夯实文化基础设施、丰富文化活动形式，不断探索文化精准扶贫举措，着力加强村级文化阵地建设、文化活动开展和文化人才培养，助推脱贫攻坚取得扎实成效。

第一节　工作举措

脱贫攻坚战打响以来，昌都市加快构建现代公共文化服务体系建设的系列部署，贯彻落实西藏自治区主要领导关于现代公共文化服务体系建设的重要讲话及系列批示指示精神，牢固树立法治理念，勇于担当、主动作为，着力推进全市公共文化服务标准化、均等化、数字化、社会化建设，各项工作取得了显著成绩。

一、强化保障，夯实公共文化服务工作基础

（一）文化设施经费保障不断加强

昌都市始终坚持将公共文体设施建设经费纳入年度财政预算，不断夯实全市公共文化服务保障基础。2018—2020 年，累计下达公共文化专项资金 12045.59 万元，其中：2018 年下达公共文化专项资金 3200 万元，2019 年下达公共文化专项资金 3483.59 万元（市本级公共文化项目资金 673.59 万元、县（区）公共文化项目资金 2810 万元），2020 年下达公共文化专项资金 5362 万元。根据《中共西藏自治区委员会西藏自治区人民政府办公厅印发〈西藏自治区贯彻落实《关于加快构建现代公共文化服务体系的意见》的实施意见〉的通知》（藏党办发〔2015〕29 号）文件精神，全市新建、改扩建了一大批公共文化设施，建成了覆盖市、县（区）、乡（镇）、村四级公共文化服务网络，现有市级大型公共文化服务设施 5 座（市图书馆、市博物馆、市革命历史博物馆、市群艺馆和市康巴文化艺术团），县级公共服务文化场所 33 个（11 个县级新华书店、11 个县级民间艺术团、11 个县级综合文化活动中心），乡（镇）公共文化场所 138 个，村级公共文化场所 1635 个。

（二）文化人才队伍不断发展壮大

昌都市高度重视公共文化人才培养工作，积极与天津市相关部门沟通衔接，落实文艺特长生委

培工作，积极开展文化人才引进。面向全市招收舞蹈、声乐、主播、作曲、曲艺、舞台美术、人物造型设计、灯光、音响等专业60名文艺人才，委托天津艺术职业学院进行定向培养，目前，除中途2名自愿退学学员外，所有58名学员已顺利毕业，并通过招录考试入职康巴文化艺术团。同时，按照自治区提出的“有组织、有队伍、有制度、有经费、有标准、有名称、有场所、有负责人”的“八有”标准，昌都市积极指导各村、居委会、社区建立村级文艺演出队，组织专业培训，提升队伍素质。截至2020年年底，昌都市文化系统共有各类职工3119人，其中行政人员46人、专技人员3073人；同时，有各县艺术团315人，行政村文艺演出队18493人；全市1142个行政村（居）委会，除易地扶贫搬迁的48个行政村（居）无法组建文艺演出队外（贡觉县三岩片区42个行政村现已整体搬迁至拉萨、山南、日喀则、林芝等地，八宿县6个行政村已自发整体搬迁至拉萨、日喀则等地），余下的1094个行政村（居）均已完成村级文艺演出队组建和登记造册工作，组建率达100%，实现了村级文艺演出队全覆盖。

二、完善建设，确保公共文化服务工作成效

（一）乡（镇）文化站和村级文化室建设不断完善

目前全市已建成乡（镇）文化站138个，覆盖面达100%，乡（镇）文化站现有人员884人，每个站近6人。同时，加大村级文化室建设力度，为全市1142个行政村居文化室配备了图书、书架等公共文化服务设施，覆盖率100%。2018年累计投入703万元为268个易地扶贫搬迁安置点文化室配套了桌椅、电脑、书籍、乐器等基本公共文化服务设施；2019年累计投入280万元，为昌都市140个被列入西藏自治区村级综合文化服务中心示范工程建设的贫困村文化室，按照每村2万元的标准配置了音响、乐器、电脑、桌椅等基本公共文化服务设施；2020年，投入1281万元，按照每村3万元的标准，对全市427座新建村级活动室，配套桌椅、书籍、书架等基本公共文化服务设备，满足基层群众基本公共文化服务设施需求，确保基层公共文化服务水平接近西部平均水平，进一步提升广大农牧民群众文化获得感、幸福感和安全感。

（二）公共数字文化服务工程不断提档

以数字资源建设为核心，以基层服务网点建设为重点，运用多种传播方式，在试点工作的基础上，加快推进图书馆、博物馆、文化站等公共数字文化服务提档升级工程建设，目前昌都市图书馆一楼数字化服务大厅已建成并开展试点工作。2019年投入415万元，按照每个乡（镇）5万元、每个村居2.5万元的标准，为昌都43个乡（镇）文化站、80个村居文化室统一采购数字文化服务设施。2020年，投入1420万元，完成市图书馆改造提升；投入167.5万元，对30个乡（镇）文化站、7个贫困村村级文化室数字文化服务进行提档升级。

三、丰富形式，稳步推进公共文化服务各项工作

（一）文艺创作精品不断涌现

筹拍了电影《金珠玛米》，出版了《原色昌都》、《红色昌都·1950》、《藏东歌舞艺术传承集萃》、

民间文学集《康巴汉子的胸膛》、《婚礼》、非遗套书《昌都锅庄·芒康弦子·丁青热巴》、集成套《昌都民间歌谣故事谚语》、画册《古苯遗珠·东多彩韵》、歌碟《神奇昌都》、长篇报告文学《昌都——云朵上的藏家》等主题鲜明的优秀作品，已创编上演舞台剧《甲朗风情壮美左贡》、大型歌舞诗《琼热巴·梦回溯源》，创编了具有藏东特色的话剧《铸魂达玛拉》、歌舞剧《茶马古道》，为昌都解放70周年献礼。与此同时，累计创编抗击新冠肺炎疫情抗疫文艺作品103个。

（二）群众文化活动不断丰富

以康巴文化艺术团、群艺馆、11个县（区）民间艺术团、1094支行政村文艺演出队伍为主力，以县（区）综合文化活动中心、乡（镇）文化站、村居文化室为支撑，扎实开展“文艺下乡”“送戏下乡”“戏曲进乡村”活动。昌都市年均举办各类群众性文化活动10000余场次，确保了每个行政村居有10场以上文艺团体演出。

（三）全民阅读工程不断拓展

目前，昌都市图书馆藏书量达20余万册，县综合文化活动中心平均每个藏书1.2万余册、乡（镇）文化站平均每个藏书900余册、农家书屋和寺庙书屋平均每个藏书2000余册。以开展丰富多种的读书活动，为全市营造了浓厚的阅读氛围，为昌都建设“智慧城市”奠定了扎实的基础。

（四）文化场馆免费开放不断深化

认真落实市图书馆、群艺馆、博物馆免费开放任务，每天开放时间不低于10小时、县（区）综合文化活动中心开放时间不低于8小时、乡（镇）文化站开放时间不低于6小时。截至2020年年底，昌都市革命历史博物馆已累计接待单位人数8万余人，其中主题教育接待96家单位、外来旅游接待人数达6000余人；昌都市博物馆累计接待参观人数16万多人，其中西藏百万农奴解放主题教育展共接待26家单位4000余人。目前，因受新冠肺炎疫情和革命历史博物馆提升改造影响，暂未恢复对外开馆，待接到自治区相关通知后将立即复馆。

四、改革创新，推动公共文化服务再上台阶

始终践行为民服务宗旨意识，以公共文化服务实现全覆盖、设施设备正常运行为目标，不断健全公共文化服务保障机制，加快实现公共服务由粗放式覆盖向精细化服务升级，促进公共服务提质增效，让广大干部群众更好地感受新时代文化发展成果。一是以市场化、网络化运行为基本思路，创新服务模式，建立公共文化服务配送网络，将现有文体设施、设备器材等硬件资源和民间艺术、文艺队伍、电影图书等资源进行整合，供群众选择。二是充分发挥农牧民在农牧区文化活动中的主体作用，引导农牧民自我服务。大力支持文化产品的创作生产，成立了昌都市文化精品工程领导小组，负责审定创作规划、指导创作开展、评定创作成果。

五、突出宣传，公共文化舆论引导更加有力

按照标准化和均等化的要求，坚持均等性、普惠性、便利性、公益性，切实做好新闻舆论宣传报道，为全市经济社会发展营造浓厚舆论氛围。一是紧密围绕主题主线。积极宣传习近平新时代中

国特色社会主义思想和党的十九大精神，宣传以习近平同志为核心的党中央对西藏工作的高度重视和对西藏各族人民的亲切关怀，宣传各族群众身边的新发展新变化新生活。二是紧密围绕中心工作。着重宣传脱贫攻坚、“七城同创”、民族团结、维护稳定、民生改善、乡村振兴、环境保护等重点工作。围绕中华人民共和国成立70周年、西藏民主改革60周年主题教育等，以文艺的形式做好宣传报道。三是充分运用新媒体平台。市文化局开通了微信公众号、抖音等新媒体官方账号，部分县（区）台也充分利用微信公众号、抖音账号开展文化宣传，全市初步建成了融合的新媒体矩阵。

第二节　工作亮点

以文化发展提升和创新增收措施为抓手，聚焦文化助力脱贫攻坚能力提升，市文化局在精神文化提升、公共文化设施建设、文化产品供给、增加就业和现金收入、公共文化服务、文化产业发展六个方面精准发力，取得了显著成效。

一、加快文化发展，助推民生改善

（1）实施“原生态歌舞乐器人才培养计划”，促进贫困农牧民子女转移就业与精准脱贫。2016年以来，市文化局以国家“三区人才培养计划”项目与资金为基础，结合各县传统民族歌舞文化保护实际，启动了“原生态歌舞乐器人才培养计划”，在“十三五”期间，通过以演代训、专题培训等形式，累计培训了贫困农牧民子女超过300名，并实现县乡两级文艺队伍人员培训全覆盖，同时将2020年成立的1094支村级文艺表演队18000多名成员纳入了2020—2025年培训计划。通过培训，让部分艺术天赋较高、缺乏就业技能的农牧民子女较好地掌握文艺演出技巧，为未来在全市317、318等旅游集散地及市县规划的文艺演出场所开展文艺表演创收、吃上文化饭打下基础，实现转移就业与精准脱贫。

（2）完善文化产业扶持项目申报指标要求，引导发挥优质文化企业精准扶贫作用。为进一步引导优质文化企业在发展壮大的同时，促进带动更多的贫困人员就业脱贫，市文化局以文化产业扶持项目资金或优惠政策为抓手，从2015年年底起，明确将“招录一定贫困员工”列入文化企业申请扶持项目或享受优惠政策的前提，在资质审核中采取一票否决制。2016年重点申报的西藏雪源虫草公司的特色文化产品电商平台项目获自治区文化产业发展专项资金扶持。

（3）实施重大文化示范工程，提升文化品牌知名度与文化产品附加值。2015年年底，市文化局启动了重大文化示范工程，以进一步推动企业品牌打造，提升企业市场认知度与美誉度，增加企业产品附加值，带动更多的群众尤其是贫困人员就业致富。该工程包括国家省市县等四级文化产业示范基地（园区）建设工程和“百幅精品唐卡工程”。通过积极申报，目前全市有各级文化产业示范基地（园区）33个，其中自治区级文化产业示范园区1个（康巴文化产业园），自治区级文化产业示范基地9个，县级文化产业示范基地23个，市级文化产业示范基地评选工作正在推进。而“百幅精品唐卡工程”公益性示范项目于2015年启动，已完成试点工作，部分作品成功在2016年的深博会、藏博会、厦博会等国际国内知名展会平台亮相，获得了较好的反响，同时得到了自治区唐卡地方标准调研组的高度赞扬；在此基础上，昌都结合精准扶贫工作，实施了产业扶贫项目“昌都百幅精品唐卡工程”，吸纳和提升了超过 300 名有志于从事唐卡产业的农牧民青少年，为促进贫困农牧民家庭成员通过掌握一门手工技艺，实现转移就业脱贫致富贡献了一定力量。

（4）实施文化项目贫困人员优先招录及以工代训措施，实现部分有条件的贫困人员就业脱贫。近年来，尤其是 2015 年以来，市文化局初步提出了让更多当地贫困人口参与文化项目建设中的计划，并积极实施。目前，通过项目建设，累计雇佣 3000 余人次的建筑工，发放工资 5500 余万元，并帮助成立了数个如“昌都县埃西乡农牧民爱新施工队”等农牧民建筑施工队。同时以国家有关野外文物看管政策为契机，累计招录了 42 名野外文物看管人员，其中 90% 以上为贫困户，每人每月工资 1200 元。

（5）推动文化企业交流，提升全市文化企业产销水平与就业带动能力。通过援藏渠道，与福建省文化企业家协会签订了文化交流合作战略协议，并通过支持全市特色文化企业参加区内外重要的文化产业博览会（如“深圳文博会”“藏博会”“厦博会”）和鼓励文化企业与手工艺人参加区内外的工艺美术等相关大赛或评选（如“自治区造像工艺比赛”“自治区唐卡博览会”“自治区工艺美术大师评选”），有效提升了全市文化企业管理水平、开拓了全市文化企业经营理念与思路，为全市文化企业发展壮大乃至走出去创造了条件。

（6）以产业协同为目标，加速文旅融合，打造全产业链。以“文化 +”的大文化发展思维，大力推动文化与旅游、科技、金融、互联网等行业融合，重点加速文旅协同发展，以全市中长期全域旅游规划和重要旅游潜力点为依托，启动 317、318 沿线重要景区景点、“洒咧”营地、民宿集中点歌舞表演人才培养计划，累计培训储备农牧民表演人才 150 人，投入各类产业资金超过 1.5 亿元差异化支持沿线县（区）建成了 1 个自治区级文化产业园示范区和 5 个区域综合性产业园区、1 个文化电商平台、1 个特色民族手工艺销售市场、2 个文创中心、33 个非遗就业工坊和一批民族手工业生产基地，优化产业布局，促进产业集聚，打通上下产业，推动行业分工，为全市文旅全产业链打造奠定良好基础。

二、创新增收措施

（1）大力支持本地农牧民参与文化（文物）项目建设。据统计，“十三五”以来，支持全市农牧民施工队超过 600 人次参与文化文物项目建设，仅 2020 年，市文化局（市文物局）负责的 4 个新建（复工）文化（文物）项目，共带动 282 人次农牧民增收 282.4 万元。

（2）积极组织开展农牧民手工技艺培训工作，引导和支持文化企业招录农牧民员工和农牧民自主创业。“十三五”以来，依托国家“三区文化人才计划”和援藏渠道，累计支持全市 11 个县（区）文化部门和相关文化扶贫企业实施了包括文化产业经营管理人才培训、文化产业从业人员技艺提升和农牧民手工技艺就业技能培训等在内的各项培训活动 30 余次，惠及人员超过 600 人次。一是结合昌都市“十三五”产业扶贫项目，重点支持实施了 20 多个唐卡、象牙玉、藏香、金属锻造、木刻等在内的民族手工技艺人才培训项目，提升或新培训相关技艺人才 500 余名。二是与福建省文化部门、援藏工作队合作，实施了 2019 年闽昌唐卡漆画人才培训班和 2020 年小组团式援藏项目闽昌唐卡漆画培训项目，培养了近百名唐卡漆画复合型手工技艺人才，创作了 200 多幅作品，并选取相关代表性作品亮相“进博会”“厦博会”等国内重要展览平台，获得媒体广泛关注和游客高度好评。三是选派推荐一批昌都市优秀文化企业经营管理人才参加文化部、西藏自治区、福建省文旅厅等部门组织的文化企业经营管理人才专题培训。

（3）大力支持优秀扶贫文化企业走出去，促进企业做大做强，带动更多就业。做强做大昌都本地文化产业，核心在于打造具有市场竞争力与号召力的特色产品，关键在于打开区外消费市场。“十三五”期间昌都本地优秀文化企业积极参与“海峡文博会”“福建旅博会”“西洽会”“福建 6·18”等国内知名度高、影响力强的展览活动，并在福建、重庆等地举办昌都唐卡专题展，除现场累计成交额超过 800 万元外，还为企业后续带来了一系列客户和订单，同时在昌都城市形象展示以及特色文旅资源推介、产业合作项目洽谈、产品订单签约落地上，都取得了较好效果，有力扩大了昌都文化和特色产品在国内及海上丝绸之路沿线国家知名度和影响力。同时为昌都文化企业提供了了解市场需求、寻求商业合作、开发适销产品、拓宽消费市场的优质平台，为推动昌都文化产业走出去，做大产业产值，带动更多贫困群众就业致富奠定了良好基础。

（4）广泛培养农牧民文艺演出人才，助力乡村旅游文化发展。2020 年，完成全市除整体易地搬迁行政村外的 1094 支行政村文艺演出队组建工作，初步纳入了 18063 名农牧民表演队员。

（5）贯彻落实市委市政府关于政府部门消费扶贫要求，结合市博物馆民族文化民俗展览展示功能业务需求，在保证质量前提下，依照政府采购程序，按市场价从全市扶贫文化企业中定制采购了一批价值 19.6 万元的羌姆舞面具服饰产品，以支持全市扶贫文化企业的发展与壮大；同时，在工会经费职工福利使用上，重点采购了一批本地扶贫目录农牧产品，并号召鼓励文化系统干部职工，在日常物资购买上优先采购本地扶贫产品。

（6）以多种形式支持茶马城文化旅游平台建设。一是支持“卓卓康巴·文旅创客中心”入驻企业承办实施的昌都第二届文创大赛、2020 年文化遗产日、民族手工技艺培训等文化项目，引导支持企业入驻并壮大该创客中心。二是在市博物馆设立了昌都特色文化产品展销窗口，并着手推动昌都市博物馆“文创试点”工作。三是在茶马城举办了多个文体活动，以提升茶马城吸引力，为将茶马城打造成旅游文化打卡网红点打下基础，吸引游客。

三、六项举措推动文化精准扶贫

（一）在精神文化上精准扶贫

扶贫必先扶智，市文化局通过开展文艺演出，下乡采风，开展业务培训、指导等方式，向广大群众深入宣传贯彻习近平总书记系列重要讲话精神，学习宣传贯彻区党委、市委关于扶贫开发工作系列决策部署，通过宣传引导，大力培育和践行社会主义核心价值观，群众思想得到进一步解放，为完成扶贫开发工作任务提供强大的精神动力、智力支持和文化条件。

（二）在公共文化设施建设上精准扶贫

贫困地区地处偏远，交通非常不便，条件相当艰苦。而文化惠民扶贫任务件件都是硬任务。必须做到贫困群众住在哪里，公共文化服务的触角就要延伸到哪里。近年来，市文化局积极争取项目资金，扶持乡（镇）建成标准化综合文化站，并配套建设图书室及电子阅览室；在行政村建起农家书屋和多功能文体广场，并实行村级全覆盖；扶持社区建设综合文化服务中心。目前，全市共有各级各类公共文化设施及文化场所 1800 余处，其中包括昌都市图书馆、博物馆、群艺馆、新华书店、昌都解放广场、茶马广场、澜沧江源头广场、滨江路水上广场以及 11 个县（区）文化活动中心、7 个县民间艺术团排练场所和 138 个乡（镇）综合文化站、1119 所村农家书屋、516 所寺庙书屋等。

（三）在文化产品供给上精准扶贫

文化无形无影，但会在无形中影响人们的客观认知和价值判断，主导社会主流意识。先进的文化引导人们健康积极向上，而落后的文化却让人们愚昧消极没落，危害相当大。全市各级文艺机构和广大文艺工作者自觉肩负起为人民抒写、为民族铸魂的历史重任，努力创造出既有“酥油味”“糌粑味”，又有时代特征、各族群众喜闻乐见的优秀文艺作品，做到守土有责、守土尽责、守土负责，大力开展文化惠民活动，加大优秀文化产品供给，用社会主义的先进文化去占领群众的生活时间和心灵空间。重点实施文化惠民重大工程，组织文化惠民演出、农牧区电影放映、全民阅读和全民健身，开展丰富多彩、积极健康的文体活动，不断满足贫困地区群众精神文化需求。

（四）在增加就业和现金收入上精准扶贫

一是11个县（区）分别选定1个重点乡（镇）1个重点村，吸纳贫困群体（包括孤儿、残疾人等）组建一支20～60人农牧民演出队，在重大节庆日及旅游景区广泛开展演出，政府给予适当补助，切实增加贫困群体现金收入，实现精准扶贫。二是聘请贫困人员为文物野外看管人员，每月工资1200元。三是结合文化、文物有关工程项目，组织困难群体开展劳务合作。

（五）在公共文化服务上精准扶贫

以农家书屋和文体广场建设为抓手，结合前期美丽乡村、乡（镇）综合文化站等建设实际，积极推动基层公共文化服务体系建设，充分了解和尊重贫困群众意愿，丰富和满足他们最基本的文化需求。仅昌都解放广场、茶马广场、澜沧江源头广场、滨江路水上广场，每年市级广场活动参与群众超过30万人次，各县（区）文化广场活动参与群众30余万人。这些广场活动的开展，不仅让群众娱乐了身心，提高了思想素质，而且成了党委政府了解群众的重要窗口、联系群众的重要桥梁、引领群众的重要阵地。

（六）在文化产业上精准扶贫

发展文化产业既是贫困地区转方式调结构的重要抓手，也是带动贫困群众致富奔小康的有效路径。贫困地区群众脱贫致富，根本要靠发展产业、实现就业。通过扶持贫困地区挖掘保护和开发利用红色、民族、民间文化资源，造就“宜工则工、宜商则商、宜游则游”的扶贫局面。“授人以鱼不如授人以渔”，通过非遗传承基地，把贫困群体中具有文化技能（如唐卡、金属锻造等特色民族手工艺产品）的人，逐个发掘出来，培养他们使之能够在文化产业中有所作为，逐个帮助他们解决谋生问题，逐个帮助他们寻求谋生之路，增加收入；扶持贫困村发掘特色，发展乡村文化旅游；依托317、318国道便利条件，组织文化专家帮助贫困村打造有地方特色文化旅游精品村。制定了《昌都市关于加快文化发展的若干意见》《关于加快推进昌都市民族手工业发展的实施意见》。投资1.6亿元，将嘎玛沟文化生态保护示范区、康巴文化产业园建设项目列入国家藏羌彝文化产业走廊建设。

第十八章　市卫生健康委员会

进入脱贫攻坚阶段，昌都市由市卫生健康委员会牵头，先后成立了昌都市健康扶贫领导小组、建档立卡贫困人口医疗保障工作领导小组、巩固提升基本医疗有保障成果工作领导小组，组织领导全市健康扶贫工作。该小组认真贯彻落实国家卫计委《关于实施健康扶贫工程的指导意见》，西藏自治区卫计委、扶贫办《关于推进卫生计生扶贫工作实施方案》文件精神，切实减轻贫困人口看病就医经济负担，以防止和解决“因病致贫、因病返贫”为目标，全面深入地开展健康扶贫工作，提高人民群众健康水平，为坚决打赢脱贫攻坚战提供有力保障。

第一节　工作举措

围绕贫困群众“看得起病、看得好病、看得上病、少生病”为目标，扎实开展“三个一批”行动计划，举全市之力，精准施策，按照疾病病种目录识别“因病致贫、因病返贫”人员，进行分类管理，对全市建档立卡贫困人口进行全面健康体检，建立健康档案，针对健康扶贫的薄弱环节和突出困难，制定具有针对性、可操作性的政策措施，实现贫困人口基本医疗有保障，有效解决了因病致贫返贫问题。

一、及时制定出台医疗卫生脱贫制度

由市卫健委牵头，制定出台《昌都市就医报销制度》《昌都市建档立卡贫困户方便就医的实施意见》《关于各县（区）农牧民群众购买超大额医疗补充保险的实施意见》《关于各县（区）设立贫困家庭重大疾病医疗费用周转基金的实施意见》等医疗卫生脱贫制度。

（一）出台《昌都市就医报销制度》

制度规定：政府补助标准提高到 435 元 /（人・年），农牧区医疗统筹基金报销补偿最高支付限额为每人每年 6 万元的标准。2016 年为农牧民报销医药费用 20538.46 万元，其中大病统筹基金报销 16751.92 万元，门诊家庭账户基金报销 3786.54 万元。

（二）出台《昌都市建档立卡贫困户方便就医的实施意见》

针对农牧民报销医药费用程序烦琐，易导致其他不必要费用（如交通费、住宿费等）的问题，市卫健委在援藏单位的指导下，按照简便手续、方便群众、畅通渠道的原则，在现有县级医疗机构简化报销的基础上，实行市级以上定点医疗机构贫困群众就医报销简化程序，年内实现贫困群众在

市级定点医疗机构住院后的出院即时结算。一是在确定市级农牧区医疗即时结算定点医疗机构中，签订即时结算工作服务协议，明确双方权利、义务和责任等，并向社会公布市级农牧区医疗即时结算定点医疗机构名录。二是明确“贫困群众向医疗机构出具相关证明办理住院手续—医疗机构为贫困群众开通救治绿色通道、免收押金—患者出院时医疗机构及时出具报销所需资料”的即时结算工作流程。三是开展即时结算工作的市级定点医疗机构认定，健全相关工作制度和工作程序，制定专人负责、管理、经办结算工作，在出院手续办理窗口设立农牧区医疗即时结算醒目标识。四是县（区）与市级定点医疗机构签订服务协议，明确定点医疗机构垫付款的结算拨付程序和时限规定。五是各县（区）人民政府根据贫困人口实际情况设立30万～50万元的重大疾病医疗费用周转金，用于因重大疾病在昌都市没有条件救治，需转自治区或区外定点医疗机构救治的贫困群众先借用周转资金，待报销医疗费用后即时返还。

（三）出台《关于各县（区）农牧民群众购买超大额医疗补充保险的实施意见》

积极整合相关资源，按照“以人为本，统筹安排；政府主导，专业运作；责任共担，持续发展”的原则，在基本医疗保障的基础上，建立与昌都市经济社会发展、医疗消费水平、医保基金承受能力相适应的超大额补充医疗保险制度。积极发挥市场机制作用，依托商业保险机构专业优势，进一步提高大病补充医疗保险的运行效率、服务水平和质量。促进基本医疗保险、超大额补充医疗保险与医疗救助的协同互补，切实减轻参保人员医疗费用负担。一是保障对象：各县（区）辖区内参加农牧区医疗管理制度的所有农牧民群众。二是保障范围：参保人员在一个自然年度内发生的住院和门诊、特殊病种大额门诊的医疗费用，在享受基本医疗保险待遇后，个人自付和符合规定的自费费用累计超过大病补充医疗保险起付标准以上部分，由超大额补充医疗保险按规定予以支付。保险期内，每一被保人发生的符合西藏农牧区基本医疗制度规定的合理住院医疗费用，超大额补充医疗商业保险给付起点金额定为13万元，保险公司对13万元以上的费用按照报销比例进行赔付。三是保障水平：超大额补充医疗商业保险最高保险赔付限额为10万元/人。四是资金筹集：每人保费3元，由各县（区）人民政府财政承担。

（四）出台《关于各县（区）设立贫困家庭重大疾病医疗费用周转基金的实施意见》

为了确保贫困人口能更加及时、快捷、方便地看病就医，使贫困人口在暂无前期医疗费用或在就医过程中出现资金困难等情况下，能够病有所医，设立贫困家庭重大疾病医疗费用周转金，用于因患大病需转自治区及区外医疗机构救治的建档立卡贫困人员，切实减轻贫困人口看病就医的经济负担，防止和解决“因病致贫、因病返贫”问题。一是建立医疗周转金管理机构。各县（区）人民政府在县（区）卫生局医管办设立周转金管理办公室，建立专户，用于办理医疗周转金的筹集、预借、支付等业务。二是资金来源：一方面根据建档立卡贫困人数，各县（区）按照50万元、40万元和30万元3个标准筹集资金，另外市政府单独筹集500万元资金，作为治疗儿童先心病、重性精神病、妇女两癌等重特大疾病的救治补充费用。另一方面将社会各类组织和爱心人士的捐赠、医疗周转金的存款利息及其他收益作为资金来源。

二、全面开展农牧民健康体检和义诊工作

瞄准健康扶贫对象，按照“一户一档、一人一卡”的原则，以全市17.0473万贫困人口为数据

基础，安排县乡医务人员以集中体检和入户体检的形式，对全市贫困人口进行健康体检工作，进一步核准贫困人口“因病致贫、因病返贫”基数。2016 年全市共完成“因病致贫、因病返贫”建档立卡 17475 人（大骨节病患者 2947 人，残疾 4015 人）体检工作，根据体检结果对病种进行分类统计，其中：45 类主要病种 5807 人，其他病种 11668 人。各县对建档立卡贫困人口“因病致贫、因病返贫”的病情进行跟踪管理和“一对一”管理，及时掌握治疗情况，形成动态更新数据管理。本年度，市卫健委组织在贫困村开展大型义诊活动累计 8 次，派出医务人员 37 人次，免费诊疗 5700 余人次，发放宣传资料 4000 余份，免费发放药品价值 11 万余元。2017 年，采取流动医院形式，13 名天津援藏专家组成的医疗队赴丁青开展义诊，共诊疗贫困农牧民患者 2145 名，发放免费药品 72 种，共计 5.6 万元，发放各类卫生工作手册 1000 余本。2018 年，市卫健委组织市级多家医疗机构在贫困村开展大型义诊活动累计 3 次，派出医务人员 72 人次，免费诊疗 7845 余人次，免费发放 72 种药品，共计 16.6 万余元，发放宣传资料 5000 余份。

三、着力推进建档立卡贫困群众分类救治

进入脱贫攻坚阶段以来，昌都市共完成 17.05 万建档立卡贫困人口健康体检和疾病筛查工作，筛查出了 1.75 万贫困患者。2016—2020 年，开展“两癌”免费筛查 104 人；对 11 个县（区）42 名儿童开展死亡疾病调查分析。制定《昌都市关于开展结核病防治重点工作检查方案》，开展相关宣传活动 3 次，咨询人数达 150 余人，发放宣传单（册）1280 余份，并在市电视台进行结核病防治的宣传，达到了预期效果。

（一）实施大病救治一批

聚焦全市农牧区建档立卡贫困人口，依据每年开展的健康筛查工作，市卫健委按照自治区卫健委，昌都市委、市政府对健康扶贫工作的安排部署，认真落实建档立卡贫困人口的救治工作。原则上所有疾病在县级或市级医疗机构救治，但对于技术水平或救治条件难以达到的，可转诊至自治区级及以上医疗卫生单位或积极协调专家前往指导救治。

2016 年，昌都市卫健委组织 11 个县（区）卫生系统工作人员对昌都市 17 万建档立卡贫困人口进行了健康体检筛查，体检中共筛查出患病的建档立卡贫困人口为 17475 人，其中患重大疾病 5555 例，全市建档立卡贫困人口发病率为 10.25%。

2017 年，市卫健委紧紧依托各级医疗机构、“组团式”援藏医疗队、三级对口帮扶医院，按照分类救治、集中救治、住院维持治疗等方式实施建档立卡贫困人口大病（先天性心脏病、唇腭裂、白内障、包虫病等）集中救治、重病政策兜底保障工作。全市患病的建档立卡贫困人口累计救治 7000 余人次，实现了对全市 1.75 万名患病建档立卡贫困人口的救治管理工作。

2017 年起选择疾病负担较重、社会影响较大、疗效确切的大病进行集中救治，减轻贫困大病患者费用负担；需要住院维持治疗的，由就近具备能力的医疗机构实施治疗；需要长期治疗和康复的，由基层医疗卫生机构在上级医疗机构指导下实施定期治疗和康复管理。筛查先天性心脏病疑似患儿 103 名，确诊 30 名，在天津对 27 名先天性心脏病患儿进行免费手术治理。市人民医院、洛隆县人民医院深入基层开展贫困家庭白内障手术共 325 例。

2018 年，市卫健委对需要治疗的大病进行分类救治，能一次性治愈的，依靠三级对口支援医院，组织专家集中力量实施治疗。11 个县（区）共筛查唇腭裂患者 259 名，与“微笑明天”慈善基

金会签订合作协议，确立长期合作关系，在昌都开展了为期5天的“2018昌都微笑公益行动”，此次活动共筛查唇腭裂患者168名，专家组为符合手术条件103名贫困家庭的唇腭裂患儿实施了免费整形修复手术。

2019年，按照《昌都市农牧区贫困人口大病专项救治实施方案》，确定定点医院、专家组和收费标准，开展大病集中救治1415人，救治率达100%。印发《昌都市农牧区贫困人口重大病救治专项资金管理办法》，实施重病政策兜底保障一批。建立政府重病救助保障制度，在农牧区医疗制度、大病保险、民政救助的基础上，从财政扶贫资金中安排500万元，设立昌都市贫困农牧民疾病政策救助保障资金，用于保障自付医疗费用超出2000元的患者的兜底，实现贫困农牧民医疗费用“最后一公里”有保障。

（二）实施慢性病签约救治一批

聚焦全市农牧区建档立卡贫困人口，按照自治区卫健委工作要求，加强慢性病签约管理工作。2016年市人民医院眼科专家深入贡觉、洛隆、丁青等县，与当地医院一起开展白内障复明手术510例。2017年建档立卡贫困人口慢病签约8984人。完成11个县（区）55乡（镇）110个村55所小学饮茶氟中毒临床调查、采样、拍片等现场调查工作；完成八宿、左贡等5个县（区）饮水型氟中毒病情现状和改水工程运行情况监测。2017年，昌都市心血管病高危人群早期筛查与综合干预项目成效显著，受到全国表彰。在洛隆县、丁青县、芒康县3个县开展心血管病高危人群早期筛查与综合干预项目，初筛2008人，高危检出人数628人，检出率31%，完成高危干预人数619人。2018年，建档立卡贫困人口慢病签约9317人，建档立卡因病致贫人员患病主要是类风湿性关节炎、高血压、关节病（髋、膝）、肺结核病、肾炎。因病致贫人员累计入院救治5134人次，农牧区医疗制度共报销1099万元。2019年，按照《昌都市建档立卡贫困人口慢病家庭医生签约服务工作方案》《昌都市家庭医生签约服务手册》，指导各县（区）开展慢病家庭医生签约服务管理一批。全市已组建485个家庭医生服务团队，全国健康扶贫动态系统中建档立卡贫困人口慢病患者签约救治管理6708人，救治管理率达100%。

四、持续加强公共卫生工作

市卫健委按照市政府关于“全程接种、查漏补种、重点督导、提高质量”的要求，认真扎实开展预防接种质量年活动，完成14662人大骨节病的普查工作。一是包虫病防治工作成效显著，截至2020年年底，累计完成筛查662985人，筛查率102.2%。符合手术患者为1101人，累计完成手术救治874例（其中建档立卡户119人），自愿手术治疗率100%；适宜药物治疗患者1953人，实际服药患者1823人，（除禁忌患者）自愿药物治疗率100%。二是“六病筛查”工作深入实施，深入贯彻落实“持续开展风湿病、结核病、肝炎筛查救治工作”的决策部署，按照《昌都市结核病等重点疾病筛查防治工作实施方案》，全面开展结核病、肝炎、风湿病（骨关节类疾病）、高血压、糖尿病、阻塞性肺气肿六大严重地方病慢性病的筛查救治工作。三是健康教育工作有效开展，开展宣传活动20次，健康教育讲座17次，制作发放宣传手册23.38万张、海报4950张、“健康教育栏目”光碟88张、健康素养书籍950本、健康工具（控油壶、限盐勺、围腰）1400套。与昌都电视台合作录制播放“健康教育”栏目30期，播放公益广告10期，茶马广场、解放广场、清水广场大屏幕播放急救常识视频和“健康素养66条”文字每5分钟1条，各广场设置健康教育宣传栏每季度一换，公交车播放健康教育视频每 7 分钟一播，建城区各小区制作健康教育宣传电梯广告 30 个，完成 3 条健康步道和健康 1 条街建设。完成昌都市建城区居民健康素养监测工作，建城区居民健康素养水平为 6.2%。健康教育与健康促进工作网络覆盖建城区 61 家单位。

五、着力推进妇幼健康工作

市卫健委按照在贫困地区全面实施免费孕前优生健康检查、农村妇女增补叶酸预防神经管缺陷、农村妇女“两癌”（乳腺癌和宫颈癌）筛查、儿童营养改善、新生儿疾病筛查等项目，推进出生缺陷综合防治，做到及早发现、及早治疗工作要求，制定实施《昌都市健康教育工作实施方案》《昌都市促进妇女儿童健康推动两降一升工作实施方案》，建立孕产妇住院分娩绿色通道和补助政策，广泛开展人口计生政策法规宣传等活动。2017 年孕产妇住院分娩人数为 4742 人，发放补助经费 687.59 万元；完成免费孕前优生健康检查 6725 对夫妇，完成出生缺陷干预项目 968 对夫妇；开展“两癌”免费筛查 104 人。2018 年，全市孕妇住院分娩人数 10140 人，住院分娩率 93.53%，比 2017 年提高了 16.22%。

六、医疗卫生援藏助力脱贫攻坚

（一）“组团式”人才援藏

1. 医疗专家开展医疗救治

2016 年，重庆市先后选派 33 名医疗专家进藏开展医疗“组团式”援助，市委组织部根据每名援藏医疗人才的专业特长，具体专业分工，细化 40 余项工作职责，使每名援藏医疗人才承担 3 ～ 4 项专题工作任务。截至 2020 年年底，累计诊治门急诊和住院病人 5658 余人次，参与各类手术 1050 台次，组织开展院内会诊 352 次，组织疑难死亡病例讨论 190 人次，下乡巡诊 15 次，诊疗 1326 人次。

2016 年，第三军医大学附属重庆大坪医院周林院长一行来昌开展先心病免费筛查救治工作，筛查疑似患儿 85 人，确诊各类心脏病 34 人，确诊先天性心脏病患儿 15 人。向自治区卫生厅申请先心病患儿赴内地手术补助经费 20.8 万元（共 26 名，每名补贴 8000 元）。11 个县（区）共筛查唇腭裂患者 190 名，与“微笑明天”慈善基金会签订合作协议，确立长期合作关系，并接受该基金会捐赠唇腭裂患儿专用挤压奶瓶 200 套，组织来自全国各地的医疗团队、志愿者、爱心人士共 36 人，在昌都开展了为期 5 天的“2016 昌都微笑公益行动”，专家组现场筛查唇腭裂患者 158 名，为符合手术条件的 98 名患者实施了免费整形修复手术。其中，腭裂手术 15 例，唇裂手术 57 例，唇腭裂二次修复 26 例。中山大学中山眼科中心专家一行在市人民医院开展了眼科义诊、眼科培训和白内障免费复明手术等工作，共接诊各类眼科门诊病人 350 例，开展白内障复明手术 106 例，其中白内障手术患者最大年龄 90 岁，最小年龄 5 岁，为昌都市眼病患者送来光明和温暖；重庆市卫计委组织的精神卫生专家组一行 9 人抵昌都开展了为期 8 天的援藏精神卫生防治培训工作，培训 40 余人次；并分组对洛隆、边坝、芒康、左贡、丁青、贡觉 6 个县的疑似精神疾病患者进行筛查、确诊工作，共筛查疑似精神疾病 563 例，确诊 431 例。其中，建档立卡贫困人口重性精神病疑似病例 150 人。

2017 年，重庆、天津、上海等 11 家三级对口帮扶医院，组织 49 名专家进驻昌都市 11 家县

（区）医院精准对接，开展三级医院对口帮扶贫困县医院工作。重庆、天津、福建三省市 51 名专家赴昌都 11 个县（区）68 个村开展包虫病筛查，B 超筛查 14909 人，B 超筛查阳性 213 人，疑似病例 86 人，犬粪采集 1360 份，问卷调查 2597 份。中山大学中山眼科中心专家一行在市人民医院开展了眼科义诊、学生视觉关爱、医学验光、眼科培训和白内障免费复明手术等工作，共接诊各类眼科门诊病人 377 例，开展白内障手术 123 例。

2018 年援藏医疗专家完成疑难病例讨论 86 人次，下乡巡诊 30 余次。2019 年，援藏单位派驻市人民医院人员 21 人开展“组团式”医疗人才援藏工作。市县两级对口援藏、三级医院对口帮扶县级人民医院的 12 家三级医院（含昌都市藏医院）95 名专家赴 11 个县（区）人民医院和贡觉县藏医院开展帮扶工作，开展教学查房 520 次，完成门急诊 4531 人次，参与或指导手术 265 台（含麻醉），会诊 157 次。

2. 医疗专家结对帮教

2016—2017 年，重庆市根据昌都市医疗卫生行业重点学科业务发展需求，结合医院推荐和带教老师考察，每个重点学科按 1 : 2 的比例安排重点培养人员，确定了 32 名受援医院跟师学徒人员，结成帮教对子，实行全程带教。截至 2017 年年底，累计开展医疗专题讲座 102 次，分级护理 440 人次。2018 年援藏医疗专家开展结对帮扶 71 人。2019 年，市县两级对口援藏、三级医院对口帮扶县级人民医院的 12 家三级医院（含昌都市藏医院）95 名专家赴 11 个县（区）人民医院和贡觉县藏医院开展帮扶工作，结对帮带本地医务人员 114 人。

3. 医疗人才培养援助

2016 年选派 2 批共 26 名学科带头人和技术骨干前往重庆市三甲综合医院进修。第一批医疗人才援藏期间投入 285 万元，第二批医疗人才援藏期间投入 67 万元。2018 年援藏接受骨干医师培训 33 人。2019 年，市县两级对口援藏、三级医院对口帮扶县级人民医院的 12 家三级医院（含昌都市藏医院）95 名专家赴 11 个县（区）人民医院和贡觉县藏医院，指导乡（镇）医疗卫生人员教学查房 520 次。

（二）三级医院对口帮扶

根据区卫健委召开的全国三级医院对口帮扶贫困县县级医院工作部署和昌都市全国三级医院对口帮扶县级医院工作部署会议精神，依照《昌都市创建标准化乡（镇）卫生院实施方案》《昌都市创建标准化乡（镇）卫生院考评细则》，对昌都市的三级医院对口帮扶工作进行了安排部署。2017 年，重庆、天津、上海等 11 家三级对口帮扶医院，与昌都市 11 个县（区）医院签订了《对口帮扶协议》，在医院管理、人员培训、技术帮扶和人才传帮带方面发挥了积极作用。重庆市第二批 18 名专家指导并全力帮助市人民医院成功创建“三级乙等”综合医院。2018 年，将援藏资金三分之一用于改善和提升卫生基础设施建设。按照市级医院创三甲、县级创二甲、乡（镇）卫生院标准化、村级提质改造工作总要求，大力发展卫生事业，为健康扶贫打基础。2017—2018 年，援藏资金共投资 10.87 亿元建设市人民医院、市藏医院、11 个县（区）人民医院，7 个县藏医院和 118 个乡（镇）卫生院。市人民医院已完成三甲创建工作；丁青、洛隆、江达 3 县人民医院已完成二甲医院创建工作（全区现有二甲医院 8 家，昌都市二甲医院占 37.5%）；贡觉等 5 家藏医院已完成县级藏医院等级评审；2018 年完成 118 个乡（镇）卫生院标准化建设任务。全市 1119 个行政村都已按照“一村、一室、两医”要求配套完成村卫生室；268 个易地扶贫搬迁安置点“十项提升工程”中，使用原村委会配套村卫生室 186 个，依托村级组织活动场所配套村卫生室 82 个。2019 年，在市县两级大力协调下，达成了无锡市妇幼保健院援助昌都市妇幼保健院、空军总医院特色医学中心援助左贡县人民医院、福州市中医院援助八宿县藏医院、解放军总医院第五医学中心援助丁青县人民医院等援藏协议，有力提升了受援医院医疗服务能力和医院管理水平，实现了全市医疗卫生援藏全覆盖。

第二节　工作亮点

坚持把人民健康放在优先发展的战略地位，以普及健康生活、优化健康服务、完善健康保障、建设健康环境、发展健康产业为重点，坚持问题导向，紧盯群众需求，抓紧补齐短板，围绕“三不出、双下降、一提升”目标，加快推进健康昌都建设。2016 年以来，昌都市以确保农村贫困人口“看得起病、看得上病、看得好病”为目标，以提高保障水平、提高服务能力、提高健康水平为重点，围绕健康扶贫工作重点任务，坚持精准识别、精准救治、精准管理，实施“三大举措”，补齐“三大短板”，创新“两大服务”，总结“四条经验”，有效解决了贫困群众“因病致贫、因病返贫”问题，为坚定不移地走中国特色社会主义医疗救助事业之路凝聚了可靠力量。

一、实施“三大举措”解民忧

（一）设立农牧民疾病救助基金

从财政资金中安排 500 万元，按照“总量不低于 500 万元，用多少、补多少”的原则，设立昌都市贫困农牧民疾病救助基金，对贫困患者合规医疗费用在农牧区合作医疗（封顶线 6 万）、大病保险（封顶线 7 万）、民政医疗救助（封顶线 6 万）报销后，对超出 2000 元人民币的自付部分进行救助，为加强管理，制定《昌都市农牧区贫困人口疾病救助实施办法（暂行）》，确保了贫困农牧民医疗费用“最后一公里”有保障。

（二）不断完善方便就医报销制度

制定出台《昌都市建档立卡贫困户方便就医实施意见》，扩大县域内“一站式”服务政策覆盖面到市域内，将市人民医院、市藏医院、市妇幼保健院、民安医院及协和医院 5 家医疗机构纳入建档立卡贫困人口医疗服务定点医院，签订《昌都市建档立卡贫困户方便就医定点医院协议》，5 家定点医院对建档立卡贫困患者在市域内就医开通“绿色通道”，实行“先诊疗、后付费”就医程序，住院治疗免交押金，合规报销的住院费用由定点医院与各县（区）医管办按月或季度结算，患者出院只需交付自付部分。制定《昌都市农牧区群众报销“一站式”“一单制”服务实施方案》，建立统一的农牧区患者“一站式”“一单制”窗口服务管理，实行农牧区窗口结算服务一次性告知制度，做到了贫困农牧区群众费用报销最多跑一次，解决了贫困群众医疗费用报销程序烦琐、报销时限长的顽疾，报销程序简化了，服务更加周到了，贫困群众更加方便了，贫困群众满意度、获得感又提高了，党和政府的光辉形象也更加鲜明了，离“人民群众对美好生活的向往就是我们的奋斗目标”的庄严承诺也更加近了。

（三）设立医疗卫生保障资金

昌都市全面落实贫困人口农牧区医疗制度个人缴费部分由政府代缴、贫困人口住院费用在各级定点医疗机构平均提高5%等制度，财政专项列支500万元用于贫困群众疾病救助，各项资金使用遵循“以收定支、收支平衡、略有结余”的原则，按照“精准使用、严格把关、提高实效、方便群众”的工作要求，出台建档立卡贫困群众医疗救助资金实施办法，建立资金管理使用台账，确定对经民政部门救助后贫困患者医疗费用自付部分超出5000元的给予救助，对救助范围、申报程序等作出详细说明，确保了贫困群众医疗救助资金用到实处，真正发挥“救命钱”的效益。截至2020年年底，全市共有512人享受救助政策，共兑现救助资金227.59万元。

二、补齐“三大短板”助脱贫

（一）坚持加大卫生基础设施建设，优化医疗服务体系

“十三五”期间，昌都市明确卫生事业发展思路，优化卫生医疗资源配置布局，申报卫生基础设施建设项目。在国家投资只有6.8亿元的窘况下，市委、市政府决心“十三五”期间一定治好卫生“软骨病”，大力协调援藏省市，争取援藏资金，将援藏资金的三分之一用于卫生基础设施建设，建设符合现代医疗水平的医疗服务体系。2016—2020年，全市共整合资金20.34亿元，成功完成市人民医院、市藏医院、市疾控中心、市中心血站、11个县（区）人民医院、11个县（区）疾控中心、9个县（区）藏医院改扩建任务，成功建成标准化乡（镇）卫生院85个，成功配套“一村、一室、两医”村卫生室1119个，以此确保了贫困群众“有地方看病”。

（二）坚持加强人员培养培训，壮大卫生人才队伍

截至2020年年底，通过人才引进、农村订单定向分配、非西藏生源定向分配和公开考录共补充卫生人才630人，实施住院医师规培、助理全科医生培训、全科医生转岗培训等培养卫生专业人员285人，市委、市政府加大投入为基层医疗机构解决了300个卫生公益性岗位。通过以上措施，壮大了昌都市贫困地区医疗卫生人才队伍，提高了医疗服务能力和服务水平。截至2020年年底，每个县医院每个专业科室至少有1名合格的执业医师或助理医师，每个乡（镇）卫生院有1名合格的执业（助理）医师或全科医生，每个村卫生室有1～2名合格的乡村医生，确保了贫困群众“有医生看病”。

（三）坚持提高医疗服务能力，提升医疗服务水平

充分发挥援藏优势，助力健康扶贫，成功使市人民医院创建完成三级甲等医院，5家县级人民医院成功创建完成二级甲等医院。2016—2020年，内地11个三级医院对口帮扶11个县（区），共健全完善了帮扶医院核心管理制度1165项，重点培养了紧缺型、实用型人才148人，邀请区外专家开展学术交流23场次，帮助新建或规范科室75个，开展新项目新技术84项，开展疑难重症和死亡病例讨论261人次，完成门急诊1.5万人次，参与或指导手术651台（含麻醉），共免费救治先天性心脏病贫困患儿83例，唇腭裂贫困患儿254例，白内障贫困患者1222例。2016—2020年，昌都市人民医院以医疗组团式援藏为契机，培训本地医务人员1.68万人次，帮助完善医院管理制度867项，获批8个市级重点学科，开展新技术161项，成为西部儿科发展联盟等11个专科联盟成员

单位，通过培训，43名本地医生能熟练掌握本专业1～2项核心技术。以此确保了贫困群众“看得好病”。

三、创新“两项服务”解民难

（一）坚持服务延伸到群众身边

坚持“群众到哪里，医疗服务就延伸到哪里”的服务理念，将开展基层巡回诊疗、提升医疗服务保障能力作为落实中央脱贫攻坚专项巡视整改的实际行动，于2020年5月份印发《在基层开展巡回诊疗，提升医疗服务保障能力实施方案》，下沉优质医疗资源，从市人民医院、藏医院、妇幼保健院、疾控中心选派精兵强将，联合基层医院医师力量，组建基层巡回诊疗团队，依托健康体检筛查疾病，到群众家门口提供就诊服务、就诊指导，宣传疾病预防、健康素养等知识，基层巡回诊疗团队经常到群众家门口开展基层常见病、多发病的诊治，充分发挥了“健康守门人”作用。尤其在虫草采挖期间，昌都市各县将基层巡回诊疗活动延伸到虫草采挖区，转“被动服务”为“主动服务”，由各县卫健委牵头组织县人民医院、县藏医院、县疾控中心和部分乡（镇）卫生院医护人员及助产骨干医生，利用市卫健委配备的“车载流动医院”和乡（镇）卫生院业务用车在虫草采挖区域为群众提供医疗服务、开展住院分娩、义诊及健康宣教等。虫草采挖期间，各县（区）共在虫草采挖点成功接生了18余名“虫草小天使”，提供疾病诊疗人次达300余人，开展健康知识讲座20余场次，发放健康宣传资料3500余份。昌都市各县（区）扎实开展“基层巡回诊疗”活动，得到当地农牧民群众的一致好评，农牧区群众深切感受到了党和政府的关心和关怀。

（二）坚持服务效益最大化

昌都市深入推进医疗体制改革，投入9009万元，实施昌都全民健康信息化项目。芒康县率先启用建设健康信息平台，为参加农牧区医疗制度的农牧区群众办理了个人就诊卡和家庭账户卡，为群众和医院都带来了明显变化。首先，群众看病就诊等候时间缩短了。以往群众在县域内就诊时全过程都是人工操作，患者挂号要等、缴费要等、取药还要等，现在群众看病使用个人就诊卡后，挂号直接读取就诊卡信息，医生依据就诊信息开出处方，病房即时收到取药通知，费用自动结算，仅这三个环节就为患者节省近20分钟时间。其次，报销不用再跑县上了。节省群众看病就诊等候时间只是健康信息化平台建设启用以来带来的明显变化之一，更加明显的变化还体现在就医后医疗费用报销的便捷上。以往群众医疗费用报销必须到县（区）卫生医疗部门，排队递交报销材料，且单据、费用都需要人工核算，往往需要一周时间患者才能报销到账。而现在，芒康县16个乡（镇）便民服务大厅有了健康信息化平台，参保群众就医后可直接在乡（镇）刷卡报销，最快当日就可以将医疗费用打到报销群众的银行账户。再次，利用数据管理科学了。健康信息化平台启动后，通过平台数据运用，指导卫生部门以“群众就诊多的疾病就是今后疾病预防控制的重点，患者转诊多的疾病就是今后医疗能力提升的重点”为发展方向。截至2020年年底，芒康县健康信息化平台已储存了10多万条门诊数据和1万多条住院数据，通过这些数据，可以准确分析出各个地区疾病谱情况，对疾病谱再次进行运用，有效推进分级诊疗的实施，也为群众生命周期建立了动态的电子健康档案，群众可以随时查看自己的健康状况，逐渐为群众树立“本人是自己健康第一责任人”理念。

第十九章　市旅游发展局

进入脱贫攻坚阶段，昌都市由市旅游发展局牵头，成立了由局主要领导任组长和副组长、局其他领导班子成员和各科室负责人为成员的脱贫攻坚领导小组。该小组立足昌都旅游发展实际，充分发挥旅游作为朝阳产业、绿色产业优势，坚持“旅游 +”“+ 旅游”发展战略，主动担当、科学施策、精准对接、注重实效，不断增强贫困群众内生发展动力，通过拉动消费、促进就业，帮助一大批贫困户实现脱贫致富增收。

第一节　工作举措

在市委、市政府的坚强领导下，在自治区旅发厅的大力支持下，在脱贫攻坚指挥部的安排部署下，昌都市坚持把旅游业作为全市支柱型产业来打造，立足全市旅游发展实际，以创建“国家全域旅游示范区城市”为抓手，抢抓机遇、开拓创新、综合施策、主动作为，狠抓旅游基础配套设施建设和旅游产业项目建设，严格落实政策资金，在旅游扶贫培训和旅游特色产品开发促销等方面出实招、见实效，稳步推进旅游扶贫纵深发展，有效发挥了旅游产业富民兴民优势，切切实实让贫困群众吃上了“旅游饭”，让旅游产业成为全市产业扶贫的助推器，惠及千家万户。

一、强化旅游产业项目建设，积极补齐旅游扶贫基础设施短板

以项目建设为抓手，在旅游扶贫“硬件”上下大功夫，不断推动全市旅游扶贫基础设施建设提质增效。2016 年以来，全市累计实施旅游产业项目 64 个，总投资 85151.31 万元。在各方面的共同努力下，截至 2020 年年底已完成全部投资 49724.08 万元。同时在全市 10 个县（区），建成并投入使用项目 43 个，进一步完善了景区景点观景台、旅游接待服务中心（站）、旅游集散中心、特色商品销售中心、自驾营地、藏（农）家乐、家庭旅馆、洗车场等基础设施，成功打造了旅游风情街、红色遗址公园、游览娱乐项目、赛马场、洒咧营地等特色旅游产品。昌都市旅游发展局加大汇报跑办力度，先后争取旅游重点项目 28 个，总投资 32953 万元。通过一大批项目的实施，累计带动脱贫群众 4475 人，受益群众达 15000 余人。

二、强化旅游资源开发，大力发展乡村旅游

立足全市独特的旅游文化资源优势，依托国道 G317、G318、G214 沿线重点旅游景区（点）和得天独厚的山水环境、优越的地理位置、便利的交通，因地制宜，主打“生态牌”，念好“山水

经”，多措并举助力群众增收脱贫。重点开发以壮大村集体经济为根本，以“能人带动”为抓手，以带动群众脱贫致富为目的，以“洒咧”营地为代表的乡村旅游。通过景区带村模式，直接带动了当地村民参与项目建设获取劳务收入，全村建档立卡户均优先纳入乡村旅游用工范围；同时还促进了当地牛奶、酸奶等农畜产品的销售，为群众带来可较为可观的现金收入；乡村旅游的经营发展带动周边群众积极参与餐饮、洗车等旅游服务，进一步拓宽了群众增收渠道。2016 年以来，全市已建成“洒咧”营地 40 余个，每年直接带动 4000 余名群众增收，人均创收 0.5 万余元；农牧民家庭旅馆 513 家，直接从业人员达 1020 余人，年均增收 2 万余元。2020 年全市乡村旅游接待游客 49 余万人次，实现旅游收入 5800 余万元；旅游业带动农牧民转移就业 9500 余人，实现增收 3800 余万元，旅游带动就业增收作用发挥明显（表 4–3）。

表 4–3　昌都市旅游发展局带动脱贫人数基本情况（2016—2020 年）

市（地）名称	2016 年		2017 年		2018 年		2019 年		2020 年		2016—2020 年合计	
	直接或间接带动脱贫情况		直接或间接带动脱贫情况		直接或间接带动脱贫情况		直接或间接带动脱贫情况		持续巩固带动脱贫情况		直接或间接带动脱贫情况	
	户数（户）	人数（人）	户数（户）	人数（人）	户数（户）	人数（人）	户数（户）	人数（人）	户数（户）	人数（人）	户数（户）	人数（人）
昌都市	253	853	438	1865	593	2290	474	4165	77	279	1835	9452

三、强化宣传推介，积极创新旅游产品

组织参加各类旅游推介会，举办系列旅游专题活动，为旅游扶贫产品搭建良好的宣传推介和销售平台，努力在提升旅游扶贫“软件”上有作为，不断拓展旅游产业链，提升农畜土特产产品附加值。2016 年以来，每年都组织参加了援藏省市举办的国内各类博览会、贸易洽谈会以及专题巡回推介会等各类旅游推介活动 50 余场次；先后成功举办了然乌来古旅游峰会、卓卓康巴文化旅游月、横断山脉旅游峰会等旅游活动；积极参与了巅峰梦想围棋汽车拉力赛、CCTV 发现之旅康巴风情穿越之旅、藏川滇青交界地市（州）长联席会议、澜沧江—湄公河旅游城市合作工作会议等旅游合作活动；通过航空广告、电视台、旅游杂志等平台宣传推介昌都旅游资源和旅游线路，不断提升“传奇昌都·卓卓康巴”旅游知名度和美誉度。以蓝天圣洁产业为基础，精选高原农牧产品、高原土特产及特色工艺品，大力实施“旅游 +”“+ 旅游”的旅游产品开发模式，充分利用好旅游部门官方网站、新浪官方微博、官方微信公众号、抖音短视频账号等媒体平台，在产品研发、认证、包装、销售等方面予以大力宣传扶持，助力扶贫企业出售扶贫产品。同时始终坚持“绿水青山就是金山银山，冰天雪地也是金山银山”的绿色环保发展理念，积极打造昌都旅游环线，着力打造“7（317 国道）进 8（318 国道）出”和（“8 进 7 出”）的昌都旅游新格局，推动贫困县（区）相关景区和旅游线路的推广，辐射带动当地群众发展旅游业，想方设法促进群众增收脱贫。

四、强化定点帮扶工作，持续开展结对帮扶

2016 年以来，每年都由局班子成员带队，组织干部职工到定点扶贫联系点（八宿县然乌镇然乌村、瓦巴村、阿日村、雅则村）开展结对帮扶工作，坚持结对帮扶“六个一”工作方法，既授人

以鱼，更授人以渔，在深入了解贫困户家庭基本情况的基础上，开展扶智、扶志、旅游项目实施等帮扶措施。争取国家投资998万元实施了瓦巴旅游景区基础设施建设项目；先后组织该村20户80余名贫困户开展了旅游服务技能培训；协调然乌自驾营地项目建设方吸纳当地群众务工，共计收入1600余万元，受益群众共133户（其中建档立卡户26户），户均收入12000余元；协调然乌国际自驾营地建立了建档立卡户增收分红基金，已累计达134.7万元，直接惠及85余户贫困群众；协调然乌镇旅游企业积极提供就业技能培训、文化素质培训、企业经营素养培训等30余次，通过游客服务、安保、保洁等岗位，累计解决160余人次的就业，人均月工资达到3400元；加强感恩教育，开展感恩教育12次。同时，每年为36户贫困户缴纳入户生活费20000余元，送去生活物资等折合15000余元，帮扶工作成效明显。

五、强化援藏优势，不断拓宽旅游扶贫渠道

充分把握好重庆、天津、福建对口援昌省市对昌都市旅游事业发展的援助机遇，始终坚持把援藏资金向民生倾斜、向基层倾斜、向扶贫倾斜。通过旅游服务培训引入内地先进扶贫理念，加大投资改善昌都旅游基础设施，协调组织参加推介活动，搭建昌都市特色农产品宣传、展示、推广、销售综合服务平台，出台优惠政策引客入昌等有效手段，提高昌都旅游核心竞争力，构建旅游扶贫新格局，有力弥补了昌都旅游脱贫攻坚工作的短板，为昌都市巩固脱贫攻坚成果、夺取脱贫攻坚战全面胜利注入强大动力。2016年以来，先后选派各类援藏人才11人在昌都市县旅游部门任职交流，出台引客入昌奖励政策，吸引游客150余万人次，投入3.17亿元援助实施重大旅游项目5个，协助培训各类旅游人才110余人次，协助开展各类重大旅游宣传推介活动15场次，组织开展各类民间交往交流活动10场次。

第二节　工作亮点

旅游是发展经济、增加就业的重要途径和有效手段，也是提高人民生活水平的重要产业。2016年以来，结合全市积极推进全域旅游发展的大好时机，依托自然资源优势，强化旅游资源开发，积极培育全域旅游新业态，大力发展“旅游＋扶贫”的产业模式，不断促进旅游业向产业经济转变，助力脱贫攻坚。

一、持续抓好全域空间构筑，补齐脱贫短板

结合全市旅游扶贫工作实际，以“全域旅游示范区”城市创建为抓手，把整个市域作为功能完整的旅游目的地进行整体规划布局和统筹管理，推动资源优化、空间有序，实施景点景区内外一体化。把区域内产业、文化等资源整合起来，带动旅游质量改善，为贫困群众就地就近参与旅游服务提供便利。积极完善旅游产业发展规划，编制《昌都市“十三五”期间旅游产业精准扶贫规划暨特色乡村旅游规划》《昌都市“十三五”旅游产业精准扶贫规划（2018—2020）》等各类规划总计10余个，明确了旅游扶贫的工作原则及目标任务。并以项目建设为抓手，积极补齐旅游扶贫基础设施

短板，不断推动全市旅游扶贫基础设施建设提质增效。2016 年以来，昌都市旅游发展局经过不懈努力，先后争取项目 28 个，投资达到 3.2953 亿元，是“十二五”时期的 5 倍，项目的建成并投入使用，进一步完善了 11 个县（区）景区景点观景台、景区导览标识系统，以及景区景点和国省干道旅游厕所以及旅游接待咨询（集散）服务中心等公共服务设施。项目施工过程中，吸纳当地农牧民工人数达到工程总用工量的 30% 以上，累计直接和间接带动 9400 余名群众增收，人均增收 3500 余元。

二、持续抓好全域产品构建，拓宽“脱贫路”

大力推进昌都茶马城、芒康古盐田、然乌·来古冰川、江达岗托红色旅游景区、国省道旅游风景线等景区景点开发建设与品质提升，坚持宜游则游，不断拓宽群众增收渠道，带动群众脱贫致富。其中，八宿县然乌镇瓦巴村，依托境内然乌湖和来古冰川，通过招商引资的方式，引进社会资本和专业公司，以“公司＋农户”的模式，在然乌镇瓦巴村实施了西藏然乌房车·自驾露营营地建设项目。项目建设过程中，然乌村、瓦巴村群众通过务工、砂石运输、提供机械等方式累计收入 1600 余万元，受益群众共 133 户（其中建档立卡户 26 户），户均收入 12000 余元。营地投产运营后，积极提供就业技能培训、文化素质培训、企业经营素养培训等 30 余次，通过开发游客服务、安保、保洁等岗位，累计解决 160 余人次的就业，人均工资 3400 元。通过营地的农副产品体验店销售然乌特色牦牛酸奶、然乌特色菌类餐食等周边特色农副产品，直接或间接带动然乌镇及周边地区群众增收约 20 万元。同时，建立了建档立卡户增收分红基金，分红基金已累计达 134.7 万元，直接惠及 85 余户贫困群众。公司主动承担社会责任，向来古村、雅则村捐赠电视机 35 台，进一步充实群众娱乐生活；通过设立助学基金、先后 2 次向然乌小学捐赠价值 2 万元的学习物品等方式，改善当地教学条件，为贫困学生铸就“希望”。

三、持续抓好全域产业联动，激发脱贫内生动力

树立旅游全产业链发展思维，大力推进“旅游＋”，加快旅游同康养、农业、文化、体育等融合发展。坚持市场导向，围绕市场需求，坚持市场运营，注重特色差异，积极打造“洒咧”营地项目，满足多层次、多元化的旅游体验消费需求，推动旅游业从量的增长向质的提升转变，解决贫困群众就业难题。其中，“洒咧”营地作为江达县旅游分红支柱产业，营地年分红 57 万余元，惠及建档立卡户 210 户 1050 人；朱古拉山“洒咧”营地作为卡若区旅游扶贫亮点产业项目，营地年年底可分红 15 万元，直接带动俄洛镇朱古村精准扶贫户 7 户 25 人增收，年人均收入达 3500 余元；察雅县吉塘镇吉塘社区 21 户建档立卡贫困户通过吉塘“洒咧”营地年分红 4.977 万元，户均增收 2300 余元。旅游业的发展为群众带来了较为可观的现金收入，旅游发展的红利，激发了群众参与发展旅游业实现脱贫增收的积极性。全市各级旅游行政管理部门积极组织乡村旅游从业人员开展旅游服务实用技能培训，年培训农牧民群众 200 人以上，进一步巩固提升了群众致富能力，一大批的农牧民群众，思想观念发生极大转变，开始依托旅游资源致富，进一步坚定了农牧民群众“跟党走、感党恩”的决心，坚定了自力更生脱贫致富奔小康的信心。

四、持续抓好全域服务提升，强化培训转移就业工作

把农牧民群众培训和转移就业工作作为脱贫攻坚的一项重要举措、农牧民增收的最大潜力和增长点、实现精准脱贫的民生工程来抓。充分利用现有旅游资源，加大与辖区内涉旅企业的协调沟通，通过景区景点、宾馆饭店、家庭旅馆和旅游产品加工等涉旅企业解决就业岗位，通过旅游项目建设带动就业、生态岗位安置就业等方式，努力为群众提供就业岗位，积极引导农牧民群众参与旅游经营服务增收。同时将扶贫与扶志扶智相结合，加大旅游从业人员培训力度，不断提升旅游接待服务水平，重点针对贫困群众开展乡村旅游服务、旅游景区讲解等实用技能培训，帮助群众掌握专业的服务知识和技巧，不断提高就业能力和岗位适应能力。2016 年以来，市旅游发展局先后组织举办了旅游精准扶贫培训、乡村旅游服务实用技能培训等专题培训班 11 次，累计培训农牧民群众 1000 余人，累计转移农牧民就业 36500 余人次，实现转移就业收入 18200 余万元。

五、持续抓好全域品牌培育，强力推进旅游扶贫品牌化

在自治区“畅游新西藏·守护第三极”品牌统领下，昌都市依托良好的旅游区位条件、丰富的旅游资源，咬定“产业围绕旅游转、产品围绕旅游造、结构围绕旅游调、功能围绕旅游配、民生围绕旅游兴”的旅游产业发展思路，从短期决胜脱贫攻坚、长期引领乡村振兴的重要发力点，把蓝天圣洁高原农牧产品、高原土特产及特色手工艺品等扶贫产品与“传奇昌都·卓卓康巴”旅游品牌统领起来，实施“旅游 +”“+ 旅游”的旅游产品扶贫开发模式，在产品研发、认证、包装、销售等方面予以大力宣传推介，着力打造“传奇昌都·卓卓康巴”旅游扶贫品牌，将扶贫产品品牌化，为贫困群众带来溢价收入、增加就业岗位，引领扶贫产业转型升级，达到“授人以鱼，不如授人以渔”“扶贫先扶智”的目标。目前，江达“雪岩泉”矿泉水、芒康“达美拥”葡萄酒、贡觉石锅、丁青象牙玉工艺品、江达波罗木刻、类乌齐牦牛肉、贡觉阿旺绵羊肉产品等一批特色农牧业旅游产品已初具规模，产品知名度和美誉度得到了极大地提升，在促进群众增收、巩固脱贫成果中发挥着越来越重要的作用。

第二十章 市林业和草原局

进入脱贫攻坚阶段，昌都市由市林业和草原局牵头，成立了由党组书记任组长，党组副书记、局长任常务副组长，局领导任副组长，各科室主要成员参与的生态补偿脱贫领导小组。该小组始终坚持绿色发展，走“两个可持续”道路，紧紧围绕“生态补偿脱贫一批”目标任务，以增加贫困群众收入为根本出发点和落脚点，以创新工作机制为保障，进一步加强组织领导、强化项目衔接、细化工作措施、落实工作责任，结合昌都林业行业特色，依靠生态补偿脱贫岗位补助资金、林补草奖惠农资金、林业产业建设和林业草原项目建设，全力推进生态扶贫工作扎实有效开展。

第一节 工作举措

新时代脱贫攻坚战打响以来，昌都市林业和草原局作为“生态补偿一批”的牵头单位，始终坚持扶贫开发与生态保护并重，以正确处理“十三对关系”为工作方法，按照“保护优先、积极建设”的总体思路，围绕“生态补偿脱贫一批”的任务目标，大力发展生态产业、创新生态扶贫方式，在生态建设中促进增收，在绿色发展中消除贫困，在生态保护中改善民生，实现了扶贫开发与生态保护相协调、脱贫致富与可持续发展相促进，脱贫攻坚与绿色发展统筹推进，生态扶贫成效显著，生态环境状况不断改善，生态屏障功能逐步增强，生态富民成效日益凸显，为构建藏东生态安全屏障、推进生态文明建设、实现经济社会可持续发展提供了有力保障。

一、精准选聘生态补偿脱贫政策性岗位

严格按照自治区相关规定及岗位对象不得从村两委、村务监督员、村医、村兽医、科技特派员、全日制在校生、长期在外以及1年以上在企事业单位务工人员等中遴选的具体要求，精准遴选16～65周岁、具有劳动能力（残疾一二级除外）、拥有当地户籍且常住本地的建档立卡贫困人口、建档立卡外农村低保人口和非建档立卡农村低收入农牧民20万余人，累计兑现生态岗位补助资金30.86亿元（其中：2016年落实139163人生态岗位补助资金4.17亿元，人均年增收3000元；2017年落实176714人生态岗位补助资金5.3亿元，人均年增收3000元；2018年落实206704人生态岗位补助资金7.23亿元，人均年增收3500元；2019年落实204000人生态岗位补助资金7.14亿元，人均增收3500元，2020年落实200226人生态岗位补助资金7.01亿元，人均增收3500元）。并依据林地、草地、水生态、农村公路、旅游厕所、地质灾害点、环境卫生及易地搬迁等实际情况，按照就地就近就便的原则，合理设置相对应的具体生态岗位，避免出现“岗不对责”的情况。

（一）建立健全招收管理机制

科学规划编制了《昌都市深度贫困地区生态补偿脱贫攻坚规划（2016—2020 年）》，明确了“十三五”期间全市生态补偿脱贫工作任务和目标。制定下发《昌都市生态保护政策性岗位管理办法（试行）》（包含护林员、草监员等各类生态岗位人员管理办法），明确了各级各部门生态岗位必备资料清单，制作了管护合同、出勤日志、考核登记表、资金兑现台账等相关资料模板。明确生态岗位人员招收年龄，明令禁止不能享受生态岗位的各类人员，划分各级各部门责任权利，指出各行业生态岗位人员职责和岗位人员每月最少 5 次履职出勤的标准。建立本人申请—村级审核—乡（镇）复查—乡（镇）审批—统一公示的招收程序，尽可能地确保招收符合岗位安排条件的贫困群众，避免了政策执行出现偏差。

（二）强化岗位人员教育管理

认真总结生态保护岗位人员的管理经验，以老护林员和双联户户长带队岗位人员参与履职，打破了以往的队伍建设模式，建立了市、县、乡、村、组五级管理体系。各乡（镇）、村居、小组根据不同区域每个岗位实际任务，岗位人员在做好本职岗位工作的同时，酌情对七大岗位实行交叉履职，如水管任务较轻的区域，水管员要同时履行任务较重的岗位，充分发挥生态岗位作用，全方位实现“定岗定责”，确保了生态岗位人员人人有事做、人人有责任。江达县生态岗位人员在履行岗位责任和义务即每个月至少达到 5 次出勤履职的标准上，要求每月还有 2 次维稳出勤。

（三）优化岗位人员调整选聘

建立半年考核一次的机制，每半年对岗位人员出勤履职考核一次，对不符合岗位条件或出勤达不到考核标准的人员及时动态调整，对各级各类巡视巡查发现的不符合岗位条件人员，坚决予以清退并收回岗位资金。依据各县（区）生态岗位安排落实情况及岗位人员出勤履职情况，调整优化七个行业部门生态岗位设置总数并上报，确保生态岗位设置合理。左贡县建立生态岗位与森林生态效益管护岗位动态调整机制，将部分建档立卡户的生态岗位调整为第六批管护人员，人均管护标准 7200 元 / 年，保证了每一户建档立卡贫困户至少有一人担任森林生态效益管护岗位，稳定地增加了建档立卡贫困户收入，有效防止了此部分群众返贫。

（四）统筹安排特殊群众岗位

三岩片区整体跨地市易地搬迁是自治区党委、政府的一项重大决策部署，为积极响应搬迁群众“搬得出、稳得住、能致富”的政策要求，确保搬迁贫困群众按照“四个不摘”和保持政策稳定性、连续性的要求，能够继续在迁入地享受生态岗位政策。经多次摸底核实搬迁群众收入水平及担任岗位意愿，并积极与拉萨、林芝、山南等迁入地市沟通衔接后，全部按照截至 2020 年 1 月已搬迁群众（包括 2019 年转接的 1877 人）为节点进行转接，共转接生态岗位 3069 人，其中：转接至拉萨市 1659 人、林芝市 1300 人、山南市 110 人。同时，统筹考虑边缘监测户、劝（接）返人员以及受疫情影响致使收入水平迅速递减的人员，积极组织县（区）、乡（镇）、村（居）摸底排查，统筹解决有意愿且符合岗位选聘条件人员 2000 余人。

二、狠抓林业产业建设

为有效带动群众脱贫致富，拓宽群众增收渠道，按照自治区“不离乡不离土、能干会干”的相关要求，根据《关于进一步做好扶贫苗圃和经济林产业建设助力打赢深度贫困地区脱贫攻坚战的通知》精神，结合昌都市产业扶贫相关决策部署，把林业产业建设作为脱贫攻坚重要抓手，昌都市提前谋划部署，采取“公司＋基地＋农户”的发展模式，统筹安排经济林和苗圃建设规模，于2018年起大力发展经济林建设和林业扶贫苗圃等特色林业产业。

（一）大力发展经济林产业建设

激发群众内生动力，推动生态环境改善，提升经济林在全市经济社会发展中的贡献率，2018—2020年完成投资24487.3万元，种植苹果、梨、核桃、康巴蜜橘、山杏、桑树、构树等特色经济林34981.96亩，带动13389户44750名当地群众增加经济收入4680.58万元（包括带动建档立卡户4222户20069人，受益资金2177.88万元，人均增收1080元）。其中实施林业产业支持退耕还林项目建设，完成经济林建设12624.1亩，完成投资8836.86万元，受益总户数将达943户，建档立卡户238户，受益总人数6034人，建档立卡人数1207人。作为全市地理条件与气候条件最适宜经济林发展的县之一，在察雅县开展杂交构树种植基地建设，培育1.4万株中科1号杂交构树母本及6万株幼苗，根据不同环境的杂交构树的生长情况及时调整种植技术，打造了“林—料—畜”一体化的循环经济产业链实现了杂交构树规模化、产业化目标。截至2020年年底，杂交构树长势良好，存活率达75%以上，杂交构树繁育基地每年可产100万株当年生杂交构树扦插苗，年销售收入300余万元。3年内可辐射带动上万户农牧民参与种植杂交构树5万亩以上，每亩可收割杂交构树饲料原料1.5吨，每年可产杂交构树饲料2436.75吨。大力开展经济林建设。

（二）创新苗圃建设

采用“公司＋基地＋农户”的模式，创新苗圃建设，带动群众脱贫致富。一是租用群众土地，开展苗圃建设增加群众收入。先后租用察雅县卡贡村、卡若区瓦约村和如意乡群众土地开展苗圃改扩建和新建。其中租用卡贡村群众土地2000亩开展苗圃建设，培育当地云杉苗木、核桃苗等苗木98.3177余万株，2015—2019年，共兑现群众租地费用245.2652万元，全村参与建设71户245人全部受益，其中建档立卡贫困群众34户109人；租用瓦约村群众土地1200亩，改扩建瓦约苗圃，培育冬麻豆、云杉、苹果、雪松等各类苗木70余万株，各类花卉2万余盆，兑现群众租地费用228.0595万元，瓦约村参与建设130户478人受益，其中建档立卡贫困群众25户70人；租用如意乡群众土地5820.6亩，建设如意苗圃，培育云杉、山杏、核桃、榆树等各类大规格苗木45万余株，兑现群众租地费用429.9521万元，受益人数达151户690人，其中建档立卡贫困群众51户215人。二是吸纳有劳动能力的贫困人口参与苗圃基础设施建设增加群众收入。积极协调苗圃建设所在乡（镇）、村居“两委”及驻村工作队，让凡是有劳动能力的贫困群众就近就便参与到苗圃建设中，增加群众劳务收入，真正实现在家门口增收致富。卡贡苗圃、瓦约苗圃、如意苗圃改扩建中吸收建档立卡贫困群众13户40人参与土地平整、灌溉设施修建、苗圃基础设施建设，发放群众劳务工资262万元，人均增收65500元，其中卡贡苗圃改扩建中带动12名贫困户增加劳务收入57万元，人均增收47500元；瓦约苗圃改扩建中带动18名贫困户增加劳务收入142万元，人均增收78888元；如意苗圃改扩建中带动10名贫困户增加劳务收入63万元，人均增收63000元。三是开展群众育苗技能培训，拓宽就业渠道增加群众收入。为实现贫困群众长期、稳定增收，在吸纳贫困群众参与苗圃改扩建的基础上，充分尊重群众意愿，坚持“培训一人、就业一人”的原则，对卡贡、瓦约、如意苗圃当地贫困群众开展育苗、苗圃管理等技术培训，培训完成后，吸纳为当地苗圃长期临时工，参与苗圃育苗、管护等工作，拓宽贫困群众就业渠道，促进贫困群众长期稳定增收。截至2020年年底，共培训接收45名育苗技术员在卡贡、瓦约、如意苗圃就业，人均每月增收1500元。

三、深入实施退耕还林工程

始终把退耕还林工程作为改善生态和促进民生改善的重要任务紧抓不懈，成立工作专班，对全市退耕还林工作进行安排部署，积极将大于15°的非基本农田坡耕地和严重沙化耕地纳入退耕还林规划，做到早部署、早规划，并与各县（区）和退耕农牧户签订了目标责任书，结合精准扶贫、生态脱贫工作，将退耕还林政策向集中连片贫困乡（镇）、贫困村、建档立卡贫困人口倾斜，帮助贫困群众脱贫致富。2016—2020年，全市实施新一轮退耕还林24.51万亩，占全自治区实施面积的75%，位列全区第一。总投资达39100.235万元，涉及昌都市11个县（区）210个乡（镇）749个行政村41038户260557人（其中建档立卡贫困户15267户83457人），人均增收1100余元。其中：2016年实施11776.5亩，总投资达1766.475万元，布局在昌都市5县1区28个乡（镇）67个行政村2562户13184人（其中建档立卡贫困户数980户5047人），人均增收1071元。2017年实施120000亩，总投资达10800万元，布局在昌都市8县1区74个乡（镇）328个行政村18703户124621人（其中建档立卡贫困户数8670户50843人），人均增收1155元。2018年实施16536亩，总投资达2645.76万元，涉及昌都市7个县（区）25个乡（镇）68个行政村2805户18431人（其中建档立卡贫困户数1470户7805人），人均增收1076元。2019年实施96800亩，总投资达15488万元，涉及全市11个县（区）83个乡（镇）286个行政村16968户104321人（其中建档立卡贫困户数4147户19762人），人均增收1100元。

四、全力推进林业生态保护与建设

（一）加大森林资源保护力度

依法强化森林资源保护和管理，全面落实长江上游天然林资源管护，全面禁止天然林采伐，制定出台护林员管理制度，对各类林业管护员实行分级、分类管理，全面落实“八抓八防”工作职责，把森林管护责任落实到山头地块，落实到人头。2016—2020年，对全市3556万亩公益林进行补偿，累计兑现森林生态效益补偿基金103552万元，并选聘18453名护林员参与护林防火和森林病虫害防治工作中，人均年增收近1万元。持续加强对天保工程区1914.7万亩天然林有效管护，配备责任心强、工作踏实的农牧民管护人员7651人，工程区设有专业管护站35个，设立宣传碑牌、警示牌3928个。2016—2020年累计发放管护人员补助资金48448万元，人均增收1.25万元/年。严格按照《森林法》《森林法实施条例》《占用征用林地审核审批办法》的规定，严格按照程序申报各项材料，认真落实行政许可制度，正确处理好规范林地管理与促进经济发展的关系，完成果多电站、芒康县觉巴电站、川藏电网联网工程以及金沙江上游苏洼龙水电站“三通一平”317线（西藏境内）、朱觉拉山隧道及接线等征占林地的审批工作，确保手续规范，操作合法。对辖区域内发生的征占林地、乱砍滥伐、无证运输木材等涉林案件进行了全面清理整顿。严格落实属地管理责任，按照“包片包干、责任落实到人”的原则，狠抓森林防火工作，与各县（区）签订森林防火目标责任书，不定期组织开展森林防火安全隐患大排查，对各县（区）在防火期间的护林防火责任人和护林员到岗和上岗情况进行检查；在“3.28”等重要节点，组织开展防火知识宣传，进一步增强群众法制意识；制定防火应急预案、组织开展防火演练，及时处理林区各类突发事件。2016年以来，全市未发生一起重大森林火灾，全市森林资源得到全面保护。

（二）持续推进自然保护区建设

类乌齐马鹿自然保护区总面积为120614.6公顷，截至2020年年底，该保护区已完成了一、二、三、四期工程建设，总投资达7438万元。芒康滇金丝猴国家级自然保护区于2003年晋升为国家级自然保护区，保护区总面积为18.53万公顷。截至2020年年底，该保护区已完成了一、二、三期工程建设，总投资4063.89万元，四期工程总投资2986万元，正在组织建设中。八宿然乌湖湿地自治区级自然保护区2010年经自治区人民政府批准成立，总面积6978公顷。然乌湖湿地自治区级自然保护区保护与恢复建设项目总投资为2375万元，已全部完工。湿地保护全面加强，2014年以来，申请成立了洛隆卓玛朗措、边坝炯拉措、类乌齐紫曲河、贡觉拉托、丁青布托湖5处国家湿地公园（试点），全市湿地保护面积达1.6116万公顷，占昌都国土面积的0.15%，湿地保护率达15.34%。野生动植物种群数量明显提升。全市自治区级以上自然保护区内没有发生一起开矿、采矿现象，生态环境得到有效保护。据不完全统计，类乌齐马鹿数量从2012年的5000头增加至2018年8000余头，芒康滇金丝猴数量从2012年的300余只增加至2018年的800余只。

（三）着力加快国土绿化建设

2016—2020年，全市完成营造林建设125.39万亩，其中：重点区域造林82524.12亩，环周一线造林1849.5亩，城市周边造林8393.32亩，防护林体系建设112155亩，“两江四河”57244.8亩，义务植树99015.23亩，生态修复24081.1亩，苗木培育510亩，森林抚育87.84万亩。率先编制完成《昌都市“十三五”国土绿化建设实施方案（2017—2020）》，大力开展全市海拔4300米以下无树村、无树户的消除工作，消除“无树村”368个、“无树户”36122户，栽植苗木130余万株。同时大力实施城市周边森林围城，生态园林城市创建工作，积极开展市区周边森林围城建设和市区绿化美化工作，大面积增加城市绿化面积，迅速提升城市园林绿化总量和水平，累计实施城市园林绿化82.8万平方米，城市建成区绿地率、绿化覆盖率、人均公园绿地面积分别达到37.07%、38.76%、9.1平方米。建成1000平方米以上广场绿地4个（解放广场、茶马广场、天津广场、水上广场），公园绿地20个（吉祥明珠公园、达玛拉公园、儿童游乐园、野堆村公园等），公园面积达到102公顷，公园绿地建设中绿化面积占90%以上，累计完成森林围城绿化面积10000亩。2017年经第十届自治区人民政府第90次常务会议研究通过，公布昌都市为自治区园林城市。

（四）深入开展林草工程建设

一是深化退牧还草建设。2016—2019年，完成投资28792万元，实施休牧围栏555万亩，人工饲草地3.678万亩，舍饲棚圈4167户，草原固定监测点7个，种草改良12万亩，黑土滩治理2万亩，毒草害治理2万亩，受益群众19289人，发放劳务费4246.25万元，人均增收2200余元。其中：2016年全市退牧还草项目国家投资6568.2万元，涉及丁青县、察雅县、贡觉县、江达县、类乌齐、八宿6县，实施休牧围栏145万亩，人工饲草地0.678万亩，舍饲棚圈701户，黑土滩治理2万亩。2017年全市退牧还草项目国家总投资6960.6万元，涉及左贡、洛隆、八宿、类乌齐、边坝、芒康、察雅7县，实施休牧围栏195万亩，舍饲棚圈建设876户，草原固定监测点3个。2018年全市退牧还草项目国家投资9433.2万元，涉及卡若、左贡、八宿、类乌齐、察雅、江达6个县（区），实施休牧围栏110万亩，人工饲草地3万亩，舍饲棚圈2590户，草原固定监测点4个。2019年全市退牧还草项目国家总投资5830万元，涉及卡若、左贡、丁青、察雅、八宿、洛隆、边坝、类乌齐8个县（区），实施休牧围栏105万亩，种草改良12万亩，毒草害治理2万亩。二是实施退耕还草工程。2017、2019年分两次实施退耕还草34684.04亩，总投资3468.404万元。其中2017年实施退耕还草工程21554.04亩，总投资2155.404万元。分两次按照第一年600元（含种子费150元）、第三年400元兑现资金，安排于边坝、察雅、江达、类乌齐4个县，涉及5893户农牧民，户均增收3100余元。2019年国家下达新一轮退耕还草工程13130亩，总投资1313万元，安排于卡若、江达、贡觉、丁青、左贡、芒康等6个县（区），因贡觉县三岩片区整体搬迁，实际可实施退耕还草面积仅有2717亩，将剩余2283亩调整到八宿县实施。共带动1634户11000人增收，户均增收3600余元，人均增收500余元。三是推进防沙治沙建设。自2018年起实施防沙治沙项目2600亩，总投资1100万元。其中2018年投资200万元，在察雅县、边坝县实施400亩，栽植树木有云杉、榆树、江孜沙棘，共计53000株。两县共计涉及266户1495人，其中建档立卡户130户665人，兑现劳务工资52.84万元，户均增收1986元。2019年卡若区完成国家投资300万元的防沙治沙项目1000亩和八宿县完成市财政投资300万元的防沙治沙项目600亩。2020年察雅县完成600亩防沙治沙项目，本项目市财政投资300万元，带动建档立卡户52户108人，人均增收1200元。

（五）集体林权制度改革走在前列

昌都市作为全区集体林权制度改革试点，率先于2016年6月在卡若区开展集体林权制度改革试点，获得自治区内首批林权类不动产证书的发放。共发放林权类不动产证书35本，发证率100%。证书的颁发，明晰了卡若区试点内1284.4亩林地产权（家庭承包28.7亩、均股均利承包780.9亩、村集体共有474.8亩），为全区开展林改工作奠定了扎实的基础。2017年7月卡若区林业和草原局荣获“全国集体林权制度改革先进集体”称号。在认真总结卡若区林改试点中取得的经验的基础上，在全市11个县（区）全面推进林改工作。2016—2020年，全市11个县（区）共勘界小班11956个，面积93437亩，由于各种原因（三岩片区搬迁、争议等），未确权小班30个，未确权面积1053.9亩，最终勘界确权小班11926个，面积92383.1亩。其中，按林地权属划分：国有土地6358.7亩，占6.9%；集体土地86024.4亩，占93.1%。按林地产权划分：家庭承包24994.6亩，占27.1%；均股均利承包17098.5亩，占18.5%；村集体共有50290亩，占54.4%。自然资源部门颁发林权类不动产登记证书2817本，涉及面积15174.2亩。通过林权制度改革，保障了林改成果和经营主体的合法权益，规范了林地经营管理活动；激发了群众育林护林的热情，有力地推进了国土绿化进程，实现了增绿增质；增加了农牧民群众的财产性收入，为其开辟了一条新的致富门路和渠道。

五、认真组织开展志智双扶活动

以改善贫困群众生产生活条件为重点，以增加贫困群众收入为核心，以帮助贫困群众脱贫致富为目标，认真落实“志智双扶”工作，深入开展驻村帮扶、结对帮扶活动，大力宣传中央、自治区党委政府和市委市政府一系列支农惠农、精准扶贫精准脱贫政策措施和经济发展典型及致富经验，让群众知党恩、感党恩、报党恩，真正明白惠在何处、惠从何来、恩向谁报，深入认识扶贫、支持扶贫、参与扶贫，增强群众主动创业致富的信心和决心，变被动为主动，变“要我脱贫”为“我要脱贫”。

2016 年以来，共选派优秀驻村队员 5 批次 43 人次，紧紧围绕驻村“七项重点任务”，压实驻村工作队传、帮、带的责任担子，并立足行业优势，将林业产业项目向驻村点倾斜，充分发挥驻村干部在脱贫攻坚中的重要作用，推进强基础惠民生活动落地见效，带动当地群众增收致富。坚持结对帮扶与市脱贫攻坚工作大局相结合，服从全市脱贫攻坚工作统一部署，按照“六个精准要求”，扎实推进“5+N”帮扶措施，积极整合人力、物力、财力等资源，认真组织干部职工开展结对帮扶活动，慰问物资折合现金 600 余万元。其中：2016 年，落实项目经费 1765580 元。在察雅县巴日乡德娘村 2016 年度扶贫造林项目落实经费 668180 元、山体滑坡灾害捐款 30000 元，为 5 户建档立卡贫困户购买 5 头奶牛共 38400 元、白娘村扶贫造林 10 万元；卡贡乡卡贡村苗圃租地费 24 万元；察拉乡卡达村重点区域造林 125599 元；吉塘镇亚许村重点区域造林 233401 元，本年度扶贫造林 13 万元；贡觉县雄松乡加卡村、上缺所村本年度扶贫造林各 10 万元。在上缺所村实施经济林项目，共种植苹果苗和桃苗 2600 余株，帮助群众劳务增收 20085 元；向县扶贫办申请 28 万元犏奶牛“短平快”项目；卡贡乡卡贡村工作积极联系市移动公司为该村修建 3G 信号基站一座；吉塘镇亚许村为群众购买了 800 多只土鸡，发放给 16 户村民实施家庭分散养殖，带动村民自我发展，增强自我造血功能；购买水泥 20 吨，大口径排水管道 15 根，用于村民房屋建设，提高群众生活水平。2017 年各驻村点落实项目经费 226.6 万元，在察雅县巴日乡德娘村落实造林绿化资金 20 万元；贡觉县雄松乡加卡和缺所村绿化造林项目各兑现造林劳务补助 10 万元；察雅县卡贡乡卡贡村帮助群众增收 166.6 万元。2018 年，在贡中村实施种植甜山杏 1125 亩 18000 余株；在次琼村发放山杏 6200 株，苹果 1590 株，水蜜桃 1840 株，用于群众发展庭院经济；在伟村种植黄桃集体经济林 15 亩 550 株。在甲瓦村种植生态林 200 亩 15000 株，为农牧民群众增收劳务收入 15 余万元。2019 年，向 68 户结对帮扶户送去大米 68 袋，粮油 68 桶，折合现金价值 11628 元，为 28 户送去帮扶金 21400 元；精选 6 名优秀青年干部到俄西乡次琼村、加瓦村、达邓村开展驻村帮扶工作，给 3 个驻村点安排造林项目 3 个，投入项目资金 30 万元。2020 年继续在项目建设给予驻村点倾斜，为俄西乡解决了 200 万元产业发展项目资金，带动群众增收致富。深入察雅县巴日乡开展“三个一百”定点帮扶、结对帮扶活动，向巴日乡捐赠了一百面五星红旗、一百个书包、一百本少儿科普图书，折合资金 9374 元。一百面五星红旗捐赠给结对帮扶户，教育引导群众要爱党爱国，讲清“惠在何处、惠从何来”，要“知党恩、感党恩、听党话、跟党走”。开展“爱心助学，筑梦起航”活动，一百个书包、一百本少儿科普图书、一百面五星红旗捐赠给巴日乡小学，教育引导下一代勤奋学习、用知识改变命运、实现人生梦想。全局 50 名正式干部完成 63 户 397 人（其中结对帮扶户 56 户、边缘户 7 户）走访慰问，发放慰问金及物品 77974 元。

第二节　工作亮点

始终牢固树立“绿水青山就是金山银山”理念，坚持“举特色旗、打绿色牌、建生态区”和“发展生态经济、建设生态文明、促进经济转型、实现小康目标”的总体思路，聚焦生态扶贫，结合昌都生态扶贫特色，坚持以生态为底线、发展为根本、扶助贫困为关键，积极落实“绿色发展”战略，以“落实四大补偿机制、创新两大产业发展、实施五大工程建设”为抓手，深入推进“生态补偿脱贫一批”工作，生态扶贫成效显著、亮点纷呈。

一、健全“四大补偿机制”稳增收

积极落实生态补偿脱贫岗位政策、森林生态效益补偿基金、天保工程管护补助、新一轮草原生态保护补助奖励机制，构建了生态扶贫“四大补偿机制”，广泛吸纳群众参与生态保护，助力脱贫攻坚。2016 年以来，昌都市按照自愿公开公正公平原则，精准筛选符合条件的 20 余万名农牧民群众为生态岗位人员，优化调整原有 2.8 万余名公益林、天然林、草原管护人员，让 22.8 万余名当地建档立卡贫困人口、农村低保人口、低收入人口群众实现了就近就地就业，遍布全市 11 个县（区）、138 个乡（镇）、1142 个村（居），充分发挥了在自然保护区管理、野生动物疫病监测、湿地生态保护、沙化土地封禁、林业草原护林防护等方面的人才优势，累计落实资金 55.02 亿元，年人均增收近 5000 元。“四大补偿机制”的落实，特别是生态补偿脱贫岗位的落实，助力全市 8.7 万名建档立卡贫困群众脱贫，占全市脱贫群众的 45%，既实现了群众增收致富、又保护了昌都绿水蓝天，成为精准脱贫和生态保护双赢的民生工程。

（一）落实生态保护政策岗位机制

2016—2020 年，安排建档立卡贫困人口、非建档立卡户农村低保人口、低收入人口生态岗位 20 万余个，累计兑现岗位资金 30.86 亿元，2018 年岗位资金补助标准由 2016—2017 年度的人均 3000 元 / 年提高至人均 3500 元 / 年。同时，为每一位岗位人员建立了台账，发放了上岗证，明确了岗位职责及补助资金发放办法，激发了生态岗位人员参与生态保护和建设的积极性。

（二）完善森林生态效益补偿机制

昌都市公益林补偿面积达到 3556 万亩，涉及全市 10 个县 1 区 126 个乡（镇），每亩管护补助从 2016 年、2017 年的 4.85 元 / 年提升至 2018 年的 5 元 / 年，2016—2020 年累计兑现森林生态效益补偿基金 103552 万元，并选聘 18453 名护林员参与护林防火和森林病虫害防治工作中，人均年增收近 1 万元。

（三）完善天保工程管护补助机制

持续加强对工程区 1914.7 万亩天然林有效管护，持续加强对工程区 1914.7 万亩（其中芒康县 891.6 万亩、贡觉县 337.8 万亩、江达县 685.3 万亩）天然林实行常年严格、有效管护，配备责任心强、工作踏实的农牧民管护人员 7651 人，2016—2020 年累计发放管护人员补助资金 48448 万，人均增收 1.25 万元 / 年。

（四）完善草原生态保护补助奖励机制

“十三五”期间实施草原生态保护补助奖励 8170.62 万亩，其中禁牧 750 万亩，草畜平衡 7420.62 万亩，对实现草畜平衡纯牧户实行封顶保底政策，对未实现草畜平衡的农牧户扣除禁牧补助，2016—2020 年累计兑现资金 114518.84 万元，对原有的 2711 名草原监督员严格按相关规定进行续聘，人均年增收 5400 元。

典型案例一：多贡，男，藏族，群众，1970 年 5 月 10 日生，系西藏昌都市芒康县小昌都村追巴组村民，家中共有 5 人，大儿子系肢体一级残疾，衣食起居需人照料，该家庭属建档立卡贫困户（2013 年 12 月识别，2017 年年底脱贫退出），家庭担任生态岗位 4 人。自 2016 年被正式选聘为生态护林员之后，该家庭发生了巨大的变化，生产生活条件也得到了明显改善，家庭仅生态护林员工资每年收入就有 14000 元，平时除了护林工作，家中还依靠畜牧业、林下资源采集、耕还林补贴等增加收入。

多贡热爱祖国、热爱社会主义，坚决拥护中国共产党的领导和社会主义制度、民族区域自治制度，能够做到坚决维护祖国统一、旗帜鲜明反对分裂。在生活中他团结乡民村民，遵守乡规民约，把保护森林资源作为生活中的一部分，日常以大山为舞台、以鸟鸣为乐、以树木为伴，舞动着自己护林防火的美丽人生。在工作上，该同志责任心强，为人正直，热心于林业工作，认真履行护林员职责，有丰富的护林经验和工作经历，在护林防火的同时也打下了良好的群众基础，能及时出色地完成工作任务，同时积极参加组织的政策法制培训、森林火灾扑救演练、营造林及森林病虫害防治等业务知识培训，认真学习，提高了自己的管护能力，强化和规范了森林管护工作，提高了管护效率，保障了森林资源安全。

按照专业管护站专职护林员带队、其他护林员值班轮巡的方式，五年来多贡坚持不懈、跋山涉水、不辞辛苦一直从事着护林防火、保护野生动植物、阻止乱砍滥伐等工作，有时三五天都待在山上。像多贡这样就地就近就便转化为生态护林员的群众，可以在充分履行岗位职责前提下，兼顾了生产生活，平时还可以采集林下资源，闲暇之余也可以照料家庭，在实现增收的同时，还保护了世代赖以生存的环境。

山笑了，水笑了，小昌都村护林员多贡也笑了。

黑瘦的面庞，干裂的嘴唇，一双洁净无瑕的眸子，两鬓结上了些许白霜，这个男人叫多贡，已然到了知天命的年纪，他正在管护区域小心翼翼地巡护着。

小心翼翼？看到小心翼翼这四个字，也许很多人都冒出了问号，巡护罢了，何必小心翼翼。如果我告诉你这是在坡度大于 70 度的大山上，又或者亲眼看到过西藏大山的人们，一定会对这个黑瘦又腼腆的男人充满敬意。

一只手拽着灌木，另一只手和双脚铆足劲将力气使到最大，不停地试探着往上爬。辛勤的汗水由面颊流下，仅仅过去了几分钟，多贡的全身便已经被汗水浸透了。他大口喘着粗气，望着近在咫尺的山顶，眼神中透露着坚定，脚下泥土却时常滑动，若一不小心，甚至可能会摔下陡峭的山坡。

“终于到了。”多贡长长地舒了一口气，此时已是一览众山小，他拿出随身携带的望远镜，望着远处茂密的森林，他的脸上露出了笑容。这样的情形，多贡都数不清有多少次了。

党的十八大以来，国家将生态文明建设纳入五位一体总体布局，加之芒康县天然林资源保护工程的实施，勤劳善良的芒康人民用自己的双手为青山绿水披上了一层又一层绿色的外衣，呈现出了生机勃勃、林海茫茫、鸟语花香、蓬勃发展的景象。

“国家加大了对生态环境保护的力度，红拉山越来越绿了，天空越来越蓝了，雪山也越来越白了。”多贡说道。随后，多贡和伙伴哼着藏族山歌，继续巡护着这片美丽的山林。有人曾问多贡，为什么每天都笑容满面。多贡说，他喜爱这片世代居住的土地，有雪山、有森林、有可爱的动物们，喜爱这里的山山水水，看到现在生态环境越来越好，动物欢乐可爱、树木茂密苍翠，就打心底里高兴。

过了一会儿，多贡和伙伴找了一片较为平坦的山坡席地而坐。掏出随身携带的糌粑、酥油茶，乘着凉爽的微风，在蓝天、森林的映衬下，吃起了午饭。

半个小时以后，多贡和伙伴一行五人再次开始了巡山。边巡山边哼着山歌。正在走着，多贡突然加快了步伐，朝着林中散发烟气的位置冲了过去。走到烟气位置处，看到是一片云雾，多贡的心这才平静下来。嘴里念叨着“还好不是火烟”。见到多贡如此紧张，同行的伙伴拍着多贡的肩膀安慰道：“现在巡护的力度这么大，不会轻易发生火灾的。”听到同行的伙伴这样说，多贡脸色由晴转阴。说道，“国家给了我生态护林员这个岗位，让我在家门口就业，保护自己生活的土地，我怎么能不竭尽全力呢！”多贡的这一番话语让在场的人不禁脸色一红。结束了一天的巡护，回到家后，多贡的第一件事情便是打开电视收看《人与自然》，看着自由自在奔跑的动物，看着美丽的环境，多贡的心里比吃了蜜都要甜。

“巡山，巡山，你这天天上山，有个三长两短怎么办啊。”多贡的老婆端上饭时，嘴里嘟囔着。听到这里，多贡说道：“老婆，你知道吗？森林绿了，水清了，山笑了，笑得和你一样美。”听到这句话，多贡家里的人都笑了，笑声充满了整个家庭。其实多贡的家人并不是反对多贡的工作，相反，他们其实打心里支持多贡的工作。巡山看似简单，其中却蕴含着未知的危险，尤其是在冬天，那时候森林中食物匮乏，森林中的野生动物活动范围广，很容易就会和护林员遇上。

因巡护的山高路远，有时候需要在山上过夜，听多贡说，有一年的冬天，他就经历了与野生动物面对面而过的危险瞬间。天黑了，他们巡护的人员正打量露宿营地的时候，一声熊叫，打破了夜晚的宁静，他们刚好和路过的熊相遇了，多亏没有触犯熊的领地，加上他们对野生动物的了解，当时只是擦肩而过。“其实，我在遇到熊时，心里除了害怕还有开心，遇到的野生动物越多，我心中越是开心。”之后多贡这样对他们说。看着多贡开心的笑容，我仿佛看到山上的一草一木、花鸟鱼虫以及红拉山的每一寸土地都洋溢着开心的微笑。

二、发展“两大生态产业”促增收

为有效带动群众脱贫致富，拓宽群众增收渠道，按照自治区“不离乡不离土、能干会干”的相关要求，采取“公司＋基地＋农户”的发展模式，大力发展经济林建设、林业扶贫苗圃等特色林业产业。

（一）大力开展经济林建设

2018—2020年完成投资24487.3万元建设经济林34981.96亩，带动建档立卡户4222户20069人，受益资金2177.88万元，人均增收1080元。

（二）积极发展林业扶贫苗圃

2018—2020年，昌都市新建林业扶贫苗圃13072亩，完成投资52288万元，积极吸收建档立卡贫困群众参与苗圃土地平整、灌溉设施修建、基础设施建设，通过劳务输出及后期管护带动建档立卡户2111户5841人，受益资金928.49万元，人均增收1580余元。

典型案例一：在察雅县建设全市构树种植基地，培育试种1.4万株中科1号杂交构树母本及6万株幼苗，根据不同环境杂交构树的生长情况及时调整种植技术，打造杂交构树“林—料—畜”一体化的循环经济产业链，实现了杂交构树精准扶贫项目的规模化、产业化目标。对于建设经济林带来的好处，察雅县烟多镇帮嘎村村民邓增扎西深有体会。帮嘎村高山峡谷多，耕地少、土地贫瘠，发展受到很大限制。当时，邓增扎西和村民们只有依靠务农和外出做苦力赚钱养家，没有固定的工作，所以也没有稳定的收入。后来，县委、县政府，乡党委、乡政府联合驻村工作队，在充分听取农牧民群众建议和反复论证的基础上决定，既然帮嘎村只有水和阳光，那就发展只需要水和阳光的绿色生态产业，于是帮嘎村迎来了杂交构树产业项目。据悉，帮嘎村的杂交构树产业项目建成投产后，每年可产 100 万株当年生杂交构树扦插苗，年销售收入 300 余万元。杂交构树栽植 3 年进入盛产后，每亩一次可收割杂交构树饲料原料 1.5 吨，每年可收割 1.5 次，按现在市场价格，1 吨杂交构树饲料原料可卖 700 元，通过种植杂交构树每亩地一年可以产生 1575 元收入。“杂交构树项目给村民们带来了稳定的收入，不光每年可以拿到土地流转费，村里有劳动能力的贫困户还可以去项目地点务工，”邓增扎西乐呵呵地说：“按照项目建成 3 ～ 5 年后，移交给我们自己作为集体经济，由我们来管护的方式，我相信我们以后收入会更高。现在我们村的群众，每年都有稳定的收入，有了盼头，生活好起来了，我妹妹还考上了大学，我相信我们以后的生活会越来越好。”经济林的建设与种植配合了退耕还林和水源涵养、水土流失治理等的需要，进一步恢复和保护生态环境，可以让昌都的荒坡披上绿装，使昌都的水更清，空气更清新；同时，有利于加快昌都农牧业产业结构的调整，巩固水土流失治理、荒漠化治理和退耕还林成果，有利于解决昌都“三农”问题，有效促进生态经济的建立。

典型案例二：位于卡若区的如意乡，2018 年积极争取扶贫产业资金 9000 万元，建设 2250 亩的如意苗圃。通过苗圃建设、育苗、后期管护等，租用当地农牧民土地，带动当地建档立卡群众增收。卡若区如意乡村民加永丁增表示，之前家中生活很落后、子女上学困难、无固定经济收入，自昌都市林业有限责任公司租了当地土地之后，为百姓提供了就业岗位，吸纳农牧民群众参与项目建设，生活水平逐步改善，每年有了固定经济收入。昌都市采用“公司 + 基地 + 合作社 + 农牧民”的模式，将林木种苗基地项目中适合农牧民合作社实施的部分子项目交由当地农牧民合作社组织实施，广泛吸纳有劳动能力的建档立卡群众参与扶贫苗圃建设，通过土地流转、劳务输出、后期管护等形式带动农牧民增收致富。“自昌都市林业有限责任公司租了当地土地之后，我实现了在家门口就业，获得了固定劳务费和地皮租金，每年固定收入可达 2 万～ 3 万元 ，”察雅县卡贡乡村民妞妞拉姆喜滋滋的说：“我能在 2019 年 4 月实现脱贫，这源于国家的好政策。”开展群众育苗技能培训，拓宽就业渠道增加群众收入。为实现贫困群众长期、稳定增收，在吸纳贫困群众参与苗圃改扩建的基础上，充分尊重群众意愿，坚持“培训一人、就业一人”的原则，对卡贡、瓦约、如意苗圃当地贫困群众开展育苗、苗圃管理等技术培训，培训完成后，将其吸纳为当地苗圃长期临时工，参与苗圃育苗、管护等工作，拓宽贫困群众就业渠道，促进贫困群众长期稳定增收。广大群众在参与林草保护与发展的过程中，既增长了才干、得到了一技之长，又从中获得产业收入、工资收入与土地流转收入，长久吃上“生态饭”。

三、实施“五大生态工程”助增收

坚持把项目建设与精准扶贫、生态脱贫相结合，坚持生态建设与农牧民增收并举，吸纳有劳动力的农牧民群众特别是建档立卡贫困人口参与生态保护工程项目建设，通过实施退耕还林、退耕还草、退牧还草、防沙治沙、营造林建设五大工程，既修复了生态环境，又增加了群众收入。

（一）实施退耕还林工程

2016—2020 年累计完成新一轮退耕还林 24.51 万亩（其中，2016 年 1.18 万亩，2017 年 12 万亩，

2018 年 1.65 万亩，2019 年 9.68 万亩），完成投资 3.69 亿元，受益户数达 4.15 万户，受益人数达 26 万余人次，人均增收 1100 多元。

（二）实施退耕还草工程

执行新一轮退耕还草工程每亩 1000 元的补助标准，2017 年、2019 年分两次实施退耕还林 34684.04 亩，总投资 3468.404 万元，发放 21675 人劳务费 2754.08 万元，人均增收 1270 元。

（三）实施退牧还草工程

完成投资 28792 万元，实施休牧围栏 555 万亩，人工饲草地 3.678 万亩，舍饲棚圈 4167 户，草原固定监测点 7 个，种草改良 12 万亩，黑土滩治理 2 万亩，毒草害治理 2 万亩，受益群众 19289 人，发放劳务费 4246.25 万元，人均增收 2200 余元。

（四）实施防沙治沙工程

2018—2020 年，自治区和市级财政投资防沙治沙项目 1100 万元，安排在察雅县、边坝县、八宿县和卡若区，实施完成 2600 亩，人均增收 1000 余元。

（五）实施营造林工程

2016—2020 年，完成营造林建设 125.39 万亩，其中：重点区域造林 82524.12 亩，防护林体系建设 112155 亩，“两江四河”57244.8 亩，义务植树 99015.23 亩，生态修复 24081.1 亩，苗木培育 510 亩，森林抚育 87.84 万亩。全力推进“无树村、无树户”消除工作，消除海拔 4300 米以下无树村 368 个，无树户 36122 户，栽植苗木 130 余万株。

典型案例一：退耕还林工程是一项合理利用土地资源、加强生态建设、再造秀美山川、维护生态安全、增加群众收入、实现经济社会可持续发展的最大的生态惠农工程。《财政部、国家发展改革委、国家林业局、国土资源部、农业部、水利部、环境保护部、国务院扶贫办关于扩大新一轮退耕还林还草规模的通知》要求“在安排新一轮退耕还林还草任务时，重点向扶贫开发任务重、贫困人口较多的省倾斜。各有关省在具体落实时，要进一步向贫困地区集中，向建档立卡贫困村、贫困人口倾斜，充分发挥退耕还林还草政策的扶贫作用，加快贫困地区脱贫致富。”昌都市高度重视，积极向上级部门争取，深入推进退耕还林建设，并将项目向贫困地区贫困人口倾斜，努力带动群众增收。2016—2020 年，全市实施新一轮退耕还林 24.51 万亩，占全自治区实施面积的 75%，位列全区第一。总投资达 39100.235 万元，涉及昌都市 11 个县（区）210 个乡（镇）749 个行政村 41038 户 260557 人（其中建档立卡贫困户 15267 户 83457 人），人均增收 1100 余元。一是强化组织领导。在每年 3 月在全市林业工作会议上，全面细化退耕还林工作任务安排，与各县（区）分管林业副县长签订林业工作目标责任书，将退耕还林责任落实到各县（区）政府、乡（镇）肩上，要求组织农牧民群众实施退耕还林工程建设，保证农牧民实施退耕还林后收入不减、不复垦、不滥垦。二是建立联动机制。主动与上级部门汇报请示，努力将全市坡耕地、低产田、弃耕地、严重沙化耕地全部纳入退耕还林范围，扩大退耕还林面积，使更多的群众享受国家政策补贴，并通过经济林种植，大力发展林业产业，增加群众现金收入，帮助引导群众脱贫致富；加强与市发改委、财政局、自然资源局、农业农村局等部门的沟通协调，准确统计全市符合条件的可退耕的耕地数据；建立协同配合、各司其职的工作机制制度，制定符合昌都市实际的退耕还林方案。三是做实检查验收。研究制定《退耕办下乡检查项目建设情况方案》，指派工作人员赴 11 个县（区）对各项目、工程建设情况按照工程作业设计文本或技术要求进行严格检查验收，确保退耕还林地植树造林的成活率和保存率。四是强化宣传引导。通过各类宣传发放退耕还林政策宣传单，如《不同气候环境主要树种造林技术及森林病虫害防治》《林业生态建设是社会主义新农村建设不可缺少的重要内容》等林业知识宣传单，让广大农牧民群众真正明白“惠在何处、利由谁享”，逐步实现由过去政府要求退、鼓励退到现在的群众自愿退、争着退的良好转变；组织精干人员组成林业工作组进村入户、深入田间地头开展政策宣传和科技培训，不断提高广大群众对退耕还林重要性、必要性和紧迫性的认识，充分调动广大农户的自觉性和积极性，提升自主脱贫致富的主动性和内生力。

第二十一章　市医疗保障局

进入脱贫攻坚阶段，昌都市由市医疗保障局牵头，成立了由局主要领导任组长、副组长，局相关科室负责人和各县（区）医疗保障局负责人为成员的脱贫攻坚领导小组。该小组统筹发挥基本医疗保险、大病保险、医疗救助三重保障制度综合梯次减负功能，将医疗保障扶贫放在突出位置，把精准扶贫、精准脱贫作为重大政治任务，以低保对象、特困人员、建档立卡贫困人口为主攻对象，聚焦“报销难、报销慢、看病难、看病贵”等突出问题，狠抓贯彻落实、督促检查，坚决防止因病致贫、因病返贫现象的发生，为助力全市决战决胜脱贫攻坚、消除绝对贫困、如期全面建成小康社会夯实了基础，作出了典型示范。

第一节　工作举措

始终把抓好医保扶贫作为决战脱贫攻坚重要工作抓紧抓实抓好，积极解决建档立卡贫困群众看病难、看病贵问题，有效防止因病致贫、因病返贫和因病不能脱贫的现象发生，确保实现建档立卡贫困人员实现人人医疗有保障。

一、抓医保扶贫政策落地，实现三大保障100%全覆盖

2016—2020年，全市建档立卡贫困人口全部享受了基本医疗、大病保险、医疗救助三重保障，保障覆盖率达100%。

（1）结合全民参保推进计划，加强与公安、扶贫、民政、统计等部门的协调配合，全面开展信息对比，做好农牧区建档立卡贫困人口参保缴费工作，确保已核准有效身份信息的农牧区建档立卡贫困人口全部参保，对确定信息的贫困人口，由医疗救助资金资助参保，实现贫困人口基本医疗100%全覆盖。

（2）对已核准有效身份信息的农牧区建档立卡贫困人口，由自治区财政全额出资，面向商业保险机构采取招投标的形式，统一购买大病保险险种，实现贫困人口大病保险100%全覆盖。

（3）对经扶贫部门认定的建档立卡贫困人员全部纳入医疗救助保障范围，建立与扶贫部门之间的数据共享机制，保障贫困人口享有医疗救助权益，实现贫困人口医疗救助100%全覆盖。

二、抓提升贫困人口保障水平，加大医疗保障兜底力度

对贫困人口实行先诊疗后付费制度。贫困人口在统筹区域内定点医疗机构就诊发生的合规医

疗费用仅需支付按规定应由个人承担部分；对贫困人口符合规定的住院医疗费用提高 5% 的报销比例。

对农牧区贫困群众经基本医疗保险、大病保险报销后的合规医疗费个人自付部分，按医疗费用救助比例不低于 70% 实施医疗救助政策，普通医疗救助额由 6 万元 / 年提高至 10 万 / 年；重特大疾病救助额由 15 万元 / 年提高至 20 万 / 年，针对特例不设封顶线。

贫困人口基本医疗报销情况：2016 年报销 7274 人次，支付 3788.33 万元；2017 年报销 10300 人次，支付 6527.58 万元；2018 年报销 13274 人次，支付 9643.53 万元；2019 年报销 17810 人次，支付 11629.39 万元；2020 年报销 9407 人次，支付 7085.13 万元。

贫困人口大病保险赔付情况：2016 年赔付 93 人次，赔付 333.35 万元；2017 年赔付 139 人次，赔付 635.09 万元；2018 年赔付 212 人次，赔付 842.88 万元；2019 年赔付 213 次，赔付 656.66 万元；2020 年赔付 404 人次，赔付 414.46 万元。

贫困人口医疗救助情况：2016 年救助 5218 人次，支出 1760.99 万元；2017 年救助 8011 人次，支出 2944.59 万元；2018 年救助 10678 人次，支出 3150.25 万元；2019 年救助 12951 人次，支出 2918.08 万元；2020 年救助 6961 人次，支出 1255.51 万元。

三、抓巡视审计发现问题整改落实，立行立改长期坚持

昌都市各级医疗保障部门主动认领突出问题、剖析问题根节，并且举一反三、深入查找个性问题，对存在的问题不遮掩、不回避，对承担的责任不推诿、不扯皮，共查摆过度医疗保障、少报销和未享受医疗待遇、扶贫政策知晓率低、报销难报销慢等 4 类突出问题。通过制订工作方案、建立“一站式、一单制”服务机制、加大督办整改力度等措施，确保了交办问题事项件件有落实，事事有回音。同时，认真安排部署整改措施，要求各县（区）医疗保障部门认真对照自治区、市两级及有关部门反馈的突出问题开展自查自纠工作，落实整改工作要求，严防医保扶贫工作中突出问题的再次发生。采取实地督查指导和随机检查的方式，重点核查自查自纠情况是否属实，是否存在虚报、瞒报、漏报、不作为、慢作为等现象，确保整改工作见实效，安排部署有落实。三是落实限期整改时限，要求各县（区）医疗保障部门在认真落实整改要求的同时，要认真做到立行整改，并长期坚持，防止类似突出问题的再次发生。

四、抓政策宣传培训，提高扶贫政策知晓率

充分发挥驻村工作队贴近一线服务于民的作用，开展进村入户宣传医保扶贫待遇保障政策活动，用群众听得懂、记得住的语言，围绕政策内容做好政策解读和宣传引导工作。采取逐级宣传讲解的方式，加强对驻村干部、扶贫干部、帮扶责任人的培训，确保精准理解、正确解读，不折不扣落实医保扶贫待遇保障政策，实现医保扶贫待遇保障政策农牧区贫困群众明白、乡（镇）专职干部明白、扶贫干部明白。通过做好政策宣传、加强政策培训，进一步提高了医保扶贫政策的知晓率。

第二节 工作亮点

自 2019 年 3 月组建以来，昌都市医疗保障局始终围绕“放管服”改革目标，进一步转变职能，简政放权，优化流程，积极构建服务新平台，探索新路径，落实新举措，努力打通医保为民服务的“最后一公里”。以信息化建设为切入点，大胆探索、先行先试，将医保经办服务下沉至乡（镇）服务中心，优化和创新服务方式，建立乡（镇）医保中心报账工作机制，实现医保服务窗口前移，农牧民群众可在“家门口”实现“就近办、马上办、一次办”，切实解决农牧民报销难、报销慢、多头跑、重复跑等突出问题，让农牧民群众少提供资料、少盖章、少跑腿、少排队，提升群众获得感和满意度，受到群众的一致好评。

农牧民患者在垫付住院医疗费用出院结算后，申请保障自身医疗权益时，需前往县一级医疗保障服务中心，然后上往市一级大病保险公司，过后折返至县一级民政部门办理，甚至还可能需要回乡或者村开具相关报销凭证。同时，申请基本医疗报销、大病保险赔付、医疗救助三重医疗保障措施还要重复盖章、重复提供资料、重复排队。其次，医疗保障政务服务还存在保险制度不统一、待遇保障不均等、所需证明材料多、报销流程不够简化规范、手工报销手续烦琐且时间周期长、医保费用拨付不及时等突出问题。

各县（区）医保经办机构手工结算日均受理量 10 ～ 11 笔，日均办结最高次 3 ～ 4 笔。受理人次多、办结率低、经办审核人员少和手工结算使得县级医保经办部门只能积压报销凭证，拖延待遇审核及延迟待遇支付，造成农牧民患者住院医疗费用结算时限过长，快则约 3 个月，慢则近 6 个月。各县（区）医疗保障政务服务能力远远无法满足农牧民群众日益增长的医疗保障权益需求。

按照“急用先行”的原则和《西藏自治区城乡居民医疗保险信息系统建设实施方案》要求，针对现行推进的医疗保险信息化建设仅能实现市、县两级医保经办机构与定点医疗机构“一站式”互联网即时结算，无法打通乡（镇）医保服务“最后一公里”，距离农牧民群众对医疗保障日益增长的必然要求还存在一定差距，医疗保障经办服务与信息化服务未能下沉至一线，无法更好地满足农牧民群众对参保登记、待遇审核、医疗报销、政策宣传等医疗保障服务向往的客观要求，市医保局在丁青县开展医疗报销“放管服”先行先试试点工作。

在市委、市政府深化“放管服”改革决策部署的总体要求下，昌都市医疗保障局大力支持丁青县医疗保障局勇于创新、大胆探索、先行先试，开展待遇审核、医保报销等医保服务下沉乡（镇）政务服务中心受理，实现医保服务窗口前移，取得了显著成效。一是实现一个好汉三个帮。县级医疗保障经办机构存在编制少、人员紧缺、业务受理量过大等现象，致使出现报销慢、报销难、待遇支付不及时等问题，医疗报销服务事项权责下放至乡（镇）政务服务中心受理后，改变了医疗报销审核集中在县级层面受理的情况。二是设立乡（镇）医保中心服务窗口。依托乡（镇）政务外网平台访问医保信息系统开展乡（镇）医保中心报账工作，既能满足农牧区群众就近办理医疗保障服务的民生需求，也实现了参保登记、待遇审核、医疗报销等医疗保障政务服务能够“马上办、一次办”，切实解决了农牧民群众“多头跑、重复跑、跑断腿”等突出问题，更好地满足了农牧民群众对医疗保障经办服务与信息化服务下沉至乡（镇）一级的客观要求。践行了以人民为中心的政务服务理念，不断提高了农牧民群众的满意度和幸福指数，打通了“乡（镇）医疗保障服务最后一公里”。截至 2020 年年底，丁青县 13 个乡（镇）建立了医保专干机制，城乡居民保险经办机构提升至 14 个。丁青县县、乡两级医保经办机构手工结算日均受理量从 10 ～ 11 笔提高至 130 ～ 143 笔，从日均办结最高次 3 ～ 4 笔提高至 39 ～ 52 笔，待遇审核效率提高了约 13 倍。农牧民患者住院医疗费用结算时长从过往的 3 ～ 6 个月压缩至 15 ～ 30 日内即可办结。

截至 2020 年年底，全市 138 个乡（镇）全面建立了乡（镇）医保中心报账工作机制，实现了医保服务窗口前移，做到了医保经办服务下沉至乡（镇），农牧民群众可在“家门口”实现“就近办、马上办、一次办”。昌都市医疗保障局围绕“放管服”改革目标，抓准问题重点，创新工作方式方法，有力地推进了全市医疗保障系统体系的规范化建设，提升了医保经办服务能力。

第二十二章　中国人民银行昌都市中心支行

进入脱贫攻坚以来，昌都市由中国人民银行昌都市中心支行牵头，成立了以中国人民银行昌都市中心支行主要负责人为组长，各在昌金融机构共同参与的昌都市金融精准扶贫领导小组。该小组紧扣金融扶贫工作职责，以“金融扶贫八个全覆盖”为目标，主要负责落实人民银行拉萨中心支行、昌都市委、市政府的工作部署，研究和执行金融支持脱贫攻坚政策措施，指导和统筹金融脱贫攻坚工作的组织实施，加强脱贫攻坚各项金融工作的督促、落实，持续加大对贫困地区、贫困人口的金融支持力度，营造出全市金融系统与政府部门、企业良性互动，共同促进扶贫开发的良好局面，金融助推昌都市脱贫攻坚取得明显成效，成功助推全辖11个县（区）实现脱贫摘帽。2016年以来，昌都市各金融机构累计投放150亿元金融精准扶贫贷款，截至2020年年底，昌都市金融精准扶贫贷款余额为61.19亿元，较2015年增长108.77%，年均增速18.13%，高于昌都市GDP的年均增速。

第一节　工作举措

脱贫攻坚战打响以来，中国人民银行昌都市中心支行强化精准扶贫精准脱贫政策学习，精准对接脱贫攻坚的金融需求，加强银政协作，创新金融产品，着力推进普惠金融，为全市金融助力脱贫攻坚、消除绝对贫困，树立了典型示范，夯实了脱贫基础。

一、强化政策学习，打牢制度基础

（一）加强组织领导，建立政策学习常态化机制

牵头成立昌都市金融精准扶贫领导小组、昌都市金融对接扶贫产业项目领导小组、昌都市金融精准扶贫“八个全覆盖”工作领导小组等专项小组，负责全市金融精准扶贫工作的总体安排部署，定期召开领导小组会议，抽调精干人员设立领导小组办公室，明确工作分工和职责要求，形成各金融机构一把手亲自管、分管领导具体抓、经办人员全面推动的工作格局；坚持把金融扶贫政策学习放在重要位置，以领导小组工作例会形式为主定期开展政策学习，认真学习习近平总书记关于扶贫工作重要论述和中央及自治区脱贫攻坚重大决策部署，深入领会党中央、国务院精准扶贫、精准脱贫基本方略的深刻内涵，精准指导辖区工作实际。

（二）统筹谋划布局，完善金融扶贫制度建设

结合昌都实际，建立金融支持深度贫困地区脱贫攻坚“昌都模式”，陆续出台《昌都市金融支

持脱贫攻坚实施意见》《昌都市产业金融扶贫工作实施方案》《昌都市精准到户扶贫实施方案》《昌都市 2018—2020 年金融支持深度贫困地区脱贫攻坚工作实施方案》等，明确金融助推脱贫攻坚的指导思想、工作原则、目标、具体措施及组织保障等；创新建立并逐步完善由《金融精准扶贫数据统计表》《建档立卡贫困户基本情况统计表》《扶贫产业项目及安置点配套项目对接进展情况表》《易地扶贫搬迁金融服务台账》等一系列报表组成的大数据制度，实现辖内金融精准扶贫数据的全面掌握；在全区各地市中支行中率先建立了金融扶贫专项考核、评估机制，印发《昌都市银行业金融机构金融精准扶贫工作考核管理办法》《昌都市金融扶贫政策效果评估实施细则（暂行）》，按季通报金融精准扶贫工作情况，有效推动金融精准扶贫工作顺利进行。

二、精准对接需求，提升金融服务

（一）强化信息共享，找准金融支持切入点

充分利用市脱贫攻坚指挥部的交流平台，与市发改委、扶贫办、财政局、农业农村局建立良好的信息共享机制和协调合作模式，及时掌握辖区建档立卡贫困户名单、特色产业发展、基础设施和基本公共服务等规划信息及调整情况，准确掌握项目安排、投资规模、资金来源、时间进度等信息，研究分析金融支持的重点；及时将信息反馈给商业银行，指导其认真梳理脱贫攻坚金融服务需求清单，以银行结对帮扶为基础，积极对接有金融服务需求的项目；引导辖区农行利用基层网点贴近群众的优势，主动对接扶贫部门确定的建档立卡贫困户，深入了解贫困户的基本生产、生活信息和金融服务需求信息，建立了包括贫困户家庭基本情况、劳动技能、资产构成、生产生活、金融需求等内容的精准扶贫金融服务档案，实行一户一档。

（二）紧抓产业服务，增强贫困地区发展内生动力

人民银行昌都市中心支行把支持贫困地区产业发展作为帮长远、助根本的重要途径，以建立和贫困户利益联结机制为前提，构建金融扶贫项目清单，引导银行针对不同扶贫产业的需要和发展实际，创新金融产品，精准施策，灵活运用钻石卡信用贷款、农村个人生产经营贷款、“政府增信+银行信贷”、创业助业贷款、线上小企业贷款等多种信贷产品，充分发挥“西藏辖区小微客户融资服务平台”和“应收账款融资服务平台”作用，畅通扶贫产业主体融资申请渠道，推动提升扶贫产业主体金融服务覆盖面和可得性。引导金融机构主动肩负起帮扶企业责任，梳理客户资源，以“三层结对子”为依托，帮助农牧区及各结对帮扶县培育优势产业，延伸市场链条，扶持新兴企业发展壮大，提升其带动帮扶贫困户脱贫致富的能力；在全区率先设立“金融助推扶贫产业试点县”，发挥典型带动作用，助推全市扶贫产业做大做强。2016 年以来，辖区各金融机构累计对接扶贫产业项目近 400 个，对接经济合作组织 200 余家。截至 2020 年年底，昌都市产业贷款余额 8.37 亿元，较 2015 年增长 9 倍。

（三）聚焦贫困人口，推动金融服务到村到户到人

依据扶贫部门提供的建档立卡贫困户名录，组织辖区农行对全市建档立卡贫困户逐户采集金融需求，并依托“4+1”金融扶贫帮扶模式，实现对辖区贫困户基本信息的动态更新管理，为金融扶贫提供“大数据”支持；指导辖区农行在精准识别的基础上筛选出符合信贷准入条件的贫困户，按

照“关注存量、做好增量、简化流程、实现新旧贷款无缝对接”的工作思路，锁定贫困主体真实有效信贷需求，引导贫困户灵活选用“金银铜小额信贷+扶贫小额信贷”等信贷产品发展生产；以建立利益联结机制为基础，加大对益贫带贫作用突出的扶贫产业信贷支持，带动区域内贫困户增产增收；积极推动引导辖区保险业发挥脱贫攻坚保障作用，探索解决“因大病致贫、因大病返贫”的问题；不断完善金融服务基础设施建设，满足贫困群众各类金融服务需求。2016年以来，全市金融机构累计发放个人精准扶贫贷款48亿元，覆盖70%左右的建档立卡贫困户。截至2020年年底，昌都市个人精准扶贫贷款余额12.90亿元，较2015年年底增长91.39%。

（四）服务易地搬迁，助力贫困人口“挪穷窝”

建立金融机构易地扶贫搬迁贷款逐笔登记制度、台账报备制度、专项监测明细表等，指导金融机构信贷资金及时到位，对资金使用情况开展现场调研检查，确保支持对象精准、贷款资金专款专用，避免资金闲置挪用和因贷款原因影响搬迁进度，实现对辖区58.29亿元易地扶贫搬迁贷款资金的有效监测；完善安置点金融基础设施建设，提升安置点综合金融服务，及时做好安置点助农取款设备配置使用，支持安置区贫困人口就近就地生产生活；组织辖区农行对各搬迁安置点的产业配套情况进行摸底，主动对接有金融需求的82个产业项目。2016年以来，昌都各银行累计投放4.05亿元贷款支持易地扶贫搬迁安置点建设，增强搬迁点发展后劲；指导农行主动做好与迁入地金融网点的协调工作，深入安置点开展金融服务衔接工作，确保搬迁户在迁入地融资及其他金融需求不断层、可持续。

（五）支持基建项目，夯实经济发展基础

针对辖区交通不便、基础设施落后等现状，精准对接辖区贫困区域的重点基础建设项目，掌握项目建设进度，搭建合作平台，引导银行在资源配置、金融产品和服务方式创新、信贷权限设置等方面对深贫县域倾斜，大型基建项目以组建银团贷款的方式，加大基础设施项目扶贫贷款发放力度，积极支持易地扶贫搬迁、农村交通设施建设、农网升级改造及贫困地区水利设施建设等，农牧区基础环境进一步改善。截至2020年年底，昌都市项目精准扶贫贷款余额39.92亿元，较2015年年底增长83.28%，其中36.48亿元用于改善农村基础设施建设。

三、推进普惠金融，优化生态环境

（一）深化支付环境建设，持续加大助农取款点增设力度

不断完善辖内金融基础设施建设，推动结算账户、支付工具、支付清算网络在农牧区的应用，以“物理网点+助农取款点+金融综合服务站+流动金融服务”的方式，加大深度贫困地区金融服务的便利性和可获得感，金融服务深度贫困地区力度不断加大，打通了金融服务“最后一公里”；积极开展农牧区金融特色服务小镇建设，推进“智慧城市”移动支付便民示范工程，完成机具改造2884台，改造率达100%。截至2020年年底，全市共布设助农取款服务点1172个，金融综合服务站12个，填补金融服务空白行政村1142个。

（二）加强信用体系建设，扎实推动征信服务工作下沉

积极探索农户基础信用信息建设与建档立卡贫困户信息的共享和对接，将信用信息纳入贫困户

一户一档中；引导全辖金融机构以实现金融服务全覆盖为目标，以载体建设和服务升级为核心，不断加强社会信用体系和金融生态环境建设，推进小微企业和建档立卡贫困户信用档案的建立和完善；深入推进“信用户”“信用村”“信用乡（镇）”“信用县”的评定与创建。2016 年以来，辖区金融服务体系不断完善，新增金融机构 6 家，评定信用县 6 个、信用乡（镇）83 个、信用村 184 个。截至 2020 年年底，辖区累计评定信用县 6 个、信用乡（镇）83 个、信用村 909 个。

（三）加大金融知识普及，坚持将金融消费者保护工作落到实处

牵头加强对贫困地区金融消费者教育和权益保护工作，以实现合法权益全面保护为目标，强化金融消费权益保护宣传，配合有关部门严厉打击金融欺诈、非法集资、制售使用假币等非法金融活动，加快对金融积压案件的处理，充分发挥出金融消费权益保护投诉电话的作用，确保金融消费者投诉受理与处理工作的办结率、满意率均达到 100%，金融生态环境持续优化。

四、创新金融产品，完善金融体系

（一）下沉服务重心，丰富辖区金融服务体系

引导金融机构稳定和优化县域基层网点设置，确保现有网点基本保持稳定，积极争取进一步延伸服务网络，强化县级以下机构网点建设，鼓励大中型金融机构在辖区增设网点，提升金融服务脱贫攻坚能力。2016 年以来，辖区增设 3 家市级银行业金融机构、1 个县级营业网点、2 个乡（镇）营业所，农行基层营业网点全面完成改造升级，结束了手工营业所的历史，基层营业所员工从 2015 年年末的 524 人增加到现在的 659 人，金融服务体系不断完善。

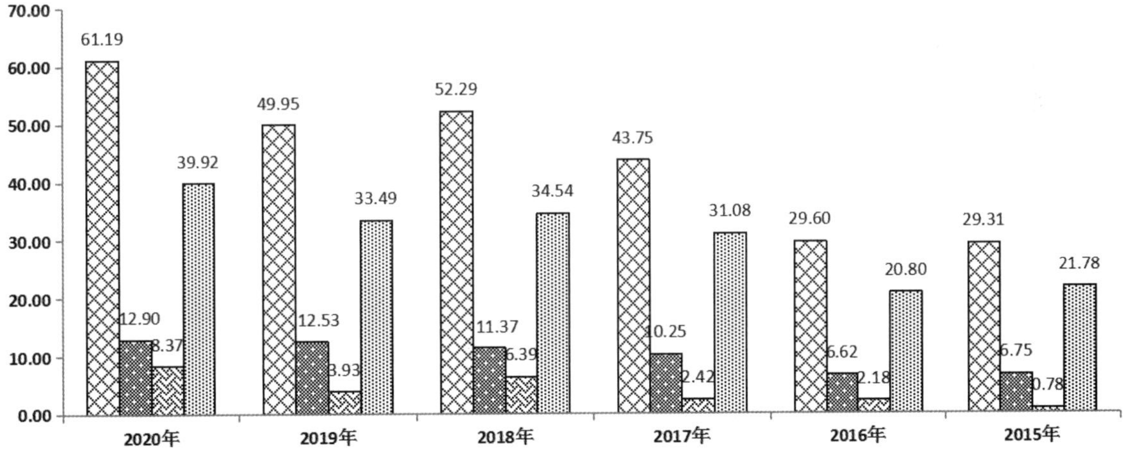

图 4-1　昌都市 2015—2020 年金融精准扶贫贷款情况（单位：亿元）

（二）创新金融产品，发挥金融脱贫攻坚主体作用

引导各金融机构充分发挥主观能动性，深入实地调研，分析辖区金融需求实际，积极创新或引进金融产品服务建行创新引进“小微快贷”，极大提高了扶贫企业的办贷效率；邮储银行推出“扶贫富农贷”，降低了扶贫企业的信贷准入门槛；农行在农牧区推行“惠农 E 贷”“微 E 贷”，为农牧

民获取小额信用贷款提质增效；藏行创新开发了“藏富贷”“藏惠贷”“藏易贷”等扶贫信贷产品，进一步满足扶贫主体和贫困户的融资需求；中行积极推广“中银结算通宝”“应收通宝”“承兑质押贷款”等信贷产品，拓宽了扶贫产业项目主体的抵质押品范围；工行推出“藏宿贷”，支持贫困户创业就业；人保财险昌都分公司积极探索推行“返贫险”，为建档立卡贫困户脱贫保驾护航；平安财险昌都支公司在察雅县开展“三村工程”扶贫项目，面向“村干部、村医、村教”实施产业扶贫、健康扶贫、教育扶贫工程，为察雅县脱贫摘帽作出积极贡献。

五、加强银政合作，确保政策实效

（一）银政协调配合，引导金融资源倾斜配置

加大与地方政府、财政部门的沟通协调，争取政府对金融扶贫的正向激励措施和政策，发挥财政政策对金融资源的支持和引导作用，确保农户小额贷款税收优惠、涉农贷款增量奖励、农村金融机构定向费用补贴等政策落实到位；积极协调地方财政设立扶贫产业风险补偿金，专项用于支持扶贫产业发展，起草并经政府审核印发了《昌都市精准脱贫产业贷款风险补偿金管理暂行办法》。截至2020年年底，辖内设立扶贫产业风险补偿金0.44亿元，撬动金融扶贫产业贷款1.33亿元；联合市政府对辖区扶贫成效明显的金融机构进行表彰鼓励，2019年年初，昌都市人民政府为2018年度在金融扶贫工作中表现突出的农行昌都分行、邮储银行昌都分行授予“金融助推脱贫攻坚先进单位”称号。

（二）严格考核评估，确保政策传导渠道畅通

在全区率先建立银行业金融精准扶贫考核、评估机制，出台《金融扶贫政策效果评估实施细则》，按年开展金融精准扶贫政策效果评估；建立金融机构金融精准扶贫工作考核机制，出台《昌都市银行业金融机构金融精准扶贫工作考核办法》，按季通报工作完成进度，按年进行考核，并将考核结果纳入综合评价范畴；中支行领导带队，多次分组奔赴深度贫困县、乡（镇）、村，开展金融扶贫调研、督导、检查，实地走访贫困主体，与基层政府沟通交流意见，强化政策导向，指导基层营业所做好金融扶贫工作，增强脱贫攻坚金融政策的实施效果 。

（三）加强宣传总结，营造金融服务良好氛围

创新开展以“给县委书记的一封信”“六个一”“行长县长面对面”“金融扶贫宣传专栏全覆盖”“致富带头人讲金融”等为主题的宣传活动，不断提升金融扶贫政策及扶贫成效的社会认知度；以在全市大会上作宣讲、在市党校讲课、依托政府“乡乡通”系统讲解等多种形式，先后11次面向各县（区）、乡（镇）的扶贫工作人员解读金融扶贫政策，指导其运用好政策；以深入基层金融机构营业网点现场讲解、藏东金融扶贫微信群定期宣传等方式，面向全辖各级银行业机构扶贫工作人员详细讲解金融精准扶贫知识，提升政策执行水平；以举办银政企对接活动、制作金融扶贫宣传段视频、微信美篇、电视台专访、政府网站宣传、临街设点、驻村宣传、专栏宣传、入户发放宣传手册等多种形式，将金融精准扶贫政策、工作举措及成效面向地方政府及社会公众广泛宣传，营造金融精准扶贫良好氛围，2016年以来累计发放宣传手册、宣传海报12万余册（张），基本实现贫困户金融精准扶贫政策宣传全覆盖。

第二节　工作亮点

“精准扶贫事关全面建成小康社会，事关增进人民福祉，事关巩固党的执政基础，事关国家长治久安”。人民银行昌都市中心支行紧跟党和国家的步伐，聚焦金融精准扶贫工作和提升质效服务乡村振兴，在金融精准滴灌、金融措施精准到户、提升金融服务能力、创新金融扶贫成效四个方面亮点纷呈。

一、金融活水精准“滴灌”，产业助力脱贫“造血”

2017 年才成立的洛隆县阿登文化传播公司暂时达不到法人贷款的需求，就通过发放农村个人生产经营扶贫贷款的形式帮助其渡过难关；扶贫产业贷款帮助芒康县藏东珍宝酒业有限公司扩大了产能，“公司 + 农户”的方式为当地果农带来每年每户 6000 元的增收；察雅县康巴民族服装厂的产品在金融机构门户网站的线上销量达到了年销售额的 45%……昌都金融机构支持扶贫产业发展措施精准，效果显著。打赢脱贫攻坚战，到 2020 年如期全面建成小康社会，始终是习近平总书记和党中央的牵挂，也是党向全世界和中国人民的庄严承诺。近年来，人民银行昌都市中心支行认真学习领会习近平总书记关于扶贫工作重要论述，把发展产业作为实现脱贫目标的根本之策，把培育产业作为推动脱贫攻坚的根本出路，着力提高贫困人口自我发展能力和自我造血能力，指导辖区金融机构充分发挥行业优势，灵活运用金融政策和金融服务，为全市扶贫项目建设、产业发展注入了源源不断的金融“活水”，为产业扶贫不断强化“造血”功能，为昌都市夺取脱贫攻坚最终胜利作出了积极贡献。截至 2020 年年底，昌都市精准扶贫产业项目贷款余额为 48.29 亿元，服务带动人数达 4 万余人。

（一）坚持制度先行，创新金融扶贫“昌都模式”

结合辖区实际，创新建立以金融机构结对帮扶为核心的金融扶贫“昌都模式”，先后出台《昌都市产业金融扶贫工作实施方案》《昌都市金融对接扶贫产业项目工作实施细则》等工作制度，建立多方联动工作机制，成立昌都市金融对接扶贫产业项目领导小组，主动协调市、县两级政府相关职能部门、辖区各金融机构各司其职，完善扶贫产业项目规划，强化产业风险补偿金管理，健全扶贫企业主体建设，引导扶贫产业项目合理信贷需求，畅通银政企交流合作平台，提高产业政策、金融政策、信贷产品信息和企业信息透明度，实现信息共享。扎实解决扶贫产业发展资金困难，充分发挥金融助推产业扶贫发展主力军作用，增强产业扶贫金融服务的准确性和有效性，加快昌都市脱贫致富步伐。

（二）坚持多措并举，提升金融扶贫工作质效

“宣传式推进”发挥典型带动作用。2016 年以来，人民银行昌都市中心支行牵头组织 9 次大型银政企项目对接会，各银行业金融机构共开展融资对接、银企座谈等活动 90 余次，设立的金融产业扶贫试点县示范成效明显。“清单式对接”确保不漏一个。主动与政府部门沟通协调，认真梳理扶贫产业项目金融服务需求，构建金融扶贫项目清单，指导全市金融机构按照“立项一批关注一批、成熟一批对接一批、审核一批发放一批”的工作原则，完成“清单”内企业全对接。“点对点

服务”让银企信息更加对称。采用一企一案、一案一复的方式，逐一对每个项目的对接情况进行记录形成单独档案，适时向每个项目主体及相关政府部门反馈对接情况，帮助有信贷需求的企业尽快完善相关资料，提升融资获得率；“挂图式督导”确保金融支持扶贫产业有序推进。建立和完善金融支持扶贫产业推进表，明确产业扶贫贷款办理时限，确保产业扶贫贷款实现优先调查、优先审批、优先上报、优先发放，实实在在让产业扶贫相关企业享受到金融政策红利。

（三）坚持因企施策，确保金融扶贫精准滴灌

针对借款主体企业内部建设不完善的微型企业，人民银行昌都市中心支行指导辖区金融机构灵活运用钻石卡信用贷款、农村生产经营贷款等到户信贷政策帮助其发展生产。针对发展情况较好的中小企业，创建“政府增信 + 银行信贷”金融产业扶贫新模式，以政府设立产业扶贫风险补偿基金、银行发放产业扶贫贷款的方式支持企业发展。针对尚未达到信贷准入标准的产业，引导金融机构主动肩负起企业培育帮扶责任，充分利用物理网点覆盖面广的优势，及时了解企业的生产状况和需求，按照贷款准入条件主动对客户进行培育，同时发挥银行平台优势，帮助企业延伸市场链条发展壮大。针对辖区交通不便、基础设施落后等现状，搭建合作平台，引导银行组建银团贷款，加大基础设施项目扶贫贷款发放力度，积极支持易地扶贫搬迁、农村交通设施建设、农网升级改造及贫困地区水利设施建设等，改善农牧区经济发展环境。

二、精准滴灌到户，金融助力脱贫

“小康不小康，关键看老乡”。2016年以来，人民银行昌都市中心支行立足实际，坚持“两聚焦三加强”，持续提升对贫困人口的金融扶贫质效，严守金融扶贫风险底线，有效助推了全市脱贫攻坚工作。

（一）聚焦贫困信息档案建设，实现信息档案全掌握

完善建档立卡贫困户金融需求对接机制，紧盯辖区19万建档立卡贫困人口，建立金融到户扶贫基础信息表，对贫困户姓名、性别、身份证号码、详细住址、联系方式、致贫原因、脱贫方式、金融服务需求等进行动态掌握，做好一户一档登记造册、评级授信、信贷投放和资金监管全流程金融服务工作，提升到户扶贫工作的精细度，确保扶贫资金放得出、用得好、能致富。

（二）聚焦贫困群众金融需求，实现有效需求全满足

以助农取款点建设为抓手，不断加大农牧区基础金融服务力度，实现了农牧民群众小额存取款、汇款转账、查询、消费等基本金融服务足不出村。促成并推动“一卡通”惠民补贴资金监管信息平台在昌都正式上线运行，将昌都市现行政策规定的41项惠民直接补贴资金全部纳入“一卡通”惠民补贴资金监管信息平台，直补资金可在25秒内发放至农牧民群众。自“一卡通”系统正式上线以来，已累计为20.25万农牧民群众发放各类惠民补贴资金达6.29亿元。因户施策建立健全金融扶贫模式。针对昌都农业生产结构单一、农牧民增收无抓手的问题，通过“群众自己提、干部帮忙想”的方式，深入分析贫困户致贫原因，梳理出贫困户发展致富的可行性措施，引导农行对贫困户进行分类建档评级，锁定贫困主体真实有效信贷需求，灵活运用多种小额信用贷款，持续提升贫困户“造血”功能和内生发展动力。

（三）加强金融宣传深度广度，确保政策宣传全覆盖

在人群密集区设立金融扶贫宣传专栏，讲解金融政策和扶贫成效；以“4+1”金融扶贫结对帮扶为依托，随时接受贫困户的政策咨询；走村入户根据实际需求推荐金融产品，以行政村为单位组织集中宣传，详细讲解金融政策；收集整理到户信贷产品、贷款流程、申报条件等印制成藏汉双语宣传海报，逐户分发给建档立卡贫困户，并张贴在人员密集点，金融扶贫政策的宣传覆盖面持续提升。

（四）加强贷款规范使用管理，确保信贷资金安全

坚持每月政策培训，督促金融机构严格执行贷款政策，加强贷前调查、贷中审查、贷后检查力度；针对到户贷款贷后监管难度大的问题，以“4+1”金融扶贫模式为依托，创新定期回访机制，明确信贷员回访时限、回访重点，压实贷后监管责任；坚持实地调研，中支行领导带队，深入基层营业网点督导银行贷款合规发放，深入建档立卡贫困户家中宣讲政策，调查了解贷款使用情况，引导贫困户合理合规使用贷款发展生产脱贫致富。

（五）加强金融风险防范力度，确保辖区金融稳定

建立建档立卡贫困户贷款基本情况表，按月更新数据并进行分析整理，做好风险防范预警；深入贷款用途实地开展调研，引导金融机构妥善做好风险防范和后续；强化对贫困群众诚信意识的培养，教育引导贫困户树立“借钱发展生产，脱贫后还钱”的市场经济意识和责任意识；定期开展对扶贫信贷资金拨付、使用情况、利率执行情况、贴息政策落实情况等的督导检查，加强信贷资金使用情况的监测评估，防止落实扶贫贴息政策出现偏差；呼吁政府尽早在有条件的县域建立扶贫小额信贷风险补偿机制，牢牢防控扶贫小额信贷领域风险。

三、提升金融服务，助力跨市搬迁

易地扶贫搬迁是中央精准扶贫“五个一批”的重点内容，是解决“一方水土养不活一方人”的根本之策。2017 年，自治区党委在充分调研的基础上，决定于 2019 年年底完成昌都市三岩片区 7 个乡（镇）共 1801 户 11605 人整体跨市易地搬迁工作。人民银行昌都市中心支行作为金融扶贫的牵头单位，坚持以金融支撑为基础、提供贫困人口就业为手段、提升搬迁群众金融服务满意度为目标，积极引导辖区农行服务三岩农牧业增产增效、农牧民增收致富，提升金融服务质量，支持搬迁工作顺利开展。

（一）信贷支持力度持续加大，基础金融服务有效满足

成立三岩片区金融服务领导小组，制定专项金融服务方案，有效对接三岩片区农牧民融资需求，大力投放信贷资金。“十三五”以来，累计向该片区发放农户贷款近 1.2 亿元，根据整体搬迁的特殊情况将 50 余个助农取款点全部改建为掌上银行村，实现基础金融服务全覆盖。

（二）政策知识宣传全面覆盖，搬迁金融服务有序衔接

利用“双基联动”“4+1”“3+2+N”等开展金融产品、征信知识和普惠政策等宣传达 300 余次，

持续开展搬迁金融服务解释工作，做好搬迁群众存量贷款清收，主动与迁入地金融网点协调，深入安置点开展金融服务衔接工作，确保搬迁户在迁入地融资及其他金融需求不断层、可持续。

（三）畅通信息沟通交流渠道，持续有效防控金融风险

人民银行昌都市中心支行多次提请昌都市委、市政府及相关部门高度重视并协调配合三岩片区贷款清收，建议将贷款清收纳入三岩片区整体跨市搬迁方案和各级政府部门议事范围，并由政府主导开展政策宣讲，引导搬迁户主动还款、积极履约，发挥正面舆论导向，协助银行网点在搬迁户迁走前逐户清收到（逾）期贷款，确保辖区金融风险总体可控。

四、筑牢根基抓精准创新扶贫求实效

2016年以来，人民银行昌都市中心支行及时调整工作思路和举措，采取多项措施，以“四三”机制为抓手，从全局出发谋篇布局，创优工作方式，摸准扶贫对象，精准整合资源，助推辖内脱贫攻坚取得实效。

（一）做好三个保障，谋划精准扶贫全局

做好精准扶贫工作，首要的就是谋篇布局。人民银行昌都市中心支行党委高度重视金融精准扶贫工作，把握全局，放眼未来，对精准扶贫工作进行统筹安排。一是强化机制建设，健全组织保障。成立以人民银行昌都市中心支行主要负责人为组长、各在昌金融机构参与的昌都市金融精准扶贫领导小组，负责对全市金融精准扶贫工作的安排部署，下设精准扶贫办公室，从全市金融机构抽调精英骨干承担具体工作任务。二是着眼发展全局，做好规划保障。先后制定出台《中国人民银行昌都市中心支行关于金融支持脱贫攻坚的实施意见》《昌都市金融扶贫实施方案》，提出金融支持脱贫攻坚的原则、总体目标、具体措施、组织保障等，并将目标任务按年度精确分解到辖内各金融机构。三是强化监测分析，做好措施保障。精准扶贫重在落实，在深入基层调研的基础上，人民银行昌都市中心支行积极拓展思路，以“产业扶贫”和“到户扶贫”为切入点，对金融精准扶贫政策的落实和成效进行实时监测、分析，对发展前景好、信贷扶贫资金运用到位的产业和贫困户进行重点帮扶，同时总结工作经验，动态调整工作措施，确保精准扶贫政策落实到位取得实效。

（二）强化三项能力，筑牢精准扶贫基础

万丈高楼平地起，为做好金融精准扶贫工作，人民银行昌都市中心支行本着“磨刀不误砍柴工”的精神，扎实做好各项基础工作。一是加强理论学习，提升业务能力。人民银行昌都市中心支行充分利用各种机会，以金融联席会集中学习、下发资料自行研读、工作之余自由讨论等方式认真学习中央扶贫开发工作会议精神、人行各级工作会议精神等，吃准摸透精准扶贫要求，准确把握精准扶贫方向，不断提升精准扶贫工作能力。二是强化横纵协调，提升沟通能力。纵向加强与上级行的沟通联系，实现与辖区各金融机构的信息共享，畅通特殊优惠金融政策和扶贫贴息贷款政策的传导，精准掌握辖内金融精准扶贫的进展；横向加强与市发改委、财政局、扶贫办等地方政府部门的信息沟通，交流扶贫产业、扶贫项目、扶贫人口、扶贫政策等情况，掌握“十三五”时期昌都市扶贫开发产业及项目的具体情况，做好扶贫项目储备工作。三是充分利用资源，提高创新能力。积极与援藏兄弟行联系，交流金融扶贫工作经验，加强对金融新政策、新知识的学习和运用，结合本地

实际提炼总结，改进工作方式方法，拓宽工作思路，促进金融扶贫工作提质增效。

（三）建立三个制度，助推精准扶贫进程

为确保辖区精准扶贫工作的稳步推进，人民银行昌都市中心支行建立三个金融扶贫工作制度。一是建立金融扶贫专报制度，确保信息畅通各金融机构以周报的形式将金融扶贫最新动态报送至金融精准扶贫领导小组办公室，汇总整理后及时报送给上级行、市脱贫攻坚指挥部和金融精准扶贫领导小组成员单位。二是建立金融扶贫台账制度，确保金融扶贫全面掌握。认真整理和记录辖内金融扶贫相关工作，按月核查精准扶贫工作进展情况并定期通报，做到及时梳理、及时掌握、及时督促。三是建立金融扶贫大数据制度，确保金融扶贫“靶向定位”。在深入摸底的基础上，建立以全市建档立卡户的户数、家庭基本情况、信贷需求、贷款发放情况、贷款用途、脱贫情况及产业扶贫信贷需求和贷款发放情况为基础的金融扶贫大数据，数据内容按月更新，真正做到精准到户、精准到人。

（四）着力三种宣传，营造精准扶贫氛围：扶贫先扶志，扶贫必扶智

人民银行昌都市中心支行结合工作实际，充分发挥自身优势，加大宣传教育力度，以点带面重点突破，营造良好金融扶贫氛围。一是抓好驻村宣传，强化贫困人口观念扶贫。利用金融机构驻村工作队的优势，深入调研摸底驻村点发展优势，在驻村点开展教育扶贫、观念扶贫，本地藏族干部现身说法，宣讲发展教育和转变观念才能持续增收致富；推广宣传卡若区通夏村利用小额信用贷款发展致富的典型案例，鼓励农牧区群众充分利用信贷扶贫资金整合资源发展生产；认真解读金融知识和扶贫政策，手把手引导农牧民了解和掌握致富途径。二是着力对公宣传，强化实体经济产业扶贫。积极组织召开银政企项目对接会，向地方政府和企业宣传金融知识、扶贫政策，以扶持重点产业和特色产业为突破口，搭建银行、政府、企业的沟通交流平台，以“政府出菜单、银行来点单、企业来生产”的方式，扶持辖内扶贫龙头企业发展壮大，实现产业扶贫。三是做好征信宣传，营造诚信环境社会扶贫。以西藏第二批农村信用体系建设为契机，大力开展诚信宣传教育，推动辖区信用体系建设，通过示范带动和正向激励作用，教育和引导社会公众形成“信守承诺、按时还款”理念，逐步形成信用体系建设和扶贫攻坚开发良性共促机制，营造良好的金融生态环境。

第二十三章　国网昌都供电公司

进入脱贫攻坚阶段，昌都市由国网昌都供电公司牵头，成立由公司总经理为组长，公司领导班子成员为成员的脱贫攻坚领导小组，主要负责落实国家电网西藏电力公司、昌都市委、市政府关于脱贫攻坚的工作部署。该小组始终把脱贫攻坚作为重大政治任务，充分发挥电力行业优势，主动融入西藏自治区“专项扶贫引导、行业扶贫跟进、社会扶贫支持、援藏扶贫倾斜”的大扶贫格局，助力昌都各贫困县脱贫摘帽并持续巩固脱贫成果。截至2020年年底，随着投资25.98亿元的新一轮农网改造升级和投资19.73亿元的“三区三州”深度贫困地区电网建设等工程的完工，昌都市农牧区实现了从“用上电”向“用好电”的根本转变。国网昌都供电公司在助力脱贫攻坚上充分展示了央企担当，贡献了国网力量。

第一节　工作举措

脱贫攻坚战打响以来，国网昌都供电公司强化精准扶贫和精准脱贫政策学习，精准对接脱贫攻坚的电力需求，加强本公司与昌都市脱贫攻坚指挥部的协作，创新电力扶贫形式，着力夯实电力基础设施建设短板，为全市电力助力脱贫攻坚、消除绝对贫困，树立了典型示范，夯实了脱贫基础。

一、强化党建促脱贫，常态驻村开展帮扶工作

脱贫攻坚战打响以来，国网昌都供电公司累计派出9批共计63人次驻村工作队员，按照“摘帽不摘责任、摘帽不摘政策、摘帽不摘帮扶、摘帽不摘监管”的总体要求，常态驻村开展帮扶工作，为切实做好公司驻村扶贫工作，公司43名党员干部与贫困户结对“认亲”，与贫困户并肩脱贫，如今，公司所驻村均已实现脱贫。

（一）建强基层组织

工作队始终把进一步提高村党支部的凝聚力和战斗力当作首要任务来抓。一是为进一步提高办事效率，规范工作程序，帮助村委完善了各项管理制度、会议制度、学习制度及有关监督机制，建立健全了村级财务制度和村务公开制度，村级管理基本实现了规范化、制度化、公开化。二是为进一步提高村干部素质，先后组织村干部和党员学习“习近平总书记系列讲话重要内容”重要思想和开展“两学一做”专题学习达80余次，努力提高他们的政治素质和理论水平，大力强化他们的宗旨观念和责任，使他们牢固树立全心全意为人民服务的根本宗旨。

（二）维护社会稳定

一是驻村工作队根据驻村点的村情、民情等实际情况，结合区、市、县、乡四级党委政府维稳工作要求，建立健全维稳工作机制，落实群防群治工作，特别在两节及各敏感时段，做到全员在岗，并制定维护稳定方案和处置突发事件预案，落实值班带班制度，组织护村队、护林队进行巡逻，排查安全隐患、外来人员，确保两节及各敏感时段维稳工作“三不出”“四无”。二是通过召开群众大会、入户走访等形式，全方位、多层次、有重点、有策略地开展反分裂教育、新旧西藏对比教育、感党恩教育，引导群众自觉与十四世达赖集团划清界限，坚决抵御其分裂渗透破坏活动。三是落实维稳工作责任，坚持每月走村入户，全面掌握村情、民情，排查不稳定因素，及时调处化解矛盾纠纷，确保了所驻村（居）社会局势稳定。

（三）促进增收致富

驻村工作队在走村入户时，大力宣传劳动光荣、勤劳致富理念，引导群众转变“等、靠、要”思想，积极动员富余劳动力走出去，同时了解当地特点、村情民情，制定发展规划，起草上报了一些见效快、前景好、符合当地实际情况的致富项目。

（四）深化感党恩教育

驻村工作队根据实际情况，多措并举开展感党恩活动：一是制作新旧西藏对比展板、强基惠民活动宣传栏，宣传西藏发生的翻天覆地变化、中央对西藏的特殊政策、全国支援西藏建设的事例，群众看得见摸得着的变化。二是组织群众开展“算富账、感党恩、要稳定、谋发展”活动，细数近几年来党和政府通过驻村工作给当地群众带来的各种实惠，教育引导群众感党恩、听党话、跟党走。三是印制发放相关宣传资料，牢固树立“和平稳定是福、分裂动乱是祸”思想，让群众从本质上认识和谐稳定的重要性驻村工作队开展感党恩教育活动 30 次，共计 780 余人次参加。

（五）办好为民实事

驻村工作队本着“群众困难无小事、群众的需要就是我们的需要”的思想，从解决群众身边的小事入手，用好用活办事经费共 21 万元。发挥自身的优势为群众做好事、办实事、解难事，努力解决农牧民出行、上学、就医、生产、生活等方面遇到的难题。

（六）落实惠民政策

协助县、乡相关部门及时发放惠民资金，并登记造册，确保及时兑现、足额发放、到户到人（有兽医、村医、村干部工资，“三老”人员补助款，建档立卡贫困户补助款，村级组织工作经费，一孩双女补助款等）。同时将一系列强农、惠农、支农政策藏汉双语册子、明白卡发放到每户群众手中，在春节、藏历年来临之际，工作队利用为民办实事经费，与村（居）群众一起购买年货、走访贫困户，积极送上慰问品，将党的温暖送到群众手中。

（七）推进脱贫攻坚

一是积极协助县、乡做好扶贫调研，对所驻村群众贫困程度、致贫原因等基础信息进行了详细登记，完成逐户建档立卡、健全贫困户信息管理系统，做到人有名、户有卡、村有册。2016—2018

年帮扶脱贫 30 户 150 人，2019 年帮扶脱贫 14 户 88 人。二是开展结对帮扶和无偿捐赠，结对帮扶共计 93300 元；为困难村民捐款共计 9200 元。2016 年 6 月 25 日，国网昌都供电公司携手余杭供电公司为阿香村、果麦村、布堆村村民购买了酥油分离机 132 台、棉絮 132 套、被套 132 套，购买物资共计花费约 161900 元，并在沙东乡政府举行了捐赠仪式；还携手沧州供电公司积极组织爱心活动，捐赠了约 3800 件物品，折合人民币约 10 万元。2019 年，由于沙东乡整体易地搬迁，公司驻村点变为莫洛镇的帮措村、插托村、爱玉村。在驻村期间，驻村工作队根据村情民意，申报了帮措村、插托村、爱玉村变压器升级扩容项目，使帮措村、插托村、爱玉村变压器容量由 50 千伏安增加到 100 千伏安，从根本上解决了 3 个村冬季用电需求，大大提高了 3 个村的供电可靠性，为村民生产生活用电提供了坚强保障，为脱贫致富、乡村振兴奠定了坚实基础。

二、精准扶贫多方发力，助力脱贫一人不落

（一）着力实施易地搬迁安置点通电工程

截至 2020 年年底，国网昌都公司聚焦全市易地扶贫搬迁 268 个安置点，因地制宜、多措并举，按照市脱贫攻坚指挥部通电要求，为安置点农牧民过上幸福生活提供了坚强电力保障。

（二）积极促进本地生源就业

严格落实国网西藏电力针对西藏籍高校毕业生实行“三优、三降”的招聘政策，开展“订单+定向”培养，构建“招生—培养—就业”联动机制。“十三五”以来，国网昌都供电公司累计招聘高校毕业生 144 人，其中西藏本地生源 78 人，占比 54.17%，招聘总人数和西藏本地生源人数在驻昌央企位列第一。

（三）积极引导开展消费扶贫工作

通过“线上 + 线下”方式，购买公司驻村点或自治区各地市代销扶贫农畜产品，累计开展扶贫消费 25.7936 万元。广泛开展慰问、爱心捐助等活动，历年捐赠物资累计达到 100 余万元。

（四）强化县公司管理提升深度贫困地区供电服务能力

自农电体制改革工作开展以来，国网昌都供电公司以习近平新时代中国特色社会主义思想为指导，深入贯彻落实党的十九大和十九届四中全会精神，在自治区体改办的坚强领导、昌都市委市政府的亲切关怀、农电专业管理部门的积极配合以及各县人民政府的大力支持下，坚决贯彻落实关于深化农电体制改革、全面取消县级电网企业“代管体制”的决策部署，充分认识农电体制改革的重要性紧迫性，紧盯目标、攻坚克难，上下联动、密切配合，于 2020 年 10 月 19 日全面完成昌都市农电体制改革各项任务。

第二节　工作亮点

国网昌都供电公司始终以项目实施、标准提高、优质服务为重点，紧紧围绕“巩固脱贫成果、

持续富民增收”这一目标，全力做好脱贫攻坚巩固工作，大力改善电力设施，让群众享受更加优质的电力服务。

一、全过程发力，铸就辉煌“十三五”

（一）电网升级跨越，更加坚强稳定

“十三五”累计完成投资53.58亿元，是“十二五”的2.16倍、“十一五”的10.71倍，通过“新一轮农网”等一系列重点项目的实施，主电网由“十二五”的一区七县延伸至一区十县，结束了洛隆、边坝、丁青三县孤网运行的历史，电网规模翻倍，电网网架结构得到了进一步提升，主电网人口覆盖率由49%提升至94%。

（二）经营持续深化，更加依法合规

以“四个服务、一个合作”为出发点，压减办电环节和办电时间，让百姓办电更省心、省时、省钱。售电量从3.35亿千瓦时提升至8.92亿千瓦时，年均增长21.7%。资产总额从36.33亿元增长至74.9亿元，增长率51%。用电负荷从11.47万千瓦增长至27.66万千瓦，增长率141.2%。外送电量从1.9亿增长至4.79亿，增长率150.3%。

（三）党建引领大局，更加磅礴有力

紧跟公司改革发展步伐，及时优化调整基层组织设置，选优配强党支部书记17名，加强党务力量配备，使党务工作成为既成就事业又成就人才的工作。增强共产党员服务队示范性、战斗力，创建51名党员示范岗、建设27个责任区。累计发展党员38名，承担驻村工作任务5批，派出驻村干部31人次，扎实开展结对帮扶，捐助物品、物资累计41000余元，有效助力脱贫攻坚 。

五年来的经验弥足珍贵，国网昌都供电公司深切体会到：坚持党的领导是公司事业蓬勃发展的根本保证。要始终知行合一，在思想上、行动上与以习近平同志为核心的党中央保持高度一致，不断增强“四个意识”，坚定“四个自信”，坚决做到“两个维护”，不折不扣贯彻落实上级部署。坚持本质安全是公司赖以生存的生命线。基础不牢，地动山摇。安全是前提，我们务必牢固树立“安全万无一失、一失万无”的理念，始终保持清醒头脑，深化本质安全。坚持优质服务是公司彰显责任的初心所在。践行“人民电业为人民”企业宗旨，做好供电保障是我们一切工作的出发点和落脚点，必须始终坚持以人民为中心的发展思想，聚焦主责主业，把党的关怀传递到全市各族群众，才能彰显“六个力量”的价值作用。坚持提质增效是公司发展壮大的牢固保障。持续深化经营管理，在市场巩固、电费回收方面下功夫，树立过紧日子的思想，才能使公司行稳致远，扬帆远航。坚持发扬“老西藏精神”是公司战胜困难的有力武器。做到缺氧不缺精神、艰苦不怕吃苦、海拔高境界更高，才能在前进的道路上乘风破浪、铸就辉煌。

二、点亮乡村好风光，电网建设显成效

脱贫攻坚战打响以来，国网昌都供电公司直面各种困难挑战，聚力推进“三区三州”供电工程建设，积极为昌都打赢脱贫攻坚战、全面建成小康社会提供可靠的电力保障。截至2020年年底，昌

都主电网县域覆盖率已达到100%（1区10县）、乡（镇）覆盖率94%（131个乡（镇））、行政村覆盖率93%（1072个行政村）、人口覆盖率93%（72.99万人口）。剩余7个乡（镇）（芒康索多西、竹巴龙、木许、曲登、类乌齐尚卡、边坝金岭、加贡）、70个行政村、约计5.7万人由小水电和户用光伏安全供电。工程解决和改善2.37万户11.36万农牧民群众用电问题，为支撑昌都打赢脱贫攻坚战、维护民族团结和昌都经济社会发展提供了坚强电力保障。在工程建设过程中，国网昌都供电公司积极吸纳当地贫困群众3400余名参与工程建设，累计使用当地贫困群众27.52万人次，带动增收1.79亿元。除了生活用电发生了从“用上电”向“用好电”的转变和带动当地村群众收入以外，充足的电能和稳定的供电拓宽了贫困地区农牧民脱贫致富的门路，注入了脱贫的动力和发展的活力。

三、提升用户“获得电力”优质服务，助力电力脱贫成效提升

为贯彻落实党中央、国务院关于“放管服”改革和优化营商环境的决策部署，提升用户“获得电力”优质服务水平，国网昌都供电公司结合自身实际全方位落实优质服务举措。一是持续做好疫情期间政策落实。一般工商业和非高耗能大工业的电力用户电费统一按原到户电价水平的95%结算，助力70家用户复产复工。二是强化协同，压缩办电时间。国网昌都供电公司落实“先接后改”要求，深挖营销、抢修的末端融合服务潜力，持续提升优质服务。优化营商环境，积极推广“网上国网”线上服务功能，大力推广“网上国网”手机APP，实现简单业务“一次都不跑”、复杂业务“最多跑一次，全面提升客户服务体验。低压业务线上办理率实现100%。三是全力服务大用户报装接电。昌都市经济发展相对滞后，昌都电网体量相对偏小，2020年昌都市完成投运全亚洲第二大的玉龙铜业二期工程和海通、海螺、高争二期水泥等重点投资项目，持续提升经济发展能力，国网昌都供电公司成立以主要负责人为组长的用电保障小组，全力服务大用户保障接电，随着4家大用户的顺利接电完成，供电服务水平迈上新台阶，预计提升售电量50%以上。解决了玉龙铜业二期工程和海通、海螺、高争二期水泥等重点投资项目生产用电需求，为玉龙铜业二期工程和海通、海螺、高争二期水泥等重点投资项目投入生产和周边群众的几千个工作岗位提供了坚实保障，也为助力脱贫攻坚和全面建成小康社会提供了坚强的电力支撑。四是规范受电工程市场。配合监管机构严格查验承装（修、试验）单位电力设施许可资质，规范客户受电工程市场。加强对产业单位市场行为管控，坚持“市场化运营、规范化运作、公平性竞争”原则，依法合规承揽客户受电工程，并严格按照与客户合同约定科学安排工期，保证施工质量和现场作业安全。五是推动信息公开透明。严格执行《优化营商环境条例》（国务院令第722号）、《供电企业信息公开实施办法》（国能监管〔2014〕149）号等规定，通过供电营业厅、“网上国网”手机APP、95598网站等线上线下渠道，向社会广泛公开服务规范、验收标准、收费项目及标准等信息，并根据客户定制，通过手机APP、短信等方式，主动推送业务进程、注意事项等信息，保障客户知情权。六是加强对外宣传推介。综合运用系统内外部新闻媒体平台，通过营业厅摆放优化营商环境专题宣传栏、先后7次深入用户小区和商业区宣传等途径和方式，加强对优化“获得电力”营商环境措施、成效的宣传解读，提高社会知晓度和影响力，积极营造良好外部环境。

国网昌都供电公司坚决贯彻落实《优化营商环境条例》及有关法律法规要求，持续提升西藏公司“获得电力”优质服务水平。全面压减电力用户用电业务平均接电时间，深入查找短板弱项，针对薄弱环节，进行整改，坚决打通群众办电的堵点、难点和痛点，确保优化营商环境工作落到实处。群众最关心、最直接、最现实的利益问题得到有效整治，深度贫困地区供电服务能力进一步提高，人民群众的获得感、幸福感、安全感不断增强。

第五篇　县（区）实践

昌都市地处藏东“三江”流域高山峡谷区域，其下辖卡若区、芒康县、江达县、左贡县、察雅县、洛隆县、贡觉县、八宿县、边坝县、类乌齐县、丁青县等11个县（区）。新时代脱贫攻坚战打响之初，昌都市委、市政府根据各县区的区位特点、资源禀赋、贫困状况和发展潜力，以脱贫攻坚统领经济社会发展，以建档立卡贫困户“两不愁三保障”为出发点，在明确“四个问题”的基础上，制定“1235”脱贫目标，聚焦“六个精准”立标杆，着力推进“五个一批”，在全市如期有序脱贫的伟大历史进程中，党建引领、因地制宜、多措并举、聚力攻坚，铸就了昌都市消除绝对贫困的历史丰碑。

第一章　卡若区

卡若区位于西藏自治区东部，昌都市中北部，是昌都市委、市政府所在地。卡若区西沿国道318线距西藏自治区首府拉萨1121公里；东沿国道318线距四川省成都市1357公里；南距云南省昆明市1547公里，北距青海省西宁市1436公里。卡若区地势北高南低，东西呈“W”形。最高海拔6100米，最低海拔2900米，平均海拔3500米。县境内地形复杂，地势高亢，气候寒冷，降水分布受地形影响较大。旱季雨季分明，多阵性降水、降水量略少，但季节分布不均匀，降水量北多南少。夏季温和湿润，冬季气候干冷、气温日差较大，年差较小，年平均气温7.5℃。年平均无霜期130天，年平均降水量为477.7毫米，集中在5～9月，卡若区气候受山地阻隔或深山峡谷地形效应的影响，依次出现山地高原寒温带、高原寒带等气候类型。

第一节　脱贫基础

卡若区作为昌都市委、市政府所在地，人口规模相对较大，地理条件相对优越，经济社会发展程度相对较高。但作为国家级贫困县（区），卡若区经济社会发展的历史欠账较多、基础设施建设短板突出，由于地处高山峡谷区域，资源禀赋较差，耕地面积较少，提升难度较大，决战决胜脱贫攻坚面临诸多困难与挑战。

一、发展基础

（一）政区人口

2015年年底，卡若区下辖3镇12乡，即城关镇、卡若镇、俄洛镇、如意乡、日通乡、柴维乡、沙贡乡、埃西乡、芒达乡、面达乡、妥坝乡、若巴乡、拉多乡、约巴乡、嘎玛乡，辖158个村委会9个居委会808个村民小组（自然村）。2015年卡若区总人口为152001人，占昌都市总人口19.3%，农业人口45998人，牧业人口42863人，城镇人口63320人，城镇化率41.65%，高出昌都市总体城镇化率近28个百分点，卡若区经济社会发展在全市具有较高水平。

（二）资源禀赋

卡若区农业种植主要包括青稞、小麦、马铃薯、芫根等作物，畜牧业包括牦牛、犏牛、卡若香猪、红拉山鸡等。2015年，全区耕地面积5230.93公顷，粮食播种面积4837.58公顷，经济作物耕地面积1171.31公顷，林地面积628027.75公顷，占全区土地面积的58.19%，森林覆盖率

49.9%，拥有黑熊、藏狐、云豹、林麝、岩羊等44种国家级野生保护动物。卡若区水能、太阳能、地热等资源丰富。其中，境内河流众多，水量充沛，天然水能蕴藏量达4000多万千瓦；金沙江、澜沧江、怒江常年平均流量达400立方米/秒，河水平均坡度为3‰左右；全年日照时数为2319～2776小时。区境内矿产资源以有色金属矿产占优势，已探明矿产资源有铜、铅、锌、砷、钼、煤炭等70余个矿种，矿床27处，矿产地360余处。卡若区拥有各类药材1200多种，其中可利用药材750多种，其中虫草、贝母、红景天、黄连、藏红花、大黄、当归、党参、菌灵芝等产量较高。

（三）经济发展概况

2015年，卡若区地方生产总值44.28亿元，增速比昌都市平均增长水平高出6个百分点。2015年卡若区对昌都市生产总值贡献率较2014年呈小幅波动，但均在30%以上。卡若区农村居民可支配收入由2014年的7643元增长到8430元，在昌都市所有的县（区）中处于第一位，是昌都市唯一一个在2015年达到8000元以上的县（区）。2015年年底，卡若区第一产业产值30872万元；第二产业产值185864万元；第三产业产值226111万元。2015年卡若区畜牧业产值为16128.38万元，占昌都市畜牧业产值的13.9%，占卡若区生产总值的3.6%，占比较小。牲畜出栏率为33.84%，高出昌都市平均牲畜出栏率近3个百分点。农业产值为10076.23万元，占卡若区地区生产总值的2.27%，占比较小；农作物播种面积为6008.89公顷，占昌都市农作物面积的10.85%；蔬菜产量为14430吨，占昌都市的25.88%，其产值在昌都市占比较高。

（四）社会发展基础

2015年年底，卡若区共有各类学校62所，其中：幼儿园31所（含1所区直属幼儿园、15所乡（镇）幼儿园、13所村级幼儿园、2所民办幼儿园），乡（镇）完全小学23所（含17所乡（镇）小学、6所村级小学），7个教学点，初级中学1所。小学阶段师生比1∶16.51，入学率99.81%；初中阶段师生比1∶9.19，入学率98.4%。适龄学生平均受教育年限为9.34年。卡若区级人民医院1家、15个乡（镇）卫生院和158个村卫生室，城乡居民基本医疗参保率98.7%，贫困群众基本医疗参保率100%。

二、贫困状况

（一）贫困人口及分布

2015年，按照我国现行脱贫标准农民年人均纯收入2300元（2010年不变价计算），卡若区共识别建档立卡贫困户3192户13030人，涉及15个乡（镇）157个村，贫困发生率为15.3%。其中：埃西乡250户1224人，如意乡202户774人，城关镇137户636人，柴维乡279户1160户，俄洛镇194户847人，嘎玛乡169户863人，卡若镇261户885人，拉多乡246户1084人，芒达乡137户563人，面达乡255户852人，日通乡238户1046人，若巴乡178户368人，沙贡乡115户405人，妥坝乡325户1413人，约巴乡206户910人（表5-1）。

表 5-1　卡若区建档立卡贫困户统计表

序号	名称	2015 年建档立卡		贫困发生率（%）	2016 年脱贫人口		2017 年脱贫人口		2018 年脱贫人口		2019 年脱贫人口		贫困发生率（%）
		户数（户）	人数（人）		户数（户）	人数（人）	户数（户）	人数（人）	户数（户）	人数（人）	户数（户）	人数（人）	
卡若区		3192	13030	15.3%	2987	13962	73	270	98	295	213	750	0
1	城关镇	137	636	18.1%	134	622			3	3			0
2	卡若镇	261	885	20.2%	252	886			31	82	1	1	0
3	俄洛镇	194	847	12.4%	187	907	4	18	11	41	1	1	0
4	如意乡	202	774	19.9%	191	791			9	22			0
5	日通乡	238	1046	18.0%	231	1102			15	49			0
6	埃西乡	250	1224	20.1%	236	1308	3	8	7	32	5	22	0
7	沙贡乡	115	405	3.5%	107	438	4	7	15	55	26	99	0
8	芒达乡	137	563	14.6%	130	641	4	18			2	6	0
9	若巴乡	178	368	9.9%	145	435	23	58			29	80	0
10	拉多乡	246	1084	12.1%	240	1250					44	188	0
11	嘎玛乡	169	863	24.8%	150	831	14	97			14	55	0
12	面达乡	255	852	12.6%	222	965	16	41	7	11	34	115	0
13	约巴乡	206	910	21.7%	191	998	3	17			16	69	0
14	妥坝乡	325	1413	14.8%	309	1558	2	6			11	25	0
15	柴维乡	279	1160	14.3%	262	1230					30	89	0

（二）致贫原因

从卡若区致贫原因看，可以概括为以下几点：一是从卡若区整体看。地理环境特殊，基础设施薄弱。卡若区地处高山峡谷区，极易发生自然灾害，严重制约农村经济发展和人民生活水平的提高。同时，农牧业基础设施、交通、通信、供电、供水、医疗等公共基础服务设施建设不完善，使得贫困农牧民难以获得平等的发展机会和有效提升致富能力的渠道。教育基础薄弱，农牧民素质普遍不高。据统计，2015 年卡若区文盲或半文盲有 2010 人，占 13.38%；小学文化水平 6752 人，占 44.94%；小学文化以上有 757 人，占 5.04%。由于卡若区贫困户总体文化水平较低，思想观念相对保守，大部分家庭缺乏发家致富的基本技能，致使农牧民“宁可临潭羡鱼，不去退而织网”。二是从农牧民自身贫困看。一方面就业渠道不畅，收入结构单一。长期以来，卡若区农牧民生产生活主要依赖于耕地、草场、牲畜等，生产经营方式相对滞后，农畜产品加工转化率低，农牧民增收渠道狭窄。另一方面家庭人口结构不合理，家庭负担重。由于缺乏节育避孕措施，家庭生育子女多，家庭人口年龄结构不合理，缺乏劳动能力的老人和幼龄、学龄子女多，壮年劳动力少，家庭经济负担重，缺劳力致贫的贫困户占到总贫困户的 7.12%。另外，因病因残家庭较多，家庭负担重。由于家庭人口中有残疾人、大病患者或者地方病患者，或者遇到重大变故出现伤亡，家庭开支长期或急剧增加，家庭生活陷入困顿窘境，2015 年年底，卡若区因病致贫的贫困户有 351 户 1350 人，占总贫困人数的 10.36%。

第二节 工作举措

脱贫攻坚战打响以来，卡若区委、区政府通过党建引领夯实组织建设，紧紧围绕“六个精准”，大力实施“五个一批”和“十项提升工程”，积极借助援藏扶贫，鼓励社会各界参与帮扶，取得了扶贫事业的巨大成就，为卡若区巩固拓展脱贫攻坚成果、有效衔接乡村振兴奠定了坚实基础。

一、因地制宜，“六个精准”立标杆

按照扶贫对象精准、措施到户精准、项目安排精准、资金使用精准、因村派人精准和脱贫成效精准“六个精准”要求，因地制宜制定“六个精准”扶贫方案，确保脱贫攻坚工作取得实效。

（一）扶贫对象精准

卡若区坚持把贫困对象的精准识别、精准退出、动态管理作为工作的核心和重中之重，统一顶层设计、严格规范程序、动态衔接调整，求真务实，通过组建“乡有专干、村有联络员、组有统计员”的专业队伍，创新“六看四访三公二审一告”[①]五步法和“四因五缺”分类法的识别程序和“七不进”建档立卡要求，累计开展多次动态调整，做到扶贫对象精准。

（1）建立健全卡若区返贫动态监测机制，围绕“两不愁三保障”和饮水安全，建立防止返贫监测和帮扶机制，对脱贫监测户和边缘户加强监测，确保脱贫人口不返贫、边缘人口不致贫，巩固好脱贫成果。

（2）健全卡若区监测预警机制，围绕“四不摘”，加强建档立卡户与两类人员[②]动态监测工作，及时掌握贫困人口脱贫情况，对有返贫或致贫风险的农户，早发现、早介入、早帮扶，严防返贫致贫，确保扶贫对象监测精准、调整精准、管理精准。区脱贫攻坚指挥部每月定期召开专题会议，对“两类人”一月一监测、一月一核查的动态监测情况进行研究，严格责任落实。

（3）各行业部门协同，以数据组为主体，按照“村有联络员、乡有专干、组有统计员”的联动机制，建立贫困人口监测，加强贫困人口建档立卡数据和各行业部门统计监测数据衔接，安排专人进行一月一排、一季一核，确保对建档立卡户与两类人员做到全方位监测，同时做到“发现问题—形成清单—及时交办—落实措施—行政村确认—乡（镇）复审—区级按照规则落实整改”的实时监测贫困户动态管理。

（4）建立四级分类管理，探索建立多卡合一的红、黄、蓝、绿四级“一卡通”，即未脱贫户、稳定脱贫户、返贫风险户、边缘贫困户，强化扶贫数据信息管理机制，管好用好卡若区精准扶贫系统等平台，提高脱贫成果巩固的数据信息质量。

（5）全覆盖推广使用扶贫信息系统手机 APP 软件，抓好农户家中无纸化信息推进工作，完善基础信息。通过建立定期跟踪回访、月排查、季核实等方式，对脱贫监测户和边缘户等高风险人群

---

① 六看：一看粮、二看车房、三看家中是否有病人、四看牛马羊、五看劳动力强不强、六看家中是否有读书郎。四访：一访地、二访草场、三访虫草收入有多少、四访发展愿望好不好。三公：村级公示、乡级初步公示、审核公示。二审：县区、乡（镇）两级审核。一告：县区级公告。

② 两类人员即脱贫不稳定户、边缘易致贫户。

实时动态监测，确保重点帮扶对象精准。

（二）措施到户精准

卡若区采取技术帮扶、物资帮扶等方式，针对贫困户不同致贫成因采取针对性强、精准到位的帮扶举措，帮助贫困村理清思路，带动贫困村脱贫致富。在城关镇、如意乡率先开启“1+1”和“1+2”结对互帮活动（即城关镇的1个先进村帮1个后进村，如意乡的1个先进村帮2个后进村）。采取技术帮扶的方式，手把手传授种养殖技术、建筑施工技术等致富技能。例如，根据产业发展和市场用工需求，通过开展技能培训，搭建基层公共就业服务平台、创新网络招聘求职服务平台。截至2020年年底，卡若区共为400多家用人单位发布招聘信息3万余条，提供岗位3098个，其中建档立卡贫困户数1977户，有效促进城乡劳动者就业。

（三）项目安排精准

卡若区通过增强产业项目效益提升，稳步推进易地扶贫搬迁工作，拓展就业空间，推进脱贫效果提升。

1. 产业项目精准

卡若区正确处理好“城镇就业与就近就地、不离乡、不离土、能干会干”的关系，对产业项目进行梳理，按照项目收益及项目带动情况进行好、中、差三个档次分类，把握市场规律，用市场配置资源的方式，巩固一批、新建一批，做到有进有退，增加产业项目效益，实行稳步脱贫。优化种植结构。卡若区按照“以草养畜、以畜促草”的工作要求，持续加大优质牧草的种植力度，重点打造青贮玉米等饲草料种植基地建设，结合养殖业需求，适度加大土地流转规模，打造俄洛、沙贡、日通饲草料种植大乡（镇），实现年产饲草料10000吨以上的目标。

一是在巩固好、管理好已实施的藏药材种植、食用菌培育、苗圃种植、经济林种植等产业项目的同时，重点打造卡若区蓝天圣洁农业生态园、埃西乡高效温室大棚、沟域经济林种植以及俄洛镇加林村食用菌菌种培育等项目。将农业生态园打造成“示范点、观摩点、培训点”，引导和培养一批懂技术、善操作、能致富的种植能手。

二是理顺养殖思路。按照“区域集中、规模做大、质量提升、效益提高”的思路，以卡若镇左巴村牦牛育肥基地为依托，带动面达、妥坝、嘎玛、约巴等4个乡短期育肥基地健康发展，实现育肥基地牦牛出栏量8610头。规范合作社章程、制度，以养殖技能培训为重点，以开发销售市场为关键环节，逐步形成产、供、销一体化供应链，打造本地养殖业品牌，提升产品、商品的市场准入度；规范完善合作社经营模式，将妥坝乡肯扣养殖基地、约巴乡拉美养殖合作社等作为试点，打造样板合作社，并扶持条件成熟的农牧民专业合作组织。同时，充分发挥卡若区蓝天圣洁产业投资有限公司的桥梁纽带作用，引导新型经营主体与脱贫户建立稳定的产业带动关系，采取“龙头企业＋脱贫户”“农民专业合作社＋脱贫户”“家庭农场＋脱贫户”等模式，鼓励支持脱贫户将资金、资源、劳动力入股到龙头企业、合作社、家庭农场，促使脱贫户“入企业、入合作社、入基地”打工挣薪金、入股挣红利。

三是做实资源开发。卡若区结合区位优势、资源优势，发展高效、安全、清洁、可持续的现代能源，紧扣川藏铁路建设、省道203等重大项目建设实际，打造扶贫机械租赁项目。在拉多乡、妥坝乡等偏远乡率先建设农畜产品中转站，扩宽群众增收渠道，丰富群众生活物资。

四是激发群众内生动力，引导群众牢固树立“幸福是奋斗出来的”理念，进一步增强农牧民群众参与产业发展的积极性。卡若区率先开展产业项目“以奖代补”工作，以群众为产业发展主体，围绕群众能干、肯干的牦牛短期育肥、芫根种植、油菜种植、经济林种植、青贮玉米种植等产业项目，制定出台《卡若区产业项目以奖代补实施方案》，建立科学规范的到户产业项目“以奖代补”政策体系。截至2020年年底，卡若区对实施上述项目的个人和集体进行奖励，奖励资金490.03万元。

五是创新飞地发展模式。卡若区北部偏远乡村自然资源条件差、农牧业生产基础薄弱、脱贫巩固形势严峻，本着“脱贫攻坚不漏一村、不落一人”的原则，跳出惯性思维，破除发展壁垒，确立“卡若区内跨乡（镇）跨村（居）飞地经济”的工作思路，以卡若区蓝天圣洁产业发展有限公司为载体，将偏远贫困乡村产业扶贫资金采取“合资合作、以租代购、直接投资”等方式，重点在辖区优势区域、优势项目实行共享产业发展成果，探索出优势互补、互利共赢、可持续发展的扶贫模式。截至2020年年底，卡若区共享产业发展成果创收2013.31万元，兑现分红资金1583.89万元，户均增收4700元。

六是发挥农改优势。积极稳妥推进土地经营权多种化经营，坚持农村土地农民集体所有、坚持家庭经营基础性地位、坚持稳定土地承包关系长期不变“三条底线”不突破的原则（不能改变土地所有制，就是农民集体所有；不改变土地的用途、农地必须农用；不管怎么改，都不能损害农民的基本权益），推进承包地“三权”分置，充分总结卡若区农村改革试验经验，建立区级土地流转信息平台，引导项目占用农村集体土地补偿方式，增加脱贫人口收益；鼓励和引导脱贫户将已确权登记的土地承包经营权入股企业、合作社、家庭农场等，与新型经营主体形成利益共同链，分享土地规模经济收益；鼓励创办土地流转合作社，把农牧民闲散耕地、草场集中开发利用或二次流转，推广农村土地流转、保底分红新模式，探索实施土地流转保险，有效防控土地流转风险，保障农牧民群众根本利益，以增加资产性收入实现稳定脱贫；结合农村土地承包经营权确权工作，探索开发农牧民群众抵押贷款新方式。

七是卡若区按照《卡若区扶贫产业项目管理暂行办法》，对项目立项、审批、实施过程进行全程监管，严格村申报、乡审核、区审定的程序操作，坚决杜绝“人情项目”发生，按照《卡若区产业振兴常委分片包干实施意见》，实行区委常委分片督导抓、产业组盯点抓，齐抓共管、分工负责，破解产业困境，促进产业振兴，切实把“死”的产业带“活”，“活”的产业带“旺”，形成产业发展特色亮点突出、效益分红明显的持续健康发展局面。

2. 易地搬迁项目精准到位

一是建设完成33个易地搬迁安置区，并结合搬迁群众采挖虫草、牧场转场、生产生活等实际，对全区33个易地搬迁安置区进行全面梳理、查漏补缺。按照以岗定搬、以业定迁的原则，引导搬迁户发展特色种养业、乡村旅游、民族手工艺、生活服务等产业，帮助有条件的家庭至少掌握一门实用技术。二是抓好安置区附属配套设施提升。结合农村人居环境整治工作，2019年对全区33个易地扶贫搬迁安置区的“十项提升工程”，特别是是否用上稳定电、干净水等进行全面梳理、整改。三是推进易地搬迁安置区乡风文明、乡风治理建设。参照卡若镇达修村安置区管理模式，出台《卡若区易地搬迁安置区管理制度》，大力推广“门前四包”（即包绿化、包秩序、包卫生、包设施）全覆盖，并将路灯、垃圾桶等公共服务设施编号，按编号进行划分，专人负责督导，形成人人参与、人人关心、人人行动的良好氛围，培养群众文明健康的生活习惯。同时，完善城区易地搬迁安置区的社会治理机制，加强安置区社区管理和服务，引导城区安置区搬迁群众成立联户单位，发挥联户作用，做好搬迁群众上学就业、社会保障、心理疏导等服务工作，引导搬迁群众培养良好生活习惯，以及禁赌博、禁酗酒、禁斗殴等乡风治理，帮助涉迁群众尽快融入新环境、共建新社区。四是同步推进群众搬迁入住后的后续工作，实现搬迁户稳定入住。加强安置点管理，提升公共服务功能，不断改善搬迁群众生产生活条件。着力增强产业、教育、保障等巩固提升行动，继续全面纵深推进易地搬迁脱贫攻坚工作，在稳定脱贫成效、建立长效机制上持续发力，确保搬迁群众收入水平明显提升，物质文化生活水平明显提高，基础设施条件和基本公共服务能力有效改善，迁出区生态环境有效改善，与各族人民一道步入全面小康社会，进一步实现“搬得出、稳得住、可发展、能致富”的目标。

3. 就业创业项目精准到位

卡若区按照“帮助有条件的家庭至少一人掌握一门实用技术”原则，做好转移就业工作。一是建立以政府为引导的多元化农村劳动力转移就业机制，与市场接轨、与产业接轨、与“互联网 +”接轨，将技能培训服务半径扩展至各乡（镇），开展以家政服务、餐饮服务、市场营销为主要内容的专业技能培训。结合就业援藏工作，实现卡若区籍大学生、大中专生在津就业的零突破。做好转移就业人员的跟踪问效，探索“以劳代补、以奖代补、做成再补”的奖励、激励机制，持续巩固转移就业成果。二是发挥“卡若区就业创业培训中心”作用，对已开展的技能培训班做好职业指导及岗位对接、岗位介绍工作。利用卡若区高校就业群，适时发布高校就业岗位信息，发布高校就业创业相关政策，鼓励往届、应届毕业生“先就业、再择业”，用个人能力创办企业，开辟出更多的就业渠道和就业岗位。三是结合“四业”工程，大力开发公益性岗位，重点帮助高校毕业生、“两后生”实现就业；打造卡若区家政服务品牌，鼓励如意乡、俄洛镇、城关镇等近郊乡（镇）劳动力到城镇就业，打破就业地域限制；紧盯川藏铁路、玉龙铜矿改扩建、203 省道、机场快速通道等重大工程建设项目，有计划、有组织、有规矩地引导当地群众参与工程建设、外出务工等，增加现金收入。同时，以卡若项目建设为抓手，将技术含量低、群众能干会干的工程交由农牧民施工队、村集体，积极组织群众实施，增加收入。

（四）资金使用精准

按照“整合项目、聚焦资金、集中投放、精准扶持”的统筹整合涉农资金思路，专门成立区整合资金使用工作领导小组，坚持脱贫攻坚资金专项专用原则，设立“昌都市卡若区财政局脱贫攻坚资金”专户，先后制定《卡若区专项扶贫资金管理办法》《卡若区脱贫攻坚整合资金管理办法（暂行）》《卡若区精准扶贫资金财务管理制度》等管理制度，完善资金监管长效机制。卡若区利用区政府门户网站、微信公众号等平台，以季度为时间单位对整合资金使用情况进行公示公告。同时，充分利用财政扶贫资金动态监控平台，完善涉农专项资金的绩效考评制度，全面自评年度专项资金的安排分配、使用管理、项目效益等内容，确保扶贫项目绩效的准确性、操作性和可考核性。一是加强组织领导。卡若区将统筹整合使用财政涉农资金工作作为脱贫攻坚的重中之重，制定扶贫资金相关管理办法和制度。依据自治区、市脱贫攻坚规划，区分轻重缓急，确定重点扶贫项目和建设任务，统筹安排好相关涉农资金。同时积极发挥贴近基层的优势，广泛深入参与资金和项目管理监督。二是加强分工协作。卡若区完善建档立卡工作，提高数据准确度，通过数据共享，为资金统筹整合使用提供支撑。各类扶贫项目和扶贫活动坚持群众参与，增强帮扶对象的拥有感，提高他们发展的内生动力。完善扶贫资金项目管理监督，强化对统筹整合资金的监督管理和跟踪问效。卡若区通过梳理和修订工作，做好规划和重点项目的衔接，同时研究制定涉农资金整合使用绩效评价与考核办法，注重对资金整合使用主要环节和整合使用成效的考核。三是加强监督管理。卡若区对整合和统筹使用的涉农资金使用加强监管，避免出现以整合财政涉农资金名义挪用、挤占涉农资金现象。卡若区资金整合使用方案经审核确定后报市脱贫攻坚指挥部备案。建立健全涉农资金日常监督检查机制和公告制度，继续探索完善涉农资金检查方式，发挥纪检监察、财政监督和社会监督作用。发挥驻村工作队、村党支部第一书记的作用，将监管扶贫资金纳入工作考核指标，强化基层一线监督，防止“跑冒滴漏”问题出现。四是强化信息公开制。卡若区健全项目资金公示公告制，严格按照《中华人民共和国政府信息公开条例》，通过区政府公众信息网、各乡（镇）政府政务公开栏、各村村务公开栏公布年度项目名称、建设规模及内容、建设地点、财政扶持政策及资金额度等信息，时间不少于7个工作日。同时，项目建设点设立项目公示牌，接受群众、社会各界监督，提高涉农政策和项目资金申请的透明度，杜绝涉农资金无序申报、重复申报和骗取套取涉农资金的行为。五是强化绩效考评。卡若区通过完善涉农专项资金的绩效考评制度，对专项资金的安排分配、使用管理、项目效益等情况进行全面考评。对涉农资金使用管理规范，效益好的乡（镇）和部门给予表扬，并在全县范围内推广经验、做法；对出现问题的乡（镇）和部门将追究相关负责人的责任，确保项目资金发挥应有效益，保证脱贫攻坚有成效。

（五）因村派人精准

始终聚焦干部驻村任务，提高政治站位，强化责任担当，增强服务意识，深化工作举措，实现干部驻村工作效益最优化。一是深入调查研究各乡（镇）、村（居）的实际情况，针对各村（居）存在的短板弱项工作，精准识别重点村与非重点村，整合驻村资源、优化驻村力量。二是始终以讲政治的高度，围绕中心、服务大局，认真贯彻落实《自治区关于精准推进干部驻村工作的实施意见》精神，2016—2019年按照每个驻村工作队4人的标准，累计选派驻村干部2672人；2020年按照每个驻村工作队3人的标准，选派驻村干部508人。三是在保持干部驻村全覆盖的前提下，科学合理划分重点、难点村、软弱涣散村、人口较多村，探索建立“常态化驻村与非常态化驻村”模式进行驻村。按照因地制宜、因村施策、因村派人的原则，充分发挥派驻单位和驻村（居）干部优势，因村精准选派，把懂基层、会做群众工作、开拓创新能力强、思路想法明、作风素质硬的干部选派到村（居）驻村。结合各村（居）实际情况，把会发展懂经济的干部选派到村级经济薄弱村，把熟悉党群工作的干部派到基层组织软弱涣散、战斗力不强的村（居），把公安、政法、司法系统干部派遣到维护稳定压力大的村，把熟悉经济工作的干部派到产业基础薄弱、集体经济薄弱的村（居），把熟悉社会工作的干部派到矛盾纠纷突出、社会发育滞后的村（居），帮助基层组织解决引领发展稳定、巩固脱贫成果所面临的困难问题。四是建立健全片区驻村管理机制，探索形成科学合理、运行通畅、责权清晰的片区驻村工作制度。形成“片区长+片警+村（居）选派第一书记+驻村队员”的责任体系。乡（镇）强基办严格落实属地管理责任，强化督导检查，创新工作方法，经常深入村（居），掌握辖区驻村（居）工作情况、在岗履职情况，发现问题及时整改；派驻单位严格落实主体责任，切实加强选派干部的指导、督导、管理，关心关爱驻村干部，帮助解决工作、生活中的实际困难；片区长、片警严格落实管理责任，发挥水平高、眼界宽、政策熟、信息灵等优势，指导各村各项工作，着力在注重学习教育、维护社会和谐稳定、建强基层组织、健全规章制度、提升服务能力、理清发展思路、处理日常事务、为民办好实事上下功夫；村（居）“两委”班子要严格执行坐班制度，切实增强村级组织推动发展、服务群众、凝聚人心、促进和谐的能力。

（六）脱贫成效精准

通过因地制宜，着力推进精准扶贫、精准脱贫措施，准确把握贫困人口致贫原因、脱贫路径、退出程序，实现了经动态调整后3371户15277人贫困群众和157个贫困村的脱贫退出，贫困群众2020年人均纯收入达7427.75元，较2015年年底贫困群众家庭人均纯收入2129.3元，增长了5298.45元，增幅达248%。

二、多措并举，“五个一批”显成效

（一）发展生产脱贫一批

把产业发展作为贫困群众长期增收、稳定脱贫的根本举措，依托“一江两河”与昌都市驻地的区位优势，大力推行“农区牧草、牧区繁育、基地育肥、群众增收”的产业发展路子，统筹推进沿线藏家乐、文旅产品融合、农畜产品中转站等项目，创新以奖代补、入股分红、飞地经济、土地流转、车间扶贫、保护价回购等多重利益联结机制，注重贫困群众自主参与，做大做强产业龙头企业，将贫困群众牢牢地粘在产业链上。立足资源禀赋，因地制宜实施涉及种植业、养殖业、加工业、商贸流通业、文化旅游业、资源开发利用等产业项目。2016—2020年，累计投入产业资金5.52亿元，建成79个产业项目。结合产业项目特点，建立健全到户产业、托管种植、合作社运作、工资性收益、资产收益及股份分红等产业项目利益联结机制，探索出“种养结合”“以奖代补”“共享产业发展成果”等产业发展模式，卡若区产业项目建设带动群众通过劳务输出、土地流转、产业就业等已累计增收5519.29万元，带动群众21100人受益，人均增收2615.77元，其中建档立卡户15277人、非建档立卡户5823人；共享产业发展成果1583.89万元，实现贫困群众户均增收4700余元。

（二）易地搬迁脱贫一批

2016年以来，卡若区贯彻落实自治区、昌都市委提出的“五个结合”①“六靠、五方便、两避让”②“六个坚持”③和“七新”④工作要求，针对“一方水土养不起一方人”、生存条件恶劣、扶贫成本过大的现状，实施33个易地扶贫安置区，涉迁1792户7710人建档立卡贫困群众，让贫困群众的居住环境发生翻天覆地的变化，搬迁群众住上安置房，养成好习惯，过上好生活。

1. 高起点保障，坚持配套规划定搬迁

卡若区坚持统筹规划、因地制宜、集中安置、注重实效的易地扶贫搬迁安置工作。以“六靠、五方便、两避让”为指导，统筹规划易地扶贫搬迁、产业发展、道路交通、教育卫生、公共服务中心等基础设施，加快易地扶贫搬迁项目建设，做到与周边环境、建筑风格相融合、相映衬，精简实用，让群众搬出“穷窝”、斩断“穷根”。规定新建民房必须坐北朝南、朝阳采光、宽敞明亮、人畜分离、一户一厕且达到7度以上抗震设防标准，深入细致开展拟搬迁群众的宣传引导工作，组织群众赴拟搬迁点进行实地查看，广泛征求搬迁群众对房屋设计的意见和建议，融入藏式民族风格建筑元素，确保布局科学、错落有致、户型合理、安全舒适，符合群众意愿。做到附属与房建同步，完善各安置区公共服务基础设施建设，实施水电路讯、村卫生室等配套设施建设，方便搬迁群众就医、就业、出行等。

---

① “五个结合”即把易地扶贫搬迁与戍边固疆、新型城镇化、新农村建设、高低海拔实际和反分裂斗争有机结合起来。

② “六靠、五方便、两避让”即：靠县城、靠乡（镇）、靠中心村、靠景区、靠产业园区、靠交通要道，方便安置点选点规划、方便基础设施建设、方便公共服务配套、方便群众发展产业、方便交往交流交融，避让地质灾害隐患、避让地震断裂带。

③ “六个坚持”即：坚持论证规划先行，追求科学；坚持搬出来，告别穷山恶水治本；坚持重大扶贫开发，富裕一方；坚持统筹规划，扎实推进；坚持社会参与，形成合力；坚持用好政策，给力扶贫开发。

④ “七新”即规划新、秩序新、特色新、服务新、管理新、生活新、面貌新。

2. 高质量服务，做好后续帮扶稳搬迁

卡若区围绕“搬得出、稳得住、能致富”目标，全力推进易地扶贫搬迁精细化、优质化发展，全力以赴做好就业、就医、就学等后续保障工作。易地扶贫搬迁工作开展后，卡若区积极为搬迁贫困户子女就读开辟“绿色通道”，简化程序、特事特办，优先倾斜搬迁移民，让搬迁移民实现就业。同时，提供入校跟踪观察，并保障搬迁群众入住后第一时间安排移民学生进校、进班就读，让每一位学生进得来，学得好。按照“不离乡，不离土，能干会干，就近有收入”的思路，采取就地、就近、就便和“飞地产业”模式，大力发展特色种植业、养殖业和旅游服务业等，配套产业项目24个，总投资20891.90万元，带动7710名搬迁群众稳定增收。专项制定《卡若区城区易地搬迁就业工作实施方案》，采取以年龄段、文化程度、性别、需求方向和企业、社会，进行分类对接，并依托“就业援助月”“春风行动”等专项活动，已实现4400余人稳定就业。同时，实施标准化卫生院和村卫生室项目，让搬迁贫困户在家门口就能看病。卡若区坚持以人为本，以便民、利民、惠民为目标，优化医疗机构服务流程，搬迁贫困户在定点医疗机构就医和住院医疗费用，根据有效票据，按规范就能实效报销，贫困户报销比例在原有新农合报销上平均提高5%。

3. 高标准治理，坚持社区自治抓搬迁

卡若区坚持群众自治和依法治理相结合，充分调动搬迁群众自愿参与管理的积极性，从而实现“法制”“自治”与“德治”相结合的安置区新面貌。乡（镇）及各村健全安置点管理办法，形成以乡（镇）为主统筹负责、村两委与驻村工作队为辅并行管理，“双联户”户长为补充协助配合的联合工作机制，并定期不定期开展巡回检查，保障安置点群众“遇事有人管、困难有人帮”。同时，在城区易地搬迁安置区正式进驻临时管理委员会，探索建立“1+1+5”管理模式①，形成以临时管理委员会为主统筹负责、临时党支部和业主管理委员会为辅并行管理、乡（镇）联络员和“双联户”户长为补充协助配合的联合工作机制，并逐步以点带面、一体推进至全区各易地搬迁安置区，形成卡若区易地扶贫搬迁后续管理新格局。

4. 为充分实现群众办事有窗口、议事有组织、纠纷有人管、困难有人帮

在城区易地搬迁安置区新设立2个居委会，群众跨村搬迁、干部跨乡任职，把政治上靠得住作为选人用人的首要条件，坚决把好选人关和程序关，选优配强选派支部书记、村“两委”班子、驻村工作队，合理设置管理单元，健全完善居（村）民自治、治安防控等机制，强化基层组织建设和管理。

（三）生态补偿脱贫一批

坚定不移践行“绿水青山就是金山银山”理念，围绕“富民与利民”的关系，依托林权制度改革，大力实行“生态补偿脱贫一批”的脱贫措施，实施一批绿色产业项目，逐步走出一条生态美、产业好、群众富的可持续发展之路，把脱贫攻坚与生态文明建设紧密结合，真正让卡若区的“绿水青山”成为农牧民群众致富的“金山银山”。

始终坚持生态惠民、生态利民、生态为民的发展理念，先后投资1.4亿余元，实施退耕还林还草工程、退牧还草工程、经济林种植项目、山杏基地建设项目、苗圃基地建设项目，建设面积已有8.5万余亩，惠及群众15734人，建档立卡群众3411人，实现增收2862万余元。依托林权制度改革，

① “1+1+5”管理模式即：1个工作领导小组，1个临时管委会，临时党支部、业主管理委员会、物业管理公司、乡（镇）联络员和“双联户”户长的5个管理单元。

大力开展消除“无树村”“无树户”绿色行动，先后植树23万余株，共消除无树村61个、无树户3825户，绿化面积4854亩。通过生态建设产业化、产业发展生态化的发展道路，切实促进产业增效、农牧民增收，拓宽贫困户增收渠道，实现环境美群众富的目标。

按照“生态补偿脱贫一批”的脱贫措施，在原有森林管护人员3149人的基础上，新增森林生态效益补偿护林员88人，公益林专业管护站40人，城区护林员779人，壮大生态环境保护队伍。为加强对生态补偿岗位人员的管理和考核力度，制定完善《卡若区生态岗位人员考核管理办法》，层层签订目标责任书，发放上岗证，明确岗位职责，树立生态补偿岗位人员履职尽责意识，全面保障生态补偿岗位的实效发挥。群众积极参与林业和草原防火、水生态保护、农村公路修复、旅游厕所清洁、环境卫生治理和地质灾害点监测等生态保护与修复工作，人人争做守护人，不仅守护着全区林地的生态安全，还通过学习宣传生态环境保护法律法规及相关政策，把保护环境的意识融入生产生活的点点滴滴当中。截至2020年年底，累计招收各类生态岗位87726人次，兑现各类岗位补助资金2.92亿元，实现群众人均增收3000余元。

（四）发展教育脱贫一批

始终坚持教育优先发展战略，紧紧围绕“师、生、校”三个方面，强化领导、落实责任、细化任务、推动发展，不断深入推进教育脱贫巩固、教育发展改革工作，在实践中建立符合卡若区教育实际的长足发展机制。

通过大力推进教育扶贫，让所有适龄学生都能站在知识的“起跑线”上，彻底阻断贫困代际传递。紧紧围绕“培养什么人、怎样培养人、为谁培养人”这一根本问题，扎实向广大青少年学生进行思想道德教育。积极落实“三包”和营养改善政策，不断深入推进义务教育均衡发展、农村义务教育薄弱学校改造工作，稳步推进学前双语教育建设、援藏建设、供暖建设，在资金投入、项目建设等方面重点向贫困地区倾斜，贫困地区基本办学条件显著改善，完成40余所学校基础设施建设。兑现建档立卡大学生资助资金，帮助贫困大学生1013人。在均衡师资力量、提高教资水平上，卡若区组织乡（镇）干部、城区学校教师到偏远学校支教，天津市静海区教育部门选派优秀教师到卡若区学校支教、交流，开展教学讲座活动。

通过着力提升农牧区学校和薄弱学校办学水平，全面提高义务教育质量，推进学校标准化建设，均衡配置教师、校舍、图书、教学设备等资源，切实缩小校际差距、缩小城乡差距。脱贫攻坚前最偏远的面达乡学校只有62名学生，精准扶贫开展后，到2020年年底学生人数近700人；拉多乡贡西教学点，因人数从几十人增长到300余人，升格为完全小学。2020年，卡若区有近200多名小学生考入西藏班，位列11个县（区）前列；初中升学率逐年提升，中小学（幼儿园）每年都有师生获得各级各类奖项。

（五）社会保障兜底一批

按照“保基本、兜底线、促公平、可持续”的工作原则，以改善和保障民生为工作出发点、落脚点，聚焦特殊群体，以解决突出制约问题为重点，保民生，兜底线，聚焦精准发力，精准识别，精准施策，构建“1+N”新型社会救助体系（“1”即以最低生活保障制度为主；“N”即包括特困人员供养、临时救助、残疾人“两项补贴”、流浪乞讨救助等制度）。为建档立卡贫困户实行每户每年最高可申请两次的临时救助制度，对低收入困难人群无法满足最低生活标准线时实行差额补贴，帮助贫困人口摆脱因疾病、突发意外事故及自然灾害等返贫风险，切实构筑起贫困户“最后一道防线”，织牢民政低保兜底。

1. 精准施策，完善低保保障体系

卡若区在严格贯彻落实《西藏自治区城乡最低生活保障实施办法》（藏政办发〔2017〕141号）的基础上，出台《卡若区农村低保生活保障分类救助转为补差救助工作实施方案》《卡若区城乡最低生活保障政策执行专项整治工作实施方案》等文件，完善低保保障体系，层层压实责任，堵塞“人情”漏洞，解决“错报”“漏报”等问题。在农村低保核查过程中实行“3精准”（即：精准入户、精准核查、精准识别）开展农村低保精准识别工作，切实维护农村困难群众基本生活权益。截至2020年年底，累计为37894人次兑现农村低保资金6795.21万元。

2. 弘扬美德，构建特困老年人保障服务体系

卡若区特困人员集中供养中心始终牢固树立“全心全意为老人服务”的思想，把“百善孝为先”的中华传统美德发扬光大，细心观察老人的需求，贴心为老人服务。节假日、党员活动日，卡若区各部门与群众自发前往特困人员集中供养中心捐款、捐物，争做好人好事。同时，特困人员集中供养服务中心，为改善老人居住环境，完善基础设施硬件条件，先后投资2000余万元用于打造中心附属工程及设备购置、老年日间照料中心及附属工程等工程，老人生活条件得到极大改善。

3. 扎实兜底，健全困难群众临时救助体系

卡若区在严格落实《西藏自治区人民政府关于全面建立临时救助制度的意见》（藏政发〔2017〕10号）的基础上，健全完善临时救助“储备金”体系建设，缓解困难群众的急难情形，扎实推进兜底扶贫，有效保障困难群众的基本生活，筑牢脱贫攻坚最后一道防线。截至2020年年底，累计为1561户申请临时救助的家庭兑现临时救助资金734.84万元。

4. 扶残助残，健全残疾群众生活保障体系

卡若区通过援藏“光明援藏”“手足残儿童康复理疗”“微心愿”活动，扶残助残，确保政策落实和工作全覆盖。依托残疾人“两项补贴”制度力量，保民生兜底线，密织残疾群众生活保障网。截至2020年年底，已累计为18698人次兑现残疾人“两项补贴”资金4286.72万元。

5. 社会救助，完善流浪乞讨人员救助体系

卡若区积极推行人性化社会救助工作，加强城市生活无着落的流浪乞讨人员救助管理，铺就流浪乞讨人员回家团圆之路。截至2020年年底，已累计救助生活无着落的流浪乞讨人员3000余人，兑现救助资金达20余万元。

6. 持续推进，构建防返贫动态监测体系

脱贫攻坚以来，卡若区在保持整体政策稳定的情况下，对退出贫困的村（居）、人口，按照“四摘四不摘”政策要求（摘帽不摘责任、摘帽不摘政策、摘帽不摘帮扶、摘帽不摘监管），持续加大政策支持。同时，健全完善动态监管体制机制建设，继续深化对老弱病残、边缘贫困户等特殊群体的动态监管，将因病因灾重新返贫的人员及时纳入保障范围，帮助贫困人口摆脱因疾病、突发意外事故及自然灾害等返贫风险，织“防返贫险”保障的“托底网”。

三、补齐短板，基础设施和公共服务提升工程助脱贫

（一）安全饮水方面

2016年以来，卡若区区委、区政府高度重视饮水安全问题，秉持做好饮水安全工作是关系到人

民群众健康问题的大事，是检验脱贫成果的一项重要指标，着重从加大资金投入力度、探索创新新技术等方面入手，切实解决和保障卡若区农牧民群众的饮水安全问题。卡若区攻坚克难，在建设与管理中采取“暖两头、深中间、细局部、保流通、精管理”的原则，创新性的采用新型防冻取水桩及光伏提水措施，建成330个农村饮水工程点，投资15963.71万元，解决和保障了12584户、64479名农牧民、干部、师生、僧侣的饮水安全问题。同时，争取资金1322.71余万对辖区内129个农村饮用水水源地进行铁网防护栏、界碑、界柱、宣传栏、警示牌和蓄水池建设并开展水质监测。到2020年年底，卡若区农村集中供水率达99%，自来水普及率达95%，供水保障率达95%，水质达标率为100%。

（二）交通方面

2016年以来，卡若区累计实施农村公路建设项目235个，累计完成投资20.66亿元，建设公路总里程达1196.08公里，下辖乡（镇）通畅率达到100%，行政村通畅率达到74.56%，自然村通达率达到73%。

（三）通信方面

不断提升辖区内通信覆盖水平，为农牧民群众提供“用得上、用得好”的通信服务。截至2020年年底，卡若区共有通信基站564座，乡（镇）光纤网络覆盖率100%，行政村和易地搬迁安置点光纤网络覆盖率达100%以上，自然村手机信号率达到82%以上，全区宽带用户38992户，年均电信业务总量达到13799万元。2016—2020年，卡若区先后投资471.95万元，分别实施了拉多乡当多村通信设备建设项目和卡若区部分行政村通信网络修缮工程项目。2020年，根据西藏自治区通信管理局关于对2019年度电信普遍服务第五批试点项目，对部分20户以上自然村实施4G通信基站建设，其中卡若区涉及建设指标57个（电信23个、移动34个），电信分公司23个新建基站建设指标已完成建设并投入使用。

（四）电力设施建设

通过协助国网昌都供电公司，实施农网改造升级工程、“三区两州”电力升级改造等工程，解决用电质量低的难题，提高用电可靠性及安全性。2020年年底，主电网已全面覆盖卡若区169个村（居）、808个自然村，已全部通动力电，通电人口达到99%以上。

（五）教育方面

截至2020年年底，卡若区正式教师808人，幼儿园教职工64人、小学教师554人、初中教师190人。从学历看，研究生2人、本科425人、大专346人、中专及以下35人，学历合格率为100%；从职称结构看，副高90人、中级227人、初级491人。卡若区学校布局科学合理，卡若区共有学校59所，其中：学前，幼儿园29所（含1所区直幼儿园、15所乡（镇）幼儿园、11所村级幼儿园、2所民办幼儿园；小学，区直小学1所，乡（镇）完全小学23所（17所乡（镇）小学、6所村级小学），5个教学点，初级中学1所；新建卡若区小学，解决因城市扩容、外来进城务工人员子女，以及易地扶贫搬迁群众子女对教育的需要。助学政策不断完善，所有学段全面保障。卡若区学生从学前教育三年、义务教育九年、高中教育三年、高校教育（大学、高职、中职）3～4年，各学段均有各类经费给予保障，已形成较为系统的政策保障体系，残疾随班就读学生的教育经费标准高于一般学生。

（六）公共卫生服务

卡若区坚持以减轻贫困人口医疗负担，实现贫困人口“看得起病、住得起院”为目标，将贫困人口全部纳入基本医疗、大病保险、医疗救助全覆盖范围，实现“应保尽保”。

1. 完善医疗卫生兜底制度

一是大病集中救治一批。2018 年制定建档立卡户患者大病救治月计划表，每月由乡（镇）卫生院医务人员及村医组织统一送往上级医院救治。二是慢病签约管理一批。在 15 个乡（镇）卫生院 125 名医务人员与全区建档立卡户、慢性病患者签订家庭医生服务协议累计为 24.47 万人次的农牧民群众进行健康体检活动，根据健康检查状况因人因病建立年度健康档案，分别与 19064 人建档立卡户、“6+1”重点疾病确诊患者签订家庭医生服务协议、建立工作台账，实现一对一跟踪随访，着力让贫困群众“少生病”，重点加强慢性病（高血压、糖尿病、乙肝、肺结核、严重精神障碍患者）的管理。患者共签约 1616 人次，为贫困户提供规范管理和健康服务。三是重病兜底保障一批。针对建档立卡户在定点医疗机构就医所发生的住院医疗费用，根据有效票据，按规定进行报销。落实好建档立卡户贫困人口基本医疗报销比例政策，在原有的新农合报销比例上提高 5%。开展建档立卡户经合作医疗、人保财险、民政救助报销医疗费用后，个人承担费用超 2000 元以上的政策兜底工作。2016—2020 年，报销建档立卡群众 6556 人次 4851.94 万元。

2. 建设标准化卫生院和村卫生室

卡若区完成全区乡（镇）卫生院标准化建设，实现 158 个行政村卫生室覆盖，打造 158 个体质增效村卫生室，打造 15 个藏医馆，配备 307 名合格村医并颁发村医合格证，为 273 名村医颁发乡村医生执业证书，村卫生室配备相应的医疗器械、药品，方便农牧民群众就医。卡若区人民医院多措并举开展创建工作，促进医院管理规范化、科学化、制度化、督导化、落实化、奖惩化。加大援藏省市医疗援助协调力度，采取“请进来、走出去”“传帮带”和“跟班学习”模式，开展组团式医疗援藏双向选派 58 名医护人员交流学习活动。人民医院在专家团队的检查指导下，有序开展创建二乙医院工作，并于 2019 年年底实现二级乙等医院创建目标。

3. 开展城乡居民和在编僧尼健康体检

卡若区对 2018 年“6+1”重点疾病筛查的疑似患者进行了排查，排查出高血压患者 2224 人，高血糖患者 155 人，慢阻肺患者 174 人，骨关节疾病患者 1216 人，结核病患者 70 人，乙肝患者 596 人，针对以上患者，进行签约建档治疗随访工作。

4. 建设慢病综合防治示范区

卡若区建立多部门协作联动机制，建立慢病综合防治示范区，成立卡若区建设自治区级慢性病综合防控示范区领导小组，开展职业人群健走激励大赛“万步有约”活动，222 名干部职工参加活动。2020 年 9 月卡若区通过“西藏自治区慢性病综合防控示范区”建设区县。

5. 提升基层医疗服务水平

建立“乡医包村、村医包户”工作制，确保“两降两升”工作，实施妇女儿童医疗能力提升，加强医疗队伍的能力提升，对技术不足或难以治疗的疾病及时安排转院转诊，逐步实现大病不出市、中病不出县、小病不出乡的“三不出”，危重病人及时转诊的目标，建立各卫生院及村的妇女健康宣传微信群。一是降低出生缺陷发生风险，提高出生人口素质，开展孕前优生健康检查和出生缺陷干预工作，2016—2020 年，完成孕前优生健康检查任务 1691 对，出生缺陷干预 1000 对。二是建立和完善医疗保健机构危重孕产妇转诊、抢救绿色通道工作机制，实施孕产妇提前待产措施，最大限度控制孕产妇死亡，逐步推广孕产妇、新生儿死亡评审。

6. 强化医疗人才队伍建设

卡若区高度重视医疗人才队伍，多策并举，提升医疗人才队伍技能水平：一是通过以政府购买服务的形式从中等职业学校招聘 44 人，2018 年人才引进 19 人，充实到卡若区医疗卫生服务工作；二是 2018—2020 年共完成乡（镇）卫生院、社区卫生服务中心临床医生培训 11 人、乡（镇）卫生院、社区卫生服务中心护士 30 人，村卫生室人员 57 人，乡（镇）卫生院、社区卫生服务中心管理人员 28 人；三是选派 1 名全科医生、1 名妇产科医生、1 名胃肠镜医生及 1 名 B 超医生到静海区挂职锻炼；四是 5 名骨干乡村医生到西藏自治区人民医院、重庆医科大等地参加规培；五是组织 196 名村医到乡（镇）卫生院进行跟班学习；六是为卡若区 15 个乡（镇）307 名村医颁发村医合格证；七是推进县（乡）医疗卫生机构一体化建设，优化医疗卫生资源配置，提升县（乡）医疗卫生服务能力和运行效率，提高区医院医务人员的业务水平，积极弘扬“团结、奉献、崇德、仁爱”的院训，继续开展优质服务，确保农牧民群众的就医保障。八是加强基层卫生人员培训力度，提高基层卫生人员职业素养，“输血”“造血”功能同步显现，稳定卫生系统队伍，同时加强乡、村医务人员对公共卫生、疫情防控等专业知识培训，不断提升村医的业务水平。

（七）人居环境

卡若区以创建全国卫生城市为契机，以建设美丽宜居村庄为导向，以农村垃圾、污水治理和村容村貌提升为主攻方向，动员各方力量、整合各种资源、强化各项举措，加快补齐农村人居环境突出短板，全区农牧区人居环境明显改善，村庄环境干净整洁有序。

1. 村庄清洁

发动群众、驻村（驻寺）干部、河湖长、生态岗位等力量，围绕清理农村垃圾、村内塘沟、畜禽粪污、饲草料乱堆乱放和改变影响农村人居环境的不良习惯、人畜混居的“四清两改”任务，采取集中动员宣传、悬挂横幅标语、干部帮带推动等方式，结合“三提升、三整治”行动，以点带面、集中力量开展“屋内屋外、村内村外”大扫除、“一把扫帚扫到底”等村庄清洁行动，并大力推行“人畜分离、村外集中建圈、科学养殖”的养殖模式，有效整治了农村环境脏乱差问题，村庄环境面貌焕然一新，群众良好文明生活习惯不断养成。截至 2020 年年底，卡若区开展宣传活动 247 场次，发放宣传资料 5000 余份，4.38 万人次参与村庄清洁，累计清理农村生活垃圾 429 吨，清理村内沟塘 98 处，清理畜禽养殖粪污 315 吨，整理饲草乱堆乱放 151 处。

2. 完善基础

深入开展农村人居环境整治行动，突出生活垃圾、厕所粪污、生活污水治理重点，进一步完善基础设施建设，切实把乡村建设成为生活宜居、环境优美、设施完善的幸福家园。按照生活垃圾“户分类、村（居）收集、乡（镇）转运、县（区）处理”原则，根据村庄人口分布、地形地貌、运输半径等条件，合理确定垃圾处理方式，配备垃圾收运设施，建立及时清扫、收集、转运的长效机制，持续保持村庄干净、整洁、有序。截至 2020 年年底，共投入 1.44 亿元，建成生活垃圾填埋场 3 座、垃圾转运站 8 座、配发农村生活垃圾转运车 173 辆、生活垃圾收集装置 1888 个，乡（镇）政府所在地和国道沿线村庄生活垃圾清运率达 100%、收运处置体系自然村覆盖率达 46.2%。按照群众接受、经济适用、维护方便、不污染环境和“够用、耐用、能用、实用”的总体要求，采取先试点示范、后面上推广、再整体提升的梯次安排，将“厕所革命”与易地搬迁、厕所粪污治理、村级标准化活动场所和乡村旅游建设等工作统筹推进，以“四有四无两清一用”为改造标准，完成卫生户厕改造 3945 户，建成公共厕所 208 座。按照区位条件、村庄人口聚集程度、污水产生量等，因地制宜选择农牧区污水治理技术路线和治理模式，坚持“试点先行、以点带面、逐步推开”的原则，在全市范围内率先试点生活污水处理工程。截至 2020 年年底，投资 1000 余万元，建设 7 个村级污水处理站，并聘请第三方公司对污水处理站开展运维工作，有效推进了农村污水一体化处理，农牧区生活污水治理得到明显改善。同时，投入 6916.72 万元，在 7 个行政村实施人居环境整治工程，人民群众的获得感安全感幸福感不断增强。

3. 共建共享，创造美好新生活

卡若区坚持把培育文明健康生活方式作为农牧区精神文明建设的重要内容，结合村庄实际，切实将公共环境卫生整治、公共基础设施建设管护、推进移风易俗、培养良好生活习惯等内容纳入村规民约，明确村民维护村庄环境的责任和义务，充分发挥驻村工作队、村“两委”班子作用，引导农牧民自我约束、自我管理、自我提高、自我改善，切实增强农牧民群众参与村庄整洁行动的自觉性、主动性，形成了民建、民管、民享的长效机制，不断激发了农牧民自愿参与农牧区人居环境整治的内在动力，凝聚了村庄整洁行动的正能量。

（八）文化事业

2016 年以来，卡若区结合“六下乡”[①]“文化进万家”等活动，共建成 15 个乡（镇）文化站、158 个村级文化室，图书配发率 100%，卫生广播电视覆盖率 97%；年放映量 2000 场次；完成 167 支文艺队 3043 人的组建任务，年均开展文艺演出 60 余场次。

1. 逐步完善基层公共文化服务建设

卡若区对 15 个乡（镇）文化站 167 个村居文化室全覆盖，同时结合村级组织活动场所标准化建设和“十项提升工程”工作，完成 7 个乡（镇）文化站设备补充更新和升级改造工作，完成 158 个村居文化室的设备补充更新和升级改造工作。

2. 更加丰富群众精神文化生活

卡若区为提高群众文明素质和参与文化活动的积极性，以满足群众精神文化需求为目的，积极利用昌都市举办的大型文艺演出平台，扩大乡村文艺队的参与度。利用“三大节日”文艺演出、广场文艺演出，积极组织卡若区艺术团和各行政村文艺演出队参与大型文艺演出活动。卡若区结合“文艺进基层”“六下乡”活动，深入 15 个乡（镇）开展文艺巡回演出活动。开展文化进万家、送欢乐下基层、文化艺术志愿服务等一系列活动。

第三节　成效亮点

进入脱贫攻坚阶段，卡若区在市委、市政府的坚强领导下，因地制宜、多措并举、聚力攻坚，2016 年经国家第三方验收后率先在全市实现高质量脱贫摘帽，为昌都市决战决胜脱贫攻坚树立了典型示范。

---

①“六下乡”即文化、卫生、科技、法律、爱国教育和民族团结教育下乡活动。

一、脱贫成效

（一）梯次推进，如期脱贫

卡若区按照“宜农则农、宜牧则牧、宜林则林、宜游则游”的原则，以“农户自建、政府扶持、部门指导、企业带动”的思路，凝心聚力发展生产，温室蔬菜、红拉山鸡、卡若香猪、高原奶牛、藏药材及农畜产品加工等产业基地建设如火如荼。由于自然条件限制和历史欠账等原因，尽管卡若区产业发展起步较晚，但随着“五大养殖基地、七大种植基地”的不断壮大，贫困人口脱贫的稳定性、长期性得到保障。同时，卡若区从金融扶贫、产业扶贫、易地扶贫搬迁、教育扶贫、生态补偿扶贫、转移就业扶贫、定点扶贫、健康扶贫、社会保障兜底、社会帮扶等方面制定一系列政策措施并予以落实，为脱贫户实现持续、稳定脱贫保驾护航。卡若区从公共基础设施改善、扶贫产业做大做强、推动社会事业发展、稳固结对帮扶、强化群众思想教育引导等方面，制定长效机制和后续巩固提升安排。

2016—2020 年，卡若区共实现 3371 户 15277 人贫困群众，157 个贫困村全部实现脱贫退出，圆满完成消除绝对贫困任务，2020 年年底贫困群众年人均纯收入中转移性收入占比较 2015 年年底下降了 20.72%。卡若区经济社会发展加快，基本生产生活条件改善，贫困群众发展后劲明显增强，决胜全面小康基础坚实，广大农牧民群众感党恩、听党话、跟党走的信心和决心更加坚定，发自肺腑地敬仰习近平总书记、歌颂中国共产党。

1. 基础教育大发展

卡若区坚持本级财政每年投入 25% 的资金用于教育事业，健全完善“控辍保学”长效监测机制、应助尽助救助机制和义务教育办学条件改善保障机制，巩固义务教育均衡发展成果，让教育资源惠及更多的家庭和孩子，确保贫困地区的所有学生有学上、上好学、好上学。截至 2020 年年底，已成功劝返疑似失学儿童 163 人，实现小学阶段师生比 1 : 14.5，入学率达 99.81%，初中阶段师生比 1 : 9.19，入学率达 98.4% ；贫困大学生资助资金从小学到大学全覆盖，累计资助 1013 人次贫困家庭学子，保证贫困学生顺利就读、完成学业。

2. 医疗保险体系良好

卡若区把健康扶贫作为解决农牧民群众因病致贫的重要手段，按照“保基本、兜底线、促公平、可持续”的工作原则，切实构筑起贫困户“最后一道防线”，织牢民政低保兜底和“防返贫险”保障的“托底网”。为建档立卡贫困户实行每户每年最高可申请两次的临时救助制度，对低收入困难人群无法满足最低生活标准线时实行差额补贴，截至 2019 年年底，累计兑现 31083 人次农村低保资金 5218 万元；依托乡（镇）卫生院和村卫生室，已累计为 24.47 万人次的农牧民群众进行健康体检活动，根据健康检查状况因人因病建立年度健康档案，分别与 19064 人建档立卡户、“6+1”重点疾病确诊患者签订家庭医生服务协议；大力实施县域内“先诊疗、后付费”和“一单制”结算服务，开辟住院“绿色通道”，把医疗报销时限缩短为 30 日内限时办结，将大病保险赔付限额标准提高至 14 万元，每年设立 50 万元特定人群住院担保金，着力让贫困群众“能看病、住得起院”；积极探索保险保障扶贫优势，先行先试与中国人保昌都分公司联合推出“防返贫险”，帮助贫困人口摆脱因疾病、突发意外事故及自然灾害等返贫风险。

3. 易地搬迁成效显著

卡若区围绕共建“好房子”、共育“好习惯”、共创“好生活”、共享“好幸福”的“四好”要求，采取“三步走”措施（即：搬迁前科学规划设计、充分征求群众意见、广泛宣传发动；搬迁中技能培训前置、贫困群众劳务参与、质量全程监督；搬迁后干部协助迁居、乡村干部跟踪服务、产业就业覆盖），建成33个易地搬迁安置区，搬迁入住1792户7710人。卡若区率先在昌都市探索形成“1+1+5”管理服务机制，配齐配强村“两委”班子，选派驻村工作队，教育引导搬迁群众参与社区治理服务，确保贫困群众“搬得出、稳得住、逐步能致富”。同时，卡若区紧盯危房改造“四类重点人群”，全面开展危房鉴定工作，累计实施765户农村危房改造任务，实现应搬尽搬、应改尽改，彻底解决贫困群众住危房的问题。

4. 就业领域大幅度扩展

卡若区把转移就业作为民生之本，充分发挥首善之区的地理优势、市场优势和岗位优势，正确处理好城镇就业与就近就便、不离乡不离土、能干会干的关系。以每年召开两次的就业招聘会和公共就业服务网点为平台，紧盯重大项目吸纳本地农牧民人数占用工量60%、400万以下工程项目吸纳本地农牧民人数占用工量80%的指标要求，突出政府组织化程度，精准对接市场岗位需求、强化就业跟踪服务，把过去“背靠背”的就业培训模式变为“面对面”，形成“政府指导、政策引导、市场运作、管理规范、转移有序”的农牧民劳动用工新模式。2016年以来，卡若区共举办技能培训134期、培训9163人，实现就业7141人，就业率达77.93%，人均增收2300元，自主转移就业2.9万余人。

（二）兄弟情深，援藏助力脱贫攻坚

1. 精准对接帮扶，完善资金使用

2016—2020年，对口支援卡若区共实施项目28项，涉及资金50554万元，修建天津新村、北京新村、广东新村、中铝新村等一批新农村建设项目和一批学校、医院等民生项目，提升卡若区教育、医疗基础设施水平及改善农牧民生活环境。天津市静海区对口帮扶以来，签订《静海区与卡若区携手奔小康行动结对帮扶合作框架协议》，并签订帮扶协议7个，先后促成静海区大邱庄镇、团泊镇、中旺镇与卡若镇、如意乡、俄洛镇的结对帮扶和静海区与卡若区医院、学校之间的结对帮扶，规划外援藏资金共计3422万元。修建卡若区左巴村人居环境整治工程、妥坝乡诺玛村整村搬迁暨新农村建设项目、肉牛育肥基地等一批项目，为产业发展、人居环境提升、基础设施建设等方面注入活力。

2. 加强人才交流，真诚奉献爱心

卡若区充分发挥互派干部等方面的好经验、好做法，促进观念互通、思路互动、技术互学、作风互鉴，加大对基层干部、贫困村致富带头人的培训力度，打造出一支留得住、能战斗、带不走的人才队伍。援藏省市、企业以往共计派出23名干部、22名专业医疗人员、11名优秀教师到卡若区挂职，发挥“传帮带”作用，将先进经验和做法带到卡若区，强化与本地干部沟通交流，为卡若区各项事业发展献计献策，推动卡若区教育、医疗、卫生等各领域快速发展；卡若区积极开展异地挂职培训交流，先后组织选派干部共60余人前往天津市、中铝集团、重庆市交流培训、挂职锻炼，开阔干部视野，提升干部干事创业的能力。

3. 汇聚社会力量，助力脱贫攻坚

卡若区积极宣传发动东部地区各级党政机关、人民团体、企事业单位、社会组织、各界人士等积极参与脱贫攻坚工作。2016年以来，天津市静海区工商联合会组织企业出资60万元援建如意乡中心小学给排水工程等，解决困难学生生活问题；征集117个志愿者包裹发放给117个贫困户，解决贫困户生产生活困难；静海区团泊镇捐赠卡若区如意乡、柴维乡小学物资700件，包括衣服、书包、文具等，全部发放给贫困学生；静海区团委捐助卡若区10名困难学生，到城关镇达野小学和妥坝乡中心小学慰问困难学生并送上慰问金；静海区领导干部与卡若区困难户结对，形成长期帮扶机制；东风集团2018年捐赠15辆皮卡车用于精准扶贫工作。

（三）凝聚合力，社会帮扶发挥作用

不断创新帮扶工作机制，引领汇聚各方面力量广泛参与，积极开展“集团式”“组团式”帮扶活动，形成与建档立卡户的良性互动，形成人人知晓、人人参与、合力攻坚的良好局面。一是开展干部结对帮扶，密切党群干群关系。按照“帮扶全覆盖”“四个不摘”两个原则和“帮扶到户、责任到人”的工作机制，卡若区采取“321”帮扶形式，压实帮扶责任，细化帮扶措施，在真帮实扶上下功夫见成效。帮扶覆盖所有建档立卡贫困户和边缘户。截至2020年年底，卡若区干部职工走访慰问4.73万人次，帮扶物资折合1135.3万元。二是驻昌部队参与帮扶，深化军民“鱼水情”。昌都军分区、武警昌都支队、武警森林支队、昌都市消防大队、昌都市反恐支队等驻昌部队积极响应国家号召，与贫困村、贫困户实现精准对接。5支部队共帮扶115户，前后集体走访34次，送去各类物资折合人民币共72余万。三是强化履行社会责任，推进“百企帮百村”行动。西藏开投金河流域水电开发有限公司、高争水泥建材有限公司、西藏银行等12家驻昌帮扶企业积极响应中央和自治区、昌都市关于脱贫攻坚工作的部署，深入开展“百企帮百村”精准扶贫活动，分别与乡（镇）、村（居）签订帮扶协议。海尔集团西宁分公司、中铁二局、中铁十一局等19家企业前后3次捐赠活动，惠及15个乡（镇）3000余户贫困户。

（四）智志双扶，内生动力大幅提升

为进一步加强脱贫巩固“志智双扶”力度，推动“农牧区夜校”“讲习所”制度化、常态化，充分发挥各乡（镇）、村（居）基层阵地作用，利用好村级活动场所开展学习和实践活动。2016年以来，卡若区已建立“区乡村队干”五方联动宣讲机制，从县级领导到扶贫专干，从党员干部到一般群众，从寺庙僧尼到在校学生，全区形成“人人都是宣讲员”的热烈氛围。卡若区制定《卡若区加强“志智双扶”推进“农牧民夜校”“讲习所”的实施方案》，根据农牧民群众生产生活规律，把活动安排分为四个节点，由15个乡（镇）自行组织开展一次以新旧对比、“惠从何来、恩向谁报”等为主题的群众性演讲比赛；各行政村组织群众开展决战决胜脱贫攻坚恳谈会，提出建议及整改措施。在各虫草采挖点，组织群众开展“四讲四爱”群众教育实践活动暨精准扶贫政策宣讲，由乡（镇）宣讲员、农牧民宣讲员共同组织策划，确保把18个“讲清楚”讲明白，教育引导群众争做“神圣国土守护者、幸福家园建设者”，在虫草采挖期间开展脱贫攻坚宣传宣讲活动。截至2020年年底，共开展扶贫宣讲5784余场次，受教育群众达32.78万人次。卡若区通过在乡（镇）、村居开办“农牧民夜校”“讲习所”，变“专家讲”为“大众讲”，乡乡开演讲比赛、村村开恳谈会，形成政策理论宣讲和实际问题解决“双轮驱动”。

同时，卡若区利用政务网站、电视台、微信公众平台，及时宣传脱贫动态、先进典型、主要成效等。2016年以来，卡若区新闻被中央电视台采纳3条，被西藏电视台采纳48条，被昌都市电视台采纳208条。卡若区通过编印《我的扶贫故事》《扶贫专刊》《扶贫特辑》，制作《嬗变》画册和《卡若区干部知识读本——习近平语录摘选》等宣传资料，讲清扶贫政策、讲述身边故事，把群众的致富思路带上康庄大道。

正确处理“富口袋”与“富脑袋”关系，结合“四讲四爱”“遵行四条标准争做先进僧尼”等教育实践活动，依托电视、报刊、微信公众号、网络等新闻媒介，把精准扶贫政策、“两学一做”、“不忘初心、牢记使命”主题教育、农牧区实用技能、先进典型以身说法等“打包”送下乡，讲好卡若故事、展示卡若精神，引导贫困群众淡化宗教消极影响，激发贫困群众内生动力，逐步转变贫困群众“等、靠、要”思想，使得“惠从何来、恩向谁报”，“想富、求富、要富”的观念逐步加深。2016年以来，卡若区开展各类宣传宣讲活动5784场次，发放宣传手册16万余份，受教育群众达32.78万余人次。卡若区教育引导高僧活佛在促进宗教与社会主义社会相适应过程中发挥表率作用，帮助党和政府在扶贫过程中引育群众，花最少的钱、用最短的时间满足贫困群众的宗教信仰需要，通过抓住寺庙这个“牛头”和活佛、堪布、经师这个“牛鼻子”，宗教活动场次缩减至原来的62.4%，宗教活动时长累计减少100余天，信教群众参与规模减小7000余人，用电子酥油灯替代传统酥油灯2868盏。同时，卡若区以教育引导群众把注意力放到生产生活和增收致富为主要目的，帮助农牧民群众转变惜杀惜售观念，卡若区牦牛育肥基地从全区15个乡（镇）及市域内收购架子牛3737头，出栏牦牛3517头，兑现现金1681.65万元，受益千余户群众，让畜牧产品源源不断流向市场。

二、工作亮点

（一）完善制度、强化组织，决战决胜脱贫攻坚

卡若区坚持党建引领脱贫攻坚，树立“脱贫攻坚成效检验党建实绩”工作导向，紧扣“区摘帽、村出列、户脱贫”目标，坚持“区委主导、政府主抓、部门配合、乡（镇）落实、社会参与”工作思路，创新“4466”工作机制，提高政治站位、扛起政治责任、落实政治任务，坚决打赢打好脱贫攻坚战。

1. 思想到位，不辱使命

把党中央的决策部署和习近平总书记关于扶贫工作的重要论述列入区委理论学习中心组的重要学习内容，读原文、学原著、悟原理，进一步增强“四个意识”、坚定“四个自信”、做到“两个维护”，践行“为人民谋幸福、为民族谋复兴”的初心使命，保持与中央、自治区党委、昌都市委同频共振、步调一致的政治自觉和行动自觉，对标对表、不打折扣，不讲条件、不讲困难，无条件接受任务、无条件坚决完成，确保全面建成小康社会目标不动摇。把脱贫攻坚作为巩固党的执政基础的重大历史使命。党员树立“贫困不除、愧对历史，群众不富、寝食难安，小康不达、誓不罢休”的决心，推动主要力量向脱贫攻坚聚焦、优势资源向偏远地区倾斜、优惠政策向贫困群众覆盖、骨干力量向脱贫一线下沉，落实“县（区）落实、乡（镇）专干”的管理体制和“工作到村、扶贫到户”的工作机制，形成“区委主导、政府主抓、部门配合、基层落实”的良好工作局面。卡若区各部门齐抓共管、各负其责、广泛参与，在脱贫攻坚一线积累经验、拓宽视野、锻炼能力、增长才干，夯实巩固党在西藏的执政根基。

2. 落实到位，统筹协调

把脱贫攻坚作为摆脱贫困落后的重大发展机遇，树立抓脱贫攻坚就是抓发展，不抓就要错过良机的脱贫理念，以脱贫攻坚统领全区经济社会发展全局，从区委、区政府主要领导带头落实，各级党政主要领导每月至少5个工作日抓脱贫攻坚的要求，“带着任务走下去、怀着感情蹲下来、谋得良策带回来”，采取“到户看院子、抬眼看房子、伸手开管子、进门开柜子、走近问路子、坐下问

孩子”的方式，坚持“下乡必到村、进村必入户、入户必访贫”，听真话、摸实情、求对策，注重贫困户与非贫困户的统筹，注重脱贫前与脱贫后的统筹，注重近郊乡（镇）与偏远乡（镇）的统筹，把脱贫攻坚同实施乡村振兴有机结合起来，一体谋划、同步推进，既保证完成当前脱贫攻坚任务的需要，又满足持续稳定发展的需要，着力推动全区跨越式发展。

3. 制度到位，有效推进

卡若区把顶层设计作为做好脱贫攻坚工作的根本前提，树立科学治贫、精准扶贫、有效脱贫理念，将脱贫攻坚与“十三五”规划、乡村振兴战略有机结合、相互衔接，分别编制“1+4+27”扶贫政策体系①，做到脱贫攻坚有规划、有目标、有任务、有措施、有时限、有主体。在巩固提升脱贫攻坚成果的基础上，卡若区健全完善以区信息系统为平台的动态监测机制，年度财政收入 10% 以上的配套用于脱贫攻坚的资金稳定投入机制，以干部结对帮扶做到“四看”②、社会帮扶精准参与、东西扶贫协作向北部偏远乡倾斜的常态帮扶机制，以扶贫领域专项整改治理为重点的脱贫作风治理的“五大长效机制”③，用制度机制助推脱贫攻坚巩固提升，全力推进各项工作科学化、规范化、规律化，确保脱贫攻坚成果巩固提升工作持续深化，脱贫质量持续提升。

4. 组织到位，落实责任

坚持把脱贫攻坚组织建设作为做好脱贫攻坚工作的重要保障，坚持“分线运行、各负其责、共建其功”，不断强化脱贫攻坚组织建设，压紧压实 15 个乡（镇）、40 余家行业部门、157 个驻村工作队责任，确保脱贫攻坚说了能干、干了能成、成了能好，确保责任落到实处、见到成效。

（二）创新工作，巩固脱贫成果

1. 建立平台保障脱贫成果

拓展系统服务功能。卡若区通过用好用活精准扶贫信息软件和大数据平台，进一步拓展扶贫系统共享服务功能，着力实现数据资源数字化、信息交流网络化。一是结合“红黄蓝绿”四级分类管理模式，进一步完善“5+N”和专项组相关扶贫措施与区数据组底层数据的互联、互通、互享，减少人为因素对数据处理的不当影响，减少填报数量和频次，着力将建档立卡贫困户档案资料向无纸化模式转变，实现掌上填报、掌上调度、掌上落实。二是卡若区充分利用了系统智能纠错功能，对个别系统数据与“五个一批”政策落实数据不一致、不统一、增减不符合程序等，及时纠偏改错。并以每季度为时间单位做好数据清洗工作，打牢数据精准基础。三是卡若区按照“突出重点、全面铺开”的原则，参照卡若村 3D 全村全貌及户型展示，以脱贫样板村为基础，以卡若镇卡若村、达修村、左巴村和德吉社区等为重点，利用航拍测绘绘制 3D 立体技术展示全村场景和户型室内全景，完成各行政村 3D 全景全貌及户型展示图的系统录入工作。

---

① “1+4+27”扶贫政策体系即：1 个《卡若区关于打赢脱贫摘帽攻坚战的实施方案（试行）》，4 个年度巩固提升方案，《卡若区产业振兴常委分片包干实施意见》《卡若区生态岗位人员考核办法（试行）》《卡若区基本建设项目资金支付使用管理办法》等 27 项长效机制。

② “四看”即看贫困群众收入情况、看脱贫资料档案留存情况、看适龄儿童上学情况、看脱贫政策掌握情况。

③ “五大长效机制”即：健全完善以卡若区信息系统为平台的脱贫监测户和边缘贫困户动态监测机制，上年度财政收入 10% 以上配套用于脱贫攻坚的资金稳定投入机制，贫困群众稳定参与产业、就业的增产增收机制，干部结对帮扶做到“四看”、社会帮扶精准参与、东西扶贫协作向北部偏远乡倾斜的常态帮扶机制，以扶贫领域专项整改治理为重点的脱贫作风治理机制。

2. 夯实三项基础

卡若区从自我发展基础、基层组织建设到全社会帮扶各个层面入手提高脱贫攻坚效益与质量。

（1）夯实自我发展基础。卡若区坚持“志智双扶”相结合，正确处理外部帮扶和贫困群众自身努力的关系，积极引导贫困群众增强主体意识，通过“营造一种氛围、建立一套机制、培养一支队伍、挖掘一批典型”等方式，教育贫困群众、感染贫困群众，帮助贫困群众转观念、谋发展、学技能、促增收，摆脱对脱贫政策的单纯依赖，用自己的辛勤劳动实现真正意义的脱贫致富。一是卡若区坚持从各级党委班子做好、严起，每年区委常委会、区委理论学习中心组要专题学习扶贫政策不少于4次，强化各级攻坚力量的思想武装；各乡（镇）党委、政府及村“两委”班子、驻村工作队要把转变观念作为提升内生动力的重要抓手，在每年农闲时节、集中采挖虫草时节等开办“农牧区夜校”“讲习所”等，结合当前正在开展的“四讲四爱”群众教育实践活动等，进一步加大对群众自主脱贫的教育引导力度。二是卡若区结合《卡若区最美脱贫户、最美致富带头人、最美帮扶组织表彰活动的评选方案》，深挖出“最美脱贫户”、“最美致富带头人”和“最美帮扶组织”，适时召开“感动卡若”先进事迹报告会和表彰大会，注重运用自身和身边事例、现身说法，强化互动交流，传播正能量，引领社会风尚，弘扬社会主义核心价值观，帮助农牧民群众克服“守土”意识、“虫草依赖症”等，增强困难群体脱贫致富的信心和决心。三是通过多种形式拍摄制作专题，推出脱贫攻坚典型人物及事迹，利用各级各类媒体，广泛宣传脱贫攻坚事例和感人事迹，在线上线下讲好“卡若故事”。

（2）夯实基层组织基础。卡若区强化基层党组织作用发挥，围绕“党建带扶贫，扶贫促党建”的目标要求，注重脱贫攻坚与基层组织建设深度融合。一是以村级组织标准化活动场所建设为契机，已完成126个村级组织标准化活动场所建设（预计2021年全面完成村级组织标准化建设），切实将村级组织标准化活动场所打造成党员群众愿来想来，来了不想走，走了还想来的活动场所，全面增强村级组织活动场所的吸引力、凝聚力和感召力。二是完成31个软弱涣散村级党组织整顿升级工作，通过定点联系、强化督导、学习提升等措施，瞄准重点、靶向发力，有效的补齐基层组织建设“短板”，强力推进基层党建全面提升，进一步发挥基层党组织、党员在脱贫攻坚领域的战斗堡垒作用和模范带头作用。

（3）夯实社会帮扶基础。坚持“缺什么就补什么，有什么问题就解决什么问题”，持续动员各类市场主体和民营企业打好帮扶组合拳，坚持一帮到底，汇聚起脱贫攻坚工作没有“局外人”的强大合力。一是推行组团式帮扶。针对党口系统、政府系统各单位和社会企业的制度优势、资源优势，坚持就近就便、化零为整，调整推进组团式帮扶，建立乡（镇）（包括卫生院、学校、派出所、寺管会）、区直单位或社会企业的组团式结对帮扶机制。各帮扶成员单位定期收集帮扶乡（镇）脱贫巩固问题，及时帮助联系乡（镇）解决巩固提升脱贫攻坚成果过程中面临的困难，充分利用自身优势和资源，落实好“六个一”①。二是推行干部“321”帮扶。在保持干部“321”结对帮扶机制上，地厅级干部增加帮扶1户边缘贫困户，县处级干部增加帮扶1户边缘户，坚持每季度走访慰问一次，帮扶干部结合帮扶对象实际，做好“五个一”②，帮助贫困群众转变观念、自力更生。三是推行企业帮扶。由区发改委牵头会同相关行业部门，制定在卡若区注册登记5年以上的社会企业定点帮扶明

① “六个一”即：做好一次精准扶贫政策宣讲报告；开好一次促进发展的讨论会；帮助制定一个切合实际的发展规划；帮助上一批好的致富项目；帮助贫困户解决一些实际问题；形成一份高质量的调研报告。

② “五个一”即：拍一张帮扶照片，留一个联系方式，每季度联系一次，定一个脱贫计划，送一份关怀温暖。

珠花园易地搬迁安置区、重庆三江原生态文化城安置区的817户搬迁群众的工作方案，通过发展产业、对接市场、安置就业等多种方式，持续帮扶脱贫户巩固脱贫成果，力争城区搬迁群众中有劳动力的家庭至少实现1人就业。四是推行东西部扶贫协作。落实东西部扶贫协作座谈会精神，持续在项目、人才、资金援助上升级加码，巩固拓展如意乡与天津市静海区团泊镇、俄洛镇与天津市静海区中旺镇、卡若镇与天津市静海区大邱庄镇、人社局与天津市静海区人社局的对口帮扶成果，加强区域合作、产业合作、就业合作、扩展对内对外开放新空间，结合卡若区发展不平衡不充分的现实困难，力争实现与北部乡的对口帮扶，进一步加快北部乡的发展步伐。

3. 稳推四项政策

卡若区按照“四不摘”的要求，留出脱贫巩固期，严格执行现行扶贫标准，做到既不降低标准又不影响脱贫质量。

（1）稳定推进健康扶贫政策。一是做好农牧区合作医疗大病统筹报销工作，开展建档立卡贫困人口大病集中救治工作，积极开展建档立卡户经合作医疗、人保财险、民政救助报销医疗费用后的医疗政策兜底工作。二是有序开展卡若区人民医院创“二乙”整改工作，重点对消毒供应中心、检验科和藏医康复科、无微生物室等关键部门进行专项改造。并以创“二乙”工作为抓手，结合组团式医疗援藏工作，建设一支医德医风好，技术精湛、服务优良的职工队伍和合理的人才梯队，并于2019年年底实现二级乙等意见创建目标。三是从2019年3月启动建设慢性病管理示范区工作，在完善现有家庭医生签约服务的基础上，将签约对象服务扩展到全区建档立卡户和慢性病患者，做到随访随治随管理，全面推进慢性病综合防控工作，实现2020年人群对慢性病知晓率达到70%，慢性病早期发现率、登记率不低于60%，慢性病管理率Ⅱ型糖尿病规范管理率不低于50%，高血压、糖尿病登记率不低于当地调查患病率的60%，降低因病致贫返贫的风险。四是积极推进孕产妇分娩的各项优惠政策，大力宣传相关政策，不断建立和完善医疗保健机构危重孕产妇转诊、抢救绿色通道工作机制。以免费孕前优生健康检查、出生缺陷干预、儿童营养改善为抓手，进一步做好“两降一升”[①]工作。五是进一步加强全科医生培训，两年内分阶段、分批次到市藏医院参加半年或一年的全科医生培训，为卡若区基层培养一批实用型全科医师，实现2020年每个乡（镇）培养1名全科医生（含助理全科医生）。六是在开展村级组织标准化建设的同时，同步打造乡（镇）标准化村卫生室，配备基础设备和一般常用药品，实现158个行政村卫生室提质增效全覆盖，让广大群众足不出户就可享受便捷医疗服务。

（2）稳定推进生态补偿政策。一是大力实施国土绿化工程，实施好退耕还林、防护林体系建设、重点区域造林等人工造林项目，巩固好消除“无树村、无树户”成果。二是加大苗圃、树种培育力度，不断巩固林木种苗基地建设成果，实现苗圃树种全部本地化供给，并有序实现生态林向经济林转变，拓宽脱贫攻坚增收渠道，使群众真正吃上“生态饭”。三是加快生态富民步伐，积极兑现森林生态效益补偿、退耕还林还草、退牧还草补助等。四是对全区生态管护人员实行动态管理，将富裕户、实现稳定脱贫的农牧民逐步退出生态岗位，对不符合条件的生态岗位人员及时进行动态调整。将新增生态岗位向边缘贫困户和动态贫困户倾斜，切实将生态岗位的政策用实、用好、用活。建立健全生态岗位人员工作考核办法和机制，加大对生态岗位人员的日常履职情况的考核，树立鲜明的“奖勤罚懒”导向。

（3）稳定推进社保兜底政策。一是加强重度残疾人经济状况调查核对力度，为本人无固定经济

① “两降一升”即降低孕产妇死亡率、降低婴儿死亡率、提升孕产妇住院分娩率。

收入的重度困难残疾人按照每人每月 200 元标准发放生活补贴；为生活困难的残疾人按照每人每月 100 元标准发放护理补贴。二是进一步建立健全城乡医疗救助制度，全面开展重特大疾病医疗救助工作，细化量化政策措施，实现医疗救助制度科学规范、运行有效，确保与相关社会救助、医疗保障政策相配套，着力保障农牧区群众基本医疗权益，普通医疗救助对象，每人每年累计救助资金不超过 6 万元，规范执行重特大疾病医疗救助标准最高额度不超过每年 15 万元。三是以解决群众突发性、临时性、紧迫性造成的生活困难为出发点，优化审核审批程序，细化工作目标和任务，统筹各类救助资源，拓宽救助渠道，及时加大临时救助政策，杜绝困难群众因灾、因病而导致返贫现象发生。四是根据经济社会发展水平，合理调整提高孤儿基本生活保障标准，完善孤儿基本生活保障制度，将失去父母、查找不到生父母的纳入困境儿童基本生活保障范围。五是继续对全区 6811 名低保户按照 4713 元 /（人・年）标准发放低保差额补助，并实行低保动态管理，确保"应保尽保、应退则退"；对完全丧失劳动能力和部分丧失劳动能力且无法依靠产业就业帮扶脱贫的贫困人口将纳入兜底保障。

（4）稳定推进教育扶贫政策。卡若区加大办学条件改善力度，保障学生平等权益、促进学生全面发展、引领教师专业进步、提升教育教学水平、营造和谐美丽环境、建设现代学校制度，确保适龄儿童少年（除身体条件不允许外）义务教育普及率 100%，确保全区农牧民群众子女不因贫失学、不因学返贫。一是加大控辍保学力度，继续落实"双线控辍"责任，建立义务教育巩固监测系统，义务教育阶段入学率、学前入学率及巩固率达到自治区办学要求。二是严格按照《昌都市卡若区建档立卡贫困家庭子女接受高等教育实施免费教育补助政策实施细则（暂行）》，及时兑现资助资金。积极落实"三包""营养改善计划"等各类教育惠民政策。三是为就读职业学校（中职）的贫困家庭学生，开辟招生绿色通道，优先招生报名。四是继续对偏远乡的教育支持倾斜力度，及时兑现乡村教师生活补助政策，推进教育系统教师利益保障工作，积极营造"环境留人、事业留人、待遇留人、政策留人、情感留人"的教育"五留人"环境。五是做好教育脱贫和乡村振兴计划衔接工作，不断提升基础教育办学质量。

4. 保障措施有力

卡若区保持"四个不变"①。一是继续保持从脱贫巩固到全面建成小康的目标不变，各级各部门要强化思想认识，认识卡若的脱贫摘帽是低水平、低层次"摘帽"这一现状，把脱贫巩固摆在各项工作的重中之重位置。二是保持脱贫巩固的要求不变，坚持在脱贫攻坚过程中形成的好的工作机制，不能降低工作标准，不能减弱工作力度。三是保持脱贫巩固的责任不变，坚持各乡（镇）书记、乡（镇）长，村第一书记抓扶贫，各专责组组长、各部门主要负责同志抓扶贫，各乡（镇）扶贫专干相对固定，层层压实脱贫攻坚责任。四是保持脱贫巩固的措施不变，按照各级党委、政府主要领导每月至少有 5 个工作日专门抓脱贫巩固工作、督导组的日常督导和专项督查。以遍访贫困对象行动带头转作风、接地气、查实情，了解贫困群体实际需求，掌握第一手资料，发现突出矛盾、解决突出问题。深化"四干机制"②，对脱贫攻坚期内，各级扶贫干部、定点扶贫干部要按照政策规定保持稳定，一个萝卜一个坑，细化量化目标任务，建立完整的时间表和路线图，实施工程化管理，"承包方"（区脱贫攻坚指挥部）分别每月向区政府、每 2 个月向区扶贫开发工作领导小组报告工作进度。完善定期督查督办制度，确保按照时间节点完成既定目标任务。强化督导检查。卡若区

① "四个不变"即保持脱贫攻坚的目标不变、要求不变、责任不变、措施不变。

② "四干机制"即干什么任务清楚、怎么干措施清楚、谁来干责任清楚、什么时间干完时限清楚。

与各乡（镇）、各专责组等层层签订全面巩固提升工作责任书，立下军令状，将巩固提升工作任务纳入年度目标考核内容，由区纪委牵头，按照每季度一个专题的要求，采取定期检查、暗访督查、“回头看”等方式对精准扶贫政策进行督导检查，并将学习贯彻扶贫政策作为述职和报告的重点事项，列为年度重点工作考评内容；建立健全《昌都市卡若区脱贫攻坚工作干部考核责任追究办法》，实行“一票否决”，进一步细化考核内容、量化考核指标，将考核结果作为考核评价和选拔任用干部的重要依据，对在脱贫攻坚中埋头苦干、实绩突出的党员干部，在评先选优、表彰奖励时优先推荐，在提拔使用时重点考虑；对在脱贫攻坚中推诿扯皮、不作为、乱作为，按照《中国共产党纪律处分条例》严格责任追究等。加大资金投入。卡若区充分用好党中央和国务院对西藏人民特殊的关心关怀，用好国家级集中连片特困地区的政策机遇；加大精准扶贫本级财政配套资金投入力度，持续按照卡若区地方一般预算实际完成数的 10% 配套安排脱贫攻坚专项资金；继续整合涉农资金倾斜用于精准扶贫专项领域；继续加强对扶贫资金的专项审计、管理，完善扶贫项目资金财务管理制度，严禁截留、挤占和挪用，确保扶贫项目资金廉洁、高效、安全。

第二章　江达县

江达县作为藏东第一县，历史文化悠久。1950 年 10 月，第一面五星红旗首先在江达县升起，江达县解放。江达县位于昌都市东部（东经 97° 53′ ～ 98° 53′，北纬 31° 00′ ～ 32° 36′），东与四川省石渠、德格、白玉三县隔江相望，北与青海省玉树藏族自治州玉树市毗邻，南接贡觉县，西连昌都市卡若区，是四川、青海、西藏三省（区）的结合部位，被称为藏东门户。全县辖区面积 1.32 万平方公里，平均海拔 3650 米。县域内地势由西北向东南倾斜，为金沙江流域的河谷地带，最低海拔 2800 米，最高海拔 5436 米，平均海拔约 3800 米，高差有 2636 米。海拔较低的东南部农业区内，生长着大面积的森林，是农牧林多种经营的优势地带，在中国雪域高原的东部，横断山脉的高山峡谷之中。江达县年平均温差大，太阳辐射强烈，日照时间长；最高气温 28℃，最低气温 -15℃，年平均气温 4.5℃，1 月平均气温 -5℃，7 月平均气温 13.2℃，无霜期平均为 60 ～ 80 天，日均气温 5℃以上持续期 150 ～ 170 天，日均气温 0℃以上持续期 200 ～ 250 天，年平均降水量 549 毫米。日照时间长，年温差小而日温差大，干季雨季分明，雨热同季。河流以金沙江流域为主，金沙江分布于江达县东北、东南部；字曲河和独曲河分别流入金沙江，气候以高原温带半湿润山地气候为主。

第一节　脱贫基础

江达县地处藏东金沙江流域深山峡谷区域，人均耕地少、交通不便、信息闭塞，农田水利等农业基础设施建设相对滞后，尤其是农牧民教育程度较低，发展意识淡薄，“等、靠、要”思想较为严重。新时代脱贫攻坚战打响之初，江达县经济社会发展基础较弱，农牧区贫困发生率高、贫困程度较深、贫困特征明显、致贫原因复杂、脱贫成本较高，决战决胜脱贫攻坚面临诸多困难与挑战。

一、发展基础

（一）资源禀赋

江达县可利用土地面积 1912.28 万亩，耕地面积 10.06 万亩，草原面积 1173.72 万亩，森林面积 728.50 万亩，人均耕地面积 1.07 亩。全县拥有高等植物 520 种，野生植物种类丰富，以藏红花、雪莲、冬虫夏草、贝母、大黄、天麻、三七等为主的野生药用植物资源达 40 余种。全县已探明矿产主要有铜、铅、锌、铁、银等，其中玉龙铜矿总资源量为 10.27 亿吨矿石量，铜金属量 658 万吨，钼金属量40万吨。全县水能资源丰富，金沙江流域面积9981平方公里，占全县流域总面积75.9%境内独曲河、字曲河、藏曲河流域天然水能理论蕴藏量约46.1万千瓦，县内有叶巴滩水电站、岗托水电站等多个重大水利工程。全县森林资源得天独厚，森林覆盖率32.4%，长江上游天然林资源保护工程面积达685.3万亩。全县文化旅游资源敦厚，现有旅游景点21处，有旅游景点2A级景区1个，精品培育十八军渡江红色遗址、雪巴沟等7个旅游景区和桑珠洒咧、卡贡洒咧等9个旅游营地。全县有非物质文化遗产国家级1个、自治区级3个、市级2个、县级2个。全县有自治区级文保单位7处、县级文保单位54处，可移动文物1300件。全县主要农作物有青稞、小麦、豌豆、玉米，是昌都市虫草、松茸、獐子菌、木耳的主要产区。

（二）经济社会发展

2015年，全县国民生产总值16.79亿元，同比增长19.70%；公共财政预算收入7609万元，年均增长37%；全社会固定资产投资10.96亿元，年均增长30.30%；农牧民人均纯收入突破5000元大关，达到7500元，年均增长13.80%；社会消费品零售总额2.15亿元，年均增长25%。精准扶贫工作开展以来，2019年，江达县地方生产总值完成23.15亿元，同比增长8.3%；农牧民人均可支配收入11455元，同比增长13.3%；城镇居民人均可支配收入达到32191元，同比增长10.5%；一般预算财政收入完成13695万元，同比增长7.9%；社会消费品零售总额完成3.67亿元，同比增长10.5%；江达县镇化率达54.78%，居于西藏自治区所辖县（区）前30%。

（三）社会发展

江达县地处横断山区，岩比、娘西等偏远乡村农牧区基础设施建设相对滞后，许多乡村仍亟待解决通路、通电、通水等问题，特别是岩比、波罗、娘西、同普、岗托、邓柯等6个乡（镇）住在半山上的43个自然村生产生活条件差，2015年决战决胜脱贫攻坚前，受交通、自身等诸多因素影响，群众难以寻找切合自身实际的致富产业，脱贫难度大。截至2015年年底，江达县二、三产业发展滞后，市场化程度低，产业经济发展处在低档次，尝试性经营阶段，难以形成规模，群众增收渠道少。防止返贫的任务艰巨，贫困家庭底子薄、积累少，抵御自然灾害能力差，靠天吃饭状况仍未改变，每年均有因病、因灾返贫人口，巩固扶贫成果难，加大了扶贫开发工作的难度。县域内贫困户致贫原因复杂，贫困问题千差万别，扶贫任务重、成本高。群众对产业化项目建设虽然积极性较高，但存在管理不善、缺乏技术等问题，难以实现规模化生产，产业化项目提质增效难。

二、贫困状况

（一）贫困人口及分布

截至2015年年底，江达县总人口111376人。全县下辖11个乡、2个镇，94个村委会和2个居委会。2015年，江达县共有贫困户5247户23032人，占全县总户数的33%，占全县总人数26%（2015年区、市核定贫困人口为3632户17617人。2015年9月核查补录1615户5414人。全县共识别建档立卡户2846户13993人。2018年江达县实现了脱贫摘帽，剩余巩固提升未脱贫人口8户40人，2019年实现建档立卡贫困户人口全部脱贫摘帽，全县贫困综合发生率由2015年年底的17.13%到2019年实现动态清零（表5-2）。

表 5-2 江达县建档立卡贫困人口动态调整数据统计表

2015 年建档立卡贫困人口		动态调整后的 2016 年脱贫户数人数		动态调整后的 2017 年脱贫户数人数		动态调整后的 2018 年脱贫户数人数		动态调整后的未脱贫户数人数	
户数（户）	人数（人）	户数（户）	人数（人）	户数（户）	人数（人）	户数（户）	人数（人）	户数（户）	人数（人）
2846	13993	435	2225	439	2355	2509	12763	8	41

（二）致贫原因

（1）农牧民群众发展观念相对滞后。交通较为闭塞，导致贫困人口信息闭塞，思想观念相对保守，部分群众缺乏脱贫的积极性和主动性，发展致富观念保守，“等、靠、要”思想突出，因循守旧。部分农牧民群众安于现状、不思进取，不愿意外出务工，转移就业难度大，增收困难。

（2）自然资源匮乏，自然灾害频发。江达县绝大部分土地是滑坡地，土层薄、土质差，可新开耕地非常有限。农牧业生产时常受干旱、洪涝、冰雹、大风、霜冻、雪灾等气象灾害及滑坡、泥石流等地质灾害的袭击，居民生产生活受到自然灾害的严重威胁。

（3）产业项目在短期内很难发挥效益。县域内实施的产业项目由于规模小、产业链条短，很难与市场对接，致使带动脱贫的效益很难在短期内发挥效益。

第二节 工作举措

以脱贫攻坚统领全县经济社会发展全局为抓手，全面贯彻落实党中央、国务院、西藏自治区、昌都市关于打赢脱贫攻坚战的系列决策部署，紧紧瞄准贫困人口“两不愁三保障”和增收致富目标，全面落实“四摘四不摘”巩固提升工作措施，因地制宜、多措并举、多管齐下、聚力攻坚，全方位推进、高质量决战决胜脱贫攻坚。

一、因地制宜，“六个精准”立标杆

按照扶贫对象精准、措施到户精准、项目安排精准、资金使用精准、因村派人精准和脱贫成效精准“六个精准”要求，因地制宜制定“六个精准”扶贫方案，确保脱贫攻坚工作取得实效。

（一）扶贫对象精准

1. 全面摸排，建档立卡

江达县按照“县为单位、规模控制、分级负责、精准识别、动态管理”的原则，及时对农牧区扶贫对象开展全面调查摸底，实施“一户一档”，对每个贫困户建档立卡，深入分析致贫原因，逐村逐户制定帮扶措施，集中力量予以扶持，确保在规定时间内达到脱贫目标，并实行动态管理，为开展各类帮扶措施提供有效依据，解决扶贫到户“最后一公里”问题。

2. 精准识别，做到“四清六有”

“四清”即对贫困户建档立卡做到：一是摸清家底状况、致贫原因、收入来源、收入水平等基

本情况，建立基础档案，做到“底数清”；二是摸清脱贫门路、需要解决的主要困难，建立问题台账，做到“问题清”；三是摸清以往扶持情况、扶持效果，提出帮扶措施，帮助制定帮扶计划，做到“对策清”；四是确定帮扶单位、帮扶干部，实行“四定两不”，即定户定人定时定责帮扶，不脱贫不脱钩，做到“任务清”。实行“六有”，即对贫困村建档立卡做到：一是有村档案，包括基本村情、基础设施、主导产业、公共服务、贫困状况、收入水平等；二是有问题台账，包括主要制约因素、以往扶持情况和效果、最迫切需要解决的瓶颈问题等；三是有需求清单，抓住主要矛盾，提出项目清单；四是有村级规划，包括基础设施、主导产业、公共服务、人力资源开发等实施计划，包括贫困户增收产业、专业合作社发展计划、金融支持计划、龙头企业覆盖带动计划、科技单位和人员技术指导方案等；五是有领导联系、单位帮扶、干部驻村工作台账；六是有村级综合增收计划和脱贫时限。

3. 逐级审核公示，做好精准识别

江达县狠抓精准识别这一基础核心，建立“村到户到人摸排、乡到村到户核实、县重点抽查和层层公示”的精准识别体系，按照昌都市《关于进一步做好建档立卡贫困人口“回头看”工作的紧急通知》《关于抓紧做好扶贫动态信息调整和信息录入的紧急通知》等文件精神，扎实开展建档立卡户精准识别和动态调整，最终确定建档立卡贫困人口 3342 户 17501 人，做到了精准识别。

一是召开群众大会。各村及时组织召开群众代表大会，对本村符合条件申请成为贫困户的农牧民进行民主评议，确定为贫困户建档对象。

二是由村到户到人摸排。由选派村党支部书记负责，组织村“两委”班子成员和驻村工作队深入群众家中开展基本情况摸排，做好收入测算，详细掌握了第一手资料。

三是从乡到村到户核实。在结对干部和乡（镇）专干、乡（镇）书记乡（镇）长自查审核扶贫信息卡的基础上，组织扶贫专干、乡（镇）干部根据干部包村情况，逐村逐户进行信息复核，确保了贫困户信息真实准确。

四是做到县重点抽查。由县脱贫攻坚指挥部数据组负责，按照每乡（镇）不少于 3 个村，每村不少于 20 户的要求，逐乡逐村进行抽查，对抽查发现有误的要求乡（镇）、村及时复核整改，确保精准识别准确无误。

五是落实层层公示公告。对建档立卡贫困户实行村级公示、乡级公示、县级公告，接受群众监督，及时处理群众反馈的信息，确保了建档立卡公平公正、群众认可。

六是开展结对帮扶复核。结合开展结对帮扶工作，由“组团式”帮扶团队牵头，结对帮扶干部深入所结对建档立卡贫困户家中，对贫困户基本信息进行复核，确保数据准确无误。

（二）措施到户精准

鉴于贫困人口致贫因素多样性、复杂性、动态性，针对贫困人口的扶贫政策措施差别化、类型化和变动性，江达县根据农牧户致贫原因、贫困程度和脱贫需求差异性、同质性特征，因村因人因户分类施策，确保扶贫攻坚工作扶到点上、扶到根上。

1. “量身定做”帮扶项目

江达县依据贫困人口精细化管理系统，逐一分析致贫原因，逐户制定脱贫发展计划，因户施策，分类指导，实行差异化的扶持措施，在脱贫工作中，做到有进有退，动态管理。有劳动能力的农村低保对象经扶贫项目扶持实现脱贫致富、家庭年人均纯收入超过农村低保标准的，退出农村低保范围，做到农村低保对象有进有出、补助水平有升有降。县扶贫、民政部门共同组织开展扶贫对象、农村低保对象年度入户核查工作，及时取消家庭年人均纯收入超过当地农村低保标准的扶贫对象的农村低保待遇。

2.“研究定制”扶贫政策

江达县根据全县脱贫攻坚工作实际，着力将5乡48村深度贫困地区作为江达县脱贫攻坚的主战场和重点区域。研究制定全方位、有针对性的、差别化的倾斜政策，在培育发展优势主导产业，加强基础设施建设和社会事业发展，推进工业化、城镇化、农牧业现代化，特别是在节水农业、设施农业和牧区饲草料基地建设等方面给予脱贫攻坚重点区域特殊扶持。不断加大统筹协调和投入支持力度，加强生态建设与环境保护，促进基本公共服务均等化，从根本上改变5乡48村深度贫困地区作为脱贫攻坚重点区域的贫困面貌。

（三）项目安排精准

精准扶贫工作大多需要落实到具体的扶贫项目上，选择和安排什么样的扶贫项目，需要因人因地施策、因贫困原因施策、因贫困类型施策，区别不同情况，做到对症下药、精准滴灌、靶向治疗。

1. 着力加快基础配套，保障深度扶贫

江达县按照区、市关于加快深度贫困地区“十项提升工程”建设工作要求，全面加快落实基础设施配套，进一步提高了全县深度贫困区公共服务均等化水平。

一是及时制定《江达县深度贫困区脱贫攻坚综合规划》《江达县5乡48村深度贫困地区实施方案》。全县96个村（居）共规划包含5乡48村深度贫困地区“十项提升工程”，建设内容包含深度贫困地区易地扶贫搬迁及农村危房改造、产业扶贫、生态扶贫、公共服务设施、培训就业等。涉及基础设施改善项目共计260项，投资总规模39.91亿元，占全县总投资53.55亿元的74.53%。

二是投资10.34亿元完成23个易地扶贫搬迁安置点“十项提升工程”基础设施项目11类193个。投资10397.25万元完成村级组织活动场所项目规划建设44项。投资6550.27万元完成13乡（镇）危房改造基础设施项目13项，完成危房改造1510户。

三是综合考虑深度贫困区易地扶贫搬迁群众的生产生活习惯和迁入土地资源，实施以优质高效饲草基地建设和设施农业建设，保障生产发展需求，在保护生态、保障基本、合理有序的基础上，组织实施土地开垦、整治和高标准农田等工程建设，增加农牧业用地数量，切实提高土地使用效率。

四是按照“缺什么补什么”和“适当留有余地”的原则，在充分考虑易地扶贫搬迁群众规模、年龄结构和今后人口流量流向等，同步规划、同步建设“科教文卫保”公共服务，进一步提高了全县深度贫困区易地扶贫搬迁安置点公共服务均等化水平。

2. 强化造血功能，狠抓产业支撑

江达县深入贯彻落实五大发展理念，立足全县域资源禀赋和市场需求，将产业精准扶贫作为稳定脱贫的治本之策，按照“找准定位、选准产业，对接市场、科学规划，资金引导、管理见效，培育体系、持续增收”的产业扶贫思路，既立足当前又着眼长远，因地制宜培育发展特色种养殖业、民族手工业、旅游服务业、电商等新型产业。“十三五”期间共完成产业项目93个，总投资8.2亿元。直接带动建档立卡贫困群众2846户8766人脱贫、间接带动3396户13587人增收。向全县5个深度贫困乡、48个深度贫困村倾斜产业项目66项，总投资6.95亿元。实现了96个行政村（居）扶贫产业全覆盖，做到村村有项目、户户进产业。

（四）资金使用精准

扶贫资金是贫困群众的“保命钱”，也是减贫脱贫的“助推剂”，具有风向标作用。2016—2020年，江达县加大财政支持力度，精准使用扶贫资金，确保将扶贫资金用好、用活，用在“刀刃”上。

1. 加大财政支持力度

“十三五”期间，江达县财政涉农统筹整合资金共计18.24亿元。其中产业资金到位5.57亿元；生产扶持与基础设施建设资金到位7.64亿元；转移就业资金到位839.55万元；生态补偿资金到位3.34亿元；易地扶贫搬迁贷款贴息资金及两项补贴资金到位6063.51万元；定向性政策补助资金到位2061.06万元；易地扶贫搬迁建设资金到位7981万元。

2. 精准使用扶贫资金

江达县围绕农牧区基础设施和公共服务的建设，精准发力、助推脱贫。县交通局建设农村公路扶贫项目106项，投资2.19亿元，受益群众达50000人，易地扶贫安置区点内、点外配套公路项目16个，总投资5541.91万元。县水利局投资4241.6122万元完成了23个易地扶贫搬迁饮水配套工程，完成13个乡（镇）通水工程，其中9个季节性通水乡（镇）与易地扶贫搬迁安置区人饮工程合并实施。全县48个深度贫困村涉及165个饮水安全工程，工程投资6472.83万元，受益人口27768人（其中建档立卡户3761人）。县卫生系统完成全县大病统筹市级以上医疗机构报销12173人次，报销金额7015.28万元，其中建档立卡户1488人次，报销金额992.43万元。筛查出包虫病患者522人，其中建档立卡贫困户119名，完成手术治疗78人、药物治疗206人；为偏远地区群众开展巡回医疗20次，义诊群众达16689人次，发放免费药品价值12万余元。与昌都市民安医院、协和医院等六家医院签订“一站式服务”协议，对建档立卡贫困户减免大病统筹部分医疗费用。2016年以来，全县建档立卡户符合申请大病保险赔付80人，共赔付金额298.05万元。为全面减轻建档立卡贫困农牧民医疗费用经济负担，将救助工作落到实处，建立了每年50万元“江达县重大疾病救治基金”和“江达县外出就医周转资金”两项医疗保障制度。实施卫生项目标准化建设工程21项，项目总投资1.57亿元，主要用于县乡卫生基础设施建设和卫生医务人员技能培训等方面。投资2.14亿元实施35千伏输变电工程5项，投资1.74亿元实施10千伏及以下配网工程10项，解决6256户46876人的供电问题，全县行政村通电率达97.8%，电压合格率达到99.4%，供电可靠率达到99.81%，持续稳定供电能力全面加强。投资25.5亿元实施交通项目200个，解决字嘎乡、生达乡、德登乡、汪布顶乡等4个乡（镇）道路通畅，全县行政村通畅率达75.58%，乡（镇）通客车率达100%，行政村通客车率达81%，更多幸福路、团结路不断涌现。完成23个安置区通信覆盖，完成了23个安置区和69个行政村通网项目建设工程，行政村信号覆盖率达到100%，群众获取信息更加便利。投资71万元对全县95个村（居）、23个易地搬迁点完成村级文化室提升改造工程，对13个村级文化室进行巩固提升。

（五）因村派人精准

坚持因村精准派人，把熟悉党群工作的干部派到基层组织软弱涣散、战斗力不强的贫困村，把熟悉经济工作的干部派到产业基础薄弱、集体经济脆弱的贫困村，把熟悉社会工作的干部派到矛盾纠纷突出、社会发育滞后的贫困村，充分发挥派出单位和驻村干部自身优势，帮助贫困村解决脱贫攻坚面临的突出困难和问题。

1. 加强学习，发挥党在脱贫攻坚工作中的核心领导作用

江达县深化政策理论学习，提升党的执政能力，县委坚持每月组织召开理论中心组专题学习会，深入学习习近平总书记关于脱贫攻坚工作系列论述精神，学习上级各类文件会议精神，学习精准扶贫精准脱贫相关政策，保证县委班子在开展脱贫攻坚工作中的决策正确、措施精准。例如，为提升全县脱贫攻坚工作水平，2017 年 12 月 24 ～ 29 日组织 13 个乡（镇）党委书记、扶贫专干共 32 人前往卡若区参观考察脱贫攻坚工作，及时查找工作中存在的短板和不足，理清工作思路，找准工作目标。

2. 集中力量，发挥党员先进作用

江达县充实脱贫攻坚力量，在成立县乡脱贫攻坚领导小组、脱贫攻坚指挥部的基础上，进一步明确每乡（镇）至少配备 5 名扶贫专干，抽调各专项组、行业单位工作人员 25 人开展集中办公，切实形成了脱贫攻坚工作合力。

3. 层层落实，发挥目标责任作用

江达县逐级签订年度脱贫攻坚目标责任书，进一步明确县、乡、村三级党组织书记脱贫攻坚职责，落实包乡县级领导、乡（镇）、村第一责任人责任，分解各乡（镇）、村脱贫任务，切实将责任层层压实，落实党在脱贫攻坚中的核心领导地位。坚持全面从严治党，切实加强党在扶贫领域监督职责。县四大班子定期深入 13 个乡（镇）开展脱贫攻坚督导工作，把精准扶贫工作成效与干部年度考核奖惩挂钩，县纪委、县委督查室、县委巡查组、县政府督查室、县脱贫攻坚指挥部等部门组成的精准脱贫专项督查组定期不定期开展巡回督导工作，及时发现问题，督促整改落实，有序推进全县脱贫攻坚工作扎实开展。

4. 高度重视，发挥扶贫工作机构和队伍建设作用

江达县积极处理好机构改革和强化扶贫工作机构建设的关系，进一步健全扶贫工作保障机制，做到机构设置、职能调整、人员编制、经费预算与扶贫工作任务相适应，并切实帮助他们解决工作中的实际困难和问题。各乡（镇）配备专职扶贫工作人员，村里以选派支部书记为扶贫责任人。要加大贫困地区干部培训力度，不断提高服务群众的能力。对精准扶贫攻坚埋头苦干并作出突出成绩的干部，提拔使用时优先考虑；对不胜任、不称职的，及时予以调整。并且江达县把扶贫开发同基层组织建设有机结合起来，抓好以村党组织为核心的村级组织配套建设，鼓励和选派思想好、作风正、能力强、愿意为群众服务的优秀年轻干部、退伍军人、高校毕业生到贫困村工作，真正把基层党组织建设成带领群众脱贫致富的坚强战斗堡垒；要做到每个贫困村都有驻村工作队、每个贫困户都有帮扶责任人，工作队和驻村干部要一心扑在扶贫开发工作上，有效发挥作用。在开展精细化扶贫行动过程中，坚持以“结对帮扶”为总抓手，组织各单位和干部职工深入农牧区开展结对帮扶，开展帮扶到户、产业到户、资金到户和建台账到户，围绕“建家业、兴产业、促就业”，为扶贫对象“量身定做”个性化扶持措施，实施精细化管理流程再造工程，提高扶贫开发的工作效能。

（六）脱贫成效精准

扶贫开发贵在精准，重在精准，成败之举在于精准。坚持精准扶贫、精准脱贫“关键是要找准路子、构建好的体制机制，在精准施策上出实招、在精准推进上下实功、在精准落地上见实效”。

1. 抓项目、扩投资，增强县域发展动能，促进脱贫成效精准

路网体系建设加快推进，矮拉山隧道顺利通车。新续建农村公路项目 194 个，总投资 14.4 亿元，总里程 538.3 公里，全县乡（镇）通畅率达到 100%，行政村达到 75.8%，交通条件不断改善。

投资 1.1 亿元实施字曲河城区段防洪堤除险加固工程，江达镇、岗托镇、青泥洞乡等河道治理工程已全部完工，人民群众生命财产安全进一步得到保障。投资 6440.97 万元实施江达县农村饮水安全巩固提升工程，解决和改善了 14 个易地扶贫搬迁安置区和 14 个教学点共计 26346 人的饮水安全问题。农网改造工程不断推进，生达乡、德登乡、字嘎乡、波罗乡实现国网覆盖，群众生产生活用电得到有效保障。滨江花园三期建设项目总投资 23344.51 万元。岗托特色小城镇示范点建设项目投入使用。县城污水处理及收集系统项目总投资 4282.1 万元；深入推进“厕所革命”文明工程建设，全县新建旅游厕所 19 个。始终坚持把招商引资作为激发县域经济长足发展的重要手段，不断健全工作机制，落地项目 26 个，到位资金 5.91 亿元，非公经济发展活力不断增强。

2. 围绕抓转型、提质量，推进产业结构调整，完善精准脱贫手段

始终坚持以发展实体经济为着力点，统筹谋划对全县群众增收、脱贫攻坚发挥作用的富民产业和长远对经济发展起支撑作用的战略产业。一是农牧业稳定发展。2020 年全县农作物春播面积达 6.98 万亩，其中完成青稞播种面积 5.5 万亩，其他农作物播种面积 1.48 万亩。二是 2020 年，第一产业完成 1.63 亿元，同比增长 6.40%。三是绿色工业稳步发展。玉龙铜业二期改扩建工程有序推进，完成投资 7.2 亿元，实现营业收入 4.48 亿元、利润 1.45 亿元。江达县“雪岩泉”销售市场持续拓展，开辟了甘孜、炉霍等周边市场，进一步加大与天津市食品集团、华电集团等企业深度合作，2020 年实现工业销售值 468.5 万元，同比增长 47%。2020 年第二产业完成 6.82 亿元，同比增长 5.50%。四是第三产业有序发展。2020 年全县各类酒店、超市、餐饮、娱乐等各类个体工商户有序复工复产，全县社会消费品零售总额完成 1.81 亿元，同比增长 8.10%。投资 3500 万元实施岗托民俗旅游景区、岗托镇雪巴祥水山庄、岗托镇游客集散中心三个旅游项目，不断完善岗托红色旅游、特色小城镇旅游配套设施，切实增强旅游综合承载能力。完成江达县旅游总体规划、岗托民俗村旅游项目总体规划暨修建性详细规划等规划任务。积极申报岗托第一村创 AAAA 景区和夏乌村创 AAA 景区，提升旅游景区知名度。2020 年全县旅游综合接待人数 3.95 万人次，旅游综合收入 607.55 万元。

3. 以“六个精准”为契机，江达县抓精准、保措施，努力改善贫困面貌

深入贯彻落实打赢脱贫攻坚战三年行动指导意见，紧扣建档立卡贫困户“两不愁三保障”，脱贫攻坚各项工作取得了显著的成效。投资 8.2 亿元实施扶贫产业项目 93 个，直接带动建档立卡贫困户 2846 户 8766 人脱贫、间接带动 3396 户 13587 人增收。实现了 96 个行政村（居）扶贫产业全覆盖，做到村村有项目、户户进产业。易地搬迁促脱贫，投资 9.01 亿元科学实施 23 个易地搬迁安置点，对 1554 户 8730 名贫困群众实施易地扶贫搬迁，投资 5.74 亿元配套产业项目 42 个。真正实现了贫困群众“搬得出、留得住、有出路”。教育保障促脱贫，全方位落实资助政策，保障贫困学生顺利完成学业。为 610 名困难大学生发放“圆梦基金”补助 539.90 万元。发放东风润苗奖学金 20 万元，发放免费教育补助资金 71.63 万元。表彰考入内地西藏班学生、新考入大学学生 284 名，发放奖励资金 28.40 万元。教育政策宣传实现建档立卡贫困户全覆盖。基本医疗促脱贫，完成全县大病统筹市级以上医疗机构报销建档立卡户 2385 人次 1230.87 万元。建档立卡重大疾病患者兜底资金兑现 2 人 77.81 万元。建立每年 50 万元“江达县重大疾病救治基金”和“江达县外出就医周转资金”医疗保障制度。从源头上有效防止农牧民群众因病返贫。生态岗位促脱贫，落实生态补偿岗位 23117 个，实现年人均增收 3500 元；公益林建设、森林抚育和天保工程等生态利民项目，带动贫困人口 4517 人人均增收 1734 元。以提升城乡环境面貌为重要推力，江达县抓整治、筑美丽。牢固树立“绿水青山是金山银山，冰天雪地也是金山银山”的理念，深入实施“生态立县”发展战略，坚守生态环境的底线、红线和高压线。积极推进美丽乡村建设，完成十个美丽乡村的规划编制工作。

新增西藏自治区级生态村 23 个，全县西藏自治区级生态村达到 50 个。岗托特色小城镇、西藏旅游民俗文化特色风情小镇初步建成。强化生态保护，落实经费 77.99 万元。狠抓生态建设，完成义务植树造林 4400 株，封山育林 8400 亩，森林抚育 4.7 万亩，农牧区生态环境不断改善。

4. 抓品质、促均衡，加快社会事业进步，大力实施精准脱贫举措

全面抓稳抓牢“民生安县”战略，切实提升群众获得感、幸福感、安全感。深入推进“教育昌县”发展战略，财政每年坚持 23% 配套资金支持发展教育，2016 年以来，全县投资 64419 万元实施 92 项教育项目，教育事业硬件基础不断改善。着力加强控辍保学，全力提升教育教学质量，2016 年以来，全县内地西藏初中班招录 149 名，内地西藏高中班招录 93 名，小升初、内地西藏班升学率位居全市前列。卫生事业加快发展，投资 10309.99 万元实施卫生项目 12 项，卫生基础设施不断加强。引进医疗卫生人才 4746 名，县乡医疗人才队伍持续强化。全县分娩孕产妇 1627 人次，婴儿死亡率控制在 2.24‰以内，孕产妇死亡率控制在 67/10 万以内，卫生服务能力不断提高。社会保障水平不断提高，建立实施《江达县建设单位工程款担保制度》等一系列制度，劳动监察体系不断完善。受理劳资纠纷案件 18 起，为农民工追回工资 400 万元。发放残疾人补贴资金 425.88 万元。发放低保资金 1328.49 万元，农村居民最低生活保障标准由 3840 元提高到每人每年 4450 元。就业环境不断优化，组织开展各类职业技能培训 166 期 8862 人，对接就业 5969 人，实现年人均增收 1850 元。组织 30 余家企业、个体户入驻“江达县就业岗位推荐群”，累计发布县内岗位 70 余个，16 名农牧民群众通过岗位介绍就业增收；积极协调上级部门和援藏渠道发布县域外就业岗位 1700 余个；基本建设项目吸纳本地农牧民就业 897 人次，占用工总量的 60%；400 万元以下 64 个工程项目吸纳全县农牧民就业 533 人次，占用工总量的 80%；通过农牧民转移就业实名制系统掌握全县农牧民自主就业 14224 人次，创收 11563.47 万元，政府引导作用更加明显。大力实施“文化兴县”发展战略，深入推进文化惠民工程，乡（镇）、行政村广播电视实现全覆盖，自然村广播电视覆盖率达到 99% 以上。

5. 发挥贫困群体自身的主观能动作用

在精准扶贫工作中，改变政府包办一切的工作方式，避免急功近利的思维模式，着力提高贫困群体的参与性，避免使贫困户形成“等、靠、要”思想，由“要我脱贫”转变为“我要脱贫”。江达县的扶贫工作不仅着眼于目前脱贫摘帽，更是放眼 2020 年之后对相对贫困人口的帮扶工作。江达县在坚决打赢脱贫攻坚战的同时，也已充分做好与相对贫困进行长期斗争的持久战准备，巩固扶贫成效，建立脱贫致富的长效机制。

二、多措并举，“五个一批”显成效

江达县委、县政府积极贯彻落实党中央、区党委、昌都市委关于“五个一批”工作要求，为打通脱贫攻坚的“最后一公里”，江达县制定出台《关于打赢脱贫攻坚战的决定》，将精准实施“五个一批”脱贫措施作为脱贫攻坚的主要抓手，全力以赴为全县脱贫攻坚工作奠定坚实基础。

（一）发展生产脱贫一批

结合昌都市产业整体布局，立足县域资源禀赋和市场需求，因地制宜提出“找准定位、选准产业，对接市场、科学规划，资金引导、管理见效，培育体系、持续增收”的产业扶贫思路。“十三五”期间，江达县按照江达县“三园区三片区四特色”的产业发展格局和乡（镇）资源禀赋，将全县产业划分为东、中、西 3 个产业功能主体区，有效避免了产业“同质化”和恶性竞争的现象

发生。强化建管结合，创新开展“组团式”帮扶县级领导联系产业、乡（镇）干部产业分工责任制度，通过“蹲点”式管理，逐一找准每个产业发展短板，动态调整产业发展思路，确保与市场需求紧密对接，延长产业链条，发挥扶贫产业最大致富带动效益。构建利益联结机制。依托产业项目组建农牧民集体经济专业合作社、扶贫公司等经营主体94个，建立推行“入股分红”“牧繁农育”“N+贫困户”“种养结合”“飞地产业”“租赁优惠”等多种产业扶贫模式，与致富带头人签订扶贫产业分红协议94份，同时积极鼓励引导贫困群众参与产业项目建设增收、进入合作社务工增收、参与项目分红增收，切实让经营主体与贫困户建立了稳定的产业带动关系。

1. 大力发展高原河谷畜牧业

重点在青泥洞乡、字嘎乡、德登乡等5个牧业乡39个牧业村（涉及7063户43194名群众）发展群众熟悉、见效快的高原畜牧养殖业。通过科学管理养殖、草畜平衡利用等方式，缩短出栏周期、加大出栏率。利用集中养殖、反季节育肥上市等方式，延伸畜牧业产业链，提高畜产品加工值及附加值，推动传统畜牧业向现代畜牧业转变，达到了出栏一头牛，脱贫一户人的目标。截至2020年年底，江达县共有草场1240.80万亩，牲畜存栏总量44万头（只、匹），自2016年以来共兑现草原生态保护奖励资金1.09亿元，逐步实现从惜杀惜售到主动出售产品的转变。通过农畜产品加工切实提高了农畜产品的附加值。投资1.82亿元在东部片区河谷地带邓柯、岩比、波罗、汪布顶、娘西和岗托等乡（镇）建设黄牛养殖基地11个，饲养黄牛和黑白花奶牛1153头；建设牦牛养殖基地7个；建成卡若香猪养殖场7个，养殖香猪2000余头；组建畜牧养殖农牧民专业合作社40个，实现了河谷畜牧业的逐步培育壮大，带动建档立卡贫困户1791户6775人脱贫增收。

2. 大力发展特色种植业

江达县在13个乡（镇）修建集中连片蔬菜温室大棚125座，组建种植业农牧民专业合作社16个，进一步培育出了一批蔬菜种植大户，解决了蔬菜市场供应需求难问题，既增加群众收入，又解决了农牧民群众吃菜难问题；扶持邓柯乡种植核桃、苹果等经济林木300亩，建设青稞、芫根、油菜等加工厂房7座，在邓柯乡、波罗等乡（镇）发展核桃、苹果等经济林种植600多亩，建设林木种苗基地500亩；结合乡（镇）实际加快成立了牦牛养殖协会，林下产品采集协会以及人参果、贝母等特色产品采集加工协会，通过发展特色资源为群众实现增收。

3. 大力发展旅游文化业

坚持旅游兴县发展战略，依托317国道交通便捷优势，江达县以整县推进美丽乡村建设为抓手，以便利交通条件和江达特有的康巴文化、红色文化、独特的人文特色和自然风光，开发江达新兴的、朝阳的旅游产业。2016—2020年，江达县投资1亿余元积极开发十八军红色旅游遗址、雪巴沟景区、佛教康复道场等自然旅游资源，扶持岗托、同普、江达、卡贡等G317国道沿线乡（镇）发展藏家乐、自驾游营地、洒列营地等项目，充分利用藏民族风俗文化资源，吸引区内外游客欣赏藏家风景、品尝藏家美食、体验藏家风情，积极引导当地贫困群众提高旅游服务水平，发展振兴乡村旅游业，带动更多群众参与文化旅游，开发旅游资源，让更多的群众吃上旅游饭。通过加快民族手工艺产品研发，打造江达特色旅游品牌，培育组建了卡贡唐卡、波罗木刻、藏式家具、岩比手工以及德登、同普、江达、邓柯等乡藏鞋藏服加工龙头企业和经济合作组织，通过“企业+贫困户”“合作社+贫困户”等运作模式吸纳建档立卡户实现就业。同时积极探索“飞地产业”模式，藏艺神通有限责任公司等“飞地型”扶贫企业为生达乡易地搬迁安置点58户151名建档立卡群众增加收入，有效将藏民族风情文化传承与群众增加收入紧密结合，实现产业发展与农牧民群众脱贫致富双促进；每年预计可接待游客180.28万人次，通过门票、食宿、购物、交通等各项收入，每年可为江达县带来1亿余元的经济收入，其中30%以工资、劳务等形式为当地居民增加收入。除了直接的经济收益外，景区建设发展还将为改善农牧民生活水平发挥重要作用，通过产业联动带动当地旅游发展，缓解了就业压力，提供了就业机会。

4. 大力发展资源开发业

江达全力打造“蓝天圣洁”产业品牌，积极挖掘具有江达特色特点的原生态优势资源，投资1.2亿元扶持建设江达县净界天然饮用水厂，向市场打造天然、纯净、健康、优质、环保的饮用水产业品牌，自主研发的“雪岩泉”品牌已进入市场，并在昌都市茶马艺术节上获得特色产业优秀奖，带动扶贫开发区建档立卡户365户1816人实现增收；投资2265.30万元扶持建设江达镇、岗托镇、娘西乡、德登乡等4个乡（镇）砂石厂，助力江达县基础设施建设；投资1332.94万元新建商混站1座。通过城镇化建设、安置区建设、棚户区改造建设，为乡村振兴战略实施夯实基础，让全县农牧民群众受益。

5. 大力发展商贸流通业

江达结合全县易地扶贫搬迁安置点建设，配套建设商铺729间、洗车场2个，小型超市和摩托车维修点1个。依托G317国道交通便利优势，与江达县金坤物流服务有限责任公司和润扬现代农业发展有限公司，就麦冬物流和冷链物流商贸流通项目积极合作，保障了江达特色产品及物资“走出去”“送进来”。

（二）易地搬迁脱贫一批

1. 科学选址抓规划

严格按照“六靠、五方便、两避让”和“重镇、干线、开阔、开放、开发、搞活、安全”的原则，充分征求群众意愿，科学选址，制定完善易地搬迁实施方案，对“一方水土养活不了一方人”地域的1961户10203人群众实施易地扶贫搬迁（其中：建档立卡户1554户8730人、同步搬迁407户1473人）。

2. 强化监管抓质量

江达县整合县财政资金2430.2万元实施419户危房改造工程，切实解决群众实际困难，让搬迁群众享受更加优质的公共服务。在项目实施前，严格按照“六靠、五方便、两避让”和“重镇、干线、开阔、开放、开发、搞活、安全”的原则，充分征求群众意愿，科学选址，制定完善易地搬迁实施方案。在入住后为解决贫困群众后顾之忧，由县财政出资每户1万元，配套了家具家电。项目监管以项目点所在乡（镇）联系点县级领导、乡（镇）负责人、村“两委”干部、人大代表、受益贫困群众作为监督员，定期不定期对项目施工、质量安全督导检查。同时外聘了区内外高等院校技术人员在项目点进行蹲点监督管理并指导项目建设，确保了易地扶贫搬迁安置点施工质量和进度。

3. 统筹协调抓入住

江达县对达到入住条件的易地扶贫搬迁安置点，督促乡（镇）与搬迁户签订安置协议，协调县国土局为搬迁户办理房屋产权证，确保一个月内全部入住。同时，江达县待贫困户入住后，乡（镇）、村与搬迁户签订了安置协议，建立了村规民约，加强后续管理，做到治安有序、环境美好。

4. “十项提升工程”抓配套

江达县各相关部门紧密协作、积极与上级业务部门沟通，多方争取项目资金，为易地搬迁安置点解决了“水电路讯网、科教文卫保”等基础设施配套，补齐了搬迁点短板，进一步加强了基层建设，2016—2020年，全县易地扶贫搬迁安置点投资5.74亿元为23个安置区配套产业项目42个，在劳动力集中的安置区成立了劳务输出队，通过发展产业和劳务输出等方式实现创收，真正实现了贫困群众“搬得出、留得住、有出路”。

（三）生态补偿脱贫一批

牢固树立“绿水青山就是金山银山”的理念，切实让贫困群众吃上“生态饭”。江达县制订出台《江达县生态脱贫岗位管理办法》《江达县关于加强生态岗位队伍建设管理工作的实施意见（试行）》等管理制度，与生态补偿岗位人员签订岗位合同、发放上岗证，实行专项行业管护；落实生态岗位季度考核制度，对履职不力、发挥作用不明显的岗位人员适当扣除补助用于履职较好、表现优异的岗位人员，树立了奖勤罚懒导向，从制度上确保了岗位履职，防止“福利陷阱”。延伸责任促维稳，在做好生态岗位履职的基础上将岗位人员纳入基层维稳力量，开展护村巡逻、设卡盘查等涉稳工作，做到了生态富民与基层维稳双促进。

1. 落实生态补偿措施

达县进一步树立鲜明的“奖勤罚懒”导向，加强对23117名生态岗位人员的监督管理，精准兑现岗位资金，充分发挥岗位人员履职尽责、维护稳定等各方面的积极作用，对长期不在村里履职却享受岗位、长期在村里却没享受岗位的人员及时进行动态调整；持续通过退耕还林、退牧还草、天然林保护等生态建设，促进8989人稳定增收。持续做好“四扶激励”工程，以“志”“智”双扶工作为重点，深入推进“四扶”激励工程向纵深发展，投入520万元，通过“以点带面、以小促大”党建扶贫项目扶持，激发建档立卡贫困户内生动力，带动贫困群众增收致富。结合国家重要生态安全屏障战略的实施，定岗定员、定责定酬，继续扩大政策实施范围，认真落实农牧区生态补偿政策，让贫困地区有劳动能力的贫困户就地转成护林员等生态保护人员，落实贫困地区草原生态保护补助奖励机制，对贫困地区的贫困农户实行全覆盖。积极争取生态岗位，及时兑现生态岗位资金，按人均管护补助护林员4100元/年、其他岗位3500元/年标准进行招收。对贫困地区适宜退耕的乡（村），在群众自愿的前提下实施退耕还林，按照退耕还林补助1600元/亩的标准进行补助，进一步带动贫困群众增收致富。

2. 积极推进生态产业发展

江达作为自治区重点生态功能区，在落实好现有生态补偿政策的同时，加强与西藏自治区、昌都市相关部门的协调与沟通，力争本县生态补偿政策、补助资金纳入西藏自治区国土绿化建设、重点区域生态公益林建设、西藏生态安全屏障防护林、西藏“两江四河”流域防护林、森林防火及林业有害生物防治、重要湿地保护与恢复、林木良种基地建设工程投资计划。立足贫困地区实际，制定出台各种优惠政策，吸引社会资金参与森林生态旅游、林下资源开发和特色经济林种植，促进贫困地区生态产业大发展。“十三五”期间，江达县投入生态补偿脱贫攻坚总计23117人。其中解决8306名建档立卡贫困人口就业；解决14300名农村低保、低收入人口14300人生态岗位就业。重点区域造林、防护林建设、封山育林、中幼林抚育等林业造林工程投入资金7385万元，累计雇佣贫困人口14980人次，人均增收2328元。落实项目促增收，实施公益林建设、森林抚育等生态利民工程，带动贫困群众11000余人实现增收4000余万元；实施经济林、林木种苗基地项目1012亩，带动211户1307人实现人均增收1374元。

（四）发展教育脱贫一批

坚持把发展教育作为阻断贫困代际传递的重大举措，狠抓教育全面发展。入学率持续巩固，全县学前在校生 2488 人、入学率 66.24%，小学在校生 9167 人、入学率 99.91%，初中在校生 3622 人、入学率 99.92%。教学质量大幅提升；2016 年以来累计考取内地西藏班 242 人，4 所乡（镇）小学共 10 名学生考取内地西藏初中班，实现“零突破”，连续五年江达县内地西藏班录取人数均位列全市各县（区）前列。硬件环境不断优化，累计投入 6.44 亿元实施教育基础设施建设项目 92 项，全面改善了教育硬件设施条件，实现县乡教育资源均衡发展。政策保障全面跟进，严格落实“三包”及“营养改善”计划，确保学生在校吃得好、住得好、学得好，发放建档立卡贫困家庭大学生免费教育补助 288.88 万元，大学生“圆梦基金”974.85 万元，中小学生“东风润苗”奖学金 80 万元，进一步消除学生家庭后顾之忧。师生比例更趋合理，通过“公招”和“引进”等措施，中小学教师共 860 名，中小学师生比例分别达到 1∶12.49 和 1∶16.08，达到或超过国家规定比例。

1. 扶贫先扶智，提升教育理念

让贫困家庭的孩子接受良好教育，是脱贫攻坚的重要任务，也是阻断贫困代际传递的重要途径。江达县按照“过一核、抓两头、促中间、四问责、一保障”的基本工作要求，全面加快实施教育扶贫工程，把“幼儿全部入园，适龄儿童全部进校”作为硬任务，树立高位发展思想，确保各类教育健康协调发展，解决“为谁培养人、培养什么人、如何培养人”这个根本问题。截至 2020 年年底，全县教育事业总体发展水平达到或超过全区平均水平，确保没有一个学生因家庭贫困而失学，通过教育脱贫实现阻断贫困代际传递目标。

2. 稳抓控辍保学，保障教育公平

达县严格按照各项控辍保学工作要求及机制要求，及时完成贫困家庭子女入学及保学工作，为学生提供公平有质量的教育，保障贫困学生公平接受教育的机会。进一步建立健全有效防止学生流失的举措，强化整班移交工作，强化责任追究，完善学生学籍信息，每学期开学初，学校按照学籍及照片信息分年级、分班级，核对学生，精准统计。截至 2020 年年底，全县基本普及学前教育和义务教育全面保障，基础教育普及程度、学校管理水平和办学质量有较大提高。

3. 教育基础设施倾斜乡（镇），加速教育均衡发展

江达县在学校建设等资源配套上重点向贫困地区学校倾斜，确保贫困地区学校基础设施建设率先达到义务教育标准化建设规模，统筹城乡协调发展。截至 2020 年年底，全县实现义务教育学校标准化建设，25 所中小学、3 所县幼儿园、49 所乡村级幼儿园软硬件有效提升。学校硬件环境得到明显改观，学校软件环境得到明显改观，师资力量较强，教育教学信息化程度较高，学校内部管理规范，食品安全有保障，学生营养有改善，校园文化氛围浓郁。

4. 完善学生资助，严格资金管理

江达县针对建档立卡贫困家庭学生，进一步完善从学前教育到高等教育的教育扶持政策体系，确保不因贫失学，也不因学致贫；进一步完善贫困大学生资助政策体系，确保覆盖全部建档立卡贫困大学生；进一步简化学生资助流程，减去复杂烦琐的申请流程，高效便捷的完成各项学生资助工作。继续对全县农牧民子女学前及义务教育 100% 实行“三包”“营养改善”政策；继续实行贫困家庭大学生资助；继续面向全县贫困家庭大学生实行“圆梦基金”资助政策，为解决困难家庭学子入学困难，针对江达县农牧民子女考取大学实行“圆梦基金”补助，补助标准为每生每年本科 3500 元、专科 3000 元；继续开展江达县中小学生“东风润苗”奖学金，对江达县中小学德智体美劳全面发展的学生实施奖励，由东风汽车股份有限公司每年资助 20 万元。

5. 构建家校联动，关爱学生成长

通过构建教育脱贫攻坚“服务网”及“关爱网”，江达县全覆盖做好结对帮扶工作。一线教师进

行“一对一”或“一对多”对口结对帮扶工作，关注建档立卡贫困家庭学生思想动态，注重贫困学生的思想、情感、心理帮扶，开展励志教育，让所有贫困生生活学习有保障，情感心理无障碍，积极引导他们乐观豁达，勇敢自信地面对困难、挫折，让孩子明白学习是改变个人和家庭命运的重要渠道。

（五）社会保障兜底一批

按照“严格执行政策、规范低保管理”要求，全面启动城乡低保一体化工作，确保江达县最低生活保障标准不低于精准扶贫标准，实现了“两线融合”。动态调整促精准，识别农村最低生活保障对象 6630 人，纳入建档立卡系统 5949 人，识别农村特困人员 403 人，做到了应兜尽兜。2016—2020 年，全县兑现补贴解民忧，严格执行各类保障、救助政策，累计兑现低保资金 6450.48 万元，发放特困人员供养资金 1619.35 万元，补助 2645 名残疾人资金 425.88 万元，保障困难群众基本生活。民政救助防返贫，开展临时救助 922 人次 151.12 万元，兑现建档立卡无劳动力人员定向政策性扶贫补助资金 2061.26 万元，按照区市县 8∶1∶1 比例要求为建档立卡贫困户 10342 人次代缴养老保险 10.34 万元，着力消除农牧民返贫致贫风险。

1. 不断提高城乡低保保障水平

江达县继续对全县城乡低保集中进行整治查处，清理“关系保”“人情保”，打造阳光低保。严把低保对象审批关，资金发放关，做好登记和管理工作，健全完善低保对象台账等工作。强化分类施保和动态管理制度，进一步完善低保信息比对工作，精准发现和识别保障对象，着重保障无劳动能力的低保家庭，切实发挥好低保的兜底作用。引导和支持有劳动能力和有就业意愿的低保对象脱贫致富，逐步退出低保。加强临时救助工作，指导乡（镇）按家庭贫困程度分类，建立贫困对象信息系统，对系统内对象的救助标准原则上高于一般救助对象。2016—2020 年，江达县落实农村低保 6630 人，其中建档立卡低保贫困户 5949 人，完成精准兜底 1700 人。

2. 不断完善医疗救助制度

江达县积极协调有关部门，对建档立卡贫困人口参加基本医疗保险的个人缴费部分由财政给予补贴。将符合条件的建档立卡贫困人口纳入重特大疾病医疗救助范围，对其经基本医疗保险、城乡居民大病保险等报销后个人负担的合规医疗费用给予救助。根据患病家庭负担能力、个人自负费用等，分类分段设置重特大疾病医疗救助比例和最高救助限额。不断加强医疗救助与相关医疗保障、社会救助制度的有效衔接，实施医疗救助 1500 人，形成与慈善救助的高效联动和良性互动。

3. 不断加快推进社会保障体系建设

江达县按照广覆盖、保基本、多层次、可持续的要求，加快推进社会保障体系建设，扩大社会保障范围，进一步完善最低生活保障、五保供养、农牧区医疗救助、临时救助等社会救助体系。提高保障水平，并逐步提高保障标准。切实保障采取常规开发式扶贫措施仍不能摆脱贫困的特困人口的基本生活，保障救助水平要超过自治区、昌都市扶贫标准，解决好基本生活问题，确保所有“两无”贫困人口、暂时不能脱贫人口和其他符合条件的农村群众全部纳入社会保障社会救助范围，切实保障其基本生活（其他符合条件的指系统库外贫困人员），并使生活水平随全区经济社会发展不断提高。逐步提高养老、医疗保险的保障标准，完善养老保险统筹办法，提升统筹层次。扩大农牧区危房改造试点，提高补助标准，帮助贫困户解决基本住房安全问题。进一步健全自然灾害应急救助体系，完善自然灾害生活救助政策。

4. 不断增强救急解难功能

江达县紧扣遭遇“急难”问题和因必需支出突然增加造成基本生活困难两个特征，做到符合条件的对象应救尽救。充分发挥临时救助制度托底功能，根据资金使用情况及时调整救助标准，优化申请审批程序，提高兜底保障能力和救助时效，在加大资金投入上下功夫，逐步提高各项社会保障标准，健全工作机制，强化保障措施，提高社会救助管理服务水平，将临时救助资金纳入财政估算，并依据经济社会发展水平逐年加大投入力度，逐步提高救助标准，切实发挥救助资金救急、解难的功能。

三、补齐短板，基础设施和公共服务提升工程助脱贫

进入脱贫攻坚阶段，江达县通过大力实施“水电路讯网”建设工程，不断补齐基础设施建设短板；按照“缺什么补什么”和“适当留有余地”的原则，在充分考虑搬迁群众规模、年龄结构和今后一个时期人口流量流向等，同步规划、同步建设“科教文卫保”公共服务，进一步提高了全县公共服务均等化水平，为助力脱贫攻坚夯实了基础。

（一）水利建设助力脱贫攻坚

2016—2020 年，江达县提升解决及改善 8 个乡（镇）127 个自然村 3181 户 21105 人饮水安全问题，确保 2020 年年底全县乡（镇）、行政村两级通水率 100%、供水率 98%，各自然村通水率 100%。在决战决胜脱贫攻坚过程中，江达县严格落实《江达县农村饮水安全工程建后管理暂行办法》，确保饮水安全项目“有人建、有人用、有人管”。全面落实县乡村三重管理模式，充分发挥好村级农牧饮水管理安全机构责任，加强对水管员履职监管。一是负责农田及草场灌溉设施、农村安全饮水设施、防洪堤、乡村水电站等日常维护管理。二是负责村级水源、水域保护工作。三是结合各地实际，负责或参与水费收缴工作，并按有关规定对水费使用进行管理。四是负责水利设施维护、节约用水等水法律法规及相关规定的知识宣传，对违反水法律法规行为及时上报。五是认真负责本村水利工程的巡查管理工作。六是积极参与村级在建水利工作的监督管理。七是负责本村水务突发事件的上报和应急处置，并承担防御洪涝、旱灾预警工作。全县着重解决江达县域内冬季供水问题，分类制订维修、新建和改造等巩固提升实施方案。完成 23 个易地扶贫搬迁点和 438 个工程饮水点建设，全县农村饮水安全工程覆盖率达 100%，其中自来水普及率 93%，集中供水率 99.5%，供水保证率 95%，水质达标率 100%，饮水安全得到全方位保障。

（二）电力建设助力脱贫攻坚

江达县按照西藏自治区、昌都市关于加快深度贫困地区“十项提升工程”基础设施建设的工作要求，全面加快落实电力基础设施配套，进一步提高了全县深度贫困区公共服务均等化水平。通过大力实施国家电网并网及电网升级改造工程，江达县 8 个乡（镇）电力通畅，23 个易地扶贫搬迁安置点全部通电。2016—2020 年，江达县投资 2.14 亿元实施 35 千伏输变电工程 5 项，投资 1.74 亿元实施 10 千伏及以下配网工程 10 项，解决 6256 户 46876 人的供电问题，全县行政村通电率达 97.8%，电压合格率达到 99.4%，供电可靠率达到 99.81%，持续稳定供电能力全面加强。

（三）交通运输保障脱贫攻坚

制订《江达县深度贫困区脱贫攻坚综合规划》《江达县 5 乡 48 村深度贫困地区实施方案》。截至 2020 年年底，全县 95 个村（居），23 个安置点互通道路完工并投入使用。投资 25.5 亿元实施交

通项目200个，解决字嘎乡、生达乡、德登乡、汪布顶乡等4个乡（镇）通畅，全县行政村通畅率达75.58%，乡（镇）通客车率达100%，行政村通客车率达81%，更多幸福路、团结路不断涌现。

（四）通信网络公共服务助力脱贫攻坚

2015年以前，江达县95个村（居）通信存在无覆盖或信号差问题。2016年以来，江达县坚决贯彻落实《中共中央国务院关于打赢脱贫攻坚战的决定》《关于推进网络扶贫的实施方案（2018—2020年）》《2018年网络扶贫工作要点》等国家网络扶贫工作要求，加大通信网络建设。截至2020年年底，江达县通信建设实现全覆盖，23个安置点通信设施全覆盖，69个行政村信号覆盖率达到100%，群众获取信息更加便利。加大贫困地区广播电视村村通工程力度，2020年实现广播电视综合人口全覆盖。2020年，全县邮政网点已覆盖13个乡（镇），联网已覆盖13个乡（镇），广播电视已全部覆盖。

（五）提升科学技术水平助力脱贫攻坚

2016—2020年，江达县23个易地扶贫搬迁安置点科技配套设施全部覆盖，均配备文化科技设备台式电脑、便携式音响等，科技书屋配备了群众生产、生活中常用的农牧业科普读物书籍（藏汉文版），群众业余生活更加丰富，科技水平大幅提升。

（六）提升教育基础设施助力脱贫攻坚

教育基础设施提升，改善条件抓基建。2016—2020年，江达县投资3.2亿元建设县小学幼儿园改扩建、乡（镇）小学改扩建、乡村级幼儿园建设等教育项目，切实改善了办学条件，实现教育“均等化”发展。江达县宏大矿业有限公司、三江竞拓公司、援藏干部、天津市爱心人士多次为学校及在校学生赠送学习设备、书籍、学习用具、体育用品等，用实际行动关爱学生成长，全县教育硬件设施日趋完善。

（七）文化基础设施提升助力脱贫攻坚

江达县2015年之前95个村（居）基础设施建设滞后，部分村委会未达到村级活动场所标准化建设要求。2016—2020年，江达县严格按照村级活动场所标准化建设，完成村级组织活动场所项目建设44项，项目投资10397.2488万元。满足群众文化需求，加快推进贫困地区公共文化服务体系建设。江达县按照建设中华民族特色文化保护地的要求，加强贫困地区公共文化服务体系建设，按照公共文化建设标准实施提档升级，推进文化广场建设，切实增强贫困地区综合文化站、行政村文化活动室的综合服务能力。积极引导贫困地区群众参与国家和自治区级文化产业示范基地和骨干文化企业建设。在易地扶贫搬迁安置点建设中突出民族建筑工艺与现代建筑技术结合，促使贫困地区的石匠、木匠、画匠等能工巧匠在工程建设项目中增收。加快文化传承、保护和开发，加强对贫困地区非遗传承人保护和培养，加大对贫困地区民间艺术团体的扶持，吸纳更多贫困群众参与文化遗迹保护、人文景点开发和民族手工艺品、特色服饰加工展示展销，依靠特色文化增加收入，把江达康巴特色文化优势转化为经济发展优势。

（八）提升医疗卫生服务能力助力脱贫攻坚

2016—2020年，江达县共落实健康扶贫项目17项，总投资8504万元（其中：中央估算内投资

1855万元；援藏资金6649万元），主要用于县、乡（镇）卫生基础设施建设和卫生医务人员的技能培训等方面。通过医疗举措全域实施，改善县中心医院、县藏医院和乡（镇）卫生院、村卫生室条件，强化医疗卫生队伍建设，加大人才引进和本地人才培养、合理配置医务人员，实现乡村全科医生全覆盖，健全公共卫生服务体系和医疗服务保障体系，促使全县广大农牧民群众，特别是贫困群众健康有保障、医疗有支持、救助有希望，基本公共卫生服务实现均等化，因病致贫返贫问题得到有效解决。

（九）落实金融促脱贫全力保障脱贫攻坚

2016—2020年，全县共落实贷款资金65592万元，落实建档立卡户贷款7040万元，共有1622名建档立卡贫困户受益。做好金融政策措施普及工作，江达县积极响应精准扶贫宣讲工作，发挥党员突击队先锋模范作用，发扬“背包下乡、走村串户”的光荣传统，挨家挨户在农牧民家中宣传银行金融政策，了解农牧民的贷款需求状况，做好精准扶贫小额贷款到户摸底工作，发挥好金融促脱贫，保障脱贫作用。

第三节　成效亮点

进入脱贫攻坚阶段，江达县在市委、市政府的坚强领导下，因地制宜、多措并举、聚力攻坚，于2018年年底实现5247户23032人建档立卡贫困人口和94个贫困村脱贫退出，实现全域脱贫摘帽，为昌都市决战决胜脱贫攻坚树立了典型示范。

一、脱贫成效

江达县紧紧以“不忘初心、牢记使命”主题教育活动为抓手，坚决落实“四摘四不摘”工作体系和责任体系，围绕全面建成小康社会总目标，以精准扶贫统揽经济社会发展全局，全面贯彻落实党中央、西藏自治区、昌都市关于打赢脱贫攻坚战的系列决策部署，紧紧瞄准贫困人口增收致富目标，全面落实巩固提升工作措施，全方位推进实施脱贫攻坚工作，坚决打赢脱贫攻坚战。

（一）梯次推进，如期脱贫

2016—2018年，江达县通过三年的聚力攻坚，于2018年12月以优异成绩通过国家级贫困县专项退出评估，实现全县脱贫摘帽；2019—2020年，按照“摘帽不摘责任、摘帽不摘政策、摘帽不摘帮扶、摘帽不摘监管”的工作要求，江达县通过两年脱贫巩固提升，建立稳定脱贫、持续增收的长效机制，为助力全面建成小康社会夯实了坚实基础。

1. 加大财政支持力度，保证如期脱贫

2016年以来，江达县脱贫攻坚专项资金总投入达15亿元，其中产业资金5.08亿元、易地搬迁资金6.84亿元（贷款资金5.03亿元）、生产扶持和基础设施改善1.26亿元、八大岗位生态补偿资金1.81亿元、定向性政策补助资金0.21亿元、农牧民技能培训资金245.42万元、“天保工程”用于扶持贫困户资金4.14万元；资金来源主要为中央、区、市级到位资金7.55亿元，财政本级预算配套资金7900万元，盘活存量资金0.43亿元，行业部门项目资金1.42亿元，易地搬迁贷款资金5.03亿元。其中本级财政配套资金按照扶贫专项资金投入与财政收入增量挂钩的方式，确保了上年财政收入的10%配套用于当年的脱贫攻坚，并逐年形成递增机制。

2. 落实行业部门职责，合力脱贫工作

江达县各行业部门围绕农牧区基础设施和公共服务能力建设，精准发力、助推脱贫。2016—2020年，江达县实施农村公路新续建项目96项，投资12.49亿元，受益群众达50000人，易地扶贫搬迁安置点内、点外配套公路项目16个，总投资5541.91万元。投资4241.6122万元完成了23个易地扶贫搬迁饮水配套工程，实现了13个乡（镇）通水工程，全县48个深度贫困村涉及165个饮水安全工程，投资6472.83万元，受益人口27768人（其中建档立卡户3761人）。完成全县报销38万余人次，报销金额1.8亿元，其中建档立卡户3679人次，报销金额2427万元。筛查出建档立卡贫困户包虫病患者119名；为偏远地区群众开展巡回医疗80次，义诊群众达120000人次，发放免费药品价值60万余元。昌都市民安医院、协和医院等六家医院签订“一站式服务”协议，对建档立卡贫困户减免大病统筹部分医疗费用。县电力公司投资790.031万元为23个易地搬迁点新建10千伏线路电缆43.73千米，新建低压线27.29千米，受益建档立卡户达8000余人。县电信公司、移动公司完成了23个安置区通信覆盖，其中因波罗乡阿当村、汪布顶乡然灯村、娘西乡嘎玖村信号较差，新建3个基站。对46个行政村进行了基站提升改造。完成了23个安置区和69个行政村通网项目建设。县农牧局完成23个安置区和95个村（居）科技活动室配套工作，项目总投资590万元。县文广局完成了23个易地扶贫搬迁点48个深度贫困村文化室配套工作，投资141万元用于全县文化广电配套设施改造工程，为95个村发放广播电视卫星接收设备10310套。

（二）聚力攻坚，成效斐然

1. 兄弟情深，援藏助力脱贫攻坚

为贯彻落实好党中央关于打赢脱贫攻坚战的部署要求，对口支援江达县的省、市、中央企业把脱贫攻坚作为援藏工作的重要政治任务，重视程度空前高涨、支持力度空前加大、帮扶力度空前拓展，为助力江达县打赢脱贫攻坚战、实现长治久安和高质量发展作出了重要贡献，架起了民族交往交流交融的桥梁。

（1）强化落实，东西部协作助脱贫。一是对口援江，架起协作脱贫桥梁。“十三五”期间，对口援助江达县的天津市、广东省、江苏省、东风汽车集团共落实计划内援藏项目33项，总投资3.91亿元；落实计划外援藏项目44项，总投资5848万元。天津市三家医院累计选派45名医生对口支援江达县人民医院，天津市教育部门选派10名教师到江达县第一初级中学支教，帮助提升江达县医疗服务能力和教育教学质量。武清区党政领导先后6次到江达县考察协商，江达县党政领导到武清区交流学习，落实两地沟通交流的长效机制。2016—2020年，江达县组织干部职工84人分3批次前往天津学习交流，49名干部职工分2批前往东风汽车集团学习交流，江达县干部赴东风汽车集团及天津市学习交流共8次193人。天津市各单位、爱心企业、援江干部累计捐赠棉服、摩托车、液晶电视、生活物资、驾驶培训经费等合计67.50万元；武清区工商联组织京滨工业园区相关企业与江达县48个深度贫困村签订了《“万企帮万村”精准扶贫行动暨村企结对开展帮扶合作框架协议》，并捐赠价值36万元的棉服和20万元慰问资金。二是共同努力，奠定合作脱贫基石。截至2020年年底，东风集团援助江达县“10·11”地质灾害抢险救灾资金50万元；天津市武清区援助江达县“7·08”洪水救灾资金100万元；援助江达县“10·11”地质灾害抢险救灾资金100万元；

援助江达县党建活动室建设、援助项目资金，捐赠衣物等共计 1178 余万元；天津市雍鑫集团和天津雍阳园林绿化有限公司分别援资 20 万元。在岗托镇航格村、作如村温室大棚发展香菇种植项目，香菇种植面积 3200 平方米。岗托镇通过招标、签订意向协议、购买菌棒和相关设备、招聘专业技术人员等前期工作，岗托镇航格、作如两村的香菇于 2019 年 5 月开始种植，在镇、村技术员一个多月的共同努力，约 15000 个菌棒逐渐出菇，并于 2019 年 7 月进行了第一次大规模采摘，采摘香菇约有 9000 斤。期间，两村贫困户积极参与香菇种植项目，实现劳务收入 3 万余元；天津市武清区河西务镇援资 50 万元在岗托镇岩巴村江达县岗托镇岩巴村柴薪加工项目，建设厂房、购买了生产设备。天津市武清区给波罗乡 7 个深度贫困村捐赠 235 套衣服，对 20 户建档立卡贫困户慰问每户 1000 元资金；中国华电设立度度关爱奖学金，2019 年向新考入大学的 6 名外冲村学生发放了总额 1 万元奖学金，华电公司向外冲村捐赠了 9 包 450 公斤衣物。

（2）招大引强，援藏扶贫成效显著。江达县通过“走出去”“请进来”援藏扶贫模式签约合同项目 17 个，到位资金 10.96 亿元，同比增长 85.45%、增幅排名全市前列。在招商引资过程中，不断丰富援藏内涵。援江省（市）、企业对口帮扶扎实开展，年落实援藏资金 5472.06 万元，选派援藏干部人才 20 人，援藏工作逐步由“输血”向“造血”转变、援藏方式由资金援藏向资金 + 技术、人才、技术 + 服务等方式转变。根据江达县经济发展需要，援藏干部将内地的管理经验、市场理念、技术成果带到江达县，为当地经济社会发展作出了突出贡献。2016 年以来，援藏干部更加注重运用市场手段扩大援藏效应，立足西藏比较优势，统筹发挥市场和政府两只手，充分发挥援藏资金的杠杆效应，用有限的援藏资金吸引和撬动更多的内地资本进藏投资兴业，促进江达县与内地开展更大范围、更广领域、更高层次的经济交流合作。加大招商引资力度，促成了很多企业落户江达县，在资本引进和资源开发方面迈出了新步伐。推动了对口支援地区的经济转型升级，旅游业、藏医药产业、特色农牧业、水电开发业、电子商务业等产业的发展取得了巨大成绩。

2. 凝聚合力，结对帮扶助力脱贫

社会帮扶是为帮助贫困地区和贫困户开发经济、发展生产、摆脱贫困的一种社会工作，旨在扶助贫困户或贫困地区发展生产，改变穷困面貌，这项举措已经成为江达县政府、市场、社会新“三位一体”大扶贫格局中的重要一极。

（1）落实行业部门职责，助力脱贫。江达县采取“4321”方式进行结对帮扶，广泛动员和凝聚社会力量积极参与精准扶贫工作。县级干部每人联系 4 户，正科级干部每人联系 3 户，副科级干部每人联系 2 户，一般干部每人联系 1 户；驻昌、援昌、在昌企业按照《关于自治区各驻村工作队和驻昌援昌各企业开展定点帮扶工作的通知》要求，积极开展帮扶工作，实现全县建档立卡贫困户全覆盖。各行业部门围绕农牧区基础设施和公共服务的建设，精准发力、助推脱贫。县交通局建设农村公路新续建项目 24 项，涉及投资资金 14234.86 万元，受益群众达 4226 人；县水利局完成易地扶贫搬迁安置点饮水工程。县卫生局投资 1400 万元修建县藏医院、投资 4000 万元建设人民医院和引进 CT 等先进医疗器材，为百姓就医提供方便。将全县建档立卡户重大疾病患者 1095 人、慢性患者 1630 人、一般疾病患者 320 人纳入健康扶贫范畴，完成一般疾病患者的治愈工作，其余贫困户患者正在全面开展医疗救治工作；县电力公司涉及投资 5481 万元，修建江达县 110kv 输变电工程，受益建档立卡户 1058 户 4825 人。

（2）做实社会扶贫工作，完善机制。充分发挥企业帮扶作用，江达县全面调动企业参与精准扶贫工作的积极性，鼓励企业以高度的热情和极大的社会责任参与扶贫，谁发展扶贫产业多，享受扶贫政策就多、政策支持力度就大。深入推进“百企帮百村”与江达县贫困群众手拉手一道全面小康行动。不断强化国有企业帮扶责任，让每一项措施落地、落到实处。争取更多央企到江达建立产业发展基金，支持帮助贫困地区发展扶贫产业。强化民营企业帮扶责任，鼓励更多参与扶贫的民营企业吸纳更多贫困群众就业。企业与贫困人口建立合作经营机制，将贫困人口的扶贫资金吸收入股、分红，吸纳贫困群众转移就业。鼓励全县本地企业针对贫困地区实际，积极开展基建扶贫、产业扶贫、商贸扶贫、就业扶贫、捐赠扶贫，倡导激励企业承担社会责任，认真组织开展“百企帮百村”活动，定点帮扶江达县的8家企业积极主动投身脱贫攻坚中，帮扶3个村111户710人，落实帮扶资金2600万元。在全县倡导激励企业社会责任，造福当地群众，落实企业帮扶工作，开展定点帮扶企业8家，对口帮扶3个村111户710人贫困人口脱贫。

（3）企业帮困成效显著，多元帮扶。江达县华电金沙江上游水电开发有限公司援助500万元支持波罗乡宁巴村产业扶贫；落实“同波公路”建设资金2000余万元；其次西藏玉龙铜业股份有限公司援助100万元支持青泥洞热拥村实施奶牛养殖项目，并为该村投入8万余元用于道路、桥梁建设；同时西藏交通有限责任公司等6家公司向岗托镇岩巴村落实帮扶资金1.8万元；邓柯乡土青等7个农牧民施工队为163户904人贫困户落实帮扶资金26.7万元；以及西藏宏安建设有限公司为娘西乡瓦根村贫困户捐赠奶牛23头，慰问了面粉、大米等生活物质，帮扶总金额达15万元。

3. 智志双扶，内生动力大幅提升

江达县成立专班、安排专人，围绕“建、办、播、推、强”五字做文章（建群、建网站、发布网上信息，办简报、办专栏、典型材料，播新闻、播专题片、播视觉图像，领导宣传推、骨干人员推，强计划、强推广、强势做好“康巴V江达”微信公众号宣传工作），充分运用网络、电视、文化站、“百人宣讲团”积极开展精准扶贫宣传工作，营造了良好的舆论氛围，发挥了扶贫“助推器”的作用，增强了群众自主脱贫的信心和决心，取得丰硕的成果。

（1）专人专班，强示范。江达县成立了由县级领导同志担任组长，各相关职能单位骨干为成员的精准扶贫政策宣传教育示范组，赴全县各乡（镇）、村（居）、农牧民家中开展集中宣讲和点对点宣讲，13乡（镇）95个村（居）共宣讲800余场次，教育干部职工1500余人次，实现了农牧民群众宣传教育全覆盖。发放精准扶贫相关资料50000余册，走访群众940余户，有力将党的精准扶贫政策、感党恩教育等知识宣讲到群众中去。乡（镇）在县巡回宣讲组的示范宣讲和督导下，纷纷开展宣讲工作，教育群众达20余万人次，走村入户实现了全覆盖，很好地配合了全县的巡回宣讲工作，使党的政策在全县各个角落落地生根，开花结果。康巴V江达微信公众号发布脱贫攻坚信息1200余条，发布《我的扶贫之路》专题视频210余条，县政府新闻网站发布脱贫攻坚信息1000余条。以及县民间艺术团自编自演小品《搬迁》，在送文艺下乡中出演60场次，并在“3.28百万农奴解放纪念日”文艺会演中演出，通过文艺生动活泼的表演形式，教育群众明白“只有用勤劳双手才能创造美好明天”的道理。利用县城范围11个LED显示屏滚动宣传脱贫攻坚，确保了扶贫政策家喻户晓、入脑入心，并结合政策宣讲活动开展感党恩教育，让群众明白惠从何来、恩向谁报，转换思想，依靠党的政策和自己的双手脱贫致富。

（2）多项举措，促成效。江达县委宣传部利用LED显示屏、横幅、广告牌、宣传墙、G317国道沿路堡坎等多种宣传载体开展精准扶贫宣传工作，大力营造社会脱贫氛围。在全县范围内制作广告牌150余块，在各村（居）印刷宣传标语180余条，宣传墙20余面。利用“扎络文化”藏语版微信公众平台发布扶贫相关信息80余条。通过浓厚的宣传氛围，让农牧民群众从内心深处转变观念、促进脱贫，实现从“要我脱贫”向“我要脱贫”的转变。督导考核重实效，全面突出督导实效，按照县委县府统一部署安排，严格落实督查考核制度，定期安排县四大班子组成精准脱贫督导组，深入各乡（镇）开展督导工作。县纪委、县委督查室、县脱贫攻坚指挥部等部门组成精准脱贫专项督查组定期不定期开展巡回督导工作。对发现乡（镇）存在的贫困户信息不实、脱贫思路不清、脱贫措施不明确等问题，及时进行了督促和整改落实。同时根据全县精准脱贫工作开展情况，把脱贫工作成效与年度考核奖惩挂钩，确保了脱贫成效。2019年圆满完成了县乡村三级自查自评工作，逐一形成三级自查自评情况报告和问题清单，做到了点人点事点问题。实现了各级督导反馈问题和自查问题整改统筹协调推进，贯穿于日常工作始终；县“组团式”帮扶督导团队、县级包片领导、县纪委、县委督查室等督导力量严格对照问题清单深入各乡（镇）开展督导工作，解决实际困难、督促整改落实。

（3）持续发力，巩固提升。江达县全面贯彻落实十九届四中全会提出的关于脱贫攻坚系列指示精神，按照中央、区党委、市委有关脱贫攻坚工作的决策部署和要求，认清形势、理清思路、抢抓机遇，全面推进脱贫攻坚巩固提升各项工作扎实有效开展。

第一，七大方向抓提升。2020年，江达县做到了摘帽不摘责任，围绕江达县脱贫巩固提升工作，县委县政府结合区域实际，从七个方向抓提升。一是按照“缺什么补什么”的原则，通过整体把握和利用“十四五”规划，提前谋划一批基础设施、公共服务等利长远打基础的民生项目并及时纳入规划。二是各涉项部门充分了解掌握政策，主动靠前，与上级业务部门积极沟通衔接，为资金下达和项目的顺利实施提供良好条件。三是加大与项目建设所在地乡党委政府沟通衔接，提前考虑到项目建设过程中可能存在的征地、拆迁、砂石运输、群众务工等问题，提前谋划，为项目建设争取宝贵时间。四是项目落地建设，各涉项部门严格按照施工合同倒排工期，安排专人负责，加快项目建设进度，确保工程建设质量，确保项目建设切实发挥效益。五是在项目建设过程中，尽量吸纳当地群众尤其是建档立卡贫困户参与工程建设，增加群众现金收入。六是加强扶贫资金等项目资料的归档管理，确保各项资料齐备完善、程序合规，经得起审计。七是要加快资金拨付进度，提高项目资金支出率，同时强化凭证附件、相关发票的规范性。

第二，产业脱贫保提升。江达县要实现稳定脱贫，必须要高度重视产业扶贫，县委县政府一是大力抓项目建设进度，确保所有规划项目于2020年年底全部投入生产经营并发挥效益。二是立足市场，拓宽特色产品销售渠道。三是加快加工设备采购进度。四是重点强化乡（镇）产业管理主体责任落实。五是结合市场，对每个项目存在的问题短板逐一进行梳理，并有针对性地开展整改，确保产业发挥最大致富增收效益。

第三，易地搬迁稳提升。围绕巩固提升，江达县继续积极稳妥地推进易地扶贫工程，一是全面落实《江达县易地扶贫搬迁管理办法》，明确落实各安置点管理人员，实现各安置点规范管理，确保搬迁点社区生活文明、和谐稳定，“感党恩、跟党走”意识更加坚定。二是全面落实乡（镇）党委、政府扶贫产业管理主体责任，强化后期管理，发挥搬迁点配套产业致富增收效益，真正确保群众长期稳定增收。三是加快产权证登记工作，提升搬迁群众“主人翁”意识，从而增强致富主体观念。四是及时为23个搬迁点增加公厕、广场、垃圾收储池等基础设施，同时制作标识牌，配套垃圾桶、拖拉机等设施，进一步提高搬迁点基本公共服务水平。

第四，教育脱贫促提升。围绕巩固提升，江达县加大教育脱贫力度，一是严格按照江达县深化教育改革工作要求，全面实施《江达县深化教育改革实施办法》，形成招生、“控辍保学”、整班移交工作长效机制。二是继续按照“双线五级八包”责任制要求，认真严格实行“四书”制（《入学通知书》《保学合同书》《限期复学书》《处罚决定书》）要求。三是继续加强学生学籍管理，严把转学关、严格转学程序，同时建立健全学生电子档案和纸质档案信息一乡一册、一校一册、一班一册、一生一卡的学生信息管理制度，确保学生中途不辍学，切实抓好义务教育阶段1至9年级学生的整班移交工作。四是加大奖惩力度，进一步提高部门和负责人做好教育工作积极性和主动性。五是充分发挥教育督导委员会职能作用，开展控辍保学工作专项督导。

第五，多元就业冲提升。围绕巩固提升，积极发展转移就业，江达县一是协调乡（镇）挖掘群众身边的典型就业创业事迹进行宣传报道，强化典型示范作用，进一步转变思想，主动培训，实现主动就业脱贫。二是加快推进技能培训收尾工作，保证完成年度指标。三是利用援藏优势，加快江达县扶贫车间建设工作。四是做好未就业高校毕业生就业工作。五是积极对接相关部门开展“定岗式”培训。六是结合江达县的就业资源，加大对水管员等岗位技术的培训力度，实现了转移培训和就业增收无缝对接。

第六，生态脱贫促提升。围绕巩固提升，继续加大生态脱贫，一是全面落实《江达县关于加强生态岗位队伍建设管理办法》，协调各相关单位及时深入乡（镇）开展针对性的岗位履职督导检查，切实提升管护人员履职能力，坚决杜绝拿空饷现象发生，防止“福利陷阱”。二是结合森林防火工作宣传，同时开展生态岗位职责宣传工作。三是按照资金发放要求，及时将资金拨付乡（镇），同时加强对各乡（镇）生态岗位资金兑现工作的督导。四是根据区域每个岗位实际任务，对各八大岗位实行交叉履职，在制度上真正确保生态岗位人员人人有事做、人人有责任。

第七，社会保障护提升。全方位完善社会兜底：一是加大对兜底保障工作政策的宣传力度，按时足额兑现各类兜底资金。二是进一步规范社会救助管理体系，加强兜底对象的动态管理工作，做到应保尽保、应退尽退。三是强化特困供养人员政策宣传力度，加大特困人员入住比例，实现特困人员有意愿入住率达到100%的目标。四是科学规范的完善兜底档案资料。

第八，健康扶贫保提升。通过健康扶贫，提升江达县医疗保障水平：一是积极落实建档立卡贫困人口城乡居民基本医疗保险个人缴费部分由政府定额补贴政策。二是积极争取并充实基层医疗卫生人员，制定相关政策和乡级医疗卫生人员绩效考核方案，实现县级医疗技术人员“下沉”乡（镇），短期解决乡（镇）医疗服务能力滞后、技术人员缺乏的问题。三是加快短缺药品专网采购进度。四是制定健康扶贫宣讲实施方案，制作健康扶贫政策宣传手册发放至农牧民家中，同时组建专业联合宣讲团，深入各乡（镇）、村居开展健康扶贫知识政策宣讲工作。

第九，社会帮扶聚提升。围绕巩固提升，凸显社会帮扶：一是加强对“四扶”激励工程的跟踪管理和调度，适时组织观摩学习，掌握经营管理经验，逐步拓宽发展思路。二是持续做好建档立卡户的思想教育引导工作，从根本上引导群众转变思路，在享受脱贫政策的同时，积极投工投劳，增加经济收入，同时正确处理好务工与岗位履职的关系，做到两不误，两促进。三是进一步补充完善帮扶手册，规范帮扶记录，对数据不准确、不完整的予以逐一核实。

二、工作亮点

（一）压实主体责任保证如期脱贫

进入脱贫攻坚阶段，江达县委、县政府以巩固强化基层党组织为主线，以脱贫攻坚为统领，通过健全组织体系、建强骨干队伍、完善制度机制，全面强化基层党组织整体功能，充分发挥党员干部先锋模范作用，为全县脱贫攻坚提供坚强组织保证。

1. 加强党的建设，引领精准扶贫

紧紧围绕“加强基层党建，助力脱贫”的主旨不动摇，江达县全面强化基层党组织整体功能，发挥好党支部的战斗堡垒作用。全县共 2 个镇 11 个乡 94 个村和 2 个居委会，以决战决胜的勇气，高度负责的态度，务实有力的举措，强力推进脱贫攻坚各项工作。

一是各党支部听取党员、贫困户、群众对本村产业发展的意见建议，制定了各乡（镇）脱贫攻坚规划、产业发展规划、贫困户脱贫计划等，全县各乡（镇）因地制宜选路子，根据乡（镇）实际条件，选出高原农牧种植等作为贫困户脱贫的主导产业，通过村两委成员、驻村工作队员、普通党员，在“收”和“卖”上亲力亲为，为贫困户送技术、送农资、搞服务，千方百计地增加收入，使贫困户有持续稳定的增收渠道。

二是支部 + 专业合作社。目前江达县各专业合作社，涉及农产品种植、文化旅游及家庭旅馆、民族特色手工艺品、民族服饰制作及销售专业合作社，能帮助广大群众在技术上指导、发展上指明方向。同时，江达县利用养殖专业合作社，引导贫困户认养优质康巴香猪等，合作社送技术、送农资、促销售，帮助贫困户增收益，同时也带动了村集体的经济收入。

三是整顿较弱涣散村。基层党组织在扶贫攻坚是枢纽，是核心作用，承上启下，协调四方，村级组织的强弱直接关系着扶贫是否精准，直接关系扶贫的成效。重点是抓好软弱涣散村的整顿提升。通过大力整顿，目前已完成全县 94 个村的全面整治，进一步强化了党支部的引领作用，激发了党员队伍的内生动力，为决战决胜脱贫攻坚提供强有力的后盾。

2. 建设好队伍，带动精准扶贫

在“党建统县”的战略指引下，江达县以提升“组织化”程度为抓手，大力实施“四扶”（扶志，扶智，凡和力扶，凡勤必扶）激励工程。实际工作以 2017 年娘西乡“四扶”激励试点工程取得了基础成效为契机，县委县政府决定在全县范围内全面实施，项目实施采取县委统筹、乡（镇）主导、村（居）实施的模式进行，以帮助贫困户脱贫致富为目标，激发建档立卡贫困户内生动力，转变建档立卡贫困户“等、靠、要”思想，淡化宗教消极影响，教育引导建档立卡贫困户农牧民群众转变思想，农村党员干部成为脱贫攻坚的主力军。

一是全面开展素质提升行动。县党委把驻村第一书记和村支部书记的能力提升作为脱贫攻坚的关键，着力提升支部带头人推进脱贫攻坚的政治素养和专业能力。采取“以会代训”的形式对乡（镇）干部进行扶贫政策知识培训，着力造就一支政治素质好、能带领群众共同致富的带头人队伍。

二是第一书记驻村帮扶行动。充分发挥第一书记推动精准扶贫的作用，充分发挥派出单位资源优势，推动政策、资金、人力向派驻村聚集，帮助支持第一书记开展工作。

三是发挥党员先锋模范作用。以党员致富带头人为骨干，把支部建在专业合作社和龙头企业上，加强对普通党员的组织领导，使致富能力强的普通无职党员“一对一”帮扶贫困户。

四是充分调动建档立卡贫困户的积极性和主动性，并将其作为党建扶贫工程、书记工程来抓，通过“以点带面、以小促大”的党建扶贫项目扶持，激发建档立卡贫困户内生动力，带动增收致富。2019 年，实施“短平快”项目 136 个，总投资 614.70 万元，项目涵盖唐卡绘画销售店、藏式家具店、草园林卡、藏医藏药诊所、摩托车修理、便民商店、餐饮等。德登乡仁真都村草原林卡项目实现月收入 3900 元；字嘎乡字呷村旺修馒头店实现月收入 3000 元。深入开展将党员培养成致富带头人和将致富带头人培养成党员的“双培”活动，号召全体党员勇当先锋，攻坚拔寨，积极投身脱贫攻坚的伟大实践，共计培养培育农牧民党员致富带头人 202 名，扶持“星火工程”项目 1 个，落实党建扶贫帮扶资金 5 万元。全县由各乡（镇）党委、驻村工作队、村“两委”班子选出脱贫致富愿望强烈的贫困户，帮助其发展产业脱贫致富，为贫困户进行现身说法，通过宣传引导激发贫困户脱贫内生动力，起到了良好实效。

3. 落实机制，保障精准扶贫

落实保障，机制先行，精准扶贫是一项系统的民生工程，各项行业政策落实都需要靠健全的民主决策和管理制度来保障。一直以来，江达县委、县政府高度重视脱贫攻坚工作，坚持党总揽全局、协调各方，完善党领导经济社会发展工作体制机制。制订《中共江达县委县人民政府关于打赢脱贫攻坚战的实施意见》《江达县“十三五”精准扶贫规划及实施方案》《十个一批专项脱贫组规划及实施方案》。先后召开县委常委会 74 次、县委专题会议 77 次、县政府专题会议 66 次、脱贫攻坚指挥部会议 75 次，组织召开全县脱贫攻坚摘帽动员大会 1 次，专题安排部署精准扶贫精准脱贫工作，有力地推动了全县脱贫攻坚工作深入开展，取得了较好的成果。

4. 贯彻执行，四项举措

精准扶贫工作开展中，江达县始终坚持对脱贫攻坚各项工作进行全面安排部署，进一步明确目标任务，确保了各项脱贫政策措施落实到位。

一是履行党的主体责任，坚持党政一把手负总责、发挥党在脱贫攻坚工作中的核心领导作用。深化政策理论学习，提升党的执政能力，县委坚持每月组织召开理论中心组专题学习会，深入学习习近平总书记关于脱贫攻坚工作系列论述精神，学习上级各类文件会议精神，学习精准扶贫精准脱贫相关政策，保证县委班子在开展脱贫攻坚工作中的决策正确、措施精准。

二是充实脱贫攻坚力量，在成立县乡脱贫攻坚领导小组、脱贫攻坚指挥部的基础上，进一步明确每乡（镇）至少配备 5 名扶贫专干，抽调各专项组、行业单位工作人员 25 人开展集中办公，切实形成了脱贫攻坚工作合力。

三是逐级签订年度脱贫攻坚目标责任书，进一步明确县、乡、村三级党组织书记脱贫攻坚职责，落实包乡县级领导、乡（镇）、村第一责任人责任，分解各乡（镇）、村脱贫任务，切实将责任层层压实，落实党在脱贫攻坚中的核心领导地位。

四是坚持全面从严治党，切实加强党在扶贫领域监督职责。江达县四大班子定期深入 13 乡（镇）开展脱贫攻坚督导工作，把精准扶贫工作成效与干部年度考核奖惩挂钩，县纪委、县委督查室、县委巡查组、县政府督查室、县脱贫攻坚指挥部等部门组成的精准脱贫专项督查组定期不定期开展巡回督导工作，及时发现问题，督促整改落实，有序推进全县脱贫攻坚工作扎实开展。同时，始终坚持“党建统县”战略指引，将抓党建促脱贫攻坚工作与书记抓党建项目化管理工作有机结合起来，坚持“融入扶贫抓党建、抓好党建促脱贫”工作思路，做到党建工作与扶贫同部署、同落实，两手抓、两不误。严格履行五级书记抓脱贫攻坚工作要求，凝聚全县党员干部力量，在全县范围内形成了各级书记抓脱贫，全县参与促攻坚的格局；创新推行并持续深化县委“组团式”帮扶工作机制落实，通过采取“1 名常委 + 县级干部 +X 个包乡单位 + 包乡单位党员干部”的“组团式”帮扶模式，大力开展以“送政策、送服务、送物资，扶思想、扶技术、扶信心”为主要内容的“三送三扶”活动。2016—2019 年，各组团式“帮扶团”带领全县党员干部采取听、访、查、看等方式，直赴基层一线、核查基础信息、理清脱贫思路、收集一手信息；扩大党组织覆盖面，注重在农牧民合作社、专业协会和“两新”领域组建党组织，不断优化党组织组建模式。积极推广“支部 + 协会”“支部 + 农户”“支部 + 合作社”等工作模式，确保党组织覆盖最大化、设置最优化、功能最强化，实现基层党组织建设与产业发展的有机统一，在全县农牧民合作社中成立了党小组 15 个，同时，注重在维稳、脱贫攻坚等重点工作一线党组织建设力度，在虫草采挖点成立临时党支部 300

余个，县脱贫攻坚指挥部同步成立临时党支部，进一步强化了党组织的领导核心地位，党组织引领发展、促进社会和谐稳定的能力得到进一步加强。

（二）“组团式”帮扶见实效

江达县建立了县委负总责，县委常委为团长，其他县级领导为副团长，县（中、区）直单位、乡（镇）干部、学校、卫生院、寺管会、驻江企业和驻江部队共同组成的13个“组团式”扶贫团队，联系帮扶全县13个乡（镇）。以2016年、2017年、2018年为例，“组团式”扶贫团队定期深入联系点乡（镇）、村，帮助贫困户、村、乡（镇）理清发展思路2615余条；开展政策宣讲及感恩教育15566场次，技能培训3291人次。真正做到同心攻坚，齐心协力，人人参与脱贫攻坚战。其中2018年，江达县制定下发了《江达县关于进一步凝聚各方力量助力脱贫攻坚的实施意见》《关于进一步做好干部结对帮扶工作的通知》；组织开展2018年度精准扶贫干部结对帮扶工作培训会，全县2131名干部职工与江达县3342户贫困户（除五保户外）形成一对一精准结对帮扶，进一步明确工作方向，落实工作责任，为全县建档立卡贫困户提供帮扶物质及资金折合人民币488.72万元。

（三）援藏扶贫促脱贫

江达县坚持对口支援资金项目的80%向基层倾斜、向贫困群众倾斜、向改善贫困地区基础设施条件倾斜，重点改善深度贫困地区基础设施条件。仅“十三五”期间，对口援助江达县的天津市、广东省、江苏省、东风汽车集团共实施各类项目34项，总投资43598万元。其中教育类项目13项，总投资14188万元；卫生类项目15项，总投资11249万元；新农村建设项目4项，总投资17511万元；汽车维修和干部培训项目2项，总投资650万元。援藏资金主要用于精准扶贫项目、基础设施改善等工程建设，为脱贫摘帽工作保驾护航。

（四）企业扶贫显成效

江达县大力推进“企业帮百村”活动，倡导激励企业承担社会责任，定点帮扶江达县的企业积极主动投身脱贫攻坚中，帮扶3个村111户710人。华电金沙江上游水电开发有限公司援助500万元支持波罗乡宁巴村产业扶贫，落实“同波公路”建设资金2000余万元；西藏玉龙铜业股份有限公司援助100万元支持青泥洞热拥村实施奶牛养殖项目，并为该村投入100余万元用于道路、桥梁、水井建设；西藏交通有限责任公司等6家公司向岗托镇岩巴村落实帮扶资金1.8万元；邓柯乡土青等7个农牧民施工队为163户904人贫困户落实帮扶资金26.70万元；西藏宏安建设有限公司为娘西乡瓦根村贫困户捐赠奶牛23头，慰问并赠送面粉、大米等生活物质，帮扶总金额达15万元。中铁十四局江达县农村公路项目部为汪不顶来玛、燃灯2个易地搬迁安置点71户372名贫困户帮扶了价值15万元的生活物资和家用电器。

（五）转移就业举措多，金融保障促成效

（1）开展致富技能培训，对接市场就业实现增收，改变“等、靠、要”思想，“四个强制”转移就业工作思路，开展相关职业技能培训176期，培训转移就业5369人，实现年人均增收2000余元，根据项目建设领域及行业扶贫吸纳贫困户就业增收，按项目建设总用工的30%提供相应岗位，发掘就业岗位500余个并分五批在“康巴V江达”微信公众平台、LED显示屏、电视台等发布。确保了贫困群众掌握一技之长，进一步增强了脱贫致富的信心和勇气，达到就业一人、脱贫一户、致富一方的目的。

（2）积极强化扶贫资金监管，确保脱贫工作成效。严格落实扶贫资金监督管理制度，确保扶贫资金在阳光下运行、真正发挥扶贫效益。牢固树立扶贫资金是贫困群众的“保命钱”和减贫脱贫的“助推剂”思想观念，严防虚报冒领、截留私分、贪污挪用、挥霍浪费等问题发生。

一是制定出台了《江达县精准扶贫资金财务监督管理办法（试行）》，明确了各单位各部门扶贫资金监督管理责任以及各项扶贫资金使用程序。研究制定了《江达县惠民政策资金监督管理办法》，对惠民资金的监督检查责任细化到了部门，对惠民资金兑现时限作出了明确规定，特别强调了惠民资金兑现时限不得超过 15 个工作日。

二是精准扶贫项目拨款严格执行“一支笔”审批制度，对建设资金设立专户、专账存储、专人管理，做到专款专用。根据工程建设进度拨付工程款，实行专项资金县级报账制。群众贷款、自筹部分乡（镇）专账管理，按工程进度拨付。

三是组建了扶贫专项工作微信交流群，建立扶贫资金管理协调实时沟通信息平台，确保了资金管理工作经验交流以及各项扶贫资金实时督促落实。

四是积极协助纪检监督部门建立扶贫资金风险监督台账，同时定期全力配合监察、审计部门开展全县扶贫资金专项检查，确保各项扶贫资金按时按标完成落实。

第三章 贡觉县

贡觉县地处青藏高原东南，唐古拉山横断山脉北段，金沙江上游西岸。全境位于东经97° 51′ 43″ ～98° 58′ 53″ 、北纬30° 11′ 58″ ～30° 15′ 55″ 之间，东与四川白玉、巴塘两县隔江相望，南连芒康县，西邻察雅县和卡若区，北接江达县，西至昌都市254公里，至拉萨1374公里，东越金沙江、康定到成都1196公里。全县辖1个镇11个乡，即莫洛镇、敏都乡、则巴乡、罗麦乡、沙东乡、克日乡、木协乡、阿旺乡、拉妥乡、雄松乡、哈加乡、相皮乡，共有149个行政村。贡觉县属大陆性高原季风气候，受纬度、海拔高度和地理位置的影响，气温垂直变化明显，气温偏低，日温差较大。年降平均水量25.5毫米，年日照时数约2101小时。境内自然灾害较多，常见的有干旱、冰雹、洪水、霜、雪、地震、滑坡、泥石流、风沙等。年平均气温6.5℃，7月平均气温14.6℃，日平均气温0℃以上持续期245天，无霜期85天。

第一节 脱贫基础

贡觉县地处金沙江流域高山峡谷区域，耕地以台地式坡耕地为主。脱贫攻坚战打响之初，全县交通、通信、水利等基础设施建设严重滞后，公共服务水平有待提升，贫困发生率高，是西藏44个、昌都5个深度贫困县之一，综合贫困发生率32.26%。尤其是三岩片区的克日乡、罗麦乡、沙东乡、敏都乡、雄松乡、木协乡等6个乡42个行政村，地处深山沟壑中，农牧民人口1683户11146人，综合贫困发生率高达60.88%，是典型的“一方水土养不活一方人”的深度贫困地区。

一、发展基础

（一）自然资源

全县耕地6.12万亩，人均占有耕地1.46亩，有草场595万亩。矿产资源较为丰富，主要分布有金、银、铜、铁、铝、煤、石棉、盐、石灰岩等，正在办理采矿证的有相皮乡多盖拉煤矿、则巴乡阿中铅锌矿。森林资源：县境内林地总面积为268335.20公顷，其中森林面积240877.50公顷，占总林地面积的89.77%；疏林地面积800.50公顷，占总林地面积的0.3%。木材蓄积量为12723250立方米。全县森林覆盖率为38.10%。野生动植物资源：动物有豹、熊、小熊猫、狼、獐、鹿、狐狸、滇金丝猴、野猪、野牛、岩羊等珍稀动物；鸟类有鹰、雕、雀、啄木鸟、画眉、白马鸡等10多种。植物有松、柏、杨、桦、青红、葡萄、核桃、苹果、花椒等十多种经济林木；中草药类有驰名中外的虫草、知母、贝母、雪莲花、大黄、鹿茸等约398种。

（二）经济发展

2015 年年底，全县地方生产总值完成 57179 万元。其中第一产业完成产值 9941 万元，第二产业完成产值 16868 万元，第三产业完成产值 30370 万元。农村居民人均可支配收入达到 6877 元。全县耕地面积 6.12 万亩，农作物播种面积 7.10 万亩（含复种 0.98 万亩），粮食种植面积 5.20 万亩，经济作物 0.96 万亩、饲草料 0.42 万亩。其中青稞为 4.29 万亩（“藏青 2000”为 4 万亩、“藏青 2000”二级良种 0.28 万亩、“喜拉 22”为 0.1 万亩）、冬小麦 0.17 万亩、蔬菜 0.38 万亩、油料 0.48 万亩。

（三）社会发展

贡觉县实施“强工兴市、东西发展、创建基地、夯实三基”发展战略，攻坚克难、综合施策，不断强化稳增长、调结构、促改革、惠民生的工作措施，确保了需求增长快、产业推进实、发展效益好、要素支撑强、民生改善显、改革开放稳。2015 年，全县公共财政收入完成 3169 万元；税收完成 2500 元；农民居民人均可支配收入达到 7300 元；全社会消费品零售总额达到 14490 元。

二、贫困状况

（一）贫困人口及分布

通过精准识别，截至 2015 年年底，贡觉县贫困人口分布在 1 镇 11 乡 149 个村（居）委会。莫洛镇有贫困户 573 户 3103 人、相皮乡有贫困户 341 户 1718 人、阿旺乡有贫困户 211 户 872 人、哈加乡有贫困户 281 户 1334 人、拉妥乡有贫困户 178 户 789 人、克日乡有贫困户 123 户 573 人、罗麦乡有贫困户 167 户 898 人、敏都乡有贫困户 163 户 910 人、木协乡有贫困户 107 户 371 人、沙东乡有贫困户 252 户 1223 人、雄松乡有贫困户 274 户 1096 人、则巴乡有贫困户 170 户 475 人（表 5–3）。

贡觉县贫困人口主要由一般贫困户、低保贫困户和五保贫困户组成。贡觉县共有贫困户 2840 户 13362 人。其中，一般贫困户 1587 户 8100 人，低保贫困户 1080 户 5061 人，五保贫困户 173 户 201 人（表 5–3）。低保贫困户及五保贫困户总计 1253 户 5262 人，占贫困人口总数的 39.38%。

表 5–3　2015 年贡觉县各乡（镇）建档立卡贫困人口统计表

乡（镇）	行政村数量（个）	贫困户数（户）	贫困人数（人）	一般贫困户		低保贫困户		五保贫困户	
				户数（户）	人数（人）	户数（户）	人数（人）	户数（户）	人数（人）
莫洛镇	31	573	3103	406	2330	149	753	18	20
阿旺乡	12	211	872	131	589	60	260	20	23
哈加乡	22	281	1334	147	728	127	599	7	7
克日乡	5	123	573	29	144	91	426	3	3
拉妥乡	9	178	789	56	293	113	486	9	10
罗麦乡	6	167	898	94	554	52	322	21	22
敏都乡	8	163	910	99	580	60	325	4	5
木协乡	10	107	371	52	196	46	161	9	14
沙东乡	6	252	1223	183	913	68	309	1	1
相皮乡	23	341	1718	187	1046	135	638	19	34

（续）

乡（镇）	行政村数量（个）	贫困户数（户）	贫困人数（人）	一般贫困户		低保贫困户		五保贫困户	
				户数（户）	人数（人）	户数（户）	人数（人）	户数（户）	人数（人）
雄松乡	7	274	1096	163	658	76	403	35	35
则巴乡	10	170	475	40	69	103	379	27	27
合计	**149**	**2840**	**13362**	**1587**	**8100**	**1080**	**5061**	**173**	**201**

（二）致贫原因

贡觉县贫困人口致贫原因交错复杂，经过贡觉县委县政府认真调查研究，贫困人口致贫主要是由于以下几个方面所导致。

一是自然资源匮乏。人与自然资源的矛盾相当突出，自然条件差，自然灾害频繁，总体资源严重匮乏。总耕地面积中水浇地仅占5109亩，人均不到0.5亩，绝大部分土地是滑坡地，土层薄、土质差，可新开耕地非常有限。地形复杂，山高谷深，素有“水在江中流，人在沿岸住，地在坡上挂，畜在山顶放”的说法。因而，造成人多地少，投入成本高，单位面积产出少，牲畜出栏率与商品回报率低，存在“一方水土养不活一方人”的现实问题。

二是自然灾害。抵御自然灾害的能力极为低下，农牧业生产基本处于靠天吃饭的状况，而且贡觉县每年都不同程度遭受干旱、洪涝、冰雹、大风、霜冻、雪灾等气象灾害及滑坡、泥石流等地质灾害的袭击，一旦遇大的自然灾害，居民财产存在巨大威胁。

三是农牧民商品经济观念淡薄。贡觉县以传统农牧业生产为主，经济结构十分单一，发展多种经营生能力不足，农牧民实际收入很低，造成无钱购买生活必需品。“等、靠、要，听天由命，安贫苦熬，不求进取”思想十分严重，长期处于依赖政府投资和救济，缺乏自力更生，改变贫困状况的精神和决心。

第二节 工作举措

进入脱贫攻坚阶段，贡觉县委、县政府以脱贫攻坚统领经济社会发展为出发点，以“党建带扶贫、扶贫促党建”为抓手，以“东林北农南牧”产业布局为突破口，实施以业脱贫、以迁脱贫、以教脱贫、以补脱贫、以保脱贫、以助脱贫6项精准扶贫措施，在产业发展脱贫、转移就业脱贫、易地搬迁脱贫、教育扶贫、健康扶贫、生态扶贫、兜底保障等方面因地制宜、对症下药、精准发力，为昌都市全域脱贫摘帽、全面建成小康社会贡献了“贡觉方案”。

一、因地制宜，“六个精准”立标杆

（一）扶贫对象精准

严格识别，做到扶贫对象精准。坚持摸清底子，瞄准对象，从源头识贫做起抓精准。严格按照

“一个也不能少、一个都不能掉队”的要求，全县上下深入基层，进村入户、挨家调研，根据建档立卡数据“有进有出、动态管理”的原则和要求，一是完成系统内数据清洗，对建档立卡贫困户做了进一步核查调整，数据调整后，全县建档立卡共 3058 户 17814 人，二是完善《扶贫手册》填写，指导 12 乡镇填写完善《扶贫手册》，对对象信息和数据进行全面的更新调整，并一户一户核实调查，确保了基础数据精准。

（二）措施到户精准

结合实际，做到项目安排精准。贡觉县“十三五”产业精准扶贫规划项目 90 项，深度贫困地区规划项目 6 项，共计 96 项，总投资 6.37 亿元（其中：国家投资 51297.57 万元），共计带动建档立卡贫困户 6592 人。同时，在项目建设中，严格项目建设管理程序，严把审批关、质量关、验收关，严格项目法人招投标、合同管理、工程监理、资金划拨等工作，确保管理规范、进度如期、质量合规。

（三）项目安排精准

突出重点，做到项目落实到户精准。根据贫困村和贫困人口的实际情况，深入分析致贫原因，分类施策。根据不同情况，对症下药，有针对性地为贫困对象落实精准举措，紧盯“两不愁三保障”目标任务，经过全县上下齐心协力的艰苦奋斗，贡觉县解决了贫困群众不愁吃、不愁穿的问题，群众行路难、吃水难、用电难、上学难、就医难、住危房等困扰也得到了消除。贫困群众实现了“从油灯到电灯，从水桶到水管，从驿道到大道，从毡房到洋房”的转变。

（四）资金使用精准

落实要求，做到资金使用精准。严格执行各项财务管理制度，不断加强对资金的使用、管理、监督，最大限度提升扶贫资金使用效率。以“多个渠道进水、一个池子蓄水、一个龙头放水”的资金整合机制，强化资金整合使用工作，通过科学安排项目、合理分配资金，不断加强对资金使用的监督管理，确保了资金使用精准到户到人，有效提升了资金的使用效率。2020 年贡觉县脱贫攻坚统筹整合资金共计 26823.51 万元，其中：用于产业发展资金 3147.68 万元，占 11.73%；生产扶持及基础设施建设资金 13027.41 万元，占 48.57%；生态补偿岗位补助 4701 万元，占 17.53%；扶贫贷款贴息 3214.42 万元，占 11.98%；农牧民转移就业技能培训资金 184 万元，占 0.69%；贡觉县三岩搬迁经费 2549 万元，占 9.5%。

（五）因村派人精准

结合选派村（居）党支部第一书记轮换工作，2016 年以来，贡觉县共选派了 200 余名优秀机关干部到深度贫困村担任“第一书记”，不断加强基层党组织建设。同时建立了村（居）后备干部库，将 1215 名政治过硬、作风扎实、致富能力强、群众基础好的农牧民群众纳入后备干部队伍，并根据贡觉县后备干部管理相关制度、规定要求，通过集中学习、以工代训等方式，不断给后备干部交任务、压担子，使其迅速成长。

（六）脱贫成效精准

根据“三率一度”“两不愁三保障”标准要求，全县已实现脱贫 3055 户 17843 人（其中：2016

年脱贫228户1598人、2017年脱贫225户1417人、2018年脱贫396户2360人、2019年脱贫2206户12468人），149个贫困村（居）全部退出，顺利通过国家第三方考核评估和全国脱贫攻坚普查验收，实现高质量脱贫摘帽，消除绝对贫困。

二、多措并举，“五个一批”显成效

（一）发展生产脱贫一批

坚持抓好产业扶贫这个根本之策，围绕昌都市“五大养殖基地、七大种植基地”产业发展思路，制定了“十三五”精准扶贫产业脱贫发展规划和年度工作计划，重点打造了阿旺绵羊产业链、城镇种植养殖业、民族手工业及劳务产业四大板块，建起了县城、阿旺、拉妥农贸交易市场三产服务和两个市场体系，创新“五带五促”模式（即：党员带贫困户促增收、致富带头人带贫困户促增收、村“两委”带贫困户促增收、手艺传承人带贫困户促增收、驻村工作队带贫困户促增收），助推产业融合发展。2016—2020年，全县共实施“十三五”产业精准扶贫项目96项，其中深度贫困地区项目6项，总投资6.37亿元，覆盖全县12个乡（镇），149个村（居），带动建档立卡贫困户6592人，受益达5737.96万元，其中产业分红153.8万元，就业增收515.43万元，资产收益5068.73万元。

1. 主要举措

（1）构建产业精准扶贫体制机制。建立“政府主导、财政撬动、金融支撑、社会参与”和工程项目“四制”管理体制，构建“龙头企业＋基地＋合作社＋贫困户”“公司＋基地＋贫困户”“基地＋贫困户”“合作组织 / 致富带头人＋基地＋贫困户”等运营模式与联结机制，与公司、合作社及贫困户签订项目后期运营管理协议、分红协议及带动贫困户帮扶协议，完善利益联结机制，明确受益贫困群众，并及时录入全国扶贫开发系统。依托特有地理优势和丰富资源禀赋，因地制宜发展特色优势产业扶贫项目，有效带动贫困群众实现增收。

（2）完善产业总体布局。以“北农南牧东林”定位全县产业总体布局，一是紧盯“一个核心”。以激发贫困群众内生动力，以就业创业热情为核心，以顶层设计为切入，以政策引导为抓手，以技能培训为基础，以创业基金为载体，引导扶持群众创办小企业合作社参与大产业。二是培育“两个市场”。培育城乡农贸市场体系，紧盯干部群众“菜篮子”，打造全县农贸市场体系。2016年以来，建成县城、阿旺、则巴蔬菜温室109座，新建农贸市场3处，带动212名建档立卡贫困群众直接就业。培育县城服务业体系，以易地搬迁安置点为依托，建设扶贫商铺50余个，带动600余户建档立卡户创业增收。为满足群众日益增长的服务需求，组建贡觉县扶贫物业管理服务公司，在15个小区、10余家酒店提供物业管理服务，带动100名建档立卡贫困户年增收20000元。三是打造“四大板块”。打造阿旺绵羊板块，建成占地151亩的阿旺绵羊育肥基地，配备饲料加工厂、有机肥加工厂、屠宰分割厂、冷链存储物流体系、阿旺绵羊主题餐厅及电商信息化平台，实现年育肥12000只，年产值860万元，利税350余万元，解决就业岗位38个。同时，实施阿旺绵羊养殖到户工程，扶持阿旺绵羊专业养殖示范村26个，培育养殖示范大户165户，为853户贫困群众发放阿旺绵羊种苗15569只。打造种植养殖业板块，建设饲草基地2.33万亩，实施犏奶牛养殖到户工程，为976户建档立卡贫困户发放犏奶牛4773头。打造民族特色手工业板块，投资3510万元，建成贡觉县民族特色手工技艺传承和产业孵化基地，吸纳入驻特色合作组织17家；投资682万元，培育各类扶贫合作社33家，发展唐卡绘画、民族饰品、藏香藏药、农畜产品加工销售等，直接带动建档立卡贫困户308人实现就业增收。四是打造劳务输出板块，开展了挖掘驾驶技术、建筑施工、普通工人等技能培训，成立了县劳务输出中心。2016年以来，全县1000余群众在扶贫工程中年人均增收2000元以上。待川藏铁路和贡觉县机场开工建设，依托川藏铁路和贡觉县机场即将开工建设机遇，积极与施工单位对接，将群众引导到重大项目建设中来，可组织2000余名劳动力投入到工程建设中。

（3）实施产业项目精准管理。对在建产业扶贫项目全面做好复工准备，并跟踪问效，确保在规定期限内全部完工；对产业规划中的产业项目，按照计划规定和项目程序纳入建设流程，规范产业项目招投标，建立督导台账，加快项目建设进度，确保产业扶贫项目尽快落地、安全实施。

（4）金融助力扶贫产业发展。按照“项目一个一个地对接、贷款一笔一笔地发放”原则，主动与金融部门衔接，优先对有市场潜力、有民族文化特色、能带动贫困户的产业扶贫项目进行贷款，做到“成熟一个，落地一个”，争取更多的公司（企业）和合作组织通过产业贷款实现更好的发展。主动向贫困群众宣传扶贫小额信贷政策，助推家庭产业发展壮大，真正发挥金融精准扶贫的优势作用。

（5）狠抓扶贫资金绩效管理。在扶贫资金管理使用上，继续坚持“谁审批、谁签字、谁负责”“用钱必见效，无效必问责”的原则，严把扶贫资金管理使用关，做到“专款专用”。产业项目是否达到预期目标，后期服务管理是关键，建立以技术服务与责任管理并行的体制机制，激发内生动力，使贫困户参与，并对实施的产业扶贫项目实行定期考核问效，确保产业项目绩效。

2. 主要模式

（1）“公司+基地+合作社+贫困户”模式。通过与贡觉县藏东生物科技开发有限公司洽谈合作，以阿旺绵羊育肥基地为依托，以发展26家专业养殖合作社为支撑，以带动300户6200人贫困群众为目标，建立以培训、科研、育种、扩繁为一体的阿旺绵羊现代化体系，让贫困户参与到阿旺绵羊产业发展中来。公司与贫困户签订养殖管理协议、回收协议，增强基层养殖人才和干部职工对贫困户养殖阿旺绵羊养殖的技术服务，确保贫困户实现脱贫增收。

（2）“乡土人才（致富能手）+合作社+贫困户”模式。以优厚的扶持政策、便利的创业环境吸引一大批乡土人才、返乡创业青年在脱贫攻坚的战场上唱主角、扛大旗，鼓励扶持建档立卡贫困群众进行自主创业，共投入资金605万元，培育贫困户创办小微企业。“我要脱贫”的意识普遍增强，“父子兵”“夫妻店”“兄弟连”等多种创业模式遍地开花，全县贫困户创办小微企业78家。

（3）“党建（村集体）+基地+贫困户”模式。以农村集体资金、资产、资源等要素的有效利用为基础，积极探索发展壮大村集体经济的新模式，实现“村村有路子、集体有活钱、人人有收益”。如：实施贡觉县2018年度犏奶牛扶持到户项目，总投资1263万元，对三岩片区易地扶贫搬迁户遗留下来的1794头犏奶牛进行统一收购，并将其分发给莫洛等乡（镇）598户建档立卡贫困户进行饲养，使其由输血式扶贫转为造血式扶贫，从根本上解决贫困群众生产资料不足的难题。

（4）“示范基地+合作社+贫困户”模式。全县扶持33家合作组织、致富带头人现已带动建档立卡贫困群众267人实现就业增收，先后打造民族手工业产业园（产业基地）2处，其中投资2457万元建设县城民族传承手工艺技艺示范园，入驻合作社4家；投资1053万元建设桑珠荣民族手工业艺术传承孵化基地，入驻合作社13家，共带动160名建档立卡就业脱贫。

（5）“金融+企业+贫困户”的发展共赢模式。以政府为引导、企业为主导、金融为支撑、贫困户参与的资产收益模式，撬动金融资源参与脱贫攻坚产业发展，注入金融扶贫基金，保障产业贷款风险。落实 11 家公司或合作社产业扶贫贷款 1608 万元，带动建档立卡贫困户 194 人。

（6）“援藏 + 企业 + 贫困户”的合作共赢模式。以政府为引导、援藏为支撑、贫困户参与的资产收益模式，实施贡觉县莫洛镇丈中村阿旺绵羊扶贫养殖项目，扶持采购阿旺绵羊、配套羊圈设施，组建阿旺绵羊专业养殖示范村，激发贫困户内生动力，带动农牧民增收；贡觉县龙头企业藏东生物科技开发有限公司已于天津市进行对接，就提供技术、管理理念进行帮扶，为今后贡觉发展阿旺绵羊产业培养了一批管理、技术型人才。

（二）易地搬迁脱贫一批

按照易地扶贫搬迁“人均住房面积不超过 25 平方米、户均自筹款不超过 1 万元的标准”，实施 8 个水、电、路、讯等基础设施配套齐全的易地扶贫搬迁安置点，862 户 4571 名建档立卡贫困户实现入住，入住率达到 100%。同时，投入 1550.46 万元完成农村危房改造 544 户（其中：建档立卡户 253 户，农村危房改造对象补助标准：C 级危房 2.33 万元 / 户、D 级危房 4.80 万元 / 户），实现贫困群众危房“零存量”，投入资金 2866.21 万元提升 1603 户农户住房抗震安全性能，确保了全县群众安全住房有保障。

1. 着力构建易地搬迁体制机制

一是围绕一条目标主线，明确“为谁建”。组成县、乡、村三级工作组，深入村（居）、游猎户定居点，通过宣讲政策、调查摸底、对比分析、民主评议、确定名单、会议审定、公开公示等程序，确定易地搬迁建档立卡贫困群众 862 户 4571 人。二是构建两个工作体系，明确“谁来建”。成立了由县委副书记、政府县长任组长，分管副县长任副组长，相关部门为成员单位的易地扶贫搬迁工作小组，各乡（镇）也成立了相应的易地搬迁组，明确了责任体系，形成了上下联动机制，统筹推进易地扶贫搬迁工作。三是落实三个工作保障，明确“怎样建”。坚决保障科学选址，在确保群众选址安全、户型实用，适应群众生产生活需要的基础上，统一研究设计不同安置点不同户型，并且按照“六靠五方便两避让”的原则科学选址；坚决保障安全建房，严把质量关、监督关、指导关，保障了安置点建房安全；坚决保障产业配套，根据安置点建设情况，通过招收公益性岗位、生态岗位选聘、配套产业、开设扶贫车间、扶持创业等方式，共促进搬迁群众就业 1813 人（2020 年新增易地搬迁就业岗位 45 个）。四是强化四个建设机制，推动“建的快”。贡觉县年平均气温 6.3℃，有效工期为 5 ～ 11 月。面对工期短的困难，我们落实项目建设倒排机制、督查机制、约谈机制、问责机制，统筹安排，挂图作战，抢抓工程进度，积极稳妥推进，易地扶贫搬迁工程在各乡（镇）遍地开花。

2. 建立健全组织指挥体系，强化易地搬迁工作落实

一是成立领导小组，充分发挥县委领导总览全局、统筹协调的核心作用，组建了由分管常务副县长任组长，相关单位主要负责人为成员的县易地搬迁小组。二是超前谋划编制搬迁规划，由县易地搬迁组联合县扶贫办等有关单位，深入分析研究贡觉县现有的贫困村和贫困人口现状，结合《贡觉县“十三五”总体脱贫攻坚规划》，合理确定搬迁规模和建设时序，按规划、分年度、有计划组织实施，编制了《贡觉县“十三五”易地扶贫搬迁规划》（以下简称《规划》）。根据《规划》，全县“十三五”期间要完成 8057 人建档立卡户的易地搬迁任务，其中贡觉片区 4571 人，三岩片区 3486 人。

3. 精准识别、合理规划、有序推进易地搬迁

实施“十三五”易地搬迁以来，贡觉县严格按照“六靠、五方便、两避让”的原则，按照市委

正确处理好易地扶贫搬迁“十个方面的关系”的要求，结合新型城镇化和社会主义新农村建设，充分利用县城拓展、重点小城镇建设、产业园区建设、新区建设、棚户区改造、民族文化旅游区建设等，积极探索住宅小区、集体商铺面建设或发展第三产业，引导有意愿的贫困群众在县城、产业园区、乡（镇）、中心村落户定居、依托重点扶贫开发区集中安置，通过易地扶贫搬迁，使贫困群众挪穷窝、拔穷根、摘穷帽，吃上“产业饭、旅游饭、商业饭、交通运输饭”，从根本上摆脱贫困。采取“六看四访三公二审一告”五步法，对全县建档立卡贫困人口进行反复核实、对档，精准做到人有名、户有卡、村有册、乡有薄、县有电子档案。同时，在精准识别深度贫困对象上下功夫，启动了深度贫困乡村、深度贫困人口“拉网式”梳理排查清理工作。始终把精准识别搬迁对象放在首位，对所有搬迁对象户信息进行严格比对精准识别，坚决清理不符合条件的搬迁对象，防止出现“不该搬迁的要搬迁”“应该搬迁的不搬”等现象。2016 年以来贡觉县共建设易地扶贫搬迁安置点 8 个，其中本行政村内集中安置点 6 个，小城镇安置点 1 个，县城集中安置点 1 个。安置群众 1064 户 5694 人，其中建档立卡贫困户 862 户 4571 人，同步搬迁 202 户 1123 人，项目总投资 4.9 亿元，其中使用政府性资金 4.55 亿元，群众筹资 3500 万元。按照易地扶贫搬迁“人均住房面积不超过 25 平方米、户均自筹款不超过 1 万元的标准”。同时，积极稳妥推进三岩片区跨市整体搬迁。按照区委、区政府和市委、市政府关于做好三岩片区跨市整体搬迁的部署要求，对贡觉县三岩片区 1650 户 10424 人实施跨市易地扶贫搬迁至拉萨市、林芝市等地，开启了幸福美好的新生活。

（三）生态补偿脱贫一批

积极推进生态保护扶贫行动，用足用好草补、林补和湿地、自然保护区、水生态保护补助等惠民政策，让群众在参与生态保护建设中增加收入，实现稳定脱贫。2016—2020 年，全县共招收护林员、草原监督员、生态保护区管理员等生态岗位人员 75291 人次（其中建档立卡户 36447 人次），2016 年以来，通过“一卡通”累计兑现补助资金 2.43 亿元。坚持将国土绿化、退耕还林、退耕还草项目向深度贫困乡（镇）和深度贫困群众倾斜，鼓励带动群众通过建设苗圃、植树造林和参与管护致富增收。投资 5676 万元，建成生态扶贫苗圃 8 个，总面积超过 1400 亩，实施退耕还林面积达 3.5 万余亩，种植重点经济林近 1000 亩，辐射带动建档立卡户 7838 人，实现人均增收 1600 余元。

1. 主要做法

脱贫攻坚工作全面启动以来，贡觉县大力实施生态扶贫，全力筑牢贫困地区经济社会可持续发展基础，结合生态环境保护与治理，探索生态脱贫新路子，拓宽贫困群众增收渠道，加快脱贫致富奔小康步伐。

通过生态补偿实现“惠民生”。一是把有劳动能力、持续增收困难的贫困户和部分高于建档立卡标准但整体条件较差的边缘户纳入生态保护政策性岗位。五年来，全县共招收护林员、草原监督员、生态保护区管理员等生态岗位人员 75291 人次（其中建档立卡户 36447 人次），通过“一卡通”累计兑现补助资金 2.43 亿元；2016 年以来完成转移就业岗位吸纳 60614 人次，累计兑现岗位资金 1.99 亿元。二是将国土绿化、退耕还林、退耕还草项目向深度贫困乡（镇）和深度贫困群众倾斜，鼓励带动群众通过建设苗圃、植树造林和参与管护致富增收。投资 5676 万元，建成生态扶贫苗圃 8 个，总面积超过 1400 亩，实施退耕还林面积达 3.50 万余亩，种植重点经济林近 1000 亩，辐射带动建档立卡户 7838 人，实现人均增收 1500 元。

加大“造血型”生态保护补偿力度。通过购买服务转移就业岗位，及时制定了《生态补偿脱贫购买服务转移就业岗位实施方案》，2016 年以来完成转移就业岗位吸纳 60614 人次，累计兑现岗位资金 1.99 亿元。构建具有区域特色的绿色产业体系。贡觉紧紧围绕“十三五”期间工程建设项目照顾建档立卡贫困人口这一项目实施原则，尽可能多的让建档立卡贫困人口参与到林业工程建设中。2019 年通过天保生态公益林建设、国土绿化生态公益林建设、贡觉县 1 号安置点绿化、贡觉县乡村安置点绿化项目、全民义务植树等项目营造林 1.09 万亩，带动农牧民群众增收 2067.2 万余元，其中带动建档立卡户增收 945.2 万余元。聘用农牧民群众组建贡觉县国土绿化综合工作队，队员人均工资 2200 元 / 月，带动 19 名农牧民群众（其中建档立卡贫困户 11 人）年均增收 2.64 万元。加强生态环境保护与经济发展双赢。贡觉县 2019 年新一轮退耕还林工程规划面积 112047 亩、新一轮退耕还草工程规划面积 2717 亩。通过该项目的全面实施可以帮助全县 9 个乡（镇）43 个行政村（居）的 1300 余户农牧民群众增收 1876.8 万余元。

2. 主要成绩

2017 年，牢固树立“绿水青山就是金山银山”的生态发展理念，按照“盘活存量、用好增量、重点突破、雪中送炭”原则，通过新增生态补偿脱贫购买服务转移就业机动岗位，让具有劳动能力的贫困群众参与生态环境保护和建设，实现稳定脱贫。一是大力实施天然林保护、防护林体系建设、森林抚育等林业重点工程。2017 年度累计投资 1117.23 万元，完成生态公益林建设 5.97 万亩，其中：人工造林 0.35 万亩，封山育林 0.62 万亩，森林抚育 5 万亩。二是积极落实退耕还林政策。2017 年度累计投资 954.83 万元，完成退耕还林 2.39 万亩，其中：生态林 1.48 万亩，经济林 0.91 万亩。三是完成国土绿化规划 29.38 万亩，投资 212648.07 万元。四是累计招收八大岗位人员 11507 人，累计兑现岗位资金 5178.15 万元。

2018 年，在生态建设上，贡觉县始终坚持“绿水青山就是金山银山”的理念，让广大农牧民群众吃上生态饭，实现生态补偿脱贫一批。在生态补偿上，一是 2018 年完成转移就业岗位选聘 17215 个，2018 年度兑现岗位资金 6026.65 万元。二是完成天保生态公益林建设 7230 亩，帮助木协乡下罗娘村、相皮乡扎特村、莫洛镇夏日村、敏都乡雄果村 4 个行政村 123 户 900 名群众增收 78.51 万元，实现人均增收 827.90 元（其中：建档立卡贫困户 59 户 287 人，增收 23.76 万元）；完成生态林人工造林 1740 亩，帮助相皮乡、莫洛镇、哈加乡、阿旺乡、雄松乡、敏都乡、沙东乡、拉妥乡 8 个乡（镇）30 个行政村 1195 户 7519 名群众增收 1506.165 万元，实现人均增收 2003 元（其中：建档立卡贫困户 718 户 3584 人，增收 717.88 万元）；消除“无树村、无树户”250 亩，项目涉及阿旺乡、拉妥乡等 2 乡 7 村 168 户 957 人，项目投资 358.00 万元，带动 168 户 957 人增收 110.68 万元，人均增收 1156.50 元。

2019 年聚焦生态补偿脱贫。一是完成购买服务转移就业岗位任务 16827 个，兑现 2019 年生态岗位资金 5889.45 万元。二是新增天然林资源保护工程二期管护资金 1690 万元，落实了 924 个天保护林员岗位，将 74 个行政村的 2845 户林区户纳入管护队伍，有效带动了群众增收。三是森林生态效益补偿面积 31.1 万亩，为 45 名管护人员发放管护工资 100.44 万元。四是通过天保工程、国土绿化生态公益林建设、安置点绿化、全民义务植树、林业产业、林业扶贫苗圈建设、新一轮退耕还林还草等工程项目建设，带动 12 乡（镇）群众增收 1160 余万元。五是将原有的 11 人贡觉县国土绿化综合工作队调整补充至 20 人（建档立卡 16 人）队员人均工资 2200 元。

2020 年，实施生态补偿，助力绿色经济发展“保家园”。积极推进生态保护扶贫行动，用足用好草补、林补和湿地、自然保护区、水生态保护补助等惠民政策，让群众在参与生态保护建设中增加收入，实现稳定脱贫。全县共招收护林员、草原监督员、生态保护区管理员等生态岗位人员 14677 人，兑现资金 5136.95 万元（表 5–4）。深入实施国土绿化和退耕还林、还草工程，完成人工造林 4.31 万亩，实施退耕还林 3.50 万余亩，累计兑现退耕还林资金 1909.66 万元，实施退耕还草 2717 亩，落实天然林保护资金 6760 万元、草原生态补助奖励资金 2623.13 万元。

表 5–4　贡觉县各年度生态岗位与资金安排情况

年份	安排生态岗位个数（个）	安排生态岗位资金（万元）	建档立卡生态岗位个数（个）	具体承担岗位名称（个）							岗位补贴标准［元/（年·人）］
				林业系统生态保护岗位	草原监督员岗位	水生态保护和村级水管员岗位	农村公路养护岗位	旅游厕所保洁员岗位	城镇保洁员和村级环境监督员岗位	地质灾害群防群测岗位	
2016	11507	3452.10	7168	7235	1618	2111	272	102	32	137	3000
2017	15061	4518.30	7871	8042	4005	2391	272	190	32	129	3000
2018	17215	6025.25	7980	9083	4715	2770	272	192	45	124	3500
2019	16827	5889.45	7844	8758	4507	2813	346	244	30	129	3500
2020	14677	5136.95	6471	4643	3445	3492	628	30	2351	121	3500

（四）发展教育脱贫一批

按照“治贫先治愚，扶贫先扶智”的要求，贡觉县坚持将“两个大计”（国之大计、党之大计）转化为教育优先发展的实际行动，全面推进义务教育均衡发展。

为充分发挥教育在脱贫攻坚中的基础性、根本性、先导性作用，进一步提升贫困地区教育发展水平，更好地推动教育在精准扶贫、精准脱贫中的能动作用，根据教育部等六部委关于《教育脱贫攻坚“十三五”规划》（教发〔2016〕18 号）、自治区脱贫攻坚指挥部《西藏自治区“十三五”时期教育脱贫攻坚实施方案》（藏脱指〔2017〕25 号）以及贡觉县委、县政府精准脱贫攻坚任务总体安排部署，贡觉县高度重视发展教育脱贫一批各项工作，着力提高贫困户子女接受教育水平，保障适龄少年儿童九年义务教育权利，让广大农牧群众子女真正实现“物质脱贫”“思想脱贫”。

（1）制定出台了《贡觉县进一步加强控辍保学工作实施方案》，建立控辍保学奖惩制度，将“控辍保学”工作纳入乡（镇）年度经济社会发展考核目标，持续夯实县乡村三级党政“一把手”控辍保学责任制，严格落实“四书制”（入学通知书、限期复学通知书、保学合同书、处罚决定书），认真组织和督促适龄儿童少年入学，及时做好控辍保学工作。一是每年学校开学前，县人民政府办公室发出通知，要求各乡（镇）根据安排，在规定时间内将学生全部招收到位，并组织车辆对乡（镇）学生到县返家进行接送。二是县教育局专门成立了学生信息管理办公室，负责流失和疑似失学儿童少年的劝返复学和学生学籍管理工作。三是县教育局坚持学生到位日报告制度，通过学校上报、教育局学信办汇总，以手机短信、控辍保学微信群等途径，每天向包乡县级领导和乡（镇）主要领导发送学生到位信息，督促相关人员做好控辍保学工作。四是乡（镇）通过加强教育宣传、建立控辍保学乡规民约，学校通过提升教育教学质量、开展丰富多彩的文体活动及提高学生伙食质量等措施，全力全面做好了控辍保学工作。2016—2020 年，全县共有幼儿园 12 所，小学 16 所，教学点 10 个，中学 1 所，实现了乡乡有小学，办学条件得到了极大的改善。全县共有在校生 6461 人（其中：初中在校生 1688 人，小学在校生 4060 人，学前在校生 713 人）。

（2）扎实开展贫困学生资助工作。贡觉县十分重视建档立卡贫困家庭学生的资助工作，2019 年 4 月 30 日，县财政局、县民政局、县扶贫办和县教育局等四家单位联合出台了《贡觉县建档立卡贫困家庭子女接受高等教育实施免费教育实施补助政策实施细则》。2016—2020 年，全县共有 234 名建档立卡贫困户及低保户大学生享受资助 301.05 万元，实现建档立卡学生入学资助全覆盖。资助标准为：自治区级 7000 元/生，市级 5000 元/生，县级区内 3500 元/生、区外 5000 元/生；“三免一补”资助贫困大学生 347 人，资助资金 393.39 万元；“东风润苗”基金资助贫困大学生 619 名，兑现资助金 196.45 万元，资助内地高中班学生 102 名，兑现资助资金 20.40 万元。

（3）积极落实各项教育惠民政策。严格落实“三包”政策和学生营养改善计划。根据规定，贡觉县及时落实学前二类区 3120 元/（人·年）、三类区 3220 元/（人·年），义务教育阶段二类区 3620 元/（人·年）、义务教育阶段三类区 3720 元/（人·年）的标准；同时，落实新的学生营养改善标准，从每人每天 3 元（按 200 天计算）提高到每人每天 4 元。用好、用活“三包”和营养改善经费，努力营造良好的留人环境；2016 年来，上级向贡觉县累计拨付“三包”经费 7482.25 万元，营养餐改善经费 1631.46 万元；县教育局坚持“三包”经费集中核算，学生食堂蔬菜、肉食等实行承包商分片区集中配送；全县各学校能坚持“三包”伙食标准和“三包”物资月公示、日公示，学校坚持领导陪餐制度，有效提高了住校学生“三包”伙食质量。2016 年以来，累计拨付“三包”经费 10444.29 万元，营养餐改善经费 2115.06 万元。

（4）着力推进学校精细管理。围绕“志智双扶”工作目的，制订印发了《贡觉县贯彻落实“五个 100%”教育目标工作实施方案》，几年来，贡觉县教育系统：一是严格落实自治区“五个 100%”要求，在做好双语教育的同时，开齐开足国家规定的科学、体育、道德与法治、音乐、美术等综合科目课程并提前一周做好备课，促进学生“德、智、体、美、劳”全面发展。二是坚持以解决问题为发展导向。每学期开学初，市、县两级教育工作组深入全县各学校开展督导检查，围绕教育教学、校园安全、德育、后勤卫生、控辍保学等方面的工作进行严查细究，并利用后续督导，对整改落实情况进行跟踪检查，避免了督导走过场，使教育督导真正能对规范学校管理起到实际作用。三是建立质量监测和考评制度。县教育局制定完善了《贡觉县学校管理办法》《贡觉县教师请销假管理办法》《贡觉县教育局关于加强教研工作的意见》等系列制度措施，用制度把校长和教师的主要工作精力引导到抓学校管理和教学质量上来。

（5）探索夜校模式，提高贫困户素质。脱贫攻坚工作开展以来，贡觉县始终坚持问题导向，积极探索“夜校”培训新模式，为打赢脱贫攻坚提供强大智力支持。一是全域式办学，拓宽培训阵地。坚持“全面覆盖、不留盲区”的原则，依托农家书屋和远程教育站点，构建覆盖全县 149 个村（居）的全域式“农牧民夜校”网络，并配备了相关设备硬件设施，使“农牧民夜校”更具有吸引力和生命力。2017 年，全县共确定 149 个“农牧民夜校”阵地，为 19 个远程教育站点升级换代老旧故障设备 19 套，争取远程教育设备运行维护经费 5 万余元，为“农牧民夜校”培训提供有力保障。二是菜单式教学，丰富培训内容。充分发挥驻村工作队、选派支部书记、优秀教师、退休老干部等的作用，结合农牧民学习“口味”，采取干部讲政策、专家传技术、群众谈感受等方式，面向农牧民群众开展脱贫攻坚政策解读、科学文化知识，特色种养殖技能等“菜单式”培训，深化智力帮扶。全县共将 566 名优秀干部纳入“农牧民夜校”师资库，开办各类培训 36 期，培训农牧民群众 3000 余人次，发放学习、宣传资料 10000 余册。三是分类式促学，提升培训质量。制定《贡觉县开展“夜校”培训工作方案》，按照“分类施策，因地制宜”的原则，统筹农牧民群众年龄结构、文化程度等基本情况和劳作模式，采取“集中教学 + 上门帮学”“固定课堂 + 流动课堂”“定期不定期”等方式，有计划地开设集中课堂和流动课堂，确保每名农牧民群众学有所得、学有所获，强化“造血”功能。

（五）社会保障兜底一批

按照“应扶尽扶、应保尽保”和“动态管理”的原则，2016年以来，全县保障农村低保32899人次，累计兑现农村低保资金6442.16万元〔2020年农村居民最低生活保障按差额补助标准为4713元/（人·年）〕；特困对象2088人次，累计兑现特困人员资金1301.25万元；临时救助13700人次，累计兑现临时救助资金1079.51万元；残疾人两项补贴8185人次，累计兑现两项补贴1105.04万元；定向补贴18350人次，累计兑现定向补助资金1589.78万元。

1. 主要做法

（1）建立组织机构，强化脱贫攻坚责任落实。贡觉县民政局始终践行“民政爱民民政为民”的工作理念，在“十三五”规划中，把打赢脱贫攻坚战、让群众过上更好的幸福生活作为首要政治任务和第一民生工程，以高度的责任感、使命感抓好工作的落实。一是成立领导小组，落实主休责任。组建了由民政局局长任组长、副局长任副组长、乡（镇）长、局其他干部为成员的社会保障兜底工作领导小组。12个乡（镇）149个村（居）也相应成立了由党组织书记为第一责任人的脱贫攻坚工作专班，确保“民政局—乡（镇）—村（居）”工作沟通、政策落实“一条线”，做到了任务明确、职责清晰、凝心聚力打赢脱贫战，不断激发脱贫攻坚新活力。2016—2020年，县教育局深入12个乡（镇）149个村（居）500余户贫困家庭开展入户政策宣传、了解“五个一批”政策落实情况，解决脱贫攻坚实际问题30余件。二是落实监督责任，推进工作有效落实。推行脱贫攻坚一票否决和督查问责机制，按照县委县府的部署要求，积极参与到对12个乡（镇）149个村（居）脱贫攻坚工作开展情况督导工作中去，确保社会保障兜底相关工作扎实有效推进，切实抓好工作的落实，始终在全局干部职工、12个乡（镇）149个村（居）干部、驻村干部中形成高压态势，进一步严肃了抓脱贫攻坚的政治意识、大局意识、纪律意识和责任意识。

（2）规范识别程序，确保政策落实。按照习近平总书记关于精准扶贫、精准脱贫工作的指示和自治区、市、县和市民政局相关工作会议精神，全局始终坚持摸清底子，精准对象，从源头识贫做起抓精准，确保社会兜底工作顺利开展。一是根据建档立卡数据“有进有出、动态管理”的原则和要求，扎实推进和有效落实社会兜底群众动态管理工作，组织干部职工深入村（居），进村入户，对照户籍信息每年根据人口自然增减情况组织开展“回头看”，同时与县脱贫攻坚指挥部数据组进行及时对接，确保贫困人口底数清、情况明。二是按照“分类施保、动态管理、季度调整”的工作思路，每季度对低保对象入户核查一次，“三查”即核查低保户的家庭住址、家庭人员增减、户主变更情况；“四清”即清理低保户死亡人员、弄虚作假户、不符合低保政策户、户口迁出户；“六核实”即核实低保户家庭享受人口是否准确、家庭收入的变化情况、低保户家庭是否有特殊困难、低保户档案资料是否齐全、低保户资金兑现是否及时、低保户花名册是否更新及时。通过定期核查，使低保对象有进有出，做到符合条件的“进来”、不符合条件的“出去”，低保金发放做到随家庭人员、收入变化及时调整，切实做到了“应保尽保”和“应退尽退”。三是按照社会保障兜底脱贫一批的措施要求，统筹考虑贫困群众“两不愁三保障”、基础设施、公共服务配套等情况，对已脱贫人口进行多次“回头看”，全县农村低保1856户6673人、特困对象346户353人，将2479名无法依靠产业扶持和就业帮助脱贫的建档立卡贫困群众纳入社会兜底范畴。

（3）抓好医疗救助，提升群众获得感。建立了“先诊疗后付费”“一站式”结算制度，实现昌都辖区内医院建档立卡患病群众住院治疗“先诊疗后付费”。落实全额资助参保政策，实现贫困人口参加基本医疗保险、大病医疗保险及大病补充保险全覆盖，2016年以来，为79529人次实施城乡基本医疗保险代缴，代缴金额 614.34 万元；简化报销手续，探索实行乡（镇）卫生院统一收集、统一审核、统一报销制度，做到了让群众少跑腿。2016—2020 年，全县共完成贫困人口基本医疗报销 3583 人次，报销支付金额 2080.70 万元；大病保险赔付 84 人次，赔付金额 72 万元；医疗救助 41225 人次，累计兑现医疗救助资金 1438.66 万元。推进“三个一批”（慢病签约服务管理一批、大病集中救治一批、重病兜底保障一批）行动计划实施，确保了农村贫困人口应治尽治、应保尽保。2016 年以来，全县落实重病兜底 28 人、大病集中救治 398 人、慢病签约服务 836 人。同时，加大重点传染病、地方病综合防控力度，实现了“六病”和包虫病筛查全覆盖，共筛查包虫病确诊患者 263 人，现已完成手术治疗 72 人、药物治疗 191 人；确诊肺结核患者 304 人，肝炎患者 652 人，骨关节类疾病患者 1020 人，高血压患者 2523 人，高血糖 987 人，慢性阻塞性肺炎患者 2 人，也已分批分类进行了医疗救治。

（4）抓好惠民资金兑现。为确保到 2020 年，稳定实现农村贫困人口不愁吃、不愁穿，义务教育、基本医疗、住房安全有保障，确保全县高质量如期完成脱贫摘帽任务，民政局按照要求，及时兑现各项惠民资金，有效推进相关工作顺利开展。

2. 主要成绩

（1）兑现农村低保资金。2016 至 2019 年 9 月共兑现资金 45467462.55 元，其中 2016 年农村低保：A 类每人每年 2170 元、B 类每人每年 1630 元、C 类每人每年 1023 元。为 1793 户 6529 人兑现资金 9374302 元；2017 年农村低保：A 类每人每年 2931 元、B 类每人每年 2327 元、C 类每人每年 1613 元。为 1784 户 6529 人兑现资金 12629260 元；2018 年农村低保：按差额补助 4450 元。为 1640 户 6378 人兑现资金 12669167.89 元；2019 年农村低保：按差额补助 4450 元，为 1856 户 6673 人兑现第一、二、三季度资金 10794732.66 元。

（2）兑现特困人员资金。2016 至 2019 年 9 月兑现资金 10379772 元。2016 年每人每年 4740 元，为 493 户 495 人兑现资金 2346300 元；2017 年每人每年 4940 元，为 495 户 495 人兑现资金 2445300 元；2018 年农村集中特困人员基本生活补助每人每年 11700 元，农村分散特困人员基本生活补助每人每年 5760 元。为 454 户 455 人兑现特困人员基本生活补助资金 2847607.50 元。2019 年按照集中每人每年 12480 元、分散每人每年 7743 元的标准，共兑现资金 2740564.50 元，其中上半年为 349 户 356 人拨付兑现资金 1378254 元，下半年为 346 户 353 人拨付兑现资金 1362310.50 元。

（3）兑现政策性扶贫补助资金。2016—2018 年，兑现资金 15897823 元。2016 年每人每年 1550 元（其中提标部分 305 元），为 6117 人兑现资金 9481350 元。2017 年每人每年 789 元，为 6117 人兑现资金 4826313 元。2018 年每人每年 260 元，为 6116 人兑现资金 1590160 元。

（4）兑现临时救助资金。2016 至 2019 年 9 月共为 11166 人，救助资金 5153600 元（包括大骨节病）。2016 年临时救助 1376 户 6593 人，救助资金 2320900 元（其中：大骨节病及三岩六乡困难群众救助 1233 户 6262 人，救助资金 1878600 元；困难临时救助 331 人，救助资金 442300 元）。2017 年临时救助 766 户 2747 人，救助资金 892799 元（其中：大骨节病及困难群众救助 705 户 2352 人，救助资金 705600 元；临时救助 395 人，救助资金 187199 元）。2018 年临时救助 143 户 1061 人，救助资金 1103400 元（其中：困难群众临时救助 143 户 703 人，救助资金 745400 元；为 358 人大骨节病临时救助资金 358000 元）。2019 年临时救助 113 户 765 人，救助资金 836500 元。

（5）兑现残疾两项补贴资金。2016—2019 年共兑现资金 8183640 元。2016 年残疾两项补贴标准（1～4 级困难残疾生活补贴每人每月 50 元；1～2 级护理补贴每人每月 100 元），为 1413 人，兑现资金 1125000 元。2017 年残疾两项补贴标准（1～4 级困难残疾生活补贴每人每月 55 元；1～2

级护理补贴每人每月 110 元），为 1440 人，兑现资金 1302840 元。2018 年残疾两项补贴标准（1 ～ 4 级困难残疾生活补贴每人每月 100 元；1 ～ 2 级护理补贴每人每月 200 元），为 1754 人，兑现资金 2877600 元。2019 年残疾两项补贴：1 ～ 4 级困难残疾生活补贴每人每月 100 元；1 ～ 2 级护理补贴每人每月 200 元，为 1807 人，兑现残疾补贴 2878200 元。

（6）兑现城镇低保资金。2016—2019 年共兑现资金 8761156.54 元。2016 年城镇低保 122 户 426 人，兑现资金 1980180 元。2017 年城镇低保 121 户 419 人，兑现资金 2086246.94 元。2018 年为 118 户 415 人兑现城镇低保资金 2373167.91 元。2019 年为 172 户 563 人，兑现 1 ～ 9 月城镇低保资金 2321561.69 元。

（7）依法救助与供养。2017 年贡觉县强化“依法救助”理念，对低保户、残疾人、五保户、孤儿等实施保障性扶贫，筑牢困难群众基本生活“安全保障网”。2018 年贡觉县农村低保 1640 户 6378 人，全年兑现资金 1073.85 万元。一是深化“阳光工程”，进一步完善低保信息比对工作。截至 10 月底全县有兜底人数 2930 人（其中：卡内兜底总人数 2540 人，卡外兜底人数 390 人）。二是加强对特困人员的供养。2018 年特困人员 454 户 454 人，特困人员集中供养服务中心入住特困人员 52 人（其中：阿旺乡 19 人）。三是加强临时救助工作。2018 年有定向性扶贫补助对象 6116 人，兑现资金 159.02 万元。四是严格开展城乡特困群众（城乡低保对象、五保对象、残疾困难群众、优抚困难群众）医疗救助审批报销制度。2018 年落实临时大病医疗救助资金 160.31 万元，救助 477 人。五是加强对残疾人的关爱工作。2018 年度，已办理登记发放二代残疾人证的共有 179 人，发证 109 人。全年共为 2076 名残疾人发放残疾两项补贴资金 287.76 万元。2018 年坚持应扶尽扶、应保尽保的原则，将符合条件的农牧区低保对象全部纳入建档立卡范围，给予扶贫政策扶持，帮助其增收致富。一是深化“阳光工程”，进一步完善社会保障兜底。同时以便民服务中心为依托，健全和完善乡（镇）“一门受理，协同办理”的平台和机制，指导村（居）做好社会救助工作。二是为 6529 名低保群众兑现上半年低保资金 682.28 万元；为 6117 名困难群众发放定向扶贫补助资金 482.63 万元；为 3769 名临时救助困难人员发放救助资金 79.08 万元；为 450 名特困群众报销医疗费用 153.83 万元。三是制定了五保人员入住安置及人员配置方案，将全县 495 名五保户全部纳入五保集中供养，并将供养标准由去年的 4740 元 /（人・年）提高到 4940 元 /（人・年）。2019 年印发了《贡觉县 2019 年农村低保专项清理和动态调整的通知》《贡觉县 2019 年特困人员工作实施方案》相关文件，对符合农村低保政策对象开展了为期 3 个月的年审复核工作。全县农村低保 1856 户 6660 人、特困对象 346 户 353 人，将 2479 名无法依靠产业扶持和就业帮助脱贫无劳动能力的建档立卡贫困群众纳入社会兜底范畴。二是积极落实社会保障兜底政策。按照差额补助的方式，2019 年为 1856 户 6660 人农村低保人员兑现资金 1443.21 万元，为 168 户 558 人城镇低保户兑现 1 ～ 12 月低保资金 318.67 万元。兑现特困供养人员资金 274.05645 万元（其中上半年为 349 户 356 人拨付兑现资金 137.8254 万元；下半年为 346 户 353 人拨付兑现资金 136.23 万元）。为 1807 名残疾人兑现残疾补贴 287.82 万元。为 28 名严重精神障碍患者落实监护补贴资金 6.72 万元。医疗救助 972 人，兑现救助资金 273.34 万元（其中城（镇）医疗救助 71 人，救助资金 20.27 万元。农村医疗救助 901 人，救助资金 234.25 万元。代缴 2018 年弱势群体合作医疗 6274 人，代缴资金 18.82 万元）临时救助 1843 人，兑现临时救助金 302.55 万元。按照“应扶尽扶、应保尽保”和“动态管理”的原则，2016 年以来，全县保障农村低保 32671 人次，累计兑现农村低保资金 5682.68 万元〔2020 年农村居民最低生活保障补助标准为 4713 元 /（人・年）〕；保障特困对象 2091 人次，累计兑现特困人员资金 1152.85 万元；临时救助 12709 人次，累计兑现临时救助资金 848.32 万元；残疾人两项补贴 6414 人次，累计兑现两项补贴 818.36 万元；定向补贴 18350 人次，累计兑现定向补助资金 1589.78 万元；医疗救助 4314 人次，累计兑现医疗救助资金 1328.11 万元。

三、补齐短板，基础设施和公共服务提升工程助脱贫

（一）补齐基础设施短板

1. 水利基础设施提升

大力实施农田水利建设。建成阿旺饲草料灌溉工程、热曲河中小流治理工程、普垄沟城区段防洪堤工程。马曲河灌区节水配套工程建成运行以来灌溉面积达 14000 亩、其中林地灌溉面积 1250 亩、新增灌溉面积 1500 亩。马曲河灌区节水配套工程建成运行以来灌溉面积达 14000 亩，其中林地灌溉面积 1250 亩、新增灌溉面积 1500 亩。通过实施农田水利基础设施提升工程，新增农田灌溉面积 6708.27 亩，改善灌溉面积 3667 亩。实现年新增粮食产量 89.08 万公斤，新增粮食年产值 151.44 万元，农牧民人均年增收 288 元。

着力推进水利重大项目工程。热曲河水电站线路延伸工程、普垄沟水土保持综合治理工程、小型农田水利重点县项目、纳曲河电站维修改造工程四个水利工程完工。贡觉县普垄沟水土保持综合治理示范工程增加水土保持面积 69.44 公顷，小型农田水利重点县建设项目主要改善灌溉面积 10375.2 亩；热曲河电站线路延伸工程新增 124 户 561 人、改善 13 户 115 人的生产生活用电，纳曲河电站维修改造工程增加了电站运行效率，调高了贡觉县莫洛镇、相皮乡群众的用电保证率，马曲河灌区节水配套工程提高了耕地 11710 亩，林地 3288 亩的灌溉保证率。该批项目的实施，有效抑制了水土流失，提高了项目区林草覆盖率，改善了全县生态环境及干部群众生产、生活条件，促进了生态系统的良性循环。

同时关注农村居民饮水安全。制定了《贡觉县“十三五”农村饮水安全巩固提升工程实施方案》，全面提升农村饮水安全保障水平，2016 年以来，共投入 1735.5 万元，新建 32 个安全饮水点，投资 3686.69 万元对 111 个人饮点进行巩固提升（表 5-5）。解决了 4555 户 30798 人的安全饮水问题。截至 2020 年年底，全县 274 个安全饮水点四季通水，水质监测均达到国家标准。对全县 149 个村（居）和 8 个易地搬迁安置点饮水安全工程冬季供水情况进行全面排查，精准筛查饮水不安全的和季节性供水保障不到位的情况。精准筛选饮水安全监测达标和不达标情况。根据检查情况，重点对相皮乡查然村安置点供水工程提质增效，对哈加乡政府人饮工程、则巴乡果龙村克卡普自然村人饮工程、阿旺乡 1 ～ 9 村供水工程、相皮乡桑珠荣村供水工程进行维修改造，对贡觉片 60 个村饮水工程水质进行检测。

表 5-5　2016—2019 年贡觉县水利饮水工程项目建档立卡贫困户收益情况

年份	实施水利饮水工程项目投资金额（万元）	项目个数（个）	受益建档立卡户数（户）	受益建档立卡人数（人）
2016	666.82	14	352	1980
2017	391.67	12	99	513
2018	677.00	6	534	2980
2019	3686.69	107	907	4790

2. 电力保障提升

2016—2020 年期间，贡觉县投资 6052.3 万元进行农网升级改造，主电网人口覆盖率已达到 99%，安全供电人口覆盖率已达到 93%，保障了农牧民群众的用电安全。

加大电力农网升级改造，全力解决农牧区用电短板。对全县 149 个村（居）和 8 个易地搬迁安置点电网覆盖情况进行全面排查，精准筛查未通动力电、生活电的村居情况。2016—2020 年，投资 6052.30 万元完成“三区两州”农网升级改造、哈加乡变电站等农网工程，主电网人口覆盖率已达到 99%，安全供电人口覆盖率已达到 93%（不含三岩片区），保障了农牧民群众的用电安全。

大力实施水电资源开发，全力保障用电安全。2015 年 7 月完成纳曲河电站维修改造工程，电站设计装机容量 3*500 千瓦，总投资 542.38 万元。2016 年，布堆水电站建成发电，该站位于西藏昌都市贡觉县沙东乡布堆村境内，工程总投资 1500 万元，设计总装机容量 2*250 千瓦。该项目结束沙东乡了四村 112 户 782 人长期无电的历史，有效改善两村 165 户 979 人用电状况。

3. 农牧区公路提升

2016—2020 年期间，贡觉县对全县 149 个村（居）和 8 个易地搬迁安置点内公路通达情况进行复核，精准筛查出乡（镇）村居、易地扶贫搬迁安置点公路通达情况。投资 15.22 亿元实施交通项目 143 个，新建、改建公路 643 公里。所有乡（镇）、建制村全部实现通达，贡觉片区 6 个乡（镇）、103 个建制村实现通畅，乡、村通畅率分别达到 100% 和 96.26%，有效解决了群众出行难的问题。

4. 通信网络提升

2016—2020 年期间，贡觉县对全县 149 个村（居）和 8 个易地搬迁安置点通信网络全覆盖情况进行全面排查，精准筛查覆盖通信信号网络和未覆盖通信号网络村居情况，全县移动通信覆盖率达 100% 以上。

5. 网络信息提升

全县广播电视网、邮政网点、金融网点、互联网实现全覆盖。农村综合信息服务站建设方面，县农村综合信息服务站建设工程已经涵盖贡觉县下辖所有乡（镇），100 多套计算机及附属设备和管理办法及门牌在各乡（镇）政府的积极的配合下已经全部下发至各站点。建制村普遍实现 4G 覆盖，具备条件的自然村实现信号全覆盖，城市郊区通信弱情况得到改善。贡觉县中国电信公司实施了通信扶贫安置点光纤宽带覆盖，扶贫安置点实现光纤全部到户，完成光纤宽带覆盖 100%。

（二）提升公共服务水平

1. 科技水平提升

为了提高农牧民，尤其是贫困户的技术水平，贡觉县以产业发展为依托，积极推动就业意愿、就业技能和就业岗位的精准对接，全面提高劳务业细化程度和就业脱贫覆盖面，积极开展建筑施工、汽车修理、蔬菜种植、驾驶技术、藏式民族手工艺品等订单式技能培训。针对贡觉县存在部分温室利用不充分，技术水平落后，种植布局不合理，产量低等问题，聘请内地蔬菜种植技术人员（土专家）派往贡觉县开展技术服务工作。专家从设施建造、品种选育、栽培技术、生产管理、病虫害防治等方面进行了深入、细致的分析和讲解，解决了村民在生产中遇到的许多难题。通过技术指导，大大提高了村民大棚蔬菜种植水平，更加增添了蔬菜种植户丰收的信心。贡觉县人社局在相皮乡桑珠荣村村委会举办“土豆粉加工”技能培训，培训班根据“贡觉县康桑珠高原特色农畜产品加工专业合作社”用工需求制定的，培训师采取理论授课与现场实训学习相结合，使参训学员能够掌握土豆粉加工的制作，从而帮助和引导学员学习新技能，增强就业能力，为农牧民群众早日实现脱贫致富发挥着积极的作用。贡觉县联合昌都市益民职业技能培训学校在贡觉县哈加乡、则巴乡举办2020年农业技术（指导）员技能培训班开班仪式，共计137名农牧民群众参加技能培训，其中建档立卡户75人。通过理论课程及实践操作的方式，增强农牧民持续增产增收致富本领，着力培养一批觉悟高、懂技术、善经营、会管理的农牧民群众。2016年以来，举办技能培训班165期，培训群众7060人（其中：建档立卡贫困人口4809人），培训后通过产业、合作社、建筑领域、驾驶、餐饮服务等就地就近引导转移就业4940人（其中：建档立卡贫困人口3239人），建立就业跟踪服务工作机制，通过管理实现贫困人口就业精准服务。加大劳务输出组织和转移力度，2016年以来实现农牧民劳务输出44709人次（其中：建档立卡贫困户18370人次）。大力实施“百户创业”工程，制定出台《贡觉县鼓励建档立卡贫困户自主创业扶持政策的实施办法（试行）》，配套500万元创业基金，扶持45名建档立卡户自主创业，实现了从“要我脱贫”到“我要脱贫”的转变。

2. 教育基础设施提升

为阻断贫困代际传递，扎实做好教育扶贫工作，改善贫困乡村教育发展环境和条件，缩小城乡教育差距，加快贫困群众脱贫致富步伐，贡觉县投资2亿元，大力实施义务教育阶段薄弱学校改造工程、“四有工程”、高寒高海拔地区学校供暖工程、风雨操场建设工程，建设完成县实验小学、则巴乡第一小学和相皮乡第二小学等重大项目工程。截至2020年年底，全县共有幼儿园12所，小学16所，教学点10个，中学1所，实现了乡乡有小学，办学条件得到了极大的改善。

3. 文化提升工程

2016—2020年期间，贡觉县149个村（居）和8个易地搬迁安置点文化活动室建设全覆盖，每个文化室配备了相关设备。每个乡（镇）成立文化站，文化站每逢节庆时组织镇农牧民演出队进行文艺表演，县文化局定期选派县民间艺术团演员对各乡（镇）农牧民演出队进行培训。例如旺达镇18个村居均成立了农牧民文艺演出队，全镇共有文艺演出队19个（含镇演出队），总人数1451人，其中男679人，女772人，年龄最大的74岁，最小的5岁，平均年龄36～40岁，由村主任及驻村工作队组织开展各类文艺活动。

4. 卫生条件提升

2016—2020年期间，贡觉县完成了县人民医院改扩建、藏医院迁建和乡（镇）卫生院标准化建设工程，建立健全了以县人民医院、藏医院为骨干、乡（镇）卫生院为枢纽、村卫生室为基础的县、乡、村三级医疗卫生服务体系。截至2020年年底，全县医疗机构16家。采取县级医院派全科医生到乡（镇）巡诊，乡（镇）医生到村（居）巡诊等办法，已实现每个乡（镇）有1名全科医生，每个行政村有2名合格村医，消除了乡村两级机构人员“空白点”，做到了贫困人口看病有地方、有医生、有制度保障。新建96个村级卫生室，2个易地搬迁点已配套村卫生室，其余8个安置点依托乡（镇）卫生院和原有村卫生室。结合实际，将卫生室设备配备在村医家里，三岩片区42个村卫生室小药箱统一配套至各村医家里。

5. 保障能力提升

新建县集中供养中心，加快建设为老年人、残疾人、精神障碍患者等特殊群体提供服务的保障设施。按照“应扶尽扶、应保尽保”和“动态管理”的原则，2016年以来，全县保障农村低保32671人次，累计兑现农村低保资金5682.68万元；保障特困对象2091人次，累计兑现特困人员资金1152.85万元；临时救助12709人次，累计兑现临时救助资金848.32万元；残疾人两项补贴6414人次，累计兑现两项补贴818.36万元；定向补贴18350人次，累计兑现定向补助资金1589.78万元；医疗救助4314人次，累计兑现医疗救助资金1328.11万元。2020年第一季度贡觉县农村低保人员

1856户6660人，特困人员346户353人，残疾两项补贴2019年1928人，核实停发143人，新增2018年9月30日至2019年9月30日符合残疾两补人员96人。

第三节　成效亮点

进入脱贫攻坚阶段，贡觉县在市委、市政府的坚强领导下，因地制宜、多措并举、聚力攻坚，于2019年年底2840户13362人建档立卡贫困人口实现全域脱贫摘帽，为昌都市深入推进脱贫攻坚工作作出了典型示范。

一、脱贫成效

（一）梯次推进，如期脱贫

脱贫攻坚以来，贡觉县遵循“五个一批”路径，落实“六个精准”要求，聚焦“两不愁三保障”重要目标，倾全县之力、用超常之举，深入持久地开展脱贫全民攻坚战。2020年农村居民人均可支配收入达12570元，同比增长13.2%（现价）；城镇居民可支配收入达到34245元，同比增长10.4%。

2015年年底全县识别建档立卡贫困人口2840户13362人，综合贫困发生率32.26%。经过多次“回头看”、甄别调查、动态调整后，全县共有建档立卡人口3055户17843人，涉及12个乡（镇）149个贫困村（其中：深度贫困村131个）。2019年年底，全县已实现动态脱贫3055户17843人（其中：2016年脱贫228户1598人、2017年脱贫225户1417人、2018年脱贫396户2360人、2019年脱贫2206户12468人），149个贫困村（居）全部退出贫困行列，顺利通过国家第三方考核评估和全国脱贫攻坚普查验收，实现高质量脱贫摘帽，消除绝对贫困。2020年全县各级干部群众以决战决胜、不达目标不收兵的决心如期完成了贫困人口全部脱贫、贫困村全部退出、全县脱贫摘帽。同时为了保障脱贫成效，扶贫部门坚持“四个不摘”（摘帽不摘责任、摘帽不摘政策、摘帽不摘帮扶、摘帽不摘监管），出台了《贡觉县防止返贫致贫动态监测帮扶工作方案》，将家庭人均纯收入低于6000元的群众纳入到“两类人”（脱贫不稳定户、边缘易致贫户）中来，并采取一月一监测的方式加强对“两类人”的管理。2020年，共摸排农户5016户31828人（其中摸排建档立卡户3055户17843人，非建档立卡户1961户13985人），共识别“两类人”102户515人，通过落实结对帮扶全覆盖、产业扶持8人、转移就业帮扶55、生态扶贫13人（公益林、天然林管护等补助受益）、公益岗位173人（生态八大岗位/政府安排的公益性岗位）、综合保障259人、技能培训55人、小额信贷13人、健康帮扶493人、教育帮扶189人等一系列帮扶政策措施实现了对“两类人”帮扶全覆盖。2020年10月，99户503人“两类人”消除致贫返贫风险，已按程序退出。

（二）聚力攻坚，成效斐然

1. 兄弟情深，援藏助力脱贫攻坚

2016年以来，江苏省、天津市、东风公司共计投入援藏扶贫资金2.53亿元（其中：规划内投资 2.15 亿元，规划外投资 0.38 亿元），实施县人民医院、藏医院、阿旺乡金珠、多热村易地扶贫安置点、拉妥乡易地扶贫搬迁三期工程、天津援建贡觉县曲卡小康示范村、工会农牧民驾驶技能培训等 25 个项目，受益群众 42047 人（其中：受益贫困群众 17687 人）。深化拓展援藏扶贫领域，援藏消费扶贫签约 1114.50 万元。

（1）援藏健康扶贫“除病灶”。为切实解决因病致贫、因病返贫问题，针对乡村医疗技术水平低、群众分级就医意愿差的实际，县委、县政府通过协调援藏市区企业，加大帮扶力度，强化医疗管理和技术培训，指导帮助县乡卫生院开展了标准化、规范化建设，提升了县乡基础医疗保障水平，切实破除了分级诊疗的技术制约，优化了“先诊疗、后付费”和“一站式结算”的便民措施，确保了“三个一批”的实施效果。同时，通过组织本县医疗团队、援藏医疗团队和聘请三方医疗团队，轮番对全县 12 个乡（镇）进行全面巡诊，使农牧区 398 名大病贫困患者接受了集中免费救治；培训组建了 15 名家庭医生签约服务团队，对建档立卡贫困人口中的 836 名长期慢性病患者实现了签约服务全覆盖；积极落实建档立卡贫困人口中重特大疾病救治费用的政策兜底，2018 年，全县 28 人按照个人自付不超过 10% 的原则共享受政策兜底保障 28.37 万元。此外，大力开展地方病、传染病防治工作。全县筛查出包虫病确诊患者 263 人，现已完成手术治疗 72 人、药物治疗 191 人；确诊肺结核患者 304 人，肝炎患者 652 人，骨关节类疾病患者 1020 人，高血压患者 2523 人，高血糖 987 人，慢性阻塞性肺炎患者 2 人，也已分批分类进行了医疗救治。

（2）援藏资源促就业。2016—2020 年组织开展“春风行动”“高校毕业生座谈会”“东西部劳务协作”现场招聘会等形式多样的活动，为 171 余家用工单位，1630 余名贫困劳动力和高校毕业生求职搭建平台，拓宽劳动者就业渠道。在此基础上，发挥援藏优势资源，加强与对口帮扶单位宁河区人社局和东风公司对接，落实援藏培训资金 135 万元开展技能培训 265 人，为带动贫困户就业 10 人以上符合设立扶贫车间条件的“阿旺乡蔬菜扶贫基地”“藏东生物科技有限公司”“贡觉县扶贫开发有限公司”“贡觉县环宇物业有限公司”“贡觉县东智文化有限公司”“贡觉县朵康桑岗牛绒加工合作社”落实援藏奖励资金各 5 万元，落实扶持资金 30 万元，设立县转移就业扶持基地 7 个，其中市级 2 个。有效促进各类非公企业稳定发展，带动农牧民群众就近就地就业。

2. 凝聚合力，社会帮扶助力脱贫

按照“万企帮万村”精准扶贫行动暨“大手拉小手・小手牵农户”产业扶贫战略要求，积极协调中国农业银行西藏分行、华电金上公司参与精准扶贫工作，累计投入扶贫资金 1935 万元。同时，深入实施区内企业“百企帮百村”行动，联引 12 家工商联企业投入帮扶资金 350 万元，结对帮扶 16 个困难村 133 户贫困户，解决就业岗位 109 人。

东风汽车集团有限公司始终将“扶志”与“扶智”作为脱贫攻坚工作的重要抓手同步推进各项援藏工作。三年来，在贡觉县开展东风润苗助学活动共发放教育基金 117 万元，资助学生 386 名，减轻了贫困学生家庭生活负担特别是学习优秀的特困生家庭负担，使得贡觉县一批有理想、有能力的学子可以继续学业，有效地提高了贡觉县贫困学生的入学率，进一步有效防止了因贫失学、因贫退学、因贫辍学现象的出现，对推动县域内教育均衡事业发展起到了有力支撑作用；通过工会援藏渠道筹资 20 万元，在贡觉县 6 个乡（镇）建设干群书屋，为广大乡（镇）干部、农牧民群众提供了学习交流的文化平台，丰富了农牧民文化生活。

“输血”扶贫变“造血”。为激励群众消除“等、靠、要”思想、通过自己双手勤劳致富。东风汽车集团有限公司援助投资 150 万元在贡觉县莫洛镇、相皮乡、罗麦乡开展了三批次农牧民木工、电工、油菜加工、手工编织等技能培训工作，共培训农牧民 120 人（建档立卡户 84 户 115 人，非建档立卡户5户5人)，仅手工编织技能培训一项就带动45名群众年增收达20多万元，使农牧民群众掌握了至少一项可以谋生的技能，带动了贡觉县群众脱贫致富主观能动性的发挥，大幅度提升了贡觉县农牧民群众就业能力，对贡觉县脱贫攻坚工作起到推动作用；投资250万用于建设莫洛镇丈中村阿旺绵羊养殖合作社项目建设，投资建成了8个养殖点和1个饲草基地，发放阿旺绵羊315只，购买饲草运输车辆1台，拓宽了群众增收渠道，使贫困群众年收入户均增加近1万元，为贫困户在家门口就业提供了有力支持，对优化贡觉县产业结构，缓解地方就业矛盾，形成市场意识，创新农牧民合作形态，产生了显著的良性效益；投资25万元，支持成立贡觉县莫洛镇特色民族手工合作社，吸纳贫困群众从事民族服饰氆氇制作和牦牛奶制品加工，增加农牧民收入；投资30万元，实施阿旺乡、莫洛镇登卡居委会党建促扶贫项目，进一步增强了基层组织的战斗堡垒作用和带富致富能力；发挥央企管理优势，积极为地方企业导入先进管理经验，让事业计划管理、财务风险管理、营销管理等现代企业管理方法工具落地生根，促进了地方企业管理体系优化、管理能力提升。

加强交流促团结。东风汽车集团有限公司始终践行习近平总书记“促进各民族像石榴籽一样紧紧抱在一起”的指示要求，充分发挥援藏工作队桥梁纽带作用，援受双方不断加大交往交流力度，提高频率、丰富内容。加大双方高层互访频次，开展多层次全方位交流。三年来，公司高层领导先后多次率团深入贡觉进行实地考察调研；市委常委、县委书记率团到东风考察调研，举行座谈会，进一步增加了解、增进友谊、增强感情，取得多方面成果；以基层党政干部培训为载体，组织15名基层干部到东风公司学习培训，加强党性锻炼、参观现代汽车工厂和内地新农村建设、交流精准扶贫和乡村振兴工作，进一步拓宽了干部视野、提高了履职能力；认真落实昌都干部人才培训要求，安排贡觉县2名干部到东风挂职锻炼；举办“重走援藏路暨东风汽车公司援藏15周年”系列活动，组织往届援藏干部、援藏医生到贡觉县开展走访活动，营造了全公司支持援藏的良好氛围；五是积极倡导集团旗下单位赴藏开展公益活动。2018年7月，东风南方汽车公司在阿旺乡举办了“东风南方四川启辰暖心公益行”活动，向乡中心小学捐赠价值7万元的教学物资；2019年1月，东风鸿泰控股集团有限公司向克日乡、则巴乡中心小学捐赠500余套价值12万元爱心服装。

3. 多角度提升内生动力

将帮扶政策措施与贫困群众参与挂钩，培养群众发展生产和务工经商的基本能力，教育引导贫困群众用自己双手光荣脱贫、勤劳致富。通过不同途径宣传脱贫致富的典型模范事迹，并邀请脱贫致富典型模范到宣讲场所、贫困户家中现身讲述自己的脱贫致富做法、历程和成功经验，引导村民以懒惰为耻、以勤劳为荣，提高贫困群众的自强意识，激发群众致富奔小康的内生动力。

（1）广泛开展宣传，营造脱贫攻坚氛围“移穷志”。按照“将扶贫政策、致富技能送到群众家中”的工作原则，结合“四讲四爱”群众教育实践活动、三大专项行动和“讲文明、树新风、爱家园、美环境”主题宣传教育活动，扎实开展精准扶贫政策知识宣讲工作。2016年以来，共开展宣讲活动8600余场次，开办脱贫攻坚夜校培训班540余次，实现了全县12个乡（镇）、149个村（居）、64座寺庙全覆盖，坚定了群众感党恩、听党话、跟党走的决心。同时，充分利用县电视台、贡觉报、“网信贡觉”微信公众号、政府网站等媒体开设精准扶贫专栏，为全县脱贫攻坚营造了良好的舆论氛围。截至2020年年底，全县各级各部门悬挂标语横幅2100余条，发放脱贫攻坚政策知识、三岩搬迁宣传手册4300余册，为3070户建档立卡贫困户制作发放脱贫攻坚政策宣传日历5000份；县电视台制作脱贫攻坚成效宣传片10部，纪实片6部，拍摄脱贫攻坚新闻174条，被上级采用113条；“网信贡觉”微信公众号推送精准扶贫新闻620余条，上报脱贫攻坚信息620余条，被昌都市级媒体采用410条，新华网、中国西藏网、西藏日报等中央级、自治区级媒体登发贡觉县精准扶贫信息55条；积极挖掘全县最美扶贫干部、致富带头人、扶贫先进集体，树立了以加塔、西绕尼玛等为代表的24例扶贫领域先进典型。

（2）农牧民创业培训，提高创业能力。为增强就业困难群众就业本领，拓宽困难群众创业之路，县人力资源和社会保障局举办2020年SYB（创办你的企业）创业培训班。培训为期10天，共有25名有创业意愿的农牧民参加。课程采用理论教学的方式，帮助学员们转变创业观念、掌握创业技能，增强创业抗风险能力，使学员在短时间内通过创业实现增收致富。培训结束后将对参训学员进行考核，并向合格者颁发合格证书。近几年来，县人力资源和社会保障局积极落实各项创业就业优惠政策，通过“群众点单”“政府买单”“签约学校提供培训”等方式，免费为困难群众提供各种创业就业培训，帮助困难群众增收致富。

（3）加大饲草种植，为畜牧业发展提供动力。按照“因地制宜、一村一策”发展的原则，贡觉县以阿旺绵羊养殖产业为依托，优化战略部署，积极完善人工种草基地建设。贡觉县共建设高效、集约、持续的优质饲草生产基地7665亩。主要以禾本科和豆科牧草为主开展优质牧草种植，集中种植和分散种植面积达1.5万亩。为增加全县的草料供应和储备，促进贡觉县养殖业和草原生态的可持续稳定发展，贡觉县农业农村局针对人工饲草基地规制了长远发展战略计划，安排技术员负责牧草生长视察、后期牧草综合管理、收割技术指导、收购政策宣传等工作。贡觉县政府将继续在科学引导、优化计划部署上再下功夫，带动贡觉县广大农牧民种植牧草的积极性，继续扩大饲草基地建设规模和范围，确保农牧民实现增产、增收。

（4）发展物业服务，稳定就业添活力。“物业”服务，以脱贫攻坚为背景，坚持以带动贫困群众脱贫致富为出发点，提升发展扶贫开发事业，是推进贡觉县跨越式发展和长治久安，顺利夺取全面建成小康社会伟大胜利的重要前提和基础，是贯彻落实中央第六次西藏工作座谈会精神的战略举措，是发展成果由人民共享的生动体现。根据贡觉县精准扶贫城镇化搬迁贫困户解决就业的要求，扎实推进贡觉县精准扶贫攻坚战，尽快帮助农村贫困人口更好融入城镇生活，加快贫困人口尽快脱贫步伐。贡觉县物业服务体系建设项目于2019年由贡觉县扶贫开发投资有限责任公司与贡觉县环宇物业公司共同组建而成，公司成立以来按照市场化、专业化的管理模式，以住户至上、服务第一为宗旨。建立独立核算、自负盈亏、依法管理、自主经营、自我发展的运行机制，确立科学规范、竭诚高效、安全文明、持续发展、依法管理的质量方针，制定一整套严格的管理制度和操作规程，通过科学的管理，为客户提供安全、文明、整洁、满足客户需求并持续改进的高品质物业管理服务。同时，公司已形成了“敬业、创新、诚信、责任”的核心价值观，形成与企业共成长、为客户献爱心的企业精神；明确以人为本，真诚奉献，客户第一，满意服务的服务理念，为企业的健康发展打下深厚的人文基础和强大的精神支柱。贡觉县物业服务体系建设项目以“让城市因我们更加文明，让社会因我们更加和谐，让社区因我们更加温馨，让物业因我们更有价值”为目标。物业公司勇敢地肩负时代责任和社会使命，为客户提供更高价值的服务体验，超越平凡，不断创新，力争做到贡觉县乃至昌都市一流的物业管理服务公司。作为一家年轻的物业管理公司，公司成立以来公司业务发展迅速。有职员工有72人，其中建档立卡贫困户68人，为贡觉县建档立卡贫困户群众实现务工收入，增加工资性收入2000～2500元不等，管理县城商品房、公租房、干部周转房、廉租房、扶贫安置点等15个小区，服务客户近5000人。物业公司24小时为业主提供高质量的安全保障，让业主有安全感。针对县城内小区环境差、安保措施不到位等现象进行统一规范化管理，小区实行24小时保安服务，加大技防设备二十四时投入；保障电气线路、消防及安防系统安全稳定运行，使客户真正安居乐业，小区内安详宁静，居民无忧无虑。物业公司前期投入资金500万元，主要用于物资采购、小区维修、公共设施的增设与维修，公司运转良好，各项工作有条不紊的开展，每年的物业费收入约为180万元，为企业化、科学化运营奠定了基础。

（5）发展特色蔬菜产业，激发农牧民增产增收的能力。为全面打赢脱贫攻坚战，带动贫困群众实现脱贫增收，脱贫攻坚以来，贡觉县阿旺乡党委、政府举旗定向、通盘考虑，团结带领全乡干部群众狠抓扶贫蔬菜种植发展，助力全乡贫困群众产业脱贫、增收致富。

加强技能培训，增长致富才干。为进一步增强建档立卡贫困户的劳动技能和自主就业能力，让贫困群众真正掌握一技之长，依靠技术和辛勤劳动脱贫致富，阿旺乡党委、政府积极与上级相关部门沟通衔接，2016—2020年，共组织贫困群众开展温室蔬菜大棚种植培训3次，培训人数达80余人，为后续发展扶贫蔬菜种植提供了技术支撑和人才支持。

激发内生动力，发展扶贫蔬菜。为进一步引导和鼓励贫困群众用好用活温室蔬菜大棚种植技能，阿旺乡党委、政府带领乡干部身先士卒、率先垂范，在乡政府驻地试点种植扶贫蔬菜，让广大贫困群众实实在在看到“种植蔬菜能致富、种植蔬菜能增收”。随后，采取干部“传帮带”的方式，让每名干部和贫困户结成对子，实现“一对一”帮扶指导，引导21户建档立卡贫困户发展种植扶贫蔬菜，总面积达8.6亩，主产大白菜、萝卜、黄瓜、小白菜、芹菜、西蓝花、蒜苗等时蔬，带领贫困群众从单一的牧业经济向农牧经济转型，从“输血”向“造血”改变，不断激发群众的内生动力。

健全制度管理，突出效益产出。为进一步规范温室蔬菜大棚种植管理，确保扶贫蔬菜产业效益达到预期目标，阿旺乡党委、政府进一步健全完善了温室蔬菜大棚种植管理制度，先后与贫困群众签订了《温室蔬菜大棚种植管理协议》和《温室蔬菜大棚种植分红协议》，确保温室蔬菜大棚种植科学规范管理、产品质量达标、产业效益明显。2020年，阿旺乡建档立卡贫困户温室蔬菜大棚种植收益最好的能达到12000元/年。

拓宽销售渠道，保障群众增收。绿色、有机的优质蔬菜种出来了，销售又成了新问题。阿旺乡党委、政府积极探索、深入思考，采取线上线下相结合的方式把扶贫蔬菜销向市场，一是采取“订单式”采购，让乡政府、学校食堂及辖区内建筑工地与阿旺乡蔬菜种植基地签订协议，提供个性化、订单式采购服务；二是采取“推广式”销售，向阿旺乡附近乡（镇）、村（居）推广扶贫蔬菜，以品质优良、价格公道来赢取消费者的青睐；三是建立微商销售平台，利用网络平台进行宣传，把阿旺乡扶贫蔬菜推广到更大的市场。

开展感恩教育，巩固执政根基。阿旺乡党委、政府充分利用贫困群众住房集中、生产集中、人员集中的有利优势，以强基惠民活动为抓手，以扶志扶智工作为目标，加强政策宣传和感党恩教育，做到干部掌握政策解民忧，群众了解政策感党恩，让广大贫困群众从心底里明白“惠从何来、恩向谁报”，进一步巩固夯实党在基层的执政根基。

（6）开展教育结对扶贫，斩断贫困代际传递。天津市宁河区与贡觉县教育系统开展结对式帮扶以来，区县两地积极做好有关交流学习工作，宁河区多次选派专家、名师、名校长等前往贡觉县开展组团式帮扶活动，为提升贡觉县教育教学管理水平、改进课堂教学带来很多帮助。

宁河区教育局教研室的支教团队深入贡觉县部分学校开展听课、讲座、座谈等活动。支教团队的专家为校长、教师们呈现了精彩生动的讲座，从教育教学、师生关系、师德师风等方面深入浅出地讲解了当代教育工作的困难，也表达了天津宁河区教育界同贡觉县教育系统广大师生间互助互动，结交友谊的深厚期盼。

在贡觉县中心小学，支教团队同学校领导及教师就教师培养、后进生辅导、导学案授课等工作进行了深入的讨论，在对导学案开展的方式方法上，支教团队把宁河区校园实施导学案的经验进行了分享，解答了学校教师心中的疑惑，为下一步施教找到了方向。为深入贯彻天津市东西部扶贫协作和对口支援工作推进会精神，天津市宁河区派出的医疗援藏工作队深入到宁河区结对帮扶的贡觉县开展为期一周的义诊活动，并进行一个月到半年的医疗工作帮扶，同时对昌都医疗卫生事业发展情况进行考察调研，为下一步加大对口支援力度做好准备。天津市召开东西部扶贫协作和对口支援工作推进会，会议明确要以更有力的行动坚决打赢脱贫攻坚战，并对在产业帮扶、劳务协作、人才资源、支持保障四个方面升级加力作出安排部署。宁河区第一时间派出医疗工作队赴昌都进行帮扶考察，是区委、区政府认真贯彻落实鸿忠书记讲话精神和会议部署要求的具体举措，将对宁河区进一步在结对帮扶中升级加力起到积极的促进作用。

二、工作亮点

（一）以党建工作为统领，全力做好党建促脱贫工作

自脱贫攻坚工作开展以来，贡觉县始终将基层党建、脱贫攻坚同安排、同部署、同落实，切实将党的政治优势、组织优势、资源优势转化为脱贫攻坚力量优势，坚持上下联动、聚焦发力，不断形成抓党建促脱贫的政治自觉、思想自觉和行动自觉。2016 年以来，全县共选派 266 名优秀干部到村居担任第一书记、2845 人次到村（居）开展驻村工作，做到了因村派人精准。积极发挥基层党组织战斗堡垒作用和党员先锋模范作用，因村因地大力发展村集体经济，将党建工作贯穿脱贫攻坚始终。加大村级集体经济建设，按照“一村一品一特色”的工作思路，全县各村（居）立足本村资源优势和地理特点，大力发展村级集体经济，全县现有集体经济 138 个。依托现有资源优势和政策支持，积极争取上级集体经济扶持力度。2017 年争取区党委资金 10 万元，扶持湫沵嘎尔姆藏式传统裁缝手工业专业合作社。2018 年争取市党建促脱贫资金 5 万元建立阿旺乡颂庆村糌粑加工厂，2019 年以来获批中央扶持村级集体经济 14 个。加大党员致富带头人培训力度。立足“三个培养”工程（把党员培养成致富带头人、把致富带头人培养成党员、把党员致富带头人培养成村“两委”干部），突出抓好了“把党员培养成致富带头人”工作。通过举办蔬菜种植、摩托车维修、厨师培训等技能培训班，大力培养致富带头人和贫困村创业致富带头人，共举办技能培训班 165 期，2016 年以来，共组织各类培训 7060 人（其中建档立卡贫困人口 4809 人）。

（二）强化帮扶工作，聚力助推脱贫攻坚“暖穷心”

积极宣传动员全社会各方力量参与扶贫，切实抓好干部结对帮扶、驻村帮扶、援藏帮扶、社会帮扶等工作，进一步凝聚脱贫攻坚合力，努力在全社会形成人人关心、人人支持、人人参与脱贫攻坚的共识。一是结对帮扶。坚持扶贫与扶志扶智相结合的工作原则，按照“321”（县级干部帮扶 3 户、科级干部帮扶 2 户、一般干部帮扶 1 户）帮扶工作模式，认真开展结对帮扶工作。2016 年以来，贡觉县全体帮扶干部全走村入户，先后宣讲党的各项支农惠农政策 11010 场次，受教育群众达 92344 人次，在物资慰问、技能培训上累计投入帮扶资金 617.5485 万元，进一步引导了广大农牧民群众自觉感党恩、听党话、跟党走，激发了群众的内生动力；为巩固脱贫攻坚成效，2020 年来，贡觉县紧紧抓住“监测户”“边缘户”这两个重点群体，分别由 3 名厅级干部、52 名县级干部和各乡（镇）班子成员、驻村工作队队长或选派第一书记对边缘户和监测户进行全覆盖帮扶。二是驻村帮

扶。2016年以来，全县驻村工作队和第一书记坚持一切以群众的根本利益为出发点，先后投入资金289.05万元，帮助所驻村（居）解决“三就”（就业、就医、就学）“两保”（社会保障、医疗保障）“六通”（通路、通水、通电、通信、通邮、通广播电视）等民生突出问题922件，为群众办实事好事3029件。派驻单位共计协调落实项目76个，落实项目资金1107.27万元。三是援藏帮扶。2016年以来，江苏省、天津市、东风公司共计投入援藏扶贫资金2.53亿元（其中：规划内投资2.15亿元，规划外投资0.38亿元），实施县人民医院、藏医院、阿旺乡金珠、多热村易地扶贫安置点、拉妥乡易地扶贫搬迁三期工程、天津援建贡觉县曲卡小康示范村、工会农牧民驾驶技能培训等25个项目，受益群众42047人（其中：受益贫困群众17687人）。深化拓展援藏扶贫领域，援藏消费扶贫签约1114.5万元。四是社会帮扶。按照“万企帮万村”精准扶贫行动暨“大手拉小手·小手牵农户”产业扶贫战略要求，积极协调中国农业银行西藏分行、华电金上公司参与精准扶贫工作，累计投入扶贫资金1935万元。同时，深入实施区内企业“百企帮百村”行动，联引12家工商联企业投入帮扶资金350万元，结对帮扶16个困难村，133户贫困户，解决就业岗位109人。

（三）旺绵羊特色产业带动贫困户脱贫

打造昌都阿旺绵羊龙头品牌，拉动阿旺绵羊养殖农牧民增收致富。总投资1.6亿元建成集“培训、科研、育种、扩繁、加工、物流、冷链、销售”一体化的阿旺绵羊产业链，其中，投资4410万元新建阿旺绵羊育肥基地151亩，建设现代化养殖羊舍20栋，配套办公区、加工区、绿化区及相关附属设施设备；投资999.93万元新建3405平方米阿旺绵羊屠宰分割厂；投资1189.23万元新建农畜产品冷链物流储备库及附属工程；投资3922万元新建人工种植饲草基地1.97万亩；投资6027.44万元，建成627座阿旺绵羊扶贫羊圈，扶持发放阿旺绵羊15569头。2015年，成立贡觉县藏东生物科技开发有限责任公司。公司负责阿旺绵羊的养殖、繁育、推广和羊肉冷鲜产品物流、销售等业务。同时，在拉妥乡、哈加乡、莫洛镇等地修建阿旺绵羊扶贫棚圈627座，组建26个阿旺绵羊养殖专业示范村。

打破传统家庭经营模式，推广“公司+基地+合作社+农户”经营模式，组建成立产业龙头企业，培育市场主体，增强市场活力，推进农产品向规模化、产业化经营。坚持“项目对人、人对项目”原则，健全利益联结机制，制定《贡觉县阿旺绵羊养殖帮扶政策的实施办法》和《阿旺绵羊养殖管理及羊羔回收协议》，鼓励建档立卡贫困户参与到阿旺绵羊产业发展中来，通过扶持到户、土地流转、订单收购等形式与公司建立紧密的利益联结，进一步提高阿旺绵羊产业规模化、集约化水平，密切公司与建档立卡贫困户之间的关系。

坚持用活社会资源，不断扩大产业带动建档立卡贫困户的带动面、参与面和受益面，制定出台《贡觉县阿旺绵羊养殖帮扶政策实施办法》，落实扶持资金2600万元，为有意愿长期养殖阿旺绵羊的建档立卡贫困户发放20～50只绵羊，与扶持对象签订《羊羔回收协议》，落实产业扶持600户，拟发放阿旺绵羊1.4万只，已为283户贫困户发放阿旺绵羊6480只，辐射带动建档立卡贫困户4000人受益；鼓励人工种植饲草，免费提供牧草种子，给予饲草种植户每亩500元补贴，并由贡觉县藏东生物科技开发有限责任公司按照0.4元/斤的价格对产出的饲草进行统一收购，贡觉县阿旺绵羊养殖规模达到4.3万只，育繁基地出栏400只/年；累计出售15569只，产值3088万元/年；玛曲绿康有机肥600吨，产值198万元/年；玛曲绿康颗粒饲料1000吨，（其中：自用875.27吨）实现产值394万元/年。2018年饲草收购量达1250吨，实现经济效益100万元，饲草销售群众户均收入4200元，带动建档立卡户518户2464人增收；2018年新修建阿旺绵羊扶贫棚圈工程268座，共投资 1586.7 万元，带动群众 4000 余户，产业带动脱贫 306 户 1530 人。

（四）打造产业园区，布局民族手工业产业，带动贫困户脱贫

按照“优势产业优先发展，优势区域优先突破”的方针和“区域集中、规模做大、质量提升、效益提高”的基本发展思路，总投资 2457 万元，建成了贡觉县民族手工艺技艺传承产业园区，促进特色产业向规模化、集约化、效益化迈进，取得了显著成效。

因地制宜，发展产业特色。脱贫攻坚以来，按照“三区一核心”产业布局，抓住生态造林种草，创民族手工艺孵化基地，通过资金扶持、扶贫贴息贷款等财政、税收优惠政策，加大对民族手工业产业的建设政策倾斜力度，融汇唐卡绘画、金银铜器打造、民族服装生产等，努力实现农牧民群众真脱贫脱真贫。一是贡觉县东智文化发展有限公司，成立于 2017 年 5 月，主要经营唐卡、佛像、民族首饰、佛器等制作及销售，2018 年 12 月入驻贡觉县民族手工艺园区。该合作社现有 25 名农牧民群众，其中带动建档立卡贫困户 11 户 16 人，人均增收 1800 元；二是拉妥乡湫沵嘎尔母藏式传统裁缝手工业合作社，成立于 2016 年 12 月，主要经营民族服饰加工及销售，2018 年 10 月入驻贡觉县民族手工艺园区。该合作社现有 30 名农牧民群众，其中建档立卡贫困户 13 户 19 人，人均增收 1500 元；三是哈加乡昂嘎民族传统裁缝手工艺加工厂合作社，成立于 2016 年 12 月，主要经营金、银、铜、铁等加工及销售，2018 年 10 月入驻贡觉县民族手工艺园区，其中建档立卡贫困户 15 户 24 人，人均增收 1500 元；四是贡觉县南喀扎西文化传播有限责任公司，成立于 2018 年 3 月，主要经营唐卡绘画、设计、制作及唐卡信息文化传播等，2018 年 12 月入驻贡觉县民族手工艺园区。自精准扶贫以来，公司积极响应配合开展各类唐卡绘画及藏语书法转移就业技能培训 3 次，带动建档立卡贫困户 19 户 19 人，人均增收 2000 元。

突出特色，增强利益联结。对已入驻产业园区的企业以收取租金等形式对建档立卡贫困户进行分红，同时不断吸纳建档立卡贫困户通过就业增收，与易地搬迁安置点相结合对其进行配套，实现产业配套解决易地搬迁点群众“搬得出、稳得住、能致富”的目标。坚持“富民强县”宗旨，切实加强产业市场化，积极引导产业龙头企业加快规模化经济发展的步伐，科学建立销售渠道，利用现有资源与“供给侧改革”的新契机，进一步走出县域，努力发展县外销售，实现产业可持续发展的目标。

壮大产业平台，培育龙头企业。坚持投资方向向产业项目倾斜，立足本地实际，科学规划产业布局，推动本地产业向社会化、专业化、企业化方向发展，大力推行“公司 + 基地 + 合作社 + 农户”模式，政府扶持投资 3200 万元，建设现代化育肥棚圈 20 座，年育肥羊 6000 只，建设人工种草地 1.05 万亩，配备建设饲料加工厂、有机肥加工厂、屠宰分割厂、冷链存储物流体系、阿旺绵羊主题餐厅及电商信息化平台，解决就业岗位 38 个，带动实现 6200 余名群众增收；扶持壮大阿旺绵羊专业养殖示范村 26 个，培育养殖示范大户 165 户，增加扩繁需求配套建设繁育棚圈，群众直接增收 0.98 万元 /（年・户）。

（五）壮大畜牧养殖产业，带动贫困户脱贫致富

在党和政府的关怀重视下，随着昌都阿旺绵羊种群的不断扩大，产业化渐呈发展趋势，产业化进程加快，昌都阿旺绵羊已成为全县农牧民收入的主要来源。为此，2006 年完成昌都阿旺绵羊品种审定，2015 年进行自治区品种认定；阿旺乡（昌都阿旺绵羊）2012 年荣誉为“第二批全国一村一品示范村镇”之一；2015 年荣获国家“2015 中国害羊羊之乡百宝榜”之一，锦言誉为“吉物天

成”。昌都阿旺绵羊产业带项目建设将以昌都阿旺绵羊及其羊肉、羊毛、皮张等为主要产品体现其直接经济效益。从市场前景来看，该项目不仅有较广泛的本地市场，也有巨大的区内、外市场。全县昌都阿旺绵羊存栏 7.3 万只，该产业资源已经得到保护和发展，并且注册成功地理标志，并进行了阿旺绵羊及其产品进行绿色、有机及 QS 认证。已拥有符合西藏特点、昌都特色、贡觉实情和昌都阿旺绵羊产业带发展的商标图案并申报注册专利。

制定产业建设思路，优化产业发展模式。昌都阿旺绵羊产业带发展是以“一带、三区”为布局，坚持结构调整和产业转型升级。成立贡觉县藏东科技开发有限公司为龙头企业，通过“公司 + 基地 + 合作社 + 农户”运营模式，建成阿旺绵羊产业体系，完成阿旺绵羊繁育场、饲料厂和有机肥厂等项目建设；2018 年藏东公司阿旺绵羊养殖规模达到 3700 只，2018 年至今出栏 400 只，累计出售 15569 只，产值 3088 万元；玛曲绿康有机肥 600 吨，产值 198 万元；玛曲绿康颗粒饲料 1000 吨，（其中：自用 875.27 吨）实现产值 394 万元。2018 年全年公司利润达 350 万元，缴纳税费 2.9 万元，解决 38 人到公司就业，带动 182 户 925 人建档立卡贫困户。2020 年实施建设屠宰分割包装厂、冷链物流体系、零售与主题餐厅结合方式销售及搭建电商销售平台等下游产业。

突出政府引导，扶持贫困户养殖。贡觉县因势利导：一是制定出台了《贡觉县阿旺绵羊养殖帮扶政策的实施办法》，落实扶持资金 2600 万元，为有意愿长期养殖阿旺绵羊的建档立卡贫困户扶持性发放 20 ～ 50 只绵羊，政府与扶持对象签订《羊羔回收协议》，按市场价格收购贫困户手中的羊羔。先后投资 2625.69 万元为 853 户贫困户发放阿旺绵羊 15569 只。二是对实施人工种植饲草的群众，政府除免费提供牧草种子外，并由贡觉县藏东生物科技开发有限责任公司以 0.4 元 / 斤进行统一收购，所获经济收益全部由饲草种植户所得。2018 年饲草收购量达 210 千克，实现经济效益 84 万元，群众户均收入 0.26 万元，带动精准扶贫建档立卡户 518 户 2464 人增收。三是分别在拉妥乡、哈加乡、莫洛镇等地修建阿旺绵羊扶贫棚圈 627 座，辐射带动 6200 余名群众参与到了阿旺绵羊产业链建设当中脱贫致富。

（六）三岩片区整体搬迁“奔小康”

实施三岩片区跨市整体易地扶贫搬迁充分体现了党中央、区党委对三岩片区群众的特殊关怀与厚爱。贡觉县委、县政府牢固树立“四个意识”，把三岩片区整体搬迁工作作为践行“两个维护”的政治自觉和行动自觉，举全县之力扎实推进。一是加强组织领导。组织成立由县委书记挂帅的工作领导小组，全面负责搬迁工作，强化统筹协调、层层传导压力，切实把三岩片区搬迁工作作为一项政治任务来抓好落实。二是积极组织宣传。为让搬迁政策家喻户晓、人人皆知，制定了县“四大班子”主要领导包片、县级干部包乡、乡干部包村、驻村干部包户的宣传责任制。科学组建宣传队伍，印制了宣传册、制作了宣传片等，通过召开村民大会、走村入户、实地查访、发放宣传册、现身说教等形式广泛开展宣传工作，截至 2020 年年底共开展宣传 200 余场次。三是有序组织搬迁。为确保群众能及时、安全、有序抵达迁入地安置点，认真制定了搬迁工作方案，对搬迁人员及物资的接、送、交、安等均作出详细安排。截至 2020 年年底，1345 户 8440 人全部完成搬迁。

结合《贡觉县“十三五”总体脱贫攻坚规划》，合理确定搬迁规模和建设时序，按规划、分年度、有计划组织实施，编制了《贡觉县“十三五”易地扶贫搬迁规划》（简称《规划》）。根据《规划》贡觉县“十三五”期间完成 862 户 4571 人建档立卡户的易地搬迁任务。“十三五”以来全县共投入政府性及援藏资金 4.55 亿元，建成易地搬迁安置点 8 个并全部完成入住，入住率达到 100%，共安置搬迁群众 1064 户 5694 人，其中建档立卡贫困 862 户 4571 人，同步搬迁 202 户 1123 人，严格落实了易地扶贫搬迁“人均住房面积不超过25平方米和户均筹资不超过1万元”的政策。另一方面积极稳妥推进三岩片区跨市整体搬迁。按照区党委、政府和市委、市政府关于做好三岩片区跨市整体搬迁的部署要求，对贡觉县三岩片区1650户10424人实施跨市易地扶贫搬迁，截至2020年年底，贡觉县报名1345户8440人，其中搬迁1026户6207人搬迁至拉萨市、林芝市等地，开启了幸福美好的新生活。安置点建成后贡觉县大力实施“水电路讯网、教科文卫保”十项提升工程，全面提升易地搬迁安置点基础设施和公共服务水平，让搬迁群众享有便利可及的基本公共服务。贡觉县通过住建、水利、交通、教育、卫生、通信等部门对8个安置点进行“十项提升工程”配套建设，共投入资金10610.11万元，其中人饮建设投资938.11万元；电力设施建设投资274.5万元；农村公路投资2700.53万元；学校配套建设投资3354.26万元；垃圾收储设施建设投资16.4万元；村级活动场所配套建设1769.31万元；移动通信设施建设投资1445万元，通过“十项提升工程”配套完善了安置点各项基础设施和公共服务设施。

（七）国有企业助力易地搬迁

为实现住房安全保障，2020年，东风总投资2315万元援建贡觉县精准扶贫及新农村建设项目，现在项目均已完工并顺利投入使用。投入925.74万元建设贡觉县阿旺乡冬青村、拉果村易地扶贫搬迁安置点工程，安置阿旺乡贫困群众234户1108人（包括建档立卡户134户575人）；投入689.26万元建设贡觉县拉妥乡精准扶贫易地搬迁三期工程，总建筑面积4959.21平方米，安置拉妥乡贫困群众54户329人（其中建档立卡户39户220人，同步搬迁户15户109人）；投入700万元建设贡觉县精准扶贫易地搬迁1号安置点暨棚户区改造项目配套工程，完善安置区基础附属设施建设，有效提升了搬迁群众入住和生活舒适度、满意度。通过对这三个项目的投入建设，不仅使安置点村容村貌焕然一新，也彻底提升了安置点农牧民群众的居住和生活条件。

第四章　察雅县

察雅县位于西藏自治区东部，昌都市东南部；北连卡若区，县界长度 136.2 公里；东邻贡觉县，县界长度 143 公里；南与芒康、左贡两县接壤，县界长度分别为 79 公里、87.8 公里；西与八宿县毗邻，县界长度为 59.2 公里。全县呈东西短、南北长的菱形，南北距离 216 公里，东西距离 182 公里，辖区面积 8413 平方公里。县城驻地烟多镇，国道 214 线（康青公路）经过吉塘镇，县城距邦达机场 90 公里，距昌都市行政驻地 88 公里，距西藏自治区首府拉萨市 1158 公里，距四川省成都市 1326 公里。县境内地形复杂，地势高亢，气候以寒冷为基本特点，降水分布受地形的影响较大，干季雨季分明，多阵性降水、降水量略少，季节分布不均匀。夏季温和湿润，冬季气候干冷、气温日较差大，年较差小，年平均气温 8.2 ℃，月平均气温 16.7℃，最冷月平均气温仅 –2 ℃。

第一节　脱贫基础

察雅县地处藏东深山峡谷区域，人均耕地少、交通不便、信息闭塞，是西藏 44 个国家级深度贫困县（区）之一。新时代察雅县脱贫攻坚战打响之际，经济社会发展基础较弱，农牧区贫困发生率高、贫困程度较深、贫困特征明显、致贫原因复杂。

一、发展基础

（一）政区人口

全县辖 3 个镇 10 个乡，即烟多镇、吉塘镇、香堆镇、卡贡乡、新卡乡、察拉乡、王卡乡、肯通乡、荣周乡、阿孜乡、宗沙乡、扩达乡、巴日乡（其中阿孜乡、宗沙乡、扩达乡为牧业乡），135 个行政村 3 个居民委员会。2015 年年末，察雅县总人口为 66681 人，占昌都市总人口的 8.50%；察雅县城镇人口为 3612 人，农村人口为 63069 人，城镇化率为 5.42%，比昌都市城镇化率低 7 ～ 8 个百分点。

（二）资源禀赋

1. 自然地理复杂，生物种类多样

察雅县在海拔 3900 米以下的干旱河谷灌丛带，生长着各类型的沙地柏、荆、沙柳等植被。海拔 3900 ～ 4400 米是森林带，阳坡多为大果园柏和草地，阴坡一般为川西云杉林；林线以上一般坡麓，地势稍凹，水湿条件较好，主要为大面积蒿草、薹草及杂类草草甸。在海拔 4900 ～ 5100 米的高寒地带，植物种类稀少，但根系发达，多以营养繁殖为主的特殊植被，主要有蚤缀、垫状点地梅、绢毛菊、风毛及苔藓、地衣等。复杂多样的地理环境成为豹、猴、熊、鹿、獾、鼬、小熊猫、麝、岩羊、兔、松鼠、旱獭、猛禽、野鸡、野鸭等多种动物的栖息地。

2. 水资源丰富充沛

察雅县年均水资源总量 157.29 亿立方米，在河径流量中，澜沧江年均总径流量为 119.85 亿立方米，金河年均总径流量为 23.69 亿立方米，其他溪流为 13.75 亿立方米。丰富的水利资源为察雅实施农业灌溉、推进农牧业新技术的应用提供了基础条件，对察雅农牧业现代化发展有积极的推动作用。丰富的水资源也为察雅提供清洁能源，有利于察雅绿色发展。察雅县水能资源理论蕴藏量 172.16 万千瓦，其中澜沧江水能理论蕴藏量为 101.24 万千瓦，麦曲河水能理论蕴藏量为 2.12 万千瓦，其他溪流为 2.45 万千瓦，可供开发利用水能资源 120.51 万千瓦。这都为察雅进一步发展新经济、培育绿色产业、推进绿色发展奠定要素基础。

3. 巨大的矿产资源

在地球造地运动过程中，青藏高原受复杂条件和环境的相互作用，拥有极其丰富的矿藏资源。察雅县矿产资源主要有铁矿、煤矿、大理石矿、花岗矿、银矿、硝矿、砂金矿、铜矿、水晶石矿等，具有规模庞大、种类丰富、分布集中等特点；同时察雅县多种矿产资源不仅是目前我国短缺的矿种，也是今后这些矿产重要的后备基地。

4. 优越的自然与人文景观

察雅域内自然景观、古代遗址、民族文化遗产丰富，主要有德玛雪山、勒萨普巴溶洞、巨型六字真言（仓曲嘛呢卓珠）、卓玛温泉、恩达温泉瀑布、茶马古道、烟多寺、向康大殿、仁达摩崖石刻、觉克寺、郎荣沟石刻群、萨嘎日追宝塔林、耍坝子习俗、民族村落等，具有很高的旅游开发价值和前景。

（三）经济发展概况

察雅县经济社会发展区域发展条件受限，资源利用程度低，自身造血功能差，支柱产业发展水平相对滞后。2015 年，全县 GDP 总量 89063 万元，人均 GDP13000 元，农村居民人均可支配收入 7058 元，与昌都市其他县区相比仍然存在一定差距。

（四）社会发展基础

截至 2015 年年底，察雅县公路里程少、通达性差，85% 以上为砂石路面；电力设施落后，巴日乡和阿孜乡还未通国电，现有电力条件无法满足人民群众生产生活用电需求；城市供排水管网不完善，排污设施差；通信干线密度小；农业机械化程度低，水利设施老化，抗御自然灾害能力弱。师资力量薄弱，教学质量不高；卫生资源配置不合理，公共卫生服务体系不健全；城乡广播电视、体育文化及农牧业服务等设施滞后，无法满足广大群众需求。

二、贫困状况

察雅县是我国“三区三州”深度贫困区域西藏片区 44 个深度贫困县之一，在昌都市属于贫困面广、贫困程度深、贫困人口多的县。解决好察雅县贫困人口脱贫，确保 2020 年贫困人口全部脱贫，实现居民人均可支配收入比 2010 年翻一番，接近昌都市平均水平，任务艰巨。

（一）贫困人口及分布

一是贫困人口占比大。至2015年年底，察雅县总体人口为66681人，占昌都市总人口的8.50%；察雅县识别建档立卡贫困人口4526户20829人，占农牧民总人口数33%，占昌都市17.05万贫困人口总数12.2%，贫困人口包括一般贫困人口、低保人口和特困人口。二是贫困人口分布较广。2016年，建档立卡精准识别过程中，察雅县识别贫困人口4526户20829人，主要分布在察雅县13个乡（镇）138个行政村（居）。其中，荣周乡、巴日乡、香堆镇、烟多镇、王卡乡贫困人口分布较多，贫困程度较深。

（二）贫困特征

1. 贫困程度较深

2015年年底，察雅县识别建档立卡贫困人口4526户20829人，占察雅县农牧民总人口数的33%，贫困发生率高于50%的有王卡、巴日两乡，贫困发生率高于20%的村有97个（表5-6）。

2. 基础设施滞后

2015年之前，察雅县与周边五县（区）“六大通道”尚未全部打通，交通网络建设仍存在“死胡同”，尤其是地处深山峡谷区域的农牧民，由于交通不畅，走出大山的机会不多；信息闭塞，农牧民与外界交流有限；农田、草场设施建设滞后，生产方式较为传统。

3. 农牧民增收难

一方面察雅县灾害频发，广大农牧民面对来自自然的风险频率较高，易于陷入“灾害发生（自然风险）—风险暴露增加—社会脆弱性增加”困境。另一方面，农牧业是察雅最主要的就业领域，农牧业易受冲击，灾害恢复困难，加重农牧民脆弱程度。同时察雅县位于大三岩片区、“大骨节”病区建档立卡户较多，因病返贫、因灾返贫较为普遍。

4. 产业发展较弱

察雅县产业总量少、规模小、链条短，传统农牧业和庭院式经济、小农经济特征明显，现代化程度低，产业规模、效益和抗风险能力不强，产品销售渠道不宽，品牌效益不明显。

（三）致贫原因

察雅县致贫原因既有自然地理因素也有历史文化原因，二者相互交织，加重整体贫困，给脱贫攻坚带来诸多困难。只有精准识别致贫原因，才能更好促进攻坚克难，实现脱贫摘帽。

1. 恶劣自然生存条件是察雅县致贫关键

一是环境复杂。察雅县属藏东高山峡谷区，呈典型“V”字形地貌，不同海拔高度，气候呈明显垂直分布。海拔3000～4000米河谷地带，气候温凉，降雨较多，适宜农作物生长，但受高山峡谷地形地貌限制，人均耕地不足1亩。土地资源匮乏，限制农业发展，在第二、三产业难以吸纳农村剩余劳动力情况下，造成农村贫困。二是灾害频发。察雅县地势高低悬殊，地表切割破裂，峡谷幽深，流水湍急，雨季易暴发洪灾、塌方、泥石流等。农牧业生产受雪灾、风灾、低温冰冻、霜冻、雹灾、旱灾等自然灾害影响严重，受森林破坏、水土流失、草地退化威胁严重，农牧业产出低。三是环境封闭。察雅县环境恶劣，地广人稀，平均每平方公里不足8.5人，居住分散，经济集聚难，发展成本高。高寒缺氧，施工条件艰苦、气候恶劣，难度大、技术要求高，有效工期短、工程成本难控制，成为高原、高寒、缺氧地区重大工程施工一大难题，严重影响农牧民生活秩序，困

表 5-6 察雅县建档立卡户和脱贫统计表

序号	乡（镇）名称	2015 年年底							2016 年脱贫		2017 年脱贫		2018 年脱贫		2019 年脱贫		2020 年建档立卡系统		退出村子
		总户数（户）	总人数（人）	建档立卡户数（户）	建档立卡人数（人）	乡（镇）建档立卡人数占乡（镇）总人数/贫困发生率（%）	乡（镇）建档立卡人数占全县建档立卡总人数（%）	乡（镇）建档立卡人数占全县总人数（%）	户数（户）	人数（人）	户数（户）	人数（人）	户数（户）	人数（人）	户数（户）	人数（人）	户数（户）	人数（人）	
1	烟多镇	1732	8801	818	3671	42	18	6	25	144	96	311	47	200	593	3025	761	3680	2017 年退出 11 个村子、2018 年退出 6 个村子、2019 年 4 月 15 日退出 37 个村子、2019 年 7 月 15 日预退出 84 个村子
2	王卡乡	1015	5150	724	3018	59	14	5	37	221	44	240	35	167	482	2121	598	2749	
3	巴日乡	690	5173	446	2802	54	13	4	33	256	15	113	20	153	364	2550	432	3072	
4	香堆镇	1506	9136	491	2480	27	12	4	32	244	52	246	24	136	416	2042	524	2668	
5	荣周乡	878	6091	435	2059	34	10	3	39	186	56	230	18	119	291	1818	404	2353	
6	卡贡乡	738	3710	363	1636	44	8	3	5	23	13	25	19	85	170	762	207	895	
7	扩达乡	1356	7228	327	1372	19	7	2	8	51	31	131	14	78	263	1035	316	1295	
8	吉塘镇	865	4579	239	963	21	5	2	14	52	29	96	10	55	170	746	223	949	
9	宗沙乡	807	5236	217	849	16	4	1	19	95	12	106	7	52	182	883	220	1136	
10	察拉乡	251	1640	106	663	40	3	1	9	63	19	130	5	34	79	509	112	736	
11	阿孜乡	259	1736	135	655	38	3	1	14	100	7	58	6	38	107	549	134	745	
12	新卡乡	349	1321	103	352	27	2	0.6	0	0	8	38	4	22	92	338	104	398	
13	肯通乡	600	3268	122	309	9	1	0.5	10	34	36	138	6	20	44	144	96	336	
	合计	**11046**	**63069**	**4526**	**20829**	**33**	**100**	**33**	**245**	**1469**	**418**	**1862**	**215**	**1159**	**3253**	**16522**	**4131**	**21012**	

注：1. 贫困发生率高于 50% 共 2 个乡（镇），分别是王卡乡、巴日乡；

2. 贫困发生率 20% ～ 50% 之间共 8 个乡（镇），分别是烟多镇、香堆镇、荣周镇、卡贡乡、吉塘镇、察拉乡、阿孜乡、新卡乡；

3. 贫困发生率低于 20% 共 3 个乡（镇），分别是扩达乡、宗沙乡、肯通乡。

扰经济长足发展。虽然察雅草场资源、矿产资源丰富，但实现资源优势充分转换为经济发展优势，给当地群众带来实惠任重道远。四是地方病易发。察雅县阿孜乡、巴日乡、香堆镇、吉塘镇等乡（镇）属大骨节病易发区，严重威胁群众身心健康和正常生产生活，制约经济社会发展。

2. 封闭落后是致贫一大根源

一是经济基础薄弱财力有限。察雅县整体经济实力显著增长，但经济总量不高，年均不足6000万元的财政收入与西藏经济发达县相比存在明显差距。薄弱经济基础、有限财政收入，难以满足基础设施建设需要，影响经济社会发展。二是思想观念保守。察雅县贫困人口主要分布在地处偏远、交通不便、信息闭塞的深度贫困乡（镇），贫困群众主动接受和使用新技术意识不强，结合生产生活实际充分利用现代科学技术综合能力弱，受教育程度低、发展能力差、组织化程度不高。主动学习习惯缺乏，对社会经济发展关注度低，属于典型知识能力贫困。贫困群众普遍思想保守，“等、靠、要”和“红眼病”思想严重，自主脱贫意识差，脱贫致富动力不足，知识面窄，拘泥传统，墨守成规，不能接受或主动追求新事物、新经验，制约和阻碍社会生产力发展，影响收入增加和生活水平提高。落后的思想，封闭的文化，造成自然生育观，表现为一方面家庭劳动力不足，家庭因子女多，负担重致贫，另一方面优生优育难度大，家庭教育不到位，影响孩子健康成长，导致贫困代际传递。

3. 农牧民贫困的具体表现

一是缺乏生产技能致贫。察雅县建档立卡信息系统显示（表5–7），2509户因缺乏生产技能，无法在第二、三产业就业，仅靠农牧业维持生计贫困，占贫困户总数61.00%。二是缺乏劳动力而致贫。察雅县缺乏劳动力致贫408户，占贫困户总数10.00%。这部分人口特点：①家庭要么未成年子女多，需要抚养，要么家中老年人口需要赡养。②单亲家庭导致贫困。受传统婚姻观念和家庭观念影响，离婚社会压力小，离婚轻率，未婚生育频繁，单亲家庭多。未婚先育或离婚家庭，子女一般随母亲生活，男方除提供道义上的资助外不负任何责任。未婚生育妇女主要生活在父母家里，其子女则由她们的父母和兄弟姐妹共同抚养，有些则带孩子单独生活，给妇女带来极大生活压力，导致妇女贫困。三是缺乏资金导致贫困。全县共有164户，从供给层面看，由于贫困群众收入水平低，储蓄倾向低，社会投资少，资本积累小，反过来制约收入水平提高。从需求层面看，贫困群众收入低，购买力不足，社会投资受限，贫困循环。四是因病、因残导致贫困。察雅县因病、因残、因灾致贫387户，占贫困户总数9.00%，与以下因素有关：①地理气候条件恶劣，成为影响农牧民群众健康一大因素，关节炎、心脏病等慢性病多发。②农牧民缺乏基本卫生常识，健康风险大。基层农牧民群众就医意识不强，易造成小病拖延不治，引发大病或残疾。③饮食结构单一，营养不良造成体质虚弱、学习能力低下，工作能力有限。五是其他致贫原因。全县共有663户。察雅县偏远村落由于交通落后，基础设施薄弱制约经济发展致贫。

表5–7 察雅县建档立卡贫困户致贫原因分析

序号	建档立卡贫困户致贫原因	建档立卡贫困户数（户）	占比（%）
1	缺生产技能	2509	61.00
2	缺劳力	408	10.00
3	缺乏资金	164	4.00
4	因病、因残	387	9.00
5	其他	663	16.00

第二节 工作举措

进入脱贫攻坚阶段，察雅县强化党建引领，落实党建主体责任，通过“六看、四访、三公、二审、一告”①的五步精准识别，执行“一申请、一评议、二审核、三公示、县（区）审定”的工作程序，实施“54321”结对帮扶，实现民生保障有力、产业势头良好、生态环境改善、教育事业发展、新型城镇化格局初步形成的良好局面。以“五个一万”②产业为载体，以“六个千万级”③工程为龙头实现产业发展一批，实施“县、乡、村、户”“局、校、班、户”的双线控辍责任制，实现就业脱贫一批等，有效推进“五个一批”工作。通过扭住“三把抓手”，打开群众思想大门，激发内生动力。2019 年全县实现脱贫摘帽。2020 年围绕“五大养殖业”“七大种植业”大力促进产业发展，提升就业水平，全面保障义务教育、落实基本医疗、加强生态建设、推进搬迁后续管理等六项举措巩固脱贫成果，有效衔接乡村振兴。

一、因地制宜，聚焦“六个精准”

察雅县以扶贫对象精准、项目安排精准、资金使用精准、措施到户精准、因村派人精准、脱贫成效精准为推进脱贫攻坚工作重要举措，取得诸多创新性成效。

（一）扶贫对象精准

脱贫攻坚以来，察雅县按照统一标准，通过规范的流程和方法，找出真正的贫困村、贫困户，了解贫困村及贫困户的贫困状况，分析具体的致贫原因，摸清扶贫的路径，为后续实施“精准帮扶”“精准退出”奠定坚实的基础。

1. 严格执行识别贫困的程序

察雅县严格按照《昌都市脱贫攻坚精准识别工作方案》精神和《昌都市脱贫攻坚建档立卡贫困户信息卡》的填写要求，从县、乡、村抽调工作人员，组成工作专班，通过“六看、四访、三公、二审、一告”的五步工作法，全面开展精准识别工作，准确掌握全县贫困对象的基本情况，实现底数清、情况明的工作目标。此外，察雅县及时按照“人有名、户有卡、村有册、乡有簿、县有电子档案”的工作要求，扎实做好基础资料收集整理归档工作，建立翔实的建档立卡档案 2 万余份，其中详细记录全县贫困户家庭人口、生产资料、致贫原因、脱贫措施等信息，有效提升县委、县政府决策部署的科学性，提高全县脱贫攻坚各项措施落实的精准度，做到因人施策、因情施策、精准施策。

2. 严格执行贫困村和贫困户的退出程序

察雅县严格按照“两不愁三保障”“三率一度”的标准，执行“一申请、一评议、二审核、三

① “六看”即一看粮、二看车房、三看家中是否有病人、四看牛马羊、五看劳动力强不强、六看家中是否有读书郎；“四访”即一访地、二访草场、三访虫草收入有多少、四访发展愿望好不好；“三公”即村级公示、乡级初步公示、审核公示；“二审”即县区、乡（镇）两级审核；“一告”即县区级公告。

② “五个一万”即万亩良种青稞基地、万亩饲草料、万亩经济林、万头（只）牛羊、万吨花岗岩。

③ “六个千万级”即吉塘镇藏东现代农牧业科技示范园、县扶贫开发产业园区（双创产业园）、阿孜乡阿旺绵羊养殖基地、宗沙乡牦牛育肥基地、经济林种植基地、烟多镇如给村高效温室蔬菜基地。

公示、县（区）审定”的工作程序，具体为：先由贫困户申请脱贫，村民代表大会评议，接下来由村居“两委”和乡（镇）党委、政府审核，再由村居、乡（镇）、县三级公示，最后通过县扶贫开发领导小组审定。察雅县坚持以贫困发生率降至3%以下作为主要衡量标准，统筹考虑村内的基础设施、基本公共服务、产业发展、集体经济收入等综合因素，严格履行县、乡（镇）两级审核公示程序，防止和杜绝“假脱贫”“数字脱贫”和“被脱贫”，做到识别精准，群众认可的水平。

3. 严格执行档案资料的规范程序

察雅县按照《关于印发昌都市脱贫攻坚相关资料归档目录的通知》（昌脱贫指办〔2018〕136号）要求，进一步规范县、乡、村、户建档立卡资料，在有序组织乡（镇）扶贫专干等干部和驻村工作队逐户核查、逐户梳理的工作基础上，县级层面开展针对全县所有建档立卡户基础资料的核实清查工作，以确保扶贫手册填写准确规范、更新及时，并与实际情况和系统信息一致。同时，察雅县依托已建成的两个县级脱贫攻坚示范村，以召开全县脱贫攻坚现场会的形式，组织各乡（镇）对档案资料的整理分类归档等工作并进行参观学习。为各乡（镇）、村居统一订制并发放档案盒、档案袋、文件夹、宣传栏和公示栏等，极大地提升察雅县基层建档立卡档案资料的规范度。

4. 严格执行扶贫对象动态监测的分级管理机制

一是组建县、乡（镇）脱贫技术指导小组，以保证扶贫管理到位。指导小组由扶贫攻坚指挥部牵头，各脱贫攻坚专项组、各乡（镇）主要领导和扶贫专干共同参与，并且邀请区内外知名扶贫专家对国家扶贫政策进行解读，同时走进农户进行示范指导。在此基础上，察雅县还组建脱贫攻坚技术指导小组，由县级领导带队，分批、分次到各乡（镇）、各村、农牧民家庭，宣传党的精准扶贫精准脱贫理念，宣讲国家扶贫政策，指导扶贫工作开展，使基层群众真正了解“扶真贫、真扶贫、怎么扶、谁来扶”的政策，夯实了脱贫攻坚工作的管理基础。二是构建县、乡（镇）、村三级督查巡查机制，以保证督导到位。按照精准扶贫精准脱贫要求，察雅县在建立贫困帮扶档案时，坚持以年度为节点，每年都对建档立卡贫困村、贫困户、贫困人口进行全面动态核查。依据脱贫目标，察雅县构建县、乡（镇）、村三级督查巡查机制，同时定期对建档立卡开展“回头看”的督查任务，从而全面了解建档立卡贫困户、贫困村的贫困现状，准确把握贫困户、贫困村致贫原因和发展需求，对财政供养人员、家中具有私家车、家中有商品房等不符合条件的在库贫困户实行核查退出程序，对符合条件的返贫户和新增贫困户督促相关部门进行及时的调整，对扶贫领域违规违法行为严格查处和处理。

（二）措施到户精准

察雅县在尊重农牧民就业意愿的基础上，立足于产业发展、突出培育重点、注重实效的原则，完善就业服务体系，建立起三级就业服务平台，并且广泛开展各项技能培训活动，培养出一支有文化、懂技术、善经营、会管理的农牧民技能人才队伍，逐步实现培训促就业，就业促增收，增收助脱贫，脱贫奔小康的良性循环。2016年以来，察雅县结合建筑施工、民族服饰、生产加工、服务行业、种植养殖、家电维修的实际需求，通过“订单、定岗、定向”方式，培训农牧民群众8400人，其中培训中包括的建档立卡户群众为3309人。通过岗位推荐、就业引导、自主就业等措施，实现农牧民富余劳动力转移就业7.6万人次，就业增收3.29亿元，其中包含建档立卡户群众的2.5万人和就业增收6000多万元。

同时，察雅县还实施“54321”结对帮扶制度。通过县级干部结对5户、副县级干部结对4户、正科级干部结对3户、副科级干部结对2户和一般干部结对1户结对的帮扶机制建立，实现察雅县贫困群众结对帮扶方式的全覆盖。通过开展政策宣传、感党恩教育、出谋划策、慰问帮扶，帮助困难群众转变观念、树立好脱贫攻坚的信心。2016—2020年，察雅县干部职工实现累计投入结对帮扶资金756万元，电话联系6.3万余次，入户走访6.7万余次，开展宣讲活动1.2万余次，群众受教育14.5万人次，发放各类宣传资料2.3万余册。察雅县企业也通过“百企帮百村”活动帮扶建档立卡贫困户140户，落实帮扶资金148万元。

（三）项目安排精准

察雅县坚持从实际出发，因地制宜，分类施策的工作意识，把“种养什么、增收从哪里来、如何帮助农牧民寻找脱贫致富好路子”作为项目精准安排的主要依据，尊重市场规律、贫困人口脱贫发展需求、经济社会发展条件，全面为项目安排精准和脱贫攻坚工作做好计划。

1. 察雅县根据资源条件，因地制宜、科学合理地制定扶贫项目规划

一是深入挖掘察雅县资源禀赋优势，与精准贫困目标相契合推动发展。资源禀赋只有转化为增长优势和总量优势，最终才能表现为收入优势。察雅县根据自身以高山峡谷区域呈沟壑式地形地貌、耕地呈坡耕地台地式梯田为主的特点，从产业发展竞争优势、竞争劣势、竞争机遇和面临威胁四个方面入手，采用效率优势指数、规模优势指数、综合比较优势指数等方法分析筛选，梳理出一批符合贫困人口急需、社会发展所需的发展项目，为察雅县项目安排顶层设计提供实践依据。二是基于产业发展规律，察雅县发挥出顶层设计统领全局的作用。察雅县坚持遵循产业发展基本规律，一切围绕脱贫攻坚中心任务想问题、谋发展。在布局上，科学谋划，按照项目建设需求优化布局，形成科学合理的空间布局。在安排思路上，充分考虑项目区脱贫需求和民生发展，远近结合、梯次推进、协同推进，既提高农牧民群众参与度、知情度，又在尊重农牧民意愿的前提下，保证项目建设规划的大局发展观，为察雅县项目建设描绘出一张清晰路线图和高效务实施工图。三是加快扶贫项目库建设进程，使得扶贫项目设计更加科学合理。察雅县以《察雅县产业精准扶贫规划（2016—2020年）》为引领，全面统筹发改、农业农村、交通、水利、住建、民政、林业等行业规划，在各项目建设单位建立完善的扶贫攻坚项目库。项目库建设实施“群众审、专家审、领导审、政府审”的四项审核制度。同时，引导各项目建设申报单位在年度申报项目时，根据察雅县特色优势、贫困人口发展所需有的放矢，提前做好项目设计，防止出现项目申报“临时抱佛脚”“突击加班”问题。

2. 察雅县根据发展需求，完善聚焦项目安排的瞄准机制

一是瞄准国家战略，察雅县提高对接重大项目的精准度。基于构筑藏东高原生态安全屏障的绿色发展观，察雅县在招商引资上严格把控环保准入门槛，对“三高”企业（高污染、高排放、高耗能）和项目零审批、零引进，着力推进生态效益补偿、生态环境监管、干部政绩考核以及政府绿色采购，建立生态创建约束机制。以扶贫攻坚为导向，察雅县实施旅游强县、农牧稳县、水电富县、藏医药利县、文化兴县发展战略，将生态优势转化为经济优势。察雅县依托邦达机场航空港、川藏铁路、西电东送等重大建设项目，以贫困户为重点扶持对象，针对有就业需求、劳动能力较弱、出门不方便的贫困户，对接重大项目建设，扶持农牧民经济合作组织，从而推进转移就业，实现扶贫项目安排精准对接和精准实施的目标，如：康巴藏家乐、交通运输业、砂石运输业等项目。同时，根据察雅县脱贫巩固提升的需要和经济社会高质量发展需求，坚持精确招商的发展原则，采用以商招商、大招商、招大商等方式，依托重大项目建设契机，瞄准“中字头”央企、“国字头”央企和对口援藏省市企业以及具备条件的多元市场主体主动出击，成功引进一批龙头项目、优质项目，间

接带动一批关联企业、配套企业落户，增强了察雅县发展后劲和扶贫动力。二是瞄准发展需求，提高扶贫项目的精准度。根据脱贫需求和发展需要，察雅县针对贫困户致贫原因和劳动力现状，有针对性地、因地制宜发展康巴藏香猪养殖，林果种植、城郊蔬菜、葡萄种植等特色产业，构建产业发展的带动机制。一方面，根据各乡（镇）在区位条件、资源优势、产业基础等方面存在差异，在发展特色产业时，察雅县坚持采用“造血式”发展和“输血式”救济相结合的方式，根据贫困村镇的实际情况和当地农牧民的脱贫意愿，设计并实施既能完成短期脱贫任务，又能保持经济可持续发展的产业模式，提高当地农牧民脱贫持续性和稳定性。例如，为消除有创业需求的贫困人员的资金后顾之忧，建立健全察雅县三级金融服务网络，为贫困户借贷服务开通了绿色通道；根据生态保护发展需要和短期脱贫任务，察雅县设置环境监督员、巡路员、巡河员、护林员、森林防火员、水管员等扶贫就业专岗。另一方面，瞄准产业发展模式创新，察雅县完善“政府＋企业＋农户”、“企业＋合作社＋农户”、“合作社＋农户”、农牧民经济联合体等产业发展模式，重点扶持社会信誉良好、能带动贫困户创收增收企业，重点推出“短平快”与持续增收相结合的扶贫项目，为察雅县产业发展打下坚实基础。

（四）资金使用精准

扶贫资金包括财政扶贫资金、以工代赈资金、信贷扶贫资金和援藏扶贫资金。它是扶贫开发血脉，承担保障贫困对象生活，助推脱贫攻坚顺利开展。扶贫资金能否使用精准并发挥效益，关乎精准扶贫精准脱贫成败。提高扶贫资金使用有效性和针对性至关重要。察雅县在扶贫资金使用方面，从资金拨付到资金使用再到资金监管，坚持全方位保障资金的精准使用。

1. 资金精准拨付

脱贫攻坚以来，察雅县坚持做到“用好每一分扶贫钱、办好每一个扶贫事”的办事宗旨，自觉扛起扶贫资金监管责任，紧盯扶贫资金拨付不规范、拨付慢，推动财政支持脱贫攻坚提质增效。一是精准做好预算编制，不浪费每一分钱。察雅县坚持财政扶贫资金专款专用的政策要求，将财政扶贫金完全用于贫困乡（镇）补齐发展短板和贫困群众“两不愁三保障”，坚决避免资金分配随意性。在组织项目申报时，察雅县还树立项目预算编制法治观念和预算绩效意识，实施统一规划、统一设计、统一预算三项统筹和报请县长办公会统一审批的制度。在编制扶贫项目预算时，坚持精打细算、不浪费每一分钱的原则，坚持五级项目审核制度（专家审、主管部门审、县审计局审、县财政局审、主管副县长审），杜绝扶贫资金使用不精准、扶贫资金预（结）算相差大、扶贫资金绩效差等问题隐患，确保扶贫项目资金预算编制科学合理和真实客观，实现扶贫资金“好钢用到刀刃上”的目标追求。二是制定规范的拨付程序，明确合理的拨付时限。根据上级对财政扶贫资金绩效考评要求，察雅县将扶贫资金直接下达到县扶贫攻坚指挥部相关专项组。经财政审定、县主管副县长审批后，财政将资金拨付到确定行业主管部门，再由主管部门按照“绿色通道”实施办法，根据项目实施进度，将款项拨到项目业主单位，由业主单位实行乡级报账制。项目竣工后，经行业主管部门验收合格后，乡（镇）凭验收单和项目决算报告向专项组申请拨款，再由县财政局直接拨付至项目实施单位。三是县财政局根据实际情况，结合各相关单位意见，将项目实施进度分为准备、施工、竣工三个阶段，并明确各阶段需要完成的任务和时间节点。在业主单位申请验收的三个工作日内，主管部门需要到实地对项目进行验收；对业主单位拨款申请，专项组主管部门需在两个工作日内完成审核拨付，采取“一站式”拨付流程，即主管部门一名工作人员对项目工程量审核、资金拨付负责跟踪到底，避免过多的拨付流程，加快资金拨付进度，确保项目资金按时到位。

2. 资金有效利用

按照“多个龙头引水，一个龙头放水”的原则，察雅县积极整合各类扶贫资金，探索出扶贫资金有效利用新模式、新方法，确保扶贫资金使用有效性和充分性。一是整合各类资金，让扶贫资金集中力量攻克解难。在资金整合上，察雅县积极搭建以扶贫攻坚规划和重大扶贫项目为主的资金集合平台，按照“渠道不乱、用途不变、优势互补、形成合力”“多个龙头引水，一个龙头放水”的扶贫资金整合原则，将财政扶贫资金、以工代赈资金、信贷扶贫资金、援藏扶贫资金，以及一些零、散、小、乱社会资金“捆绑打包”，无缝衔接各类扶贫资金。2016—2020 年，察雅县总共投入资金 14.15 亿元，全部用来统筹安排产业发展、公共基础设施建设、兜底保障等重点扶贫环节和解决全县经济社会发展的瓶颈问题。二是探索出新模式新方法，让扶贫资金发挥出最大扶贫效益。在扶贫资金使用模式上和方法上，察雅县立足实际，强化市场理念，积极探索出政府购买社会服务、金融机构等参与扶贫开发的新模式和实践援藏资金为贫困户购买农业灾害保险、购买养殖藏猪保险的新方法，引导社会力量以“企业 + 基地 + 贫困户”、农牧户入股企业分红等模式投入到扶贫开发，促进扶贫资源的优化配置，实现扶贫开发效益最大化。

3. 资金严格监管

为确保在充分发挥扶贫资金效用的同时保证资金安全，察雅县财政部门把扶贫资金监管放在与增加扶贫资金投入同等重要位置，多措并举筑牢扶贫资金监管体系，确保财政支持脱贫攻坚决战任务的高质量完成。一是察雅县制订规范的工作程序，建立监督检查机制。制订规范的监管工作程序，提升扶贫资金的审计、监督和检查力度，形成常态化、多元化的监督检查机制，完美地配合审计、纪检、监察等部门的监督检查工作。通过构建扶贫资金动态监控系统，察雅县实现从预算安排到拨付、支付、使用、绩效评估的全流程监控和可追溯，动态地掌握每一笔扶贫专项资金的使用情况；通过规范实施项目库建设，察雅县建立到村到户项目库，录入全国扶贫开发信息系统，并对中央、自治区、昌都市财政专项扶贫资金进行项目备案，保证资金精准安全使用；通过构建精准扶贫资金项目公示制度，察雅县实现到村资金项目、精准扶贫到户资金项目、惠农补贴资金、村级集体财务状况全公开，打造出一个群众看得到、看得懂、能监督的阳光财政扶贫工程。二是察雅县落实各项精准问责措施，让违规用钱成为不可触碰的“高压线”。审计、纪检监察等部门对财政扶贫资金和扶贫项目做好审计、检查等工作，形成齐抓共管的工作机制，为提高扶贫工作整体水平和效益作出贡献，实现扶贫资金在阳光下运行的目标。对县（中、区）直各单位、各乡（镇）使用管理财政专项扶贫资金中出现的各类违法违规行为，察雅县按照国家法律和相关规定进行严厉问责，形成一条任何部门、任何单位、任何人都不允许触碰的“高压线”。对违规人员处理，对接执法部门，在量刑上从重从严，惩前毖后，形成威慑，确保了扶贫资金的安全，从而使扶贫资金一分不少地用在“刀刃”上。三是察雅县完善项目信息通报制度，让扶贫资金能在阳光下接受监管。县财政局牵头建立项目资金支出台账，规范统筹整合财政涉农扶贫资金支出，有针对性地设计出统筹整合财政涉农扶贫资金报表，对项目绩效目标、项目进度等方面进行统计打分，按月将统筹整合财政涉农项目资金排名上报给县扶贫攻坚指挥部、通报给各乡（镇）和项目主管单位，让扶贫资金在阳光下接受监管得以实现。此外，察雅县还引入专业社会中介机构，参与到产业发展扶贫资金使用管理，为主管部门制定扶贫产业发展规划、筛选论证扶贫产业项目、监督项目建设、指导项目运营、开展项目跟踪评估等流程做好配合工作。

（五）因村派人精准

察雅县坚持把农牧区基层党组织建设成为推动科学发展、带领农民致富、密切联系群众、维护农牧区稳定坚强战斗堡垒；把选派优秀干部到村居担任第一书记，作为全县加强农牧区基层组织建设、解决部分村“软、散、乱、穷”突出问题的重要举措，从干部选择、干部管理，干部培训三个环节做到因村派人精准。

1. 坚持“三选三不选”[①]，选优配强驻村工作队的观念

察雅县在驻村干部选派中，坚持按照“党群部门干部派弱村，政法部门干部派乱村，经济部门干部派穷村”的原则，坚持“三选三不选”的标准，即政治素质好的选、综合能力强的选、工作作风实的选，非在职在编的不选、党性和纪律观念淡薄的不选、工作没有激情的不选，精准选派驻村干部，做到了人岗相适、因村选派、人尽其才。按照昌都市委关于调整补充市脱贫攻坚指挥部、市选派驻县（区）脱贫攻坚督导组及驻村帮扶工作队成员通知要求，截至 2020 年年底，区、市、县三级共向 143 个村居选派驻村干部 2660 人次。其中，自治区级选派驻村干部 210 人次，市直机关、企事业单位选派名驻村干部 291 人次，县直单位和乡（镇）选派驻村干部 2159 人次。同时，通过上级相关部门明察暗访，以及与自治区工作总队市督导组、县纪委的联合督查，结合乡（镇）分管领导和扶贫干部的基本了解，对无法正常履职驻村干部及时进行了召回和调整，实现了 399 人的提拔重用。

2. 实施“三个统一”[②]，提升驻村干部管理服务能力

根据自治区、昌都市驻村干部管理考评新要求和驻村干部日常管理存在问题以及自治区工作总队和市督导组反馈意见，察雅县对驻村干部管理和考评办法在原有基础上进行多次修改完善，重点对驻村干部日常管理、生活补贴发放以及年度考核评价内容和形式进行明确。同时，结合中央、自治区党委对驻村干部管理和服务精神，通过实施“三个统一”的工作要求，提升驻村干部管理服务能力，为察雅县打赢脱贫攻坚战提供组织保障。一是统一工作职责。结合自治区、昌都市关于驻村干部工作职责任务要求，制定察雅县驻村工作队的工作职责，对驻村工作队具体任务进行明确，并将其统一印发给各村委张贴上墙。二是统一工作制度。参照自治区、昌都市相关文件，制定察雅县脱贫攻坚驻村工作队入户走访、考勤管理、工作例会、工作报告、纪律约束五项制度。从入户、考勤、请销假、工作例会、工作报告和工作纪律等方面对驻村干部提出明确要求，进一步强化驻村干部的日常管理。三是统一学习资料。为帮助驻村干部掌握工作方法、熟悉业务知识、提高工作能力，为驻村工作队下发党建工作、精准扶贫等学习、指导资料，进一步助力精准扶贫、精准脱贫。在“三个统一”基础上，察雅县驻村工作领导小组办公室协调解决了 66 个村居驻村工作队的食宿环境，改善了他们的生活条件。通过对驻村干部日常管理和生活的关心关爱，既交任务、压担子，也当好后盾、搞好保障，让他们能够心无旁骛地沉在基层、干在一线。

3. 践行“三种模式”，加大驻村干部培训力度

为了加强对驻村干部脱贫攻坚方针政策、科技知识、市场信息等方面培训，察雅县根据阶段性任务需要，通过“三种模式”，即：“理论＋集中”模式系统学、“实践＋现场”模式辅导学、“移动＋掌中”模式随时学，帮助驻村干部掌握新的工作方法，熟悉相关的业务知识，提高整体的工作

---

① “三选三不选”即：政治素质好的选，综合能力强的选，工作作风实的选；非在职在编不选，党性和纪律观念淡薄不选，工作没有激情不选。

② “三个统一”即统一工作职责、统一制度、统一学习资料。

能力，为培养其成为密切党群干群关系的“联络员”、基层组织建设的“指导员”，化解基层矛盾的“调解员”，新农村建设的“战斗员”作出重要贡献。截至2020年6月，察雅县委组织部通过外出培训、就地培训、组织参加视频培训、集中培训和与县扶贫办联合培训等形式，共参加举办16期驻村干部培训班，培训4409人。同时，结合驻村干部民情日志、工作小结、乡（镇）选送和督查情况，挖掘出一些驻村干部先进典型，并对优秀的驻村干部民情日志和先进事迹及时向自治区、昌都市新闻媒体、网站、微信公众号进行选送。截至2020年6月，共有32名驻村工作队和28名驻村干部的民情日志和先进事迹通过各级电视台和微信公众号平台得到宣传。

4. 树立选人用人的“风向标”，培养扶贫干部的有作为精神

察雅县组织部制定《在察雅县脱贫攻坚工作一线推荐使用干部的实施意见》，并连续两年分配255名选调生到乡（镇）脱贫攻坚一线，同时择优选用脱贫攻坚一线“80后”优秀年轻干部360名。结合村“两委”换届，察雅县通过本村选、上级派、外面引等多种措施，新吸收32名优秀党员进入支委班子，组织驻村干部对村干部全面开展“传帮带”大行动，带着村干部学政策、长本领、立规矩，帮着村民解疑惑、办实事、树新风，涌现出一批驻村先进典型，村支部班子想事、干事的自觉性显著增强，办事能力明显提升，打造出一支“扎根基层、不离不弃、永远不走”的工作队。

（六）脱贫成效精准

1. 民生保障更加有力

实施民生和县，全面小康化目标实现。2016年以来，察雅县贯彻“以人民为中心的发展思想”，努力向全面小康化靠拢。地方生产总值从8.9亿元增长至16.29亿元，年均增速16.6%；人均GDP从13571元增加至24177元；常住人口城镇化率由80%提升至95%；科技进步贡献率由40%提升至45%；农村居民人均可支配收入由7308元增长至12774.3元；城镇居民人均可支配收入由18415元增长至34925.27元；城镇登记失业率由2.5%下降至2%；公共交通服务指数由13.7%提升至18.2%；劳动年龄人口平均受教育年限从8.3年增加到10年；每千老年人口养老床位数从25.72张增加至32.54张；基本社会保险参保率保持2.5%；人均公共文化财政支出由168727元增加值300790元；农村自来水普及率由80%增长至93%；农村卫生厕所普及率由10%提升至50%；聚焦“两不愁三保障”目标，实施“五个一批”举措，实现4164户20852人建档立卡贫困户脱贫，告别绝对贫困；先后投入基础设施建设资金12.6亿元，对365个农村安全饮水点进行新建、改造、升级、配套，群众饮水安全全部达标；实施农村电网改造升级工程，主电网已覆盖13个乡（镇），覆盖率100%；察雅县公路通车总里程由1613公里增加至1948.52公里，乡（镇）、行政村（居）道路通达率100%，通畅率78%；累计培训农业技术人员1500人次，实现转移就业6.7万人，实现就业创收1.93亿元；成立交通养护公司和水利养护公司，吸纳农牧民贫困群众和大学生10人，实现人均年收入1.2万元；累计开展农村低保、残疾人“两项补贴”、临时救助、分散特困人员供养56825人次，兑现11661.723万元资金；总投资3200万元开展乡（镇）卫生院基础建设项目，完成100%。县人民医院成功创建“二级乙等”综合医院。通过实施民生和县，实现全面小康化目标。

2. 产业发展势头良好

实施产业富县，产业特色化更加明显。2016—2020年共计到位产业扶贫资金58060.76万元（其中2016年11567.45万元、2017年13995.81万元、2018年17538万元、2019年5380万元、2020年9579.5万元）。截至2020年年底，共投入产业扶贫资金58060.76万元，开工实施95个，投入运营84个，发挥扶贫带动效益项目70个，为建档立卡贫困群众发放了务工工资、效益分红、资产收

益。依托气候优势，着力发展河谷产业。以澜沧江、金河、麦曲河“一江两河”为重点，投资7500万元，实施烟多镇如给村、达巴村、吉塘镇亚许村等蔬菜基地项目，新建大棚287座，年产蔬菜4000余吨；在荣周乡、香堆镇建成黑青稞种植基地1200亩、青稞良种基地7000亩，单产高出察雅县平均值的30%；依托地理优势，着力构筑林木产业。重点构筑迪嘎拉、德日纳山、沿澜沧江万亩经济林产业，总面积达11985亩，每亩能为群众带来474元收入。引进建成西藏首个“杂交构树繁育基地”，在吉塘、卡贡、烟多等澜沧江流域乡（镇）构筑万亩杂交构树繁育经济林产业（面积只有2727亩），实现年育苗百万株，形成构树繁育、饲料加工、农畜养殖、销售为一体的藏东新型农牧产业链。阿孜乡及县城建立600头以上规模阿旺绵羊育肥基地，加快宗沙农牧民畜牧养殖及加工生产合作社建设，王卡乡黄牛改良和青储饲料基地渐成规模，1.2万只规模红拉山鸡养殖为群众增收拓宽更广途径，烟多镇中铝新村羊毛加工、扩达乡嘎益牧场乳制品制作等工厂建立加速肉、毛、皮等畜产品资源转化和价值提升，实现粗放型放养向精细深加工经营模式转变。

3. 持续改善生态环境，实施生态立县，生态文明化成效明显

2016年以来，察雅县实施生态立县举措，国土绿化面积由2.37万亩增加到6.69万亩，增长率182%；投资1.1亿元建成1.19万亩经济林；投资3999.92万元实施退耕还林工程24999.5亩；累计投资1.2亿元，在卡贡、烟多建成3000亩苗圃；活立木总蓄积量744.75万立方米，森林覆盖率增加至40%，林木绿化率增加至40.9%；组织累计参加义务植树2300余人次，种植苗木12800余株，造林面积170余亩，成活率85%；投资9600万元，建成3个垃圾填埋场、2个污水处理厂；对4352户农村户用厕所进行改造；整治150户的人居环境；为深度贫困村（居）基础设施建设改造提升工程投资410.73万元，创建4个自治区生态乡（镇）、54个生态村（居）。开展了“减白禁塑”专项行动，使得白色污染减少10余吨，塑料制品使用量减少10余吨。深入开展生态环境保护综合执法专项行动，全面完成环境巡察督察反馈问题整改任务；对“散乱污”问题进行分类治理，使得察雅县水域“全面挂长”，从而推进饮用水水源地保护、河湖清“四乱”、入河排污口治理等系列专项行动。

4. 教育事业加快发展，实施教育强县，教育素质化得到纵深推进

2016—2020年，察雅县聚焦脱贫攻坚“两不愁三保障”中义务教育有保障，实施教育强县举措：幼儿园毛入学率由64.97%提升至75.02%，年均增速为2.01%；小学入学率从92.33%提升至99.85%，年均增速为1.5%；初中入学率从59.43%提升至99.23%，年均增速为7.96%。义务教育巩固率达95%以上，并在2018年顺利通过国家和自治区义务教育均衡验收，疑似失学儿童复学率为100%，义务教育阶段“三残”适龄儿童义务教育入学率为100%。投入教育基础设施建设费用3.92亿元，新建、改扩建20所学校，完善12所乡（镇）中心小学附属配套，建成280套教师周转房。实施高海拔取暖工程，为18所学校补充完善学校信息化教学设备，使得学校教学硬件设施进一步提升，县第二小学、第二幼儿园顺利开学。投入学生“三包”经费1.38亿元，投入营养改善计划资金2642.24万元。兑现自治区、昌都市和察雅县困难大学生资助资金1407.7322万元，受益大学生1991人次。兑现“中铝·格桑花”基金109.71万元，受益602人。制定《察雅县教师交流工作实施方案》，教师交流达到80人次，组织180多名教师赴重庆南岸区、綦江区、巴南区、大足区参加培训，10余名幼教教师参加“粤藏同心”幼教教师和保育员培训，推动教师队伍软实力不断加强，教育素质化向纵深推进。

5. 项目建设顺利推进，实施城镇兴县，形成新型城镇化格局

2016年以来，察雅县总投资72.65亿元，共实施764个项目。立足于城镇化建设目标，实施城镇兴县举措，共投资2.42亿元，完成村级组织活动场所标准化开工建设94个。“重庆新村”“綦江

新村”“广东新村”新农村建成并投用，构建以县城为中心、以沿江和公路沿线为依托的美丽乡村新格局。荣周灌区，卡贡灌区，阿孜绵羊、宗沙牦牛养殖基地，广东援建卫生服务中心综合楼、藏医院、疾病预防控制中心项目、察芒公路、察贡公路等民生项目全部建成。察雅县投资 4.3 亿元，完成 558 户的察雅县棚户区（旧城）改造；总投资 7.3 亿元，实施吉塘特色小城镇计划，并对 1265 亩土地进行了规划，用来建设自来水厂、垃圾填埋场、市政道路等基础设施。察雅县开发商业房产 5.05 万平方米，完善学校、卫生院、居委会、派出所等公共服务设施，建设藏东农业示范园、循环农业、温泉酒店等产业配套项目，王卡乡、荣周乡、香堆镇特色小城镇建设有序推进。通过实施城镇兴县举措，察雅县城镇化建设水平得到大幅提升，城市品质显著提高，公共服务均等化水平基本实现，新经济增长极基本形成，群众获得感和幸福感显著提升。

6. 社会持续稳定向好，实施团结稳县举措，社会和谐更加可靠

“十三五”期间，察雅县实施“团结稳县、社会和谐化”措施，结合“扫黑除恶”专项斗争，实施吉塘镇亚许村、烟多镇达巴村、宗沙乡拉松村、荣周乡非法运输协会等集中严打整治行动，对察雅县 168 名涉稳重点人员全部进行在管在控；对行业部门执法检查 615 次，检查商户企业 2600 家；开展路检、路巡 124 次，整改交通隐患 60 余处，查处交通违法行为 657 起。为落实防灾减灾保障措施，有针对性开展地震、洪涝、防火等应急处置演练 20 余次，使得防灾减灾能力进一步提升。严格落实寺庙管理“1 拖 N”机制，将 78 座寺庙统筹划分为 22 个片区，加强创新寺庙管理，切实巩固和谐稳定、民族团结局面；表彰自治区级爱国守法先进僧尼 1014 人次，发放表彰金额 417.6 万元，表彰市级爱国守法先进僧尼 5098 人次，发放表彰金额 1019.6 万元，表彰县级爱国守法先进僧尼 9252 人次，发放表彰金额 925.2 万元。通过实施“团结稳县、社会和谐化”措施，社会逐步实现持续稳定、长期稳定、全面稳定，宗教领域、寺庙管理稳定有序，社会整体呈现和谐、稳定、祥和的局面。

二、多措并举，实施“五个一批”

（一）发展生产实现脱贫一批

察雅县利用自身区位优势和气候优势，将发展产业作为脱贫攻坚长久之策和治本之举，按照“一带（河谷经济带）、两圈（高原牛羊圈、饲草料种植圈）、三地（青稞良种基地、高效蔬果木基地、清洁能源基地）、四线（察妥、察芒、察贡、邦昌）、五个一万〔万亩青稞良种基地、万亩饲草料基地、万亩经济林基地、万头（只）牛羊基地、万吨花岗岩基地〕、六个千万（吉塘镇藏东现代农牧业科技示范园、察雅县扶贫开发产业园、阿孜乡阿旺绵羊养殖基地、宗沙乡牦牛育肥项目、烟多镇帮嘎村杂交构树种植基地、烟多镇如给村高效温室蔬菜基地项目）、七个多项（将产业园、民族手工业、香堆古镇等其他特色纳入规划开展）”的产业布局，以大、中、小、微类型产业项目分别带动了县、乡、村、户工作机制，紧抓县委、县政府既定的发展经济林果、苗木、蔬菜、牛羊育肥等特色主导产业不放松，加快产业项目的实施速度，确保扶贫产业项目成效。截至 2020 年年底，察雅县共投入产业扶贫资金 5.8 亿元，实施产业项目 95 个，共带动建档立卡贫困群众 6133 人实现增收，兑现土地流转费、打工工资、效益分红等扶贫收益 3207.497 万元，贫困群众增收效果逐步显现。察雅依托“两河一江”优势，重点培育三大农业产业基地。察雅县用好荣周乡、香堆镇地势平坦、水源丰富、耕地集中、土壤肥沃的优势，实施“察雅江南”特色高产农业项目，将该区域定

位为重点的优质青稞和黑青稞生产基地。投资1亿多元用于实施荣周灌区、瓦西灌区等农田水利设施项目30余个，变“靠天低产田”为“万亩粮仓”。以澜沧江为纽带，察雅县打造烟多、新卡、吉塘、卡贡经济带，构建察雅乃至全市的“菜篮子”和“果盘子”，确定以蔬菜、经济林为主的产业定位，共建成苗圃5个，大中型果园7个，实现河谷流域庭院经济基本全覆盖，其中以园林为主题的林卡、藏家乐有13个。察雅县充分利用自身资源，通过大力发展特色产业，初步构建出“一乡一业”“一村一品”的产业结构布局，有力地带动一大批农牧民实现持续增收。2016—2020年共计到位产业扶贫资金58060.76万元（其中2016年11567.45万元、2017年13995.81万元、2018年17538万元、2019年5380万元、2020年9579.5万元），为建档立卡贫困群众发放了务工工资、效益分红、资产收益等3207.497万元。

（二）易地搬迁实现脱贫一批

全县共建设易地扶贫搬迁安置点26个，安置建档立卡群众2406户12751人，项目总投资7.89亿元，全县26个安置点全部竣工并入住。一是按照“行业归口”原则，全面推进易地扶贫搬迁安置点“十项提升工程”，实现26个安置点水、电、讯、网、科、教、文、卫、保全覆盖；完成道路通畅26个；完成公共服务设施建设7466.07平方米（包括村委会、农贸市场、商业用房、旅游接待中心、公共厕所等）；完成绿化26个安置点。二是坚持易地搬迁是手段，增收致富为导向，由农、林和扶贫等单位结合安置点自身资源禀赋进行产业规划设计，与易地搬迁建设同步实施或提前实施，全县53个产业项目实现有效覆盖26个集中安置点。三是加强与转移就业相配合，通过察雅县人社局劳动技能培训基地，加大搬迁群众劳动力培训力度，提升劳动技能，通过转移就业3800人次，通过技能培训2502人次，保障搬迁群众入住后实现有事做、有收入、有盼头，达到“一户一就业”的标准，实现搬得下、留得住、能致富的脱贫目标。

同时，察雅县还投入资金3980万元（县级整合资金889.1万元），按照户均29970元的标准和“科学规划、统筹发展，政府引导、群众自愿，经济适用、确保公正”的原则，结合农牧区特点，实施“六改”措施，即改基础、改屋面、改独木梯、改门窗、改厨房、改厕所，对全县1328户（含建档立卡户374户）群众，实施农村危房改造，使得困难群众的住房安全得以保障。

察雅县易地搬迁的创新做法可以概况为：一是科学规划，统筹推进，没有搞“运动式”搬迁。察雅县严格按照政府主导、群众自愿的搬迁原则，充分发挥各级政府的主导作用，高度重视、尊重农牧民群众的意愿，不搞强迫命令，不搞“运动式”搬迁，强化政府责任主体职能，采用“试点先行、以点带面”的方法，坚持因地制宜、突出重点、量力而行、保障基本、统筹推进的工作理念，积极稳妥推动组织实施。二是积极发展产业，基本做到搬得出留得住。察雅共投资2.66亿元，为26个易地扶贫搬迁点配套实施53个产业项目，确保搬迁户长期稳定增收。其中包括：改造基本农田1.35万亩，新增及改善灌溉面积1.35万亩，宅基地复垦0.1313万亩，生态修复1.2751万亩。察雅县还通过成立劳务派遣公司、农牧民合作社，发展村级集体经济、发展劳务经纪人等多种就业模式，并通过发展“契约农业”“订单农业”，完善“公司+基地+农户”和“公司+专业合作社+基地+农户”的利益联结模式，解决搬迁农户的农产品销售问题。对易地扶贫搬迁中有创业意向的农牧民，从减免行政税收、税收减免优惠、社会保险补贴、创业奖励扶持、职业技能培训等方面给予支持。

（三）生态补偿实现脱贫一批

2016年察雅县对各乡（镇）剩余劳动力中的贫困人口进行摸底调查，根据统计结果积极向昌都市争取生态补偿脱贫购买服务转移就业岗位，并在同年完成生态岗位 14414 人的招收工作，于 2017 年将岗位人数增加至 17665 人以上，2018 年将岗位人数增加至 21765 人。2019 年共有生态岗位 21665 个，2020 年全县生态岗位 21202 人，其中护林员岗位 4008 人，野生动物疫病监测岗位 2027 人，湿地生态保护管护岗位 944 人，草原生态保护补助奖励机制岗位 3942 人，水生态保护和村级水管员岗位 4477 人，农村公路养护岗位 970 人，旅游厕所保洁员岗位 571 人，城镇保洁员和村级环境监督员岗位 3697 人，地质灾害群防群测员岗位 566 人。对已经稳定实现脱贫的生态岗位人员安排 3 年的过渡期，过渡期后，察雅县把腾出的岗位安排给符合条件的其他农村贫困人口（低保人口），并按照“农民自愿、政府引导”的原则，将 25 度以上的坡耕地纳入新一轮退耕还林工程。为更好地实现全县脱贫攻坚任务，察雅县以发展特色优势产业来打开脱贫致富门路，利用地理优势、自然优势、区位优势，大力发展经济林产业，打造察雅经济林产业项目。一方面察雅县通过退耕还林工程，增加生态岗位。退耕还林工程是察雅生态建设史上投资最大、涉及面最广、政策性最强、群众参与程度最高、群众直接受益最多的一项系统工程。2018 年，察雅县实施新一轮的退耕还林工程 2767.69 亩，主要分布在烟多镇、香堆镇、巴日乡、吉塘镇、扩达乡、王卡乡等乡（镇），所涉及的耕地类型为严重沙化耕地及 25 度以上坡耕地。按照国家相关政策，新一轮退耕还林工程给察雅群众带来 332.1228 万元的补助，有效地助推察雅精准脱贫工作。2019 年实施新一轮退耕还林工程 13851 亩，涉及 7 个乡（镇）27 个行政村。按照新一轮退耕还林补助标准 1200 元 / 亩计，预计可为群众带来退耕补助 1662.12 万元。另一方面察雅县增加护林就业岗位。在防护林体系建设工程中，察雅县总投资 100 万元，建设内容为营造生态林 286.2 亩，管护时间为 6 年，建设地点主要分布在烟多镇中铝新村、给如村。截至 2020 年年底，察雅县造林工作结束，开始进行管护。

（四）发展教育实现脱贫一批

察雅县全面落实教育“三包”政策，对学生“三包”经费和学生营养改善经费及时进行拨付。2016 以来，察雅县教育总投入资金 1.83 亿元。其中申请国家投资 9883 万元，自治区配套资金 1100 万元，昌都市配套资金 1000 万元，援藏投资 5063.72 万元，其他资金 1274 万元，投入学生“三包”经费的有 1.38 亿元，投入营养改善计划的资金有 2642.24 万元。兑现区市县困难大学生资助资金 1407.7322 万元，受益大学生 1991 人次。兑现“中铝格桑花”资助金 109.71 万元，受益学生 602 人次。新建学校 2 所，改扩建学校 19 所。截至 2019 年年底，察雅县共有各类学校 39 所，贫困人口子女均能接受良好的基础教育，中小学生 100% 享受“三包”政策，除因自身身体原因不能上学的中小学生外全部入学，义务教育均衡达标。

察雅县这一成绩的取得与其教育扶贫一批的创新做法直接相关。一方面是察雅县委、县政府的高度责任感和使命感。察雅县不断地完善教育扶贫措施，不折不扣地落实各项教育扶贫政策，具有清晰的教育脱贫思路，措施实施得当，脱贫成效显著。在精准教育扶贫工作中，察雅县实施“县、乡、村、户”“局、校、班、户”的双线控辍责任制，全面落实控辍保学“四书制”，制定《察雅县教育局精准扶贫工作方案》《察雅县建档立卡贫困家庭子女接受高等教育实施免费教育补助政策实施细则》和《察雅县教育系统中铝“格桑花”教育基金管理办法》等文件，成立以分管教育副县长为组长的精准扶贫工作领导小组，并抽调专干人员负责教育脱贫工作，为教育精准扶贫工作的有效开展奠定扎实的组织基础。另一方面是保障经费的大力投入，为开展扶贫济困助学工作提供动力。察雅县以“扶贫先扶教”为工作要求，全面提高教育自身助推脱贫工作的水平。2016—2019 年，县本级财政教育投入均达到上年财政收入的 21%，并对“三包”、“学生营养改善计划”、建档立卡贫困家庭子女接受高等教育实施免费补助政策及中铝“格桑花”教育助学基金进行严格的落实工作。此外，察雅县还积极开展关爱帮扶留守儿童和残疾儿童少年的一系列工作，制定并出台《察雅县关爱留守儿童、残疾儿童工作实施方案》，对不能入学接受教育的残疾儿童实行送教上门的服务，着力解决留守儿童、残疾儿童在亲情关爱、家庭教育、心理健康、社会保护等方面的实际困难，构建一个学校、家庭、社会三位一体的关爱工作体系。对于外来务工人员，按照就近入学的原则，将其全部纳入公办学校就读，从而保证义务教育阶段外来务工子女与本地户籍学生能同等享受“三免一补”的政策待遇，保障进城务工人员随迁子女能共享优质教育资源的权利。同时，察雅县还充分利用县中学职教资源，结合本地情况，开展木工、绘画、农村实用技术等技能培训，为贫困家庭子女学习生产技能、掌握发家致富本领提供坚实支撑。

察雅县学校有41所，其中中学1所，县城小学2所，县城幼儿园3所，乡（镇）小学17所（附属幼儿园12所）、村级教学点3所、村级幼儿园15所；2020年年底，全县在校生为9499人，其中学前1898人，小学5802人，初中1799人；在编专任教师729人，其中教研室8人，幼儿园教师125人，小学教师448人，初中教师148人，党员教师330人。有效控制义务教育阶段学生辍学现象，确保建档立卡贫困户适龄子女100%接受义务教育，无因贫困学生辍学现象存在。

（五）社会保障实现兜底一批

察雅县制定并出台《察雅县“十三五”社会保障脱贫实施方案》，同时根据每年社会保障工作的实际情况制定《年度社会保障工作计划》，以明确每年工作内容。2016年以来，累计落实39032人次农村低保对象保障资金7336.03万元。落实11097次困难“残疾人两项补贴”资金2217.09万元；对困难群众临时救助4995人次，落实资金1305.76万元。实施医疗救助7596人次，落实资金2202.73万元；向分散特困人员落实生活补贴资金802.84万元。集中供养特困人员实现“老有所养、老有所医、老有所乐”，有效解决了困难群众的后顾之忧。2016—2020年，察雅县累计向11097人次残疾人发放两项补贴（即困难残疾人生活补贴、重度残疾人护理补贴）资金2217.09万元，并及时开展残疾人动态更新工作，为困难残疾人的基本生活提供了有力保障。全面落实农村低保实现建档立卡残疾人社保兜底脱贫，通过农村低保保障了困难残疾人426人。积极协调上级有关部门实施免费医疗康复政策，自治区康复中心组织医生及专家深入察雅县开展康复筛查工作，累计为200名残疾人提供康复服务。

截至2020年年底，全县识别农村低保保障对象共计1896户7806人，其中边缘贫困户纳入12户、53人。建档立卡7317人，占94%，非建档立卡489人，占6%；无劳动能力3226人，占41%。特困人员保障392人，集中供养147人，分散供养245人。有意愿集中供养率达到100%。社会保障兜底无劳动力识别1726人，其中低保户611人，特困人员322人，一般贫困户793人，落实保障资金1727.84万元；落实保障城镇低保对象229人、资金162.43万元；落实残疾人两项补贴3697人（其中落实1至4级困难残疾人生活补贴人数2529人，1至2级重度残疾人护理补贴人数1168人）、资金583.80万元；落实分散特困人员245人、补贴资金189.70万元；落实困难群众2649人、发放临时救助资金818.61万元。

察雅县社会兜底的创新做法可以概况为：一是做到科学实施，精准到位。察雅县委、县政府根据《西藏自治区城乡最低生活保障实施办法（试行）》（以下简称办法）《西藏自治区申请救助居民家庭状况核对办法》等政策，对困难家庭申请进行严格审核审批，做到精准识别、精准施策，对符合条件的困难群众按程序纳入。同时，进一步落实好农村低保标准自然增长机制以及配套设施，实现农村最低生活保障标准与经济社会发展水平的相适应。二是做好宣传，营造出良好的氛围。在残疾人助残日，察雅县利用电视台、新闻报刊等媒体，不断对残疾人事业进行广泛宣传，让社会更多人了解残疾人生活。2016 年以来，察雅县累计发放宣传资料 800 余册（本），在三大节日、助残日等重大节日期间开展 54 次贫困残疾人慰问工作。三是有效衔接两项政策，对有劳力的低保对象实行积极的扶持政策。察雅县立足县情，积极行动，多措并举，构成以最低生活保障为基础，以养老、医疗、临时救助等专项救助为辅助，以其他救助、救济和社会帮扶为补充的社会救助体系。

三、补齐短板，促进基础设施和公共服务提升工程

“水、电、路、讯、网、科、教、文、卫、保”建设与实现人民群众的幸福和小康密切相关，特别是对贫困地区而言，这十项工程更是关系到实现精准脱贫的一大关键领域。2016 年以来，察雅县实施贫困地区道路通达工程和贫困乡村公路安全防护设施建设项目，不断提升贫困地区饮水安全工程，解决贫困地区灌溉和用水问题。在农村电网建设方面，察雅县推进贫困地区农网升级改造工程，提升农网供电能力和供电质量。此外，察雅县还施行移动网络建设项目优先向贫困地区倾斜的政策，推动贫困地区自然村移动网络全覆盖进程。通过不断努力，人民群众真切感受到“水、电、路、讯、网、科教、文、卫、保”带来的好处，大大增加人民的幸福感。

（一）交通条件不断完善，道路呈现网格化

从交通建设投资来看，2016 年，在农村公路建设专项资金上，察雅县投资 5457.96 万元，修建 11 条农村公路，总建设里程为 39.05 公里。2017 年，察雅县共计建设项目 55 个，总投资金额 85794.58 万元，总建设里程为 392.148 公里，解决了“1 个乡（镇）通畅，40 个行政村通畅，5 个安置区通畅，1 个自然村通畅，10 个村出行桥梁”。2018 年，察雅县共计建设项目 52 个，总投资金额 62131.16 万元，总建设里程为 325.218 公里，解决了“10 个行政村通畅，12 个安置区通畅，16 个自然村通达，4 个村出行桥梁”。2019 年，察雅县关于交通建设的扶贫整合资金项目有 47 个，投资金额 15294.65 万元，总建设里程为 245.026 公里。2020 年扶贫整合资金项目共 34 个，总投资 10674 万元，建设里程 102.55 公里，解决了 8 个自然村通达问题，26 个村的出行桥梁。

从交通建设成果来看，察雅县自 2016 年以来，交通建设项目覆盖了全部的 13 个乡（镇），通车里程达到 1942.885 公里，道路通达率得到显著提高，人民群众的出行条件的得到大大改善，交通网络逐步呈现网格化。实现了 13 个乡（镇）全部通车，其中 12 个乡（镇）实现通畅，1 个乡（镇）通畅在建，建成后通畅率为 100%；138 个行政村已经全部通达，通达率为 100%，其中已通畅的有 82 个、正在实施通畅的项目有 26 个，建成后通畅率为 78%。78 座依法登记寺庙公路通达工程全部完成，通达率为 100%。512 个自然村中 446 个通达，通达率为 87%。

这些成绩的取得与察雅县采取的有力措施密不可分：一是注重交通基础设施建设，积极向上级部门及本级政府申报资金解决农村公路建设问题；二是成立察雅县雅达交通建设投资有限责任公司，用于开展县出租车及农村客运班线业务，为贫困群众创造了就业岗位。2019 年，察雅县共投资 290.7 万元，用于购买 15 辆出租车，并从搬迁到唐琼孜安置区的建档立卡贫困户中选取 30 名符合要求的驾驶员从事出租车驾驶工作，为其解决就业问题；三是发展农村客运，进一步推动察雅县交通建设进程，修建完成宗沙乡、荣周乡及肯通乡的农村客运站，客运车辆驾驶员从建档立卡贫困户中进行筛选，以增加贫困群众的经济收入。

（二）饮水基础设施全面提升，百姓安全饮水全部解决

由于地理条件的限制，察雅县部分农牧区水资源匮乏。为改善生产生活中的用水问题，2016—2018年，察雅县共投资6592万元，修建农村人口安全饮水点75个，解决8730户55465人（其中建档立卡户3506户19029人）的喝水困难问题。2019年，投资5991.42万元，对剩余306个自然村290个饮水点采取新建、改造、升级、配套等措施进行巩固提升。2020年，察雅县全面推进农村安全饮水巩固提升（冬季保通）工程，投资金额为4404.11万元，已实现安全饮水全覆盖。

这一成绩的取得是察雅县在“精准”上下功夫的体现。察雅县按照“水利工程补短板、水利行业强监管”的总基调，坚持“建立机制、规范管理，突出重点、狠抓整改，强化监管、加强帮扶”工作理念，开展“挂图作战、动态管理，多元投入、统筹推进”四步工作进程，全面推进农村饮水安全脱贫攻坚工作，全面解决全县群众的饮水安全问题，达到了“小康路上，饮水安全，一户都不会落下”的要求。同时，为规范农村饮水安全建设工程。察雅县形成先由人民政府统筹农村饮水安全的组织领导、制度保障，管理机构、人员和工程建设及运行管理经费落实工作，再由水利部门抓好农村饮水工程规划、项目实施方案等前期工作和组织实施的工作机制。此外，这一机制还要求群众参与水源地选择、水质检测等前期工作中，乡（镇）村（居）配合参与到建设过程中的工程质量监督环节和建后管护培训工作中，全方位提升了农村安全饮水建设的规范度。

（三）农村电网全面覆盖，大大方便人民群众的生活便利

在2018年实施川藏联网工程以前，察雅县13个乡（镇）仅靠县级麦曲河电站与昌都金河电站供电，超过40%的区域长期处于电力不稳定或缺电状态。与有些地区相比，察雅县群众的生产生活方式较为落后，从而造成其对外界信息接收少，各项建设极为不便的现象。

2018年国网西藏电力公司投资4.3亿元，用于建设农村电网改造升级工程。其中，巴日35千伏输变电工程、吉塘110千伏输变电工程、吉塘110千伏变电站35千伏送出工程、10千伏及以下中低压配电工程的项目总投资金额为15644.28万元；王卡、香堆、卡贡3个乡（镇）35千伏变电站工程的总投资金额为2952万元。通过实施农村电网改造升级工程，察雅县实现主电网覆盖13个乡（镇），覆盖率达100%。

（四）现代通信网络惠及每一个察雅人，丰富人民群众的精神生活

察雅县光缆网扩展到各行政村。2016年以来，察雅县已建立农村综合信息服务站60个，接入光纤50个，正常使用8个。察雅县基本实现电信手机网络信号覆盖全县138个行政村，宽带覆盖135个行政村；移动手机网络信号全覆盖，宽带覆盖135个行政村。此外，察雅县还建立电信基站16座，行政村电线宽带覆盖96个，移动2G/3G/4G基站数量共计163个，其中：GSM基站63个、TD基站65个、LTE基站28个，行政村无线网络覆盖已达77个，网络覆盖率接近52%。

（五）科技在扶贫中的重要性进一步凸显

察雅县注重科技在扶贫中的作用，一方面察雅县加强科技特派员的管理和培训工作，引导科技特派员服务乡村兽防体系建设、生态安全屏障项目以及果树栽植、蔬菜种植特色产业等项目，实现农牧业生产建设项目与农牧科技服务工作的结合，充分发挥科技特派员科技推广、科技普及等作用。另一方面，察雅县健全职业农牧民制度及其配套政策，拓宽培训对象来源，主要吸收种养大

户、家庭农牧场主、农牧民合作社带头人和骨干社员、农牧业企业骨干规模经营农牧户、返乡创业农牧民工、贫困户、退役军人和农牧区新生劳动力等重点培训。另外，为提升农牧民综合素质，察雅县加强农牧民的适用技术培训，扩大培训覆盖面，并施行以县专业技术人员为核心，辐射带动138个村（居）276名科技特派员，引领科技兴农的措施，以带动农牧民群众向新型职业农牧民转变，促进科学技术在扶贫中的全覆盖。

（六）教育文化事业得到提升

察雅县不断加强教育文化事业建设力度。一方面，加速提升义务教育硬软件功能。察雅县上下联动全面开展控辍保学工作，推行制度控辍、条件控辍政策，实施“县、乡、村、户”和“局、校、班、户”的双线控辍责任制，落实好控辍保学“四书制”。察雅县还积极落实教育“三包”政策，及时拨付学生“三包”经费和学生营养改善经费。自2016年以来，察雅县大力实施义务教育学校标准化建设，共投资21989.48万元，新建察雅县第二小学、第二幼儿园，改造提升19所学校，实现了县城和乡（镇）中心小学教育城域网基本覆盖，中学理化生实验室及各学校科学实验室、音体美卫设备也配备到位，满足教育教学的需要。2020年，乡（镇）小学双语幼儿园覆盖率100%，学龄前儿童入学率达75.02%、适龄儿童入学率达99.85%、适龄儿童巩固率达99.16%。另一方面，察雅县的乡村文化站和广播电视等公共文化设施建设也得到了不断完善，村民接受新事物的方式走向现代化，思想观念紧跟社会步伐。

（七）医疗卫生条件大幅度改善，社会保障服务全社会

察雅县认真实施“三个一批”工程（即大病集中救治一批、慢病签约服务管理一批、重病兜底保障一批），建立“基本医保＋大病保险＋医疗救助”三重医疗保障防线。“十三五”期间，察雅县共投入财政资金1.4亿元，完成对新卡、察拉、宗沙等7个乡（镇）卫生院基础能力进行提升的任务，新建县人民医院、藏医院、疾控中心、吉塘镇、巴日乡、香堆镇、阿孜乡卫生院等工程。以上工程使得察雅县群众就医、看病、体检情况得到明显改善，医疗卫生覆盖率达100%，新农合参保率达100%，村卫生室实现全覆盖，农牧民群众30分钟健康服务圈基本形成。

一是建立起贫困群众就医的“制度保障”。察雅县建档立卡贫困人口21012人能够全部享受基本医疗、大病保险、医疗救助三重保障，并且保障覆盖率高达100%。结合全民参保推进计划，察雅县还加强与公安、扶贫、民政、统计等部门的协调配合，全面开展信息对比，做好农牧区建档立卡贫困人口参保缴费工作，核准有效身份信息的农牧区建档立卡贫困人口全部参保，对确定信息的贫困人口，由医疗救助资金资助参保，实现贫困人口基本医疗100%全覆盖。核准有效身份信息的农牧区建档立卡贫困人口，由自治区财政全额出资，统一购买大病保险险种，实现贫困人口大病保险100%全覆盖。对扶贫部门认定的建档立卡贫困人员全部纳入医疗救助保障范围，并建立与扶贫部门之间的数据共享机制，保障贫困人口人人享有医疗救助的权益，实现贫困人口医疗救助达到100%全覆盖。

二是大力提升基层医疗卫生机构建设能力，实现贫困群众就医有地方、有医生。察雅县医院近年来快速发展，全院建筑面积为17359.88平方米，编制床位有45张，开放病床有90张，一级学科已建设完成，有内、外、妇、儿、传等临床、医技科室13个，职能部门14个，专技医疗人才130余人，援藏省市拥有GE16排螺旋CT、DRF–2胃肠透视机、奥林巴斯腹腔镜手术仪等设施设备200余台件，为新技术新项目的开展提供可靠保障。医院能开展胆囊切除术、剖宫产、阑尾切除术等常

见手术，完成胃肠镜、微生物等特殊检查，具备县内常见病、多发病和疑难危重病的救治能力。察雅县13个乡（镇）均建有1家政府办卫生院及藏医馆，且全县乡（镇）卫生院各项功能用房及设施设备基本齐全。同时，全县13个乡（镇）卫生院加强补充设施设备能力，提高乡（镇）卫生院承担常见病多发病诊治、急危重症病人初步现场急救和转诊等职责。全县138个行政村（居）基本医疗保障全覆盖，其中，126个村（居）设立村卫生室，其余12个村（居）由乡（镇）卫生院覆盖管理。全县配备276名村医，覆盖到138个行政村（居）。村卫生室设施设备配置齐全30余种、配备常备常用药品15种左右（含藏药），统一建立了完善的规章制度和就医台账等。

三是实施大病和慢病精准救治政策，减少贫困群众患病存量。察雅县按照《昌都市农牧区贫困人口大病专项救治工作实施方案》，全面落实定临床路径、定点医院、订单病种费用、加强责任落实、加强质量管理“三定两加强”措施，对大病患者进行集中救治。在深入做好儿童先天性心脏病、儿童白血病、食管癌、胃癌、结肠癌、直肠癌、终末期肾病等病种专项救治基础上，逐步扩大救治病种。2018年，察雅县将妇女两癌（宫颈癌、乳腺癌）、肺癌、耐多药结核病、尘肺病等纳入大病专项救治范围，并在2018年年底扩大到20个病种。截至2020年，已经扩大到30个病种，基本实现贫困人口大病救治工作规范化。同时，察雅县坚持“做实做细慢病签约”的服务管理，按照《昌都市建档立卡贫困人口慢病家庭医生签约服务工作方案》《昌都市家庭医生签约服务手册》，指导各村开展慢病家庭医生签约服务管理一批。察雅县已组建了13个家庭医生服务团队，对农牧区建档立卡贫困人口实现家庭医生签约服务应签尽签，做到签约一人，履约一人，做实一人，重点加强高血压、糖尿病、结核病、严重精神障碍等慢病患者的规范化管理与服务。

四是实施重点传染病、地方病综合防控措施，控制贫困群众患病增量。根据《昌都市遏制与防治艾滋病行动计划实施方案（2018—2020年）》，察雅县全面实施艾滋病防治攻坚行动，全面落实艾滋病免费筛查、治疗、母婴阻断措施，组织并实施机会性感染集中救治活动，针对贫困艾滋病感染者，通过家庭医生签约服务提供规范化的抗病毒治疗随访管理，督促艾滋病感染者按时服药，定期检测。还将宣传教育融入各项防控政策和措施，多形式、多层次地开展宣传教育，不断拓展宣传渠道，扩大宣传教育覆盖面。根据《昌都市包虫病综合防治工作方案（2017—2020年）》，察雅县全面推进包虫病防治，对全县人口进行全面筛查，对确诊患者实施药物、手术治疗，将包虫病患者随访管理纳入贫困人口签约服务管理范围，做好随访管理和药物治疗督导，开展监测及健康教育，做好犬传染源控制、牲畜免疫和屠宰管理、饮用水安全保障，从源头预防控制包虫病危害。按照《昌都市结核病等重点疾病筛查防治工作实施方案》和六病筛查技术方案，察雅县全面开展“六病”筛查救治工作，针对重点防控疾病的实际情况，对结核病、肝炎、风湿病（大骨节病等骨关节类疾病）、慢性病（高血压、糖尿病）、慢性阻塞性肺气肿等6种疾病进行普查并落实综合干预、治疗等工作，逐步实现了患者筛查、转诊追踪、诊断治疗、随访复查、治疗管理等全流程信息化管理，逐步实现与疾控、医疗基本公共卫生服务的数据共享，及时掌握了患者登记、诊断治疗和随访复查等情况。同时，将六病疑似患者纳入家庭医生签约服务制度进行管理，将肺结核（包括耐多药肺结核）纳入基本医疗保险门诊特殊病种支付范围。

五是实施妇幼健康促进政策，提高贫困群众健康素养。一方面，察雅县落实妇幼健康项目。通过实施贫困地区儿童营养改善项目，为6～36月龄婴幼儿免费提供了营养包，高效预防了婴幼儿的营养不良和贫血，提高贫困地区儿童健康水平。同时，推进农牧区妇女两癌检查项目，提高两癌早诊早治率，降低两癌死亡率。另一方面，察雅县加强出生缺陷综合防治。通过为准备怀孕和孕早期3个月妇女免费增补叶酸，深入开展孕妇优生健康检查和出生缺陷一级干预，针对贫困家庭出生缺陷患儿实施出生缺陷救助项目，倡导优生优育，利用基层计划生育服务力量，加强出生缺陷综合防治宣传教育。同时察雅县加强健康促进与教育工作力度，建立覆盖各级各类医疗卫生机构的健康教育工作网络，针对贫困地区的主要健康问题，制定实施健康教育计划。针对重点人群、重点疾病、主要健康问题和健康危险因素开展健康教育，通过健康讲座等多种方式，普及健康知识。对当地患病率较高的疾病患者，根据疾病特点分类发放健康教育材料，积极开展健康指导，面向全民普及健康素养基本知识，倡导自身是健康第一责任人理念，引导群众形成健康生活方式和行为。另外，察雅县还全面推进“将健康融入所有政策”，统筹推进健康乡村等区域健康促进工作，强化了各部门健康职责，开展跨部门健康行动，探索建立健康影响评价制度。大力开展各类场所健康促进工作，建设一批健康促进医院、健康促进学校、健康促进机关、健康促进企业、健康社区、健康村和健康家庭，不断改善贫困地区居民的日常学习、工作和生活环境。

六是实施深度贫困地区健康扶贫行动。察雅县推出在卫生健康领域方面要坚持“政策优先供给、项目优先安排、资金优先支持、资源优先提供、社会力量优先对接深度贫困地区，新增卫生健康领域资金、项目、政策主要安排到深度贫困地区”的健康扶贫工作准则。另外，察雅县还加强深度贫困地区计划生育工作，实现脱贫攻坚与生育政策的紧密结合，降低并稳定了适度的生育水平，促进人口与经济社会资源环境协调发展。积极为贫困人口免费提供避孕节育服务，高效预防和减少非意愿妊娠。

七是全面实施社会保障政策。察雅县委、县政府坚持“以民为本、为民解困”的工作宗旨，充分发挥民政工作“调压减震”的作用，以保障和改善民生为出发点和落脚点，积极推进社会救助工作，认真落实各项社会救助政策，使得社会救助工作成果显著。察雅县多措并举，形成以最低生活保障为基础，以养老、医疗、临时救助等专项救助为辅助，以其他救助、救济和社会帮扶为补充的社会救助体系。一方面严格将符合条件的低保纳入建档立卡，另一方面将符合条件的建档立卡纳入农村低保。自 2016 年以来，察雅县对有劳力的低保对象进行就业技能培训 121 人，产业帮扶 111 人，安排生态岗位 3406 人。对丧失劳动能力扶贫对象采取社会救助，将重度残疾人、重病患者等完全丧失劳动能力和部分丧失劳动能力且无法依靠产业就业帮扶脱贫的农村建档立卡贫困人口都纳入低保范围。

第三节 成效亮点

进入脱贫攻坚阶段，察雅县委、县政府以习近平新时代中国特色社会主义思想为指导，深入贯彻落实习近平总书记关于扶贫工作的重要论述，全面贯彻落实党中央、国务院、区委、区政府、市委、市政府关于精准扶贫工作的决策部署，紧扣“两不愁三保障”工作目标，把脱贫攻坚作为政治任务和第一民生工程，坚持精准扶贫、精准脱贫基本方略，按照“五个一批”“六个精准”“七个强化”要求，以脱贫攻坚工作统揽察雅县经济社会发展全局，明确“狠抓河谷经济、破解瓶颈制约、加大对外开放、统筹城乡发展”基本思路，大力实施“六县六化”战略，积极探索扶贫脱贫模式，不断增强自我发展能力，齐心协力、扎实苦干、创新举措、因地制宜、多措并举、聚力攻坚，2019 年年底实现 4159 建档立卡户 20854 人和 138 个贫困村脱贫退出，实现全域脱贫摘帽，为昌都市 8 个国家级深度贫困县深入开展脱贫攻坚工作作出了典型示范。

一、脱贫成效

以处理好自治区提出的经济社会发展“十三对关系”为根本方法，积极融入昌都市“强工兴市、带动两翼、创建基地、融入东西南、协调发展、夯实三基”发展战略，全县依托“狠抓河谷经济，破解瓶颈制约，加大对外开放，统筹城乡发展”基本发展思路，结合“六县六化”强县目标，贯彻落实好党中央国务院、自治区、昌都市关于精准扶贫，生态文明，教育医疗，产业发展、城市建设重大政策。面对经济总量小、贫困程度深、发展不平衡、设施配套不完善，察雅县立足当前和长远、实际与规划等关系，实现发展短板有力补齐，公共服务有力提升，民生保障有力改善，社会事业全面进步的目标。截至2019年年底，全县实现建档立卡贫困人口4159户20854人脱贫（其中：2016年245户1469人脱贫，2017年418户1862人脱贫，2018年215户1159人脱贫，2019年3253户16522人脱贫），实现了138个贫困村退出，贫困发生率从33%降至零。按脱贫措施分析，以全县建档立卡贫困人口为重点扶贫对象，通过发展产业扶持脱贫5415人，易地搬迁安置脱贫12751人，低保兜底脱贫3282人，生态补偿脱贫7211人，发展教育脱贫2671人。2019年9月底和10月初高质量通过国家第三方评估组考核验收和自治区2019年脱贫攻坚成效考核，全县顺利实现脱贫摘帽，消除绝对贫困。

新时代脱贫攻坚战打响以来，察雅县以“六县六化”强县举措为抓手，实现经济更加发展、政治更加阐明、生态更加良好、社会更加进步、人民生活更加殷实目标，发展察雅、民生察雅、生态察雅、绿色察雅、和谐察雅正在起锚远航。

二、工作亮点

脱贫攻坚战以来，察雅县始终把脱贫攻坚作为重大政治任务和第一民生工程，以脱贫攻坚工作统揽经济社会发展全局，按照“五个一批”“六个精准”要求，聚焦目标，合力攻坚，以铁一般纪律，钢一般意志，破解脱贫攻坚难点，消除绝对贫困之路亮点纷呈。

（一）力促“一二三四”扶贫措施，破解脱贫攻坚难点

1. 激发“一个动力”

打赢脱贫攻坚战，注重引导贫困群众转变“等、靠、要”思想和“等着别人送小康”心理，把扶智和扶志贯穿全过程，激发贫困群众脱贫内生动力。

（1）探索夜校、讲习所等文化阵地。结合乡（镇）、村居实际，探索办夜校、讲习所，在深度贫困村用通俗易懂、简洁明了语言，讲好惠民政策，使得“安贫可耻、勤劳光荣”观念耳濡目染，找准贫困村群众思想教育着力点，做好贫困群众宣传、教育、培训和组织发动，激发贫困群众脱贫致富主动性。以“身边人讲身边事，身边人讲自己事，身边事教身边人”形式，让先进典型在老百姓中口耳相传，让群众受到教育、懂得感恩，增强脱贫致富道德自觉，营造脱贫攻坚氛围。

（2）树立文明新风。遏制陈规陋习围绕勤俭节约、反对迷信、健康娱乐等开展移风易俗，培育文明新风。探索开展“最美脱贫户”“致富典型”评选，加大先进典型表彰和宣传力度，组织现身说法、讲述致富故事，传播正能量，进一步激发贫困户勤劳致富、奋发向上的积极脱贫热情，为全面建成小康社会营造浓厚氛围。

（3）加大政策扶持。探索建立激励机制，让贫困群众主动干，增强发展动力信心。政策设计上

不能养懒汉，坚持“谁干支持谁，大干大支持，小干小支持，不干动员干”，围绕激发贫困群众内生动力设计安排项目资金，坚决杜绝扶贫资金简单平均分配。

2. 补齐“两大短板”

（1）补齐健康扶贫短板。确保建档立卡贫困人口看得起病、方便看病、看得好病、尽量少生病，有效防止因病致贫、因病返贫。察雅县通过摸排，确定健康扶贫对象，确保政策实施精准。落实参保政策，确保贫困人口 100% 参加基本医疗保险和大病保险。建立保障制度，让贫困人口“看得起病”。开展大病筛查、大病专项救治，对白内障患者进行免费救治，让贫困人口重病及时医治。落实便民惠民措施，让贫困人口“方便看病”。实行先诊疗后付费，实施“一站式”即时结报，实行家庭医生签约服务。确保 2019 年年底贫困人口家庭医生签约服务率达 100%，落实国家基本公共卫生服务项目。全面提升卫生机构服务能力，让贫困人口“看得好病”，加强基层卫生人才队伍建设。全面提升县级医疗机构服务能力，促进人民医院早日达到二级甲等医院标准，加强临床重点专科建设，全面提升服务能力。实施乡（镇）卫生院标准化建设，开展乡（镇）卫生院等级评审，创建“群众满意的乡（镇）卫生院”。加强疾病预防控制，让贫困人口“尽量少生病”。加大重点疾病防控，使得传染病、慢性病和严重精神障碍患者管理实现全覆盖。到 2019 年年底，实现消除包虫病，切实提高贫困地区妇女儿童健康水平。

（2）补齐教育扶贫短板。全面排查所有建档立卡贫困家庭学生和义务教育适龄儿童少年，建立问题清单、措施清单、时限清单、责任清单，责任到人，实行挂图作战，保障其接受教育路上，一个不掉队。察雅县通过自治区和国家义务教育均衡发展检查，但教育是一项长期而艰巨任务，仍需要做好以下工作：加强中小学校标准化建设。采取一校一策办法，认真查找薄弱环节，逐一解决标准化建设存在问题。把校长教师队伍能力水平提升和师资均衡配置作为工作重点，加强教师队伍建设。加大长期在高寒边远乡（镇）工作教师在职称、待遇、培养、住房等方面政策倾斜，营造拴心留人的良好环境。完善教师交流制度。发挥名优教师辐射引领作用。加强教师培训，深化同援藏省市协调衔接，完善培训体系，创新培训模式，提高培训实效，整体提升教师专业化水平。提高学校管理水平和教育教学质量。不断提高义务教育学校标准化水平基础上，把工作重心放在内涵发展上，扎实推进素质教育。加强学校常规管理，完善相关管理规章制度。重点抓好教学管理，打造高效课堂，全面提高教学质量。以全面育人为导向，开齐开足开好体育、美育、劳动教育课程，促进学生身心健康发展。健全义务教育均衡发展长效机制。继续做好义务教育巩固和延伸，增强推进义务教育均衡发展长期性、动态性，已达标指标做好动态监测，巩固成果，提高水平。未达标认真做好查缺补漏，明确任务，扎实推进。

3. 扭住三把抓手

（1）扭住政策宣讲抓手。深入揭批认清十四世达赖和达赖分裂集团这个“牛鼻子”，画最大同心圆，找最大公约数。教育引导群众自觉与十四世达赖和达赖集团划清界限，最大限度增加群众对党和政府信任，最大限度减少十四世达赖影响，在维护祖国统一、加强民族团结、开展反分裂斗争这一重大原则问题上，做到旗帜鲜明、立场坚定、认识统一、表里如一、态度坚决、步调一致。引导群众理性对待宗教，过好今生幸福生活。在各种会议、下乡调研和各宣讲场合，引导群众追求健康文明生活方式，开展正常宗教活动时，更为注重现实生活，自力更生、艰苦创业，把时间和精力更多用到发展生产、勤劳致富、改善生活上来，营造劳动光荣、致富光荣、崇尚文明光荣良好风尚，共同致力于全面建设小康社会，共同创造幸福美好今生。加大政策宣讲力度，增强群众对政策知晓率，算好富民帐，让群众明白“惠从何来，恩向谁报”。梳理脱贫攻坚惠民项目及政策，及时向群众宣讲。让群众最大化、最深入了解扶贫政策，切实做到让精准扶贫、精准脱贫政策知识“进村、进户”。有效提高贫困群众对扶贫政策知晓率和参与率。

（2）扭住转移就业抓手。转移就业是脱贫成效最快途径。开展技能扶贫行动，提升技能助推就业。把扶智扶志贯穿培训全过程，将培训内容与察雅县扶贫产业相结合，与市场需求相结合，与学员创业实践相结合，分类实施针对性培训，开展公共服务、家政服务、家庭手工业、建筑业技能培训，结合种养殖产品、特色产业，开展电子商务培训。提高劳务组织化程度，拓宽就业渠道。对有就业意愿的开展“一对一”帮扶，扩大贫困人口就业规模，提高就业稳定性。支持用人单位开发适合贫困劳动力的就业岗位，优先满足贫困劳动力岗位需求。扶持创业带动就业，支持农民工、大学生、退伍军人创业，鼓励贫困劳动力自主创业，通过创业带动更多贫困劳动力实现就业。对带动当地贫困劳动力就业返乡下乡创业人员和自主创业贫困劳动力，优先安排入驻扶贫产业园区，落实租金、创业担保金政策。加强公共就业服务，提供帮扶稳定就业。加强信息管理，对贫困劳动力进行调查摸底，到村到户到人了解就业愿望和技能水平，掌握就业需求，定期分析贫困劳动力就业失业总体状况，评估各项就业服务举措、就业技能培训项目和就业扶持政策落实，加强调度，有针对性开展就业创业服务。提供精准服务，对未就业贫困劳动力提供咨询、就业指导、职业介绍等“一对一”免费服务，以贫困劳动力为重点，组织开展春风行动、就业援助月等活动，通过“招聘面对面”“招聘会”“送岗位下乡”，把岗位信息送村进户到人。

（3）扭住结对帮扶抓手。引导干部从讲政治、顾大局高度，承担帮扶主体责任。围绕贫困户最急需、最迫切问题，制定帮扶计划，明确帮扶任务，细化帮扶措施。切实杜绝帮扶喊在口上，挂名走读，不见行动，切实整治帮扶领导干部只挂名不出征。转变干部帮扶方式，改进帮扶方法，利用脱贫攻坚入户走访之机，通过拉家常、算账对比，将“脱贫光荣”“争当贫困户可耻”观念灌输给广大群众，引导贫困户养成“人穷志不穷”奋斗进取精神，让贫困户成为脱贫主角，重拾信心，补齐“精神短板”。

4. 攻破“四大堡垒”

（1）攻破易地扶贫搬迁堡垒。将易地扶贫搬迁与城镇化建设、产业园区建设、交通沿线、旅游景区建设相结合，严格遵循“六靠、五方便、两避让”基本原则和充分尊重群众意愿，易地扶贫搬迁安置点科学选址26个，新建住房总面积29万平方米，人均面积22.79平方米，投资9.16亿元，搬迁贫困户2406户12751人，占贫困人口61.2%。强化易地搬迁与产业扶持、“十项提升工程”有机结合，以易地搬迁安置点“水电路讯网、科教文卫保”十项提升工程为载体，基础设施项目200余个，着力强化配套设施、公共服务和产业建设，增强搬迁群众就业能力，拓宽就业渠道，确保稳得住、能就业、可致富。

（2）攻破“住房改造”堡垒。围绕“住房安全有保障”要求，实施“六改”工程（危房改造、厨房改造、厕所改造、门窗改造、畜圈改造、独木梯改造）。科学评定危房等级，分类组织实施，确保质量安全。第一，将建档立卡贫困户、低保户和深度贫困村危房改造作为重点，率先完成改造，大力实施“危改”，保障住房安全。第二，实施加固和改造危房时，须根据其卧房、厨房、厕所、圈舍、窗户、独木梯等现状，同步实施“六改”，落实厨卧分离、厕圈分离、人畜分离。通过“六改”，实现农房居、厨、厕、圈等合理分离，切实改善农房基本居住功能和卫生健康条件。落实规划管控，保障风貌特色。第三，强化“六改”与村庄规划、建设规划许可及宅基地管理结合，统筹推进，提升综合效果。

（3）攻破产业扶贫堡垒。察雅县紧紧围绕“五个千万项目”“六个一万工程”产业布局，在产业发展上，既有“短、平、快”产业项目，也有打基础、利长远项目。健全产业项目利益连接机制，按照项目类型、结合项目实际，实行微型项目直接扶贫到户，小型项目带动整村，中型项目带动整乡，大型项目带动察雅县帮带机制，通过土地流转，务工就业，产业分红，充分发挥产业扶贫助推脱贫攻坚根本性作用。

严格按照编制产业规划，结合察雅县资源条件，发展基础和贫困户意愿等组织申报产业项目，优先申报有一定产业基础、市场主体成熟、投资见效快、效益发挥稳定的产业项目。严格产业项目审批程序，对50万元以下项目，实施方案要经过县产业组审核通过，报县指挥部研究决定后批复实施。对50万元以上项目，根据投资额度按照审批权限，报县指挥部、县政府常务会议、县委常委会议研究批复。对上级批复项目，按照自治区、昌都市有关规定。对于项目建设管理，严格按照基本建设项目流程、严格项目法人责任制、招投标制、监理制、合同制等“四制”管理。严格产业项目资金管理，按照《西藏自治区脱贫攻坚产业发展资金管理暂行办法》严格执行，资金拨付实行集中报账制度，其他资金拨付严格按照《察雅县产业扶贫项目管理办法（试行）》执行。加强产业项目监督考核，严格按照《西藏自治区产业精准扶贫精准脱贫考评暂行办法》，严把产业项目责任关、时间关，进度关、效益关，群众满意关，确保全面完成产业脱贫目标。

（4）攻破基础设施建设堡垒。加快完善基础设施建设，确保贫困村交通顺畅、饮水安全、户户通电、讯网完善，确保2019年全面完成贫困村基础设施建设、如期实现贫困县摘帽。实施安全供水提质增效工程。综合采取改造、配套、升级，2019年年底全部解决饮水有问题贫困村饮水安全，提升建档立卡贫困人口和易地扶贫搬迁移民饮水安全保障水平。实施农村电网升级改造。加快城乡电力服务均等化进程，完成所有易地扶贫搬迁户配套电网建设改造，保障贫困村、贫困户正常生产生活用电，2019年年底前察雅县建制村基本实现稳定可靠供电服务全覆盖，供电能力和服务水平实现明显提升。实施公共交通出行通畅工程。加快推进公共交通设施建设，实施县乡公路改造、建制村通畅工程、通村公路完善工程。切实抓好“国家级乡村通路示范县”，到2019年年底，察雅县建制村通畅率达到95%以上。实施农村信息普惠工程。完善贫困地区通信基础设施，加快网络优化升级，提升宽带支撑能力，提高农村贫困地区宽带网络应用水平，确保贫困村互联网全覆盖。加大广电扶贫力度，为贫困户提供有线电视基本服务，实现贫困户有线电视全覆盖。

（二）构建脱贫攻坚“七大”工作体系

习近平总书记明确指出，脱贫攻坚任务重的地区党委和政府要把脱贫攻坚作为“十三五”期间头等大事和第一民生工程来抓，坚持以脱贫攻坚统揽经济社会发展全局。“市县抓落实”是脱贫攻坚机制关键一环。察雅县严格落实“自治区负总责、地市直管、县抓落实、乡（镇）专干”管理体制和“工作到村，扶贫到户”机制，把握内涵，结合实际，建立七个体系，有力强化组织领导。

1. 建立领导指挥体系

新时代脱贫攻坚战打响以来，察雅县主动承担起脱贫攻坚主体责任，成立以察雅县委书记为组长的脱贫攻坚领导小组，以察雅县委副书记、县长为指挥长的脱贫攻坚指挥部。下设办规划计划组、产业脱贫组、易地扶贫搬迁组等13个专项小组，落实决策部署。充实加强县、乡、村三级扶贫系统的机构和队伍建设，配强领导班子和专业技术人员。把各方面力量有效整合起来，集中在脱贫攻坚上发力，问题在哪里就在哪里解决，问题在哪里就在哪里进行改革，过去很多解决不了的问题得到有效解决，大大提高办事效率。脱贫攻坚领导小组主要职责具体细化为四个方面。一是贯彻中央、自治区、昌都市脱贫攻坚重要决策和部署。二是研究察雅县脱贫攻坚相关政策、措施，制定察雅县脱贫攻坚规划和实施方案，推动脱贫攻坚有序进行。三是加强脱贫攻坚统筹协调，协调各成员单位将项目、资金向贫困地区、贫困人口倾斜；指导各成员单位全面按照“六个精准”“五个一批”“八个到位”总要求和察雅县“5+N”措施，理清思路，明确措施，全力打好察雅县脱贫攻坚战。四是建立重要工作会商制度，研究决定脱贫攻坚重大事项和问题。

2. 建立部署落实体系

坚持摸清底数、高度负责，进村入户、挨家调研，把贫困人口全部找出来，认真做好建档立卡，完善精准扶贫台账，做到人有名、户有卡、村有册、乡有薄、县有电子档案，实行动态管理，实名脱贫。

3. 建立责任落实体系

积极承担察雅县脱贫攻坚主体责任，全面落实察雅县、乡、村三级党委书记抓脱贫第一责任人政治责任，脱贫攻坚领导小组落实组织协调责任，社会各方面落实共同责任，做到有目标、有任务、有责任、有主体。察雅县全面落实结对认亲帮扶责任制，采取扶志、扶技、扶资、扶智等方式多管齐下，组织科级以上干部和一般干部开展结对帮扶。

4. 建立规划设计体系

为把“顶层设计”落实好，编制《察雅县“十三五”关于扎实推进精准扶贫工作的意见》和20个行业扶贫专项实施方案。以规划、方案引领工作、整合资源，做到有决战决胜脱贫攻坚目标、有任务、有措施。对12个深度贫困乡（镇）102个深度贫困村分类研究，编制《察雅县深度贫困地区脱贫攻坚整体方案》《察雅县产业发展规划》《察雅县健康扶贫实施方案》《察雅县教育均衡发展实施方案》，将资源、资金向深度贫困地区倾斜，人力、物力、财力向深度贫困地区汇聚。

5. 建立督导检查体系

出台《察雅县县委常委督导包片工作制度》，实行年初、年中、年末“三阶段”督导制度。用好专业督查督导力量，不定期组织纪检监察、财政审计等部门，通过书面督导、实地督导、蹲点督导、随机抽查方式加强日常监督，实现督导常态化和制度化。

6. 建立科学考核体系

把脱贫攻坚成效作为干部年度考核重要内容，把脱贫攻坚实绩作为选拔任用干部重要依据，严格奖惩，实行一年一考核，一年一表彰制度，对工作出色单位个人进行奖励；对工作不力单位个人，严肃问责，通报批评，限时整改；对县（中、区）单位和个人先进集体和先进个人进行表彰，进一步鼓励干劲、激发斗志。

7. 建立党建脱贫体系

坚持抓好党建促脱贫攻坚，推进脱贫强党建，实现脱贫攻坚与基层党组织“双推进”。抓好乡（镇）领导班子建设，有针对性选派政治素质高、责任心强、实践经验丰富的干部担任乡党委书记、乡长，提高带领群众致富能力。抓好以村党组织为核心村级组织建设，大力整顿软弱涣散基层党组织，选派政治坚定、作风正派、善于做群众工作的优秀干部到村任第一书记，真正把基层组织建设成为带领群众脱贫致富的坚强战斗堡垒，把党员干部培养成群众增收致富带头人。

（1）建章立制，压实党建主体责任。完善《中共察雅县委工作制度》，从职责、规则、制度、流程4个方面43项内容入手，提高班子谋全局、抓大事、议大事能力水平；制定《察雅县基层党建工作问责办法（试行）》，着力解决党建责任落实不力，班子队伍建设不力，确保基层党建真正落到实处；编印《察雅县党组织书记必读手册》，严格落实“三会一课”制度，科学界定各级党组织书记责任界限，聚焦主责、搞好主业，推动主体责任往基层延伸、向纵深推进。2019年，围绕“明责、履责、考责、问责”，着力构建严密完善的基层党建责任体系，确保党建保稳定促发展，各项工作落地见效。

（2）抓在手上，从打牢基础入手。促进各级党组织精准聚焦发力脱贫攻坚；充分发挥党员干部在脱贫攻坚中的先锋模范作用，按照“54321”结对原则将2313名干部职工与4159户建档立卡贫困户结成帮扶对子，结合“两学一做”学习教育，要求党员干部走村入户、上门服务、带着感情结穷亲挖穷根摘穷帽；大力实施党员致富星火工程、深入开展党建帮扶助力脱贫攻坚，先后确立吉塘居委会高原有机生态饮品项目、卡贡乡摩托车维修技术培训项目、新卡乡奶牛养殖项目，着力引导党员在脱贫攻坚中当先锋、做奉献，带动建档立卡户就近就业，实现增收致富。2020年，依托察雅县抓党建促脱贫攻坚示范基地，对352名党员致富能手进行技能培训，不断提升致富带富能力。

（3）发挥作用，始终保持队伍活力。严格落实《中国共产党发展党员工作细则》，坚持把政治标准放在首位，严把质量关、程序关和操作关，编发《察雅县发展党员十项制度》，将发展党员流程统一规范为5个步骤25项内容；重点做好在农牧区、先进双联户、便民警务站和非公企业中发展党员，注重在反对分裂、维护稳定第一线和妇女、少数民族中发展党员，做到优化队伍结构，提高党员质量；依托远程教育平台，拓展党员承诺践诺、设岗定责，鼓励党员立足岗位创先争优，充分发挥先锋模范作用。2020年，察雅县发展党员312人，吸纳75名致富带头人成为党员，将52名党员致富带头人培养成村后备干部。

（4）持续投入，大力发展集体经济。落实《以习近平新时代中国特色社会主义思想为指导大力推进基层党组织标准化建设的意见》，整合各类资金资源，用于村级活动场所标准化建设，使村级活动场所成为议事办事、发展创新坚强堡垒；深化“支部＋协会”发展模式，积极探索“支部＋公司＋合作社＋农户”形式，鼓励村居党支部创办集体经济、农牧民专业合作社；坚持“狠抓河谷经济、破解瓶颈制约，扩大对外开放、统筹城乡发展”原则，积极整合涉农单位资金，集中扶持基础较好、有合适项目的村居发展集体经济，利用集体经济的引擎作用，增强党员群众自我发展的能力。2016年以来，建成卡贡乡村帮村、烟多镇察俄村等143个标准化村级活动场所。

（三）强化督导落实，全面履行县委扶贫主体责任

察雅县立足县情，科学把握扶贫客观规律，紧紧围绕“两不愁三保障”目标，明确贫困群众是脱贫主体、干部是责任主体、全社会是帮扶主体。针对13个乡（镇）实际，健全责任体系，从“措施落实、督导检查、问题解决”等目标任务出发，强化责任落实，明确由县委常委牵头带队下乡履行县委扶贫主体责任，确保打赢脱贫摘帽攻坚战。

1. 健全责任体系，确保压力传导到位

按照“五级书记”抓扶贫和“区负总责、地市直管、县抓落实、乡（镇）专干”以及“党政同责”要求，将察雅县划分为13个战区，完善县、乡（镇）、村居三级书记抓扶贫责任制和“县委常委包乡（镇）、科级干部包村居、一般干部包户”协调推进机制，县委、县政府与各乡（镇）党委、政府，乡（镇）党委、政府与村居党支部逐级签订《脱贫攻坚工作目标责任书》，修订完善《中共察雅县委常委会议事决策规则》，定期听取脱贫攻坚汇报。2016年以来，县委、县政府、县扶贫工作领导小组、县脱贫攻坚指挥部召开会议198次，学习、研究精准扶贫事项265个。各乡（镇）结合实际制定扶贫例会制度，定期总结扶贫成效，查找不足、分析原因、提升水平。形成县委总揽全局、部门各司其职、乡（镇）齐力攻坚的扶贫体系。

2. 加强督促指导，强化责任落实

坚持把督导检查作为推动脱贫攻坚有力抓手，建立党政一把手模范带头，县级干部带队蹲点推动，责任乡（镇）、单位共同参与督导机制，制定《察雅县委常委督导包片工作制度》，严格执行“四定”措施（即：每个县直单位固定督导一个乡（镇）、每个单位固定藏汉督导人员两名、脱贫攻坚指挥部分解确定每阶段督导任务、制定督导标尺），积极发挥县委政府督查室、组织纪检等部门监督作用。2016年以来，察雅县主要领导以身作则，遍访所有乡（镇）、村居，乡（镇）党委书记、乡（镇）长和选派村党支部书记做到辖区贫困户走访全覆盖，相关单位通过书面督导、实地督查、随机抽查等方式开展督导检查30余次，实现督导全覆盖和常态化，形成环环相扣，层层加压，整体推进良好局面。

3. 精准到户到人，统筹协调解决实际困难

深化“54321”结对帮扶制度，依托县级干部结对5户、副县级干部结对4户、正科级干部结对3户、副科级干部结对2户和一般干部结对1户的帮扶机制，实现贫困群众结对帮扶全覆盖。通过深入开展政策宣传、感党恩教育、出谋划策、慰问帮扶，帮助困难群众转变思想观念、树立脱贫信心。2020以来，察雅县干部职工累计投入结对帮扶资金756万元，电话联系6.3万次，入户走访6.7万次，开展宣讲活动1.2万余次，群众受教育14.5万人次。在察企业通过“百企帮百村”活动累计帮扶建档立卡贫困户140户，落实帮扶资金148万。通过结对帮扶让贫困群众切身感受到党和政府温暖，拉近党群干群关系，党在基层执政基础得到夯实。

（四）构建县乡村三级宣讲模式，强力激发脱贫内生动力

察雅县政策宣讲始终坚持以“维护祖国统一、增加感恩意识、激发内生动力和政策落实见效”为出发点和落脚点，紧扣贫困群众脱贫责任主体，形成以“政策宣讲＋文艺扶贫＋典型宣传”等为主要内容的县乡村三级宣讲格局，培树“安贫可耻、勤劳致富”新风正气，实现贫困群众物质、精神“双脱贫”。

1. 多措并举，县级实现“大宣讲”

察雅县坚持理论宣讲先行，制定出台《察雅县脱贫攻坚政策专项宣传实施方案》，以行政村为集中宣讲点，深入13个乡（镇）138个村（居），累计举办宣讲培训班560余场次，培训宣讲人员5700余人次，发放藏、汉双语宣传资料2.9万余份，开展宣讲活动2400余场次，受教育群众18万余人次；通过“藏东察雅”“网信察雅”等微信平台发布脱贫攻坚中出现的典型事迹为主的扶贫信息760余条，播出精准扶贫新闻信息790余条，精准扶贫专题片10余部，在政务网站发布稿件2100余条；设置宣传牌、悬挂横幅、张贴标语、入户宣讲，广泛宣传报道党和国家扶贫政策，以及察雅县脱贫攻坚开展情况和取得成效，LED滚动播放扶贫宣传标语10000余次，制作大型户外广告牌、墙体广告、宣传栏1400余个。依托“四讲四爱”群众教育实践活动，深入13个乡（镇）开展文艺巡演活动60余场次，“新旧西藏”图片对比展70余场次，达到笑声中感悟生活、掌声中体会幸福、泪水中感党恩的文艺效果。

2. 压实责任，乡级实现“日常宣讲”

察雅县13个乡（镇）始终将政策宣讲贯彻于日常工作，将宣传责任压实到包村乡（镇）干部，把宣讲任务分解到下村工作，做到工作中宣讲，在宣讲中工作，实现宣讲工作常态化、日常化、经常化。通过强化对驻村工作队和村“两委”政策培训力度，积极担当脱贫攻坚政策宣讲员，充实宣讲队伍、壮大宣讲力量，做到宣讲与贫困群众无时差对接。截至2020年年底，通过村民小组会、

党员大会、群众大会等形式宣讲4700余场次，参与群众74万人次。

3. 精准到人，村级实现“入户宣讲”

驻村工作队充分利用村情民意清优势，与村“两委”形成政策宣讲合力，在田间地头、村院坝和牧场点，因情因势采取“入户”和“集中”两种方式，通过“拉家常、闲谈和互侃”等形式以直白语言对群众开展政策宣讲，教育群众知政策、懂政策、感党恩，深度激发群众这一脱贫主体内生动力，拧成脱贫攻坚干部群众一条绳。2016年以来，察雅县138个驻村工作队和村“两委”实现对辖区包括非建档立卡户在内的所有群众政策宣讲季度全覆盖。通过深化“54321”结对帮扶制度，依托县级干部结对5户、副县级干部结对4户、正科级干部结对3户、副科级干部结对2户和一般干部结对1户结对帮扶机制，实现贫困群众结对帮扶全覆盖。通过开展政策宣传、感党恩教育、出谋划策、慰问帮扶，帮助困难群众转变思想观念、树立脱贫信心。2020以来，察雅县干部入户走访6.7万次，开展宣讲活动1.2万余次，群众受教育14.5万人次。

通过县、乡、村三级宣讲，广大群众政策知晓率全面提升、增强脱贫致富信心，知党恩感党恩意识浓厚，实现从“要我脱贫”到“我要脱贫”转变，营造人人关心、人人支持、人人参与脱贫攻坚浓郁氛围，为打赢脱贫摘帽攻坚战提供有力思想保障。

第五章　芒康县

芒康县位于西藏自治区东南部，昌都市的最东部，地处四川、云南、西藏三省区公路交会处，214国道和318国道在此交汇，金沙江和澜沧江流经县境内。芒康县东与四川省巴塘县隔江相望，南与云南省德庆县毗邻，西与左贡县接壤，北与贡觉、察雅县相接。芒康县海拔3870米，幅员11632.2平方公里，素有“茶马古道进藏第一站”之称。年均气温10℃，年均降水量350～450毫米，主要集中于6～9月，无霜期95天。县域属高原温带半湿润季风型气候区，夏季湿润，冬季寒冷干燥，属于西藏典型的半农半牧业县。

第一节　脱贫基础

由于芒康县海拔较高，自然环境条件较差，基础设施发展滞后，贫困村大多地处偏远，具有显著的土地贫瘠、生态环境脆弱、产业发展水平较低等特征。芒康县不仅贫困人口多，而且贫困类型多、贫困程度深，是全区44个深度贫困县之一。脱贫攻坚战打响之初，全县基础设施建设滞后，公共服务水平有待提升，贫困发生率高达35%以上。

一、发展基础

（一）政区人口

芒康县下辖2个镇14个乡，即嘎托镇、如美镇、曲孜卡乡、木许乡、纳西民族乡、朱巴龙乡、曲登乡、徐中乡、帮达乡、戈波乡、洛尼乡、措瓦乡、昂多乡、宗西乡、莽岭乡、索多西乡。下辖67个行政村1个社区居委会407个村民小组。全县主要有藏族、汉族、纳西族、白族、苗族等。

（二）自然资源禀赋

芒康县矿产资源、野生动物资源、旅游资源丰富，但自然灾害频发。已探明矿点21个，主要有金、银、铅、砂、锡、锌、煤、盐、石油、硫黄、石膏、石墨等。野生动物主要有雕、鹫、鹿、獐、鹞子、黄猴、野猪、狐狸、猞猁、狗熊、金钱豹、苏门羚、小熊猫、大青猴、滇金丝猴等。药用植物主要有党参、秦艽、大黄、柴胡、麻黄、贯众、薄荷、木贼、灵芝、黄连、丹参、天南星、胡丹皮、千里光、报春花、大叶石带、洋金花、前胡等。境内山河壮丽、风光明媚，文化灿烂，民风古朴。集“险、峻、奇、伟”于一体，融“高、雄、雅、秀”于一炉的自然景观和绚丽多彩、源远流长的人文景观遍及城乡，旅游资源极为丰富，有磅礴瑰丽的冰山雪岭、雄壮奇险的澜沧江峡谷、秀色可餐的红拉山滇金丝猴自然保护区、人与动物和谐相处的尼果自然保护区、碧波轻荡的莽措圣湖、举世罕见的盐井古盐田及其制盐工艺、西藏唯一的天主教堂、千姿百态的藏传佛教雕塑、婀娜多姿的芒康弦子、五彩缤纷的民族节日、琳琅夺目的民族服饰、别具一格的民宅庭院。同时，自然灾害频繁。地质、气象等自然灾害频繁，严重危害人民生产生活。由于特殊地形地貌和气候条件，每年局部地区的泥石流、滑坡、崩塌、地震、干旱、洪灾、霜冻、冰雹、雪灾等自然灾害类型多、频度高、强度大，对经济社会发展和人民生活危害严重。

（三）经济发展概况

截至2015年年底，芒康县农牧业仍以传统生产方式为主，产量低，规模小，生产效益不高，第二、三产业薄弱，规模小、效益低，对地方经济的带动支撑作用不大，且第一、二、三产业发展基础较差，产业融合基础薄弱，水电、矿产、旅游、建材、藏药等还未形成支柱产业，经济增长的后劲不足。

（四）社会发展基础

基础设施建设滞后。交通、能源、水利等仍是制约芒康县发展的主要瓶颈，主要表现在乡道没有形成网络，断头路多，土路多，而且公路整体水平低，密度小，等级低，与周边县市相比仍然差距较大；公路数量少，非油路面多，占公路总里程的60%以上，晴雨通车公路里程少，通公路乡（镇）少，占乡（镇）总数的70.5%，仍有众多乡和行政村不通公路。

二、贫困状况

（一）贫困人口及分布

截至2015年年底，按照人均纯收入不低于年均2300元的标准，通过精准识别，全县2个镇14个乡共识别出4702户26059人贫困人口，贫困发生率为35%。其中嘎托镇476户2485人，昂多乡181户944人，帮达乡321户1866人，措瓦乡658户4210人，戈波乡214户1297人，洛尼乡204户1371人，莽岭乡118户757人，木许乡128户503人，纳西民族乡199户873人，曲登乡276户1236人，曲孜卡乡261户1310人，如美镇316户1382人，索多西乡338户2038人，徐中乡369户1960人，朱巴龙乡350户2013人，宗西乡293户1814人。见图5-1。

（二）致贫原因

1. 自然环境恶劣，生产条件不足

芒康常年气候寒冷，平均海拔4000米以上，昼夜温差大，空气稀薄缺氧，不适宜植被和作物生长，生产生活条件差，地方病高发。在这种地理环境和气候条件下，经济发展所需禀赋积累较慢，社会生产方式转变相对困难，农牧业生产经营活动受限因素较多。对于主要依靠传统落后和粗放低效生产所获取经营收入的芒康农牧民而言，恶劣的自然环境严重制约了生产发展后劲。

2. 物质资源匮乏，收入保障有限

芒康地广人稀、产业发展基础薄弱，经济资源开发进程缓慢，土地盐碱化、贫瘠化、荒漠化现象严重，这种“生产性”资源的本身匮乏，导致其收入来源渠道窄，保障程度有限。

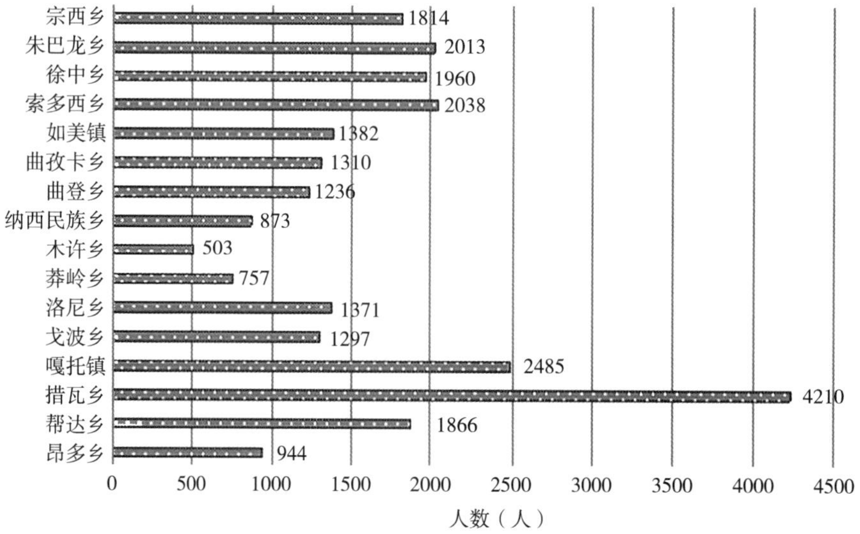

图 5-1　芒康县 2015 年年底各乡（镇）建档立卡贫困人口分布

3. 思想观念守旧，脱贫致富积极性不高

芒康县地处金沙江、澜沧江高山峡谷区域，由于交通、信息等基础设施滞后，“出行难”致使农牧民长期处于封闭或半封闭状态，缺乏与外界沟通联系，容易形成一种安于现状和缺乏竞争的思想观念，致使发展意识不强。

4. 家庭脱贫约束因素多

据 2015 年精准识别统计，全县建档立卡贫困户致贫原因主要是缺技术、缺劳力、因病致贫、因残致贫、缺少发展资金、交通条件落后。在 4702 户贫困调查中，缺乏致富技术的贫困户达 3192 户，交通条件制约位于第二，达 359 户，因病致贫的户数也有 338 户（表 5-8）。

表 5-8　芒康县贫困户致贫原因统计表（2015 年）

户

县区	总户数	缺技术	缺劳力	缺土地	因病	因灾	因残	缺资金	自身发展动力不足	缺水	交通条件落后	因学
芒康县	4702	3192	274	1	338	8	158	335	7	8	359	22

第二节　工作举措

进入脱贫攻坚阶段，芒康县委、政府坚持“应进则进、应退则退、应扶则扶、应扶尽扶”的动态管理模式，根据贫困人口分布、致贫原因等，逐乡逐村制定方案，对工作任务逐项列表，建立横向“任务清单”，并严格对照对象、项目、资金、措施、人员、成效“六个精准”的要求，对涉及的每一项重点工作，都明确具体目标、聚焦重点、强化措施、落实责任、完成时限，形成环环相扣、衔接紧密的工作链条，认真算好时间账、任务账、进度账，促使精准扶贫各项工作按既定目标推进。

一、因地制宜，“六个精准”立标杆

（一）扶贫对象精准

抓好政策宣传。通过广播电视、公开专栏、宣传标语、群众会议等形式，广泛宣传中央、自治区、昌都市的扶贫开发工作会议的有关精神，以及国家精准扶贫系列政策、工作目标、识别标准等。充分发挥驻村工作队、村“两委”作用，扩大政策宣传面，将贫困状况及发展要求等公之于众，让全社会广泛关注、理解、支持、参与精准扶贫工作，社会各界对精准扶贫政策知晓率达到100%。

抓好入户调查。按照习总书记提出的“四看法”，一看房、二看粮、三看劳动力强不强、四看家中有没有读书郎，同时增加了家中有没有病人、有没有牲畜等生产资料的关注程度。通过深入了解村情、社情和民情，了解群众的住房、家居环境、家庭种养、劳务、经营及其他收入情况。收集群众对本村确认为建档立卡户的意见建议，询问公示公开情况等，采取倒查法，坚决将富裕户从建档立卡贫困户名册中剔除，将关系户、人情户坚决剔除，把真正的贫困户纳入其中。

抓好识别工作。在广泛宣传、入户复查的基础上，教育引导家庭经济基础较好、收入较高的农牧民群众不要“凑热闹”“抢帽子”。以村为单位召开群众会议，按照贫困户认定标准以及划分到组的贫困人口数量，实行倒排序，五保、孤儿、无劳动能力户纳入社保兜底排第一，经济条件差、无房户排第二，家庭收入少、温饱难解决的困难户排第三，依次类推，确定贫困对象。

抓好公示公告。对群众评议出的贫困户，实行倒排序公示，要求名单上墙、上栏，群众评议大会等要留存视频、图片等影像资料，接受备查。

抓好贫困复核。及时将复核、核定的建档立卡贫困户信息在国家系统进行比对，逐一逐户进行系统核对，确保录入系统数据信息准确无误，为下一步开展好工作打下坚实基础。

（二）措施到户精准

着力推进“五个一批”和“十项提升工程”，细化脱贫目标任务，明确每个贫困乡村户脱贫措施和时序，确保脱贫工作的针对性。深化干部结对认亲帮扶机制，完善建立“一户一档、一人一法”脱贫办法，做到一户有一个脱贫计划、一本脱贫台账、一套帮扶措施。具体做法包括：

严格落实“工作到村、扶贫到户”和“经济部门帮扶穷村、政法部门帮扶乱村、党委部门帮扶弱村”的工作原则，开展“一对一”结对帮扶工作，推进扶贫资金和力量向贫困地区集中。

实施“三大行动”，确保精准到人。医疗卫生兜底突出“底”。县政府建立与新农合制度相适应的大病保险和财政支持贫困户购买重大疾病医疗保险制度，资助特殊困难家庭参加医疗保险；教育就业突出“能”。落实建档立卡贫困户3～16周岁学生和大学生教育发展措施，出台《芒康县控辍保学实施办法》，成立控辍保学专办，督促农牧民群众及时送适龄子女入学。针对全县年龄在16～45周岁的建档立卡贫困户，联合举办技能培训班，增强就业技能；文明新风突出“志”。广泛开展以热爱党和家乡为主要内容的感恩教育和反面警醒教育，形成“实干苦干、脱贫致富光荣，好逸恶劳、不思进取可耻”的浓厚氛围。

实施“两大保障”，确保精准到户。住房建设突出“安”。对需要搬迁的贫困户，整合农村危房改造、地质灾害搬迁、易地扶贫搬迁等项目资金，实施统一搬迁。产业培训突出“好”。重点培育“产业园区”等新兴市场经营主体，推广“企业带动、农户参与、协会统筹、金融服务、保险兜底、政府帮助”合作方式，鼓励企业吸纳贫困人口就业。

通过摸清底数、岗位对接、技能培训等措施，紧紧围绕“每个有富余劳动力的贫困家庭至少一人就业，实现一人就业，全家脱贫”的目标，全面推动易地搬迁群众就业工作。摸清底数、精准掌握劳动力数据。按照“准确、清楚、动态”的工作要求，芒康县人社局组织专人赴各易地搬迁点，对已搬迁入住家庭，逐一核查家庭劳动力基本情况、就业创业状况、就业意愿及培训意愿，确保就业服务不少一户、不落一人。建立和完善就业岗位信息数据库。加强与政府行业部门的联系沟通，广泛收集搬迁点周边超市、餐馆、酒店等服务业用工信息，以项目单位为单位建立优质岗位信息数据库，通过室内小型招聘会、召开“春风行动”等方式将岗位送到群众家门口，为贫困家庭提供就业服务。

（三）项目安排精准

为确保产业项目资金安全高效，带动贫困群众脱贫致富，芒康县制定出台《芒康县产业扶贫项目扶持管理办法》等产业扶贫政策，大力扶持享受 3∶3∶4 产业扶持政策的企业，鼓励建档立卡贫困户与企业签订股权投资合同。在国道 318 线、214 线县城入口处新建总投资 200 万元高标准洗车场 2 个，带动建档立卡贫困户 30 户 180 人，实现年人均收入 4000 元以上。截至 2020 年年底，全县扶持生产发展类项目 33 个（种植业 3 个、养殖业 6 个、商贸流通 2 个、乡村旅游项目 1 个，其他 21 个）、基础设施类项目 4 个（交通项目 3 个，农村饮水安全项目 1 个）以及生态补偿、易地扶贫搬迁及产业贷款贴息、农牧民技能培训等六个方面。

（四）因村派人精准

选优配强县、乡、村三级扶贫专干，配强扶贫专干 30 名，先后选派 179 名优秀干部担任村党支部第一书记（扶贫专干），签订目标责任书，做到三年内相对固定，调整提拔扶贫专干 28 名、进一步使用 9 名、职级晋升 44 名，实行不符合条件的及时调整、优秀的就地提拔政策。积极组织 29 名扶贫专干赴兄弟县考察学习，参加扶贫开发业务培训班，实现了业务培训全覆盖。组成专班深入乡村开展扶贫工作业务指导，提高了村级扶贫专干精准识别、数据甄别、表格填报、项目申报等基础业务水平。

（五）脱贫成效精准

2016—2019 年，芒康县实现了 26059 人脱贫摘帽，群众满意度达到 99.93%，对 1765 户进行了危房改造，完成了 2705 户 18136 人易地搬迁工作，安排就业 7488 人，开发岗位 7377 个，并精准开展培训服务，加大搬迁劳动力培训力度。同时，通过对全县农村人口中存在返贫或致贫风险的对象进行监测，重点对两类人员进行精准监测，识别边缘易致贫户 16 户 79 人，脱贫不稳定的户 7 户 41 人。

二、精准施策，“五个一批”显成效

（一）发展生产脱贫一批

坚持“扶种子、扶专业合作、扶能人、扶企业、扶科技队伍”，挖掘潜力、开发市场，做强优势、做大特色，建立了以“瓜果、辣椒、元根、人工种草”四大种植业和“康巴香鸡、康巴香猪、高原牦牛、阿旺绵羊”四大养殖业的产业布局。2016 年投资 14998.27 万元，2017 年 20560.82 万元，2018 年 25229.02 万元，2019 年 14093.44 万元，2020 年 34818.811 万元。2016—2020 年，芒康县扶贫产业投资资金 10.48 亿元，共计完成瓜果基地、红拉山鸡、卡若香猪养殖基地及旅游开发等产业项目 92 个，覆盖建档立卡贫困户 16525 人。

1. 创新“四种模式”助力产业发展

因地制宜，形成特色产业发展新模式。把发展实现集体经济与群众增收“双赢共富”，结合各村实际，芒康县各驻村（居）工作队和选派支部书记创新推出“支部 + 协会 + 农户 + 产业”的发展模式，实现基层组织建设不断增强和农牧区发展农业增效、农民增收的“双赢”目标。各村党组织充分发挥党建优势，提出“有产业的地方就有党员标杆”，充分发挥村（居）区位优势，整合发展思路，召开村组干部会议，研究部署村（居）产业发展，积极申报协调特色产业发展项目，促进农牧民增收，改善群众生活，变“输血式扶贫”为“造血式扶贫”，变区域优势为资源优势，增强农牧民党员发展后劲。例如藏东珍宝酒业有限公司与芒康县木许乡、纳西民族乡、曲孜卡乡各村葡萄种植协会合作，采取“支部 + 协会 + 农户 + 企业”发展模式，深挖葡萄资源优势，发展葡萄酒产业。2020 年，葡萄种植面积已达 5000 余亩，年产量可达 1.17 万吨以上，带动葡萄种植户 1459 户 9210 人，人均年增收 4390 元，户均年增收 2.68 万元。

合理利用，形成剩余劳动力资源使用新模式。由乡（镇）党委、政府、村（居）提供政策支持，县委组织部、县强基办帮助协调财政、发改、农牧、住建、扶贫等相关部门提供人员培训、项目争取、政策支持，鼓励村级组织以村为集体成立各类农牧民专业合作组织，农牧民施工队、农牧民运输车队、开办砂石厂等。嘎托镇嘎托村、帮达乡帮达村、洛尼乡洛尼村、当佐村已协助村“两委”开办砂石厂；如美镇卡均村成立运输协会；2016 年全县共注册成立养殖、种植、建筑施工、运输等各类合作组织 50 余个，入会人数 1200 余人。通过集体经济实体参与扶贫开发，提高了其自我发展能力和综合素质，做大做强了当地产业，同时，提高了农牧民组织化程度，从根本上激发芒康县贫困人口的发展活力。

优化资源，形成农牧区闲置土地营运新模式。为了实现土地的集约化使用、经营，创造更大的财富，鼓励各基层党组织充分开发农村闲置土地资源，统一规划，集中使用，通过开发建设商品房、门面房出租经营，由村民参股分红，获取收益，壮大集体经济。木许乡木许村、阿东村充分利用荒山、荒坡等闲置用地，在确保水源的情况下，发展核桃种植基地项目，总种植面积 1141 亩，亩产 400 余公斤，并于 2019 年后挂果，实现年利润 1400 余万元，户均年增收 3.4 万元；曲孜卡乡达许村利用闲置地发展“康巴蜜橘”种植基地，总种植面积 61 亩，183 户农牧民参与，年总收入达 36.6 万元；如美镇竹卡村发展商品房出租经济，将公路沿线商品房出租给个体工商户从事零售、住宿、餐饮等行业，带动周边群众 15 户，412 人，人均增收超过 1 万元。

依托政策，形成对口项目服务整体投入新模式。在农业产业集中区或旅游产业集中区、大型项目施工区，鼓励基层组织采取服务生产或协助化解矛盾纠纷等形式，提供相关服务，获得相应的管理费、服务费或者赞助费，增加集体收入。例如纳西民族乡纳西村、上盐井村、加达村工作队立足实际，成立民俗旅游协会，全力打造“农家乐 + 天主教堂 + 佳佳面 + 千年盐田”特色旅游风景线，打造成为集休闲、餐饮、娱乐为一体的乡村旅游典范；曲孜卡乡达许村工作队集中发展温泉旅游产业，各温泉酒店以及周边餐饮、零售等行业 40 余家个体工商户，共辐射带动周边贫困农牧民群众 260 余人参与就业，年人均增收 3 万元。如美镇卡均村工作队积极申报藏家乐旅游基地设施建设和“就咧”营地建设项目，不断完善“吃、住、行、游、购、娱”旅游要素，提升旅游服务功能，为芒康经济快速发展和全面脱贫奠定坚实的基础。

2. 扶植重点产业，引导产业发展

（1）藏东珍宝酒业凝聚脱贫动力。通过“企业 + 协会 + 基地 + 农户”的模式，藏东珍宝酒业带动南部三乡群众种植酿酒葡萄达 10000 余亩，将公司从原料到产出产品的所有生产活动都融入扶贫领域。以木许乡为例，带动当地群众种植酿酒葡萄，在农户种植葡萄之前，就跟当地农户签订《葡萄种植协议》，以高于市场价 10% ～ 20% 收购葡萄，2018 年收购葡萄达 320 余吨，实现经济收入 300 余万，户均实现现金收入 8000 元左右，公司对接帮扶木许乡，2018 年收购 300 个种植户的酿酒葡萄实现收益 163.38 万元，其中建档立卡贫困户 30 户，以葡萄种植带动，基本实现了木许乡绝大部分建档立卡贫困户稳定增收，为脱贫致富奔小康注入了强有力的经济支撑。

（2）建立大蒜生产基地。为进一步扩大芒康县徐中大蒜种植规模，建立大蒜基地，2017 年初芒康县通过招商引资，引进西藏森朗源农业科技发展有限责任公司，入驻芒康投资开发大蒜产业，建立“公司 + 基地 + 合作社 + 农户”的产业发展模式，签订协议保底集中收购大蒜。近日，森朗源公司选派技术人员深入徐中乡指导群众种植大蒜，已基本完成大蒜种植工作，种植大蒜面积达 1000 亩，覆盖群众 640 户 3584 人，带动贫困户 310 户 1678 人收益。大蒜 10 月中旬上市销售，亩产大蒜 1500 斤，蒜薹 500 斤，市场价格大蒜 9 元 / 斤，蒜薹 5 元 / 斤，亩产收入达 1.65 万元，人均年收入达到 4600 元。

（3）大力推进扶贫开发区建设，推动贫困户脱贫。扶贫开发建设中，遵循“重镇、干线、开阔、开放、开发、搞活、安全”十四字要求，芒康县立即启动规划，以“如美镇—嘎托镇—木许乡”一线为核心区建设扶贫开发区，规划总投资 30.8 亿元。扶贫开发区呈带状分布，辐射 5 个中心 2 条干线，长约 200 公里，规划面积 4090.64 平方公里，人口 4 万余人，规划扩建 1 个产业园区、8 个易地搬迁安置点、配套瓜果、大蒜、退耕还草基地、康巴香猪、香鸡、奶牛、阿旺绵羊养殖基地及旅游景区、石材、饮用水开发等 10 个大产业项目，着力打造脱贫与经济发展、旅游观光、水电开发等相适应的综合型、远景型扶贫开发区。2016 年年底，扶贫开发区已开工建设易地扶贫搬迁安置点 6 个，涉及 1460 户 9380 人；瓜果基地、康巴香鸡、香猪养殖及旅游、石材、饮用水等产业项目陆续启动。

3. 建立健全利益联结机制

按照《昌都市关于规范产业扶贫项目利益联结机制的实施意见（试行）》《昌都市关于加强扶贫产业项目资产管理工作的意见（试行）》，建立健全产业扶贫项目利益联结机制，明确产权主体、运营主体和监管主体，鼓励企业与贫困群众建立多种形式的利益联结，实现贫困群众稳定脱贫致富。芒康县积极响应上级有关要求，建立了到户产业项目、一村一社项目、短平快项目、种植类项目、“3 : 3 : 4”项目、投资入股项目、“以租代购”项目、企业自主贷款项目利益联结模式，充分发挥芒康县产业发展有关优势，补齐扶贫产业链条，建立多渠道增收模式，促进农民增收致富。

（二）易地搬迁脱贫一批

坚持“大搬迁、大开发、大发展、大致富”易地搬迁方针，充分遵循扶贫开发建设“重镇、干线、开阔、开放、开发、搞活、安全”十四字方针，打破自然村、乡（镇）之间的地域，重点靠县城、国道、省道和小城镇搬迁。2016 年芒康县建设易地搬迁点 7 个，涉及 1736 户 12477 人；2017 年建设易地搬迁点 4 个，涉及 487 户 2634 人；2018 年建设易地搬迁点 6 个，涉及 482 户 1844 人（表 5-9）。截至 2019 年年底，全县易地搬迁点入住搬迁户 2705 户，入住人数达 16955

人。易地扶贫搬迁“十三五”易地扶贫搬迁 2797 户 17590 人，其中县域辖区集中安置搬迁 2705 户 16955 人、三岩片区戈波乡整体搬迁 81 户 558 人、完成羊八井搬迁 11 户 77 人。

表 5–9　2016—2019 年芒康县安置与安置人数

2016 年			2017 年			2018 年			跨市搬迁		
安置点数（个）	户数（户）	人数（人）	安置点数（个）	户数（户）	人数（人）	安置点数（个）	户数（户）	人数（人）	安置点数（个）	户数（户）	人数（人）
7	1736	12477	4	487	2634	6	482	1844	6	92	635

1. 资金使用情况

芒康县“十三五”易地扶贫搬迁资金由昌都市扶贫开发投资公司融资及部分财政资金解决，共计 101508 万元，其中贷款 100025.5 万元（16325 人贷款人均 6 万元，593 人贷款人均 3.5 万元），国家补助 1428.5 万元（国家指标 593 人人均 2.5 万元）。易地扶贫搬迁资金主要用于实施房屋建设、附属设施建设、基本公共服务设施建设、配套基础设施建设等五项基础设施建设工作，所有项目均按照扶贫资金管理规定进行拨付，不存在资金挪用、挤占、滞留等现象。贷款资金每年由县财政局从整合资金中列支还款。

2. 搬迁户安置中情况

芒康县委、县政府坚持城乡统筹协调发展，注重“六个结合”（把易地扶贫搬迁与戍边固疆、新型城镇化、新农村建设、高低海拔实际、防灾减灾和反分裂斗争有机结合起来），科学处理好易地扶贫搬迁“十个关系”（科学处理好选准搬迁点和搬迁的关系，搬迁可行性和搬迁的关系，政府动员搬迁和老百姓自愿搬迁的关系，生产方式转型和搬迁的关系，搬迁群众和留下群众一并富起来的关系，彻底搬迁和似搬不搬的关系，搬迁和行政区划调整的关系，搬迁点群众享有基本医疗、教育、住房等配套公共服务设施、生产资源分配的关系，精准扶贫、真正富起来和“五个一批”的关系，乡村留得住、富得起来和城镇吸引得了、也富得起来的关系），围绕“水电路讯网、教科文卫保”十项提升工程，妥善解决搬迁群众“三保障”（就医保障、就学保障、社会保障）、“两配套”（基础设施配套、公共服务配套）等实际问题，努力提高搬迁点公共服务均等化水平，确保群众共享发展成果。

（三）生态补偿脱贫一批

坚持扶贫开发与生态保护并重，大力实施生态保护修复工程，全面落实生态补偿政策，让贫困群众吃上“生态饭”，确保群众增收与生态环境保护的“双赢”，实现生态补偿脱贫一批。通过落实生态补偿政策，从贫困户和农村低收入人群中招收生态补偿管护员、监督员等岗位 126371 人次，共计落实补偿资金 41803 万元，人均增收 3500 元。同时大力发展林业产业和林业重点工程项目，经济林建设面积达 11317.84 亩，主要种植树种为康巴蜜橘、苹果、石榴、毛桃等，受益建档立卡贫困人口 512 户 2758 人，人均增收 2000 元左右；建设林木种苗基地 300 亩，带动建档立卡贫困群众 26 户，226 人；实施退耕还林面积 19467.1 亩，受益群众 4231 户，25185 人，其中建档立卡贫困人口 1805 户 10872 人，户均年增收 5521 元。实施退牧还草 100 万亩，受益群众 2569 户，户均增收 11829 元。一系列的举措，有力推动了生态文明建设，筑牢了生态安全屏障，同时增加了贫困户收入，打出了精准脱贫和生态文明建设的组合拳。

在生态补偿脱贫落实过程中主要开展了如下工作：一是加强生态补偿政策宣传力度，对有关政策进行宣传、讲解，保证生态岗位人员知晓政策、了解职责、确保履职上岗。二是不断加强生态岗位人员的管理和考核工作，严格落实岗位人员职责，全面落实管理责任，将岗位人员的履职上岗作为日常工作来抓。三是建立健全岗位人员管理制度和生态补偿工作长效机制，完善工作台账和归档资料，安排专人收集整理生态补偿脱贫资料，确保资料的规范性、完整性，持续有效推进生态补偿脱贫工作。四是做细生态补偿脱贫工作，加大检查督导力度，配合脱贫攻坚指挥部做好生态岗位人员选聘、资金兑现等工作的督导检查。五是大力实施造林、退耕还林、天保工程、林业产业等生态保护和建设重点工程，吸纳贫困户参与，拓宽贫困群众增收渠道，提高贫困群众收入。

2016 年全县安排生态岗位 23247 个，涉及建档立卡贫困人口 11845 人；2017 年安排生态岗位 25290 个，涉及建档立卡贫困人口 12263 人；2018 年安排生态岗位 26847 个，涉及建档立卡贫困人口 12733 人；2019 年安排生态岗位 26294 个，涉及建档立卡贫困人口 12014 人；2020 年安排生态岗位 24693 个，涉及建档立卡贫困人口 12169 人（表 5–10）。

表 5–10　芒康县 2016—2020 年生态岗位投放情况

万元，个

年份	安排生态岗位个数	安排生态岗位资金	建档立卡生态岗位个数	具体承担岗位名称							岗位补贴标准［元/(年·人)］
				林业系统生态保护岗位	草原监督员岗位	水生态保护和村级水管员岗位	农村公路养护岗位	旅游厕所保洁员岗位	城镇保洁员和村级环境监督员岗位	地质灾害群防群测岗位	
2016	23247	6974.1	11845	13822	3030	4600	1192	158	325	120	3000
2017	25290	7587	11935	14579	3930	4710	1192	188	571	120	3000
2018	26847	9396.45	12263	14979	4252	5210	1192	188	906	120	3500
2019	26294	9202.9	12014	14638	4157	5141	1162	188	889	119	3500
2020	24693	8642.55	12169	9999	3759	5125	1158	188	4345	119	3500

（四）发展教育脱贫一批

扶贫先扶智，治穷先治愚，发展教育断穷根。让贫困地区的孩子们接受良好教育，是扶贫开发的重要任务，也是阻断贫困代际传递的重要途径。芒康县紧盯“两不愁三保障”中适龄儿童、少年全部入学这一硬性要求与核心指标，全面掌握 6 ～ 15 周岁建档立卡适龄儿童、少年入学基本情况，狠抓机制建设、政策宣传、控辍保学、精准帮扶四项实招促“发展教育脱贫一批”。

1. 完善保障机制助推发展教育脱贫一批

为扎实做好“发展教育脱贫一批”工作，取得实效，成立了以分管副县长为组长，教育局领导班子为副组长，各相关科室和学校校长为成员的发展教育脱贫一批工作领导小组，制定了《芒康县十三五脱贫攻坚发展教育脱贫总体规划》、《芒康县脱贫攻坚发展教育脱贫年度实施方案》、《芒康县贫困家庭学生资助办法》和《关于加强教育援藏资金管理的方案》，设立了办公室，落实了相关人员工作职责，明确了总体目标和具体工作任务。同时，县教育局牵头结合全县义务教育均衡发展工作安排要求，先后多次专题组织教育战线干部职工专门学习中央、区、市、县各级有关发展教育脱贫一批文件精神，安排部署发展教育脱贫工作。

加强政策宣传。一是积极配合县扶贫办开展发展教育脱贫一批专题培训，在全县范围内专门对发展教育政策进行了专题讲解；二是印制发展教育政策宣传资料发放到各乡（镇）和各村组，累计发放宣传资料 3000 余份；三是大力开展控辍保学工作，深入到芒康县各村组面对面向群众讲解各种优惠及资助政策。

狠抓控辍保学。教育局结合芒康县实际将控辍保学作为发展教育脱贫工作的重中之重：一是加强制度组织保障。出台《芒康县控辍保学实施办法》，成立全县控辍保学专班，全力做好适龄儿童少年和贫困户子女的入学工作。二是加强学生到位统计通报。严格、及时做好学生到位统计，并将学生到位情况及流失学生花名册反馈各乡（镇），督促乡（镇）及时落实控辍责任。三是抓好整班移交开展。通过召开动员会、详细登记毕业生信息、毕业班教师护送到校协助管理等措施，确保将毕业生一个不少、全部整班移交到两所中学。四是增强教育督促宣传。教育分管领导、局领导带队多次深入各乡（镇）、学校和部分村组开展控辍保学督查，要求对新招入学生应招尽招、流失学生积极劝返、精准扶贫户家庭流失学生全部进校，并通过采取召开村组大会等方式对农牧民群众进行教育政策法规和“三包”、营养膳食改善计划等惠民政策宣传，督促农牧民群众及时送适龄子女入学。五是积极发展职业教育。开办职教汽修厂和藏式绘画班，将两所中学跟不上教学学生送往就读，在留住学生同时保障其学得技能，走上岗位。六是督促两所中学加强常规管理，对新送入校学生在教育教学、食宿安排等方面增强关心关爱，同时抓好教学管理，对现有学生做好“质量留人”“环境留人”，营造学校良好留人育人环境，确保进得来、留得住、学得好。

落实精准帮扶。一是开展贫困户子女精准识别工作，对全县贫困人口进行精准识别，筛选出贫困人口中适龄儿童少年共6077人，认真核对贫困家庭适龄儿童少年入学情况，确保贫困儿童少年全部入园入校。二是开展“两后生”技能培训和再教育，广泛开展“两后生”就业和再教育政策宣传，认真统计全县“两后生”情况，帮助愿意接受再教育的“两后生”联系学校选择专业继续升学，不愿意接受再教育的就地联系县人社局或施工单位、服务行业开展技能培训，让他们掌握一门就业技能，同时帮助他们进入到各个工作岗位。三是开展贫困大学生资助帮扶。紧紧围绕国家普惠性资助政策，确保贫困家庭适龄学生不因贫困困而失学辍学，坚持贫困家庭大学生统计“不漏一人”基本原则，实现应助尽助。反复与各相关单位核实信息，及时安排做好县级资金配套和发放补助金工作。2016年以来，按照自治区核准名单，先后对全县1364人次建档立卡或农村低保贫困在校大学生落实“三免一补”政策，累计兑现区、市、县三级补助资金1378.0278万元，实现建档立卡贫困大学生资助全覆盖。

2. 义务教育拔穷根阻断代际贫困

聚焦脱贫攻坚大局，坚持把教育脱贫攻坚摆在突出位置，实行县长、教育局长、乡（镇）长、村主任、校长、家长“六长”联动联控联保工作机制，压实家庭、学校、政府各方面责任，全力控辍保学，实现了全县适龄儿童少年全部入园入校，保障了6077名建档立卡户适龄儿童少年享受均等教育不落一人。

县长负总责。在充分调研的基础上，结合芒康实际，建立县长负责统筹协调、分管副县长落实双线控辍、县级领导包片联系等制度机制，成立教育均衡发展工作领导小组和控辍保学专办，研究出台《芒康县控辍保学实施办法》，推行“四书制”（入学通知书、限期复学通知书、保学合同书、处罚决定书），压实了责任、提高了入学率。

局长抓监督。教育局长负责制定控辍保学方案、组织开展控辍保学、监督控辍保学工作在学校的落实，牵头督导检查、指导乡（镇）、学校开展工作，常态化推动教育法律法规、控辍保学及惠民政策等招生宣传，确保了控辍保学措施的有效落实，提升了农牧民群众对控辍保学和教育脱贫的知晓率、支持度。2016年以来，共组织开展各类宣传宣讲70余场次，发放宣传资料2万余份，受教育群众覆盖面达100%。

乡长抓落实。各乡（镇）长具体负责落实辖区内控辍保学工作，实行每乡（镇）安排一名专职干部协调负责教育工作，教育督促学生父母或其他法定监护人送适龄子女入学，指导村（居）委会摸清辖区内入学就读情况，协助教育部门在“控辍保学”上做到了应招尽招、应招全招，确保了所有适龄儿童享有完整、公平和高质量的义务阶段教育。同时，加强对孤儿、残疾人子女等特殊群体和家庭困难学生的关心关爱，实现了适龄儿童少年不因家庭困难而失学辍学。

村主任抓招生。建立健全村主任负责入组入户动员适龄儿童少年入学工作机制，动态监管外出务工人员子女入学、在校学生返村情况，配合学校做好家长、学生的思想工作，教育和引导农牧民群众理解教育、支持教育、参与教育。

校长抓巩固。落实校长责任，加强教师师德师风建设、督促抓牢学生德育教育、抓严课堂教学各环节、抓细学校常规管理，制定完善班级、教师控辍保学责任制，落实班主任包班制度，准确掌握学区范围内适龄儿童底数和入学情况，定期对无故未到校学生开展家访，联系监护人核实情况，向乡（镇）和县教育局反馈，配合乡（镇）、村（居）委会共同做好辍学学生动员返校工作。

家长送学生。严格监督家长履行监护职责，教育并督促自己孩子入学、在校，深入开展以学生家长为重点的“四讲四爱”群众教育、“法律七进”和脱贫攻坚“扶志扶智”宣传等教育活动，提高了送孩子上学的积极性，为孩子扣好人生第一粒扣子提供了保障，基本实现了从“要求家长送孩子上学”到“家长主动送孩子上学”的转变。

（五）社会保障兜底一批

截至 2020 年年底，芒康县农村低保对象 11109 人，兑现资金 2632.7 万元；特困人员 439 人，兑现资金 369.96 万元；孤儿 149 人、事实无人抚养儿童 18 人，兑现资金 22.87 万元；持证残疾 2867 人，符合享受 2020 年“两项”补贴资金 2543 人，兑现资金 416.64 万元；临时救助 412 人，救助资金 87.95 万元。

1. 医保方面

一是积极落实贫困人口基本医疗保险个人缴费部分由政府补贴政策，由县医疗保障局安排专人负责该项政策，及时将医疗救助代缴资金上缴到市医疗保障局，使贫困户能应保尽保，确保建档立卡户全员参保、减轻贫困户就医压力，防止了贫困户因病致贫、因病返贫；二是积极落实大病集中救治保障政策，有效降低了贫困人口因病致贫率、因病返贫率。大病集中救治政策落实有效，缓解贫困人口就医压力。三是持续完善先诊疗后付费和一站式服务制度，有效解决了农牧区群众就医难、报销难的问题。通过多举措解决看病难、报销难问题。严格按照全国统一医保信息平台和业务标准的要求，高标准推进县乡统一联网、直接结算，统筹整合城乡医保经办资源，将农牧区新型合作医疗事项办理下放至乡（镇）社会事务办，由乡（镇）“一站式服务、一窗口办理、一单制结算”办理医疗报销手续，县医疗保障局当日核对打款、次日审核发放，实现 2 日内网银直接将报销费用打入报销群众个人账户，让数据多跑腿、人民群众少跑腿，解决报销时间过长，报销手续烦琐的问题。

2. 健康方面

一是积极落实贫困人口基本医疗保险个人缴费部分由政府补贴政策，由财政补贴给予全额代缴。截至 2020 年年底，芒康县人民医院和 16 乡（镇）卫生院实现先诊疗后付费制度服务 20694 人次，报销费用总计 6446271.16 元；分批次对全院医务人员进行了心肺复苏和基层常见病多发病知识、手卫生与院内感控、抗菌药物的合理使用等知识培训（共计开展县级、院级、科级培训 150 余次，参培人员1000余人次），通过交流学习和进修学习从而建立了良好的学习通道，通过师带徒的形式培养院感专职人员1名，外科医生2名，手术室专职护士1名，内科医生2名。二是“三个一批”行动计划和政策落实情况。大病集中救治一批。积极按照《自治区卫生健康委关于进一步加强农牧区贫困人口大病专项救治工作的通知》文件要求，在已有9类15种疾病基础上，对肺癌、肝癌、乳腺癌、宫颈癌、急性心肌梗死、尘肺、神经母细胞癌、儿童淋巴癌、骨肉瘤、血友病、唇腭裂、尿道下裂等疾病进行救治和筛查，已救治乳腺癌患者4人、宫颈癌患者1人、急性心肌梗死患者3人、尿道下裂患者1人。慢病签约服务管理一批。及时组建了60个家庭医生签约服务团队，完成签约服务3185人（高血压患者1086人、糖尿病患者11人、结核病患者27人、严重精神障碍患者19人）为签约户提供服务9555次，城乡居民暨在编僧尼健康体检完成60746人（僧尼333人）；在提供服务的同时开展健康教育，降低了疾病发生率，为符合条件的农村贫困人口每年开展不少于4次健康体检和随访。重病兜底保障一批。按照《关于印发健康扶贫工程“三个一批”行动计划的通知》（国卫财务发〔2017〕19号）文件精神，重病兜底保障政策坚决落实，有效防止了贫困人口因病致贫、返贫。至2020年10底，重病兜底保障32人、兑现金额19096.4元。三是卫生基础设施配套方面。洛尼乡新建卫生院住院部建设项目工程，总投资118.85万元，已完成总工程量的70%；60所村卫生室已建完（依托村级组织场所配套28所、使用原村委会配套19所、在乡（镇）府所在地的行政村13所），全部配备了医务人员、设备、药品，已在陆续开展日常医疗保障工作。四是投入539余万元启动健康信息化平台建设，芒康县99%以上参加“新农合”的农牧民群众均办理了个人就诊卡和家庭账户卡。有了这两张卡，农牧民群众看病、报销以及公立医疗机构和卫生主管部门的工作有了明显的变化。

3. 民政方面

一是2020年农村特困供养人员438人，上半年兑现资金187.12万元。2020年下半年农村特困供养人员439人，兑现资金178.84万元。二是根据《西藏自治区人民政府关于建立困难残疾人生活补贴和重度残疾人护理补贴制度的实施意见》文件精神，积极开展对向持有第二代残疾人证的低保对象发放困难残疾人生活补贴和重度残疾人生活补贴。2020年持证残疾2845人，其中符合享受2020年“两项”补贴2544人，兑现资金416.64万元。三是坚持应救尽救原则，切实将遭遇突发性、紧迫性、临时性生活困难的贫困人口纳入救助范围，按照《西藏自治区人民政府关于全面建立临时救助制度的意见》（藏政发〔2017〕10号）文件精神，困难个人救助标准不超过5000元，困难家庭救助标准不超过10000元，根据临时救助对象实际需求实施救助，保障困难家庭和困难个人基本生活。2020年临时救助412人次，累计支出金额87.95万元。五是认真落实经济困难的高龄、失能老年人补贴政策。2020年全县高龄、失能老年757人，其中高龄老年人289人、失能老人468人，总兑现资金45.42万元。

三、补齐基础设施短板，提升公共服务水平

（一）补齐基础设施短板

1. 水利基础设施提升

全力解决贫困地区农田灌溉“最后一公里”问题，2016年以来，全县投入8135.94万元实施小型农田水利重点县建设项目4个，投入9817万元实施灌区与节水改造工程6个，新增和改善灌溉

面积 2.22 万亩，有力支撑了农业增产、农牧民增收。2016 年以来，实施小型农田水利重点县项目 3 个，总投资 6135.94 万元，解决芒康县 2.4 万亩农田灌溉用水问题；实施昌都市芒康县徐中灌区，总投资 1542.9 万元，工程新建取水口 5 个、7 条干渠（管）长 31.98 公里、支渠 24 条长 16.08 公里、渡槽 2 处长 75.20 米、沉砂池 2 口、消力池 13 口、分水闸 65 个、过公路涵管 9 处长 54 米、节制闸 6 处、排洪槽 3 条、镇墩 58 个。解决徐中乡 0.7 万亩农田灌溉用水问题；实施徐中乡河道治理工程，总投资 2283.29 万元，综合治理河道总长 15.82 公里，新建防洪堤 10.89 公里，解决丹达曲徐中乡段防洪问题。实施芒康县措瓦乡防洪堤、芒康县盐井灌区拉贡片区工程、2017 年易地扶贫搬迁供水工程 3 个水利项目，总投资 7917.2 万元，修建防洪堤总长防洪堤总长为 5738.34 米，新增灌溉面积 2260 亩，改善灌溉面积 11440 亩。见表 5-11。

表 5-11　2016—2019 年芒康县水利工程项目投资与带动贫困户脱贫情况

年份	实施水利饮水工程项目投资金额（万元）	项目个数（个）	受益建档立卡户数（户）	受益建档立卡人数（人）	实施水利饮水工程项目投资收益情况				
					实施水利饮水工程项目资金来源	实施水利饮水工程项目投资金额（万元）	项目个数（个）	受益建档立卡户数（户）	受益建档立卡人数（人）
2016	216.70	2	73	438	中央预算内资金	77.00	1	10	60
					维修养护资金	139.70	1	63	378
2017	1914.20	11	1274	15276	PSL 贷款资金	1764.2	10	1285	15269
					中央预算内资金	150.00	1	28	224
2018	733.00	26	381	2227	中央预算内资金	733.00	26	381	2227
2019	9250.86	151	1385	9415	第一批中央预算内资金	570.37	14	95	654
					脱贫攻坚整合资金	6757.54	112	1138	7970
					“三区三州”脱贫攻坚资金	1622.95	16	96	500
					第二批中央预算内资金	300.00	9	56	291
					中央预算内资金	300.00	6	61	345
					维修养护资金	141.39	3	29	159
					防汛抗旱补助资金	350.63	35	319	1704

2. 电力保障提升

电力畅通突出“广”，截至 2020 年年底，已完成投资 3.1945 亿元的农网升级改造工程。全县“新一轮农网”建设投资 1.51 亿元（包含芒康 110 千伏变电站扩建工程、芒康县宗西—戈波 35 千伏输变电新建工程、芒康）。工程投运后，芒康县域电网实现 110 千伏双线、双变供电，供电可靠性大幅提高，解决并改善了 0.18 万户居民用电问题、受益人口 0.73 万人，芒康县主电网人口覆盖率达到 53.85%。全县“三区三州”建设投资 2.1 亿元〔包含芒康县盐井 110 千伏输变电工程、芒康县莽岭 35 千伏输变电工程、芒康县盐井 110 千伏变电站 35 千伏送出工程、芒康县 35 千伏线路通信系统及自动化改造工程、芒康县盐井 110 千伏变电站配套 10 千伏线路工程、芒康县 10 千伏及以下中低压配电工程（2018—2020 年）〕。工程投运后，芒康县除索多西、竹巴龙、木许、曲登 4 个乡（镇）乡由小水电供电外，其余 12 个乡（镇）均纳入主电网覆盖，基本解决了芒康地区用电的问题，芒康县主电网人口覆盖率达到76.62%。全县“十三五”增补项目建设投资2.08亿元（包含芒康县竹巴龙35千伏输变电工程、芒康县曲登35千伏输变电工程、芒康县10千伏及以下中低压配电工程（2020年）），项目投运后，芒康县除索多西乡由小水电供电外，其中15个乡（镇）均纳入主电网覆盖，基本解决了芒康地区用电的问题，芒康县主电网人口覆盖率将达到96%。全县易地扶贫搬迁安置点共17个，截至2020年年底已经全部通电。

3. 农牧区公路提升

芒康在道路建设中突出“快”，截至2020年，实施交通项目96个，投资84299.39万元，实现15个乡（镇）49个行政村通硬化路（未含整体搬迁的戈波乡）。在项目建设过程中组织农牧民群众参与到项目的建设、租用农牧民群众机具、购买农牧民群众自采材料，农牧民施工队能实施的工程尽量交给农牧民施工队实施。使项目建设地的群众增收，对农牧民群众进行技能培训。公路养护方面，2016年7月，芒康县受持续强降雨的侵袭，造成芒康县境内农村公路多处不同程度出现水毁灾害，不少道路被大水淹没，坍塌、路基沉陷、泥石流堆积等自然灾害，面对险情芒康县交通运输局全体工作人员在第一时间奔赴抗洪一线，奋力抢险保畅通，调集装载机、挖掘机及工程车辆赶往险情现场，用最快的时间、最快的速度、最安全的措施清理山体塌方，恢复路面畅通，疏通公路边沟、排除路面积水和碎石，以最快时间实现道路全面畅通。2018年10月和11月，两次金沙江百格堰塞湖，芒康县境内金沙江沿线的道路桥梁均受到不同程度的损毁，芒康县交通运输局立即联合相关单位和建设企业组织人员、机械前往受灾区域进行抢险保通工作，第一时间打通了受灾乡村的道路，同时架设溜索等设施，将生活物资运送到受灾群众的手中，保障了受灾群众的生活、生产和出行。

4. 通信提升

信息覆盖突出“全”，推动电商企业发展农村网点，着力打造“互联网+”“农村淘宝”电子农务等新型经营主体，构建优质电子商务平台，加快农村信息化发展。为进一步推动全县电商快速发展，形成农产品进城，工业品下乡的良好局面，2017年，芒康县发改委、芒康县电子商务公共服务中心在帮达乡、如美镇、普拉村、毛尼村等地开展电子商务进农村普及培训14场，560人次参加了培训。培训开设了电子商务发展现状、政府扶持电商政策、电商平台功能以及电商促农增收等课程，针对农村电商如何解决农民“卖难”和“买难”等问题展开讲解。除了理论授课，讲师为学员现场演示了如何使用淘宝、京东购物，并指导部分学员安装手机淘宝、支付宝等电商常用软件。电商普及培训，让农牧民群众知电商、用电商、爱电商，并从中筛选意向学员入驻服务中心电商双创基地进行后续进阶培训，为后期一对一孵化电商创业打下基础。培训结束后，10余名青年村民现场报名。

5. 网络信息提升

2016年12月，芒康县电子商务进农村综合示范项目正式启动，芒康县农牧民实现了多条腿走路，不断发展壮大，越来越多的老百姓找到了增收新路子。为了电子商务进农村工作顺利开展，县委县政府链接相关公司设计了县级农村电子商务公共服务中心体系、农村电子商务物流体系、农村电子商务培训体系、农产品电子商务供应链管理体系、农村电子商务营销体系和农村电子服务站体系等六大体系。越来越多的土特产品由电商搭台，走出了大山，走出了高原。索多西辣椒酱、藏东蜂蜜、松茸、野生红景天、葡萄酒、核桃油等56款土特产品已入驻爱西藏平台的特色芒康频道，无论何地，人们只要拿起鼠标或手机轻轻一点，就能在家中享用到来自芒康的美味佳肴。2018年，芒康县电子商务公共服务中心通过电商、网商平台，线上线下累计销售66.1万元。

（二）提升公共服务水平

1. 科技水平提升

自脱贫攻坚工作开展以来，芒康县科技局严格落实属地原则，积极开展易搬迁点科技配套工作。2018 年完成芒康县 17 个易搬迁点科普活动室铜牌安装，并多方争取科普书籍及科技宣传资料进行配套；2019 年 9 月，开展“科技强国科普惠民”为主题的科普援藏活动，得益于各级科技部门的大力支持，芒康县获赠笔记本电脑、科普书籍、科普教具、实验仪器及各类宣传手册总价值 130 万元，现已全部分发到各学校，并正常运行使用，获得老师和学生们的一致好评，同时此次活动经费中支出 4.125 万元，采购办公电脑、阅览桌、阅读椅子、书架及科普书籍用于配套徐中、昂多曲塔、如美、纳西、县城达孔顶等五处易搬迁点科普活动室，现已完成安装并投入使用此次活动的开展，对传播科学知识、弘扬科学精神、淡化宗教消极影响具有积极作用，营造了讲科学、爱科学、学科学、用科学的良好氛围；2019 年 11 月，收到上级分发的科普盒子终端后，科技局立即开展终端分发工作，在组织乡（镇）领取终端核盒子的同时对照使用说明书，开展现场使用培训工作，现已完成安装并投入使用，经现场核实，各村居科普终端均已发挥效能；2020 年 1 月，按照市科技局要求，自各行政村科普活动室铜牌到位后，科技局及时进行分发安装，为确保科普活动室发挥应有的作用，科技局积极筹措科普宣传手册及书籍，同时进行配套，现已完成 61 村居科普活动室铜牌安装工作。

一是构树引种及高效栽培利用技术集成示范项目。项目自启动以来，截至 2020 年年底，全县各项工作有序推进。在前期考察确定种植条件后，将重点开展西藏芒康县构树引种试验工作，同时进行构树加工利用关键技术研究工作，尽快推动项目研发工作开展。按照芒康县农时及项目区环境因素，2020 年 4 月，在芒康县纳西民族乡、如美镇（两个海拔高度）、嘎托镇等 3 个乡（镇）的 2400 ～ 3600 米的不同海拔高度的 5 个点进行 20 亩的构树示范种植工作，通过栽培试验和越冬分析，确定适宜品种及适宜种植海拔高度以及加工利用方式。项目同步在北京开展了一些构树加工利用共性关键技术的研究工作。进行构树青贮乳酸菌的筛选、构树水分和添加剂处理等青贮加工实验。从瘤胃液和构树原材料上分离乳酸菌 129 株，进行生理生化指标测定，筛选生长快、产酸高且适应性强的菌种并对其进行菌种鉴定。通过青贮品质分析，评价筛选乳酸菌添加效果；设定不同添加剂处理组，探究不同添加剂对构树青贮品质的影响；通过晾晒和混贮处理研究水分对构树青贮品质的影响，确定构树青贮前材料加工处理技术。总结出构树青贮加工技术，为构树青贮的加工利用提供理论基础和技术。

二是“冬菌夏菜”种植项目。2019 年年底，昌都市科技局从援藏口子解决资金 10 万元，在盐井蔬菜保供基地建立“冬菌夏菜”栽培模式示范基地 1 个，通过示范基地加快科技成果转化，完善相关配套栽培技术及基础设施，带动项目实施地建档立卡户 10 户，培训项目区当地农牧民 150 人次。具体进行蔬菜种植面积 30 亩，菌类种植温室大棚 20 亩（其中羊肚菌 15 亩、黑木耳 5 亩）；制定昌都市“冬菌夏菜”栽培模式技术手册 1 套。现种植工作已完成，长势良好。

三是科技孵化器建设项目。为全面贯彻党中央、国务院和自治区党委、政府关于“大众创业、万众创新”工作的决策部署，加快推进芒康县“双创”载体的建设运营，芒康县高原特色产业科技孵化器于 2019 年 1 月被自治区评为自治区级科技企业孵化器，2019 年 9 月下达芒康县奖补资金 300 万元用于建设运营。经县人民政府决定，将奖励资金用于位于产业园区一期的芒康县高原特色产业科技孵化器。该孵化器场所面积为 5600 平方米，主体工程、装修已完成，并投入运营。

四是加大农牧民技能培训。2016年，芒康县人社局和昌都市金色阳光职业培训学校联合开办厨师技能培训，建立了完善的考勤、结业认证制，确保培训取得实效，培训中，参训学员感受颇深并较好地掌握了基本烹饪知识和实操技能，其中部分参训学员学劲强、悟性高已能够熟练地完成十几道菜品，培训班已经完成了烹饪技巧基础性学习。通过此次培训，进一步改变了徐中乡建档立卡贫苦户的就业观念，为当地农牧民群众转移就业工作奠定了良好基础。2017年，芒康县人社局联合县住建局在产业园区内举办芒康县2017农牧民建筑施工技能培训班。培训采取部门联动、社会参与的形式，培训对象为芒康县农牧区富余劳动力共计584人（优先安排建档立卡贫困户），培训内容主要包括钢筋工、混凝土工、木工、水电安装工、挖掘机操作等10个工种，培训结束后将对参训人员进行专项职业能力考核，并颁发《专项能力证书》。此次培训，将带动全县近600人实现就业，对促进建档立卡贫困户实现就业脱贫、进一步规范芒康县农牧民建筑施工队科学化建设工作、促进全县群众致富增收等起到积极作用。2017年，芒康县在曲孜卡乡成功举办首届扶贫攻坚——哈达谷喜马拉雅蜂业培训班，共有来自徐中、曲孜卡、木许等乡（镇）的42名建档立卡贫困户参加培训。培训从蜜蜂繁育、病虫害防治技巧等方面入手，详细讲解了蜜蜂养殖技术，希望芒康县广大建档立卡群众加入到蜂蜜养殖行业中来，将此作为支柱产业和家庭主要经济来源，真正达到脱贫增收的目标。通过培训和交流，参训学员进一步掌握和提高了蜜蜂养殖技巧，进一步坚定了发展蜂旅产业的信心和决心，对下步带动全县其他建档立卡贫困户发展蜂旅产业增收致富，同全国、全区、全市一道同步建成小康社会奠定了坚实基础。2020年，在昌都市文化局的大力支持和精心筹划下，芒康县文化局组织开展的首期文化产业新进人员技能培训班开班。此次培训投入专项资金25万元，培训对象皆为当地建档立卡贫困户。培训以提升新进人员技能为主题，是帮助贫困家庭劳动力提高专业技能水平和就业创业能力的具体措施之一，是提高农牧民群众综合文化素养，突出公共文化服务能力，聚集人才，加快推进芒康县文化事业发展繁荣的重要举措。通过15天的培训，新进人员提高操作技能的同时，促进传统工艺走进现代生活，增加就业，提高从业者收入，全面提高文创产品质量和水平。同年，新型职业农牧民培训开班。培训班共15名乡（镇）干部及114名农牧民科技特派员参加，培训通过从涉及群众切身利益的种养方面技术入手，将为芒康县改善传统种植养殖方式，提高科技含量，助力种养效率，形成新型职业农民，促进经济收入等方面的长足发展奠定基础。

2. 教育基础设施提升

按照“学前教育抓起步、小学教育抓巩固、初中教育抓规模”的发展思路，加强教育科研，不断提高教学质量，重点突出五种教育同步走，全面协调教育事业稳步发展。

集中配备完善幼儿教育相应的教具、玩具和用具。推进教育信息化，加强电教队伍建设，提高信息化设备使用率，将现代信息技术更多融入日常教学，辅助提高教学质量。积极申报芒康县体育馆、塑胶球场等体育项目，夯实体育建设基础；维护利用好室外健身器材，引导农牧民群众及学生积极开展体育锻炼，促使全民健身活动上台阶；做好“两操一课”“阳光体育1小时”锻炼活动以及学生体质健康监测工作，有条件的申请成立弦子舞蹈队、篮球队、足球队、少儿艺术团，做好体育人才培养和储备。2020年，安置点文化室配套设施建设任务为17个已新建和在建安置点，已建成13个安置点，4个安置点正在建设中，待村委会建设完善可投入使用，现相关设备已全部购买完成，完成率53%。

为了进一步加强社会主义新农村建设，提升农村文化品位，满足农村群众文化需求。2018年，昌都市文化局（市文物局）积极探索和创新农村公共文化建设新途径和办法，投入专项资金100万元，启动了芒康县木许乡木许村村组文化活动中心示范点建设项目。通过“政府主导，群众参与”的模式，把村组文化中心建成党的政策宣传阵地，学法、遵法、守法、用法的前沿阵地，促进民族团结、建设和谐家园的阵地，农牧民群众文化知识学习阵地和民间文化传承阵地，打造“昌都模式”公共文化服务示范点。建设完成后的活动中心由村组党支部负责管理，组织百姓学习党的政策、开展各类文娱活动。该村村组文化活动中心示范点建设项目选用原村民委员旧址，占地面积700平方米，内设展览室、文化活动室、活动储藏室、值班管理、台球室、阅览室、办公室、阳光棚等。其中：一个展览室（47.31平方米）、一个文化活动室（37.40平方米）、活动储藏室（11.87平方米）、值班管理室（6.62平方米）、台球室（20.26平方米）、阅览室（20.20平方米）、办公室（12.87平方米）、阳光棚（19.07平方米）。

3. 文化提升工程

芒康历史悠久，文化积淀深厚，保护和利用好历史文化遗产，可以加深群众对芒康历史文化的了解，更好地弘扬传承芒康悠久灿烂的文化。近年来，芒康紧紧依托丰厚的文化资源和自然资源，着力打造“弦子”文化旅游品牌，取得了显著成效，并在区内外产生了较大影响。依托昌都丰富的旅游文化资源，大力发展旅游文化产业。重点实施芒康县朗丁康姆营地和精品农家客栈（藏家乐、农家乐、牧家乐）113家，提升改造芒康拉乌山、“洒咧”营地。2017年以来，芒康县紧紧围绕“文化引领、发展繁荣”这一目标，牢牢把握先进文化前进方向，抓机遇，明任务，与时俱进，开拓创新，有力推动了全县文化事业繁荣发展。

惠民工程筑牢堡垒。一是从“惠民”二字出发，切实走进群众，构建惠民工程。在全县16个乡（镇）充分发挥文化站阵地引领作用，认真践行“传播文化工作、发扬文化精神”职责，组织开展一系列群众文化惠民活动，使文化宣传阵营在全县形成网络覆盖。二是以“缺什么补什么”为宗旨，在乡（镇），投入30万元，推进30个村文化室标准化建设，在县城，投入1亿余元，对维色寺、巴渝文化广场进行升级改造，新修文化体育中心、曲孜卡文化演艺中心，架起文化工作的营地。三是加强基层文艺队伍建设。在曲孜卡、索多西、徐中等5个乡（镇）组建乡村文艺表演队，开展文化宣传、文艺表演等活动，活跃乡村文化。

文化活动空前繁荣。结合各类节日活动，红色纪念日，广泛开展喜闻乐见的群众文化活动，在精心策划下，主流文化的核心凝聚力得到彰显，群众的文化生活得到了有效的改善，文化精神也明显提升。一是精品创作不断加强。全县文化工作者坚持以繁荣创作、出人出戏为中心，增强精品意识，唱响主旋律，提倡多样化，创作出了《芒康印在我心底》《茶马盐道》《铃鼓之韵》等一批面向基层、面向大众的文化艺术精品。二是文化交流广泛。县民间艺术团第一次登上了康巴卫视藏历新年文艺晚会大舞台，参加了首届滇川藏三省区“中国梦. 梅里情”民族广场舞大赛、吉林长春一汽集团“喜迎十九大”文艺会演、那曲地区比如县第九届苏毗娜秀文化旅游艺术节等活动，舞蹈《热谐·弦鼓情缘》《昂巴色布》等得到了观众的一致好评，活动的成功参加让更多的人认知了芒康。三是群众文化活动广泛开展。文化下乡常抓常新。结合“五下乡”和送戏进基层活动，提升农牧民群众的文化质量和幸福度，《中国梦·芒康情》《颂祖国·感党恩》《喜迎十九大·感党恩爱核心》交叉巡演等活动深受群众喜爱。2020年8月成功举办了首届全区弦子舞展演暨弦子艺术研讨交流会活动，3000余名挑战者共同完成了弦子舞《拥抱幸福》的世界纪录挑战，经世界纪录认证官方人员现场审核，被确定为“最大的弦子舞教学课堂”世界纪录（WRCA），同时区内外42名专家进行了交流研讨，考证藏族弦子艺术的起源，探究弦子发展历史，归纳弦子歌舞分类、解析弦子歌舞文化的艺术价值，论证弦子艺术文化在社会主义文化大发展、大繁荣中的重要作用，探讨弦子艺术文化未来发展的历史机遇和重要意义，达成了芒康共识，并完成了词谱集《昌都（芒康）谐舞艺术赏析》和论文集《盛世弦舞》的校对排版。有组织有步骤地开展各种文化活动达370余场，参与人数上千人，观众达15万余人次，其中，广场文化活动就达40余场。

发扬“亮剑”精神，打造活力基层队伍。以“亮智慧、亮本领”为主题，加强文化人才的培养。举办县乡文化馆站人员业务培训、非遗技艺培训等各类文化培训班30余期，培训人数10000余人。同时，采取“走出去”，将艺术团演员选派到昌都市群艺馆、重庆渝北区文化馆接受文艺创作、舞蹈艺术等方面的专业培训，提高了文化人才素质，储备了文化艺术人才。以“亮职能、亮执法”为主题，加强文化市场的监管力度，及时查处违规经营行为，严厉打击图书、音像、印刷行业非法盗版现象，有效地净化、规范了全县的文化市场秩序。2017年9月，全区文化市场管理工作现场会分会场在芒康县成功召开，丰翼网咖的成功转型得到了与会人员的关注和肯定。同时，进一步规范行政审批流程，推动政府部门由办文化向管文化转变，梳理行政审批事项36项，有效提高了服务水平效能。

按照“文化教育兴县”发展目标，重点做好五个方面的工作。一是统一思想、提高认识，强化一份责任与使命。二是明确目标、理清思路，抓好文化资源普查、非遗挖掘、文物保护利用、文化市场监管、文化产业扶贫等工作。三是用“文化+”的理念，形成大文化概念，通过做好第六届昌都市三江茶马艺术节、芒康第七届茶马古道旅游文化艺术节等文化活动，打造一批文艺精品，扩大芒康的影响力，更好的宣传芒康。四是对接项目、整合资源，建好一批重点工程。继续完善“文化信息资源共享”。五是积极探索“文艺+市场”的运作模式，积极稳妥地推进县艺术团的改革工作，把民间艺术团建设成文化强县的主力军。同时，注重实效，积极探索形成有本地地方特色的人才培养机制，加强基层文艺人才的培养。六是以“非遗+扶贫”的发展模式，狠抓“非遗工坊”规模化建设，加大对定点贫困村贫困户的帮扶力度，尤其在产业、就业等方面多出思路、多想点子，拓宽文化产业发展规模，在吸收更多农牧民群众致富的同时，不断巩固和发展优秀文化，将文创产品推销和展示给更多的人。

4. 卫生条件提升

让信息“多跑路”，让群众“少跑路”。芒康县卫生健康委员会深入医疗机构和农户家中多次调研，发现群众办理看病治病相关手续和报销医疗费用难后，立即着手建设芒康县健康信息化系统，并于2017年正式运行，彻底改变了群众看病治病及医疗费用报销需多次办理的状况。为群众办理就诊卡后，群众在挂号时能够直接读取相关信息，医生开出处方，药房提前收到通知出药，费用自动完成结算，让“信息”跑在群众前面，为群众至少节约30分钟时间，不仅如此，医生还能据此准确判断患者病情并快速提供相关病情诊断和治疗方案。

让群众更方便快捷的报销医疗费。以前群众报销看病治病费用必须至县卫生健康委员会才能报销，每张单据和各项费用都需要人工核查，核查期间，群众只能排队等待办理，许多群众家距离县城较远，只能提前一天至县卫生健康委员会等待报销。现在通过新农合平台，群众在县域内医疗机构刷卡就能报销，以往需要两个月才能完成群众看病治病费用报销成为历史；2018年，县卫生健康委员会主动与银行、电信等沟通后，将新农合系统普及至全县各乡（镇），并开通网上银行支付功能，使得群众区外就诊费用在乡（镇）社会事务服务大厅就能办理，报销款两天内就能直接打入患者账户。

让群众享受高质量医疗服务。2020年，实施县、乡、村三级医疗机构远程视频诊断系统工程，使群众不出村就能够享受高质量的病情诊断并得到针对性的治疗方案或治疗建议，与此同时，群众能够准确及时地了解掌握自身健康状况，实现了对患病群众的动态监控管理。2021年上半年实现竣工并运行县、乡、村三级医疗机构视频诊断系统工程建设。

持续建强医疗阵地。2017年，助力芒康县藏医院被评审为一级甲等医院，2018年，助力芒康县人民医院被评审为二级甲等医院，并完成乡（镇）卫生院和村卫生室建设。

深化妇幼健康工作。为做好“两降一升”工作，卫健委认真实施国家“降消”项目，大力提倡新法接生及住院分娩，全面落实住院分娩补助及住院分娩医药费全额报销制度，开展了儿童营养改善、免费发放叶酸、育龄夫妇免费孕检、出生缺陷干预、“两癌”筛查等项目，并积极选派责任心强、技术较好的53名医护人员参加了昌都市助产士培训，为全部乡（镇）卫生院开展住院分娩业务提供了技术支撑。2020年1～10月，全县孕产妇1043人，活产数1023人，住院分娩率98.75%，孕产妇死亡1人，孕产妇死亡率十万分之九十五，婴儿死亡数5人，婴儿死亡率为4.83‰，截至10月底已兑现834名孕产妇住院分娩补助资金94万余元，发放儿童营养包11469盒，叶酸服用人数739人；1～10月完成免费孕检329对，出生缺陷检查317人，三病筛查人数503人，乙肝产妇数54人，母婴阻断：乙肝活产数54人，乙肝免疫球蛋白注射54人，注射率为100%。截至2020年10月底，完成“两癌”筛查3280人，儿童入园体检人数2910人。

加强常见病疫情监测、季节性疫情监测和突发公共卫生事件的监测等工作。2019年诊察常见传染病20种发病总人数489例，传染病报告发病率445.16/10万，其中乙类传染病417例，丙类传染病30例，其他传染病42例；乙肝225例，结核病188例、性病42例为占据前三位；2019—2020年，未发生突发公卫生事件，未发生麻疹、流感、AFP病例等重大公共卫生事件。

通过各部门、各环节的紧密合作，芒康县在卫生方面获得较好的成绩。2017年度荣获昌都市卫生计生工作单位进步奖；2017年度昌都市包虫病综合防治工作优秀组织奖；2018年度昌都市包虫病综合防治工作先进单位；2018年度昌都市卫生计生工作先进单位；2018年度昌都市“六病筛查”工作先进单位；2018年度妇儿工委先进成员单位；2019年昌都市妇幼健康工作先进单位等荣誉。

5. 保障能力提升

加快推进城乡居民养老保险工作。开展“城乡居民养老保险政策进万家”大型宣传活动，悬挂横幅，张贴藏汉两种文字标语，设立城乡居民养老保险宣传专栏，发放宣传单13488份，组织工作组走村入户6000余家，召开群众大会65次，参与群众38890人。通过以上多种形式的宣传方式，群众对城乡居民养老保险政策的理解能力进一步提高，激发了群众参保的积极性。认真开展60岁以上人员的摸底排查和登记工作，为芒康县城乡居民养老保险工作的顺利开展奠定了坚实的基础。

第三节　成效亮点

进入脱贫攻坚阶段，芒康县在市委、市政府的坚强领导下，因地制宜、多措并举、聚力攻坚，于2019年年底实现贫困人口4702户26059人建档立卡贫困人口，实现全域脱贫摘帽，为昌都市深入推进脱贫攻坚工作作出了典型示范（表5-12）。

表 5-12 芒康县 2016—2019 年各乡（镇）脱贫情况统计

序号	乡（镇）名称	2015 年		2016 年		2017 年		2018 年		2019 年	
		贫困户数（户）	贫困人口数（人）	贫困户数（户）	贫困人口数（人）	贫困户数（户）	贫困人口数（人）	贫困户数(户）	贫困人口数（人）	贫困户数（户）	贫困人口数（人）
1	昂多乡	181	944	184	990	173	1013	171	1029	170	1034
2	帮达乡	321	1866	353	2032	353	2041	351	2042	350	2054
3	措瓦乡	658	4210	780	4639	773	4840	762	4978	760	5049
4	嘎托镇	476	2485	481	2447	477	2555	476	2573	472	2584
5	戈波乡	214	1297	257	1497	255	1598	243	1578	241	1562
6	洛尼乡	204	1371	233	1505	232	1526	228	1543	227	1555
7	莽岭乡	118	757	154	920	155	955	154	942	154	960
8	木许乡	128	503	137	538	135	555	132	559	131	561
9	纳西民族乡	199	873	208	890	208	888	207	881	206	889
10	曲登乡	276	1236	306	1331	303	1383	303	1403	302	1405
11	曲孜卡乡	261	1310	280	1463	279	1510	274	1501	274	1496
12	如美镇	316	1382	335	1449	335	1510	328	1500	326	1495
13	索多西乡	338	2038	362	2126	361	2144	355	2151	354	2118
14	徐中乡	369	1960	398	2026	397	2091	396	2141	392	2140
15	朱巴龙乡	350	2013	398	2427	396	2477	394	2495	393	2562
16	宗西乡	293	1814	330	1942	324	2238	323	2266	310	2279
合计		**4702**	**26059**	**5196**	**28222**	**5156**	**29324**	**5097**	**29582**	**5062**	**29743**

一、脱贫成效

（一）梯次推进，如期脱贫

2016—2019 年，芒康县 2 个镇 14 个乡共有贫困村 60 个、建档立卡扶贫户 4702 户 26059 人脱贫摘帽，贫困发生率由 35% 降至 0.01%。2019 年，芒康县顺利通过国家级贫困县退出评估，漏评率、错退率均为零，群众满意度达到 99.93%，全县实现所有适龄儿童少年全部入园入校，组建家庭医生签约服务团队 60 个，慢性病签约服务率达到 100%，对全县 1765 户进行了危房改造，所有乡（镇）、行政村实现安全饮水；完成了 2705 户 16955 人的易地搬迁和 151 户 1181 人戈波乡三岩片区整体搬迁任务。统筹做好优化发展模式、技能培训、金融服务、生态补偿、社会兜底及对口援藏帮扶工作，脱贫成效全面提升。同时，各易地搬迁点共搬入 2705 户，安排就业 7488 人。截至 2020 年年底，凡家庭有富余劳动力的，已全部实现一户一人就业。同时结合劳务派遣公司建立劳务输出对接机制，提高劳动力转移就业组织化程度。截至 2020 年年底，共开发岗位 7377 个。精准开展培训服务，加大搬迁劳动力培训力度。为切实做好易地扶贫搬迁安置点群众的就业创业扶持工作，帮助易地搬迁群众掌握一门技术，做到“搬得出、稳得住、有就业、能致富”，芒康县人社局结合易地扶贫搬迁、新农村建设等的用工需求，开展技能培训 3236 人。通过 2020 年第 5 次扶贫系统的动态调整，“十三五”时期脱贫人口达 5030 户 30101 人。通过对全县农村人口中存在返贫或致贫风险的对象进行监测，重点对两类人员进行精准监测。截至 2020 年年底，全县有贫困监测户 23

户120人，边缘易致贫户16户79人，脱贫不稳定的户7户41人。

（二）聚力攻坚，成效斐然

1. 兄弟情深，援藏助力脱贫攻坚

对口援藏工作是党中央、国务院从党和国家工作全局高度作出的重大战略决策。援藏工作既是一项光荣的政治任务，也是一次经受锻炼、增长才干、成长进步的难得机会。支援芒康的援藏单位和干部大力弘扬了“特别能吃苦、特别能战斗、特别能忍耐、特别能团结、特别能奉献”的老西藏精神，真正肩负起了建设西藏的责任和使命，他们深入基层、扑下身子，真抓实干、埋头苦干，出实招、办实事、求实效，确保援建项目尽快建成使用，努力帮助当地群众提高生活质量和水平，为芒康扶贫攻坚顺利完成和芒康经济发展贡献了力量。

北京援建情况。2016—2020年芒康实施北京援藏项目13项，涉及投资10490万元，累计完成投资10490万元。具体为：援建芒康县各学校教工之家项目，总投资1040万元，已竣工。援建芒康县措瓦乡小学项目，总投资220万元，已竣工。援建芒康县纳西民族乡小学，总投资308万元，已竣工。援建芒康县纳西区域性卫生服务中心项目，总投资650万元，已竣工。援建芒康县如美镇卫生院，总投资650万元，已竣工。援建芒康县措瓦乡卫生院，总投资650万元，已竣工。援建芒康县朱巴龙乡卫生院，总投资240万元，已竣工。援建芒康县帮达乡卫生院，总投资100万元，已竣工。援建芒康县达孔顶卫生院（嘎托镇易地扶贫搬迁集中安置点），总投资350万元，已竣工。北京援助芒康县人民医院车载流动医院，总投资300万元，配套设备已完成，已竣工。援助芒康县各乡（镇）业务用车，给16个乡（镇）配备尼桑皮卡车，总投资304万元，已发放使用，已竣工。援建芒康县乡（镇）卫生院标准化建设，总投资300万元，已竣工。援建芒康县精准扶贫及新农村建设项目，总投资5378万元，已竣工。2016—2020年芒康县实施的北京援藏项目中，支持教育发展项目3项，总投资1568万元。为北京援建芒康县各学校教工之家、北京援建芒康县措瓦乡小学，援建芒康县纳西民族乡小学，教育项目的实施有力促进了芒康县义务教育稳定、持续、协调、健康发展，改善了芒康县办学条件，因地制宜的对学校进行布局调整和扩容提质，充分保障人民群众享受优质教育资源的权利，为培养未来国家栋梁人才打造了良好的教学环境。提升医疗水平项目9项，总投资3544万元。为北京援建芒康县纳西区域性卫生服务中心、北京援建芒康县如美镇卫生院、北京援建芒康县措瓦乡卫生院、北京援建芒康县竹巴龙乡卫生院、北京援建芒康县帮达乡卫生院、北京援助芒康县达孔顶卫生院（嘎托镇易地扶贫搬迁集中安置点）、北京援助芒康县人民医院车载流动医院、北京援助芒康县各乡（镇）卫生院业务用车、北京援建芒康县乡（镇）卫生院标准化建设。项目的实施可着力改善芒康县医疗条件，提高城乡居民的医疗保健水平，推进疾病预防控制卫生服务工作，为芒康县广大群众提供优质医疗服务创造的良好的环境，促进区域经济社会和谐发展，构建新型卫生服务体系，是为群众谋福利的德政工程、民心工程、实事工程。精准扶贫项目1项，总投资5378万元。为北京援建芒康县精准扶贫及新农村建设项目，项目的实施将有利于加快社会主义新农村建设步伐，推进当地的经济结构调整和经济增长方式转变，使当地经济结构得以调整优化，居民居住条件和生活环境得以改善，是贯彻落实全面建设小康社会全局出发的一项重要战略举措。

广东援建情况。2016—2020年芒康县实施广东援藏项目2项，涉及总投资7572万元，累计完成投资7572万元。具体为：援建芒康县藏医院，总投资2700万元。已竣工。援建芒康县精准扶贫及新农村建设，总投资4872万元。2016—2020年芒康县实施的广东援藏项目2项，提升医疗水平项目 1 项，总投资 2700 万元。为广东援建芒康县藏医院，藏医学是我国医学宝库中的重要组成部分，已有三千年的悠久历史，是中国历史上传承下来的传统医学体系和医药知识，广东援建芒康县藏医院项目实施将极大地提高芒康县藏医院卫生医疗条件，加快全面建成小康社会和构建和谐社会的具体行动和重要举措。精准扶贫项目 1 项，总投资 4872 万元。广东援建芒康县精准扶贫及新农村建设，项目的实施将有利于加快社会主义新农村建设步伐，推进当地的经济结构调整和经济增长方式转变，使当地经济结构得以调整优化，居民居住；条件和生活环境得以改善，是贯彻落实全面建设小康社会全局出发的一项重要战略举措。

江苏援建情况。2016—2020 年芒康县实施江苏援藏项目 1 项，涉及投资 67 万元，为江苏援建芒康县精准扶贫及新农村，已竣工。2016—2020 年芒康县实施的江苏援藏项目 1 项，精准扶贫项目 1 项，总投资 67 万元。为江苏援建芒康县精准扶贫及新农村建设，项目的实施将有利于加快社会主义新农村建设步伐，推进当地的经济结构调整和经济增长方式转变，使当地经济结构得以调整优化，民居居住条件和生活环境得以改善，是贯彻落实全面建设小康社会全局出发的一项重要战略举措。

重庆援建情况。2016—2020 年芒康县实施重庆援藏项目共 8 项，涉及投资 15376 万元。完工项目 6 项，涉及投资 10485 万元。在建项目 2 项，涉及投资 4891 万元，累计完成投资 4891 万元。具体为：援建芒康县盐井中学，总投资 1037 万元，已完工。援建芒康县人民医院，总投资 5454 万元，已完工。援建芒康县体育馆改造项目，总投资 157 万元，已完工。援建芒康县嘎托镇农牧民文化健身工程，总投资 1517 万元，已完工。援建芒康县产业引导资金，总投资 1500 万元，已完工。援建芒康县朱巴龙乡旅游基础设施项目，总投资 820 万元，已完工。正在实施的项目有：援助芒康县医疗专业人员培训，总投资 100 万元，已完成 4 批次，完成投资 80 万元。芒康县精准扶贫及新农村建设，总投资 4791 万元，完成投资 4551.4 万元。

重庆市援建情况。落实援藏资金 150 余万元，用于徐中、如美、措瓦、索多西、木许、朱巴龙等 6 个乡（镇）的藏区蜂农开展高原蜜蜂养殖培训、购买蜂箱及蜜蜂养殖；邀请重庆市专家免费开展养蜂技术培训；引进重庆尊崇商贸有限公司打造“尘外藏家”蜂蜜高端品牌；与各乡（镇）签订定向收购计划，2018 年首期入户收购蜂蜜 4000 多斤，为精准扶贫户直接增加现金收入 30 多万元。2019 年向蜂农户定向收购巢蜜 6000 余斤，惠及 100 余户藏区农牧民，使农牧民增收 100 余万元，户均增收近万元。

2016—2020 年芒康县实施重庆援藏项目共 8 项，其中：支持教育发展项目 1 项，总投资 1037 万元。为重庆援建芒康县盐井中学，教育项目的实施有力促进了芒康县义务教育稳定、持续、协调、健康发展，改善了芒康县办学条件，因地制宜的对学校进行布局调整和扩容提质，充分保障人民群众享受优质教育资源的权利，为培养未来国家栋梁人才打造了良好的教学环境。提升医疗水平项目 2 项，总投资 5554 万元。为重庆援建芒康县人民医院、重庆援助芒康县医疗专业人员培训工作，项目的实施可着力改善芒康县医疗条件，提高城乡居民的医疗保健水平，推进疾病预防控制卫生服务工作，为芒康县广大群众提供优质医疗服务创造的良好的环境，促进区域经济社会和谐发展，构建新型卫生服务体系，是为群众谋福利的德政工程、民心工程、实事工程。支持社会事业发展项目 2 项，总投资 1674 万元。为芒康县体育馆改造项目，芒康县嘎托镇农牧民文化健身工程，项目的实施将加强芒康县公共体育场地建设，把体育服务体系覆盖到农牧区，广泛开展丰富多彩、健康有益的群众体育活动，是提高人民群众健康水平的根本保障。支持旅游发展项目 2 项，总投资 2320 万元。为芒康县朱巴龙乡旅游基础设施项目，芒康县产业引导资金，芒康县地处三省交汇处，项目建设地点位于芒康县二道班和如美镇，国道旁，交通便利，项目实施后，吸引了很多当地百姓和游客，增加了人流量，带动了周边产业，既提高了人民群众的物质文化水平，也加快了全县第三产业的快速增长，促进整体经济的发展。精准扶贫项目 1 项，总投资 4791 万元。为重庆援建芒康县精准扶贫及新农村建设项目。项目的实施将有利于加快社会主义新农村建设步伐，推进当地的经济结构调整和经济增长方式转变，使当地经济结构得以调整优化，民居居住条件和生活环境得以改善，是贯彻落实全面建设小康社会全局出发的一项重要战略举措。

一汽援建情况。2016—2020 年芒康县实施中国一汽援藏项目 4 项，涉及投资 1950 万元，累计完成投资 1904 万元。完成 1 个项目，正在实施 3 个项目。一汽援建芒康县精准扶贫及新农村建设，总投资 1750 万元，现已完工。2016—2020 年芒康县实施的中国一汽援藏项目中，精准扶贫项目 1 项，总投资 1750 万元。为中国一汽援建芒康县精准扶贫及新农村建设项目，项目的实施将有利于加快社会主义新农村建设步伐，推进当地的经济结构调整和经济增长方式转变，使当地经济结构得以调整优化，居民居住条件和生活环境得以改善，是贯彻落实全面建设小康社会全局出发的一项重要战略举措。人才培训项目 2 项，总投资 152 万元。为中国一汽援助芒康县人才交流培训、中国一汽援助芒康县干部组团式交流学习宣传项目，开展人才交流培训工作是提升芒康县干部素质和专业技术水平的一项迫切需要，是促进发达地区和援藏单位发挥引领示范作用与对口帮扶作用，促进协调发展的重要举措，通过开展培训、挂职锻炼等活动，有效的拓宽了芒康县干部职工的眼界，增长了知识，学习了先进的工作理念和工作方法，提高了芒康县干部队伍素质。医疗救助 1 项，总投资 48 万元。医疗救助项目包括芒康县全体农牧民群众，“缓解”了当地群众看病难、看病贵的情况，为芒康县群众的健康问题得到有效保障，增加了我芒康县农牧民群众的爱国情怀。

2. 凝聚合力，社会帮扶助力脱贫

社会帮扶工作是指动员全社会关心、支持、参与扶贫开发，是有中国特色扶贫开发工作的重要组成部分。社会帮扶是缓解和消除贫困，最终实现共同富裕的社会主义的本质要求，是全面建设小康社会、构建社会主义和谐社会的应有之义，也是建设社会主义新农村的重要举措。为深入贯彻落实习近平新时代中国特色社会主义思想，践行全心全意为人民服务的宗旨，充分发挥联系群众的桥梁纽带作用，增进党群干群关系，进一步了解掌握结对帮扶户基本情况，为困难群众排忧解难，助力芒康脱贫摘帽。根据芒康县委、县政府近期关于结对帮扶工作的要求和安排，芒康县各界领导干部、企业积极认真开展了结对帮扶工作。

为保质保量完成脱贫攻坚工作，芒康县在凝聚合力方面下功夫，实现多力共用。

（1）实现“三个”到位，形成脱贫合力。一是组织保障到位。按照“经济部门帮扶穷村、政法部门帮扶乱村、党委部门帮扶弱村”的原则，实行对口帮扶措施，做到所有贫困村、贫困户帮扶全覆盖。二是摸清底数到位。瞄准建档立卡的贫困村、贫困户，统一识别标准、统一数据口径，推行扶贫对象实名制管理，做到底数清、问题清、任务清。三是脱贫措施到位。采取“七个一”措施（即：一村一名县级干部、一村一个部门、一村一个致富能人、一村一个工作队、一村一个选派支部书记、一村一个产业、一户一名党员干部），因村施策、因户施法，制定详细计划、建立工作台账、实行挂图作业，确保项目资金、帮扶力量到村到户。

（2）强培训促就业，教育引导强“内力”。针对不同年龄段和文化层次的贫困群众劳动力，教育引导和硬性手段相结合，依托公益性岗位、对口支援等培训平台，积极推行“企业 + 培训机构 + 贫困户”的精准培训模式，确 保技能培训与上岗就业相统一。2016 年以来，先后开展技能培训班 117 期，受训贫困群众达 6476 人次，通过技能培训转移就业贫困群众 4691 人次。同时，主动加强与华电、华能等大型国有企业的沟通协调，积极鼓励农牧民群众有序参与水电开发项目、基础设施建设，转移剩余劳动力 6.7702 万人次，实现收入达 3.2119 亿元。通过开发岗位、职业介绍，加强农牧区富余劳动力的就业培训，实现转移就业，加强劳动监察工作的政策宣传和劳动纠纷调解等工作，社会保障工作取得显著成效。2016 年以来，芒康县共开展职业技能培训 8826 人次，培训后就业 6204 人次，就业率达 70.29%，全县共开发岗位 7377 个，职业介绍成功 6699 人，新增就业 2230 人，城镇登记失业率控制在 2.5% 以内，完成转移就业 67702 人，转移就业收入 32119 万元。广泛开展以《劳动合同法》《民工工资支付条例》为主的法律宣传工作，在国道 214、318 线重点工程建设项目现场进行“两法一条例”专场宣传 87 次，深入到劳动密集施工单位和服务行业发放《劳动合同法》《农民工维权手册》宣传册，督促签订劳动合同，在施工现场接受劳动者和用工单位法律咨询 50 余起，进一步增强了农民工的法律意识和维权意识。深入施工现场协调劳务关系 12 次，全年共调解劳动纠纷 24 起，涉及 333 人，金额 600 余万元，成功兑现农民工工资及工伤赔偿 600 余万元，成功调处拖欠农民工工资案件 24 起，结案率 100%，确保了“事事有说法，件件有着落，争议有答复”。

（3）土地流转稳推进，优化资源挖“潜力”。芒康县以土地流转为抓手，以推进规模化、集约化经营为突破口，以租金、酬金、股金等多种形式，推动产业布局合理化，加快贫困群众增收致富步伐。根据各乡（镇）产业基础，加大土地流转工作力度，大力推进农业经营方式转变，积极探索“龙头企业 + 支部 + 基地 + 合作社 + 农户”发展模式，引导群众开展土地承包经营权适度流转。2020 年，全县已流转土地 11845 亩，其中耕地 5991 亩、荒地 5854 亩。纳西民族乡“三江”农民专业合作社，承包荒山 2000 亩，种植核桃、葡萄、石榴等经济林木，带动贫困群众 45 户 212 人，户均增收 5000 元以上；如美镇竹卡村发展商品房出租经济，将公路沿线商品房出租给个体工商户开展零售、住宿、餐饮等经营活动，带动周边群众 68 户 412 人，户均年收入达 6500 元。

（4）撬动金融筹资金，创新思路激“活力”。作为昌都市首个金融助推产业扶贫试点县，芒康县加强与农行、建行等金融机构的沟通协调，鼓励通过各种方式提供金融支持，拓展建设资金筹资渠道，整合各类资金资源助推脱贫攻坚。芒康县与邮政储蓄银行西藏分行签订了产业扶贫《全面战略合作协议》，为扶贫产业发展提供了资金保障。2020 年，9 家企业获批各银行金融贷款 1.098 亿元，2318 户贫困群众获得贷款 8588 万元。

（5）因地制宜定规划，产业带动壮“实力”。按照贫困群众“就近就便、不离土不离乡、能干会干”的原则，芒康县立足自然资源、产业基础和贫困群众自身实际，因人、因地制规划，大力发展种植业、养殖业、文化旅游业等产业，确保户户能增收。全县共规划“十三五”产业扶贫发展项目 100 个，总投资 46.3 亿元。已开工建设 55 个，累计完成投资 2.7 亿元，带动 5457 名贫困群众脱贫增收。同时，按照“一乡一业、一村一品”规划，重点发展“四大种植”“四大养殖”，全县瓜果基地面积达 2.79 万亩，索多西辣椒基地面积达 2000 亩，人工种草面积 5000 亩，芫根面积 2500 亩，卡若香猪 3.6 万头，红拉山鸡 3.5 万只，阿旺绵羊 10.71 万只，牦牛育肥 3 万头，奶牛养殖 7.5 万头，黄牛改良 7800 头。覆盖建档立卡贫困群众 17690 人，人均增收 1200 元。

在多种力量的共同参与下，各政府、事业单位、企业也参与到脱贫攻坚浪潮之中，形成了多种帮扶模式。

①干部帮扶——形成稳定帮扶模式。为尽快推进芒康县贫困户脱贫，芒康县党委秉持“结对认亲、志智双扶”的原则，通过“干部 +”的结对帮扶模式，逐渐形成了“干部 + 贫困村”“干部 + 贫困户”等形式在助力解决“两不愁三保障”突出问题上持续发力。在“干部 + 贫困村”上多下工

夫，不断完善包村帮扶措施。在抓党建促脱贫攻坚中，芒康县从机关企事业单位先后选派179名优秀干部到村担任第一书记，建立“一村一档”，制定“一村一策”，助推乡村振兴。在“干部+贫困户”上多动脑筋，出台《芒康县“精准扶贫、结对帮扶”工作管理办法》，切实将5207户帮扶对象的困难就地解决。广大干部积极主动入户帮扶，有效确保帮扶对象生活环境、思想面貌等得到大转变。2016年共安排61个单位、2762名干部开展结对帮扶工作，通过宣传、资金、技术、信息、就业帮扶，为贫困户“面对面”宣讲4.12万次，办实事解难事5840件，并提供脱贫致富信息4250条。

随着“结对认亲、志智双扶”工作的推进，芒康县各级政府、企事业单位积极加入到社会帮扶工作中，涌现了诸多案例，有效推进了芒康县贫困户脱贫。如2019年9月19日至21日期间，由芒康县委常委、宣传部部长李郁钾和县委宣传部干部职工组成的结对帮扶小组先后深入戈波乡和德吉康萨居委会结对帮扶户家中开展结对帮扶。2020年3月27日至29日，县委常委、县人大常委会主任卓玛曲西带队，组织人大常委会及办公室全体干部开展2020年度第一季度结对帮扶活动。2020年6月4日，芒康县委常委、组织部部长罗庭伟带领组织部党支部第二批14人，集体到帮扶联系点徐中乡开展结对帮扶工作，走访徐中乡5个村26户贫困群众，并送去了慰问金或物资，折合现金共计4800元。2017年以来，按照芒康县委关于干部职工结对帮扶贫困户的要求，芒康检察院努力护航精准扶贫“最后一公里”，保障扶贫政策和资金真正惠及贫困群众。芒康检察院专门制定了《精准扶贫领域职务犯罪预防宣讲计划》，先后深入乡村开展扶贫领域职务犯罪预防集中宣讲3次，对45户贫困户进行入户扶贫政策宣讲。一年里，芒康检察院干警分别于1月、3月、9月，分批次深入帮扶村户，了解帮扶对象家庭基本情况、扶贫政策落实情况及存在问题困难等，形成贫困户基本信息台账1份、调研报告1份，先后2次送去帮扶资金30000余元，党员进村开展法制宣讲1次，检察长想尽办法帮助1名群众解决就业。全院干警帮贫困户收割青稞1次。扶贫工作还在路上。芒康检察院将按照县委、县政府的安排部署，充分发挥检察职能作用，继续做好检察干警结对帮扶贫困户工作，尽最大努力为贫困群众解决生产生活上的困难，让贫困群众在党和政府的温暖下，靠自己的努力致富，力争与全国、全区、全市人民一同脱贫。2018年1月8日，芒康县政法委认真组织安排部署，利用周末时间深入深入达嘎顶村达嘎顶组珠扎、昂旺拉措等8户帮扶对象家中开展结对认亲帮扶慰问活动，本着摸实情、办实事、解难题、做好事，尽最大的力量为贫困户解忧扶困的原则，政法委干部为结对帮扶户送去了哈达、食用油、大米、面粉和大茶等价值3000元的生活用品。2017年1月3日，芒康县检察院组织人员深入措瓦乡日许村开展结对帮扶调研慰问活动。芒康县检察院干警实地走访了44户结对帮扶贫困户，通过大力宣传中央精准扶贫的总目标和县委、县政府确定的11项帮扶措施，帮助贫困户树立脱贫信心、下定脱贫决心、选好脱贫措施、用活脱贫政策。此次走访慰问贫困户活动，共向全院干警的帮扶对象44户贫困户送去慰问金共计13500元，检察院主要领导还想尽办法帮助1名群众实现就业。2020年6月8日，芒康县林业和草原局组织12名干部职工深入嘎托镇普拉村、巴拉村、江卡村安置点，采取“一对一”与帮扶对象深入交流，详细了解他们家庭成员的健康、春耕备耕、住房情况、生活条件、收入困难等实际问题，与贫困户一起探讨帮扶措施，并送上价值约5000元的慰问品，现金300元、林草法律法规宣传册24本，鼓励他们保持乐观向上的生活态度、在党和政府的关怀、帮助下，依靠自己辛勤劳动、不断改善家庭生活条件，提高生活质量。2018年7月13日，在县委统战部、工商联、措瓦乡、芒康县盛康农牧民施工队慰问组深入措瓦乡仲日村开展企业帮扶工作。在帮扶工作开展期间，盛康农牧民施工队为贫困群众送去了价值160000余元的物资及生活用品。此次帮扶活动的开展，深刻体现了县工商联发挥桥梁纽带作用，积极主动服务非公经济，推动非公经济人士积极参与到脱贫攻坚大局中来。措瓦乡党委政府、驻村工作队及扶贫领域代表均表示了对盛康农牧民施工队及阿松同志的感谢。2019 年 8 月 10 日，芒康县林业和草原局组织全体干部职工分三组分别来到巴拉村、普拉村、德吉康萨易地搬迁点组织开展 2019 年第三季度结对帮扶活动。干部职工来到帮扶户家中，按照结对帮扶工作相关要求，耐心宣讲脱贫政策，和帮扶户一起悬挂了领袖像、打扫了院落和屋内的环境卫生。此次结对帮扶活动，共宣讲脱贫政策 25 次、参加人数 46 人、发放林业宣传册 30 本、慰问金 1400 元，并送去了生活用品。2016 年 12 月 15 日，嘎托镇所属 60 余名干部前往嘎托、加它、火拉等 5 个村开展结对帮扶活动，对结对的 136 户贫困户，进行一对一入户结对帮扶。此次帮扶活动为贫困户送去了大米和茶以及部分旧衣物，共计 20000 余元的慰问物资。在慰问活动中，镇干部与贫困户面对面、心贴心的交流，了解其当下生产生活改善情况和存在的主要困难，帮贫困户找准致贫原因、制定脱贫计划。鼓励他们要对自己有信心，努力奋进，争取早日脱贫致富。为全面落实结对认亲帮扶责任制，扎实推进精准扶贫工作，确保结对贫困群众实现稳定脱贫，如美镇党委、政府组织干部职工认真开展结对帮扶，帮助贫困户找准致贫原因、帮助贫困户出思路、想办法，脱贫致富，制定脱贫计划，定期或不定期深入农户卡主结对帮扶工作，将帮扶责任落实到人、到户。高度重视，精心组织。如美镇党委、政府高度重视此次结对帮扶工作，要求领导班子带头做起，把精准扶贫工作作为当前和今后一个时期的重要任务来抓，不断强化责任感和使命感，积极主动加强协调沟通，切实把帮扶工作做、实、做细、做深、作出成效。加强宣传，落实到位。充分利用各种宣传媒介，强化舆论引导，深入挖掘在结对帮扶工作事迹、先进典型，及时总结结对帮扶中的好经验、好做法、形成人人支持、人人参与的浓厚的氛围，将结对认亲帮扶责任制落实到位。

②教育帮扶——稳固脱贫基础。教育扶贫就是通过在农村普及教育，使贫困户有机会得到他们所要的教育，通过提高思想道德意识和掌握先进的科技文化知识来实现改造和保护自然界的目的，同时以较高的质量生存。在芒康县扶贫过程中，县委县政府倡议动员高校和义务教育力量深度介入教育扶贫工作，努力打造教育扶贫培训平台、互动平台、交流平台、公益平台，对芒康县整体脱贫起到较强的基础作用。2018 年 6 月 28 日，在“七一”党的生日来临之际，为了进一步强化芒康村党支部基层党组织战斗堡垒作用，四川广播电视大学党委副书记李建川，党委委员叶立、周利平，党校办主任黄社运，基建处处长徐海波以及学校党群支部等 10 个支部党员代表共 26 人赴理塘县芒康村开展支部结对共建与慰问帮扶活动。2017 年 11 月 16 日，在重庆市第八批援芒办和区经信委、区教委的协调安排下，双方学校根据“校际统筹、以强带弱、资源共享、紧密合作、均衡发展”的原则，经双方商定结成校际对口帮扶关系。璧山区、芒康县签署校际结对帮扶协议，璧山区正则中学与芒康县盐井中学、璧山区金剑小学与芒康县嘎托镇小学璧山区城北小学与芒康县曲孜卡乡中心小学、璧山区文风小学与芒康县帮达乡第二小学签约成为校际结对帮扶关系。在帮扶中，将重点帮扶对方学校提高管理水平、教师素质和教学质量等。在教育扶贫中，璧山区四所学校还给各自对口帮扶的学校捐赠了数码照相机、教学光盘、篮球、足球、羽毛球、乒乓球、军棋、魔方、电子钢琴、笔墨纸砚、升旗服等教学设施设备，价值约 67000 元。为持续、深入推进帮扶活动，双方达成共识从管理团队到年级、学科教师实现全方位深度结对帮扶，同时全面实现校际资源共享。

③企业帮扶——提高脱贫动力。2017 年 12 月 10 日，芒康县吉荣康巴旅游产品公司深入加它顶村开展帮扶慰问活动。在慰问活动中，芒康县吉荣康巴旅游产品公司负责人积极引导了加它顶村农牧民群众从“我是贫困户”转变为“我要脱贫”的思想，并鼓励要求农牧民群众利用当地交通条件便利和地处城乡接合部的地理优势，积极参与精准扶贫技能培训，提高自身就业能力，走出农村打工挣钱，实现增收致富提出了思路、明确了办法。同时为加它顶村 5 户贫困户送去了电冰柜 5 个、

酥油5箱、大茶5条、藏式卡垫和被褥20对、靠背10对，藏式套锅5套、藏式桌子5张、大米和面粉50袋，共计价值8万余元。通过此次慰问活动，让5户贫困农牧民群众切实感受到了社会各界人士的关心和帮助。自2017年5月，晋中供电公司援藏帮扶团队出征西藏芒康以来，一心扎根4317米的芒康县，克服高原反应、语言不通等重重困难，按期完成芒康新一轮农网改造升级工程，为雪域高原送去了光明。前后历时300天，援藏勇士们充分发扬了“特别能吃苦、特别能战斗、特别能奉献、特别能团结、特别能忍耐”的晋电精神，公司前后方凝心聚力、攻坚克难，圆满完成西藏芒康帮扶任务，有效提高昌都市供电能力和服务水平，为芒康县整体脱贫提供了持续电力支持。

3. 智志双扶，内生动力大幅提升

（1）转变“三种”观念，激发脱贫动力。一是转变从面上扶贫向精准帮扶的政府观念。着力转变“重自然资源开发、轻人力资源开发”“重扶贫部门自身力量发挥、轻各方资源整合”“重项目分散安排，轻项目打包、综合治理”观念，精准施策、精准扶贫。二是转变从“等、靠、要”向自力更生的群众观念。着力转变群众因脱贫信心不足而甘于贫困、因心态被动而消极等待、因依赖思想而“等、靠、要”的观念，把思想引导放在更加突出的位置，引导贫困群众增强信心、积极响应。三是转变从被动应付向主动参与的社会观念。鼓励社会组织和个人主动参与扶贫开发，推进“爱心包裹”等社会扶贫活动，鼓励民营企业通过投资兴业、吸纳就业等方式参与扶贫，让社会力量主动参与到扶贫开发中来。

（2）用好“三种”资金，加大脱贫动力。一是争取政策资金。积极争取上级政策资金和援藏资金，并将资金重点用在改善民生、扶贫开发上；将扶贫开发与教育援藏、就业援藏、科技援藏、产业援藏结合起来，帮助贫困对象脱贫致富。二是整合专项资金。以扶贫攻坚规划和重大扶贫项目为平台，结合实际整合扶贫专项资金，统筹安排，形成合力，集中解决各类贫困问题。三是撬动社会资金。探索政府购买社会服务等参与扶贫开发的新模式、新方法，引导社会力量投入扶贫开发，促进扶贫资源优化配置、扶贫项目推进高效高质。

（3）建立“三项”机制，形成互促动力。一是建立责任落实机制。建立定期检查、汇报通报、综合考核和责任追究制度，按照“一事一主体”“一主体一责任人”原则，“有事必问人、问人必问责”，规划到村、落实到人。二是建立考核奖惩机制。完善扶贫奖励政策，对完成任务的给予一定奖励，对成绩突出的领导干部优先提拔和重用；对完不成阶段性扶贫任务、在扶贫工作中弄虚作假的领导干部给予严肃处理。三是建立扶贫进出机制。建立精准扶贫大数据库，对贫困人口做到有进有出、动态管理、有的放矢、精准扶贫。

（4）抓好“三个”重点，保障内生动力。一是抓好重点乡（镇）。以戈波、措瓦、昂多等贫困发生率在50%以上的北部乡（镇）为主，加强基础设施建设，发展特色农牧产业，发展劳务经济，确保如期脱贫。二是抓好重点区域。以因灾、基础设施致贫较为突出的三岩集中连片贫困区和因病致贫较为突出的“大骨节”、麻风病区为重点，结合新农村建设，以整体搬迁和“插花式”安置等方式改变生活环境，逐步消除贫困。三是抓好重点人群。对有劳动能力又有发展产业意愿的，帮助发展产业脱贫；对没有劳动能力的，动员他们利用生产要素、生产资料参与合作经营脱贫；对贫困家庭子女就学入学难的，按政策应补尽补，确保不因贫致贫；对因病、残、年老等的，严格落实兜底保障政策，解决其后顾之忧。

（5）脱贫攻坚政策宣讲，激发内生动力。扶贫宣传凝共识，增收致富动力足。近年来，全县各乡（镇）、各单位结合“四讲四爱”群众教育实践活动、精神文明建设、新时代文明实践等工作选派政治强、懂政策、会宣讲的干部深入各乡（镇）、各村（居），在农户家中、田间地头以面对面、聚集性等方式，以扶贫理论政策知识为主，辅以新旧西藏对、比脱贫典型事迹，用带有“酥油味、糌粑香”的通俗易懂话语深入浅出的向农牧民群众讲述了扶贫理论政策知识、脱贫致富前景，坚定了广大群众在党的坚强领导下脱贫致富的信心和决心，极大地调动了全县贫困群众脱贫致富的内生动力，在全县范围内凝聚起了脱贫致富奔小康的思想共识。全县累计开展扶贫宣传宣讲13万余场次，受教育群众达99万余人次，实现了扶贫宣传宣讲全覆盖。突出典型示范引领，挖掘培育推荐全国脱贫攻坚先进典型扎西格乃、西藏自治区脱贫攻坚先进典型段世昌，昌都市脱贫攻坚先进典型温升淼、扎西次巴、杰材等各级各类脱贫攻坚先进典型5人。打造全方位对外宣传格局，积极衔接配合中央电视台、新华社、西藏日报、昌都报等各级各类主流媒体对芒康县扶贫成效经验进行全方位、多角度、立体化的采访宣传，累计刊载刊播芒康县扶贫相关新闻图稿200余篇次，对外宣介势头持续强劲。与此同时，全县还以网络电视刊载转发扶贫新闻信息、张贴悬挂扶贫海报横幅、更新制作扶贫宣传栏、树立扶贫高炮广告、制作扶贫宣传栏等方法在网络层面和社会层面做好了脱贫致富奔小康氛围营造。累计制作悬挂扶贫横幅3000余条次，树立扶贫宣传高炮广告3个，设计制作扶贫宣传栏100余个；县广播电视台累计转播刊播扶贫新闻2000余条次，全县县乡两级新媒体累计转发刊载扶贫新闻信息2万余条次。促成了由县委宣传部牵头抓总，各乡（镇）、各单位各尽其责的扶贫宣传工作合力，并将扶贫宣传工作纳入了县级年度重点工作考核和宣传思想文化工作范畴，同宣传思想文化工作同安排同督促同考核。

（6）培育市场活经济，脱贫增收聚“合力”。按照“政府引导、市场运作、企业带动、群众参与”的原则，芒康县积极调动本地企业参与脱贫攻坚工作的积极性，着重在吸纳就业、技能培训、培养致富带头人上下功夫。同时，加大内地大企业、大集团引进力度，建立招商引资优惠政策。2017年以来，完成招商引资项目45项，合约资金15.41亿元，落地企业18家。通过与引进企业、县域龙头企业、农牧民经济合作组织签订脱贫责任书，充分调动了社会力量参与脱贫攻坚工作的积极性。藏东珍宝酒业带动发展南部三乡葡萄种植基地贫困人口2079人，如期实现脱贫2079人，实现劳动收入135万元；绿野食品公司带动发展索多西、嘎托镇、曲孜卡索多西辣椒及温室大棚种植基地贫困人口1413人，如期实现脱贫1413人，实现劳动收入84万元。

（7）易地搬迁破瓶颈，改变环境增“动力”。按照“六靠、五方便、两避让”的原则，以全域理念编制县域易地搬迁规划，构建“县城—园区—乡（镇）—中心村”规划框架，优先实施自然环境恶劣、地方病多发、生态环境脆弱和地质灾害严重区贫困群众的易地搬迁工作。2020年全县16个易地搬迁安置点全部完成建设，并达到入住条件。

（三）重产业、强基地、接市场，巩固脱贫成果

脱贫攻坚以来，芒康县坚持把产业发展作为推动经济发展、带动群众增收致富的重要抓手，着力在增强市场意识、优化产业结构、主动对接市场、强化招商引资等方面下功夫，群众参与产业发展的信心和决心进一步增强。

根据气候不同，在海拔2600米以下乡（镇）集中种植以葡萄、蜜橘为主的瓜果业，在海拔3100～4000米乡（镇）重点种植人工种草。根据地域不同，重点在南部三乡规划以葡萄、蜜橘为主的干鲜果基地，在徐中、索多西等乡（镇）规划以辣椒为主的食材种植基地，在嘎托、洛尼等乡（镇）规划以人工种草为主的饲草料种植基地，在帮达、莽岭等乡（镇）规划以芫根为主的产业基地。在南部和中部乡（镇）规划红拉山鸡、卡若香猪、奶牛养殖基地，在北部乡（镇）规划阿旺绵羊、牦牛短期育肥基地，使产业布局不断合理和优化。

建强基地，支撑带动作用增强。截至2020年年底，芒康县干鲜果基地面积达2.79万亩、辣椒种植面积2000亩、新建饲草基地5000亩，阿旺绵羊存栏10.71万余只、卡若香猪存栏3.6万余头、红拉山鸡存栏3.5万余只、牦牛存栏13.5万余头。建立天然饮更改用水生产点1个，年产量达到5000吨。全县已成立农牧民专业合作组织89家，采取“公司+协会+基地+农户”的模式，培育壮大农牧业合作组织。同时，采取土地流转与合作规模经营相结合的方式推动产业规模化发展，以土地流转赚租金、土地入股分股金、就近就便参工务工挣薪金等多种形式，有效增加群众的现金收入。以在芒康注册生产企业为依托，通过能人带动、实地技术指导、组织外出参观学习方式，分工种开展种植养殖、农产品加工等实用技能培训，群众的技能水平得到有效提升。

对接市场，产品销售渠道畅通有效。成立强有力的工作专班，培育调动本土企业的积极性，对接引进内地大企业、大集团，实施一个窗口、一个图章、一套人马、一心服务的方式，加强对入驻芒企业的服务管理。采取各项招商引资优惠政策，积极推行市场准入负面清单和部门权责清单，成立芒康县舜康社会服务有限公司，集中为实体企业办理环评、人力资源、融资担保等服务，切实营造引商、安商、富商、亲商的良好氛围。采取政府保底、市场调节方式，打通农户与市场之间的“鸿沟”，有效解决了产品销售问题。2020年，已与各类招商引资企业签订辣椒、芫根、葡萄、香猪、香鸡等农产品收购协议，有效解决了政府怕没市场、群众怕没销路的问题。

二、工作亮点

（一）党建引领脱贫攻坚

紧紧围绕“党建促脱贫攻坚、脱贫攻坚强党建”的思路，用党建思路抓扶贫，抓扶贫促党建，将基层党建和扶贫开发工作一体化研究、集成化部署和项目化推进，在服务上下功夫，在精准上用狠劲，促进基层党建与脱贫攻坚协同推进、深度融合，为打赢脱贫攻坚战提供坚强的组织保证。将“精准”二字贯穿脱贫攻坚全过程，全力做到精准扶贫、精准脱贫。要求党员领导干部，每月至少深入联系点乡（镇）、贫困村开展1～2天工作，研究指导乡（镇）、贫困村脱贫攻坚工作，提出精准扶贫的思想和措施。通过统筹衔接、协调各方，对接和优化扶贫资源配置，帮助解决联系点乡（镇）、贫困村遇到的实际困难和问题。经常深入联系点乡（镇）和贫困村进行督促检查，掌握工作动态进展，及时发现问题和解决问题。结合联系点乡（镇）、贫困村实际，拓展工作思路，创新工作措施，打造示范样板，实现以点带面，整体推进精准扶贫工作。确保所有乡（镇）和贫困村全覆盖。

1. 突出主体责任，筑牢精准扶贫根基

芒康县委、县政府高度重视精准扶贫工作，多次召开专题会议安排部署研究精准扶贫工作，将精准扶贫与基层党建、其他工作同安排、同部署、同考核。抽调具有一定经验的干部继续充实县脱贫攻坚指挥部，由县（处）级领导亲自挂帅，成立9个专项组专攻全县脱贫攻坚任务，切实履行乡（镇）党委书记第一责任人责任，专职负责基层党建和脱贫攻坚，统一思想，提高认识。根据各乡（镇）基层党建发展和贫困实际，将全县16个乡（镇）按照脱贫完成时限分为4大区域、按照脱贫措施分为7大片区，分类型分区域下达脱贫目标，促进党建扶贫目标引领脱贫攻坚。

2. 突出引领帮扶，帮带助推精准扶贫

全县各级领导干部严格按照“单位结对帮扶到村，干部结对帮扶到户”的帮扶机制。按照党员带头，干部带动，工作到户，措施到人的工作思路，以改善贫困群众生产生活条件为重点，加强基础设施建设，以增加贫困群众的经济收入为核心，加快产业结构调整，增强贫困群众致富能力为目标。为贫困户制订一套“量身定做”的脱贫措施，做到“逐户摸底号脉、逐户建立台账、逐户制定帮扶计划、逐户考核脱贫效果”，做到项目规划精准、资金投向精准、项目实施精准，帮助贫困户做好增收、脱贫、致富三本账；定期或不定期考察研究帮扶措施落实和贫困群众脱贫情况，实现党建扶贫措施的融合。

3. 突出党建引领，示范助推精准扶贫

全县各级党组织、党员干部“坚持产业发展到哪里、党的基层组织建设就跟进到哪里，坚持脱贫攻坚到哪里，党的阵地就建设到哪里”的工作原则；充分结合辖区内产业发展实际，实现党的基层组织全覆盖，整合社会资源积极参加扶贫，真正形成“大扶贫”工作格局。

4. 注重夯实基层基础，加强组织力量，助推精准扶贫

建立健全县委统筹抓、乡（镇）党委具体抓的基层党建工作体系，推进支部建在产业链，党员和致富能人聚在产业链，贫困群众富在产业链的“三链”建设，采取“党支部 +”模式，组建农牧民专业合作社党支部、民兵党支部、企业党支部，形成以村党支部为核心，扶贫产业基地、合作组织等为支撑的“一核多元”组织体系，着力把村党支部建设成为推动精准扶贫，引领农牧民致富、密切联系群众、维护农牧区稳定的坚强领导核心。对精准扶贫工作中不作为的村级党组织书记进行约谈诫勉，不称职的及时撤换。选优管好扶贫驻村工作队，将选派干部到扶贫一线作为基层培养锻炼干部的主要途径，统筹做好下派干部挂职锻炼、选好第一书记工作，顶住扶贫脱帽任务，分期分批做好选派工作。

5. 注重提供智力帮扶，强化帮带作用，助推精准扶贫

开展机关单位与联点帮扶村级党组织“结对共建”工作。芒康县各级政府按照“一对一”、“一对多”或“多对一”的原则联全县 61 个村（社区居委会），机关单位在职党员干部职工按照县级干部“一对六”、科级干部“一对三”、一般干部“一对一”的原则联全县 2.9 万贫困户。制定实施方案，强化县直机关单位党组织与联点帮扶村党组织结对共建工作。一是共同抓好组织建设。发挥结对双方优势，定期开展党建工作经验交流，共同推进党组织制度化、规范化建设，切实提高基层党组织服务群众和管理社会的能力。二是共同谋划脱贫攻坚。通过结对共建，帮助结对村理清发展思路、制定发展规划、挖掘发展潜力、找准发展路子，帮助结对村加快脱贫攻坚步伐。三是共同帮助困难群众。机关单位在认真落实“双帮”的基础上，通过为困难群众送观念、送技术、送温暖等活动，力所能及地帮助贫困户拮据生活生产中的实际困难。四是共同利用党建资源。整合党建资源，推进村级组织标准化活动场所、公共设施、党员教育设备等双向开放，提高硬件设施的利用率。

6. 注重加强项目融合，提升党建活力，助推精准扶贫

坚持把群众愿望、群众需求与党建项目紧密结合起来，紧盯全县 60 个贫困村脱贫对象，加大项目整合力度，用活用好各种扶贫资源，不断加大村级阵地改造提升力度。

7. 强化组织保障，筑强基层战斗堡垒

按照县级脱贫攻坚指挥部 30 ～ 40 人、乡（镇）脱贫攻坚指挥部不少于 5 个人的要求，抽调“四个意识”强、能吃苦、善钻研、群众意识好的骨干党员干部充实到脱贫攻坚一线。夯实基层基础，选优配强领导班子。坚持以规范化和标准化为抓手，落实组织部部务会班子成员与贫困村（居）书记、第一书记谈心谈话及调研基层党建机制，扎实推进基层党组织书记现场述职，全面夯实基层基础。突出教育培训，增强干部履职能力。坚持把提升党员干部素质作为打赢脱贫攻坚战的有力保障，坚持“走出去”与“请进来”相结合，全面提升了党员干部素质。抓实帮扶引导，发挥

党员先锋作用。坚持把帮扶引导作为“志智双扶”的重要内容，以干群结对帮扶为抓手，充分发挥村级农牧民宣讲员作用，广泛开展“四讲四爱”“爱讲树”“新旧西藏对比”等群众教育活动，淡化了宗教消极影响，密切了党群干群关系，激发贫困群众的主观能动性，推动“要我脱贫”向“我要脱贫”转变。

8. 树立“党建 +”理念，让贫困户成为产业的发展主体

在葡萄、辣椒、康巴香鸡等特色产业发展建设过程中，芒康县充分发挥基层党组织和党员干部在产业发展中的引领示范作用，“索多西乡辣椒种植专业合作社”、“如美镇藏鸡养殖专业合作社”等 40 余个村级产业经济实体不断注册成立，推荐有技术、有能力的农牧民党员担任合作社社长，会员主要由该区域、村建档立卡贫困户组成。逐步形成了“支部 + 合作社 + 农户 + 产业”的发展模式，实现基层组织建设不断增强和农牧区发展农业增效、农民增收的“双赢”目标。在合作社党员和技术骨干的示范带动下，一些不是党员的贫困户也纷纷成了党员，学到了技术，贫困户的发展主体地位得到了强化，参与产业发展的贫困户大幅度增加。

9. 建立“发展 +”理念，让贫困户成为产业的经营主体

在特色产业项目发展中，芒康县各基层党组织充分发挥党建优势，积极申报协调特色产业发展项目，在葡萄、辣椒、康巴香鸡等特色产业项目建设过程中，将其交由合作社经营建设，让建档立卡贫困户充分发挥产业经营的主体作用，并针对贫困户的实际情况进行分类施策、精准帮扶。对积极性较高的贫困户，主要对其进行种养殖技术培训指导，并协助合作社争取政府扶持资金；对于“等、靠、要”思想严重，发展意愿不强的贫困户，由所在基层党组织对其进行转变观念教育，并引导他们加入合作社，年终按比例分红。对丧失劳动能力的贫困户，在享受低保扶持的基础上，由党组织选派党员帮助其进行产业发展；对缺乏发展资金的贫困户，由“党小组 + 合作社”为其担保，争取扶贫贴息贷款扶持。最终通过分类施策帮扶后，让所有贫困户经营主体的作用得到发挥。

（二）践行“三项举措”带动群众脱贫增收

1. 规划先行，产业聚集效应凸显

抓住打造“蓝天圣洁”产业契机，制定“高原瓜果、索多西辣椒、徐中大蒜、人工种草”四大种植基地和“卡若香猪、红拉山鸡、阿旺绵羊和牦牛”四大养殖基地的产业发展思路，坚持挖掘潜力、开发市场，做强优势、做大特色，确保产业发展思路明确、目标具体。在种植业上，根据气候不同，在海拔 2600 米以下乡（镇）集中种植以葡萄、蜜橘为主的瓜果业，在海拔 3100 ～ 4000 米乡（镇）重点种植人工种草。根据地域不同，重点在南部三乡规划以葡萄、蜜橘为主的干鲜果基地，在徐中、索多西等乡（镇）规划以辣椒为主的食材种植基地，在嘎托、洛尼等乡（镇）规划以人工种草为主的饲草料种植基地，在帮达、莽岭等乡（镇）规划以芫根为主的产业基地。在养殖业上，在南部、中部乡（镇）规划红拉山鸡、卡若香猪、奶牛养殖基地，在北部乡（镇）规划阿旺绵羊、牦牛短期育肥基地，使产业布局不断合理和优化。

2. 建强基地，支撑带动作用增强

芒康县干鲜果基地面积达 2.79 万亩、辣椒种植面积 2000 亩、新建饲草基地 4000 亩，阿旺绵羊存栏 10.71 万余只、卡若香猪存栏 3.6 万余头、红拉山鸡存栏 3.5 万余只、牦牛存栏 13.5 万余头。建立天然饮用水生产点 1 个，年产量达到 5000 吨。全县已成立农牧民专业合作组织 89 家，采取“公司 + 协会 + 基地 + 农户”的模式，培育壮大农牧业合作组织。同时，采取土地流转与合作规模经营相结合的方式推动产业规模化发展，以土地流转赚租金、土地入股分股金、就近就便参工务工

挣薪金等多种形式，有效增加群众的现金收入。以在芒注册生产企业为依托，通过能人带动、实地技术指导、组织外出参观学习方式，分工种开展种植养殖、农产品加工等实用技能培训，群众的技能水平得到有效提升。

3. 对接市场，产品销售渠道畅通有效

县委县政府成立强有力的工作专班，培育调动本土企业的积极性，对接引进内地大企业、大集团，实施一个窗口、一个图章、一套人马、一心服务的方式，加强对来芒企业的服务管理。采取各项招商引资优惠政策，积极推行市场准入负面清单和部门权责清单，成立芒康县舜康社会服务有限公司，集中为实体企业办理环评、人力资源、融资担保等服务，切实营造引商、安商、富商、亲商的良好氛围。采取政府保底、市场调节方式，打通农户与市场之间的“鸿沟”，有效解决了产品销售问题。2020 年，已与各类招商引资企业签订辣椒、芫根、葡萄、香猪、香鸡等农产品收购协议，有效解决了政府怕没市场、群众怕没销路的问题。截至 2020 年年底，已有 91 家企业备案登记，完工 76 家，投产 52 家。实现了基础特色产业“三有”“一保障”。

（三）多渠道保障搬迁户就业

为实现“搬得出、稳得住、有事做、能致富”，芒康县坚持培训与搬迁同步规划、做到安居与发展多措并举，努力拓宽就业渠道，千方百计增加搬迁群众的收入。一是转移就业。县发改委与人社局统筹配合积极开展职业技能培训，按规定给予职业培训补贴和技能鉴定补贴。二是政策性就业。通过对搬迁群众的年龄结构分析，对符合政策性就业的搬迁农牧民群众，囊括了水保员、天保护林员、农村公路养护员等在内的八大岗位就业，使政策性劳动力稳定就业达 100%。三是自主就业。针对全县易地扶贫搬迁劳动力，精准施策分类指导，推动易地扶贫搬迁劳动力实现就业创业。对已搬迁家庭劳动力情况进行梳理分类汇总，对有输出就业意愿的，帮助其输出就业；对有创业意愿的，实行创业扶持，帮助其实现创业。四是项目带动就业。按照促进农牧民群众增收工作要求，芒康县将技术要求低、农牧民群众能干会干、总投资 400 万以下的政府投资基建项目交由农牧民施工企业（队）农牧民群众实施，增加搬迁群众收入。五是依托经济优势就业。芒康地处西藏、四川、云南三省（区）交界处，是西藏的人口大县、农牧大县和资源大县；国道 318、214 线在县城交会后内连昌都、拉萨，外接成都、昆明，区位优势特殊，自然资源丰富，商贸流通较为活跃。伴随着经济的发展，为当地的农牧民群众创造了大量的就业岗位。此外芒康县在滇藏铁路嘎托镇达孔顶安置点设置火车站点，进一步发挥达孔顶安置点的区位优势，有力带动安置点及周边经济发展，安置点搬迁群众依托政策优势首先实现就业。六是制定后续扶持方案。全县易地扶贫搬迁安置点制定后续扶持方案，针对万人以上安置点单独制定后续扶持方案，帮助搬迁群众稳定脱贫，同全国一道迈入小康社会。

（四）“四及时四公开”促脱贫

惠民政策及时宣。紧紧围绕政策宣传到位、群众理解透彻的目标，结合“两学一做”“四讲四爱”等教育活动，学习贯彻习近平新时代中国特色社会主义思想，着力解决群众政策理解不透、惠及情况不清的问题，组织乡（镇）包村干部、选派支部书记、驻村工作队、大学生村干部、村“两委”班子、德高老人六支力量到田间地头、草场牧户，用通俗易懂的语言讲政策、强宣传，帮助贫困户理思路、找门路，并落实党员帮扶“户对户”、政策宣传“人对人”措施，有力提升了广大农牧民群众“国旗插在最高处、领袖像挂在正中央、感恩时刻记心中、步伐永远跟党走”的行动自觉。

扶贫资金及时兑。始终坚持打通扶贫资金兑现“最后一公里”，认真落实区、市扶贫资金审批、发放政策，健全完善全县级扶贫资金申报、拨付、管理等规章制度，发挥乡（镇）纪委和村民监督委员会的作用，实现扶贫资金发放必须由村民监督委员会干部全程参与，确保了每一笔扶贫资金及时、安全、足额兑现到群众手中。同时，各村建立扶贫资金现金流水账，规定专人负责记账管理，做到了资金与账目相符，有效防止扶贫资金变成“唐僧肉”。

群众困难及时解。落实“党员干部进村入户、结对认亲交朋友”“县级领导包乡、乡（镇）干部包村、村组干部包户、党员干部对人”等制度，组织广大党员干部深入脱贫攻坚一线开展帮扶活动，一对一了解具体情况、面对面听取意见，详细了解贫困群众所思、所盼、所急，帮助贫困群众理清发展思路，找准发展路子，不断激发内生动力。2016年以来，累计解决群众实际困难2万余件，切实做到了困难不解决不松手、解决不到位不松劲，把党员干部为民务实服务的良好形象展现在脱贫攻坚一线，把解决问题难题的信心和决心深入到老百姓心中，凝聚形成了党群一心、众志成城的磅礴攻坚力量。

见举报及时核。依托村级组织活动场所标准化建设，在全县61个村（居）为民服务平台设置意见举报受理窗口，村（居）“两委”严格执行群众来信来访首办责任制、定时反馈制等制度，特别是对在建档识别、资金分配、项目实施等方面群众反映强烈的问题实行逐级提交、逐一销号，做到了事事有回音、件件抓落实。同时，加强信访教育工作，鼓励农牧民群众通过正规渠道反映情况、举报问题，合理合法诉求和维护自身权益。

集体决策必公开。坚持“科学决策、民主决策、依法决策”的原则，凡是涉及农牧民群众切身利益问题的村集体的土地承包租赁、村重大发展规划、村集体资产处置等，严格按照“四议两公开”的议事程序，召开村民大会集体研究，在集体决策中突出抓重点、补短板、强弱项，做到村民知情、村民参与、村民做主、村民监督。同时，强化乡（镇）包村干部职责，凡是农村集体讨论重大事项的会议，乡（镇）包村干部必须到会参加、指导，切实做到了会议规范召开、集体决策过程全体参与、集体决策结果公开公正。

项目实施必公开。按照“管办分离”的原则，分类推进产业发展、易地搬迁、技能培训、医疗救助、教育扶贫、政策保障、转移就业等项目，村（居）“两委”认真履行扶贫项目直接监管职责，在项目申报建设过程中，严格把好质量关、验收关，并按项目进度及时公开项目实施、盈利分红、资金发放等各个利益环节，确保了项目管理有规范、质量监管有保障、利益分红有底数。2016年以来，在61个村（居）共投资959万元，分2批实施“短平快”项目70个，提前做好了公开公示，确保了广大群众的知情权。

党务村务必公开。坚持保障群众对村（居）“三务”工作的知情权、参与权和监督权，在61个村（居）统一制作了党务村务财务公开公示栏，按照工作推进情况，及时公开党费收支、精准扶贫、财务审计、惠农资金、集体经济等农牧民群众关心的热点难点问题。同时，建立完善村务每周一公开、财务每月一公开、党务每季一公开工作制度，做到了凡是群众关心的、凡是涉及群众利益的、凡是群众想知道的、凡是群众有疑虑的都纳入公开范围，实现了基层党组织工作的公开透明。

承诺践诺必公开。坚持把“强核心、履职责、增合力、亮身份、显作用”作为促脱贫攻坚的重要抓手，广泛开展“锋芒”志愿者服务行动，为共产党员户定制专属门牌，给无职党员设岗定责，积极带领和发动农牧民群众摒除陈规陋习，引导贫困群众在思想上“扶志”、能力上“扶智”、发展上“扶业”，引领党员理直气壮“承诺、践诺、评诺”亮明身份，切实以微目标、微行为、微行动、微榜样为打赢脱贫攻坚战提供坚实的先锋榜样作用。

（五）“五看五算”宣传方式积极引导三岩群众搬迁

看办学条件，算后代培养账。充分结合戈波三岩片区教学条件差、师资力量弱的教育现状，给搬迁群众讲清楚子女接受教育对改变生活现状起到的作用，讲清楚迁入地教育优势、搬迁后群众子女享受的教育优惠政策和迁入地教育资助政策，切实算清楚子女教育账，阻断贫困代际传递，打消群众子女搬迁就学问题的困惑。

看医疗条件，算健康账。通过前往迁入地实地参观的群众来讲述搬迁前后地方的医疗条件的变化，对比医疗健康对脱贫致富的重要性，让群众切身体会到城市的医疗条件，算清楚先进的医疗条件是搬迁后老人、孩子看病就医的保障。通过宣讲，南格村党支部书记尼玛旺堆讲：“民主改革时期，区党委提出了三岩片区整体搬迁思路，我们三代人一直期盼着整体搬迁能够过上幸福生活，这一政策终于等到了”。

看生产资料，算经济收入账。三岩片区土体贫瘠，人均耕地仅为 0.9 亩每人，农业生产基本处于“靠天吃饭”，社会总体发育程度低、经济发展滞后，地质灾害频发。通过给群众算清楚不搬迁将永远面临这些落后的生产资料，促使群众产生自愿搬迁的愿望；讲清楚搬迁后，群众依然可以返回迁出区采集虫草和林下资源，依然可以继续享受生态补偿、政策性补助等惠民政策。迁入地将大力实施技能培训，合格者合理安排就业岗位等政策措施，通过算清经济收入账。激发群众自愿搬迁愿望。

看文明程度，算生活质量账。通过搬迁群众“出去看，回来讲”的方式，讲述迁入地舒适的住房、优质的生活条件、和谐的邻里关系以及丰富的文化生活资源，对比文明程度，讲清生活质量，不断增强群众对美好生活的向往。通过宣讲，戈波乡支巴村村支部书记布措讲：“我们真心希望整体搬迁，虽然我们这一代面临许多困难，但我们就是为了下一代过上幸福的生活，阻断贫困代际传递。”

看分散安置，算生命账。三岩片区长期受“帕措”势力和家族宗族势力的影响，传统思想观念陈旧，文明法治意识淡薄，“仇杀”现象依然存在，严重影响邻里之间的和睦相处。通过向搬迁群众讲清楚三岩片区整体搬迁是实行自主选择安置点，以 5 ～ 10 户为标准的搬迁方式，可以结伴其他志同道合的搬迁户前往同一搬迁地，彻底消除邻里之间的矛盾隐患。

第六章　左贡县

左贡县位于西藏自治区东南部、昌都市南部的“两江一河”（怒江、澜沧江、玉曲河）流域，地跨北纬 29° 5′ 34″ ～ 30° 26′ 19″ 、东经 97° 4′ 11″ ～ 98° 0′ 0″ 之间。东与芒康县交界，东南与云南省的德钦县毗邻，南与林芝市的察隅县隔江相望，西及西北部与八宿县接壤，北及东北面与察雅县相连，总面积 11839.8006 平方公里。县政府所在地旺达镇，海拔 3780 米。以县城为起点，东至四川成都市 1060 公里，西至拉萨市 1100 公里，西北至昌都 278 公里、至邦达机场 158.5 公里，东南至云南昆明市 1270 公里。全县地势为西高东低，北高南低，西北向东南倾斜。中北部海拔大都在 3800 ～ 4200 米之间，主要为丘状高原，其丘顶浑圆和缓，既有流水切割的山原面，又有河谷下切的盆地面，还有季节性冻土发育，地表质地粗糙，适宜牧草和一季农作物生长；西北部逶迤的崇山峻岭刃脊绵亘，角峰林立，最高山峰为梅里雪山主峰，海拔达 6700 米；东南部谷底多是较为宽阔的河谷冲积地带，河漫滩阶地发育良好，植被葱郁，物产富饶，其最低海拔为 2433 米。由于地势高亢，河谷开阔平坦，高原温带半干旱季风气候明显。主要表现为四季不分明，冬无严寒，夏无酷热；日照充足，太阳辐射强烈；日温差大，年温差小；干湿季分明，冬春干燥，雨热同季；空气干燥，蒸发量大，气压低，空气相对含氧量较少。

第一节　脱贫基础

左贡县地处藏东“两江一河”深山峡谷区域，人均耕地少、交通不便、信息闭塞，是西藏 44 个国家级深度贫困县（区）之一。全县辖 3 个镇 7 个乡（其中纯牧业乡 1 个）127 个行政村和 1 个居委会 287 个自然村。新时代脱贫攻坚战打响之际，左贡县经济社会发展基础较弱，农牧区贫困发生率高、贫困程度较深、贫困特征明显、致贫原因复杂。

一、发展基础

（一）资源禀赋

农作物主要有小麦、青稞、玉米、荞麦、马铃薯、芫根、豌豆、油菜等；干鲜果主要有苹果、橘子、石榴、葡萄、梨、桃、枣、杏、核桃等；野生动物主要有藏羚羊、野牦牛、黄羊、盘羊、獐子、马鹿、熊、滇金丝猴、小熊猫、雪豹、金钱豹、野猪、狐狸、猞猁、水獭、旱獭、黑颈鹤、鹦鹉、马鸡、松鸡、雪鸡、野鸽、沙鸡、贝母鸡、黑鸭、灰鸭、白雁等；野生植物种类繁多，共分 58 科 146 属，其中除了众多的牧草和云杉、冷杉、圆柏、高山松、云南松、方枝柏、滇高山栎、桫樱、旱柳、杨树、杜鹃等植物外，还有药用植物羌活、白亮独活、竹叶柴胡、沙棘、半夏、白花前胡、红秦花、当归、黄芪、掌叶大黄、细叶百合、卷叶黄精、雪莲、虫草、贝母、知母、麦冬、黄连、三七、雪山一枝蒿、铁棒槌、甘松、黄芩以及食用菌类植物松茸、香菌、木耳等；河流主要有澜沧江、怒江和玉曲河，其丰富的水能资源尚未得到有效开发；高山河谷中埋藏有金、铜、钼、铝、锌、银、钨、铁、铀、稀土、汞、硫铁矿、石墨、煤、玉石、蛇纹岩、热泉、矿泉等矿点、矿化点 63 处；水草丰茂的牧场载养着牦牛、黄牛、绵羊、山羊、马、驴、骡等家养动物；还有雄伟神奇的梅里雪岭景观，旖旎迷人的湖光山色，瑰丽壮观的飞瀑流水，古老典雅的寺庙建筑，精湛细腻的石刻艺术，精美绝妙的唐卡工艺，华贵大方的康巴服饰，淳朴憨厚的民风民俗以及绚烂多彩的“茶马古道”文化等，均为左贡县披上了神秘的面纱。

（二）经济社会发展

2015 年，全县完成地方生产总值 7.91 亿元，同比增长 14.1%；农牧民人均纯收入 7104 元，同比增长 11.0%；社会消费零售品总额 1.83 亿元，同比增长 12.4%；固定资产投资同比增长 25%；全县一般公共预算收入 2804 万元。2016 年，全年完成地方生产总值 8.87 亿元，同比增长 10.0%；农村居民人均可支配收入 7825 元，同比增长 10.1%；城镇居民人均可支配收入 23710 元，同比增长 8.80%；社会消费零售品总额 2.13 亿元，同比增长 16%；固定资产投资同比增长 25.4%；全县一般公共预算收入完成 3437 万元，同比增长 22.5%。2017 年，全年地方生产总值 10.29 亿元，同比增长 10.1%；农村居民人均可支配收入 8931 元，同比增长 14.1%；完成城镇居民人均可支配收入 26128 元，同比增长 10.2%；完成社会消费零售品总额 2.45 亿元，同比增长 14.8%；固定资产投资同比增长 91.43%；全县一般公共预算收入完成 4146 万元，同比增长 20.6%。2018 年，全年地方生产总值 11.94 亿元，同比增长 9%；农村居民人均可支配收入 9962 元，同比增长 11.5%；城镇居民人均可支配收入 28787 元，同比增长 10.2%；社会消费零售品总额 2.87 亿元，同比增长 17.4%；固定资产投资同比增长 65.2%；全县一般公共预算收入完成 4567 万元，同比增长 10.1%。2019 年，全年地方生产总值 13.14 亿元，同比增长 8.1%，农村居民人均可支配收入 11301 元，同比增长 13.4%；完成城镇居民人均可支配收入 31852 元，同比增长 10.6%；完成社会消费零售品总额 3.17 亿元，同比增长 10.4%。固定资产投资同比增长 25.4%。全县一般公共预算收入完成 5480 万元，同比增长 20%。2019 年与 2015 年相比，左贡县地方生产总值增加 5.23 亿元，增长 66.1%；人均可支配收入明显提高（2015 年及以前不分农村及城镇人均可支配收入情况，没有可比性）；社会消费零售品总额增加 1.34 亿元，增长 73.2%；一般公共预算收入增加 2676 万元，增长 95.4%。

二、贫困状况

（一）贫困人口及分布

左贡县属于西藏自治区 44 个深度贫困县之一，全县建档立卡贫困户主要集中在位置偏远、交通落后区域和三岩片区，通过 2015 年年底精准识别统计，全县有 127 个贫困村，84 个深度贫困村。2015 年年底精准扶贫工作开展之初，左贡县新识别建档立卡贫困户 2422 户 11461 人，其中：旺达镇 149 户 467 人、田妥镇 234 户 893 人、美玉乡 247 户 1130 人、东坝乡 155 户 943 人、中林卡乡 325 户 1429 人、下林卡乡 217 户 990 人、绕金乡 176 户 825 人、碧土乡 90 户 373 人、扎玉镇 451

户 1830 人、仁果乡 378 户 2581 人（表 5-13）。

表 5-13　2015—2019 年左贡县各乡（镇）建档立卡贫困户及贫困人口统计表

序号	乡（镇）名称	2015 年		2016 年		2017 年		2018 年		2019 年	
		贫困户数(户)	建档立卡贫困人口（人）	贫困户数(户)	建档立卡贫困人口（人）	贫困户数（户）	建档立卡贫困人口（人）	贫困户数（户）	建档立卡贫困人口（人）	贫困户数（户）	建档立卡贫困人口（人）
1	旺达镇	149	467	151	480	178	620	175	621	170	610
2	田妥镇	234	893	241	918	315	1336	312	1368	308	1388
3	美玉乡	247	1130	247	1130	247	1188	247	1196	246	1208
4	东坝乡	155	943	155	943	155	914	154	915	154	902
5	中林卡乡	325	1429	344	1493	475	2091	479	2075	475	2079
6	下林卡乡	217	990	222	1029	256	1273	246	1243	238	1236
7	绕金乡	176	825	184	873	203	991	203	999	203	1000
8	碧土乡	90	373	91	397	94	401	90	380	88	381
9	扎玉镇	451	1830	455	1849	446	1862	438	1905	426	1864
10	仁果乡	378	2581	379	2589	381	2872	371	2752	368	2757
合计		**2422**	**11461**	**2469**	**11701**	**2750**	**13548**	**2715**	**13454**	**2676**	**13425**

2016 年，因病新识别 47 户 222 人，全县共有建档立卡户 2469 户 11701 人，其中：旺达镇 151 户 480 人、田妥镇 241 户 918 人、美玉乡 247 户 1130 人、东坝乡 155 户 943 人、中林卡乡 344 户 1493 人、下林卡乡 222 户 1029 人、绕金乡 184 户 873 人、碧土乡 91 户 379、扎玉镇 455 户 1849 人、仁果乡 379 户 2589 人。

2017 年，因精准扶贫与民政低保两线合一，全县建档立卡户有明显增加，年年底共有建档立卡户 2750 户 13548 人，其中：旺达镇 178 户 620 人、田妥镇 315 户 1336 人、美玉乡 247 户 1188 人、东坝乡 155 户 914 人、中林卡乡 475 户 2091 人、下林卡乡 256 户 1273 人、绕金乡 203 户 991 人、碧土乡 94 户 401 人、扎玉镇 446 户 1862 人、仁果乡 381 户 2872 人。

2018 年，全县共有建档立卡户 2715 户 13454 人，其中：旺达镇 175 户 621 人、田妥镇 312 户 1368 人、美玉乡 247 户 1196 人、东坝乡 154 户 915 人、中林卡乡 479 户 2075 人、下林卡乡 246 户 1243 人、绕金乡 203 户 999 人、碧土乡 90 户 380 人、扎玉镇 438 户 1905 人、仁果乡 371 户 2752 人。

2019 年，全县共有建档立卡户 2676 户 13425 人，其中：旺达镇 170 户 610 人、田妥镇 308 户 1388 人、美玉乡 246 户 1208 人、东坝乡 154 户 902 人、中林卡乡 475 户 2079 人、下林卡乡 238 户 1236 人、绕金乡 203 户 1000 人、碧土乡 88 户 381 人、扎玉镇 426 户 1864 人、仁果乡 368 户 2757 人。

2016 年以来，随着“发展生产脱贫一批、发展教育脱贫一批、生态补偿脱贫一批、易地搬迁脱贫一批、社会保障兜底一批”等帮扶措施的实施，贫困群众思想观念发生很大转变，已基本消除“等、靠、要”惰性思想；随着基础设施不断完善，全县公共服务水平得到极大提高，交通条件得到极大改善，10 个乡（镇）基本实现道路路面硬化，村级道路基本实现通达；通过健康扶贫工作的顺利开展，城乡居民基本医疗保险实现全覆盖，建档立卡贫困户实现慢性病签约服务、大病集中救治、重病兜底保障；每年组织建档立卡劳动力开展技能培训，通过培训让贫困群众熟练掌握生产技能，同时实现部分人员转移就业。

（二）致贫原因

2015年建档立卡之初，全县贫困人口主要受四方面影响：一是自身发展动力不足，群众缺乏正面引导，思想观念落后，自我发展意识薄弱，“等、靠、要”思想严重；二是交通条件落后，左贡县10个乡（镇）位置分散，群众居住不集中，全县整体海拔高差较大，多为高山峡谷地区，高原环境恶劣，道路通达率较低，群众深居简出，导致信息闭塞、接受新事物的能力差；三是疾病缠身，受条件限制，地方病发病率高，主要表现为大骨节病、风湿类风湿性关节炎致残、致病，影响群众劳动能力，导致贫困；四是严重缺乏生产技能，长期以来，受限于农牧区的恶劣环境，思想、交通、文化比较落后，群众自我学习能力差，缺乏主观能动性，生产方式保守、技术老旧，不能产生有效收益。

第二节 工作举措

新时代脱贫攻坚战吹响了左贡县脱贫致富奔小康的激昂号角，左贡县委、县政府以党建引领为抓手，在全面理清“扶持谁、怎么扶、谁来扶、怎么退”四个问题的基础上，制定“六个精准”脱贫目标，全县上下齐心协力、多措并举，大力实施“五个一批”脱贫措施，加快补齐基础设施和公共服务短板，2019年以优异的成绩顺利通过国务院组织的国家级贫困县脱贫退出评估，这是前所未有的减贫实践，可歌可泣的历史壮举。

一、因地制宜，聚焦“六个精准”立标杆

左贡县委、县政府将脱贫攻坚工作作为一项重大政治任务来抓，严格按照“六个精准”工作要求，认真贯彻落实党中央、区党委、昌都市委关于脱贫攻坚的一系列决策部署，通过“六个精准”全面、全力确保精准扶贫、精准脱贫各项措施落到实处。

（一）扶贫对象精准

左贡县通过加强调研摸底，实现精准识别。按照“六个精准”的工作要求，在前期对扶贫专干开展精准扶贫业务培训的基础上，2016年初，组织专人6次对扶贫对象开展入户调查，最终确定建档立卡贫困户2264户11461人，约占全县总人口的20%。“十三五”期间，按照计划发展生产脱贫2123户9430人，易地搬迁脱贫1454户6978人，生态补偿脱贫844户1806人，发展教育脱贫1399户3564人，社保兜底脱贫1294户5275人；2016年计划脱贫460户2341人、2017年587户2929人、2018年600户3008人、2019年616户3183人，2020年全面巩固提升。在过去的调研摸底过程中，左贡县摸清了当地的扶贫难点、贫困户的致贫原因，为实现扶贫措施精准到户到人打下了坚实基础。

（二）项目安排精准

以“六个精准”工作要求为基础，积极协调项目，做实扶贫产业，通过产业项目精准扶贫。左

贡县各级各部门不断增强通过产业项目，精准扶贫的思想共识，找准项目建设与精准扶贫工作的结合点，合规合法科学地整合资源，按照昌都市委提出的产业发展“十七个最”，落实“一村一个项目清单”，推动扶贫项目落地实施，使贫困群众从中受益、增收致富。经过前期不断调研论证和认真筛选，左贡县第一批重点扶持扶贫产业项目8个，分别是碧土乡梅里雪山旅游宾馆项目、碧土乡松茸加工厂、旺达镇高原生态鸭养殖基地、旺达镇木龙村藏香加工厂、旺达镇乌雅村砂石厂改扩建项目、扎玉镇西瓜种植大棚、旺达镇则巴村家庭旅馆和田妥镇亚中村温室大棚配套水渠项目，以上总投资2400万元，覆盖建档立卡贫困人口192户759人，脱贫154户642人。在脱贫攻坚，精准扶贫过程中，左贡县不断加强生态补偿，做到应补尽补。自2016年开始，精心制定了《左贡县2016年生态脱贫林业管护员招收实施方案》，进一步明确了生态脱贫目标任务，落实了生态补偿政策。2016年，在原有林业管护人员和享有退耕还林补助政策贫困户的基础上，让3150名建档立卡贫困人口就地转成护林员，实现人均每月增收300元；自2017—2020年新增林业管护员3406人，确保了2020年全面完成生态补偿扶持一批的脱贫攻坚任务。紧紧围绕“十三五”规划中的生态建设、林业产业建设、湿地保护和林区基础设施建设等工程，切实将涉及重点区域造林、防护林体系建设、退耕还林等项目尽量交给建档立卡贫困人口来实施，全力解决建档立卡贫困人口增收问题。“十三五”退耕还林工程共涉及全县田妥镇、旺达镇、扎玉镇、碧土乡、仁果乡、下林卡乡等6个乡（镇）21个行政村，覆盖建档立卡贫困户339户1835人。

（三）资金使用精准

扶贫资金包括财政扶贫资金、以工代赈资金和信贷扶贫资金，还包括援藏扶贫资金。它是扶贫开发工作的血脉，承担着保障贫困对象基本生活，助推脱贫攻坚顺利开展的重要任务。扶贫资金能否使用精准并发挥效益，关乎精准扶贫精准脱贫成败。因此，提高扶贫资金使用有效性和针对性至关重要。脱贫攻坚以来，县财政局坚持“用好每一分扶贫钱、办好每一个扶贫事”宗旨，自觉扛起扶贫资金监管责任，紧盯并督促解决扶贫资金拨付不规范、拨付慢等问题，推动财政支持脱贫攻坚提质增效。

1. 精准做好预算编制，不浪费每一分钱

财政扶贫资金投向必须要符合政策，必须专款专用，只能用于贫困乡（镇）尽快补齐发展短板和贫困群众尽快解决“两不愁三保障”需求，坚决避免资金分配随意性。在组织项目申报时，树立项目预算编制法治观念和预算绩效意识，实施统一规划、统一设计、统一预算三项统筹和报请政府常务会议、指挥部专题会议统一审批。在编制扶贫项目预算时，本着精打细算、不浪费每一分扶贫“救命钱”原则，坚持主管部门审、县财政局审、分管县级领导审等项目审核制度，坚决杜绝扶贫资金使用不精准、扶贫资金预（结）算相差大、扶贫资金绩效差等问题隐患，确保扶贫项目资金预算编制科学合理、真实客观，确保把扶贫资金“好钢用到刀刃上”。

2. 制定规范拨付程序，明确拨付时限

为进一步加强左贡县精准扶贫资金财务管理，提高资金使用效益，根据国家《中华人民共和国预算法》《财政专项扶贫资金管理办法》（财农〔2011〕412号）及《西藏自治区财政专项资金管理规定》等法律法规，左贡县制定了《左贡县财政专项资金管理办法》，扶贫资金管理坚持“四专”（即：专款专用、专户存蓄、专人管理、专账核算。当年结余，结转下年继续使用）、“四不准”（即：不准侵占、挪用扶贫资金，不准抵扣、截留扶贫资金，不准擅自改变扶贫资金用途和使用范围，不准违规提取任何费用）原则，采取扶贫部门委托财政代理记账方式，达成扶贫资金专人专账核算，资金推行单独专户封闭式运行和县乡监督管理机制。对业主单位拨款申请，财政限时完成审核拨付，并采取“一站式”拨付流程，即主管部门一名工作人员对项目工程量审核、资金拨付负责跟踪到底，避免过多地拨付流程，加快资金拨付进度，确保项目资金按时到位。

3. 有效利用

扶贫攻坚以来，左贡县按照“多个龙头引水，一个龙头放水”原则，积极整合各类扶贫资金，不断探索扶贫资金有效利用新模式、新方法，确保扶贫资金使用有效性和充分性。在资金整合上，始终坚持“渠道不乱、权责匹配，区负总责、强化监督，地（市）主导、县（区）抓落实，精准发力、注重实效”的原则，以摘帽销号为目标，以脱贫成效为导向，以扶贫规划为引领，以重点扶贫项目为平台，积极创新体制机制，加大统筹整合力度，让扶贫资金集中力量攻克解难，将财政扶贫资金、以工代赈资金、信贷扶贫资金、援藏扶贫资金，以及一些零、散、小、乱社会资金“捆绑打包”，无缝衔接各类扶贫资金。探索新模式新方法，让扶贫资金发挥最大扶贫效益。在扶贫资金使用模式上和方法上，左贡县立足实际，强化市场理念，积极探索政府购买社会服务、金融机构等参与扶贫开发新模式，探索实践援藏资金为贫困户购买农业灾害保险、购买养殖藏猪的保险等新方法，引导社会力量以“企业 + 基地 + 贫困户”、农牧户入股企业分红等模式投入扶贫开发，促进扶贫资源优化配置、扶贫项目推进高质高效，实现扶贫开发效益最大化。

（四）措施到户精准

鉴于贫困人口致贫因素多样性、复杂性、动态性，针对贫困人口的扶贫政策措施差别化、类型化和变动性，左贡县根据农牧户致贫原因、贫困程度和脱贫需求差异性、同质性特征，因村因人因户分类施策，变“大水漫灌”为“精准滴灌”，确保扶贫攻坚工作扶到点上、扶到根上。按照扶贫措施到户精准要求，制定“目标任务到村、规划编制到村、资源整合到村、驻村工作到村、帮扶责任到村、制度管理到村、检查考核到村”等“七到村”精准措施；制定“政策宣传到户、结对帮扶到户、脱贫计划到户、项目资金到户、产业培育到户、跟踪监测到户、效益体现到户”等“七到户”精准措施；制定“技能培训到人、职业教育到人、两免一补到人、学前双语到人、计生奖励到人、就业岗位到人、社会保障到人”等“七到人”精准措施。“七到村”、“七到户”和“七到人”精准措施制定，有力地规范、保障措施精准的工作机制。例如左贡把斜库村易地扶贫搬迁集中安置点作为第一个示范点，利用毗邻 318 国道的先天优势，依托特色旅游业、光伏产业，采取宜居宜商的规划设计，努力打造新型的“旅游小镇”，国道、省道沿线的易地扶贫搬迁点参考此模式，拓宽贫困群众的增收渠道。左贡县 2016 年第一批易地搬迁 2 个点，于 2016 年 4 月底开工建设，2016 年 8 月实现入住；第二批实施 5 个点，2016 年 7 月初开工建设，2016 年 10 月实现入住；第三批实施 3 个点，2016 年 7 月初开工建设，2016 年年底实现入住。左贡县积极加强宣传引导，营造浓厚氛围，左贡县多管齐下，确保精准扶贫人人皆知、家喻户晓，积极营造人人参与、人人出力的浓厚氛围。一方面，利用信息简报、广播电视、新媒体等多种渠道宣传报道全县脱贫攻坚工作的好经验、好做法，广泛动员干部群众参与精准扶贫的积极性和主动性；另一方面，由县脱贫攻坚指挥部宣传报道组牵头，有关部门和各乡（镇）、村积极参与，对县乡扶贫专干开展集中培训每年 3 次，并安排宣讲组深入各乡（镇）开展宣讲每年 30 余场次，使干部群众对精准扶贫重大意义、政策规定等有了深入了解，推动了“观念扶贫”走进农牧区、走进基层。同时，动员各驻村工作队、各寺管会发挥贴近农牧民群众和僧尼的先天优势，当好精准扶贫政策的“宣传员”，及时将有关政策规定和上级领导的指示批示精神传达到每名群众、僧尼，做到政策宣传不留盲区和空白点。

（五）因村派人精准

一是摸清底数，择“优”选派驻村干部。根据《关于加强贫困村驻村工作队选派管理工作的指导意见》文件精神，县强基办积极组建工作组到基层一线进村入户调研摸底，总结分析辖区内有哪些村因村级党组织软弱涣散需改派驻村工作队，全面了解各村（居）群众所需、所想、所盼。如在扎玉镇然米村，调研组了解到，该村缺少活动场所和活动器材，决定由县住建局选派干部派驻该村，驻村单位已帮助该村建设一个面积比较大的活动场所。二是精准选派，部门“投标”认领。根据调研分析汇总情况，向全县各部门“招标”，各部门根据自身情况认领任务“投标”，有条件的单位也可以自加任务，如县公安局，在县委下达其2个驻村点的基础上，自愿多“投标”1个村驻点。部门认领“投标”后，严格要求驻村干部开展为民办事，将年度具体工作事项列入承诺单，向驻村点群众公示，接受群众监督。同时，各驻村工作队建立台账，确保各项工作有序稳步推进；派出单位作出承诺，保证让选派的驻村干部与单位业务工作脱钩，保证后勤支持，并将各项工作完成情况纳入驻村干部个人年终考核和派出单位年终绩效考核。截至2020年年底，左贡县将基层经验丰富、工作能力突出的10名科级干部安排到了乡（镇）的主要岗位上，对带领群众致富有思路、村级集体经济效益好的42个选派村党支部书记进行了提拔重用。

（六）脱贫成效精准

左贡县依托“六个精准”工作要求，通过一系列举措，保证脱贫成效。例如，左贡县积极教育实践，促进就学就业。坚持教育经费继续向贫困地区倾斜、向基础教育倾斜、向职业教育倾斜，帮助贫困地区改善办学条件，对农村贫困家庭幼儿特别是留守儿童给予特殊关爱。截至2020年年底，左贡县第二幼儿园、美玉乡斜库村幼儿园、下林卡乡果日村幼儿园、旺达镇普荣村幼儿园、绕金乡小学附属幼儿园、仁果乡小学附属幼儿园，共6个项目，均已出色完成。自2016年，每年拿出30万元的教育基金，用于帮助考上大学及内地西藏初高中班的贫困学生。通过制订《“十三五”期间左贡县精准扶贫就业再就业规划》，不断改善贫困人员的就业环境，通过挖掘机装载机操作、旅游服务、汽车运输等培训，组织建档立卡贫困群众参加宾馆客房服务技能培训，确保建档立卡贫困人口全部就业。同时，左贡县积极落实加强社保兜底，确保不落一人。统筹协调农村扶贫标准和农村低保标准，加大各种形式的社会救助力度。2016—2020年，全面启动了社保兜底对象复核工作，真正把贫困人口中完全或部分丧失劳动能力的人纳入到社保兜底范畴，确保应兜尽兜、不落一人。加强医疗保险和医疗救助，新型农村合作医疗和大病保险政策进一步向贫困人口倾斜。近4年以来，面向贫困人口开展多次医疗救助，2016年5月与空军总医院签订了对口支持协议，“十三五”期间空军总医院帮助县卫生服务中心建成自治区级二级医院，建设联结县、乡（镇）村和空军总医院的“远程诊疗”系统，有效改善了偏远农牧区贫困人口的就医条件。

二、多措并举，实施“五个一批”显成效

按照自治区、昌都市部署，全县上下深入贯彻党中央、自治区党委、昌都市委关于扶贫开发、脱贫攻坚重大决策部署，把脱贫攻坚作为一项重大战略工程、重大基础工程、重大政治工程来抓，着力推进“五个一批”，高位统领、创新思路、注重统筹、精准施策、落实责任，举全县之力，全面开展、扎实推进脱贫攻坚各项工作，至2020年取得了良好成果。

（一）发展生产脱贫一批

1. 以牦牛、康巴香猪为主导产业

牦牛产业集中育肥布局在田妥镇、旺达镇、美玉乡，加工物流基地布局在旺达镇；卡若香猪产业布局—集中育肥布局在碧土乡、扎玉镇、中林卡乡，加工物流基地布局在碧土乡。通过集中改良、大户带动、分户饲养、规模推进，作好引进和繁育良种工作，2020 年全县良种畜比例达到 50% 以上，牦牛存栏量达 8 万头，年可出栏量达到 30%。以现有畜产品生产、加工企业为中心，大力发展订单牧业，通过扶持专业户和养殖大户、建立集中养殖基地等方式，逐步形成小群体、大规模的生产格局，建设集基地、加工、品牌、销售、冷链物流、科研、休闲观光为一体的牦牛产业链条。

左贡县集中打造康巴牦牛品牌，辐射周边乡（镇），努力实现畜牧业产业化与草地建设相结合、畜产品开发与培育龙头企业相结合、牲畜育肥与农牧民脱贫增收相结合。截至 2020 年年底，扶贫开发区建立健全康巴牦牛产业体系。以旺达镇为中心，建设 3 个康巴牦牛养殖区，建成东坝乡、旺达镇、美玉乡等康巴牦牛产业重点乡（镇），带动 2045 人脱贫致富。通过健全良种繁育体系，完善科学饲养机制，引进大型企业，进行牦牛肉类、奶类产品加工技术示范。利用康巴牦牛现有种牛的核心群，构建以核心群为骨干、基础群为枢纽、扩繁群养殖户牛群为基础的三级“金字塔形”繁育体系，全面形成康巴牦牛优势产业带，加快畜群周转，提高出栏率和商品率，通过良种、良料、良法，实现规模化养殖、标准化生产、产业化经营。并且积极提高产品加工技术，完善仓储流通能力。鼓励企业引进先进的屠宰、加工生产线和冷链物流技术，积极发展精细冷却分割肉、低温肉制品以及生物发酵肉制品、功能性肉制品等精深加工产品。支持畜产品加工业龙头企业原料收购、市场营销网络等建设，提高其经济效益。逐步提高产业集中度，使肉类加工向深度加工和综合利用相结合的方向发展，打造绿色生态品牌，重点向现代化屠宰与冷藏相结合的方向发展，延长产业链条。

积极完善并加强畜禽产业疫病防控和质量安全体系建设，建立健全技术推广、动物防疫体系和畜产品质量检测三大体系。加强畜牧业基层科技服务设施条件建设，重点加强技术服务场所建造和仪器设备、交通工具的配备，建立信息化服务平台。加强基层动物防疫体系建设，购置完备的办公、技术培训、疫病检测、检疫检验仪器设备等。健全畜产品质量监管体系，建立产品质量可追溯管理系统，加强市畜产品质量检测中心建设，充实质检队伍，购买必要的检测仪器设备和试剂耗材等，加大对畜产品质量检测力度。拓宽建立健全销售、宣传、信息化体系。通过成立牦牛产品直销示范点、在其他地区建设销售网点或办事处、注册发展网上销售平台、建立电子交易市场等方式，健全销售渠道和销售体系；通过建立牦牛产品展销中心、牦牛博物馆、政府扶持等方式完善宣传体系；建设物联网系统，实现智能化监控和管理，及时反馈市场需求，调节生产。

围绕发展生产脱贫一批的要求，以卡若香猪为主导产业，集中改良、大户带动、分户饲养、规模推进，做好引进和繁育良种工作，2020 年全县良种畜比例达到 50% 以上，康巴香猪存栏量达 1.3 万头，年可出栏量达到 30%。以现有畜产品生产、加工企业为中心，大力发展订单牧业，通过扶持专业户和养殖大户、建立集中养殖基地等方式，逐步形成小群体、大规模的生产格局，建设集基地、加工、品牌、销售、冷链物流、科研、休闲观光为一体的牦牛产业链条。集中打造康巴香猪品牌，辐射周边乡（镇），努力实现畜牧业产业化与草地建设相结合、畜产品开发与培育龙头企业相结合、牲畜育肥与农牧民脱贫增收相结合。截至 2020 年年底，扶贫开发区建立健全康巴香猪产业体系。以碧土乡和扎玉镇为中心，建设4个藏香猪养殖区，建成扎玉镇、碧土乡等藏香猪产业重点乡（镇）。“十三五”时期，藏香猪产业脱贫项目计划实施4个，投资1100余万元，带动1012人脱贫致富。康巴香猪产业脱贫项目，以健全良种繁育体系，完善科学饲养机制。建立康巴香猪种业创新科技示范基地，引进大型企业，进行康巴香猪肉产品加工技术示范。利用康巴香猪现有种猪的核心群，构建以核心群为骨干、基础群为枢纽、扩繁群养殖户为基础的三级“金字塔形”繁育体系，全面形成康巴香猪优势产业带，加快畜群周转，提高出栏率和商品率，通过良种、良料、良法，实现规模化养殖、标准化生产、产业化经营。从提高产品加工技术，完善仓储流通能力入手，鼓励企业引进先进的屠宰、加工生产线和冷链物流技术，积极发展精细冷却分割肉、低温肉制品以及生物发酵肉制品、功能性肉制品等精深加工产品。

逐步提高产业集中度，使肉类加工向深度加工和综合利用相结合的方向发展，打造绿色生态品牌，重点向现代化屠宰与冷藏相结合的方向发展，延长产业链条。以加强畜禽疫病防控和质量安全体系建设为基础，建立健全技术推广、动物防疫体系和畜产品质量检测三大体系。加强畜牧业基层科技服务设施条件建设，重点加强技术服务场所建造和仪器设备、交通工具的配备，建立信息化服务平台。加强基层动物防疫体系建设，购置完备的办公、技术培训、疫病检测、检疫检验仪器设备等。健全畜产品质量监管体系，建立产品质量可追溯管理系统，加强市畜产品质量检测中心建设，充实质检队伍，购买必要的检测仪器设备和试剂耗材等，加大对畜产品质量检测力度。积极完善建立健全销售、宣传、信息化体系。通过成立康巴香猪产品直销示范点、在其他地区建设销售网点或办事处、注册发展网上销售平台、建立电子交易市场等方式，健全销售渠道和销售体系；通过建立香猪产品展销中心、政府扶持等方式完善宣传体系；建设物联网系统，实现智能化监控和管理，及时反馈市场需求，调节生产。

2. 大力发展高原特色蔬菜产业

坚持“抓基地、保供给、促平衡”，通过加强设施蔬菜基地建设、扩大蔬菜供应量、引导蔬菜市场流通、增强应急供应能力、提高蔬菜质量等措施，切实解决季节性、结构性蔬菜供应短缺和价格波动问题，确保蔬菜产品的市场稳定，加快形成“种业基地化、种植规模化、生产标准化、产业布局区域化、科技服务系统化”的蔬菜产业格局，促进蔬菜产业持续稳定发展。截至2020年，扶贫开发区共有设施蔬菜基地180余亩，大棚温室662余栋，城区蔬菜自给率在冬春季达到40%以上，夏秋季达到60%。扶持和培育蔬菜种植专业合作社1～3家，带动200人脱贫致富。左贡县产业扶贫以提升科技支撑，建设左贡蔬菜种植繁育体系，利用成熟的日光温室工程技术、设施多层薄膜覆盖技术、植物生长调节剂应用技术等先进的农业科技，选择部分生产条件较好的区域建设种子繁育基地，为蔬菜生产基地提供优质蔬菜种苗。重点建设优质蔬菜专业化生产基地，重点建设以温室大棚为主体的优质蔬菜商品基地，确定蔬菜生产的区域布局，扩大现有基地的建设效果，形成基地建设区域化、管理标准化和经营集约化，从提高蔬菜出产的质量和数量为首要切入点，建立优势区域的蔬菜产业化生产基地，着力打造群众生活“菜篮子”工程。建立“加工—储运—流通—销售”社会化服务体系，鼓励培育蔬菜产业化经营“龙头”企业，鼓励从事肥料、农药等生产资源、农机、物流等企业从事蔬菜社会化服务体系，通过绿色蔬菜流通、销售等服务体系完善，提高农业产业化经营市场化水平，努力形成具有较强竞争能力，集农工贸、产加销于一体的区域性蔬菜产业体系。

3. 着力推进人工饲草生态产业

左贡县以人工饲草产业发展为发展生产脱贫重要推手，紧紧抓住国家重视草原生态保护建设和建立草原生态保护补助奖励机制的大好机遇，以保护和恢复草原生态为前提，以促进现代生态畜牧业发展和带动农牧民脱贫增收为目标，以市场为导向，以科技创新为动力，按照“统筹规划、优化布局、因地制宜、突出重点”的原则，以政府投资为引导，带动企业、专业经济组织、经济实体及种养大户加大投入，通过调整优化饲草料产业区域布局，大力发展规模化牧草良种及饲草料生产基地，建立和完善饲草料科技推广服务体系，促进规模化生产。大力扶持和培育具有竞争能力的饲草料加工企业，提高组织化程度，建立健全市场体系，完善产业化经营机制，构建农牧结合，跨区域、跨行业的饲草料生产、加工、贮备体系和抗灾保畜保障机制，促进饲草料产业和畜牧业持续稳定发展，加强草原生态保护，实现农牧区经济、社会、生态环境协调发展。

截至2020年年底，新增人工饲草基地5个，种植面积0.79856万亩，年产鲜草饲料0.59892万吨，新增退牧还草基地2个，种植面积新增20万亩，年产鲜草饲料15万吨。扶持和培育农民专业合作社4家，带动155余人脱贫致富。通过加快牧草良种繁育体系建设，在巩固现有牧草良种繁育基地建设规模的基础上，根据不同地区气候、土壤条件推广应用产出率高、效益好、适宜当地种植的优良牧草品种，进一步扩大牧草良种繁殖规模。鼓励和支持科研育种单位和企业联合开展种子基地建设，积极培育、扩繁和推广适宜不同地区种植的新品种，打造优良牧草品种品牌，逐步实现产学研相结合、育繁推一体化的牧草良种繁育体系，提高种子专业化生产水平和综合生产能力，确保牧草良种覆盖率达到90%以上，统供率达到80%以上。以加强饲草料生产基地建设为手段，扶贫开发区要充分利用当地的退耕还草地、弃耕地以及退化草地，集中土地资源、科技、人力、财力，突出重点，大力发展规模化饲草料生产基地。积极推广应用多年生禾本科混播牧草品种，加快天然草原改良和人工、半人工草地建设。培育和扶持饲草料加工龙头企业，按照“扶优、扶大、扶强”的原则，培育壮大一批起点高、规模大、带动力强的饲草料生产、加工龙头企业，形成以龙头企业为骨干、中小型企业共同发展，专业经济组织、经济实体及种养大户为补充的饲草料生产加工格局。培育一批饲草料专业经济组织和经纪人队伍，支持饲草料龙头企业进行技术改造和设备引进，提高企业生产、加工、收获、贮藏等机械装备水平，提升企业生产加工能力和产品档次，增加产品科技含量，打造品牌产品，进一步提高产品市场竞争能力。积极完善饲草料产业经营机制，引导龙头企业、专业经济组织及种养大户大力开展饲草料种植，推进饲草料规模化生产、集约化经营。各地集中种植的饲草基地，由企业和专业合作组织按照项目管理的要求进行建设，采取龙头企业带基地、基地连农牧户的经营模式，由产业化经营组织与农牧户签订产销合同，稳定产销关系，实行订单生产，把千家万户的饲草生产与大市场联结起来，建立区域性的市场体系。鼓励企业和专业经济组织大力开展牧草良种繁育和饲草料精深加工，延长产业链条，提高产品附加值和综合效益。鼓励、支持企业与农牧民经济合作社、规模化养殖场联合开拓市场，提高饲草料商品率，形成政策推动、市场带动、产业拉动、利益驱动的良性运行机制。

4. 推进“一心一带六区”产业发展促发展

左贡县委、县政府从县域功能分区上，制定《左贡县扶贫开发规划》，以及梳理左贡县总体发展思路，将左贡县产业发展分为“一心一带六区”。一心：以左贡县旺达镇中心，规划形成集休闲、娱乐、旅游购物、批发中枢、交通集散一体的综合服务中心。对外，服务过境的游客，有汽车美容中心、星级酒店、酒吧美食街、藏区特产商业街；对内，负担服务左贡其他乡（镇）的重任，设有综合交易市场、物流运输公司、金融服务系统。一带：沿玉曲河一带，贯穿左贡南北的经济开发带。突出玉曲河、318国道的串联与带动作用，依托旅游资源的开发、扶贫产业的构建，将开发带打造成为左贡县经济“主心骨”。（带状旅游线路：美玉草原风景区—东坝藏式居民区—塔鲁温泉度假区—左贡三大寺旅游，中心城区休闲旅游—帕巴拉神湖—碧土自然保护区—梅里雪山风景区）。

六区：各乡（镇）根据用地特性、产业现状、贫困人口分布，规划六个扶贫产业区（旺达镇片区：物流中心，滨河星级酒店，大棚蔬菜，藏香加工，商贸，娱乐，金融。美玉乡片区：美玉草原风景区，牧草种子基地，康巴牦牛养殖区，皮毛加工，藏家乐。田妥镇片区：塔鲁温泉度假区，阿旺绵羊养殖，荞麦种植基地，特殊商业街。扎玉镇片区：肉制品加工厂，干鲜果种植基地，康巴香猪养殖基地，旅游驿站。碧土乡片区：经济林与菌类混合种植，菌类加工，藏药材种植基地，河谷奶牛养殖区，茶马古道驿站。中林卡乡片区：家庭生态农业度假村，康巴香猪养殖基地，葡萄种植基）。左贡县因地制宜发展区域特色产业扶贫，充分尊重群众意愿，调动贫困群众积极性，支持开发区因地制宜发展阿旺绵羊、葡萄、经济林果、旅游服务、砂石开发、农产品加工等区域性特色产业。截至2020年年底，扶贫开发区通过发展特色产业带动贫困户脱贫10081人（人数重叠）。并且层层鉴定项目实施责任书，明确各级责任，确保项目顺利实施，确保产业脱贫攻坚项目建成一个、成功一个、巩固提高一个，确保产业扶贫项目成为民心工程、富民工程。

5. 转移就业促发展

一是职业培训促就业。开展了职业技能培训工作，让培训更接地气、更合意愿、更能就业，力争实现培训一个，就业一个，脱贫一家，开展走出去和请进来培训，共开展农牧民转移就业技能培训13期，培训733人，其中精准扶贫建档立卡户733人；年均实现农牧区富余劳动力转移就业1.1万人次，增收5000余万元，分别完成全年目标任务的100.94%和103.6%。职业介绍145人次、职业介绍成功105人次，通过为供需双方搭建良好的互动平台，为促进就业提供了有力的保障。二是落实政策保就业。左贡县做好了就业政策落实工作，积极与各项目主管部门协调，吸纳不少于50%的本地民工就业，左贡县认真贯彻各级党委政府关于实施精准扶贫的重大战略的精神，以精准扶贫为契机，把就业再就业工作作为重中之重，全面落实国家和自治区以及昌都市出台的各项就业再就业优惠政策，全力促进左贡县就业创业工作的开展。仅以2018年为例，共开发就业岗位298个，完成目标任务的102.75%；实现新增就业395人，完成目标任务的103.90%，2018年应届高校毕业生182人已实现就业160人，就业达87.9%，城镇登记失业率控制在2.5%，年内新增"零就业家庭"实现了动态消零。三是多措并举稳就业。左贡县将岗位开发和职业介绍工作作为稳就业重要举措，更加积极开展用工需求调研，及时向有就业意愿的群众尤其是建档立卡贫困户介绍工作，实现稳定就业和长期就业。

（二）易地搬迁脱贫一批

1. 因地制宜，安全实用，切实做好易地扶贫搬迁点选址设计方案

易地扶贫搬迁选址设计工作中，严格按照"六靠""五方便""两避让"的原则，从"三个结合"上抓实对美玉乡斜库村、田妥镇亚中村、旺达镇冷库村、扎玉镇吾同村、碧土乡碧土村、扎玉镇巴瓦村、碧土乡龙日村7个易地搬迁点的规划设计，人均住房面积严格控制在25平方米以内，7个点搬迁6978人，点内占全县搬迁人数6978人的100%。规划建设中给水、排水、电网、路灯、道路、公厕、广场等附属设施同步设计，同步建设，同步施工。

2. 尊重群众，传承创新，房屋设计上最大限度满足搬迁群众的需求

房屋设计方案广泛征求搬迁群众、社会各界的建议、意见，反复修改、反复推敲，确保大多数搬迁群众满意。户型面积在人均不超过25平方米的条件下，由搬迁群众自主选择户型面积，搬迁点房屋主要有70平方米、75平方米、90平方米、110平方米、120平方米、150平方米等户型。为确保房屋抗震安全，房屋结构独家独院的为砖混结构，多层住宅均为框架结构。户型充分尊重搬迁

群众的生活习惯，客厅、厨房偏大，整个房屋通风条件好，采光充足。外观风貌设计，在充分融入左贡东坝民居等传统元素基础上，又融入当前流行的主要元素。所有建设的房屋，均统一完成简装，搬迁群众只需搬入适当的家具就可入住。

3. 科学安排，稳步推进，确保如期完成易地扶贫搬迁点建设任务

县委、县政府高度重视易地扶贫搬迁建设工作，成立以县委常委、政府副县长为组长的易地搬迁组，专门负责易地扶贫搬迁工作。易地扶贫搬迁工作严格按照市委 2016 年全部开工建设，2018 年全部建成入住的要求，扎实稳步推进工程建设。2019 年以来全县积极推进各项易地扶贫搬迁工作。一是 2019 年 1 月初再次联合 10 乡（镇）对易地扶贫搬迁群众基础信息进行校准，包括身份证号码、性别、家庭成员关系、享受政策等各个方面进行逐个核对。2019 年 1 月中旬完成人员信息校对，且录入全国扶贫开发系统，确保系统数据与实际一致。二是组织学习易地扶贫搬迁政策，特别是习近平总书记 2016 年以来六场脱贫攻坚主体座谈会精神，把握重点，抓住关键，扎实开展易地扶贫搬迁工作。三是进一步完善美玉乡斜库村、田妥镇亚中村、旺达镇四方祥和新村、扎玉镇吾同村 4 个易地搬迁点附属工程建设，各搬迁点新增的附属工程已于 2019 年 5 月开工建设，2020 年年底已经全部完工。四是进一步归纳整理易地搬迁档案资料，特别是对 7 个点 20 个标段易地搬迁工程资料进行系统梳理，查找问题，将有关资料退回各承建方补充完善。五是定期统计易地搬迁工程开展情况，上报市易地搬迁组，圆满通过市级、自治区级脱贫验收。六是 2019—2020 年为生产资料确权过渡期，由各乡（镇）人民政府对宅基地复垦工作开展相关政策宣传，让群众知道宅基地复垦的必要性，过渡期后，将按照先易后难的原则逐步推进。七是后续脱贫措施，左贡县将结合产业发展、乡村振兴和就业培训，稳步按照上级要求推进落实。八是社区融入等方面，左贡县一直宣传加实践稳步推进，后续将结合乡村振兴深入落实；对于相关个性、共性问题严格按照各级整改要求，扎实落实，确保搬迁群众搬得出、稳得住和能致富。

4. 紧紧把握易地扶贫搬迁政策，有效规避搬迁风险

易地搬迁工作中，大家熟悉掌握易地搬迁政策，严格按照中央、区、市有关易地扶贫搬迁政策开展工作。一是明确易地扶贫搬迁的对象为一方水土养育不起一方人的贫困人口，有效避免了一些富裕户挤占搬迁户的优惠政策；二是不吊高搬迁群众胃口，每个点人均住房面积严格控制在 25 平方米以内，不建花园，不建温泉广场，易地搬迁点建设本着安全、实用的原则，结合群众生产生活习惯开展工作，有效避免了搬迁工程高大上的风险；三是搬迁户自筹资金不超过 1 万元，确保搬迁群众不因搬迁举债而贫困，按照住房面积在人均标准以内，由搬迁户量力而行，根据需要，自行选择住房面积，有效杜绝了搬迁户因搬迁而负债累累的风险；四是用好易地扶贫搬迁人均 6 万元的资金，易地搬迁资金严格用于房屋建设、基础设施配套、公共服务配套、生态修复、宅基地复垦五个方面，易地搬迁资金按照三专一封的财经制度封闭管理运行，规避了搬迁资金挪用、占用的风险；五是搬迁点选址选在地势较为开阔、交通便利的区域，降低了建设成本，大大节约搬迁工程建设资金，有效避免了搬迁工程资金短缺的风险；六是本着节约集约用地的原则，搬迁房以多层住宅为主，房屋结构以框架结构为主，大大提高了房屋的安全性，有效避免了因搬迁群众多而无适宜安置地、大大占用建设用地的风险。

5. 实施易地扶贫搬迁工程是功在当代，利在千秋的民心工程

易地搬迁群众大多居住在资源匮乏的大山深处，交通闭塞、信息滞后、基础设施建设落后、公共服务配套不全，且现居住地的生产资料完全不能满足搬迁群众的基本生产生活需要，如不实施易地扶贫搬迁，群众脱贫措施少、脱贫难度大、脱贫效果差。实施易地扶贫搬迁，一是从根本上转变

群众的思想观念，易地搬迁群众大多居住偏僻，思想落实，与外界接触少，劳动技能较低，不能靠劳动力转移就业，搬到国道 318、省道 203 沿线可促进观念转变，加快劳动力转移就业，就业机会多、创业机会也多，脱贫模式可多种多样；二是享受优质的教育、卫生等公共资源服务，在很大程度上提高了搬迁群众健康安全，大大提高搬迁群众的文化教育水平，丰富文化内涵，有效提升搬迁群众的综合素质；三是集中搬迁有利于配套产业建设，左贡一区四点均布局在交通要道、重点乡（镇）、重点村，便利的交通条件和较好的区位优势，有利于产业的发展，特别是左贡五大支柱产业的建成，将为搬迁群众提供广阔的就业创业空间；四是搬迁点选在县城、乡（镇）政府所在地、国道省道沿线重要节点村，有利于配套公共服务设施、节约成本，保护生态环境等。

6. 安置点建设情况

左贡县“十三五”期间，共规划建设 7 个集中安置点，搬迁 1345 户 6978 人。2016 年开工建设碧土乡龙日村、美玉乡斜库村、扎玉镇巴瓦村、田妥镇亚中村 4 个易地扶贫搬迁点，搬迁 1597 人，碧土乡龙日村、扎玉镇巴瓦村于 2016 年建成并入住，美玉乡斜库村、田妥镇亚中村于 2016 年 9 月开工，2017 年建成并入住。2017 年 5 月开工建设旺达镇冷库村、扎玉镇吾同村、碧土乡碧土村 3 个易地搬迁点，搬迁 5381 人，2018 年建成并入住。搬迁 893 户 4814 人，含扎玉镇、旺达镇、仁果乡、东坝乡、绕金乡、下林卡乡、中林卡乡 7 个乡（镇）建档立卡群众。7 个安置点房屋总建筑面积 140000 平方米，总投资 5.02 亿元。截至 2018 年年底，全部实现搬迁入住，入住率 100%。全县 7 个易地扶贫搬迁点共配套产业项目 22 个，保证每个安置点至少 1 ～ 2 个产业项目配套；每户基本保障 1 人为正式护林员，每年收入 7200 元，其他劳动力还其他生态岗位和转移就业，满足了每户 1 人就业要求。基础设施和公共服务按照国家要求全部配套建设完毕，新建村委会 5 个，学校 2 所，卫生院 1 所，藏医院 1 所等，其他均与乡（镇）、村或县城现有资源共用，能满足搬迁群众需求，今后也将按照国家最新要求及时完善；左贡县将结合产业发展、乡村振兴和就业培训，稳步按照上级要求推进落实后续措施；后续管理、社区融入等方面左贡县一直按照宣传加实践稳步推进，后续将按照上级要求结合乡村振兴深入贯彻落实。

（1）旺达镇冷库村安置点基本情况。左贡县旺达镇冷库村安置点项目，搬迁 893 户 4814 人，为扎玉镇、旺达镇、仁果乡、东坝乡、绕金乡、下林卡乡、中林卡乡 7 个乡（镇）建档立卡群众，房屋总建筑面积 79918.51 平方米。总投资 25656.25 万元，资金来源为易地扶贫搬迁资金，全部实现入住。

——产业配套情况。在产业扶贫上，充分发挥区位优势，紧抓产业扶贫政策，大力推动左贡县藏式家具加工厂、旺达镇乌雅村造砖厂、旺达镇木龙村藏香加工厂、左贡县汽车美容保养中心、左贡县新区东坝民俗旅游文化街、扶贫开发区农贸市场、扶贫开发区生资市场等方面产业发展，提供了大量就业岗位。

——就业情况。人社部门大力加大培训，在综合考虑生态就业基础上，充分利用公益性岗位、临时聘用、产业就业和劳务派遣等方式推动搬迁群众就业，保障了该安置点生态岗位就业 2400 余人，县外工地上打工就业 530 余人，县内工地就业 430 余人，左贡县范围内当服务员 190 余人，环卫工人 40 余人，自主就业开小卖部 12 人。

——就医、就学情况。左贡县旺达镇冷库村安置点现配套有幼儿园、藏医院等基础设施，再加上临近县城，完全满足了搬迁群众就医就学需求。

——基础设施、公共服务配套情况。左贡县旺达镇冷库村安置点于 2018 年 11 月全部建成入住，基础设施和公共服务均于安置点同步规划、同步实施，截至目前已经全部按照要求，对照“水电路讯网、科教文卫保”等要求全部配套完毕。

——后续脱贫发展措施情况。按照脱贫不脱政策的要求，结合人社部门专业技能培训、产业就业发展需求、城市就业需求发展等与乡村振兴战略相结合，综合发展就业，保障自力更生，脱贫致富。

——后续管理情况。该安置点2020年年底成立临时党支部管理，民政、组织部门正在根据相关程序申请成立新村，完善相关管理人员配置和管理制度，陆续按照相关要求完善管理。

（2）田妥镇亚中村安置点基本情况。左贡县田妥镇亚中村安置点项目，搬迁133户674人，均为田妥镇建档立卡群众，房屋总建筑面积22915.86平方米，总投资6762.24万元。

——产业配套情况。在产业扶贫上，充分发挥区位优势，紧抓产业扶贫政策，大力推动亚中村易地搬迁点配套产业项目（门面）、亚中村半自动造砖厂、砂石厂、温室大棚等方面产业发展，提供了很多就业岗位和机会。

——就业情况。人社部门大力加大培训，在综合考虑生态就业基础上，充分利用公益性岗位、临时聘用、产业就业和劳务派遣、自主创业等方式推动搬迁群众就业，保障了该安置点生态岗位就业300余人，工地上打工就业30余人，经商2人，农贸市场保安1名，保洁2名，食堂洗碗工1名，垃圾车驾驶员1名，温室大棚就业30余人。

——就医、就学情况。左贡县田妥镇亚中村安置点就医就学均在乡（镇）所在地，完全满足了搬迁群众就医就学需求。

——基础设施、公共服务配套情况。左贡县田妥镇亚中村安置点于2017年11月全部建成入住，基础设施和公共服务均于安置点同步规划同步实施，截至2020年年底已经全部按照要求，对照“水电路讯网、科教文卫保”等要求全部配套完毕。

——后续脱贫发展措施情况。按照脱贫不脱政策的要求，结合人社部门专业技能培训、产业就业发展需求、乡（镇）就业需求发展等与乡村振兴战略相结合，综合发展就业，保障自力更生，脱贫致富。

——后续管理情况。该安置点2020年年底由亚中村村委会管理，民政、组织部门正在根据相关程序申请成立新村，完善相关管理人员配置和管理制度，陆续按照相关要求完善管理。

（3）美玉乡斜库村安置点基本情况。左贡县美玉乡斜库村安置点项目，搬迁156户804人，均为美玉乡建档立卡群众，房屋总建筑面积20667.55平方米。总投资5651.18万元，资金来源为易地扶贫搬迁资金，全部实现入住。

——产业配套情况。在产业扶贫上，充分发挥区位优势，紧抓产业扶贫政策，大力推动美玉乡斜库村高原特色农畜产品基地、左贡县美玉乡美玉村饲草料植基地、斜库村易地搬迁点配套产业项目（门面）等方面产业发展，提供了很多就业岗位和机会。

——就业情况。人社部门大力加大培训，在综合考虑生态就业基础上，充分利用公益性岗位、临时聘用、产业就业和劳务派遣、自主创业等方式推动搬迁群众就业，保障了该安置点生态岗位就业350余人，工地上打工70余人，斜库产业园产业就业10余人。

——就医、就学情况。左贡县美玉乡斜库村安置点就医在斜库村村卫生室和乡卫生院，就学配备了幼儿园，小学和初中由乡（镇）小学和县小学、初中配套，能满足了搬迁群众就医就学需求。

——基础设施、公共服务配套情况。左贡县美玉乡斜库村安置点于2017年11月全部建成入住，基础设施和公共服务均于安置点同步规划同步实施，截至2020年年底已经全部按照要求，对照“水电路讯网、科教文卫保”等要求全部配套完毕。

——后续脱贫发展措施情况。按照脱贫不脱政策的要求，结合人社部门专业技能培训、产业就业发展需求、乡（镇）就业需求发展等与乡村振兴战略相结合，综合发展就业，保障自力更生，脱贫致富。

——后续管理情况。该安置点至2020年年底由斜库村村委会管理，后续会根据相关要求，完善相关管理人员配置和管理制度，陆续完善管理。

（4）碧土乡碧土村安置点基本情况。左贡县碧土乡碧土村安置点项目，搬迁51户226人，均为碧土乡建档立卡群众，房屋总建筑面积4142.41平方米。总投资1497.77万元，资金来源为易地扶贫搬迁资金，全部实现入住。

——产业配套情况。在产业扶贫上，充分发挥区位优势，紧抓产业扶贫政策，大力推动碧土乡碧土村油菜种植项目、碧土乡碧土村民族特色木制品等方面产业发展，提供了很多就业岗位和机会。

——就业情况。人社部门大力加大培训，在综合考虑生态就业基础上，充分利用公益性岗位、临时聘用、产业就业和劳务派遣、自主创业等方式推动搬迁群众就业，保障了该安置点生态岗位就业100余人，工地上打工就业数十余人。

——就医、就学情况。左贡县碧土乡碧土村安置点就医就学均在乡（镇）卫生院和乡（镇）学校，能满足了搬迁群众就医就学需求。

——基础设施、公共服务配套情况。左贡县碧土乡碧土村安置点于2018年11月全部建成入住，基础设施和公共服务均于安置点同步规划同步实施，截至2020年年底已经全部按照要求，对照“水电路讯网、科教文卫保”等要求全部配套完毕。

——后续脱贫发展措施情况。按照脱贫不脱政策的要求，结合人社部门专业技能培训、产业就业发展需求、乡（镇）就业需求发展等与乡村振兴战略相结合，综合发展就业，保障自力更生，脱贫致富。

——后续管理情况。该安置点2020年年底由碧土村村委会管理，后续会根据相关要求，完善相关管理人员配置和管理制度，陆续完善管理。

（5）碧土乡龙日村安置点基本情况。左贡县碧土乡龙日村安置点项目，搬迁7户42人，均为碧土乡建档立卡群众，房屋总建筑面积1950平方米。总投资321.98万元，资金来源为易地扶贫搬迁资金，全部实现入住。

——产业配套情况。在产业扶贫上，充分发挥区位优势，紧抓产业扶贫政策，大力推动碧土乡碧土村油菜种植项目、碧土乡碧土村民族特色木制品等方面产业发展，提供了很多就业岗位和机会。

——就业情况。人社部门大力加大培训，在综合考虑生态就业基础上，充分利用公益性岗位、临时聘用、产业就业和劳务派遣、自主创业等方式推动搬迁群众就业，保障了该安置点生态岗位就业20余人，工地上打工就业数人。

——就医、就学情况。左贡县碧土村龙日村安置点就医就学均在乡（镇）卫生院和学校，能满足了搬迁群众就医就学需求。

——基础设施、公共服务配套情况。左贡县碧土乡龙日村安置点于2016年12月全部建成入住，基础设施和公共服务均于安置点同步规划同步实施，截至2020年年底已经全部按照要求，对照“水电路讯网、科教文卫保”等要求全部配套完毕。

——后续脱贫发展措施情况。按照脱贫不脱政策的要求，结合人社部门专业技能培训、产业就业发展需求、乡（镇）就业需求发展等与乡村振兴战略相结合，综合发展就业，保障自力更生，脱贫致富。

——后续管理情况。该安置点截至2020年年底由碧土村村委会管理，后续会根据相关要求，完善相关管理人员配置和管理制度，陆续完善管理。

（6）扎玉镇巴瓦村安置点基本情况。左贡县扎玉镇巴瓦村安置点项目，搬迁17户77人，均为扎玉镇建档立卡群众，房屋总建筑面积2976平方米。总投资464万元，资金来源为易地扶贫搬迁资金，全部实现入住。

——产业配套情况。在产业扶贫上，充分发挥区位优势，紧抓产业扶贫政策，大力推动左贡县巴瓦村、米巴村花椒种植项目等方面产业发展，提供了就业岗位和机会。

——就业情况。人社部门大力加大培训，在综合考虑生态就业基础上，充分利用公益性岗位、临时聘用、产业就业和劳务派遣、自主创业等方式推动搬迁群众就业，保障了该安置点生态岗位就业30余人，工地上打工就业十余人。

——就医、就学情况。左贡县扎玉镇巴瓦村安置点就医就学均在村卫生室和村幼儿园，能满足了搬迁群众就医就学需求。

——基础设施、公共服务配套情况。左贡县碧土乡龙日村安置点于2016年12月全部建成，基础设施和公共服务均于安置点同步规划同步实施，截至2020年年底已经全部按照要求，对照“水电路讯网、科教文卫保”等要求全部配套完毕。

——后续脱贫发展措施情况。该安置点后续脱贫发展措施方面按照脱贫不脱政策的要求，结合人社部门专业技能培训、产业就业发展需求、乡（镇）就业需求发展等与乡村振兴战略相结合，综合发展就业，保障自力更生，脱贫致富。

——后续管理情况。该安置点截至2020年年底由巴瓦村村委会管理，后续会根据相关要求，完善相关管理人员配置和管理制度，陆续完善管理。

（7）扎玉镇吾同村安置点基本情况。左贡县扎玉镇吾同村安置点项目，搬迁88户341人，均为扎玉镇建档立卡群众，房屋总建筑面积7467.33平方米。总投资3352.58万元，资金来源为易地扶贫搬迁资金，全部实现入住。

——产业配套情况。在产业扶贫上，充分发挥区位优势，紧抓产业扶贫政策，大力推动瓦巴通村砖瓦厂、扎玉镇油菜加工厂、扎玉镇搬迁点商业街等方面产业发展，提供了就业岗位和机会。

——就业情况。人社部门大力加大培训，在综合考虑生态就业基础上，充分利用公益性岗位就业、临时聘用、产业就业和劳务派遣、自主创业等方式推动搬迁群众就业，保障了该安置点生态岗位就业160余人，工地上打工就业数十余人，合作社就业13人。

——就医、就学情况。左贡县扎玉镇吾同村安置点就医就学均在乡（镇）卫生院和乡（镇）学校，能满足搬迁群众就医就学需求。

——基础设施、公共服务配套情况。左贡县碧土乡龙日村安置点于2018年11月全部建成，基础设施和公共服务均于安置点同步规划同步实施，截至2020年年底已经全部按照要求，对照“水电路讯网、科教文卫保”等要求全部配套完毕。

——后续脱贫发展措施情况。该安置点后续脱贫发展措施方面按照脱贫不脱政策的要求，结合人社部门专业技能培训、产业就业发展需求、乡（镇）就业需求发展等与乡村振兴战略相结合，综合发展就业，保障自力更生，脱贫致富。

——后续管理情况。该安置点至2020年年底由吾同村村委会管理，民政、组织部门正在根据相关程序申请成立新村，完善相关管理人员配置和管理制度，陆续按照相关要求完善管理。

（三）生态补偿脱贫一批

1. 绿化造林工作稳步推进

按照昌都市林业和草原局下达左贡县造林任务，左贡高度重视把绿化造林工作作为提升全县生态建设的重要举措狠抓落实，认真组织实施各绿化造林工程。截至2020年年底，度新一轮退耕还林造林面积1724.4亩；第一批林业产业项目1588.2亩；第二批林业产业项目889.3亩；义务植树造林2500亩。推进“两江四河”绿化造林项目。该项目造林面积1000亩，总投资322.5万元，全部为中央投资。项目涉及2个乡（镇）（田妥镇、旺达镇）3个行政村，共4个作业小班。截至2020年年底，该项目造林任务已全部完成，共计种植各类树苗85273株。其中藏川杨11972株，川西云杉73301株。支付兑现种苗款92.2358万元、农民工劳务补助155.3613万元。受益建档立卡贫困户48户183人。

2. 积极开展林业产业扶贫项目

根据昌都市下达左贡县林业产业扶贫项目指标，左贡县分两批次共实施林业产业扶贫项目共13个，项目总投资3697.52万元（基础建设投资1900.17万元；造林投资1687.54万元；其他费用109.81万元），涉及全县8个乡（镇），17个行政村。截至2020年年底，已全部完成种植任务，种植山杏、石榴、苹果、花椒、核桃等经济林木98760株，折合造林面积2477.5亩，受益建档立卡户达484户2789人。

3. 生态脱贫，责任到人

左贡县结合公益林补偿、生态护林员选聘、退耕还林、绿化造林等项目的实施，对农牧民群众特别是建档立卡贫困户进行生态补偿脱贫工作，切实改善了贫困群众的生活、生产环境，提高了贫困群众的现金收入，加快推进了全县脱贫致富的步伐。左贡县招收完成森林生态效益管护人员和生态岗位共计15297人。其中，专业管护人员53人，1～4批原有护林员1379人，“东西”回流护林员6人，村干部兼任护林员替换人员404人，生态岗位11322人（2016年招收生态岗位9540人，2017年招收生态岗位914人，2018年新增生态岗位968人，2019年调减生态岗位100人）。

围绕生态补偿脱贫重要举措，仅2019年上半年，左贡县对全县11322名生态岗位花名册中存在“一人双岗”、嫁娶、死亡等情况进行核实，对生态岗位人员实行动态调整，对不符合条件的人员予以清退、更换。根据昌都市生态脱贫组的相关要求，及时准确为全县生态岗位人员及时配发了岗位袖标，并开展了生态岗位人员考核工作，根据考核结果，按照生态补偿标准完成了2019年上半年中央森林生态效益补偿资金和生态岗位专项补助资金的兑现工作。共计兑现资金：3379.89万元。其中，兑现2019年生态岗位（11322人）专项补助资金共计1981.35万元；兑现中央森林生态效益补偿资金1398.36万元（3974人）。其中，兑现专业管护人员（53人）劳务补助58.86万元、1～4批原有护林员（1379人）劳务补助496.92万元、“东西”回流护林员（6人）劳务补助2.16万元、村干部兼任护林员替换护林员（403人）劳务补助72.54万元、第六批护林员（2133人）劳务补助767.88万元。切实通过生态补偿脱贫一批，落实“五个一批”重要脱贫举措。

（四）发展教育脱贫一批

1. 加强控辍保学，保障适龄儿童少年接受义务教育的权利

左贡县各乡（镇）在县委的坚强领导下，各乡（镇）自觉肩负控辍保学“两个责任”，在法律宣传教育上下功夫，在劝学工作上做文章，在信息反馈上抓落实，县教育督导委员会落实主体责任，不断总结提炼各乡（镇）实践探索经验，按照问题导向、实践导向、质量导向组织了10个乡

（镇）教育专干培训，拟定《左贡县县级领导干部包乡包校实施方案》《中共左贡县委左贡县人民政府关于推进控辍保学工作的实施意见》，并通过县委政府印发执行，为全县控辍保学提供了制度保障。县教育局落实控辍保学办公室第一责任，搭建周通报彩信平台，对各乡（镇）学生到位率、巩固率进行了及时“晾晒”，倒逼了责任落实。

2. 落实资助政策，避免因贫失学

严格落实西藏自治区“十五年”免费教育政策和“三包”、营养餐改善计划，管好用好各项经费。针对建档立卡贫困家庭子女，左贡县制定接受高等教育实施免费教育补助政策实施细则，为实现“发展教育脱贫一批”工作目标，免费教育补助西藏左贡县户籍经自治区招生委员会办公室公开录取的、在西藏自治区内外全日制普通本专科（含高职）高等学校（含民办院校）就读的建档立卡贫困家庭子女在校本专科学生、研究生。为补助对象建立“建档立卡大学生”档案及名单，在校期间，按照就读高校收费标准执行免费教育政策，即免除学费、住宿费、书本费，并补助生活费。免费教育补助经费（简称“三免一补”）由西藏自治区、市、县三级财政共同承担。西藏自治区财政对区内、区外高校每名建档立卡大学生免费教育补助共 7000 元，包括补助学费 2800 元、住宿费 800 元、书本费 400 元，并按照西藏高校国家助学金平均标准补助生活费 3000 元。自治区财政资金已实现了对区内高校学生的全免费，市县两级不对区内高校学生配套资金。左贡县根据《西藏自治区建档立卡贫困家庭子女接受高等教育实施免费教育补助政策管理办法》要求，市、县两级财政仅承担在区外高校就读的“建档立卡大学生”学费、住宿费、书本费差额部分（即扣除自治区财政承担资金后的差额）。市、县差额部分资金由市、县两级承担。市、县财政配套资金要单独安排，不得挤占正常的教育经费或从财政投入教育的 20% 中支出。对自治区资助明细表建档立卡大学生，市、县两级资助全覆盖，全部纳入市、县两级资助范围。

3. 加强学校基础设施建设，改善办学条件

左贡县教育局正确处理了项目建设质量与安全、质量与进度、质量与生态的关系，倒排工期，挂图作业，及时验收，调处问题，确保施工进度。截至 2020 年年底，中林卡乡小学、绕金乡小学、仁果乡小学 3 所学校教学楼、师生宿舍加快推进并完成总工程量的 100%。县小学、美玉乡小学、绕金乡小学等 11 所学校附属工程完成总工程量的 100%。县小学、下林卡乡小学、扎玉镇小学、觉玛小学等 9 所学校教学楼、师生宿舍、食堂完成总工程量的 100%。全县学校标准化建设全部完成，所有学校将焕然一新。

4. 扶贫先扶志，扶贫必扶智

扶贫工作开展以来，教育局根据市、县脱贫攻坚指挥部的总体部署，坚持将“两后生”扶贫作为精准突破，定向施策，稳定脱贫的重要着力点，把“两后生”脱产受教育工作作为重点来抓。创新宣传形式，提高思想认识，转变思想观念，为劝返复学工作奠定坚实的思想基础。通过开展“走村入户”活动，教育专干深入到疑似失学儿童的家庭，与失学儿童及其家长探讨教育的意义，深入分析学生失学的原因，采取具有针对性的宣传教育方法，扭转错误思想观念，帮助家长树立正确的教育观，为子女健康成长构建良好的家庭环境；帮助学生树立求学上进的信心、决心，鼓励学生爱学、乐学、返校求学。

（五）社会保障兜底一批

1. 确定社会保障兜底对象

一是将建档立卡贫困户中的五保户、建档立卡贫困户中完全丧失劳动能力和部分丧失劳动能力

的人口、0～16周岁除在校生以外的持证重残儿童纳入兜底范围，规定享受社会兜底政策人员均不能享受其他脱贫措施。二是将社会保障兜底分为最低生活保障、特困人员供养、医疗救助、临时救助、受灾人员救助、教育救助、住房救助、就业救助、社会力量参与救助人员等9类。

2. 脱贫攻坚期间的救助情况

一是农村低保。2016年农村低保2224户6619人，其中属于建档立卡的1149户4386人；不属于建档立卡的农牧民462户1620人，僧尼613户613人，全年下拨了资金916.6574万元。2017年全县享受农村低保的共有6619人，纳入建档立卡的人数为6024人，未纳入建档立卡的低保人数为595人，未纳入建档立卡的低保595人均属于全县僧尼，全年兑现资金1300.7226万元。2018年农村低保共有1862户6619人，其中已纳入建档立卡贫困户的共有1265户6018人，未纳入建档立卡的共有597户601人，均属于全县僧尼，全年资金兑现1605.2632万元。2019年全县享受农村低保的共有1845户6624人，其中纳入建档立的共有1268户6046人，不在建档立卡的共有577户578人（不在建档立卡中的578人均属于在编僧尼），同时下拨2019年全年低保对象生活补助金1732.419887万元（表5-15）。

表5-15 2016年以来农村低保与扶贫政策衔接情况统计表

序号	年份	农村低保		其中建档立卡		其中非建档立卡		其中僧尼低保（非建档立卡）		备注
		总户数（户）	总人数（人）	户数（户）	人数（人）	户数（户）	人数（人）	户数（户）	人数（人）	
1	2016年	2224	6619	1149	4386	462	1620	613	613	
2	2017年	2745	6619	2150	6024	0	0	595	595	
3	2018年	1862	6619	1265	6018	0	0	597	601	
4	2019年	1845	6624	1268	6046	0	0	577	578	
四年合计		**8676**	**26481**	**5832**	**22474**	**462**	**1620**	**2382**	**2387**	

备注：对有劳动能力的低保对象采取的帮扶措施有：纳入生态岗位、就业培训。对丧失劳动能力扶贫对象采取的措施有：①建档立卡中丧失劳动能力的人员全部纳入社会兜底保障范围（除在校学生外）；②符合享受低保的家庭纳入最低生活保障范围；③符合纳入特困人员的纳入特困人员保障范围；④医疗救助；⑤临时救助；⑥属于残疾的主动进行办理残疾证。

二是特困人员。2016年全县共有特困人员321人，其中集中供养的有65人，分散供养的有256人，全年兑现分散供养特困人员生活补助121.344万元。2017年上半年全县共有特困人员321人，其中集中供养65人，分散供养256人，兑现分散供养人员上半年生活补助资金53.562万元；2017年下半年全县特困人员有313人，其中集中供养64人，分散供养249人，兑现分散供养人员下半年生活补助资金64.23万元。2018年上半年全县共有特困人员317人，其中集中供养74人，分散供养243人，兑现分散供养人员上半年生活补助资金60.021万元；2018年下半年全县特困人员有302人，其中集中供养75人，分散供养227人，兑现分散供养人员下半年生活补助资金74.93万元。2019年上半年符合纳入特困人员的共有281人（1人近期死亡），其中集中供养的有79人、分散供养的有202人（1人近期死亡），已兑现上半年分散特困人员的生活补助金78.139775万元。2019年下半年符合纳入特困人员的共有279人，其中集中供养的有86人，分散供养的有193人，已兑现下半年分散特困人员部生活补助金75.1071万元。

三是残疾人。2016年全县符合享受重度残疾护理费的共有312人、符合享受生活补贴的共有

1249 人，全年共发放资金 113.347 万元。2017 年符合享受重度残疾护理费的共有 339 人、符合享受生活补贴的共有 1030 人，全年共发放资金 135.102 万元。2018 年符合享受重度残疾护理费的共有 353 人、符合享受生活补贴的共有 1516 人，全年共兑现资金 266.64 万元。2019 年年符合享受重度残疾护理费的共有 372 人、符合享受生活补贴的共有 1587 人，全年发放资金 285.38 万元。

3. 主要举措

一是精准实施农村低保制度，确保精准兜底。精准落实符合低保条件人员的差额补助，确保所有无法依靠产业扶持和就业帮助脱贫的家庭以及其他符合条件的困难群众纳入低保保障范围，充分发挥农村低保制度在兜底脱贫中的重要基础作用。

二是精准实施医疗救助制度，有效遏制因病致贫返贫。将符合条件的建档立卡贫困人口纳入重特大疾病医疗救助范围，对其经基本医疗保险、城乡居民大病保险等报销后个人负担的合规医疗费用予以救助。根据患病家庭负担能力、个人自负费用、当地筹资情况等，分类分段设置重特大疾病医疗救助比例和最高救助限额。加强医疗救助与相关医疗保障、社会救助制度的有效衔接，形成与慈善救助的高效联动和良性互动。

三是精准实施特困人员救助供养制度，确保农村特困人员实现同步小康。全面开展特困人员摸底排查，尽快将原农村五保供养对象、城市“三无”人员统一纳入救助供养制度范围，做到应救尽救、应养尽养。努力为失去生活自理能力的特困人员提供日常生活照料和患病陪护服务。结合发展养老服务体系，进一步加强农村特困人员供养服务设施建设，提升供养服务机构托底保障能力。

四是精准实施救助保护，促进留守儿童困境儿童健康成长。推动建立健全农村留守儿童救助保护机制，深化未成年人社会保护工作，促进农村留守儿童关爱保护工作和未成年人社会保护工作在政策措施、保护机制、服务体系、工作力量和资源配置等方面的统筹运行。积极发挥民政部门职能作用，协调相关部门扎实开展受监护侵害未成年人权益保护工作，针对监护侵害个案做好应急处置、临时监护照料、调查评估、多方会商、家庭监护指导、提起监护权转移诉讼等监护干预工作。

五是精准实施临时救助制度，切实增强救急解难功能。发挥临时救助制度托底功能，根据资金使用情况及时调整救助标准，优化申请审批程序，提高兜底保障能力和救助时效。加强对“救急难”综合试点的工作指导和督促检查，及时总结、推广试点经验，普及开展“救急难”工作。

4. 工作亮点

亮点一：2019 年 3 月 25 日，仁果乡仁果村驻村工作队反映，仁果村牧区两户发生火灾，房屋已全部烧毁，初步核实，暂无人员伤亡，当时居住的有两个老人，因路途遥远，不通车，具体情况不明。左贡县民政局接到灾情后，局长及时与仁果乡主要领导沟通，组成工作领导小组，第一时间深入现场。由于灾情发生地在牧区，需要先是坐车 20 分钟，再骑摩托车 4 个小时左右，然后徒步 2 个小时，由于路途遥远、需要跋山涉水，经过雪山，次日中午才赶到目的地。经核实，失火两户原本属于比较富裕，失火后家里的房屋、粮食、家具、古董、现金、衣物等所有财物全部已烧毁，老百姓见到工作组后抱着痛哭。工作组临时召开会议讨论决定，一部分人帮助两户重建家园工作，一部分人员返回县里准备救助工作，经情况汇报分管领导，召开局务会议决定，由于两户属于牧民，家里牛羊比较多，决定解决迫在眉睫的问题，县民政局通过分类救助形式每户临时救助 5 万元（一人 5000 元），同时两户发放救灾物资：16 平方米棉帐篷 2 顶、大米 8 袋、面粉 8 袋、大茶 2 条、棉褥 20 床、棉被 20 床、棉衣 30 件、棉鞋 20 双、卡垫 8 个、藏式垫子 22 个、折叠床 6 个、高压锅 4 个、茶壶 6 个。群众深深感受到了党和政府的关怀，渡过了难关，再次树立了向往美好生活的信心，杜绝了返贫的现象。

亮点二：旺达镇乌雅村位于214、318国道沿线，全村占地面积50亩，平均海拔3800米，距县城7公里。共有耕地345亩、林地1400亩、草场面积12000多亩，大小牲畜654（头、只、匹）。全村共有55户310人，其中劳动力102人，在校学生105人，适龄儿童入学率100%。2015年全村精准识别建档立卡贫困户共5户12人，其中5户12人全为低保贫困户。自脱贫攻坚工作开始以来，在县民政局的定点帮扶下，乌鸦村依托区域特色和优势，以市场为导向、以效益为目标、以辐射带动贫困群众增收为根本，依托地域资源禀赋和产业优势，按照因村选业、因户定项目的原则，创办乌雅村全自动造砖厂。在国家产业扶持政策的支持下，于2015年5月开工建设，2016年正式投入使用，乌雅村坚持"市场导向、科技支撑，因地制宜、突出特色，扶优扶强扶大、多轮驱动"的工作要求，大力实施品牌带动战略，截至2020年年底，发展农牧民合作社1家，乌雅村所有低保户中有劳动力的人员全部参与到全自动造砖厂务工。通过务工实现转移就业户均增收3.5万元，没有劳动力的低保人员也实现分红。乌雅村低保户深刻意识到自身已经完全可以依靠务工和分红来实现脱贫，在2018年低保动态调整时，在村民大会上5户12人低保人员全部自愿退出低保，纷纷表示：靠自身实现脱贫，无须再依靠国家政策来脱贫，希望低保名额给予需要低保的其他贫困户。这只是全县低保工程的一个工作缩影，通过采取践行"两学一做"规范最低生活保障、与扶贫开发政策有效衔接、执行专项整治、集中培训、下村宣传政策等多种工作方式，截至2020年年底，全县范围推广了"阳光"低保工程，杜绝了"亲戚保、关系保、轮流坐庄"等违规操作，基本消除了"等、靠、要"的思想。

三、补齐短板，基础设施和公共服务提升工程助力脱贫攻坚

统筹行业资源，大力实施"水电路讯网、教科文卫保"十项提升工程，全面提升贫困地区基础设施和公共服务水平。左贡县立足发挥基础建设"立柱"功能，保障经济建设持续安稳。坚持围绕打牢基础、补齐短板的长远意义，强化隐性债务清理整顿，推动项目建设管理有效、平稳有序。

（一）交通运输保障脱贫攻坚

2016年以来左贡县交通运输局在县委、县政府坚强领导下，在上级交通部门的特殊关心厚爱和具体指导下，紧紧围绕以交通基础设施建设为抓手，以"提升国省道、完善农村路、构建区域网、争取大通道"为目标任务，不断加快发展步伐，全县交通运输事业得到了迅猛发展，区域内基本形成了以国、省道主干线为骨架，县、乡、村级道路为辐射的交通运输网络。城乡农牧民群众出行条件得到了进一步改善，切实为全县经济发展提供交通运输保障，为全面建成小康社会提供更加有力的交通支撑。

1. 交通项目建设情况

2016年—2020年左贡县域内交通项目145个，总里程1177.655公里，总投资312659.0907万元。其中：一般项目135个，总投资214803.3935万元；重点项目7个，总投资86562.645万元；安防工程2个，总投资10293.0522万元；交通沿线厕所项目1个，总投资1000万元。

（1）一般项目执行情况。2016年以来，全县交通运输局共承建一般项目135个（总承包项目56个、整合资金项目33个），总里程为950.477公里，总投资214803.3935万元（总承包项目172560.1258万元、整合资金项目21691.19万元）。2016年全县交通运输局承建一般项目14个，批

复总里程 117.04 公里，其中：两座桥梁 120 米。批复总投资 9366.43 万元。2017 年全县交通运输局承建一般项目 49 个，批复总里程 422.51 公里，批复总投资 106407.4494 万元。其中 2017 年总承包项目 33 个，总里程 376.99 公里，总投资 101521.2594 万元；2017 年一般项目 16 个，总里程 45.52 公里，总投资 4886.19 万元。2018 年全县交通运输局承建一般项目 37 个，批复总里程 245.34 公里，批复总投资 77034.414 万元。其中 2018 年总承包项目 23 个，总里程 205.078 公里，总投资 71254.1541 万元；2018 年一般项目 14 个，总里程 40.262 公里，总投资 5780.26 万元。2019 年全县交通运输局承建一般项目 2 个项目，批复总里程 9.099 公里，批复总投资 303.91 元。2020 年全县交通运输局承建整合资金项目 33 个，总里程 156.488 公里，总投资 21691.19 万元。

（2）重点项目执行情况。2016 年以来，左贡县域内重点项目 7 个，总里程 213.712 公里，总投资 86562.645 万元。其中昌都市交通运输局承建项目 5 个，总里程 149.354 公里，总投资 52294.0864 万元。项目为：①左贡县扎玉镇然跟村垭口至然根村公路工程，批复文号为昌都市交农村路〔2016〕60 号，总里程 26.646 公里，总投资 934.54 万元；②左贡县扎玉镇至绕金乡公路改（扩）建工程，批复文号藏交发〔2016〕276 号，总里程 59.508 公里，总投资 19443.9021 万元；③昌都市澜沧江沿江公路（仁果村至嘎益村）新建项目，批复文号昌市交农村路〔2016〕129 号，总里程 11.5 公里，总投资 2512.49 万元；④左贡县东坝乡埃西村公路工程，批复文号昌市交农村路〔2018〕210 号，总里程 12.3 公里，总投资 3083.64 万元；⑤左贡县扎绕公路（K45+450）至下林卡公路改扩建工程，批复文号藏交发〔2018〕771 号，总里程 39.4 公里，总投资 26319.5143 万元。自治区交通运输厅管承建项目 2 个，总里程 64.358 公里，总投资 34268.5586 万元。项目为：①左贡县国道 318 线（K3551+900）至仁果乡公路改建工程，批复文号为藏交发〔2018〕164 号，总里程 50.463 公里，总投资 26079.4197 万元；②左贡县下林卡乡松古自然村至果热村公路工程，批复文号为藏交办农村函〔2019〕4 号，总里程 13.895 公里，总投资 8189.1389 万元。

（3）安防工程执行情况。2016 年以来，左贡县共涉及生命安全防护工程建设项目 2 个，总投资 10293.0522 万元。项目为：①昌都市 2018 年村道生命安全防护工程（左贡县），批复文号昌市交〔2018〕518 号，交安里程 13.466 公里，总投资 568.09 万元；②左碧线生命安全防护工程项目，总投资 9724.9622 万元。

（4）左贡县交通沿线厕所项目。昌都市左贡县交通沿线厕所项目 1 个，总投资 1000 万元，共 10 座交通沿线厕所，总使用面积 996 平方米。

2. 工作成效及亮点

（1）项目建设管理更加科学规范。一是加强制度建设，完善建设管理机制。项目实施过程中成立项目质检、安全、计量、内业资料等工作小组，经常深入施工一线进行专项督查，从机制上保障了项目的顺利实施。二是严格按照公路技术等级要求，委托有资质的单位进行施工图设计。三是严格执行招投标规定，委托招标代理机构进行施工公开招投标。四是严格实行合同化管理，与参建单位分别签订设计、施工、监理、廉政、安全生产、工程质量责任等合同文书，形成了健全的管理约束机制。五是建立健全农村公路建设“六位一体”的监督模式，严格落实农村公路建设“七公开”制度，多形式对工程建设的相关信息进行公示，全过程、全方位主动接受社会各界监督。六是加强工程试验检测和原材料进场关，从源头上保证工程质量。七是严把工程质量各工序验收和中间交工验收，确保各工序施工质量，努力打造优质工程。八是严格按照《公路工程交（竣）工验收办法》做好工程交（竣）工验收工作。九是加强档案室建设，规范内业资料管理及归档工作。

（2）加强易地搬迁安置区道路建设，助力精准扶贫。2016 年以来，左贡县交通运输局共承建扶贫领域项目6个，该6个扶贫领域项目已全部竣工验收。分别为左贡县左碧线岔口碧土乡龙日村安置点公路工程、左贡县扎玉镇安支新村扶贫易地搬迁点公路工程、左碧线岔口碧土乡安置点公路工程、左贡县318国道岔口至田妥镇尼然村新农村公路工程、左贡县318国道岔口县城安置点公路工程、左贡县扎玉镇德巴至巴瓦安置点公路。

（3）农村公路建设加快推进，经济效益显著提升。随着全县农村公路项目建设的深入发展，全县农村通畅率、通达率逐年提高，极大地改善了农牧民群众人居环境，带动了农村结构的调整，促进了农村经济的快速发展，加快了城乡经济文化交流，为社会主义新农村建设创造了良好的基础。

（4）全面建设“四好农村路”，切实发挥先行官作用。实施乡村振兴战略，高标准严要求建设“四好农村路”。党的十八大以来，习总书记对“四好农村路”这一具体工作连续三次作出重要指示，尤其是2017年12月，总书记再次对“四好农村路”工作作出重要部署，把“四好农村路”工作摆在厚植党的执政基础，实施乡村振兴战略和推动农业农村现代化的战略高度。交通运输局认真贯彻落实党的十九大精神，从实施乡村振兴战略、打赢脱贫攻坚战的角度，进一步深化认识“四好农村路”建设的重要意义，聚焦突出问题，完善政策机制，提出高标准严要求建设“四好农村路”，坚决打好打赢交通扶贫脱贫攻坚战。

（5）进一步完善运输服务体系，营运好农村公路。坚持以“高质量、均衡性”为总体要求，统筹发展城乡客运，积极谋划城乡客运一体化建设，最大限度地满足群众出行条件，加强道路运输行业监管工作，开展客货运市场专项整治，进一步完善运输服务体系，切实运营好农村公路，以打造便捷舒适的农村客运环境为目的，抓好细节建设，进一步健全农村客运基础设施建设，不断提高群众满意度和获得感。

（二）电力建设助力脱贫攻坚

1. 电网建设情况

左贡县供电有限公司“十二五”期间在左贡县总投资4.153亿元。涉及110千伏变电站1座，110千伏线路146千米；新建35千伏变电站5座，35千伏线路219.7千米，10千伏线路215.708千米，0.4千伏线路26.4千米，0.22千伏线路118.638千米，配电变压器0.855万千伏安，解决无电人口3675户，改善用电人口3410户。新一轮农网项目批复4项，工程全部建设完成，投入资金1.11亿元。改造110千伏变电站1座，新增主变容量20000千伏安，35千伏出线3回，10千伏出线2回。新建35千伏变电站1座，容量2000千伏安，35千伏线路56.973千米，改造35千伏变电站1座，35千伏出线3回；新建10千伏线路63.526千米，新建0.4千伏线路27.525千米，新建4芯ADS光缆昌都3千米，新建配变30台，总容量590千伏安，新建户表1917户（含进户线及电表），左贡县中林卡变电站10千伏一二回出线线路1.537千米、新建10千伏电缆线路0.2千米。积极推进“三区三州”项目工作，碧土乡新增110千伏变电站1座，新增主变容量20000千伏安，新建110千伏线路昌都130千米，投资1.98亿元；新建绕金35千伏变电站1座，主变容量2兆伏安，35千伏出线2回，10千伏出线3回，新建扎玉—绕金35千伏线路27千米，投资0.28亿元；新建下林卡35千伏变电站1座，主变容量2兆伏安，35千伏出线1回，10千伏出线3回；新建绕金变—下林卡旭日变35千伏线路22千米，投资0.26亿元；新建10千伏线路224.94千米，配变111台，容量8500千伏安，低压线路101.03千米，户表2962户，投资0.75亿元，“三区三州”农网升级改造工程已竣工，供电质量已进一步提升，截至2020年年底左贡县行政村动力电通电率已达91.4%。左贡县供电公司提交的“十三五”农网增补项目已全部通过昌都市供电公司审核，计划 2021 年实施，实施后左贡县行政村动力电通电率将达到 100%，“十四五”农网规划项目已提交至昌都市供电公司，将逐步对左贡县配网线路进行升级改造。

2. 亮点特色

主动协调易地搬迁产业扶贫。易地搬迁通电工程隶属昌都市供电公司施工项目，为使该项目早日通电，左贡县供电公司积极协调县委、县政府和昌都市供电公司，左贡县供电公司投入自有资金对存在的问题进行整改，为保证亚中、斜库两个易地扶贫搬迁安置点 332 户共计 1651 人能在 2017 年 11 月底入冬前正式入住新居，左贡县供电公司全力投入到两个安置点高、低压配电工程实施中，于 2017 年 10 月 26 日召开工程启动会，确定总体施工方案、工期节点及任务要求，并用两天时间完成施工前现场查勘、施工协调及施工器具、物资材料等清理准备工作。10 月 29 日，亚中安置点配电工程正式施工，由总经理亲自带队实施，分管副总及部门负责人轮流现场负责，公司全体线路人员（留一人在县负责全县紧急抢修工作）组成施工小组，开展现场施工。11 月 5 日，亚中安置点顺利通电后，全体人员顾不上休整，继续转战至斜库安置点，尽管施工现场气候条件逐渐恶化，气温骤降，作业进度仍安全有序推进，11 月 23 日，斜库安置点顺利完工通电。两个安置点的配电工程安装建设所涉及材料的欠缺部分由左贡县供电公司自行购买，同时雇佣吊车、挖掘机、装载机及当地民众配合施工，其中材料购买 23983 元，人工及机械租赁 202756.86 元（田妥亚中 45369.44 元，美玉斜库 157387.42 元），总计 226739.86 元。

（三）通信网络助力脱贫攻坚

1. 电子政务外网建设情况

全县累计建设专线 61 条，接入单位 60 家（其中县直单位 50 家，专线带宽 20M；乡（镇）10 个，专线带宽 20M），2019 年补点 1 条（左贡县退役军人事务局），实现了县、乡两级具备行政权力事项单位全覆盖。因 2019 年机构改革后部分单位合并为一个单位，导致一个单位有多个电子政务外网点，根据各部门工作需求及资金的考虑，经与部门领导协商，同意关停电子政务外网建设点的共 6 个（县经济合作局、信访局、食药监局、民宗局、工商联、畜牧站），关停 6 个后，全县电子政务外网建设点位共为 55 个。由于每月电子政务外网网络租赁费用需支付 3710 元，资金额较大，在 55 个电子政务外网中，结合工作实际，各部门申请关停的共 35 家，截至 2020 年年底，全县电子政务外网建设点共 20 个［包括 10 个乡（镇）］。

2. 通信基础设施情况

截至 2020 年年底，128 个行政村中电信建设 4G 基站 115 个，13 个行政村未覆盖基站；移动建设基站总数 278 个，2G 基站 135 个，其中 123 个行政村已覆盖 2G 基站，5 个行政村未覆盖，行政村 2G 覆盖率 98.7%；4G 基站 143 个，其中 96 个行政村已覆盖 4G 基站，32 个行政村未覆盖，行政村 4G 覆盖率达到 81.65%。10 个乡（镇）2G、4G 基站全覆盖，覆盖率 100%。

（四）提升教育基础设施助力脱贫攻坚

为扎实做好教育扶贫工作，改善左贡县贫困农牧区教育发展环境和条件，缩小城乡教育差距，加快贫困群众脱贫致富步伐，按照“扶贫先扶智、彻底斩断贫困链条”的总体思路，遵循“政府主导、社会参与”的工作原则，深入推进教育精准扶贫工作。通过教育提升贫困地区和贫困家庭的自我发展能力，从根本上消除贫困。

1. 改善贫困农牧区学校基础设施条件

在全面改善贫困地区义务教育薄弱学校基本办学条件、义务教育学校标准化建设、村小学校舍维修改造、义务教育信息化建设等项目时，优先安排改善贫困农牧区学校的基本办学条件。到2020年，力争使贫困农牧区学校达到基本办学条件，教学和生活设施满足基本需要。优先加强对贫困农牧区学校管理和校园文化建设的工作指导，确保贫困农牧区学校全面实现硬件、软件同步提升。加快贫困农牧区学校食堂建设，促进全县加快实施营养改善计划，切实改善贫困农牧区孩子的营养状况。加快贫困农牧区教育信息化建设，基本实现贫困农牧区学校宽带接入。截至2020年年底，中林卡乡小学、绕金乡小学、仁果乡小学三所学校教学楼、师生宿舍加快推进，完成总工程量的100%。县小学、美玉乡小学、绕金乡小学等11所学校附属工程已经完工投入使用。县小学、下林卡乡小学、扎玉镇小学、觉玛小学等9所学校教学楼、师生宿舍、食堂已经完工投入使用。全县学校标准化建设全部完成，所有学校焕然一新。

2. 科学布局全县教学点，合理易地扶贫搬迁

根据上级有关易地扶贫搬迁精神，结合左贡县实际，经充分调研，拟对下林卡小学实施易地扶贫搬迁。一是迁出原址的基本情况。下林卡小学现有学生200人，教职工19人。该校位于下林卡乡古巴村，该村共76户420人。通过实地调查，实行易地搬迁的主要原因有以下两个方面：一是交通条件落后。该村坡陡、路窄、弯多，天晴尘土飞扬，下雨道路泥泞，冬季大雪封山，大中型货车无法进入村内，造成运送物资和学生教师出行十分困难，与外界的经济往来和信息沟通严重滞后。二是古巴村人多地少，下林卡小学如要实行改扩建，改善基础设施，土地资源匮乏将是制约其发展的重要因素。三是迁入地的基本情况。鉴于上述原因和实际状况，通过多次会议，集中学校老师和当地群众意见，对下林卡小学实行易地搬迁，选择的迁入地下林卡布通村地势平坦，交通较为便利，且该村仅有6户40余人，土地资源相对较多，布局合理，该安置点共占地6000平方米（9亩），符合入迁条件。

（五）文化基础设施提升助力脱贫攻坚

1. 完善公共文化服务功能

加大文化建设力度，努力实现公共文化设施全覆盖。为确保村文化室正常运行，先后累计投入383.92万元，给各个行政村文化室配备了文体设备。2018年在福建援藏队和一汽集团的大力支持、帮助下，先后投资捐赠135包6194册的图书和22万元的装修资金，对县公共图书馆硬件设施重新修缮，软件配套提升优化，左贡县公共图书馆向社会公众免费开放。2017年由福建援藏投资新建左贡县爱国主义民俗文物陈列室，总投资240万元，建筑面积603.47平方米，该陈列室已投入使用。

2. 补齐短板，全县行政村文化器材设备全覆盖

针对行政村文化室设备老化严重影响基层文化活动开展的情况，县文化局负责人多次深入各村调研文化设备的使用情况以及文化设备的需求。现有的文化设备难以满足农牧民群众的精神文化需求，县文化局通过征求农牧民对文化设备的需求，结合实际制定了《左贡县行政村文化设备配备方案》，积极筹措各方资金，将2017—2019年村级文化建设专项经费统筹分配情况提交县委常委会和政府常务会审议，通过后按照相关采购程序为全县128个村文化室配备了尼木棋、弦子、热巴鼓、跑步机、音响等价值383.92万元文体设备，实现了全县行政村文化器材设备的全覆盖。设备的配备为确保村文化室正常运行，保障群众基本文化权益，为农牧民群众组织开展各类文体活动提供便利服务奠定了基础。

（六）水利建设助力脱贫攻坚

1. 加快实施农村饮水安全巩固提升工程

2016 年至今共建成人饮工程点 306 个，涵盖学校、幼儿园、寺庙、各村（居）、自然村等。2016—2018 年修建饮水工程点 6 处，投入资金 338.2 万元，同比增长 90%，2018 年修建饮水工程 3 处，投入资金 323.7 万元，同比减少了 50%，全县饮水安全建设主要集中在 2019 年，全年投资 1.2 亿元分三个批次实施了人饮工程：一是左贡县 2019 年深度贫困村农村饮水安全工程，巩固提升 58 个饮水点，项目资金为 2522.25 万元。二是左贡县 2019 年农村饮水安全巩固提升工程，巩固提升 72 个饮水点，项目资金为 2935.98 万元。三是左贡县 2019 年农村饮水安全巩固提升工程（第二批），巩固提升 168 个饮水点，资金为 6550 万元。项目建成后，满足全县 127 个村（居）9719 户 49459 人农牧民群众人饮需求。实现自来水普及率 93%，农村集中供水率 99.5%，供水保证率 95%，同比增长了 81%。

2. 加大水利工程设施建设，着力补齐发展短板

2016—2020 年，县委、县政府立足县情，以水网建设为抓手，大力推进农田水利基本建设，特别是“十三五”以来，认真贯彻落实习近平总书记“节水优先、空间均衡、系统治理、两手发力”新时期治水方针，大力实施水网“三步走”战略，全面加快水利基础设施建设步伐，助力脱贫攻坚。

（七）提升医疗卫生服务能力助力脱贫攻坚

左贡县紧紧围绕贫困群众“看得上病、看得起病、看得好病、少得病”的目标，扎实推进健康扶贫各项工作，完善了基础设施建设，加强了医疗卫生人才队伍，提升了基层卫生医疗服务能力，成功创建二级乙等医院，人民健康水平显著提高。

1. 深入实施“三个一批”行动计划

精准掌握建档立卡贫困人口情况，对健康扶贫动态管理系统中贫困人口进行核实，全力推进大病集中救治、慢病签约服务、重病兜底保障工作，认真实施分类救治。家庭医生签约服务对建档立卡贫困人口全覆盖，定期开展随访工作，将家庭医生签约服务工作做实做细，有效遏制“因病返贫”问题。

2. 加快建设基础医疗服务设施

投入资金 12985 万元，实施左贡县卫生服务中心综合楼、左贡县疾控中心综合楼、左贡县藏医院和乡（镇）卫生院标准化建设项目；设置 127 个村卫生室，配备常用药品和基本医疗设备，并配备两名村医，除 10 个乡（镇）卫生院覆盖村卫生室外，其余均可实现独立配建要求，达到“三室分离”（诊疗室、治疗室、药房）要求。

3. 大力推进卫生人才队伍建设

依托“组团式”援藏、福建援藏和空军特色医学中心对口帮扶，采用“引进来，走出去”的方式，加强对左贡县各级医疗机构卫生人员的培训，提高医疗卫生人员业务水平和服务能力。送空军特色医学中心专项技术培训 16 人，开展“三基”理论及技能培训累计近 400 场次，左贡县人民医院医护人员通过培训带教，能够独立掌握并开展的新手术、新技术、新项目已达 140 余项。2016—2020 年，全县共计邀请厦门各医院医疗卫生专家 20 人赴左贡县开展培训，培训 400 人次；共计选派 27 名医疗卫生系统人员前往厦门进行为期 1～3 个月的专 业培训，进一步提高了左贡县卫生系

统医务人员服务能力和诊疗水平。通过县、乡、村三级层层培训的方式，积极对乡村医生进行专业培训，提高乡村医生诊疗水平和服务能力，乡村医生医技业务能力培训实现127个行政村全覆盖。

4. 左贡县坚持以减轻贫困人口医疗负担，实现贫困人口“看得起病、住得起院”为目标

一是将贫困人口全部纳入基本医疗、大病保险、医疗救助全覆盖，实现“应保尽保”。二是严格落实医保相关政策，对建档立卡贫困人口基本医疗保险个人部分由医疗救助资金代缴。建档立卡贫困户在统筹区域内定点医疗机构就诊发生的合规医疗费用报销比例提高5%。建档立卡贫困人口在定点医疗机构产生的合规医疗费用，经基本医保、大病保险报销后，个人自付部分按医疗救助政策实施不低于70%的比例救助，切实减轻贫困人口医疗费用负担。三是在县域内实行“先诊疗、后付费制度”。建档立卡贫困人口在县域内定点医疗机构就诊发生的合规医疗费用，仅需支付按规定由个人承担的部分，减轻了建档立卡贫困人口就医付费压力，不断提升待遇保障服务能力和水平。四是完成城乡居民医保系统建设，实现统筹区域内定点医疗机构基本医疗、大病保险和医疗救助“一站式”结算，建立城乡居民住院患者报销一次性告知制度，切实解决城乡居民报销难、报销慢的问题。

第三节　成效亮点

进入脱贫攻坚阶段，左贡县在市委、市政府的坚强领导下，因地制宜、多措并举、聚力攻坚，于2019年年底实现贫困人口2681户13409人建档立卡贫困人口、127个贫困村、84个深度贫困村脱贫退出，实现全域脱贫摘帽，为昌都市8个国家级深度贫困县深入开展脱贫攻坚工作作出了典型示范。

一、工作成效

（一）压实主体责任保证如期脱贫

1. 建强组织领导

成立了由县委书记任指挥长，政府县长和分管副县长任常务副指挥长的县脱贫攻坚指挥部，特别是县委、县政府主要领导亲自研究部署、亲自推动，分析形势、解决问题、安排工作。

2. 抓好“两项制度”

在严格落实党政“一把手”负责制、主要领导走访制、集中办公制、“321”干部帮扶制等基础上，着力抓好“重点任务书面清单制和扶贫包乡常委制”。

3. 严肃督导问责

从全县范围内抽调业务骨干成立县委常规督导组，定期、不定期对全县脱贫攻坚等重点工作进行巡回督导，并与县纪委监委建立了问题线索移交处置和跟踪问效问责机制。

4. 建立激励机制

坚持把脱贫攻坚实绩作为检验干部能力素质的“试金石”，作为培养、锻炼、考察识别和选拔使用干部的主战场，2016年以来先先后选拔使用扶贫领域干部224人。

（二）五项举措实现“两不愁”

1. 稳产增收保基础

注重农牧业产业结构调整和推进脱贫摘帽相结合，坚持向科技要产量、要效益，积极培育致富能手、科技特派员、农牧专技员，大力引进推广新品种、新技术、新机具。2016年以来，左贡年粮食产量均达2000万斤以上，肉、奶产量均达3000吨以上。

2. 就业增收促发展

坚持把产业增收作为脱贫攻坚的主要途径和长久之策，结合左贡资源禀赋、产业基础和市场需求，做到“五个注重”，大力发展“五大支柱产业”，大力实施政策性岗位帮扶措施。

3. 激发内力促脱贫

注重扶贫与扶志扶智相结合，用身边人身边事示范带动贫困群众，有效激发贫困群众的积极性、主动性和创造性。

4. 社保兜底守底线

按照“应兜尽兜、应享尽享和动态管理”的要求，准确认定救助对象，强化低保动态管理，将符合条件的贫困群众全部纳入保障范围，做到了应保尽保、应兜尽兜。

5. 提质巩固保安全

按照“水质、水量、用水方便程度、用水保障率”四项要求，开展农村饮水安全巩固提升工程建设，确保了287个自然村和7个易地搬迁安置点群众饮水安全。

（三）突出重点着力解决“三保障”

1. 积极推进义务教育均衡发展

严格落实教育“三包”、营养餐改善计划、“三免一补”等政策，进城务工人员随迁子女、留守儿童均在校就读，建档立卡户适龄儿童少年入学率达到100%。扎实推进教育“组团式”援藏，通过援建“远程智慧课堂”、教师培训中心等项目提升了教育软硬件水平，义务教育均衡发展已经顺利通过自治区验收。

2. 突出便民抓好医疗服务政策落实

大力实施县医院创二乙、乡（镇）卫生院标准化、村（居）卫生室提质改造工程，持续改善各级医疗卫生条件。县域范围内实施“先诊疗、后付费”措施，建立建档立卡贫困群众“绿色通道”，扎实推进“三个一批”健康扶贫行动和“六病”筛查工作，救治管理率达100%。

3. 推进城乡建设筑脱贫安居梦

坚持把实施易地扶贫搬迁作为精准脱贫的治本之策，注重易地扶贫搬迁与乡村振兴、新型城镇化等相衔接，全面落实国家、自治区易地扶贫搬迁政策要求和规范标准，遵循“六靠、五方便、两避让”易地搬迁建设原则，坚持结合土地少且碎片化等实际、结合小城镇建设、结合产业发展，科学规划实施了“一区四点”易地搬迁安置，安置建档立卡贫困群众1121户6978人，2018年年底全部完成搬迁入住，入住率达100%，同步规划实施“水电路讯网、科教文卫保”十项提升工程。

（四）援藏扶贫助力脱贫攻坚

自2016年以来，在党中央的亲切关怀下，在自治区党委的坚强领导下，在昌都市党委的指导下，在北京市、厦门市、中国一汽集团的无私援助下，左贡县深入学习贯彻习近平新时代中国特色社会主义思想和党的十九大精神以及中央第六次西藏工作座谈会、东西部扶贫协作座谈会等系列会议精神，县委、县政府团结带领全县各族干部群众自力更生、艰苦奋斗，发挥援藏资金的巨大作用，有力助推了全县脱贫攻坚，成果丰硕。

1. 经济援助成效显著

左贡县按照昌都市“十三五”援藏规划，“十三五”期间北京、厦门、中国一汽集团援藏规划内资金共计 2.51 亿元。在实施项目过程中，左贡县严格按照“十三五”援藏规划内项目实施，在援藏资金管理方面，严格按照程序办理，严格按照项目进度拨付项目资金，做到专款专用。仅 2018 年，已到位援藏规划内资金 7597 万元，厦门市援左工作队争取计划外资金 4974.5 万元，到位 3604.5 万元；一汽集团援左工作队争取计划外资金 130 万元，到位 130 万元，2018 年计划外为左贡县赠送 10 辆皮卡车，已配发到 10 个乡（镇）。实施了左贡县冷库开发区福建新村、左贡县文体中心、福建援建左贡县卫生服务中心综合楼工程、北京援建左贡县扶贫开发区幼儿园等一批教育、卫生、新农村等改善民生和脱贫攻坚项目，为左贡县如期打赢脱贫攻坚战，改善教育教学和基础群众就医条件作出了积极贡献。

2. 结对帮扶全面深化

教育卫生“组团式”援藏工作扎实推进，回顾左贡县受援历史，仅厦门市已选派专业技术人员援左 2 批 5 人次，选派企业援左人员 2 批 11 人次，2017 年选派“组团式”医疗援左医生 2 批 18 人（筛查包虫病），2018 年 8 月厦门市选派“组团式”援藏教师 5 名，中国一汽集团选派 2 名援藏医生，有力促进了左贡县教育质量、卫生水平提高；左贡县乡（镇）与厦门市各区结成了帮扶对子，厦门市、中国一汽集团均是市人大办扶贫集团对口帮扶左贡县的成员单位。并且积极加大人才培训力度，厦门市、中国一汽集团在援藏人才选派上，坚持“好中选优、优中选强”，选派的人才质量逐轮提升，结构逐轮优化，推动了左贡经济发展、社会稳定和干部队伍建设，缓解了左贡干部人才瓶颈制约，增强了内生动力。仅 2017 年选派 7 名医生到厦大附属医院参加培训、2018 年邀请厦大附属医院 3 名专家到左贡对医护人员进行了为期 3 天的培训，2017 年左贡县教育局选派 20 名教师到厦门市信息技术学校进行培训。

3. 援藏扶贫“输血”“造血”齐头并进

自援藏扶贫工作开展以来，各省市企业单位及左贡县高度重视，不断完善协作工作机制。回顾左贡受援历史，仅 2017 年左贡县旅游局等 4 个部门参加了“长春农博会”，并专门设立左贡特色产品展销区；2017 年参加了“厦门 9.8 洽谈会”，深入宣传推介了全县资源优势及优惠政策，2018 年参加了“海峡项目成果交易会”，介绍了左贡县（区）域区位优势，并签订了藏香猪产业项目的意向协议。通过实践证明，援藏扶贫和东西部扶贫协作的战略决策是十分英明和完全正确的，对于增强民族团结，巩固祖国边防和国家安全稳定，确保西藏长治久安和跨越式发展，具有重大意义和深远的历史意义，通过援藏扶贫工作实践，深化了对中央英明决策的理解和认识，并积累了一些好的经验。

援左省市、企业始终把做好对口扶贫协作作为党中央、国务院赋予的光荣使命，把维护祖国统一和国家安全、建设发展左贡作为共同的政治责任和义务，按照中央确定的援藏任务和计划，成立专门机构，层层落实责任，克服自身困难，在人、财、物等方面给予大力支持，2016 年以来，援藏省市、企业率团 10 余批次赴左贡衔接具体援藏事宜，左贡县主要领导两次率团对援藏省市、企业进行了回访对接，不断加强经济社会发展战略合作，不断完善帮扶机制。积极拓宽创新援藏思路，丰富扶贫措施。左贡县充分发挥援藏资源优势，注重产业援藏，坚持互利合作、优势互补、大力推进扶贫产业对接，2018 年厦门市夏商集团、海翼集团、厦门轻工集团、厦门旅游集团，联合在全县成立了“夏康投资有限公司”，注册资金1000万元，参与左贡农牧业、旅游等产业发展。援藏扶贫选优挑强，有效加强了干部队伍和人才队伍建设，2016年以来，援藏省市、企业共选派援藏干部、专技人员、企业人才共22名，选派的人员主要倾向基础建设、资源开发、医疗援助、科技教育等领域，有效提升了干部队伍的素质和活力；通过请进来、走出去的路子，促进了干部人才交流，提升了干部人才素质。援藏工作中宽严结合，努力为援助干部工作创造良好条件，在援藏干部人才管理上，县委、县政府坚持一视同仁，援藏干部人才纳入与本地干部一同管理、一同考核，注重发挥援藏干部作用，坚持交任务、压担子，发挥其各自特长与优势，同时在工作和生活中与援藏干部原单位积极沟通，切实解决援藏干部的后顾之忧，做到了工作上支持、生活上关心、管理上严格，为援藏干部发挥自身才能创造了良好条件，真情援藏，精准扶贫，通过援藏扶贫，全力开创西藏脱贫攻坚的新局面。

（五）聚力攻坚，社会帮扶助力脱贫攻坚

社会帮扶工作也是动员全社会关心、支持、参与扶贫开发，是具有中国特色扶贫开发工作的重要组成部分。社会帮扶是缓解和消除贫困，最终实现共同富裕的社会主义的本质要求，是全面建设小康社会、构建社会主义和谐社会的应有之义，也是建设社会主义新农村的重要举措。

1. 社会帮扶倾情倾力，携手脱贫奔小康

社会帮扶是左贡县脱贫攻坚，精准扶贫的重要举措。县委、县政府积极贯彻落实好自治区省级干部对口联系贫困县的制度。坚持扶贫干部与群众同吃同住，找准短板弱项、解决实际问题、推动工作落实。全面落实县处级干部每人结对2户贫困户，科级干部、驻村工作队队员、大学生村干部每人结对1户贫困户的帮扶制度，认真落实帮扶责任，确保建档立卡贫困户包户帮扶全覆盖。继续做好定点扶贫工作，定点扶贫单位主要负责同志承担第一责任人职责，不脱贫不脱钩。以开展“三严三实”专题教育活动为契机，扎实开展“双联户”工作，坚持社会管理服务与群众工作紧密结合，共创平安和谐、共同发展的局面。社会帮扶合理划分，全面覆盖。按照“住户相邻、邻里守望”的原则，坚持分类指导，结合部门实际，对全县“双联户”工作领导小组进行了调整充实，实现了“双联户”服务管理工作的全覆盖。

2. 社会帮扶明确任务，强化职责

左贡县委、县政府在总结加强和创新社会管理工作经验的基础上，明确“双联户”服务管理工作的十项任务，即：矛盾纠纷联排联调、安全隐患联防联控、重点人员联管联教、困难家庭联帮联扶、环境卫生联管联治、精神文化联娱联扬、科技知识联学联教、小额信贷联保联担、致富项目联建联营、发展成果联创联享。明确联户单位、联户长职责。联户单位内各户之间利益共享、责任共担，相互关心、相互帮助、相互支持、相互监督，共创平安和谐、共同增收致富、共建美好家园。联户长重点宣传党的方针政策和国家法律法规，调解邻里纠纷、化解社会矛盾，提供治安信息、开展治安防范，搞好民主监督，反馈群众意见建议、密切干群关系，配合有关部门做好宣传工作等。

3. 社会帮扶不断完善健全机制，加大宣传力度

左贡县从积极开展并宣传“先进双联户”创建评选工作入手，充分利用新闻媒体、进村入户、悬挂横幅、张贴标语、集中宣讲、召开大会或座谈会等形式进行广泛宣传动员。深入街道、社区、村（居）和农牧区进行大张旗鼓的宣传，营造了浓厚氛围。社会帮扶结合载体，不断凸显成效，结合“一管四联三结”“双模双建”“一坚定三忠于”等主题活动见实效，结合民生信息员工程见实效，结合“昌都地区热血青年爱国成才创业教育工程”见实效，落实“十二项联动任务”，实现“六促

进”（共同治理促稳定、化解矛盾促和谐、邻里守望促团结、团结协作促发展、创新机制促管理、消除隔阂促转变），确保规定动作不走样、自选动作有亮点。在帮扶工作过程中，以“三抓”“四结合”为抓手，全力推进“双联户”工作。“三抓”即抓宣传发动、抓引导互动、抓典型带动，形成了“典型带动、全面落实”的工作格局，有效保障此项工作顺利推进。“四结合”，即与当前维稳工作相结合、与平安建设相结合、与创先争优强基惠民活动相结合、与加强基层社会治安防控工作相结合，通过科学分片、推选户长、完善资料等方式方法推进工作扎实开展，促进“双联户”服务管理工作制度化、规范化。

4. 社会帮扶多元举措，助力脱贫

通过组织深入推进“百企帮百村”精准扶贫行动和“央企助力西藏脱贫攻坚”活动，左贡县引导国有企业、民营企业积极开展各类扶贫活动，帮助贫困群众提供就业岗位。评选认定一批扶贫龙头企业，给予特殊政策支持，调动企业参与脱贫攻坚的积极性。落实社会扶贫资金所得税税前扣除政策，支持社会组织参与脱贫攻坚，加快建立社会扶贫信息平台，促进社会组织的帮扶项目与贫困地区需求有效精准对接。大力弘扬扶贫济困的中华民族传统美德，成功在全区树立一批乐善好施、扶贫济困、解困帮扶的典型，全县社会力量积极投身脱贫攻坚主战场，初步探索出村企一体、户企联营、社企合作、银企助农等帮扶模式，涌现出夏康投资有限公司、康巴香猪种业创新科技示范基地等一批社会帮扶的典型。

（六）智志双扶，提升内生动力助脱贫

在特殊的历史文化传统、自然地理条件和社会发展程度的综合作用下，左贡县“贫困人口受教育程度普遍偏低、观念落后，“等、靠、要”思想严重，自主脱贫的积极性不高、动力不足”现象较为突出，要确保左贡县决战决胜脱贫攻坚，实现高质量可持续的“脱真贫、真脱贫”，内生动力的培育至为关键，任重道远。

1. 牢固树立贫困群众的主体地位

左贡县委，县政府牢牢谨记习近平总书记对于培育脱贫攻坚内生动力的重要论述，高度重视如何培育脱贫攻坚内生动力，积极贯彻落实“既扶贫又扶志，调动扶贫对象的积极性，提高其发展能力，发挥其主体作用”“治贫先治愚，扶贫先扶智”等重要论断；积极响应“没有内在动力，仅靠外部帮扶，帮扶再多，你不愿意‘飞’，也不能从根本上解决问题”；积极落实“打赢脱贫攻坚战不是搞运动、一阵风，要真扶贫、扶真贫、真脱贫，要经得起历史检验”。因此，左贡县脱贫攻坚工作不仅注重调动贫困群众的积极性、主动性、创造性，注重培育贫困群众发展生产和务工经商的基本技能，而且注重激发贫困地区和贫困群众脱贫致富的内在活力，更是注重提高贫困地区和贫困群众自我发展能力。

脱贫攻坚离不开贫困群众，内生动力的培育同样需要他们的积极参与。首先，尊重贫困群众的情感和人格，让他们乐于接受；其次，办法和措施要符合贫困群众的生产生活和思想实际，让他们便于理解；再次，切中贫困群众的困惑和需要，激发他们主动参与内生动力培育的热情。不断创造机会和平台，促使贫困群众当主角，发挥自身的主观能动性，用他们的语言、方式和办法宣讲脱贫政策、分享脱贫经历、在“同类触发”中凝聚起深厚的脱贫攻坚共识和动力。

2. 不断依托形象鲜明的精神载体

左贡县培育脱贫攻坚的内生动力，纵观全局，实事求是地塑造具有强大生命力、感召力和影响力的典型形象。

（1）认真贯彻习近平总书记在十九大报告中关于“繁荣发展社会文艺”的重要讲话精神，积极选派民间艺术团业余骨干深入基层，扎根人民，向民间老艺人学习当地传统民族歌舞，挖掘文化资源。创作了以环境保护和脱贫攻坚为主题的歌曲《绿水青山就是金山银山》和《为了精准扶贫》，一部以搞笑的风格讲述如今人人哭穷，人人争当贫困户，不以“贫”为耻，反以“贫”为荣的贫困成为不知羞耻的文化怪异的小品《贫穷为“荣”》，在演出期间深受农牧民喜爱。

（2）利用非物质文化遗产方面，积极培育内生动力。围绕“保护为主、抢救第一、合理利用、传承发展”的工作方针，采取“走出去”和“请进来”的方式，主动加强与群众的沟通交流，全面加强非遗申报、保护与传承力度。2019 年召开非遗工作专题会议，研究部署非遗申报相关事宜，确定了文化局局长亲自抓、负责非遗工作的副局长直接抓、承办人员具体抓的“三级”工作责任制。在“文化和自然遗产日”积极选派木龙藏香厂和碧土木碗合作社负责人参加昌都市举办的非遗展示活动，在展示当天藏香和木碗的销售额达 10000 元。特别是 2018 年将碧土木碗传承人开设的木制品专业合作社列入文化扶贫产业项目，总投资 100 万元，建设集制作、销售、展示为一体的加工厂房，现已完工，此合作社将带动当地 7 户贫困户就业。在左贡县委县政府的大力支持下，投入 68 万元拍摄 11 个非物质文化遗产的视频资料，已将 8 个县级非遗项目申报成昌都市级非遗项目。左贡县立足特殊县情和资源禀赋，转变内生动力发展思维方式，发挥自身优势，通过特色产业大发展实现经济大增长，从而在消除“深度贫困”的同时，也消灭与之相伴相生的“贫困意识”，内生动力也逐渐发挥出巨大的脱贫效益，为贫困群众脱贫积累了可借鉴可推广的经验和启示。

（七）巩固提升脱贫成果

2020 年是左贡县脱贫巩固提升之年，同时也是决战决胜全面小康之年，为确保脱贫攻坚“最后一公里”落到实处、取得实效，左贡县委下定决心以“铁杵磨成针”的绣花功夫抓实“九个基础”，突出“三个重点”，持续巩固提升全县脱贫攻坚成果，为全县脱贫攻坚工作指明了方向，绘就了美好蓝图。

1. 九项举措保提升

（1）全面抓实饮水安全工作，严格按照“供水保障率、水质安全、水量和用水方便程度”四个标准，切实强化农村饮水安全工程，确保群众喝上健康水、方便水、安全水。与此同时，将人饮工程管理进行量化，确保每一个饮水点能长期发挥作用。

（2）全面抓实义务教育工作，按照“义务教育不少一人”的标准，完善 6 ～ 15 周岁少年儿童动态数据库，确保适龄儿童全部入学。同时，要把加强教育均衡发展工作放在重要位置，推动义务教育保障任务顺利完成。

（3）全面抓实医疗卫生工作，要以县人民医院创建二乙为契机，推动县乡村三级卫生医疗体系建设，切实提高基层医疗卫生条件和水平，达到“大病不出县”“小病不出乡”“常见病不出村”的目标。要继续执行“先诊疗、后付费”“一站式服务、一窗口办理、一单式结算”机制，进一步方便群众就医结报，做到应报尽报。

（4）全面抓实易地搬迁点建设工作，要以产业配套，带动群众就业增收为目的，以党建为带动，发挥搬迁点临时党支部作用，推动易地搬迁点服务管理工作规范化、机制化、常态化，切实增强“一区四点”搬迁群众的归属感、幸福感。

（5）全面抓实住房安全工作，要严格按照《农村危险房屋鉴定表》中鉴定标准，定期开展排查工作，发现一户、改造一户、销档一户，动态消除农村危房；同时，开展一次住房安全“回头看”全面普查工作，确保全县 1121 户危房改造符合上级政策要求，切实让群众住得安心、住得舒心。

（6）全面抓实政策兜底工作，按照“应兜尽兜、应保尽保”原则，结合实际分类施策，继续落实好低保救助、残疾救助、生态岗位、医疗救助、教育扶贫、小额信贷等各类政策性保障兜底，确保小康路上不让一人掉队。

（7）全面抓实各类帮扶工作，充分调动各方面积极性，着力抓好党建扶贫、援藏扶贫、定点帮扶、企业帮扶、金融扶贫等协同发力，形成多元同向发力的“大扶贫”格局。按照“321”结对帮扶要求，及时调整完善干部结对帮扶和企业帮扶工作，进一步细化完善帮扶举措，压紧压实帮扶责任，对易返贫群众、低收入群体进行重点帮扶，不断增进党群干群关系，夯实党的执政基础。

（8）全面抓实档案资料工作，以资料“全面、真实、准确、客观”为标准，建立健全左贡县脱贫攻坚档案资料归档标准，由县委常委包乡、专人负责，各联系点领导、分管领导、部门领导全程参与，逐一检查所有档案资料，确保全县脱贫攻坚档案资料逻辑严密、数据准确、分类有序，全面真实反映脱贫攻坚成果。

（9）全面抓实群众教育工作，要坚持以“四讲四爱”群众教育实践活动和“农牧民政策夜校”、结对帮扶工作等为载体，按照干部讲、群众学、反复学的要求，切实转变农牧民群众思想观念，激发内生动力，确保将广大干部群众的智慧和力量凝聚到脱贫攻坚的要求上来，凝聚到发家致富奔小康的道路上来。

2. 三大方面促巩固

虽然借着精准扶贫、精准脱贫的东风，左贡县各项事业发展取得了巨大成就，整体势头良好，受特殊的自然、地理、历史等因素影响，左贡脱贫攻坚工作，特别是脱贫攻坚成效巩固提升工作依然面临一些亟待解决的困难和挑战。但是，全县各级各部门始终严格按照习近平总书记关于脱贫攻坚工作“四个不摘”的重要指示精神，始终保持脱贫攻坚势头不松，力度不减，积极主动地把脱贫攻坚职责扛在肩上，始终围绕“持之以恒，全面落实脱贫攻坚责任担当，明确巩固提升工作任务，细化工作措施，全面部署落实左贡县脱贫攻坚巩固提升工作。

为了巩固提升脱贫攻坚质量和品质，左贡县及时突出重点工作，着重提升脱贫质量。在积极落实巩固提升部署方面：

（1）突出重大项目建设，要把项目建设作为脱贫攻坚重要引擎摆在突出位置，坚持抓项目进度与质量管理两手都要硬的标准，加大项目规划、协调、对接力度，确保每一个项目都能落地，确保有效解决交通、供水、电力、信息网络、教育、医疗卫生、文化、科技等方面存在突出问题和短板。

（2）突出龙头产业培育，要大力发展特色农牧产业、种植业、文化旅游产业等，加快推进中林卡万亩葡萄基地、成功红天麓酒庄、夯达产业园区等特色农牧产业的规范化发展力度，把大产业的链条向各乡（镇）、各村延伸，最大限度地覆盖广大农牧民群众，促进群众增收。同时，要探索建立电商销售平台，着力推动特色产业的现代化发展，打造新的经济增长点，拓宽群众增收渠道。

（3）突出就业工作提升，要继续抓好《关于促进农牧民增收“十二项措施”的实施方案》《左贡县农牧民施工队发展壮大的实施方案》《左贡县人民政府关于成立各行政村农牧民专业合作社的实施方案》等政策落实，加大对农牧民群众就业致富技能的培训力度，持续推进“五种就业”渠道，让有劳动能力的贫困群众就近就便参与产业发展、参与劳务输出，以稳定的就业促进脱贫成效很好的巩固。

二、工作亮点

（一）党建引领脱贫攻坚

抓党建促脱贫攻坚是落实中央、自治区决策部署的重要政治任务，是打赢脱贫攻坚战的重大举措。习近平总书记指出，要把扶贫开发同基层组织建设有机结合起来，真正把基层党组织建设成带领群众脱贫致富的坚强战斗堡垒。左贡县地处藏东，扼守川藏、滇藏交通要道。近年来，左贡县充分发挥党建引领作用，强化“党建+”理念，把党建工作全面融入决胜全面小康、决战脱贫攻坚中，筑牢藏东基层堡垒，为打赢脱贫攻坚战提供了坚强组织保障，有力助推兴藏富民。

1.“五促”党建助脱贫

（1）坚持对标对表，把准“促”的方向。全面消除贫困是党员干部践行初心和使命的迫切要求和生动实践。通过党委（党组）班子会、理论学习中心组、专题培训等方式，深入学习贯彻习近平新时代中国特色社会主义思想，对标对表习近平总书记关于扶贫工作的重要论述、重要指示批示精神和国家、自治区、昌都市脱贫攻坚要求，补短板强弱项，决不能在关键时刻出现思想滑坡精神松劲，决不能出现思想跑偏行动掉队，牢牢把握夺取脱贫攻坚战全面胜利的思想方向和行动方向。

（2）狠抓责任落实，强化“促”的担当。打赢脱贫攻坚战，关键在压实责任、强化落实。要按照“五级书记一起抓脱贫攻坚”的要求，坚持“书记抓、抓书记”，落实脱贫攻坚“一把手”负责制，一级带着一级干，一级做给一级看。建立领导干部、部门挂钩联系镇村和蹲点督导工作制度，集中力量下沉一线，做“校对员”“指导员”“裁判员”。落实脱贫攻坚履职责任清单，压实各条块责任和干部帮扶任务，形成齐抓共管工作闭环。抓终端见效，以实绩体现履职成色，力求每个环节、每个细节经得起考验。把领导班子和党员干部履职尽责情况与年度绩效考核、干部选拔任用、职级晋升和执纪问责等相挂钩，推动党员干部在脱贫攻坚中担当作为。

（3）建强基层组织，夯实“促”的基础。只有基层党组织建强了，脱贫攻坚才有坚实的组织基础。左贡县深入推进农村基层党组织标准化规范化建设，提高星级村党组织占比，加大软弱涣散（后进）村党组织整顿提升力度，增加“好支部”数量，提升“差支部”质量。突出抓好村级组织“带头人”建设，全面推行村党组织书记、村委会主任、村集体经济组织负责人“一肩挑”，进一步强化党对农村工作的领导。进一步强化村级两委班子建设，注重年龄、学历等搭配情况，选优配强两委班子。要建立健全村级后备人才库，采取“建库管理、党性锻炼、跟班学习、领办任务、结对帮带”等培养办法，全面提升后备人才综合能力素质。

（4）注重统筹整合，汇聚“促”的能量。抓党建促脱贫攻坚不能唱“独角戏”，必须充分统筹各类资源、各方力量，推动政策聚焦到脱贫一线、力量下沉到脱贫一线、资源倾斜到脱贫一线。做到善于借力打力，不仅要用好“自己”的脱贫力量，注意借助“别人”的帮助力量。推动形成“多个渠道引水，一个龙头放水”的强大合力。实行人才倾斜政策，鼓励支持人才资源向农村聚集。加大产业投入，提升产业整体吸引力，强化乡土人才奖补政策落实，更有效地激发他们在直接推动农牧区产业发展中的作用。做好抓党建促脱贫攻坚与促乡村振兴有机衔接，接续全面推进乡村振兴。

（5）强化激励保障，激发“促”的动力。坚决贯彻习近平总书记“注重在一线考察识别干部”重要指示要求，以鲜明导向激励干部担当作为。更加强化“战时”考察识别，更加强化“战时”关心厚爱，严格落实激励保障措施，解决一线干部后顾之忧。更加强化“战时”作风建设，下大力气整治形式主义、官僚主义，让基层干部轻装上阵、心无旁骛。更加强化“战时”榜样引领，进一步学习宣传黄文秀等同志的先进事迹，用榜样的力量引导党员干部坚守初心使命。

2. 强化村居两委班子换届，夯实村居基层组织助力脱贫攻坚

（1）突出“三到位”，常备不懈做好准备。左贡县在村（居）组织换届选举准备阶段中，精心组织，提前谋划，重点突出组织指导、经费保障、宣传引导“三到位”，切实做好村（居）组织换届选举各项准备工作，确保换届选举依法依规，平稳有序推进。

一是组织指导到位。在换届选举准备阶段，及时成立了由县委书记任组长，县委副书记、县长为常务副组长，其他县委常委为副组长，相关单位负责同志为成员的换届工作领导小组。成立了10个县级指导检查组，负责全县村（居）组织换届选举工作的督查指导；建立了县、乡两级换届选举办公室11个，从注意事项、程序把关、信息反馈等方面加强联系；制定下发了各级《村（居）组织换届选举工作实施方案》139个、《村（居）组织换届选举工作指导组工作制度》等规章制度10余项；签订了县乡《换届选举工作目标责任书》10份，乡村《换届选举工作目标责任书》128份。左贡县通过一系列举措，进一步明确细化了工作职责，强化了组织领导，形成换届工作密切协作的强大合力。

二是经费保障到位。换届选举涉及面广，工作量大，耗费人力财力多，左贡县严格落实经费保障，提前做好村（居）组织换届工作经费预算，足额安排专项工作经费，保证村（居）组织换届工作顺利进行。截至2020年年底，县财政已为村（居）组织换届选举领导小组办公室拨付专项预算经费，主要用于召开会议、培训人员、宣传发动、印发资料、制作票证、检查指导等日常工作的开展，制定了《左贡县村（居）组织换届选举经费支出制度》，对经费使用进行了详细的规定，完善了资金管理使用办法，安排村（居）组织换届选举领导小组办公室成员专人负责经费，并对每项支出进行详细登记，通过一系列举措，以确保选举经费管理系统化、使用制度化、数据准确化。

三是宣传引导到位。研究制定了《左贡县村（居）组织换届选举宣传工作方案》，明确各阶段的宣传任务，努力做到在一段时间内，围绕一个主题，从不同角度相对集中地进行宣传报道。运用左贡党政网、左贡党建微信公众号、LED大屏幕等新媒体，广泛宣传换届纪律要求、程序步骤、重大意义等。利用宣传栏、横幅、标语等群众喜闻乐见的形式，用藏汉双语有计划、分阶段地做好换届工作宣传，做到了电视有图像、网络有内容、单位有园地，提高了换届纪律在广大干部群众中的知晓率。截至2020年年底，通过“左贡党建”等微信公众号先后转发优质简报60余期，LED大屏幕宣传换届知识210余分钟，发放宣传资料1500余份，发放《换届纪律知晓卡》1000余册，悬挂横幅220余条，宣传标语280余份，制作宣传栏140余个、展板140余张，直接受教育农牧民群众达2000余人。

（2）念好“三字经”，问诊把脉摸清底数。左贡县在换届选举工作中，紧盯影响换届选举的突出问题，坚持把做好调研摸底、财务清理和离任审计、整顿软弱涣散基层党组织作为抓好村（居）组织换届选举工作的切入点和着眼点，超前谋划，周密实施，为全县村（居）组织换届工作有序开展打下扎实的基础。

一是摸底调研突出一个“全”字。为切实做好村（居）组织换届选举工作，根据市委组织部《关于开展村（居）“两委”换届前期调研工作的通知》（昌党组发〔2017〕27号）精神，左贡县高度重视、及早部署，第一时间研究制定了《左贡县关于开展村（居）“两委”换届前期调研工作实施方案》，并从县委组织部、县财政局、县民政局等单位抽调人员组成3个调研组，于2017年2月21日至3月2日，迅速深入全县10个乡（镇）128个村（居），通过采取召开座谈会、查阅资料、入户走访、个别谈话等方式进行调研。在调研过程中，力求做到村（居）全覆盖，村（居）“两委”

干部全覆盖，党员代表和群众代表全覆盖，先后组织召开由乡（镇）领导班子成员、驻村干部、党员代表和村民代表参加的各类座谈会130余场次，个别谈话1200余人次，发放调查问卷2600多份，查找了村（居）干部队伍普遍老化、思想观念落后、发展思路不明等共性问题6条，为下一步做好换届工作奠定了坚实的基础。

二是离任审计突出一个“细”字。为做好村（居）财务清理和“两委”班子成员离任审计工作，左贡县及早行动，认真部署，于6月初研究制定了《左贡县关于做好村（居）“两委”干部任职期满考核、村（居）“两委”干部推优和离任审计工作实施方案的通知》，对工作内容、职责分工等进行了细化，并成立了由县级领导任组长的10个审计工作组，从纪检、组织等有关部门抽调了责任心强、业务熟悉的干部，于2017年6月15日至6月20日，分赴10个乡（镇）对村（居）财务清理和“两委”班子成员进行离任审计工作。截至2017年6月底，全县128个村（居）财务清理和“两委”班子成员离任审计工作已全部完成，审计资产总额达29996.3753万元。审计情况具体如下：128个村（居）委会支农惠农资金兑现金额共计6614.9837万元，已全部兑现；任期内村（居）财务收入金额共计301.7万元，村（居）财务支出金额共计302.94万元；村（居）“两委”班子任期内无债权现象；村“两委”班子任期内债务为292万元（其中旺达镇乌雅村债务176万元，旺达镇俄比村债务116万元）。

三是软弱涣散整顿突出一个“准”字。左贡县共有软弱涣散基层党组织15个，在换届选举前，严格按照“先整顿、后换届”的要求，根据市委组织部《关于印发〈关于集中整顿软弱涣散基层党组织工作方案〉的通知》精神，坚持把整顿软弱涣散基层党组织作为村（居）班子换届选举的前置程序。换届前，共实地调研软弱涣散基层党组织15个，走访群众1300余人次，召开专题座谈会、问题分析会52次，会同乡（镇）主要领导、各村（居）驻村工作队队员梳理各项问题87个，制定整改方案和发展规划10余个，建立健全了村规民约、基层党建、民主管理等一系列基层工作制度共200余条。通过对软弱涣散基层党组织的集中整顿，进一步完善了民主集中制，规范了党支部和党员的行为，使党支部建设整体水平有较大提高，实现了15个软弱涣散基层党组织从“软弱涣散”到“坚强堡垒”的转换升级。

（3）严把“三关口”，规行矩步不走过场。为确保全县村（居）组织换届选举工作顺利进行，左贡县按照市换届选举领导小组办公室的统一部署，结合自身实际，严把人事审核、业务培训、程序操作三个重要关口，顺利完成全县128个村（居）换届选举工作。

一是严把人事审核关。左贡县严格按照“十四个凡是·四个注重”的选人用人标准，严把人事审核重要关口，从源头上把好村干部入口关，把党管干部原则真正落到实处。先由乡（镇）组织驻村工作队、选派干部、农牧民党员群众对现任村（居）班子及成员、后备干部进行民主评议和考核，全面掌握班子成员和后备干部的现实表现、思想动态，并依据考评结果确定初步人选；随后，乡（镇）党委在广泛听取联系点领导、选派干部、党员群众意见的基础上，酝酿制定换届选举人事安排方案，报县换届领导小组审核把关；县换届领导小组办公室进行人选考察和政治审查，听取纪检、公安、国保、综治、民政、信访、统战、民宗等部门意见后，提交县委常委会议研究确定，报市委组织部审核，最终确定换届选举候选人。

二是严把业务培训关。2017年8月25日，左贡县召开了换届选举工作动员部署会，对换届选举工作进行了动员部署，并对县和乡（镇）相关换届专干、村（居）党支部书记等300余人作了相关业务培训；随后各乡（镇）陆续开展了业务培训12场次，对各村（居）选派支部书记和驻村工作队队员再次开展培训，做到选举业务人员培训全覆盖，并在培训过程中发放了450余本换届工作指导手册和2300余张换届程序知晓卡。左贡县通过组织一系列培训，使参训人员准确地掌握了村（居）组织换届工作的基本程序、工作流程和具体要求，切实提高了组织、指导换届工作的政策法律水平和应对处理选举中出现的各类问题的能力，为换届工作的开展打下了坚实的基础。

三是严把程序操作关。按照自治区《村居组织换届选举工作手册》、昌都市《村（居）组织换届选举工作指导手册》的有关精神，在左贡县村（居）组织换届选举工作领导小组办公室的要求下，各乡（镇）、村（居）都制定了详细的实施方案和工作流程，明确了既定的程序，如选民登记程序、推选候选人程序、选举程序；明确了重点把握的环节，如村民参选环节、竞选演讲环节、现场公示环节；确定了选举方式，做到了法定的程序一个也不能变，规定的步骤一步也不能少；左贡县在9月15日换届试点村进行换届选举时，组织各乡（镇）主要领导及换届专干30余人进行现场观摩学习，使其更加直观地熟悉换届选举相关程序，通过以点带面的办法推进全县换届选举顺利进行。

（4）坚持“三突出”，风清弊绝保障稳定。村（居）组织换届选举以来，左贡县把做好换届选举稳定工作作为一项重大的政治任务来抓，坚持在“纪律”上下功夫，在“防范”上做文章，在“信访”上定目标，工作中重点坚持了“三个突出”。

一是突出严肃纪律。各乡（镇）通过召开专题学习会议、专题研讨会议等，组织乡（镇）干部、驻村工作队队员、村“两委”干部等加强对严肃换届纪律知识的学习，引导广大党员干部牢固树立“严守纪律、从我做起”的意识和决心，筑牢纪律防线；由乡（镇）主要领导、驻村工作队组织农牧民党员和候选人集体面谈、个别谈话等多种方式，广泛开展严肃换届纪律谈心谈话，引导农牧民党员和候选人讲政治、顾大局、守纪律，对苗头性、倾向性问题，早发现、早提醒、早纠正，引导他们带头贯彻落实“十个不准”，自觉抵制不正之风；截至2017年年底，各乡（镇）已组织开展专题学习会、专题研讨会40余场，各村（居）已组织召开集中谈话、专题学习380余次，受教育党员干部和农牧民党员群众达3800余人次，通过一系列学习及谈话，在全县营造了风清气正的换届选举环境。

二是突出重点防范。左贡县把加强网络舆情监控和建立应急小分队作为处置突发事件的有力抓手，对村（居）换届选举进行重点排查防范，形成了上下联动、层层落实的工作格局。建立网络舆情监控应急处置机制，由县公安局网安大队将换届选举信访事件纳入重点网络舆情监控内容，对监控到的舆情加强分析研判，及时核实、依法处置。建立了指导检查组组长为队长，乡（镇）主要领导为副队长，乡（镇）包村干部、派出所干警为队员的村（居）组织换届选举应急小分队，要求应急小分队在换届选举期间全程在场，随时掌握现场动态，随时处置突发问题，并每天向县换届选举工作领导小组办公室上报当天换届进展情况。截至2017年年底，县级领导、乡（镇）主要领导均全部现场蹲点，出动派出所警力670余人次，有效确保了村（居）组织换届选举秩序井然、安全平稳进行。

三是突出接访息访。针对村（居）组织换届期间可能出现矛盾凸显、信访高发等各种突发情况，左贡县认真谋划，研究制定了《左贡县换届选举信访舆情监测预案》，规范处置换届工作中可能出现的舆情突发事件；开通专用举报电话，设立专门举报信箱，随时接受群众的来电和来信；成立了县信访维稳工作领导小组，负责全县换届选举的来信来访接待、查处上报工作，做好涉及换届选举的政策答复和解释、各类纠纷的化解和不稳定事件的应急处置协调工作，并对可能影响换届选举的热点难点问题进行分类筛查，特别是对群众反映与换届有关方面的信访问题，限时办结，给予答复。

（5）坚持“三确保”，善始善终完美收官。为切实巩固换届选举工作成果，保证换届选举各项工作圆满完成，换届选举结束后，按照昌都市《关于做好昌都市村（居）组织换届选举后续工作的通知》要求，开展换届选举各项后续工作。

一是开展谈心谈话，安抚离任情绪。先后召开了离任干部交心谈心座谈会30余场，个别谈话80余次，确保全县128名离任干部能够正确对待岗位变化，消除思想顾虑，要求离任村（居）干部发挥好“传、帮、带”作用；在节假日走访慰问、结对帮扶等优惠政策方面，向符合条件的离任干部倾斜，确保离任干部老有所依，老有所靠。

二是制订培训计划，提升干部素质。结合推进“两学一做”学习教育常态化制度化，以“干部受教育、群众得实惠”为培训目标，对全县793名村（居）干部开展培训，培训工作将由县委组织部牵头负责，培训内容主要围绕基层党建、群众工作方式方法、农牧区经济发展思路等。

三是抓好班子移交，确保顺利过渡。在新旧班子移交过程中，力求做到明确交接时间、明确交接内容、明确交接手续，确保业务交接不间断、财务交接不遗漏、工作交接不留尾，有序完成全县128个村（居）的工作移交。

3. 党建引领“五项举措”促搬迁

（1）工作部署“早”。为确保左贡县3个易地搬迁安置点拟新建制村组织选举工作扎实有序开展，一是及时成立了由县委书记任组长，县委副书记、县长为常务副组长，其他县委常委为副组长，相关单位负责同志为成员的选举工作领导小组，并抽调以往在换届选举工作中业务精、经验足、责任心强的人员，组建了领导小组办公室和指导检查组，开展了选举工作知识专题培训，召开了全县动员部署会。二是制定下发了《左贡县易地搬迁安置点拟新建制村（居）组织换届选举工作方案》《左贡县易地搬迁安置点拟新建制村（居）组织换届选举工作流程图》。三是3个镇党委、政府和3个易地搬迁安置点拟新建制村临时党支部紧跟其后，第一时间相继成立了相关工作机构，制定具体工作方案和计划，并安排专人负责选举各项工作。通过一系列举措，进一步明确细化了工作职责，强化了组织领导，形成选举工作密切协作的强大合力。

（2）宣传氛围“浓”。扩宽宣传渠道、探索宣传思路、创新宣传方式，多形式、广覆盖、全方位广泛宣传，切实加大宣传力度，真正营造良好舆论氛围。一是创新宣传，形成合力。结合“3·28”系列庆祝活动，采取悬挂横幅、张贴标语、LED滚动播放、微信平台等形式，宣传选举纪律要求、程序步骤、重大意义等，引导干部群众关心了解选举工作。二是多样宣传，积极调动。开展形式多样、生动活泼、喜闻乐见的宣传教育，正确引导群众树立法制观念和民主意识，教育群众依法参与选举，有效提高干部群众参与选举的积极性与主动性。三是深入宣传，细致具体。通过走访调查与群众促膝长谈讲解法律法规、政策知识，帮助他们消除对选举的疑惑和顾虑，做好群众的思想工作。2016—2020年，全县共计召开动员部署会4次、业务培训会4次，悬挂横幅20余条、张贴标语200余条、LED滚动播放100余次，发放宣传资料500余份，发放《选举纪律知晓卡》100余册，通过“网信左贡”等微信公众号先后转发优质简报5期，有效提升了选举工作的知晓度、参与率、覆盖面，将学习宣传选举法律法规摆在突出位置，助推选举工作合法有序进行。

（3）摸底调研“细”。成立了由组织部、民政局等相关部门组成的2个调研工作组，深入全县3个易地搬迁安置点拟新建制村开展前期摸底调研工作，通过面对面与候选人谈心、党员群众代表座谈和交叉摸底、个别谈话等方式，进一步摸清了各候选人在政治立场、履行职责、思想作风、廉洁自律、群众认可和主要优缺点等方面的情况，掌握了群众对选举的态度及各村宗教、家族、派性等问题。调研组共计走访群众500余户2000余人，与400余名老党员代表、致富带头人、群众代表、临时党支部成员等进行交心谈心，进一步摸清了3个易地搬迁安置点拟新建制村的村情、选情及社情民意等，做到了底数清、情况明，为选举工作奠定了坚实的基础。

（4）选举程序“严”。一是严格按照选举程序，坚持把选举作为“一把手”工程来抓，各级党组织书记亲自抓部署、抓指导、抓落实，亲自到村调查研究，解决问题，推动工作，认真履行好第一责任人责任，切实做好村民选举委员会推选、选民登记和提名候选人推荐等各项工作，确保选举程序的合法性和选举结果的有效性、公正性。二是严格按照“十四个凡是·四个注重”的选人用人标准，严把人事审核重要关口，从源头上把好村干部入口关，把党管干部原则真正落到实处。先由易地搬迁安置点拟新建制村临时党支部通过召开党员大会、村民代表大会推选出村“三委”初步候选人人选，再由镇党委在听取临时党支部成员、迁出地驻村干部、搬迁安置点党员、群众代表、“两代表一委员”意见建议的基础上，确定初步人选；随后，镇党委在广泛听取意见的基础上，酝酿制定选举人事安排方案，报县选举领导小组审核把关；县选举领导小组办公室在联合指导检查组前期调查摸底的基础上进行人选考察和政治审查，听取纪检、公安、国保、综治、民政、信访、统战、民宗等部门政审意见后，提交县委常委会议研究确定，报市委组织部审核，最终确定选举候选人。三是在左贡县村组织选举工作领导小组办公室的要求下，各镇、村都制定了详细的实施方案和工作流程，明确了既定的程序，如选民登记程序、推选候选人程序、选举程序；明确了重点把握的环节，如村民参选环节、竞选演讲环节、现场公示环节；确定了选举方式，做到了法定的程序一个也不能变，规定的步骤一步也不能少。

（5）选举风气“正”。一是按照《中国共产党章程》《中国共产党农村基层组织工作条例》《中华人民共和国村民委员会组织法》等规定，通过发放选举纪律知晓卡、微平台发布选举纪律要求、公布监督举报电话等方式，加强选举纪律宣传，努力营造风清气正的选举环境。二是坚持在“纪律”上下功夫，在“防范”上做文章，采取与农牧民党员和候选人集体面谈、个别谈话等多种方式，广泛开展严肃选举纪律谈心谈话，引导农牧民党员和候选人讲政治、顾大局、守纪律，对苗头性、倾向性问题，早发现、早提醒、早纠正，引导他们带头贯彻落实“八个一律”，自觉抵制不正之风。三是认真研究制定了《左贡县易地搬迁安置点拟新建制村组织选举信访工作预案》，规范处置选举工作中可能出现的突发事件；安排专人负责全县选举的来信来访接待、查处上报工作，并做好涉及选举的政策答复和解释、各类纠纷的化解和不稳定事件的应急处置协调工作，及时对可能影响选举的热点难点问题进行分类筛查，特别是对群众反映与选举有关方面的信访问题，协调相关职能部门限时办结，给予答复。通过一系列措施，为选举工作营造了风清气正的良好氛围。

4. 党建引领援藏持续发力

援建左贡县的省市、企业始终把做好对口扶贫协作作为党中央、国务院赋予的光荣使命，把维护祖国统一和国家安全、建设发展左贡作为共同的政治责任和义务，按照中央确定的援藏任务和计划，成立专门机构，层层落实责任，克服自身困难，在人、财、物等方面给予大力支持，2016年以来，援藏省市、企业率团10余批次赴左贡衔接具体援藏事宜。左贡县主要领导两次率团对援藏省市、企业进行了回访对接，不断加强经济社会发展战略合作，不断完善帮扶机制。

左贡县创新援藏思路，丰富党建扶贫措施。充分发挥援藏资源优势，注重产业援藏，坚持互利合作、优势互补、大力推进扶贫产业对接，2018年厦门市夏商集团、海翼集团、厦门轻工集团、厦门旅游集团，联合在全县成立了“夏康投资有限公司”，注册资金1000万元，参与左贡农牧业、旅游等产业发展。左贡县选优挑强，有效加强干部队伍和人才队伍建设。2016年以来，援藏省市、企业共选派援藏干部、专技人员、企业人才共22名，选派的人员主要倾向基础建设、资源开发、医疗援助、科技教育等领域，有效提升了干部队伍的素质和活力；通过请进来、走出去的路子，促进了干部人才交流，提升了干部人才素质。

5. 党建引领结对帮扶持续为民解困

（1）精心安排，加强组织领导。按照区党委、市委关于结对帮扶工作的安排部署，持续深化帮扶力度，精心安排帮扶工作，切实保持乡（镇）党政正职稳定，争取全面打赢脱贫攻坚战。一是按照“年初有计划、半年有小结、年终有总结，全年有督导”的工作原则，制定了每年度干部结对帮扶计划方案 5 个，撰写了全县干部结对帮扶半年小结 5 篇、年度总结 4 篇。并及时调整充实脱贫攻坚社会帮扶领导小组，为更好地完成帮扶工作夯实基础；二是累计召开结对帮扶专题会议 50 余场次（含乡（镇）开展），社会帮扶业务知识交流培训 1 期，扶贫专干知识培训 20 场（含乡（镇）开展），会议就贯彻落实上级党委、政府精神、帮扶形势、精准脱贫等相关政策进行研讨、培训、讲解；三是结合社会帮扶业务知识交流培训班，利用一周时间认真核对户档资料中帮扶信息是否与“帮扶手册”保持一致、明白卡填写是否完整。共梳理出共性问题 5 个（帮扶次数不达标、联系方式不准确、明白卡帮扶信息填写不完整、帮扶照片缺失、帮扶措施单一），并将缺失清单通过党政网下发至各级各部门进行整改落实。

（2）高度重视，提供坚强保障。一是各单位及时组织干部职工学习上级党委、政府和县委、县政府关于开展帮扶工作的会议精神，深入领会，认真研究，精心筹备帮扶工作，因地制宜地提出了“加强组织建设，转变思想观念，结合实际发展经济，力所能及帮助农牧民增收致富”的工作思路，帮助农民增产增收、安居乐业，增加贫困户经济收入。二是在机构编制改革、教育均衡验收、维稳工作等任务重、人员紧的情况下，抓帮扶工作丝毫不放松，按照单位帮扶年度安排表，合理安排本单位干部职工分批次到贫困户家中开展帮扶工作，确保帮扶工作长期、持续进行。三是发挥单位资源优势，把扶持政策和当前经济发展的要求紧密结合起来，积极发展“宜农则农、宜游则游”的致富路子，真正把各单位资金、项目、人才资源优势挖掘出来，做到资源最大化利用，积极打造“一村一品”产业，坚决落实脱贫攻坚“最后一公里”。不断帮助贫困对象转移就业，拓宽致富渠道，变“输血扶贫”为“造血扶贫”。

（3）多措并举，确保帮扶到位。一是按照县委、县政府关于结对帮扶的安排部署，社会帮扶组通过培训，对全县 2676 户建档立卡贫困户干部结对帮扶手册、明白卡进行了集中审核，共发现 5 个共性问题，主要为帮扶次数不达标、联系方式不准确、明白卡帮扶信息填写不完整、帮扶照片缺失、帮扶措施单一；二是通过核实情况，制定了适宜的帮扶措施，不断创新帮扶举措。如医疗帮扶、政策帮扶、捐助帮扶、基础设施帮扶、思想帮扶等，干部职工切实做到“知政策、晓情况、明思路、有重点”，为贫困群众出谋划策，找准方向，理清发展思路，找准生活路子；三是干部职工按照梳理出的帮扶措施，深入贫困户家中进行帮扶，2016—2020 年共解决群众困难和问题 5000 余件，思想政策宣讲 2 万余场次，帮扶资金（物资折合人民币）750 万余元。想方设法为脱贫攻坚挑担子、为解难题出点子、为谋发展想路子、为发展致富找票子。

（4）强化督导，完善资料收集。一是完成了 2016 年以来各类巡视巡察关于结对帮扶方面的反馈问题整改工作，对标补齐，除帮扶措施单一外，已完成其他问题的整改；二是根据县脱贫攻坚指挥部要求，2016 年来，利用脱贫攻坚模拟评估验收检查、“十个一批”专项督导检查、县纪委牵头的扶贫领域专项督导检查、省际交叉考核检查验收以及开展的乡（镇）、村（居）档案检查等开展了结对帮扶督导检查工作，共反馈共性问题 7 个，现场指导 50 余次；三是社会帮扶组采取定期、不定期电话抽查的方式实时了解和掌握全县干部职工帮扶情况，认真做好抽查记录并对开展帮扶工作不力的单位进行处理，收集好结对帮扶文档、图片、整改台账、影像等资料，做到“帮扶有计划、结对有印证”。

（二）“政府、企业、援藏单位、农户”同心同向，助力左贡县葡萄酒产业蓬勃发展

按照习近平总书记“要立足当地资源，宜农则农、宜林则林、宜牧则牧、宜商则商、宜游则游，通过扶持发展特色产业，实现就地脱贫”的重要指示，左贡坚持把产业增收作为脱贫攻坚的主要途径和长久之策，做到“五个注重”（注重资源优势、注重援藏优势、注重风险规避、注重经济效益、注重利益联结），充分发挥政府、企业、援藏单位和农户等主观能动性，大力培育和发展高原特色葡萄酒产业，持续带动当地群众就近就便就业增收，用产业扶贫的实际效果助力打赢脱贫攻坚战。

1. 因地制宜，政府为葡萄酒产业发展奠定基础

（1）发挥先天气候优势，科学论证规划实施。左贡县中林卡乡地处怒江流域，属高山干热峡谷干旱半干旱气候，充足的日照、较低的海拔有利于高原特色葡萄的生长，当地群众有着悠久的葡萄种植和酿酒传统。结合中国农业大学农业规划科学研究所专家提出的“规划建设左贡万亩葡萄园区”意见建议，经办公会议研究，决定实施左贡县万亩葡萄产业示范园项目，并将该项目纳入昌都市重点农牧业特色产业项目，成立了地区培育和发展特色农牧业产业领导小组。左贡县也成立了万亩葡萄园区建设领导小组，并在园区设立现场指挥部，指挥部人员全脱产参与园区建设的组织、指导和督促工作。县委、县府邀请了中国农业大学农业规划科学研究所专家一行深入中林卡乡，开展了为期一个多月的实地考察、测量和反复研究论证。专家团认为，中林卡乡气候、土质等适应种植葡萄，且当地有近万亩荒坡地，加以科学整治后适合大规模发展葡萄种植和加工业。在反复论证、讨论的基础上，中国农业大学农业规划科学研究所牵头制定了《西藏左贡县万亩葡萄产业示范园总体规划（2013—2020 年）》和《西藏左贡县万亩葡萄产业示范园核心区详细规划（2013—2016）》。自园区建设项目启动以来，左贡县严格按照总体规划，分步、有序、科学、扎实推进各项工作。已从事葡萄产业研究 30 余年的厦门成功红实业有限公司技术总监夏农同志经过在万亩葡萄园区多年实地调研指导，认为该园区具备打造世界一流葡萄酒原料产区的先天优势。

（2）遵从产业发展规律，规范葡萄种植管理。万亩葡萄园区累计投资 1.1 亿余元，改造荒地 7100 余亩，种植葡萄 5832 亩。2015 年以来主抓葡萄种植环节，根据葡萄园区核心的发展目标以及规划定位，结合实际条件，截至 2020 年年底共完成葡萄种植 5832 亩。其中，2014 年从芒康县引进赤霞珠 58 万株，于 2015 年种植 50 亩；2016 年种植 3550 亩；2016 年雨季因发生泥石流灾害，十字卡水渠被冲毁，导致 1200 余亩葡萄苗干枯，2017 年进行了补栽；2018 年从银川引进进口脱毒苗木，品种有西拉、霞多丽、美乐、长相思、马思兰等 35 万株，种植面积 2232 亩。园区采取“企业 + 园区 + 农户”的经营管理模式，邀请了来自中国农业科学院、中国农业大学等单位专家及教授调研会谈，明确了专家组每年为园区提供技术培训，并指导建立专业的管理团队，聘请宁夏金沙湾国际葡萄酒庄有限公司销售总监作为专业技术人员，在园区开展指导培训。左贡葡萄园区领导小组，多次专题研究葡萄支柱产业发展，选派 6 名干部脱产推进葡萄园区建设。

2. 企业参与，成为葡萄酒产业发展的主力军

在县委、县政府和厦门援藏工作组的积极争取下，厦门夏商集团协调引进厦门民企——成功红集团，在左贡注册“西藏成功红天麓酒庄有限公司”，全面接管中林卡万亩葡萄园区。成功红集团是世界领先的脱毒酿酒葡萄苗木在中国唯一产商，获国家林业总局授予国际级脱毒育苗基地，并于

2018年成为中国航天育种联盟理事长单位和中国林协会副会长单位。专业从事脱毒葡萄苗木培育、产品研发、葡萄种植管理、配套产业加工、生态酒庄经营、产区管理推广及连锁门店营运。下属5家子公司，固定资产2.8亿元，核心高管团队48人，员工600余人，在全国已建成30个城市酒窖连锁店，年生产总值3亿余元。西藏成功红天麓酒庄注册资金3000万元，总投资1.36亿元打造左贡怒江河谷葡萄产区和高原生态葡萄酒庄。天麓酒庄投产后，丰产期年加工葡萄6000吨，生产优质葡萄酒3000吨，实现年产值3亿余元，实现综合利税3000万元。8月下旬天麓酒庄已开始酿酒，并解决7名本地大学毕业生稳定就业。

3. 援藏支持，为葡萄酒产业发展提供底气

2018年厦门市属国有企业夏商、旅游、轻工和海翼4家集团提前谋划，联合注资1000万元组建“昌都市左贡县厦康经济发展有限公司”，帮助左贡县开拓高原特色产品销售市场。2019年1月，左贡县人民政府与厦门市成功红实业有限公司签订《资金扶持合同书》，与厦门成功红实业有限公司、左贡县厦康经济发展有限责任公司签订《三方合作共建框架协议》。2019年4月西藏成功红天麓酒庄开工建设，计划2020年6月建成投产，并逐步接手万亩葡萄园区的经营管理工作。福建省援藏总队计划帮助厦康公司建设电子商务平台，深入拓展包括葡萄酒在内的系列高原特色产品的区内外、网上网下销售市场。

4. 农户受益，为葡萄酒产业发展提供良好环境

（1）园区葡萄长势喜人，群众尝到增收甜头。2018年收获葡萄3万余斤，在没有引进企业的情况下，让当地群众传统的方式进行酿制，共产葡萄酒1.5万斤，实现产值34万元，带动当地建档立卡户20户160余人分红；2019年开展土地整治、支架安装建设和葡萄树修剪、除草等过程中雇佣当地劳动力累计2万余人次，兑现民工工资267.45万元，帮助64户建档立卡贫困户实现户均增收1.21万元。园区长期雇佣16名日常养护管理人员，每人每年增收3.6万元；2020年葡萄产量为15万斤、生产葡萄酒7.5万斤，预计产值达到550余万元。

（2）辐射带动效益明显，葡萄产业逐渐做强。在中林卡乡万亩葡萄园区的辐射带动影响下，实施扎玉然巴、下林卡旭日、绕金左巴葡萄基地项目，种植葡萄1066余亩。结合左贡河谷土地碎片化的实际，2018年以来，向农牧民群众发放葡萄苗木80850株，用于碎片化种植，覆盖怒江、澜沧江沿线5个乡（镇）。预计丰产期，左贡县葡萄酒产业可带动2000余人就业，其中万亩葡萄园带动100余人就业，另外几个葡萄基地和到户种植葡萄项目带动1800余人就业，天麓酒庄及物流运输、房车营地等带动就业100人以上，有效促进当地群众稳定增收。农牧民群众对葡萄酒产业发展充满信心，在政府引导下积极参与葡萄种植、田间管理等环节工作，为葡萄酒产业的健康有序发展奠定了良好的群众基础。

5. 上级关怀，使葡萄酒产业发展前景无限

多年来，自治区党委出台涉农产业发展相关文件，为左贡葡萄产业发展指明了方向，区党委政府领导多次实地指导，特别是吴英杰书记从园区建设、招商引资、经营管理等方面多次指示批示，并在2020年7月实地调研时给予充分肯定，增强了左贡县发展葡萄支柱产业的信心；市委市政府强力推进左贡葡萄产业发展，给予左贡资金倾斜；厦门市委市政府高度重视，援左工作组沟通协调，千方百计招商引资。各级领导同志多次到左贡指导葡萄酒产业发展工作。在此基础上，左贡县委县政府克服困难、扎实推进。通过县政府、成功红实业公司、厦康有限公司三方共建，预计7～8年内收回万亩葡萄园区全部投资成本。一是产业资金收益。成功红公司从扶贫理念出发，每年将产业资金8000万元2.5%的收益（200万元）交于左贡县政府，用于建档立卡贫困群众分红。

二是土地流转收益。按照丰产期酿酒3000吨的产能，每年可实现1900万元的土地流转收益（每瓶酒5元）。三是产业资金偿还。按照合同，成功红8年内完成所有产业资金偿还。四是上缴税收收益。丰产期后，企业每年上缴税收达3000余万元。五是成功红公司对园区生物性资产进行购买，预计有3000余万元收入（以第三方核算为准）。在上下齐心协力共同推进下，我们有信心，左贡县将成为全区一流的葡萄酒产区，左贡葡萄酒产业一定会成为西藏葡萄酒品牌的典范，左贡天麓葡萄酒一定会成为国道318旅游黄金线路上的一张最为闪亮的名片。

（三）以珠然新区开发为样板，开启三产服务业助力脱贫攻坚的"快车道"

近年来，左贡县委、县政府抢抓新型城镇化建设的历史机遇，积极发挥邻近国道318、214旅游热线优势，紧紧围绕"突出特色、加强通道，促进开发、产业兴镇"的县域经济发展思路，科学处理国家投资和社会投资的关系，探索推行"政府引导、社会拉动、群众参与"的投资开发模式，大力推进以珠然新区为龙头的城镇化建设，塑造了充满活力、独具特色、主题鲜明的318国道"醉美县城"新面貌，形成了一条以住宿餐饮、旅游观光、情景剧演绎为主的三产服务业新链条，开创了以三产服务业带动建档立卡贫困群众就业创业的新局面。新区经过2～3年的培育期，第三产业预计可提供900个以上就业岗位，按照"四个不摘"要求，其中50%以上岗位优先满足县城附近"四方祥和"新村易地扶贫搬迁安置点群众和其他建档立卡劳动力的就业需求。

1. 立足醉美县城定位，绘就发展蓝图

着眼开发左贡县毗邻国道、旅游资源富集优势，打造专业化、精品化旅游新区，带动更多建档立卡群众实现就业脱贫，左贡县坚持以现代理念定位城市，以战略眼光规划城市，以精品意识建设城市，对珠然新区进行了科学规划，确定了珠然新区"乐水亲山之城、温泉养生之地、文化旅游之都"的定位和突出民俗文化、集约开发、宜居宜游宜商、产城互动的总要求，建设中的珠然新区是一个风景秀丽、环境宜人，珠然神山、帕巴拉神湖环抱珠然新城，一个建筑错落有致、商户鳞次栉比、集休闲、娱乐、购物、旅游、餐饮、康养等多功能为一体的新城，一个融合康巴文化、茶马文化、宗教文化、东坝民居文化和旅游文化的要素、具有中高端游客接待能力的新城。截至2020年年底，新区已带动240人实现就业、人均增收1800元，待新区完全建成后将解决建档立卡劳动力400～500人的就业问题，让更多群众实现不离乡不离土、就近就便脱贫致富。

2. 坚持"两条腿"走路，撬动多元投资

牢固树立"以城建城、以城养城"的理念，科学处理国家投资和社会投资的关系，坚持最优化调动社会力量、最大化引入市场机制，协调推进政府投资项目与社会民间资本的合作联动，探索创新政府投资项目市场化运作机制，在新区建设中除了公共配套设施等必须由政府投入一定资金建设外，其余建设资金均采取市场化运作方式解决，在此基础上，政府投资（包括援藏）3亿元用于基础设施建设和公共文化服务配套，引进社会资金12亿元进行商业开发，占到总投资额的80%以上，有力发挥了政府资金"四两拨千斤"的作用。同时，将占地面积达4.9万平方米的民俗风情街区分作126块土地拍卖给98个自然法人，让群众直接参与新区建设，既有效盘活了闲置土地资源、推动了新区大开发大发展，又激发了群众参与城市建设的积极性，享受到了城市建设带来的红利。

3. 抓好城市建设配套，激活旅游经济

注重完善城市功能、提升城市品位，凸显"乐水亲山"理念，投资3500万元打造1000米滨河景观大道、3个亲水平台和景观吊桥，投资3000万元建成占地面积200亩、长约2000米的山地健身步道；依托优质温泉资源，引进投资近3亿元，采取东坝民居和现代都市元素相结合的风格，新建悦溪度假酒店和园林酒店，全面提高左贡县对中高端游客的接待能力；借鉴独具一格东坝民居人文历史和建设风格，通过拍卖土地形式筹资，打造了具有独特的魅力和内涵的东坝民俗旅游文化街，达到了“不到东坝看东坝的效果”；巧妙运用山形地势，打造珠然新区标志性建筑“一体式文体购物中心”，购物中心上部是集体育赛事、知识宣讲、电影院及会展功能为一体的综合性文体中心，下部是集购物、餐饮、娱乐等功能为一体的购物中心，边上建有西藏特色和现代元素相结合的“梯步”台阶，丰富了旅游服务业和新区特色元素，为旅客打造了318国道线上最温馨、最安全、最舒适、最便捷、最精彩的旅游环境，促进了游客由原来的临时停靠“过境游”转变为现在的休闲娱乐的住宿体验游。

4. 践行发展为民宗旨，拓展致富路径

坚持把以新区为中心向全县辐射、以三产服务业带动群众致富作为发展县域经济、打赢脱贫攻坚战的关键一招，抓住新区建设项目多、用工需求量大的特点，建立项目与就业良性互动机制，建立起政府投资和重点建设项目带动就业联动机制，组织群众特别是贫困群众到新区打工就业，使项目建设惠及更多的有意愿的农牧民群众，带动了群众致富。在珠然新区辐射带动下，棚户区改造项目解决了就业163人，人均增收2300元。充分发挥新区龙头作用，依托新区良好的购物、休闲、娱乐环境，发展集住宿、餐饮、旅游观光、情景剧演绎一条龙的目的游，让越来越多的游客愿意留在左贡，感受醉美左贡的独特风情。新区第三产业长期解决就业240人、培养岗位技能人才50人、人均增收1800元。依托国道318沿线村庄的便利优势，以打造旅游示范村为抓手，积极动员沿线群众开办集餐饮、住宿、体验为一体的家庭藏家乐旅游接待点，积极开发打造集旅游展览馆、洗车场、停车场、商务宾馆、餐馆、特色文化活动体验为一体的旅游接待业务，让群众家家户户端上“旅游碗”、吃上“旅游饭”、发上“旅游财”，为想干事、想创业、有技能的人员提供了广阔的就业空间。左贡县列达村共开办藏家乐家庭旅馆112家，年收入33.6万元，带动群众户均增收3000元。2020年在援藏政策的支持下，顺利启动了东达村、亚中村、德达村、果热村等4个新农村建设项目，进一步打造318国道左贡段“旅游服务长廊”，让三产服务业在新区开发、棚户区改造、特色旅游小镇建设中传递，不断带动更多农牧民群众通过参与第三产业发展，实现就业创业和增收致富。

当地干部群众普遍认为，这一切都是以习近平总书记为核心的党中央亲切关怀的结果，是以吴英杰书记为班长的区党委坚强领导的结果，是内地亲人无私援助的结果。一位世代居住在左贡的群众说：“珠然新区的建立不仅凝聚起了广大群众齐心协力建设新城、发展旅游、攻坚脱贫的强大合力，带领群众走上了依靠服务业致富的道路，而且又顺应经济社会发展的客观趋势，带动了民生改善，让广大人民群众共享改革发展的成果，享有均等化的公共服务，过上更加美好幸福的生活，我们无不发自内心的感恩党、感谢祖国、感谢内地亲人。”

（四）四措并举，将亚中易地扶贫搬迁安置点打造成充满活力的特色旅游小镇

田妥镇亚中村易地扶贫搬迁安置点是左贡县“一区四点”规划建设点之一。2016年9月1日开工建设，2017年10月15日竣工验收，2017年11月30日群众搬迁入住。坚持依托318国道的交通优势，做到“三个结合”（结合土地少且碎片化等实际、结合小城镇建设、结合产业发展），按照易地搬迁与旅游服务业无缝对接的要求，初步形成了“宜居、宜商、宜游、宜业”的格局，为建档立卡群众如期脱贫退出奠定了坚实基础。

1. 按照特色小镇规划建设，打造搬迁群众的安居新城

由于当地建档立卡群众居住偏远分散，依靠传统的生产方式生存，生活水平落后，发展受自然

环境和交通制约较大。经多方论证，将搬迁点选址位于318国道旁，地处田妥镇政府附近。该安置点涉及田妥镇13个行政村133户建档立卡贫困群众，安置点共享亚中行政村的教育、医疗、通信、邮政、金融等公共服务，完善配套了水电路等基础设施，安装路灯45盏，设置停车位100多个，新建了基层组织活动场所、政务服务大厅、培训就业服务大厅、农贸市场等，从“水电路讯网，科教文卫保”全方位进行保障，实现基础设施和公共服务能力的大提升，极大地方便了搬迁群众，提高了搬迁群众生产生活水平，实现搬迁群众从“农牧民”向“城镇居民”的角色转变，搬迁户与当地群众互帮互助，和谐相助。

2. 围绕旅游发展商业，激发搬迁群众的乐业愿望

该安置点住房为四层公寓楼，一楼为临街商铺、共111间，二、三、四楼为居住区，房屋外观风貌充分借鉴西南第一民居——东坝民居的建筑风貌，进行统计设计，别具藏东建筑特色，房屋户型分为75平方米、120平方米、150平方米三种。截至2020年年底，安置点搬迁群众已全部入住，111间商铺已全部出租，其中外地出租户17户64间、本地非建档立卡出租户18户20间、建档立卡户23户27间。在商铺出租中收取低于市场价格的房租，一方面积极吸引了商户入驻，迅速聚集了人气商气；另一方面由入驻商户充分吸纳搬迁群众就业，对提升群众商品经济意识，增加搬迁群众的现金收入，改变生产生活方式起了重要的推动作用。建成后的小城镇，新增常住人口近1000余人，加上原政府机关、学校、寺庙和村庄的干部群众，常住总人口接近5000余人，为小城镇发展提供充足的人口基础。据初步统计，在旅游季节，亚中小镇日均旅游接待2000余人次，极大促进了小城镇的发展兴旺。

3. 规范社区服务管理，提升搬迁群众的归属感、幸福感

为有序推进该安置点的服务管理规范化，改善安置点搬迁群众生产生活状况，创建整洁、有序、安全、和谐的生活居住环境，成立了易地搬迁点临时党支部，抽调机关干部成立了业务管理小组，小组下设物业管理中心、治安管理中心、水电服务中心、市政服务中心、社会保障中心，同时还专门成立了后期管理领导小组，组长由镇党政班子成员担任，划分责任区域，定期组织各小组成员入户了解搬迁群众入住、生产生活、子女入学、医疗、养老、就业等情况，事后向镇党委、政府汇报检查中发现的好做法、经验及存在问题，提出下一步工作意见建议，以不断改进管理服务质量。

4. 因地制宜配套产业，增强搬迁群众的获得感、认可度

为切实解决搬迁群众搬迁后就业增收问题，积极引导搬迁群众到田妥村砂石厂、半自动砖厂、亚中村砂石厂、临街商铺、宾馆饭店等就业。截至2020年年底，两个砂石厂吸纳40余人搬迁群众就业，23名建档立卡贫困群众通过出租门面开商铺形式自主创业，同时安置点吸纳2名垃圾处理员、5名旅游展销员就业，实现人均增收5000余元。

田妥镇易地扶贫搬迁安置点处理好了大产业与小产业、搬迁群众与本地群众、近亲与远亲、脱贫与脱困之间的关系，实现了贫困群众“搬得出、稳得住、能致富”，形成了人人感党恩、齐心谋发展的良好氛围。该安置点的成功，得益于各级党委、政府的坚强领导和正确决策，得益于各相关部门的勇于担当和主动作为，得益于党群同心和干群同向。当前，援藏投资2000万元的小康示范村升级改造工程正在实施，计划下步启动以亚中为轴心的旅游业援藏扶贫项目，探索推进左贡县旅游业逐渐由“过境游”向“深度游”转化。我们有信心，将亚中小镇打造成318国道上一条靓丽的风景线。

（五）全面履行社会责任，丰富援藏扶贫内涵，为脱贫攻坚打下一剂“强心针”

作为深度贫困县，由于“十二五”期间欠账较多，全县整个“十二五”投资甚至不及其他兄弟县投资的三分之一，左贡在脱贫攻坚中面临的困难更多、短板更突出、任务更艰巨。调整援藏结对关系以来，厦门援藏工作队借鉴福建22年对口帮扶宁夏探索出的“高层统筹、民生优先、产业带动、互学互助、社会参与”的“闽宁模式”，弘扬“敢闯、敢冒、敢试、敢为天下先”的特区精神，以产业协作扶贫为关键、以促进互利共赢为纽带，以激发内生动力为根本，走出了一条企业合作、项目带动、国企助力的致富新路，唱响了一首民族团结亲如一家、稳定发展美景如画的雪域赞歌，为左贡脱贫攻坚工作打下了一剂“强心针”。

1. 认清“三转”形势，借鉴用好“闽宁模式”

坚持把认真学习掌握实情、对症下药、精准施策作为借鉴“闽宁模式”、做好对口援藏工作的切入点，深刻认识援藏工作“三大转变”，（即受援地从“西藏江南”林芝转为基础更薄弱、社情更复杂的昌都，工作重点由全面援藏转变为聚焦脱贫攻坚，援藏资金和项目由过去的“交钥匙”转为“交支票”）的严峻形势，准确把握闽宁模式关于“优势互补、互惠互利、长期协作、共同发展”指导原则的精髓要义，确立了围绕打赢脱贫攻坚战一个中心，突出民生改善、产业共赢两个重点，抓好国企助力、企业合作、项目带动、结对帮扶四项工作的基本思路，确保了扶贫协作与厦门左贡发展紧紧相扣，真正做到了“左贡所需、厦门所能”。厦门援左以来，每年的援藏扶贫投入成倍增长，截至2020年年底厦门共争取资金2.6亿元，为左贡打赢脱贫攻坚战奠定了坚实基础。

2. 开创国企援藏先河，助推扶贫产业发展

厦门援藏工作组紧盯左贡之前扶贫产业发展薄弱、经营管理模式落后、产出效益不明显的突出短板，探索实施了市级国企援藏扶贫新模式，开创了全国地市国企参与援藏扶贫开发工作的先河。

一是抓经营管理。帮助左贡县筹建了两家县属国有企业，即“二江一河”投资公司和扶贫开发公司，完善了各项公司规章制度，规范了县属国企职责，协助理清了县政府、县脱贫攻坚指挥部产业组和县属国企之间的关系，有效减少了以往工作推进中的“中梗阻”难题。参与县棚户区改造方案、棚改拆迁款管理、水利设施PSL贷款管理、出租车公司筹建、塔鲁温泉项目改造和文体中心物业经营管理等，充分为县委县政府把控风险、出谋划策，解决了许多燃眉之急。

二是抓智力援藏。采取师徒传帮带和交流培训等方式，为左贡培养储备了一批经营管理人才。首批6位厦门国企援藏干部每人配备一位助手，实为师徒关系，采取一对一“传帮带”。依托厦门市国资委和市属国企，每年组织左贡县国企干部赴内地短期跟班、考察学习。派遣厦门国企短期技术干部，为县自来水厂建设、污水处理、垃圾焚烧等市政基础设施项目提供技术支持。派遣厦工股份技能老师进藏帮助左贡县适龄青年开展装载机、挖掘机技工培训，组织适龄青年赴厦门参加景区讲解员培训，学员学费全免，学成后发放上岗职业证书，有效提升了本地青年的就业技能。通过“走出去”的方式，输送本县教育、卫生专业技术人才和干部职工到内地参加挂职锻炼、参观考察、学习培训200余人次。

三是抓产业帮扶。经过大量前期调研及论证，帮助筛选产业扶贫项目，完善扶贫产业实施方案，协助县脱贫攻坚指挥部产业组对产业项目进行效益分析，对产业项目的经营管理提出建议，帮助产业项目带头人办理产业贷款和生产许可证，利用国企的销售渠道为项目解决市场问题。积极协调厦门夏商集团、轻工集团电商平台与左贡县各乡（镇）农业合作社合作，开辟专门窗口销售本县农特产品。厦门市属国有企业夏商、旅游、轻工和海翼4家集团联合注资1000万元组建“昌都市

左贡县厦康经济发展有限公司”，帮助左贡县开拓高原特色产品销售市场。

四是抓以商招商。厦门夏商集团协调引进厦门民企——“厦门成功红”酒业有限公司，在左贡注册“西藏成功红天麓酒庄有限公司”，全面接管中林卡万亩葡萄园区，项目集葡萄种植、红酒酿造和销售为一体。天麓酒庄于2020年8月开始酿酒，并实现7名本地大学毕业生稳定就业。预计7～8年内，将收回万亩葡萄园区1.1亿元的全部投资成本，并辐射带动2000人以上就业增收。厦康公司正在积极打造“厦门（夯达）高原农特产品加工园”，整合松茸、芫根等农特产品、林下产品深加工业，并在福建省援藏总队的支持下建设电子商务平台，深入拓展区内外、网上网下销售市场。

五是抓双向交流。推动县“二江一河”投资公司在厦门市火车站商城开设“昌都传奇”展示馆，厦门古龙贸易有限公司在左贡县开设“厦门古龙健康食品馆”，通过互设门面展示店为双方增进了解打通了渠道，增加了“厦左”两地产业对接的机会。大力开展国企慈善公益捐赠，厦门港务集团为学校捐赠价值10万元的罐头产品，厦门海翼集团捐助20万元设立爱心图书室。厦康公司协调昌都市文化艺术团赴厦门市公益演出，厦门轻工集团免费提供演出场地，为厦门人民献上一场藏文化艺术盛宴。厦门国资系统结合旅游业规划、工程机械租赁销售和农特产品深加工等帮扶项目赴左实地考察交流100余人次，“厦左”两地情感距离迅速拉近。

3. 倾情助力民生发展，全力抓好项目建设

加快计划内项目建设力度，加大计划外资金争取力度，并在项目选择上采取援受双方审核、项目建设管理以当地政府为主、项目竣工由双方协商委托审计的工作模式，在援藏资金管理上改进资金拨付方式、减少中间环节，确保了资金及时到位、项目按时实施，形成了援受双方权责共担、联合推动的工作机制。“十三五”期间厦门市计划内援藏总资金为17221万元，共投资9大项目，包括福建新村建设、小学建设、县卫生服务中心门急诊楼新建、教育和卫生专业人才培训等。“十三五”期间厦门市计划外援藏总资金为8763万元，资金组成为市级财政2500万元、湖里区1800万元、翔安区1200万元，区辖乡（镇）对口帮扶资金3000万元（按帮扶协议执行），其他单位资金263万元。累计投资41个项目，其中福建援建左贡县精准扶贫及新农村建设项目2050万元、教育项目393.08万元、卫生项目29.89万元、文化旅游项目495.84万元、产业扶贫项目550万元、维护稳定项目55万元、基层党建项目39.7万元、其他民生项目1981.8万元、面向左贡县10个乡（镇）帮扶2000万元。通过这些项目的实施，左贡各族群众的获得感、幸福感和满意度大幅提升，“两不愁三保障”水平达到脱贫摘帽条件。

4. 充分调动后方资源，援藏扶贫触角全面延伸

厦门市在对口支援工作中，注重发挥大后方资源优势，实现援藏主体多元化、援藏效益最大化。利用“9·8”投洽会将左贡高原特色产品推向内地市场，并利用工会这个平台积极推动“消费援藏”。充分调动厦门市6个区的主观能动性，与左贡县10个乡（镇）建立结对帮扶关系，每年对各乡（镇）分别援助100万元，在推动产业发展、人才交流培训等方面开展结对帮扶，特别是把产业援藏作为助力左贡稳定脱贫的根本之策，帮助引进了成功红集团开发葡萄酒产业，夏康公司开建高原特色产品加工园，并正在谋划318国道沿线旅游开发事宜，不断增强本县的造血能力。厦门市委、市政府把左贡县当作厦门市的“第七个区”进行打造，动员团市委、市卫计委、市国土资源局、市科技局、市国资委、北京厦门总商会、厦门大学医学院、厦门大学附属第一医院、思明二小等单位，一一找准了对口支援左贡、帮助左贡脱贫的切入点，形成了厦门市全市上下关注左贡、支援左贡、发展左贡的可喜局面，使全县干部群众深受感动和鼓舞。

5. 促进交往交流交融，筑牢共同体意识

加大双向医疗交流互动，每年定期组织左贡县一批教师、医生赴厦门集美大学、厦门大学附属第一医院跟班培训，同时每年选派一批厦门大学附属第一医院专家赴左开展短期交流培训，提高了当地医生技能水平，增进了双方相互了解；深入开展医疗教育结对帮扶，“厦门大学医学院社会实践基地”在左贡县卫生服务中心挂牌成立，思明二小与左贡县厦门第一希望小学、第二希望小学联合开展了远程教育课堂，厦门市 8 名 B 超医生历时 4 个月走遍 7 乡 3 镇开展包虫病筛查 3.9 万人次；大力开展国企爱心捐赠，厦门港务集团、海翼集团、轻工集团等国企捐资捐物，厦门铸远教育集团捐助设备帮助开展远程教育工作，厦门石寺禅院多次捐赠衣物，越来越多的厦门社会力量正帮助左贡县社会弱势群体；大力促进民族团结，实施民族团结故事文艺创演工程，打造大型康巴民族历史文化舞台剧“甲郎风情”，既宣扬歌颂了藏汉民族团结，也抢救了弥足珍贵的康巴非物质文化遗产。

第七章　八宿县

八宿县藏语意为“勇士山脚下的村庄”，隶属于西藏自治区昌都市。八宿县地处横断山脉西部、念青唐古拉山东部怒江流域，位于西藏东部，昌都市东南部，东与昌都市左贡县、察雅县接壤，南与林芝市察隅县相连，西与林芝市波密县、昌都市洛隆县交界，北与昌都市卡若区、类乌齐毗，214、318、349三条国道贯穿境内。境内山高谷深，峡谷相间，地形复杂，江河交错，呈现“七山二水一分地”的地形特点。境内最高海拔6882米，最低海拔2680米，平均海拔4700米，县城所在白玛镇海拔3260米。全县辖区面积1.26万平方公里，人口10569户49247人，居住着藏、汉、回、纳西等14个民族，其中藏族及其他少数民族占总人口的97.5%。八宿县是一个以牧业为主的半农半牧县，以高原温带半干旱季风气候为主。日照充足，干季、雨季分明，年无霜期161.7天，年降水量为233.3毫米。

第一节　脱贫基础

八宿县属于西藏自治区级深度贫困县，是国家扶贫开发重点县。多高山峡谷，海拔差异较大，自然灾害频发，土地贫瘠，产出率低，生产资料匮乏，发展极不平衡，贫困面广量大，贫困程度深，一方水土养活不了一方人的现象十分突出。群众思想观念陈旧落后，文化水平低，“等、靠、要”思想严重，自身发展动力不足，严重缺乏致富技能和致富门路。大骨节病等地方病在全县10个乡（镇）64个行政村均有分布，受病患威胁人群达5000余人。

一、发展基础

（一）政区人口

八宿县全县辖10个乡4个镇，即白玛镇、然乌镇、邦达镇、同卡镇、卡瓦白庆乡、益庆乡、吉中乡、吉达乡、林卡乡、拉根乡、郭庆乡、瓦乡、夏里乡、拥巴乡，110个行政村（居委会），县政府驻地白玛镇。2015年，农牧区总人口7940户44531人，八宿县县的经济社会发展在全市属于中下等水平。

（二）资源禀赋

八宿县主要农作物有荞麦、青稞、冬小麦、春小麦、玉米、高粱、豌豆、油菜、元根。饲养牦牛、偏牛、黄牛、马、绵羊、山羊等。矿产资源丰富，主要有金、银、铅、锌、煤、锡、石膏、碱土等。野生动物主要有游猴、马鹿、革狐、水獭、岩羊、黄羊、盘羊、野牛、旱獭、贝母鸡、马鸡、虫草等，珍稀野生动物有獐、鹿、鹤、羚羊、盘羊等，名贵中药材主要有贝母、知母、大黄、雪莲、雪鸡、红景天。境内高山环绕、峡谷相间，地形复杂，江流交错，构成七山二水一分地的地形特点。境内山奇水秀，人文风光独特，有集冰川、雪山、瀑布、原始森林为一体的然乌湖来古冰川景区及邦达草原、仁措湖等自然风光，也有多拉神山、拉鲁卡岩壁画、八宿寺、怒江 72 拐等人文景观。

（三）经济发展概况

2015 年，全年完成生产总值 6.0232 亿元，较 2014 年的 5.2061 亿元同比增长 13.8%；第一产业增加值 1.2393 亿元，较之于 2014 年的 1.1772 亿元同比增长 3.2%；第二产业增加值 1.7353 亿元，较 2014 年的 1.3795 亿元同比增长 29.8%；第三产业增加值 3.0486 亿元，较 2014 年的 2.6494 亿元同比增长 9.3%。三大产业产值在生产总值中的份额，以第三产业最高，第二产业次之，第一产业最低；增幅以第二产业最高，第三产业次之，第一产业最低。2015 年，农业增加值 0.4122 亿元，畜牧业增加值 1.5197 亿元，在第一产业增加值中分别占比 19.73%、72.75%。固定资产投资 6.1761 亿元，较之于 2014 年的 4.3390 亿元增长 42.34%。

（四）社会发展基础

截至 2015 年年底，八宿县普通中学在校学生 1041 人，小学在校学生 3753 人，医疗卫生机构床位数 117 床，各种社会福利收养性单位 1 个，各种社会福利收养性单位床位数 18 床。

二、贫困状况

八宿县属于西藏自治区级深度贫困县，是国家扶贫开发重点县。2015 年综合贫困发生率高达 34.52%，远高于昌都市贫困发生率 25.87%，并且贫困分布在各乡（镇）之间存在明显的地区差异。致贫原因包括自然条件恶劣、观念落后等，农牧民自身生产要素缺乏等。

（一）贫困人口及分布

2015 年年底全县识别建档立卡贫困人口 3170 户 15372 人，综合贫困发生率高达 34.52%，远高于昌都市贫困发生率 25.87%。发展条件差，发展能力弱，地方病严重，贫困程度深。2019 年动态调整后全县贫困人口 3113 户 15894 人。八宿县贫困分布在各乡（镇）之间存在明显的地区差异（表 5-16）。

表 5-16　八宿县贫困发生率的乡（镇）分布（2015—2019 年）　　户，人

乡（镇）	2015 年		2016 年		2017 年		2018 年		2019 年	
	户数	人口	户数	人口	户数	人口	户数	人口	户数	人口
白玛镇	167	642	130	499	42	160	10	30	0	0
邦达镇	75	380	0	0	64	389	11	34	0	0
郭庆乡	433	2414	0	0	0	0	152	1036	247	1454
吉达乡	541	2360	0	0	78	455	5	14	410	1829

（续）

乡（镇）	2015 年		2016 年		2017 年		2018 年		2019 年	
	户数	人口	户数	人口	户数	人口	户数	人口	户数	人口
吉中乡	134	810	0	0	24	184	60	391	43	309
卡瓦白庆乡	42	162	0	0	42	182	7	7	0	0
拉根乡	91	388	0	0	80	375	7	35	0	0
林卡乡	417	2075	0	0	1	11	77	340	323	1730
然乌镇	251	1226	246	1316	0	0	3	12	0	0
同卡镇	461	2324	0	0	0	0	7	43	453	2319
瓦乡	110	474	0	0	0	0	1	2	110	511
夏里乡	137	734	0	0	0	0	8	47	115	589
益青乡	155	633	0	0	113	596	30	135	32	141
拥乡	156	750	0	0	0	0	7	32	154	895
合计	**3170**	**15372**	**376**	**1815**	**444**	**2352**	**385**	**2158**	**1887**	**9777**

（二）致贫原因

从八宿县致贫因素看，可以概括为以下几个方面：一是生产资料缺乏。全县人均耕地面积仅 0.8 亩左右。尤其是怒江沿线陡峭河谷地带，生产资料匮乏，既无法进行充足的种植，也无法进行自给自足的养殖，很多农户连一头牛都没有。二是高海拔地区多。部分高海拔偏远村，如同卡镇波查、觉龙、俄觉、卡顶、朗巴、帕西、亚同、沙热、然多等行政村，拉根乡多日多龙、冷贡，吉中乡吉龙、卡琼、新贡、洛龙、毕青、毕琼、集中、那德，林卡乡色巴、卡龙等行政村，平均海拔 4100 米以上，气候恶劣，仅有的耕地农作物产量低，草场载畜能力低，面临“一方水土养不活一方人”的问题。三是高山峡谷地区多。夏里乡、拥乡、瓦乡、林卡乡、拉根乡地处怒江峡谷，山高谷深，水电路讯等基础设施建设投资大、管（养）护难度大；道路修筑于怒江河谷，地质条件极差，通行条件差，现有公路等级低、路面糙、弯道多、路况差、隐患多，交通安全事故易发；公路运输能力十分有限，只能季节性通车。群众出行难（部分村庄不通公路，出行到县城需要步行翻山越岭数天）、出行险（道路崎岖险峻，经常有滚石塌方）的问题十分突出。四是缺乏劳动力。对于贫困户家庭而言，如果家中存在是年老、因病、因残等丧失劳动力的成员，不仅对家庭没有收入贡献，反而还增大支出，导致家庭长期陷入贫困之中，难以脱贫。八宿县现有贫困户中丧失劳动力、因残、因病的人口比重为 21.88%，此类贫困群众很难通过自己的努力脱贫，就算脱贫也容易导致返贫。五是地方病致贫严重。以大骨节病为重点的地方病，在吉达、郭庆、卡瓦白庆、林卡、然乌、同卡、瓦乡、夏里、白玛、拥巴等 10 个乡（镇）64 个行政村均有分布，长期病患给患者家庭带来沉重的经济负担。六是生态环境脆弱。受超载过牧、砍伐森林等人为不当的生产活动的影响，以及全球气候变暖、自然灾害频发，导致了生态环境不断恶化，草地、耕地退化、沙化。虽然近年来积极推行草场承包经营责任制和草原生态保护补奖机制，大力实施退牧还草、人工种草与天然草地改良、鼠虫害治理等工程项目，草场得到了一定保护，但是仍出现不同程度退化。七是地质灾害频发。地震、洪水、泥石流、干旱、冻土、风沙、霜冰、冰雹等灾害性天气频繁，特别是夏季雨水多，夏里乡、拥乡、瓦乡、林卡乡道路经常塌方，群众出行十分困难；冬季郭庆乡、同卡镇、益青乡、吉中乡等高海拔乡（镇）易遭受雪灾。八是资源禀赋差，发展优势不足。基础设施和社会事业发展滞后，生产生活费用高。产业结构单一，非农收入比重小，政策性收入比重较大。公共服务明显不足，出行难、吃水难、住房难、就医难等问题十分突出；因地广人稀、居住分散、交通不便，严寒等因素造成农牧民生产生活成本大，维持温饱费用明显偏高。九是价值观贫困。由文化贫困而产生的价值感贫困，是导致经济贫困的又一重要因素。在经济社会生活中，贫困人口有根深蒂固的“等、靠、要”思想观念，安于现状，不思进取，社会参照系过低。这种特殊的心理状态和价值观念是贫困者特定的思想观念，束缚他们的发展，同时也容易成为导致新贫困的原因。

从八宿县农牧民自身贫困看，缺技术、资金、劳力、交通条件落后是最为主要的致贫因素。通过问卷调查表明，因病造成贫困 109 户，占 3.52%；因残造成贫困 222 户，占 7.18%；因学造成贫困 41 户，占 1.33%；因灾造成贫 6 户，占 0.19%；缺土地造成贫困 89 户，占 2.88%；缺水造成贫困户 2 人，占 0.06%；缺技术造成贫困 1255 户，占 40.58%；缺劳力造成贫困 411 户，占 13.29%；缺资金造成贫困 399 户，占 12.9%；交通条件落后造成贫困 279 户，占 9.02%；自身发展动力不足造成贫困 276 户，占 8.92%。

第二节　工作举措

在八宿县委、县政府带领下，深入学习贯彻落实习近平总书记关于扶贫工作的重要论述，深入贯彻精准扶贫精准脱贫基本方略，提高政治站位，强化政治担当，以讲政治、顾大局、明纪律的高度，切实把思想和行动统一到党中央决策部署上来，确保了党中央确定的脱贫攻坚目标和扶贫标准不动摇。全县上下群策群力，艰苦奋斗，坚持把脱贫攻坚作为最大政治和第一民生工程，注重精准扶贫与乡村振兴、新型城镇化、城乡融合发展等同步规划、一体推进，优中选精、强中选锐配齐配强工作力量，着力在精准稳定可持续上下功夫，持续推进产业支撑、政策激励、就业优先、援藏扶助、社保兜底等各项工作。

一、因地制宜，“六个精准”立标杆

八宿县严格贯彻“六个精准”基本要求，结合县域实际情况，从严格落实脱贫程序、构建动态监测机制、因人施策“强精准”、健全体系“脱真贫”等方面发力，起到了积极的作用，取得了良好的效果。

（一）扶贫对象精准

（1）精准识别，不断夯实扶贫基础。围绕“三率一度”，坚持该走的步骤一步不少、该有的环节一项不落，严格按照贫困户识别“六看四访三公二审一告”的工作方法，组派县级干部带队核导、扶贫干部下乡辅导、乡（镇）村（居）干部进户核查“三项举措”，进行一乡一镇查阅资料，一村一居实地查看，一户一家入户核查，挤出水分、查漏补缺，确保贫困户识别精准，做到了人有名、户有卡、村有册、乡有簿、县有电子档案，有效提升了识别准确率；开展了深度贫困地区、深度贫困人口“拉网式”梳理工作，摸排出了 10 个深度贫困乡、75 个深度贫困村，为精准施策提供了依据；严格按照贫困人口识别标准、方法和程序做好建档立卡贫困户的动态管理工作，对国家扶

贫开发信息系统中存在逻辑关系错误、数据填写不准、随意修改、身份证及人员重复、人员清退等问题进行多次核查，对因灾、因病、因学等原因返贫的人口，以及符合贫困人口识别标准的新增贫困人口全部纳入扶贫开发信息系统，对不符合条件的及时清退，实现了贫困群众应纳尽纳，实现了公平、公正，确保了数据准确一致。

（2）成立学生资助中心，设立学生资助基金和教职工大病资助基金，将全县 2768 名建档立卡贫困家庭学生全部纳入资助范围，2017 年落实大学生资助资金 210 多万元、资助学生 453 人。开展党员教师“走村入户”和“结对帮扶贫困学生”活动，2017 年 220 多名党员教师开展“走村入户”活动，结对帮扶贫困学生 1030 人次。鼓励社会力量兴教助学，筹集社会资金用于资助、奖励优秀贫困学生。

（3）持续深化定点扶贫、行业扶贫。完善县级行业扶贫、定点扶贫考核评价机制，2020 年至“十四五”期间，继续落实定点扶贫、行业扶贫和结对帮扶责任，各级各单位把定点扶贫、行业扶贫、结对帮扶工作纳入本单位年度工作重点，加强工作力量，出台具体帮扶措施。定点扶贫、行业扶贫和结对帮扶单位主要负责同志要切实承担第一责任人责任，定期研究推动结对帮扶工作。

（二）措施到户精准

按照“321”帮扶模式（即一般干部与科级干部帮扶 1 户、县级领导帮扶 2 户、地厅级领导帮扶 3 户的分配原则），开展干部职工结对帮扶，全县机关企事业单位，乡（镇）党委政府、寺管委会、驻八国企，自治区 3 家单位，昌都市 11 家单位、1 家企业，对全县 14 个乡（镇）110 个村（居）的建档立卡贫困户帮扶工作实现了全覆盖。截至 2020 年年底，在全县 110 个村（居）开展宣讲 3.6 万余人次，发慰问金及生活补助 501.2 万余元，发放各类物资折合金额 181.1 万元。在生活上帮助群众解决实际困难，帮助群众转变思想观念，树立致富信心，同时让农牧民群众真切感受到党的关怀和温暖。

县委、县政府按照应保尽保、应纳尽纳的要求，严格组织筛选社保兜底贫困户。截至 2020 年年底，全县纳入农村最低生活保障对象共有 1541 户 5634 人，认定特困供养人员 212 人，纳入残疾人生活补贴 2060 人，护理补贴 471 人。

坚持以市场导向为依据，产业建设为依托，技能培训为抓手，通过政府组织化劳务输出、外出自主择业等方式，实现农牧民转移就业 6.3 万余人次，开发城镇就业岗位 2500 余个，实现城镇新增就业 2235 人，持续对应往届高校毕业生就业情况进行实时跟踪，推荐优质岗位，累计实现高校毕业生就业 1200 余人，采取“订单式”“定向式”“以师带徒”等模式，精准开展厨师班、农机具维修、园林嫁接等实用技能培训 180 期，培训农牧民群众 12091 人次（其中建档立卡群众 9086 人），实现就业 8239 人（其中建档立卡群众 5089 人），2016 年以来全县共投入培训资金 800 余万元，培训后实现群众年人均增收 8000 余元。

为解决贫困群众缺乏建房资金的困境，然乌镇党委、政府与然乌湖景区管委会沟通协调，积极探索，形成了以“合作社 + 农户”、“公司 + 农户”和“企业 + 农户”等形式为基础的，具有浓郁地方特色的扶贫工作思路。2016 年通过多途径、多方法开展建房招商项目。引进云南泊阅旅游开发有限责任公司等 3 家企业入驻然乌镇，24 户建档立卡贫困户向企业出租土地 20 年，投资公司在使用土地过程中按照每户每年 1 万元、每五年增长 20% 的原则付给群众租金，招收公司员工时优先聘请 24 户建档立卡贫困户家中符合招工标准的富余劳动力为员工，并资助 24 户家中的大学生学费等措施，帮助困难家庭逐步脱贫、稳定脱贫，解决了贫困无资金建房、无技能脱贫的问题，在转变群众观念，提升群众“造血”功能上成效明显。

（三）项目安排精准

1. 统筹谋划，抓好抓实产业助力群众就业增收

一是突出“精布局”，科学谋划产业发展方向。确定了“两带”“四大片区”的产业发展总体布局，并突出“大产业”，发挥产业资金最大效益。二是突出“有效益”，确保产业资金保质增质。确保每个项目可行性高、竞争力强、效益明显。三是突出“全覆盖”，建立县级统筹分红工作机制，确保全县建档立卡贫困群众均能够享受到产业脱贫政策和产业发展收益。四是突出“三举措”，增强产业扶贫动能。保效率效益，精准发展“小产业”；固创业就业基础，扎实开展就业创业培训；创发展新思路，着力拓展农牧民增收渠道。

2.“四个一”凸显整乡搬迁成效

“四个一”即一个跨越、一个改善、一个加强、一个便利。通过整乡搬迁，夏里三乡群众生存环境得到明显改善。搬迁群众出门便利了，走出家门便是平整、宽阔的马路，联通四面八方；生产生活便利了，安置点通水通电通网通信号，周边的超市、商店多，商品物资种类多；子女上学便利了，安置点所有适龄儿童全部在县中小学、幼儿园就近实现了入学，离家近，教学质量高；有病求医便利了，群众患病可直接在安置点旁的县人民医院进行治疗，就医所产生的相关费用在县城正常报销。“四个一”凸显的是夏里三乡整乡搬迁群众生产生活改善的成效，展现的是党心系偏远贫困群众和全心全意为人民服务“一个也不掉队”的强大信心和决心。

（四）资金使用精准

绕巴村全村 41 户 191 人，贫困发生率 14.04%。2017 年初，绕巴村驻村工作队确定了以养殖业为突破口，以村集体经济为发展平台，利用新成立的拉根乡绿优农业专业合作社为根基，打造了世界海拔最高，且昌都唯一一座高原生态鹅养殖基地，最终项目多方筹措共收到党建扶贫贷款及帮扶资金 114 万元。绕巴村驻村工作队通过引进优质鹅苗、发展饲草种植、走出去扩大销售渠道，通过抓生产、抓销售，绕巴村高原生态雪鹅养殖基地年饲养销售生态鹅 4420 只，满产满销，销售额达 105 万余元，已带动 4 名建档立卡户实现就近就便就业，实现户均增收 18000 元。截至 2020 年年底，兑现村民有偿劳务工资、养殖工资、土地租金及农作物补偿金 24.6 万元（2020 年兑现土地租金及劳务工资 6.9 万余元），实现物资分红（40 台太阳能热水器）8.7 万元，实现户均增收 8122 元。绕巴村生态鹅养殖已经具备较强的“造血”能力，2020 年 8 月新引进 2000 只鹅苗，已经被全部预定，预计全年纯利润达 50 万余元，在偿还剩余 20 万元党建无息贷款的前提下，预计全村 41 户可实现户均增收 7317 元。为后续乡村振兴工作打下坚实的基础。

（五）因村派人精准

成立了八宿县扶贫开发领导小组、脱贫攻坚指挥部，并选派 450 名干部充实到驻村工作队中。同时，实施半月视频调度会制度，制定并出台《乡（镇）、县（中、区）直单位、村“一把手”履行脱贫攻坚责任实施细则（试行）》等制度。

1. 强化调研

为切实加强脱贫攻坚工作的针对性，制定符合全县脱贫攻坚工作实际的方案、计划，县委、县政府主要领导开展扶贫专题调研，通过调研进一步理清了工作思路、明确了工作方向、压实了工作

责任。

2. 强化督导

针对重要工作节点，采取定期督查和专项督导相结合，通过查阅资料、听取汇报、走村入户等方式，对全县脱贫攻坚工作进行督导检查，对督导中存在的问题进行整理，汇编成册，细化问题清单，对照清单内容逐条整改，将责任具体到人，限时整改。明确整改时间、整改责任人。截至2020年年底，县脱贫攻坚指挥部开展定期督查和专项督查10次，查找问题36个。

3. 强化学习

通过政策学习、业务知识学习、读书会、外派学习等形式，不断提高广大干部的思想素质和业务水平，激发干部履职尽责、立足岗位做贡献的激情和动力。一是通过召开指挥部办公室党支部会、党员大会、指挥部办公室例会等形式，组织指挥部办公室干部学习习近平总书记系列讲话，中央、自治区、市扶贫会议精神，进一步统一了思想，提高了认识。二是召开了全县脱贫攻坚系统干部政策培训班，各成员单位负责人分别就产业发展政策、易地搬迁、金融政策、医疗救助脱贫政策、教育发展政策、生态补偿政策、社会兜底政策、转移就业政策、民政保障政策等培训内容进行了详细讲解，通过培训进一步提高了全县扶贫干部的思想认识和业务水平。三是外派优秀的干部到内地、自治区、市学习，学习先进的工作理念、先进的工作方法，结合实际运用到脱贫攻坚工作中。

（六）脱贫成效精准

围绕重点求精准，监督执纪治乱象。2016年以来，共收到扶贫领域各类问题线索34件（包括重复件3件），初核了结25件，提请市纪委办理1件，立案5件，给予党纪政务处分6人，诫勉谈话4人。“骑上马送一程”“四个不摘”固成果。坚持摘帽不摘责任，保持扶贫机构力量不减，持续强化对脱贫攻坚的组织领导和调度指挥，常态化开展工作部署、调查研究、工作调度、督查督导等工作，竭尽全力巩固提升脱贫成果。坚决防止一脱落之，做到脱贫不返贫，成果不反弹。

二、多措并举，“五个一批”显成效

2015年10月16日，国家主席习近平在减贫与发展高层论坛上首次提出“五个一批”的脱贫措施，为打通脱贫“最后一公里”开出破题药方。八宿县采取系列化举措，大力实施发展生产脱贫一批、易地搬迁脱贫一批、生态补偿脱贫一批、发展教育脱贫一批、社会保障兜底一批。

（一）发展生产脱贫一批

坚持“产业强县”发展思路，充分结合县域区位优势和资源禀赋，按照“优势产业优先发展，优势区域优先突破”方针，围绕“两带、四大片区”产业发展总体布局，坚持“宜农则农、宜林则林、宜牧则牧、宜游则游”原则，统筹实施了一批可行性高、竞争力强、预期效益明显的重点项目。成功引进安徽海螺水泥有限公司落地，投资12.76亿元建设八宿海螺水泥厂，每年预计增加近亿元税收，同时可直接、间接带动近1000余名群众实现就业增收，有效解决乃然和西巴易地搬迁安置点群众就业和发展问题，辐射带动作用显著。“十三五”期间实施产业扶贫项目28个，总投资19.7亿元（其中政策性资金6.71亿元，市级自筹资金1.24亿元，县级自筹资金0.3亿元，企业自筹11.06亿元，产业贷款0.39亿元）。带动建档立卡贫困群众2785户7846人增收。坚持新冠疫情防控与脱贫攻坚“两手抓、两不误”，努力把新冠疫情对脱贫攻坚的影响降到最低，通过深入研究论证，制定了产业扶贫项目利益联结机制和县级统筹分红工作机制，投入扶贫资金建设的产业项目的收益收缴、分红方案制定、分红兑现等工作由县级统筹推进，确保了全县建档立卡贫困群众均能够享受到产业脱贫政策和产业发展收益，有效保障了八宿县如期实现脱贫退出目标。截至2020年年底，累计实现产业分红579.65万元，带动贫困户户均增收2081元。为促进消费扶贫工作，成功申报拉鲁卡荞麦加工厂系列产品为全国消费扶贫产品目录，通过政府代销、工会福利采购、援藏渠道购买等方式，八宿县拉鲁卡荞麦加工厂累计实现产品销售额91.46万元（其中政府代销65万元，工会福利采购17.93万元，援藏渠道代销8.53万元）；拉根乡瓦来村雪缘宝荞麦专业合作社本地花椒、人参果及苦荞面等特色农产品销售额达40.81万元。

（二）易地搬迁脱贫一批

坚持把易地搬迁与实施乡村振兴战略结合起来，坚持群众自愿、积极稳妥的原则，因地制宜选择搬迁安置方式，合理确定住房建设标准，完善搬迁后续扶持政策，全力做实“六个保障”（即：医疗保障、教育保障、社保兜底、生态补偿、就业增收和社区融入），确保搬迁群众有业可就、稳定脱贫、公共服务保障到位，切实通过易地搬迁实现“四个促进”。2016年以来，在实地调研考察的基础上，突出特色，科学规划建设了18个易地搬迁安置点，让1781户9509名贫困群众迁入了新家、过上了幸福新生活。深度贫困乡夏里乡、拥巴乡、瓦乡（简称夏里三乡）作为八宿县深度贫困地区中的贫中之贫、难中之难、艰中之艰，县委、县政府在深入调研论证和广泛征求群众意见基础上，认真分析研究，积极担当，主动作为，善作善成，把易地扶贫搬迁和同步搬迁相结合，全面实施夏里三乡整乡搬迁。搬迁群众从分散居住到集中居住，从闭塞环境到开放环境，促进了不同民族、不同文化之间的交流交往交融，使群众生产生活真正实现了从落后向文明的跨越。今年以来，重点围绕搬迁后续管理、后续产业发展、富余劳动力就业、拆旧复垦等方面下功夫、做文章，制定了易地搬迁后续扶持方案，积极探索搬迁安置点社区化管理模式，同时稳步推进拆旧复垦工作。截至2020年年底，实现1715户富余劳动力易地搬迁家庭一户至少有一人就业，完成100户易地搬迁户旧房拆除试点工作。同时，按照房屋安全性等级鉴定相关标准和程序，对全县建档立卡贫困户等“四类重点”对象家庭住房进行安全性等级认定，实施动态监管，改造了CD级危房442户。2020年共计排查房屋3093户，出具认定书并实现AB级挂牌1616户，因自然灾害受损的12户房屋，截至2020年年底已全部改造完成。

（三）生态补偿脱贫一批

始终把生态扶贫作为打赢打好脱贫攻坚战的重要内容，牢固树立“绿水青山就是金山银山、冰天雪地也是金山银山”的理念，坚持扶贫开发与生态保护并重，推进经济林产业、苗圃产业两大产业，实施退耕还林、防沙治沙、营造林、退耕还草四大生态工程。将造林绿化、退耕还林、退耕还草项目向深度贫困地区和深度贫困群众倾斜。一是抓实生态岗位政策。将有意愿具备劳动能力的建档立卡贫困群众和边缘人口全部安排生态岗位，累计安排生态岗位人员70810个，累计兑现生态补偿资金2.34亿余元。二是抓牢生态效益补偿脱贫。截至2020年年底全县公益林生态效益补偿范围为338.3万亩，近年来兑现生态效益补偿资金7197.73万元，助力全县3093户16058人建档立卡群众脱贫致富。三是抓好经济林基地项目建设。组织实施了总投资2239.2万元的西巴村经济林基地，种植苹果、桃子和梨子等树木10万余株。实施了邦达镇同尼村经济林项目，预计每年当地群众可增收50万元左右。四是抓好实施退耕还林工程。五年来实施退耕还林11527.8亩，兑现到群众手中补偿资金达45.95万元。五是抓强林业产业项目。大力实施拉根乡拉根村林木育苗基地，建设规模322亩，总投资1288万元。

（四）发展教育脱贫一批

我们始终把教育作为阻断贫困代际传递的治本之策，大力实施教育优先发展战略，注重将教育资源重点向贫困地区倾斜，持续加大教育基础设施投入力度，加快推动义务教育学校标准化等项目建设。"十三五"期间，争取各类投资3.282377亿元，实施建设项目40项。2016年以来，县财政投入教育资金8079.25万元。加大控辍保学力度，制定了《八宿县控辍保学工作的实施方案》，认真组织和督促适龄儿童少年入学，及时做好辍学劝返复学工作，全县在校学生7874人（学前1407人、小学4592人、初中1875人；建档立卡学前470人、小学1925人、初中768人），其中建档立卡贫困学生4524学生。严格落实年免费教育、营养餐改善计划和建档立卡（含农村低保）贫困家庭学生"三免一补"政策，2016年以来累计拨付"三包"经费11319.28万元、营养餐计划经费2214.36万元。健全完善建档立卡等贫困家庭学生资助救助政策体系，及时对困难家庭大学生进行资助，2016年以来资助986人次，申报和兑现资助资金940.4062万元。启动实施乡村教师支持计划和教师队伍振兴计划，积极引进紧缺学科教师，深入开展国培、区培、市培和送教下乡等活动，培训教师600人次。扎实推进教育"组团式"援藏，万名援藏援疆教师5人，建立完善一对一、一对多的结对帮扶模式，教师队伍整体素质和业务能力显著提高。

（五）社会保障兜底一批

始终把社保兜底作为脱贫攻坚的底线要求，建立以困难群众基本生活保障为主，以医疗救助、临时救助等为辅的社会救助体系。一是充分发挥农村低保制度在兜底脱贫中的重要基础作用，截至2020年年底，全县共认定农村最低生活保障对象1541户5634人，累计发放低保资金5386.6218万元。二是建立城乡统筹、政策衔接、运行规范、与经济社会发展水平相适应的特困人员救助供养制度，截至2020年年底，共认定特困供养人员212人，累计发放资金813.7658万元。三是充分发挥临时救助"救急难"成效，五年来共实施临时救助341户次，发放救助资金90.3219万元。四是实施民政医疗救助。共实施医疗救助7118人次，发放医疗救助资金2035.9793万元。五是按标准落实好困难残疾人生活补贴和重度残疾人护理补贴政策，累计发放补贴资金1325.406万元。六是充分保障老年人合法权益。累计兑现80岁以上寿星老人健康补贴62.75万元，经济困难的高龄失能老人补贴137.76万元。

三、补齐短板，基础设施和公共服务提升工程助脱贫

始终把改善贫困地区基础设施条件作为脱贫攻坚的先导工程，结合以"神圣国土守护者、幸福家园建设者"为主题的乡村振兴战略，大力实施"十项提升工程"，优先推进深度贫困地区道路、饮水、电网、通信等项目建设。

（一）安全饮水方面

按照西藏自治区饮水安全评价准则标准，对全县饮水安全工程进行全面摸排。2016年以来，全县落实人饮安全巩固提升工程点新建及维修283个，涉及项目总投资6845.18万元。2019年修建农

村饮水安全巩固提升工程169个工程点，共计投资3705.88万元，受益建档立卡人口1808户9793人。

县水利局按照西藏自治区饮水安全评价准则标准，对全县饮水安全工程进行全面摸排。2019年修建农村饮水安全巩固提升工程199个工程点，共计投资4667.31万元，受益建档立卡人口1808户12483人，全县已解决农村饮水安全问题。

（二）交通方面

补齐公路建设短板。致力解决群众“出行难、出行险”，大力推进全县交通基础设施建设，推进“四好农村路”建设，加大乡村道路建设力度，完成2020年计划实施的农村公路项目，不断提升通畅率、通达率，力争到2020年年底实现所有行政村通达率达到100%。2020年至“十四五”期间，继续推进“四好农村路”示范创建提质扩面，继续加强自然村农村公路建设，持续推动行政村、较大人口规模自然村通硬化路建设，加快建成外通内联、通村畅乡、客车到乡、安全便捷的交通运输网络。2016年以来，县交通局共计实施农村公路项目80个，总投资10.93亿元，受益群众达38000余人，易地扶贫安置点内外配套公路项目16个，总投资7017.05万元。

（三）通信方面

2016年以来，县电信移动公司加快通信盲点覆盖，新建通信基站151个（电信基站49个，移动基站102个）。截至2020年年底，全县电信基站覆盖100个行政村，覆盖率92%；移动基站覆盖107个行政村，覆盖率98%。确保全县14个乡（镇）基本实现4G网络覆盖。

大力实施网络扶贫行动，统筹推进网络覆盖、农村电商、网络扶智、信息服务、网络公益“五大工程”向纵深发展，创新“互联网+”扶贫模式，加强通信基础网络建设，重点开展偏远地区通信补盲工作，拓宽通信基础设施覆盖范围，实现行政村无线网络、光纤宽带全覆盖，为农牧民提供更好的网络服务。

补齐消费扶贫和电商扶贫，加快推进培育壮大本地龙头商贸企业，持续深化与内地大型商贸企业合作，积极开拓线上销售渠道，不断扩大销售规模；发挥电子商务示范作用，拓宽商务信息服务覆盖面，持续改善农牧区通邮条件，实现农牧区电商服务全覆盖。

（四）电力设施建设

补齐电力能源短板。大力开发风能、水电、太阳能、生物质能等可再生清洁能源，全面落实“三区三州”电力规划，以电源点建设和电网建设为重点，加大与区市两级各相关部门汇报衔接力度，加强供电工程建设，完善升级电力设施，推进农牧区能源消费提档升级，提高供电可靠性和稳定性，满足经济社会发展和农牧民生产生活用电需求，2020年实现大电网延伸覆盖至全县所有乡（镇）村落，力争有条件的贫困村通动力电。

持续投资260.17万元为16个易地搬迁点新建10千伏线路、0.4千伏、用户配电变压器及附属设施，确保安置点电力全覆盖，受益建档立卡户达1755户9364人。2019年，由国家电网公司承建的八宿县“三区三州”项目6个，其中然乌110千伏变电站35千伏送出工程8月底投入使用，林卡10千伏线路工程正在等待上级部门批复，同卡110千伏输变电工程和然乌10千伏及以下工程计划今年竣工投运。同卡拥巴夏里变电站10千伏配套送出工程和拥巴夏里35千伏变电站工程正在建设。

（五）教育方面

大力推进薄弱学校改造，投入资金 26306 多万元，新建校舍 6.9 万多平方米、改扩建校舍 14 万多平方米。投入学前教育计划建设资金 2600 多万元，新建幼儿园 8 所、改扩建幼儿园校舍 5700 平方米。推进学校标准化建设，覆盖各级各类学校 41 所、6000 余名在校学生，投入 2000 多万元改善城乡义务教育学校办学条件。推进教育信息化建设，城乡学校均配齐配足信息化设备。加强“三包”和营养改善计划资金管理和使用，2016 年以来落实“三包”资金 11319.28 万元、营养改善计划资金 2214.36 万元，大力改善学生在校饮食。实施县城内教师交流轮岗，合理配置教师资源。

（六）公共卫生服务

八宿县以打赢脱贫攻坚战为目的，持续加大人力和物力投入力度，切实抓好食药品安全检查、做好健康宣传、抓好外援助力、做好医疗帮扶，不断织密健康保护网，在最大程度上防止农牧民群众出现因病致贫、因病返贫情况，为全县经济社会发展和建设“六个新型八宿”提供健康保障。

一是鼓励群众积极参加新农合。截至 2020 年年底，实现建档立卡群众参保率 100%。二是积极为建档立卡群众进行基本医疗保险报销，2019 年已为 745 名建档立卡群众报销药费 459.2952 万元。三是 14 个乡（镇）卫生院以户为单位开展家庭医生签约服务，签约 18487 人，其中四类慢病（严重精神障碍、肺结核、高血压、糖尿病）签约 670 人。四是认真开展巡诊等上门服务工作。目前开展巡回医诊 38 次，义诊群众达 11842 人次，发放免费药品价值 13 万元。五是积极落实重病兜底。完成市级拨付和兴业证券帮扶资金 101.91 万元，兑现人数 58 人。六是县人民医院已完成二级乙等的创建工作，并于 2020 年 5 月 29 日投入使用；开展乡（镇）卫生院改造，建设村卫生室。截至 2020 年年底，基本实现村有卫生室，乡（镇）有卫生院。七是争取援藏医生共计 33 人次通过多途径引进医疗人员 62 人次，并选派 55 人次进行医疗技能提升。

（七）人居环境

补齐基层阵地短板。坚持科学选址、优化功能布局、规范日常管理，加大村级活动场所标准化建设力度，统筹推进易地扶贫搬迁安置点拟新建制村（居）组织活动场所标准化建设，配齐建好村级文化站、卫生室、图书室、科普室、超市、广场等公共服务设施，满足群众对基本公共服务设施的需求，建强基层组织阵地。

按照房屋安全性等级鉴定相关标准和程序，对全县建档立卡贫困户等“四类重点”对象家庭住房进行安全性等级认定，实施动态监管，改造了 CD 级危房 442 户。2020 年共计排查房屋 3107 户，出具认定书并实现 AB 级挂牌 1616 户，因自然灾害受损的 12 户房屋，截至 2020 年年底已全部改造完成。按照每户 5000、10000、20000、70000 元四个补贴标准共计兑现补助资金 951 万元。

（八）文化事业

补齐基层公共文化服务短板。加快新时代文明实践中心、智慧广电、融媒体建设，加大基层“三馆一站”建设力度，加快推进基层综合文化服务数字化项目建设。完善县乡村三级文化服务保障标准体系，加大对文艺演出队支持力度，着力培育基层农牧民文艺演出人才，每年开展文化下乡活动不少于 4 次；扶持农村非遗传承人，支持民族文化发展，积极申报并保护好历史文化名镇、传统村落、民族村寨等，让农牧民群众享受到更好的公共文化服务。

第三节　成效亮点

新时代脱贫攻坚战打响以来，八宿县深入贯彻落实中央、自治区、昌都市扶贫开发工作会议精神，找准扶贫攻坚突破口，坚决打赢脱贫攻坚战。在抓党建促脱贫攻坚、推动乡村振兴战略中，不断凸显党建引领作用，从建强基层工作队伍、提升经济发展能力等方面精准施策，激发推动脱贫攻坚、乡村振兴的强大动能。为了在创先争优强基础惠民生活动中进一步做好扶贫开发工作，八宿县本着“加强引导、广泛参与、精准帮扶、依法合规、注重实效”的原则，努力推动形成社会各界共同关注贫困、参与扶贫的社会氛围。八宿县委、县政府将产业发展、社会帮扶等工作措施为突破口，将实施产业发展脱贫、转移就业脱贫、易地搬迁脱贫、教育扶贫、健康扶贫、生态保护扶贫、兜底保障等方面作出了突出的成绩，为昌都市全面脱贫作出了应有的贡献。在自治区、昌都市委的正确领导下，八宿县脱贫攻坚工作有序开展，2019 年实现了 109 个贫困村居全部退出。

一、脱贫成效

（一）梯次推进，如期脱贫

将脱贫攻坚作为压倒一切的头等大事，围绕“两不愁三保障”，大力实施“5+N”脱贫措施，全年减贫 1903 户 9661 人，2016 年以来累计减贫 3113 户 15894 人，贫困发生率从 34.52% 降至 0%，全县整体脱贫出列，基本消除绝对贫困，取得决定性胜利。

经 2016 年以来建档立卡数据动态调整，2019 年全县建档立卡贫困人口共计 3113 户 15894 人，四年多时间完成了全部贫困人口脱贫，109 个贫困行政村脱贫退出，14 个乡（镇）整乡脱贫出列，贫困发生率降至零，顺利实现脱贫摘帽。

2016 年以来，八宿县认真贯彻落实党中央、区党委脱贫攻坚决策部署，举全县之力，攻坚克难，全力推进脱贫攻坚，2019 年年底，实现 3093 户 16058 人摆脱贫困，109 个贫困村脱贫退出，14 个乡（镇）脱贫出列，全县脱贫摘帽，建档立卡脱贫人口人均可支配收入达到 5737 元，与 2016 年初相比增长 61%，群众满意度和幸福指数显著提高（表 5–17）。

表 5–17　八宿县脱贫工作动态

年份	当年脱贫		人口自然变更后当年脱贫		退出贫困村（居）数
	户数（户）	人数（人）	户数（户）	人数（人）	
2016	386	1721	376	1815	14
2017	454	2292	444	2352	25
2018	389	2109	385	2158	8
2019	1911	9618	1887	9777	62
合计	**3140**	**15740**	**3092**	**16102**	**109**

（二）兄弟情深，援藏助力脱贫攻坚

认真贯彻落实全国东西部扶贫协作座谈会和中央第六次西藏工作座谈会精神，确保“十三五”确定的规划内援藏项目2020年6月底前全部落实到位，援藏资金2020年6月底前落实到位，新增援藏项目、资金全部用于脱贫攻坚。积极对接对援八省市企业，继续推进援八省市和企业“县对乡、乡对村”的结对帮扶模式，加强区域合作、产业合作、拓展对内对外开放新空间，持续不断加大“资金援藏、智力援藏、产业援藏、干部援藏”的“四位一体”援藏模式的落实，推动产业互补、人员互动、技术互学、观念互通，促进援藏工作由“局部”向“全局”、“当前”向“长远”、“输血”向“造血”转变。坚持援藏资金向基层、向贫困群众、向民生倾斜的原则，确保了受援资金用于民生项目和精准脱贫。“十三五”期间，福建省福州市和宝武集团共实施各类援藏项目12项，总投资2.037亿元，实施了县人民医院（一期）工程、县中学迁建工程和县乃然易地搬迁安置点等一系列惠及民生的项目，惠及教育、卫生、新农村、人才培训等领域，为全县脱贫摘帽工作奠定了坚实基础。

1. 福建对口支援昌都成效显著

福建援藏队自觉把帮助受援地打好打赢脱贫攻坚战役，作为援藏工作的重中之重。入藏以来，全体援藏队员立足各自岗位职责，实现人均挂钩帮扶1名贫困孤儿、1户以上贫困家庭，全方位参与昌都脱贫攻坚。自2016年7月福州市对口支援八宿县以来，通过科学规划，全力推进援藏项目建设，福州市援藏工作队结合八宿实际，科学规划使用福州市对口支援八宿县1.4亿元资金，确定了以八宿县人民医院、县中学、县扶贫开发区配套幼儿园、县精准扶贫及新农村建设、县教育人才培训、县医疗卫生人才培训为主的援助规划，相关项目均在建设过程中或竣工。同时，通过沟通协调，争取更多计划外援藏支持。援藏工作队还想方设法争取计划外援藏支持，共争取到福州市计划外援藏物资7132万元，用于西巴村精准脱贫小康示范新村等项目，推动福州市各层面与八宿县形成33个结对帮扶关系，其中签订了28项帮扶协议。福州市经济较好的9个县、市（区）与八宿县14个乡（镇）、110个村（居）实现结对帮扶全覆盖，多维度支持八宿县脱贫攻坚工作。2016年至今，在福州市援藏工作队的帮助下，八宿县共实施招商引资项目42个，协议资金65.27亿元，累计到位资金20.67亿元。其中：服务类21个，高原绿色清洁能源类13个，高原绿色建材类2个，高原绿色农牧类2个，旅游文化类2个，商贸物流类1个，电子商务类1个。

2. 构建对口援藏帮扶机制

一是持续落实受援双方互访联席机制，积极对接“十四五”援建八宿县事宜，加大“十三五”确定的各类项目、资金的衔接落地，确保2020年6月底前“十三五”既定的援藏资金落地。同时，认真执行对口援八经济社会发展规划，有序推进产业援藏、就业援藏等，把援八省市企业的市场、管理、人才、技术优势与昌都特色优势资源结合起来，强化产业技术援助，培育“造血”功能，壮大特色优势产业。二是积极衔接援八省市企业继续深化援藏结对帮扶，积极推进“县（区）对乡、乡对村”结对帮扶模式，落实援八省市、中央企业包干帮扶结对本县10%贫困人口的任务，扩大结对帮扶覆盖面。三是突出人才支援，推进干部双向挂职、人才双向交流，按照年度计划，精准实施八宿干部人才培训培养行动，持续加大扶贫系统干部的培训力度。四是加强就业援八，积极协调援八省市企业提供八宿籍大学毕业生就业岗位和劳务输出就业岗位，建立劳务输出和劳务输入精准对接机制，实现人岗对接，保障稳定就业。五是加强对口援藏项目落实，积极协调对口援八省市企业，全面落实规划内项目，积极争取规划外项目。同时，将援藏扶贫项目纳入援藏成效考核范围，积极对接2020年脱贫攻坚现场推进暨深化对口援藏扶贫工作会议的签约项目。

（三）凝聚合力，社会帮扶发挥作用

鼓励企业长期帮扶。积极动员驻八各类企业落实精准扶贫责任，通过发展产业、对接市场、安置就业等多种方式，发扬扶危济困精神，持续帮助脱贫户巩固脱贫成果。更加精准推进“百企帮百村”扶贫行动，引导各民营企业积极开展产业扶贫、就业扶贫、公益扶贫、消费扶贫，鼓励有条件的大型民营企业通过设立扶贫产业投资基金等方式促进脱贫成果巩固。

一是调动社会参与，为群众解急救困。八宿县多拉神山温泉宾馆坚持在全县范围内实施贫困学生圆梦助学计划，每年为每名高考文理科前 10 名贫困学生无偿资助奖学金 5000 元，截至 2020 年年底已累计捐助奖学金 60 万元。2013—2018 年，八宿县民族工艺服装加工厂每年向县敬老院（60 余人）捐助衣物折合人民币 2 万余元；每年的“六一”向邦达镇中心小学（100 余名学生）捐资助学 6000 余元；每年藏历新年来临之际，向邦达镇 5 个村委会（每个村委会有 5 个人，共 25 人）捐赠 3000 余元。为了帮扶困难群众早日脱贫致富，加工厂积极承担社会责任聘请县内贫困户及残疾人来厂务工。2016 年，为 24 名困难群众和残疾人职工每人直接增加现金收入 33600 余元。加工厂现有员工 23 人（其中 18 人为残疾人），有效解决了困难群众和特殊群体的生产生活困难。每人每日工资最低 80 元，最高 160 元，并且包吃包住。2019 年，该厂为邦达镇 47 户建档立卡户发放帮扶资金 4.7 万元，为夏里三乡 45 户建档立卡户发放帮扶资金 4.5 万元。益兴建工有限责任公司先后为八宿县贫困村捐款 35 万余元，县各大药房等 5 家非公医疗组织开展关爱贫困群众义诊活动，免费赠送药物价值 7000 余元。

二是开展实用技能培训，让脱贫有技可依。协调县域内企业大力开展专业化和订单式实用技能培训，并在项目承建过程中坚持优先吸纳本地贫困群众参与投工投劳，帮助群众实现就业。

三是突出结对帮扶工作，让脱贫有势可借。县民族工艺服装加工厂开展结对帮扶慰问，帮扶物资价值 34000 余元。县加油站、液化气站等七家企业联合为吉达乡贫困群众捐资 10 万余元，全县“两新”组织共为群众办好事实事 57 件，共向贫困群众捐资捐物累计达 170 余万元。兴业证券有限责任公司为八宿县累计投入帮扶 150 余万元，用于高海拔学校供暖建设、全县大病统筹资金配套和资助县专业合作社发展等方面。

（四）智志双扶，内生动力大幅提升

始终把激发贫困地区内生动力放在脱贫攻坚工作的第一位，正确处理中央关心、全国支援和艰苦奋斗、自力更生的关系，注重调动贫困群众的积极性、主动性、创造性，通过创办脱贫攻坚“农民夜校”等，加强思想、文化、道德、法律、感恩教育，弘扬自尊、自爱、自强精神，广泛宣传脱贫攻坚中涌现出的先进典型，持续淡化宗教消极影响，教育引导贫困群众理性对待宗教，减少宗教消费，过好今生幸福生活。采取“出去看看”“回来讲讲”的方式，组织干部、政协委员、部分村干部和致富带头人到林芝、重庆和福州等地，学习考察“换脑子”。近两年共计选派 462 人次。通过在县电视台和微信公众号开设精准扶贫宣传专栏。组建县乡宣传队伍 126 支，开展集中宣传 15700 余场次，实现宣传全覆盖，每户有一名以上政策明白人。开展评选“最美扶贫人”。针对扶贫干部、企业负责人、致富带头人和村干部等群体，在全县范围内进行海选推荐，通过网上公开投票选取“最美扶贫人”，塑造先进典型共计 9 人。

一是深化思想教育。持续深入开展“志智双扶”教育活动，集中开展第二轮“志智双扶”活动，推进扶志扶智工作制度化、常态化；创办脱贫攻坚“农民夜校”、“讲习所”等，加强对群众的

思想、文化、道德、法律、感恩教育，弘扬自尊、自爱、自强精神，防止“过度保障”、政策养懒汉、不劳而获、“等、靠、要”等不良习气。

二是深化文化教育。大力开展移风易俗活动，倡导现代文明理念和生活方式，淡化宗教消极影响，改变落后风俗习惯，摒弃陈规陋习；每年利用3个月左右时间，推动文化下乡向贫困地区倾斜，深化贫困地区文明村镇和文明家庭创建，支持贫困地区挖掘保护和开发利用红色、民族、民间、传统文化资源，提升贫困群众的公共文化服务获得感。

三是深化典型教育。大力弘扬中华民族自强不息、扶贫济困传统美德，继承弘扬“老西藏精神”和“两路精神”，振奋贫困地区广大干部群众精神，坚定改变贫困落后面貌的信心和决心；扎实做好脱贫攻坚总结宣传工作，挖掘一批可复制、可推广、可持续的先进典型；每个乡（镇）力争报送1～2个在全县层面推得开、可宣传的先进典型，通过宣传表彰自强不息、自力更生的脱贫致富先进事迹和先进典型，向世界讲好中国扶贫生动故事。

四是深化法治教育。全力推进“七五”普法工作，大力宣传《宪法》《刑法》《婚姻法》《未成年人保护法》《妇女权益保障法》《老年人权益保障法》等法律法规，注重利用电视、网络、微信等新媒体的宣传作用，实现法律宣传教育全覆盖。教育引导农牧民群众树立正确的婚姻观和生育观，加大对非婚生育现象的整治力度，深入开展薄养厚葬、子女不赡养老人等问题的专项治理，不断增强贫困群众的法治观念。

五是构建巩固提升人才保障机制。按照“摘帽不摘责任、摘帽不摘政策、摘帽不摘帮扶、摘帽不摘监管”的要求，2020年脱贫攻坚期内，继续保持各乡（镇）党政正职领导干部相对稳定，坚持脱贫攻坚巩固目标不变、力度不减，机构不变、人员不散，政策不变、效果不减，作风不变、责任不减。深入实施贫困地区人才支持计划，扩大基层急需紧缺专业技术人才选派、引进规模，持续加大偏远地区乡村教师、全科医生、乡村振兴专干、科技特派员等人才选派力度，切实解决基层扶贫力量不足、乡（镇）扶贫专干不稳定等问题，确保与乡村振兴战略人才需求衔接到位。

六是构建贫困群众稳定增收机制。深入贯彻落实《中共中央国务院关于抓好“三农”领域重点工作确保如期实现全面小康的意见》，抓实自治区十大惠民举措、《昌都市关于促进农牧民“十大增收措施”的实施方案》确定的工作任务落实，对标全面建成小康社会，加快补齐农村基础设施和公共服务短板，保障重要农产品有效供给和促进农牧民持续增收。通过转变群众观念、拓宽就业渠道、发展优势产业、项目建设带动、发展生产增收、加大劳务输出、强化科技支撑、搭建服务平台、提升技能水平、落实惠农支农政策等方式，确保2020年全县农村居民人均可支配收入同比增长13.5%。持续发挥市场引领、产业带动、群众融入等优势，巩固拓展政府投资50万元以下的工程建设项目交由农牧民施工队组织实施的成果，对于50万元以上的工程建设项目如农牧民施工队可以承担也要予以支持。稳妥推进农村集体产权制度改革，多措并举促进劳动力转移就业年增长5%，农牧民劳务性收入年增长15%以上；重点建设项目使用当地农牧民劳动力用工量达到60%以上，确保贫困群众稳定增收。

二、工作亮点

（一）党建引领脱贫攻坚

第一，强化组织领导，狠抓主体责任落实。一是构建组织领导体系。成立了以县委书记为组长的县扶贫开发工作领导小组，以县政府县长为指挥长的县脱贫攻坚指挥部，并成立了以分管县级领导为组长的 13 个专项组。14 个乡（镇）也同步成立了以乡（镇）党委书记为指挥长，乡（镇）长为副指挥长兼办公室主任的脱贫攻坚指挥部。选派第一书记勇当脱贫攻坚的先锋队队长，建立了县、乡、村三级书记抓扶贫的作战指挥体系。2016 年以来，县委共召开涉及脱贫攻坚工作的各类会议达 170 次。二是强化政策学习。以县委常委会议、专题会议、理论中心组和指挥长会议的形式，认真学习习近平总书记关于精准扶贫的重要论述和上级文件精神共计 151 场次。依托干部讲堂，组织干部职工集中学习扶贫政策累计 46 场次。三是明确工作思路。在八宿县第九次党代会上，县委明确提出以精准扶贫工作统揽经济社会全局工作，并制定了《中共八宿县委员会八宿县人民政府关于坚决打赢脱贫攻坚战的实施意见》《八宿县扶贫开发领导小组关于印发〈八宿县打赢脱贫攻坚战三年行动的实施方案〉的通知》。四是强化制度作用。出台《乡（镇）、县（中、区）直单位、村“一把手”履行脱贫攻坚责任实施细则（试行）》《八宿县扶贫领域日常工作考核办法（试行）》和《八宿县脱贫攻坚工作责任追究办法（试行）》等制度，进一步建立完善了工作责任制。六是压实工作责任。逐年层层签订《脱贫攻坚目标责任书》，明确了县、乡、村三级书记的工作职责。建立县级干部蹲点乡（镇）落实脱贫攻坚及巩固提升责任制度，加强对脱贫攻坚工作的督促指导，构建起了一级抓一级，层层抓落实的脱贫攻坚工作格局。

第二，强化谋篇布局，助推脱贫攻坚。按照党中央国务院《关于打赢脱贫攻坚战的决定》以及区市两级的实施意见，结合八宿县“十三五”经济社会发展规划，制定了符合八宿实际的打赢脱贫攻坚战实施意见，编制了全县“十三五”脱贫攻坚规划和 17 个分项方案，完善了《八宿县打赢脱贫攻坚战三年行动计划》《八宿县深度贫困地区脱贫攻坚实施方案》《八宿县产业精准扶贫实施方案（2018—2020 年）》，做到了脱贫攻坚有规划、有目标、有任务、有措施、有时限、有主体。注重整合涉农资金、盘活财政资金、用好援藏资金、撬动金融资金，县财政每年拿出 10% 的资金和援藏资金全部用于精准扶贫，新增资金、项目、举措全部向深度贫困地区倾斜。2016 年以来累计统筹整合资金 17.1169 亿元全部用于脱贫攻坚，2020 年到位统筹整合资金 3.0899 亿元；制定出台《八宿县扶贫项目资金绩效管理办法》《八宿县财政专项扶贫资金管理（试行）办法》等制度，定期对扶贫资金进行专项检查，不断加强资金使用、管理、监督，切实提高扶贫资金使用效率。

第三，强化党建引领，狠抓扶贫队伍建设。制定了《八宿县“党建带扶贫、扶贫促党建”工作实施方案》，把脱贫攻坚成效纳入县乡村三级党组织书记“联述联评联考”述职的重要内容和干部评优评先、年度考核的重要依据，树立“以脱贫成效检验党建实绩”的工作导向，实现党建工作与扶贫工作同步推进、有机融合。一是选优配强扶贫干部。紧紧围绕基层需求和群众期待选配扶贫干部，增强驻村帮扶的针对性和有效性。配备选派第一书记 110 名、驻村工作队员 365 名。每个县直机关单位指定了 2 名扶贫专干，每个乡（镇）确定了 5 名扶贫专干，具体负责扶贫工作。二是提升干部业务素质。各级党组织以“三会一课”和专题辅导等形式认真学习习近平总书记关于扶贫工作的重要论述和扶贫领域重要会议文件精神。2016 年以来围绕建档立卡贫困户数据动态调整、易地扶贫搬迁数据核查等内容，开展脱贫知识培训 77 场次、培训人员 1994 人次。现场解答一线扶贫干部在日常工作中发现的一些问题。组织县乡部分扶贫干部前往类乌齐县等地学习先进的工作理念、先进的工作方法。三是管好用好干部队伍。通过开会、谈心谈话等方式，提升扶贫干部的政治意识、大局意识、效率意识和纪律观念。近年来在脱贫攻坚领域提拔和进一步使用干部共计 181 名。

（二）创新模式助力脱贫攻坚

自脱贫攻坚工作开展以来，八宿县结合县域区位优势、产业特点、资源特色，以培育壮大优势产业、特色产业为核心，以“四模式”促进群众脱贫增收。

依托优势产业，拓展群众就业新渠道。坚持发挥资源优势、提升社会效益的原则，按照“以园区引企业、园区聚产业、园区带工业、园区促就业、园区带城乡”的发展思路，积极加强产业园区建设，着力协调园区企业在招聘时向困难群众和特殊群体倾斜。园区内企业员工中建档立卡贫困户占68%，其中，拉鲁卡荞麦加工厂解决了6名建档立卡贫困人员的就业问题，人均年收入达5万余元；民族工艺服装加工厂24名员工皆为建档立卡贫困户人员，贫困人员占比达到100%，员工人均年收入达4万元左右，企业包吃住，企业共解决6名残疾人就业。

引导盘活资源，提升群众“造血”新功能。坚持完善“输血”“造血”功能，将产业扶贫作为增强贫困群众“造血”能力的重要方法和精准扶贫的核心动力，通过引导盘活资源，探索建立村级合作经济组织，提高产业和市场的融合度，进一步帮助壮大村级集体经济。然乌镇然乌村沙石厂采取农民合作社的形式，由村党支部牵头，利用资源优势，解决了6名青年的就业问题，每人每年收入达36000元。

加大招商引资，注入群众增收新活力。八宿县认真研究、科学谋划，通过土地、农田、房屋的租让、流转、入股分红等方式，对外招商引资，提高群众收入。然乌镇然乌村充分利用然乌镇小城镇建设发展契机，与然乌景区管委会通力协作，引入3家公司投资建房，安置贫困户25户，争取政策搬迁安置14户，发动群众自筹自建50户，共有475人得到实惠。

打造旅游特色，树立群众致富新观念。八宿县切实按照“优势区域、优势产业、优势资源、优先发展”和“要把扶贫攻坚抓紧、抓好、抓到位，不让一个贫困村、一个贫困户掉队”的要求，结合全县旅游资源现状和旅游景区开发实际，依托地理位置优势和然乌人文景观，集中研发、生产符合本地实际的旅游附加项目，通过在吉达乡同空村、然乌镇然乌村建设“洒咧”营地，把资源优势转化为经济优势。吉达乡同空村“洒咧”营地投资330万元，采取合作社经营方式，辐射带动周边贫困群众43户161人增收。预计2020年全年，该“洒咧”营地游客接待量可达8000人次，营地收入可达到20万元。

（三）精心谋划巧布局走活产业发展路

第一，站位高远，精准谋划布局。八宿县深入论证分析，确定了全县“两带”“四大片区”产业发展总体布局，为全县产业发展明确了方向，提供了遵循。“两带”即打造两个经济带，“四大片区”即结合八宿县、乡、村区划分布特别是易地扶贫搬迁安置点分布，合理配套产业发展项目，遵循“一片一特色”原则，将八宿县划分四大发展片区。两带即通道经济带、河谷经济带。通道经济带以交通干线为依托，以经济合作为纽带，形成一个围绕航空、铁路、国道、省道为轴线（心）的产业开发区，打造集物流、特色产业、商贸旅游等产业全面发展的新经济体。河谷经济带以干热河谷优势为依托，以精品产品开发为主导，大力培育特色种养殖产业，培育特色产品加工企业，支持发展电子商务，打造八宿地方特色产品品牌。四大片区即郭庆乡、同卡镇片区，益青乡、吉中乡、邦达镇片区，白玛镇、吉达乡、拉根乡、林卡乡片区，然乌镇片区。郭庆乡、同卡镇片区，重点发展文化旅游及畜牧养殖、牦牛育肥产业。益青乡、吉中乡、邦达镇片区，重点发展商贸物流港及旅游集散中心产业。白玛镇、吉达乡、拉根乡、林卡乡片区，依托县城和产业园区发展，打造八宿县农业综合开发区，大力发展特色种养殖，商贸物流产业。然乌镇片区，依托然乌康巴国际旅游小镇，打造八宿县自然景观、文化旅游开发区。

第二，目标明确，统筹协调推进。扶贫资金是贫困群众的“救命钱”，一分一厘都不能乱花，针对之前特色产业项目投资规模小、资产管理不善、市场竞争力弱、规模效益差等问题，八宿县牢牢把握扶贫资金“好钢用在刀刃上”的原则，坚持县级统筹，深入谋划论证，围绕全县产业发展总体布局，坚持“宜农则农、宜林则林、宜牧则牧、宜工则工、宜商则商、宜游则游”原则，统筹实施了一批可行性高、竞争力强、预期效益明显的重点项目。

以“引进一个，带动一片”为目标，八宿县成功引进安徽海螺水泥有限公司落地投资建设总投资达 12.76 亿元的八宿海螺水泥厂项目。该项目的落地实现了八宿县规模化工业零突破，建成后可解决八宿县及周边县（区）水泥紧缺、运输困难等原因造成的建设成本高问题，保障重大项目水泥建材需求，每年预计为当地增加近亿元税收，同时可直接、间接带动近 1000 名群众实现就业增收，有效解决县城乃然和西巴易地搬迁安置点群众就业和发展问题，辐射带动作用显著。

以“做好一业，拉动一链”的目标，为解决县域内游客“过境游”“拍照游”的问题，八宿县紧紧围绕“泛邦达、然乌湖景区旅游总体规划”，累计安排扶贫资金达 1.6 亿元，在进藏旅游通道沿线组织实施了邦达旅游集散中心、邦达怒江峡谷观景台、拉根游客服务中心、然乌自驾游营地等一大批特色旅游产业发展项目，以此增加游客在八宿境内各景点的观光体验时间，让更多游客能在八宿留宿、消费，带动群众增收，进而拉动整个旅游产业链发展。

以“做好一批，跃升一层”为目标，为逐步转变群众传统落后的种养殖业生产观念，引导群众积极参与种养殖业产业化、规模化发展，切实做好种养殖产业提质增效，八宿县坚持发挥产业扶贫项目的引领示范作用，累计安排扶贫资金 1.38 亿元，推动牦牛养殖产业发展，配套建设产业发展所需的上游饲草基地、中游养殖场区、下游冷链物流园等。通过“企业 + 基地 + 合作社 + 农户”模式，逐步健全产业链，提高产品附加值，进一步引导带动群众积极发展养殖合作社、养殖大户等新型经营主体，形成组织化、规模化生产经营，不断促进农牧民群众增收，推动八宿县农牧产业化水平整体跃升一个层次。

第三，完善机制，激活内生动力。为解决八宿县产业发展覆盖面不足、产业脱贫政策普惠性不强的问题，八宿县制定了产业扶贫县级统筹分红工作机制，投入扶贫资金建设的产业项目的收益收缴、分红方案制定、分红兑现等工作由县级统筹推进，确保了全县建档立卡贫困群众均能够享受到产业脱贫政策和产业发展收益，有效保障了八宿县如期实现脱贫退出目标。

截至 2020 年年底，八宿县已实施的产业扶贫项目累计实现产业分红 579.65 万元（其中 2017 年兑现产业项目分红 7.66 万元，覆盖贫困群众 16 户 41 人；2018 年度兑现统筹产业分红 273.84 万元，覆盖贫困群众 2257 户 6485 人；2019 年度兑现统筹产业分红 298.15 万元，覆盖贫困群众 2785 户 7846 人）。截至 2020 年年底，八宿县顺利脱贫退出，全县产业分红覆盖的建档立卡贫困人数达到 2785 户 7846 人，贫困群众人均享受产业分红 738 元，有效保障了建档立卡贫困群众稳定增收。

自 2020 年以来，为持续巩固全县脱贫攻坚成果，同时为避免产业分红福利化和产业效益“一分了之”问题，八宿县持续深入研究论证，不断凝练、创新产业扶贫项目同贫困群众间的利益联结机制。为确保全县产业可持续发展，稳定发挥带动效益，八宿县建立了产业扶贫基金，将产业项目效益资金统筹管理分配工作进一步优化。随着产业扶贫项目效益逐步凸显提升，八宿县扶贫效益资金规模逐步扩大，产业扶贫基金通过统筹研究按比例主要用于产业分红、扶持乡村致富带头人和新型农牧民经营主体发展、扶持村集体经济发展、扶持易地搬迁安置点配套产业发展、支持乡村公共基础服务设施建设维护等方面。对于扶贫基金中用于产业分红部分，研究建立诚信履约及监督机制，将群众享受产业分红与村规民约相结合，加强宣传教育，带动群众积极参与产业发展，激活群众内生动力，引导群众勤劳致富。

第四，多措并举，确保可持续发展。筑牢产业发展基础，深入推进产业融合发展。八宿县积极探索适合本地实际的产业融合发展模式，深入推进种植产业同加工产业深度融合，养殖产业同饲草产业、冷链物流产业深度融合，旅游产业与文化产业深度融合，传统产业与互联网产业深度融合并取得了一定成效，不断延长产业发展链条、提升产业效益。

创建良好招商环境，不断加大招商引资力度。近年来，八宿县不断加强产业基础设施建设，充分发挥“筑巢引凤”作用，制定优惠政策，优化投资服务环境，加大招商引资力度，大力实施资源招商、产业链招商计划，结合近年来不断强化的援藏工作，拓展招商引资空间领域，有计划、有针对性地开展组团招商活动，吸引优质区外资本、人才来八宿发展，带动本土人才创业、发展，同时对外推介八宿县特色优质资源及特色产品，助力八宿县脱贫攻坚工作，并不断增强全县经济发展后劲。

加强转移就业培训，培养乡村产业发展人才。八宿县高度重视人才培育工作，一是不断加强农牧民实用技术培训，带领农牧民群众学科学、爱科学、用科学，培养了一大批“田秀才”“土专家”，有效带动全县产业发展水平不断提升，为全县产业发展水平提升起到极大作用。二是鼓励本土人才创业创新，培育农牧民新型经营主体，大力发展农牧民专业合作组织，不断完善扶持模式，通过土地流转、土地入股、资金入股等形式，发展适度规模经营，截至2020年年底全县各地涌现了一大批致富带头人，通过大力发展农牧林、旅游、资源开发、文化等产业，引导带领群众自力更生，走向摆脱贫困、共同致富道路。

（四）主动担当，多措并举，搬出幸福新家园

八宿县夏里乡、拥乡、瓦乡（以下简称：夏里三乡）是八宿县深度贫困地区中的贫中之贫、难中之难、艰中之艰。八宿县委、县政府始终心系夏里三乡群众生存发展的突出问题，紧紧围绕中央扶贫开发会议提出的易地扶贫搬迁政策措施，在深入调研论证和广泛征求群众意见基础上，认真分析研究，苦思良策，积极担当，主动作为，善作善成，把易地扶贫搬迁和同步搬迁相结合，全面实施夏里三乡整乡搬迁，让夏里三乡群众通过易地搬迁过上幸福新生活。

第一，把准穷根，精心谋划，找准脱贫“突破口”。为充分掌握夏里三乡实情民情，着力解决好当地群众脱贫致富难题，从2016年开始，县委、县政府主要领导多次带领相关部门干部深入夏里三乡，逐村逐户走访调研，全面精准掌握经济社会发展情况、生产生活资料、群众增收潜能和渠道、基础设施配套和公共服务保障等第一手资料，逐项分析核算群众收入、基础配套成本等底数。从调研掌握的情况来看，夏里三乡基础设施和基本公共服务要达到西部地区平均水平至少需投入高达数十亿资金，资源匮乏、灾害频发、群众增收难、公共服务保障难，基本不具备就地脱贫条件，当地常住人口搬迁意愿十分强烈，部分群众为改善生活状况自发外迁到拉萨、山南、日喀则、林芝等地市投亲经商。与其他乡（镇）相比，主要存在四个方面的困难：一是生产生活方式落后。由于历史、地理、环境、资源等多方面因素制约，夏里三乡交通不便，信息不灵，长期封闭，社会发育程度低，法制意识淡薄，农牧民群众文化水平普遍偏低、思想观念落后，不少贫困群众存在听天由命、安于现状的陋习和无奈。群众生产生活落后，大部分群众沿用原始耕作方式，农牧业无法实现自给自足，木器和石器等简陋的生产或工作依然存在。群众居住房屋以土木结构的土坯房为主，依

地势山形而建，生活以烧牛粪、木柴为主，既不安全卫生，又破坏生态。二是基础设施异常薄弱。群众居住分散，基础设施投入成本较高，公共服务保障严重不足，道路修筑于怒江峡谷，地质条件恶劣，建设标准低，道路通行条件差，只能季节性通车，现有公路等级低、路面窄、弯道多、路况差、隐患多，经常滚石塌方，大部分村不通公路，群众出行需翻山越岭、人背马驮，群众出行难、出行险，生产生活资料运输极为不便。受特殊的人居地理环境、气候条件、海拔落差、交通运输等因素制约，农田水利设施投资大、效益发挥不明显，同等投资下农田水利设施灌溉效益仅为其他地区的 60% 左右，且后期运行管理难度大、成本高，工程性缺水严重，农牧业基本处于靠天吃饭的状况，安全饮水保障能力弱。夏里三乡未接入国家电网，农牧民家庭均靠小型家庭光伏供电设备日常照明。夏里三乡辖区面积广，仅有 6 个通信基站，通信信号差、质量低，农牧民群众与外界沟通交流困难，信息闭塞。加之贫困人口居住分散，不实施搬迁则需投入大量资金用于水电路讯等基础设施建设。三是社会治理难度大。由于历史、地理和传统宗教等方面原因，夏里三乡长期封闭，同外界脱节，社会发育程度较低，法制意识淡薄，不少贫困群众沿袭陈规陋习，影响社会和谐稳定。矛盾纠纷错综复杂，因耕地有限、资源稀少以及虫草、草场等问题极易引发矛盾、诱发纠纷，调处化解难度大。加之受封建、落后、愚昧思想和宗教的影响比较深，缺乏依靠双手勤劳致富的意识。群众居住分散，基层管理涉及范围广、半径大，基层干部宣传党和国家政策、摸排了解矛盾纠纷、走访服务群众等常规工作耗时长，投入的人力物力多，工作效率却较低，社会管理治理难度大。四是社会事业发展滞后，基本公共服务短板突出。夏里三乡仅有 2 所完小，群众分散居住致使大部分适龄儿童上学困难，道路通行危险，距学校距离远，安全隐患多，在校时间无法保证，入学率不高。乡村医院和卫生所服务半径小，医务人员服务保障水平低，远远不能满足群众就医需求，加之群众又多数分散居住在山腰、半山腰，患病通常需要花费 8 个小时左右的时间送往昌都市区或八宿县城进行救治，看病难、就医难问题突出，“小病抗、大病乱吃药”的现象普遍存在，小病耗大、大病致死、因病致残、因病致贫的现象较为突出。由于特殊的地理位置和自然条件，大骨节病患者较多，有 98 人，严重威胁群众身心健康和正常生产生活。山体滑坡、泥石流等自然灾害频发，给基础设施、生产生活带来了严重影响。

第二，勇于担当，善作善成，实施搬迁“拔穷根”。县委、县府把夏里三乡作为全县脱贫攻坚的“硬骨头”和“主战场”，经过深入调研、收集民情、征求民意和精心论证，确定了对夏里三乡实施以易地扶贫搬迁和同步搬迁相结合的整乡搬迁措施的思路，作为解决夏里三乡脱贫问题的“突破口”和最彻底、最有效的治本之策，做到“小康路上一个都不能少”。政策和资金是推动夏里三乡整乡搬迁工作最大的“拦路虎”。当时，自治区已明确夏里三乡不纳入三岩片区跨地市搬迁范围，缺乏必要的政策和资金支持，加之整乡搬迁涉及人数多，安置点工程体量大、教育医疗等配套设施需求多，整乡搬迁涉及的资金量大，且无资金来源。面对艰难困阻，八宿县委、县府始终贯彻以人民为中心的发展思想，把夏里三乡群众冷暖放在心里，把脱贫责任扛在肩上，不等不靠，迎难而上，勇于担当，主动出击，积极汇报衔接，多方筹措资金，全力以赴解决整乡搬迁政策和资金难题，保障夏里三乡整乡搬迁工作顺利实施。一是积极转变搬迁思路。三岩片区跨地市搬迁的路子走不通，八宿县委、县府着眼谋划实施在县域内整乡搬迁，紧密结合自然、地理、气候、资源、人文、宗教习惯等实际，围绕实现“两不愁三保障”目标，按照昌都市委制定的“六靠、五方便、两避让”的搬迁原则，将夏里三乡整乡搬迁到公路沿线、资源富裕的八宿县城驻地——白玛镇。二是积极向上争取政策资金。八宿县各级领导干部积极主动向自治区、昌都市各级领导和上级相关部门汇报夏里三乡情况。夏里三乡的情况得到了上级领导的重视，自治区党委副书记、区政府常务副主席庄严，区政府副主席江白、昌都市市长陈军等各级领导先后赴夏里三乡实地考察调研，夏里三乡易地扶贫搬迁得到了上级领导的认可和支持。三是积极协调援藏支持。积极主动向广东、福建、宝武等援八省市企业衔接汇报，全面准确反映夏里三乡困难问题和县委、县府的谋划思路，得到了援藏省市企业的帮助支持。累计争取安置点援藏资金 8096 万元，安置点配套的学校、医院等设施到位援藏资金 8400 余万元。四是积极统筹整合资金。在不违反资金使用规定的前提下，以脱贫攻坚为统领，积极统筹整合各类资金，着力解决整乡搬迁安置点建设资金缺口，保障了整乡搬迁安置点建设资金需求，为助力夏里三乡群众“挪穷窝、改穷业、拔穷根”奠定了坚实基础。五是有序组织实施搬迁。如果说安置点的建设资金筹措是“拦路虎”，那么在历经多方筹措后，只争朝夕的安置点建设是真正的时不我待。为尽快建成新家园，提早解决群众搬迁后的就业增收、公共配套设施等后续问题，县委、县府主要领导几乎每天在为安置点建设、群众就业培训、产业配套、学生入学等工作四处奔走。就连组织群众从千难万险的夏里三乡举家搬迁的每一个细节都做到千斟万酌。实施搬迁的整个过程做到了精心谋划、周密部署、组织有序，搬迁过程中没有一户落下，没有一个人受伤，没有一处财产受损。

第三，强化措施，成效突出，创造幸福“新家园”。在推动夏里三乡整乡搬迁工作过程中，八宿县深入学习贯彻习近平总书记关于扶贫工作的重要论述，坚持群众自愿、积极稳妥的原则，因地制宜选择搬迁安置方式，合理确定住房建设标准，完善搬迁后扶持政策，全力做实“六个保障”（医疗保障、教育保障、社保兜底、生态补偿、就业增收和社区融入），确保了搬迁群众有业可就、稳定脱贫、公共服务保障到位，切切实实通过易地搬迁实现了“四个促进”，为集中连片贫困区群众创造了幸福“新家园”。

①促进了人类文明的跨越。搬迁群众住进了新房，实现“八农到家”（水、电、路、讯、邮政、农家书屋、广播电视、优美环境）和“七新”（规划新、秩序新、特色新、服务新、管理新、生活新、面貌新）目标，用上了安全可靠的电，烧水做饭用上了煤气，部分搬迁群众通过自身努力，购置了电视、洗衣机、电冰箱等现代化电器，通过广播电视网络和日常生活所见所闻了解了新思想、见识了新科技、过上了新生活。通过新建和安置点附近的活动场所，组织开展了一系列文艺演出活动，丰富了群众精神文化生活。搬迁群众也从分散居住到集中居住，从闭塞环境到开放环境，促进了不同民族、不同文化之间的交流交往交融，深化巩固了民族团结成果。同时，通过易地扶贫搬迁，夏里三乡大大减少了群众传统生产生活对自然资源的消耗破坏，保护了生态环境，促进了山区、林区生态的健康发展。通过与乃然新区相结合，做到了资源和公共服务设施的优化配置，促进了搬迁群众的长远发展。群众生产生活真正实现了从落后向文明的跨越。

②促进了基础设施的改善。夏里三乡群众搬迁到安置点后，水电路讯网等基础设施全面改善。步行不到 10 分钟就可抵达八宿县客运站，乘车前往拉萨、昌都、成都等地，与外地的交流交往更加密切；电力资源稳定充足，自来水集中供应，实现 4G 网络覆盖，生产生活物资充足。同时，依托项目建设、产业发展及住宿、餐饮、零售等服务行业，实现安置点 326 户 992 人就业，户就业率达 96.38%，促进了增收致富，从根本上摆脱了落后的生产生活条件。

③促进了社会治理的加强。通过一系列促就业措施引导夏里三乡群众为更加美好的生活奋斗，使群众更多地接触到了先进的思想、正确的理念，拓宽了视野，提高了思想觉悟，宗教对群众的消极影响正日渐淡化。同时，在易地扶贫搬迁安置点积极推进现代化社区治理体系建设，设立了安置点便民警务站，安排了干部在安置点全天候办公，全面推行了社会管理网格化、居民自治规范化、治安防控立体化建设，设立了劳务经纪人，强化了社会风险防范和矛盾纠纷排查化解，积极推进和

谐有序、绿色文明、创新包容、共建共享的幸福家园建设，确保群众搬进新家后有社区可依靠，想办事有门路，夯实了党在夏里三乡的执政基础，增强了群众的获得感、幸福感。

④促进了生产生活的便利。通过整乡搬迁，夏里三乡群众生存环境得到明显改善。搬迁群众出行便利了，生产生活便利了，安置点通水通电通网通信号，周边的超市、商店多，商品物资种类多；子女上学便利了，安置点所有适龄儿童全部在县中小学、幼儿园就近实现了入学，离家近，教学质量高；有病求医便利了，群众患病可直接在安置点旁的县人民医院进行治疗，就医所产生的相关费用在县城正常报销。寻找就业门路便利了，安置点周边商店、宾馆、餐饮、工厂等就近就地就业机会多，真正实现了“一搬跨千年”的伟大创举。

“四个促进”凸显的是夏里三乡整乡搬迁群众生产生活改善的成效，展现的是党心系偏远贫困群众和全心全意为人民服务“一个也不能掉队”的强大信心和决心，体现的是八宿县委、县政府攻坚克难、坚决贯彻中央决策部署、敢担当善作为的拼搏精神。整乡搬迁工作中对偏远贫困地区如何彻底“拔穷根”的实践，就是践行习近平新时代中国特色社会主义思想的最有益探索。夏里三乡整乡搬迁从当下来说改善的是群众生产生活，奠定的是乡村振兴和小康社会的基础。从长远来看，夯实的是党在基层特别是偏远贫困地区的执政基础，凝聚的是各族干部群众的人心。从夏里三乡整乡搬迁前后群众生活质量的提升、人文交流和文明交融，甚至从搬迁群众最直观、最朴实的满意笑容里，我们可以清晰地看到夏里三乡整乡搬迁就是一项民生工程、民心工程、德政工程。

（五）“三字诀”坚决打赢脱贫攻坚战

为了在创先争优强基础惠民生活动中进一步做好扶贫开发工作，八宿县各级驻村（居）工作队本着“加强引导、广泛参与、精准帮扶、依法合规、注重实效”的原则，努力推动形成社会各界共同关注贫困、参与扶贫的社会氛围。

紧扣“育”字，强化思想教育。各驻村工作队召开村民大会，教育引导广大群众了解、关心扶贫工作，营造浓厚氛围。设立咨询台接受群众对当前国家扶贫政策及中央第六次西藏工作座谈会提出的新的强农惠农政策咨询。向群众发放宣传资料，呼吁广大群众要积极主动寻找脱贫致富新路子，增强摆脱贫困的信心，多关注、关爱困难群众，积极伸出援助之手，与当地党委、驻村工作队一起帮助困难群众解决生产生活困难，争取早日脱贫致富。截至2020年年底，共接待咨询群众60余人次，发放各类宣传资料200余份，真正让“定点帮扶、精准扶贫”工作深入人心。

紧扣“宣”字，转变群众观念。各驻村工作队以节日慰问为契机，充分利用电视、网络、手机客户端等媒体与新兴媒体相结合的各种平台，组织村“两委”、党员及群众代表召开了以“扶贫没有旁观者，你我都能献爱心”为主题的宣讲工作，明确专人，及时向主流媒体提供扶贫开发、脱贫攻坚相关稿件和报道线索，搞活新闻宣传方式，迅速营造全社会关心、支持、参与精准扶贫工作的良好舆论氛围。并根据帮扶对象、年龄、文化程度、经济状况、居住状况等情况，采取“一对一”“一对多”“多对一”的形式开展结对帮扶。今年以来，共发放宣传单150余份，走访群众18户，提出脱贫致富意见12条，受教育群众238人。

紧扣“真”字，提高工作质量。各驻村工作队本着抓好精准扶贫、精准脱贫一切从真实出发为原则，改变以往一些过年过节送米、送油、送慰问金的方式。组织人员先后多次深入到贫困户家中，彻底摸清贫困人群、贫困点、致贫原因等基本情况，做到不漏一村、一户、一人，找准致贫、返贫的症结所在，对症下药，精准施策。

（四）借力“大数据”助推脱贫攻坚战

在信息化网络时代，“大数据”为各项工作提供了更强的决策力、发现力，近期来，八宿县各驻村工作队借力“大数据”对脱贫攻坚进度进行实时跟踪和记录，同时利用“大数据”建立数据管理和数据考核的工作机制，大力提升了脱贫工作实效性。

脱贫动态广而知。为将各驻村工作队的好做法好经验及时推广，将各村的驻村动态和脱贫动态及时反馈，各乡（镇）借助微信平台建立属于本乡（镇）的微信公众号，通过公众号将每天的扶贫动态及时发布出来，借助公众号将各驻村工作队扶贫创新做法进行推广。并利用公众号普及脱贫政策、两学一做、生活健康等相关知识，通过公众号农牧民群众可以及时学习到最新的政策，了解到每个乡（镇）发生的最新事件。如拥巴乡成立“拥巴峡谷”公众号、夏里乡成立“夏里之音”公众号等，平均每个公众号的每篇文章点击阅读量可达到近百。

脱贫进度详而稳。在脱贫攻坚过程中，如何详细准确把握好每一户贫困户脱贫进度是工作的重中之重，各驻村工作队利用 windows 数据处理工具详细记录每户家庭经济收入、收入方式、人口动态、致贫因素、帮扶措施等信息，通过对每一户建立数据折线图，可一目了然地看出该户的脱贫进度变化。通过数据云对比分析，各驻村工作队能更加详细了解各户的情况，为制定精准扶贫措施提供了有力的依据，将扶贫资源进行更优质的分配，提高了精准脱贫的实效性。利用数据云端，各驻村工作队保存了工作中的图片、视频等资料，以后可通过图文影视资料的对比，详细地反映脱贫前后的变化。

脱贫跟踪精而准。为在脱贫后防止返贫现象出现，各驻村工作队利用建档立卡 APP 对贫困户和脱贫户进行实时跟踪记录，特别针对易地扶贫搬迁户，驻村工作队通过 GPS 对搬迁户搬迁的新家进行了地理坐标采集，并完善了搬迁后的搬迁户生存依靠、双联户信息等，强化了脱贫攻坚工作的跟踪、考核、评估、督导。同时，各驻村工作队利用大数据将多方面信息数据进行整合，改善了各部门信息分割的情况，通过信息整合和信息对比，可以准确跟踪到每一户的实际情况，防止了瞒报、谎报等现象。

第八章　洛隆县

洛隆县位于西藏自治区东北部、昌都市西南部、念青唐古拉山脉东南端、怒江流域上段。东与八宿县相接，西与边坝县相邻，南与林芝市波密县连界，北与丁青县接壤，东北与类乌齐县相连。县域东西长 129 公里，南北宽 110 公里，面积为 8108 平方公里。县政府驻地孜托镇，距昌都市政府驻地昌都镇 302 公里，离西藏自治区首府拉萨市 1256 公里。县域属高原温带半干旱气候，光照充足，空气稀薄，气温偏低，具有日照长、降水分布不均匀、昼夜温差大、旱季雨季分明、冬季漫长寒冷等特点。年平均气温 5.5℃，气象记录极端最高气温 30.6℃，极端最低气温 –22.1℃。

第一节　脱贫基础

洛隆县地理条件复杂多样，由于历史欠账太多，基础设施落后、公共服务能力较弱，广大农牧民群众出行难、就医难、上学难，增收难的问题较为突出。致使洛隆县在脱贫攻坚前，呈现出贫困程度深，脱贫难度大、成本高，产业覆盖难的局面。

一、发展基础

（一）政区人口

全县下辖 4 个镇 7 个乡，即康沙镇、硕督镇、孜托镇、马利镇、腊久乡、中亦乡、俄西乡、新荣乡、达龙乡、白达乡、玉西乡，辖 65 个村民委员会 1 个居民委员会。2015 年年末洛隆县的总人口为 52202 人，占当年昌都市总人口的 6.66%。

（二）资源禀赋

洛隆县资源种类繁多且规模较大。县境内森林资源丰富，森林总面积 20.79 万公顷，覆盖率为 36.7%，木材总蓄积量 1622.10 万立方米，主要有松木、柏木等；总草场面积为 430622.39 公顷，其中可利用的草场面积为 273111.05 公顷，人工草场面积为 94 公顷，截至 2015 年，已利用草场面积为 130501.11 公顷；稀有动物众多，分布有金钱豹、马鹿、岩羊、盘羊、棕熊、猕猴、贝母鸡等国家一、二级重点保护野生动物 20 余种，世界稀有珍禽贝母鸡栖息于县境内高寒森林地带；植物资源广布，盛产冬虫夏草、麝香、知贝母、雪莲花、黄连、大黄等名贵中药材。

（三）经济发展概况

洛隆县地区生产总值从2014年的67863万元增长到2015年的78788万元，增加了16.10%，高出昌都市地区生产总值近3个百分点，洛隆县对昌都市整体经济发展具有较强的拉动作用。由于地区特殊性，洛隆县的城镇化水平较低，2015年城镇化率为5.79%，低于昌都市城镇化率近7个百分点。2015年洛隆县畜牧业产值为16013.72万元，占洛隆县总产值的20.33%，占比较大。在农林牧渔业产值中，洛隆县畜牧业产值占到一半以上。洛隆县乡村办水电站有4座，2015年的发电量为405987千瓦，占昌都市发电总量的0.90%。在农田水利建设方面，洛隆县实现土地有效全灌溉，农田基础灌溉发展条件优越。2015年洛隆县青稞产量占谷物总产量的82.61%。豆类占比较小，仅为0.72%。除粮食作物外，农产品还有油料作物、烟草类、药材类、蔬菜、瓜果类。2014—2015年，洛隆县第二产业发展迅速，其产值从2014年的29878万元增长至2015年的36779万元，增长率为23.10%。第三产业发展态势良好，产值从2014年的21115万元增长至2015年的24221万元，整体增加率为14.71%。2014—2015年，洛隆县农村人均可支配收入从6324元增长到7011元，增加10.86%。洛隆县农村居民人均可支配收入虽有所增长，但与昌都市平均农村居民可支配收入还存在一定差距。

二、贫困状况

（一）贫困人口规模

2016年初，洛隆县按照精准识别条件要求，共识别贫困人口3756户17898人，贫困发生率28.44%，占昌都市建档立卡贫困人口总数量的9.27%。其中一般贫困户1232户6040人，低保贫困户2301户11522人，五保贫困户223户336人，低保户和五保户总人口占建档立卡脱贫户总人口的66.25%。

（二）贫困人口分布

洛隆县下辖7个乡4个镇66个村居10734户55152人（其中农牧民9392户51650人）。受历史、地理、环境等因素制约，经济社会发展相对滞后，生态环境脆弱，自然灾害频发，是西藏典型的集中连片深度贫困县，贫困人口面广量大、贫困程度深，因此洛隆县脱贫攻坚任务极其艰巨。66个行政村均为贫困村。洛隆县最大的特点是贫困村贫困程度较深，66个贫困村中有55个深度贫困村，主要集中在新荣乡、白达乡、俄西乡、玉西乡、中亦乡等东西两线分布。东西部乡村由于交通不便、信息闭塞、农牧业基础薄弱、农牧民文化素质较低，贫困程度最深。中亦乡属半农半牧乡，由于农牧业基础建设薄弱、旅游资源较少、虫草和林下采摘资源匮乏，贫困人口相对较多，贫困发生率相对最高。白达乡、玉西乡位于洛隆县正东部因地理条件限制，基础设施相对落后，贫困程度深。俄西乡、硕督镇和马利镇地处怒江水流较缓流域，海拔较低，气候适宜，蔬菜生产基地、藏香猪藏香鸡养殖基地、苗圃基地等项目发展较好，贫困发生率较低；孜托镇位于县镇所在地，经济基础发展较好，产业发展实现“一村一品”，转移就业、经商人数较多，贫困发生率较低，但因人口基数较大，贫困人口总户数不少。2016年年初，根据国家和西藏自治区的统一安排，在洛隆县范围内深入开展扶贫建设档立卡识别工作，建档立卡人口3318户14762人，贫困发生率29.6%（表5-18）。

表 5–18　洛隆县各乡（镇）贫困人口分布统计表

序号	乡（镇）	2016 年			2018 年		
		户数（户）	人数（人）	贫困发生率(%)	户数（户）	人数（人）	贫困发生率(%)
1	白达乡	61	354	43.07	1	8	0.94
2	达龙乡	164	812	53.99	5	21	1.36
3	俄西乡	401	1662	25.35	9	31	0.45
4	康沙镇	255	1158	19.25	10	29	0.46
5	腊久乡	589	2455	43.20	23	72	1.22
6	马利镇	185	1062	21.63	7	36	0.70
7	硕督镇	264	1027	20.13	5	15	0.27
8	新荣乡	282	1530	36.61	10	39	0.89
9	玉西乡	147	783	60.51	5	15	0.89
10	中亦乡	297	1127	35.55	14	27	0.78
11	孜托镇	673	2792	27.20	22	91	0.91
合计		**3318**	**14762**	—	**111**	**384**	—

（三）致贫原因

1. 县域整体贫困致贫原因

（1）基础设施落后，公共服务弱。一是洛隆县部分村居交通出行较为不便。二是部分村居上学、就医较为困难。部分村庄离乡（镇）远，且无村完小；卫生设施及设备配置不全，疾病防控能力差，看病就医较为不便。三是部分村居人畜安全饮水仍未得到有效保障。受地势等自然因素影响，未通自来水，饮用水得不到有效保障。四是部分村居用电通信质量不高，移动、电信通信信号弱，也未通宽带网络，信息较为闭塞。

（2）农田水利设施差，土地产出低。一是洛隆县农田水利设施落后，水塘、水渠等水利设施严重老化，抵御自然灾害的能力脆弱，部分耕地属中低产田，甚至是“望天田”。二是种植结构单一，种植效益低，山地多为荒山和残次林，经济效益差，农牧户主要经济来源为农牧业和虫草两个方面。三是农牧业多元化经营程度不高，仅满足于自给需要。

（3）产业发展相对滞后。洛隆县基础设施仍较为薄弱，技术、后续管理投入不足，特色产品商品化程度低，对未来销售市场、发展前景和预期效益方面的论证不够，产业项目发展规模化、集约化程度不高，持续带动农牧民群众增收困难。

（4）能人带动脱贫效果不明显。结合洛隆经济社会发展实际，制定出台了《洛隆县“十三五”脱贫攻坚能人带动脱贫一批实施方案》，但由于内生动力不足、观念陈旧，造成能人带动效益未能得到充分发挥，带动贫困户脱贫成效不明显。

（5）交通不便制约经济发展。洛隆县境内地势南北高，中部较低，呈扇形向东北方向倾斜，地势起伏大，沟壑纵横，河流密布，湖泊众多，冰山雪峰、干热河谷与原始森林、高山草甸相间并存，地形地貌复杂多样，造成道路交通山多路窄，自然灾害多发频发，严重制约经济发展。

（6）大病拖累导致家庭陷入贫困。洛隆县部分贫困户是因患重病，医治花费大导致负债累累，加之贫困人口不仅不能劳动，还需常年吃药并需要有人照料，从而陷入贫困。此外，部分家庭因为残疾或患有慢性病而无法务农或务工，只能待在家中，缺少稳定的收入来源，从而导致贫困。

（7）观念陈旧，且缺乏科学致富的信息和技术。受宗教和传统观念等诸多因素影响，洛隆县部分贫困群众社会角色单一、信息闭塞、小农意识严重、观念陈旧保守，传统封闭的自然经济占主导地位，“等、靠、要”思想严重，商业化意识较为薄弱，很难利用自然资源和社会资源增收致富。此外，部分劳动力不懂技术，生产开发效益低，又无一技之长，打工靠卖苦力，收入不高且不稳定，导致致富无门、增收无力。

（8）县域总体发展较为滞后。洛隆县山高沟深，自然条件较为恶劣。虽然近年来洛隆县委、县府下大力气完善各项基础设施，调整经济结构，全县经济社会发展迅速，取得不错的成绩。但总体发展仍较为滞后，群众生产生活仍存在着“靠天吃饭”现象，很大程度上制约贫困户经济的发展和脱贫的积极性。而且全县现代农牧业和工业发展起步晚、规模小，与群众增收联系机制还不健全，没有形成联动增收模式。同时县域内虽然拥有冬虫夏草、野生菌类等林下资源，金、铜等金属资源和大理石、花岗岩等石材资源，以及茶马古道、卓玛拉措湖等旅游资源，但总体储量少，分布零散，开发难度大。

2. 农牧民自身致贫原因

从精准脱贫信息系统数据分析，洛隆县致贫的主要原因是缺技术、缺劳力、发展动力不足等方面。贫困人口致贫最突出的原因是缺技术缺劳力，占贫困总户数 66.7%（表 5–19）。

表 5–19　2016 年年初洛隆县建档立卡脱贫户致贫原因分析

序号	致贫原因	户数（户）	占比（%）
1	缺技术技能致贫	1501	41.00
2	发展动力不足致贫	236	6.40
3	缺劳力致贫	945	25.80
4	因缺技术和发展动力不足致贫	1737	47.40
5	因缺技术缺劳力致贫	2446	66.70
6	缺土地致贫	518	14.10
7	因残致贫	124	3.40
8	因缺劳力和发展动力不足致贫	1181	32.20

第二节　工作举措

脱贫攻坚以来，洛隆县以党建引领为抓手，将全县划分成了 11 个战区，落实“地市直管、县抓落实、乡（镇）专干”的脱贫攻坚工作机制，按照“党委 + 乡（镇）”“党支部 + 村（居）”“党小组 + 双联户”的方式结成了帮扶对子，采取“固定责任、挂包整转”等方式，为脱贫攻坚保驾护航。采取“六看四访三公二审一告”的五步法，实施“一村一品”推动产业发展，通过“一管四联三结”[①]聚焦“六个精准”。按照“市有大产业、县有产业园区、乡（镇）有持续发展产业、村有小产业、户有具体增收项目”的发展要求推进产业脱贫一批，通过“级级抓、层层管，整体联动、齐

①“一管四联三结”即：管好自己家庭；联村、联户、联寺庙、联僧尼；结对、结友、结亲。

抓共管”建立“控辍保学”长效机制，按照“一个到位”“一个标准”“两个必须”“两个不涉及”“三个自愿”“三免”工作要求落实易地搬迁安置工作等，创造性的落实“五个一批”。同时，洛隆县以“1+N”[①]军旅式技能培训为先导，采取“送培下乡”，通过突出宣传引导，使得贫困户的就业观念实现新转变，延伸就业创业工作内涵。2018年实现全域脱贫摘帽，2019—2020年，通过强化产业、完善易地搬迁、提升教育脱贫、推动生态补偿、强化社会保障、加大培训力度等措施巩固脱贫成果，有效衔接乡村振兴。

一、聚焦精准扶贫方略，落实“六个精准”

（一）扶贫对象精准

洛隆县在基层和群众扶贫开发具体实践中，积极摸索精准扶贫，不断总结扶贫经验，规范贫困对象识别流程，逐步积累形成“一看房、二看粮、三看畜、四看收入、五看劳动力强不强、六看有没有车、七看有没有存款、八看有没有读书郎”精准识贫“八看法”，制定客观具体识贫量化标准，确保村不漏户、户不漏人，把真正贫困户找出来。一看房，查看群众房屋质量及条件、地理位置、配套基础设施建设情况等，看住房安全有没有保障；二看粮，查看群众生产生活条件、家里粮食储备情况，看四季缺不缺粮食；三看畜，查看牲畜数量、草场面积，看群众愁不愁吃肉、人均日肉食量多少；四看收入，查看群众收入渠道有哪些、稳不稳定，看经济收入情况是否能满足生产生活需要，是否有积累发展资金；五看劳动力强不强，查看每户家庭劳动力数量、有什么劳动技能，看外出务工人员及收入情况；六看有没有车，查看经济基础，看交通运输条件，家里有没有车、什么车；七看有没有存款，查看卡折存款储蓄情况，看可支配收入情况；八看有没有读书郎，查看家庭义务教育学生和大学生数量，看是否有因学致贫情况或隐患存在，家庭是否存在上学经济负担问题。洛隆县通过建立识贫“八看法”，使识别扶持对象工作有据可依，防止非贫困户纳入扶贫对象，切实提高扶贫对象精准识别度，使群众对扶贫对象的确认工作信服，同时实现了扶贫路径由“大水漫灌”向“精准滴灌”第一步转变，奠定“五个精准”坚实基础。

坚持把建档立卡作为精准扶贫工作切入点和基础性，充分发挥强基惠民驻村工作队、第一书记、乡（镇）扶贫专干管道作用，入户走访，在精准识别扶贫对象的同时，把脉问诊，帮助贫困户查明致贫原因，查找出因自身发展动力不足、因缺技术、因缺劳动力、因残、因交通条件落后、因缺土地等六种主要致贫原因，帮助贫困群众找准致贫症结，查找出因病、因残、因灾、缺牲畜、缺水、缺技术、缺劳动力、交通条件落后、自身发展动力不足、缺土地、非婚生子等主要致贫原因，完成《花名册》《户表》《村表》《乡表》等信息表格填写，基本摸清建档立卡贫困对象数量、基本情况及分布、致贫原因、“五个一批”帮扶需求、生产生活条件情况。针对不同情况，制定因地制宜、因户制策、量身定制的办法，建立底数清、问题清、对策清、责任清、任务清、有村情档案、有问题台账、有需求清单、有村级规划、有领导联系、单位帮扶、干部驻村台账，有村级扶贫信息管理机制、增收计划和脱贫时限的五清六有精准扶贫档案，建立一户一档分类管理，从下而上实现户有卡、村有册、乡有簿、县有电子档案管理模式，做到一家一户调研摸底、一家一户一本账、一家一户一个扶贫计划、一家一户结对帮扶、一家一户回头跟踪扶贫效果，努力消除扶贫死角，做到

① “1+N”即军旅式＋其他各类技能培训。

底数清、任务清、责任清、措施实、办法多，全面掌握贫困人口的数量、分布、贫困程度、致贫原因、脱贫措施。

（二）措施到户精准

从实际情况和群众意愿出发，因人因地施策、因致贫原因施策、因贫困类型施策，制定项目扶持、产业扶持、安居扶持、搬迁扶持、就业扶持、技能扶持、教育扶持、兜底扶持、金融扶持、健康扶持、援藏扶持、企业扶持、驻村扶持、双联户扶持，建立目标任务到村、规划计划到村、项目资金到村、帮扶责任到村、监测管理到村，结对帮扶到户、脱贫计划到户、项目安排到户、产业培育到户、跟踪监测到户、效益落实到户，两后生等学历型技能培训落实到人、中等职业教育免除学费和助学金政策落实到人，农村义务教育、职业教育和学前教育落实到人，农村低保、五保供养和农村特大病救助等政策落实到人，奖励政策落实到人、增收技术培训落实到人，创业型、公益性就业岗位安置措施落实到人。措施精准到户的举措主要包括：

一是就业扶贫。2016 年以来，洛隆县以提升扶贫对象转移就业能力、实现稳定增收为目标，按照摸清底数、区分类型、找准问题、分类施策思路，以洛隆县公共就业服务机构为平台，以就业援助、就业培训、产业促进、创业带动为手段，建立多渠道、多层次、多形式贫困农牧民技能培训，持续开展就业技能培训和转移就业，努力实现“培训一人、就业一人、脱贫一户”。

二是社会帮扶。动员社会各方面力量共同向贫困宣战，各企业、爱心团体积极履行社会责任，开展捐钱捐物，提供就业岗位等帮扶，构建专项、行业、社会、金融、援藏“五位一体”大扶贫格局。

三是文化扶贫。加强公共文化基础设施和服务网络建设。以文化惠民工程为重点，加快构建覆盖城乡公共文化服务体系，统筹服务设施网络建设，促进基本公共文化服务标准化、均等化。全面推进广播影视数字化进程，在五年内完成县级有线广播电视数字化建设，逐步向乡（镇）拓展，实现县级以下城镇有线广播电视数字化全覆盖。推进农牧区公益电影放映从室外转入室内。继续执行文化大发展、大繁荣政策。积极开展公益性文化活动。组织开展群众自娱性文化艺术活动，利用民族民间传统节日、农闲时间和城乡集市贸易平台，开展广场文化、校园文化。强化文化阵地建设，筑牢广大干部群众思想阵地。鼓励和吸引高校毕业生及在职优秀人才到农牧区从事文化工作，加强农牧区文化队伍教育培训，提高文化管理队伍整体素质。动员和引导城乡文化演艺人员投身农牧区群众性文化活动，扩大文化艺术人才队伍。发挥农牧民文化骨干、民间艺人和文化能人作用，巩固农牧区文化建设群众基础。

四是医疗扶贫。健全和完善医疗服务体系。开展医疗服务体系和公共卫生服务体系建设。优化医疗资源配置，加大卫生投入，努力实现群众小病不出村，大病不出县。健全县、乡（镇）、村居三级医疗卫生服务网络，形成以县医院为支撑、乡（镇）卫生院为枢纽、村（居）卫生室为网底，个体诊所为补充的卫生服务网络。继续加强各乡（镇）卫生院、村卫生室标准化建设，为偏远乡村卫生院、卫生室配置交通工具，改善乡（镇）医疗卫生机构运行条件，提高基层医疗保障能力和卫生服务可及性，促进基本公共卫生服务均等化。落实预防为主卫生方针，增强卫生观念，争取全社会支持，加强对重大传染病预防控制。提高常规免疫水平，扩大免疫服务人群和内容。提高突发公共卫生事件应急处理能力和公共卫生、疾病预防控制技术综合服务能力，最大限度避免重大公共卫生事件发生。大力开展爱国卫生运动，抓好乡村卫生环境综合治理。建立机构、落实编制，完善农牧区医疗管理工作。围绕农牧民“看得上病、看得起病、看得好病”的目标，进一步完善以家庭医疗账户、大病统筹和医疗救助相结合的农牧区医疗制度。全面推广先诊疗、后结算，全面推行家庭账户一卡通。积极做好医疗救助，对农牧区困难群体医疗费用报销给予更多优惠。严格农牧区医疗基金管理，实现收支分离、管用分开、封闭运行，坚决做到专户储存、专账管理、专款专用。实施农牧区卫生保健规划。开展农牧区医疗管理信息化建设。组织县城医疗卫生机构和医务人员开展巡回医疗活动，组织开展卫生下乡和卫生扶贫活动。

（三）项目安排精准

洛隆县坚持规划先行、严格执行各项目的管理程序，使项目安排精准得以确保。根据各乡（镇）的资源优势和贫困群众的意愿，洛隆县制定并出台符合本县实际发展的方案，做到脱贫攻坚有规划、有目标、有任务、有措施、有时限、有主体，为项目安排提供了现实依据，从而确保项目安排能到村、到户、到人。洛隆县根据自身产业项目的就业需求，开展“订单式”培训。2016 年至 2020 年 5 月，完成 1883 人的相关产业培训，培训后直接输送到相关产业基地、企业就业 953 人。分别在俄西乡、白达乡、玉西乡等 5 个乡开展种养殖和农机具维修、藏餐厨师等培训，共培训建档立卡农牧民 224 人，培训结束后为学员推荐各乡产业项目进行就业，达到将实用技术送到贫困户手中的工作目标，使产业发展助力脱贫攻坚的能力得到提高。

洛隆县积极实施“一村一品”，全面推动产业发展。一是加强政府、企业和群众的联合。洛隆县坚持因村制宜，全面完成 11 个乡（镇）66 个村居的“一村一品”调查工作，为各村如何发展生产指明方向。二是尊重农牧民群众意愿及其生产经营自主权。洛隆县充分发挥农牧民群众的主体作用，广泛调动农牧民群众自主创业的积极性，激发出农牧民群众的创造力。三是始终坚持以市场为导向的原则。洛隆县遵循市场经济规律，根据多样化、优质化、品牌化的市场需求，积极发展经济效益高、市场前景广阔的特色农产品。四是始终坚持政府推动的原则。充分发挥政府政策导向的作用，通过财政贴息、税收优惠、项目扶持等形式，引导农牧民群众、企业和社会形成合力，共同推动“一村一品”快速发展。五是坚持绿色生态原则。洛隆县充分发挥地理优势，利用境内空气、水、土壤等独特生态资源优势，大力推进绿色、特色农业发展。如在海拔较低、气候适宜的白达乡白托村建设 20 座高效日光温室，修建 1000 立方米的蓄水池和 3000 米的管道；在孜托镇加日扎村建立藏刀加工厂和民族手工艺厂房建设项目；依托夏果村易地扶贫搬迁安置点项目，在洛隆县孜托镇夏果村开展蓝天圣洁产业改良项目，带动了整乡群众的受益增收；在俄西乡贡中村实施有机蔬菜生产基地项目，建设 150 座高效日光温室，还建设养猪场、养鸡场，同时建设管理楼、仓库等；着力打造马利、白达、达龙、俄西等地建设经济林木基地，将资源优势转化为发展现代农牧业的经济优势。

（四）资金使用精准

洛隆县严格按照《中华人民共和国预算法》和《财政精准扶贫资金管理办法》等相关法律法规，结合精准脱贫工作实际做到精准识别、精准调研、精准花钱。一是围绕培育和壮大特色优势产业，支持扶贫对象发展种植业、养殖业、农畜产品加工业和乡村旅游业。二是围绕提高农村扶贫对象就业和生产能力，对其家庭劳动力接受职业教育、参加实用技术培训给予补助。三是围绕帮助农村扶贫对象缓解生产性资金短缺困难，支持贫困地区建立村级发展互助资金，对扶贫贷款实行贴息。财政精准扶贫资金按照“项目跟着规划走、资金跟着项目走、服务跟着资金走”的原则，做到专户储存、专账管理、专款专用、封闭运行。

（五）因村派人精准

洛隆县实施扶贫与党建“双推进”机制，选派一批思想好、作风正、能力强的优秀干部到扶贫工作重点村担任第一书记或组建驻村工作队，切实充实基层党组织干部力量。在村组织建设中抓党建、抓扶贫、抓发展，解决“软、散、乱、穷”等问题，推动基层党组织转化升级、群众脱贫致富。2016—2018 年，全县派出 3 批共 198 个驻村工作队 528 名驻村干部 85 名选派第一书记，做到派人精准。洛隆县结合“万名村居干部文化素质提升工程”，充分发挥县委党校、乡（镇）夜校、农村远程教育等教育培训平台的作用，通过领导干部带头讲党课、集中观看红色电影、分组分类专题研讨等形式，有计划、分批次地组织村“两委”干部进行集中培训。与援藏单位积极协调，组织村干部“走出去”培训，使其能够开阔视野、增长见识。同时，按照包流域、包乡（镇）、包贫困村、包贫困户的要求，洛隆县将干部结对帮扶与“一管四联三结”有机结合，帮助贫困农户解决实际困难，寻找出发展路子，落实帮扶资金，为民办出实事好事。

（六）脱贫成效精准

2016—2017 年，洛隆县累计减贫 898 户 4068 人（其中：2016 年 487 户 2192 人，2017 年 411 户 1876 人）。全县贫困发生率从 2016 年初的 28.44% 下降到 2018 年年底的 0.74%。“十三五”期间，洛隆县共实施 62 项产业扶贫项目，辐射带动群众 10000 余人（其中建档立卡群众 7461 人），2018 年年底实现分红 507.8 万元，带动全县 7080 户，户均分红 702 元。2019 年年底已有 31 项产业项目陆续产生效益，实现了覆盖产业脱贫一批 7461 人，人均增收 763 元，占全县建档立卡群众的 41.8%。21 个易地搬迁安置点实现了产业项目全覆盖，共配套建设了 48 项产业项目，覆盖产业脱贫一批 3511 人，全县 65 个行政村配套有集体经济，全部消除“空壳村”现象。洛隆县围绕昌都市“五大养殖基地、七大种植基地”的产业布局，全力培育以商品猪养殖、青稞、藏药材、经济林为主的系列农牧特色产品。全县建立 30 多个种植养殖基地，且发展良好，截至 2020 年年底的存栏数为 6336 头（只、匹），禽蛋总产量达到 10000 余枚，饲草种植面积达到 4000 余亩。此外，洛隆县通过产业扶贫项目建设，先后建立农机械、种植养殖、民族服饰、绘画等各类专业农民合作社 49 家，扶贫车间 60 余个，部分合作社已实现分红，如加日扎砖瓦厂 2018 年就实现了分红 137 万元，带动全村 130 户群众增收；玛嘎民乐藏鸡养殖场 2018 年分红为 1.65 万元，2019 年分红为 4.68 万元，带动当地 15 名群众增收；硕督泡菜厂 2018 年的分红为 2.31 万元，带动了当地 20 名群众；彩虹民族文化工贸有限责任公司 2018 年的分红为 20.10 万元，带动当地 67 名群众；2018—2019 年，久玛光伏项目共获得收益 24.7 万余元（2018 年分红 12.35 万元，2019 年分红 12.35 万元），有效带动了久玛易地搬迁安置点的 80 户群众（其中建档立卡户有 62 户），实现户均增收 3087.90 元。

二、从洛隆实际出发，实施“五个一批”

（一）实现生产脱贫一批

洛隆县立足于自身资源禀赋，按照昌都市关于“市有大产业、县有产业园区、乡（镇）有持续发展产业、村有小产业、户有具体增收项目”的发展要求，坚持把发展产业作为实现贫困人口稳定脱贫的突破口和切入点，围绕蓝天圣洁产业大品牌，以延伸产业链条、强化龙头带动等九项措施为抓手，精准实施产业项目，重点打造出一批对脱贫具有辐射带动作用的规模化、现代化产业基地，充分发挥好致富带头人、农牧民合作社、龙头企业等市场主体的职能作用，产业扶贫发展取得了显著成效。2016—2018 年，全县共计实施 64 项产业扶贫项目，总投资金额为 72207.53 万元。截至 2020 年年底，已完工 52 项，完成投资 3.5 亿元，有效带动 11612 名受益群众，其中包括建档立卡群众 7461 人。2018 年，部分项目实现分红 507.8 万元，带动全县 7080 户，户均分红为 702 元。对已产生效益的项目和部分飞地型产业项目，洛隆县按照脱贫任务要求标准进行分红，使得产业脱贫一批建档立卡群众 7461 人实现全覆盖。

一是产业链条得到延伸，内生动力进一步激发。洛隆县给农牧民创业就业开拓更大空间，提供更多增收渠道，促进产业扶贫项目的可持续发展，进一步调整种植养殖结构和比例，通过引进、扶持龙头企业和合作社，以种植养殖产业为基础，纵向扩展和延伸产业链，推进种植养殖基地标准化建设，增加贫困户的经济收益，同时贫困户助力发展的内生动力也受到激发，实现扶贫效应最大化。洛隆县依托现有的农业产业基础，规划建设扶贫开发区（工业园区、生态农业园区），打造出“蓝天圣洁”黄牛品种改良示范基地、洛隆县牦牛育肥项目、腊久乡饲草料种植基地等 30 多个种植养殖基地，配套建设洛隆县物流中心建设项目和洛隆县工业园区建材厂项目。各种种植养殖基地之间形成绿色生态循环体系，饲草料基地为养殖基地提供育肥期间的饲草料，养殖基地对产生的粪便进行无害化处理，作为温室大棚蔬菜瓜果、饲草料的种植肥料，不仅改善土壤质量、提高作物产量，还减少牲畜粪便可能带来的不良影响，实现生态循环利用的可持续发展。

二是强化龙头企业带动作用，辐射效应进一步突显。洛隆县洛宗特色产品开发公司作为全县唯一的一家龙头企业，现有员工 30 名，包括建档立卡群众 28 名。公司通过“公司 + 基地 + 农户”的合作方式，与农户达成 5000 多亩的土地流转协议，建立自己的青稞原料基地。与洛隆千余户青稞种植户签订供销合同，以高于市场价格 0.3 ～ 0.6 元 / 斤进行收购，户均额外增收达 800 余元。2017 年公司改革扩建，新增米汉堡、糌粑饼干、青稞挂面、糕点、青稞米 5 条生产线。产品主要销售到西藏航空公司、西藏大学、昌都市及各县（区）中小学校，以及中远海运集团公司、四川、福建等内地市场。洛宗特色产品公司的经济辐射作用带动牦牛育肥、卡若香猪、红拉山鸡等养殖业的发展，直接推动洛隆县群众 800 余户 2500 余人实现了增收致富，人均增收 0.25 万元。

三是把握好发展导向，种植结构得到进一步优化。洛隆县共实施 5 个经济林木项目，建设经济林木 900 余亩。通过经济林产业的快速发展，不但帮助贫困群众找到脱贫致富的新思路，还实现生态与产业共赢。同时，洛隆县积极鼓励并发动贫困户参与经济林产业发展，尤其是懂经营、会管理、有技术的贫困户，这样一来不仅拓宽宣传销售渠道，还实现企业、村集体、贫困户三方按比例效益分红，促进生态、经济、社会效益的“三赢”。

四是不断发展订单农业，群众激情受到激发。洛隆县采取订单批量采购的形式发展农业，既帮助贫困户解决农产品因交通不便，找市场难没有销路的问题，又保证企业需求的物资质量。

五是发挥好合作社的带头作用。洛隆县积极探索“合作社 + 贫困户”扶贫带动模式，大力培养并壮大农民合作社，为贫困农户进入产业链条作出积极引导，激发出合作社自身的“造血”功能，实现贫困户通过扶贫资金入股和务工的方式提高组织化程度的目标。洛隆县初步形成产业资金跟着贫困户走，贫困户跟着能人走，能人跟着专业合作社走，专业合作社跟着产业项目走，产业项目跟着市场走的机制。截至 2020 年年底，洛隆县通过指导贫困村依托产业扶贫项目，先后建立农机械、蔬菜种植、牲畜养殖、民族服饰缝纫、绘画等各类专业农民合作社 53 个，覆盖农牧民群众 4000 余人。

六是加强技术培训，使得运管水平有所提升。洛隆县努力提升农民科学种养的能力和水平，提高农村贫困群众产业脱贫的能力。

七是采用飞地经济发展模式，推进经济活力持续迸发。洛隆县积极探索存在经济发在不平衡的行政地区，建立起一种互助协调关系，实现优势互补，促进区域间的协调共同发展。洛隆县还发展易地产业，对市场化的补偿方式进行探索，以产业资金购买项目股权的方式进行分红，将“易地产业”作为洛隆县产业发展相对滞后的边远乡（镇）与不适合发展产业项目的贫困乡（镇）的支柱产业，惠及产业脱贫一批的建档立卡群众，使之一道与其他乡（镇）群众有产业覆盖，为推动洛隆县脱贫致富发挥积极作用。

八是对脱贫载体进行创新，使各类平台进一步拓展。洛隆县逐步建立起以主导产业为龙头的电商扶贫服务体系和助推一、二、三产业融合发展的现代产业体系。洛隆县已经建成实体店，用来对特色产品、文化旅游进行大力推介，进一步宣传、推销本地优质土特产品，吸引更多区内外的有识之士到洛隆县参访考察，探讨寻求新的发展商机，促进经济合作，推动洛隆经济社会快速发展。

（二）实现教育脱贫一批

洛隆县围绕办让人民满意的教育这个总体目标，抓住优质发展、均衡发展工作两条主线，把优先发展教育作为义不容辞的重要职责，加强和改善对教育改革发展工作的领导，并将其纳入重要议事日程，大力支持教育事业发展，建立保障教育发展、促进教育公平的制度体系，把推进教育事业发展作为政府绩效考核的重要内容，完善考核机制和问责制度，始终坚持“发展优先规划、投入优先安排、用地优先保障、用人优先补充、问题优先解决、待遇优先落实”的工作要求，使得校园环境大幅度改善，教学质量稳步提升，素质教育全面实施。

一是全面落实教育优惠政策。洛隆县全面落实十五年免费教育、“三包”、营养餐改善计划等政策。2016—2018 年，共计兑现营养改善经费 1441.28 万元、“三包”经费 7741.15 万元、学生交通补助 316.9 万元、德育教育专项经费 109.06 万元。对建档立卡大学生 577 人兑现免费教育补助资金 815 万元。实行“定制度、送补助、送温暖、搞帮扶、建基金助学解困保民生”的工作机制。制定《洛隆县建档立卡贫困家庭及临时困难家庭子女接受高等教育实施免费教育补助政策实施细则（暂行）》，每年投入 150 万元进行县级建档立卡大学生免费教育补助金的设立工作。2016—2018 年，洛隆县兑现建档立卡大学生免费教育补助金 815 万元，惠及 577 名区内外建档立卡大学生。且自 2013 年以来，洛隆县财政每年单独预算出 15 万元用于慰问在昌就读洛隆籍学生。在福建援藏工作队的协调下，福建泉州三家公司共同捐资 30 万元设立“泉洛邦锦美朵”助学基金；“中运海运—格桑梅朵”助学金累计兑现 774 万元。实现教育优惠政策能覆盖到广大农牧民家庭，温暖到每一名学生。

二是持续加大教育资金投入。洛隆县严格按照地方财政收入不低于上年财政决算收入 20% 的比例对教育进行投入，做到了“三个增长”①。尤其在 2018 年，当县财政仅有 6300 万元的情况下，洛隆县仍在财政配套 23% 的基础上，再次追加投入 1000 万元来改善办学条件，财政教育配套达 39.68% 以上。同时投入 4000 余万元着力打造教育园区，其中，基础项目建设 3000 余万元，征地费用 1000 余万元，创建教育示范点工程，洛隆县规划教育园区占地面积约 30.3 万平方米。

三是系统关心教师队伍建设。洛隆县实施“园丁暖心工程”，把“关心教师思想、关心教师情

① “三个增长”即：各级人民政府教育财政拨款的增长要高于同级财政经常性收入的增长；在校学生人均教育经费逐步增长；教师工资和学生人均公用经费逐步增长。

感、关心教师生活”摆在推进教育发展的突出位置，用“十一个有”工程改善了乡（镇）学校及各教学点的育人环境。洛隆县投入资金3000余万元，优先解决乡（镇）学校教师周转房192套。筹措资金1273万元修建教职工之家建设及配套设施，购置全县教师生活家具，全面实现了全县教师“拎包入住”的目标。此外，县政府每年投入100万元设立教育教学质量专项绩效奖金，同时，2019年单独预算25万元设立教育特殊贡献津贴奖金。筹措资金对县中学、孜托镇小学和县幼儿园等3所学校教师每人每月发放100元的生活补助；为39名工龄20年以上在职临时工（含20年），实行浮动工资制（以临时工工资待遇为基数，每增加一年工龄，每月多50元补助）；为临代教师实现公益性岗位转岗55人；为全县每位教师配备1台笔记本电脑。将每年9月定为“尊师重教月”，举全县之力营造浓厚的“尊师重教”良好氛围；在农业银行洛隆县支行、县人民医院等窗口行业设立教师绿色通道，为教师生活提供更多便利。为教师营造舒适的留人环境，稳定队伍建设，有效解决广大教师尤其是边远乡（镇）学校教师的后顾之忧，调动教师的工作积极性，使教师能安心从教、扎根基层，实现教师数量、质量稳步增长，截至2020年年底全县专任教师达584人，达到历史新高。

四是严格落实控辍保学工作。洛隆县制定并出台《洛隆县关于进一步加强义务教育控辍保学工作的实施意见》，把“控辍保学”工作摆在重要议事日程，实施控辍保学年终考评“一票否决”，着眼于建立“控辍保学”长效机制，实现“级级抓、层层管，整体联动、齐抓共管”的良好工作局面。洛隆县明确整班移交的目标和责任，实行“五长制”①移交制度，将“控辍保学”工作作为考核乡（镇）人民政府、教育部门和学校校长、教师年度工作的重要内容，并落实奖惩工作。经过县、乡、村、校四级联动，攻坚克难，齐抓共管，有效遏制和杜绝整班移交中学生流失现象，实现秋季学期新生招生工作“应招尽招”。截至2020年年底，全县共有学校52所，在校学生9941人，其中：初级中学1所，在校生2360人，同比增加283人；小学19所（含3个村教学点），在校学生6160人，同比增加357人；幼儿园32所，在园幼儿1421人，同比增加231人。

五是积极开展育人帮扶工作。在大力开展物资帮扶的同时，洛隆县通过“两帮一进”②等活动，开展了扶智、扶德等工作，全面促进了学生的发展。“两帮一进”初显成效，洛隆县小学在校园结对帮扶工作中，不断探索新路子，开辟党员干部帮助学困生、贫困生、进宿舍活动，校长、支部书记帮扶3名学困生或贫困生，其他校级领导帮扶2名学困生或贫困生，其余党员教师帮扶1名学困生或贫困生。自活动开展以来，党员干部累计帮扶81人次，党员教师每年进宿舍达到20次。集体辅导学困生48人，其中：低年级24人，高年级22人。洛隆县各校每学期都制定“德困生”、“学困生”帮扶计划，每个老师帮扶3～4名德困生、学困生，促进了学生的全面发展和教育公平。其中，洛隆县中学针对德困生建立个人档案，并建立起跟踪监督机制，以便机动灵活地掌握对德困生的思想动态，采取“一对一”、“一对多”、德育大讲坛等多种形式对其进行帮扶。截至2020年年底，洛隆县累计帮扶德困生200余人次，参与帮扶教师40人次。

（三）实现社会兜底一批

洛隆县从社会兜底政策、医疗救助到动态调整等方面推进社会兜底一批工作。

一是积极落实社会保障兜底政策。洛隆县按照“兜底线、织密网、建机制”的工作要求，开拓

---

①“五长制”即县长、乡（镇）长、校长、村长、家长。

②“两帮一进”即：帮助学困生、德困生，党员教师进宿舍。

思路、不断创新，织密扎牢社会保障安全网，筑牢脱贫攻坚和困难群众基本生活保障底线，积极落实社会保障兜底政策，健全完善应保尽保、应退尽退工作机制和农牧区低保补助发放办法，将符合条件的贫困群众全部纳入保障范围，稳步提高补助标准。对全县社会保障兜底对象的各项个人信息进行完善，2018 年确定兜底对象 1865 人。加大临时性救助水平和救助力度，对边缘贫困户家庭的全日制大中专学生也开展临时救助，缓解边缘贫困户的家庭生活负担，为防止因学致贫提供坚强保障。对因在私立医院治病花费大而导致生活困难的农牧民群众，进行临时性救助。2016—2019 年，洛隆县累计开展医疗救助 5424 人次，落实资金 1569.36 万元；开展临时救助困难群众 271 人次，落实资金 76.3 万余元；兑现冬春受灾群众自然灾害生活补助资金 585 万元；落实困难群众生活补助资金 240 万元；兑现农村最低生活保障资金 3535.72 万元；落实农村五保户供养补助资金 258.91 万元。

二是全面统筹开展城乡医疗救助工作。洛隆县积极提高城乡医疗救助标准，在对“五类重点人员”[①]开展全额救助的基础上，提高建档立卡贫困户城乡医疗救助标准。开展门诊票据救助工作，对特困人员治病住院期间产生的门诊票据费用实行 100% 的全额救助；对一般贫困户家庭成员治病住院期间产生的门诊票据费用按照总额的 30% 实行部分救助。对特困人员全面实行“先入院，后结算”救助机制。此外，针对困难群众因大病治疗期间无力提前支付治疗费用的问题，洛隆县实施大病救助提前介入的救助机制，即先从城乡医疗救助资金中提前借支，待治疗结束后再对大病患者借支部分从医疗救助资金中扣除充账。

三是系统加强兜底对象动态管理工作。洛隆县坚持按照“应兜尽兜、不落一人”和“应保尽保、应退尽退”的原则对兜底保障对象进行动态管理，不断完善农村低保、特困人员、孤儿等困难群众的审核认定和退出工作，对提出申请纳入政策保障范围的对象逐一进行入户审核或按规定比例入户审核，以确保兜底政策落实精准、保障对象精准。坚持按照农村最低生活保障的原则对贫困库进行动态调整，同时严格执行《西藏自治区城乡最低生活保障实施办法（试行）》的相关规定，分年度对全县范围内的农村低保对象进行调整工作。按照特困人员和孤儿的审核办法，分年度对特困人员和孤儿开展 100% 的入户核查工作；按照脱贫攻坚“五个一批”的工作要求，把全县社会保障兜底脱贫一批数据分年度分别与生态补偿脱贫一批、发展教育脱贫一批等相关数据进行比对核实。

四是精准开展残疾人兜底保障工作。洛隆县按照“全面建设小康社会，一个残疾人也不能少”的工作要求，协调各相关单位开展残疾人精准救助、精准康复及残疾人维权等工作，改善了残疾人的生产生活状况。①扎实开展残疾人的精准康复工作。自 2016 年以来，洛隆县残联先后安排残疾人前往市残联安装假肢 5 人次、发放轮椅等辅助器具 500 人次；通过“重见阳光”活动，为全县 203 名白内障残疾人患者经行复检、筛查工作；牵头成立洛隆县残疾人精准康复服务工作领导小组，对 11 个乡（镇）所在辖区内的全部残疾人进行康复需求入户采集，采集率 100%，实施康复服务 105 人。②开展残疾人就业培训和托养工作。自 2016 年以来，洛隆县残联持续关注就业年龄段持证残疾人的就业失业状况调查和服务工作，持续坚持分散与集中相结合的方式，安排残疾人就业，大力推进了残疾人多渠道就业，同时加强对各类残疾人的就业培训，采取多种形式，积极鼓励支持残疾人参加各种职业技能培训，从而提高残疾人的劳动技能。截至 2020 年年底，洛隆县累计安排符合条件残疾人参加技能培训 80 余人次。针对重度残疾且无自理能力的残疾人，及时为其办理残疾人托养服务，截至 2020 年年底共有 28 名残疾人托养在洛隆县特困人员集中供养中心。③开展残疾人调研工作。洛隆县对一户多残家庭、以老养残家庭、重度残疾人家庭及独自生活事实无人照料的

---

① “五类重点人员”即：五保，低保，优抚，孤儿，重残儿童一级二级。

重度残疾人进行调研，摸清全县特殊困难残疾人底数，建立访视对象清单，有针对性地提出具体工作措施，帮助残疾人解决实际困难，共形成残疾人生活状况调查摸底表 1628 份。

（四）实现易地扶贫搬迁

洛隆县对居住在深山、石山、高寒、地方病多发等生存环境差、不具备基本发展条件，以及生态环境脆弱、限制或禁止开发地区、位于地震活跃带及受泥石流、滑坡等地质灾害威胁的建档立卡贫困人口进行易地搬迁。按照“一个到位”“一个标准”“两个必须”“两个不涉及”“三个自愿”“三免”[①] 工作要求，结合城市规划建设、小城镇建设、新农村建设、大骨节病搬迁、棚户区改造、县乡风貌改造等项目，全力推进易地扶贫的搬迁建设工作。截至 2020 年年底，洛隆县先后在孜托镇、硕督镇、俄西乡、腊久乡等 11 个乡（镇）组织建设 21 个安置点，搬迁群众覆盖 65 个行政村，搬迁人数达 2070 户 10585 人，其中，建档立卡群众 1777 户 9081 人（包含大骨节病 360 户 1215 人），同步搬迁群众 293 户 1504 人。建档立卡劳动力 4120 人、转移就业 3653 人次、搬迁点学生 4141 人，社会兜底 609 人、生态岗位 3176 人。产业配套 43 个项目，其中，已发挥效益 29 个，待发挥效益 14 个，易地搬迁安置点上入住自主经商创业群众 96 户。

一是落实易地搬迁安置政策。洛隆县在建设上严格按照“六靠”“五方便”“两避让”的工作要求，在选址上确定洛隆县 21 个易地扶贫搬迁安置点，确定易地扶贫搬迁安置点规模不小于 25 户，保证易地扶贫搬迁安置点的建档立卡贫困户人均住房建设面积不超过 25 平方米的标准。同时，洛隆县按照“保障基本，安全适用”的原则，确保搬得出、稳得住、有事做、能致富，并做好剩余建档立卡贫困人口易地搬迁安置工作。截至 2020 年年底，全县 21 个易地扶贫搬迁安置点已全部实现了搬迁入住。

二是统筹易地搬迁配套服务设施。洛隆县尊重当地民风民俗和群众生产生活习惯，立足资源禀赋和资源特点，因地制宜地探索出易地扶贫搬迁安置的新方式。综合考虑易地扶贫搬迁工作目标、任务和措施，立足于当前、着眼于长远，按照全面建成小康社会的要求，统筹规划村庄布局、基础设施配套、公共服务配套、产业发展和生态环境保护。房屋设计充分利用地形地貌，充分体现当地建筑特色，展现地域民族特色风貌和文化建设。同时，根据洛隆县的现状，科学分析环境容量、承载力和市县财力水平，严格控制搬迁住房建设面积和建设标准，同步配套建设必要的水电路讯等基础设施和公共服务设施，做到既能保障搬迁对象基本的生产生活需要，又能实现城乡统筹发展、产城融合发展，确保了贫困人口易地搬迁后就业有门路、致富有抓手。

三是严格易地搬迁建设标准。洛隆县按照《西藏自治区招投标管理条例》《昌都市基本建设项目管理办法》等有关规定执行，从源头上加强项目质量、进度、安全以及“双拖欠”的管理。在房屋建设上实现错落有致、坐北朝南、朝阳采光、宽敞明亮、安全舒适、人畜分离、一户一厕，对房屋外观进行美观处理，达到安全舒适。截至 2020 年年底，21 个安置点内饮水工程全部建设完成，已投入使用；电讯网络全部覆盖；点内全部覆盖硬化道路；21 个安置点学校、农技站、文化站、卫生院、村委会、村卫生室都已覆盖或就近建设。

---

① “一个到位”即：政策宣传到位。“一个标准”即：在房屋建成分配时，要严格按照人均住房面积不超过 25 平方米的要求，根据家庭人口合理选择住房户型。“两个必须”即：每个安置点搬迁户必须达到 25 户以上且建档立卡贫困户必须达到总搬迁户的 60%。“两个不涉及”即：搬迁和就地新建都不涉及拆迁费、不涉及征地费。“三个自愿”即：群众自愿搬迁、自愿自筹部分建房资金和自愿贷款解决部分建房资金、自愿置换耕地和建房用地。“三免”即：对施工企业免收保证金、免扣 15% 的决算费、施工所需的砂石等材料免收资源费。

四是部署易地搬迁就业与产业发展。洛隆县将易地扶贫搬迁贫困群众的后续就业和产业发展与搬迁安置实行同种部署原则，制定同种工作要求，执行同种工作标准，实施同种落实力度，在聚焦增强搬迁群众的后续发展能力上下功夫，以搬迁后脱贫为目标导向，强化搬迁后续就业和产业扶持，主要采取以下脱贫措施：①结合昌都市“七大种植基地”和“五大养殖基地”的产业布局和县域特色优势产业，通过整合扶贫专项和涉农涉牧资金，扶持并发展青稞、藏药材、蔬菜、果树、卡若香猪、红拉山香鸡等特色种养业；②按照“每个贫困家庭至少有 1 人掌握 1 项致富本领”的要求，依托“军旅式 + 协会培训”工程和“互联网 + 电商”的创业培训模式，给搬迁群众积极开展种植、养殖、农畜产品和林下资源加工、建筑技能、藏式绘画、服务业等实用技术培训，提高了贫困农牧民就业技能，增加了工资性收入，确保了搬迁群众长期有收入，生产发展有特色，搬迁后有成效；③通过采用农牧民专业合作社带动和多种经营方式，进一步拓宽群众增收致富渠道，采取“公司 + 基地 + 农户”和“公司 + 基地 + 合作社”的经营模式，大力实施“三变”[①]制度改革；④安置点沿街修建门面房，将其作为搬迁贫困户的集体产业，把所得收入向安置区的所有贫困群众进行分红，从而确保了搬迁贫困群众能有稳定的收入来源；⑤开发并建设清洁能源基地，大力实施光伏产业，实现了搬迁群众有收益或分红；⑥通过政府投资项目 400 万元以下的施工难度低、科技含量不高的工程交由农牧民施工队承建，最大限度地增加了农牧民群众收入，确保搬迁人口都有稳定的增收渠道。截至 2020 年年底，全县实施的易地扶贫搬迁配套产业有 43 个项目，涉及的分红资金有 1077.56 万元，其中易地扶贫搬迁群众分红资金达 533.1 万元，覆盖到的安置点易地扶贫搬迁建档立卡群众有 9081 人，实现户均增收 3000 余元，搬迁群众全程参与、全程监督，既当施工员、又当监督员还当安全员。其中，共有 1777 人参与易地扶贫搬迁工作，实现现金收入 367.6 万元；共开展技能培训 120 期、培训建档立卡贫困人口 2740 人、实现贫困人口转移就业脱贫 3653 人次。

五是创新易地搬迁工作形式。为“实现搬迁群众搬得出、稳得住、可发展、能致富”的目标，洛隆县因地制宜地确定安置方式，通过采取本行政村内集中安置、重点扶贫开发区安置、乡村旅游区安置等方式，科学合理地搞好“六个结合”[②]，探索创新提出“一个到位”“一个标准”“两个必须”“两个不涉及”“三个自愿”“三免”等政策，严格政策标准，做到了“高起点规划，高标准建设，高质量发展”的工作要求，基本实现了搬迁群众能搬出“穷窝”、拔掉“穷根”。

六是开展易地搬迁感恩教育。洛隆县扎实做好基本公共服务体系建设，确保搬迁群众安心、舒心的同时，针对搬迁贫困户作为特殊群体、弱势群体，人员思想文化素质普遍不高等问题，积极开展感恩教育，让搬迁群众形成自觉拥护党的思想，能感党恩、听党话、跟党走，让群众知晓“惠从何来、惠在何处、恩向谁报”，激发出其做“神圣国土守护者、幸福家园建设者”的思想自觉和行动自觉，培养群众“真情拥戴总书记、一心一意跟党走”的意识。

（五）实现生态补偿脱贫一批

洛隆县把生态补偿一批作为一大重点工作来抓，从县委、政府领导到村两委，齐抓共管，推进生态补偿脱贫一批工作。

一是生态补偿脱贫促增收。依据《西藏自治区“十三五”时期生态补偿脱贫实施方案》暨“六

① “三变”即资源变资产、资金变股金、农民变股东。

② “六个结合”即易地扶贫搬迁与新农村建设相结合、坚持与转移就业相结合、坚持与产业发展相结合、坚持与生态效益补偿相结合、坚持与大骨节病防治相结合、坚持与工业园区（开发区）建设相结合。

个精准”“定人定岗、定责定酬”的总体工作要求。2016—2020 年，精准落实生态保护政策性岗位 78295 名，累计完成兑现资金 27113.89 万元（其中森林生态效益提标资金 982.14 万元）。2016 年生态岗位人员 11137 人，上级财政下拨生态补偿脱贫专项资金 3341.1 万元，累计兑现 3341.1 万元（其中护林员 7625 名公益林提标资金 457.5 万元），2017 年生态岗位人员 14293 人，上级财政下拨生态补偿脱贫专项资金 4287.9 万元，累计兑现 4287.9 万元（其中护林员 8744 名公益林提标资金 524.64 万元），2018 年生态岗位人员 17691 人，上级财政下拨生态补偿脱贫专项资金 6191.85 万元，完成兑现 2018 年度生态岗位资金 6191.85 万元。2019 生态岗位人员 17391 人，上级财政下拨生态补偿脱贫专项资金 6086.85 万元，完成兑现 2019 年度生态岗位资金 6086.85 万元。2020 生态岗位人员 17783 人，上级财政下拨生态补偿脱贫专项资金 6224.05 万元，完成兑现 2020 年度生态岗位资金 6224.05 万元。

二是项目带动增收显著。2016 年以来，洛隆县先后实施重点区域造林工程、生态安全防护林体系建设和西藏“两江四河”流域造林绿化工程等重点项目工程，累计完成西藏“两江四河”流域洛隆县造林绿化 31940 亩、防护林体系建设 5811 亩、重点区域造林 3762 亩和消除“无树村、无树户”造林绿化 7836 亩。在造林项目实施过程中，积极吸纳护林员和贫困群众参与项目建设，带动贫困劳动力和低收入持续增收。通过实施西藏“两江四河”流域造林绿化工程、新一轮退耕还林工程和重点经济林建设工程等重点项目，项目辐射带动农牧民贫困群众增收达 2134 余万元，惠及全县 5405 人次农牧民群众。

三是严格落实惠民政策。落实林业补助资金，累计完成兑现 2016—2019 年森林生态效益补偿基金和公益林专业管护人员工资 8879.79 万元，惠及全县 1131 名护林员及全县兼职管护人员（农牧民群众）。落实退耕还林补助资金。按照《西藏自治区新一轮退耕还林还草工程实施方案》，结合县实际，统筹规划基本农田保护、精准扶贫和新一轮退耕还林工程建设，在确保基本农田面积的基础上，将全县 25 度以上坡耕地和严重沙化耕地 48965 亩全部纳入新一轮退耕还林建设工程，落实资金 5875.8 万元，惠及 11 个乡（镇）62 个行政村 8619 户农牧民群众，其中建档立卡贫困户 3183 户。

四是助力产业脱贫增收。大力发展林业扶贫产业经济林建设，积极打造有洛隆县特色的经济林基地，助推特色产业扶贫。2016 年以来在俄西乡、达龙乡和腊久乡实施昌都市林业产业扶贫项目洛隆县经济林建设 3330 亩，投资 2331 万元，成活率达 95% 以上，覆盖全县 3 个乡（镇）3 个行政村 532 户，项目建设期间通过吸取贫困群众参与务工增收 211.76 万元，累计带动 1888 人次增收（其中建档立卡人数 753 人次）。引进推广种植特色经济林。2016—2019 年完成车厘子引种试验种植 907 株，惠及贫困群众 25 户 150 人，项目建设初期带动年人均增收 1000 余元。

三、稳步推进基础设施和公共服务提升工程

（一）教育医疗发展成效

1. 基础教育得到全面改善

洛隆县坚持把优先发展教育作为重要工作，严格按照地方财政收入不低于上年财政决算收入 20% 的比例投入教育，坚持做到“三个增长”。2018 年、2019 年财政教育配套 23% 的基础上，每年追加投入 1000 万元来改善办学条件，分别达到财政收入的 39.68% 和 41.3%。对全县 17 所学校标准化规划进行审查并确定标准化建设方案。乡（镇）17 所寄宿制学校均已通过均衡性发展验收，

办学条件也发生了很大改观。全县中小学校均实现了“班班通”，11 所学校已经建成校园“城域网”、安装在线同步课堂。为县中学、县小学安装精品录播教室，给各学校配备 17 个学生影音放映系统、17 套 LED 电子屏、配备 300 台一体机办公电脑、6 套触控式电子白板和 49 套幼教互动一体机及配套资源库平台，共维护维修中小学电子白板 42 台，刻录“一师一优课”优质课程光盘 80 余张。在马利镇第一小学建立智慧校园示范基地和小型科技馆，购置智能机人、3DVR 眼镜等高科技电子设备，极大地开阔了学生的眼界，提高了学生语言交流等能力。积极协调洛隆县电信局为 38 所中小学及幼儿园迁入 500M、200M 的光纤网络，并初步完成“西藏自治区珠峰旗云平台”的洛隆县各校及教师的注册工作，投入项目资金 500 万元，实施洛隆县初级中学智慧校园建设工程，现已完成规划，并逐步实施。

2. 卫生医疗服务得到全面提升

洛隆县农牧区医疗卫生服务体系，包括县人民医院、县藏医院、县疾病预防控制中心、11 个乡（镇）卫生院（1 个区域中心卫生院）、65 个村级卫生室、1 所私营医院和 10 个诊所，其中藏医诊所 5 个，西医诊所 5 个。此外，洛隆县还积极落实基本医疗服务可及性的工作要求，基本完成医疗技术人员“三合格”①、医疗卫生机构“三个一”②、医疗服务能力“三条线”③ 工作指标。

一是加强医疗机构标准化建设。洛隆县人民医院每个科室都至少配有一名执业（助理）医师，每个乡（镇）卫生院都至少有 1 名执业（助理）医师或全科医生，全县配备村卫生室 65 个，均达到“一村一室两医”的指标要求，并为考核合格的村医颁发乡村医生执业证书。洛隆县以县人民医院为龙头、藏医院为支撑、11 个乡（镇）卫生院为纽带、65 个村卫生室为前哨的医疗服务体系逐步健全，印发《洛隆县公立医疗机构县域医共体建设方案》。县人民医院成功创建“二甲”医院，县藏医院被评定为“一级甲等民族医院”，11 个乡（镇）卫生院均已通过市卫健委乡（镇）卫生院标准化建设验收，并为 11 个乡（镇）卫生院、各村卫生室配备多功能生化分析仪、胎心监护仪、便携式彩超等医疗设备，为乡（镇）卫生院制作标识，规范科室制度建设，同时根据上级要求采用隔断板的形式，开展 34 个村卫生室提质改造工程，全部完工，其余村卫生室待村级活动场所建设完成后也落实了三区分离建设要求。

二是健全医疗健康保障体系。洛隆县形成以新型农牧区合作医疗大病统筹资金、大病医疗保险、商业医疗保险为基础，以医疗救助、中远海运岗拉美朵医疗救助基金、洛隆县贫困家庭重大疾病医疗费用周转基金和昌都市建档立卡贫困农牧民疾病政策救助保障资金为补充的医疗健康保障体系，使保障政策在贫困群众中实现全覆盖，全县农牧民群众基本医疗保险的参保率也达到 100%。同时，洛隆县以落实“三个一批”救治为依托，创建了新的医疗服务模式，与相关爱心基金会、社会团体签订救治协议，并开展重大疾病免费救治，最大程度上减轻群众的就医负担，根治群众疾病痛处。

三是构建“三个一批”的救治工作机制。家庭医生签约和慢性病签约实现全覆盖。依托“智慧健康”平台，洛隆县成立家庭医生签约团队 11 个，开展家庭医生签约及慢性病随访工作，实现信息化签约随访全覆盖；开展大病集中救治一批工作。2016—2020 年，洛隆县累计完成先天性心脏病

---

①“三合格”即：县人民医院每个临床科室有一个执业（助理）医师，每个乡（镇）卫生院至少有一个执业（助理）医师或全科医师，每个村卫生室有两个村医。

②“三个一”即：县级有县医院，乡级有卫生院，村级有村卫生室。

③“三条线”即：县医院达到二级以上医院，乡卫生院达到标准化建设，村卫生室三区分离，能开展常见疾病诊疗。

免费筛查 24 人，其中建档立卡贫困群众 12 人；完成先天性心脏病免费手术救治 8 人，其中建档立卡贫困群众 4 人；完成先天性唇腭裂免费救治 19 人，其中建档立卡贫困群众 6 人；完成老年性白内障手术 358 人，其中建档立卡贫困群众 132 人；完成严重精神障碍住院治疗 77 人次，严重精神障碍免费药物治疗 132 人，其中建档立卡贫困群众 7 人；完成全县 161 人包虫病患者救治工作与成都市第四人民医院、北京厚爱关节公益基金会、海鹰脊柱健康公益基金会分别签订对口帮扶协议，开展膝髋关节、脊柱侧弯和精神障碍救治活动，根据筛查结果，已完成膝髋关节免费置换手术 50 人、脊柱侧弯免费手术矫正 5 人；陆续与成都第四人民医院、上海复旦大学附属华山医院、北京尤迈爱心基金会开通远程会诊平台，实现部分重大疾病不出县域就能得到国内顶尖专业的诊断。

（二）交通水利等条件全面提升

洛隆县的交通、水利等重大基础设施取得新突破，总投资金额为 7.24 亿元。包括：水利水电项目 13 项，总投资 6.39 亿元，其中实施的川藏联网洛隆段延伸工程实现全程通电；城乡基础项目有 10 项，总投资为 3.01 亿元；教育项目 13 个，总投资 4538.7 万元；卫生项目共 3 项，总投资为 0.44 亿元；农牧业项目有 9 项，总投资为 3731.8 万元；产业项目有 52 项，计划总投资为 9.5 亿元，已实现项目全覆盖的有种植业、养殖业、加工业、旅游服务业、资源开发类、商贸流通类等六方面；第三、四批易地扶贫搬迁安置点共涉及搬迁群众 661 户 3296 人，投资 2.04 亿元。

（三）城市建管更加有力

洛隆县完成 2016 年的棚户区一期、二期工程建设和 2017 年的棚户区一期、二期、三期工程建设。2017—2018 年，共完成周转房工程 90 套，城市建管进程逐步加快。此外，洛隆县扎实推进“七城同创”工作，实施城市环境综合整治和市政设施建设，完成老城区路灯改造工程、县城垃圾填埋场改扩建工程等城市基础设施。福建省泉州市城乡规划局还为洛隆县捐赠了专项规划经费 125 万元，主要用于城乡规划建设工作。

第三节 成效亮点

进入脱贫攻坚阶段，洛龙县在市委、市政府的坚强领导下，因地制宜、多措并举、聚力攻坚，于 2018 年年底实现贫困人口 3318 户 14762 人建档立卡贫困人口，实现全域脱贫摘帽，为昌都市深入推进脱贫攻坚工作作出了典型示范。

一、脱贫成效

（一）产业扶贫在经济发展中的基础地位得到强化

洛隆县坚持把发展产业作为贫困人口稳定脱贫的突破口和切入点，围绕蓝天圣洁产业大品牌，推动扶贫产业的加快发展。“十三五”期间，全县规划产业扶贫项目 103 项，总投资 14.2 亿元。2016 以来，洛隆县共实施产业项目 64 个，总投资 72207.53 万元，已完工 64 项，完成投资 67866.9

万元，有效带动受益群众6662户11612人（其中：建档立卡群众7461人）。在2018年，完成项目已经陆续产生效益，实现分红507.8万元，带动全县7080户，户均分红702元。在2019年年底共有31项产业项目陆续产生效益，年年底实现分红资金达569.76万元。按照昌都市“市有大产业、县有产业园区、乡（镇）有持续发展产业、村有小产业、户有具体增收项目”的要求，精准实施产业项目，重点打造出一批对脱贫具有辐射带动的规模化、现代化的产业基地，充分发挥龙头企业、农牧民合作社等市场主体作用，以龙头产业带动贫困群众增收致富。

1. 洛隆县“一村一品”取得巨大发展

洛隆县整合政府、企业和群众力量，因村制宜，完成全区11个乡（镇）66个村居“一村一品”调查，为各村发展生产指明方向。充分发挥农牧民群众主体作用，调动农牧民群众自主创业积极性，激发农牧民群众创造力。充分发挥政府政策导向作用，通过财政贴息、税收优惠、项目扶持等形式，引导农牧民群众、企业和社会形成合力，共同推动“一村一品”快速发展。充分发挥地理优势，利用境内空气、水、土壤等独特生态资源优势，大力推进绿色、特色农业发展。在海拔较低、气候适宜的白达乡白托村建设高效日光温室20座，修建1000立方米蓄水池和3000米管道，建设卡若香猪养殖场2栋，积极发展种养殖业；孜托镇加日扎村藏刀加工厂、彩虹民族文化建设公司实施民族手工艺厂房建设项目，生产特色藏刀、装修房屋、绘画、唐卡、陶瓷、铁匠金银加工等；依托夏果村易地扶贫搬迁安置点项目，在洛隆县孜托镇夏果村建设蓝天圣洁产业黄改良项目，带动整乡群众受益增收；在俄西乡贡中村建设有机蔬菜生产基地项目，建设高效日光温室150座，建设养猪场、养鸡场，同时建设管理楼、仓库等；着力打造马利、白达、达龙、俄西等地建设经济林木基地，利用资源优势重点发展现代农牧业。

2. 香猪产业见成效

通过大力发展卡若香猪（生猪）特色养殖业，为困难群众提供就业机会，强化造血功能，产业扶贫路子越走越幸福。在孜托镇古曲村建成占地50亩的洛隆县卡若香猪（生猪）养殖基地，其中配套建设有妊娠猪圈、育肥圈、饲料加工车间等一系列附属设施，采用国内先进的养殖技术，以标准化、绿色生态、无污染无公害的生态养殖模式，带动传统养殖业向现代养殖业转变，形成一套绿色生态循环产业。采取“企业+合作社+贫困户+市场”的经营模式管理。即由洛隆县绿茵农业发展有限公司+洛隆县绿茵种植养殖专业合作社共同负责经营管理。聘请7名技术员，为生猪养殖提供坚强技术支撑。充分发挥生猪养殖产业发展优势，优先洛隆市场供应，防控猪肉物价变动，使扶贫产业真正用之于民、惠之于民。2019年年底出栏量500余头，产值144万余元。卡若香猪（生猪）养殖基地，有望成为昌都市乃至西藏自治区的最具代表性的现代化养殖基地。

3. 特色产业显优势

洛隆县高效温室共240座，种植面积115.2亩（320平方米/座），2019年生产辣椒、茄子、白菜、黄瓜等30余种蔬菜65千克，有效带动群众1203人（其中：建档立卡779人）人均增收1200余元。

4. 合作引导致富路

洛隆县合作社由22家发展到49家，扶贫车间60余个，部分合作社已实现分红，加日扎砖瓦厂2018年分红137万元，带动全村130户群众；民乐藏鸡养殖场分红2017年、2018年分红16500万元，带动15名群众；硕督泡菜厂2018年分红23104元，带动20名群众；彩虹民族文化工贸有限责任公司2018年分红201000元，带动67名群众；2018年久玛光伏项目首期分得收益12万多元，为80户（其中建档立卡户有62户322人）平均每户首期收益1544元。2019年夏果村黄牛改良养殖示范基地建设项目分红15万元；孜托镇工业园区建材集散中心分红80万元；2016年度孜托居委会扶贫农家乐整村推进项目分红 5 万元；已成立洛隆县推进农牧民专业合作社发展领导小组。

（二）易地搬迁解决“一方水土养不活一方人”问题

洛隆县始终扎实推进易地扶贫搬迁工作，“十三五”期间总任务建档立卡贫困户 1777 户 9081 人，2016 年、2017 年全县建成开工易地扶贫搬迁安置点 21 个，截至 2020 年年底 21 个安置点全部实现搬迁入住。中央及自治区对洛隆县下达指标任务为建档立卡 9081 人，洛隆县实际完成 2070 户 10594 人搬迁，其中，易地扶贫搬迁建档立卡户 1777 户 9090 人，同步搬迁 293 户 1504 人。分别为于 2016 年易地扶贫搬迁建档立卡 776 户 3702 人、同步搬迁 236 户 1168 热人，2017 年易地扶贫搬迁建档立卡 537 户 2943 人、同步搬迁 57 户 336 人，2018 年易地扶贫搬迁建档拉卡 464 户 2445 人，覆盖洛隆县 11 个乡（镇）65 个行政村。

在易地搬迁安置项目实施过程中严格按照“六靠”“五方便”“两避让”要求，从严执行国家易地扶贫搬迁政策标准，将人均住房面积控制在 25 平方米以内，保障贫困群众基本住房需求，既不降低要求，也不拔高标准。建房时因地制宜、统筹考虑自然资源条件、城镇化和新农村建设以及搬迁对象意愿，创新采取实施“三进一建”安置方式（进县城、进集镇、进现有村庄和建设新村），引导群众向县城、向集镇、向中心村聚居，最大限度地从搬迁效益角度来选址确定洛隆县实施 21 个易地扶贫搬迁安置点。易地扶贫搬迁全部建设完成，搬迁群众入住率 100%。

洛隆县在易地扶贫搬迁安置点工程项目建设中，始终严格按照《西藏自治区招投标管理条例》《昌都市基本建设项目管理办法》等有关规定执行，同时从源头上加强了项目质量、进度、安全以及“双拖欠”管理。在房屋建设上实现错落有致、坐北朝南、朝阳采光、宽敞明亮、安全舒适、人畜分离、一户一厕，对房屋外观进行美观处理，达到安全舒适。21 个安置点内饮水全部建设完成，并已投入使用；电讯网络已全部覆盖；点内全部覆盖硬化道路；21 个安置点学校、农技站、文化站、卫生院、村委会、村卫生室都已覆盖或就近建设。

洛隆县易地扶贫搬迁配套产业 48 个项目，涉及分红资金 507.8 万元，覆盖安置点易地扶贫搬迁建档立卡群众 9090 人，实现户均增收 765 余元，搬迁群众全程参与、全程监，既当施工员、又当监督员还当安全员。1777 人参与易地扶贫搬迁，实现现金收入 367.6 万元。开展技能培训 86 期、培训建档立卡贫困人口 2740 人、实现贫困人口转移就业脱贫 3366 人次，洛隆县易地扶贫搬迁共计资金拨付 65635.23 万元，自筹资金 1470 万元。

为实现搬迁群众搬得出、稳得住、可发展、能致富，因地制宜确定安置方式，通过采取本行政村内集中安置、重点扶贫开发区安置、乡村旅游区安置等方式，并且科学合理地搞好“六个结合”〔即易地扶贫搬迁与新农村建设相结合、坚持与转移就业相结合、坚持与产业发展相结合、坚持与生态效益补偿相结合、坚持与大骨节病防治相结合、坚持与工业园区（开发区）建设相结合〕，和探索创新提出“一个到位”“一个标准”“两个必须”“两个不涉及”“三个自愿”“三免”等政策规定，严格政策标准，突出搬迁后续发展，高起点规划，高标准建设，高质量发展，实现搬迁群众搬出“穷窝”、拔掉“穷根”。

在安置房建设过程中始终做到“四个严”[①]，实现群众住上“舒适、安全、经济、满意”的房子。严把政策关，严格执行中央、自治区有关政策标准。严把规划关，以“围绕群众增收、聚焦产业发展、抓好易地搬迁”目标，综合考虑局部与全局、近期与长远关系，根据安置区资源承载能力，全

①“四个严”即严把政策关、严把规划关、严把设计关、严把成本关。

面统筹考虑安置区基础设施建设、公共服务建设、产业配套和迁出区生态建设等，做到规划先行，为“高一格脱贫、快一步致富”奠定了坚实基础。严把设计关，坚持突出民族特色和藏汉交融特色，做到既不超标又实用，严格按照人均不超过25平方米要求，确定21种不同户型方案，实现错落有致、坐北朝南、朝阳光彩、宽敞明亮、安全舒适、人畜分离、一户一厕的要求。严把成本关，在房屋质量和实用性符合要求下，严把建房成本实现平均每平方米不超过2000元单价（其他政府投资项目单价均达到3000元/平方米左右），不让搬迁群众因搬迁负债，减轻群众负担，提升群众幸福感和获得感。

搬迁只是手段，脱贫才是目的。在实施易地扶贫搬迁中，把解决好搬迁群众可持续增收作为首要目标，突出抓好后续服务管理和就业、增收三个核心工作，强化工作举措，让搬迁群众“搬得出、稳得住、能致富”。按照安置点（区）配套“水电路讯网、科教文卫保”十项提升工程建设要求，扎实做好基本公共服务体系建设，确保搬迁群众安心、舒心。搬迁贫困户是特殊群体，更是弱势群体，人员思想文化素质普遍不高，持续深入开展感恩教育，让搬迁群众自觉拥护党的领导，感党恩、听党话、跟党走，真正让群众知晓“惠从何来、惠在何处、恩向谁报”，激发了群众做“神圣国土守护者、幸福家园建设者”的思想自觉和行动自觉，培树了群众“真情拥戴总书记、一心一意跟党走”意识。

在洛隆县孜托镇阿托卡搬迁安置区通过沿街修建238间门面房，作为搬迁贫困户的集体产业分红项目，实现搬迁群众的增收；在孜托镇久玛村安置点修建了光伏产业项目，是整个昌都市第一个分布式光伏扶贫试点项目，从2017年11月到2018年9月，发电50多万度，2018年11月3日实现搬迁点产业配套分红。总金额12万多元，每户收益1500元；硕督镇硕督村安置点依托硕督泡菜厂，在硕督村修建高效日光温室，将温室分配给搬迁贫困群众，通过向泡菜厂提供原材料实现增收致富，11个乡（镇）在阿托卡易地扶贫安置区设立党建+产业+合作社开店，对易地扶贫搬迁建档立卡户增收就业渠道等。

（三）就业领域不断扩展，农牧民收入持续提高

洛隆县根据县产业项目就业需求，开展“订单式”培训。产业相关培训从2016年到2020年5月底，共计培训1883人，培训后输送到相关产业基地、企业实现直接就业的有953人。2019年4月组织一期“以工代训”赴福建省泉州市的学习培训班，培训人数为12人，边工作边学习，以提高干部的致富技能，在培训结束后，有4名培训学员留在福建务工。此外，分别在俄西乡开展养殖、白达乡开展大棚蔬菜种植、玉西乡开展农机具维修、腊久乡开展藏香猪养殖、达龙乡开展藏餐厨师培训，共培训建档立卡农牧民群众224人，培训结束后推荐学员到各乡产业项目就业，把真正实用的技术送到贫困户手中，加快产业发展助力脱贫攻坚的步伐。2016年以来，洛隆县共完成农牧民转移就业技能培训8819人次，其中包含建档立卡贫困人口6229人次。2016年培训1715人次，包含建档立卡1370人次；2017年培训2443人次，包含建档立卡213人次；2018年培训1179人次，包含建档立卡1179人次；2019年培训1268人次，包含建档立卡572人次；截至2020年年底，培训870人次，包含建档立卡329人次。在推动转移就业和增加收入方面，自2016年以来，总共实现了转移就业70799人，转移就业收入24393万元。2016年转移就业9810人，转移就业收入4370万元；2017年转移就业10505人，转移就业收入3364万元；2018年转移就业8532人，转移就业收入3300万元；2019年转移就业8041人，转移就业收入4189万元。到2020年6月底，实现转移就业12717人，转移就业收入9170万元。

（四）抓生态，促脱贫成效显著

2016年至2019年洛隆县完成生态补偿脱贫岗位人员招收17691人（其中2016年完成招收11137人、2017年完成招收3156人、2018年完成招收3398人），生态岗位累计兑现资金20889.84万元（其中森林生态效益提标资金982.14万元）。采取分期、分批次轮训方式，强化对新招收生态岗位人员知识培训，明确生态补偿脱贫岗位人员工作职责，取得较好效果。

按照“摸清底子、瞄准对象”要求，制定出台生态岗位人员的岗位职责、管理办法和考核机制，逐一登记生态补偿脱贫岗位人员信息，准确掌握洛隆县生态补偿扶贫对象的基本信息、基本情况。同时签订管护合同，提出工作要求和纪律，对已招收为生态补偿脱贫岗位人员建档立卡贫困户实行定期考评，确保生态补偿脱贫岗位人员履职尽责。

（五）医疗保障能力大幅提升

洛隆县改善贫困地区医疗卫生条件，全面落实大病统筹医疗保险、大病医疗保险、超大额商业医疗保险、医疗救助等政策，把贫困群众全部纳入重特大疾病救助范围，切实解决群众看病难、看病贵、因病致贫返贫等问题。洛隆县还积极落实社会保障兜底政策，健全并完善应保尽保、应退尽退工作机制和农牧区低保补助发放办法，将符合条件的贫困群众全部纳入保障范围，稳步提高了补助标准。截至2020年年底，洛隆县累计开展医疗救助5424人次，落实资金1569.36万元；开展临时救助困难群众271人次，落实资金76.3万余元；兑现冬春受灾群众自然灾害生活补助资金585万元；落实困难群众生活补助资金240万元；兑现农村最低生活保障资金3535.72万元；落实农村五保户供养补助资金258.91万元。

一方面助残工作深入推进。按照“全面建设小康社会，一个残疾人也不能少”工作要求，洛隆县协调各相关单位开展残疾人精准救助、精准康复及残疾人维权，改善残疾人生产生活状况。一是扎实开展残疾人的精准康复。2016年来以来，洛隆县残联先后安排残疾人前往市残联安装假肢5人次、发放轮椅等辅助器具500人次；通过“重见阳光”活动，为洛隆县203名白内障残疾人患者进行复检、筛查；牵头成立洛隆县残疾人精准康复服务工作领导小组，对11个乡（镇）所在辖区内全部残疾人进行康复入户采集，采集率100 %，实施康复服务105人。2016年以来，洛隆县残联持续关注就业年龄段持证残疾人就业失业状况调查和服务，坚持分散与集中相结合，安排残疾人就业，推进残疾人多渠道就业，加强对各类残疾人就业培训，积极鼓励支持残疾人参加职业技能培训，提高残疾人劳动技能。截至2020年年底，洛隆县累计安排符合条件残疾人参加技能培训80余人次。针对重度残疾且无自理能力残疾人，及时为其办理残疾人托养服务，共有28名残疾人托养在洛隆县特困人员集中供养中心。

另一方面全面落实应保尽保。洛隆县按照“兜底线、织密网、建机制”要求，开拓思路、不断创新，织密社会保障安全网，筑牢脱贫攻坚和困难群众基本生活保障底线，积极落实社会保障兜底政策。2016—2019年，洛隆县开展医疗救助5424人次，落实资金1569.36万元；开展临时救助困难群众271人次，落实资金76.3万余元；兑现冬春受灾群众自然灾害生活补助资金585万元；落实困难群众生活补助资金240万元；兑现农村最低生活保障资金3535.72万元。落实农村五保户供养补助资金258.91万元。

同时，重点人群全面救助。洛隆县多方统筹开展城乡医疗救助，提高城乡医疗救助标准，对“五类重点人员”开展全额救助，提高建档立卡贫困户城乡医疗救助标准。开展门诊票据救助，对特困人员治病住院期间产生的门诊票据费用实行 100% 全额救助；对一般贫困户家庭成员治病住院期间产生门诊票据费用按照总额 30% 实行部分救助。对特困人员全面实行先入院后结算救助机制。针对困难群众因大病治疗期间无力提前支付治疗费用问题，洛隆县实施大病救助提前介入救助机制。按照特困人员和孤儿审核办法，分年度对特困人员和孤儿开展 100% 入户核查工；按照脱贫攻坚“五个一批”要求，把社会保障兜底脱贫一批数据分年度分别与生态补偿脱贫一批、发展教育脱贫一批等相关数据进行比对核实，确定 2012—2019 年洛隆县社会保障兜底脱贫一批花名册。

二、工作亮点

（一）科学构建扶贫攻坚领导体系

脱贫攻坚战打响后，洛隆县委、县政府通构建起脱贫攻坚组织领导体系：一是成立全县抓党建促脱贫攻坚小组。洛隆县将全县划分成了 11 个战区，战区指挥长全部由县委常委担任，建立了横向到边、纵向到底、职责清晰、条块结合的领导体系；严格落实“地市直管、县抓落实、乡（镇）专干”的脱贫攻坚工作机制，推进县、乡、村层层签订脱贫攻坚目标责任书 77 份，并且对具体责任进行细分，规定工作期限，实施目标管理，形成了横向到边、纵向到底的工作机制。二是建强基层党组织班子。洛隆县印发《关于暂停全县脱贫摘帽和机构改革期间干部人事调动的通知》，采取“上级派、本地选”的形式，结合村级组织换届、选拔乡（镇）公务员、选派千名干部加强村（居）党组织建设工程等工作，不断优化村级组织党组织书记年龄、文化等结构，使得全县各级各部门领导班子和干部队伍能够稳定发展。同时，洛隆县大力实施“万名村（居）干部文化素质提升工程”，采取“走出去”与“请进来”的方式，大力开展了教育培训，不断提升村级党组织书记的综合能力素质。通过选派第一书记轮换、调换，举办村干部文化素质提升培训班、第一书记专题培训班，举办党务工作者培训班等措施，提升了基层党组织书记的整体履职能力。三是整顿软弱涣散党组织。洛隆县对全县村（居）党组织进行分类定级，按照不低于 10% 的比例确定软弱涣散基层党组织，采取“县委常委包干、先进支部结对、党务干部进驻、党校重点培训、责任清单倒逼”等多种形式进行集中化整顿，建立“五个一”的挂钩整顿机制，进行存、销号管理，确保软弱涣散整顿工作的有序推进，坚持不销号、不脱钩的原则，进行晋位升级、整顿转化工作，提升基层党组织参与扶贫、带动扶贫的内生动力。四是落实党组织分层对接机制。洛隆县按照“党委 + 乡（镇）”“党支部 + 村（居）”“党小组 + 双联户”的方式结成帮扶对子，构建起“线面对接、互通共帮”的帮扶格局，将工作中心力量都下沉到一线，从县直机关选派机关干部到脱贫攻坚任务重、难度大的村（居）担任第一书记，同时从乡（镇）选派领导班子成员中抽调一部分来增强驻村力量。五是构建托底扶贫指导员机制。洛隆县在“一村一策、一户一案”的原则下，从县直机关和各乡（镇）下派机关干部，直接下沉到贫困村居担任扶贫指导员。为了防止脱贫效果的退化和再度返贫，洛隆县通过对扶贫的帮扶对象、帮扶措施、资金使用、人员派驻、脱贫成效等实行专项模块管理，给予充足充分的贫困户市场信息和产业帮扶的指导，采取“固定责任、挂包整转”的方式，施行驻点施策和定点帮扶。

（二）扶贫产业确定“四精准”“五原则”

1. 扶贫产业的“四精准”

包括特色产业选择精准、经营方式精准、支持方式精准和贫困人口受益精准。一是特色产业选择精准。重点支持洛隆县境内贫困村的特色种养业，坚持“宜农则农、宜菜则菜、宜果则果、宜草则草、宜牧则牧、宜林则林”基本原则，精准识别，适合什么就发展什么，积极发展休闲农业和乡村旅游新业态。特色产业精准扶贫具有市场性，产业规模不同地方、不同产业具有不同要求，从经济学角度科学考量特色产业的发展规模和质量。二是经营方式精准。这是洛隆县通过产业发展激发生产经营活力、确保洛隆县贫困户受益的关键，既事关生产力发展，也涉及生产关系调整。不少地方在积极探索特色产业，取得较好成效，积累不少经验，为产业精准脱贫奠定坚实基础。三是支持方式精准。这是明确洛隆县产业扶贫要从产业项目、支撑体系、融资方式等方面系统把握、全面推进。只有这样，产业扶贫的支持才能踩到点上，产业扶贫的道路才不会脱轨跑题。四是贫困人口受益精准。这是“四精准”的核心和落脚点。具体来说，就是洛隆县要做到扶贫对象聚力到户、增收时效有序到户、扶贫资金挂钩到户、考评验收明确到户。总之，产业选择精准是产业扶贫的前提，经营方式精准是产业扶贫的保障，支持方式精准是产业扶贫的支撑，人口受益精准是产业扶贫的核心。“四个精准”是一个整体，相互依存，相互促进。只做到“四个精准”，才能完成通过产业扶贫实现精准脱盆的战略目的。

2. 洛隆县产业扶贫的五大原则

一是政府主导，分级负责。洛隆县政府对本行政区域内的扶贫攻坚负总责，落实党政一把手负总责的扶贫攻坚责任制，把扶贫开发纳入经济社会发展总体规划，统筹制定本辖区扶贫开发实施规划和年度计划，合理确定发展战略、目标任务和发展方式。建立健全精准扶贫工作机制，实行扶贫开发目标管理、综合考评和责任追究制，改革扶贫资金管理机制，创新社会参与机制。二是以人为本，改善民生。洛隆县产业扶贫始终把保障和改善民生作为加快贫困地区发展的根本出发点和落脚点，以安居、乐业、有保障为重点，突出解决贫困群众最关心、最直接、最现实的困难，民生领域的支持政策优先向贫困地区倾斜，财政公共支出优先向贫困地区投放，不断提高贫困群众生活水平，全面改善贫困对象的生产生活条件，使贫困人口与全区人民共享发展成果。三是部门协作，合力攻坚。洛隆县各相关部门要根据国家、自治区和昌都市的产业扶贫开发总体部署，结合各自职能，充分履行扶贫工作职能，在向上争取支持、制定政策、编制规划、分配资金、安排项目时，坚持集中资源、合力攻坚、连片开发、整体联动的基本原则，重点向贫困乡（镇）和贫困群众倾斜，构建“五位一体”大扶贫工作格局，形成扶贫攻坚合力。四是创新思路，精准施策。洛隆县产业扶贫要确保把贫困人口真正摸清摸透，精准识别，不漏一村、不漏一户，建档立卡，动态管理，逐村到户分析致贫原因、制定脱贫规划、落实帮扶责任，切实做到因地因人施策。坚持扶贫开发与新型工业化、新型城镇化和农牧业现代化相结合，与生态建设、环境保护相结合，充分发挥贫困地区的资源优势，全面改善生产生活条件，提升发展能力，促进贫困人口精细化脱贫。五是注重实效，遏制返贫。洛隆县产业扶贫要深入实施政策扶贫、专项扶贫、行业扶贫、社会扶贫、援藏扶贫“五位一体”大扶贫开发，继续加强贫困乡（镇）基础设施建设，提升基本公共服务和社会保障水平，建立持续稳定的精准脱贫机制。充分发挥扶贫对象的主动性和创造性，尊重扶贫对象的主体地位，努力提高其自我管理水平和发展能力，不等不靠，自主自强，竭力防止返贫困。

（三）援藏扶贫亮点纷呈

1. 北京援藏帮扶

总投资1000万元，援建了俄西乡第一小学，改善学校办学条件及教师日常住宿环境，完善和解决教师住宿难、生活难等一系列困难问题。总投资350万元，援建俄西乡卫生院，建筑面积为

600平方米，建设床位10张，完善了包括手术室功能、供暖工程等附属设施，增加了医疗设备。总投资885万元，援建疾病预防控制中心，实验用房和业务用房建筑面积600平方米及附属设施，项目的建成提升全县干部、农牧民群众防治各种疾病的能力。总投资250万元，援建区域中心卫生院，扩建400平方米，完善配套设施包括手术室功能、供暖工程等附属设施，增加医疗设备购置费用50万元。

2. 福建援藏帮扶

福建省积极行动支持洛隆县摆脱贫困：一是福建省为洛隆县援建了藏医院建设项目，总投资为1640万元，建筑面积4180平方米，新建了藏医门诊、住院综合楼、制剂室，以及完善了配套设施包括手术室功能、供暖工程等附属设施。二是福建省为洛隆县援建了人民医院（县级区域医疗中心）建设项目，总投资为3227万元，新增床位50张，建筑面积为4000平方米，以及附属设施增加医疗设备购置费用1000万元。三是福建省为洛隆县援建了康沙镇卫生院，总投资为270万元，建筑面积605平方米，完善配套设施包括手术室功能、供暖工程等附属设施，增加医疗设备购置费50万元。四是福建省为洛隆县援助乡（镇）卫生院标准化建设的查漏补缺资金，总投资为190万元，完善附属设施，包括围墙、硬化、绿化、大门、现有房屋的装修，补齐功能布局共计7个乡（镇）卫生院，分别给孜托镇、中亦乡、新荣乡、达龙乡、腊久乡、白达乡、玉西乡投资20万元，共计140万元，设备购置费用50万元。五是福建省为洛隆县援建精准扶贫及新农村建设，总投资为5719万元，统筹建设工业园区、马利夏玉、马利布许等4个新农村项目，易地搬迁247户。六是福建省为洛隆县各乡（镇）援建业务用车，总投资为242万元，加强乡（镇）卫生院药品、医疗设备等运输力度，给11个乡（镇）配备尼桑皮卡车。七是福建省为洛隆县援助专业人才培训项目总计2项，总投资为360万元，具体内容为福建援助洛隆县教育专业人才培训、福建援助洛隆县卫生人员专业人才培训。2017—2018年教育、卫生专业人才培训完成投资210万元。

3. 中远集团援藏帮扶

中远集团采取多种措施，支持洛隆县脱贫摘帽，一是投入专项资金200万元，设立洛隆县中远海运—色钦美朵医护人才培养基金，用于洛隆县卫生健康专业技术人才的培训培养，资助、奖励洛隆籍在校医学专业大学生。2019年兑现培训补助2055人次938400元，兑现洛隆县医务人员考取资质22人次69000元；兑现赴县域外中长期挂职培训30人次710769元；兑现卫生事业作出较大贡献奖励2人次30000元；兑现获得国家奖励2人次10000元、获得自治区奖励3人次9000元；兑现医学专业大学生激励3人次4000元；兑现卫生技术人员返乡从事医疗工作1人次2000元。二是中国远洋海运集团投入60万元，县财政配套30万元，设立中远海运—岗拉美朵医疗救助基金，用于贫困群众入院治疗期间经费不足时的借支，待群众治疗结束报销后归还，如报销后群众治疗经费仍有较大缺口时，群众可以填写减免申请表，由基金管理办公室负责审核后确定减免额度，截至2020年年底，累计借款群众达135人277.5万元。三是投入专项资金85万元开展洛隆县腊久乡卫生院标准化建设项目。四是中远为洛隆县援建精准扶贫及新农村建设，总投资为1500万元，建设内容为，2016年西藏洛隆县硕督镇硕督村易地扶贫搬迁建设项目、2017年西藏洛隆县康沙镇康沙村易地扶贫搬迁项目、2018年洛隆县中亦乡八里村易地扶贫搬迁等3个易地搬迁安置点项目。各项目已全部完工，2016年、2017年安置房已实现了入住。五是中远为洛隆县援建人才培训及助学基金等项目总计5项，总投资为600万元；具体内容为，2016年西藏洛隆县“中远—格桑美朵”助学基金项目、2016年西藏洛隆县人才培训项目、2016年西藏洛隆县基层组织建设项目、2016年西藏洛隆县卫生医疗改善项目、2016年洛隆县帮扶济困项目。

（四）多措并举促进转移就业

1. 开展技能培训，使得贫困劳动力的就业能力凸显新提升

2016年以来，洛隆县坚持以“1+N”军旅式技能培训为先导，采取“送培下乡”的方式，围绕洛隆县特色产业发展，采取“订单式”“定岗式”“定业式”“企业代包式”等多种技能培训；以“五大养殖基地”“七大种植基地”建设为牵引，开展农牧业实用技能培训；以实施易地扶贫搬迁和新农村建设为目标，开展建筑施工领域技能培训；以国道沿线旅游业发展为依托，开展旅游、餐饮、客房等服务业技能培训；以继承和发展民族传统文化为目标，开展木工、藏式绘画等技能培训。2016年以来，洛隆县总共开展技能培训158期，培训8819人次，建档立卡贫困人口6229人才，通过培训使广大农牧民群众特别是建档立卡农牧民熟练掌握一技之长，使他们就业有门路，收入有保障，脱贫有途径。

2. 通过突出宣传引导，使得贫困户的就业观念实现了新转变

洛隆县通过电视台、微洛隆、基层就业信息平台等新闻媒介，大力宣传国家、自治区和昌都市的就业创业政策和举措。通过微信服务平台定期推送就业创业优惠政策、服务和培训信息，并向各类用工企业推介吸纳就业优惠扶持政策。同时，洛隆县持续发布求职信息、岗位信息，开通互动功能，并通过多种渠道扩大用户覆盖面。利用室外标语宣传，在广场、乡（镇）等人流密集的场所，充分利用路边广告牌、横幅、宣传栏，宣传就业创业、用工企业吸纳就业等优惠政策。同时，在国道、省道、街边沿线设置通俗易懂、言简意赅的藏汉双语就业创业宣传标语。以就业服务窗口宣传为契机，贴近群众的优势，充分利用基层就业和社会保障服务平台，设立政策咨询窗口、办理社保缴纳等业务，开展就业创业政策宣传，利用“春风行动”等平台在人员密集的广场发放就业创业宣传手册。

3. 延伸就业创业的工作内涵，逐渐涌现出了一批致富能手

洛隆县坚持将就业培训与市场需求进行有机结合。紧扣市场需求，开展钢筋工、水泥工、木工、挖掘机、装载机、民族手工艺等工种培训158期，受训人数8819人次，就业4901人次，人均收入达3000元。洛隆县坚持培训就业与想干会干有机结合。在易地搬迁工作中，洛隆县积极组织易地搬迁群众参与建设，使群众既是施工员又是监督员，还能增加自身收入，截至2020年年底，洛隆县实现易地搬迁群众就业达3653人，人均收入3500余元，切实解决了农牧民群众想干会干能干，不离乡不离土、就近就便就业问题。

4. 重视就业服务工作，解决一批群众就业

一是搭建就业平台。2016年以来，洛隆县共举办招聘会25场，提供了就业岗位1500余个，填写求职登记表1600余份，成功就业500余人。二是提升服务质量。洛隆县大力实施就业创业“春风行动”，为800余位群众提供公共就业创业服务，举办专场招聘会，成功实现就业300余人。三是推动以训促就的工作原则。洛隆县深入推进“五个专项服务”，切实提升广大农牧民群众就业技能，加大就业专项资金支持，树立正确导向，激励经过培训的人才在农牧区广阔天地大施所能、大展才华、大显身手。

5. 充分利用优势与优惠政策，鼓励一批群众创业

一是突出地缘优势，大力支持创业。洛隆县利用马利镇布许村毗邻国道349线的地理优势，马利镇布许村农牧民泽巴卓玛通过参加厨师技能培训，促进其掌握了一技之长，在布许沟创办布许次巴饭店，年净增收5万余元。二是大力宣传就业创业优惠政策，以政策宣传促进创业。洛隆县认真

落实自治区、昌都市关于高校毕业生的就业创业工作措施，强化政策宣传和就业帮扶“两对抓手”，2017年马利镇高校毕业生郎卡次旺，在县委、县府帮助下进行自主创业，落实一次性创业启动资金50000元，并先后落实场地水电补贴35450元，参加了区内外致富带头人及创业相关知识培训2次，共带动8名建档立卡户就业，年增收24000元。2018—2019年，高校毕业生邓增公桑、德青巴宗自主创业，分别落实创业启动资金50000元。三是以“SYB”创业培训带动创业。洛隆县2017年组织开展一期“SYB”创业培训，对有创业意愿的高校毕业生和农牧民进行创业培训，县康沙镇阿登通过培训自主创业，成立了文化传播有限公司，先后带动50余人就业，人均年增收2万元。

6. 加强沟通协调与搭建平台，组织一批劳务输出

一是加强沟通衔接，使转移就业渠道得到拓展。洛隆县将“两后生”教育培训作为带动就业、转变观念、实现就业的强力引擎，2017年共组织34名“两后生”赴福建省泉州市开展培训，其中有8名成绩优异的学员与“福建高科日化有限公司”签订劳动合同，人均年收入达36000元。二是加强宣传引导，使贫困劳动力的就业观念受到转变。洛隆县通过宣传区外就业优惠政策，引导农牧民积极参加昌都市人社局组织的“昌都市青年农牧民赴内地务工工作招聘会”，洛隆县4名参加过培训的学员均被深圳“连展科技（深圳）有限公司”录用；2018年中亦乡泽仁达瓦组织78名当地农牧民群众前往那曲市工地务工，其中包括28名建档立卡贫困户，人均月收入达到了3000元以上。三是积极加强沟通协调，不断组织劳务输出。洛隆县切实加强与援建省市、企业，并组织农牧民赴福建九牧集团务工。积极加强与中远海运集团的沟通衔接，促使7名藏族群众在中远海运集团实现就业。福建毅通食品有限公司与洛隆县洛宗特色开发有限公司进行深度合作，在洛隆县建成生产线1条，带动20余人实现了转移就业。四是积极搭建劳务就业平台，促进劳务输出。洛隆县委、县政府高度重视与大力支持，完善就业服务渠道，分别在拉萨市和昌都市挂牌成立“洛隆驻拉萨就业服务站”“洛隆驻昌都就业服务站”，成立打破洛隆县就业服务工作的局限，进一步提升了洛隆县外出务工人员的管理规范化和组织化程度。洛隆县还安排专人负责就业服务工作，自就业服务站挂牌运行以来，共开发就业岗位200余个，发布招聘信息5期，接待洛隆籍求职应聘者60余人。

第九章　边坝县

边坝县地处西藏东部，昌都市西北部，念青唐古拉山脉南麓。其南部与林芝市波密县毗邻，西部、北部与那曲地区嘉黎县、比如县、索县接壤，东与洛隆县交界。县城距昌都市489公里，距那曲地区460公里。全县气候属高原温带半湿润类型，呈现出独有的特征。冬季气候寒冷，空气干燥，多晴天，少雨雪；夏季受印度洋季风气候影响，雨水较多，气候温暖湿润。气候表现出垂直变化，沿怒江河谷向上，依次由河谷暖湿带过渡到山地湿带、山地寒湿带、高原亚寒带和高原寒带。冬春多风，夏秋多雷雨冰雹，无霜期较短。年均气温3.9℃，年均降水量553.6毫米，日均气温大于10℃，积温1012～1426℃。晴天多，日照长，太阳辐射强烈，日温差大，气温偏低，四季不分明。

第一节　脱贫基础

边坝县地处昌都市西部、念青唐古拉山北麓，境内山峦重叠，沟壑纵横。20世纪90年代，边坝县被列为“八七”扶贫攻坚重点扶持的贫困县，2001年被西藏自治区确定为2001—2010年自治区连片贫困开发重点县，2017年12月被西藏自治区列为深度贫困县，10个乡（镇）被列为深度贫困乡（镇），71个村被列为深度贫困村。因其恶劣的地理条件，在很大程度上阻断边坝与外界的人财物交流，属于昌都市大骨节病频发区、发育程度最慢、贫困程度最深、劳动力受教育程度最低、基本公共服务最不普及、生态环境最脆弱、宗教氛围最浓、反分裂斗争形势最尖锐的地区之一。

一、发展基础

（一）政区人口

边坝县属典型的半农半牧县，下辖2个镇9个乡82个行政村（居）216个自然村。2015年边坝县总人口42687人，其中农牧民39373人，城镇人口3314人，有藏族、汉族、苗族、侗族、土家族、回族、纳西族、瑶族、珞巴族9个民族，其中藏族占94.5%。

（二）资源禀赋

全县有耕地面积7.2万亩，草场面积400.03万亩，林地面积562.22万亩，属典型的半农半牧县。怒江经沙丁乡从西向东流至热玉乡的干工巴村出境入丁青县，县域内支流纵横，河网密布。西北部雅鲁藏布江水系从西部写拉多入境至阿兰多与发源于亚卡果的霞曲、夏曲汇合南流至玉坝入嘉黎县后东流入波密县易贡藏布。丰富的水资源为边坝人民的生产生活提供便利，成为边坝人民重要的生存资料。全县林业面积 388572.847 公顷，其中乔木林 158065 公顷，疏林 121 公顷，灌木林 220215 公顷，未成林 873 公顷，无立木林 292 公顷，宜林地 9001 公顷，森林面积 376576 公顷，公益林 343745 公顷，森林覆盖率 42.91%，林木绿化率 43.11%，草地面积 266666 公顷，可利用面积 254213 公顷，林草地面积覆盖于全县 11 个乡（镇）82 个行政村。炯拉措冰川湖是边坝独特的自然景观之一，该冰川主要包括天然冰川和冰川湖两部分，冰川覆盖面积约 15 万平方米。全县野生动植物资源较丰富，野生动物主要有白唇鹿、雪豹、獐子、藏猞猁、黄猴、熊、水獭、麝等；其中白唇鹿、雪豹是国家一级保护动物。野生植物主要有锦鸡儿、白刺花、小叶杜鹃等灌木和醉鱼草、耐旱蒿等牧草品种以及多种食用菌类。

（三）经济社会发展

一是农牧业依然是主要产业。边坝县因其丰富的自然禀赋，形成具有特色鲜明的经济结构。农牧业是边坝农牧民最重要的就业领域，也是最重要的收入来源。主要农作物有青稞、油菜、红麦；经济林主要有桃、核桃、苹果、花椒等。珍贵药材资源丰富，药材种类有虫草、贝母、人参果及多种菌类、蕨类植物，尤其是边坝贝母因其质优、药效好，产品供不应求；畜牧业主要为牦牛、黑山羊；此外，边坝县还盛产藏香猪、藏香鸡等。二是旅游业成为发展的新引擎。独特的自然景观，成为边坝县旅游的天然资本。边坝县地处三江流域高山峡谷地带，以“三色湖”景区为核心，以千年冰川湖、古沙棘林、茶马古道、格萨尔说唱艺术馆为基础，藏东腹地峡谷文化旅游资源较为丰富；以怒江森林公园为基础，尼木乡、沙丁乡、热玉乡等怒江峡谷区域是国内优质的旅游探险区，这将成为边坝发展旅游独具特色的天然资本。三是地方生产总值保持高位增长。边坝县地方生产总值从 2014 年的 47573 万元，增加到 2015 年的 55184 万元，增长率为 16.0%，相比于昌都市整体而言，边坝县地方生产总值增长率在平均水平之上。四是农村居民生活状况发展态势良好。边坝县农村居民人均可支配收入从 2014 年的 6283 元增加到 2015 年的 6974 元，增长 11.0%；同年昌都市的农村居民人均可支配收入增长率为 10.5%，边坝县的农村居民人均可支配收入增长率发展态势良好。

二、贫困状况

（一）贫困人口及分布

边坝县属于西藏自治区 44 个深度贫困县之一。2015 年全县共识别建档立卡贫困人口 12924 人，贫困发生率 34.33%，占全市贫困人口总数 7.65%。2017 年 12 月被自治区列为深度贫困县，10 个乡（镇）被列为深度贫困乡（镇），71 个村被列为深度贫困村。

从贫困人口分布看（表 5-20），全县建档立卡贫困人口主要分布在边坝镇、都瓦乡、拉孜乡。从贫困发生率分析，全县贫困发生率高于 30% 的乡（镇）有边坝镇、都瓦乡、尼木乡、拉孜乡、热玉乡、马武乡、马秀乡，其中热玉乡贫困发生率高达 61.56%，拉孜乡高达 54.06%，属于全县贫困程度最深的乡（镇）。贫困程度较低的沙丁乡、草卡镇、金岭乡和加贡乡，贫困发生率为 30.00% 以下。

表 5-20 边坝县各乡镇贫困人口分布统计表

户，人

序号	乡镇	2015 年年建档立卡		贫困发生率（%）	2016 年脱贫		2017 年脱贫		2018 年脱贫		2019 年脱贫		贫困发生率（%）
		户数	人数		户数	人数	户数	人数	户数	人数	户数	人数	
1	边坝镇	479	2203	39.08	119	604	14	52	343	1721	2	15	0.00
2	沙丁乡	192	1102	29.26	16	99			221	1310	1	11	0.00
3	都瓦乡	241	1270	39.69	15	97	0	0	291	1581	12	42	0.00
4	草卡镇	260	1240	21.97	0	0	25	105	290	1352	2	6	0.00
5	尼木乡	163	839	30.72	19	126	174	955	2	12			0.00
6	拉孜乡	461	2215	54.06	91	451	85	408	282	1591	9	22	0.00
7	热玉乡	284	1291	61.56	0	0	0	0	289	1415	1	2	0.00
8	马武乡	264	1231	46.47	57	298	0	0	207	1048	4	6	0.00
9	加贡乡	27	124	12.18	0	0	60	306	0	0	0	0	0.00
10	马秀乡	160	781	31.27	15	83	0	0	188	937	8	18	0.00
11	金岭乡	158	628	14.56	18	95	154	605	3	8	0	0	0.00
合计		**2689**	**12924**	**34.33**	**350**	**1853**	**512**	**2431**	**2116**	**10975**	**39**	**122**	**0.00**

（二）致贫原因

1. 县域整体贫困原因

（1）地理环境异常恶劣，基础设施建设困难。边坝县山高沟深，远离经济中心，基础设施建设难度非常大。2015 年全县公路通车总里程为 1181.73 公里，县域公路密度为 13.28 公里 / 平方公里，仅为全国 2015 年末平均公路密度的 27.85%，城乡公路基本为砂石路面，对外通联仅靠 G349、G558 和 S302、S303，距昌都市 400 余公里，距拉萨市 800 余公里。全县 82 个行政村通畅 70 个，通畅率为 85.4%，仍有 12 个行政村未通畅。215 个自然村，通达 188 个，通达率为 87.4%，27 个自然村未通达。公路建设等级低、通行能力差，安全隐患多，受降雨、降雪、塌方等影响很多公路通而不畅。受冬季夏贡拉山封山的影响，金岭、加贡乡两乡尚未通柏油路，两乡 5300 余名干部群众在半年中出行仍很困难。

基础设施落后与以下几方面的原因有关：一是边坝县因其地处青藏高原，海拔在 3500 ～ 5000 米，高寒缺氧，项目开复工比较晚，受季节性影响巨大，建设周期长。二是边坝县远离中心市场。边坝距离昌都市 480 余公里，各类材料运费高，部分乡（镇）路途较远，建材运输成本相对较高，因此基础设施单位投资成本远远高于内地其他地区。三是边坝县财政收入有限，难以筹集大量资金用于基础设施建设。同时，由于边坝县地广人稀，基础设施边际成本远远大于边际收益，这也阻碍了财政资金大规模的投资基础设施。因此，基础设施建设落后成为边坝县乃至西藏的一大短板，严重制约了经济社会发展，也成为贫困的一大直接原因。

（2）公共服务不完善，难以推动经济社会发展。这既是造成边坝县贫困的原因，也是贫困的结果表现。有限的县级财政收入，难以有效投资公共服务事业。脱贫攻坚前，全县卫生医疗人才缺乏，群众就医看病必须出县治疗，全县 82 个村居卫生室配置不齐全。全县 44 所学校只能达到基本教学保障，缺乏教学辅助用房、教职工保障性住房和教学活动场所短缺。

（3）产业发展落后，群众增收难。一是农牧业靠天吃饭状况没有改观。脱贫攻坚前，全县总耕地面积5.3万亩，其中，水浇地面积3.6263万亩（农村人均占有0.85亩），保灌面积2.6463万亩（农村人均占有0.63亩）。由于受地质地貌、土壤、气候等因素的影响与制约，全县总体农牧业基础设施滞后，对发展以农牧业为主体的特色优势产业缺乏有力支撑，农牧业依然处于靠天吃饭的传统农牧业发展状态。同时，农牧业、特色养殖、特色种植等特色产业规模小、标准低，布局散、链条短、周期长、见效慢等因素，依靠农牧业带动能力有限。虽然建立了香猪、香鸡、黑山羊养殖基地和牦牛育肥基地等，但受市场制约，没有形成物流链、产业链，进而导致支柱产业难以形成。二是第二产业受基础设施、交通、能源等因素的制约，全县工业发展滞后，难以吸纳剩余农牧民就业。同时受城镇化水平和收入水平低的影响，第三产业市场规模有限，发展层级较低，对农牧民增收贡献不高。

（4）生态环境脆弱性、自然灾害频发导致经济稳定性不高。边坝县地形复杂，处于藏东南三江流域峡谷地带，欧亚大陆板块的剧烈运动使得边坝县水源大多劈山而出并形成了高山深谷的地貌，地势南高北低。地处察隅与墨脱强地震带的交汇处，经常发生有感地震。全县存在地质灾害隐患点共171处，威胁户数近数千户，威胁人口近万人。崩塌、滑坡、泥石流、地面塌陷、地裂缝等地质灾害易发多发，资源保护、修复任务艰巨。加之土层较薄、极端天气较多，生态十分脆弱。这都使得边坝县经济稳定性差，贫困发生率高，易于返贫。

（5）生活条件艰苦，难以引进、留住人才。艰险困难的地理环境、异常恶劣的气候条件，使得边坝县难以吸引外部人才来边坝工作，同时人才流失也较为严重。这使得边坝教育、医疗等公共服务质量不高，造成贫困发生。乡、村基层干部队伍文化程度相对偏低，专业技术人才和管理人才匮乏。县内专业技术人才和管理人才极为匮乏，自身人才培养难度大，“筑巢引凤”步履艰难，科技对边坝县域经济的支撑能力相对薄弱。

（6）社会发育程度不高，广大群众思想保守，致富动力不强。由于历史欠账太多，加之昌都市、西藏自治区财政收入极为有限，主要依靠兄弟省市、中央企业等的帮扶，因此，虽然从纵向看，边坝县取得了举世瞩目的巨大变化，但整体而言，社会发育程度与其他地市区县相比还有非常大的差距。突出表现在群众思想落后、观念保守、“等、靠、要”思想严重，自身努力程度不够。在较为偏远的农牧区，“惜杀惜售”思想严重影响了现代技术在农牧业生产经营中的应用及普及。劳动技能缺乏，市场适应能力不高，在很大程度上影响了农牧区剩余劳动力向第二、第三产业的转移，制约着农牧民增收和地方经济的发展。

2. 农牧民自身致贫原因

统计调查显示，2015年边坝县因缺劳力、缺技术、因残、因病致贫、其他分别占贫困人口的比例为14.11%、53.98%、1.45%、3.92%、26.54%。另外，边坝大骨节病等地方病严重，据统计，2015年全县11个乡（镇）中有9个乡（镇）有大骨节病，患病人数达436户2174人。

第二节　工作举措

进入脱贫攻坚阶段，边坝县按照“党建带扶贫、扶贫促党建”的工作思路，建强脱贫一线“指挥部”，筑牢脱贫一线“硬堡垒”，打造脱贫一线“主力军”，厚植脱贫一线“黑土地”。从“民生边坝”出发，按照“五心”[①]要求，推进“六个一”[②]帮扶举措，以及从“七个清楚”[③]和“六个精准”出发，按照“以产业发展带动脱贫攻坚，以脱贫攻坚促进产业发展”的思路，建立“一个项目、一个领导、一个班子、一个方案、一抓到底”的“五个一”模式，采取“一旬一调度、一月一督查、半年一考核”等制度实现“五个一批”。到2018年年底边坝县实现安全饮水、电力设施、道路交通、通信设施、邮政、金融、广电、互联网等十项提升工程目标。通过实施“七个主动”[④]，破除陈规陋习，夯实“五个覆盖”，激发内生动力。2018年高质量实现全域脱贫摘帽。2019—2020年，边坝县通过提振脱贫攻坚精气神、突出整改查漏补缺、加强督导推动工作等措施巩固脱贫成果、有效衔接乡村振兴。

一、聚焦“六个精准”，促进脱贫攻坚

（一）因村派人精准

在派人精准方面，边坝县主要从以下四个方面入手。一是高标准优选驻村干部。边坝县始终坚持从“民生边坝”出发，通过把政治素质好、工作作风实、综合能力强、热爱基层工作、具备履职条件的干部特别是优秀年轻干部和后备干部选派到农牧区一线，让他们在为群众排忧解难中接地气、经风雨、见世面，培养出一大批经过长期艰苦环境锻炼的干部，为推进长足发展和长治久安提供后备干部梯队。二是严要求锤炼驻村干部。边坝县把贫困地区作为锻炼干部、选拔干部的重要平台，把能干事、想干事、干成事的干部选派到脱贫攻坚第一线和深度贫困地区前沿。广大一线扶贫干部视群众为亲人，舍小家、顾大家，带着感情进村入户，深入田间地头，按照“五心”要求，推进“六个一”帮扶举措，为贫困群众发展办实事、解难事，用实际行动带领贫困群众一步步走在脱贫路上。三是针对性选派驻村干部。边坝县根据各村实际需求，组织部门科学评估考量干部能力特长和选派单位资源优势，做到优化配对，将建设部门干部派到基础设施弱村；将政法部门干部选派到社会治安乱村；将党委部门干部选派到领导班子软村；将经济部门干部选派到经济发展穷村；将发展经济有思路协调项目有实招、产业发展有经验的干部选派到贫困程度最严重的村，60名懂藏汉“双语”、思想好、作风正、能力强、了解当地实际并愿意为贫困群众服务的优秀干部被选派到对应村（居）担任第一书记，精准点名选派工作队队长14名，真正实现因村选派、精准选派。四是全方面加强保障工作。边坝县落实属地责任，强化干部监管。乡（镇）党委、政府履行干部驻村工作的日常管理、监督、考核，派驻单位重点加强规划指导、调查研究、解决实际问题，始终支持保障工作。

（二）资金使用精准

边坝县从扶贫资金管理到项目管理做到资金使用精准。

---

①“五心”即热心参与、诚心互动、真心结亲、耐心引导、细心帮扶。

②“六个一”即开展一次调研，建立一个台账，进行一次慰问，做好一个宣传，形成一个报告，制定一个措施。

③“七个清楚”即一看房、二看粮、三看劳动力强不强、四看家中有无读书郎、五看有无病人在卧床、六看家中有无灾和难、七看基础设施完不完善。

④“七个主动”即一是已脱贫人口主动接受脱贫攻坚巩固宣传教育，二是有劳动力的主动参加就业致富技能培训，三是有劳动能力的主动就近就便参与产业发展，四是有劳动能力的主动参与劳务输出实现增收，五是鼓励有劳动技能的已脱贫人口主动创业增收致富，六是享受生态岗位群众主动履行岗位职责，七是确保适龄儿童主动按时上学。

一是严格要求扶贫资金管理。边坝县严格按照中央、自治区、市关于扶贫资金管理相关文件精神，结合财政财务管理有关规定和工作实际，制定《边坝县扶贫资金管理办法》，明确落实资金的拨付监管，确保资金使用过程中没有出现挤占挪用等违法违规违纪现象。进一步健全扶贫资金管理制度，制定《边坝县财政支持脱贫攻坚实施办法》，建立扶贫资金统筹整合清单，修订完善财政支持脱贫攻坚的财政政策；按照脱贫攻坚任务需要，着力强化投入保障，将专项扶贫资金纳入年初预算，加大财政存量资金对扶贫的投入，并强化财政资金跟踪问效。实行惠民资金“一卡通”，使得当地可以高效安全及时兑现农牧民群众的“救命钱”“保命钱”。实行限时办结制度，做到上级专项扶贫资金拨付办理期限不超过7天。完善信息公开制度，按要求对每一笔财政专项扶贫资金和惠民资金都进行公告公示，并且做到资金分配使用公开透明。按照自治区人行相关贷款文件要求，让符合扶贫贴息贷款条件的建档立卡贫困户享受到西藏扶贫贴息贷款利率（1.08%）。

二是严格要求扶贫项目管理。边坝县编制完善《边坝县产业项目运营管理办法》《边坝县产业项目资金管理办法》《边坝县产业项目固定资产移交及运行管理协议书》。对产业项目的调研、投资风险、效益分析、项目评审、招投标建设、进度跟踪、竣工决算、运行管理、设备采购等进行严格的规定，做到每一个产业扶贫项目都有一套班子负责、一个调研可行性报告、一个规划方案、一个风险评估、一个效益分析。充分征求当地群众意愿之后，再加以实施。在扶贫项目实施过程中，除县纪委监委机关及县委督查委员会、政府督查室的日常督促检查，还引导各方力量和群众参与扶贫项目实施全过程，确保了扶贫项目安排使用精准，符合政策规定。

三是严格落实公示公告制度。边坝县严格落实《西藏自治区扶贫开发办公室、西藏自治区财政厅关于印发〈西藏自治区扶贫资金项目公示公告制度实施细则〉的通知》要求，遵循真实、及时、公开及按照“谁分配、谁公开，谁使用、谁公开，使用到哪里、公开到哪里”的原则，将财政资金分配结果、精准扶贫贷款安排使用情况、行业扶贫相关财政资金及援藏资金、年度扶贫资金项目计划安排情况及完成情况、项目实施情况，按时间节点要求，通过主流媒体以及公示栏（墙）等多种载体和方式进行公示公告。将县脱贫攻坚项目库实行村（居）、乡（镇）、县三级公示公告。在公示公告的同时，公布公示公告单位和监督电话，始终接受社会和群众监督。

（三）扶贫对象精准

边坝县从规范精准识别程序、精准识别标准、对象动态调整以及平台建设等全面做到扶贫对象精准。

一是规范精准识别程序。边坝县为精准掌握贫困底数，从“七个清楚”和“六个精准”出发，各乡（镇）、村（居）结合贫困标准和“六看”方法，由各乡（镇）干部、扶贫专干及村（居）“两委”、村（居）第一支部书记、驻村工作队组成专门调查小组，深入到村（居）和农户家中，以农户收入为基本依据，综合考虑住房、教育、健康等因素，逐个对提出申请的贫困家庭基本情况进行调查摸底、全面核实。根据“三公示、一公告”工作要求，对公开评议出的贫困户，各乡（镇）村（居）分别按照不少于7个工作日的要求进行公示，期间主动接受群众监督。同时实行“一严五关”，设立专门举报电话，主动接受群众咨询和举报，承诺对公示期间群众有异议的，再次组织工作组深入基层进行调查、甄别，确保将真正贫困的群众列入建档立卡贫困户。

二是明确精准识别标准。边坝县针对乡（镇）对政策把握不准，特别是对村医、村民监督委员、经商企业人员、长期在外务工人员等是否符合条件纳入建档立卡贫困户的问题上，结合精准识别相关要求，制定《边坝县关于规范建档立卡贫困户精准识别的指导性意见》。《意见》从“八不进、八出”[①] 方面进一步明确了公益性岗位人员、村（居）“两委”班子成员、公职人员、缴纳公积金人员、高校毕业生、经商办企业人员、购置商品房门面房的人员、购置大车客运车、消费性小车、工程机械大型农用机型人员、村（居）监督委员、自发搬迁人员、现役军人、服刑人员等12类人员是否纳入建档立卡贫困户范围进行了详细解释，基本覆盖了人口构成、生活质量、劳动能力等诸多方面。

三是实现精准识别动态。边坝县建立贫困人口信息核实和动态管理制度，由县委组织部、公安局、民政局、卫计委、工商局、税务局等部门负责，对全县建档立卡贫困户、清退和新纳入的贫困户进行了复审核实。针对新生儿未上户、嫁入嫁出未及时进行户口迁移、死亡人员未销户、人员姓名不一致但身份证号码一致等问题和存在的错误信息进行更正。对疑似存在的识别不精准、档卡不规范等问题，利用精准识别“回头看”，入户走访、实地核实，并结合实际情况进行再识别、再复核，在真正弄清贫困户致贫原因的基础上，综合采取多种措施进行精准识别。

四是建立精准识别平台。边坝县通过识别程序、识别标准和管理方法，确保贫困识别精准性，对识别出来的贫困人口按程序及时进行建档立卡，并严格按照“户有卡、村有簿、乡有册、县有档”的要求，进行资料规范归档。对贫困户扶贫手册填写特别是逻辑关系、收入真实性等进行严格的审核把关，确保贫困户基础信息得到真实体现，为后续精准扶贫工作开展和最终脱贫摘帽目标的实现提供真实可靠、精准无误的数据基础保障。

（四）措施到户精准

边坝县根据《昌都市打赢脱贫攻坚三年行动计划》《边坝县深度贫困脱贫攻坚规划2018—2020年》，通过易地搬迁、产业发展、转移就业、生态补偿、教育脱贫、兜底保障、结对帮扶等方式实现了精准脱贫。

一是抓搬迁，实现“一方水土养一方人”。边坝县编制《边坝县“十三五”易地扶贫搬迁规划》《边坝县年度易地扶贫搬迁实施方案》，结合11个乡（镇）实际，在充分尊重群众意愿的基础上，按照“六靠”“五方便”“两避让”的原则，综合考虑交通、产业、就学、就医、资源等因素，确定县内安置点规模和建设地址，因地制宜地实施易地扶贫搬迁与产业建设、基础设施配套等，实现贫困群众搬得出、稳得住、有事做、能致富。同时，实行县级领导包点督导检查制度，包点领导每半个月向县脱贫攻坚指挥部汇报一次工作开展情况。

二是抓产业，增强发展内生动力。边坝县制定完善《边坝县“一核四区”特色产业发展总体规划2016—2025年》《边坝县种植业产业项目管理办法》等，以建档立卡贫困户真正脱贫、长期受益为目标，在充分征求各乡（镇）、行政村（居）和各相关单位意见的基础上，立项和申报都严格按照产业规划布局进行，对项目建设的经济效益、社会效益和社会稳定风险等进行充分论证、评估和市场分析。此外，聘请专业设计公司进行项目设计，在项目实施过程中，强化责任单位职责，狠抓

① “八不进”，有以下情况之一的不能识别为建档立卡贫困户：村干部家庭；有公职人员的家庭；参加企业职工社会养老保险的家庭（包括灵活就业保险）；寺庙在编僧尼；有轿车、客运车、工程车等大型机动车（大于5万元）的家庭；有商品房的家庭；有实体产业的家庭；学经半年以上未归人员不进。“八出”，家庭成员（含已分家立户的）有人在行政事业单位工作属财政供养的农户；村干部家庭没经过上级组织认定的；家庭拥有楼房，在城镇购买商品房或高标准装修现有住房；家庭成员拥有消费性小轿车（大于5万元）的农户；家庭拥有工程机械及大型农机具（大于5万元）从事有偿经营服务的农户；长期雇佣他人从事生产经营的个体经营户，经营公司的农户；子女完全具备赡养能力，分户居住且无慢性病、大病的农户；举家在外打工半年以上不归的农户。

建设质量进度，确保项目建设按期完工并产生经济带动效益。坚持宜农则农、宜牧则牧、宜工则工、宜游则游，突出打造一乡一业、一村一品，已成功申报“边坝藏红麦”“边坝贝母”“边坝黑山羊”为国家地理标志注册商标，为脱贫致富打牢产业支撑基础。

三是抓政策，让好政策惠及全体人民。边坝县全面贯彻落实国家各项扶贫政策，坚持生态立县，在建档立卡贫困户中招收林业护林员、野生动物疫源疫病检测员、湿地生态保护检测员，草原监督员、水生态保护和村级水管员、农村公路养护员、旅游厕所保洁员、城镇保洁员和村级环境监督员、地质灾害群防群测员，做到“一人一岗”明确职责，做好岗位资金发放工作。

四是抓就业，充分挖掘增收潜能。边坝县多渠道实现高校毕业生充分就业，加强与福建对口援藏省市沟通协调，争取就业岗位支持。积极组织实施贫困群众转移就业工程和农牧民职业技能提升计划，以“军旅式”和“互联网+”培训模式开展订单式、定向式、对接式技能培训。以“春风行动”等公共就业服务活动搭建用工对接平台，实现贫困群众增收致富。

五是抓教育，推动义务教育标准化发展。健全精准化的资助体系，全面实施义务教育学校标准化建设，制定《边坝县贫困家庭学生资助方案》，让贫困家庭孩子读得起书，在标准安全的校舍读书，达到成才一个、脱贫一户的目的。

六是抓社保，实现应保尽保。边坝县针对所有建档立卡贫困户无法依靠产业扶持和就业帮助脱贫的家庭以及其他符合条件的困难群众，实行低保保障政策，做到应保尽保、应扶尽扶。建立农牧区合作医疗制度+自治区大病保险+民政医疗救助+建档立卡贫困户医疗救助的救助体系，让农村低保户、五保户、残疾人等贫困人员参加新型农村合作医疗，个人缴纳部分由政府出资缴纳。以大病统筹基金为基础，将符合医疗救助条件的低收入家庭重病患者及县里规定的其他特殊困难群众全部纳入到救助范围，提高了救助水平。

七是抓结对，实现点对点结穷亲。边坝县级领导带头深入到各自包户家中，面对面了解实情，开展“六个一”结对帮扶工作法，完成县（中、区）直各单位干部职工的结对。

八是抓宣传，凝聚脱贫强大正能量。边坝县加大正面引导力度，坚持扶贫与扶志、扶智相结合，深入开展政策宣传、思想教育、移风易俗等活动，转变群众“等、靠、要”的消极思想，引导贫困群众实现“要我脱贫”到“我要脱贫”的观念转变。通过在民生边坝、边坝政务网、边坝电视台等各类媒体全方位、多角度宣传报道精准扶贫、精准脱贫相关政策，形成良好的社会舆论氛围，树立一批“立得住、叫得响、推得开”的先进典型，充分发挥典型示范引领作用。

九是抓金融，提供强大资金保障。边坝县引导金融机构灵活创新信贷管理机制，拓展抵质押范围，大力推进符合贫困地区多样化发展需要的金融产品和服务方式的创新。

十是抓援藏，深化交往交流交融。边坝县深入贯彻落实东西部扶贫协作座谈会会议精神，紧紧围绕精准帮扶，进一步创新完善协作模式和帮扶举措，统筹开展对口支援工作。创新援藏市县对口支援边坝乡（镇）等机制，推动福建漳州、龙岩两市各县与边坝乡（镇）实现对口帮扶全覆盖。

十一是抓短板，高度关注弱势群体。边坝县出台《边坝县关于帮扶单亲困难母亲的实施方案》，对符合城乡低保条件的单亲母亲，做到应保尽保，并将困难单亲母亲纳入到定向性政策保障范围。

（五）项目安排精准

精准扶贫工作开展之初，边坝县成立以县长为组长的产业脱贫组，从各单位抽调精干十余人专职落实产业扶贫相关措施，明确主管领导，落实承办部门，确定专人负责，及时制定和出台《边坝县脱贫致富产业发展项目管理暂行办法》《边坝县经济林产业项目管理办法》《边坝县养殖业产业扶贫项目实施管理办法》《边坝县种植业产业扶贫项目实施管理办法》《边坝县旅游产业项目实施管理办法》《边坝县文化产业项目实施管理办法》。同时将产业扶贫工作纳入到年度考核，并制定出台《边坝县产业精准扶贫精准脱贫考评暂行办法》《边坝县扶贫产业项目职责分工及后续管理办法》。各乡（镇）也成立了以乡（镇）长为组长的产业扶贫工作专班，制定工作方案，落实专人负责，健全工作体系，形成了一级抓一级、层层抓落实的工作格局，为责任、政策、工作“三落实”提供了组织保障。边坝县累计召开了60余次专题会议安排部署全县产业扶贫工作，进一步明确了工作任务，及时解决产业扶贫工作中存在的问题，保障产业扶贫工作有序推进。

按照“多个渠道引水、一个龙头放水”的扶贫项目安排要求和“项目、资金、权利、责任四到县”制度，边坝县坚持规划先行、严格项目管理程序，确保项目安排精准。在充分征求贫困群众意愿的基础上，结合昌都市“五大养殖基地”“七大种植基地”产业布局和《西藏边坝县特色产业发展总体规划（2016—2025年）》，精心编制《边坝县“十三五”产业扶贫规划》《边坝县脱贫攻坚产业扶贫三年行动计划（2018—2020年）》《边坝县“一核四区”特色产业发展规划》，制定出台符合边坝实际的产业发展配套政策，做到产业扶贫有规划、有目标、有任务、有措施、有时限、有主体，为项目安排提供依据，确保项目安排到村、到户、到人。将全县建档立卡贫困户中具有劳动能力的人员全部安排到产业项目上，做到产业项目全覆盖。

边坝县2016—2020年共实施90个产业脱贫项目，其中72个“十三五”规划内产业项目，18个深度贫困地区产业项目，总投资49632.07万元。边坝县探索运营管理模式，建立利益联结机制、采取政府引导、村集体或个人承包、实行自负盈亏、带动农户增收的原则，注册成立6家企业，成立46家合作社（协会）。2016—2020年90个产业扶贫项目已全部完工并投入运营，其中已分红产业项目53个，分红和发放工资性收入达1712.16万元，已增产增收产业项目37个，累计实现产值约3612.91万元，通过扶贫产业项目共计解决就业684人，共计带动2844户7528人实现增产增收。2020年建成藏香猪养殖基地5座，存栏732头；藏香鸡养殖基地4座，存栏1.3万只；黑山羊保种育肥基地1座，成立黑山羊养殖合作社1家，存栏6000只；牦牛养殖育肥基地4座，牦牛育肥场1座，牦牛存栏442头；奶牛养殖基地1座，存栏70头；林麝养殖基地1座，存栏112头；2018—2020年种植藏红麦1万亩、芫根0.25万亩、饲草3万亩、马铃薯0.25万亩、青稞0.8万亩、油菜0.55万亩、苹果1000株、山杏12500株、林业苗圃500亩；建成扶贫商店、蔬菜肉类供销站、扶贫馒头店、林下资源收购站、扶贫餐饮点、扶贫机动车维修服务点等短平快项目115个；建成扶贫砂石厂3座；建成藏红麦、畜产品、粮油、藏香、纯净水、藏式家具、手工艺品、唐卡绘画、马铃薯、饲草料及有机肥等加工厂各1座；扶贫洗车场2座；配套建设电子商务展销中心、格萨尔王说唱馆、农机合作社、三色湖基础设施、片仔癀体验馆、屠宰场、冷链库各1座；建成高效日光温室90座，庭院温室2935座。

（六）脱贫成效精准

截至2018年年底，边坝县累计完成减贫3017户15381人，圆满完成脱贫摘帽目标，社会始终保持和谐稳定，经济快速发展，硬件设施更趋完善，人民群众生产生活水平和幸福指数越来越高，绝对贫困已基本消除，脱贫攻坚战取得巨大成效。

1. 社会稳定得到全面巩固

边坝县始终坚持把维护稳定作为压倒一切的政治任务，坚决抓稳定一刻不放松、丝毫不动摇。一是大力开展宣传教育活动，引导群众爱国爱党。边坝县采取集中宣讲、入户宣传等传统方式，结合电视、网络和微信公众号等媒体平台，在全县范围内广泛开展各类爱国爱党教育，开展扶贫政策、法律法规和党的宗教政策宣传活动，引导全县群众“知党恩、感党恩、听党话、跟党走”、遵纪守法，引导全县群众正确认识宗教、科学信仰和合理对待宗教，引导僧尼和信教群众主动参与助力脱贫攻坚工作。全县各族各界群众主动自觉维护民族团结和祖国统一，主动自觉维护党的集中统一领导。二是通过实施易地搬迁，形成集中管理局面。边坝县易地扶贫搬迁安置点 43 个，总计搬迁 1534 户 7994 人。通过集中安置，缩短管理半径，推进现代化社区治理体系建设，建立健全治安防控机制，选派政治立场坚定、服务意识强、善做群众工作的干部加强群防群治工作，强化社会风险防范和矛盾纠纷排查化解，有效解决群众间各类矛盾纠纷，增强群众的“安全感”，为边坝县和谐稳定奠定扎实基础

2. 生活水平得到提质增效

一是“两不愁三保障”已经全面达成。到 2018 年，边坝县全部人口均已实现不愁吃目标，饮水安全达到当地饮水安全评价标准。2019 年边坝县播种青稞等粮食作物 3532.35 公顷，累计产粮 11366.21 吨，折合人均 266.27 千克；存栏牛羊等牲畜 150672 头只；正常运营庭院温室 1435 座，蔬菜温室大棚 395 座；全县农牧民群众基本口粮、肉类、牛奶、蔬菜等指标均已满足不愁吃标准。2019 年边坝县农村人口人均可支配收入 11147 元（较 2015 年 6974 元上升 59.8%），城镇人口人均可支配收入已达到 31160 元（较 2015 年 15841 上升 96.7%），消费能力水平已完全满足各类基本生活需要，不愁穿目标完全实现。边坝县累计投资 7909.9 万元，建设 210 个饮水工程点，因地制宜地实施机电井、手压井、提灌站等冬季供水保通措施，解决全县农牧民群众饮水问题；全县累计完成 667 户危房改造工作确保全县群众住房安全。边坝县始终坚持教育优先发展战略，持续加大义务教育发展力度，全面实施“薄改”工程，大力推进学校标准化建设，完成了 44 所薄弱学校、教学点、幼儿园改造及标准化建设。边坝县始终注重阻断贫困代际传递教育工作开展，建立健全控辍保学双线目标责任制和“四书制”①，制定完善“八项”控辍保学措施，对全县疑似失学适龄儿童少年进行劝返学，劝返率达到 100%。全县所有义务教育阶段适龄儿童、少年（除身体原因不具备学习条件的）均有学上、上得起学，无失学辍学。投资 13520.23 万元新建边坝县人民综合医院；援藏资金 930 万元，新建拉孜乡卫生院和金岭乡卫生院；完成 44 个，正在建设 32 个村卫生室提质改造工作。将全县建档立卡户全部纳入基本医疗保险、大病保险和医疗救助等制度保障范围，常见病、慢性病均能够获得及时诊治，得大病、重病的建档立卡户基本生活有保障。

二是弱势群体得到更多帮扶。边坝县始终聚焦特殊群体、聚焦群众关切，切实履行基本民生保障，持续推进社会兜底保障各项政策法规落实落地，对残疾人、留守儿童、困境儿童以及老人等弱势群体，当地进行关爱帮扶。2016 年以来，发放农村低保资金 3885.73 万元，临时救助困难群众 82 人次，累计支出救助资金 27.535 万元。专门成立困难单亲母亲帮扶组，对全县 327 名困难单亲母亲进行专门的结对帮扶，让全县各类困难家庭生产生活得到最优保障。

三是基础设施得到根本改善。脱贫攻坚开展以后，边坝县为补齐基础设施短板弱项投入大量资金。2016 年以前，只有小水电站，86 个行政村（居）只有 47 个实现电力通畅。2018 年国家电网并网及升级改造后，全县 86 个行政村（居）全部实现电力通畅，43 个易地搬迁安置点全部通电。完善道路建设，乡（镇）通畅个数由 2015 年的 6 个增加至 10 个，2021 年 G349 边坝至嘉黎段改扩建工程完成后，金岭乡将实现通畅，全县乡（镇）通畅率将达到 100%；行政村通达个数由 2015 年年

① “四书制”即义务教育入学通知书、保学责任书、限期复学通知书、处罚决定书。

底的 77 个增长至 2019 年年底的 82 个；行政村通畅率由 2015 年末的 19.5% 提升至 85.4%。不断加强和完善通信设施建设，行政村网络通信已全覆盖；邮政快递从 2015 年末的 11 个乡（镇）零覆盖到 11 个乡（镇）全覆盖；将 11 个乡（镇）划分为 4 个片区设立 4 个农业银行服务网点。农牧民群众生产生活条件得到了根本改善。四是业余文化生活变得更加丰富。边坝县不断改善农牧民群众文化生活，建成 49 个标准化村级活动场所，在建 43 个，农牧民群众文化生活变得更加丰富。

3. 群众收入得到明显提高

一是产业带动增收。脱贫攻坚战打响后，边坝县经过多次论证分析对边坝县“十三五”期间产业项目规划先后进行两次调整，规划投资 49632.07 万元，实施产业项目 90 个。2016—2020 年实施 90 个，执行率达 100%，22584 人（建档立卡户 7528 人）通过产业带动实现持续增收；为 7528 名建档立卡贫困户群众分红和发放工资性收入 1712.16 万元；累计投资 3200 万元种植推广藏红麦、青稞、马铃薯、芫根、油菜及饲草料等 38500 亩，实现产值约 3612.91 万元，为 5646 户家庭每户每年减少生活开支约 2000 元以上。

二是主动创业增收。边坝县持续推进新型经营主体培育，截至 2020 年年底，全县累计扶持培育龙头企业 6 家、发展农民专业合作社和协会 46 家、建立和扶持村集体经济 69 个。通过建立“合作社 + 基地 + 致富带头人 + 农户 + 保险”等新型运营模式和科学合理的利益联结机制，确保了贫困群众精准受益。2016 年以来，先后开展房屋建筑、花卉种植、装载挖掘机、厨师、客房服务、蔬菜大棚种植等 10 多个技术工种培训，开办各类技能培训班 90 期 5741 人次，通过培训上岗就业 3123 人，就业率达到 54.3%。累计解决了 81 名“两后生”[①]就业问题；完成城镇新增就业（含困难群体）1062 人，开发就业岗位 822 个，开发公益性岗位 384 个，开展就业推荐 832 人次，农牧区富余劳动力转移就业 48054 人次，增收 15568.99 万元，有效促进农牧民群众增收。

三是旅游带动增收。边坝县以全域旅游促进县、乡、村旅游互动和城乡一体化发展。建设格萨尔说唱馆 1 座，建设马秀乡玉湖村惠民餐饮点 1 个；建成“茶马古道”旅游观景台、“三色湖”景区基础设施等项目；注册成立合作社 8 家，分红与发放工资性收入资金 13.29 万元，累计解决就业岗位 45 个，带动建卡户 238 户 880 人增收。

四是生态保护与增收取得双赢。边坝县把生态扶贫作为打好打赢脱贫攻坚战的重要内容，牢固树立绿水青山就是金山银山、冰天雪地也是金山银山的理念，精准落实生态保护政策性岗位，使 12880 名群众吃上“生态饭”，累计兑现生态岗位补偿资金 16277.96 万元。实施耕地还林面积 19000 亩，受益群众 920 户 4723 人，户均每亩增收 500 余元。

二、结合边坝实际，落实“五个一批”

（一）发展生产脱贫一批

1. 边坝县产业脱贫一批的思路

一是探索产业扶贫新模式，促进产业持续发展。边坝县的每个产业项目建成后县、乡、村三级签订目标责任书，确定项目主管县级领导、项目主管单位及责任人、项目管理运营乡（镇）负责人、项目运营主体等，确定各自职责和义务，层层移交产业项目固定资产后，及时研究产业运营管

① “两后生”即初中、高中毕业未能继续升学的贫困家庭中的富余劳动力。

理模式、对接贫困户就业及分红等，确保每个产业项目有人抓，有人管。每个项目都制作产业项目标识公示牌，发放建档立卡贫困群众产业精准收益明白卡。按照农牧业产业链发展模式，利用福建漳州市、龙岩市及中国电信集团援边的有利契机，大力开展招商引资，积极引进企业参与边坝县农牧业产业开发，加快推进产业集聚，促进产品升级，创造名优品牌，提升农牧业效益。边坝县先后与漳州片仔癀药业有限公司等10家企业达成合作协议，顺利实施藏红麦种植与加工、藏香猪标准化养殖、智慧农业及林麝养殖等一批扶贫产业项目。同时按照“公司＋基地＋农牧民专业合作社＋农户”的产业化经营模式，大力扶持生产大户、龙头企业和农牧民合作社，并依托龙头企业大力发展规模化的产业项目。龙头企业利用贫困人口信用贷款政策贷款实施产业项目，并按照产业项目投入资金的5%逐年提取收益，分配给相应的贫困人口，增加贫困群众股金分红收入。边坝县建立利益联结机制、采取政府引导、企业或个人承包、实行自负盈亏、带动农户增收的原则，注册成立企业6家，成立合作社或协会46家。通过实施产业项目带动建档立卡户2844户7528人实现增产增收。

二是发挥群众主体作用，激发群众内生动力。边坝县在扶贫产业选择上充分尊重贫困群众意愿，广泛征求贫困群众意见，让贫困群众选择符合自身条件的产业项目，切实做到自下而上、上下协调确定扶贫产业项目。同时，教育引导贫困群众转变陈旧观念，摒弃“等、靠、要”思想，在龙头企业、专业合作经济组织和能人的带动下，积极参与产业项目建设、经营，增强主人翁意识、增加转移就业收入，树立劳动脱贫光荣意识，建设扶贫商店、餐饮点及机动车维修服务点等村集体经济69个，注册成立农牧民专业合作社及协会46家。

三是合理谋划布局脱贫产业。边坝县按照“以产业发展带动脱贫攻坚，以脱贫攻坚促进产业发展”的思路，坚持“因村选业、因户定项目和宜农则农、宜牧则牧、宜林则林、宜商则商、宜游则游”的原则，变“输血扶贫”为“造血扶贫”。充分结合昌都市“五大养殖基地”“七大种植基地”的产业总体布局，以及建档立卡贫困群众的脱贫需求，加强对产业项目预期销售市场、发展前景、效益的调查，做到以市场为导向，以效益为前提，因地制宜，科学论证，选准选实符合本地实际的产业项目。

2. 主要做法

一是出台产业扶贫政策。2016年，精准扶贫工作开展之初，边坝县成立以县长为组长的产业脱贫组，从各单位抽调精干十余人专职落实产业扶贫相关措施，明确主管领导，落实承办部门，确定专人负责，及时制定和出台《边坝县脱贫致富产业发展项目管理暂行办法》《边坝县经济林产业项目管理办法》《边坝县养殖业产业扶贫项目实施管理办法》《边坝县种植业产业扶贫项目实施管理办法》《边坝县旅游产业项目实施管理办法》《边坝县文化产业项目实施管理办法》。同时将产业扶贫工作纳入年度考核，并制定出台《边坝县产业精准扶贫精准脱贫考评暂行办法》《边坝县扶贫产业项目职责分工及后续管理办法》。各乡（镇）也成立以乡（镇）长为组长的产业扶贫工作专班，制订工作方案，落实专人负责，健全工作体系，形成一级抓一级、层层抓落实的工作格局，为责任、政策、工作“三落实”提供组织保障。

二是持续财政资金投入，加大产业扶贫支持力度。2016年财政投入资金7481.42万元，2017年增加到14090.49万元，比2016年增长188%；2018年为20385万元，比2017年增长145%；2019年为8031.42万元；财政累计支出47097.02万元。2016—2020年实施产业脱贫项目90项（其中“十三五”规划内项目72个，深度贫困村项目18个），总投资49632.07万元，其中养殖业产业项目24个、种植业30个、文化旅游产业12个、商贸流通业10个、加工业12个。已实施产业项目90个，全部完工并投入运营，其中已分红产业项目53个，分红和发放工资性收入达1712.16万元；增产增收产业项目 37 个。

三是加快绿色农业发展。边坝县在充分征求贫困群众意愿的基础上，结合昌都市“五大养殖基地”“七大种植基地”产业布局和《西藏边坝县特色产业发展总体规划（2016—2025 年）》，精心编制《边坝县“十三五”产业扶贫规划》《边坝县脱贫攻坚产业扶贫三年行动计划（2018—2020 年）》《边坝县“一核四区”特色产业发展规划》，做到项目实施有规划、有目标、有任务、有措施、有时限、有主体，确保项目安排到村、到户、到人。通过全县 90 个产业扶贫项目的实施，先后建成产业脱贫项目 90 个，并全部投入运营，围绕“五大养殖基地”“七大种植基地”产业发展思路，加快发展了以牦牛、藏香猪、藏香鸡、黑山羊、藏红麦、蔬菜、饲草料、林下资源为重点的绿色农业。

四是积极实施电商产业。边坝县成立三色湖电子商务有限责任公司，建设电子商务展销中心 1 个，通过中国邮政物流建设完善城乡快递物流体系和网点，将边坝县绿色、特色农畜土特产品 40 多种，包括牦牛肉、黑山羊肉、藏香鸡肉、藏香猪肉、虫草、獐子菌、贝母、藏红花、雪莲花、虎掌菌、人参果以及藏红麦、菜籽油等农产品、农副产品、预包装食品、散装食品、土特产等原生态产品通过电子商务平台销往国内市场，拓宽了农畜土特产品的销售渠道，提高产品的知名度和附加值。

（二）生态补偿脱贫一批

边坝县坚持绿色发展理念，走“两个可持续”道路，严格遵守生态保护红线，实施森林生态效益补偿机制、草原生态保护补助奖励机制以及防沙治沙、湿地保护与恢复、自然保护区保护等工程，完善生态补偿机制，让有劳动能力的贫困人口就地转为护林员、环境保护监督员、草原监督员等生态岗位人员。2016 年招收生态岗位人员 9626 人、2017 年招收生态岗位 11636 人、2018 年招收生态岗位 12636 人、2019 年招收生态岗位人员 12880 人，其中，建档立卡贫困户 6722 人、边缘人员 5914 人。2016 年到 2019 年年底共计招收岗位人员 12880 人，完成重点区域造林 7214 亩，防护林体系建设 5897 亩，退耕还林 15000 亩，经济林 350 亩，累计雇佣项目群众 1000 户 4955 人，兑现劳务费 75 万元。兑现生态补偿资金 11769.96 万元。2016 年完成重点造林区域补植旱柳 20970 株，2017 年防护林体系建设 3821 亩，种植各类树苗 423100 多株，退耕还林造林 12200 亩，种植云杉 55.17 万株，杨树 29.7 万株，大果圆柏 30 多万株。截至 2020 年年底，招收生态岗位 12636 个，兑现岗位资金 18492.76 万元。

1. 严格招收标准

边坝县按照“定岗定人、定岗定责、定岗定酬”和“一人一岗”的要求，让有劳动能力的贫困人口就地转为林业护林员、湿地生态保护检测员、草原监督员、沙化地管护员、水生态保护和村级水管员、农村公路养护员、旅游保洁员、城镇保洁员和村级环境监督员、地质灾害群防群测监测员“八大员”生态岗位，最大限度增加了贫困群众收入，让群众吃上“生态饭”。

一是严格生态保护岗位对象及安排顺序。具备劳动能力和意愿的建档立卡贫困人口；具备劳动能力和意愿的，未纳入建档立卡范围的农村低保人口；具备劳动能力和意愿的，人均可支配收入在当年贫困线至次年贫困线（次年贫困线按上年贫困线 16% 的增幅测算）之间的低收入农村人口，该部分人口按照收入从低到高的原则安排。二是严格控制生态保护岗位安排人数。生态保护岗位安排人数不得超过上述三类对象所对应总人数的 50%，一人一岗。同时对上述对象不含一二级残疾人口、全日制教育在校生，村（居）“两委”成员、与行政企事业单位有一年以上实际雇佣关系人口、在外一年以上自由职业者。三是生态保护岗位与各类生态保护补助奖励保底政策不重复安排。

2. 规范政策程序

边坝县认真落实贫困户、贫困人口招聘生态岗位人员政策，严格按照政策要求，公开公正公平筛选符合条件的贫困人口为生态管护人员，建立健全生态岗位人员考核管理制度，加强考核管理。

一是严格招收程序。边坝县建立本人申请—村级审核—乡（镇）复查—乡（镇）审批—统一公示的招收程序。首先召开村民大会告知群众相关政策，按照自愿原则，由村两委登记备案并严格按照年龄在 16 ～ 65 周岁、具有劳动能力（残疾一二级除外）、长期在家、一人一岗的条件选聘，优先招收有劳力的建档立卡贫困人口，其次按照“收入由低到高”原则招收有劳力的非建档立卡农村低收入农牧民，再由乡（镇）复核并统一公示，对于虚报收入、担任天保护林员或其他岗位的，由乡、村两级核实后将指标调剂至其他符合条件的群众。

二是严格管理政策。边坝县制定《边坝县生态保护政策性岗位管理办法（试行）》《边坝县生态护林员岗位管理办法（试行）》，明确岗位人员招收年龄，禁止不能享受岗位的各类人员，制作管护合同、出勤日志、考核登记表、资金兑现台账等相关资料模板，列出行业部门及乡（镇）、村（居）应有的必备资料，划定各级职责义务，规定生态护林员每月至少 7 次出勤，做好每月至少 5 次出勤巡护、排查火险隐患、查看盗伐盗猎的本职工作的同时，每月 2 次维稳出勤。乡（镇）、村（居）结合辖区实际再细化管理办法制定具体的管理细则，建立乡、村、组三级管理机制，实行交叉履职，由天保护林员和双联户户长带队，按照“就地就近就便”的原则，将生态护林员分若干小组轮换出勤。同时，根据乡（镇）统一安排，组织生态护林员与其他生态位人员对道路、河流、易地搬迁点等进行环境卫生整治工作。

三是严格岗位补助资金标准。边坝县 2016 落实生态岗位补助资金 2887.8 万元，2017 年落实生态岗位补助资金 3490.8 万元，人均年增收 3000 元；2018 年落实生态岗位补助资金 4422.6 万元，2019 年落实生态岗位补助资金 4508 万元，2020 年落实生态岗位补助资金 4429.6 万元，2018 年生态岗位资金补助标准由人均 3000 元 / 年提高至人均 3500 元 / 年，人均每人增收 3500 元。截至 2020 年年底，边坝县累计落实补偿资金 19738.8 万元。

3. 强化日常管理

为做好生态补偿人员的管理工作，促进管护水平提高，确保生态效益补偿工作全面落实，边坝县积极发挥职能作用，利用下乡工作的契机根据各自职能分工，密切配合、主动作为，各司其职、各负其责，加大对生态补偿岗位人员的检查力度，严查生态岗位人员履职尽职情况。边坝县要求，每次出勤后，由带队的护林员组长统一打考勤，生态护林员需逐一签字或按手印，每月由村两委或驻村工作队统一汇总，每半年经村汇总加盖公章后上报至乡（镇），乡（镇）对生态护林员出勤履职情况复核后再逐一兑现岗位补助。严格按照每月履职不少于 7 天的要求，对出勤懒散及时予以批评教育，对出勤不达标不予通过考核并停发岗位补助，避免生态护林员“拿钱不做事”的福利化问题。通过统筹安排部署生态补偿的各项工作任务，落实以乡（镇）为单位的生态补偿工作责任区，由乡（镇）负责监督、管理各村生态岗位人员，有效地解决县直部门对各村生态补偿岗位队伍管理“脱节”的问题。增强生态补偿管理工作的针对性、系统性和有效性，实现生态综合效益与农牧民收入“双提高”，为边坝的脱贫攻坚工作打下基础。

4. 提高生态岗位工作质量

一方面边坝县结合乡（镇）、村实际，明确岗位人员职责，并发放上岗证、签订管护合同、填写出勤日志、半年及年度考核和发放资金等工作。组织乡（镇）、村加强本行业岗位人员管理，通过组织岗位人员巡山护林、管理草场、打扫公厕卫生、养护公路等实际活动，让生态岗位人员履职尽责，做好出勤记录，填好出勤日志。另一方面边坝县通过开展培训、组建宣讲团、召开群众大会、发放宣传单、悬挂横幅等方式，加强对扶贫专干及岗位人员的教育培训。开展脱贫工作以来，县委、县政府每年组织乡（镇）扶贫专干开展生态岗位专项培训 1 次，调研指导生态护林员工作 3 次，发放政策宣传单近 3 万份，11 个乡（镇）召开群众大会 100 余次，及时地将岗位选聘条件、管理办法等讲深讲细讲透，进一步强化扶贫专干业务能力，教育引导群众树牢“勤劳致富”的思想，强化群众保护绿水青山的意识，有力督促岗位人员履职尽责。

5. 林业资源保护与管理成效显著

一方面护林防火工作成绩明显。边坝县根据全区森林防火工作会议精神和森林防火的命令。一是层层签订森林防火责任状，落实各乡（镇）主要领导和主要负责人防火第一责任人和主要责任人的职责。二是在全县范围内，边坝县大力宣传《森林法》《森林防火条例》《西藏自治区森林防火实施办法》《西藏自治区人民政府关于冬春季森林防火的命令》等法律法规，在重点林区、入山路口，在重要地段设立防火宣传牌 195 个，书写森林防火标语 100 条，发放各种宣传单 4800 余份，确保防火宣传落到实处，人人皆知。三是充实完善森林防火处理应急预案，使预案更有可操作性。四是深入各乡（镇）通过看、访、听、督、查的方式，对重点林区、重点路段、进山路口，不定期地进行森林防火检查督导。通过不间断、全方位的森林火险隐患排查，有效地提高了广大干部、群众对森林防火工作重要性的认识。经过县、乡（镇）、村（居）三级不同层次的多次排查和督查，边坝县各级森林防火责任得到进一步强化，火源管控力度进一步提高。五是通过实施重点火险区综合治理三期工程，修建林区火情瞭望监测系统、扑火队能力建设、森林防火宣教工程等，使边坝县森林防火扑救装备、防火基础设施条件等得到完善，全面提高边坝县森林重点火险区应对森林火灾的综合防控能力，大幅度提升森林重点火险区处置突发公共事件的能力。六是在森林防火紧要期，对全县重点林区、高火险区域实行封闭式管理，在重要地段增岗加哨，加大防火期管护人员的全方位巡山护林工作力度，重点加强林区、路口的巡查、看护及对特殊人群的监管，查隐患，堵漏洞，见火就查、失火就抓，从源头上严防死守，加强火源管控，确保林区防火期巡护无死角、无盲区。七是切实做好对有限森林防火物资的储备工作。加强对森林防火物资储备工作的落实，及时对扑火物资进行清点，对扑火装备、车辆、机具进行检修和维护保养，加强通信设备的管理，确保关键时刻拿得出、用得上。近年来未出现一起森林火情、森林火灾。

另一方面依法治林工作进一步规范。边坝县不断加强法制宣传教育，强化林政资源管理，有效控制林木采伐限额和伐后补植，强化占用林地报批、审批手续，打击非法征占用林地行为。进一步规划木材市场，加强家具店的监督检查与管理，同时加大盗伐损毁树木等违法行为的巡视。同时森林公安工作力度加大。严厉查处乱砍滥伐、非法收购、运输林木、非法猎杀、经营、运输野生动物，森林火灾和其他破坏森林资源的案件，加大违纪违法案件的查处力度。

（三）易地搬迁脱贫一批

1. 超前谋划，确保工作筹备到位

边坝县召开专题会议 80 余次，对易地扶贫搬迁工作进行安排部署，制定工作目标任务，及时启动项目建设工作。县直相关部门通力合作、深入调研、科学选址，围绕解决好“搬哪里”的问题，充分尊重群众意愿。按照“五方便”“两避让”的原则，对居住在地方病高发区、自然灾害频发区、生态脆弱区等生存环境差、不具备基本发展条件的贫困人口，综合考虑交通、产业、就学、就医、资源等因素来确定县内安置点规模和建设地址。明确建设点后，县直相关部门和乡（镇）各司其职，同步启动征地、地勘、规划设计、可研方案、招投标、实施方案等前期工作，确保项目在规定时间内破土动工。

2. 注重宣传，确保搬迁工作到位

为扩大政策知晓率、让易地搬迁政策深入人心，边坝县以“3 月下乡集中蹲点”“集中组建宣讲团”为载体，县级联系点领导组织各乡（镇）搬迁群众共计 500 余人，分 3 批次到布扎村、民族路、嘎贡村等安置点参观考察，各乡（镇）组织干部职工深入村（居）召开群众会议，向搬迁群众宣传政策、讲道理和分析搬迁后将给群众带来哪些红利等，让群众全面了解搬迁政策，坚定搬迁的信心和决心。通过多种宣传途径，使易地扶贫搬迁政策家喻户晓，促使搬迁户思想从“要我搬”到“我要搬”的转变。

3. 完善项目公示机制，注重发挥群众主体作用

边坝县充分发挥搬迁群众项目建设的主体地位，尊重搬迁群众的知情权、选择权和监督权，派一名县级干部到易地扶贫搬迁实地多次召开搬迁农户大会，深入贫困户家中宣讲搬迁政策，与群众一起讨论确定项目选址、项目建设、安置住房分配等方式方法，在基础设施、社会公共设施建设过程中，开展农牧民建筑技能培训，引导鼓励群众自发参与自家民房修建、富民产业基地建设等，各相关单位要加紧谋划、组建本地砂石厂、石材厂，解决建材紧缺问题，降低建设成本，促进当地经济发展。优先组织项目所在地群众参与项目建设，要求群众参与施工建设不得少于总建设用工的 30%，通过在施工现场打工、运输砂石等形式为群众增收近 4000 万元，户均增收近 2 万元；进一步增加项目实施透明度，增强项目建设的执行力，取得社会各界和广大群众的理解、信任和支持。

4. 强化领导，确保组织保障到位

边坝县成立以县委副书记、常务副县长为组长的县易地扶贫搬迁组，坚持半个月一调度，及时研究解决工作推进过程中存在的困难和问题，为易地扶贫搬迁工作有序推进提供强有力的组织保障。县委前后召开会议 30 余次，主要领导下乡调研 30 余次，形成“一把手”负总责，分管领导具体抓的工作格局，建立“一个项目、一个领导、一个班子、一个方案、一抓到底”的“五个一”模式，确保相关工作“处处清”“时时准”。

5. 压实责任，确保责任层层细化到位

边坝县制定县级领导责任制，由县级领导联系乡（镇），各乡（镇）落实班子及干部职工包村到户到人，层层签订军令状，实行挂图作战，明确时间表，确保任务层层细化、责任层层落实、不讲条件、不打折扣、不搞变通、不脱贫、不脱钩，将其纳入年度目标管理考核。针对安置点配备一名县级领导、业务骨干，乡（镇）、村（居）负责人进行蹲点监督指导，同时聘请有资质的单位对项目建设进行监理，不定期对工程建设、运行以及资金管理使用情况进行跟踪检查，做到发现问题及时通报、及时纠正。

6. 科学规划，创新易地扶贫搬迁安置方式

边坝县积极探索易地扶贫搬迁形式，避免在工作中以行政命令的形式搞一刀切，充分尊重当地民风民俗和群众生产生活习惯，立足资源禀赋和资源特点，因地制宜探索易地扶贫搬迁安置方式，特别是将建档立卡贫困群众搬迁到靠国道、县城、乡（镇）、产业园区所在地或周边进行大规模集中安置。一是搬迁到县城。边坝县县城民族路及东托社区搬迁深度贫困户 654 户 2248 人，其中民族路建档立卡贫困户 197 户 868 人，东托社区建档立卡贫困户 448 户 1380 人；二搬迁到乡（镇）、国道附近。按照“六靠、五方便、两避让”的原则，边坝县搬迁深度贫困户 889 户 5746 人。安置过程有效解决了土地、宅基地确权登记、户籍转移、子女就学、社会保障、产业配套等实际问题，

确保贫困群众搬得出、稳得住、留得下、能致富，真正让贫困群众摆脱“一方水土养不活一方人”的困境。

7. 严格管理，确保工程质量到位

边坝县按照项目建设的总体要求，实行挂图作业、倒排工期，明确安置区项目名称、设计单位、施工单位、监理单位、完成时限、当前项目进度等工作要求，制成图表悬挂上墙，确保时间表、进度表清晰明确，并加强项目建设管理，遵循基本建设项目管理程序，严格实行“五制”①，确保手续完备、程序规范、质量合格。对工程基础、分部、分项、重点部位及隐蔽工程进行严格验收，每道工序经县基建领导小组成员验收合格后方可进入下一步施工；由县发改委、住建局负责加强易地扶贫搬迁点工程建设质量监督检查工作，负责施工企业、监理单位的管理，规范施工企业的施工行为，督促监理单位对施工现场的管理，做好隐蔽工程验收、监理日志记录以及影像等资料的收集整理工作；县安监局负责对工程建设安全生产的检查指导，防止出现施工安全生产事故；由脱贫攻坚指挥部督促县水利、发改、住建、国土、环保等部门按行业管理要求。边坝县采取人大代表、政协委员、退休老干部及群众代表监督制。同时，县四大班子主要领导和领导小组主要成员经常深入迁出区和安置区进行调查研究，指导工作，协调解决工程建设中遇到的重大问题和实际困难，有力地推动项目顺利开展和工程质量稳步提高。

8. 强化督查，确保责任追究到位

边坝县采取“一旬一调度、一月一督查、半年一考核”的方式，层层传导工作压力，激发工作动力。对工作落实不力，解决问题不到位，不能按期完成任务的乡（镇）和部门，由县易地搬迁组向县委组织部、县纪委监委提出问责建议。对工作进度滞后的乡（镇）和部门实行通报批评。对工作推进不力，未按时完成工作任务的乡（镇）和部门，对主要领导进行约谈提醒或诫勉谈话。对在易地扶贫搬迁工作中存在不作为、乱作为、渎职和玩忽职守等行为，对有关责任人进行严肃问责。同时由易地扶贫搬迁联系县级领导带队，组成工作组赴各搬迁点进行资金收缴工作。实行领导干部分包负责制，开展实战能力的大检验活动，不能出现干和不干、干好和干不好、干成和干不成一个样的现象。制定具体的干部落实机制，解决不落实的怎么办、落实的怎么办等问题，通过体制机制创新、制度能量最大化，挖掘更多的资源，检验干部的工作实际能力。

9. 坚持以岗定搬、以产定搬，确保搬得出、稳得住、能致富

边坝县对搬迁户全部建立就业脱贫台账，通过到本地企业和产业园区就业、到政府安排的公益性岗位就业、由政府组织规范化培训后外出务工、生态等八大岗位等渠道解决就业，确保有劳动能力的农户均有 1 人以上稳定就业，截至 2020 年 6 月，已搬迁户户均实现 1 人就业。坚持搬迁与发展两手抓，在推进项目建设的同时同步谋划富民产业，做到因村因户因人施策。对继续耕种原有土地、主要从事农业生产的搬迁农户，重点扶持发展设施农业和草食畜牧业，加快培育新型农业生产经营主体，提高农业生产规模化、组织化程度；对依托城区、中心镇和产业园区安置的农户，加大技能培训力度，重点扶持发展劳务、运输、餐饮等服务业解决就业问题；对依山就势改善条件的群众，通过实施退耕还林、生态补偿、加快发展特色林果业和区域性特色产品，拓宽增收渠道。同时，边坝县整合各类扶贫资源，探索开展“金融扶持、带资入股、固定分红”的易地扶贫搬迁后续产业发展模式，将产业发展资金投入专业合作社或龙头企业，按股分红，负盈不负亏，使搬迁群众实现稳定增收。

---

①“五制”即项目法人责任制、招投标制、合同管理制、工程监理制、资本金制。

10. 建立资金整合机制，减少群众负担

边坝县深入研究中央、自治区和市金融支持脱贫攻坚政策，准确把握金融贷款主体、财政贴息、放贷年限、运作模式等政策界限，县扶贫开发投资有限公司，主动加强与县农行的沟通衔接，通过申请金融机构贴息贷款和融资等方式，进一步拓宽易地扶贫搬迁资金渠道，为实施易地扶贫搬迁提供资金保障。充分考虑建档立卡贫困人口的实际困难，在国家统一补助的基础上，为易地扶贫搬迁群众多方筹措资金，尽量减少群众的自筹资金压力，按照"用途不变、渠道不乱、集中使用、捆绑实施、各负其责、各记其功"筹融资方式，积极整合财政以及援藏资金、基础设施项目资金等各类资金，把道路、产业开发、贫困户危房改造、基础设施等项目与易地搬迁项目有机结合起来，统筹安排，充分发挥资金整体使用效能，为项目建设提供有力的资金保障，确保建档立卡贫困户自筹资金户均不超过 1 万元。截至 2020 年，已整合各项资金 22701.43 万元，其中县脱贫攻坚整合资金（基础设施）7276.53 万元，市脱贫攻坚整合资金（基础设施）7347.90 万元，援藏资金（精准扶贫及新农村）8077 万元。

（四）教育脱贫一批

通过教育脱贫一批在边坝县落实过程中，形式多样，措施有力，保障了工作的顺利推进。

1. 义务教育入学率稳步提高

2016 年年底，边坝县义务教育均衡发展顺利通过国家以及自治区评估验收，素质教育全面施行，国家通用语言文字教育稳步推进。2019 年年底，全县共有各级各类教育机构 39 所；专任教师 536 人；在校生 8211 人（其中：中学生 1632 人、小学生 5205 人、幼儿园 1374 人）。九年义务教育阶段巩固率 97.22%。

2. 边坝县义务教育硬件设施逐步完善

边坝县持续加大义务教育发展力度，坚持教育优先发展战略，全面实施"薄改"工程，大力推进学校标准化建设。2016 年以来，全部完成薄弱学校改造、中小学改扩建、幼儿园校点搬迁及扩建工程。县中学和 11 所乡（镇）中心小学标准化寄宿制完成率 100%，同步配备齐全图书、音体美设备、多媒体、实验仪器、消防器材等设备。基本实现数字网络全覆盖，10 所高海拔学校建设供暖工程；11 所中小学教室全部安装电子白板；县中学安装录播室，5 所完全小学配备同步课堂。教学保障水平、装备水平和服务水平大幅上升，全面实现从"有学上"到"上好学"的转变。

2017 年，边坝县筹集资金 652 万元，在全市创造性建设首个"平安校园"网络监控系统，累计为全县 12 所小学、1 所中学、1 所幼儿园安装网络高清监控探头 714 个，其中，教室定点探头 327 个，寝室楼道、仓库等重点部位定点探头 266 个，校园围墙内外定点探头 85 个，操场、校门和校舍高位可旋转球形机 36 个。县教育局设总监控室，13 所中小学校、1 所幼儿园设立学校监控室，实现全天 24 小时校园安全无死角巡查。2018 年，为进一步拓展提升"平安校园"网络平台的利用空间，带动全县各校同步课堂、录播教室、交互式电子白板、多媒体教室等教育信息化设备的同步运用。积极构建"同步课堂"信息化教育。以"平安校园"网络监控系统为平台，以声音录入设备为媒介，在中小学校设置了一个专门的听课室，为集体听课、评课、说课及同步课堂提供了良好平台，也可以随机调取各学校每课时的课堂情况，实现了优质课堂网络共享。

2018 年以来，为彻底解决边坝县 10 所高海拔学校冬季供暖问题，边坝县教育部门在县委、县政府以及上级行政主管部门的大力支持下，经过实地勘察、多方咨询、充分论证的基础上，形成建设教学楼、学生宿舍、附属幼儿园室内地暖、室外建设玻璃暖棚等形式的供暖工程建设项目可行性报告，得到上级部门的认可和支持，国家累计投资1705万元，对10所学校建成取暖工程。室内通过电力空气能转换地暖，室外利用高海拔日照时间长的优势，通过玻璃暖棚吸取热量保温，给师生创造一个冬季学习生活的温暖环境。

3. 教师队伍不断壮大

截至2020年6月，边坝县共有专任教师536人，中小学师生比分别为1∶13.1和1∶14.1（自治区标准为中学1∶13.5，小学1∶19）。

4. 教育教学水平不断提高

边坝县进一步规范各级各类学校办学行为、制度建设、常规教学管理和教研教改模式，推动全县教育稳中求进、转型升级。2018年5月，边坝县顺利通过素质教育昌都市教督委评估验收。通过多年努力奋斗，全县教育教学质量稳步提高，越来越多的边坝籍学子走出大山，接受更加优质的教育。

5.“智慧校园”建设取得巨大进步

在中国电信和福建援藏省市的帮助和指导下，边坝县建立涵盖1所中学、12所完全小学、1所幼儿园的信息化网络共享资源库，实现各级各类学校宽带网络通达率100%、交互式多媒体教学终端覆盖率100%、班级信息化教学环境普及率100%、网络学习空间开通率100%。教师可以借助局域网共享优质备课，学生可以自主选择感兴趣课外书本阅读，教学课堂重点可以随时调播优质教学案例，县教育局教研室可以“足不出户”在总监控室选取教师课堂实况，进行课堂评比，网络听课、评课等，无形当中规范教师的课堂行为。为5所小学建设同步课堂设施设备，实现县域内小学同年级同课堂的师生，可以在本班教室内与其他兄弟学校的师生共同探讨课堂教学与教材教法，努力打造高效课堂。

6. 切实抓好贫困学生资助工作

一是严格落实15年免费教育。严格落实国家“三包”政策和营养改善计划，制定《边坝县教育事业经费及零星资金开支范围财务管理制度》，认真用好相关经费，规范报销凭证，严格报销程序。同时，实行“三包”及营养改善物资统一配送至全县各中小学校，进一步落实国家三包经费相关要求。二是加强贫困大学生资助工作。边坝县成立边坝县学生资助工作领导小组，设立学生资助管理中心办公室。每年资助金兑现时，都要召开工作领导小组会议，进一步审核学生信息，召开资助金发放仪式，确保资助金及时如数兑现。一方面每年通过下乡宣讲、电视宣传、培训讲解、悬挂横幅等，加大建档立卡大学生资助申请宣传力度，确保建档立卡大学生资助全覆盖，按时完成建档立卡大学生资助统计、核对、申报、兑现工作；另一方面为加快人才培养，县委、县政府克服财政困难，自“十二五”以来，设立“一元基金”贫困大学生资助基金，资金来源全部为县本级财政和援藏额外教育投入，每年凡是通过审核的农牧民家庭和城镇低保家庭的在读大学生均100%的享受到助学金。2017年，资助在校大学生297人，总金额达147.96万元；2018年，资助在校大学生391人，总金额达175.71万元；2019年，资助在校大学生468人，总金额达209.506万元；2020年，资助在校大学生539人，总金额达192.079万元。

7. 建立长效机制，切实抓好控辍保学工作

一是加强组织领导。边坝县成立领导小组，出台《边坝县人民政府关于进一步加强控辍保学工作的实施意见》，通过召开多层次教育专题会议，县、乡、校逐级签订控辍保学工作目标责任书，落实控辍保学目标责任制。二是实行台账管理。为及时了解学生入学、到位情况，加强对控辍保学的督导检查，每日统计学生到位情况，每周通过手机短信发送全县中小学学生到位情况，每月定期

召开控辍保学工作例会，并以教育督导文件形式通报各乡（镇）中小学生到位情况。三是健全学生档案。为确保从一年级到九年级学生人数相符，人员信息统一，每年组织人员走村入户，深入学校，通过查看户口本和对照公安户籍等方式，对适龄儿童少年和在校生情况进行核实，逐一拍照完善建卡建档，将全县中小学生纸质档案材料编撰成书籍，制作边坝县中小学生《学生纸质档案》，为控辍保学工作提供依据。同时，为掌握初高中毕业生升入高一级学校就读情况，制作边坝县初高中毕业生《学生去向登记册》，建立大学生数据库，为进一步做好学生资助工作奠定基础。四是更新学生数据。通过电话联系、乡（镇）出示证明、多方求证等方式，加强公安户籍系统和学生学籍系统比对，每年及时更新完善全县 0 ～ 15 周岁人口数据，建立数据库，为控辍保学提供有效依据。五是完成劝返工作。为扎实做好疑似失学儿童少年劝返工作，根据疑似失学儿童的信息，通过政府补贴、民政救助等帮扶措施，采取入门入户到人的方式，对每一位疑似失学儿童情况进行逐一排查，细致做好信息采集工作，规范存档印证材料，完成疑似失学儿童"清零"目标。

8. 促进教育公平，保障弱势群体入学机会

一是保障外来随迁子女入学就读的需求。制定出台《边坝县关于外来务工人员随迁子女入学就读的管理办法》，按照就近入学的原则，将外来务工人员随迁子女、留守儿童全部纳入公办学校就读，切实保证随迁子女入学就读权益。二是保障适龄残疾儿童少年受教育权利。针对义务教育阶段适龄重度残疾儿童少年情况，采取随班就读、送入特校、送教上门等方式，将适龄残疾儿童少年全部纳入受教育范围。同时，在送教上门服务工作中，按照区域划分、就近就便的原则，安排送教学校，制作《边坝县义务教育阶段适龄残疾儿童少年扶残助学 · 送教上门基础教材（藏汉双语）》《边坝县义务教育阶段适龄残疾儿童少年扶残助学 · 送教上门记录本》，进一步规范建立花名册、台账、记录等，强化过程督导，增强送教对象认知能力和生活适应能力。

（五）社会保障兜底一批

边坝县作为集中连片贫困地区，社会保障任务繁重，县委、县政府精准施策，稳扎稳打，取得了良好成绩。

1. 完善医保体系，建立健全医保制度

一是健全医疗保障制度体系。边坝县先后制定《边坝县 2019 年新型农村合作医疗筹资工作实施方案》《边坝县 2019 年"先诊疗、后付费"服务模式工作方案》《边坝县医疗保障扶贫工作实施方案（2019—2020 年）》《边坝县人民医院健康扶贫建档立卡贫困户开通医疗绿色通道方案》《边坝县农牧民医疗费用简化报销程序补充办法（试行）》等一系列方案、法规，明确农牧区群众医保报销"一站式、一单式"服务经办流程，进一步简化医保报销审核程序、报销程序，农牧民群众医保报销更加便捷、方便、快速，"一站式、一单式"报销有效解决农牧民群众关心的堵点、难点、痛点问题。二是完善医疗保障脱贫攻坚工作措施。边坝县以《关于坚决完成医疗保障脱贫攻坚硬任务的指导意见》文件精神为指引，制定《边坝县医疗保障巩固提升工作措施（2019—2020 年）》，明确 2019—2020 年医疗保障巩固提升的重点工作及工作推进路线图，为全县脱贫攻坚巩固提升基本医疗保障指明方向。三是落实医保规章制度。边坝县通过认真学习中央、区党委、市委各级关于强化医疗保障服务的相关法规文件，坚决贯彻落实好这些法规文件，切实让这些好政策好法规惠民覆盖到每一名农牧民群众。加大医疗救助的力度，全面筛查存在因病返贫建档立卡户重点人员，对全县符合重特大医疗救助的农牧民群众实施精准有效的救助。四是强化统筹协调形成工作合力。边坝县加强与县卫健委、定点医疗机构，尤其是区内签订"先诊疗、后付费"绿色通道协议书的四家医院的

沟通协调，切实为农牧民群众提供方便便捷周全的医疗保障服务，不断满足农牧民群众医疗就医的需求，在帮民困、解民忧、除民愁，为民办实事、解难事中践行初心使命。

2. 完善政策，发挥好农村低保兜底脱贫作用

一是完善政策制度。边坝县制定下发《边坝县社会保障兜底工作计划》，出台《关于打赢脱贫攻坚战做好农村最低生活保障兜底工作的通知》，明确打赢脱贫攻坚战期间的目标任务，规范最低生活保障审核审批程序。二是提高农村低保标准。县农村低保平均标准由 2550 元 / 年提高到 3311 元 / 年，实现低保标准和扶贫线“两线合一”。三是实行低保对象分类管理。边坝县低保对象分为三种类型，第一类为家庭主要成员丧失劳动能力的家庭，第二类人员为原低保对象中的有劳动能力的家庭，第三类人员为“两线合一”后新增的建档立卡贫困对象。第一类家庭平均按照 2931 元 /（人・年）补助，第二类家庭平均按照 2327 元 /（人・年）补助；第三类家庭平均按照 1613 元 /（人・年）补助。四是加强低保制度和扶贫政策的衔接沟通。边坝县民政部门与扶贫部门都建立分工明确、定期协商、协同推进的工作机制。建立共同核查机制，对实施扶贫措施后已摆脱贫困的低保家庭，及时调整退出低保，做到精准认定，精准脱贫；对通过各项帮扶措施依然无法脱贫或特殊原因致贫的困难家庭，民政部门及时把他们纳入低保范围，做到应保尽保。

3. 加大投入，发挥医疗救助的扶持脱贫作用

边坝县出台《边坝县医疗救助实施意见》，医疗救助对象范围，从低保对象、特困供养人员（重点救助对象）扩大至所有建档立卡贫困户。对重点救助对象在年度救助限额内，住院自付费用救助比例按大病统筹 70%、医疗救助 30% 报销。截至 2020 年，共计医疗救助 577 人次，发放医疗救助金 210.9 万元。其中救助建档立卡户 213 人次，76.8 万元。同时，对城乡临时救助 148 人次，支出临时救助资金 22.95 万元；提高特困人员供养标准，2017 年农村五保供养标准提高到 4940 元 /（年・人）；对特困人员中的困难残疾人生活补贴标准按每人每月 55 元发放，重度残疾人护理补贴标准按每人每月 110 元发放。

4. 打通医疗保障服务“最后一公里”

边坝县制定落实《关于坚决完成医疗保障脱贫攻坚硬任务的指导意见》，聚焦群众所需所盼，紧紧围绕便民、利民、惠民目标，努力提高医疗救助服务效率，打通农牧民群众就医绿色通道，解决好农牧民群众医疗保障服务“最后一公里”。一是签订“先治疗、后付费”绿色通道协议书。边坝县与西藏自治区人民医院、西藏自治区藏医院、昌都市人民医院、昌都市民安医院四家区内定点医院签订“边坝县‘先诊疗、后付费’绿色通道协议书”。协议书明确甲乙双方的义务和责任，明确边坝县农牧民群众绿色通道卡 7 项具体内容，打通农牧民群众医保保障服务“最后一公里”，有效缓解边坝县农牧民群众“看病难、看病贵、看病累”的问题。二是打通区外“先诊疗、后付费”医疗保障模式。边坝县打通与四川华西医院、四川省人民医院等区外定点医院“先诊疗、后付费”医疗保障服务模式，进一步织密筑牢困难群众医疗保障安全网，确保建档立卡贫困群众陷入困境困难无助时，求助有门受助及时，为城乡困难群众精准实施医疗救助，为困难群众防范抵御重大疾病风险保驾护航，持续巩固提升健康扶贫成果。三是认真落实“先诊疗、后付费”医保保障服务。对“先诊疗、后付费”医疗保障服务进行宣传，将利民惠民的好政策宣传到每一名农牧民群众，确保这项政策覆盖、惠及至每一名农牧民群众，防止了“因病致贫、因病返贫”问题的发生，充分发挥医疗保障服务在脱贫攻坚巩固工作中的重要作用。四是在乡（镇）（街道）、社区设立“一门受理”服务窗口，统一受理低保、医疗救助、临时救助等申请，明确部门职责及分办、转交、转送、转办、转介流程和办理时限，建立化解困难群众急难问题的“绿色通道”，极大提高了工作效率。

5. 强化培训监督，确保各项政策落到实处

为确保各项政策落到实处，边坝县结合开展城乡低保动态调整工作，组成工作组赴 11 个乡（镇）开展调研检查，将低保对象认定准不准、脱贫需求清不清、资金使用准不准、指标数据全不全作为调研检查的重点内容，深入研究解决低保兜底脱贫中存在的问题和困难，并对工作进展滞后的部分乡（镇）、村（居）实行重点督促，确保各项政策落到实处。

三、抓住重点，突出基础设施和公共服务提升工程

边坝县地理结构复杂多样，基础设施落后，县委、县政府投入大量人力物力解决提升水、路、电等工程。

一是安全饮水工程建设情况。边坝县 2015 年有 77 个行政村安全饮水工程建设完成，其中 5 个行政村因地理位置原因未开展安全饮水工程建设，2019 年边坝县 82 个行政村安全饮水工程已全部建设完成，2016—2019 年以来安全饮水巩固提升投入 4526 万元，43 个安置点安全饮水工程已全部完工。

二是电力设施建设情况。边坝县 2015 年之前，只有小水电站，无法供应 82 个行政村群众电力使用，边坝县 82 个行政村中有 47 个行政村电力通畅，35 个行政村电力存在季节性通电或不通电。2018 年国家电网并网及电网升级改造后，边坝县 82 个行政村电力通畅，43 个安置点全部通电。

三是道路交通建设情况。边坝县 2015 年之前，82 个行政村有 77 个村通路。根据国家基本建设要求，2016—2019 年，县投入 117811 万元加强道路交通建设，如今 82 个行政村道路交通全部通畅。且 43 个安置点道路建设总投资 20773.88 万元，投资批复已全部下达。截至 2020 年年底，安置点点内、点外道路已全部完工。

四是通信设施建设情况。边坝县 2015 年 82 个行政村只有 29 个行政村通信覆盖，53 个行政村通信存在无覆盖或信号差。2016—2019 年以来为深入贯彻中央扶贫开发工作会议精神，落实《中共中央国务院关于打赢脱贫攻坚战的决定》《关于推进网络扶贫的实施方案（2018—2020 年）》《2018 年网络扶贫工作要点》等国家网络扶贫工作要求，加大通信网络建设，截至 2020 年年底，边坝县 82 个行政村通信建设已实现全覆盖，且 43 个安置点通信设施已全部覆盖。

五是邮政、金融、广电、互联网等设施配套情况。边坝县邮政网点已覆盖 11 个乡（镇）；农业银行网点已覆盖沙丁乡、边坝镇、拉孜乡、金岭乡 4 个乡（镇）；互联网已覆盖 11 个乡（镇）；广播电视已全部覆盖。

六是科技配套设施情况。边坝县 43 个安置点科技配套设施已全部覆盖。

七是教育设施覆盖情况。边坝县 2015 年之前只有乡（镇）所在行政村配套配备乡（镇）小学，其他行政村适龄儿童按照就近原则在各乡（镇）小学就学。2016—2019 年，共投入 4759 万元改善边坝县教育设施，43 个安置点配套教育设施截至 2020 年全部完成。

八是文化室、卫生室、村委会建设情况。边坝县 2015 年之前 82 个行政村基础设施建设滞后，部分村委会未达到村级活动场所标准化建设要求。2016—2019 年，边坝县按照村级活动场所标准化建设，截至 2020 年年底，已建成 82 个，大约投入资金 1.4 亿元，43 个安置点村级活动场所已全部建设完成。

第三节　成效亮点

进入脱贫攻坚阶段，边坝县在市委、市政府的坚强领导下，因地制宜、多措并举、聚力攻坚，于 2018 年年底实现贫困人口 3042 户 14887 人建档立卡贫困人口和 82 个贫困村脱贫退出，实现全域脱贫摘帽，为昌都市 8 个国家级深度贫困县深入开展脱贫攻坚工作作出了典型示范。

一、脱贫成效

边坝县党委、县政府按照昌都市委、市政府的要求和部署，全面贯彻党的十八大、十九大和习近平总书记系列重要讲话精神及治国理政的新理念新思路新战略，深入贯彻落实自治区党委、政府的脱贫攻坚指导意见，紧扣“五位一体”总体布局和“四个全面”战略布局，坚持稳中求进、进中求好、补齐短板的工作思路，遵循创新、协调、绿色、开放、共享“五大发展理念”，以推动供给侧结构性改革为主线，紧扣一个重点、扭住一个抓手、围绕一个核心、强化六个保障、实现一个目标、建设六型政府，构建起一个较为完整的脱贫攻坚制度体系和工作机制。

（一）如期实现全域脱贫摘帽

通过聚力攻坚，贫困人口从 3042 户 14887 人降至 2018 年年底的 41 户 123 人，贫困发生率降至 0.3%，减少贫困人口 3001 户 14764 人，实现 82 个贫困村（居）退出。2018 年全县脱贫攻坚工作顺利通过自治区第三方评估验收，如期退出贫困县（区）行列，2019—2020 年，通过巩固提升脱贫成果，实现全县建档立卡贫困户 3042 户 14887 人全部脱贫退出。2019 年全县地方生产总值完成 103475 万元，同比增长 10%；城镇居民人均可支配收入完成 31209 元，同比增长 10.45%；建档立卡贫困户人均可支配收入从 2016 年的 3820 元增长到目前的 10056 元，增长 6236 元，全县农牧民人均可支配收入由 2016 年的 7678 元增加到 2019 年的 11123 元，贫困群众收入水平大幅度提高，全县扶贫产业发展壮大，民生困难有力解决，短板弱项持续巩固，脱贫攻坚取得了决定性成就，困扰边坝人民千百年来的绝对贫困问题，历史性地得到了解决。

（二）持续促进就业增收

一是注重开展技能培训。坚持正确处理农牧民城镇就业和就近就便、不离乡不离土、能干会干的关系，坚持“加强培训促就业”的思路，根据市场发展需要和岗位需求，大力实施“订单式”、定岗式、企业代包式技能培训，努力实现“培训一人、就业一人，脱贫一户，稳定一家”的目标。2016 年以来，先后开展了房屋建筑、花卉种植、装载挖掘机、厨师、客房服务、蔬菜大棚种植等 10 多个技术工种培训，开办各类技能培训班 130 期 7781 人次，通过培训上岗就业 4642 人次，就业率达到 59.65%。二是多渠道开发就业岗位。以拓宽就业渠道、促进建档立卡贫困户劳动力转移就业、增加收入为首要工作任务，输送 552 名“两后生”进入职业学校就读，累计解决 69 名“两后生”就业问题。正确处理好高校毕业生政府就业和市场就业的关系，落实好区、市出台的一系列支持高校毕业生就业创业的政策措施，349 名高校毕业生通过政府帮助、政策支持实现了就业，全县高校毕业生就业率达到 98.6%。完成城镇新增就业（含困难群体）1514 人次，开发就业岗位 1726 个，开发公益性岗位 385 个，开展就业推荐 1700 人次，城镇登记失业率控制在 3% 以内。

（三）结对帮扶成效斐然

坚持把结对帮扶作为贫困人口早日脱贫的重要抓手，凝聚社会各方力量参与扶贫工作。一是及时制定下发了《边坝县结对帮扶工作方案》，确定了干部职工“4321”结对模式，实现了建档立卡贫困户结对帮扶全覆盖。认真落实“四包”制度，在全县机关党员干部中开展了“党员干部进村入户结对认亲交朋友活动”，创新开展了党组织重点帮扶困难户活动。2016年以来，全县各级党组织和干部职工先后走访慰问困难群众3.24万户次，送去帮扶物资及资金累计1243.45万元。二是在边企业通过“百企帮百村”活动，累计捐献帮扶资金297万余元。三是深化开展选派机关企事业干部到村（居）工作，2016年以来，先后选派驻村干部1639人次，广大驻村干部在与群众同吃同住同学习同劳动过程中结下了深厚感情，用实际行动发扬了风格，践行了以人民为中心、做好人民脱贫事业的时代使命。

（四）持续提高基本医疗保障水平

一是积极推进县乡医疗卫生共同体建设总投资1.35亿元，新建了边坝县人民医院，并于今年9月通过了昌都市创“二乙”医院验收，投资930万元新建了拉孜乡卫生院和金岭乡卫生院，投资700万元完成了其他7个乡（镇）卫生院、76个村（居）卫生室提质改造建设，县、乡、村三级医疗机构基础设施不断完善二是注重基层医务人员队伍培养，大力开展医务人员技能培训，发放乡村医生执业资格证173本，全县医疗卫生专业人才达到369人，医务人员医疗水平得到大幅提升三是按照“基本医疗有保障”目标任务，投资848万元建设基层医疗卫生信息系统，搭建了全民健康电子档案、妇幼管理、城乡居民基本医疗保险服务平台，与西藏自治区人民医院、西藏自治区藏医院、昌都市人民医院、昌都市民安医院四家区内定点医院签订了边坝县就医“先诊疗、后付费”绿色通道协议书四是深化实施健康扶贫“三个一批”计划，全面落实城乡居民基本医疗保险、家庭医生签约服务、大病保险等各项医疗保障政策，切实把疾病预防、筛查、治疗、康复、管理贯穿重点传染病、地方病综合防控防治全过程，2016年以来，累计开展“六病”筛查21552人次，家庭医生签约服务团队签约管理慢性病患者1152人，赔付大病保险44人123.23万元，发放政策兜底保障金54人36.4万元，发放医疗救助金3271人909.01万元，农牧区合作医疗报销4734.06万余元，城乡居民基本医疗报销1085人825.31万，城乡居民基本医疗保险参保率达到100%，基本形成了覆盖城乡、相互衔接、多层次的公共医疗服务网络。五是全县建档立卡户全部纳入基本医疗保险、大病保险和医疗救助等制度保障范围，常见病、慢性病均能够获得及时诊治，建档立卡贫困户3017户15381人参加医疗保险个人缴费部分实行全额补贴，参保率达到100%

（五）人饮工程全面改善

一是立足群众饮水安全，先后投资7354.84万元，用于农牧区水利基础设施建设，根据乡村地理情况，因地制宜采取日光暖房式集中供水、手压井、管道保暖等方式保障群众生产生活基本用水需求。二是进一步压实农村饮水安全管理“三个责任”，健全完善“三项制度”，强化各饮水点的水质监测，配备水管员838名，从根本上确保了饮水安全和管道的保水畅通。全县农村集中供水率达到99.5%、自来水普及率达到93%、供水保障率达到96%，水质达标率始终保持在100%。

（六）金融扶贫效果彰显

一是坚持落实区、市财政政策，统筹预算资金、上级专项资金，为产业项目、易地搬迁、岗位就业和“底线民生”提供有力的资金保障。2016—2020年共到位脱贫攻坚整合资金161769.86万元。二是针对农牧民群众生产过程中缺少资金的问题，认真落实“五万以下、3年期以内、免担保免抵押、1.08利率放贷、财政贴息、县建风险补偿金”政策，以精准投放扶贫小额信贷资金，支持农牧民群众发展生产。县农行累计投放涉农贷款74207万元，发放精准扶贫贷款证3026本，累计发放扶贫贷款2979笔12204万元。三是不断加强为民服务力度，提升服务水平，先后设立完善三农金融服务点86个，实现乡（镇）、村（居）全覆盖。

（七）文化旅游业不断发展

以全域旅游促进县、乡、村旅游互动和城乡一体化发展。建设格萨尔说唱馆1座，建设马秀乡玉湖村惠民餐饮点1个，目前已投入使用；修建“茶马古道”旅游观景台、“三色湖”景区基础设施等项目；注册成立合作社8家，分红与发放工资性收入资金13.29万元，累计解决就业岗位45个，带动建卡户238户880人实现增产增收。

（八）援藏帮扶力度不断加大

加强与援藏省市、中央企业的交往交流交融，围绕乡村振兴、教育、卫生、就业、产业等领域争取援藏单位的支持和帮助。2016年以来，争取到福建省漳州、龙岩两市总投资15465万元（其中规划内9567万元、规划外5898万元），中国电信集团总投资11940万元（其中规划内8250万元、规划外3690万元），用于边坝县发展建设。以援藏“组团式”引进来、委培“走出去”的方式，福建漳州、龙岩两市和中国电信集团先后选派12名教师、75名医务人员（中山大学第一附属医院61名）来边坝县开展教育、医疗援藏工作，先后组织教育、卫生等领域专技人才到内地交流学习、挂职锻炼1559人次。在援藏单位的支持和帮助下，边坝县还实现了有条件的7个乡（镇）通客车。

（九）舆论宣传引导持续深入

牢固树立既管“肚子”也管“脑子”的工作理念，积极引导困难群众转变思想观念，提高群众脱贫致富的本领和信心，用自己的双手勤劳致富、摆脱贫困。组织宣讲团巡回宣讲党中央脱贫攻坚政策，深入宣讲在党中央的特殊关怀下全县各族群众吃住用行、就医就学就业等生产生活条件发展的巨大变化。特别是立足扶贫服务社会稳定，以有利于增加各族群众“五个认同”“三个离不开”、有利于坚定各族群众感党恩听党话跟党走的信心和决心、有利于增强村干部和农牧民群众法治意识公民意识和诚信意识，在全县村干部和农牧民群众中开展了“爱国守法诚信行为”公约活动，以公约的形式向村干部和农牧民群众讲清楚党的惠民政策、讲清楚享受这些政策应该遵守的行为规范。引导广大群众深切地感受到社会主义制度的优越性，正确地认识当今幸福生活来之不易，从思想上主动转变“等、靠、要”观念，不断增强法治意识，从行动上坚定拥护和支持“三个严禁”要求，坚决与十四世达赖和达赖分裂集团划清界限，理性对待宗教，减少宗教消费，依靠双手勤劳致富、过好今生幸福生活。截至目前，出版《边坝精准扶贫》期刊17期，发放藏汉双语宣传资料58000余份，开展宣讲3500余场次。坚持在各类新闻媒体上开设政策解读专栏、刊登刊载政策知识问答题，《民生边坝》微信公众平台发送精准扶贫新闻4750余条，县电视台播放脱贫攻坚信息600余条，制作专题新闻14期，转载政策内容469条。通过系列宣传，既解决了群众精神上困的问题，又解决了物质上贫的问题，全县各族群众支持和参与扶贫事业的积极性达到历史空前的顶峰。

（十）坚持补短板强弱项，不断巩固提升脱贫成果质量

脱贫摘帽后，县委、县政府更加注重巩固提升，立足提高脱贫质量、改善深度贫困地区发展条件，主动把影响脱贫攻坚质量的因素找全、把问题找准，持续在补齐短板强弱项上下足功夫，让脱贫成绩经得起历史和实践检验。

1. 全面做好“两类人口”防止返贫致贫监测工作

根据《西藏自治区关于建立防止返贫监测和帮扶机制的实施办法》《昌都市关于建立防止返贫致贫监测预警和帮扶机制的实施意见》相关要求，及时建立边坝县已脱贫人口和边缘人口实施跟踪和动态监测机制，制定《边坝县建立防止返贫监测和帮扶机制的实施方案》，对全县农户人口中存在返贫或致贫风险的对象进行全面监测，重点对六类人员进行精准监测；按照有进有出的要求，通过开展脱贫人口及边缘人口的动态监测工作，对全县建档立卡户3017户15381人进行脱贫监测“回头看”，排查出脱贫监测户和边缘户“两类人口”75户436人，其中脱贫监测户22户109人，边缘户53户327人。通过实施“五个一批”等帮扶措施，消除返贫致贫风险46户244人，其中边缘户16户77人、脱贫监测户30户167人。各党组织完成走访“两类人口”238户次，送去帮扶物资51.27万余元，确保了不稳定脱贫户不返贫、边缘户不致贫。

2. 注重民生项目建设

按照“抓项目建设就是抓经济发展”的要求，2016年以来，先后实施项目711个，落实资金48亿元，重点开工建设了G349边坝县至那曲嘉黎县尼屋乡公路、民族路旧城区改造、老年人日间照料中心建设、三色湖景区旅游基础设施和茶马古道观景台、污水处理及收集系统等一批项目。面对今年新冠肺炎疫情的发生，县委、县政府主动克服疫情影响，统筹推进疫情防控和社会经济发展，及时开复工141个项目子项，深化开展“五个一批”专项服务，依托乡（镇）就业和社会保障服务平台，强化就业指导、政策咨询、职业介绍、就业推荐，在确保项目正常开复工的同时也解决了群众的就业问题。目前，全县基层基础设施短板得到补齐，公共服务能力得到大幅提升，11个乡（镇）86个村（居）215个自然村道路通畅率分别从2015年的54.5%、19.5%、13.5%到2019年的100%、86%、54%，行政村、自然村通达率分别达到100%、95.81%；9个乡（镇）实现了国电网并网、2个乡实现了水电供给；86个村（居）网络通信实现全覆盖。

3. 关心关注弱势群体

对弱势群体的帮扶救助工作是保障社会稳定，是改善民生的一个重要环节，认识帮助困难单亲母亲摆脱贫困对于打赢脱贫攻坚战的特殊重要性，采取“输血”和“造血”相结合的方式，千方百计、想方设法帮助她们渡难关摆脱贫困，共享社会主义发展成果。针对全县抚养15岁以下子女的单亲母亲有327人之多、脱贫难度大的实际，专门成立了困难单亲母亲帮扶组，制定了《边坝县2018年脱贫攻坚帮扶困难单亲母亲实施方案》，积极开展思想教育、就业介绍、政策宣传、法律援助、落实住房和社会兜底保障等11项帮扶措施，助力困难单亲母亲脱贫致富。截至2020年年底，为单亲家庭中15岁以下儿童发放定向性补助132.17万元；为67户单亲母亲发放节日慰问金3.35万元；为5户无房、8户危房单亲母亲进行了住房帮扶；251名单亲母亲纳入生态岗位；2018年以来为全部单亲母亲进行了免费“两癌”筛查；对108名有学习和就业意愿的单亲母亲分批进行了技术培训；对单亲母亲家庭中考取内地西藏班学生，统一发放一次性鼓励资助金1000元，考取昌都

边远班、惠民班的学生，发放一次性鼓励资金800元；为4名困难单亲母亲家庭实施了临时救助；为提高妇女维权意识，组织开展维护妇女儿童权益宣传活动26场次，印发1000册《西藏自治区督导非婚生之女生父在脱贫攻坚中履行法定抚养义务暂行办法（藏汉双语）》，用于单亲母亲维权宣传。困难单亲母亲群体感受到了党和政府的关心关怀，感受到了社会主义大家庭的温暖。

4. 推动村级产业高效发展

正确处理发挥优势和补齐短板的关系，统筹谋划对群众增收、脱贫攻坚发挥作用的短平快富民产业和对经济长远发展起支撑作用的战略性产业，重点打造了边坝县藏红麦种植与加工、沙棘黑山羊及林麝养殖、蔬菜生产基地等特色产业。针对村级组织带领群众本领不强、村集体经济发展滞后的问题，在基层深入开展了“软弱涣散”党组织整顿，集中整顿了一批重点村、难点村，完成了村级组织活动场所标准化建设，村级党组织带领群众、团结群众、服务群众的本领得到全面提升；主动转变当前村级产业发展方式，完善利益联结机制建设，以“公司+基地+协会+农户”的模式，建设扶贫商店、林下资源收购站、村级餐饮点等村集体经济69个，建设扶贫车间18个、产业扶贫基地83个，成立合作社46家，注册成立企业6家。村级产业发展逐步由政府主导转变为村级组织或村民自营，同时鼓励农民“土地入股、返聘务工、保底分红”，实现资源变资产、资金变股金、农民变股东，让群众就近就便、不离乡不离土就能融入产业发展，既当职工也做主人，切实提高群众干事创业的积极性和主动性。

5. 注重实施消费扶贫行动

坚持以深化建设电子商务进农村综合示范县为发力点，加强农牧区物流体系建设，统筹推进乡村电子商务发展，县城公共服务中心和村级服务站点完成建设并投入使用，在昌都、成都分别建立了展销中心，消费扶贫网络在延伸发展中助推扶贫作用得到有力发挥，通过线上线下产品消费额达到2313万元。大力实施品牌提升行动，完成了边坝藏红麦、边坝贝母、黑山羊为国家地理标志商标注册，完成了藏红麦、黑山羊的有机、绿色等“两品一标”的认证工作，为消费扶贫奠定了坚实的基础。

6. 同步推进防疫防控与脱贫成果巩固提升

面对突如其来的新冠肺炎疫情，县委、县政府深刻认识今年脱贫攻坚工作的重要意义和目标任务，高度重视疫情影响，深入贯彻落实习近平总书记关于新冠肺炎疫情防控重要指示精神，特别是习近平总书记在2月23日统筹推进新冠肺炎疫情防控和经济社会发展工作部署会议上的讲话精神，坚持一手抓疫情防控，一手抓经济社会发展，在确保新冠肺炎疫情“零发生”的情况下，统筹抓好贫困劳动力稳岗就业、消费扶贫、扶贫项目复工复产、工程建设项目带动建档立卡劳动力务工增收等，力争把新冠疫情带来的影响降到最低。2020年，全县总播种面积5.3万亩，其中粮食作物播种面积4.11万亩，预计产粮2166.4千克。牛羊等牲畜存栏15.09万头（只）。运营庭院温室1345座，蔬菜大棚185座。开发就业岗位630个，新增就业510人，其中建档立卡170人，落实稳岗就业资金50万元。县工会采购了价值15.86万元本地扶贫产品作为慰问品，干部职工采购价值3.5万元本地扶贫产品用于结对帮扶。先后开复工的141个子项目中，有41个交由农牧民施工队实施，吸纳群众就业2440人次（建档立卡贫困人口1130人次）；按照在边施工企业60%比例吸纳本地群众就业的要求，31个基本建设项目共计吸纳本地农牧民群众就业1900人次（建档立卡贫困人口980人次）。全县农牧民群众基本口粮、肉类、牛奶、蔬菜等指标均满足不愁吃标准；建档立卡贫困群众家庭米、油、菜基本口粮储备充足，基本日常生活用具一应俱全，四季衣物、过冬御寒衣服、被褥等齐全，建档立卡贫困户人均可支配收入从2016年的3820元增长到目前的10056元，增长6236元，增幅达到163%。

二、工作亮点

（一）科学实施“四个一线”工作

边坝县按照“党建带扶贫、扶贫促党建”的工作思路，始终把脱贫攻坚作为党的建设工作的政治责任和政治任务，作为关乎全县各项事业发展头等大事和第一民生工程，注重整合各方力量，充分发挥党的政治优势、组织优势和群众工作优势，使基层党的建设与脱贫攻坚有效深度融合，推进深度贫困地区脱贫攻坚。

1. 建强脱贫一线“指挥部”

边坝县把加强党的领导贯穿到脱贫攻坚各项工作，构建县、乡、村“三级”指挥网，组建脱贫攻坚指挥部，牢牢把握各级党组织在脱贫攻坚工作中的指挥权和主动权。边坝县委、县政府与乡（镇）和行业部门、乡（镇）与各村分别签订《脱贫攻坚目标责任书》，形成横向到边、纵向到底、合力攻坚的责任体系。各部门认真落实党组织“主体”责任，县乡村层层签订脱贫目标责任书，明确党组织书记“第一责任人”的责任，把脱贫攻坚作为党组织书记的重点工作，作为抓党建述职评议考核重要内容。县委每季度听取各级党组织书记工作述职，研究和部署脱贫攻坚工作，切实把脱贫攻坚工作扛在肩上、抓在手中、落实在行动中，形成脱贫攻坚强大组织合力。

2. 筑牢脱贫一线“硬堡垒”

边坝县坚持“一个支部就是一座堡垒”理念，坚持把整顿软弱涣散基层党组织作为打赢脱贫攻坚战、提升党组织政治水平和服务水平的助推器，持续开展软弱涣散党组织整顿工作。脱贫攻坚战打响后，边坝县围绕“五型”①党组织要求，重点从配齐配强班子、优化组织设置、强化教育培训、定期分析研判、解决突出问题、健全制度机制、强化基础保障等七个方面切实强化对 40 个村级党支部的整顿，建立县委常委与软弱涣散党组织一对一“挂、靠、包”联系点制度，不断加强软弱涣散党组织整改领导力量和指导力度。边坝县注重提高村干部整体素质，先后组织开展了贫困村（居）党组织书记培训 10 期 785 人，选派第一书记培训班 10 期 796 人，尤其是在村“两委”班子和班子成员中开展分析研判工作，集中解决班子不团结、履职能力不强、带领贫困群众本领不够等突出问题。边坝县不断规范“三会一课”②、“四议两公开”③、党务村委财务等制度，积极推进村级组织民主化建设。通过开展集中整顿，使得党组织的战斗力、凝聚力、号召力得到提升，基层党组织引领困难群众脱贫攻坚“桥头堡”作用得到了充分发挥。

3. 打造脱贫一线“主力军”

边坝县坚持把脱贫攻坚作为广育人、树先锋的“练兵场”，引领着全县广大党员干部积极投身到脱贫攻坚各项工作中。一是搭建创业增收平台。边坝县大力实施了“党员致富星火工程”，以政府财政资金出一点、党内帮扶资金出一点、援藏资金出一点的方式，培养和发展了 176 名党员致富带头人。二是增质提能培养脱贫人才。边坝县通过结合“万名村（居）干部文化素质提升工程”、村干部“五达标”工程④，依托县委党校、村（居）“夜校班”，对全县 477 名村干部开展了文化素质

---

①“五型”即学习型、服务型、创新型、引领型、战斗型。

② 三会即：定期召开支部党员大会、党支部委员会和党小组会；一课即按时上好党课。

③ 四议即：党支部会提议，“两委”会商议，党员大会审议，村民代表会议或村民会议决议；两公开即：决议公开，实施结果公开。

④“五达标”即思想政治达标、文化素质达标、脱贫工作达标、社会稳定达标、生态环境达标。

教育，提高了村干部的综合素质、做好“三个培养”。先后把近100名党员培养成致富带头人，把近50名致富带头人发展成为党员，把30余名党员致富带头人发展成为村组后备干部，实现了把人才资源转化为扶贫优势。三是转变扶贫作风。边坝县通过开展“党员干部进村入户、结对认亲交朋友”、在职党员到社区服务群众等活动，推行“4321”结对模式及脱贫攻坚“六个一”工作法等，要求党员干部根据结对帮扶情况做到开展一次调研、建立一个台账、进行一次慰问、做好一个宣传、形成一个报告、制定一个措施。做到问题在一线发现、矛盾在一线解决、规划在一线形成、措施在一线落实。脱贫攻坚期间，全县干部职工实现了与建档立卡户结对帮扶全覆盖，走访了32498户次困难群众，落实了1243.4482万元的帮扶物资。

4. 厚植脱贫一线“黑土地”

边坝县始终坚持把发展脱贫产业作为脱贫攻坚的重要手段和立足点，有效融合政策扶贫、专项扶贫、行业扶贫、援藏扶贫、社会扶贫等多项扶贫政策，按照“产业发展带动脱贫攻坚，以脱贫攻坚促进产业发展”的工作思路，有计划、有目标、有步骤地发展脱贫产业。一是激发发展动力。边坝县建立支部牵头或能人与贫困户的利益联结机制，完善“支部＋协会”“公司＋农户”等发展模式，在“典型带动、规范提高、整体推进”产业发展规划推动下，2016年投入资金1612万元，把马秀乡曲桑村藏香鸡养殖、草卡镇格吉村藏家乐和东托社区蔬菜大棚打造成为党建促脱贫产业示范基地，2018年投入资金24737.5万元，确定43个党建扶贫产业。截至2020年6月，全县共有69个村集体经济产业。二是加大与外对接。边坝县积极依托和利用福建漳州、龙岩两市、中国电信经济援边资源，探索和发展多元致富增收途径，拓宽了发展渠道。边坝县创建电商微商平台，对外推广边坝贝母、边坝藏红麦等本地产品，组织县乡村党组织书记参加内地经济发展论坛、项目洽谈会，积极宣传边坝县，来提升边坝县地理品牌知名度，并且不断优化招商环境和招商政策，加大对外招商引资力度，用来吸引福建企业落户边坝县，为边坝县经济发展以及脱贫攻坚注入了强大发展动力。

（二）创造性开展“七个主动”“五个覆盖”工作

1. 实施“七个主动”，破除陈规陋习

边坝县结合自身实际，重点从思想解放、就业培训等七个方面重点发力，激发农牧民的内生动力。

（1）主动向贫困群众进行政策宣传教育。边坝县脱贫攻坚指挥部联合县委讲师团、各乡（镇）宣讲团队力量，深入贫困村居，分批分次，针对不同乡（镇）群众的思想观念，做好宣讲工作。县委宣传部牵头，深入乡（镇）、村（居）贫困户家中开展政策宣传，确保一户不漏、一人不漏。通过集中学习、召开会议和入户家访形式，向贫困群众深入讲解脱贫攻坚各项方针政策、重大意义等，帮助群众解放思想、更新观念、树立信心。

（2）鼓励有劳动能力贫困群众参加就业技能培训。边坝县充分利用基层公共就业服务信息管理系统，准确掌握建档立卡贫困劳动力的就业现状、培训意愿和就业意愿，开展就业需求登记和岗位信息调查，对有求职就业意愿的农教民群众进行就业登记，同时开展县乡（镇）各类用工企业拉网式调查，创新供需对接，因地制宜提供岗位。将“志智双扶”纳入培训内容，补足农牧民群众就业意识弱、就业观念落后的短板，提升农牧民群众主动就业的内生动力。

（3）带动有劳动能力的贫困群众就近就便参与产业发展。边坝县按照贫困群众“就近就便、不离土不离乡、能干会干”的原则，立足贫困地区资源禀赋、产业基础和贫困群众自身实际，因人、因地施策，大力发展种植业、养殖业、文化旅游业等产业，积极为困难群众发展产业搭台清障，增强贫困群众“自我造血”功能。

（4）动员有劳动能力的贫困户主动参与劳务输出。边坝县组织建档立卡贫困户中有劳动能力的人口积极开展转移就业培训，依托县就业服务平台，定期发布用工企业的需求，通过举办农牧民挖掘机、装载机驾驶和摩托车修理、唐卡绘画、蔬菜种植、牲畜养殖等实用技术培训班，切实提高贫困群众就业率。

（5）引导群众主动参与附近项目建设。边坝县积极引导贫困群众参与“十项提升工程”建设，按照项目建设工程量的50%吸纳当地群众就业的要求，将农牧民培训后组成劳务输出队、积极参与项目建设，实现群众增收。同时，对于投资50万以下的项目，在符合《西藏自治区农教民建筑施工队伍管理办法》的规定下，优先选择农民建筑施工队伍，切实带动当地施工队和群众增加现金收入。

（6）要求享受生态岗位贫困群众主动履行岗位职责。边坝县按照“定岗定人定酬”和“一人一岗”的要求，落实护林员、自然保护区管护员、草原监督员、水生态管护员等生态岗位、为消除群众不劳而获的思想，以村为单位，将贫困群众承担的护路任务、护林任务等划定区域、分片到人，要求享受生态岗位的贫困群众必须参与转山巡山、监察草场、水生态管护等实际活动，履行好职责。

（7）紧抓有适龄儿童的家庭保证子女按时上学。边坝县积极宣传《义务教育法》，紧抓“控辍保学”工作，加快实施教育扶贫工程，着力解决“为谁培养人、培养什么人、如何培养人”这个根本问题，把“幼儿全部入园，适龄儿童全部进校”作为硬任务，切断贫困代际传递，切实提高适龄儿童入学率。同时，成立建档立卡户学生“控辍保学”专项组，全面摸清适龄儿童和在校学生底数，登记造册，对建档立卡贫困户辍学学生，及时劝返，做到贫困家庭学生全部入学，切实斩断贫困代际传递。

2. 夯实“五个覆盖”，解决思想贫困

边坝县利用各类新闻媒体，通过宣传报道，创新宣传方式，突出宣传侧重，采取多种形式，构建多角度、全方位、广覆盖的宣传格局，以舆论强势引领和推进精准扶贫工作。

（1）脱贫攻坚宣讲教育实现全覆盖。边坝县组织各级宣讲团深入开展宣传教育工作，以群众致富为重点，准确解读脱贫攻坚相关政策，特别是习近平总书记关于脱贫攻坚的系列重要讲话精神，开展了各类政策普及教育、思想政治教育、文明道德教育、创业致富教育、技能培训、精神文化教育、民主法制教育、优良民风民俗和健康卫生教育等。以乡（镇）或村（居）为单位，创建“新时代农民讲习所”，充分发挥“双联户”的作用，利用夜校、村委会、农家书屋、田间地头等场所，采取集中授课培训、集中宣讲、分散点对点、面对面教育培训等形式，营造出“人人都是讲习员、处处都是讲习所”的良好氛围，通过讲习所起到开启民智、凝聚民心、发挥民力、推动民富的作用。

（2）脱贫攻坚新闻舆论宣传实现全覆盖。边坝县利用“两微一端”，开设“脱贫攻坚”系列专栏，做到新闻宣传全覆盖。在电视台、报纸杂志上开设脱贫攻坚专题栏目，在强化新闻报道的同时，通过政策解读、评论、访谈、新闻特写、现身说法、深度报道等多种形式，及时、全面、准确地展现全县干群一心抓精准扶贫精准脱贫工作的全景图。发挥互联网宣传的即时性特点，通过边坝政府门户网以图文并茂的形式，全面宣传报道全县精准脱贫的思路、举措和成效。利用现有的宣传牌、宣传栏、灯箱广告、LED显示屏、横幅等大众宣传工具，制作悬挂精准扶贫工作宣传标语，广泛持久地宣传扶贫工作。县电视台以精准脱贫为主题，策划制作脱贫攻坚宣传片，在县电视台黄金时段定期播出。围绕精准扶贫、精准脱贫工作，组织新闻工作者通过消息、综述、通信、特写等多种形式，突出昌都特色，以推进“精准扶贫、全面建成小康”为主题写稿投稿，精准报道反映精准扶贫工作的最新动态、工作亮点。加强与各级主流媒体的沟通协调，定期组织策划，集中邀请中央、自治区、昌都市新闻媒体来边坝采访报道精准扶贫、精准脱贫工作。

（3）脱贫攻坚专题活动实现全覆盖。边坝县以“四讲四爱”群众教育实践活动为契机，在乡（镇）、村（居）特别是深度贫困地区广泛开展“劳动光荣、懒惰可耻，致富光荣、贫穷可耻”专题教育、精神文明创建等一系列活动，倡导群众自力更生、艰苦创业、勤劳致富。开展环境整治行动，结合农村人居环境整治行动，重点对农村生活垃圾治理、生活污水治理、农村厕所革命等进行专项治理。边坝县组织村民特别是贫困户开展村容户貌大扫除活动，清理村内道路及家庭院落积存的杂物、垃圾等，并定期组织开展检查观摩评比活动，着力消除部分贫困户家中“脏、乱、差”问题。通过改善居住环境，提升贫困群众的精神面貌。为了鼓励农村群众特别是农村青年加入志愿者服务组织，广泛开展志愿者服务活动，关注贫困村、贫困户，根据建档立卡贫困户的需求，积极开展实用技能帮扶、关爱留守儿童、维护村里治安、帮助孤寡老人等邻里互助志愿服务活动，让贫困群众感到事有所帮、情有所系、心有所安。

（4）农牧区科普知识宣传实现全覆盖。边坝县在各村（居）建立固定的标准科普宣传栏，开展医药卫生、安全用电、环境保护、禁毒等科普知识宣传，让农牧民群众在家门口就能接受学习到科学知识。安排科普人员到各乡（镇）和村（居）开展科普知识宣传，为农牧民群众讲解科普知识；深入各村和中小学、企业免费开展科普宣传。精心挑选理论功底深、实践知识丰富，熟悉农村工作、讲课通俗易懂的人组成科普讲师团，安排好宣讲计划，经常性深入村（居）、学校、宣讲农业、保健、反封建迷信等科学知识。每月组织科技人员到各乡（镇）举办科普活动，开展街头义诊、科技咨询、把脉问诊、发放药品、解答科学生活知识，指导农牧民群众生产生活。

（5）各级干部学习宣传精准扶贫政策实现全覆盖。边坝县各级党委（党组）理论中心组深入学习习近平总书记关于扶贫开发系列重要讲话精神和扶贫开发重要战略思想、精准扶贫精准脱贫政策知识，确保各级干部真学政策、真懂政策、真掌握政策、真落实政策。在干部掌握相关政策的基础上，采取“五包一”[①]以及全部建档立卡贫困户精准识别、精准退出等各项脱贫攻坚工作，积极到联系贫困户家中宣讲政策，逐户教育群众参与脱贫攻坚、勤劳致富。

① “五包一”即每个贫困村（居）安排1名乡镇包村领导、1名扶贫专干、1名负责户籍管理的公安干警、1名驻村工作队员、1名村“两委”干部，包片负责1个贫困村（居）。

第十章 丁青县

丁青县藏语意为“大台地”，古称“琼布”，意为“大鹏鸟之子”，位于昌都市西北部，西藏东北部。八宿县素有“中国热巴艺术之源”“中国冬虫夏草之乡”“中国象牙玉石之都”“中国象雄文化之藏”“中国藏文书法之廪”之称。八宿县东邻类乌齐县，西连那曲市巴青县、索县，南与洛隆县、边坝县相接，北接青海省杂多县、囊谦县。全县总面积12955平方公里，县城所在地海拔3873.1米。气候属高原寒带气候，年温差小，日差较大，日照时间长，年均日照时间为2457.3小时，年均气温为3.4℃。

第一节 脱贫基础

丁青县地理条件复杂多样，基础设施落后、公共服务能力较弱，广大农牧民群众出行难、就医难、上学难、增收难的问题较为突出。脱贫攻坚战打响之前，丁青县经济社会发展相对落后，贫困程度深，脱贫难度大、成本高，产业发展相对滞后，农牧民脱贫内生动力不足。

一、发展基础

（一）政区人口

全县辖11个乡2个镇，即沙贡乡、木塔乡、布塔乡、巴达乡、甘岩乡、嘎塔乡、色扎乡、协雄乡、桑多乡、当堆乡、觉恩乡、丁青镇、尺牍镇，辖63个村委会、1个居委会、64个村民小组（自然村），政府驻地丁青镇。2015年，丁青县户籍人口84774人，其中，农牧民人口80936人，城镇人口3838人，城镇化率为4.53%，远远低于昌都市平均10.96%的城镇化率。

（二）资源禀赋

丁青县土地肥沃、气候宜人，盛产青稞、麦子和各种豆类。牧区牧业发达，有牦牛、黄牛、犏牛、山羊、绵羊、马、骡、驴等种畜。植物共有1000余种，其中许多为药用植物，部分为稀有名贵药材，如虫草、知母、秦艽等。矿产资源有金、银、铂族元素、铁、钛、铅、白云岩、象牙玉、黑绿玉、大理石、铜、铬、镁、煤炭等50多种。

（三）经济发展概况

2015年，完成生产总值9.3947亿元，较2014年的10.8867亿元同比下降13.70%；第一产业增加值 3.0354 亿元，较 2014 年的 3.1467 亿元同比下降 3.54%；第二产业增加值 2.4869 亿元，较 2014 年的 2.4500 亿元同比增长 1.51%；第三产业增加值 3.8724 亿元，较 2014 年的 5.2900 亿元同比下降 26.80%。三大产业产值在生产总值中的份额，以第三产业最高，第一产业次之，第二产业最低；增幅以第二产业最高，第一产业次之，第三产业最低。2015 年，农业增加值 2.1213 亿元，畜牧业增加值 0.9060 亿元，在第一产业增加值中分别占比 69.89%、29.85%。固定资产投资 13.8412 亿元，较 2014 年的 7.5751 亿元增长 82.72%。

（四）社会发展基础

截至 2015 年年底，丁青县普通中学在校学生 1983 人，小学在校学生 7402 人；医疗卫生机构床位数 148 床；各种社会福利收养性单位 3 个，各种社会福利收养性单位床位数 422 床。总体而言，全县自然灾害频发，基础设施薄弱，市场化能力不高，脱贫内生动力不足等。

二、贫困状况

（一）贫困状况及其分布

2015 年年底，丁青县初始识别建档立卡贫困人口 2867 户 10886 人，贫困发生率达 13.72%。经每年动态调整后，截至 2019 年年底，全县建档立卡贫困人口为 3166 户 14051 人，贫困发生率达 17.50%。贫困程度较重的是尺牍镇、当堆乡、丁青镇、色扎乡、协雄乡，这几个乡（镇）是丁青县脱贫攻坚的主战场（表 5-21）。

表 5-21　丁青县建档立卡贫困人口乡镇分布（2015—2019 年）　户，人

乡镇	2015 年		2016 年		2017 年		2018 年		2019 年	
	户数	人口数	户数	人口数	户数	人口数	户数	人口数	户数	人口数
巴达乡	109	317	166	513	166	519	163	533	163	545
布塔乡	90	368	116	398	116	403	115	412	114	450
尺牍镇	312	1322	316	1417	316	1434	316	1482	314	1544
当堆乡	298	1414	353	1679	353	1732	352	1750	351	1867
丁青镇	375	1083	417	1313	417	1346	410	1374	405	1421
嘎塔乡	169	581	174	674	174	688	170	699	167	721
甘岩乡	90	266	90	323	90	332	88	347	87	356
觉恩乡	443	1545	508	1946	508	1962	500	2019	496	2054
木塔乡	55	191	81	351	81	360	77	352	76	387
桑多乡	102	556	106	585	106	590	104	593	104	618
色扎乡	300	1252	315	1395	315	1418	315	1433	314	1510
沙贡乡	151	567	160	616	160	637	157	642	157	671
协雄乡	373	1424	427	1714	427	1765	423	1826	418	1907
合计	**2867**	**10886**	**3229**	**12924**	**3229**	**13186**	**3190**	**13462**	**3166**	**14051**

（二）致贫原因

从丁青县致贫因素看，可以概况为以下几个方面：第一，自然灾害频发，基础设施薄弱，饮水困难，抵御自然灾害能力相对较弱。丁青县处于山高谷深，是自然灾害频发地带，抵御自然灾害能力弱。个别自然村道路还未通达，偏远地方通信基站站点少、基站蓄电池老化，部分乡（镇）和行政村在天气状况不好时，出现信号断绝，通信保障能力需进一步提升。受气候变化影响，个别农村饮水工程出现地下水源枯竭或季节性枯水。同时，季节性通水问题仍需下大力气解决。第二，市场化能力、机制不足，造成结构性需求短缺。农牧民文化程度较低，对市场不熟悉，对农牧业结构调整认识不够深。市场化运行管理机制及利益联结机制不完善，缺乏龙头企业带动，现有合作社、龙头企业、能人带动经验不足，群众参与度不高，产品市场转化率低。第三，部分贫困群众观念落后，“等、靠、要”思想严重，脱贫内生动力不足。长期以来受历史传统、地理环境、教育水平、基础设施等方面的综合影响，仍存在“等、靠、要”思想，贫困群众主动参与工程项目、自主创业、务工意识淡薄。从农牧民自身贫困看，一方面就业渠道不畅，收入结构单一。长期以来，丁青县农牧民生产生活主要依赖于耕地、草场等，生产经营方式相对滞后，农牧民增收渠道狭窄。另一方面家庭人口结构不合理，家庭负担重。家庭人口年龄结构不合理，家庭生育子女多，缺乏劳动能力的老人和幼龄、学龄子女多，家庭经济负担大。

（三）脱贫过程

2016 年脱贫攻坚战全面打响，2017 年年底全县如期实现脱贫摘帽，2018 年 8 月通过国家“第三方”评估验收。经过 4 年不懈努力，2019 年年底，全县 3166 贫困户 14051 人全部实现稳定脱贫，贫困发生率从 2015 年年底的 13% 下降到 2019 年的 0，基本消除绝对贫困。

第二节　工作举措

进入脱贫攻坚阶段，在党中央、西藏自治区、昌都市委的坚强领导下，丁青县委、县政府带领全县人民群策群力，艰苦奋斗，以党建引领为抓手，聚焦“六个精准”，实施“五个一批”，着力推进“十项提升工程”，因地制宜、多措并举、合力攻坚，如期脱贫摘帽，历史性实现消除绝对贫困。

一、因地制宜，“六个精准”立标杆

丁青县严格贯彻“六个精准”基本要求，结合县域实际情况，从严格落实脱贫程序、构建动态监测机制、因人施策“强精准”、健全体系“脱真贫”等方面发力，起到了积极的作用，取得了良好的效果。

（一）扶贫对象精准

严格按照《中共西藏自治区委员会办公厅西藏自治区人民政府办公厅关于印发〈西藏自治区贫困人口脱贫考核办法〉的通知》要求，在确保贫困人口达到“两不愁三保障”后，严格执行“一申

请、一评议、两公示、三公告、县审定”脱贫退出程序，共脱贫 3166 户 14051 人，做到了“真脱贫、脱真贫”。同时，按照每个村贫困发生率 3% 以下为主要依据，结合基础设施、公共服务体系建设、产业发展等相关指标要求，认真履行村级退出申请，乡（镇）、县两级审核公示程序，全县 63 个贫困村退出贫困队伍，2018 年全县实现摘帽。

（二）措施到户精准

为提高脱贫成效，确保因户因人施策精准，丁青县采取了多种办法：第一，实行产业扶持，帮助贫困家庭。经过多家企业帮扶，累计扶持 6308 人。第二，安排生态岗，实现脱贫。对全县建档立卡内具有劳动能力的 5468 人，就地转为生态岗位管护人员，人均工资 3500 元。第三，开展技能培训，实现就业。落实资金 1913.8 万元，技能培训 2740 人，实现就业 1969 人。第四，帮扶在校生，发放奖助学金。对 18149 名在校生落实“三包政策”，为 412 名建档立卡大学生发放“三免一补”资金 420 万元。第五，对失去劳动能力的特殊群体，纳入社保。对残疾人、孤寡老人等特殊群体、“五个一批”无法脱贫的 1579 人，全部纳入社会兜底对象，实现政策兜底。上述措施的实施，对于丁青县脱贫攻坚工作目标的实现，起到了积极的作用。

在实现全县消灭绝对贫困人口之后，丁青县坚持动态追踪，保持措施到户。2019 年，按照区、市两级扶贫办要求，丁青县脱贫攻坚指挥部办公室根据《关于印发〈西藏自治区 2019 年度扶贫对象动态管理工作方案〉的通知》的通知精神，召开了全县边缘人口及已脱贫人口返贫风险和人员动态调整摸底信息采集专题培训会，强调了动态调整、边缘人口统计系统录入的工作要求和注意事项。各乡（镇）、村开展入户核实信息采集等工作，信息录入国家扶贫开发系统。通过筛查的边缘户，认真进行因户因人施策，定期监测跟踪，对生态岗位、转移就业、产业扶持等各方面，均给予最大程度的帮扶和社会保障力度，避免出现“悬崖效应”，最大程度降低致贫返贫风险。

（三）项目安排精准

丁青县对县域产业项目进行了认真规划，合理布局，并设计了科学的利益联结机制，实现产业项目与贫困人口精准对接。具体措施包括：一是坚持规划先行。按照市委“七大种植基地、五大养殖基地”总体产业布局，结合丁青县产业发展思路——东小蓝西油菜，加工生产放县城；南养殖北畜牧，科技管理再提升；细农业精牧业，三产融合推营销；乡组织村合作，民宿经济热沿线；树品牌建基地，质量效益惠民生；抓策划创项目，看准市场不盲目；地入股民参与，三权分置引企业；三变实三金稳，项目资金着长远；保民生建基本，乡村振兴提功能，制定《丁青县“十三五”产业发展规划》，规划种植业、养殖业、民族手工业、资源开发业、农畜产品加工业、文化旅游业等产业项目 60 个。二是科学合理布局。科学布局“六大产业基地”和 1 个产业园区。扶贫开发区 3 个，重点打造丁青“三塔酥油”和“蓝天圣洁”农畜产品品牌，总投资 23750 万元。三是强化利益联结。以“政府、企业、合作社和农户”相结合产业化运作模式和利益联结机制，以循环经济模式培育产业，强化加工、包装、储运、销售、服务“五个链条”，推广“三变”模式，推动产业快速发展。四是稳步推进实施。充分利用产业贷款资金，2016 年以来，全县累计投资 5.4 亿元，其中：产业投资 4.69 亿元、县（区）投资 100 万元、金融投资 850 万元、自筹资金 5600 万元，实施产业项目 60 个，辐射带动建档立卡贫困人口 6308 人受益、人均增收 1200 元以上。

（四）资金使用精准

深入贯彻落实中央、西藏自治区关于扶贫开发投入要求，根据国务院办公厅《关于支持贫困县开展统筹整合使用财政涉农资金试点的意见》和西藏自治区财政厅《西藏自治区财政专项扶贫资金管理实施办法》文件精神，制定了《丁青县脱贫攻坚专项扶贫资金使用管理办法》，注重整合涉农资金、盘活财政资金、用好援藏资金、撬动金融资金，明确了本级财政的10%和计划内外援藏资金的全部用于精准扶贫。丁青县2016年整合资金20764.76万元（含市级460.73万元、县级695.8万元），其中：产业资金7606.03万元，水利1117万元，交通5066.04万元，易地搬迁2438.24万元，生态岗位2875.8万元，定向政策975.88万元，贷款贴息338.62万元，农牧民技能培训123.15万元，畜牧良种补贴20万元；林业生态管护补助204万元。

2017年，整合资金43400.28万元（含县级696.5万元），其中：产业资金16709.46万元；交通4140.44万元；危房改造（灾后重建）10891.26万元；一事一议450万元；易地搬迁5126.42万元；生态岗位5062.53万元；定向政策430万元；贷款贴息459.91万元；农牧民技能培训130.26万元。

2018年，整合资金25726.5万元（含市级44.46万元、县级772.7万元），其中：产业资金11166万元；易地搬迁6563.06万元；生态岗位7313.95万元；定向政策164万元；贷款贴息353.09万元；农牧民技能培训166.4万元。

2019年，整合资金22672.34万元（含市级2490.37万元、县级851.6万元），其中：产业资金2395.29万元；水利1713.38万元；易地搬迁3779.92万元；生态岗位7673万元（含2020年带清算资金464.05万元，实际发放7208.95万元）；贷款贴息748.75万元；农牧民技能培训163万元；易地搬迁建房补助6199万元。

2020年，整合资金32428.63万元（含市级11.46万元、县级11.46万元），其中：产业资金11300万元；水利5799.01万元；交通7979.87万元；生态岗位6244万元；贷款贴息921.75万元；农牧民技能培训184万元。

（五）因村派人精准

丁青县对于扶贫干部与贫困村精准匹配，实现了人尽其才，定点村庄。2016年以来，共组织开展县处级干部、乡（镇）党政负责人、单位负责人、扶贫专干、驻村工作队、村“两委”精准扶贫专题业务培训19场次1892人次，基础知识考试8次1209人次，提升了帮扶干部的业务素质，也实现了对帮扶干部知识能力的深入了解。在此基础上，对于贫困村进行精准投放。根据国家现行扶贫标准，重点做好已识别的252户1094名监测人员（其中，脱贫监测户7户42人，边缘户245户1052人）的日常监测和防返贫工作。通过精准分析返贫致贫风险原因，对照“两不愁三保障”标准，开展帮扶工作全覆盖，落实好各项扶贫政策和巩固提升措施，确保已脱贫人口不返贫，边缘户不致贫，巩固好脱贫成果。

（六）脱贫成效精准

一是贯彻落实上级决策部署，为提高脱贫成效奠定了基础。丁青县按照“五个一批”“六个精准”“八个到位”的工作要求，全面贯彻落实习近平总书记关于精准扶贫系列讲话精神以及党中央、国务院以及自治区党委、昌都市委脱贫攻坚总体要求和决策部署，以“两不愁三保障”为标准，以“三率一度”为目标，以易地扶贫搬迁为突破口，以产业发展为支撑点，以提高群众增收致富能力为落脚点，不断创新机制，强化保障力度，切实抓紧抓实脱贫攻坚工作。二是实行压力责任再压实，督促提升脱贫效率。县脱贫攻坚指挥部坚持压力再传导，大力实施脱贫攻坚任务层层分片包干，坚持每个年度层层签订脱贫目标责任书、军令状，并将脱贫攻坚工作纳入各级绩效考核，建立起了党委统一领导、党政齐抓共管、指挥部办公室综合协调、有关部门各负其责，部门联动、整体推进的脱贫攻坚组织领导体制和责任机制。推动“县、乡、村、组、双联户”五级联动，每名县级干部每年蹲点乡村指导脱贫攻坚工作达 50 天以上。三是执行县委部署、政府调度制度，实现脱贫效率动态提升。执行县委专题部署、政府调度制度，县政府召开专题脱贫攻坚会议 19 次，县脱贫攻坚指挥部会议 23 场次，现场会 3 场次，脱贫攻坚指挥部制定“一周一例会、一月一研判、一季一推进”协调机制。按照“六看、四访、一比对”要求进行入户调研，按照“一申请、一评议、两公示审核、三公告”程序及办法，进行整户识别，做到村不落一户、户不漏一人，对精准识别的贫困群体，从基本信息到帮扶措施、脱贫进展，全部记录在案，实行一户一档，保障了脱贫攻坚工作“五个清”。同时，准确掌握全县贫困人口动态，精准识别建档立卡人口 3166 户 14051 人，涉及全县 13 个乡（镇）63 个行政村，到 2019 年年底，建档立卡贫困人口全部清零。

二、多措并举，“五个一批”显成效

（一）发展生产脱贫一批

为实现“输血式”扶贫向“造血式”扶贫的巨大转变，丁青县把产业发展作为脱贫攻坚“开掘富源”的关键，狠抓产业扶贫措施落实，为群众增收致富奠定了坚实基础。丁青县始终把产业发展作为脱贫攻坚的治本之策，按照昌都市委提出的“七大种植基地、五大养殖基地”产业布局，科学规划“东小蓝西油菜，南养殖北牧草，加工生产放县城”的发展格局，打造“三塔酥油”“蓝天圣洁”农畜产品品牌；积极发展特色农牧业、藏医药、商贸流通、食品产业、旅游文化产业。2016 年以来，安排产业项目 60 个，总投资 54132.57 万元。注册农特产品生产经营公司 11 个，成立农牧民合作社 26 个，引进企业 6 个，实施的产业项目已经开始发挥效益，覆盖建档立卡户 6308 人。依托产业项目建设举办农牧民技能培训班 132 期，共培训农牧民群众 7347 人，实现就业 5075 人，就业率达到 69.1%，其中，建档立卡贫困人口参加培训人数 2740 人，实现就业 1969 人，就业率达到 71.9%。

（二）易地搬迁脱贫一批

丁青县积极推进易地搬迁工作，使贫困村农牧民进入适合发展的新村镇，为脱贫攻坚提供了环境基础。丁青县坚持“政府主导、群众自愿、量力而行、六靠五方便两避让、产业配套”的基本原则，严守“人均面积 25 平方米、户均自筹不超过 1 万元”的政策红线，实施 1640 户 6525 人易地扶贫搬迁工作，以“五比”为抓手，倒排工期、挂图作战。2016 年，建设 10 个安置点搬迁建档立卡户 566 户 1951 人，2017 年，建设 21 个安置点搬迁建档立卡户 1074 户 4574 人。截至 2019 年年底，共完成建设易地扶贫搬迁安置点 31 个，规划占地面积 1632.64 亩，新建住房 1981 套，总建筑面积 268598.27 平方米，项目总投资 77538 万元，其中，易地扶贫搬迁户总建筑面积 172548.66 平方米。已全部完成入住。

在搬迁群众后续扶持工作上，丁青县因村因户因人精准制定帮扶措施。一是根据“挪穷窝、换穷业、促脱贫”的要求，围绕“产业先行”的原则，根据安置点区位优势，实施对应项目。共配套实施产业项目 60 个，每个安置点都配备 1 ～ 2 个产业项目以上，实现搬迁群众全覆盖，做到安居与发展并重。二是重点开展建筑技能、厨师、大棚种植等职业技能培训，努力拓宽就业渠道，实现稳定转移就业 794 人。三是通过生态岗位扶贫，实现水利、交通、林业等领域生态岗位就业 3283 人。四是按照应保尽保的原则，对无劳动能力的 523 人全部纳入社会兜底保障。通过产业发展、转移就业、生态岗位、发展教育、结对（集团式）帮扶、社会兜底等后续帮扶措施，从根本上解决了“一方水土养不起一方人”的问题，带动和帮助搬迁贫困群众发展生产，开辟了增收渠道，拓宽了经济收入来源。

（三）生态补偿脱贫一批

丁青县将生态扶贫作为重要抓手，在建设生态文明、提升环境质量的同时，又通过增加生态岗位，实现了脱贫攻坚。2016 年招收生态岗位 9586 人，岗位补贴标准 3000 元，年度兑现资金 2875.8 万元。2017 年增加生态岗位 7431 人，岗位人员 17017 人，岗位补贴标准 3000 元，年度兑现资金 5105.1 万元。2018 年增加生态岗位 3880 人，岗位人员 20897 人，岗位补贴标准 3500 元，年度兑现资金 7313.95 万元。2019 年，按照上级要求，在 2018 年基础上调减 300 人，有岗位人员 20597 人，岗位补贴标准 3500 元，年度兑现资金 7208.95 万元。2020 年，共有 20720 名生态岗位人员，岗位补贴标准 3500 元，年度兑现资金 7252 万元。

（四）发展教育脱贫一批

发展教育，提升人力资本，是经济发展的重要手段，也是脱贫攻坚的重要抓手。丁青县成立了以政府副县长为组长、教育局领导班子为副组长、各校校长为成员的教育精准扶贫工作领导小组并下设办公室，按照《丁青县教育局十三五扶贫工作方案》《丁青县建档立卡贫困家庭子女接受高等教育实施免费教育补助政策的实施细则》《丁青县校园结对帮扶工作方案》《丁青县弱势群体资助管理办法》等细则，全面推动教育系统精准扶贫各项工作落到实处。围绕教育脱贫，丁青县开展的主要工作包括：

一是助学资金保障到位，向贫困家庭倾斜。严格落实自治区、市、县建档立卡在校大学生“三免一补”资助的要求，对贫困家庭、弱势群体大学生优先帮扶。2016 年以来，为 412 人建档立卡贫困在校大学生发放“三免一补”资助金 420 万元；兑现弱势群体在校大学生资助 55 万元，累计资助 73 名在校贫困大学生；发放新生入学普惠奖金 61.86 万元；开展“我为扶贫添光彩”募捐活动，共募捐爱心帮扶资金 9.06 万元。

二是推进职业教育发展，帮扶贫困家庭创业就业。坚持校企结合、产学结合，创新发展职业教育，拓宽脱贫就业技能，县职业技术培训中心，以市场为导向，开设缝纫、民族绘画、藏医等 7 个专业，联合市职业学校，推进 9+3 教学模式。目前，有在校生 308 人，有效满足了“两后生”学习和职业技能培训的需要。穹鹏民族服装厂成立以来实现产值 800 多万元，提供就业岗位 36 个，人均增收 1200 元以上，为 36 户 71 人贫困家庭提供帮扶资金 35500 元。

（五）社会保障兜底一批

一是推进低保与国家扶贫标准“两线合一”。对符合农村低保条件的建档立卡贫困家庭，按政策规定程序纳入农村低保范围。对于符合扶贫条件的农村低保家庭，按政策规定程序纳入建档立卡范围，并根据致贫原因予以精准帮扶。2016年兑现农村低保资金1233万元，2017年兑现资金1658万元，2018年兑现资金1169万元，2019年兑现资金1252万元，2020年兑现农村低保资金1629.79万元。二是对特殊困难家庭实施应急性、过渡性救助。对遭遇突发事件、意外伤害、重大疾病或其他特殊原因导致基本生活陷入困境，其他社会救助制度暂时无法覆盖或救助之后基本生活暂时仍有严重困难的家庭或个人，给予应急性、过渡性救助。2016年共发放救助资金4.9万元，2017年发放救助资金14.7万元，2018年发放救助资金59.3万元，2019年发放救助资金65.5万元，2020年共发放救助资金58.6万元。三是及时足额兑现残疾人"两项补贴"资金。2016年兑现困难残疾人补贴资金38.9万元、重度残疾人补贴资金222.3万元，2017年兑现困难残疾人补贴资金29.4万元、重度残疾人补贴资金346.3万元，2018年兑现困难残疾人补贴资金90万元、重度残疾人补贴资金703.8万元，2019年兑现困难残疾人补贴资金142.6万元、重度残疾人补贴资金726.1万元。四是及时救助孤儿、留守儿童等弱势群体。积极排查丁青县范围内的孤儿、留守儿童、残疾儿童，及时对其进行民政救助。丁青县共有孤儿235人，其中，送往昌都第一福利院75人，第二福利院73人，自治区福利院19人，林芝福利院17人，亲戚家中寄养孤儿51人。五是积极开展特困人员供养。按照特困人员实际情况，以分散、集中两种形式开展具体供养工作。截至目前，全县共有特困人员362人，其中分散供养182人、集中供养180人。

三、补齐短板，基础设施和公共服务提升工程助脱贫

2016年以来，丁青县全力抓好"水电路讯网、科教文卫保"十项提升工程，由部门牵头抓总，属地乡（镇）、村积极配合，涉及产业发展、公路建设、饮水工程、农网改造等项目全面铺开。

（一）安全饮水方面

抓饮水安全，让困难群众喝上"放心水"。2016年以来，累计投入资金13612.4万元，新建、维修274个饮水点，不断解决群众季节性通水问题，全面完成全县472个农村饮水点的样本采集及水质检测工作。截至2020年年底，全面开展水质检测工作，先后出具了450份检测报告，解决3794户42476人的安全饮水问题。同时，县水利局牵头针对高海拔乡（镇）和易地搬迁安置点群众水龙头因冻无法出水问题，由县水利局制定饮水、打井"双水源"保供水方案，加强对群众的防冻保暖知识教育；成立农牧民用水合作组织，充分利用生态岗位，成立农村饮水服务管护队，确保每个供水点安排2～3名水管员，具体负责饮水工程的管理和维护工作，解决搬迁群众供水难的问题。

（二）交通方面

2016—2020年，全县聚焦农牧区公路基础设施建设，实施农村公路建设项目104个，完成投资21900万元，新增各级公路里程213.915公里。

（三）通信方面

截至2020年年底，丁青县共有固定电话1230户，好易通1055户，宽带52户，手机注册用户3000多户。丁青县尺牍镇、觉恩乡、色扎乡已开通好易通业务，大大改善了通信不便、信息闭塞的状况，为经济建设、社会发展和国民经济信息化建设发挥了积极的促进作用。通过大力实施10GB出口带宽线路升级改造和4G移动网络工程，全县13个乡（镇）实现4G移动网络全覆盖，网络通

信能力和水平不断提升。

（四）电力设施建设

丁青县统筹资金 3.689 亿元，实施电力设施建设项目 276 个，同比增长 18%。积极推动国网 110 千伏输变电工程投运，国电覆盖 5 个乡（镇）21 个村（居）4.1 万余名农牧民群众。2018 年采用户用光伏供电的 7 个安置点，2019 年完成 6 个安置点国家电网供电，2020 年完成 1 个安置点国家电网供电。同时，进一步加快建设丁青县“三区三州”电网项目，解决觉恩、巴达、布塔、尺牍、嘎塔、当堆、甘岩、色扎、沙贡、丁青镇、桑多、木塔等乡（镇）的部分无电及电网设备老旧问题，实现全县 13 个乡（镇）68 个行政村全部通国网。

（五）教育方面

1. 组织保障

丁青县成立了以县委书记为组长，县长为常务副组长，人大常委会主任、政协主席、分管副县长及教育（体育）局局长为副组长，各乡（镇）、县直相关部门负责人为成员的义务教育均衡发展工作领导小组。

2. 政策到位

制定出台了《丁青县人民政府关于推进义务教育均衡发展工作三年规划》《丁青县推进义务教育均衡发展工作实施方案》《丁青县推进义务教育均衡发展工作县级领导干部、领导小组成员单位定点联系乡（镇）制度》等一系列事关义务教育发展大计的指导性文件，进一步明确了义务教育发展的总体思路、主要任务、重点项目及保障措施。定期组织召开义务教育均衡发展联席会议，分析存在的问题，解决当前困难，安排部署下阶段重点工作，确保各项工作落实，切实推进县域义务教育均衡发展工作有序开展。

3. 抓义务教育，阻断贫困代际传递

为全面抑制失学儿童、建档立卡适龄儿童流失及常规学生辍学，县教育部门制定了《丁青县教育专项整治工作实施方案》，开展了教育专项整治工作，加大控辍保学力度。目前，义务教育阶段小学入学率达 99.87%，中学毛入学率达 99.01%。2016—2020 年县财政共计投入教育经费 8144 万元，占财政收入的比例逐年增长；共计投资 5.13 亿元用于全县教育基础设施建设，其中，国家投资 5.13 亿元用于新建和改扩建项目，免费划拨教育基建投资用地 360 余亩，折合市价约 9000 余万元；2017—2018 学年，丁青县 7 ～ 12 周岁适龄儿童入学率达到 99.87%；13 ～ 15 周岁适龄少年毛入学率达到 99.01%；残疾儿童少年入学率达到 91.4%。

4. 狠抓发展教育

一是坚持管好用好国家“三包”经费和学生营养改善计划资金，用好了每笔“三包”和“营养餐”经费。“放心粮油”、新鲜蔬菜食品统一配送，覆盖率在全县教育系统达到 100%。二是认真落实整改中央巡视“回头看”反馈意见与边坝县普查反馈问题。针对存在的问题，局党委多次召开专题整改会，定人定责把工作落到实处，确保整改有效推进。三是开展义务阶段资助管理系统学生信息填报工作。按要求认真落实“结对帮扶”工作，全县教师积极主动深入结对帮扶家庭深入了解贫困户情况，与贫困户深入谈心，宣传教育优惠政策，鼓励贫困户失学儿童及时返校，使其明白只有接受教育，学有所成，才能永久脱贫的道理。学校继续以学生为主体通过“小手拉大手”的活动形式，让学生对家长进行各种政策宣传，全力推动教育脱贫工作。四是与各乡（镇）再次开展建档立卡适龄儿童核对工作，及时劝返立卡与非在校建档立卡户流失学生。经过动态调整核查，共计建档立卡户在校生为4546人，积极开展建档在校学生关爱活动，各学校教职工以校为家，视学生为子女，通过各种活动，使学校能留得住学生，有效增加控辍保学力度。五是继续推进职业教育发展，高度重视广大青年的技能培训工作，坚持校企结合，产学结合，创新发展职业教育，拓宽脱贫就业技能。县职业技术培训中心以市场为导向，开设缝纫、民族绘画、藏医等8个专业，至2020年年底，有在校生478人。六是加大薄弱学校改造，积极与上级部门对接争取项目上得到上级部门倾斜，3所易地搬迁安置点幼儿园已建成并投入使用。

（六）公共卫生服务

1. 抓基本医疗，解决困难群众看病难问题

13个乡（镇）卫生院配备1名全科医生，平均达到6名卫生人员，每个行政村卫生室有2名合格村医，有效保障了全县贫困人口享有基本医疗卫生服务。充实乡（镇）、村级卫生专业人员队伍，全面加强村医技术培训工作，不断提升村医诊疗水平；进一步落实健康扶贫家庭医生签约服务政策措施，对建档立卡贫困人口实现家庭医生签约服务应签尽签，达到一年至少4次上门服务要求，重点加强对高血压、糖尿病、结核病、严重精神障碍等慢性病患者的规范管理与健康服务。截至2018年年底，慢性病签约服务、村卫生室药品发放，乡村医务人员配备已全部达标。同时，为提高农牧民群众对新政策的知晓度，由医保局局长带队，深入尺牍镇、色扎乡等乡（镇），对城乡居民基本医疗保险制度整合政策开展宣传，医保局召集县人民医院、县藏医院、满金杰布藏医院及13个乡（镇）卫生院相关负责人，对城乡居民基本医疗保险制度整合中关于统筹门诊报销等政策进行了讲解培训。截至2020年年底，全县城乡居民参保人数达到94314人。

2. 开展县、乡（镇）、村医疗卫生机关标准化建设

按照“基本医疗有保障”的工作标准。第一，医疗卫生机构达到“三个一”。丁青县有医疗卫生机构81所，其中，县疾控中心1所、县人民医院1所、县藏医院1所、乡（镇）卫生院13所、私立医院2所、村卫生室63所。第二，医疗技术人员“三合格”。全县卫生系统干部职工共493余人，县人民医院医护人员共99名，其中有执业（助理）医师8名；藏医院医护人员共54名，其中，有执业（助理）医师35名，满足每个科室至少有1名执业医师的要求。13个乡（镇）均建有1所政府办卫生院，卫生院医务人员能够承担基本医疗、公共卫生服务、家庭医生签约等工作。同时，满足每个乡（镇）卫生院至少有1名合格执业（助理）医师或全科医师的要求。截至2020年年底，丁青县13个乡（镇）卫生院医护人员共157名，其中有执业（助理）医师16名。63个村卫生室126个村医，其中，有资格证书的108名，满足每个村卫生室至少有1名合格的村医的要求。第三，医疗服务能力“三条线”。县人民医院已达到了二级甲等综合医院水平。着力推进县藏医院创建“二甲”综合民族医院。进一步提升基层医疗卫生服务能力。完成的嘎塔、当堆、觉恩、尺牍、甘岩、桑多6个乡（镇）卫生院标准化建设工作为基础，完成丁青镇、协雄乡两个乡（镇）卫生院及县妇幼保健站项目。“一村一室”工作全面完成。在全面完成“一村一室”工作，全县63个行政村均设村卫生室的基础上，为卫生室统一配置了常规医疗设备及药品，有力实行村医在岗制度，基层医疗服务基本全覆盖。完成63个村卫生室“三室分离”工作。

3. 按照“三定两加强”原则，对患有9种大病的农村贫困人口进行集中救治

先后为436名白内障患者免费实施了复明手术，其中，104名患者属于建档立卡贫困户。在全面统计筛查全县先天性心脏病患儿的基础上，先后组织专人携带符合手术条件的先心病51名患儿

赴天津、成都接受免费手术治疗，其中，9名患者属于建档立卡贫困户。携7名手足多指患儿安排专人带队前往昌都市进行免费救治，其中2名患儿属于建档立卡贫困户。携5名精神病患者赴重庆接受免费治疗，属于建档立卡户和五保户。先后为85名唇腭裂患儿免费实施了手术，其中14名患儿属于建档立卡贫困户。包虫病确诊病例978例，其中，组织完成手术治疗233例（建档立卡43例），药物治疗697例，药物治疗随访工作有序开展中。通过疾病分类实际，按照患者的意愿，先后为128名建档立卡贫困户重特大疾病、慢病患者赴市、县定点医院进行免费治疗，相关医疗费用由县卫计委从前期医疗周转专项资金中垫支。

4. 在全县范围内开展了家庭医生签约服务工作

组建了以县医院医生为指导医生、乡（镇）卫生院医生为责任医生、村医为随访医生的慢性病家庭医生签约服务团队，同时制定了慢性病家庭医生签约随访制度，进一步明确工作内容。截至2020年年底，以全面推行家庭医生签约服务为契机，为全县建档立卡贫困人口和计划生育特殊困难家庭等重点人员16341人签约，重点人员签约服务率达到100%，实现贫困人口全覆盖。同时，要求各乡（镇）卫生院每季度跟踪随访不得少于2～3次。

5. 设立重大疾病医疗费用周转资金与超大额补充医疗商业保险

制定了《丁青县贫困人口重大疾病医疗费用周转资金管理和使用办法》，设立专用账户60万元，针对建档立卡贫困户医疗费用实施前期垫支。截至2020年年底，全县共垫支前期医疗费用83人次，总金额为155万元。按照市卫计委印发的《昌都市建档立卡贫困农牧民疾病医疗救助资金实施办法》要求，建档立卡贫困户患者自负部分在0.2万～3万元的按50%进行救助。截至2020年年底，全县建档立卡疾病医疗救治的66名患者，共兑现的救助348143元。2016年以来，为全县农牧区医疗制度的参保人员统一投保了超大额补充医疗商业保险，共77266人，每人保费10元，共计772660元，超大额补充医疗商业保险最高保险赔付限额为30万元/人，起付线13万元/人，受益人群3人次，赔付34万元。在定点医疗机构免押金住院治疗患者共有2606名，其中，县级住院患者2347人报销532.03万元，其中，市级定点医疗机构免押金住院治疗患者259名，报销金额352.35万元，有效保障了全县贫困人口享有基本医疗卫生服务，最大限度防止因病返贫。

6. 开展医疗知识技能培训

2016年以来，对县、乡（镇）、村三级医护人员进行健康扶贫动态管理系统培训4次。为切实加强基本公共卫生服务项目管理，提高基本公共卫生服务整体水平和服务质量，针对14项基本公卫内容进行了7次培训。为提高基层医护人员整体专业素养，进一步加强包虫病、传染病防治宣传教育工作，加强对农牧民群众的教育引导，增强和提高农牧民群众的自我防范能力，保障人民群众的生命健康，开展包虫病综合防治培训12次。为提高免疫规划队伍工作质量，完善队伍建设，降低计免针对疾病的发病率，开展计划免疫相关知识技术培训12次；2019年5月，结核病相关工作移交至县人民医院，为保证工作质量及工作连续，对结核防治人员培训3次。加强妇幼保健体系建设，降低孕、产妇死亡及五岁以下儿童死亡，提高住院分娩率，结合妇幼工作中存在薄弱环节，组织各县妇幼科、乡（镇）卫生院妇幼专干，开展妇幼相关知识培训40次。

同时，为深入贯彻落实中央第三巡视组脱贫攻坚专项巡视“回头看”反馈意见，加强乡村医生从业管理，保护乡村医生合法权益，根据上级主管部门有关要求，开展了乡村医生培训、考核及发证工作。2020年5月17日，卫健委邀请县藏医院专家为116名村医进行培训，主要内容为基本公共卫生服务、免疫规划、妇幼保健、内科、外科、健康教育等专业知识，县卫健委统一组织116名村医进行考核。

（七）人居环境

2016—2020年，丁青县共安排人居环境改造项目60个，埋设人饮管道62公里，架设农电线路308公里；全县通车里程达1907.587公里，其中，13个乡（镇）通畅，68个村（居）通达、56个通畅，417个自然村中362个通达、55个通畅；新建（改造）“双语幼儿园”31个，新建（改造）村卫生室31个，通信、广播、电视覆盖率达到100%，实现“喝自来水、用动力电、走水泥路、住安全房”的目标。

1. 抓住房安全，让群众住上“安心房”

稳步推进3260户危房改造工程，全面落实建档立卡户房屋安全等级鉴定及信息录入工作，实现建档立卡户不住危房目标，住房安全基本得到保障。统筹推进易地搬迁（1642户）、同步搬迁（438户）、“5.11地震”灾后重建（1487户）、棚户区改造（672户），新建农村民房及城镇居民住宅4239套，全面解决建档立卡内、建档立卡外边缘户无房、危房住房安全问题，有效改善广大群众居住条件。

2. 对全县农户住房安全进行大排查

截至2020年，共排查出151户新增危房，其中，C级92户，D级59户。同时，对全县各乡（镇）房屋安全开展安全等级评定工作，制作房屋安全鉴定书，已下发乡（镇）张贴至所有农户家中。2020年，危房巩固提升工程143户，已全部完工，兑现资金。

3. 做好安置点管理及教育引导

为了做好易地扶贫搬迁安置点社区治理和公共服务，引导搬迁群众顺利融入新社区、新环境、新生活，各个安置点结合“网格化”和“双联户”工作，制定了易地扶贫搬迁安置点管理制度。健全完善村民自治、治安防控、精神文明建设、感恩教育等机制，充分发挥生态岗位、双联户作用，责任到人到户，分工明确，引导调动群众的积极性、主动性，依靠群众的力量和智慧建设美丽家园，提升生活品质，确保搬迁群众办事有窗口、议事有组织、纠纷有人管、困难有人帮。在安置点成立了临时党支部7个，新成立村（居）委会4个。通过政策上宣讲，引导搬迁户“感党恩、听党话、跟党走”，政治意识、脱贫致富意识得到了很大的提高。

（八）文化事业

根据县委、县政府工作安排，结合丁青县实际，丁青县全力推进村级组织活动场所标准化建设工作。截至2020年年底，全县建设村级组织活动场所68个，新建59个，改扩建9个。

第三节　成效亮点

进入脱贫攻坚阶段，丁青县委、县政府以“一精准、一措施、两培训、四项目”为抓手，进一步转变发展理念，做大做强现有产业，扩宽结对帮扶现有形式，抢抓机遇、开拓创新，决战决胜脱贫攻坚，为昌都市全面脱贫目标完成作出了应有的贡献。

一、脱贫成效

（一）梯次推进，如期脱贫

2019年年底，全县3166户14051人全部实现稳定脱贫，全县贫困发生率从2015年年底的13%下降到2019年清零，基本消除绝对贫困。2016年，丁青县召开了全县扶贫开发工作会议，将脱贫攻坚纳入各级各部门中心工作，严格落实了党政一把手负责制，层层分解目标任务，并且县委、县政府与13个乡（镇）签订了脱贫攻坚任务军令状，做到了脱贫攻坚责任上肩、任务压实。2017年，丁青县将脱贫攻坚作为重大政治任务和第一民生工程，以决战决胜的姿态和攻城拔寨的决心，扎实推进脱贫攻坚工作，通过全县上下共同努力，稳定实现2361户9100人脱贫，实现63个贫困村退出，贫困农牧民人均可支配收入达5368元，稳定超过当年脱贫标准，实现了“两不愁三保障”和“三率一度”目标，贫困村基础设施、基本公共服务水平和产业发展等明显提升，发展环境不断优化，达到贫困县摘帽标准，顺利通过了自治区交叉考核、区第三方评估、昌都市交叉考核评估及验收。2020年年底，实现3137户14420人脱贫和63个贫困村全部退出，贫困发生率由13%降至全部清零（表5–22）。

表5–22　丁青县脱贫工作动态

年份	当年脱贫		人口自然变更后当年脱贫		退出贫困村居数（个）
	户数（户）	人数（人）	户数（户）	人数（人）	
2016	555	2789	524	3130	0
2017	2361	9100	2277	10135	63
2018	59	207	57	225	0
2019	281	872	279	930	0
合计	**3256**	**12968**	**3137**	**14420**	**63**

（二）兄弟情深，援藏助力脱贫攻坚

自第七批援藏工作开展以来，各援藏单位深入丁青县13个乡（镇）64个村（居）开展实地调研，结合县情提出“整合资源、民生优先、教育支撑、产业带动、夯实基础、依靠当地”的工作思路。丁青县一直重视援藏扶贫工作，利用援藏资金助推脱贫攻坚工作。

1. 巩固县域经济发展基础

2017—2019年天津市北辰区医疗专家开展培训指导3次，总帮扶资金40万元，撰写调研报告、民情日记、工作日志109篇；走访困难群众47户，发放慰问金2万多元。牵头完成丁青县城总体规划及13个乡（镇）总体规划，确定第七批援藏投资4929万元，重点发展教育、基础设施、供水工程、整乡推进等项目建设。

2. 对口帮扶创就业

天津、宝武钢、江苏等对口援建丁青的省市和单位，从教育、医疗、产业、易地搬迁、乡村振兴招商引资项目安排等方面，大力支持和无私援助丁青县的脱贫攻坚事业。2016年以来，累计实施援藏项目落地31个，总投资39695万元。县党政代表团2次开展援藏回访活动，与援藏团队召开援藏工作和招商引资座谈会，签订了对口帮扶协议，实现8名丁青籍群众前往小护士（天津）实业

发展股份有限公司转移就业、12 名群众前往武钢集团楠山康养公司转移就业。

3. 开辟“援藏扶贫”新模式

始终坚持用好“援藏扶贫”重要平台，开辟技术援藏、产业援藏、民生援藏新模式。一是抓好结对帮扶。2018 年 4 月和 9 月，丁青县党政代表团 2 次开展援藏回访活动，与援藏团队召开援藏工作和招商引资座谈会，签订了对口帮扶协议。二是抓好就业援藏。深入开展“就业援藏”工作，通过“天津市北辰区对口帮扶丁青县就业招聘对接会”，与武钢集团楠山康养公司进行远程视频面试会，实现 8 名丁青籍群众前往小护士（天津）实业发展股份有限公司转移就业、12 名群众前往武钢集团楠山康养公司转移就业。三是抓好项目建设。天津、江苏、宝武钢集团共在丁青实施援藏扶贫项目 30 个，涉及扶贫、教育、卫生等领域，总投资 35658 万元。第七批援藏干部以“服务群众、关爱干部、发展丁青”为目标，结合丁青县情，立足实际确定思路，第七批援藏投资 4929 万元，重点发展教育、基础设施、整乡推进等项目建设。

4. 搭建交流平台，促进两地合作发展

加强与派出单位的沟通，组织县党政代表团赴天津开展交流学习考察活动，学习内地先进的经济发展模式、教育工作、城乡一体化、招商引资和文化旅游等经验。争取天津市北辰区政府援藏资金 200 万元，连续三年每年接纳 10 ～ 15 名优秀教师到天津市北辰区模范示范校现场观摩培训，安排医生、法院干警进藏，开展短期专业指导培训。

（三）凝聚合力，社会帮扶发挥作用

丁青县利用军民融合、“领导班子 + 领导干部 + 机关党员干部 + 农牧民党员”四位一体模式，发挥了社会帮扶在精准脱贫中的作用。

1. 军民融合推进健康扶贫

为促进军民融合发展，推进健康扶贫工作，解放军总医院第五医学中心专家医疗队，赴昌都市丁青县，开展包虫病防治对口帮扶活动。专家医疗队将通过对接帮扶细节和需求，采取专家义诊、筛查救治、普通手术观摩学习、复杂手术带教指导等方式进行全面帮扶。第五医学中心还将选派数位肝胆外科、肝病内科、呼吸内科、心内科、感染病科专家在丁青县开展为期 3 个月的包虫病对口帮扶工作。2020 年，为 57 名包虫病患者（县医院 39 名、赴北京手术治疗 18 名）实施免费手术救治，其中，建档立卡 8 名。

2. 完善帮扶制度，确保层层分片包干

采取“领导班子 + 领导干部 + 机关党员干部 + 农牧民党员”四位一体模式，推行“一核心五主体”村级组织工作法，建立责任清单和工作机制，树立正确的党建扶贫导向，实行“县级领导包乡（镇）、乡（镇）和县直单位包村、驻村工作队和村干部包户”层层包干制，层层签订脱贫目标责任书、军令状。制定出台《丁青县干部干事档案实施细则》，推动“县、乡、村、组、双联户”五级联动，每名县级干部每年蹲点乡村指导脱贫攻坚工作达 50 天以上。

（四）智志双扶，内生动力大幅提升

为了锻造脱贫攻坚的内生动力，丁青县强化了人员培训，积极开展宣传，开展示范带动，取得了明显效果。

1. 压实责任“强问责”

一是贯彻落实上级决策部署。丁青县按照“五个一批”“六个精准”的工作要求，全面贯彻落

实习近平总书记关于精准扶贫系列讲话精神以及党中央、国务院以及自治区党委、昌都市委脱贫攻坚总体要求和决策部署，以“两不愁三保障”为标准，以“三率一度”为目标，以易地扶贫搬迁为突破口，以产业发展为支撑点，以提高群众增收致富能力为落脚点，不断创新机制，强化保障力度，切实抓紧抓实脱贫攻坚工作。二是坚持人员再培训。县脱贫攻坚指挥部坚持人员再培训、能力再提高的原则，2018 年以来共组织开展县处级干部、乡（镇）党政负责人、单位负责人、扶贫专干、驻村工作队、村“两委”精准扶贫专题业务培训 19 场次 1892 人次，基础知识考试 8 次 1209 人次。三是实行压力责任再压实。县脱贫攻坚指挥部坚持压力再传导，大力实施脱贫攻坚任务层层分片包干，坚持每个年度层层签订脱贫目标责任书、军令状，并将脱贫攻坚工作纳入各级绩效考核，建立起了党委统一领导、党政齐抓共管、指挥部办公室综合协调、有关部门各负其责，部门联动、整体推进的脱贫攻坚组织领导体制和责任机制。推动“县、乡、村、组、双联户”五级联动，每名县级干部每年蹲点乡村指导脱贫攻坚工作达 50 天以上。四是强化责任追究，着力惩治基层腐败。制定《丁青县精准扶贫工作问责暂行办法》，实行最严格的督查考核，将脱贫计划和任务细化分解到季、到月、到周、到天，把责任落实到牵头领导、责任单位、各乡（镇），明确了具体责任人。五是执行县委部署、政府调度制度。执行县委专题部署，政府调度制度。截至 2020 年年底，召开扶贫开发领导小组会议 24 次、县政府召开专题脱贫攻坚会议 35 次，县脱贫攻坚指挥部会议 68 场次，现场会 7 场次，脱贫攻坚指挥部制定“一周一例会、一月一研判、一季一推进”协调机制。六是理清任务清单，抓实限期整改。推行任务清单制、落实销号制、跟踪问效制、列表督办制、追责问责制。

2. 打造宣传平台，营造浓厚氛围

一是依托信息平台，广泛宣传扶贫政策。充分发挥“丁青党建”“琼鹏丁青”“青春丁青”“琼布眼”“琼布新闻早点”“网信丁青”等 26 个微信公众号作用，积极开展宣传。公众号的文章被各级媒体采用报道 318 次，其中，中央媒体报道 4 次，自治区级媒体报道 68 次，市级媒体报道 246 次，学习强国采用 21 条，琼鹏丁青微信公总号共推送精准扶贫信息 670 余条，县电视台播出关于精准扶贫精准脱贫相关新闻 190 余条。宣传宣讲党中央、自治区、昌都市各项扶贫政策 1922 场，受众群众 10.2 万余人次。五年来，累计挖掘上报先进典型 12 个，其中，次仁旺堆同志 2018 年被评选为首届“感动西藏十大脱贫攻坚人物”。

围绕新中国成立 70 周年和西藏民主改革 60 周年，昌都解放 70 周年的伟大历史成就，在农牧民群众中开展“精准扶贫感党恩”教育活动，以“互联网 + 微宣讲”方式，建立 64 个村级“四讲四爱”微信宣传工作群，利用琼鹏丁青、琼布眼、网信丁青、丁青党建、青春丁青等 26 个微信平台、宣传车、广电台、小广播、大喇叭等，密集报道防疫及脱贫攻坚信息，广泛宣传各类知识；充分发挥人民宣讲员、每户户主和双联户的作用，每天以“语音”形式进行微信线上宣讲。至 2020 年年底，已有 4000 余人线上参与听讲，帮助广大群众掌握好扶贫政策，不忘党的恩情。

二是开展主题教育，激发群众内生动力。2016 年以来，重点突出扶贫政策宣传，将“厚德丁青・涵养琼布”建设作为助推精准扶贫精准脱贫的重要载体，坚持扶心扶志、扶能扶智、移风易俗、治懒治愚。以学习宣传党的“十九大、四讲四爱”和“10.17”扶贫日活动等活动为契机，有序启动了“党旗红”“厚德浇灌扶贫花・文明丁青伴我行”“扫黑除恶・打击陈规陋习”和“学当文明、力改陋习、增强融入、促进发展”等系列主题教育活动。通过“县乡村”多方联动，组建“脱贫攻坚党旗红”宣讲队,“百名教师”宣讲队，广泛深入 13 个乡（镇）68 个村（居）宣传扶贫政策，实现带引贫困群众转变观念，共同参与脱贫攻坚跨贫沟。2016 年以来，先后深入 13 个乡（镇）63

个行政村，开展精准扶贫相关政策宣讲190余场次，发放相关资料63000余份，受教育群众28.6万余人次，有力扶起了贫困群众脱贫的志气、脱贫的腰板，唤起了贫困群众自我脱贫致富的信心、决心和动力。

三是培树脱贫典型，带动引领促脱贫。坚持“典型带动”，征集扶贫故事78篇，编辑出版了《我的扶贫故事》；隆重表彰“十大厚德人物”“五大提名奖”人员，挖掘脱贫攻坚典型人物18人；大力宣传次仁旺堆（评选为全区扶贫十大感动人物）脱贫攻坚一线先进人物事迹。例如，丁青镇仲佰村建档立卡群众措央在脱贫攻坚以前，思想上存在着脱贫攻坚是政府的事，能不能脱贫也得看政府，“等、靠、要”思想严重。在看到身边群众通过劳务输出的方式实现脱贫后，信心得到了增强，自己参加本村“巾帼巧娘编织队”、劳务输出，丈夫在县供暖公司煮饭，家庭年增收3万余元，从一个靠吃低保度日的建档立卡户到小康之家。

积极开展脱贫致富典型模范评选活动，挖掘脱贫致富的典型事例，通过比作风、比办法、比成效等，推出一批勤劳致富的模范人物。联合昌都电视台在丁青电视台开设《决战决胜脱贫攻坚》《我脱贫了》等典型宣传专栏，宣传一批自立自强、勤劳务实、脱贫致富的先进典型。并通过各大媒体、宣讲团广泛宣传脱贫致富的典型模范事迹，邀请脱贫致富典型模范现身讲述自己的脱贫致富成功经验，引导群众树立“劳动光荣、懒惰可耻，致富光荣、贫穷可耻”的导向，以舆论强势引领和推进精准扶贫工作，着力解决思想贫困问题，让群众知晓惠从何来、惠在何处。按照年初制定的宣传工作计划，谋划筹备拍摄丁青县脱贫攻坚“五个一批”专题宣传片和脱贫攻坚成效展示画册。

3. 持续发力，巩固提升

部分贫困群众观念落后，宗教影响深刻，“等、靠、要”思想严重，依赖政策帮扶，内生动力不足。需要通过不断加强国家惠民利民政策的宣传，正面引导群众从思想观念上进行转变，激发他们内生动力，依靠自身力量奔向小康之路。严格按照“摘帽不摘政策、摘帽不摘责任、摘帽不摘帮扶、摘帽不摘监管”原则。一方面，做好跟踪服务，严格落实“脱贫不脱钩，返贫入列精准扶”，坚持领导力量不变、包抓责任不变、帮扶机制不变、扶持政策不变，切实做到“扶上马、送一程”。另一方面，强化动态跟踪，对因病因灾等不稳定因素返贫人口启动返贫预警机制，通过及时开展医疗救助、保障兜底、社会帮扶、干部结对等措施，最大程度阻断返贫退路，切实控制返贫率及新的贫困户的发生。

二、工作亮点

（一）建好一支模范队伍，实现脱贫攻坚新引领

一是建设牵头队伍，夯实组织基础。成立了以县委书记为组长的脱贫攻坚工作领导小组，以县委副书记、政府县长为指挥长的脱贫攻坚指挥部，采取“领导班子＋领导干部＋机关党员干部＋农牧民党员”四位一体模式，推行“一核心五主体”村级组织工作法，建立责任清单和工作机制，牢固树立党建促扶贫导向。二是建强先锋队伍，夯实基层基础。县委组织部选派68名干部担任村（居）第一书记，成立党建扶贫临时党支部13个、一线先锋队68支。印发了《丁青县党建扶贫工作业绩考核办法》，充分发挥基层党组织在脱贫攻坚中的“领头雁”作用，让脱贫攻坚在基层实现稳步推进。三是培育示范队伍，夯实群众基础。大力实施党员致富带富“星火工程”，培养农牧民党员致富带头人136名，采取“支部＋贫困户＋协会＋基地”的模式，置办村级实体经济122个，

实现年产值1300万元。

（二）加强作风建设，严肃执纪问责

一是狠抓警示教育。紧紧围绕“扶贫领域作风建设年”活动要求，县脱贫攻坚指挥部联合县纪委制定印发了《丁青县扶贫领域作风专项治理工作实施方案》。在周例会和临时党支部和会议上，县脱贫攻坚指挥部认真传达学习自治区纪委、市纪委下发的扶贫领域违纪问题，通报典型案例19期（其中区纪委通报13期、市纪委通报6期），对党员干部开展了深刻的警示教育。二是狠抓执纪问责。突出扶贫领域腐败和作风问题监督执纪问责，坚持对发现的违纪违法问题线索依规依纪、优先处置、快处快办、快查快结，精准发力、精准问责，始终做到对腐败问题“零容忍”。2016年以来，全县两级纪检监察机关共受理扶贫领域腐败和作风问题线索63件，其中自查发现17件，信访举报7件，巡察移交23件，上级交办15件，公安机关移送1件。具体办理情况为：了结38件，立案8件，结案3件，给予党纪处分9人，政务降级2人，诫勉谈话3人，约谈提醒10人，处理66人，移交市纪委办理4件，正在初核9件。三是完善工作机制，强化组织保障。第一，加强顶层设计。县委从“7654”工作思路、“十大攻坚行动”“百行帮村、千户结对、万人脱贫”、“扶贫领域作风建设年”、“厚德建设”、“三员工程”、“党旗红”、“一核心五主体”、“八支队伍”工作法，对全县脱贫攻坚、决战摘帽作出全局部署，并明确将援藏资金的80%和上年度财政收入33%（其中教育扶贫配套23%、其他配套10%）以上资金用于脱贫攻坚。第二，严格考核评价。制定《丁青县精准扶贫工作问责暂行办法》，将脱贫计划和任务细化分解到季、到月、到周、到天，把责任落实到牵头领导、责任单位、各乡（镇），明确了具体责任人。实行“县级领导包乡（镇）、乡（镇）和县直单位包村、驻村工作队和村干部包户”层层包干制，层层签订脱贫目标责任书，明确工作任务，压实工作责任。制定出台《丁青县干部干事档案实施细则》，推动“县、乡、村、组、双联户”五级联动，每名县级干部每年蹲点乡村指导脱贫攻坚工作达50天以上。第三，强化巡视督导。2016以来，共召开72次县委常委会、24次整改工作领导小组调度会议、86次办公室工作会议研究脱贫攻坚相关事宜、对整改工作进行专门研究；各乡（镇）党委、单位先后召开了专题会议研究反馈意见整改工作，对上级部门督导我县扶贫领域发现反馈的问题建议，推行任务清单制、落实销号制、跟踪问效制、列表督办制、追责问责制。针对中央第三巡视组脱贫攻坚专项巡视反馈意见，坚持问题导向，压实责任、强化措施、举一反三、狠抓整改落实。2016年以来各级各类督导、巡视巡察、审计发现问题264个，其中：个性问题33个，完成整改33个；共性问题242个，完成整改242个。

（三）职业教育培训中心助力脱贫攻坚

丁青县职业教育培训中心立足本地实际，坚持扶贫攻坚教育先行的思想，深入贯彻落实国家教育精准扶贫政策，坚持真情扶贫，办好实事，注重实效，在促进发展上下功夫，健全完善各项制度，形成教育扶贫帮扶长效机制，持续推动教育扶贫工作向纵深开展。一是校企合作，拓宽贫困户就业渠道。丁青县民族服装厂是县产业部的扶贫产业项目，由扶贫办出资560余万元在校内建成了丁青县民族服装厂扶贫产业项目。服装厂由丁青县职业教育培训中心进行托管，以校企合作，产校融合的模式经营。服装厂员工由县职业教育培训中心缝纫班进行培养，通过技术考核合格的学员到服装厂就业。服装厂现有技工42人，其中，贫困户21人，占技工总数的47.6%。民族服装厂引导贫困群众积极参与民族服装产业发展以及项目建设中，提升自我发展能力，实现在经济发展过程中贫困群众同步增收致富。通过服装厂项目实施，扶持建档立卡户35户，共计71人，近3年共发放扶持资金5.5万余元。二是技能培训，丰富贫困户就业技能。接收社会订单23个，其中，包括县人社局的农牧民建筑施工培训、缝纫技能培训、理发培训、家政服务、酒店管理、电工培训等。参训学员大部分是贫困户，通过各类培训提升了就业能力，转变了就业观念，为贫困户脱贫致富提供了技术支持。2016年以来，培训人数达820余人。三是丰富职教专业，提高就业技能。学校现设有绘画专业、藏医专业、缝纫专业、摩托车修理专业、汽车修理专业、藏文书法专业、土陶制作专业、计算机应用专业。从2018年开始，招收了9+X中职班，分藏医、绘画、藏文书法、计算机应用四个专业，目前就读的学生有464人。学校通过短期培训和中职3年制培训模式进行培养，短期培训主要接收各单位订单式培训。在全校478名在校生当中，贫困户学生占10%，这些学生和老师通过"结对子"的方式，在物质和精神方面进行帮扶。学生通过对专业课的学习，拥有了一技之长，提升了就业技能，拓宽了就业渠道。

（四）稳推健康工程扶贫

将健康扶贫作为脱贫攻坚重要抓手，大力实施"三个一批"健康工程。一是强化医疗服务保障。在新农合100%参保率的基础上，对建档立卡慢性病患者执行看病免交押金制度；在全县公立医院实行建档立卡户医疗费用即时结报制度；将建档立卡贫困人口医疗报销比例提高至85%，其余由县民政局进行医疗救助；设立80万元医疗救助垫资基金，为建档立卡贫困人口前期医疗垫资66人次122.5万元，此项做法现已被昌都市在全市范围内推广。二是强化慢性病救治。排查出全县大病、慢性病970人，全部开展签约服务、建立救治台账。截至2020年年底，建档立卡户慢性病患者791人累计报销医疗费用431万元。三是强化医疗条件改善。"十三五"期间，新建（改扩建）卫生项目18项，新建县疾病预防控制中心、县妇幼保健站、县人民医院、丁青镇卫生院、尺牍镇卫生院，改扩建木塔、嘎塔、甘岩、当堆等9个乡（镇）卫生院。

（五）稳推转变观念扶贫

一是创新主题教育。将"厚德丁青・涵养琼布"建设作为助推精准扶贫精准脱贫的重要载体，坚持扶心扶志、扶能扶智、移风易俗、治懒治愚，有序启动了"党旗红""厚德浇灌扶贫花・文明丁青伴我行""扫黑除恶・打击陈规陋习""学当文明、力改陋习、增强融入、促进发展"等系列主题教育活动，开展宣讲30余场次，发放《致全县建档立卡贫困户的一封信》等宣传材料2万余份，受教育群众5万余人，扶起贫困群众脱贫的志气、脱贫的腰板，唤起贫困群众自我脱贫致富的信心、决心和动力。二是培树脱贫典型。在脱贫攻坚中坚持"典型带动"，征集扶贫故事78篇，编辑出版了《我的扶贫故事》；启动"十大厚德人物评选"，挖掘脱贫攻坚先进人物、致富带头人、先进企业8个；广泛推介次仁旺堆（评选为全区扶贫十大感动人物）脱贫攻坚一线先进人物事迹。利用琼鹏丁青、网信丁青、丁青党建等微信公众平台，发布信息200条。通过宣传，注重扶贫同扶志、扶智相结合，激发贫困群众的内生动力，变"输血"为"造血"，帮助和提升了贫困群众脱贫致富的综合素质，树立坚定脱贫致富的信心和决心。

第十一章　类乌齐县

类乌齐县藏语意为“大山”，位于西藏自治区东部，昌都市西北部；东邻卡若区，南连洛隆、八宿两县，西靠丁青县，北与青海省玉树藏族自治州交界。类乌齐县属于以牧业为主的半农半牧县，辖区面积为6338.76平方公里，平均海拔4500米，素有“天堂类乌齐·三江花都城”“西藏小瑞士”“昌都后花园”之称。气候属高原温带半湿润气候类型，空气稀薄，光照充足。年均气温为2.6℃，全年无霜期50天左右，年降水量550～650毫米。干旱、洪涝、泥石流、霜冻、大雪、冰雹等自然灾害严重。

第一节　脱贫基础

由于历史欠账太多，基础设施落后、公共服务能力较弱，广大农牧民群众出行难、就医难、上学难、增收难的问题较为突出，致使类乌齐县在脱贫攻坚前，呈现出贫困程度深、脱贫难度大、脱贫成本高、产业增收难的局面。

一、发展基础

类乌齐县是昌都市一个以牧业为主的半农半牧县，其草场、牦牛、水、矿产、森林、林下植物等资源较为丰富，旅游发展前景较为广阔，牦牛产业享誉藏东北。但由于受高寒、偏远等因素的制约，县域经济发展较为薄弱，基础设施建设相对滞后，公共服务水平有待提升。

（一）政区人口

类乌齐县辖2个镇8个乡，即桑多镇、类乌齐镇、吉多乡、岗色乡、滨达乡、卡玛多乡、尚卡乡、伊日乡、加桑卡乡、长毛岭乡，辖80个村委会2个居委会290个村民小组（自然村）。2015年，类乌齐县户籍人口54734人，其中，农牧民人口51203人，城镇人口3531人，城镇化比率为6.45%。较昌都市平均10.96%的城镇率而言，类乌齐县的经济社会发展在全市属于较低水平。

（二）资源禀赋

类乌齐县农作物品种较多，草场、牦牛、水、矿产、森林资源丰富。主要农作物包括青稞、春麦、豌豆、元根、白菜、萝卜、土豆、菠菜、莴笋、大葱、胡萝卜、大蒜、花菜、莲花白等。全县草场面积509万亩，占全县土地总面积的57.83%，可利用面积达497万亩。主要牲畜有牦牛、黄牛、犏牛、绵羊、山羊、马、骡、猪、鸡。全县牦牛存栏18.2万头，乳、肉、毛品质优良，“类乌齐牦牛”已获得国家地理标志认证。格曲河、紫曲河、吉曲河三大水系流经全县，年平均流量为23亿立方米，水能资源蕴藏丰富。矿产主要有煤、锡、铅、锌、金、铜、铁、石榴石、水晶石、菱镁矿、大理石、云母、石膏、石灰石等。森林面积101955公顷，占全县土地总面积的27.59%，木材蓄积量为870多万立方米。野生树种包括松树、柏树、桦树等乔木和杜鹃树、婆婆柳、柳等各种灌木类。野生动物包括马鹿、獐子、石青羊、藏原羚、犏牛、塔尔羊、棕熊、豹子、豺、狼、猞猁、水獭、旱獭、狐狸、草狐、石貂、狸猫、草豹、猴子、秃鹫、胡兀鹫、雕鹰、鸢鹰、鹊鹞、雪鸡、松鸡、榛鸡、斑鸠、马鸡、杜鹃鸟、黄鸭、白鸭、黑颈鹤、鸽子、雪鸽、百灵鸟、鹌鹑、蛇等，鱼类包括鳊鱼、花鱼、土鱼、草鱼、鲢鱼等。药材主要包括虫草、贝母、知母、红景天、小丛红景天、西藏雪灵芝、秦艽、党参、一枝蒿、颠茄、三颗针、鹿茸、麝香、熊胆等。

（三）经济发展概况

2015年，全年完成生产总值7.3998亿元，较2014年的6.3902亿元同比增长15.80%；第一产业增加值1.8773亿元，较之于2014年的1.7211亿元同比增长8.84%；第二产业增加值2.6123亿元，较2014年的2.0841亿元同比增长25.34%；第三产业增加值2.9142亿元，较2014年的2.5850亿元同比增长12.74%。三大产业产值在生产总值中的份额，以第三产业最高，第二产业次之，第一产业最低；增幅以第二产业最高，第三产业次之，第一产业最低。2015年，农业增加值0.7740亿元，畜牧业增加值0.9801亿元，在第一产业增加值中分别占比41.32%、52.32%。固定资产投资7.3702亿元，较之于2014年的7.1700亿元增长2.79%。

（四）社会发展基础

截至2015年年底，类乌齐县普通中学在校学生1804人，小学在校学生5502人，医疗卫生机构床位数177床，各种社会福利收养性单位3个，各种社会福利收养性单位床位数177床。

二、贫困状况

（一）贫困人口及分布

截至2015年年底，类乌齐县共有农牧民人口50357人。2015年年底，按照国家贫困线标准，初始识别建档立卡贫困人口3481户14519人，贫困发生率高达28.83%其中滨达乡建档立卡贫困户88户293人，岗色乡328户1503人，吉多乡663户2842人，甲桑卡乡447户1881人，卡玛多乡299户1297人，类乌齐镇347户1435人，桑多镇437户1682人，尚卡乡203户861人，伊日乡252户1186人，长毛岭乡417户1539人综合分析全县建档立卡贫困户分布状况，吉多乡、甲桑卡乡、桑多镇、长毛岭乡贫困发生率最为严重，均有400户以上贫困家庭；类乌齐镇、岗色乡、卡玛多乡、伊日乡、尚卡乡贫困发生率较为严重，有200～400户贫困家庭（表5-23）。

表5-23　类乌齐县贫困户与建档立卡贫困人口统计表

户，人

乡镇	2015年		2016年		2017年		2018年		2019年	
	户数	人口	户数	人口	户数	人口	户数	人口	户数	人口
滨达乡	88	293	81	274	5	13	0	0	0	0
岗色乡	328	1503	372	1289	2	17	0	0	0	0

（续）

乡镇	2015 年		2016 年		2017 年		2018 年		2019 年	
	户数	人口	户数	人口	户数	人口	户数	人口	户数	人口
吉多乡	663	2842	232	960	9	32	9	32	0	0
甲桑卡乡	447	1881	475	2386	23	53	5	18	0	0
卡玛多乡	299	1297	382	1539	15	52	12	41	0	0
类乌齐镇	347	1435	247	1016	9	32	2	3	0	0
桑多镇	437	1682	292	1257	4	18	0	0	0	0
尚卡乡	203	861	373	1262	5	25	0	0	0	0
伊日乡	252	1186	145	602	9	34	2	8	0	0
长毛岭乡	417	1539	216	1006	2	17	0	0	0	0
总计	**3481**	**14519**	**2815**	**11591**	**83**	**293**	**30**	**102**	**0**	**0**

（二）致贫原因

一是从类乌齐县整体来看，致贫原因包括市场化能力不足，部分群众观念落后，对市场不熟悉。市场化运行管理机制及利益联结机制不完善，缺乏龙头企业带动，现有合作社、龙头企业、能人带动经验不足，产品市场转化率低。部分贫困群众观念落后，脱贫内生动力不足。仍存在“等、靠、要”思想，贫困群众主动参与工程项目、自主创业、务工意识淡薄。二是从农牧民自身贫困看，资金、劳力、技术等生产投入要素的不足是最为主要的致贫原因。据类乌齐县扶贫数据平台显示，2015 年年底全县按照户数占比，致贫原因的排序为：缺资金，1024 户，占比 29.42%；缺劳力，755 户，占比 21.69%；缺技术，467 户，占比 13.42%；自身发展动力不足，381 户，占比 10.95%；交通条件落后，307 户，占比 8.82%；因病致贫，113 户，占比 3.25%；缺土地，85 户，占比 2.44%；因学致贫，83 户，占比 2.38%；因残致贫，81 户，占比 2.33%；缺水，34 户，占比 0.98%；因灾致贫，17 户，占比 0.49%；其他原因，134 户，占比 3.85%。

第二节　工作举措

进入脱贫攻坚阶段，在昌都市委、市政府的坚强领导下，类乌齐县以党建引领脱贫攻坚，聚焦“六个精准”，实施“五个一批”，着力推进“十项提升工程”，积极借助援藏扶贫，鼓励社会各界参与帮扶，多方联动、多措并举、聚力攻坚，在决战决胜脱贫攻坚的伟大实践中取得了前所未有的历史性成就，为类乌齐县巩固拓展脱贫攻坚成果，有效衔接乡村振兴奠定了坚实基础。

一、因地制宜，“六个精准”立标杆

（一）扶贫对象精准

1. 严格建档立卡工作程序

组织各级干部深入 10 个乡（镇）82 个行政村，调查摸底，宣传政策，积极动员群众参加村民

代表会议并开展民主评议，将因灾、因学、因病等返贫人口及时建档立卡，将已经达到脱贫标准的贫困人口和不符合条件的人口及时从系统中退出，真正做到了返贫户符合政策，扶贫户对象准确。

2. 对扶贫对象进行动态管理

按照贫困人口动态精准、动态管理要求，多次开展“回头看”工作，进一步核实核准贫困人口基数、贫困家庭基本情况及致贫原因，扎实做好扶贫对象信息完善工作，确保扶贫对象信息真实准确。抓住每年全国扶贫开发信息系统开放修改功能的有利契机，对系统中信息标注不全不准不实问题，及时修改、完善、更新，提高信息标注准确性、完整性。进一步建立健全贫困人口动态监测评估和返贫人口动态清零机制，实时掌握已脱贫群众家庭收入、生产生活状况等方面的变化，对因各种不确定因素形成的返贫人口实施及时扶持救助、动态清零。

（二）措施到户精准

在昌都市扶贫开发建档立卡及大数据系统平台建设工作会议之后，类乌齐县委、县政府及时召开会议安排部署，坚持全面宣传，阳光操作，精准帮扶，为精准扶贫任务打下了坚实的基础。坚持因村因户施策、因人施法，从搬迁到安置，从产业到岗位，从生态补偿到社会保障，各个环节都体现精准，环环相扣、稳步推进，实现了全环节、全链条精准，着力推进各项脱贫措施落实到位。

1. 推动逐户排查，实行精准帮扶

2016 年以来，全县共召开脱贫攻坚工作安排部署会议 47 次，其中，2020 年 7 次；召开常委会（专题）研究会议 52 次，开展县委理论中心组专题学习 115 场，举行脱贫攻坚政策知识闭卷测试 1 次。县委书记访遍所有贫困村居，乡党委书记、村支部书或第一支部记访遍所有贫困户。类乌齐县逐户排查，实行精准帮扶。调整了贫困村驻村帮扶工作队及贫困户帮联单位、帮联干部，建立了联系帮扶制度，明确了驻村帮扶工作队和帮联干部的目标任务、工作措施、纪律要求。组织驻村帮扶工作队和联户干部深入一线调查摸底，及时走访民情、反映民意，及时解决问题、化解矛盾，准确掌握贫困村、贫困户发展现状、致贫原因和发展需求，了解贫困户存在的困难和发展意愿。

2. 创新方式，实行全方位结对帮扶

按照“帮扶到户、责任到人”工作要求，在全县干部职工中实施“321”帮扶模式，实现了建档立卡贫困户结队帮扶全覆盖。通过政策宣讲、信息咨询、生活支持、教育引导、培训指引等措施，切实帮助贫困群众解决困难，寻找致富门路，转变思想观念，激发内生动力，提高贫困群众基本素质和生存发展能力。2016 年以来，共开展结对帮扶 40549 人次，送出物资或资金达 1223 万余元。一是结对帮扶发展教育。积极建立健全家庭经济困难学生资助政策体系，提高补助标准，认真实行教育“三包”和助学金补助政策，党的惠民利民政策，切实实现观念转变脱贫。二是结对帮扶就业创业。采取军旅式培训和订单式培训，加大培训力度，让扶贫对象掌握 1 ～ 2 项职业技能、农村实用技术。积极为扶贫对象提供职业介绍、职业指导、就业信息等就业服务，帮助扶贫对象转移就业。大力支持扶贫对象创业，吸引贫困家庭大中专毕业生回乡创业。三是结对帮扶完善保障。结对帮扶单位和帮扶干部要对贫困家庭子女就读建立长期助学计划，协调相关职能部门落实困难家庭助学措施。要帮助落实生源地信用助学贷款和国家资助政策，做到应补尽补、应贷尽贷，确保考录大中专院校的贫困户子女学业不受影响，能如期毕业。加大卫生医疗扶持力度，对因病致贫的对象，要按规定实行大病救助、大病保险等医疗精准扶贫。积极完善社会救助措施，对因病、因灾、因残等特殊原因致贫的困难家庭，实施临时救助，加大物资、资金等扶助力度，帮助渡过难关。加大托底保障力度，对符合低保、五保的贫困人口做到应保尽保、应救尽救。四是结对帮扶改善条件。积极改善贫困家庭居住条件，全面完成农村危旧房改造任务，确保住上“安全房”。开展农村居民饮水提升工程，进一步延伸自来水管道布设，确保更多群众喝上“放心水”。加快农村公路建设，探索信息扶贫新途径，推进农村信息通信和邮政网络建设，为贫困村、贫困户脱贫提供信息服务支撑。改善农村生活环境。加大移民搬迁扶贫力度，逐年落实移民搬迁计划。五是结对帮扶提升后劲。加强村级领导班子建设，推进村党组织规范化建设，提高村级党组织推进精准扶贫的能力和水平。组织开展好党员教育培训，充分发挥党员干部在精准扶贫中的先锋模范作用。

（三）项目安排精准

围绕精准扶贫目标，类乌齐县制定特色产业规划和村级产业发展规划，并根据脱贫攻坚工作的需要，适时进行动态调整。一是制定特色产业规划。围绕全县农牧民收入倍增计划，类乌齐县委、县政府加大力度扶持贫困村贫困户，发展适宜地区脱贫的特色优势产业。二是制定完善村级产业发展规划，覆盖所有扶贫对象，做到“规划到村、辐射到户、带动到人”。三是适时调整产业扶贫项目库。按照自治区、市关于调整“十三五”产业精准扶贫项目库的相关要求，产业组对《类乌齐县“十三五”时期产业精准扶贫规划》进行了调整，从原项目库中删除10个项目，新增3个项目，调整项目名称、建设内容、建设年限、带动户数人数等变更的项目共39项，有效保证了项目安排精准。

（四）资金使用精准

类乌齐县委、县政府瞄准扶贫资金运行过程中的每个环节，完善监督机制，确保扶贫资金的高效运作和管理。一是做到扶贫资金“精准拨付”。扶贫资金投向符合政策，专款专用，坚决避免资金分配的随意性。确保扶贫资金精准拨付、及时拨付，保证好钢用到刀刃上。二是做到扶贫资金“管得好”。设立全县扶贫资金专户，把所有扶贫项目资金全部纳入专户。财政及相关部门加强了对扶贫资金和扶贫项目的监督检查，配合纪检监察等部门做好审计、督查等工作，让扶贫资金在阳光下运行。三是做到扶贫资金“用得好”。立足类乌齐县实际，以扶贫攻坚规划和重大扶贫项目为平台，整合各类专项资金，统筹安排，形成合力，集中力量解决贫困问题，实现扶贫开发效益的最大化。

（五）因村派人精准

类乌齐县积极构建“政府主导、社会参与、市场运作”帮扶机制，凝聚多方力量，广泛动员社会各界参与扶贫协作。一是建立直接联系制度。精准选派驻村工作队和第一书记到贫困地区工作，建立党政领导干部直接联系贫困村、贫困户制度，各级党组织和广大党员干部“沉下身”，到村到户开展扶贫工作，通过包联帮扶推动脱贫攻坚工程。二是全面推行“党员+农民专业合作社+农户”模式，带动规模小的专业大户和缺技术、缺信息的农户做大产业，实现脱贫致富。引导驻村帮扶工作队、农村实用技术人才向贫困户传授致富技术、提供信息服务。鼓励党员带头发展特色种植业、养殖业、服务业，鼓励支持领办专业合作社，提升“双带”能力，引领贫困户脱贫致富。三是在全县开展“百企帮百村”帮扶活动。县内10家企业根据各自实际情况，通过技能培训、提供岗位、资金扶持等方式，已为建档立卡贫困户捐赠物资或资金达329.17万元，为20户23人提供较为稳定的工作岗位。每人年平均收入增加3万余元，带动80人年人均增收6000余元，扶持村集体经济组织投入30余万元。

（六）脱贫成效精准

围绕提高脱贫成效，类乌齐县着力于政策宣传，开展结对帮扶培训，严格履行贫困人口 / 村退出程序。一是积极挖掘典型，增强新闻媒体对精准扶贫、精准脱贫报道力度，形成脱贫攻坚没有局外人的良好氛围。编写《类乌齐县精准扶贫亮点材料摘编》《类乌齐县精准扶贫图文册》，宣传展示全县精准扶贫先进典型。通过生态类乌齐、类乌齐县新闻网、类乌齐县电视台等县级平台，发布扶贫报道 1000 余篇；通过昌都电视台、《昌都日报》、《今日西藏昌都》等市级媒体平台，发布扶贫报道 150 余篇；通过自治区电视台、康巴卫视、《西藏日报》等省级媒体平台，发布扶贫报道 30 余篇；通过人民网、光明网等中央媒体，发布扶贫报道 3 篇。通过全方位、多角度、高强度的精准扶贫、精准脱贫宣传，全县贫困群众由“要我脱贫”到“我要脱贫”的观念转变明显增强。全县干部群众和社会人士参与精准扶贫的合力明显增强，全县上下已初步形成脱贫攻坚没有局外人的良好氛围。二是严格履行贫困人口 / 村退出程序。类乌齐县严格按照《中共西藏自治区委员会办公厅西藏自治区人民政府办公厅关于印发〈西藏自治区贫困人口脱贫考核办法〉的通知》《中共西藏自治区委员会办公厅西藏自治区人民政府办公厅关于印发〈贫困村（居）退出与贫困县（区）摘帽考核办法〉的通知》要求，以贫困户人均纯收入稳定达到扶贫标准（2016 年为 3311 元以上、2017 年为 3840 元以上），同时综合评估贫困户“两不愁三保障”情况，严格按照“一申请、一评议、二审核、三公示、县审定”的贫困人口退出程序，审核确定 2016 年 659 户 3265 人、2017 年 3018 户 13274 人脱贫、2018 年 53 户 194 人脱贫。类乌齐县严格按照以贫困发生率降至 3% 以下为主要衡量标准，统筹考虑村内基础设施、基本公共服务、产业发展、集体经济收入等综合因素，认真履行县、乡（镇）两级审核公示程序，2017 年实现了 10 个乡（镇）的 82 个贫困村（居）脱贫退出和全县脱贫“摘帽”。

二、多措并举，“五个一批”显成效

（一）发展生产脱贫一批

1. 制定科学的产业规划

按照“1234”发展战略，即“打造一个园区、依托两条国道、借力三条河流、发展四大产业——以昌都市藏家牦牛股份有限公司为代表的牦牛产业；以“查杰玛大殿”“康巴花都”“康巴类乌齐温泉小镇”为代表的旅游产业；以昌都市翔晨镁业公司为代表的矿产业；以芫根榨菜厂为代表的芫根产业”，以“产业增效、群众增收”为核心，建设产业基地，实行规模化经营，标准化生产和产业化发展。根据类乌齐县产业发展思路，编制《西藏类乌齐县“十三五”脱贫攻坚产业扶贫发展专项规划（2016—2020 年）》，共计规划产业项目 6 大类 85 项，涉及资金 7.16 亿元，直接带动建档立卡贫困人口 5447 人，辐射带动 17267 人。2016—2019 年，产业分红增收 892.99 万元，带动分红 6063 人次，人均分红 1840.086 元；转移就业增收 4066.40 万元，转移就业人次 12461 人次，人均增收 3263.3 元；土地流转增收 301.16 万元，土地流转增收 829 人次，人均增收 3632.82 元；扶贫车间带动增收 60.48 万元，扶贫车间带动人次 189 人次，人均增收 3200 元；到户项目增收 103.23 万元，带动 1168 人，人均增收 883.78 元；劳务输出增收 375.30 万元，劳务输出 1218 人次，人均增收 3081.29 元。

2. 大力实施“三万工程”

抓住县域畜牧业资源丰富、品质优良、“国家地理保护标志产品”的品牌优势，大力实施“三万工程”。以类乌齐县生态产业园区的昌都市藏家牦牛股份有限公司为依托，采取“公司＋基地＋合作社＋农牧户”经营模式，订单式生产，既有效解决了饲草和牦牛的销路问题，又满足了“百万斤以上牦牛肉加工基地建设”原生态优质原材料需求。2017 年，饲草种植带动建档立卡 138 人，实现年人均增收 2000 元；辐射带动饲草业种植户 1100 户 6700 余人增收，人均增收 200 余元；带动全县牦牛养殖业建档立卡户 584 人，实现年人均增收 1500 元，辐射带动牦牛养殖户 2000 户 17500 余人，人均增收 500 余元；类乌齐县龙头企业昌都市藏家牦牛股份有限公司以产业投资入股分红及劳务输出带动方式，直接扶持建档立卡贫困户 170 户 680 人，户均增收 5000 元，为 21 人提供长期稳定就业岗位，其中，建档立卡贫困人口 4 人，人均月增收近 4000 元。“种草—养畜—深加工”产业扶贫模式已初见成效，为推动全县脱贫攻坚工作注入了强大的动力。2019 年，实施人工饲草地建设和退耕还草面积累计达到 2.38 万亩，带动全县 1100 余户参与饲草料种植，其中，建档立卡户 280 户，户均增收 1500 元以上；三座牦牛育肥基地育肥出栏 1910 头；参与到基地入股集中育肥和到户育肥的建档立卡户 720 余户，户均实现增收 3000 元以上；将每年的入股分红资金直接用于帮扶建档立卡贫困户 170 户，户均增收 5000 元，间接带动 2400 余户牦牛养殖户。

3. 大力扶持村级集体经济和农牧民专业合作组织

建设扶贫物流园区、温泉旅游度假村、扶贫商铺等新兴产业项目，确保产业项目见效快，保值增值；在交通便利、气候适宜的低海拔乡（镇），实施卡若藏香猪养殖、无公害蔬菜大棚种植等特色产业项目；依托独特的旅游资源优势，打造生态旅游精品环线，大力发展乡村旅游，使旅游开发与脱贫攻坚紧密结合，努力让全县农牧民群众吃上旅游饭，走上旅游致富路；大力发展芫根产业，极多香食品加工有限责任公司收购芫根 750 余吨，涉及桑多镇、吉多乡、类乌齐镇、卡玛多乡等 470 余户种植户，其中，建档立卡贫困户 141 户，实现销售收入 150 余万元，户均实现增收 3200 余元。同时，类乌齐县进行芫根榨菜厂建设，高原绿色芫根榨菜成为类乌齐广大农牧民脱贫致富的又一法宝，成为类乌齐县脱贫攻坚战中新的亮点。通过扶持建设合作社、农贸市场、商铺、物流基地等形式，让贫困群众参与管理或入股分红，不断增强贫困群众脱贫致富的“造血”功能。

4. 大力发展乡村旅游

整合全县旅游资源，有针对性地发展旅游产业开发，着力改善贫困区域乡村旅游发展环境，加大旅游产业培植，带动第三产业，增加农民收入。一是以 214 国道和 317 国道为主线，重点打造滨达乡、桑多镇、类乌齐镇、伊日乡、尚卡乡、长毛岭乡、卡玛多乡，构建乡村旅游片区，中长期打造吉多乡、甲桑卡乡、岗色乡。通过争取专项扶贫资金，积极发展乡村旅游，投入 327 万元，为旅游资源较为丰富的长毛岭乡布穷村和德塔村修建了马鹿扶贫宾馆和温泉宾馆（所有权归村委会），通过出租和自营方式，年收入 20 万元左右，所得收入全部归当地贫困群众所有。滨达乡生态养殖园与洒咧营地结合，打造特色休闲旅游，带动群众发展有各自特色的藏家乐，成功解决 9 名建档立卡户的就业问题。二是全县各乡（镇）建设旅游厕所，提供旅游厕所管护人员岗位，补助资金每年每人 3000 元〔2018 年起 3500 元／（年·人）〕。三是结合旅游产业项目，开发旅游市场资源，带动贫困人口就业增收，努力实现贫困群众通过旅游市场增加收入脱贫致富。旅游开发与脱贫攻坚牢牢结合，让农牧民群众吃旅游饭，实现脱贫致富增收。桑多镇达日通村投入 460 万元打造“康巴花都”生态旅游项目，以藏家乐和帐篷营地为特色，带动本村群众 81 户 416 人参与旅游经营管理，帮助贫困群众 23 户 89 人增收致富，仅旅游一项就实现人均年收入 2100 元。“康巴花都”生态旅游在当地干部群众和昌都周边县已具有较好口碑，今后还会有更大的上升空间。四是深入挖掘优秀的民族民俗文化、红色文化和历史文化，不断提升康巴传统文化的魅力和旅游吸引力。已产生效益并实现分红的项目68个，直接带动建档立卡贫困群众4005户4116人，辐射带动13110人，累计实现资金分红801.386万元，人均分红1989元。

（二）易地搬迁脱贫一批

全县易地扶贫搬迁规划涉及10个乡（镇）82个村（居），共实施易地扶贫搬迁安置点41个，总投资89812.93万元，搬迁建档立卡内贫困户1855户8789人，人均住房面积20.51平方米。41个安置点均已实现入住，各安置点“十项提升工程”均按照“行业归口”原则同步实施、配套。强化六字标准，挪出“穷窝”换新貌。在“责、准、严、快、活、实”六字上下功夫，突出科学选址，体现本地特色，充分发挥贫困群众主体作用，让广大农牧民群众参与搬迁全过程，实现了“搬得出、稳得住、能致富”的目标，挪出了穷窝，换上了新貌。类乌齐县易地搬迁脱贫的具体措施如下：

一是组织领导负责。成立县、乡两级易地扶贫搬迁工作协调小组，形成上下联动机制，统筹推进易地扶贫搬迁工作。成立了由县委副书记、政府县长任组长，分管副县长任副组长，发改、扶贫、财政、国土、水利、交通、住建、教育、农行等部门为成员单位的易地扶贫搬迁工作协调小组，进一步明确各部门职责，分工负责。各乡（镇）也成立了相应的工作协调小组和办事机构，形成了上下联动机制，统筹推进易地扶贫搬迁工作。

二是对象识别准。严格按照搬迁户申请、村民大会、村级公示等程序做好选人关和准入关，真正将符合搬迁条件的群体列为易地扶贫搬迁对象范围，并建立电子档案。类乌齐县对搬迁人口识别严格按照进村入户调查摸底、搬迁户自愿申请、召开村民代表大会通过、村级公示最后确定搬迁对象的程序进行，确保真正将有搬迁需求、符合搬迁条件的群体列为易地扶贫搬迁对象范围。所有项目都建立了2016—2017年度易地扶贫搬迁建档立卡户的电子信息档案做到精准搬迁。

三是政策执行严。类乌齐县严格执行中央和自治区易地扶贫搬迁有关政策规定和要求。编制出台《“十三五”时期易地扶贫搬迁规划》《2016年易地扶贫搬迁实施方案》《2017年易地扶贫搬迁实施方案》，并报自治区备案。强化政策宣传动员，让脱贫群众准确理解政策，对搬迁对象、补助标准、建设地点、建设内容等重要内容全面实施公告公示，提高政策知晓度和项目透明度，广泛接受群众监督。在住房建设上，按照“保障基本”的原则，严格执行人均25平方米的建房标准，严守搬迁不举债和不引发新的社会矛盾的两个“决不能”底线。

四是项目工程进度快。县委、县政府努力克服建设工期短的困难，早安排、早部署，明确建设任务和时序，倒排工期，挂图作战，积极稳妥推进，易地扶贫搬迁工程在各乡（镇）遍地开花，脱贫攻坚“当头炮”全面打响，初战告捷。在加快工程建设进度的同时，着重处理好时间进度和工程质量的关系。在工程建设中选择有资质的设计机构进行工程设计，聘任监理人员，做到按图施工、按设计标准建设，确保将易地搬迁工程打造成精品工程和群众满意工程。

五是搬迁方式灵活。新一轮易地扶贫搬迁工作实施以来，县委、县政府创新工作机制，采取了“七种集中安置方式”。对相对集中居住在生存环境恶劣、山高谷深、交通不便，“一方水土养不起一方人”的贫困群众，以行政村、自然村或组为单元，采取整体迁出方式。通过采取靠县城集中安置，靠国道集中安置，依托本行政村内集中安置，靠乡（镇）集中安置，依托小城（镇）集中安置，依托重点扶贫开发区集中安置，依托乡村旅游区集中安置，稳定实现搬迁贫困户“有房住、有事做、有钱赚”的目标。同时，在遵从农牧民意愿的前提下，所有易地搬迁房屋基础工程均修建为两层房屋地基。虽然易地搬迁安置工程设计、施工及资金配套都是一层房屋，但为以后安置户在有条件的情况下加修二层房屋打下了坚实的基础，实现更有效的资源利用。

六是后续产业坐实。易地扶贫搬迁工作推进，不是单纯“为搬而搬，为建而建”，在整体规划初期，就把搬迁贫困群众后续就业和产业发展与搬迁安置一并谋划，在聚焦增强搬迁群众后续发展能力上下功夫，以搬迁后脱贫为目标导向，强化搬迁后续就业和产业扶持。对于集中安置的贫困户和涉及同步搬迁的群众，采取四种增收渠道，确保搬迁人口都有稳定的增收渠道。通过整合扶贫专项和涉农、涉牧资金，扶持发展设施蔬菜、畜牧养殖等特色种养业增收或通过当地扶贫龙头带动就业增收。通过技能培训，确保有一定劳动能力的群众掌握一项劳动技能，通过转移进城务工的方式增收。通过在乡（镇）建设农贸市场，给贫困户提供廉价摊位，独立经营的方式增收。对在县城、中心（镇）和园区进行安置的群众，通过技能培训，扶持发展劳务、运输、餐饮等服务业，提供公益性岗位解决搬迁后续就业问题，增加工资性收入，确保搬迁群众长期有收入，生产发展有特色，搬迁后有成效。

七是加强易地搬迁基层组织建设。县委、县政府有易地搬迁安置点 43 个，已完成搬迁或正在搬迁的安置点 43 个，其中在安置点建立正式党组织 43 个、搬迁后纳入安置点现有村党组织管理的 41 个。类乌齐县所有易地搬迁安置点党员 501 名，随迁村“两委”班子成员 46 名、随迁村务监督委员会成员 25 名。2020 年，全县已批准新设立行政村 2 个。新设立的行政村选举中产生村“两委”班子成员 17 名、村务监督委员会成员 6 名，其中，随迁村干部进入新一届村“两委”班子 3 名、进入村务监督委员会 7 名。随迁村干部担任迁入地村民小组长的 0 名、“双联户”户长的 36 名。43 个村已选派第一书记，43 个村已选派驻村工作队。

（三）生态补偿脱贫一批

围绕完成脱贫摘帽任务，类乌齐县委、县政府按照创新、协调、绿色、开放、共享的发展理念，坚持生态建设与脱贫致富有机结合，探索林业产业扶贫、造林劳务扶贫、生态护林扶贫、生态补偿扶贫等脱贫致富新路径，进一步推进贫困地区生态富民、产业脱贫，助力农民增收致富，改善贫困群众的生产生活条件，实现贫困群众脱贫致富奔小康的目标。围绕生态补偿脱贫，类乌齐县委、县政府采取了如下措施：

一是合理规划布局。县委、县政府紧紧围绕“天堂类乌齐·三江花都城”的旅游品牌，以点带面，超前规划，突出原生态环保意识，充分体现“绿水青山就是金山银山，冰天雪地也是金山银山”，全面打造和保护西藏类乌齐紫曲河国家湿地公园、国家级野生马鹿保护、国家级重点文物保护单位查杰玛大殿等，并积极培育“茶马古道”“康巴文化”“唐蕃古道”旅游品牌，着手做伊日温泉和大峡谷环线规划和康巴花都大景区规划，环线中包含了“玛克通洒列营地”“恩达战役遗址”“康巴花都”“查杰玛大殿”“国家级马鹿自然保护区”“伊日温泉”“卡玛多塔林”“伊日峡谷”“吉星花海”“当日湖”等景区，打造旅游精品线路，努力做到让全县农牧民群众吃上旅游饭，带动贫困群众脱贫增收。

二是加强领导，建立健全组织机构。为全面完成生态补偿脱贫攻坚任务，县生态组把生态补偿脱贫工作摆在更加突出位置，做到认识、责任、政策、工作四到位。各乡（镇）党政部门领导特别是主要领导，按照生态文明和建设美丽昌都的总体要求，认真研究解决类乌齐县生态补偿脱贫攻坚的重大事项、重大问题和重大战略部署，扎实推进生态补偿脱贫。

三是摸底宣传。为更好更快地开展好脱贫工作，安排骨干投入家底的排查工作之中。在摸清家底的基础上，科学制定林业生态脱贫之路，对具有劳动能力的贫困人员安排了生态岗位。为确保林业生态脱贫工作取得实效：一方面在林业生态脱贫工作开展的过程中，积极加强相关工作人员的政治理论学习力度，定期组织相关工作人员学习关于林业生态脱贫的各项方针政策，力求能够学准政策，吃透政策；另一方面，定期组织开展各种政治理论学习，通过学习不断提高岗位人员的政治理论素养，提升岗位人员的政治觉悟，大局意识和思想意识，改变农牧民“等、靠、要”的思想，推动林业生态扶贫工作的有序开展。

四是生态岗位人员招收中体现精准脱贫。县生态组严格按照“本人申请—村级审核—乡（镇）复核—乡（镇）批准—乡村公示”的招收程序，对乡（镇）上报的花名册与扶贫系统导出建档立卡人员等各类花名册，进行筛选核对，将在编僧尼、村医、兽医、科技特派员、公益性岗位、在校生、在职人员、村两委等不符合生态岗位招收条件人员动态调整，精准安排、精准识别岗位人员，确保所有岗位人员都符合招收条件。严格按照“一人一岗”的原则和生态岗位政策要求，招收生态补偿岗位人员 20164 人，其中，建档立卡贫困人口 7877 人，建档立卡外低收入人口 12810 人。

五是岗位补助政策兑现及时。2016 年招收岗位人员 11652 人，兑现岗位补助 3495.60 万元；2017 年招收岗位人员 17933 人，兑现岗位补助 5379.90 万元；2018 年招收岗位人员 20364 人，兑现岗位补助 7127.40 万元；2019 年招收岗位人员 20164 人，兑现岗位补助资金 7057.40 万元，2020 年生态岗位人数 20907 人，兑现岗位补助资金 3658.725 万元。

六是加大林业产业扶贫力度。现有 4 家苗圃，经营状况良好，其中，吉多苗圃作为类乌齐县经营管理的产业苗圃在建设，能有效带动当地建档立卡贫困人口参与苗木生产经营、增加收入。建设过程中为解决就业问题，启用了当地农牧民 382 人次，其中建档立卡内农牧民 88 人次，人均一天收入 180 元，共计发放劳务费 2820755 元。同时，当地农牧民占苗圃生产经营人员的 60% 以上，带动农牧民就业，增加收入，年年底分红按照苗圃投入的 2.5% 进行分红。苗圃带动当地群众贫困户 200 户 200 人受益，户均增收 2000 元，同时为类乌齐县生态文明建设打下坚实的基础。

七是因地制宜开展植树造林。2020 年已完成造林 725.07 亩。巩固 2019 年消除“无树村、无树户”工作，共造林 47 亩；巩固消除“无树单位”工作，对各单位进行补植补造，共种植旱柳 800 株，云杉 500 株；冰雪岛进行造林绿化工作，共计 66.8 亩；开展湿地公园整治工作，加气站造林、播撒草种 22 亩，原乡企局拆除的砂场种植沙棘 40.7 亩；桑多新区河边原有杨树林进行补植补造绿化工作，造林 33.8 亩；县城至达日通康巴花都 214 国道沿线种植防护林和景观林，共造林 55 亩；康巴花都达日通营地进行种草绿化工作，共造林 13.51 亩；甲桑卡乡木材检查站周边进行造林绿化工作，造林 4.7 亩。

八是生态补偿及时兑现。按照“一人一岗”的工作要求，把全县建档立卡内具有劳动力的贫困群众全部纳入生态补偿范围，并签订服务协议、目标责任书，强化技能培训，明确工作职责，考核工作绩效，有效提升了全县生态环境保护工作质量，进一步激发了贫困群众内生动力，通过辛勤劳动实现增收。落实生态补偿就业岗位人员 20907 人，其中建档立卡贫困人口 8097 人，兑现岗位资金 26719.025 万元。

（四）发展教育脱贫一批

县委、县政府牢牢把握“治穷先治愚，扶贫先扶志”理念，加大教育扶贫力度，加快阻断贫困代际传递力度。严格落实教育扶贫政策要求，对 6069 名教育扶持对象落实教育资助政策，对义务教育阶段建档立卡贫困学生落实“三包”政策全覆盖，兑现 904 名就读高等教育的贫困大学生补助资金1026.81万元，“齐兴”教育奖励基金资助贫困学生19人，资助资金20.48万元，落实教育项目投资2.78亿元，建成教育项目57个。围绕教育脱贫，县委、县政府的具体措施如下：

一是强化职业技术技能培训。县委、县政府重视职业技术技能培训，加快类乌齐县职业技术学校改扩建，高度重视师资队伍建设和专业建设，储备和研究开发促进就业服务发展的新专业，努力建设具有鲜明特色的职业教育专业。积极配合有关部门，充分利用自治区、昌都市职业院校资源优势，以建档立卡的贫困人口为重点，开展各类技术技能培训。自2016年以来，积极选送全县建档立卡“两后生”50人到昌都市职业技术学校参加专业培训。全面完成现代职业学校建设规划，专业达到10种，师资队伍达到50人，力争每年向社会输送专业技术人员150名。大力落实国家和自治区的职教优惠政策，鼓励更多的贫困家庭子女通过职业教育实现脱贫致富，切实提高贫困人口就业创业能力，增强其脱贫致富的造血功能。

二是加强培训促就业。按照“发展产业增就业、推动创业带就业、加强培训促就业”的思路，以市场为导向，以实用技能为重点，以贫困农牧民转移就业为突破口，以产业发展、能人带动、创业带动、企业代包、村集体经济发展等为抓手，三抓三促，全力推进就业脱贫工作。一是抓摸底，促培训对象精准。建立完善富余劳动力基础数据，制定就业培训计划，实行动态管理，确保对象精准、就业培训项目精准。二是抓创新，促培训成果实效。通过“一线式”“前瞻式”“定岗式”“节日式”“代包式”“上门式”“特色式”等多种培训方式，因地制宜开展手工业加工、建筑施工、唐卡绘制、摩托车维修、厨师、食品加工、挖掘机操作等各项实用技能培训。

按照“发展产业增就业、推动创业带就业、加强培训促就业”的思路，以市场为导向，以实用技能为重点，以各乡（镇）资源开发、建筑项目用工需求、招商引资吸纳企业、农村合作社经营等为重点，因地制宜开展手工业加工、建筑施工、唐卡绘制、摩托车维修、厨师、食品加工、挖掘机操作等各项实用技能培训。截至2020年年底，全县累计开展技能培训7115人次，培训后实现就业4949人次，其中建档立卡贫困人口培训4505人次（含易地搬迁点技能培训2308人次），培训后实现就业3165人次，就业率分别为69.6%、70.2%。

三是发挥“齐兴”基金作用。2008年，由原天津援藏干部李纯民同志发起成立的类乌齐县“齐兴”教育奖励基金，启动资金30万元，2009年突破100万元。“齐兴”教育奖励基金主要用于每年教师节期间奖励一批扎根基层、积极奋战在教学一线的优秀教师（每人1000元）；资助家庭贫困的优秀大学生、中学生（每年资助10名家庭贫困学生，每人每月400元）。以“齐兴”教育奖励基金为平台，共选派48名品学兼优贫困生赴天津、北京参加“天天向上”主题教育实践活动，组织学生到北京参加升国旗、天津观海，开阔了孩子们的视野，增进了民族团结，深入激发了藏区儿童的民族自豪感和爱国情怀。

四是发挥政策资助金作用。自2016年以来，为全县建档立卡户贫困在校大学生897人按照每名大学生每学年享受自治区7000元、市级5000元、县级3000元资助金的标准，共兑现资助金915.21万元；资助桑多镇第二小学一名学生医疗费10000元；资助尚卡乡然爱村高中一名学生学习及生活费5000元。这些资助金的发放，解决了贫困学生在校学习的后顾之忧，使学生能集中精力投入学习，完成学业，为家庭早日脱贫奠定了基础。

（五）社会保障兜底一批

1. 完善农村低保制度，确保精准兜底

类乌齐县将农村最低生活保障补助标准由2019年的每人每年4450元提高到每人每年4713元。

同时，坚持低保工作三项制度。坚持低保对象入户核查制度，对每年申请的低保对象家庭经济状况各乡（镇）工作人员入户调查率达 100%，县民政局对低保对象抽查率达 30%。坚持县乡（镇）联审制度。为确保低保工作的规范，严格准入门，入户调查、民主评议、初步公示等审核上报县民政局复审。坚持低保对象信息长期公示制度。为确保低保工作公开透明、程序规范，能长期广泛接受社会和群众的监督，在全县所有村（居）进行长期张贴公示，并将公示情况纳入各乡（镇）年年底目标责任考核。类乌齐县对不符合条件的低保对象实施了“应退尽退”，严格执行“四共同一禁止”共同入户调查，共同开展评议公示，共同开展审核审批，共同享用信息资源，坚决禁止“政策保”，着力推进“精准低保”，确保实施“精准扶贫”。

2. 提高特困人员供养能力，确保应养尽养

全面提升特困供养保障水平，集中供养特困人员基本生活标准已提高到 12480 元 /（人・年），农村分散供养的特困人员基本生活标准 7743 元 /（人・年）。2019 年共兑现资金 340.09 元，对特困集中供养中心的 168 人进行集中供养，162 人进行分散供养。

3. 将建档立卡贫困户中的残疾人纳入了社会保障兜底脱贫

社保局及时与县医院沟通，8 月中旬，开始开展工作。类乌齐县委、县政府对建档立卡残疾人进行再一次鉴定、核查、办证，将对无法赴类乌齐县集中办理的残疾人员，社保局协调县医院，进行上门服务，做到不丢一户、不落一人。

4. 对无劳力人员纳入社会保障兜底

全县社会保障兜底对象共有 1726 名，其中，低保完全丧失劳力 221 人、低保部分丧失劳力 149 人、特困供养户（五保户）332 人、一般贫困户完全丧失劳力 651 人、部分丧失劳力 373 人。将符合条件的兜底人员，已全部纳入兜底范围。

5. 是社保兜底有效落实

强化农村低保政策与扶贫工作有效衔接，切实把年老体弱、重度残疾、重病患者、孤寡老人等弱势群体纳入到社会兜底范畴，实现了“应扶尽扶，应兜尽兜”目标。全县社会保障兜底对象共有 1726 名，其中，低保完全丧失劳力 221 人，低保部分丧失劳力 149 人，特困供养户（五保户）332 人，一般贫困户完全丧失劳力 651 人，部分丧失劳力 373 人。

三、补齐短板，基础设施和公共服务提升工程助脱贫

类乌齐县大力实施“水电路讯网、教科文卫保”十项提升工程，全面提升贫困地区基础设施和公共服务水平，有力助推了脱贫攻坚，保障了脱贫人口增产增收，生活幸福。

（一）安全饮水方面

持续推进农村饮水安全工程，巩固提升项目建设，查漏补缺，严格执行“三项制度”要求，强化后期日常维护管理，确保农村饮水安全得到有效保障。针对季节性供水情况，因地制宜采取日光暖房式集中供水、手压井、管道保暖等方式解决贫困群众冬季吃水难问题。至 2020 年年底，全县集中供水率达 100%，水质合格率达 100%，自来水普及率达 93%，供水保证率达 96%。

（二）交通方面

全力改善农村交通道路，稳步推进“四好农村路”建设。至 2020 年年底，全县 10 个乡（镇）

通畅率达100%，82个建制村通达率100%、通畅率达到80.4%。乡（镇）通客车率100%，行政村通客车率81.7%，已基本形成了以国省道干线公路为骨架，县乡道为干道，村道为支脉，干支相连、四通八达的公路网络。

（三）通信方面

持续推进农村信息网络建设，保障农牧民群众通信需求。至2020年年底，乡（镇）、行政村通宽带、通信信号率均达100%，自然村通信信号覆盖率90%。今年新建易地扶贫搬迁家庭有线移动宽带客户接入项目25个，新建移动基站13座，新建电信基站25座，完成后将进一步提升行政村的通宽带率和通信信号的覆盖率。

（四）电力设施建设

持续推进农村电网升级改造工程建设。至2020年年底，10个乡（镇）82个村（居）291个自然村除尚卡乡正在实施主网变电站以外，已全部实现国网主网覆盖；至2020年年底，行政村通电率达100%，自然村通电率达99.7%，供电人口覆盖率98.1%。

（五）教育方面

确保义务教育政策有效落实。继续加大教育扶贫力度，实施15年免费教育，落实“三包”政策，继续落实完善困难学生救助各项政策，建立常态的教育奖励机制，对幼儿园、小学、中学教育教学软硬件进行全面提升；进一步强化“控辍保学”工作，确保“不失学、不辍学”，严防逃学。2016年以来，新修建学校14个，其中，县级小学1个、县级幼儿园1个、村级幼儿园12个，并按标准化建设要求，逐步进行规范落实，进一步补充完善县、乡、村教师259人；劝返疑似失学儿童954人。截至2020年年底，小学入学率达99.98%，中学入学率达99%。

（六）公共卫生服务

一是全面提升县级医疗服务质量水平，着力构建信息化系统建设，建成后可实现远程会诊、远程查房、远程教育培训、智能排队叫号、移动查房等工作。类乌齐县人民医院已于2018年被成功评定为“二甲”医院。二是全力推进乡、村基层医疗机构标准化建设。全县10个乡（镇）卫生院基本达到了标准化建设要求，乡医配备平均达7人以上，82个村（居）均配备了村卫生室，基本医疗设备配套齐全，日常用药按期补充，且每个卫生室均配套了村医工作职责和制度、村医信息栏、健康教育宣传栏、妇幼及基本公卫工作信息公示栏。三是极力提升卫生人才医疗服务水平。2016年以来，类乌齐县借助组团式援藏契机，共选派全县医务人员42人赴重庆市培训学习，县级组织业务培训32期，培训乡（镇）、村级医务人员600余人次，参加市级业务部门组织的助产士培训11人次，并于2019年选派乡（镇）卫生院3名医生进行为期3年的全科医生培训。四是健康扶贫持续推进。严格落实“三个一批”政策要求，慢病、大病家庭医生签约全覆盖，建档立卡户贫困户参加新农村合作医疗保险（新农合），个人筹资部分由县政府代缴，实行“先诊疗后付费”和“一站式”结算服务，通过新农合（封顶线6万元）+大病商业保险（封顶线7万元）+医疗救助（普通病封顶6万元和10万元、重特大病15万元和20万元）等方式，为农牧民群众提供基本医疗保障。全力推进“三个一批”行动计划，其中，大病集中救治一批79人，慢病签约服务一批938人，重病兜底保障一批89人，慢病签约服务年人均达4次，10个乡

（镇）卫生院和82个村（居）卫生室医疗设备、药品、人员配备已基本符合标准化建设要求。建档立卡贫困群众参加基本医疗保险达100%，医疗费报销率达100%。五是加大基本医疗帮扶。继续加大健康扶贫力度，强化政策宣传和业务培训，不断补齐基层医疗服务短板，不断提升医疗技术水平和服务能力。全县10个乡（镇）卫生院医疗设备、药品、人员配备已基本符合标准化建设要求，建档立卡贫困群众参加基本医疗保险达100%，家庭医生签约全覆盖，医疗费报销率达100%。

（七）人居环境

一是全面改善乡村基础设施条件和公共服务能力。以实施“神圣国土守护者、幸福家园建设者”为主题的乡村振兴战略为契机，按照“产业兴旺、生态宜居、乡风文明、治理有效、生活富裕”的总要求，进一步巩固完善“十项提升工程”，补齐精准扶贫短板，深入推进82个村居农村基础设施建设、农村饮水工程建设、农村电网改造升级、农村道路改造升级、农村信息网络建设、学校基础设施建设及乡（镇）卫生院基础设施建设，全面改善乡村基础设施条件和公共服务能力。二是进一步强化基层党组织的创造力、凝聚力和战斗力，增强推动发展、维护稳定、服务群众的能力，壮大村集体经济，培育致富能人，美化亮化人居环境，不断提升农牧民群众的幸福感，不断增强各族群众对党和国家的向心力。三是确保住房安全。全面排查核实农村住房安全保障情况，全力推进农村危房改造工程，对全县所有农牧民群众住房安全进行全面排查，对建档立卡户全面进行住房安全评定，共有A、B级3443户、C级244户、D级13户，并对发现的257户C、D级危房户及时进行了改造，确保群众住房安全得到有效保障，均已完成危房改造。

（八）文化事业

推动基层文化繁荣发展，进一步推进基层文化建设同广大农牧民群众增收致富工作的紧密衔接，充分使广大群众通过发扬民族文化转变观念，学习技能，推进自我改变。以“智志双扶”为工作主轴，结合农牧民兴趣爱好，类乌齐县文化局牵头协同人社局开展民族歌舞技能培训。文化局艺术团演员在艺术团负责人的带领下分10组奔赴10个乡（镇），并组织各村级文艺骨干开展民族歌舞技能培训。通过培训，使固有的优秀传统歌舞在传承中华优秀文化的同时，提高类乌齐县文化软实力，进一步树立类乌齐县良好的文化形象、提高文化自信。

第三节　成效亮点

类乌齐县严格按照西藏自治区印发的《西藏自治区贫困人口脱贫考核办法》《贫困村（居）退出与贫困县（区）摘帽考核办法》等文件精神，严格脱贫标准和考核程序，实现了贫困人口3705户17564人脱贫摘帽，82个贫困村全部退出，并顺利通过国家第三方评估考核验收，高质量脱贫摘帽。类乌齐县脱贫攻坚的顺利完成，是全县上下同心协力，援藏单位、社会力量聚力攻坚的结果，在党建引领、产业带动、生态扶贫、科技培训、健康扶贫等方面工作亮点纷呈。

一、脱贫成效

（一）梯次推进，如期脱贫

2016—2019 年，全县累积脱贫 3767 户 16498 人（表 5-24）。2019 年 11 月，人口自然变更后，全县累积脱贫 3705 户 17564 人；全县累积退出贫困村（居）82 个，贫困发生率降至 0%。2018 年 10 月，西藏自治区人民政府正式批准，类乌齐县退出贫困县。2019 年，建档立卡人均可支配收入达到 6342 元。

在中央、西藏自治区政府、昌都市脱贫攻坚政策的指引下，类乌齐县脱贫工作积极推进、进展迅速、后续工作扎实。2016 年当年，就取得脱贫工作的突出进展；首战告捷之后，2017 年完成所有村居脱贫，绝大多数家庭实现脱贫；2018—2019 年又扎实推进后续扫尾工作，圆满完成了脱贫攻坚工作。

表 5-24　类乌齐县脱贫退出动态变化统计表

年份	当年脱贫		人口自然变更后当年脱贫		退出贫困村居数（个）
	户数（户）	人数（人）	户数（户）	人数（人）	
2016	666	2928	655	3445	0
2017	3018	13274	2967	13817	82
2018	53	194	53	201	0
2019	30	102	30	101	0
合计	**3767**	**16498**	**3705**	**17564**	**82**

全县基础设施、公共服务能力及人居环境得到了明显改善，农牧民群众的感恩意识及脱贫致富能力明显增强，幸福感、获得感进一步提升。

（二）兄弟情深，援藏助力脱贫攻坚

1. 创新援藏扶贫工作思路

类乌齐县不断创新援藏扶贫工作思路，让援藏扶贫资金项目重点向基层、向民生领域倾斜。截至 2020 年年底，已援助资金和物资累计达 10646 万元，建设基础设施项目 44 个，极大改善了基层基础设施和公共服务能力。

2. 创立“四级联动”及“八位一体”援藏工作模式

对口援藏是党中央为推进西藏长治久安和高质量发展作出的重大战略决策。类乌齐县重庆援藏工作队立足受援地实际，克服多重困难，创立了“四级联动”及“八位一体”援藏工作模式，在促进县域经济社会发展，改善群众生活条件和城乡面貌，推进生态文明建设及社会和谐发挥了重要作用。在各级共同努力下，援藏干部们分管的维稳、意识形态、民政工作、基层党组织等各项领域屡获全市先进，举办昌都 2018 年度全市民政工作暨五保集中供养机构运行试点现场会并做了先进交流，获得连续三年民政先进，获自治区“双拥”模范县，区征兵工作先进单位。所有援藏干部连续三年考核优秀，支部被评为县“优秀基层党组织”，受赠 10 幅感恩锦旗。重庆市第八批援藏工作总队集体获 2018 年“感动重庆十大人物”特别奖，特邀参加 2019 重视春晚，在 2019 年 6 月荣获全国“人民满意公务员集体”，援藏干部累计少休假 1043 天，用实践将“援藏为什么、在藏干什么、离藏留什么”回答书写在类乌齐大地上。

3. 援建幼儿园，提升教育水平

类乌齐县城区第二幼儿园位于类乌齐县桑多镇扶贫开发新区，项目建设用地4374.09平方米，总建筑面积3496.23平方米，活动场地1210平方米，绿化面积875平方米。办学计划规模9个班，招生可达270人。项目总投资1450万元，由重庆市江北区、沙坪坝区计划外援建。2018年3月13日，类乌齐县相关部门与项目施工单位、监理单位等技术负责同志在项目现场组织实施了放线工作，施工单位的开工所需工程设备和材料等已经进场，项目于6月30日完工，8月交付使用。援建幼儿园是重庆市委对口昌都援藏工作的重点项目之一，是帮助藏区提升教育水平，促进和谐稳定和持续发展的有力举措。

4. 开展考察交流并进行爱心捐赠

为加强西藏与内地的交流，支持重庆援藏事业，深圳市西湾控股有限公司董事长、深圳市西湾智园科技有限公司总经理、重庆市宸新医药有限公司董事长、深圳市重庆商会秘书长等一行，赴类乌齐县考察交流并进行爱心捐赠。在县委常务副书记、常务副县长、类乌齐县重庆第八批援藏工作队领队江世洪大力协调筹备下，如期开展脱贫帮扶爱心活动。企业家们看望了脱贫“摘帽”的对口帮扶困难群众、部分边缘户，在滨达乡央宗村、热西村、滨达村举行了“渝藏情深、一路向西”渝籍企业家类乌齐爱心行捐赠活动，为60户当地群众捐赠了苏泊尔高压锅和医用急救箱，并现场教授了急救箱的使用方法，受到了群众的欢迎和好评。滨达乡党委书记代表受捐群众对各位企业家的无私援助表示衷心的感谢，并表示将带领广大群众感党恩、感社会各界的恩，努力提高自身脱贫内动力，以美好的未来回报各位的热心援助。企业家们不顾在晚上失眠、缺氧、晕车等多重困难，仍然坚持调研考察援建项目，先后调研考察了滨达产业合作社、援藏扶贫项目、玛古通洒列营地旅游项目、达日通村“康巴花都”建设项目等，对援藏项目的建设给予了充分的肯定，并结合沿海的先进经验从农特产品、旅游、生态保护等产业开发和增强自身造血功能提出了宝贵的建议。

（三）凝聚合力，社会帮扶助力脱贫

按照“摘帽不摘帮扶”的要求，根据类乌齐县实际情况，在原有干部“321”结对帮扶制度上相应调整为“421”，对各级干部结对帮扶对象实行动态调整，并将2020年列入监测范围对象的26户脱贫监测户和边缘户纳入干部结对帮扶对象范围，由县级四大班子领导干部在原帮扶3户的基础上，每人增加1户，全力保障有返贫风险的脱贫户、边缘户生产生活不受影响。

持续深入推进“集团式包县、市级领导包片、县级领导包乡、乡（镇）干部包村、干部职工包户”结对帮扶制度，干部帮扶覆盖全县10个乡（镇）、82个村（居），2241名帮扶责任人深入到3357户建档立卡脱贫户（含26户脱贫监测户和边缘户）中开展结对帮扶活动。3位市级领导干部及昌都市公安局帮扶集团14家行政单位和企事业单位在类乌齐县结对帮扶295户脱贫户。

（四）智志双扶，内生动力大幅提升

类乌齐县注重贫困群众内生动力的塑造，持续激发内生动力，发挥主体作用；让脱贫人员“能”起来，激发贫困户内动力；让村居干部忙起来，激发基础干部的内驱力；加大宣传推介，助推精准扶贫形成合力。

1. 持续激发内生动力，发挥主体作用

紧扣“党的十九大精神宣讲”“四讲四爱”“不忘初心·牢记使命”等主题，坚持扶智与扶志相结合，突出群众主体作用，在如何解决“精神贫困”上下功夫，充分调动脱贫群众的主动性和积极性。进一步改进帮扶举措，建立正向激励机制，把帮扶政策与脱贫群众参与挂钩，引导脱贫群众参与扶贫项目，监督扶贫资金使用。以“遵行四条标准、争做先进僧尼”教育实践活动为契机，教育引导信教群众树立正确的宗教观。加强对信教群众的破除迷信教育，持续淡化宗教消极影响，积极引导宗教与新时代中国特色社会主义相适应。积极挖掘典型，讲好脱贫故事，传递好脱贫声音，积极开展“脱贫光荣”系列主题的各类扶贫教育活动，进一步激发脱贫群众内生动力，激发自力更生、勤劳致富的内在活力，构建助推脱贫群众稳步增收的“造血”机制，让脱贫光荣始终成为脱贫致富奔小康路上的主旋律。

2. 让脱贫人员“能”起来，激发贫困户脱贫内驱力

以提升能力为目标，通过培训教育提高贫困户的实用技术技能，引导贫困户增强自我发展能力，激发贫困地区内生动力。开展“四培养”活动。开展培养“领富型”乡村干部、培养“双带型”党组织、培养“经济型”专业合作社、培养“致富型”农牧民的活动，逐步健全基层组织堡垒，发挥党员干部模范作用，推动专业合作社健康成长。2019 年以来，培养“领富型”乡村干部 6 名，培养“双带型”党组织 4 个，培养“经济型”专业合作社 4 个，培养“致富型”农牧民 10 人，引领和推动中心工作上了一个新台阶。实施“双育”活动。坚持把增强党员党性观念教育作为首要目标，把搞好党员技能培育作为中心任务，开展农牧民党员“双育”活动，确保贫困户掌握 1 ～ 2 门实用技术或就业技能。其中，在“温室蘑菇种植”技能培训中，帮助贫困户试种蘑菇成功，对贫困户增收形成了很好的助力推动，让 16 户贫困户成功脱贫。创办“农牧民党员之家”活动。以“阵地标准化、制度规范化、活动常态化”为目标要求，投入 10 万余元打造“农牧民党员之家”，构筑了农牧民党员经常性教育的新阵地，打造了农牧民党员日常管理的新平台，创建了联系服务农牧民党员的新窗口。截至 2020 年年底，“农牧民党员之家”开展党员活动和学习培训 14 场次，教育培训党员群众 800 余人次，党员的先锋模范作用和组织意识有了明显提升，党内政治生活进一步得到了规范。

3. 让村居干部“忙”起来，激发基层干部内动力

基层领导班子队伍是脱贫攻坚的前线指挥部，推进脱贫攻坚工作，关键是要发挥好基层干部作用。一方面抓村级班子选好“头羊”谋发展。对村（居）组织带头人空缺的，及时进行调整补充到位，拓宽村级班子成员的眼界、思维，增强班子为民谋富、带民致富的能力。全面推行以打造脱贫攻坚“一公里”服务圈为目标的农村党员干部网格化管理，确保贫困户在“一公里”范围内有贫有人扶、有困有人帮、有难有人救、有问有人答、有事有人解。另一方面完善考核激发工作动力。突出精准考核，制定脱贫攻坚考核办法，将考核结果与干部任用挂钩，充分发挥考核的导向作用。每年“七一”表彰期间，评选 10 名优秀村居干部，重点向脱贫攻坚工作实绩突出的倾斜，对特别优秀的村居党组织书记，安排进入乡（镇）领导班子，按照乡（镇）公务员水平确定其报酬；对未能完成年度扶贫开发目标任务的实行“一票否决”，对其党政主要负责同志不予评先评优，对工作不称职的领导干部和驻村工作队队长及时进行调整，着力推动农牧区基层党员干部全面进入脱贫攻坚主战场。

4. 宣传推介助推精准扶贫形成合力

先后编写《类乌齐县脱贫攻坚手册》等 6 种宣传资料、手册 15000 余份，开展 1867 场次扶贫政策宣讲活动，普及群众 50 万余人次，已挖掘先进典型 8 个。通过《生态类乌齐》、类乌齐县新闻网、类乌齐县电视台等县级平台发布扶贫报道 1000 余篇；通过昌都电视台、《昌都日报》、《今日西藏昌都》等市级平台发布扶贫报道 150 余篇；通过自治区电视台、康巴卫视、《西藏日报》等省级

平台发布扶贫报道 30 余篇；通过人民网、光明网等中央媒体发布扶贫报道 3 篇。通过全方位、多角度、高强度的精准扶贫、精准脱贫宣传，全县贫困群众由“要我脱贫”到“我要脱贫”的观念转变明显增强，全县干部群众和社会人士参与精准扶贫的合力明显增强，形成了脱贫攻坚没有局外人的良好氛围。

（五）持续发力，巩固提升

认真深入贯彻落实中央、自治区党委、政府和市委、市政府的工作要求，坚持问题导向，紧紧围绕“2020 年与全国、全区、全市同步进入小康社会”的总要求，全力抓好脱贫攻坚巩固提升工作。

1. 加强保障，夯实脱贫基础

一是组织领导再加强。在县、乡（镇）脱贫攻坚指挥部的统一指挥下，把乡（镇）主要领导明确到行政村，乡（镇）班子成员明确到自然村，干部明确到户，让脱贫攻坚责任无死角、无盲区。二是宣传引导再加强。紧扣党的十九大精神宣讲和“四讲四爱”等主题，坚持扶智与扶志相结合，加强正面宣传引导，激发贫困群众内生动力，转变“等、靠、要”思想，积极参与到脱贫攻坚工作中，切实增强自身“造血”能力，靠自己的辛勤劳动改变贫困落后的面貌。三是长效机制再加强。进一步建立和完善产业链机制、医疗救助机制、教育奖励扶持机制等为主要内容的脱贫攻坚长效巩固机制，确保脱贫成果长期巩固、不反弹、不返贫。

2. 强化措施，巩固脱贫成效

严格按照“5+N”脱贫措施的要求，持续加大投入力度，确保脱贫成果长久巩固。一是产业发展持续发力。围绕盘活老产业、拓展新产业，积极推行“公司 + 基地 + 农牧户”和“党支部 + 合作社 + 农牧户”的模式，引入社会经营主体，走市场化之路，确保产业能发展，上规模，带百姓，有增收，突出菱镁矿开发、芜根种植与加工对全县建档立卡贫困户就业带动作用。二是易地扶贫搬迁持续发力。进一步加强各易地搬迁点产业配套项目的提质升级，结合转移就业、自主创业、劳务创收等，让搬迁群众有持续增收。三是生态补偿持续发力。进一步加强生态岗位人员培训，强化岗位职能，增强岗位技能，让生态岗位发挥最大效益。四是发展教育持续发力。建立常态的教育奖励机制，对幼儿园、小学、中学教育教学软硬件进行全面提升。五是社会保障兜底持续发力。持续加大低保、医疗救助、小额信贷等保障力度，让贫困人口继续享受扶贫政策。进一步增强培训与市场需求的结合度，鼓励贫困群众就地就近就业，提升贫困群众的自我发展能力和“造血”能力。

3. 补齐短板，同步小康社会

加强基础设施建设力度，完善“十项提升工程”建设机制。加大与上级部门的对接力度，统筹协调“十项提升工程”相关部门，加快建设进度，高效推进易地搬迁配套基础设施建设、农村饮水工程建设、农村电网改造升级、农村道路改造升级、农村信息网络建设、学校基础设施建设及乡（镇）卫生院基础设施建设，全面改善类乌齐县基础设施条件。进一步查漏补缺，做好迎接国家第三方评估验收组的各项准备工作，确保顺利通过国家考核验收，全面打赢脱贫攻坚这场硬仗，带领全县群众同步迈入小康社会。

4. 持续完善保障体系，助力巩固提升

严格落实“四不摘”要求，持续推进脱贫巩固提升工作，建档立卡贫困户原享有什么政策，脱贫后在攻坚期内继续享受。建立和完善以城乡低保和医疗救助为重点的各项社会救助制度，健全和完善社会救助体系，强化社保兜底，实现应保尽保。

一是继续做好社会保障兜底工作。进一步精准认定农村低保对象，充分发挥农村低保制度在兜底脱贫中的重要基础作用，确保做到应兜尽兜，应扶尽扶。

二是建立社会保障兜底脱贫对象联合认定审核机制。民政、财政、扶贫、人社、卫生、残联等部门成立社会保障兜底脱贫对象认定工作领导小组，将现有农村低保对象和扶贫对象中完全或部分丧失劳动能力、无法依靠产业扶持和就业帮助脱贫的对象，纳入农村低保范围，实现社会保障兜底脱贫。同时按照个人申请、入户调查、家庭经济状况核对、民主评议、初评结果公示、乡（镇）审核、县级审批、审批结果公示的认定程序，每年审核一次。进一步规范工作程序，加大救助公示力度，提升群众满意率。

三是精准实施各项救助制度。有效遏制因病、因灾致贫、返贫现象的发生，确保农村特困人员、留守儿童、孤寡老人、残疾人、流浪乞讨人员等困难群体得到有效救助。

5. 易地搬迁点产业配套项目提质升级

进一步加强各易地搬迁点产业配套项目的提质升级。在保证工程质量的前提下，加大新增安置点、改扩建点的建设力度。紧紧围绕“2020年与全国、全区、全市同步进入小康社会”的总要求，结合转移就业、自主创业、劳务创收等，让搬迁群众持续增收，同步进入小康社会。

一是补齐短板，同步小康社会。以美丽乡村建设为契机，加强基础设施建设力度，完善“十项提升工程”建设机制。加大与上级部门的对接力度，统筹协调“十项提升工程”相关部门，加快新增安置点及改拓建点施工建设进度。同时，按照“缺什么，补什么”的原则，进一步补齐短板，全面改善农牧群众人居环境，提升幸福感。

二是提升提质后续保障，夯实发展后劲。因地制宜，充分依托各安置点的特色优势资源，通过扶持和配套符合当地实际的旅游业、民族手工业、民族文化产业、畜牧养殖业、果蔬种植业、农畜产品加工等特色优势产业，千方百计解决搬迁户长效增收问题。结合县城和产业园区企业多、用工多的优势，对有条件和培训意愿的搬迁户，实施一户一人订单式、针对性的技能培训，让受培训人员能够掌握一门实用技能，实现就近就地就业或者自主创业，推动创业带动就业。根据安置点地段和集体商业经营铺面，由政府引导、公司化经营，将所得收益按相应份额，按年分配给搬迁户，保障搬迁户有资产分红。

三是强化安置点后续管理。根据安置点所在地网格化和双联户管理工作相关要求，结合当地民族风俗、教派等，组建或完善相应社会管理机构，完善各项保障机制，让各安置点搬迁群众完全融入新的居住环境，重建搬迁群众之间的友谊。

四是积极探索原搬迁群众生产资料处置方式。一是积极开展旧房拆除、宅基地复垦及生态修复工作，采取“试点先行、逐步推广”的方式，逐步推进旧房拆除、宅基地复垦及生态修复工作。二是积极探索原搬迁户耕地、草场、山林、牲畜等生产资料的管理方式，保障搬迁群众利益最大化。

6. 破解道路建设困境

类乌齐县处于高原高山峡谷地带，地形起伏大、地貌类型复杂、气候条件恶劣，通过实施“四好农村路”建设，交通基础设施得到明显改善，但农村公路（特别是自然村）通畅率、通达率仍然低于全国平均水平。随着农村公路建设力度的加大，公路里程数和公路养护成本逐步提高，加之夏季泥石流、滑坡和冬季暗冰等自然灾害较为频繁，农村公路养护资金严重不足，养护设备和专业人员缺乏，养护任务日趋艰巨。各县（区）交通运输局路政执法人员严重缺乏，在开展打击“黑车”非法运营活动中，难以满足路政执法日常工作需求。突破瓶颈，进一步建设好农村公路。科学编制全市“十四五”交通建设规划，加快农村公路建设，使“四好农村路”建设与农村经济社会发展和广大农牧民安全便捷出行的要求相适应。依法治路，进一步管理好农村公路。进一步加大执法力度，严厉打击非法营运、超限超载等违法行为，强化道路安全监督检查，规范道路运输市场经营行为。完善体系，进一步养护好农村公路。通过农村公路养护管理信息化平台，推进科学养护。坚持畅通主导原则，抓好小修、及时中修、科学养护，推动农村公路向“建养并重、均衡发展”转变。创新机制，进一步运营好农村公路。加快完善全市农村公路运输服务网络，结合偏远地区出行难的实际，促进农村客运发展；积极开通旅游专线，带动区域旅游产业发展。

二、工作亮点

（一）党建引领脱贫攻坚

类乌齐县委围绕脱贫目标，强化责任落实，加强作风建设，引领带动脱贫，助推经济发展，结对帮扶协助，强化问题整改，促进工作有效开展。

1. 成立机构班子，落实目标责任

自脱贫攻坚开展以来，类乌齐县委、县政府及时成立扶贫开发领导小组、脱贫攻坚指挥部，按照“5+N”模式成立了脱贫专项小组，全面落实县、乡、村“三级书记”责任制。按照中央、自治区、昌都市关于脱贫攻坚的决策部署，科学编制了类乌齐县脱贫攻坚“十三五”总体规划及“五个一批”专项实施方案，按照时间节点细化工作任务，实行“挂图作战”。成立了由县委书记任组长、县长任指挥长、相关单位主要负责人为成员的扶贫开发领导小组和脱贫攻坚指挥部；抽调相关部门精干力量22人，成立县脱贫攻坚指挥部办公室；按照“5+N”模式成立了产业发展组、易地搬迁组、发展教育组、生态补偿组、社保兜底组、转移就业组、健康扶贫组、结对帮扶组、宣传报道组、政策保障组等10个脱贫专项小组。各乡（镇）也成立了相应机构和工作班子，明确了10名副县长指挥每个乡（镇）脱贫攻坚工作，全面、系统督导脱贫攻坚各项工作的落实情况；全面落实县、乡、村“三级书记”责任制，构建了责任清晰、各司其职、合力攻坚的领导体系、指挥体系和责任体系。

2. 开展作风专项治理，强化督导检查

全县各级各部门认真学习、深刻领会习近平总书记关于扶贫开发工作的重要讲话精神，树立科学治贫、精准扶贫、精准脱贫的理念，把脱贫攻坚作为全面建成小康社会过程中最艰巨的任务，将脱贫攻坚作为类乌齐县头等大事和第一民生工程，集中资源、集中力量、集中智慧，攻坚克难，众志成城。持续开展扶贫领域作风问题专项治理，坚持目标导向、问题导向、效果导向，进一步摸清作风建设薄弱环节，全面落实专项整改措施，严惩严治扶贫领域作风问题，积极构建扶贫领域作风建设长效机制，确保扶贫领域作风问题得到有效根治，推进脱贫攻坚责任落实到位、政策落实到位、工作落实到位。整顿涣散的村级党组织9个，进一步强化了基层战斗堡垒的作用，提升了基层服务群众的能力。开展脱贫攻坚工作督导检查120余次，扶贫成效考核4次；发现扶贫领域腐败和作风问题案件18起。案件进行全面排查，12件已办结、6件未办结，其中，立案审查5件，办结4件，失实了结3件，截至2020年年底，初核3件，正在审理3件，共处理17人，5人受党纪处分，5人诫勉谈话、7人约谈。

3. 发挥党员干部模范作用，引领带动脱贫

全面推行“党员＋农民专业合作社＋农户”模式，带动规模小的专业大户和缺技术、缺信息的农户做大产业，实现脱贫致富，引导驻村帮扶工作队、农村实用技术人才向贫困户传授致富技术、

提供信息服务。整合农业、扶贫、林业等部门项目、资金和资源，鼓励党员带头发展特色种植业、养殖业、服务业，鼓励支持领办专业合作社，提升“双带”能力，引领贫困户脱贫致富。其中，滨达村选派书记带领贫困户成立“裕民种植养殖基地”，创收2.88万元，参与种植蔬菜贫困户18人均增收1600元，带动了近30户贫困户脱贫。达多阳光农牧民经济合作社负责人加央措成，承包30多户贫困户纳入合作社成员，带动了近40余户贫困户脱贫。通过176个党员致富带头人发挥先锋模范作用作为发力点，69个村集体经济体根据自身能力，对本村贫困户开展结对帮扶，平均每个集体经济帮扶3户贫困户。

通过开展培养“领富型”乡村干部、培养“双带型”党组织、培养“经济型”专业合作社、培养“致富型”农牧民的“四培养”活动，逐步健全基层组织堡垒，发挥党员干部模范作用，推动专业合作社健康成长。已培养“领富型”乡村干部6名、“双带型”党组织4个、“经济型”专业合作社4个、“致富型”农牧民10人，引领和推动脱贫攻坚工作上了一个新台阶。紧紧围绕抓党建促脱贫攻坚目标，抓典型、创特色、树形象，充分发挥党组织战斗堡垒和党员先锋模范作用，不断开创脱贫工作新局面。已培养致富能手176人，带领贫困群众脱贫致富，发展村集体经济93个，全面消除了“空壳”村，逐步提升“造血”能力。

坚持把增强党员党性观念教育作为首要目标，把搞好党员技能培育作为重要任务，开展农牧民党员“双育”活动，确保贫困户掌握1至2门实用技术或就业技能。在“育”党性中，结合“两学一做”“四讲四爱”常态化、制度化主题教育，以支部为单位，全县各级基层党组织开展系列培训200余次。在“育”技能中，以提升农牧民实用技能为主，开展各类实用技术培训、军旅式培训、脱贫技能培训300余次。其中，在“温室蘑菇种植”技能培训中，帮助贫困户试种蘑菇成功，助力推动贫困户增收，让16户贫困户成功脱贫。

4. 推动组织建设与企业发展深度融合，服务脱贫攻坚

突出党建引领，推动组织建设与企业发展深度融合，同步谋划部署。牢牢坚持“围绕中心抓党建、抓好党建促大局”工作思路，将企业发展和招商引资工作纳入党建工作总体布局、支部会议重要内容，推动党建与经济发展一同部署。每季度召开党建工作推进会，将企业发展纳入重要议事日程，确保企业发展与党的路线方针政策同向而行。建立沟通机制，找准党建工作服务企业发展的结合点，实行企业联系人参加企业经营决策重要会议、党组织与管理层沟通协商等制度，推动党支部在更大范围、更宽领域、更深层次上引领企业转型升级、创新发展。注重发挥党组织桥梁和纽带作用，定期组织召开村企联席会议、企业联系人碰头会，协调市场监管、农业农村、自然资源等部门帮助企业理清思路、解决难题，助推企业发展。

5. 强化问题整改，确保全面整改落实到位

针对各级督导检查、巡视、审计等过程中反馈的问题及提出的意见，类乌齐县委、县政府均虚心接受、照单全收，立行立改，形成了具体的问题整改清单和整改方案，明确了整改牵头领导、牵头单位、责任人及整改时限，对每个具体问题如何抓好整改落实，提出了切实可行的整改意见和严格的工作要求，并及时跟踪督办，建立整改台账，逐步补齐完善脱贫攻坚工作“短板”。类乌齐县始终坚持焦点不散、目标不变，以问题为导向，举一反三，并结合挂牌督战、巩固提升等工作统筹推进，持续强化问题整改，确保各项问题全面整改落实到位。

（二）突出产业带动，强化“造血”促增收

一是大力实施“三万工程”，即“万亩以上饲草基地建设、万头以上牦牛育肥基地建设、百万

斤以上牦牛肉加工基地建设”。以落户在类乌齐县生态产业园区的昌都市藏家牦牛股份有限公司为依托，采取“公司＋基地＋合作社＋农牧户”经营模式，订单式生产，既有效解决了饲草和牦牛出栏的销路问题，又满足了“百万斤以上牦牛肉加工基地建设”原生态优质原材料需求。3座牦牛育肥基地育肥出栏1910头；参与到基地入股集中育肥和到户育肥的建档立卡户720余户，户均实现增收3000元以上；将每年的入股分红资金直接用于帮扶建档立卡贫困户170户，户均增收5000元，间接带动2400余户牦牛养殖户。二是大力发展乡村旅游，使得旅游开发与脱贫攻坚牢牢结合，即让农牧民群众吃旅游饭，实现脱贫致富增收。桑多镇达日通村投入460万元打造“康巴花都”生态旅游项目，以藏家乐和帐篷营地为特色，带动本村群众81户416人参与旅游经营管理，帮助贫困群众23户89人增收致富，仅旅游一项就实现人均年收入2100元。三是强化资产收益。通过扶持建设合作社、农贸市场、商铺、物流基地等形式，让贫困群众参与管理或入股分红，不断增强贫困群众脱贫致富的“造血”能力。

（三）强化六字标准，挪出“穷窝”换新貌

在“责、准、严、快、活、实”六字上下功夫，突出科学选址，体现本地特色，充分发挥贫困群众主体作用，让广大农牧民群众参与搬迁全过程，实现了“搬得出、稳得住、能致富”的目标，挪出了穷窝，换上了新貌。一是组织领导体现“责”，成立了县、乡两级易地扶贫搬迁工作协调小组，形成了上下联动机制，统筹推进易地扶贫搬迁工作。二是对象识别体现“准”，严格按照搬迁户申请、村民大会、村级公示等程序做好选人关和准入关，真正将符合搬迁条件的群体列为易地扶贫搬迁对象范围，并建立电子档案。三是政策执行体现“严”，按照“保基本”的原则，严格执行人均25平方米的建房标准，严守搬迁不举债和不引发新的社会矛盾的两个“决不能”底线。在工程建设中选择有资质的设计机构进行工程设计，聘任监理人员，做到按图施工、按设计标准建设，确保将易地搬迁工程打造成精品工程和群众满意工程。四是项目工程体现“快”，努力克服建设工期短的困难，早安排、早部署，明确建设任务和时序，倒排工期，挂图作战，积极稳妥推进在加快工程建设进度的同时，着重处理好时间进度和工程质量的关系。五是搬迁方式体现“活”，在遵从农牧民意愿的前提下，所有易地搬迁房屋基础工程均修建为两层房屋地基，虽然易地搬迁安置工程设计、施工及资金配套都是一层房屋，但为以后安置户在有条件的情况下加修二层房屋打下了坚实的基础，实现更有效的资源利用。六是后续产业体现“实”，以搬迁后脱贫为目标导向，强化搬迁后续就业和产业扶持。对于集中安置的贫困户和涉及同步搬迁的群众，采取多种增收途径，确保搬迁人口都有稳定的增收渠道。

（四）创新技能培训，拓展“市场”强就业

按照“发展产业增就业、推动创业带就业、加强培训促就业”的思路，以市场为导向，以实用技能为重点，以贫困农牧民转移就业为突破口，以产业发展、能人带动、创业带动、企业代包、村集体经济发展等为抓手，三抓三促，全力推进就业脱贫工作。一是抓摸底，促培训对象精准。建立完善富余劳动力基础数据，制定就业培训计划，实行动态管理，确保对象精准、就业培训项目精准。二是抓创新，促培训成果实效。通过“一线式”“前瞻式”“定岗式”“节日式”“代包式”“上门式”“特色式”等多种培训方式，因地制宜开展手工业加工、建筑施工、唐卡绘制、摩托车维修、厨师、食品加工、挖掘机操作等各项实用技能培训。三是抓引导，促就业渠道拓宽。与各建筑施工单位签订用工承诺书，严格落实30%用工量的规定，建立岗位用工联系制，有效带动当地农牧民群众学技能促就业；紧密结合县产业发展，就近就地开发就业岗位；通过技能培训，前期扶持，引导鼓励自主创业，通过创业带动就业。

（五）夯实医疗基础，厉兵“秣马”提水平

一是全面提升县级医疗服务质量水平，着力构建信息化系统建设，建成后可实现远程会诊、远程查房、远程教育培训、智能排队叫号、移动查房等工作。类乌齐县人民医院已于2018年被成功评定为“二甲”医院。二是全力推进乡、村基层医疗机构标准化建设，全县10个乡（镇）卫生院基本达到了标准化建设要求，乡医配备平均达7人以上，82个村（居）均配备了村卫生室，基本医疗设备配套齐全，日常用药按期补充，且每个卫生室均配套了村医工作职责和制度、村医信息栏、健康教育宣传栏、妇幼及基本公卫工作信息公示栏。三是极力提升卫生人才医疗服务水平。2016年以来，类乌齐县借助组团式援藏契机，共选派全县医务人员42人赴重庆市培训学习，县级组织业务培训32期，培训乡（镇）、村级医务人员600余人次，参加市级业务部门组织的助产士培训11人次，并于2019年选派乡（镇）卫生院3名医生进行为期3年的全科医生培训。

第六篇　脱贫攻坚先进集体和优秀人物

2016—2020年，通过上下同心、多措并举、聚力攻坚，昌都市11个县（区）有序高质量脱贫摘帽，实现全域消除绝对贫困，谱写了各族儿女奋力摆脱贫困的伟大篇章。回首往昔，历史将会把为昌都市脱贫攻坚团结协作、奋力攻坚的先进集体载入昌都市消除绝对贫困的史册。历史将会真实记录下那些曾经奋斗在脱贫攻坚一线、无私奉献、用生命诠释昌都脱贫攻坚精神的扶贫英烈们，历史为他们立传，他们的先进事迹将永远镌刻于昌都市脱贫攻坚的历史丰碑上。历史将永远记录下那些为脱贫攻坚舍小家顾大家、忘我工作的优秀人员，他们的先进事迹将永远被昌都人民铭记于心，昌都人民感谢他们，党和人民为他们点赞。

第一章　昌都市脱贫攻坚全国先进集体

在昌都市消除绝对贫困的伟大历史实践中，涌现出了西藏自治区昌都市扶贫开发办公室、西藏自治区昌都市人社局劳动就业服务中心、西藏自治区昌都市水利局农村水利水电水保科、西藏自治区昌都市江达县脱贫攻坚指挥部办公室、西藏自治区昌都市福建省援藏工作队等5家先进集体，他们的先进事迹将永远载入昌都市消除绝对贫困的史册。

西藏自治区昌都市扶贫开发办公室

2015年年底，昌都市识别建档立卡贫困人口3.46万户17.05万人，贫困发生率达24.95%，是西藏贫困发生率最高、扶贫成本最高、贫困程度最深、脱贫难度最大的区域之一。

昌都市扶贫办作为脱贫攻坚主责单位，坚持以习近平新时代中国特色社会主义思想为指导，深入学习贯彻落实习近平总书记关于扶贫工作的重要论述，勇挑重任、主动担当，始终把脱贫攻坚作为最大的政治任务和第一民生工程，作为不断增强“四个意识”、坚定“四个自信”、做到“两个维护”的政治检验，聚焦“两不愁三保障”脱贫目标，严格落实“五个一批”“六个精准”部署要求，发扬“老西藏精神”和“两路精神”，上下一心、聚力攻坚，充分发挥参谋助手和统筹协调作用，为昌都市脱贫攻坚尽心尽力、尽职尽责。五年来，先后协调落实统筹整合资金260余亿元，通过扎实推进产业发展促进贫困群众增收、易地搬迁实现群众安居乐业、基础教育斩断贫困传递穷根、技能培训助力稳定就业增收、生态补偿兑现政策红利、健康扶贫提升群众健康水平、全民攻坚凝聚帮扶合力、志智双扶增强内生动力等各项脱贫措施，助力全市累计减贫3.84万户19.46万人，贫困发生率从2015年年底的24.95%降至2019年年底的动态清零，贫困村退出1127个，2019年年底如期实现了11个县（区）脱贫摘帽，完成了西藏自治区近1/3减贫任务和近1/3的易地扶贫搬迁任务，为昌都市全面建成小康社会奠定了坚实的基础。在推进脱贫攻坚过程中，昌都市扶贫办善于总结归纳工作中的典型亮点，形成了一套可复制、可推广的经验做法，为接续乡村振兴战略实施提供了重要参考。

通过五年努力，昌都市基础设施、基本公共服务水平和产业发展等明显提升，发展环境不断优化，农牧民群众见证了从水桶到水管、从油灯到电灯、从驿道到大道、从毡房到洋房的历史性转变，更好地享受到了改革发展红利。贫困群众的获得感、幸福感显著提升，思想观念、生产方式、生活方式得到巨大转变。各族群众切身感受到了习近平总书记和党中央的关心关怀，感受到了社会主义制度的优越性，感受到了祖国大家庭的温暖，进一步增强了中华民族共同体意识，更加自觉地感党恩、听党话、跟党走，有力促进了各民族交往交流交融。因责任落实到位、措施落实细致、脱贫成效明显、特色亮点突出，昌都市脱贫攻坚工作在西藏自治区2016年、2017年、2019年三年脱贫攻坚成效考核中均获评“综合评价好”等次。这些成绩的取得，与昌都市扶贫办全体干部的辛勤付出和不懈努力有着不可分割的关系。

西藏自治区昌都市人社局劳动就业服务中心

昌都市是西藏自治区脱贫攻坚的主战场，贫困发生率最高、扶贫成本最高、贫困程度最深、脱贫难度最大是昌都脱贫攻坚战的真实写照，也是全区脱贫攻坚最难啃的硬骨头之一。受技能水平制约和传统观念影响，贫困人口“不敢走出去，不想走出去”的现象成为脱贫致富奔小康的最大阻力。自打响脱贫攻坚战以来，昌都市人社局劳动就业服务中心秉持“政如农功，日夜思之”的态度，找准贫困人口内生动力不足和自我脱贫能力薄弱的切入点，以转变观念为关键，以提升技能为抓手，以促进增收为目标，不断激发贫困群众脱贫致富内生动力，提升自我发展能力，多渠道促进贫困劳动力更高质量和更充分就业，增强贫困群众脱贫本领，全面实施就业扶贫工程，将观念引导、技能提升和就业服务三项措施精准覆盖到每一户贫困家庭当中，采取送技能、送岗位、送政策、送服务的方式，让贫困人口在家门口就能享受均等的公共就业服务。

“十三五”期间，昌都市人社局劳动就业服务中心坚持“合时宜”“分人群”“优载体”原则，利用就业创业展播、超市购物袋、客车座套、宣传资料等多种方式，针对农牧区劳动力采取常态化宣传，累计发放就业创业宣传资料 10 万余份，对 6 万余名贫困群众进行了就业创业引导宣传，建档立卡贫困劳动力参与转移就业的主动性和积极性得到明显转变。坚持促就业举措应出尽出，拓岗位办法能用尽用，充分发挥农牧民转移就业工作专班作用，重点依托产业发展吸纳就业、项目建设带动就业、自主创业促进就业、服务行业扩大就业等渠道，举全市之力全方位开发就业岗位，累计开发各类就业岗位 3.9 万余个。利用招聘会、新闻媒介、基层劳动就业社会保障公共服务平台等载体将岗位精准推送至群众家门口，通过贴心、细致的就业服务累计帮助 18.6 万农牧民群众实现转移就业。依托贫困群众培训就业意愿和市场就业需求，找准意愿和技能培训的“契合点”，将国家通用语言、技能培训、就业创业指导贯穿于整个培训过程，贫困群众就业创业能力得到显著提高，累计面向因缺技术致贫的贫困人口开展技能培训 5.79 万人次，培训后实现转移就业 3.77 万人次，培训后就业率达到 65.11%，转移就业人均年增收达 7000 元。“十三五”以来，越来越多的贫困人口搭上了家乡经济建设的快车用自己的辛勤劳动就业脱贫，越来越多的贫困人口走出家门面向祖国各地实现就业。昌都精准扶贫实现了“输血式”向“造血式”转变，贫困群众的幸福感、获得感、安全感显著增强，中华民族之间的交往交流和交融得到进一步加深，贫困人口感党恩、听党话、跟党走的信念越来越坚定。

西藏自治区昌都市水利局农村水利水电水保科

昌都市位于西藏自治区东部，在地理区位、气候环境等因素的影响下，形成了“人在山上住，水在谷底流”有水难以有效利用、高海拔地区冬季不能正常通水等困局。2015 年年底，昌都市 11 个县（区）仍有 20 万农牧民群众饮水安全亟待巩固提升。为夺取昌都市脱贫攻坚战全面胜利，昌都市水利局农村水利水电水保科攻坚克难、改革创新，因地制宜、因地施策，确保了全市 3.84 万户 19.46 万贫困人口如期全面脱贫，实现了从“水桶到水管”的进步。

2016 年以来，昌都市水利局农村水利水电水保科紧紧围绕“两不愁三保障”的脱贫攻坚目标，按照“困难麻烦由政府解决，把方便实惠送给群众”的工作要求，瞄准民生水利领域短板精准发力，聚焦易地扶贫搬迁建档立卡贫困村、贫困户，持续实施农村饮水安全工程，农牧民安全饮水更有保障、更可持续。

历史性的消除了不完全通水。“十三五”期间，投资14.7亿元，共计建设巩固提升农村安全饮水工程点3156处，受益人口为58万人次（其中建档立卡贫困人口19.46万人），有效解决了全市268个易地扶贫搬迁安置点、401个深度贫困村饮水安全问题。全市1142个行政村（居）实现饮水安全工程全覆盖，截至2020年年底全市自来水普及率达93%、集中供水率达99.5%、供水保证率达95%、水质达标率达100%，消除长期困扰昌都各族人民不能全部安全饮水的问题。

水利行业主导持续发力。一是协调落实昌都市本级脱贫攻坚整合资金3.1亿元，专项用于农村饮水安全巩固提升工程。二是形成了市级水利行业领导分片包干工作机制，2016年以来，先后派出360人次，行程25万余公里，对全市11个县（区）农村饮水安全工程进行精准摸排，确保了农村饮水安全工作底数清、情况明。三是在全面完成建立“三个责任、三项制度”的同时，结合昌都市实际，制定出台了《昌都市农村饮水安全工程建后管理暂行办法》《昌都市水生态保护和村级水管员管理办法》《农村供水工程水费收缴工作方案》等农村饮水安全建管运行维护制度，实现了饮水安全工程“建得成、管得好、常受益”。四是加强水质检测监测，推动完成了15个集中式供水工程、268个易地扶贫搬迁安置点、1387处农村饮水安全工程水质检测复测、11个县（区）4539个农村饮水安全工程（含学校和寺庙）水质检测排查工作。强化管理，项目建设完工验收合格后，移交村民委员会等保管使用，在全市落实村级水管员27594名，并指导11个县（区）138个乡（镇）完成对村级水管员等100余场30000余人次的农村饮水安全建后管理培训工作。

西藏自治区昌都市江达县脱贫攻坚指挥部办公室

自脱贫攻坚战打响以来，江达县脱贫攻坚指挥部办公室始终坚持习近平总书记扶贫开发战略思想，全面增强“四个意识”、坚定“四个自信”、做到“两个维护”，紧紧围绕全面建成小康社会总目标，紧扣西藏工作的出发点落脚点和着眼点着力点，深入贯彻落实党的十九大精神和党中央、自治区、市关于打赢脱贫攻坚战的决策部署，在县委、县政府的坚强领导下，压茬推进扶贫工作落深落细。

一是强化统筹协调，政策措施脱贫效益不断延伸。江达县脱贫攻坚指挥部办公室始终牢记脱贫攻坚“枢纽中心”职能，在加强顶层设计的同时，充分发挥统筹协调作用，做到工作推进和督导指挥无缝对接，各项措施效益不断延伸，将习近平总书记的关心关怀送到千家万户，群众民生保障更加有利，获得感、幸福感和安全感全面提升，社会主义制度优越性更加彰显。

二是率先开展返贫监测，巩固延伸脱贫成效。2018年实现脱贫摘帽后，于2019年5月结合全县脱贫攻坚实际出台实施《江达县脱贫攻坚防止返贫工作实施办法》，在全县着力构建防返贫工作责任机制、预警机制和帮扶机制，全面深化防返贫监测工作。对边缘人口进行每动态监测，按照红、黄、绿、蓝四级预警标准，对贫困人口和边缘户稳定实现“两不愁三保障”情况进行全程月动态监测，建立防返贫监测人口动态台账，有针对性地制定帮扶措施，做到因户施策、对症下药，并于2020年5月、11月分两批次经市脱贫攻坚指挥部审定解除了所有风险户353户2149人的风险预警，后续将持续予以动态监测。江达县强力巩固脱贫成效，坚决避免返贫致贫现象发生，走在了昌都市乃至自治区前列，为乡村振兴战略的实施打下了坚实基础。

三是敢于结合实际创新工作，实现经济效益、社会效益和政治效益的高度统一。开展扶志、扶智、凡和力扶、凡勤必扶“四扶激励”工程，激发群众内生动力，筑牢厚植党在江达的执政根基。始终秉持落实“绿水青山就是金山银山”理念，同时结合江达实际，不断拓展延伸生态岗位这一富民政策，创新开展工作，将生态岗位人员纳入基层维稳力量，实现“生态保护、富民增收和社会稳定”多促进。始终做到抓牢影响江达稳定的最大因素，同“十四世达赖”反对集团做坚决斗争，以扶贫工作为突破口抢占意识形态领域阵地，依法管理宗教事务，不断淡化宗教对群众的影响，确保宗教中国化不断与社会主义制度相适应。

西藏自治区昌都市福建省援藏工作队

福建援藏工作队坚决把打好打赢脱贫攻坚战作为援藏的最大政治任务，紧紧围绕“两不愁三保障”目标着力打造东西部扶贫协作和对口支援的典范。

一是以要素支撑确保4个对口支援县提前脱贫摘帽。“十三五”期间累计投入援藏资金12.7亿元，在国家规划要求资金基础上再增加63%，援助实施改善民生及脱贫攻坚项目277个，有力支持对口县实现脱贫群众62518人，贫困发生率降至动态清零。因推动脱贫攻坚成效明显，福建援藏队在国家2017、2019年两次综合考核中均获优秀，被自治区脱贫攻坚指挥部推荐参评“2020年全国脱贫攻坚组织创新奖”。

二是以产业援藏促就业稳定增加贫困群众收入。协助引进迄今援藏投资规模最大单体项目——福建紫金矿业收购西藏巨龙铜矿、西藏建材行业龙头企业及产业扶贫标志性工程——八宿海螺水泥、全球海拔最高葡萄酒酿造企业——左贡成功红葡萄酒基地等重点项目，产业配套为建档立卡贫困户提供就业岗位超4000个。引导在藏福建商会所属480余家会员企业积极吸纳西藏籍大学生、含建档立卡贫困户在内农牧民转移就业员工等9600多人次。

三是以双创平台推动贫困家庭大学生创业增收。牵头建设昌都首个“双创”平台——闽昌众创空间，累计服务中小微企业及创业团队236家，已为107名贫困家庭大学生提供就业岗位，获评国家级众创空间及小型微型企业创业创新示范基地。

四是以医疗援藏助力提升贫困群众基本医疗保障。“十三五”期间累计投入3.8亿元改善对口县医疗基础设施，成功帮助4个对口县人民医院全部完成创建“二乙”目标，受援地孕产妇女死亡率、婴儿死亡率和孕产妇入院分娩率明显呈现“两降一升”。协调多位国家级名医赴昌都开展“师带徒”活动，为360多例大骨节病、儿童多指畸形、唇腭裂等患地方病贫困群众免费治疗，常态化建立地方病巡义诊和治疗制度，助推解决因病致贫、返贫问题。

五是以教育援藏助力贫困学生从“有学上”到“上好学”。参与援建学校6所、直接派出援藏教师170名、与福建45所学校结对共建并做好控辍保学工作，多渠道培训本地教师16563人次、资助学生4.7万人次，推动援藏学校硬件实力和教学质量大幅提升。福建对口支援卡若二中“惠民班”以农牧区贫困家庭学生为主要招生对象，2020年中考升入内地班学生人数列自治区首位。

六是以消费援藏构建贫困群众稳定增收利益联结机制。在闽筹建昌都市特色产品展示馆11个，5年来帮助受援地实现各类消费扶贫金额达9000多万元，帮助提高贫困农牧民收入。

第二章　昌都市脱贫攻坚全国先进人物

在昌都市消除绝对贫困的伟大历史实践中，达瓦等一大批同志被授予全国脱贫攻坚先进个人，历史将永远记录下这些曾经为脱贫攻坚舍小家顾大家、忘我工作的优秀人员，他们的先进事迹将永远被昌都人民铭记于心，昌都人民感谢他们，党和人民为他们点赞。

达瓦同志先进事迹

达瓦，男，藏族，中共党员，昌都市类乌齐县委书记。在决战决胜脱贫攻坚的过程中，该同志以身作则、率先垂范、忘我工作，用实际行动诠释了一位优秀党员心系百姓、执政为民的高尚品德。

一是统筹谋划，绘制“施工图”。该同志深入学习习近平总书记关于脱贫攻坚重要论述，坚定不移贯彻落实中央、自治区和昌都市各项决策部署，自觉坚持把党的领导贯穿于脱贫攻坚全过程，将脱贫攻坚作为统揽全县经济社会发展的“总纲”，以“两不愁三保障”为目标，以“五个一批”脱贫措施为抓手，领导全县科学编制了《类乌齐县“十三五”时期脱贫攻坚总体规划》《类乌齐县脱贫攻坚责任机制》等规划、方案、办法共30余项，明确了全县脱贫攻坚的“任务书”“时间表”“路线图”，建立健全了“横向到边、纵贯到底”的指挥体系和责任体系，为全县打赢脱贫攻坚战提供了坚强有力的政治和组织保证。

二是完善制度，把好“方向舵”。在脱贫攻坚过程中始终牢固树立以制度管人管事的意识，牵头建立健全精准扶贫、精准脱贫各项规章制度10余个，做到想问题、做决策、抓落实均严格按照制度执行。修改完善了《县委常委会议事规则》，将精准扶贫项目、资金和重大事项纳入常委会研究，脱贫攻坚期间共召开常委（专题）会研究59次，对精准扶贫项目申报、资金审批、政策落实严格按照规定程序和要求执行，保证了贯彻落实脱贫攻坚决策部署不走偏、不落空、不违规。

三是身体力行，当好“领头雁”。切实担负起脱贫攻坚战“第一责任人”的职责使命，始终把脱贫攻坚责任记在心上、扛在肩上、抓在手上，每个月听取脱贫攻坚汇报，研究部署脱贫攻坚工作，全面落实脱贫攻坚挂牌督战举措，以上率下，身先士卒，访遍了全县10个乡（镇）84个贫困村（居），贫困户入户走访率达37.2%，及时跟踪了解各乡（镇）、村（居）脱贫攻坚工作开展情况、存在的困难和问题，问需于民问计于民，并及时提出指导性的建议，实现了全县贫困人口3672户17809人全部脱贫和82个贫困村（居）全部退出贫困，圆满完成了贫困县“摘帽”任务。

四是奖优罚劣，立稳“风向标”。持续开展扶贫领域作风问题专项治理，坚持目标导向、问题导向、效果导向，坚决反对形式主义、官僚主义，积极构建扶贫领域作风建设长效机制，确保扶贫领域作风问题得到有效根治，切实减轻基层负担，推进脱贫攻坚责任落实到位、政策落实到位、工作落实到位。将脱贫攻坚工作成效作为单位和个人评先评优、干部选拔任用的重要依据，对工作成效显著的给予嘉奖，对不作为、慢作为、乱作为等造成重大影响的严格按照党纪、政纪严肃追责问责。脱贫攻坚工作开展以来，共计提拔使用优秀一线扶贫干部 219 人，占提拔总数的 86%，表彰优秀单位 69 家、先进个人 240 人次；对 17 人分别进行了党纪、政纪处理。

仁增贡布同志先进事迹

仁增贡布，男，藏族，芒康县扶贫办主任。自全面打响脱贫攻坚战以来，仁增贡布同志响应党的号召，深入贯彻落实党中央、西藏自治区、昌都市、芒康县扶贫开发工作系列会议精神和重大决策部署。在芒康县委、县政府的统一安排下，于 2015 年年底，时任芒康县扶贫开发领导小组办公室副主任的仁增贡布同志协同办公室其他领导和同事参与到了芒康县脱贫攻坚工作。在这个特殊的工作岗位上，仁增贡布同志认真领会国家实施脱贫攻坚工作的重大意义和艰巨任务，坚定“四个自信”、增强“四个意识、做到“两个维护”，主动担当、积极作为，也因此，被组织重视和给予厚望，于 2016 年 5 月正式提升为芒康县扶贫开发领导小组办公室主任兼芒康县脱贫攻坚指挥部办公室常务副主任。随着职务晋升，肩负的担子倾刻加重，仁增贡布同志顶着巨大压力，成为了脱贫攻坚队伍的“领头雁”，投身到脱贫攻坚战。

在长达五年的攻坚战役中，仁增贡布同志始终坚持初心不忘、使命担当的工作作风，紧盯实现贫困人口“两不愁三保障”目标任务，以“五个一批”“六个精准”为抓手，统筹全县各方力量，携手推进脱贫攻坚工作，出色地完成了脱贫攻坚各项工作任务。一是结合芒康实际定思路，助推产业建设高速发展。按照就近就便、不离乡不离土、能干会干原则，谋划“四大种植”“四大养殖”基地产业布局，起草了《芒康县“十三五”时期产业扶贫规划》，并主持了芒康县特色产业葡萄基地建设1万多亩，通过“农户+基地+合作社+企业”模式带动923户贫困人口，户均增收12000元。二是抓住昌都市首个金融助推产业扶贫试点县机遇，主动与县四行（中行、农行、建行、邮储银行）沟通衔接，解决了企业贷款难的问题，涉及资金 2.198 亿元。三是通过经常深入 16 个乡（镇）实地调研，宣讲易地扶贫搬迁各类政策，实现了 16955 人县域内搬迁和涉及昌都市大三岩片区的戈波乡 151 户 1181 人跨市整体搬迁任务，造福了因居住地环境受限发展被制约的贫困群众。四是通过五年的努力，实现了全县现有 5030 户 30101 人贫困脱贫、贫困发生率动态清零。五是在巩固期，认真贯彻落实习近平总书记关于精准扶贫“四个不摘”的工作要求，聚焦薄弱环节，不足短板弱项，强抓“两类人”监测工作，严控防范风险，确保不出现贫困反弹迹象。五是谋划芒康县德吉康萨万人搬迁安置点后续巩固工作任务，重点依托县城产业园区项目带动搬迁群众劳力人员，实现稳定就业的脱贫措施，保障搬迁点贫困群众实现稳定脱贫。

廖俊龙同志先进事迹

廖俊龙，男，汉族，昌都市委组织部组织编制史志编纂办主任。该同志作为一名党员干部，长期坚守工作岗位，在工作中履职尽责，任劳任怨，工作思路清晰，有较强创新能力。自脱贫攻坚工作开展以来，深入贯彻落实习近平总书记关于扶贫工作的重要论述，始终坚持把脱贫攻坚工作作为增强“四个意识”、坚定“四个自信”、做到“两个维护”的政治检验，较好地完成了各项工作任务，连续三年被评为优秀公务员，记三等功一次。

一是统筹制定了《昌都市关于开展脱贫攻坚结对帮扶工作的决定》，结合昌都实际，创新提出“集团式”帮扶，采取“集团式包县（区）、市级领导包片、县级领导包乡（镇）、乡（镇）领导包村居、广大干部包户”的方式，组建了11个帮扶集团，充分发挥各单位在人才、技术、资金、信息等方面的优势，坚持因地制宜、因时制宜、因户谋策、因人施策，在产业发展、基础设施建设、教育发展、人才培训、项目引进、市场拓展等方面出谋划策、筹集资金，加大帮扶单位对贫困地区的政策、资金、项目等倾斜，凝聚了脱贫攻坚强大合力，确保贫困县（区）、贫困乡村、贫困群众如期脱贫。

二是为做好对口援藏帮扶工作，创新提出了援昌省市“县（区）对乡、乡对村”结对帮扶模式，统筹对口援藏、定点扶贫、干部结对帮扶等力量，起草制定了《关于自治区各驻村工作队和驻昌援昌各企业开展定点帮扶工作的通知》，加大衔接力度，积极动员援昌省市和企业参与脱贫攻坚工作，落实援昌省市与昌都11个县（区）54个乡（镇）结成对口帮扶关系，提供就业岗位2700余个，转移农牧区剩余劳动力1200余人次。

三是认真落实结对帮扶认亲制度，建立了干部“321”帮扶制度，多次深入基层开展干部结对帮扶工作督导，创新开展了“六个一”“七个必须”结对帮扶活动，组织指导全市3.1万名干部与3.48万户贫困户精准结对，率先在西藏自治区实现帮扶全覆盖，三年来动员全市干部累计落实结对帮扶资金1.2亿余元，帮助乡村解决实际困难和问题5.8万余件，为昌都市打赢脱贫攻坚战作出了积极贡献。

四是强化督导考核工作，按照要求对2016年以来各级各类督导检查巡视巡查审计考核评估等反馈意见进行认真梳理，建立问题台账，分解各类任务，明确责任，督促整改，通过整改促进了政策落实、提高了民生水平、保障了脱贫质量，制定各类整改方案、上报整改报告共计200余篇。认真落实自治区贫困县脱贫摘帽考核办法，统筹制定市级考核方案和市（中、区）直单位考核，指导县（区）做好迎检迎考工作，开展自查、自纠、自评工作和行业扶贫定点扶贫考核工作，为各县（区）顺利脱贫摘帽打牢了基础。

加央措成同志先进事迹

加央措成，男，藏族，中共党员，西藏自治区昌都市类乌齐县吉多乡达孜村村民。2012年始创类乌齐县达多村阳光合作社，于2014年5月正式注册发展成类乌齐县达多阳光建筑商贸有限责任公司，主营沙场、温室大棚蔬菜种植、酒店、餐饮、苗圃、劳务及农机具。创立初期，公司只有2户2人，启动资金20万元，以农机具经销为主。创始人加央措成本着“办好一个合作社，带富一方群众，让更多村民得到经济实惠”这一初衷，克服重重困难，带领全体社员顺应新形势，走紧密合作之路，发挥集体的创造力，积极探索，不断开拓进取，闯出了一条产购销一体，服务于农牧民群众的道路，由过去单一经营逐步扩展到多项目经营。在公司经营管理方面，其始终坚持“民办、民营、民受益”的原则，充分尊重农牧民意愿，充分挖掘公司成员不同的特长，人尽其才，积极调动创业致富积极性，集思广益，共同研究各种项目的可行性、经济收益和发展前景，筛选出适合公司发展的可行性项目，探讨更加适合公司发展的经营管理模式，让每个经营项目都有较好的发展前景，经营管理更加行之有效，获得了较好的经济效益和社会效益。在其带领下，公司先后成立了粮油经销部、汽车农机维修部、农用车配件销售部、五金加工部、汽车运输部、农牧民工程施工部、蔬菜种植销售部等。

在类乌齐县委、县政府、乡党委、乡政府的关心支持和帮助下，公司不断发展壮大，在西藏自治区内成立了多家分公司，但加央措成始终不忘创业初心，不忘党和政府的大力支持，积极回报社会，并携手带动当地贫困群众脱贫致富。在历年藏历新年期间，通过公司收益为村民们购买了电视、洗衣机、棉被、粮油等，并看望慰问村内贫困户、五保户、孤儿，表彰为公司发展作出突出贡献的优秀员工。同时，加央措成积极响应党的号召，主动担当起了精准扶贫精准脱贫带头人，将村内 29 户建档立卡贫困户纳入公司成员，一起搞经营，一起脱贫致富，在 2016 年承包的易地扶贫搬迁项目工程建设中，全部雇佣当地农民工，并结合辖区实际，将当地 131 名农民工编成 3 个组，分班轮流务工，既不耽误农活，又务工赚到了钱。

在党对西藏的一系列优惠政策的扶持下，特别是近年来的脱贫攻坚政策支持下，加央措成依靠自己的勤劳和智慧，不等不靠、自主创业，其创建的公司健康快速地发展，从 2012 年销售额 10 余万元逐步提高到 2019 年的 1350 万元，通过产业分红共带动建档立卡贫困户 625 人次，户均年增收 3351.25 元，并通过承建项目劳务带动当地农牧民就业 887 人次，其中建档立卡户 292 人次，户均年增收 5125 元。

吕元香同志先进事迹

吕元香，女，汉族，中共党员，西藏自治区昌都市贡觉县民政局局长。她个子不高，扎着个马尾辫，是一位从事民政工作十多年的老干部。

群众利益无小事，夜以继日抓救灾。2018 年 10 月 11 日凌晨六点左右，还在睡梦中的她被一个紧急的电话叫醒了。电话是县领导打来的，要求她赶紧准备调拨一批物资到则巴乡。11 日上午，吕元香随着第一批救灾物资抵达则巴乡。则巴乡卫通村，位于金沙江中上游，距离江达县波罗乡滑坡地点约 70 公里。昌都市 2018 年“10・11”金沙江山体滑坡重大自然灾害发生后，县里将克日乡部分群众紧急转移到了这里。作为安置点后勤保障工作组的组长，她的主要工作就是协调调拨急需物资、报备数据等。同时，她还要扮演搬运工、厨师、宣讲员等角色，她这种忘我的工作状态，赢得了群众的尊重和信任。克日乡沿金沙江的群众一提起这位女民政局局长，都竖起大拇指。

强化民政业务培训，确保工作落实。她像“老大姐”一样，主动传授干部，让干部更好、更快地成长，力求让每一名干部都能做到独当一面。按照重点工作节点要求，精心部署组织 12 乡（镇）民政专干开展业务知识培训，与民政专干交流、探讨如何更好、更扎实落实好各项工作。按照工作要求，认真细致的做好了社会兜底人员的动态管理工作，做好农村低保资金、特困人员资金、定向补助资金、残疾两项补贴、临时救助资金等各项惠民资金的兑现工作，确保了社会保障兜底工作扎实有效的开展。

加大政策宣传力度，提高政策熟知度。民政工作涉及群众切身利益的事项比较多，群众关注度、关心度也比较高，吕元香在人员核查特别是在城乡最低生活保障、特困、残疾、临时救助等人员情况核准核查工作中，与“一专干一队长两委两书记”一同入乡入村入户开展社会保障兜底政策宣传工作，以集中宣传、入户宣传、巡回宣传的方式，让群众了解政策、懂政策，更好的沐浴在党和国家政策的“阳光”下，始终听党话、跟党走，怀感恩的心珍惜现在的美好生活。

从事民政工作多年的吕元香深知一个道理，把群众的冷暖挂在心上就是民政工作的重心，群众的冷暖就是自己工作的风向标。在践行“民政爱民民政为民”的道路上，吕元香不知疲倦、一路向前，也会始终带领她的团队用心、用情做好每一项惠民利民的民生工作。

赤列旺堆同志先进事迹

赤列旺堆，男，藏族，中共党员，昌都市八宿县林卡乡驻村工作队队长、八宿县易地搬迁组副组长。作为一名聘用干部，赤列旺堆同志25年如一日工作在基层，服务广大群众，是群众心中的好干部，组织培养的好党员。

精准扶贫工作开展以来，八宿县林卡乡冷宜村原支部书记的赤列旺堆坚决服从组织决定，兼任八宿县易地搬迁组副组长，负责八宿县乃然、西巴两个易地扶贫搬迁安置点建设管理工作。

接到任务后，为化解少部分群众因担心搬迁后丧失草场、耕地等生产资料而不愿搬迁的难题，赤列旺堆不顾腿疾，带队前往“夏里三乡”等地给有顾虑的群众讲政策、做工作，带领拟搬迁群众实地考察新建安置点住房、基础设施和周边的海螺水泥等配套产业，传达县委、县政府对易地搬迁群众后续扶持的政策和关爱，最终彻底打消了少部分群众不愿搬迁的顾虑。搬迁期间，他亲自制定搬迁方案，亲自护送搬迁车队，数十次往返迁出地和易地扶贫搬迁安置点，顺利组织全县995户建档立卡户完成了搬迁任务，让6000余名困难群众彻底告别“一方水土养不起一方人”的困境，为全县“十三五”期间顺利完成易地扶贫搬迁任务作出了应有的贡献。

搬迁后，为解决群众就业问题，他多方协调，帮助搬迁群众申请政府购买性服务岗位近100个。他积极协调在安置点周边开展“以工代训”项目，兴办砖厂，让搬迁群众边务工、边培训，仅2020年就培训就业人员300余人，帮助群众增收超过300万元。为不断提高搬迁群众就业和自主创业能力，他积极争取，协调县人社局在安置点内开展烹饪、客房服务员、国家通用语言等专业技能培训3批次，培训搬迁群众超过200人。除此之外，他还多方协调，帮助搬迁群众寻找零散就业机会，让搬迁群众灵活就业，累计就业数百人次，帮助搬迁群众户均增收数万元。

为帮助群众适应新生活，他一手抓干部管理，一手抓群众引导。工作中，他坚持一切以服务人民群众为出发点，不断督促干部践行为民宗旨，带头打扫安置点公共区域卫生，带头深入群众做工作，手把手教群众电饭煲、油烟机、电视机、煤气灶等使用和故障排除方法。利用各种机会给群众讲防火、防电等安全常识，讲法律法规基础知识，引导群众遵纪守法，爱党爱国。全年开展“四讲四爱”、扫黑除恶、脱贫攻坚、乡村振兴等政策宣讲100余次，真正做到了“扶贫先扶智”。

在他的辛勤工作下，900多户搬迁群众的精神面貌发生了巨大变化，生活蒸蒸日上。

第三章　昌都市脱贫攻坚自治区先进人物

在昌都市消除绝对贫困的伟大历史实践中，洛松郎直等一大批同志被授予昌都市脱贫攻坚先进个人，历史将永远记录下这些曾经为脱贫攻坚舍小家顾大家、忘我工作的优秀人员，昌都人民感谢你们，你们的先进事迹将永远被昌都人民铭记于心，党和人民为你们点赞。

1. 李林，男，汉族，1983 年 1 月生，中共党员，昌都市扶贫开发办公室监督考评科科长，2019 年获得昌都市脱贫攻坚工作“贡献奖”，记三等功，2021 年获得西藏自治区脱贫攻坚先进个人奖。自脱贫攻坚工作以来，该同志严格按照“五个一批”“六个精准”“七个强化”“八个到位”“九下功夫”等工作要求，按照“强力推进搬迁、精准扶持产业、抓好生态富民、做实民生扶贫、构建大扶贫格局、压实三个责任”相关要求，全面完成了《昌都市十三五脱贫攻坚规划》《昌都市脱贫攻坚实施方案（2018—2020 年）》《昌都市深度贫困地区脱贫攻坚实施方案（2018—2020 年）》《昌都市巩固提升脱贫攻坚成果实施方案》《昌都市关于各级各类监督检查考核评估发现问题需持续整改事项和 2019 年脱贫攻坚成效考核反馈及其它相关问题的整改方案》等规划和方案的起草编制工作；2016—2020 年，该同志积极投入脱贫攻坚各项工作，努力完成各项任务，经常“5+2、白 + 黑”，累计加班 2000 余小时，完成各级各类汇报材料、领导讲话、各类报告、通知、信息简报、专报等 300 余份；组织会议、上下沟通、左右衔接，充分发挥了参谋助手作用，为全市 3.84 万户 19.46 万人脱贫，1127 个贫困村退出，11 县（区）基本消除绝对贫困，决战脱贫攻坚、决胜全面小康作出了应有贡献。

2. 闫锦源，男，汉族，1991 年 2 月生，中共党员，工作于昌都市科学技术局能源示范中心，2016 年被评为 2015—2016 年西藏自治区优秀西部计划志愿者，2019 年被评为昌都市最美青年志愿者，2019 年自主研发的“路灯互补的球状风力发电装置”获得国家知识产权局实用新型专利证书，2021 年获得西藏自治区脱贫攻坚先进个人奖。该同志自参与脱贫攻坚工作以来，完成类乌齐县尼扎村脱贫攻坚工作，积极开展产业脱贫，成果丰硕；参与编制《昌都市产业精准扶贫实施方案（2018—2020 年）》、昌都市产业扶贫管理办法、产业扶贫实施意见等文件；深入类乌齐、丁青、左贡、芒康、贡觉五县进行精准扶贫政策宣讲、督导考核及科普宣传教育工作；完成 2018 年类乌齐县、江达县产业项目实施、项目调度、项目管理、群众增收等方面工作；完成产业扶贫工作中各类问题整改工作；参与完成类乌齐、丁青两县 2018 年精准脱贫国家第三方验收工作；参与指导左贡县 2018 年省际交叉检查指导工作；完成 2019 年左贡、芒康、贡觉三县（区）精准扶贫脱贫攻坚成效考核工作。

3. 牛继平，男，汉族，1983 年 4 月生，中共党员，工作于昌都市脱贫攻坚指挥部产业脱贫组。2019 年被推荐为“昌都市最美扶贫干部”，2021 年获得西藏自治区脱贫攻坚先进个人奖。该同志自 2016 年从事脱贫攻坚工作以来，主要负责全市产业扶贫相关工作，起草《昌都市及各县（区）“十三五”期间产业脱贫项规划》《昌都市产业精准扶贫实施方案（2018—2020 年）》等重要材料达 120 多份。采取援藏“引”技术、“帮”项目、“带”群众三种方式突破产业发展瓶颈，并通过“五定三精准”的工作要求，建立家庭式产业、委托饲养、合作运作、订单式运作、股份合作、资产收益、“创新创业 + 贫困户”新型创业兴业链、园区发展带动等 8 种利益联结机制，明确产业项目带动扶贫户增收方式，确保产业项目覆盖不漏一人。在昌都市农业农村局工作期间，参与全市“藏青2000”等新品种推广工作，在《农业科技管理》《中国种业》等国家级刊物上发表专业论文 20 余篇，《昌都市种植业现状及可持续发展对策》和《西藏昌都市开展高产创建工作成效制约因素与建议》入选《2018 年度西藏自治区科学技术协会第六届学术年会暨农业科技创新成果展论文集；驻村期间为江达县德登乡神青村争各类项目资金 400 万元。

4. 向明峰，男，汉族，1990 年 6 月生，中共党员，昌都市文化局（文物局）工作人员，2021 年获得西藏自治区脱贫攻坚先进个人奖。该同志参与脱贫攻坚工作以来，先后 6 次深入各县（区）从宣传阵地打造、媒体宣传、典型人物宣传、志智双扶等四个方面调研脱贫攻坚宣传报道工作。积极协调市电视台在 2019 年 10 月 17 日“全国扶贫日”前后，在电视台黄金时段，播放“脱贫攻坚面对面访谈”，邀请各县（区）委书记或县（区）长就本县（区）脱贫攻坚工作开展情况、取得的经验成效进行访谈，达到了有力助推脱贫攻坚工作深入开展的良好效果。狠抓“志智双扶”工作。积极深入深度贫困地区开展调研，选取深度贫困地区比较具有代表性的贡觉、芒康等县，选取一定数量的乡（镇）、村进行调研，并在各调研点选取一些特殊家庭进行走访调查，了解他们的思想现状，并与宣传、教育、人社等相关部门进行座谈，从多方面、多角度了解情况，掌握深度贫困地区贫困人口“志智双扶”工作中存在的困难和问题。在深入调研的基础上，制定下发了《昌都市 2020 年志智双扶实施方案》《进一步加强脱贫攻坚宣传教育工作的通知》等“志智双扶”文件。

5. 泽仁，男，藏族，1973 年 10 月生，中共党员，卡若区委副书记、区长，2021 年获得西藏自治区脱贫攻坚先进个人奖。该同志始终坚持以习近平总书记关于扶贫工作重要论述为指导，认真贯彻党中央、区党委、市委关于脱贫攻坚的决策部署和工作要求，夙夜在公、废寝忘食，在脱贫攻坚中做了大量工作，实现了全区 3367 户 15345 人和 157 贫困村脱贫退出，综合贫困发生率动态清零。脱贫摘帽后，泽仁同志始终坚持“四不摘”要求，继续发扬“5+2、白 + 黑”工作作风，勤勉尽职、永不懈怠，助力实现了卡若区 2020 年与全国一道同步迈入全面小康社会。

6. 德央，女，藏族，1978 年 8 月生，中共党员，卡若区扶贫办主任，2021 年获得西藏自治区脱贫攻坚先进个人奖。该同志扎根横断山区，心系人民群众，亲自走遍了卡若区 15 个乡（镇）157 个贫困村每一户贫困群众，掌握了大量第一手资料，为减轻基层负担，精准研发了“卡若区扶贫系统管理平台”大数据系统，同时争取多个扶贫项目，调整产业结构，发展村集体经济，从而陆续摘掉了集体经济“空壳村”的帽子，以“合作社 + 基地 + 贫困户”的模式，主导成立了多个合作社，提高建档立卡贫困户增收致富的渠道，使卡若区走上了一条具有卡若特色产业发展的新路子。

7. 嘎松丁达，男，藏族，1986 年 4 月生，中共党员，卡若区嘎玛乡党委书记，2021 年获得西藏自治区脱贫攻坚先进个人奖。该同志自 2016 年担任乡长及乡党委书记以来，正值卡若区脱贫攻坚实现脱贫摘帽关键时期，嘎松丁达同志面对艰巨任务没有退缩，始终秉承保持积极乐观、不怕吃苦、甘于奉献，“从群众中来，到群众中去”的工作原则，团结带领嘎玛乡广大党员干部群众同心协力，负重奋进，充分发扬“艰苦创业的奋斗精神；自立自强、不甘示弱的永不服输精神；敢闯敢干、拼搏奋进的勇争一流精神”，突出抓好“踏踏实实干工作，一心一意办实事，千方百计促群众脱贫增收”，努力开展脱贫攻坚各项工作。五年来在嘎松丁达同志的领导下，嘎玛乡实现建档立卡户 178 户 995 人全部脱贫摘帽。实施了危房改造 44 户，易地扶贫搬迁 24 户，分散安置 50 户，城区搬迁 1 户，农房质量巩固提升工程 29 户。根据群众生产生活的需求度，持续改善基础设施建设，着力完善水、电、路、讯、网等基础设施和加强公共服务的打造为重点，全面系统地实施了基础设施建设和公共服务提升工程。截至2020年年底，全乡村级道路路面建设硬化率达90%，高标准农田改造1970亩，农网改造工程全面完成农村通电率达100%，安全饮水供水保障率达100%，极大地改善了农牧区群众的生产生活条件，实现了“两不愁三保障”的既定目标。

8. 施展，男，汉族，1980年1月生，中共党员，卡若区拉多乡乡长，2021年获得西藏自治区脱贫攻坚先进个人奖。该同志始终把精准扶贫作为一项重要政治任务，五年内走遍贫困群众600余次，涵盖所有贫困群众，深入一线了解群众的贫困状况，自费为患病困难群众购买药品，为学生入学解决实际困难，因地制宜发展产业，全面落实应搬尽搬政策要求，扎实推进全乡精准扶贫工作。

9. 彭茜，男，汉族，1990年7月生，中共党员，卡若区芒达乡扶贫办工作人员，2021年获得西藏自治区脱贫攻坚先进个人奖。该同志参加芒达乡扶贫工作来，总是带头学习上级扶贫工作的各项政策和业务知识，积极协调各部门，在芒达乡成立了扶贫爱心超市，同时通过身边的朋友、同事收集到来自全国各地的爱心包裹向群众分发。在工作中踏实肯干、任劳任怨，经常看到他忙碌的身影，芒达乡每一户贫困户家里都留有他坚实而温暖的足迹，该同志在工作中树立了基层干部的良好形象，2016、2017、2018、2019年连续四个年度获得卡若区优秀公务员荣誉称号，记个人三等功一次。

10. 格桑德吉，女，藏族，1988年3月生，中共党员，卡若区嘎玛乡脱贫攻坚指挥部办公室工作人员，2021年获得西藏自治区脱贫攻坚先进个人奖。该同志作为乡扶贫专干，紧紧围绕“两不愁三保障”和“三率一度”指标，采取摸清实情，理清思路，推进脱贫攻坚各项工作有序开展。始终把脱贫攻坚任务扛在了自己身上，以身作则，带头冲锋。能做到沉下身子，常态化的开展下村入户工作，把贫困群众当成家人，与群众同吃同劳动，几年的时间里多次召开“扶贫先扶志、治穷先治愚”培训会，走遍了10个行政村169户建档立卡贫困户家庭。逐户开展政策宣讲工作，耐心跟群众用藏语讲解党的各项扶贫政策，疏通群众对扶贫工作的误解和不理解，灌输扶贫不养懒汉、扶贫不是光发钱的理念，使得群众切实感受到了党对她们的关心关怀。

11. 德青卓玛，女，藏族，1991年1月生，中共党员，卡若区约巴乡脱贫攻坚指挥部工作人员，2021年获得西藏自治区脱贫攻坚先进个人奖。该同志自2015年参与扶贫工作以来，访遍了约巴乡10个贫困村，掌握了大量第一资料，撰写了《约巴乡脱贫攻坚实施方案》，精准扶贫工作相关简报，宣讲政策25余场次。

12. 卓嘎拉姆，女，藏族，1991年12月生，中共党员，卡若区若巴乡脱贫攻坚指挥部工作人员，2021年获得西藏自治区脱贫攻坚先进个人奖。该同志自2015年参与扶贫工作以来，一直坚守扶贫岗位，访遍了若巴乡建档立卡201户，掌握基本信息（包含收入、生产生活条件、学生入学情况、务工情况）。参与该乡驾校培训、种植养殖培训、元根和獐子菌收购，帮助贫困群众转观念、谋发展、学技能、促增收，五年来，始终坚持与群众心心相印，为群众办实事，努力在平凡的岗位上不断作出闪亮的贡献。

13. 仁青达瓦，男，藏族，1994年2月生，中共党员，卡若区脱贫攻坚指挥部数据组工作人员，2021年获得西藏自治区脱贫攻坚先进个人奖。五年来，该同志进行了很多系统数据清洗工作。一是纵向清洗，对100余项120000余条的问题进行了整改及录入，重点涉及脱贫户人均纯收入低于脱贫标准线；丧失劳动能力；7～15周岁非在校生；脱贫户无住房；脱贫户无饮水；贫困户无帮扶；姓名、身份证有误等方面进行了清洗及录入。二是横向比对，对发展教育0～18岁5242人；享受易地搬迁7710人；享受生态岗位的6658人；享受产业分红的6614人等方面与各专责组进行数据比对。保证脱贫攻坚各项数据信息准确无误。五年来，在所有扶贫工作者的齐心协力共同努力下，卡若区全区共实现 3385 户 15022 人贫困群众和 157 个贫困村脱贫退出，贫困发生率动态清零。

14. 洛松泽平，男，藏族，1984 年 7 月生，中共党员，卡若区日通乡党委副书记、乡长，昌都市 2019 年度脱贫攻坚创新奖，2020 年、2021 年 2 次获得西藏自治区脱贫攻坚先进个人。该同志足迹遍布在全乡 12 个行政村 54 个自然村的田间地头，留下了好几本记满了各式各样问题的笔记本。在不懈努力下达东村于 2020 年将 136.9 亩土地承包给相关单位，仅一年就收益 244280 元。温达村村民在看见达东村的收益后也将 302 亩土地以每亩 1200 元的流转资金承包给相关单位。面对脱贫攻坚工作的严峻形势，借助上级东风鼓励支持本地产业发展，与各产业负责人沟通协调，带领本地建卡户走上致富之路。布妥村朵康传统粮油加工基地，自 2017 年运行以来累计带动群众 204 人次，为当地群众增收 418100 元；温达新颖民族手工艺，自 2016 年运行以来累计带动群众 38 人次，为群众增收 104320 元；温达村安康奶牛养殖场，自 2016 年运行以来累计带动群众 54 人次，为群众增收 106080 元。瓦列村宗嘎秀然奶牛养殖场自 2016 年运行以来累计带动群众 177 人次，为群众增收 30800 元。雄达村传统酿酒手工艺制作厂自 2018 年运行以来累计带动群众 26 人次，为群众增收 108100 元。

15. 朱雪琼，女，汉族，生于 1975 年 5 月，中共党员，察雅县烟多寺片区管委会办公室主任。2021 年获得西藏自治区脱贫攻坚先进个人奖。2016 年担任产业扶贫项目负责人以来，作为扶贫战线的一名基层工作者，她兢兢业业，尽职尽责，吃苦耐劳，任劳任怨。在上级部门领导的悉心指导和县委、县政府领导的关心支持下，通过自身不断学习，扎实努力工作，通过开展产业扶贫项目建设工作，老百姓得到了很大的实惠。通过入户宣传、集中培训等多种形式，培训扶贫专干 212 人，群众 1100 余人次，让各乡（镇）扶贫专干和广大群众了解产业扶贫“是什么，为什么，做什么”，纠正极个别扶贫专干“不作为、乱作为”的现象，鼓励更多群众摆脱“等、靠、要”思想，主动作为，坚持做到物质脱贫和精神脱贫“齐步走”，促使广大群众积极参与到产业扶贫工作中来。

16. 普布丁真，男，藏族，1983 年 4 月出生，中共党员，察雅县新卡乡党委书记，2021 年获得自治区脱贫攻坚先进个人奖。自脱贫攻坚以来，该同志始终牢记党和国家交办的任务，本着不脱贫为不作为、脱贫效果不明显为慢作为的工作态度，紧扣“两不愁三保障”的目标，将群众的困难、群众的心声放在首要位置，扎实开展好“六个精准”“五个一批”“十项提升工程”各项工作，努力确保广大贫困户群众从党和国家实施的各项惠民政策中得到实惠。在该同志的带领下，通过全乡的共同努力，实现了全乡 106 户 395 名建档立卡贫困户如期脱贫和 5 个行政村的顺利摘帽，让全乡人民群众过上幸福美满的生活。

17. 普布卓玛，女，藏族，1989 年 3 月生，中共党员，昌都市察雅县新卡乡农牧综合服务中心主任，2020 年获得西藏自治区事业单位脱贫攻坚专项奖励个人奖。该同志自任现职以来，自身理论业务水平能力日新异月、突飞猛进，受到了领导和同事的一致好评。作为扶贫专干，她紧盯“两不愁三保障”，紧紧围绕“六个精准”扎实推进“五个一批”脱贫措施的同时，积极探索产业、智志、生态、转移就业等有效脱贫路径，补齐了全乡在产业、住房、生态、教育医疗等突出问题薄弱环节上的短板，点亮了人民群众增收致富奔向小康的美丽梦想。

18. 仁青措姆，女，藏族，1988 年 10 月生，中共党员，察雅县王卡乡文化综合服务中心专技人员，2020 年获得西藏自治区事业单位脱贫攻坚专项奖励个人奖。该同志为了当好扶贫落实落地协调员，围绕脱贫攻坚政策，强化协调沟通，积极帮助贫困村解决金融贷款、教育扶贫、健康扶贫、产业扶贫、危房改造等方面存在的突出困难，全面提升服务水平。按照“一户一策”精准扶贫工作思路，督促各村逐户建立贫困户一户一档相关资料，积极引导农民调整种植结构，通过干部带头、政策扶持、跟踪服务等有效措施，拓宽农民致富渠道。不顾自身安危深入各自然村，通过走村入户准确掌握贫困户家庭收入状况、住房情况、适龄儿童受教育情况、饮水情况、生活用电和收看广播电视情况、及时了解贫困户家中有无余粮，有无牲畜等各方面，并如实做好各类统计。认真学习脱贫攻坚的各项具体政策及操作流程，学习驻村帮扶的各项工作要求，学习中央、自治区、市等各级的脱贫攻坚精神，找准定位将扶贫开发政策和扶贫思路向各驻村工作队、广大农牧民群众讲清楚、做到了扶贫政策家喻户晓。

19. 任建利，男，汉族，1982 年 4 月生，中共党员，察雅县县委常委、宣传部长，2021 年获得西藏自治区脱贫攻坚先进个人奖。该同志立足察雅县区位优势和气候优势，将发展产业作为脱贫攻坚长久之策和治本之举，以“五个一万”产业为载体，以“六个千万”工程为龙头，按照大、中、小、微类型产业项目分别带动县、乡、村、户工作机制，紧抓县委、县政府既定的发展经济林果、苗木、蔬菜、牛羊育肥等特色主导产业不放松，加快产业项目实施，确保扶贫产业项目成效。

20. 旺堆，男，藏族，1980 年 2 月生，中共党员，察雅县林业和草原局局长，2021 年获得西藏自治区脱贫攻坚先进个人奖。该同志以创新贫困户利益联结机制为重点，通过推动生态林建设工程脱贫一批、发展经济林产业脱贫一批、实施生态补偿脱贫一批、建设苗木培育基地脱贫一批，大力推进生态保护脱贫、特色产业脱贫，让群众实现了脱贫增收，为察雅县脱贫摘帽贡献了力量，得到各级认可。2016 年，国家林业局首批认定察雅县为“服务精准扶贫国家林下经济及绿色产业示范基地”，所在单位 2018 年获得昌都市生态脱贫成效奖，全县生态扶贫工作开展得有声有色，圆满完成了“生态脱贫一批”的任务。

21. 洛加，男，藏族，1969 年 5 月生，昌都市政协委员，2019 年获得全国脱贫攻坚奉献奖。1987 至 1990 年拜于昌都地区文化局洛桑西绕门下初次学习唐卡绘画，而后 1990 至 1992 年他为了进一步精进的唐卡绘画技艺又拜师察雅县察雅寺唐卡绘画家次登扎西名下学习绘画，他凭借着自己的聪明才智和勤劳双手，现已是一名优秀的勉唐画派传承人，并在察雅县察雅寺“康区勉唐画派传承协会”担任教师，他制作的作品先后获得第 6 届康巴艺术节美术展览二等奖；2012 年 7 月入选西藏美术家协会举办的喜迎党十八大唐卡艺术作品；2016 年 4 月获得西藏自治区文化产业示范基地证书；2017 年 8 月在昌都市第三届三江茶马艺术节上获得最佳民族手工艺奖。他以传承和发扬民族绘画技艺为己任，大力培养农牧民就业技能，拓宽农牧民群众增收致富门路，带领大家奔小康，为脱贫攻坚贡献自己的力量，成为远近闻名的致富带头人。

22. 格桑顿珠，男，藏族，1993 年 12 月生，中共党员，察雅县宗沙乡文化综合服务中心专技人员，2020 年获得西藏自治区事业单位脱贫攻坚专项奖励个人奖。该同志 2016 年 8 月参加工作，2016 年 12 月至 2018 年 12 月在宗沙乡察姆村任驻村工作队队员，2019 年 1 月至 2021 年 4 月任宗沙乡扶贫专干、巡视整改专干、司法助理员、清理整治违法违规用地及增减挂钩推进工作专干等，2021 年 4 月 12 日任宗沙乡宗沙村选派支部书记、驻村工作队副队长。

23. 廖绍华，男，汉族，1981 年 12 月生，中共党员，察雅县发展和改革委员会主任，2021 年获得西藏自治区脱贫攻坚先进个人奖。作为县脱贫攻坚指挥部规划计划组负责人，该同志高度重视脱贫攻坚工作，认真完成县委、县政府交办的各项脱贫攻坚任务。一是推进易地搬迁工作，涉及贫困人口 2406 户 12751 人，全面完成“十三五”期间易地扶贫搬迁任务。二是加强项目管理，着眼投资拉动。始终坚持实施项目带动战略，以项目促投资，以投资促发展，促进了全县基本建设程序规范化和政府投资项目效益的充分发挥。三是做好受援工作，协调重庆、广东、中国铝业进一步帮助全县破解了制约经济、教育、卫生发展基础设施不足等瓶颈，大力推动了察雅县经济又好又快发展和社会长治久安。

24. 洛松次成，男，藏族，1981 年 2 月生，中共党员，察雅县县政协副主席、扶贫办主任，2021 年获得西藏自治区脱贫攻坚先进个人奖。进入脱贫攻坚阶段以来，该同志立足本职，认真负责，兢兢业业，冷静客观地分析形势，周密细致地谋划举措，认真贯彻执行上级的有关方针、政策，围绕中心、服从大局，高标准、严要求地抓好本职工作，以身作则地团结和带领班子成员抓好各项扶贫工作。始终保持对贫困群众的真挚感情，与贫困群众打成一片，倾听民声，了解民意，把贫困群众冷暖放在心上，及时为贫困群众排忧解难，做到了真扶贫、扶真贫，体现出扶贫干部的责任和担当。

25. 洛松曲登，男，藏族，1984 年 2 月生，中共党员，察雅县住房和城乡建设局局长，2021 年获得自治区脱贫攻坚先进个人奖。进入脱贫攻坚阶段以来，该同志时刻以一名优秀党员的标准严格要求自己，兢兢业业，出色地完成了单位的各项工作任务，认真地履行了一名共产党员的神圣职责，卓有成效地完成了全县易地扶贫搬迁、农村危房改造工作，较为满意地解决了建档立卡贫困户搬得出、能致富，不断增强人民群众的幸福感、获得感；吉塘特色小城镇、察雅县旧城（棚户区改造）项目的建设改善了全县整体风貌，整体风貌变得更加整洁、规范、具有特色，提高了人民群众的生产生活水平，同时给察雅县的经济发展添上了浓墨重彩的一笔。

26. 格桑德庆，女，藏族，1974 年生，中共党员，丁青县五保集中供养中心负责人，2021 年获得自治区脱贫攻坚先进个人奖。该同志多年来在工作之余帮助孤寡老人、残障人员、孤儿寡母等困难人士，在多年来帮助别人的情况下，来找她寻求帮助的人员越来越多。自 2017 年 11 月担任五保集中供养中心负责人以来，她身先士卒带领工作人员，坚持“以人为本、情系老人”，建立健全五保集中供养中心一整套规章制度，带领院内职工坚持以人为本，勤勤恳恳、任劳任怨地为五保老人服务。

27. 平措旺加，男，藏族，1980 年 12 月生，中共党员，丁青县色扎乡党委书记。自脱贫攻坚战打响以来，该同志按照中央“五级”书记抓脱贫要求，他主动以身作则，明确选派支部书记和支部书记为脱贫攻坚第一责任人，不断压实担子、强化力量。以“抓党建转作风促脱贫”专项整治活动为契机，修订完善《色扎乡干部管理考核办法》，加强对干部包村、值班、下村、会议等方面的管理考核；发挥支部引领作用，助推全乡脱贫攻坚。为确保识别工作精准到位，他通过走村入户、召开座谈会等方式深入各村开展摸底调研工作，对全乡 1700 余户农牧民群众进行全面系统的摸底调研。为确保脱贫攻坚工作有质、有序的顺利推进，不断提升全乡干部职工能力水平，他组织党委班子成员召开党委会对抓实业务培训工作进行研究讨论，结合党委会研究结果及脱贫攻坚工作实际，督促扶贫办制定脱贫攻坚工作业务知识培训方案，严格按照培训方案对全乡干部职工进行业务知识进行培训。

28. 顿珠，男，藏族，1979 年 10 月生，中共党员，丁青县人民政府副县长，兼任县脱贫攻坚指挥部办公室主任、县扶贫开发办公室主任。脱贫攻坚战打响以来，该同志在脱贫攻坚岗位上尽职尽责，敢于突破创新，执行力、协调能力得到全面展现。尽管在近两年身患消化疾病多次动手术住院治疗，但仍然心系工作、心系脱贫群众，出院不久立即投身脱贫攻坚工作中来，充分体现出一个共产党员的艰苦奋斗、全心全意为人民服务的宗旨意识和干事创业精神，为全县脱贫攻坚事业作出了突出贡献。

29. 泽旺罗布，男，藏族，1980 年 6 月生，丁青县人大常委会副主任、尺牍镇党委书记。该同志作为扶贫战线的一名基层工作者，全面贯彻落实上级扶贫、脱贫攻坚行动，团结带领全镇干部、群众，仔细排查，精准识别，找准路子，发展特色产业，为打赢尺牍镇脱贫攻坚战呕心沥血。

30. 拥忠卓玛，女，藏族，1978 年 11 月生，丁青县沙贡乡工作人员。该同志在日常工作中，对自己要求非常严格，坚持“群众利益至上”原则，积极完成上级布置的工作任务，设身处地为群众谋福利。坚持边学边干、边干边学，不断提高工作本领。在经常深入到群众家中，详细了解各家各户情况，重点关注村中贫困户情况，牢牢把握贫困户动态。经常关注新闻及全国扶贫动态，汲取全国各地扶贫成功经验并结合全乡实际制定具有沙贡乡特色的精准扶贫工作实施方案。同时牢牢把握扶贫惠民政策，及时带领乡扶贫办工作人员深入到各村组为农牧民群众讲解相关惠民政策，让各村贫困户群众能够及时有效的享受到政策优惠，加快脱贫致富步伐。

31. 丁秀元，女，汉族，1995 年 9 月生，中共党员，江达县江达镇人民政府工作人员，2018 年被评为昌都市江达县优秀公务员，2019 年被评为江达县扶贫领域贡献奖荣誉称号，2021 年获得自治区脱贫攻坚先进个人奖。该同志自成为扶贫专干以来，在打好自己政策知识的基础上，通过集中培训、录屏分享、视频通话、单独教授等手段，不断提升村各驻村工作队的工作能力，提高扶贫工作“第一手”材料的“准确率”，同时深入到 8 个贫困村走访 95 户建档立卡户进行数据核实，摸透村情民意，正确核对处理了扶贫信息系统有误信息 20000 余条，精准落实了“五个一批”惠民政策，为顺利完成江达镇成脱贫任务，经常起早贪黑、“白 + 黑”“5+2”加班加点撰写材料、统计报表、下村入户调研。

32. 加布，男，藏族，1989 年 5 月生，中共党员，江达县水利局水利技术服务队副队长，获得 2019 年昌都市江达县扶贫领域工作“贡献奖”，2021 年获得西藏自治区脱贫攻坚先进个人奖。脱贫攻坚战打响以来，该同志兢兢业业，勇于担当，尽职尽责，结合工作实际，创新思路保障全县饮水安全，完善建后管理机制，确保水利工程长久发挥效益，明确日常管理工作职责，制定并实施有偿供水。确保全县水利工程“有人建、有人用、有人管”。

33. 拉措，女，藏族，1975 年 7 月生，中共党员，江达县江达镇嘎通村党支部书记，十九大全国代表，西藏自治区党代表，昌都市、江达县政协委员，2021 年获得西藏自治区脱贫攻坚先进个人奖。2016 年以来，该同志精准挖掘民族传统产品，带动全县 300 余名群众受益，实现每人月收入 3000 元以上。并解决了 15 名妇女的就业问题。开办驾校期间，有 2000 多人学车，考取驾照。有 10 余名贫困学员免学费，收养两名孤儿，抚养到成人就业为止。

34. 李兴睿，男，汉族，1972 年 9 月生，中共党员，江达县政协副主席、扶贫办主任，2019 年荣获昌都市脱贫攻坚先进个人，2021 年获得自治区脱贫攻坚先进个人奖。作为扶贫战线上的一名老同志，他牢记初心使命，奋力脱贫攻坚，五年来走遍了全县 13 个乡（镇）94 个贫困村，通过实地调研，全面摸清了农牧区基础设施、公共服务、群众生产生活等方面存在问题和短板，从产业发展、易地搬迁、落实兜底、基础设施等方面入手，坚持把扶贫开发作为最大的政治任务和民生工程，把脱贫责任扛在肩上抓在手里，紧紧围绕“两不愁三保障”脱贫目标，强力推进各项脱贫措施落地生效，做到了精准识别、精准帮扶和精准退出。

35. 李云哲，男，汉族，1994 年 1 月生，江达县波罗乡人民政府工作人员，2019 年获得江达县扶贫领域“创新奖”，2021 年获得自治区脱贫攻坚先进个人奖。脱贫攻坚战打响以来，该同志从刚开始的作为扶贫专干与选派支部书记两人搭配的工作体系，到现在多名扶贫工作者与驻村工作队、村“两委”及双联户户长的多人紧密配合，从刚开始的摸石头过河到现在游刃有余处理各项扶贫业务。如有时村“两委”与驻村干部为如何谋划可行的扶贫项目，吵得面红耳赤；有时扶贫专干、驻村工作队整理扶贫档案资料加班至深夜；有时他顶着恶劣天气走村入户，他没有抱怨，而是同心协力、攻坚克难。

36. 廖量，男，汉族，1986 年 9 月生，中共党员，江达县商务局副局长，2021 年获得自治区脱贫攻坚先进个人奖。脱贫攻坚战打响以来，该同志主要负责脱贫攻坚宣传报道、文字材料撰写、工作督导检查等。作为一名普通的基层扶贫干部，自精准扶贫工作开展以来，他始终身体力行，做到向上积极汇报衔接，居中协调各部门联合联动，向下加强对乡（镇）、驻村工作队的督导检查，及时汇报脱贫攻坚工作中发现的各类问题并提出针对性解决方案，他从一个扶贫工作的“门外汉”逐渐成长为基本能独当一面的“行家里手”，他深深地为自己能有幸成为打赢脱贫攻坚战中的一员感到骄傲和自豪。

37. 尼玛德吉，女，藏族，1978 年 4 月生，中共党员，江达县财政局副局长，先后获得 2016 年江达县“三八”红旗手，2017 年度江达县创先争优强基础惠民生活动“先进工作者”，2018 年江达县“优秀妇女干部”，2019 年度江达县脱贫攻坚优秀党员和江达县扶贫领域“贡献奖”，2021 年获得自治区脱贫攻坚先进个人奖。脱贫攻坚战打响以来，该同志通过“走基层，送温暖”为全区建档立卡贫困户送去了棉被和大衣；通过与驻村工作、第一书记座谈了解每家困难群众主要致贫原因，掌握了第一手资料。实行了贫困户由“输血”到“造血”的转变。该同志情系农村，情系农民，上为政府分忧，下为百姓解愁，让党放心，让群众满意，献爱于农村，服务于农民，在带领广大群众脱贫致富、创造幸福生活的进程中，时刻体现着一名共产党对困难群众怀有深厚的感情，对帮扶工作具有强烈的事业心、责任感，始终坚持立党为公、执政为民，做到以人为本、心系民情、权为民用、利为民谋，积极与结对的困难群众开展手拉手、结对子、送真情、献爱心援助行动，从思想上、感情上、物质上、技术上多重帮扶困难群众。

38. 游燕，女，汉族，1980 年 5 月生，江达县医疗保障局副局长，先后获得 2017 年度江达县“创先争优强基础惠民生”活动的“先进工作者”荣誉称号，2019 年度江达县扶贫领域“贡献奖”，2021 年度获得西藏自治区脱贫攻坚先进个人奖。该同志勇挑全县健康扶贫工作的重担，带领全县各级医疗机构卫生人员，全面落实健康扶贫政策。开展了免费健康体检筛查、家庭医生签约服务、“三个一批”分类救治行动、全国健康扶贫动态管理服务、政策兜底保障行动、医疗服务能力提升行动、公共卫生服务惠民行动和全民健康素养促进行动；全面落实贫困人口医疗保障惠民政策、巩固脱贫攻坚成果，有效控制贫困人口“因病致贫、因病返贫”。制作健康扶贫知识解读、医疗保障政策课件，对乡（镇）工作人员、卫生院医护人员开展了 6 次培训。实现全县建档立卡贫困人口基本医疗保险、大病保险、医疗救助三重保障全覆盖，将贫困人口住院自付费用控制在 10% 以内。做到“应保尽保”“应报尽报”；达到医疗卫生机构“三个一”、医疗技术人员“三合格”、医疗服务能力“三条线”的标准。

39. 泽仁扎西，男，藏族，1972 年 2 月生，中共党员，江达县字嘎乡党委书记，2021 年获得自治区脱贫攻坚先进个人奖。脱贫攻坚战打响以来，该同志坚决按照“五级书记”抓落实的责任制，秉持坚持依靠人民群众，充分调动贫困群众积极性、主动性、创造性，坚持扶贫和扶志、扶智相结合的原则，正确处理外部帮扶和贫困群众自身努力的关系，充分发挥基层党组织核心领导作用，引领党员发挥先锋模范作用，积极履行乡党委主体职责，认真开展精准扶贫各项任务。明确职责，确保党委主体责任落实到位；靶向精准，确保村组力量发挥到位；突出重点，确保党建扶贫工作落到实处；严明纪律，确保作风建设取得实效；党建统领，确保“十个一批”工作落实落细。

40. 阿旺永青，女，藏族，1989 年 7 月生，中共党员，江达县生达乡人民政府组织宣传委员，先后获得2016年、2017年、2018年、2019年江达县优秀公务员，2019年江达县扶贫领域创新先进个人奖，2020年江达县优秀公务员，2021年西藏自治区脱贫攻坚先进个人奖。从2016年以来，深入基层调查全县贫困现状、分析致贫原因、制定脱贫规划，为上级部门明确帮扶措施、提供数据支撑和工作依据。同时深入基层开展扶贫政策宣讲活动，在农牧民群众中广泛宣传扶贫政策。尤其是2018年没有休假，不是在办公室，就是在前往贫困户家里的路上。最忙碌的时候，就吃着方便面、喝着咖啡一直工作到天亮。乡里小学的铃响起，她才会回宿舍，休息两三个小时，继续回来工作。经过共同努力，生达乡于2018年顺利完成了脱贫摘帽的任务，从此村民的生活发生了巨大的变化。

41.加央措成，男，藏族，1976年11月生，中共党员，类乌齐县达多阳光合作社总经理，2021年获得西藏自治区脱贫攻坚先进个人奖。类乌齐县达多村阳光合作社，始创于2012年。当初由于人员少，资金不足，技术落后，管理没有经验，产销渠道不畅通，一时打不开市场局面。但合作社创始人加央措成始终本着办好一个合作社，带富一方群众，让更多村民脱贫致富这一宗旨，不怕吃苦，克服困难，带领全体社员顺应新形势，走紧密合作之路，发挥集体的创造力，不断地开拓进取，闯出一条产购销为一体，服务于农牧民群众的道路。通过几年的不断努力，得到了当地人民群众的认可及一致的好评。合作社的规模不断扩大，经营的业务范围主要涉及温室大棚蔬菜种植、铁艺加工、农机具销售与维修、粮油批发、砂场、餐饮、酒店、工程施工等领域。

42.李发保，男，藏族，1988年10月生，中共党员，类乌齐县农业农村局副局长，2021年获得西藏自治区脱贫攻坚先进个人奖。该同志始终把脱贫攻坚责任记在心上、扛在肩上、抓在手上，坚定不移贯彻落实中央、自治区、昌都市和类乌齐县各项决策部署。为了将工作做好，多次深入乡（镇）、村居，走访入户，调查产业发展现状，谋划类乌齐县产业扶贫工作，为类乌齐县产业扶贫工作建言献策。五年来参与负责落实产业扶贫项目81个，带动建档立卡贫困户5447人，辐射带动17267人，带动增收863万元。

43.陆方，男，汉族，1978年3月生，中共党员，类乌齐县委常委、政府常务副县长，2021年获得西藏自治区脱贫攻坚先进个人奖。该同志自任职以来，在岗位上敢于担当、勤政务实，重要事项、重点环节切实做到了亲自谋划、亲自部署、亲自落实、亲自督导，访遍了全县10个乡（镇）82个贫困村（居），了解各乡（镇）、村居脱贫攻坚工作开展情况、存在的困难和问题，并及时提出指导性的建议和意见，对脱贫攻坚项目申报、资金审批、政策落实严格按照规定程序和要求执行，全力保证了贯彻落实脱贫攻坚决策部署不走偏、不落空、不违规。同时，作为长毛岭乡包片县级领导，先后100余次进村入户了解扶贫政策落实情况，先后30余次亲自带队督导脱贫攻坚工作开展情况。

44.王冬梅，女，汉族，1986年11月生，中共党员，类乌齐县桑多镇副书记、镇长。2021年获得西藏自治区脱贫攻坚先进个人奖。该同志坚持深入村社进行调查研究，指导帮助各村开展基础设施建设、产业扶贫工作。先后制定了《桑多镇基础设施建设工作指导方案》《桑多镇精准扶贫项目工作规划》《桑多镇产业发展规划》等发展规划，通过不断衔接、不断走访、不断总结思考，为镇党委、镇政府的决策部署提供了依据和参考；为桑多镇基础设施建设、产业扶贫工作的全面开展和顺利推动发挥了巨大作用。在她的埋头苦干、“撸起袖子加油干”及党委、政府的指导下，桑多镇的“两率一度”得到了提高，为桑多镇脱贫攻坚工作奠定了坚实的基础。

45.向拥卓嘎，女，藏族，1992年12月生，中共党员，类乌齐县类乌齐镇人民政府工作人员，2021年获得西藏自治区脱贫攻坚先进个人奖。2016年以来，该同志以党性修养为后盾，以政治责任感为动力，以“党性最强、作风最正、工作出色”为具体要求，在驻村生活条件艰苦，又没有多少工作经验的前提下，心中牢记“全心全意为人民服务”的宗旨，紧紧团结带领村“两委”一班人，按照“摸清底子、瞄准对象”的工作要求，围绕解决好“扶持谁”“谁来扶”“怎样扶”三个关键性问题，深入村组农牧民家中，奔走于自然村之间，一心一意为村民谋取福利，不辞劳苦，全心全意为人民服务。通过不断衔接、不断走访、不断总结思考，为扶贫工作的全面开展和顺利推动打下了坚实的基础。

46. 扎西拉姆，女，藏族，1985 年 1 月生，中共党员，类乌齐县人民政府工作人员，2021 年获得西藏自治区脱贫攻坚先进个人奖。自参与扶贫工作以来，该同志积极投入扶贫开发工作中，不断加强个人修养，自觉强化学习，不断提高工作本领和业务水平，以适应新时代新形势下本职工作的需要。一心扑在工作上，兢兢业业、踏踏实实、勤勤恳恳；各项扶贫工作想在前、干在前，充分起到了模范带头作用。平时在工作当中，团结同志、诚恳待人，脚踏实地，忠于职守、勤奋工作，一步一个脚印，从小事做起，老老实实做人，认认真真工作，加班加点；有时节假日、双休日也不休息，得到广大农牧民群众的一致好评。

47. 赵小蓉，女，汉族，1986 年 7 月生，中共党员，类乌齐县委党校三级主任科员，2021 年获得西藏自治区脱贫攻坚先进个人奖。该同志在脱贫攻坚工作中敢于承担责任，顾全大局、勤勤恳恳、任劳任怨，积极推动结对帮扶工作深入扎实开展。对干部及脱贫户进行动态监测，及时完善和更新帮扶台账，确保结对帮扶工作实现全覆盖，不落一人。先后深入 10 个乡（镇）82 个村（居），采取现场查看、走访建档立卡户，召开座谈会、听取专题汇报等方式，对结对帮扶工作进行督导考核。提出绩效奖惩办法，将考核结果纳入单位和个人绩效考核，为推荐、提拔、任用乡（镇）干部提供了重要依据。着力把加强基层党组织建设与脱贫攻坚结合起来，依托干部结对帮扶，注重干群关系，切实发挥先锋模范作用。创新以群众监督干部的管理办法，落实了帮扶责任，提高了帮扶质量，增强了群众满意度。

48. 洛松克珠，男，藏族，1992 年 11 月生，中共党员，类乌齐县吉多乡人民政府经济办工作人员，2021 年获得西藏自治区脱贫攻坚先进个人奖。在驻村队员、村两委的积极配合下，该同志勤政为民、恪尽职守，通过宣讲、传达，多次组织村两委和群众学习扶贫政策，让群众知晓政策，会用政策，让党和国家的政策方针在群众中落地生根，更好更直接的服务于群众脱贫致富，服务于决战决胜脱贫攻坚。

49. 落松拉姆，女，藏族，1988 年 5 月生，中共党员，类乌齐县吉多乡工作人员，2021 年获得西藏自治区脱贫攻坚先进个人奖。作为扶贫战线的一名基层工作者，2016 年以来，该同志兢兢业业，尽职尽责，吃苦耐劳，任劳任怨，在吉多乡的 5 个行政村内召开大小会议 50 余场次，现场培训 7 次，参会群众 2300 余人次。通过大力开展“不等不靠、艰苦奋斗”“精准扶贫不是养懒人”等思想培训会，不断增强贫困群众脱贫致富的信心。

50. 白玛曲珍，女，藏族，1988 年 7 月生，中共党员，类乌齐县扶贫办工作人员，2021 年获得西藏自治区脱贫攻坚先进个人奖。2016 年以来，该同志不断追求进步，敢于创新，忠于职守，勤奋工作，始终坚持精准扶贫的原则，把握细节。每次去贫困户家中，她都会拿个笔记本仔细的记着贫困户所反映的一切问题，并经常性的用电话及时联系了解贫困户的日常生活动态和个人需求，找准帮扶方向，从而做到有针对性地去帮助贫困户解决实际困难，得到了全镇广大干部群众的一致好评。

51. 次松，男，藏族，1980 年 2 月生，中共党员，类乌齐县扶贫办工作人员，2021 年获得西藏自治区脱贫攻坚先进个人奖。2016 年以来，该同志积极协同各部门对建档立卡户进行信息核实比对，修改错误的身份证号，清退系统中的重复人员、及时更新新上户人员。通过信息的核实比对，确保了贫困户人员信息的准确无误，为脱贫攻坚各专项组在精准施策上提供了强有力的数据支撑；扎实开展讲解，对每次动态管理调整、扶贫手册填写、贫困户家庭的收入计算、精准识别和精准退出程序等进行全覆盖培训；对在信息采集中存在的问题积极与上级部门沟通协调进行解决，确保了信息采集的质量。深入贫困家庭与帮扶对象进行交谈，嘘寒问暖，详细了解他们的生活、生产状况和存在的困难，帮助分析致贫原因，并提出初步的脱贫建议。

52. 索朗仓决，女，1992 年 10 月生，中共党员，类乌齐县吉多乡人民政府扶贫专干，2021 年获得西藏自治区脱贫攻坚先进个人奖。2016 年以来，该同志在自己的扶贫岗位上，心系贫困户，始终将精准扶贫工作放在首位，努力践行总书记的“六个精准、五个一批”，充分发挥岗位职能，不断改进工作方法，提高工作效率，以“服从领导、团结同志、认真学习、扎实工作”为准则，始终坚持高标准、严要求，较好地完成了各项工作任务。

53. 昂旺曲珍，女，藏族，1982 年 11 月生，中共党员，类乌齐县伊日乡党委书记，2021 年获得西藏自治区脱贫攻坚先进个人奖。该同志作为一名基层的女书记，她总是强调着：领导不是别的。她认为领导的含义就是带领好、指导好干部群众，做到感党恩、听党话、跟党走。她用实际行动践行和诠释着新时代基层乡党委书记“心中有党、心中有民、心中有责、心中有戒”的坚定承诺，用实际行动践行和诠释着“功成不必在我”的精神境界和“功成必定有我”的历史担当，就是这么一位基层女书记，农牧民群众称她为“贴心人”，乡干部赞她为“好书记”。

54. 蔡鑫平，男，汉族，1992 年 8 月生，中共党员，类乌齐县类乌齐镇工作人员，2021 年获得西藏自治区脱贫攻坚先进个人奖。作为类乌齐镇香迁村的第一书记，在他带领下，香迁村驻村工作队集体努力帮助香迁村群众发展集体经济。2019 年，香迁村芫根集体经济实现年创收近 3 万余元。2020 年，集体经济翻了两番，创造增收近 9 万元，为群众分红 5.5 万余元，彻底改变群众“等、靠、要”思想，积极动员群众打破思想枷锁，主动参与。2016 年以来，香迁村集体经济项目累计获得各级投资 70 万元，香迁村集体合作社在党支部带领下建设改造出 280 平方米生产厂房，参与种植加工芫根的群众近 100 户，户均增收 500 余元；带动了 2 户建档立卡贫困户增加收入，户均增收 2500 元；雇工低保户 1 名，年增收 18000 元。

55. 次仁坚增，男，藏族，1986 年 10 月生，中共党员，芒康县措瓦乡扶贫专干，2021 年获得西藏自治区脱贫攻坚先进个人奖。自担任措瓦乡扶贫专干以来，该同志发扬不怕苦、不怕累的扶贫精神，以赤城的情怀和无言的行动，履职责，踏实工作；肯钻研，强化能力；会干事，按时保质；讲奉献，服务群众，兢兢业业站在脱贫攻坚的第一线，踏踏实实地独立挑起了措瓦乡贫困乡出列、6 个贫困村出列、760 户 5100 人脱贫的重担。

56. 代永贵，男，土家族，1988 年 3 月生，中共党员，芒康县林业和草原局干部，2021 年获得西藏自治区脱贫攻坚先进个人奖。2012 年 7 月，该同志响应国家西部支援的号召，借西藏自治区高校人才引进机会，踏入了祖国边疆，奉献青春，服务社会。至今在藏工作近 9 年，作为在藏工作人员，敢于面对挑战，始终与党中央保持高度一致，维护祖国统一。工作这 9 年，紧紧围绕林业和脱贫攻坚的中心工作，密切联系芒康工作实际，做事认真负责、实事求是、积极进取，以敢于担当、吃苦耐劳、敬业奉献的品格，践行着生态文明建设和坚决打赢脱贫攻坚战的誓言。

57. 多杰，男，藏族，1992 年 3 月生，中共党员，芒康县如美镇扶贫专干，2021 年获得西藏自治区脱贫攻坚先进个人奖。参加精准扶贫工作以来，该同志作为一名“扶贫人”，心怀对这片土地和人民的深深厚爱，通过自身长期不断的艰辛耕耘和默默奉献，得到了单位同事和上级部门领导的认可，更重要的是得到了群众的认可。五年来，他苦练内功，提升业务素质，练就脱贫本领；协同推进、完善工作机制，为脱贫攻坚“聚力”；广泛宣传，加强沟通引导，为脱贫攻坚“聚势”；深入一线，入户遇险，为脱贫攻坚“聚焦”。多杰同志，在扶贫的岗位上，用最真情的实际行动，诠释着一位退伍军人的坚强与执著。在扶贫的岗位上，用最质朴的实际行动，谱写着一位扶贫专干的责任与担当。

58. 格松次仁，男，藏族，1983年10月生，中共党员，芒康县昂多乡政府副乡长，2017年、2018年、2019年度被评为芒康县优秀公务员，2021年获得西藏自治区脱贫攻坚先进个人奖。2016年以来，该同志在自己的岗位上，心系贫困户，始终将扶贫工作放在首位，坚持自律并严格要求自己，积极学习上级组织培训的工作内容，认真领会扶贫工作会议精神，发扬不怕苦、不怕累的帮扶精神，主动参加各类扶贫工作，特别是自己所负责开展的精准扶贫易地扶贫搬迁工作，切切实实践行习近平“小康路上一个都不能掉”承诺，将“不落一人”挂在心头，一心为贫困户排忧解难，以赤诚的情怀和无言行动，确保脱贫攻坚工作成效经得起时间和历史检验。

59. 昂巴邓，男，藏族，1990年3月生，中共党员，芒康县昂多乡党委委员、政法委员，2021年获得西藏自治区脱贫攻坚先进个人奖。2016年以来，该同志多次组织两村的支部书记和乡扶贫办工作人员摸清全乡精准扶贫基本情况，同时根据摸底掌握的数据情况及时动态更新扶贫系统和完善扶贫手册；每年按照“定岗定人、定岗定责”的要求，多次走村入户宣讲生态扶贫政策并严格按照政策要求动态调整全乡生态岗位人员；按照“扶贫与扶智、扶志相结合”的原则，每年多次帮扶，宣讲党的政策，听百姓声、思百姓苦。

60. 兰波，男，汉族，1977年8月生，中共党员，芒康县帮达乡党委副书记、政府乡长、派出所指导员，2021年获得西藏自治区脱贫攻坚先进个人奖。作为扶贫战线的一名基层工作者，自担任帮达乡党委副书记、政府乡长以来，他认真学习党和国家的各项路线和方针政策，深入学习领会精准扶贫精准脱贫方案政策，发扬在部队养成的吃苦精神，经常带领干部走村入户调研，以贫困户增收为目标，团结广大人民群众开拓创新，因村施策、因户施策、瞄准建档立卡贫困群众，实施精准扶贫政策到户，有力推动我乡精准扶贫工作持续发展，使得全乡350户建档立卡户如期脱贫。

61. 洛珠郎扎，男，藏族，1987年4月生，中共党员，芒康县扶贫开发办公室副主任，2021年获得西藏自治区脱贫攻坚先进个人奖。2016年以来，该同志学习认真刻苦，钻研进取，善于发现问题和解决问题，工作责任心和能力强。能诚恳待人，开诚布公，言行一致，能以诚信待众并保持自己的个性，独立自主但不固执己见，能做到以贤能领众。由于产业扶贫工作的多样性和多元化，该同志经常同时间进行多项工作的交流任务并事无巨细的做好每项工作，与同事相处融洽，能够有力搞好各项协调工作，经常“舍小家、顾大家”，以大局为重，在同事间有较好的口碑。

62. 尼玛次仁，男，藏族，1971年8月生，中共党员，芒康县委常委、政府常务副县长，脱贫攻坚指挥部副指挥长、办公室主任，2021年获得西藏自治区脱贫攻坚先进个人奖。2016年以来，牵头制定完善《脱贫攻坚标准化作业书》《脱贫攻坚巩固提升方案》等芒康县重要指导性文件。在他的艰苦付出和全县扶贫干部的共同努力下，芒康脱贫攻坚呈现出群众增收致富最明显、民情民意掌握最准确、脱贫攻坚成效最显著、落实上级政策最精准、房屋住所最安全、饮水安全最全面、基础设施最完善、医疗救治最有效、教育教学最广泛、感恩意识最强烈、巩固提升最有力等“十一个最”的骄人成效。尼玛次仁同志是芒康脱贫攻坚取得历史性成就的参与者、见证者，无处不有他的足迹，无处不有他的身影，他用真心、用真情，用汗水在这片1.16万平方公里的善妙大地上浇灌，用无私、用责任在这片藏东大地上谱写脱贫攻坚赞歌。

63. 郑浩，男，汉族，1974年9月生，中共党员，曾任中共西藏八宿县委副书记、常务副县长（福建第八批援藏干部），获得2018年度西藏自治区脱贫攻坚贡献奖。该同志结合八宿实际，组织全队研讨，征求多方意见，确定了以八宿县卫生服务中心、县中学、县扶贫开发区配套幼儿园、县精准扶贫及新农村建设，并组织医疗、教育等人员赴内地培训共7批163人。积极联系福州市爱心单位和人士累计援助资金及物资近1亿元，参与八宿县结对帮扶、改善教育、人才扶持、产业发展等工作，同时协调福州市9个县（市）区与八宿县14个乡（镇）签订了结对帮扶协议，实现了结对帮扶全覆盖。牢牢抓住产业发展不放松，引进了一大批适合八宿生态环境、人文特色、历史文化、优势特长的产业。共实施招商引资项目44个，协议资金85.27亿元，累计到位资金20.67亿元。选派6名教育专业人才到八宿开展教育援藏工作，协调了17名八宿县教师到连江县相关学校（园）跟岗培训学习，提升了藏区教师的业务能力与水平，建立起了藏区学校与内地学校密切联系的桥梁，促进了汉藏间民族团结。此外，还以5200万援藏资金撬动总投资1.9亿元的县中学项目，切实改善了八宿县中学大班额的情况。

64. 杨帆，男，汉族，1981年7月生，中共党员，八宿县委常委、常务副县长，2020年全区脱贫攻坚先进个人。杨帆同志是由武钢集团派遣到八宿县开展援助工作的第九批援藏干部。2019年7月到八宿县开展对口援藏工作以来，该同志凭着忠诚的信念和满腔的热血，踏遍了八宿的山山水水，殚精竭虑谋发展，俯身一线解民忧，苦干实干做表率，冲锋在脱贫攻坚第一线，充分利用县内产业项目和砂石资源合作开发等资源，解决本地18名大学生就业，带动群众就业3000余人次，带领投资公司实现收入1000余万元，用实际行动践行了一名援藏工作者的庄严承诺。勇挑重担，在分管县投资公司期间，积极开拓投资公司业务，引入电商集中采购、车辆检车站等项目，为县投资公司的多元化发展和群众增收巩固脱贫成果作出了突出贡献。

64. 韩宗廷，男，汉族，1981年10月生，中共党员，八宿县副县长、县扶贫开发办公室主任。2017年自治区脱贫攻坚工作先进个人，2018年市级脱贫攻坚工作先进个人。脱贫攻坚工作开展以来，该同志认真研究脱贫攻坚工作的机制、措施、方法和路径，先后组织起草《乡（镇）、县（中、区）直单位、村“一把手”履行脱贫攻坚责任实施办法》《八宿县扶贫干部管理办法》《八宿县扶贫领域绩效考核实施办法》《八宿县脱贫攻坚日常工作考核办法》《八宿县关于全面做好贫困群众满意度提升工程的实施方案》等文件。平均每月利用10天时间奔走在扶贫一线，深入乡（镇）、深入村（居）、深入农（牧）户，把学习成果付诸实践，完成脱贫攻坚专题调研报告8篇，为县委、县政府科学决策提供依据。

65. 郭万颖，男，汉族，1987年9月生，中共党员，八宿县农牧科技推广服务中心助理农艺师，2020年全区脱贫攻坚先进个人。自脱贫攻坚工作开展以来，该同志负责产业脱贫攻坚工作。对全县产业扶贫项目前期工作、建设期、建后运营管理及扶贫资金管理使用开展全过程把控，及时解决扶贫项目建设、管理过程中遇到的各种问题，确保项目建设高质量完成、扶贫资金高效安全使用、项目预期效益有效发挥，有效保障了全县产业扶贫项目各项工作任务有序、有力推进。切实完善产业扶贫工作机制，持续加强产业扶贫项目同贫困群众利益联结，确保产业扶贫项目效益真正惠及贫困群众。截至2020年年底，已实施的产业扶贫项目累计实现产业分红579.65万元，覆盖贫困群众2785户7846人，人均已享受产业分红738元，有效保障全县贫困群众稳定脱贫。

66. 罗松，男，藏族，1992年9月生，中共党员，八宿县后勤服务中心主任，2020年全区脱贫攻坚先进个人。该同志自负责易地扶贫搬迁工作以来，深入全县14个乡（镇）109个村，与群众面对面交流，实际掌握群众所思所想所盼，获取了详细的一手资料，为全县易地搬迁工作开好了头，打好了基础。2018年年底，“夏里三乡”整乡搬迁工作开始启动。搬迁人数多、车辆多、路途远、路况差，途中风险很大，该同志每次都主动要求承担重任。为圆满完成组织交办的重任，保障好搬迁群众的生命安全和财产安全，该同志认真分析研究路况，参与制定完善的搬迁计划、应急预案，积极协调交通局，维修乡道、村道，积极协调政府办、卫生局、公安局等提供搬迁途中必要保障。搬迁中，他前后二十余次往返迁出地和安置点，使搬迁群众安全搬到新家。

67. 梁兆宇，男，汉族，1994 年 7 月生，中共党员，八宿县财政局一级科员，2020 年全区脱贫攻坚先进个人。该同志先后参与起草了《八宿县脱贫攻坚整合资金管理办法（暂行）》《八宿县扶贫项目资金绩效评价管理办法》《八宿县扶贫资金项目公告公示实施细则》《八宿县扶贫小额信贷风险补偿金使用实施细则（试行）》，积极推动惠民资金“一卡通”监管平台上线，自从事扶贫工作以来，累计安排投入脱贫攻坚领域资金达 144746.89 万元。为了真实地反映项目绩效情况，该同志积极沟通县直相关部门梳理脱贫攻坚工作开展以来县域内实施的脱贫攻坚项目，深入到全县 153 个项目所在村（居）和受益群众家里开展调研，对项目的经济效益、社会效益、生态效益和可持续影响力进行综合评价，认真听取农牧民群众的看法和意见，掌握了大量第一手资料，为下一步乡村振兴工作的开展提供决策依据。

68. 旦巴塔杰，男，藏族，1988 年 3 月生，中共党员，八宿县邦达镇文化站站长，2020 年全区脱贫攻坚先进个人。该同志自担任扶贫专干以来，以舍小家顾大家的精神，放弃了自身很多事情，为了有针对性地做好脱贫攻坚工作，带领扶贫专干、村“两委”干部、驻村工作队一道，进村入户，对贫困户家中进行遍访，认真细致的调研摸底，截至 2020 年年底有 240 余次。全镇每一寸土地都留下了足迹，通过深入调查研究，掌握了第一手资料。对本镇基础情况、经济发展现状、道路状况、群众脱贫愿望和扶贫开发规划等有了深刻的认识，进一步确立了本镇扶贫开发工作思路，找出问题症节，找准致贫原因，制定出了“邦达镇整村脱贫规划”，科学合理的绘制了脱贫攻坚蓝图，为全镇的脱贫攻坚工作扎下了坚实的基础。

69. 谭俊材，男，汉族，1992 年 5 月生，中共党员，八宿县吉达乡派出所副所长，2020 年全区脱贫攻坚先进个人。2016 年以来，该同志被委派至仲沙村担任选派第一支部书记，他始终把人民群众举过头顶、把责任担当扛在肩上，该同志利用轮休回家期间前往内地大型养鸭基地学习养鸭技术和经验，同时轮假完后特意从内地引进 20 只江苏大麻鸭鸭苗在仲沙村进行实验养殖，并将这批实验鸭成功养活。为提高麻鸭养殖成效，一步一步扩大养殖规模，并在县领导和乡党委的大力支持下，在仲沙村带领群众亲自设计、亲自建设鸭厂，自主设计扩建了小型的鸭棚，近年来通过他这年的努力，周围的群众慢慢在大麻鸭养殖上看到了致富的希望，带动了周围群众养殖大麻鸭的积极性，并在这四年的养殖中给予 8 户建档立卡养殖户共计分红纯利润 39000 余元。

70. 嘎松普措，男，藏族，1991 年 11 月生，中共党员，八宿县益青乡曲扎村村委会副主任，2020 年全区脱贫攻坚先进个人。该同志突出思想活跃，充分利用双语优势，带领群众增收致富。为彻底改变曲扎村贫穷落后的面貌，着力破解曲扎村在决战决胜脱贫攻坚道路上的瓶颈制约，2019 年，曲扎村申报了中央扶持村级集体经济项目并获批扶持资金 50 万元，嘎松普措马上与驻村工作队一道牵头组织实施食用菌种植项目并投产收益，共计销售平菇 2000 余斤，实现收益 2 万余元，用高原生态平菇敲响了曲扎村于变局中求发展的幸福之门，以实际行动带领曲扎村牧民群众在脱贫致富奔小康的康庄大道上奋力奔跑着。带头并鼓励曲扎村牧民群众购买大型机械运输车辆有组织参与邦达机场改扩建土石方运输，16 户参与运输的牧民群众每户平均增收 8 万余元。

71. 格桑罗宗，女，藏族，1985 年 9 月生，中共党员，八宿县白玛镇文化综合服务中心主任，2019 年度西藏自治区脱贫攻坚贡献奖。该同志带领旺比村从 2016 年人均收入 7000 余元，到现在人均收入突破万元。为实现“以技脱贫、以技致富”，达到“输血式”扶贫向“造血式”扶贫的转变，积极组织40名群众参加技能培训，以建设扶贫产业为契机，提供就业岗位，增加群众收入，改变群众收入方式单一的现状。2018年5月，村支部与八宿县鑫源建材有限公司多次协商后签订了劳动承包合同，并制定劳务输出费用按季度核对清单的方式。截至2019年年底，在沙场务工的30户农牧民收入均在万元以上，收入最高的家庭达53000余元，最低的家庭也达到8500余元左右，2018年产业扶贫资金分红24余万元。妥善解决旺比村川藏联网、村幼儿园建设等运输、劳务输出方面的各类矛盾纠纷，确保群众的利益得到了保障。建档立卡户丁增松姆家女儿西绕拉姆患结核病住院，组织开展治疗费募捐活动，带头募捐750元，通过各种渠道共筹集到13万余元。四郎泽培的儿子扎西曲培因脑结核住院，通过各方渠道，最后共筹款3600元。

72. 母兵，男，汉族，1982年5月生，中共党员，边坝县民政局局长。该同志先任脱贫攻坚指挥部数据统计组负责人，主要负责精准扶贫数据统计、调整，建档立卡户认定、清退等工作；后因工作需要任社会兜底保障组负责人，主要负责脱贫攻坚领域中城镇（农村）低保人员、残疾人、孤儿以及特困人员兜底保障相关工作。该同志在工作上兢兢业业，恪尽职守、辛勤工作，充分发挥党员先锋模范作用，出色地完成了县委、县政府交给的各项任务。因工作业绩突出，于2014年、2015年、2016年被评为“优秀公务员”、2017年评为“叁等功”一次，2019年获西藏自治区脱贫攻坚创新奖。

73. 邓巴，男，藏族，1982年8月生，中共党员，边坝县马秀乡党委书记、四级调研员。2016年以来，该同志认真钻研精准扶贫政策，深刻领会精神实质，根据贫困村贫困户的基本情况，分别制定适合各村的发展规划，有针对性地开展精准扶贫工作。深入到贫困村、贫困户家中，召开贫困户座谈交流会，广泛宣讲脱贫政策，全面了解建卡贫困户的家庭情况和致贫原因，逐一细化帮扶措施，量身定制脱贫计划，引导贫困户落实脱贫措施。马秀乡实现211户1023人脱贫，8个行政村全部脱贫摘帽，历史性消除了绝对贫困，贫困人口人均纯收入达到9388.68元。2021年，该同志被评为全区脱贫攻坚优秀个人。

74. 扎西次仁，男，藏族，1986年4月生，中共党员，边坝县草卡镇副镇长。2016年以来，该同志始终认为：扶贫是全镇工作的重中之重，脱贫是全镇人民的殷切希望。他始终身先士卒，奔波于脱贫攻坚战斗第一线，走村入户调研，到田间地头，看青稞、小麦的长势，他总是热心地询问群众收成怎么样，嘴上话不停，手上也不闲着，见群众劳作，他总要跟大家一起翻地、撒种子、收割。撸起袖子，卷起裤腿，和贫困群众一起流汗、一起欢笑，时刻把扶贫工作作为一项政治任务和民生工程来抓，走遍了全镇14个深度贫困村（居），掌握了大量第一手资料，全镇共有320户1460人圆了脱贫梦。全镇贫困发生率由28.6%下降到0%，为率先实现全面小康奠定了坚实基础。2021年，该同志被评为全区脱贫攻坚优秀个人。

75. 白玛罗布，男，藏族，1988年9月生，中共党员，边坝县沙丁乡副乡长。该同志作为扶贫干部，始终坚持强化扶贫责任担当，做好精准脱贫“一线责任人”，做业务精通者，做群众贴心人，扑下身子务实开展工作，心要系群众，下乡入户，深入田间地头与贫困群众拉家常、说想法、问冷暖。该同志始终坚持以人为本的重要思想，深入贫困群众中了解群众所想所需，坚持以贫困户需求清单为扶贫工作的出发点和落脚点，明确需要采取的措施、需要扶持的项目，调动多方资源，动员社会力量，全力开展精准脱贫工作，真正做到措施精准、帮扶见效、群众脱贫。2021年，该同志被评为全区脱贫攻坚优秀个人。

76. 达瓦吉宗，女，藏族，1990年3月生，中共党员，边坝县马武乡人民政府文化服务中心主任。该同志在四年多的扶贫专干岗位上，始终将扶贫工作放在首位，经常性的入户走访，详细了解贫困群众家中基本情况、致贫原因，认真听取记录贫困群众需求；与各村一道核对各类数据，对建档立卡贫困户人口自然增减进行动态调整管理、信息录入。2017 年 12 月，该同志在去拉孜乡参加扶贫工作交流途中不幸遭遇车祸，双腿受伤严重，但她仍心系扶贫工作，主动申请带病返回岗位，坚持在扶贫工作前线，充分树立了新时代扶贫干部良好形象，生动践行了新时代扶贫干部的责任担当。2021 年，该同志被评为全区脱贫攻坚优秀个人。

77. 旦增仓木决，女，藏族，1992 年 5 月生，中共党员，边坝县金岭乡农牧综合服务中心初级助理农艺师。该同志自担任扶贫专干以来，积极参加扶贫培训，认真领会各项脱贫攻坚会议精神，依靠良好的工作作风，一心一意抓扶贫工作，走遍了全乡建档立卡贫困户家庭，核实家庭基本信息、生产生活情况、了解家庭致贫原因、家庭成员劳动能力情况、学生上学情况等。严格按照上级相关要求指导，完成了各项扶贫一户一档、明白卡、资金测算表、帮扶手册等资料。召集各村支部书记、专干开展专项培训，提升业务水平。多次“白 + 黑”将建档立卡贫困户各项信息录入系统并在系统内整改存在的相关问题。在平凡的岗位上为金岭乡脱贫摘帽和金岭乡人民幸福美好生活作出了不可磨灭的贡献。2021 年，该同志被评为全区脱贫攻坚优秀个人。

78. 阿旺白玛，女，藏族，1993 年 4 月生，中共党员，边坝县尼木乡农牧综合服务中心初级助理兽医师。该同志自担任尼木乡扶贫专干以来，先后走访四个行政村 195 户建档立卡贫困户进行摸底排查，掌握最详细最准确的第一手资料。联合各驻村工作队组织贫困户以“传帮带”“夜校”工作为契机开展“比学赶帮超”“志智双扶”、宣讲各项脱贫攻坚政策知识。不定期对干部及农牧民群众进行脱贫攻坚相关政策知识问卷调查，掌握他们对脱贫攻坚知识的知晓度。每季度定期对全国扶贫开发信息管理系统进行信息更新与完善。每年对全乡“五个一批”数据进行核实，确保无误。对尼木乡 195 户建档立卡贫困户“一户一档”资料进行归档与整理。该同志吃苦耐劳，始终把群众放在最高位置，切实帮助和解决群众在生产生活中的实际困难，在平凡的岗位上作出了不平凡的成绩。 2021 年，该同志被评为全区脱贫攻坚优秀个人。

79. 扎桑，女，藏族，1990 年 12 月生，中共党员，边坝县都瓦乡农牧综合服务中心初级助理兽医师。该同志自精准扶贫工作开展以来，勇挑重担，全面负责脱贫攻坚工作，以吃苦耐劳、奋进拼搏的精神完成领导交付的各项任务。走遍辖区 6 个行政村 16 个自然村，认真开展政策宣传 100 余场次，核实建档立卡 317 户 1717 人，调研扶贫产业项目 9 个 30 余次，并多次带领乡扶贫干部与各村支部书记开展贫困人口、生态岗位的动态调整 10 余次，逐一录入全国扶贫开发信息系统，确保了信息的准确性。并在 2018 年完成全乡脱贫摘帽后，为确保全乡巩固之年胜利攻坚，在 2019 年全乡脱贫巩固之际，因脱贫攻坚巩固提升工作任务重、时间紧，加班加点的为全乡脱贫巩固拼搏奋斗，造成了身体不适，请假前往拉萨动手术，在康复之后，继续回到岗位上完成全乡脱贫攻坚巩固提升工作任务。2021 年，该同志被评为全区脱贫攻坚优秀个人。

80. 陈晓东，男，汉族，1976 年 12 月生，中共党员，左贡县原县委副书记、政府常务副县长，西藏自治区脱贫攻坚先进个人获得者。2016 年以来，该同志推动厦门市 6 个区与左贡县 10 个乡（镇）结对帮扶，援建资金 2.07 亿元，创历届新高。引进“厦门成功红”企业，打造世界最高海拔（3900 米）葡萄酒厂，发展红酒扶贫产业。协调厦门国企出资 1000 万元成立“厦康公司”，投资 3500 万元建设“高原特色农业产业园”，形成“公司 + 基地 + 农户”扶贫机制。组织厦门医生历时 4 个月行程万里，为 3.9 万名农牧民筛查包虫病，设立“厦门大学医学院实践基地”，加大医疗培训力度。精心打造 2 所“厦门希望小学”，开展远程教学，设立救助基金。

81. 秦云友，男，汉族，1982 年 8 月生，中共党员，左贡县委常委、田妥镇镇委书记，西藏自治区脱贫攻坚先进个人获得者。该同志为拓宽贫困群众就业增收渠道，多次与市人大办、广电局、统计局、调查队和县人社局驻村工作队协调，争取市统计局 15 万元资金，解决了然尼村 31 户 185 人的饮水问题，为易地搬迁点修建旅游厕所 3 座，通过协调争取福建厦门市援藏资金 2000 万元，用于亚中村道路硬化、城镇亮化绿化、风貌改造、群众文化广场等小康示范村建设。亚中集中安置田妥镇 13 个行政村 142 户 683 名建档立卡贫困群众共享城镇教育、医疗、通信、邮政、电视等公共服务，协调市广电局为易地搬迁点群众新建了数据电视 200 套（含个体商户），极大地提高搬迁群众生产生活水平和质量。

82. 吕洪明，男，汉族，1979 年 12 月生，中共党员，左贡县委常委、政府常务副县长，西藏自治区脱贫攻坚先进个人获得者。2019 年 8 月，吕洪明同志作为中国一汽集团援助的干部来到了昌都市左贡县，挂任左贡县县委常委、政府常务副县长。该同志自援藏以来深入贯彻落实习近平新时代中国特色社会主义精神、中央第六次、第七次西藏工作座谈会精神、习近平总书记关于扶贫工作的重要论述和在决战决胜脱贫攻坚座谈会上的重要讲话精神，不忘初心、牢记使命，切实履行央企责任，助力高质量打赢脱贫攻坚战，顺利脱贫攻坚年度计划和目标。面对突如其来的疫情，该同志积极协调一汽援藏，坚决克服新冠肺炎疫情对脱贫攻坚的影响，通过“两个全力、两个创新、三个持续”，确保全面完成脱贫攻坚任务。

83. 朱正能，男，彝族，1987 年 6 月生，中共党员，左贡县委宣传部副部长、县脱贫攻坚指挥部办公室副主任，西藏自治区脱贫攻坚先进个人获得者。该同志不断追求进步，敢于创新，勤奋工作，严格要求自己，始终做到了诚恳做人、踏实做事，高质高效完成了各项工作任务，深受领导和身边同事们的好评。先后获得全县优秀新闻通信员、首届“梅里门庭”艺术节先进个人、优秀公务员、第二届三江茶马艺术节先进个人、全区政府新闻网站先进个人等荣誉称号。

84. 保鹏飞，男，汉族，1985 年 1 月生，中共党员，左贡县扶贫办副主任，西藏自治区脱贫攻坚先进个人获得者。2016 年以来，该同志一直工作在扶贫一线，组织协调左贡县 10 个乡（镇）、127 个村（居）统计精准扶贫各项数据，力求数据更准确、真实，为领导决策提供数据支撑。认真及时学习自治区、市的重要会议精神、脱贫攻坚重要政策文件。勤恳扎实的工作，面对脱贫攻坚的严峻任务，始终坚持迎难而上。在办公室人员少、任务重、时间紧的情况下，始终坚持优良的工作作风，克服病痛，全力以赴，高质量完成了脱贫攻坚各项工作任务。

85. 永登，女，藏族，1993 年 8 月生，中共党员，左贡县美玉乡人民政府扶贫专干、乡便民服务中心主任，西藏自治区脱贫攻坚先进个人获得者。该同志为转变群众“等、靠、要”思想，经常走村串户宣讲扶贫政策、四讲四爱、感党恩教育，鼓舞群众小额、惠农贷款发展生产力，起到致富增收的效益。很多农牧民群众的观念陈旧，思想比较落后，对搬迁政策不了解不多也不愿意去了解，不愿意搬或不想搬的想法比较严重，为了打破这个不愿意搬或不想搬的思想，结合当时的实际情况，利用群众集中宣传、挨家挨户的进行入户宣传等方式广泛宣传搬迁政策和搬迁入住后的各种好处，一连好几个月天天走村入户挨家挨户敲门宣传，美玉乡是纯牧业乡，都比较远，甚至有的地方车子开不进去，只能靠步行进去，宣传的工作人员的鞋子都走烂了，但该同志始终没有放弃，最后还是用真心打动了农牧民群众，农牧民群众也愿意听我们讲解易地搬迁政策不。易地搬迁安置点建成后，顺利实现 156 户搬迁入住。

86. 李钊，男，汉族，1991 年 4 月生，中共党员，左贡县旺达镇人民政府四级主任科员，西藏自治区脱贫攻坚先进个人获得者。该同志走遍了全镇 21 个贫困村，掌握了全镇所有精准扶贫户家庭基本情况。作为一名扶贫干部，能够做到始终将扶贫工作作为头等工作来抓，一刻一秒都不敢怠慢，不敢疏忽；能够认真领会各级党委政府关于扶贫工作的指示精神，做到知其然并知其所以然；能够认真履行扶贫专干职责，积极协调有关部门及时兑现各类扶贫资金、落实各类政策，为旺达镇脱贫攻坚工作作出了积极贡献。

87. 李凯，男，汉族，1985 年 4 月生，中共党员，左贡县财政局一级科员，西藏自治区脱贫攻坚先进个人获得者。该同志积极与各有关单位协调沟通，聚焦如期实现建档立卡贫困人口“两不愁三保障”目标，主持起草了《左贡县扶贫资金管理办法》《左贡县脱贫攻坚资金管理办法（试行）》等资金管理制度。担任脱贫攻坚资金管理专干，参与开展财政涉农资金统筹整合等工作，确保资金精准使用。加强自身政策业务学习，强化政策宣传落实，不断增强贫困群众脱贫致富信心。

88. 仁青，男，藏族，1991 年 7 月生，中共党员，左贡县仁果乡专技人员，西藏自治区脱贫攻坚先进个人获得者。2016 年以来，该同志一直担任仁果乡扶贫专干，积极主动参与脱贫攻坚工作。为更加深入了解农牧民群众所思所想所盼，于 2019 年申请担任第一选派支部书记，积极引导、鼓励贫困群众从大山中走出去，让有志青年积极投入到各类技能培训，掌握一技之长，积极用双手勤劳脱贫，实现该村每年群众外出务工率达 98%。为持续改变群众思想观念，该同志积极组织干部群众开展“志智双扶”工作，走村入户，宣传引导，足迹踏遍了辖区每一个农户家。

89. 杨玉斌，男，汉族，1977 年 4 月生，中共党员，贡觉县委副书记、政府县长，西藏自治区脱贫攻坚先进个人获得者。该同志长期以来将脱贫攻坚作为第一民生工程，奋力决胜全面小康社会，坚持精准扶贫、精准脱贫方略，以“两不愁三保障”为根本目标，以“四个切实”“六个精准”为工作要求，以“五个一批”脱贫措施为关键举措，凝心聚力、全力以赴推进全县脱贫攻坚工作。带领全县各族干部群众，奋斗在脱贫攻坚一线。经过四年多的努力，贡觉县已实现脱贫 3055 户 17843 人，149 个贫困村（居）全部退出，顺利通过国家第三方考核评估和全国脱贫攻坚普查验收，实现高质量脱贫摘帽，消除绝对贫困。

90. 文继刚，男，汉族，1983 年 9 月生，中共党员，贡觉县则巴乡人民政府一级警长，西藏自治区脱贫攻坚先进个人获得者。该同志走遍了 10 个深度贫困村，掌握了大量第一手资料，主持起草了《则巴乡深度贫困地区脱贫攻坚实施方案》，宣讲 200 余场次。勇挑重担，积极申报产业项目 28 个，其中通过审核并实施的产业项目 3 个。带领全乡干部，任劳任怨，心往一处想，劲往一处使，实现则巴乡 245 户 1125 人脱贫摘帽。积极与上级部门协调，为我乡各村饮水工程新修供水桩 3 个村，加固维修 7 个村，实现供水入户。深入各村积极动员群众参与易地扶贫搬迁，实现 79 户 353 名群众集中搬迁入住。

91. 蒋晓兰，女，汉族，1986 年 10 月生，中共党员，贡觉县财政局副局长，西藏自治区脱贫攻坚先进个人获得者。该同志自 2016 年贡觉县开展脱贫攻坚工作以来，一直担任脱贫攻坚会计工作，在工作中全力配合各部门做好扶贫资金的监管和拨付。同时，在县委、县府的支持下，在各部门的配合下，将贡觉县纳入统筹整合范围的涉农资金进行了整合，充分发挥涉农资金在脱贫攻坚中的重要作用。贡觉县近 25.75 亿的扶贫资金，在该同志的牵头下，完成了监督、核算工作，使资金顺利落到实处，为贡觉县脱贫摘帽打下了坚实的基础。

92. 达瓦泽仁，男，藏族，1990 年 8 月生，中共党员，贡觉县脱贫攻坚指挥易地搬迁组工作人员，西藏自治区脱贫攻坚先进个人获得者。该同志 2015 年 6 月借调到县脱贫攻坚指挥部开始接触易地搬迁工作，从事易地扶贫搬迁专职工作。易地搬迁工作政策性强，工作辛苦，责任重大，更关系着群众的切身利益。作为一名年轻干部来说，压力可想而知，但他却没有半点退缩和搪塞，义无反顾的扛起了这个“担子”。开始争分夺秒地学习易地搬迁扶贫有关政策、法规，并和其他同志一起，

“披星戴月”的穿梭于149个行政村落走访摸排，开展宣传动员。对工作认真负责，白天处理业务工作，再挤出时间整理搬迁户档案，每天的日程被安排得满满当当，但该同志从来没有多做抱怨，始终满怀热情，把这份工作当成事业来做，为全市脱贫摘帽任务顺利完成奠定了坚实的基础。

93. 张鹏，男，汉族，1994年4月生，中共党员，贡觉县脱贫攻坚指挥部数据统计组工作人员，西藏自治区脱贫攻坚先进个人获得者。自2017年以来，该同志共录入建档立卡小额信贷3958笔，涉及金额14668.4万元。在精准识别、精准退出工作方面，严格按照贫困户建档立卡识别标准和程序，确定建档立卡贫困户，对符合贫困标准的全部纳入，确保应进则进、一户不落，并全面重新录入全国扶贫开发信息系统，由最初2840户13362人，精准识别、调整至3055户17843人，并在国办发布的数据质量报告中获得全市第一，全区第七的好成绩（2020年）。在精准退出方面，严格按照贫困户退出的有关标准，即3055户17843人贫困户年人均纯收入稳定超过退出标准，且“两不愁三保障”全部达标，从而实现3055户17843人脱贫和149个贫困村（居）全部退出（其中：2016年脱贫228户1598人、2017年脱贫225户1417人、2018年脱贫396户2360人、2019年脱贫2206户12468人），贫困发生率动态清零，顺利通过第三方评估验收，为全县决战决胜脱贫攻坚提供了有力数据支撑。

94. 藏雨露，女，藏族，1994年7月生，中共党员，贡觉县脱贫攻坚指挥部办公室工作人员，西藏自治区脱贫攻坚先进个人获得者。该同志结合贡觉实际，拿出过硬举措和办法，通过抓产业、抓搬迁、抓医疗、抓教育、抓饮水、抓基础设施建设，为贫困户量身定制帮扶措施、开出精准脱贫“良方”，起草了《贡觉县脱贫攻坚深度贫困实施方案（2018—2020年）》《贡觉县脱贫攻坚巩固提升实施方案》等规划方案。强化督导，专心“大整改”。按照要求对2016年以来各级各类督导检查巡视巡查审计考核评估等反馈意见进行认真梳理，建立问题台账，分解各类任务，明确责任，督促整改，通过整改促进了政策落实、提高了民生水平、保障了脱贫质量，制定各类整改方案、上报整改报告共计200余篇。认真按照自治区贫困县脱贫摘帽考核办法，统筹整理脱贫摘帽资料，撰写贡觉县脱贫攻坚成效总结，指导乡（镇）做好迎检迎考工作，开展自查、自纠、自评工作，为全县顺利脱贫摘帽打牢了基础。

95. 旦增多吉，男，藏族，1970年6月生，中共党员，贡觉县西北农畜产品加工养殖专业合作社法人，西藏自治区脱贫攻坚先进个人获得者。该同志自2018年7月开办了西北农畜产品加工养殖专业合作社，几年间该合作社的收入喜人。旦增多吉同志已成为远近闻名的致富能手，取得了经济效益和社会效益的双丰收，成为农村致富带头人。在他的带动下，8户建档立卡贫困户6户非建档立卡户在该合作社里工作。他也从一位普通农牧民，一跃成了当地农民增收致富的领头雁。

96. 次仁扎巴，男，藏族，1982年1月生，丁青县安通客运公司总经理，西藏自治区脱贫攻坚先进个人获得者。该同志情系桑梓扶贫救困，为丁青镇仲伯村10户建档立卡贫困户送去价值16万元的家具，为丁青县敬老院200名老人定购7万元的防寒服，为当堆乡5个村50名建档立卡人员送去了5.6万元的生活物资。情系教育，扶贫先扶智，每年对乡村困难家庭学生发放30000元助学金，2019年起又将助学金增加到60000元。截至2020年年底，他累计在教育帮扶上面投入资金达24万元。手足情深，守望相助。2020年在新冠状肺炎疫情防控期间为出租车司机减免出租车承租费64500元，同时向武汉市慈善总会的新型冠状病毒防控专项基金捐款3000元。基础设施援建：组织工作人员无偿为夏拉村二组修缮平整道路2.5公里，修缮加固危桥一座，耗资约85000元。

97. 朗嘎多吉，男，藏族，1979年11月生，中共党员，丁青县甘岩乡党委委员、政法委员，西藏自治区脱贫攻坚先进个人获得者。该同志先后深入基层600余次，深入牧户1300余次开展精准扶贫宣传；个人为贫困群众捐献共计19000余元；发展扶贫沙场，带动当地108户799人增收，群众分红逾147.28万元；劝返疑似失学青少年、儿童39人次；帮助解决易地扶贫搬迁各类问题20余个，妥善解决易地扶贫搬迁户群众用水、用电等难题40余件，帮助安置房277户牧民顺利入住。

98. 刘沿凯，男，汉族，1982年1月生，中共党员，丁青县教育局统计办教研员，西藏自治区脱贫攻坚先进个人获得者。该同志自参加扶贫工作以来，对19名在校贫困大学生“一对一”帮扶。及时为186名贫困在校大学生临时资助申请整理上报。为412名建档立卡贫困在校大学生发放“三免一补”金420万元。2016年以来登记了1041名新入学大学生并兑现普惠奖金61.86万。组织参加扶贫宣传活动30余场次，参加全县教育扶贫政策课堂讲解5次。

99. 韦昌辉，男，汉族，1992年9月生，中共党员，丁青县扶贫办副主任，西藏自治区脱贫攻坚先进个人获得者。该同志主要负责全县建档立卡户3136户14486人的识别、退出、清退、动态调整等工作，负责63个贫困村退出、1个贫困县摘帽的所有程序资料。五年来，他动态调整全国扶贫开发系统内3136户14486人、易地搬迁1640户6525人、产业项目60个等“五个一批”相关基础数据。监测“两类人”共计252户1094人。

100. 普琼，男，藏族，1983年5月生，中共党员，丁青县色扎乡党委副书记、乡长，西藏自治区脱贫攻坚先进个人获得者。该同志与乡政府干部和驻村工作队同吃同住，入户走访座谈，访贫问苦，为贫困群众做了许多实事好事。先后在当堆乡斯熔村、当堆村任选派支部书记，将当堆村以往的“输血式”扶贫转变为“造血式”扶贫，他为当堆村综合养殖园确立了“支部+基地+农户”的运营模式，规范了园区管理并进一步扩大养殖规模，吸纳贫困户就业、分红，拓宽了增收渠道；将斯熔村村“两委”培养成群众脱贫致富带头人，经常与村“两委”谈心、交流工作经验，共同进步，指导村“两委”配合驻村工作队开展精准扶贫宣传、识别等工作。

101. 胡桅，男，汉族，1973年7月生，中共党员，洛隆县中远海运集团援藏干部，西藏自治区脱贫攻坚先进个人获得者。该同志作为援藏干部，坚持“进洛隆门，做洛隆人”的工作原则，以建设、发展洛隆为己任，迅速转变角 色、立即投入工作，全面统筹谋划，认真落实帮扶协议，抓实抓细抓好每一个援藏项目，将每一笔援洛资金都用在了为民办实事的“刀刃上”，替民排忧解困的“心坎里”，助推洛隆高质量发展的“引擎中”，确保各项目标任务圆满完成。在援藏扶贫、健康卫生、疫情防控等各项工作都得到广大干部群众的高度肯定，在脱贫与防返贫工作中发挥了积极作用。

102. 旦增群培，男，藏族，1985年1月生，中共党员，洛隆县水利局局长，西藏自治区脱贫攻坚先进个人获得者。该同志高度重视农村饮水安全工程建设，充分认识到解决农村群众饮水安全问题的重要性、艰巨性与紧迫性，将农村饮水安全工程列为全县“一号民生工程”，采取有效措施，全力推进农村饮水安全工程建设。做到责任明确、任务明确、进度明确，保证了安全供水有成效、问题能解决、群众受欢迎、发展有提升，努力改善农牧民群众的生产生活条件，提升发展活力与后劲。

103. 李有成，男，汉族，1981年4月生，中共党员，洛隆县马利镇党委副书记、镇长，西藏自治区脱贫攻坚先进个人获得者。该同志为解决全镇群众劳动力转移难问题，不辞辛劳奔走在机关单位和企业部门中，对有劳动能力的贫困群众与中国电建、中铁七局等公司签订劳务输出协议，共计解决贫困群众102人的就业问题；组织开展各类技能培训班共计16场次，培训农牧群众1100人次。在助推产业项目建设促脱贫工作中，为提高群众温室大棚的种植技术，他通过调研，在结合群众需求的基础上，在镇武装部专干王瑞同志的协助下，申请建设“马利镇民兵扶贫产业培训示范点”——温室大棚项目，该项目建设后，在他的指导下，开展大棚种植技术培训15期，培训贫困群众128人次，在2019年、2020年创收中共计增收10万元。

104. 仁青顿珠，男，藏族，1988 年 7 月生，中共党员，洛隆县住房和城乡建设局副局长，西藏自治区脱贫攻坚先进个人获得者。该同志自脱贫攻坚工作开展以来，对居住在深山、石山、高寒、地方病多发等生存环境差、不具备基本发展条件，以及生态环境脆弱、限制或禁止开发地区、位于地震活跃带及受泥石流、滑坡等地质灾害威胁的建档立卡贫困人口全力推进易地扶贫的搬迁建设工作。截至 2020 年年底，11 个乡（镇）建设了 21 个搬迁安置点，搬迁群众覆盖 65 个行政村，搬迁人数达 2070 户 10585 人。其中：涉及建档立卡扶贫搬迁群众 1777 户 9081 人，涉及同步搬迁群众 293 户 1504 人。转移就业 3653 人次、搬迁后搬迁点上产业配套 43 个项目，实现搬迁群众“搬得出、稳得住、能致富”的目标。

105. 陈金龙，男，汉族，1991 年 11 月生，中共党员，洛隆县农业农村局工作人员，西藏自治区脱贫攻坚先进个人获得者。该同志积极协助完善扶贫产业发展规划，参与实施产业项目 64 项，实现农牧民分红 1728.46 万元，带动产业脱贫 7461 人。参与制定了《洛隆县“十三五”产业发展规划》《洛隆县深度贫困项目规划》《洛隆县产业扶贫利益联结机制实施方案》《关于完善利益联结机制进一步发挥新型农业经营主体带动脱贫作用的实施意见》《洛隆县全面巩固提升产业脱贫成果实施方案》。

106. 米玛措姆，女，藏族，1992 年 3 月生，中共党员，洛隆县中亦乡人民政府工作人员，西藏自治区脱贫攻坚先进个人获得者。该同志走遍了嘴村 50 多个贫困户，跟他们拉家常，聊发展。通过不断走访认识到：要真正帮扶贫困户脱贫致富奔小康，首先要调动贫困户的积极性，“扶贫先扶志”，要增强群众内生动力和发展热情，增强脱贫致富的干劲，坚定脱贫致富的决心，真正使群众变成脱贫致富的主体；其次要找准贫困原因，对症下药，按照“缺什么、补什么”的原则，分析制约该村贫困户发展的瓶颈问题，有重点，有目标地开展精准帮扶工作。米玛措姆及驻村工作队对农牧民关注的、关联的、关心的问题，都积极主动帮助落实，以实际行动让农民感受党的关怀和温暖。

107. 赵义康，男，白族，1972 年 4 月出生，云南剑川人，大专文化，1993 年 7 月参加工作，2000 年 7 月加入中国共产党，2016 年 4 月 11 日，于昌都市卡若区埃西乡党委副书记、乡长任长突发脑出血倒在工作岗位上，经抢救无效牺牲，享年 44 岁。赵义康同志一心为民，誓把群众当亲人；恪尽职守，誓做脱贫攻坚先锋；一生正气，誓当作风建设标兵。他常说：“只有想群众之所想，急群众之所急，群众才会接纳你、认同你、支持你，才使自己以后的工作更加顺手，才能最终回归到‘服务为民’的这个出发点上，才能真正地把扶贫工作干扎实，干出成效。只有自己倾尽全部精力，才能让群众过上好日子，才能推进埃西的发展。”他为了这片土地的繁荣富强，为了这里的农牧民富裕安康，为了肩上的责任和义务，凭着一颗炽热的心，在平凡的工作岗位上默默无闻，无私奉献地干着不平凡的事情，虽艰辛而无怨，虽憔悴而无悔，默默无闻，任劳任怨。

附录：昌都市脱贫攻坚大事记

2016 年度

1 月 26 日昌都市召开全市精准扶贫专题会议。会议听取各县（区）、各有关部门关于精准扶贫工作汇报，并就进一步抓好下步昌都市精准扶贫工作进行了安排部署。

3 月 6 日昌都市人民政府向印发《关于抽调人员到昌都市脱贫攻坚指挥部工作的紧急通知》（昌政办发〔2016〕61 号），从昌都市直相关单位抽调精干力量，脱产从事脱贫攻坚工作。

3 月 8 日昌都市委副书记、组织部部长、市脱贫攻坚指挥部总指挥长李富忠主持召开昌都市脱贫攻坚指挥部会议，研究昌都市脱贫攻坚指挥部组成人员及工作职责方案，听取昌都市“十三五”脱贫攻坚总体规划、实施方案以及 2016 年脱贫攻坚实施方案编制情况和昌都市脱贫攻坚 2016 年度项目衔接情况，分析了脱贫攻坚工作面临的形势，安排部署了相关工作。

3 月 22 日昌都市委副书记、组织部部长、市脱贫攻坚指挥部总指挥长李富忠主持召开昌都市脱贫攻坚指挥部会议。听取市脱贫攻坚指挥部各专项组近期工作情况汇报，对当前及今后一段时间工作进行了安排部署。会议强调，产业是带动脱贫致富的硬支撑、硬抓手，根据全市产业发展规划，各县（区）要“因地制宜、突出特色”，紧紧围绕精准脱贫，大力实施产业脱贫项目。

4 月 3 日昌都市政府副市长、市脱贫攻坚指挥部副总指挥长祁腾武召开专题会议，研究了《卡若区人民政府关于 2016 年扶贫开发产业项目申报计划表》《卡若区嘎玛乡北部六村精准扶贫调研报告》，对卡若区扶贫相关产业发展进行了安排部署。

4 月 8 日昌都市召开市政府 2016 年度第 4 次常务会议，要求市强基办、扶贫办等相关部门要提前谋划做好自治区在昌驻村厅局和企业包点包村扶贫推进会、乡（镇）党委书记精准扶贫和产业发展培训会筹备工作。

5 月 5 日昌都市召开易地扶贫搬迁工作专题会议，研究部署有关工作。会议要求，要认真做好贷款申请资料整理上报工作，要做好专项规划编制工作，要加强精准扶贫培训工作，要统筹做好建材工作，要加快易地搬迁工作进度。

5 月 7 日至 9 日西藏自治区政府副主席其美仁增到昌都调研脱贫攻坚工作，9 日下午专题听取了昌都市政府脱贫攻坚工作进展情况汇报，对昌都脱贫攻坚工作给予充分肯定。

5 月 13 日昌都市政府副市长、市脱贫攻坚指挥部副总指挥长欧珠达瓦主持召开昌都市易地扶贫搬迁专题会议。会议分析了当前昌都市易地扶贫搬迁工作面临的形势，对昌都市当前及今后一段时间易地扶贫搬迁工作进行了安排部署。

5 月 26 日昌都市召开全市脱贫攻坚工作视频会议，研究部署相关工作。会议指出，脱贫攻坚工作启动以来，脱贫攻坚各项工作扎实推进。会议强调，各级各有关部门务必高度重视，确保脱贫攻坚各项工作顺利推进。

5 月 28 日昌都市委召开市委常委会议，会议对脱贫攻坚工作作出了具体安排部署，提出了“六个坚持”要求：一是坚持论证规划先行，追求科学；二是坚持搬出来，告别穷山恶水；三是坚持重大扶贫开发，富裕一方；四是坚持统筹协调，扎实推进；五是坚持社会参与，形成合力；六是坚持用好政策，助力扶贫开发。

6月8日昌都市召开脱贫攻坚工作通报会，政府副市长、市脱贫攻坚指挥部副总指挥长欧珠达瓦通报了上半年脱贫攻坚工作进展情况，市委副书记、组织部部长、市脱贫攻坚指挥部总指挥长李富忠对当前及今后脱贫攻坚工作进行了安排部署。

6月13日西藏自治区党委常委、市委书记罗布顿珠组织召开了脱贫攻坚专题会议，听取了近期脱贫攻坚工作进展情况汇报，并对产业发展脱贫、易地扶贫搬迁脱贫等攻坚重点工作进行了安排部署。

6月15日昌都市委常委、市委副书记、市委农村工作领导小组组长姚红，市政府副市长、市脱贫攻坚指挥部副总指挥长祁腾武带领全市农村工作会议的各县代表，深入卡若区特贡农牧民蔬菜种植实用技能培训基地、欣业农牧生猪养殖基地参观检查指导工作。

6月25日昌都市委常委、昌都市委副书记、组织部部长、市脱贫攻坚指挥部总指挥长李富忠同志组织农牧局、林业和草原局、民政局、扶贫办、文化局等单位召开脱贫攻坚工作会议，就贯彻落实罗布顿珠常委关于脱贫攻坚工作指示批示精神、加快扶贫开发区建设、加大产业扶持力度、做好贫困乡改镇前期工作等方面进行了具体安排部署。

7月4日昌都市政府副市长、市脱贫攻坚指挥部副总指挥长欧珠达瓦召开会议，专题研究扶贫开发岗位有关事宜。

7月21日昌都市政府副市长、市脱贫攻坚指挥部副总指挥长祁腾武同志主持召开昌都市脱贫攻坚指挥部会议，传达学习了习近平总书记在东西部扶贫协作座谈会上的讲话精神、汪洋副总理在国务院扶贫开发领导小组全体会议的主要讲话精神。

8月3日昌都市脱贫攻坚指挥部召开昌都市脱贫攻坚指挥部会议，会议传达学习了一届市委61次常委会精神，听取了市脱贫攻坚指挥部各专项小组近期工作开展情况，对全市脱贫攻坚工作进行了安排部署。

8月17日昌都市政府副市长、市脱贫攻坚指挥部副总指挥长欧珠达瓦同志主持召开昌都市脱贫攻坚指挥部会议。会议听取了市脱贫攻坚指挥部各专项小组工作开展情况汇报，对全市近期脱贫攻坚工作进行了安排部署。

8月18日昌都市政府副市长、市脱贫攻坚指挥部副总指挥长欧珠达瓦同志主持召开昌都市精准脱贫产业贷款协调会，听取了各部门精准脱贫产业贷款进展情况汇报，对加快推进精准脱贫产业贷款工作进行了安排部署。

8月30日昌都市政府副市长、市脱贫攻坚指挥部副总指挥长欧珠达瓦同志召集市财政局、农牧局、人行昌都中心支行、邮政昌都分公司、农行昌都分行、中行昌都支行、建行昌都分行、西藏银行昌都分行等单位负责人召开专题会议。会议再次专题研究了昌都市精准扶贫产业贷款相关事宜。

8月30日昌都市脱贫攻坚指挥部组织召开指挥部会议，市委常委、政府常务副市长、市脱贫攻坚指挥部总指挥长蔡家林同志出席会议，市政府副市长、市脱贫攻坚指挥部副总指挥长欧珠达瓦同志主持会议。会议听取了卡若区和市脱贫攻坚指挥部各专项小组近期脱贫攻坚工作开展情况，对下步工作进行了安排部署。

9月2日昌都市政府副市长、市脱贫攻坚指挥部副总指挥祁腾武召开会议，就昌都市标准化奶牛养殖项目相关事宜进行了专题研究，并对下步工作进行了安排部署。

9 月 27 日昌都市委常委、常务副市长、市脱贫攻坚指挥部总指挥长蔡家林同志主持召开市脱贫攻坚指挥部会议，听取了各专项组近期工作开展情况汇报，传达学习了一届市委 66 次常委会精神，研究了《关于开展脱贫攻坚结对帮扶工作的决定》、昌都市扶贫开发信息系统建设及脱贫攻坚有关指标等相关事宜，对近期工作进行了安排部署。

10 月 8 日昌都市脱贫攻坚指挥部召开会议，听取各专项组工作开展情况汇报，研究审查了《昌都市“大三岩”片区专题片》《昌都市精准脱贫产业贷款风险补偿金管理暂行办法》《昌都市脱贫攻坚整合资金管理办法》等相关事宜，安排部署了相关工作。

10 月 17 日昌都市政府副市长、市脱贫攻坚指挥部副总指挥长欧珠达瓦同志与中国农业银行西藏分行副行长王洪同志一行工作组进行了座谈，就金融支持昌都精准扶贫和昌都市金融业发展相关事宜进行了讨论协商。

10 月 20 日至 22 日昌都市召开脱贫攻坚工作推进现场会，组织各县（区）和各单位主要领导、分管领导深入江达县、卡若区和察雅县，实地查看易地扶贫搬迁安置、产业项目建设等“五个一批”政策落实情况，10 月 22 日下午在察雅县召开全市脱贫攻坚现场推进工作会议。

10 月 26 日昌都市脱贫攻坚指挥部召开会议，研究了 11 县（区）扶贫开发区规划、结对帮扶工作和转移就业脱贫等事宜，并安排部署了相关工作。

10 月 27 日昌都市副市长欧珠达瓦主持召开会议，与中国农业发展银行西藏分行副行长阿才旦带队的赴昌调研组一行就对接昌都市扶贫开发、重大设施建设项目贷款事宜进行了座谈。

10 月 29 日昌都市召开抓党建促脱贫攻坚工作座谈会，市委副书记、组织部部长李富忠和市委常委、常务副市长、市脱贫攻坚指挥部总指挥部长蔡家林同志出席会议并发表讲话。

12 月 8 日昌都市脱贫攻坚指挥部组织召开会议，传达学习西藏自治区脱贫攻坚指挥部第 14 会议精神，听取了各验收组对昌都市 11 县（区）考核验收工作的情况汇报，并对各县（区）脱贫攻坚成效考核结果、质押贷款及贫困人口医疗保障工作实施方案等相关事宜进行了研究。

2017 年度

1 月 9 日至 11 日昌都市脱贫攻坚指挥部举办了乡（镇）党委书记、乡（镇）长脱贫攻坚专题培训班，对全市 138 个乡（镇）170 余名脱贫攻坚负责人进行培训。

2 月 7 日至 15 日由日喀则市政协主席普布带队的交叉考核验收工作组莅临昌都检查指导工作。考核组先后深入八宿县、察雅县、贡觉县、卡若区等 4 个县（区）25 个乡（镇），通过走村入户、问卷调查、实地查看、召开座谈会等多种形式，重点对贫困群众脱贫措施实施情况、政策落实情况和项目建设情况等进行了全面细致的检查，共发放调查问卷 5000 余份。

2 月 12 日昌都市举行贫困母亲两癌救助金发放仪式，为卡若区 4 名患病妇女发放救助资金 4 万元。自治区政府妇儿工委主任、自治区妇联副巡视员邓晓红出席活动并讲话。

2 月 20 日昌都市启动 2017 年金融助推扶贫产业贷款签约发放仪式。仪式上，卡若区、察雅县代表各县（区）与各商业银行签订了《精准扶贫合作协议》《“政府风险补偿基金 + 贷款对象”支持扶贫产业开发合作协议》，各商业银行分别与昌都市日通藏药厂、昌都市欣农创业投资有限公司、西藏益西农牧业科技发展有限公司、昌都市藏家牦牛股份有限公司、芒康县绿野食品有限责任公司等 5 家扶贫企业签订了产业贷款协议，并现场发放贷款 5613.25 万元，达成产业扶贫贴息贷款意向 2000 万元，为昌都市扶贫产业项目的发展提供了有力的信贷支持。

3 月 6 日西藏自治区党委常委、区政府常务副主席，昌都市委书记罗布顿珠主持召开中共昌都市委第一届委员会第83次常委会。会上就脱贫攻坚近期工作进行安排部署，会议指出要按照习近平总书记提出的“青山绿水就是金山银山”和李克强总理提出的“坚决打好蓝天保卫战”的重要指示精神，通过做大做强“五大养殖基地”“七大种植基地”和已形成规模的特色产品，着力打造特色产业新名片——“蓝天圣洁产业”，全力促进农牧业产业转型升级，农牧民群众增收，让良好的生态环境成为人民生活质量的增长点；要高度关注民生，坚持民生为本，切实抓好精准扶贫、精准脱贫、精准致富工作，使昌都与全国、全区一道全面建成小康社会。

3月9日昌都市政府副市长、市脱贫攻坚指挥部副总指挥长欧珠达瓦同志主持召开昌都市扶贫农发工作会议，全面总结了2016年全市扶贫农发工作，安排部署了2017年扶贫农发工作。

3月10日昌都市政协副主席张宏军赴贡觉县相皮乡检查指导脱贫攻坚工作，详细查看了建档立卡贫困户信息卡、产业项目及易地扶贫搬迁项目建设，强调要加强驻村工作队培训，确保驻村工作队掌握贫困户家庭情况、致贫原因，精准施策，齐心协力做好脱贫攻坚工作。

3月10日昌都市政府副市长、市脱贫攻坚指挥部副总指挥长欧珠达瓦同志主持召开市脱贫攻坚指挥部第3次会议，传达学习《国务院“十三五”脱贫攻坚规划》《西藏自治区脱贫攻坚责任制实施细则》《财政扶贫工作“问”与“答”》等文件，安排部署相关工作。

3月10日至11日昌都市政府副市长邓明武赴芒康调研，重点了解了金融服务“三农”发展状况和运营情况、金融支持产业扶贫相关政策落地和产业项目推进情况，指出要坚持金融现行，制定金融扶持政策和保障措施，尽快推进项目建设；要加大金融政策宣传力度，鼓励有技能、有文化、有能力的贫困群众申请贷款，发挥金融扶贫普惠政策贷款作用，加快贫困群众脱贫步伐。

3月11日昌都市召开金沙江西藏段（俗称大三岩片区）生态保护与脱贫攻坚规划编制工作汇报会。自治区副主席坚参出席会议并讲话，强调要将生态保护与脱贫攻坚结合起来，科学编制好金沙江西藏段生态保护与脱贫攻坚规划，以规划的实施实现金沙江上游生态环境大改善和大三岩片区贫困群众生活水平大提高。

3月13日西藏自治区党委常委、区政府常务副主席，昌都市委书记罗布顿珠深入卡若区野堆村、孜通坝就易地扶贫搬迁及城市建设进行调研，强调要按照昌都市总体规划，科学合理做好规划和建设，促进昌都城乡协调发展，推动昌都城镇化进程，把昌都打造成独具特色的城市，让贫困群众共享改革发展成果。

3月13日昌都市脱贫攻坚指挥部组织6个专项组深入11个县（区），利用一个月时间对易地扶贫搬迁、产业扶贫、发展教育、生态补偿、转移就业、社会保障兜底等脱贫攻坚工作进行全面督导调研。

3月13日至17日昌都市政府副市长、市脱贫攻坚指挥部副总指挥长欧珠达瓦同志赴丁青县、类乌齐县开展脱贫攻坚督导调研工作，重点对各乡（镇）脱贫攻坚组织机构、建档立卡信息卡填写、易地扶贫搬迁工程建设、扶贫产业项目建设及各项脱贫措施落实情况进行督导调研。

3月21日昌都市政府副市长、市脱贫攻坚指挥部副总指挥长欧珠达瓦同志主持召开市脱贫攻坚指挥部第4次会议，通报了丁青县、类乌齐县督导调研情况，对下一步工作进行了安排部署。

3月21日至27日西藏自治区党委常委、自治区常务副主席，昌都市委书记罗布顿珠赴江达县、芒康县、贡觉县进行实地调研，详细了解精准扶贫、精准脱贫工作推进情况，指出精准扶贫要摸清贫困人员分布，因地制宜施策，把培育产业作为推动脱贫攻坚的根本出路，打造“蓝天圣洁”产业品牌；要切实做好乡、村协调发展规划，扎实推进易地扶贫搬迁工作，将易地扶贫搬迁打造成惠及群众、造福百姓的民生工程。

3 月 23 日、24 日、26 日类乌齐县、察雅县、芒康县分别举办重庆市援助捐赠摩托车发放仪式，为建档立卡贫困户发放摩托车 13110 辆，其中类乌齐县 3563 辆、察雅县 4606 辆、芒康县 4941 辆，进一步助推昌都脱贫攻坚工作深入开展。

3 月 27 日市人大听取 2016 年脱贫攻坚产业发展情况及 2017 年产业扶贫工作思路报告，并组织人大代表赴卡若区实地查看产业项目建设情况。

同日市政府副市长、市脱贫攻坚指挥部副总指挥长欧珠达瓦主持召开市脱贫攻坚指挥部第 5 次会议，研究部署了小额信贷、产业贷款、易地扶贫搬迁和社会保障兜底相关事宜。

3 月 29 日昌都市委常委、宣传部部长赵建国主持召开全市宣传部长会议，市委副书记黎勇出席会议并讲话，强调宣传工作要紧紧围绕市委、市政府中心工作，结合“四讲四爱”主题教育实践活动，加大脱贫攻坚工作宣传力度，营造脱贫攻坚浓厚氛围。

3 月 29 日昌都市委常委、市政府常务副市长、市脱贫攻坚指挥部总指挥长蔡家林主持召开市脱贫攻坚指挥部第 6 次会议，传达学习了自治区《关于切实做好易地扶贫搬迁工作的紧急通知》，讨论研究了易地扶贫搬迁及扶贫产业项目建设等事宜，就下步工作进行了安排部署。

3 月 30 日昌都市委副书记、组织部部长李富忠主持召开全市组织部长会议，会上对党建促扶贫工作进行了安排部署。

4 月 4 日至 6 日，西藏自治区党委副书记、区政府主席齐扎拉深入昌都市，就脱贫攻坚、产业发展、民生改善等进行调研。区党委常委、自治区常务副主席，昌都市委书记罗布顿珠，自治区副主席、政府秘书长房灵敏陪同。

4 月 6 日“昌都市精准扶贫网”正式上线。该网站由市脱贫攻坚指挥部主办，设有扶贫要闻、扶贫政策、通知公告、各县扶贫、驻村扶贫、先进典型等板块和发展生产脱贫、生态补偿脱贫、易地搬迁脱贫、社会保障兜底脱贫等专栏，将全方位、多角度、深层次展示昌都精准扶贫、精准脱贫工作动态和成效。

4 月 10 日昌都市与国家开发银行西藏分行党委委员、副行长包全永一行调研组就国家开发银行进一步深化昌都 11 个县（区）棚户区改造、精准扶贫产业项目、基础设施建设、林业发展等方面合作进行座谈。

4 月 14 日西藏自治区林业厅副厅长季新贵带队的产业精准扶贫督导组与市脱贫攻坚指挥部就产业扶贫督导相关工作进行座谈。会议由市政府副市长、市脱贫攻坚指挥部副总指挥长欧珠达瓦主持。市脱贫攻坚指挥部产业脱贫组负责人汇报全市产业脱贫工作情况。督导组于 4 月 14 日至 19 日对各县（区）扶贫产业项目建设情况进行督导检查。

4 月 14 日昌都市脱贫攻坚指挥部召开援藏扶贫产业项目衔接专题会议，传达学习其美仁增副主席在全区脱贫攻坚援藏领队工作座谈会上的讲话精神，安排部署援藏扶贫衔接相关工作。会议由市政府副市长、市脱贫攻坚指挥部副总指挥长欧珠达瓦同志主持。

4 月 17 日昌都市召开部分在昌企业发展情况汇报会，要求在昌企业要积极带动当地贫困群众就业，为当地脱贫攻坚、群众增收致富提供坚强的保障。积极选准、选好的营销发展道路，探索出一条可推广、可持续发展的经营模式，带领广大群众脱贫致富。

4 月 21 日昌都市脱贫攻坚指挥部召开会议，传达学习国务院扶贫办主任刘永富在中央党校 2017 年春季学期班上的讲话，安排部署近期工作。

5 月 3 日昌都市脱贫攻坚新闻发布会在拉萨召开。市政府副市长、市脱贫攻坚指挥部副总指挥长泽仁俊美介绍昌都市脱贫攻坚有关情况，并就相关问题回答了记者提问。

5月3日至5日四川省发展改革委副巡视员冯永德一行考核检查组受国家发展改革委委托，对昌都市洛隆县2016年易地扶贫搬迁工作成效进行抽查考核。

5月8日昌都市政府副市长、市脱贫攻坚指挥部副总指挥长欧珠达瓦主持召开脱贫攻坚指挥部第8次会议。研究市扶贫开发领导小组、市脱贫攻坚指挥部调整，通报国家发展改革委委托四川省发展改革委对洛隆县易地扶贫搬迁检查情况。

5月9日昌都市委常委、常务副市长，市脱贫攻坚指挥部总指挥长蔡家林主持召开脱贫攻坚指挥部第9次会议。专题研究全市结对帮扶有关事宜。市政府副市长、市脱贫攻坚指挥部副总指挥长欧珠达瓦参加会议。

5月11日昌都市委常委、常务副市长，市脱贫攻坚指挥部总指挥长蔡家林主持召开脱贫攻坚指挥部会议。研究《昌都市2017年产业扶贫资金分配方案》《昌都市2017年第一批脱贫攻坚统筹整合（生产扶持与基础设施建设）资金分配方案》《2017年生态保护补助资金（生态补偿脱贫转移就业）分配方案》等事宜。

5月14日昌都市旅发委与重庆华瀚旅游规划设计院有限公司达成意向，由该设计院深入到各县（区）景区（点）、易地扶贫搬迁点、特色产业点等进行实地调研，开展《昌都市“十三五”旅游业精准脱贫规划》编制工作。

5月15日昌都市召开2017年精准扶贫产业推进电视电话会议。市脱贫攻坚指挥部、市产业组各成员单位、各县（区）产业扶贫分管领导、人民银行昌都中心支行、各商业银行参加了此次会议。市政府副市长，市脱贫攻坚指挥部副总指挥长、产业组组长祁腾武出席会议并重要讲话。

5月16日至5月31日昌都市政府副市长，市脱贫攻坚指挥部副总指挥长祁滕武、欧珠达瓦同志带队的工作组在援昌三省六企开展援藏扶贫衔接工作。

5月22日至24日昌都市委常务副书记、市政协主席、市政法委书记佘兴宇赴洛隆县、边坝县调研脱贫攻坚工作开展情况。

5月22日至26日中国国际电视台采访团赴昌都市采访经济发展、精准扶贫、基础设施建设相关工作。并于26日与昌都市脱贫攻坚指挥部就精准扶贫相关情况进行座谈交流，市委副书记、代市长陈军介绍昌都市脱贫攻坚有关情况。市政府副市长泽仁俊美，市旅发委、文化局、交通运输局负责人就相关问题回答了记者提问。

5月25日至28日中山大学中山眼科中心医务队在昌都开展医疗扶贫光明行动。期间共筛查各类眼科门诊病人430例，开展白内障复明手术121例，其中建档立卡贫困群众35例。

7月3日昌都市召开脱贫攻坚指挥部会议。会议全面贯彻落实习近平总书记6月23日在山西太原深度贫困地区脱贫攻坚座谈会上的重要讲话精神，深入贯彻落实自治区深度贫困地区脱贫攻坚暨脱贫攻坚成效考核表彰大会精神，研究全市深度贫困地区脱贫攻坚工作的具体思路措施。

8月15日至16日天津泰达国际心血管病医院携手上海荷福慈善基金会专家组一行8人莅临昌都开展先心病患儿免费筛查工作，共筛查疑似患儿103名，确诊先心病患儿25名。

9月10日河仁慈善基金会向昌都贫困村捐建水利项目签约仪式在昌都举行。在福建省第八批援藏工作队的积极协调下，河仁慈善基金会向昌都市察雅县新卡乡达烟村、八宿县同卡镇波察村捐赠人畜饮水和农田水利灌溉工程400万元慈善款。

2018年度

1月2日昌都市委副书记、代市长陈军深入八宿县夏里乡、拥巴乡、瓦乡调研脱贫攻坚工作，看望慰问基层干部群众。

1月4日昌都市脱贫攻坚指挥部召开第一次全体例会，会议研究讨论了《昌都市脱贫攻坚指挥部会议制度》《昌都市脱贫攻坚指挥部党员管理教育制度》《昌都市脱贫攻坚指挥部人员管理制度》等有关事宜，安排部署了巡视反馈问题整改工作，蔡家林副市长做了重要讲话。

1月9日至14日赴察雅县省际交叉考核组组长、安徽省发改委以工代赈处副处长董超一行莅临察雅县，召开省际交叉考核脱贫攻坚工作汇报会，并检查脱贫攻坚相关资料、入村入户调查。

1月16日福建省援藏工作队、昌都市委组织部在左贡县举行“爱在昌都富闽助学”捐赠仪式，为31为建档立卡贫困学生捐赠3.15万助学金。

1月7日昌都市委常委会班子召开扶贫领域专项巡视整改专题民主生活会，重点对照区党委巡视组专项巡视昌都扶贫淋雨工作反馈问题，市委常委班子和成员逐一发展，认真开展批评和自我批评，看问题、查根源、找对策。

1月12日昌都市经济、农村暨脱贫攻坚会议召开，会议强调要更加注重脱贫攻坚工作，致力深度贫困地区脱贫攻坚，全面落实“5+N”脱贫措施，不断完善脱贫攻坚工作机制，全面激发贫困群众内生动力，扎实推进脱贫攻坚取得实实在在的成效。

1月17日昌都市民政局与昌都协和医院有限责任公司签订了“残疾孤儿手术康复明天计划”协议，标志着“明天计划”在昌都落地生根，为生活在昌都社会福利机构中的残疾孤儿新添了一项保障。

1月24日昌都市脱贫攻坚指挥部召开第二次全体例会，会议研究了三岩片区跨市易地扶贫搬迁有关事宜、脱贫攻坚成就展经费事宜，安排部署了近期重点工作，欧珠达瓦副市长做了重要讲话，要求进一步增强打赢脱贫攻坚战的信心和决心，进一步强化打赢脱贫攻坚战的举措，进一步凝聚打赢脱贫攻坚战的强大合力。

1月27日至29日西藏自治区党委副书记、区政府常务副主席庄严深入八宿县实地调研脱贫攻坚工作。他强调，要增强紧迫感和使命感，更加自觉、更加主动、更有作为地打赢脱贫攻坚战，让八宿深度贫困县群众尽快脱贫致富。

2月3日西藏自治区妇联召开自治区巾帼脱贫攻坚先进集体（个人）表彰大会，昌都市4个脱贫攻坚示范基地和2名脱贫攻坚女能手在大会现场接受表彰，昌都市江达县格桑花民族服饰加工销售有限公司等“妇”字号合作社得到表彰并各获得10万元奖励。

2月5日农业部公布八宿县入选2017年度全国休闲农业和乡村旅游示范县，这对促进农牧业增效、农牧民增收、农牧区增绿具有重大的意义和作用。

2月7日昌都市召开全市包虫病患者救治工作部署会。会议学习贯彻了全区包虫病手术救治工作视频会议精神，总结前一段时期全市包虫病救治工作开展情况，并安排部署下一步包虫病患者救治工作。截至2018年2月5日，全市符合手术治疗的1728名包虫病患者中，已手术治疗的有200名，其余1528人将于今年接受手术治疗。

2月5日至9日昌都市委副书记、市长陈军深入贡觉县相皮乡、克日乡、罗麦乡、沙东乡、敏都乡、雄松乡、木协乡和芒康县宗西乡、戈波乡、左贡县田妥镇、东坝乡，走村入户察民情、听民声、访民意、谋对策，亲切看望慰问基层一线干部和群众，实地调研脱贫攻坚工作，特别是三岩跨市整体易地扶贫搬迁工作。

2月11日昌都市脱贫攻坚指挥部召开第三次全体例会，会议研究讨论了《昌都市三岩片区跨市易地扶贫搬迁实施方案》《昌都市三岩片区跨市易地扶贫搬迁宣传口径》《昌都市精准扶贫资金管理办法（暂行）》等相关事宜，对全市 2018 年第一季度脱贫攻坚工作进行了安排部署。

3 月 7 日昌都市召开市委专题会，研究部署精准扶贫精准脱贫特别是深度贫困地区脱贫攻坚各项工作，要求各县（区）、各相关部门要切实把思想和行动统一到习近平总书记关于扶贫开发的重要战略思想上，统一到自治区党委的部署和市委的要求上来扎实推进脱贫攻坚各项工作，确保 2020 年昌都实现全面脱贫、与全国全区一道全面建成小康社会。

3 月 13 日西藏自治区党委常委、自治区常务副主席、区脱贫攻坚指挥部总指挥长罗布顿珠深入贡觉县就脱贫攻坚工作实地调研。他指出，要充分尊重群众意愿，有序推进三岩片区易地扶贫搬迁工作，帮助贫困群众挪穷窝、拔穷根，确保搬得出、稳得住、能致富。

3 月 15 日昌都市扶贫工作座谈会召开，西藏自治区党委常委、区政府常务副主席、区脱贫攻坚指挥部总指挥长罗布顿珠出席会议并讲话。他强调，打赢脱贫攻坚战，产业是关键，昌都市各级各部门要充分认识产业促进脱贫攻坚的重要性，大力支持脱贫产业发展；金融是产业发展的动力，要用好西藏特殊优惠金融政策，充分发挥金融撬动作用，推进产业扶贫工作上台阶、上水平。

4 月 2 日昌都市委副书记、市长陈军主持召开昌都市脱贫攻坚指挥部会议，总结了全市 2018 年第一季度脱贫攻坚工作，研究部署 2018 年脱贫攻坚重点工作任务。

4 月 5 日西藏“两江四河”流域 2018 年度洛隆县造林绿化工程开工。项目的实施辐射带动全县 800 余人护林员和建档立卡贫困群众增收 250 余万元，其中建档立卡贫困群众 320 余人、实现人均增收 3120 元，累计为建档立卡贫困群众增收 99.84 万元。

4 月 6 日昌都市举行“聚焦精准扶贫、助力产业发展”银企合作签约仪式。全市 6 家商业银行现场与各扶贫企业代表签订借款合同或金融助推产业脱贫合作意向书，并在场外与 36 家企业签订相关协议，协议总金额达 5.51 亿元。

4 月 7 日至 10 日西藏自治区党委副书记、区政府主席齐扎拉先后深入八宿县、洛隆县、边坝县，实地调研民生保障、脱贫攻坚、产业发展等工作。

4 月 8 日至 23 日昌都党政代表团赴重庆市、天津市、福建省、广东省、江苏省以及中国电信集团公司、中国铝业公司进行了援藏回访，从人才、资金、项目等方面协商了援助事宜。

4 月 23 日至 28 日西藏自治区发改委副主任、区脱贫攻坚指挥部易地扶贫搬迁组副组长王冠杰率领自治区 2018 年第一次综合督查第六组深入丁青县、洛隆县、边坝县督导检查脱贫攻坚工作。

5 月 2 日至 9 日昌都市脱贫攻坚指挥部联合市扶贫办举办两次扶贫专题培训，对各县（区）扶贫办干部、各乡（镇）扶贫专干共计 172 人进行了扶贫信息系统专干培训，对各县（区）扶贫办主任、各乡（镇）党委书记或乡（镇）长共计 142 人进行了脱贫攻坚政策专班培训。

5 月 16 日西藏自治区区政府副主席石谋军一行莅临八宿县，深入八宿县吉达乡小学、吉达乡幼儿园检查指导教育工作。

5 月 22 日昌都市委副书记、市长陈军主持召开三岩片区整体易地扶贫搬迁领导小组会议，对三岩片区整体易地扶贫搬迁工作再安排、再部署。

5 月 24 日昌都市脱贫攻坚指挥部召开了对口援藏扶贫有关事宜协调会，各援藏省（市）、企业工作队副领队或指派人员，市受援办、农牧局、经合局以及市脱贫攻坚指挥部结对帮扶组、易地扶贫搬迁组主要负责人参加了会议，共同会商对口援藏扶贫受援项目、对口援藏扶贫推进会会议拟签的产业扶贫项目等相关事宜。

6 月 1 日中山大学中山眼科中心医疗队来昌开展“光明行动”慈善济困助医项目，计划为贫困白内障患者实施复明手术。全市共有 1000 余名贫困白内障患者报名，经筛查体检后，符合复明手术条件的有 108 名。

6 月 14 日昌都市委召开市委常委会议，传达学习中共中央政治局关于审议《乡村振兴战略规划（2018—2022）》和《关于打赢脱贫攻坚战三年行动的指导意见》，对全市乡村振兴和脱贫攻坚工作进行安排部署。

6 月 17 日西藏自治区党委常委、区政府常务副主席姜杰深入江达县看望慰问结对帮扶对象，并实地调研脱贫攻坚工作。

6 月 28 日昌都市产业扶贫招商引资推介会在福州召开，成功签约现代农业旅游示范园项目、建材物流园项目、福州蓼沿中坂石材有限公司项目、智慧农业示范园项目、藏香养猪产业项目等 6 个招商引资项目，资金达 5.66 亿元。

6 月 29 日云南师范大学和西藏民族大学共计 48 人的国务院第三方评估检查组抵达昌都，对丁青县、类乌齐县进行贫困县退出专项评估检查。

7 月 1 日西藏自治区党委书记吴英杰在拉萨看望昌都市三岩片区芒康县、贡觉县部分搬迁群众，并与基层党员干部座谈。

7 月 2 日天津泰达国际心血管病医院携手上海荷福慈善基金会专家组第三次莅临昌都市开展先心病患儿免费筛查工作，共筛查疑似患儿 81 名，筛查后符合手术条件的患儿将得到免费手术救治。

7 月 6 日国务院第三方评估检查组圆满完成对类乌齐县的贫困县退出专项评估检查。此次检查抽取了 10 个乡（镇），32 个行政村，75 个村小组，乡（镇）覆盖率 100%，行政村覆盖率 39%，村小组覆盖率 25.7%。共入户调查 1120 户，其中建档立卡 599 户，非建档立卡 521 户。

7 月 9 日西藏自治区党委书记吴英杰深入昌都市察雅县考察精准扶贫、精准脱贫工作，重点查看了察雅县唐琼孜易地扶贫搬迁安置点、精准扶贫劳动技能培训中心以及特困人员集中供养服务中心等地，要求要坚持以人民为中心，坚决打好打赢脱贫攻坚战。

7 月 9 日至 11 日天津市委书记李鸿忠，天津市委副书记、市长张国清率天津市党政代表团赴昌都考察对口支援工作，推进津藏合作交流。

7 月 11 日昌都市委召开专题会议，研究部署三岩片区整体跨市易地扶贫搬迁工作。

7 月 13 日国务院第三方评估检查组圆满完成对丁青县的贫困县退出专项评估检查。此次检查抽取了 13 个乡（镇），26 个行政村，93 个村小组，乡（镇）覆盖率 100%，行政村覆盖率 41.27%，村小组覆盖率 34.19%。共入户调查 1074 户，其中建档立卡 590 户，非建档立卡 484 户。

7 月 17 日重庆市副市长李殿勋率重庆市工作组在昌都视察调研援藏工作，推进渝昌深入交流合作。

7 月 29 日至 30 日由华中师范大学社会学院副院长、教授徐晓军带队的中国扶贫发展中心开展贫困村定点观测 2018 年典型调查组，圆满完成对察雅县吉塘镇雪通村的典型调查工作。

8 月 8 日昌都市副市长、市脱贫攻坚指挥部副总指挥长欧珠达瓦主持召开市脱贫攻坚指挥部第七次例会。会议传达学习了区党委书记吴英杰同志在区党委常委会第 68 次会议上的重要讲话精神以及自治区上半年脱贫攻坚调度会议精神，并对近期脱贫攻坚各项工作进行了安排部署。

8 月 11 日昌都市召开三岩片区跨市整体易地扶贫搬迁工作推进会，听取赴拉萨市、林芝市、山南市、日喀则市实地考察情况汇报和搬迁工作推进情况，并对相关工作进行了安排部署。

8 月 16 日福建省人民政府副省长郑建闽同志一行工作组莅临八宿县考察援藏工作。他表示，福建省将按照中央决策部署，一如既往地高度重视、全力支持援藏工作，积极助力八宿县脱贫摘帽。

8 月 24 日中共中央政治局常委、全国政协主席汪洋在昌都调研，并深入易地扶贫搬迁点、产业园区，了解昌都脱贫攻坚工作。

8 月 19 日至 26 日由西藏自治区发改委副巡视员王冠杰带队的区脱贫攻坚第二次综合督导组莅临边坝县、丁青县、察雅县、贡觉县、江达县开展督导工作，对各县产业发展、带动农牧民群众增收、易地搬迁等方面进行了督导检查，并提出了意见和建议。

8 月 30 日由全国妇联妇女发展部部长杜芮带队的督查巡查组抵达昌都，开展国务院扶贫办 2018 年脱贫攻坚督查巡查工作。此次督查采取实地督查、暗访抽查、受理举报等方式，重点督查昌都市 2017 年省级党委和政府扶贫开发工作成效考核发现问题整改工作。

9 月 4 日福建省委常委周联清同志深入八宿县，考察调研援藏工作开展情况并走访慰问了建档立卡贫困户。周联清要求，援藏工作要科学规划，利用八宿县独特的自然环境和旅游资源优势，与援藏的资金、管理、技术、市场优势相结合，通过景区开发带动就业，促进群众增收，助力八宿县脱贫攻坚。

9 月 5 日重庆市江北区人大副主任田中强，江北区政协副主席张亚兴，重庆市江北区发改委、财政局、商务局等部门领导一行在类乌齐县滨达乡考察调研援藏工作开展情况并走访慰问群众，实地察看了滨达乡精准扶贫产业。

9 月 8 日至 10 日中国一汽总经理、党委副书记奚国华率扶贫调研组赴对口支援昌都市左贡县、芒康县等地开展脱贫攻坚实地调研。调研期间，奚国华代表中国一汽分别向昌都市、左贡县、芒康县捐赠了总计 46 辆皮卡车，向芒康县捐赠了 500 万新农村建设帮扶资金，进一步助力昌都市经济社会发展和民生改善。

9 月 22 日中国银行西藏自治区分行党委书记、行长易光明同志率领工作组赴左贡县对美玉乡斜库高原特色农畜产业基地和“两江一河”精品家居厂进行实地考察调研，对项目的选址、经营、管理、发展等给予了充分肯定，并表示将积极配合扶贫产业金融贷款放贷工作。

10 月 1 日至 5 日西藏自治区党委副书记、区政府常务副主席庄严同志率领工作组赴八宿县、察雅县、类乌齐县、卡若区看望驻村工作队、结对帮扶群众，检查指导脱贫攻坚工作，并向结对帮扶贫困群众送去了慰问金和节日祝福。

10 月 19 日海尔集团在丁青县开展“百企帮百村”捐助活动。此次活动海尔集团共为丁青县 25 户贫困户捐赠 25 台半自动洗衣机，折合资金共计 30000 元，同时为全县 3233 户建档立卡贫困户每户发放 500 元购买家电优惠券。

10 月 21 日至 25 日西藏自治区区政府副主席、自治区脱贫攻坚指挥部副指挥长、自治区三岩片区跨市整体易地扶贫搬迁领导小组副组长坚参率领工作组赴贡觉县三岩片区 6 乡，围绕当前三岩片区搬迁工作中存在的困难和问题进行了调研指导。

11 月 8 日光彩·中国民生银行西藏先心病儿童青少年救治项目组对丁青县先心病疑似患儿开展了先心病筛查诊断工作。此次筛查工作共对 52 名疑似患儿进行了筛查诊断，确诊了 15 名先心病患儿，其中 4 名患儿属于建档立卡贫困户，并为先心病患儿建立了病历档案，做好随访工作。

2019 年度

1 月 23 日至 24 日西藏自治区人大常委会副主任许雪光一行深入察雅县，慰问建档立卡贫困户并调研精准扶贫、精准脱贫工作。调研组先后深入烟多镇、荣周乡、香堆镇等乡（镇），全面了解察雅县脱贫攻坚产业项目工作进展情况，并走访慰问了建档立卡贫困户，将自治区党委、政府的关心、关怀送到了实处。

1月24日西藏自治区政协副主席王亚蔺莅临边坝县开展脱贫攻坚工作调研指导。王亚蔺副主席要求，务必要戒骄戒躁，保持当前良好的工作劲头、工作作风，巩固好脱贫攻坚成果，为下一步边坝县新农村建设打赢乡村振兴战打好基础。

1月27日昌都市委副书记、市长，市脱贫攻坚指挥部总指挥长陈军主持召开昌都市脱贫攻坚指挥部2019年第一次全体会议。会议传达学习了全国扶贫开发工作会议精神和自治区党委农村暨脱贫攻坚工作会议精神，听取了2019年第一季度脱贫攻坚工作建议，研究了相关事宜，并对下步工作进行安排部署。

2月26日昌都市召开市委常委会议，传达学习了习近平总书记关于扶贫工作的重要论述，听取了昌都市落实中央第三巡视组脱贫攻坚专项巡视反馈意见的整改推进情况汇报，要求坚决按照区党委的决策部署和市委的工作要求，尽锐出战坚决打好打赢脱贫攻坚战。

2月26日昌都市政府副市长、市脱贫攻坚指挥部副总指挥长欧珠达瓦主持召开昌都市脱贫攻坚指挥部2019年第二次全体会议。市脱贫攻坚指挥部各专项组、相关成员单位主要负责人参加会议。

2月27日昌都市召开扶贫开发工作会议，市政府副市长欧珠达瓦同志全面总结了2018年全市脱贫攻坚工作，对2019年脱贫攻坚工作作出全部部署。

3月5日至9日西藏自治区副主席、自治区脱贫攻坚指挥部副指挥长坚参赴左贡县东坝、绕金、下林卡等乡（镇），调研脱贫产业项目、易地搬迁安置点、专业合作组织等，看望慰问基层干部、驻村工作队和致富带头人贫困户并与基层干部群众座谈交流。

3月14日至15日西藏自治区区政府副主席江白率督导组深入察雅县荣周、阿孜、巴日、香堆、卡贡等乡（镇），督导检查脱贫攻坚各项工作。他强调，要加大群众就地就近就业增收工作力度，切实提高易地扶贫搬迁入住率；要关心关爱基层一线帮扶干部，充分调动其攻坚克难积极性。

3月16日至19日西藏自治区人力资源社会保障厅党组成员、副厅长邵昌率自治区巡视整改督导组，深入左贡县、八宿县就中央巡视三组、区党委巡视八组以及2016年以来西藏自治区各类督导检查整改情况进行督导，并召开中央巡视整改自治区督导组督导左贡县、八宿县意见反馈会。

3月21日至23日西藏自治区党委副书记、区政府常务副主席庄严同志率工作组深入八宿县调研脱贫攻坚巡视整改、脱贫攻坚及维稳工作，并看望慰问结对帮扶贫困群众四郎曲珍、旺珍、四塔。庄严副主席强调，要深入贯彻习近平总书记关于扶贫工作的重要论述和关于脱贫攻坚专项巡视的重要指示精神，正确处理好“十三对关系”，提高政治站位，采取有力举措，以整改工作的优异成绩庆祝新中国成立70周年和西藏民主改革60周年。

3月25日昌都市委副书记、市长，市脱贫攻坚指挥部总指挥长陈军主持召开昌都市脱贫攻坚指挥部2019年第三次全体会议。会议传达学习了习近平总书记在全国“两会”期间关于脱贫攻坚工作的重要指示精神，听取了全市脱贫攻坚近期工作进展情况汇报，并对下步工作进行了安排部署。

4月3日至4日西藏自治区人大常委会副主任许雪光来昌都市察雅县开展脱贫攻坚调研工作。此次实地调研对象为巴日乡、阿孜乡和宗沙乡3个偏远深度贫困乡（镇）。

4月15日昌都市召开市委常委会会议传达学习汪洋主席参加西藏代表团审议时的讲话精神；传达学习徐令义同志在四川扶贫领域腐败和作风问题专项整治工作座谈会上的讲话精神及吴英杰书记相关批示精神等；听取了三岩片区跨市整体易地扶贫搬迁工作进展情况汇报。

4月16日昌都市脱贫攻坚指挥部办公室召开专题办公会议，安排部署一届市委第140次常委会议精神的贯彻落实工作，研究市脱贫攻坚指挥部财务报销管理工作，以及其他相关工作。市政府副市长，市脱贫攻坚指挥部副总指挥长、办公室主任欧珠达瓦出席会议。

6月24日昌都市委副书记、市长陈军同志深入八宿县乃然易地搬迁安置点、西巴经济林、邦达镇调研八宿县脱贫攻坚工作，并看望慰问基层干部。要求八宿县要在产业发展上下功夫，按照《昌都市关于促进农牧民“十大增收措施”的实施方案》，有组织、有计划地组织青壮年开展技能培训，提高就业的精准度，做到人岗相适。

7月24日西藏自治区政协党组成员、副主席王亚蔺同志在边坝县组织召开了“两不愁三保障”专题座谈会，会议主要围绕“两不愁三保障”及巩固成果采取的措施、存在的问题和对策进行了交流发言。

7月25日中国农业科学院调研组一行赴贡觉县、芒康县开展调研工作。

8月3日昌都市政府副市长、市脱贫攻坚指挥部副总指挥长欧珠达瓦主持召开昌都市2019年脱贫攻坚指挥部第七次会议。会议传达学习了刘永富在全国扶贫办主任座谈会上的讲话精神，安排部署了近期相关工作，研究了相关事宜。

2020年度

1月2日至3日昌都市委一届九次全会暨市委经济工作会议召开，安排部署了全市2020年经济工作，对巩固提升脱贫攻坚成果进行了具体部署。

1月9日西藏自治区党委副书记、自治区人大常委会主任洛桑江村在参加自治区十一届人大三次会议昌都市代表团审议时，指出要紧扣巩固脱贫攻坚成果，着力建立农牧民稳定增收机制，要紧扣全面建成小康社会，着力补齐基础设施和公共服务短板，全面提升脱贫攻坚质量。

1月10日“东游西藏·共享美丽藏东”昌都旅游推介会在重庆市举行，推出来“三江流域、茶马古道、康巴文化、生态旅游、景观大道、红色记忆”等六大旅游品牌。

1月16日昌都市干部驻村和选派村（居）党支部第一书记总结表彰暨动员部署会召开，市委常委、组织部部长李斌出席会议并讲话，要求各驻村工作队和选派村（居）第一书记要把持续巩固脱贫攻坚成效作为第一要务，常抓不懈。

2月12日昌都市委162次常委会召开，会议要求全市各级各部门要统一思想、提高认识，认真抓好脱贫攻坚成果巩固，扎实做好就业创业工作。

2月20日昌都市高校毕业生就业创业工作力度小组会议召开，市委副书记、市长陈军主持会议并讲话。会议要求各各部门高度重视大学生就业创业工作，加强就业创业的指导和服务保障工作。

2月29日昌都市委副书记、市长陈军深入芒康县调研疫情防控和脱贫攻坚工作。

3月1日至5日西藏自治区党委副书记、区政府主席齐扎拉在昌都芒康县、贡觉县、卡若区、类乌齐县、丁青县调研疫情防控和脱贫攻坚工作。

3月8日昌都市召开2020年第五次常务会议，会议强调各级各部门要把思想和行动统一到习近平总书记在决战决胜脱贫攻坚座谈会上的重要讲话精神上来，坚决克服疫情影响，把短板补得更实、把基础打得更牢，持续巩固好脱贫攻坚成果。

3月11日昌都市委常委会召开，会议传达学习了习近平总书记在决战决胜脱贫攻坚座谈会上的重要讲话精神，研究了《昌都市巩固提升脱贫攻坚成果实施方案》，要求全市各级各部门和广大党员干部要认真学习总书记的讲话精神，全面贯彻落实党中央和区党委的决策部署，对标对表脱贫攻坚各项政策，咬定目标、一鼓作气，夺取全市脱贫攻坚全面胜利。

3月12日昌都市委农村暨脱贫攻坚工作会议召开，会议要求全市各级各部门和广大党员干部进一步凝聚思想共识，全面贯彻落实党中央关于农村和脱贫攻坚决策部署，目标任务再明确、工作措施再细化，把增加农牧民收入和改善民生作为工作重点，着力补强“两不愁三保障”短板，精准施策巩固好脱贫攻坚成果。

3月16日昌都市脱贫攻坚指挥部召开会议，传达学习自治区脱贫攻坚指挥部2020年第二次会议精神，安排部署当前脱贫攻坚工作。会议指出2020年是全面建成小康社会的收官之年，也是脱贫攻坚决战决胜之年，全市各级各部门要严格落实党中央、区党委和市委脱贫攻坚决策部署，下大力气提高脱贫稳定性，坚决巩固好脱贫攻坚成果。

3月22日昌都市政府与中国农业发展银行西藏分行召开座谈会，就进一步加强银企合作、扶贫产业等方面进行了深入交流，市委副书记、市长陈军出席座谈会并讲话。

3月26日昌都市委副书记、市长陈军深入贡觉县调研疫情防控和脱贫攻坚工作，并深入结对帮扶户家庭详细了解群众生产生活情况。同日，在贡觉县主持召开了三岩搬迁工作推进会。

4月2日昌都市委常委会召开，听取脱贫攻坚普查前期准备情况和三岩片区跨市搬迁工作情况汇报，研究部署脱贫攻坚大排查工作。

4月21日西藏自治区政府副主席坚参深入昌都调研，并与昌都市召开农牧科技人才、水利技术人才深入基层服务工作座谈会，会议号召农牧科技人才、水利技术人才要服务脱贫攻坚、服务三农工作，扎实深入基层，大力为基础设施建设和公共服务配套设施建设提供技术支持，为广大农牧民增收作出贡献。

4月22日西藏自治区人大常委会综合调研组先后深入边坝县、洛隆县、贡觉县、察雅县、八宿县、卡若区，重点围绕脱贫攻坚、三农工作及人大工作进行调研。22日听取了昌都有关工作汇报。

4月24日昌都市委召开常委会议，传达学习习近平总书记关于脱贫攻坚、全面小康的重要论述，对全市脱贫攻坚工作进行安排部署。

4月26日西藏自治区政府副主席张永泽先后深入丁青县、类乌齐县调研产业发展情况，并与昌都市政府座谈。

4月26日昌都市脱贫攻坚普查领导小组召开会议，听取脱贫攻坚普查试点和全市脱贫攻坚交叉排查工作汇报，研究部署全市脱贫攻坚普查工作。

4月21日至24日西藏自治区党委副书记、区政府常务副主席庄严深入边坝县、洛隆县、八宿县调研脱贫攻坚工作，强调要进一步提高政治站位、强化责任担当，决战决胜脱贫攻坚收官战。

4月28日天津市举办“津城献爱心、精准助脱贫”云签约活动，昌都市共签约11个采购协议，签约额达3850万元。

4月30日昌都市召开扶贫开发工作会议，市政府副市长欧珠达瓦出席会议并讲话，会议全面总结了2019年脱贫攻坚工作，对2020年决战决胜脱贫攻坚工作进行了全面安排部署。

5月7日昌都市委召开常委班子脱贫攻坚专项巡视“回头看”反馈意见整改专题民主生活会，会议通报了2019年脱贫攻坚专项巡视反馈意见整改落实情况，常委班子及成员结合实际进行了对照检查，开展了批评和自我批评。

5月12日至14日西藏自治区政协副主席王亚蕳带队的调研组深入边坝县调研脱贫攻坚工作。

5月18日昌都市召开产业建设力度小组会议，分析当前全市产业发展形势，研究部署下阶段全市产业建设重点工作任务。市委副书记、常务副市长魏东、杨灏和市委常委、常务副市长梅方权出席会议。

5月19日昌都市与中国农业银行西藏分行工作组座谈，市委副书记、常务副市长魏东出席会议，会议就农行西藏分行持续支持三农服务、产业发展和重点项目建设等交换意见。

5 月 19 日昌都市召开高校毕业生就业创业促进农牧民转移就业增收电视电话会议，市委副书记、常务副市长杨灏出席会议并讲话，会议要求全市各级各部门要根据群众实际需要，提高培训的针对性和实效性，要把易地扶贫搬迁群众转移就业工作作为今后一个时期的重点工作，确保每户搬迁群众家庭至少有一人就业增收。

6 月 7 日国家水利部副部长蒋旭光带队的调研组赴昌都调研防洪抗洪、水利项目建设和水利扶贫工作开展情况，对昌都水利扶贫工作给予高度评价。

6 月 9 日昌都市委副书记、市长陈军主持召开市脱贫攻坚指挥部会议，就做好近期脱贫攻坚和普查准备工作进行再安排、再部署。

6 月 11 日昌都市委副书记、市长陈军深入卡若区柴维乡、约巴乡、嘎玛乡、面达乡、拉多乡，专题调研脱贫攻坚成果巩固、产业发展、乡村振兴等工作，并亲切看望了基层干部群众。

6 月 11 日昌都市委副书记、市长陈军主持召开昌都市产业建设领导小组会议，研究通过了《昌都市农牧民转移就业和有组织劳务输出三年行动方案》，会议要求各级各部门要进一步统一思想、凝聚共识，把转变群众思想观念、促进转移就业作为当前一件非常之事、施非常之策，用非常之力，持续推进、久久为功，争取取得实实在在的成效。

6 月 16 日至 18 日西藏自治区党委副书记、常务副主席庄严深入八宿县、类乌齐县脱贫攻坚巡视整改和脱贫攻坚普查工作。

6 月 28 日至 29 日昌都市委副书记、市长陈军深入丁青县、边坝县、洛隆县有关乡（镇）就巩固脱贫攻坚成果、做实脱贫攻坚普查、推进乡村振兴等工作深入基层开展调研。

7 月 17 日昌都市委召开常委会议，听取了脱贫攻坚普查工作情况汇报，对近期脱贫攻坚和普查工作提出具体要求。

9 月 14 日昌都市委副书记、市长陈军主持召开市脱贫攻坚指挥部会议，传达学习中央第七次西藏工作座谈会精神和胡春华副总理在克服疫情灾情影响确保如期全面脱贫电视电话会议上的讲话精神，听取了市直相关部门和各县（区）前三季度工作进展情况汇报，研究了相关事宜，对下步工作进行了安排部署。

9 月 19 日昌都市地球第三极 · 蓝天圣洁扶贫馆（津昌店）开馆，市委副书记、常务副市长杨灏出席开馆仪式。

11 月 4 日昌都市脱贫攻坚新闻发布会在拉萨举行，市政府副市长、市脱贫攻坚指挥部副总指挥长欧珠达瓦介绍了昌都脱贫攻坚取得的巨大成就。

后 记

POSTSCRIPT

《昌都市脱贫攻坚成效纪实》是受昌都市脱贫攻坚指挥部办公室委托，由西藏民族大学承担编纂工作的记录昌都市脱贫攻坚史实的一部志书性著作。为完成课题研究和写作任务，课题组多次深入昌都市开展调查研究，广泛收集文献资料，得到昌都市广大干部群众大力支持。得到昌都市委、市人大、市政府、市政协，以及市纪委、市委组织部、市委宣传部、市扶贫办、市人社局、市发改委、市财政局、市公安局、市应急管理局、市统计局、市农村农业局、市住房和城乡建设局、市交通运输局、市水利局、市教育局、市卫健委、市民政局、市生态环境局、市林草局、市工信局、市文化局、市广电局、人民银行昌都中心支行等部门大力支持，卡若区、察雅县、边坝县、洛隆县、类乌齐县、丁青县、江达县、八宿县、左贡县、芒康县、贡觉县及11个县（区）扶贫办提供了大量资料，在此深表感谢。

课题组先后拜访昌都市相关领导同志，得到昌都市副市长欧珠达瓦同志的大力支持。整个调研、写作过程，始终得到昌都市脱贫攻坚指挥部办公室主任、昌都市扶贫开发办公室党组书记常红强，昌都市扶贫开发办公室泽仁江村主任、贾国庆副主任、张斌调研员大力支持。他们既帮助课题组联络调研点与访谈对象，还为课题组提供大量文献资料。感谢昌都市脱贫攻坚指挥部何端敏同志在本书编写过程中牺牲大量的休息时间，为收集资料和上通下联给予的支持。本书的编写，还得到西藏农牧学院孙自保教授、聂强副教授、孙前路副教授大力支持，深表感谢。

本书的编写、出版是西藏民族大学西藏文化传承发展省部共建协同创新中心之西藏乡村振兴研究所服务地方的重大项目，由刘凯教授、禄树晖教授担任首席专家，由陈敦山教授、张志恒教授、更登磋教授、张传庆教授负责本课题总体设计与书稿审稿、定稿；张志恒教授、更登磋教授、李继刚教授、钟一博博士负责课题组织协调、书稿编辑、修改、复审等工作。本书在文字校对环节，得到西藏民族大学学报副主编夏阳教授的大力支持，在此深表感谢。

感谢四川大学唐柳研究员、西藏大学王斌礼副校长、西藏农牧学院兰小中教授、西藏自治区原扶贫办陆华东副主任、西北师范大学周文杰教授、西藏自治区扶贫办蒲正学处长、中国科学院地理与资源研究所田原博士、中国科学院地理与资源研究所王景升副研究员等专家学者的大力支持，感谢中国林业出版社为本书的出版给予的大力支持。此外，西藏民族大学刘红旭副教授对本书编写给予支持，也深表谢意。

希望本书有助于读者更加全面了解昌都市脱贫攻坚史实。由于工作量大和时间仓促，加之编写组水平有限，以及部分材料缺失，书中难免出现纰漏之处，敬请广大读者指正赐教。

课题组

2020年11月